梅新林 俞樟华 主编

中國學術編年

三國兩晉卷

王德华 撰

华东师范大学出版社

华东师范大学出版社六点分社　策划

全国高等院校古籍整理研究工作委员会重点项目
浙江省人文社科基地浙江师大江南文化研究中心重点项目

顾　问（按姓氏笔画）

甘　阳　朱杰人　朱维铮　刘小枫　刘跃进　安平秋　李学勤　杨　忠
束景南　张涌泉　黄灵庚　常元敬　崔富章　章培恒　詹福瑞

主　编

梅新林　俞樟华

总策划

倪为国

编　委（按姓氏笔画）

王德华　毛　策　叶志衡　包礼祥　宋清秀　邱江宁　陈玉兰　陈年福
陈国灿　林家骊　胡吉省　姚成荣　倪为国　曾礼军

前　言

自1985年率先启动《清代学术编年》研究项目以来,经过诸位同仁持续不懈的努力,由清代依次上溯而贯通历代的《中国学术编年》(以下简称《编年》)终于告竣。这是迄今为止学术界首次以编年的形式对中国通代学术发展史的系统梳理,是一部力图站在21世纪新的学术制高点上全面综合与总结以往学术成果的集成性之作,同时也是一部兼具研究与检索双重功能的大型工具书。衷心希望《中国学术编年》的出版,能对21世纪国学的研究与复兴起到积极的推动作用。

从《清代学术编年》项目启动到《中国学术编年》告竣的20余年间,恰与世纪之交以"重写学术史"为主旨的"学术史热"相始终。因此,当我们有幸以编撰《中国学术编年》的方式,积极参与"重写学术史"这一世纪学术大厦的奠基与建设工程之际,在对《中国学术编年》的编纂进行艰苦探索的同时,始终伴随着对"重写学术史"的密切关注以及对如何"重写学术史"的学理思考,值此《中国学术编年》即将出版之际,我们愿意将期间的探索、思考成果撰为《前言》冠于书前,期与学界同仁共享。

一、世纪之交"学术史热"的勃兴与启示

一代有一代之学术,一代亦有一代之学术史,这是因为每个时代都有对学术理念、路向、范式的不同理解,都需要对特定时代的主要学术论题作出新的回答。从这个意义上说,"重写文学史"既是一种即时性学术思潮的反映,又是一项永无止境的学术创新活动。不同时代"重写文学史"的依次链接与推进,即是最终汇合成为学术通史的必要前提。

世纪之交,以"重写文学史"为主旨的"学术史热"再次兴起于中国学术界,这与上个世纪之交的"学术史热"同中有异:同者,都是集中于世纪之交对源远流长的中国学术史进行反思与总结。异者,一是旨在推进中国学术实现从传统向现代的转型;一是旨在通过推进中国现代学术的世界化而建构新的学术体系,因而彼此并非世纪轮回,而应视为世纪跨越。

本次"学术史热"以北京、上海为两大中心,兴起于20世纪80年代,发端于"重写文学史",然后逐步推向"重写学术史"。诚然,重写历史,本是学术发展与创新的内在要求,然而在20世纪80年代,"重写"成为一种学术时尚,普遍被学者所关注与谈论,几乎成为一个世纪性话题,却缘于特定的时代背景。诚如葛兆光先生所言,80年代以来有一些话题至今仍在不断被提起,其中一个就是"重写",重写文学史,重写文化史,重写哲学史,当然也有重写思想史。重写是"相当诱人的事情,更是必然的事情"(《连续性:思路、章节及其他——思想史的

写法之四》,《读书》1998年第6期)。其中的"必然",是从最初对一大批遭受不公正对待和评价的作家文人的"学术平反",到对整个中国学术文化的意义重释与价值重估,实际上是伴随改革开放进程的思想解放运动的重要组成部分,故有广泛"重写"之必要与可能。

从"重写文学史"到"重写学术史"之间,本有内在的逻辑关联。"重写文学史"作为"重写学术史"的一个重要组成部分与开路先锋,向思想史、哲学史、文化史等各个层面的不断推进,必然会归结于"重写学术史"。在从"重写文学史"走向"重写学术史"的过程中,同样以北京大学为前沿阵地。早在80年代初,北京大学王瑶先生率先发起了有关文学史的讨论。至1985年,陈平原先生在北京万寿寺召开的中国现代文学创新座谈会上宣读了他与钱理群、黄子平先生酝酿已久的"20世纪中国文学"的基本构想(后发表于《读书》1985年第10期),给重写文学史以重要启发。同年,著名学者唐弢与晓谙先生等就是否可以重写文学史问题开展激烈的争论,由此形成"重写文学史"讨论的第一次高潮。然后至90年代初,陈平原先生率先由"重写文学史"转向"重写学术史"的实践探索,从1991年开始启动《中国现代学术之建立》的写作,主编《学人》杂志,筹划"学术史丛书",到1995年"学术史丛书"由北京大学出版社出版,这是世纪之交"重写学术史"取得阶段性成果的重要标志。而在另一个学术中心上海,先于1988年在《上海文坛》专门开辟"重写文学史"专栏,邀请著名学者陈思和、王晓明先生主持,他们在开栏"宣言"中开宗明义地提出"重写文学史"的学术宗旨,并给予这样的历史定位:"我们现在提出'重写文学史',实际上正是在文学史研究的性质发生改变的时期,是现代文学史作为一门独立的学科逐步走向成熟的时期。"王晓明先生还特意将"重写文学史"溯源于1985年万寿寺座谈会上陈平原等关于"20世纪中国文学的构想","重写文学史"不过是将三年前"郑重拉开的序幕"再一次拉开,这是旨在强调从1985年到1988年"重写文学史"讨论两次高潮的延续性以及京沪两大学术中心的连动性。1996年,在章培恒、陈思和先生的主持下,《复旦学报》也继《上海文坛》之后开辟了"重写文学史"专栏,由此促成了贯通中国古代文学与现代文学的"中国文学古今演变研究"的交叉学科的创立。然后至1997年、1998年连续于上海召开"20世纪的中国学术"、"重写学术史"两次专题学术研讨会,尤其是后一次会议,在全国学术界第一次明确打出"重写学术史"旗号,具有时代标志性意义。此后,以京沪为两大中心,广泛影响全国的"学术史热"迅速升温。除了各种学术会议之外,各地重要刊物也都相继开辟学术史研究专栏,或邀请著名学者举行座谈。当然,最重要的学术成果还是主要体现在学术史著作方面,从分科到综合,从断代到通代,从历时到共时,从个体到群体,以及各种专题性的学术史研究领域,都有广泛涉及,这是来自不同专业领域学者在"重写学术史"旗帜下的新的聚集、新的合作、新的交融,共同创造了世纪之交学术史研究的兴盛局面。期间的代表性学术成果,主要体现在理论反思与实践探索两个层面。

在理论反思方面,集中体现于各种学术会议与专栏讨论文章,比如1997年在上海召开的"20世纪的中国学术"讨论会上,与会学者就"20世纪中国学术"的历史起点与逻辑起点、学术史观与研究方法等发表了各自的意见,并就20世纪中国学术在中西文化与学术的碰撞和融合的背景之下的现代品性与总体特点,以及存在的问题与教训、部分具体学科在20世纪的发展脉络等展开了热烈的讨论(晋荣东《"20世纪的中国学术"讨论会综述》,《学术月刊》1997年第6期)。1998年在上海召开的"重写学术史"研讨会,与会学者重点围绕近年来出版的学术史著质量、现今条件下重写学术史的必要与可能、重写中遇到的问题与难点、学术史著各种写法的得失等进行了广泛的交流与深入的研讨。当然,"重写学术史"的关键是能否建构新的学术史观,其中包括两大核心内容:一是对学术与学术史的重新认知;二是新型学术范式的建立。这在世纪之交的"重写学术史"讨论中也得到了热烈的回应。前者主要围绕"学术史是什么"的问题而展开。陈平原先生主张一种相对开放的泛学术史观,认可中国古代"辨章学术,考镜源流"的传统,更多强调学术史与思想史、文化史的关联(《"学术史丛书"总序》)。李学勤先生则提出把文科和理科、科学与人文放在一起,统一考察的大学术史观,认为"现在通常把自然科学称作'科学',人文社会科学叫做'学术',其实不妥,因为人类的知识本来是一个整体,文理尽管不同,仍有很多交叉贯通之处。尤其是在学术史上,不少人物对科学、人文都有贡献,他们的思想受到两方面的影响;还有一些团体,其活动兼及文理,成员也包括双方的学者。如果生加割裂,就难以窥见种种思潮和动向的全体面貌。"(《研究二十世纪学术文化的一些意见》,《中国文化研究》2000年第1期)

与此同时,也有一些学者着眼于学术史之所以为学术史的学术定位提出自己的思考。1997年在上海召开的"20世纪的中国学术"研讨会上,有学者认为必须明确将其与文化史、思想史以及哲学史等区分开来,把"学术"定位在知识形态上,即学术史主要是客观地研究知识的分类、构成、积累等问题,对知识的结构演变、体系的发展脉络予以发生学意义上的追寻,作出分析、说明、描述、勾勒,以此与文化史、思想史作出分殊,给学术史留出独立的位置,树立自觉的意识与确定的立场(晋荣东《"20世纪的中国学术"讨论会综述》,前揭)。2004年,张立文先生在《中国学术的界说、演替和创新——兼论中国学术史与思想史、哲学史的分殊》一文(《中国人民大学学报》2004年第1期)中,对"学术史是什么"作了如下辨思与界定:

> 学术在传统意义上是指学说和方法,在现代意义上一般是指人文社会科学领域内诸多知识系统和方法系统,以及自然科学领域中的科学学说和方法论。中国学术史面对的不是人对宇宙、社会、人生之道的体贴和名字体系或人对宇宙、社会、人生的事件、生活、行为所思所想的解释体系,而是直面已有的中国哲学家、思想家、学问家、科学家、宗教家、文学家、史学家、经学家等的学说和方法系统,并藉其文本和成果,通过考镜源流、分源别派,历史地呈现其学术延续的血脉和趋势。这便是中国学术史。

这一界定既为学术史确立了相对独立的立场与地位,又贯通了与哲学史、思想史以及人文社会科学与自然科学的关系,富有启示意义。

关于如何建构新的学术范式的问题,李学勤先生陆续发表了系列论文展开探索,然后结集并题为《重写学术史》出版,书中"内容提要"这样写道:"'重写学术史'意味着中国各历史阶段学术思想的演变新加解释和总结。这与我过去说的'重新估价中国古代文明'和'走出疑古时代',其实是相承的。晚清以来的疑古之风,很大程度上是对学术史的怀疑否定,而这种学风本身又是学术史上的现象。只有摆脱疑古的局限,才能对古代文明作出更好的估价。"李学勤先生特别强调20世纪考古发现之于"重写学术史"的重要性,提出要由改写中国文明史、学术史到走出疑古时代,由"二重证据法"到多学科组合。作为国家夏商周断代工程首席科学家、著名考古学家,李学勤先生的以上见解,显然与其考古专业立场密切相关。陈平原先生鉴于近代之前的中国学术史研究多以"人"为中心,以"人"统"学",近代之后一变为以"学"为中心,以"学"统"人",于是倡导建构以"问题"为中心的新的学术范式,他在《中国现代学术之建立》一书的《导论》中指出:"集中讨论'中国现代学术之建立',目的是凸显论者的问题意识。表面上只是接过章、梁的话题往下说,实则颇具自家面目。选择清末民初三十年间的社会与文化,讨论学术转型期诸面相,揭示已实现或被压抑的各种可能性,为重新出发寻找动力乃至途径。这就决定了本书不同于通史的面面俱到,而是以问题为中心展开论述。"后来,陈平原先生在《"当代学术"如何成"史"》一文中更加鲜明地表达了他的学术史观:"谈论学术史研究,我倾向于以问题为中心,而不是编写各种通史。"(《云梦学刊》2005年第4期)从以"人"为中心,到以"学"为中心,再到以"问题"为中心,显示了中国学术史研究学术范式的重要进展,体现了新的时代内涵与学术价值。当然,"人"、"学"、"问题"三者本是互为一体,密不可分的,若能将以"问题"为中心与以"人"、"学"为中心的三种范式相互交融,会更为完善。

在实践探索方面,则以李学勤、张立文先生分别主编的《中国学术史》、《中国学术通史》最为引人注目。两书皆为贯通历代、规模宏大的多卷本中国学术通史研究著作。《中国学术史》凡11卷,依次为《先秦卷》(上、下)、《两汉卷》、《三国两晋南北朝卷》(上、下)、《隋唐五代卷》、《宋元卷》(上、下)、《明代卷》、《清代卷》(上、下),自2001年起由江西教育出版社陆续出版。《中国学术通史》凡6卷,依次为《先秦卷》、《秦汉卷》、《魏晋南北朝卷》、《隋唐卷》、《宋元明卷》、《清代卷》,于2005年由人民出版社整体推出。两书的相继出版,一同填补了中国学术史上长期缺少通史研究巨著的空白,代表了世纪之交"重写学术史"的最新进展。至于断代方面,当推陈平原先生《中国现代学术之建立》影响最著,作者在《导论》中这样写道:"晚清那代学者之所以热衷于梳理学术史,从开天辟地一直说到眼皮底下,大概是意识到学术嬗变的契机,希望借'辨章学术,考镜源流'来获得方向感。同样道理,20世纪末的中国学界,重提'学术史研究',很大程度上也是为了解决自身的困惑。因此,首先进入视野的,必然是与其息息相关的'20世纪中国学术'。"要之,从离我们最近的20世纪中国学术入手,更具重点突破、带动全局的重要意义,可以为重新审视、重构中国学术史提供新的逻辑基点。

对于世纪之交"重写文学史"在理论反思与实践探索两个层面的意义与启示,可以引录左鹏军先生在《90年代"学术史热"的人文意义》(《华南师范大学学报》1998年第3期)一文的概括:

第一,它是对长久以来中国传统学术尤其是对近现代以来中国学术道路、学术建树的全面总结,是对鸦片战争以来尤其是新文化运动以来中国文化命运、学术走势的冷静反省,它实际上蕴含着在世纪末对新世纪的新学术状况、新学术高峰的企盼与期待。

第二,它透露出中国人文知识分子在几十年的风风雨雨中走过了曲曲折折的学术道路之后,对自己社会角色、社会地位的重新确认,对自己所从事的学术工作的再次估价,对学术本身的地位、价值,对学术本质的进一步思考和确认,表明一种可贵的学术自觉。

第三,它反映出在整个世界学术走向一体化,中国学术与世界学术的交流日趋频繁的历史背景下,中国人文学者建立起完备系统的学术规范,迅速走上学术规范化、正常化之路的要求,表现出中国学者对中国学术尽快与世界学术潮流全方位接触,确立中国学术在世界学术中的应有地位,与世界学术进展接轨、促进世界学术发展的迫切愿望与文化自信。

第四,它体现出人文科学某些相关学科发展的综合趋势,以避免学科分类过细过专、流于琐碎的局限;在方法论上,要吸收和运用古今中外的一切行之有效的研究方法、现代灵活多样的研究手段,深入开展中国学术的研究,使中国学术史的研究从研究方法、学科划分,到操作规程、科研成果,都达到一个崭新的水平。

第五,近年的学术史研究,对近现代学术史之"另一半",即过去由于种种非学术原因而有意无意被忽略了的、或在一定的政治背景下不准研究的一大批对中国学术作出巨大贡献的学者,给予了必要的关注,这表明在世纪末到来的时候,中国学术界开始对本世纪的学术历史进行整体全面的反思,试图写出尽可能贴近学术史原貌的学术史著作。

应该说,这一概括是比较周全而精辟的。

今天,当我们站在21世纪新的学术制高点上,以比较理性的立场与态度来审视世纪之交的"学术史热"时,那么,就不能仅仅停留于客观的历史追述,而应在进程中发现意义,在成绩中找出局限,然后努力寻求新的突破。无可讳言,"学术史热"既然已从学术崇尚衍为一种社会风潮,那么它必然夹杂着许多非学术化的因素,甚至难免出现学术泡沫。相比之下,"重写学术史"的工作显然艰苦得多,更需要沉思,需要积淀,需要创新。其中最重要的莫过于先进的学术史观与扎实的文献基础的双重支撑。以此衡之,世纪之交的"学术史热"显然还存在着诸多局限。学术既由"学"与"术"所组成,学者,学说也,学理也,因此学术史研究不仅离不开思想,相反,更需要深刻思想的导引与熔铸。学术史观,从某种意义上说即是学术思想的体现和升华,平庸的思想不可能产生深刻的学术史观。李泽厚先生尝论20世纪90年代是一个"思想淡出,学术凸显"的时代,扼要点中了中国学界八、九十年代的整体学术转向。

"重写学术史",实质上是对原有学术史的历史重建,而历史重建的成效,则有赖于历史还原的进展。从历史与逻辑辩证统一的要求衡量,"重写学术史"的历史还原与重建,特别需要在中国学术、中国学术史、中国学术史研究三个具有内在逻辑关联的关键环节上作出新的探索,并取得新的突破。

二、中国"学术":文字考释与意义探源

学术史,顾名思义,是学术发展演变的历史。因此,对中国学术史的历史还原,首先要对"学术"的语言合成与原生意义及其历史流变进行一番考释与探源工作。

何谓"学术"?《辞源》释之为"学问、道术";《辞海》释之为"较为专门、有系统的学问";《汉语大词典》梳理从先秦至清代有关"学术"的不同用法,释为七义:(1)学习治国之术;(2)治国之术;(3)教化;(4)学问、学识;(5)观点、主张、学说;(6)学风;(7)法术、本领。其中(3)(4)(5)(6)(7)皆关乎当今所言"学术"之意义。

从语源学上追溯,"学"与"术"先是分别独立出现,各具不同的语义。然后由分而合,并称为"学术"之名。至近代以来,又逐渐被赋予新的时代意义。略略考察其间的演变历程,有助于更深切、准确地理解"学术"本义及其与现代学术意涵的内在关系。

(一)"学"之释义

许慎《说文解字》曰:"斅,觉悟也。从教、冂。冂,尚矇也。臼声。學,篆文斅省。"许氏以"斅"、"學"为一字,本义为"觉悟"。段玉裁注云:"详古之制字作'斅',从教,主于觉人。秦以来去'攵'作'學',主于自觉。"以此上溯并对照于甲骨文和金文,则"學"字已见于甲骨文而金文中则"學"、"斅"并存:

前三字为甲骨文,后二字为金文。甲骨文"學"字或从乂,或从爻,与上古占卜的爻数有

关。占卜术数是一门高深学问，需要有师教诲，故由"學"字引申，凡一切"教之觉人"皆为"學"，不一定是专指占卜之事。如：

> 丙子卜贞：多子其延學疾（治病），不冓（遘）大雨？（《甲骨文合集》3250）
> 丁酉卜今旦万其學？/于来丁廼學？（《小屯南地甲骨》662）

然后从学习行为引申为学习场所，意指学校。如："于大學拜？"（《小屯》60）大学，应为学宫名，即是原始的太学，《礼制·王制》曰："小学在公宫南之右，太学在郊。"

以甲骨文为基础，金文又增加了意为小孩的形符"子"，意指蒙童学习之义更加显豁。儿童学习须人教育，因此本表学习义的"學"兼具并引申为教学之义，故金文再增加"攴"符，成为繁形的"敎"字，由此學、敎分指学、教二义。检金文中"學"字，仍承甲骨文之义，意指学习或学校。如：

> 小子令學。（令鼎）
> 小子眔服眔小臣眔尸仆學射。（静簋）
> 余隹（惟）即朕小學，女（汝）勿剋余乃辟一人。（盂鼎）
> 王命静嗣射學宫。（静簋）

前二例意指学习行为，后二例意指学习场所。

然"敎"之不同于"學"，明显意指"教"之义。如：

> 克又井敎懿父洒□子。（沈子它簋蓋）
> 昔者，吴人并越，越人修敎備恁（信），五年覆吴。（中山王鼎）

《静殷》："静敎无。"郭沫若《西周金文辞大系》考释："敎当读为教……，无即无斁。"这个"敎"字还保留"觉人"、"自觉"的双向语义，即是说"觉人"为"教"，"自觉"为"学"，不必破通假字。传世文献则已分化为二字二义。如《尚书·兑命》曰："惟敎學半，今始终典于學，厥德修罔觉。"孔安国《传》云："敎，教也。"《礼记·学记》由此引出"教学相长"之说。曰："學然后知不足，教然后知困。知不足然后能自反也，知困然后能自强也。故曰教学相长也。《兑命》曰：'敎學半'，其此之谓乎？"段玉裁尽管曾从词义加以辨析，说："按《兑命》上敎之谓教，言教人乃益己之半，教人谓之學者。學所以自觉，下之效也；教人所以觉人，上之施也。故古统谓之學也。"其"古统谓之学"，说明"学"是双向的表意，在语源上是没有区别的。

"敎"为教义，征之于先秦文献，也不乏其例：

> 《礼记·文王世子》："凡敎世子及學士，必时。"陆德明释文："敎，户孝反，教也。"
> 《国语·晋语九》："顺德以敎子，择言以教子，择师保以相子。"韦昭注："敎，教也。"
> 《墨子·鲁问》："鲁人有因子墨子而學其子者。"于省吾《双剑誃诸子新证·墨子三》："學，应读作敎。"

要之，由学习至学校，由教学至学习，"学"字在上古包含"觉人"（教）与"自觉"（学）的双向语义。

春秋战国时代，在百家争鸣、学术繁荣的特定背景下，"学"之词日益盛行于世，仅《论语》

一书出现"学"者,凡46处之多。而且,还出现了如《礼记》之《大学》、《学记》,《荀子》之《劝学》,《韩非子》之《显学》等论学专篇。"学"之通行意义仍指学习行为,然后向以下诸方面引申:

1. 由学习行为,引申为学习场所——学校

《礼记·学记》曰:"古之教者,家有塾,党有庠,术(遂)有序,国有学。"《礼记·大学》谓"大学之道,在明明德,在亲民,在止于至善"。此"国之学"、"大学"即指最高学府——太学。

2. 由学习行为引申为学习主体——学士、学人、学者

《荀子·修身》曰:"故学曰:迟,彼止而待我,我行而就之,则亦或迟、或速、或先、或后,胡为乎其不可以同至也。"此"学"意指学习者,或衍为"学士"、"学人"、"学者"。《周礼·春官·乐师》曰:"及彻,帅学士而歌彻。"《左传·昭公九年》曰:"辰在子卯,谓之疾日,君彻宴乐,学人舍业,为疾故也。"《论语·宪问》:"子曰:古之学者为己,今之学者为人。"《礼记·学记》曰:"学者有四失,教者必知之。"此"学士"、"学人"、"学者"皆指求学者。

由求学者进一步引申,又可指称有学问之人。《庄子·刻意》曰:"语仁义忠信,恭俭推让,为修己而已矣,此平世之士,教诲之人,游居学者之所好也。"成玄英疏:"斯乃子夏之在西河,宣尼之居洙泗,或游行而议论,或安居而讲说,盖是学人之所好。"而《庄子·盗跖》曰:"摇唇鼓舌,擅生是非,以迷天下之主,使天下学士,不反其本,妄作孝弟,而徼倖于封侯富贵者也。"此"学士"则泛指一般学者、文人。

3. 由学习行为引申为学习成果——学问、学识

《论语·为政》曰:"子曰:吾十有五而志于学。"《论语·述而》曰:"子曰:德之不修,学之不讲,闻义不能徙,不善不能改,是吾忧也。"《论语·子罕》:"大哉孔子,博学而无所成名。"《墨子·修身》曰:"士虽有学,而行为本焉。"此中"学"字,皆为学问、学识、知识之义,后又进而衍为"学问"之词。按"学问",本指学习与询问知识、技能等。例如《易·乾》曰:"君子学以聚之,问以辩之。"《礼记·中庸》曰:"博学之,审问之,慎思之,明辨之,笃行之。"而合"学"与"问"于"学问"一词,即逐步由动词向名词转化。《孟子·滕文公上》曰:"吾他日未尝学问,好驰马试剑。"仍用为动词。《荀子·劝学》曰:"不闻先生之遗言,不知学问之大也。"则转化为名词,意指知识、学识。《荀子·大略》曰:"诗曰:'如切如磋,如琢如磨'。谓学问也。"两者兼而有之。

4. 由学习行为引申为学术主张与学术流派——学说、学派

《庄子·天下篇》曾提出"百家之学"、"后世之学"的概念,曰:"古之所谓道术者,果恶乎在?……其明而在数度者,旧法世传之史尚多有之。其在于《诗》、《书》、《礼》、《乐》者,邹鲁之士缙绅先生多能明之。《诗》以道志,《书》以道事,《礼》以道行,《乐》以道和,《易》以道阴阳,《春秋》以道名分。其数散于天下而设于中国者,百家之学时或称而道之。……悲夫,百家往而不反,必不合矣!后世之学者,不幸不见天地之纯,古人之大体,道术将为天下裂。"此"百家之学"、"后世之学",主要是指学说。而《韩非子·显学》也同样具有《庄子·天下篇》的学术批评性质,其谓"世之显学,儒墨也"。此"学"则意指学派。

由先秦"学"之意涵演变历程观之,当"学"从学习的基本语义,逐步引申为学校、学者乃至学问、学识、学说、学派时,即已意指甚至包含了"学术"的整体意义。

(二)"术"之释义

术,古作術。许慎《说文解字》曰:"術,邑中道也。从行,术声。"段玉裁注:"邑,国也。"術字本义是"道路",这个字比较晚起,最早见睡虎地秦墓行简,写作:

術

《法律答问》曰:"有贼杀伤人(于)冲術。"银雀山汉墓行简《孙膑兵法·擒庞涓》曰:"齐城、高唐当術而大败。"冲術,即大道、大街;当術,在路上。

然術字虽是晚出,而表示"道路"的意义则存之于先秦文献。如《墨子·号令》曰:"環守官之術衢,置屯道,各垣其两旁,高丈为埤倪。"術衢,指道路,衢也是道路。《庄子·大宗师》曰:"鱼相忘乎江湖,人相忘乎道術。"道術,即道路。词义早就存在了,而表示该词义的字却迟迟未出,滞于其后。这在汉语中是常见的现象。

与"術"关系十分密切的还有一个"述"字,见于西周金文。《说文》曰:"述,循也。从辵,术声。"段玉裁注:"述,或叚术为之。"其实,術为"述"字的分化。述为循行,由动词演变为名词,则为行走的"道路",于是才造出一个"術"字。至少可以说,術、述同属一个语源。

"術"(术)又由道路引申为方法、手段、技能、技艺、谋略、权术、学问、学术等义,则与其道之本义逐渐分离。兹引先秦典籍文献,分述于下:

1. 由道路引申为方法、手段

《礼记·祭统》曰:"惠术也,可以观政矣。"郑玄注:"术犹法也。"《孟子·告子下》曰:"教亦多术矣,予不屑之教诲也者,是亦教诲之而已矣。"此"术"指教育方法。

2. 由方法引申为技能、技艺

《礼记·乡饮酒义》曰:"古之学术道者,将以得身也,是故圣人务焉。"郑玄注:"术,犹艺也。"《孟子·公孙丑上》曰:"矢人惟恐不伤人,函人惟恐伤人,巫匠亦然,故术不可不慎也。"又《孟子·尽心上》曰:"人之有德慧术知者,恒存乎疢疾。"赵歧注:"人所以有德行智慧道术才智者,以其在于有疢疾之人;疢疾之人,又力学,故能成德。"此"术"与德、慧、知(智)并行,赵歧释之为"道术",实乃指一种技能、技艺。

古代与"术"构为复合词者,如法术、方术、数术(或称术数)等,多指具有某种神秘性、专门性的技能或技艺。《韩非子·人主》曰:"且法术之士,与当途之臣,不相容也。"此法术犹同方术。《荀子·尧问》曰:"德若尧禹,世少知之,方术不用,为人所疑。"《吕氏春秋·赞能》曰:"说义以听,方术信行,能令人主上至于王,下至于霸,我不若子也。"后方术泛指天文、医学、神仙术、房中术、占卜、相术、遁甲、堪舆、谶纬等。《后汉书》首设《方术传》。术数,多指以种种方术,观察自然界可注意的现象,来推测人的气数与命运,也称"数术"。《汉书·艺文志》谓:"数术者,皆明堂羲和史卜之职也。"其下列天文、历谱、五行、著龟、杂占、形法六种,大体与方术相近。

3. 由方法引申为谋略、权术

《吕氏春秋·先己》曰:"当今之世,巧谋并行,诈术递用。"此"术"意指一种权谋。先秦典籍文献中"术"常与"数"连称"术数",特指谋略、权术,与上文所指技能、技艺之"术数"同中有异。《管子·形势》曰:"人主务学术数,务行正理,则变化日进,至于大功。"《韩非子·奸劫弑臣》曰:"夫奸臣得乘信幸之势以毁誉进退群臣者,人主所有术数以御之也。"《鹖冠子·天则》曰:"临利而后可以见信,临财而后可以见仁,临难而后可以见勇,临事而后可以见术数之士。"皆指治国用人的谋略、权术。

4. 由技能、技艺引申为学问、学术

以《庄子·天下篇》所言"道术"、"方术"最具代表性。《天下篇》曰:

> 天下之治方术者多矣,皆以其有为不可加矣。古之所谓道术者,果恶乎在?曰:"无乎不在。"曰:"神何由降?明何由出?""圣有所生,王有所成,皆原于一。"不离于宗,谓之天人;不离于精,谓之神人;不离于真,谓之至人。以天为宗,以德为本,以道为门,兆于变化,谓之圣人;以仁为恩,以义为理,以礼为行,以乐为和,熏然慈仁,谓之君子;以法为分,以名为表,以参为验,以稽为决,其数一二三四是也,百官以此相齿;以事相常,以衣食为主,蕃息畜藏,老弱孤寡为意,皆有以养,民之理也。古之人其备乎!配神明,醇天地,育万物,和天下,泽及百姓,明于本数,系于末度,六通四辟,小大精粗,其运无乎不在。

> 天下大乱,贤圣不明,道德不一。天下多得一察焉以自好。譬如耳目鼻口,皆有所明,不能相通。犹百家众技也,皆有所长,时有所用。虽然,不该不遍,一曲之士也。判天地之美,析万物之理,察古人之全。寡能备于天地之美,称神明之容。是故内圣外王之道,暗而不明,郁而不发,天下之人各为其所欲焉以自为方。悲夫,百家往而不反,必不合矣!后世之学者,不幸不见天地之纯,古人之大体。道术将为天下裂。

"道术"与"方术"一样,在先秦典籍文献中本有多种含义。前引《庄子·大宗师》曰:"鱼相忘于江湖,人相忘于道术。"此"道"与"术"同指道路。《吕氏春秋·任数》曰:"桓公得管子,事犹大易,又况於得道术乎?"此"道术"意指治国之术。《墨子·非命下》曰:"今贤良之人,尊贤而好功道术,故上得其王公大人之赏,下得其万民之誉。"此"道"与"术"分别意指道德、学问。而《庄子·天下篇》所言"道术"与"方术"皆意指学术。陈鼓应《庄子今注今译》释"道术":"指洞悉宇宙人生本原的学问",释"方术":"指特定的学问,为道术的一部分"。"道术"合成为一词,意指一种统而未分、天然合一的学问,一种整体的学问,普遍的学问,接近于道之本体的学问,也是一种合乎于道的最高的学术。而"方术"作为与"道术"相对应的特定概念,也与上引意指某种特定技能、技艺之"方术"、"术数"不同,《庄子今注今译》引"林希逸说:'方术,学术也。'蒋锡昌说:'方术者,乃庄子指曲士一察之道而言,如墨翟、宋钘、惠施、公孙龙等所治之道是也。'"则此"方术"意指百家兴起之后分裂"道术"、"以自为方"的特定学说或技艺,是一种由统一走向分化、普遍走向特殊、整体走向局部的学问,一种离异了形而上之"道"趋于形而下之"术"的学问。

要之,"道术"之与"方术"相通者,皆意指学术,所不同者,只是彼此在学术阶段、层次、境界上的差异。鉴于《天下篇》具有首开学术史批评的性质与意义,则以文中"道术"与"方术"之分、之变及其与百家之学、后世之学的对应合观之,显然已超越于"学术"之"术"而具有包含学术之"术"与"学"的整体意义。这标志着春秋战国时代以"百家争鸣"繁荣为基础的"学术"意识的独立、"学术"意涵的明晰,以及学术史批评的自觉。

(三)"学术"之释义

尽管先秦典籍文献中的"学"与"术"在相互包容对应中已具有"学术"的整体性意义,但"学"与"术"组合为并列结构的"学术"一词,却经历了相当长的演变过程,概而言之,大致经历了以下四个阶段。

1. 先秦两汉时期"术学"先行于"学术"

略检先秦典籍文献,早期以"学术"连称者见于《韩非子》等。《韩非子·奸劫弑臣第十四》曰:"世之学术者说人主,不曰'乘威严之势以困奸邪之臣',而皆曰'仁义惠爱而已矣'。"但此"学术"皆为动宾结构而非并列结构,与当今所称"学术"之义不同。

两汉时期,学术作为并列结构且与当今"学术"之义相当者,仍不多见。《后汉书》卷五八《盖勋传》曰:"(宋)枭患多寇叛,谓(盖)勋曰:'凉州寡于学术,故屡致反暴。今欲多写《孝经》,令家家习之,庶或使人知义。'勋谏曰:'昔太公封齐,崔杼杀君;伯禽侯鲁,庆父篡位。此二国岂乏学者?今不急静难之术,遽为非常之事,既足结怨一州,又当取笑朝廷,勋不知其可也。'枭不从,遂奏行之。果被诏书诘责,坐以虚慢征。"此"学术"大体已与当今"学术"之义相近,但尚偏重于教化之意。

再看"术学"一词,《墨子·非儒下》已将"道术学业"连称,其曰:"夫一道术学业仁义也,皆大以治人,小以任官,远施周偏,近以修身,不义不处,非理不行,务兴天下之利,曲直周旋,利则止,此君子之道也。以所闻孔丘之行,则本与此相反谬也!"道术学业并列,含有"学术"之意,但仅并列而已,而非"术学"连称。

秦汉以降,"术学"一词合成为并列结构者行世渐多。例如:

《史记》卷九十六《张丞相列传》:"太史公曰:'张苍文学律历,为汉名相,而绌贾生、公孙臣等言正朔服色事而不遵,明用秦之颛顼历,何哉?周昌,木强人也。任教以旧德用。申屠嘉可谓刚毅守节矣,然无术学,殆与萧、曹、陈平异矣'。"

《汉书》卷四十五《蒯伍江息夫传》:"伍被,楚人也。或言其先伍子胥后也。被以材能称,为淮南中郎。是时淮南王刘安好术学,折节下士,招致英隽以百数,被为冠首。"

《后汉书》卷四十上《班彪列传》:"其论术学,则崇黄老而薄《五经》;序货殖,则轻仁义而羞贫穷;道游侠,则贱守节而贵俗功,此其大敝伤道,所以遇极刑之咎也。然善述序事理,辩而不华,质而不俚,文质相称,盖良史之才也。诚令迁依《五经》之法言,同圣人之是非,意亦庶几矣。"

《后汉书》卷五十九《张衡列传》:"安帝雅闻衡善术学,公车特征拜郎中,再迁为太史令。遂乃研核阴阳,妙尽璇机之正,作浑天仪,著《灵宪》、《算罔论》,言甚详明。"

以上"术学"皆为并列结构,其义与今之"学术"一词相当。

2. 魏晋至唐宋时期"术学"与"学术"同时并行

"学术"之与"术学"同时并行,可以证之于魏晋至唐宋时期的相关史书,试举数例:

《晋书》卷六十四《武十三王传》:"晞无学术而有武干,为桓温所忌。"卷七十二《郭璞传》:"臣术

《梁书》卷二十二《太祖五王传》："(秀)精意术学，搜集经记，招学士平原刘孝标，使撰《类苑》，书未及毕，而已行于世。"又卷三十八《贺琛传》："琛始出郡，高祖闻其学术，召见文德殿，与语悦之，谓仆射徐勉曰：'琛殊有世业'。"

《旧唐书》卷四十三《职官志二》："集贤学士之职，掌刊缉古今之经籍，以辨明邦国之大典。凡天下图书之遗逸，贤才之隐滞，则承旨而征求焉。其有筹策之可施于时，著述之可行于代者，较其才艺而考其学术，而申表之。凡承旨撰集文章，校理经籍，月终则进课于内，岁终则考最于外。"又卷一百二十六《卢鸷传》："(鸷)无术学，善事权要，为政苛躁。"

《新唐书》卷一百四十《裴冕传》："冕少学术，然明锐，果于事，众号称职，(王)鉷雅任之。"又卷一百一《萧嵩传》："时崔琳、正丘、齐澣皆有名，以嵩少术学，不以辈行许也，独姚崇称其远到。历宋州刺史，迁尚书左丞。"

以上皆为同一史书中"学术"、"术学"同时并行之例。但观其发展趋势，是"学术"盛而"术学"衰。

3. 宋元以降"学术"逐步替代"术学"而独行于世

唐宋之际，"术学"隐而"学术"显，实已预示这一变化趋势。从《宋史》到《金史》、《元史》、《明史》、《清史稿》，"术学"一词几乎销声匿迹，其义乃合于"学术"一词。而就"学术"本身的内涵而言，则更具包容性与明确性，与今天所称"学术"之义更为接近。例如：

《宋史》卷二十三《钦宗本纪》："壬寅，追封范仲淹魏国公，赠司马光太师，张商英太保，除元祐党籍学术之禁。"

《宋史》卷三百七十六《陈渊传》："渊面对，因论程颐、王安石学术同异，上曰：'杨时之学能宗孔、孟，其《三经义辨》甚当理。'渊曰：'杨时始宗安石，后得程颢师之，乃悟其非。'上曰：'以《三经义解》观之，具见安石穿凿。'渊曰：'穿凿之过尚小，至于道之大原，安石无一不差。推行其学，遂为大害。'上曰：'差者何谓？'渊曰：'圣学所传止有《论》、《孟》、《中庸》，《论语》主仁，《中庸》主诚，《孟子》主性，安石皆暗其原。仁道至大，《论语》随问随答，惟樊迟问，始对曰：爱人。爱特仁之一端，而安石遂以爱为仁。其言《中庸》，则谓《中庸》所以接人，高明所以处己。《孟子》七篇，专发明性善，而安石取扬雄善恶混之言，至于无善无恶，又溺于佛，其失性远矣。'"

《元史》卷一百四十《铁木儿塔识传》：铁木儿塔识"天性忠亮，学术正大，伊、洛诸儒之书，深所研究"。

《明史》卷二百八十二《儒林传一》："原夫明初诸儒，皆朱子门人之支流余裔，师承有自，矩矱秩然。曹端、胡居仁笃践履，谨绳墨，守儒先之正传，无敢改错。学术之分，则自陈献章、王守仁始。宗献章者曰江门之学，孤行独诣，其传不远。宗守仁者曰姚江之学，别立宗旨，显与朱子背驰，门徒遍天下，流传逾百年，其教大行，其弊滋甚。嘉、隆而后，笃信程、朱，不迁异说者，无复几人矣。要之，有明诸儒，衍伊、洛之绪言，探性命之奥旨，锱铢或爽，遂启岐趋，袭谬承讹，指归弥远。"

《清史稿》卷一百四十五《艺文志一》："当是时，四库写书至十六万八千册，诏钞四分，分庋京师文渊、京西圆明园文源、奉天文溯、热河文津四阁，复简选精要，命武英殿刊版颁行。四十七年，诏再写三分，分贮扬州大观堂之文汇阁、镇江金山寺之文宗阁、杭州圣因寺玉兰堂之文澜阁，令好古之士欲读中秘书者，任其入览。用是海内从风，人文炳蔚，学术昌盛，方驾汉、唐。"

《清史稿》卷一百七《选举志二》："先是百熙招致海内名流，任大学堂各职。吴汝纶为总教习，赴日本参观学校。适留日学生迭起风潮，诼谣繁兴，党争日甚。二十九年正月，命荣庆会同百熙管理大学堂事宜。二人学术思想，既各不同，用人行政，意见尤多歧异。"

《清史稿》卷四百七十三《康有为传》："有为天资瑰异,古今学术无所不通,坚于自信,每有创论,常开风气之先。"

《清史稿》卷四百八十六《林纾传》："纾讲学不分门户,尝谓清代学术之盛,超越今古,义理、考据,合而为一,而精博过之。实于汉学、宋学以外别创清学一派。"

《清史稿》卷四百八十六《辜汤生传》："辜汤生,字鸿铭,同安人。幼学于英国,为博士。遍游德、法、意、奥诸邦,通其政艺。年三十始返而求中国学术,穷四子、五经之奥,兼涉群籍。爽然曰:'道在是矣!'乃译四子书,述《春秋》大义及礼制诸书。西人见之,始叹中国学理之精,争起传译。"

此外,明代学者章懋在其《枫山语录》中有《学术》专文,周琦所著《东溪日谈录》卷六有《学术谈》一文,《清史稿》卷二百六十五《陆陇其传》还有载陆氏所著《学术辨》一书,曰:"其为学专宗朱子,撰《学术辨》。大指谓王守仁以禅而托于儒,高攀龙、顾宪成知辟守仁,而以静坐为主,本原之地不出守仁范围,诋斥之甚力。"从以上所举案例可知,宋元以来取代"术学"而独行于世的"学术"一词,因其更具包容性与明确性而在名实两个方面渐趋定型。

4. 晚清以来"学术"的新旧转型与中西接轨

晚清以来,在西学东渐的背景下,随着中国"学术"从传统向现代的转型,学界对"学术"的内涵也进行了新的审视与界说。1901年,严复在所译《原富》按语中这样界定"学术"中"学"与"术"的区别:"盖学与术异,学者考自然之理,立必然之例。术者据既已知之理,求可成之功。学主知,术主行。"10年后,梁启超又作《学与术》一文,其曰:

> 近世泰西学问大盛,学者始将学与术之分野,厘然画出,各勤厥职以前民用。试语其概要,则学也者,观察事物而发明其真理者也;术也者,取所发明之真理而致诸用者也。例如以石投水则沉,投以木则浮。观察此事实,以证明水之有浮力,此物理学也;应用此真理以驾驶船舶,则航海术也。研究人体之组织,辨别各器官之机能,此生物学也。应用此真理以治疗疾病,则医术也。学与术之区分及其相互关系,凡百皆准此。善夫生计学大家倭儿格之言,曰:科学(英 Science,德 Wissenschaft)也者,以研索事物原因结果之关系为职志者也。事物之是非良否非所问,彼其所务者,则就一结果以探索所由来,就一原因以推理其所究极而已。术(英 Art,德 Kunst)则反是。或有所欲焉者而欲致之,或有所恶焉者而欲避之,乃研究致之避之之策以何为适当,而利用科学上所发明之原理原则以施之于实际者也。由此言之,学者术之体,术者学之用。二者如辅车相依而不可离,学而不足以应用于术者,无益之学也。术而不以科学上之真理为基础者,欺世误人之术也。(初刊1911年6月26日《国风报》第2册第15期。后载梁启超《饮冰室文集》之二十五下,云南教育出版社,2001年8月第1版)

梁启超以西学为参照系的对"学术"的古语新释,集中表现了当时西学东渐、西学中用的时代风气以及梁氏本人欲以西学为参照,推动中国学术从综合走向分科、从古典走向现代并以此重建中国学术的良苦用心。但取自西学的科学、技术与中国传统"学术"仅具某种对应关系而非对等关系,难免有以今释古、以西释中之局限。由此可见,对于中国学术尤其需要西方与本土、传统与现代学术概念的互观与对接,需要从渊源到流变的学术通观。

三、中国学术史:形态辨析与规律探寻

中国学术史源远流长,而对中国学术史的形态辨析与规律探寻始终没有停息。《庄子·

天下篇》之于"道术"与"方术"两种形态与两个阶段的划分，可以视为中国学术史上最先对"古"、"今"学术流变的总结，实乃反映了作者"后世之学者，不幸见天地之纯，古人之大体，道术将为天下裂"的学术史观，以及由今之"方术"还原古之"道术"的学术崇尚，与同时代其他诸子大相径庭。此后，类似的学术史的总结工作代代相续，随时而进，而不断由"今"鉴"古"所揭示的中国学术史发展轨迹与形态，也多呈现为不同的面貌。比如，司马谈《论六家要旨》所论，凡阴阳、儒、墨、法、名、道六家，而《汉书·艺文志·诸子略》则增为儒、道、阴阳、法、名、墨、纵横、杂、农、小说十家，然后归纳为"诸子出于王官"之说，皆与《庄子·天下篇》不同。再如，唐代韩愈《原道》率先提出"尧—舜—禹—汤—文—武—周公—孔—孟"的"道统"说，继由宋代朱熹《中庸章句》推向两宋当代，完成经典性的归纳："尧—舜—禹—汤—文—武—周公—孔子—颜回、曾参—子思—孟子—二程"，在似乎非常有序的学术史链接中，完成了以儒家为正统的序次定位。但这仅是反映韩愈、朱熹等复兴儒学倡导者的学术史观以及文化史观，不能不以排斥乃至牺牲中国学术史的多元性、丰富性为代价，显然是一种以偏概全的概括。由"道统"而"学统"，清代学者熊赐履进而在直接标示为《学统》之书中，以孔子、颜子（回）、曾子（参）、子思、孟子、周子（敦颐）、二程子（程颐、程颢）、朱子（熹）9人为"正统"，以闵子（骞）以下至罗钦顺23人为"翼统"，由冉伯牛以下至高攀龙178人为"附统"，以荀卿、扬雄、王通、苏轼、陆九渊、陈献章、王守仁等7人为"杂统"，以老、庄、杨、墨、告子及释、道二氏之流为"异统"（参见《四库全书·总目·史部·传记类存目五》《学统》五十六卷提要）。虽然对韩愈、朱熹"道统"的纯粹性作了弥补，但以儒家为正统、以纯儒为正统的观念未有根本的改变。

近代以来，梁启超以西方学术为参照系，由清代上溯中国学术，先在《论中国学术思想变迁之大势》（《饮冰室合集》文集之七）一文中将中国学术史划分为八个时代："一胚胎时代，春秋以前也；二全盛时代，春秋及战国是也；三儒学统一时代，两汉是也；四老学时代，魏晋是也；五佛学时代，南北朝隋唐是也；六儒佛混合时代，宋元明是也；七衰落时代，近二百五十年是也；八复兴时代，今日是也。"继之在《清代学术概论》中提出"自秦以后，确能成为时代思潮者，则汉之经学，隋唐之佛学，宋及明之理学，清之考据学，四者而已"。基于时代与个人的双重原因，梁氏抛弃了长期以来以儒家为正统、以纯儒为正统的"道统"说与"学统"说，力图以融通古今、中西的崭新的学术史观，还原于中国学术原生状态与内在逻辑，这的确是一个重大突破，标志着中国学术史研究已实现从传统向现代转型并与世界接轨，具有划时代意义。可以说，此后的中国学术史构架几乎都是以此为蓝本而不断加以调整和完善，当"先秦诸子学——两汉经学——魏晋玄学——隋唐佛学——宋明理学——清代朴学——近代新学"已成为后来概括中国学术史流变的通行公式时，尤其不能遗忘梁氏的创辟之功。

世纪之交，受惠于"重写学术史"的激励和启示，我们应该以更加广阔的视野、更加多元的维度以及更加深入的思考，对中国学术史的形态辨析与规律探寻作出新的建树，实现新的超越。

中国学术孕育于中国文化之母体，受到多元民族与区域文化的滋养而走向独立与兴盛，并在不同时期呈现为不同的主流形态与演变轨迹。而中国学术之所以生生不息，与时俱进，也就在于其同时兼具自我更新与吸纳异质学术文化资源的双重能力，在纵横交汇、融合中吐故纳新，衰而复盛。因此，从"文化—学术"、"传统—现代"、"本土—世界"这样三个维度，重新审视中国学术史的历史进程与演变规律，则大致可以重新划分为华夏之融合、东方之融合与世界之融合三个历史时段，这三个历史时段中的中国学术主导形态及其与世界的关系依次发生了变化,分别从华夏之中国到东方之中国,再到世界之中国。

(一) 华夏文化融合中的中国学术史

从炎黄传说时代到秦汉时期,中国文化发展形态主要表现为华夏各民族文化的融合,然后逐步形成以儒家为主流的文化共同体。与此相契合,中国学术史的发展也完成了从萌芽到独立、繁荣直至确立儒学一统地位的历程。

1. 远古华夏多元文化的融合对学术的孕育

徐旭生在《中国古史的传说时代》(广西师范大学出版社2003年版)中同时证之于古籍文献与考古发现,提出华夏、东夷、苗蛮三大族团说,高度概括地揭示了炎黄时代民族与文化版图跨越黄河、长江两岸流域的三分天下格局。然后通过东征、南伐,炎黄族团文化逐步统一了三大部族,而炎黄部族本身的相争相融,终以炎黄并称共同塑铸为中华民族的祖先,这是从炎黄到五帝时代部族联盟文化共同体初步形成的主要标志。夏商周三代,既是三个进入国家形态的不同政权的依次轮替,又是三大民族在黄河流域中的不同分布。因此,夏商周的三代更替,亦即意味着中华民族文化中心在黄河流域轴线上的由中部向东西不同方向的轮动。

以上不同阶段、区域与形态的文化之发展,都不同程度地给予本时段学术的孕育以滋养。《庄子·天下篇》归之为中国学术的"道术"时代,是以所谓天人、神人、至人、圣人、君子等为主导,接近于道之本体的原始学术阶段,与梁启超在《论中国学术思想变迁之大势》所溯源的"天人相与"的学术胚胎时代相仿。

2. 春秋战国"轴心时代"学术的独立与繁荣

东周以降的春秋战国时代,迎来了具有世界性意义的第一个文化繁荣期,大体相当于西方学者所称的"轴心时代"(公元前800—200年)(见德国卡尔·雅斯贝尔斯著《历史的起源与目标》,魏楚雄、俞新天译,华夏出版社1989年版)。王权衰落、诸侯争霸、士人崛起、诸子立派、百家争鸣,一同促进了中国学术的走向独立与空前繁荣。梁启超《论中国学术思想变迁之大势》称之为"全盛时代",并有四期、两派、三宗、六家的划分。春秋战国诸子百家争鸣的学术之盛,既见普世规律,又有特殊因由。其中一个十分重要的转折点就是发生于春秋后期的"天子失官,学在四夷"的文化学术扩散运动,由于东周王朝逐步失去继续吸纳聚集各诸侯国文化学术精英、引领和主导全国文化学术主流的机制与能力,其结果便是诸子在远离京都中心的诸侯国之间大规模、高频率地自由流动。从诸子的流向、聚集与影响而论,当以齐鲁为中心,以儒、道、墨为主干,然后向全国各诸侯国流动与辐射。

诸子百家争鸣局面的形成,既是本时期中国学术高峰的标志,同时也促进了诸子对于自身学术反思的初步自觉,从《庄子·天下篇》到《荀子·非十二子》《韩非子·显学》等,都具有学术批判与自我批判的自觉意义,其中也蕴含着诸子整合、百家归一的学术趋势。

3. 秦汉主流文化的选择与儒学正统地位的确立

进入秦汉之后,在国家走向大一统的过程中,通过对法家(秦代)、道家(汉代前期)、儒家(汉代中期)的依次选择,最后确立了儒家的官方主流文化与学术的地位。

汉武帝元光元年(前134)五月,武帝亲策贤良方正直言极谏之士,董仲舒连上三策,请黜刑名、崇儒术、兴太学,史称《天人三策》(或《贤良对策》)。董仲舒以儒家经典《春秋》为参照,在倡导与建构"大一统"的文化传统中,主张独尊儒学而摈绝诸子,后人归纳为"罢黜百家,独尊儒术",梁启超称之为"儒学统一时代",后世所谓"道统"说与"学统"说即发源于此。这不仅标志着汉代儒学作为正统学术文化主流地位的确立,同时意味着中国学术史的第一时段——华夏融合时期的结束。

(二) 东方文化融合中的中国学术史

本时段以东汉明帝"永平求法"为起点,以印度高僧译经传教于洛阳白马寺为中心,以儒学危机与道教兴起为背景,来自西域的佛教的传入及其与中国文化的融合,为中国学术的重建提供了一种新的异质资源与重要契机,然后逐步形成三教合流之局面。这是中国学术基于此前的华夏文化之融合转入东方文化之融合的重要标志。此后,由论争而融合,由表层而内质,由局部而整体,"三教合一"对本时段中国学术的重建与演变产生了巨大而深远的影响。

1. 东汉至南北朝佛教传入与学术格局的变化

儒学衰微、佛教传入与道教兴起,三者终于相遇于东汉后期,一同改变了西汉以来儒学独盛的整体学术格局。其中最引人注目的是兴起于魏、盛行于晋的新道学——玄学。其中大致可以划分为四个阶段:一是王弼、何晏的正始之音;二是嵇康、阮籍的纵达之情;三是向秀、郭象综合诸说而倡自然各教合一论;四是东晋玄学的佛学化(参见冯天瑜、邓捷华、彭池《中国学术流变》,华东师范大学出版社2003年版,第2页)。玄学的主要贡献,是将当时的士林风尚从学究引向思辨,从社会引向自然,从神学引向审美,从群体引向个体,从外在引向内在,从而促使人的发现与人的自觉,具有划时代意义。此后,发生于西晋末年的"永嘉之乱",直接促成了东晋建都建康(今南京),大批北方士人渡江南下,不仅彻底改变了南方尤其是处于长江下游的江南经济、文化的落后面貌,而且也彻底改变了原来江南土著民族的强悍之风,代之为一种由武而文、由刚而柔、由质而华的新江南文化精神,江南文化圈的地位因此而迅速上升,这是中国文化与学术中心第一次从黄河流域转向长江流域。在此过程中,本兴起于北方的玄学也随之南迁于江南,并鲜明地打上了江南山水审美文化与人文精神的烙印。

以玄学为主潮,儒佛道三教开始了漫长的相争相合之进程。在三国两晋南北朝时代,集中表现为由儒玄之争与佛道冲突中走向初步的调和与融合,范文澜先生扼要而精彩地概括为:儒家对佛教,排斥多于调和,佛教对儒家,调和多于排斥;佛教和道教互相排斥,不相调和(道教徒也有主张调和的);儒家对道教不排斥也不调和,道教对儒家有调和无排斥(范文澜《中国通史》第二册,人民出版社1994年版,第554页)。

2. 隋唐佛学的成熟与三教合流趋势

经历三国两晋南北朝的分裂,至隋唐又重新归于统一。唐代国势强盛、政治开明、文化繁荣,当朝同时倡导尊道、礼佛、崇儒,甚至发展为在宫廷公开论辩"三教合一"问题(有关唐代三教论争可参见胡小伟《三教论衡与唐代俗讲》,《周绍良先生欣开九秩庆寿文集》,中华书局1997年版),这就在文化、宗教政策上为三教合流铺平了道路。与此相契合,在学术上呈现为综合化的总体趋势。

一方面是儒道佛各自本身的融合南北的综合化，另一方面则是融合儒、道、佛三者的综合化。当然，儒、道、佛三者的综合化，在取向上尚有内外之别，儒与道的综合化，除了自身传统的综合化之外，还充分吸纳了外来佛教的诸多元素，这是由"内"而"外"的综合化；而就佛教而言，同样除了自身传统的综合外，主要是吸纳本土儒道的诸多元素，是由"外"而"内"的综合化，这种综合化的过程，实质上就是佛教的本土化过程。唐代的佛学之盛，最重要的成果是逐步形成了天台宗、三论宗、华严宗、法相宗、律宗、净土宗、密宗、禅宗等八大宗派体系，由此奠定了中国佛教史上的鼎盛时代，标志着作为外来宗教的佛教本土化进程的完成。

儒道佛的三教合流，既促成了唐代多元化的学术自由发展之时代，同时也对儒学正统地位产生严重的挑战与冲击。早在初唐时期，唐太宗鉴于三国两晋南北朝儒学的衰落与纷争，为适应国家文化大一统的需要，命国子监祭酒孔颖达等撰写《五经正义》，作为钦定的官方儒学经典文本，以此奠定了唐代新的儒学传统。然而到了中唐，韩愈等人深刻地意识到了儒学的内在危机，力图恢复儒学的正宗地位与纯儒传统，所以在《原道》中提出了"尧—舜—禹—汤—文—武—周公—孔—孟"的"道统"说，不仅排斥佛道，而且排斥孔孟之后的非正统儒学，以一种激进的方式进行新的儒学重建，实已开宋代理学之先声，彼此在排斥佛道中"援佛入儒"、"援道入儒"，亦颇有相通之处。

3. 宋代理学的兴盛与三教合流的深化

宋代理学是宋代学者致力于儒学重建的最重要成果，也是魏晋以来儒道佛三教合流深化的结果。较之前代学者，宋儒对于佛道二教的修养更深，其所臻于的"三教合一"境界也更趋于内在与深化。宋代理学的产生主要基于两大动因：一是儒学自身的新危机。朱熹在《中庸章句》中上承中唐韩愈的"道统"说而加以调整，代表了宋代理学家基于与韩愈"道统"说的同一立场，即主张在同时排斥释道与非正统儒学中恢复儒学的正统地位与纯儒传统；二是市井文化的新挑战。宋代商业经济相当发达，市井文化高度繁荣，既为中国文化带来了新的生机与活力，同时也对传统文化产生严重的冲击，于是有部分文人学士以强烈的历史使命感发起重建儒学运动，以此重建儒学传统，导正市井文化。宋儒的义利之辩、天理人欲之辩以及以"理"制"欲"的主张，即主要缘于此并应对于此。当然，宋代学术的高度繁荣虽以理学为代表，但并非仅为理学所笼罩。比如在北宋，除理学之外，尚有王安石的新学、三苏的蜀学。饶有趣味的是，无论王安石还是三苏，也都经历了由儒而道、释的三教融合过程，体现了某种新的时代精神。

尤为重要的是，基于与西晋末年"永嘉之乱"同样的缘由，发生于北宋末年的"靖康之难"促使朝廷从开封迁都临安(今杭州)，随后也同样是大批文人纷纷从北方迁居江南。南宋建都临安以及大批北方文人南迁的结果，就是中国文化中心再次发生了南北转移。在南宋学术界，要以朱熹理学、陆九渊心学以及浙东学派陈亮、叶适、吕祖谦的事功之学为代表，三者都产生于南方，汇集于江南，北方的文化地位明显下降。如果说由陆九渊到王阳明，由心学一路发展为伦理变革与解放，那么由陈亮、叶适、吕祖谦的倡导义利兼顾，甚至直接为商业、商人辩护，则开启了经世致用的另一儒学新传统，而且更具近世意义与活力，两者都具解构理学的潜在功能。

4. 元明理学的衰变与三教合流的异动

元蒙入主中原，不仅打乱了宋代以来的文化进程，而且改变了宋代之后的学术方向。一是元代建都大都,全国文化中心再次由南北迁,其直接结果是兴盛于宋代的新儒学——理学北传,成为官方新的主流文化;二是率先开通了北起大都、南至杭州的京杭大运河,为南北学术文化交流创造了更好的交通条件,同时也为元代后期学术文化中心再次南移奠定了基础;三是随着地理版图向四周的空前推进,元代在更为广阔的空间上不断融入了包括回回教(伊斯兰教)、景教(基督教)在内的更为丰富的多元文化,但其主体仍是东方文化的融合;四是元蒙本为草原民族,文化积累不厚,反倒容易实施文化学术开放政策,比如对于道教、佛教以及其他宗教的兼容,对于商业文化的重视,士商互动的频繁、密切,都较之前代有新的进展;五是元代教育的高度发达,远远超出人们的想象。这主要得益于两个方面:一者,汉族文人基于"华夷之辨",多不愿出仕元朝,但为了文化传承与生计需要,往往选择出仕书院山长或教席;二者,元朝长期中止科举制度,汉族文人在无奈中也不得不倾心于教育;六是就元代主流文化与学术而言,还是儒释道的"三教合一",其中理学在北传中经历了先衰后兴的命运。元代延祐年间,仁宗钦准中书省条陈,恢复科举,明经试士以《四书》、《五经》程子、朱熹注释为立论依据,程朱理学一跃成为官学。此对元代学术产生重要影响,并为其后的明代所效法。与此同时,道教与佛教也都在与儒学的相争相融中有新的发展,乃至出现新的宗教流派。

  明灭元后,先建都南京,后迁都北京,但仍以南京为陪都,元代开通的京杭大运河通过南京、北京"双都"连接,成为明代学术文化的南北两大轴心。为了适应高度集权的专制主义统治需要,从明初开国皇帝朱元璋开始,毫不犹豫地选择程朱理学为官方主流文化,又毫不手软地以文武两手彻底清理儒学传统,从而加速了官方主流文化与学术的衰微。然而,从社会历史进程的纵向坐标上看,明代已进入近世时代,日趋僵化的程朱理学已经无法适应基于商品经济发展的新的文化生态与文化精神的需要,而宋元两代以来日益高涨的市民思想意识,则在不断地通过士商互动而向上层渗透,这是推动中国社会与文化转型的重要基础;而在横向坐标上,与明代同时的西方已进入文艺复兴时代,彼此出现了诸多值得令人玩味的现象。在西方,文艺复兴、思想启蒙、宗教改革等此呼彼应,成为摧毁封建专制主义、开创资本主义文明、实现社会转型的主体力量,并逐步形成一种张扬人性、肯定人欲的初具近代启蒙性质的新文化思潮。而在明代,尤其是从明中叶开始,由王阳明心学对官方禁锢人性的理学的变革,再经王学左派直到李贽"童心说"的提出与传播,实已开启了一条以禁锢人性、人欲始,而以弘扬人性、人欲终的启蒙之路,王学之伦理改革的意义正可与西方马丁·路德的宗教改革相并观。与思想界相呼应,在文艺界,从三袁之诗文到汤显祖、徐渭之戏曲,再到冯梦龙、凌濛初之小说;在科学界,从李时珍《本草纲目》到徐宏祖《徐霞客游记》、宋应星《天工开物》,再到徐光启《农政全书》,都已初步显现了与西方文艺复兴思想启蒙相类似并具有近代转型意义的现象与态势,这说明基于思想启蒙与商业经济的双向刺激的推动,理学的衰落与启蒙思潮的兴起势不可挡,而起于南宋的一主两翼之两翼——陆九渊心学与陈亮、叶适、吕祖谦等事功之学的后续影响,便通过从王学到王学左派再到李贽等,由思想界而文艺界、科学界得到了更为激烈的演绎。另一方面,当援引佛道改造或消解理学已成为知识界,尤其是思想界与文艺界一种普遍取向与趋势时,那么,"三教合一"的发展便更具某种张扬佛道的反传统的意义,这是本时段"三教合一"的最终归结。

(三) 世界文化融合中的中国学术史

  晚明之际,西方正处于文艺复兴极盛时期,所以中西方都出现了相近的文化启蒙思潮,一同预示着一种近代化态势。理学的禁锢与衰落,意味着中国文化需要再次借助和吸纳一种新的异质文化资源进行艰难的重建工作,而在中国文化或东方文化内部,已无提供新的文化资源的可能,这在客观上为中西文化的遇合与交融、学术重建与转型创造了条件。此后,以十六世纪中叶西方传教士陆续进入中国进行"知识传教"、"学术传教"为始点,在"西学东渐"的背景下,在与西方文化融合的过程中,中国学术的世界化与现代化先后经历了三次运动,即明清之际的传统学术转型初潮、清末民初时期现代学术的建立以及二十世纪后期的学术复兴之路。

1. 明清之际"西学东渐"与传统学术转型初潮

大约从十六世纪中叶起,西方传教士陆续进入中国南部传教,通过他们的传教活动,开始了中国与西方文化第一次较有广度与深度的交流,率先揭开了中国学术最终走向世界文化之融合的序幕,可以称之为"西学东渐"之第一波。据法国学者荣振华(Joseph Dehergne)统计,在1552—1800的二百五十年间中国境内的传教士达975人(参见[法]荣振华著,耿昇译《在华耶稣会士列传及书目补编》,中华书局1995年版,第4页)。作为"知识传教"、"学术传教"的成功奠基者,意大利传教士利玛窦的成功之举是说服明朝大臣兼科学家徐光启、李之藻、杨廷筠3人先后入基督教,成为晚明天主教三大柱石,3人与利玛窦密切合作,一同翻译了大量科学著作,由此奠定了明清之际西方传教士来华知识传教、学术传教之基础。据统计,明末清初西方传教士共译书籍达378种之多,其中的宗教主导性与学科倾向性至为明显。此外,汉学著作达到49种,表明西方传教士在西学东渐之学术输出的同时,也逐步重视中学西传之学术输入,至清初达于高潮。

在晚明的中西学术文化初会中,徐、李、杨等人以极大的热情研习西学著作,会通中西学术,其主要工作包括:合译、研习、反思、会通、创新等,尤其是徐光启提出"翻译—会通—超胜"的学术思路是相当先进的。以上五个方面是明末清初科技界对于西学输入的总体反应及其所取得的主要成绩,也是当时科技界初显近代科技之曙光、初具近代新型学者之因素的集中表现。

2. 清代"西学东渐"的中止与传统学术的复归

公元1644年,满族入关,建立清朝,建都北京,历史似乎神奇地重现元蒙入主中原的路径与命运。由此导致的结果,不仅打乱了晚明以来中国走向近代的历史进程,而且改变甚至中止了中西文化学术交流与融合的前行方向。由于满清入关之前在汉化方面经过长时期的充分准备,所以在入关建国之后,不仅较之元代统治时间更长,而且还创造了康乾盛世,尤其是对传统学术的发展与总结结出了空前辉煌的成果。也许这是汉、满异质文明通过杂交优育而产生的一个文化奇迹,实质上也是中国古代文化学术回光返照的最后辉煌。

梁启超在其名著《清代学术概论》中,曾将清代学术分为四期,第一期为启蒙期,以顾炎武、胡渭、阎若璩等为代表;第二期为全盛期,以惠栋、戴震、段玉裁、王念孙、王引之等为代表;第三期为蜕分期,以康有为、梁启超为代表;第四期为衰落期,以俞樾、章炳麟、胡适等为代表。其中最能代表清代朴学成果的是第二期即全盛期。四期纵贯于明清之交至清末民初,经此辨析之后,清代学术脉络已比较清晰。但梁氏将"清代思潮"类比于欧洲文艺复兴,却并不妥当。他在《清代学术概论》中说:"'清代思潮'果何物耶? 简单言之:则对于宋、明理学之一大反动,而以'复古'为其职志者也。其动机及其内容,皆与欧洲之'文艺复兴'绝相类。而欧洲当'文艺复兴期'经过以后所发生之新影响,则我国今日正见端焉。"又说:"综观二百余年之学史,其影响及于全思想界者,一言蔽之,曰:'以复古为解放'。第一步,复宋之古,对于王学而得解放;第二步,复汉、唐之古,对于程、朱而得解放;第三步,复西汉之古,对于许、郑而得解放;第四步,复先秦之古,对于一切传注而得解放。夫既已复先秦之古,则非至对于孔孟而得解放焉不止矣。然其所以能着着奏解放之效者,则科学的研究精神实启之。"将清代学术发展归结为"以复古为解放",的确非常精辟,然以此比之于西方同时期的文艺复兴,却忽略了彼此的异质性,未免类比失当。

3. 晚清"西学东渐"的重启与现代学术的建立

关于自 1840 年至民国间"西学东渐"的重启与现代学术的建立,是一个相当专业而又复杂的问题,前人已有不少论著加以描述与总结。这里再着重从以下三个层面略加申说:

(1) 新型学者群体的快速成长,是中国学术完成现代转型并与世界接轨的主导力量。

这一新型学者群体主要有以下三类人所组成:一是开明官员知识群体。如林则徐、曾国藩、李鸿章、丁日昌、左宗棠、薛福成、刘坤一、张之洞等朝廷重臣、地方要员,除了大兴工厂之外,还开设书局,组织人力翻译西书;创办学校,培养新型人才;又与西方传教士、外交官员及其他人士广泛交往,成为推动中国走向近代化的主导力量。二是"新职业"知识群体。如李善兰、华蘅芳、徐寿、蒋敦复、蒋剑人等,他们主要在书局、报社、刊物等从事于翻译、写作、编辑等新兴职业,是旧式文人通过"新职业"转型为新型知识群体的杰出代表。三是"新教育"知识群体。包括海外留学、国内传教士创办的教会学校与中国人仿照西方创办的新式学校培养的学生群体,但以留学生为主体,这些留学生后来大都成长为政治家、军事家、思想家、科学家以及著名学者,成为现代学科的开创者与现代学术的奠基者。以上三类新型知识群体的成长以及代际交替,即为现代学术的建立奠定了十分重要的主体条件。

(2) 新型学者群体的心路历程,是中国学术完成现代转型并与世界接轨的精神坐标。

1922 年,梁启超曾在《五十年中国进化概论》中以自己的切身感受扼要揭示了半个世纪以来中国知识分子伴随近代化进程的心路历程变化:

> 近五十年来,中国人渐渐知道自己的不足了。这点子觉悟,一面算是学问进步的原因,一面也算是学问进步的结果。第一期,先从器物上感觉不足。这种感觉,从鸦片战争后渐渐发动,到同治年间借了外国兵来平内乱,于是曾国藩、李鸿章一班人,很觉得外国的船坚炮利,确是我们所不及,对于这方面的事项,觉得有舍己从人的必要,于是福建船政学堂、上海制造局等等渐次设立起来。但这一期内,思想界受的影响很少,其中最可纪念的,是制造局里头译出几部科学书。……实在是替那第二期"不懂外国话的西学家"开出一条血路了。第二期,是从制度上感觉不足。自从和日本打了一个败仗下来,国内有心人,真像睡梦中着了一个霹雳,因想到堂堂中国为什么衰败到这田地,都为的是政制不良,所以拿"变法维新"做一面大旗,在社会上开始运动,那急先锋就是康有为、梁启超一班人。这班人中国学问是有底子的,外国文却一字不懂。他们不能告诉人"外国学问是什么,应该怎么学法",只会日日大声疾呼,说:"中国旧东西是不够的,外国人许多好处是要学的。"这些话虽然像是囫囵,在当时却发生很大的效力。他们的政治运动,是完全失败,只剩下前文说的废科举那件事,算是成功了。这件事的确能够替后来打开一个新局面,国内许多学堂,国外许多留学生,在这期内蓬蓬勃勃发生。第三期新运动的种子,也可以说是从这一期播殖下来。这一期学问上最有价值的出品,要推严复翻译的几部书,算是把十九

世纪主要思潮的一部分介绍进来,可惜国里的人能够领略的太少了。第三期,便是从文化根本上感觉不足。第二期所经过时间,比较的很长——从甲午战役起到民国六七年间止。约二十年的中间,政治界虽变迁很大,思想界只能算同一个色彩。简单说,这二十年间,都是觉得我们政治法律等等,远不如人,恨不得把人家的组织形式,一件件搬进来,以为但能够这样,万事都有办法了。革命成功将近十年,所希望的件件都落空,渐渐有点废然思返,觉得社会文化是整套的,要拿旧心理运用新制度,决计不可能,渐渐要求全人格的觉悟。恰值欧洲大战告终,全世界思潮都添许多活气,新近回国的留学生,又很出了几位人物,鼓起勇气做全部解放的运动。所以最近两三年间,算是划出一个新时期来了。(《梁启超史学论著四种》,岳麓书社1985年版)

五十年间的三个历史阶段,是晚清以来从物质到制度再到文化变革渐进过程与知识分子精神觉醒进程内外互动与复合的结果。当然,这种代际快速转换与思想剧变的文化现象只是当时特定历史条件的产物,有利于快速推进中国学术的现代化进程,但由此造成的后遗症还是相当严重的。

(3)新型学者群体的现代学术体系建构,是中国学术完成现代转型并与世界接轨的核心成果。

表面看来,中西比较观主要缘于"本土—西方"关系,标示着中国学术从本土走向世界的共时性维度,但在中西比较的视境中,以西学为参照、为武器而改造中国传统学术,即由"本土—西方"关系转换为"传统—现代"关系,以及从传统走向现代的历时性维度。可见中国学术的现代化与世界化本是相互依存、相互促进,并可以相互转换的。根据晚清以来新型学者群体在急切向西方学习过程中而形成的中西观的历史演进与内在逻辑,曾先后经历了中西比附、中体西用、中西体用、中西会通、激进西化观的剧烈演变,从而为"五四"新文化运动的兴起与现代学术体系的建构铺平了道路。

经过"五四"新文化运动的精神洗礼,通过从文化启蒙向学术研究的转移,从全盘西化走向吸取西学滋养,从全面批判走向对传统学术的意义重释与价值重估,由梁启超、王国维、章炳麟、刘师培、胡适等一批拥有留学经验、学贯中西学者承担了开创现代学科、建立现代学术以及复兴中国学术的历史使命,终于在与世界的接轨中完成了中国学术从传统向现代的转型。陈平原先生在《中国现代学术的建立——以章太炎、胡适为中心》(北京大学出版社1998年版)一书中借用库恩(Thomas S. Kuhn)的"范式"(Paradigm)理论衡量中国现代学术转型与两代人的贡献,认定1927年的中国现代学术建立的"关键时刻",其标志性的核心要素在于:一是新的学术范式的建立。通过戊戌、五四两代学人的学术接力,创建了现代新的学术范式,包括走出经学时代、颠覆儒学中心、标举启蒙主义、提供科学方法、学术分途发展、中西融会贯通,等等。二是现代学科体系的建立。此实与现代教育制度逐步按西学知识体系实施分科专业教育密切相关,其中"西化"最为彻底的,也最为成功的,当推大学教育。三是现代大学者群体的登场。如康有为、梁启超、章炳麟、罗振玉、王国维、严复、刘师培、蔡元培、黄侃、吴梅、鲁迅、胡适、陈寅恪、赵元任、梁漱溟、欧阳竟无、马一浮、柳诒徵、陈垣、熊十力、郑振铎、俞平伯、钱穆、汤用彤、冯友兰、金岳霖、张君劢等。这是一个需要巨人而又创造了巨人的时代,他们既是推动中国现代学术转型的主导力量,也是中国现代学术建立的重要成果。

4. 世纪之交中国学术的复兴之路

在当今世纪之交的"重写学术史"为主旨的"学术史热"中,对20世纪中国学术道路的回顾与总结已成为学界的热点论题。刘克敌先生在《学人·学术与学术史》(《北方论丛》1999年第3期)一文中的扼要概括具有一定的代表性,此文将20世纪中国学术划分为四个阶段:

(1) **现代学术的创建期**(从世纪初到"五四"前后)。这一时期的主要特点是许多后来成为学术大师级人物的学者,出于重建中国文化体系、振奋民族精神的愿望,在借鉴西方学术体系的基础上,在对传统治学方式进行批判的基础上,开始有意识地建立新的学术体系。不过,由于在他们周围始终有一个处于动荡之中的社会现实,迫使他们的研究不能不带有几分仓促与无奈,缺乏从容与潇洒的风度,而那体系的建立,不是半途而废,就是缺砖少瓦。

(2) **现代学术的成长期**(从20年代至40年代)。这一时期的主要特点是一方面真正有价值的学术成果不断出现,并在不少领域填补了空白和引起国际学术界的重视和肯定,如鲁迅和胡适对中国小说史的研究,王国维、郭沫若对甲骨文的研究,陈寅恪、陈垣等人的古代史研究和赵元任的语言研究,以及考古界的一系列重大发现等等。另一方面则是迫于社会动荡和急剧变革的影响,学术研究往往陷于停顿,实用主义和功利主义倾向也越来越明显。

(3) **现代学术的迷失期**(从50年代直到80年代末)。所谓"迷失"有两层含义:一是这一时期的学术研究除极少数例外,基本上都偏离了为学术而学术的轨道,甚至成为纯粹为所谓政治服务的工具;二是这一时期的治学者除极少数人外,基本上都不能坚持自己的学术立场,而那些坚持自己立场者,则毫无例外地受到种种迫害。

(4) **现代学术的回归期**(从90年代初至世纪末)。这一时期的学术研究才真正开始意识到其独立的存在价值,把研究的目的不是定位于某些切近的利益,而是为了全人类的根本利益,是中华民族文化在未来的振兴,是真正的为学术而学术。可惜这一时期过于短暂,且没有结束,为其做出评价为时过早。

若从20世纪首尾现代学术颇多相似之处以及彼此在中国学术的现代化与世界化进程中的呼应与延续来看,本世纪之交可称为回归期。然而假如再往后回溯至明清之际,往前面向21世纪,那么,这应是继明清之际、近现代之后,中国学术走向世界与现代运动的第三波浪潮,初步显示了中国学术的复兴之势。三次浪潮都是在从封闭走向开放的过程中由西学的冲击而起,但彼此的内涵与意义并不相同。明清之交的第一次浪潮仅是一个先锋而已,并未从根本上改变中国学术传统以及中西双方的学术地位。近现代的第二次浪潮兴起之际,中西双方的学术地位发生了根本改变,这是在特定条件下,通过激进的西化推进中国学术的现代化与世界化,而完成中国现代学术体系的建立的,因此,其中诸多学术本身的问题未能得以比较从容而完善的解决,这就为第三次浪潮的兴起预留了学术空间与任务。毫无疑问,改革开放以来第三次浪潮的再度兴起,本有"历史补课"的意义。当经过20世纪中下叶近30年的封闭而重新开启国门之后,我们又一次经历了不该经历的"西学东渐"苦涩体验,而且再次发现我们又付出了不该付出的沉重代价。然而30年来改革开放的成功,终于初步改变了前两次"西学东渐"单向传输的路径与命运,而逐步走向中西的平等交流和相互融合。诚然,学术交流本质上是一种势能的较量,当我们既放眼于丰富多彩的世界学术舞台,又通观已经历三次文化融合的中国学术之路,应更多地思考如何实现复兴中国学术而跻身于世界民族之林的战略目标与神圣使命,勃然兴起于世纪之交、以"重写学术史"为主旨的"学术史热",应该不仅仅是新起点,更应是助推器。

四、中国学术史研究：体式演进与成果总结

以源远流长的中国学术史为对象，有关中国学术史的研究率先肇始于先秦诸子，直至当今世纪之交"重写学术史"讨论与实践，已有两千多年的历史。期间，学人代代相继，屡屡更新，要以"辨章学术，考镜源流"为主导，堪称劳绩卓著，著述宏富。于是，中国学术史研究之成果不仅演为中国学术史本身的一大支脉，而且反过来对学术发展起到重要的推动作用。

关于中国学术史研究的源起，一般都远溯至先秦诸子——《庄子·天下篇》、《荀子·非十二子》、《韩非子·显学》等，其中，《庄子·天下篇》发其端，《荀子·非十二子》、《韩非子·显学》等踵其后，一同揭开了中国学术史研究的序幕。先秦以降，中国学术史研究的论著日趋丰富，体式日趋多样。以《庄子·天下篇》为发端的序跋体，以《史记·儒林列传》为发端的传记体，以刘向《七略》为发端的目录体，以及以程颐《河南程氏遗书》、朱熹《朱子语类》等为发端的笔记体等学术史之作相继产生。至朱熹《伊洛渊源录》，又创为道录体（又称"渊源录体"），率先熔铸为学术史研究专著体制，并以此推动着中国学术史研究走向成熟。再至黄宗羲《宋元学案》，另创学案体，代表了传统学术史研究的最高成就。清末民初，由梁启超、刘师培等引入西学理念与著述体例，章节体成为学术史研究著作之主流，标志着中国学术史及其研究的走向现代并与世界接轨。此外，民国期间刘汝霖所著《汉晋学术编年》、《东晋南北朝学术编年》等学术编年之作，也是学术史研究的重要类型。对于以上这些学术史成果的研究，前人已有不少相关论著问世，现以此为基础，重点结合内涵与体式两个方面，通过"辨章学术，考镜源流"作进一步的系统梳理与评述。

（一）序跋体学术史研究

就名称而观之，序先出于汉，跋后出于宋；就格式而言，序本置于正文之后，后来前移于正文之前，而以跋列于正文之后。前文所述《庄子·天下篇》在格式上相当于今天的跋。但置序于正文之后的通则，虽无序之名，而有序之实。由此可见，序跋中的"序"是与学术史研究同时起步，并最先用于学术史研究的一种重要文体。

《天下篇》在内容上不同于《庄子》其余各篇，乃在其为一篇相对独立的学术史论之作。而在体例上，则相当于一篇自序。《天下篇》可分总论与分论两大部分。总论部分主要提出"道术"与"方术"两个重要的学术概念，综论先秦从统一走向分裂、从一元走向多元的学术之变。由"道术"而"方术"，既意指先秦学术的两种形态，也意指先秦学术的两个阶段。分论部分依次评述了由古之"道术"分裂为今之"方术"的相关学派。从行文格式而言，又可分为以下两类：一种格式是大略概括各派学术宗旨，然后加以褒贬不同的评析。另一种格式，主要是针对惠施、桓团、公孙龙一派，即所谓"辨者之徒"进行直接的批评。

学术史研究的使命、功能与特点就是"辨章学术，考镜源流"，而作为中国学术史研究的开山之作，《庄子·天下篇》已具其雏形。

汉代犹承先秦遗风，仍以序置于正文之后。比如西汉刘安《淮南子》最后一篇《要略》，重点论述了孔子、墨子、管子、申子、商鞅及纵横家等先秦诸子学说赖以产生的原因与条件，然后追溯诸子学说的起源，辨析各家学说的衍变，无论在内容还是体式上都与《庄子·天下

篇》等一脉相承。除此之外，西汉直接以序为名的著名序文还有佚名《毛诗序》、司马迁《史记·太史公自序》、刘向《战国策序》、扬雄《法言序》、班固《汉书·叙传》、王逸《楚辞章句序》、王充《论衡·自纪》篇等等，仍皆置于正文之后。司马迁的《太史公自序》详细记叙了作者发愤著书的前因后果与艰难历程，并论述了《史记》的规模、结构、篇目、要旨等，相当于一篇以序写成，重点叙述《史记》之所以作以及如何作的自传。《太史公自序》的另一重要贡献是序中记载了乃父司马谈所作的《论六家要旨》，使后人了解汉代著名史家的诸子学术史观是一种相对开放的学术史观。由于《太史公自序》载入了《论六家要旨》这样的内容，使它不仅在体式上能融记叙与议论于一体，而且在内容上更具学术史批评之内涵。

跋，又称跋尾、题跋。徐师曾《文体明辨》云："按'题跋'者，简编之后语也。"可见，序文经历了从置于正文之后到冠于正文之前的变化；而跋文，自欧阳修为《集古录》作跋之后，则始终居于正文之后而不变。但在此前，未名"跋"之跋已经出现。

秦汉以来，历代序跋文体为数繁多，如果再纳入赠序、宴序、寿序等等，更是不计其数。至清代，中国学术史研究进入了一个全面总结的时代，无论是综合的还是分代、分类的学术史研究，序跋都是一种相当普遍使用的重要体式。

在当今学术界，序跋仍是载录学术史研究成果的一种重要载体，那些为学术著作而作的序跋尤其如此。而在名称上则分别有"序"、"总序"、"自序"、"前言"与"跋"、"后记"等不同称谓，但已无"后序"之名。

（二）传记体学术史研究

传记可分为史传与杂传（或称散传）两大类。以史传为学术史研究之载体，始于司马迁《史记》率先创设的《儒林列传》。在《史记》卷一百二十一《儒林列传》卷首，冠有一篇洋洋洒洒的总序，作者主要记载了自先秦儒学演变为汉代经学以及汉代前期道儒主流地位的变化轨迹，凸显了在"罢黜百家，独尊儒术"文化政策导控下的儒学之盛，同时也反映了司马迁本人崇儒抑道的学术史观，与乃父司马谈《论六家要旨》的崇道抑儒形成鲜明的对比，彼此学术史观的变化正是时代学术主潮变故使然。《儒林列传》的体例是以被朝廷立为官学的经学大师为主体，以经学大师的学行为主线，重点突出各家经说的传承关系，再配之以功过得失的评价，可以视之为各经学大师的个体学术简史。合而观之，便是一部传记体的汉代经学简史。

《史记》开创的这一体例为历代正史所继承，并向其他领域拓展。以后《汉书》、《后汉书》、《晋书》、《梁书》、《陈书》、《魏书》、《北齐书》、《周书》、《隋书》、《南史》、《北史》、《宋史》、《明史》、《新元史》、《清史稿》都有《儒林传》；《旧唐书》、《新唐书》、《元史》都有《儒学传》；《宋史》有《道学传》；《后汉书》、《晋书》、《魏书》、《北齐书》、《北史》、《旧唐书》、《宋史》、《新元史》、《清史稿》都有《文苑传》；《南齐书》、《梁书》、《陈书》、《隋书》、《南史》、《辽史》都有《文学传》；《周书》、《隋书》、《北史》、《清史稿》都有《艺术传》；《新唐书》、《金史》都有《文艺传》；《后汉书》有《方术传》；《旧唐书》、《新唐书》、《宋史》、《辽史》、《元史》、《明史》、《新元史》都有《方技传》；《元史》有《释老传》；《清史稿》有《畴人传》。它们从不同的方面概述了儒学、文学、艺术、科技等的发展变化，从一个侧面反映了学术思想的演进历史。

杂传，泛指正史以外的人物传记，始兴于西汉，盛于魏晋，尔后衍为与史传相对应的两大传记主脉之一。《隋书·经籍志》始专列《杂传》一门。据《隋书·经籍志》所录,各类杂传凡217部,1286卷。内容甚为广泛,又以重史与重文为主要特色而分为两大类型。而在体例上,《隋志》仅录由系列传记合成的著作,即学界通常所称的"类传",却于单篇散传一概未录。就与学术史关系而言,尤以乡贤传、世家传、名士传、僧侣传等最有价值。隋唐以降,杂传由先前的重史与重文两种不同倾向逐步向史学化与文学化方向发展。前者因渐渐与正史列传趋于合流之势,而较之后者更多地承担了学术史研究之职。其中也有系列类传与单篇散传两大支脉,后者包括行状、碑志、自传等,作者更多,体式更丰富,学术史研究特点也更为突出。

在单篇散传日趋丰富与繁荣的同时,系列性的类传著作也在不断向前发展。其中颇有特色与价值的是专题性类传,可以阮元《畴人传》、罗士琳《畴人传续编》、诸可宝《畴人传三编》、黄钟骏《畴人传四编》、支伟成《清代朴学大师列传》等为代表。支伟成所撰《清代朴学大师列传》,以时代先后为序,然后依一定的学科、流派分门别类,每一门类前均有作者撰写的叙目,"略疏学派之原委得失",传中除介绍生平事迹外,更着重于"各人授受源流,擅长何学,以及治学方法",比较完整地体现了学术的历史继承性,可以视为一部传记体清代朴学史。

在分别论述史传与杂传之后,还应该提及引自西方、兴起于近代的评传。评传之体从西方引入本土,是由梁启超率先完成的。1901年,梁启超作《李鸿章传》,分为12章,约14万字,以分章加上标题的形式依次叙述李鸿章的一生事迹,为第一部章节体传记之作。此后,梁启超先后撰写了《管子传》、《王荆公传》、《戴东原先生传》和《南海康先生传》等,皆为以评传体式所著的学术传记。评传于近代的引进和兴起,为中国传记从传统向现代转型并与西方现代传记接轨开辟了道路。在梁氏之后,评传一体广为流行,日益兴盛。

(三) 目录体学术史研究

所谓"目录",是篇目与叙录的合称。目录既是记载图书的工具,即唐代魏征《隋书·经籍志》所谓"古者史官既司典籍,盖有目录以为纲纪",同时又具有学术史研究的功能。清代章学诚在《校雠通义序》中总结为"辨章学术,考镜源流",这既是对目录体本身,也是对所有中国学术史研究的最高要求。从西汉刘向、刘歆父子整理群书、编纂目录开始,即已确立了"辨章学术,考镜源流"的学术宗旨与功能。因而目录之为学,且以目录为学术史研究之载体,当始于西汉刘向、刘歆父子,而目录之体所独具的学术史研究价值,亦非一般文献载体可比。就学术史研究要素而言,一在于学者,一在于著述。史传重在记载前者,而目录则重在记载后者,两者相辅相成,即构成了学术史研究的主干。

关于目录的分类,学术界多有分歧,但多以史志目录、官修目录、私家目录为主体,同时还包括专科目录、特种目录等。从《别录》、《七略》的初创来看,目录之于学术史的研究价值主要体现在三个方面:一是分类。图书分类是学术发展的风向标,包括分类、类目、类序以及数量的确定与变化乃至各类图书的升降变化,都是学术发展变化的反映。同样,刘氏父子的六分法及其类目、类序的确立,各类图书的比例,皆是汉代学术的集中反映。二是著录。刘氏父子校勘群书,"条其篇目,撮其指意,录而奏之",即成"书目提要"。内容包括书名、篇数、作者、版本等,也涉及对作者生卒、学说的考证与辨析。三是序。包括大类之序与小类之序,重在辨章学术,考镜源流,为目录体学术史研究的精华所在。以上三个方面由刘氏父子《别录》、《七略》所开创,为历代目录学所继承和发扬。

东汉班固在著述《汉书》时，又据《七略》略加删改，著为《艺文志》，率先将目录之学引入正史，创立正史《艺文志》之体，亦即史志目录系统。由《汉书·艺文志》图书六分法中所确立的尊经、尊儒传统、每略典籍的具体著述方式以及每略总序与每类类序等等，都为正史《艺文志》的史志目录系统创建了新的学术范式，同时又具有反映先秦至东汉学术总貌的独特价值。尤其是总序与类序，具有更高的学术史研究容量。在二十六史中，沿《汉书》之体设立《艺文志》或《经籍志》的有《隋书·经籍志》、《旧唐书·经籍志》、《新唐书·艺文志》、《宋史·艺文志》、《明史·艺文志》、《清史稿·艺文志》五种，其中以《隋书·经籍志》最具学术价值，堪与《汉书·艺文志》相并观。此二志及其余二十二史中无志或后人认为虽有志而不全者，皆有补编之作问世。

自西汉刘向、刘歆父子分别以《别录》、《七略》奠定官修目录之体后，历代以国家藏书为基础的官修目录之作相继问世。至清代《四库全书总目》达于高潮。《四库全书总目》是编撰《四库全书》的重要成果，就学术史研究角度而言，《四库全书总目》的主要价值有三点：一是图书分类。可见分科学术史之演进。二是书目提要。每书之提要即相当于每书的一份"学术简历"，而如此众多之书汇合为一个整体，即构成一部简明扼要的著述史。三是总序与小序。于经、史、子、集四部每部皆有总序，每类下皆有小序，子目之后还有按语，最具学术史研究之功能与价值。

与史志目录、官修目录不同，私家目录更多地反映了民间藏书情况、学者的目录学思想以及蕴含于其中的学术史观，所以它的产生是以民间藏书的兴起与丰富为前提的，可以为学界提供有别于史志目录与官修目录的独特内涵与价值。

（四）笔记体学术史研究

与其他文体相比，笔记是一个大杂烩。据现存文献可知，正式以《笔记》作为书名始于北宋初宋祁所撰之《笔记》，但其渊源却十分古老。刘叶秋先生认为笔记的主要特点一是杂，二是散。大体可以分为三类：一是小说故事类；二是历史琐闻类；三是考据辨证类。与学术史研究相关或者说被用于学术史研究的笔记主要是第三类。

大致从北宋开始，一些笔记已开始涉足学术史研究，这是受宋代学术高度繁荣直接影响的重要成果。首先进入我们视野的是北宋大理学家程颐的《河南程氏遗书》，书中纵论历代学术内容较多。其次是《朱子语类》，所论学术史内容较之《河南程氏遗书》更为丰富，也更为系统。此外，宋代的重要学术笔记尚有沈括的《梦溪笔谈》、洪迈的《容斋随笔》等。

经过宋元的发展，笔记至明清时期臻于高度繁荣，出现了大量主论学术的笔记之作，其学术性也明显增强。明代一些学者已屡屡在笔记中直接谈及"学术"这一概念，比如周琦《东溪日谈录》卷六有"学术谈"，章懋《枫山语录》有"学术"篇，等等。清代为学术笔记高度繁荣的鼎盛时期，学术笔记总量至少有500余种，实乃学术史研究之一大宝库，其价值远未得到有效开掘。

民国以后，学术笔记盛势不再，但仍有如钱锺书先生《管锥篇》之类的佳作问世。

在当代，学人撰写学术随笔、笔谈蔚然为风气，虽质量参差不一，但毕竟延续着学术笔记这一传统文体，且于学术史研究亦有一定的价值。

(五) 道录体学术史研究

道录体是指首创于南宋朱熹《伊洛渊源录》而重在追溯理学渊源的学术史研究之作。因其以"道统"说为理论宗旨,是"道"与"统"即逻辑层面与历史层面的两相结合,同时直接移植禅宗"灯录"而成,故而可以命名为"道录"体,也有学者称之为"渊源录"体。

道录体的理论渊源同时也是理论支柱是"道统"说。道统说最初出自唐代古文家韩愈的《原道》,此文的要旨:一是确立了道统的核心内涵;二是确立了道统的传授谱系。然而,从"道统"概念而言,韩愈尚未明确将"道统"二字合为一体,因此虽有"道统"说之实,却无"道统"说之名。至南宋,朱熹始将"道"与"统"合为一体,明确提出了"道统"之说;同时又以"道统"说为主旨,应用于理学渊源研究,著成《伊洛渊源录》一书,首创"道录"之体。在著述体例上,"道录"体融会了多种文体之长,但尤与初创于北宋的禅宗"灯录"体最为接近。所谓"灯录"体,意为佛法传世,如灯相传,延绵不绝。该体深受魏晋以来《高僧传》、《释老志》之类宗教史研究著作的影响,而重在禅宗传授谱系的追溯与辨析。

朱熹所撰《伊洛渊源录》14卷,成于宋孝宗乾道九年,由二程伊洛之说上溯周敦颐,既在宏观上重视理学渊源的辨析,又在微观上重视理学家师承关系的考证,具有总结宋代理学史与确立理学正统地位的双重意义。在体式上,此书于承继禅宗灯录体之际,又兼取传记体之长,并有许多创新。《伊洛渊源录》除了率先开创了"道录"体学术史研究之外,还有标志中国学术史研究专著问世的意义。在此之前,从序跋、传记、目录、笔记体等来看,虽皆包含学术史研究内容,却又非学术史研究专著。此外,一些学术著作如刘勰《文心雕龙》、刘知几《史通》等等,也只是部分篇章含有学术史研究内容,而非如《伊洛渊源录》之类的学术史研究专著。可以说,中国学术史研究专著始自朱熹的《伊洛渊源录》。

在《伊洛渊源录》影响下,南宋以来不断有类似的著作问世。如南宋李心传的《道命录》,王力行的《朱氏传授支派图》,季文的《紫阳正传校》,薛疑之的《伊洛渊源》等。明代则有谢锋的《伊洛渊源续录》,宋端仪的《考亭渊源录》,程曈的《新安学系录》,朱衡的《道南源委》,魏显国的《儒林全传》,金贲亨的《台学源流》,杨应诏的《闽学源流》,刘鳞长的《浙学宗传》,周汝登的《圣学宗传》,冯从吾的《元儒考略》、《吴学编》,辛全的《理学名臣录》,赵仲全的《道学正宗》,刘宗周的《圣学宗要》等。至清初更形成了一个高潮,著作多达20余种,如孙奇逢《理学宗传》,魏裔介《圣学知统录》、《圣学知统翼录》,魏一鳌《北学篇》,汤斌《洛学篇》,范镐鼎《理学备考》、《广理学备考》,张夏《洛闽渊源录》,熊赐履《学统》,范镐鼎《国朝理学备考》,窦克勤《理学正宗》,钱肃润《道南正学编》,朱睾《尊道集》,汪佑《明儒通考》,万斯同《儒林宗派》,王维戊《关学续编本传》,王心敬《关学编》,朱显祖《希贤录》,耿介《中州道学编》,王植《道学渊源录》,张恒《明儒林录》,张伯行《伊洛渊源续录》、《道统录》,等等。

"道录"体学术史研究之作既以"道统"说为要旨,本乃为学说史,实则往往以史倡学,因而具有强烈的正统意识与门户之见。

(六) 学案体学术史研究

学案体与朱熹《伊洛渊源录》一样,同样受到了禅宗灯录体的影响。所以,在确定这两者的归属时截然分为两大阵营,一些学者认为学案体应包括上文所论道录体之作,一些学者则认为彼此不相归属。其实,大体可以用广义与狭义的学案体来解决这一论争。此处将学案体独立出来加以论述,所取的是狭义的学案体的概念。

何谓"学案"?"学"即学者、学派、学术;"案"即按语,包括考订、评论等等,可能与禅宗公案也有某种渊源关系。有学者认为学案体应具备三大要素:一是设学案以明"学脉"。即每一个学案记述一个学派(若干独立而又有内在逻辑联系的学案群),使之足以展示一代学术思想史的全貌与发展线索;二是写案语以示宗旨。即每一学派均有一个小序,对这一学派作简明的介绍,对学者的生平、师承、宗旨、思想演变也都有一段简要说明,最突出的是对各学派、学者宗旨的揭示;三是选精粹以明原著。即撷取最能体现学派或学者个性的著作中的精粹,摘编而成,以见原著之精华。这三个要素互为犄角,使学案体构成了为实现特定目标而组成的有机整体,既能展示历史上各学派、学者的独特个性,又能显示不同学派、学者之间的因革损益情况,更有展现一代学术思想史发展线索的功能。可见学案体有其独特的学术宗旨及组织形式,与学术史"辨章学术,考镜源流"的内在要求较之其他体式更为契合。以此衡量,尽管在黄宗羲编纂《明儒学案》之前已有耿定向《陆杨二先生学案》、刘元卿《诸儒学案》,但真正的开山之作应是黄宗羲的《明儒学案》。

黄宗羲旨在通过设立学案,全面反映一朝学者、学派与学术的发展演变之势,并以序、传略、语录为三位一体,构建一种崭新的学术史研究著作新体式——学案体。与此新体式相契合,黄宗羲特于《明儒学案·凡例》掂出"宗旨"二字作为学术史研究的核心与灵魂:"宗旨"犹如学问之纲,亦是学术与学术史研究之纲,纲举才能目张,所以"宗旨"对于学术史研究而言的确是关键所在,具有核心与灵魂的意义与作用。

黄宗羲在完成《明儒学案》后,又由明而至宋元继续编纂《宋元学案》。全书凡100卷,分立91个学案。黄宗羲本人完成了67卷,59个学案,未竟而逝。然后由其子黄百家、私淑弟子全祖望续修,又经同郡王梓材、冯云濠校定,至道光十八年(1838)出版。此书在非黄宗羲所作部分学术功力有所逊色,但也有更为完善之处:一是在每一学案之前先立"学案表",备述该学派的师友弟子;二是所立学案超越了理学范围,如《水心学案》、《龙川学案》、《荆公学案》、《苏氏蜀学略》皆为非理学家立案,旨在反映宋元学术全貌;三是注重重大学术争论问题,且注意收录各家之说,不主一家之言;四是增设"附录",载录学者的逸闻轶事和当时及后人的评论。王梓材还撰有《宋元学案补遗》42卷,所补内容一是新增传主,二是增补《学案》已有传主的言行资料,三是补充标目。《补遗》所增大多是名不见经传的士人,这就大大扩展了《宋元学案》的收录范围。就史料而言,如果说《宋元学案》取其"精",则《宋元学案补遗》求其"全",这或许就是该书最大的特色和价值所在。

《明儒学案》、《宋元学案》开创了学案体学术史研究新体式,后来学人代有继作。先是清代唐鉴所撰《国朝学案小识》15卷,于道光二十五年(1845)刊行。至1914年,唐晏撰成《两汉三国学案》11卷,首次以学案体对两汉三国经学学派的传承演变进行历史性总结。再至1928年,曾任民国大总统的徐世昌网罗一批前清翰林,于天津发起和主持《清儒学案》的编纂工作,历时10年,至1939年出版。此书体例严整,内容丰富,取材广泛,少有门户之见,大体能反映有清一代的学术史,值得充分肯定。

晚清民初之交,致力于学术史研究的梁启超对学案体情有独钟,并以此应用于西方学术研究,相继撰写了《霍布士学案》、《斯片挪落学案》、《卢梭学案》等"泰西学案"。至1921

年,所著《墨子学案》又由商务印书馆出版。此外,钱穆曾于四川时受政府委托著成《清儒学案》,但未及出版就因船回南京途中沉于长江,今仅存其目,至为憾焉。

20世纪80年代之后,学案再次受到学界重视。在个体性学案方面,除了钱穆《朱子新学案》、陆复初《王船山学案》相继于1985、1987年由巴蜀书社、湖北人民出版社出版外,值得学术界重点关注的还有杨向奎主编的《新编清儒学案》,以及由张岂之先生等主编的《民国学案》,方克立、李锦全两人一同主编《现代新儒家学案》,舒大纲等人策划的《历代儒学学案》等。

(七) 章节体学术史研究

章节体学术史研究著作是近代之后引入西方新史观与新体式的产物。就传统的学术史研究著作体式而论,由道录体发展至学案体而臻于极化,在晚清西学东渐的背景下,中国学术由传统走向现代以及与西方学术接轨的过程中,学案体学术史研究日益暴露其固有的局限。概而言之,一是学术史观的问题。学案体既以儒学为对象,亦以儒学为中心,因此近代之前的学案体学术史,实质上即是儒学史。但至近代以后,在西方进化论等新史学理论的影响下,许多学者纷纷以此为武器对儒学道统展开了激烈的批判。二是学术史著述体例的问题。学案体记载的儒学史,以学者、学派为主流,大体比较单纯,因此由叙论、传略、文献摘要三段式构成的著述体式大体能满足其内在需要,但对晚清以来中西、新旧交替的纷繁复杂的学术现象,尤其是众多学术门类的多向联系、交互影响以及蕴含于其间的学术规律的探讨与总结,的确已力不从心。所以,如何突破学案体的局限,寻找一种适应新的时代需要的学术史著述体例显然已迫在眉睫,引自西方的章节体即是在这样的背景下适时登场的。

在早期章节体学术史研究的著作过程中,梁启超、刘师培贡献尤著。1902年,梁启超所著《中国学术思想变迁之大势》这一长篇学术论文发表于《新民丛报》第3、4、5、7号上。梁启超以西方学术史为参照,以进化论为武器,对几千年来中国学术思想的发展进程进行了崭新的宏观审察。其创新之处有三:一是提出了新的中国学术史分期法。将数千年中国学术思想分为老学时代、佛学时代、儒佛混合时代、衰落时代,打破了宋明以来以儒学为中心的学术史模式;二是提出关于学术思想发展的新解释。以往的学术史,或以道统为先验性学术构架,或虽突破道统论的束缚,但也多停留于论其然而不求其所以然,梁氏则能透过现象深入到学术发展过程的内部探索其发展变化的因果关系;三是首创章节体的中国学术编纂新体裁。即以章节为纲,以"论"说"史",以"史"证"论",史论结合,既"述"且"作"。综观以上三点,这篇长文无论对梁启超本人还是20世纪章节体新学术史研究而言都是拓荒、奠基之作,是中国学术史研究实现从传统向现代转型并与世界接轨的重要标志,具有划时代意义,对近现代学术史研究的影响巨大而深远。

晚清以来,各种报刊纷纷创办。当时,一些充满新意的学术史研究论文往往首先发表于报刊这一新兴媒体,而其中一些长文更以连载的形式陆续与读者见面,然后经过一定的组合或修改,即可由此衍变为章节体著作。所以这些"报章体"的学术史论文连载,实已见章节体著作之雏形。三年之后刘师培所著《周末学术史序》也是如此。此文先连载于1905年2月至11月《国粹月报》(1—5期),由总序、心理学史序、伦理学史序、论理学史序、社会学史序、宗教学史序、政法学史序、计学史序、兵学史序、教育学史序、理科学史序、哲理学史序、术数学史序、文字学史序、工艺学史序、法律学史序、文章学史序十七篇组成，实为以序的形式撰写的《周末学术史》一书的提要。这是中国学术史上首次以"学术史"命名并首次按照西学现代学科分类法为著述体例的学术史研究论著。

20世纪前期，章节体学术史研究趋于成熟且影响巨大的著作，当推梁启超、钱穆分别出版于1924年、1937年的同名巨著《中国近三百年学术史》。两书虽然同名，但在学术渊源、宗旨、内容、体例等方面迥然有异。大体而言，梁著以西学为参照，以"学"为中心，钱著承续学案体，以"人"为中心；梁著以朴学传统论清学，认为清学是对宋明理学的全面反动，钱著从宋学精神论清学，认为清学是对宋明理学的继承；梁著更偏于知识论层面的学术史，钱著更偏于思想论层面的学术史；梁著更具现代学术之品性，钱著更受传统学术之影响。两书代表了20世纪前期章节体学术史研究的最佳成果。

（八）编年体学术史研究

编年体史书源远流长，导源于《春秋》，由《资治通鉴》集其大成，这是编年体学术史的主体渊源。另一个渊源是学者年谱。北宋元丰七年（1084）吕大防著成《韩吏部文公集年谱》与《杜工部年谱》，是可据现存文献证实的中国古代年谱之体的发轫之作。这一崭新体例，对于编年体学术史研究具有重要启示与借鉴意义，因为从文学年谱到学术年谱，本有相通之处。如宋代李子愿所纂《象山先生年谱》据《象山先生行状》、《语录》及谱主诗文编纂而成，内容多涉学术。如论陆九渊讲学贵溪之象山，颇为详细；而记淳熙八年与朱熹会于南康，登白鹿洞书院讲席，以及与朱熹往复论学，乃多录原文，因而可以视之为学术年谱。

宋代以降，与文人学者化的普遍趋势相契合，文人年谱中学术方面内容的比重日益加重，显示了年谱由"文"而"学"的重心转移之势。而从个体学术年谱到群体性的学术编年，以及一代乃至通代的学术编年，实为前者的不断放大而已。然而由于种种原因，超越个体的编年体学术史著作晚至民国时期才得以开花结果。早期的重要成果以钱穆的《先秦诸子系年》、刘汝霖的《汉晋学术编年》、《东晋南北朝学术编年》等为代表。尤其是后二书，已是成熟的编年体学术史研究著作，更具开创性意义。

刘汝霖先生所著《汉晋学术编年》、《东晋南北朝学术编年》，在著述体例上，主要以编年体史书代表作《资治通鉴》为参照，同时吸取纪传体与纪事本末体之长，加以融会贯通。作者在自序中重点强调以下五点：一曰标明时代。即有意打破前代史家卷帙之分，恒依君主生卒朝代兴亡史料之多寡为断，充分尊重学术本身的发展。比如两晋之间地域既殊，情势迥异，倘以两晋合为一谈，则失实殊途，故有分卷之必要。二曰注明出处。即将直引转引之书注明版本卷页篇章，使读者得之，欲参校原书，可收事半功倍之效；而欲考究史实，少有因袭致误之弊。三曰附录考语。中国旧史多重政治，集其事迹，考其年代，尚属易易。学术记载向少专书，学者身世多属渺茫，既须多方钩稽，又须慎其去取。故标出"考证"一格，将诸种证据罗列于后，以备读者之参考。四曰附录图表。有关学术之渊源，各派之异同，往往为体例所限，分志各处，以致读者寻检不易，故有图表之设，以济其穷。包括学术传播表、学术著述表、学术系统表、学术说明表、学术异同表。五曰附录索引。包括问题索引与人名索引。刘汝霖先生率先启动编纂《中国学术编年》如此宏大工程，的确是一个空前的学术创举，但以一人之力贯通历代，毕竟力不从心，所憾最终仅完成《汉晋学术编年》与《东晋南北朝学术编年》二集,而且此二集中也存在着收录不够广泛、内容不够丰富等缺陷。

1930年,姜亮夫先生曾撰有《近百年学术年表》,时贯晚清与民国,也是问世于民国早期的学术编年之作。若与刘汝霖的《中国学术编年》衔接,则不仅可以弥补其他四卷的阙如,而且还可以形成首尾呼应之势。但这一编年之作终因内容单薄而价值不高,影响不大。

进入21世纪之后,又有两部重要的编年体学术史研究著作问世。一是陈祖武、朱彤窗所著的《乾嘉学术编年》。此书是对作为清代学术的核心内容——乾嘉学派的首次学术编年,既是一项开创性工作,又有独立研究之价值。另一重要著作是张岂之主编的《中国学术思想编年》。此书之价值,一在以"学术思想"为内容与主线,二在贯通历代。著者力图将上自先秦下迄清代有关学术思想上的代表人物、著作、活动、影响等联系起来,力求使学术思想的历史演进、学派关系、学术影响、学术传承等方面展现于读者面前,实乃一部按时间顺序编年的编年体学术思想史。但因其内容的取舍与限定,与刘汝霖《汉晋学术编年》、《东晋南北朝学术编年》等综合性的编年之作有所不同,则其所长亦其所短也。

除了以上八体外,尚有始终未尝中断的经传注疏体系以及频繁往来于学者之间的书信——可以称之为注疏体与书信体,也不时涉及学术史研究内容,值得认真梳理总结。而较之这两体更为重要的,是除著作之外散布于各种文集之中的大量论文,或长或短,或独立成文,或组合于著作之中,从《庄子·天下篇》(兼具序文性质)、《韩非子·显学》、《吕氏春秋·不二》直到清末民初大量报章体论文,可谓源远流长,灿若星河,对学术史研究而言尤具重要价值。

五、《中国学术编年》的学术宗旨与体例创新

在世纪之交的"学术史热"中,学术史观与文献基础作为"重写学术史"的双重支撑,同时存在着明显缺陷。前者的主要缺失在于未能对中国学术、中国学术史、中国学术史研究三个关键环节展开系统梳理与辨析,从而未能从历史与逻辑辩证统一的高度完成新型学术史观的建构以及对学术史的历史还原与重建。另一方面,学术史研究的进展还取决于扎实的文献基础,其中学术编年显得特别重要。然而在世纪之交的"重写学术史"的讨论与实践中,学术编年的重要性普遍受到忽视,甚至尚未进入相关重要话语体系之中,这不能不说是一个严重局限。

(一)《中国学术编年》的重要意义

关于学术编年之于学术史研究的重要意义,常元敬先生在撰于1991年3月6日的《清代学术编年·前言》中曾有这样的论述:

> 要写出一部符合实际的清代学术史专著,就有必要先完成一部清代学术史年表,以便使事实不因某人的主观而随意取舍,真相得由材料的排比而灼然自见,然后发展的脉络,变化的契机,中心的迁徙,风气的转移,均可自然呈露,一望可知。可惜内容完备的清代学术史年表,至今未见。我们所接触到的几部内容不同的清代学术或著作年表,或失之简,或失之偏,或失之杂,均不能全面地反映清代学术之全貌,以满足今人之需要。

这既代表了我们当时对编纂《清代学术编年》学术价值的自我确认,也是对学术编年之于学术史研究重要意义的基本认知。

刘志琴在《近代中国社会文化变迁录》(浙江人民出版社1998年版)序言《青史有待垦天荒》中提出"借助编年,走进历史场景"的学术理念,颇有启示意义。她说:历史是发生在过去的事情,它与哲学追求合理、科学注重实验不同的是,历史的基础是时间。没有时间的界定就不成其为历史,凡是属于历史的必定是已经过去的现象,再也不可能有重现的时刻。所以说时间是历史的灵魂,历史是时间的科学。在史学著作中突出时间意识,无疑是以编年体为首选的体裁。考其源流,详其始末,按其问题的起点、高峰或终点,分别列入相应的年度。按年查索,同一问题在此年和彼年反复出现,可能处于不同的发展阶段,从而有不同的风貌。这在连年动荡、风云迭起的时代,便于真切地把握年年不同的社会景象,清晰地再现事态发展的本来面目。至于同一年度,政治、经济、文化、生活,万象齐发,又形成特定年代的社会氛围,方便读者走进历史的场景。编年体具有明显的时序性、精确性和无所不包的容量。以此类推,借助学术编年,同样可以让人们走进学术史的历史场景,这既有必要也有可能。当然,更准确地说,历史场景,首先是时间维度,同时也是空间维度,是特定时空的两相交融。正如一切物质都是时间与空间的同时存在一样,学术的发展也离不开时间与空间的两种形态,而学术史的研究也同样离不开时间与空间这两个维度。学术史,只有当其还原为时空并置交融的立体图景时,才有可能重现其相对完整的总体风貌。做一个不甚恰当的比喻,学术史就如一条曲折向前不断越过峡谷与平原、最终流向大海的河流,从发源开始,何时汇为主流,何时分为支流,何时越过峡谷,何时流经平原,何时波涛汹涌,何时风平浪静,以及河流周边的环境生态,等等,一部学术史如何让其立体地呈现在读者面前,即取决于能否以及如何走进时空合一的历史场景,这也是能否以及如何从历史与逻辑辩证统一的高度完成对学术史的历史还原与重建的关键所在。

正是由于学术编年对"重写学术史"的重要意义,也由于世纪之交"学术史热"对学术编年的普遍忽视,我们所编纂的贯通历代、包罗各科规模宏大的《中国学术编年》的问世,作为有幸以见证者、参与者、推动者奉献于世纪学术盛会的重要成果,深感别具意义。相信《编年》的出版,可以为中国学术史研究尤其是中国学术通史编写提供详尽而坚实的学术支撑,并对处于世纪之交的中国学术、文化乃至文明研究的深入开展起到重要的推动作用。

(二)《中国学术编年》的编纂历程

自1985年启动《清代学术编年》研究项目,到2012年《中国学术编年》的最终告竣,期间经历了异常艰难曲折的过程。

早在1985年10月,由浙江师范大学常元敬先生主持,姚成荣、梅新林、俞樟华参与的《清代学术编年》作为古籍整理项目,由教育部全国高校古籍整理委员会委托浙江省教育厅予以资助和立项。项目研究团队的具体分工是:常先生负责发凡起例,姚成荣、俞樟华、梅新林分段负责清代前期、中期和近代的学术编年工作,最后由常先生统稿。经过三年多的共同努力,至1988年,共计50余万字的《清代学术编年》基本完成。

《清代学术编年》虽然在学术价值上得到多方肯定,但因当时正值由计划经济向商品经济的转轨过程之中,付诸出版却遇到了种种困难。后几经延搁,终于有幸为上海书店所接纳。在付梓之前,我们又根据责任编辑的修改要求,由姚、梅、俞三人奔赴上海图书馆集中时间查阅资料,对书稿进行充实与修订,最后由常元敬先生统稿、审订,并于1991年3月撰写了1500余字的《前言》冠于书前。然又因种种原因,上海书店最终决定放弃出版。次年,常元敬先生退休后离开学校。在欢送他离职之际,我们总不免说一些感谢师恩之类的话,但书稿未能及时出版的遗憾,却总是郁积于心而久久难以排遣。

1998年,上海三联书店资深出版人倪为国先生得知《清代学术编年》的遭遇后,以其特有的文化情怀与学术眼光,建议由清代往上追溯,打通各代,编纂一套集大成的《中国学术编年》,这比限于一代的《清代学术编年》更有意义。他说,正如国家的发展,既需要尖端科技,也需要基础建设,《中国学术编年》就是一项重大基础建设工程,具有填补空白的学术价值与盛世修典的标志性意义,可以说是一项"世纪学术工程"。他进而建议由我校重新组织校内外有关专家,分工负责,整体推进,积数年之功,尽快落实《中国学术编年》这一"世纪学术工程"。

根据倪为国先生的建议,我们决定以本校中国古典文献专业的学术骨干为主,适当邀请其他高校一些学有专长的专家参与,共同编纂一部贯通历代的《中国学术编年》。参编人员有(以姓氏笔画为序):王德华、王逍、毛策、尹浩冰、叶志衡、包礼祥、冯春生、宋清秀、陈玉兰、陈年福、陈国灿、邱江宁、林家骊、张继定、杨建华、胡吉省、俞樟华、梅新林等。经过反复商讨、斟酌,初步拟定"编纂计划",决定将《编年》分为6卷,规模为600万字左右。至此,由倪为国先生建议的贯通历代、包罗各科规模宏大的《中国学术编年》的编纂工作终于全面开始启动。

1999年底,经倪为国先生的努力,上海三联书店将《编年》列为出版计划,当时书名初定为《中国学术年表长编》。受此鼓舞,全体编写人员大为振奋,编写进程明显加快。期间,倪为国先生还就《编年》的价值与体例问题专门咨询著名学者朱维铮、刘小枫等人。刘小枫先生在予以充分肯定的同时,建议在当今中西交融的宏观背景下,应增加外国学术板块,以裨中外相互参照。根据这一建议,我们又先后约请就读于上海师范大学的秦治国、陆怡清、方勇、杜英、王延庆、陈允欣等负责这项工作。至2001年底,经过全体同仁的不懈努力,《中国学术编年》初稿终于基本形成,陆续交付专家、编辑初审。次年5月10日,梅新林、俞樟华决定将《编年》申请全国高校古籍整理研究工作委员会重点研究项目,承蒙安平秋先生、章培恒先生、裘锡圭先生、杨忠先生、张涌泉先生等的热忱支持,经全国高校古籍整理研究工作委员会项目专家评议小组评议,并经古委会主任批准,《编年》被列为2003年度高校古委会直接资助项目。对于《编年》而言,这无疑是一个锦上添花的喜讯。

2003年底,由于《编年》体量大幅扩张等原因,在出版环节上却再次出现了问题。就在我们深感失望而又无奈之际,幸赖倪为国先生再次伸出援手,基于对《编年》学术价值的认同感与出版此书的责任感,他毅然决定改由他创办的上海六点文化传播有限公司负责出版事宜,并得到时任华东师范大学出版社社长朱杰人先生首肯和支持。

为了保证和提高《编年》的质量,我们与倪为国先生商定,决定对《中国学术编年》初稿进行全面的充实和修订。2006年7月19日,倪为国先生率编辑一行10人,前来浙江师范大学召开编纂工作会议,共商《编年》修改方案。会议的中心主题是:加快进程,提高质量。会上,我们简要总结了《清代学术编年》20余年以及《编年》整体启动8年来的学术历程,介绍了目前各卷的进展以及存在的问题。接着由倪为国先生向各卷作者反馈了相关专家的审稿意见,并提出了具体的修改要求。在经过双方热烈细致讨论的基础上,最后形成整体修改方案。会议决定,每卷定稿后将再次聘请专家集中审阅,以确保《编年》的学术质量。会上对分卷与作者也作了相应的调整,即由原先的6卷本扩展为9卷本。2007年6月30日,《中国学术编年》第二次编纂工作会议在浙江师范大学召开,倪为国先生一行4人再次来到师大与各卷作者继续会商修改与定稿等问题。会议决定以由俞樟华编纂的宋代卷为范本,各卷根据实际情况做适当调整。此后,各卷的责任编辑的审稿与《编年》各卷作者的修改一直在频繁交替进行。目前,《编年》各卷署名作者依次为:(1) 先秦卷:陈年福、叶志衡;(2) 汉代卷:宋清秀、曾礼军、包礼祥;(3) 三国两晋卷:王德华;(4) 南北朝卷:林家骊;(5) 隋唐五代卷:陈国灿;(6) 宋代卷:俞樟华;(7) 元代卷:邱江宁;(8) 明代卷(上、下册):陈玉兰、胡吉省;(9) 清代卷(上、中、下册):俞樟华、毛策、姚成荣。

此外,由秦治国、陆怡清、方勇、杜英、王延庆、陈允欣等编纂的作为参照的外国学术部分,则另请责任编辑万骏统一修改压缩,使内容更为精要。

《编年》经过长时期的磨砺而最终得以问世,可以说是各方人士共同努力的结果,郁积砥砺于我们心中的感悟也同样经历了一个不断变化、超越与升华的过程:从《清代学术编年》到《中国学术编年》,从反映有清一代学术到总结中国通代学术,集中体现了中国学术在走向现代与世界的过程中需要进行全面、系统、深入总结的内在要求与趋势,这是世纪之交中国学界与学者的历史使命,实与世纪之交的"学术史热"殊途而同归。与此同时,正是由于中国学术自身发展赋予《编年》的必要性与可能性,所以尽管历经种种曲折,甚至因先后被退稿和毁约而几乎中途夭折,但最终还是走出了困境,如愿以偿。从50余万字的《清代学术编年》,到1000余万字的《中国学术编年》,不仅仅意味着其规模的急遽扩大,更为重要的在于其学术质量的全面提高。在此,挫折本身已不断转化为一种催人不断前行的动力。

(三)《中国学术编年》的学术追求

尽管编年体史书源远流长,但编年体学术史著作晚至民国时期才得问世,而贯通历代的集成性的《中国学术编年》之作则一直阙如。20世纪20年代,刘汝霖先生曾以一人之力启动《中国学术编年》的编纂工程,先于1929年完成《周秦诸子考》,继之编纂《汉晋学术编年》、《东晋南北朝学术编年》,分别1932年、1935年由商务印书馆出版。

根据刘汝霖先生拟定《总目》,《中国学术编年》分为六集:

第一集,汉至晋:汉高祖元年(前206)至晋愍帝建兴四年(316)。

第二集,东晋南北朝:东晋元帝建武元年(317)至陈后主祯明二年(588)。

第三集,隋唐五代:隋文帝开皇九年(589)至周世宗显德六年(959)。

第四集,宋:宋太祖建隆元年(960)至恭帝德祐二年(1276)。

第五集,元明:元世祖至元十四年(1277)至明思宗崇祯十六年(1643)。

第六集,清民国:清世祖顺治元年(1644)至民国七年(1918)。

然而由于种种原因,刘汝霖先生雄心勃勃编纂《中国学术编年》大型工程只完成第一集《汉晋学术编年》、第二集《东晋南北朝学术编年》即戛然而止,实在令人遗憾。在此后相当长的时期内,尽管在断代、专门性的学术编年方面成果渐丰,但贯通历代之作依然未能取得重大突破。2005年,张岂之先生主编的《中国学术思想编年》由陕西师范大学出版,率先在贯通历代方面取得了重要进展,但因此书以"学术思想"为主旨,实乃一部按时间顺序编年的编年体学术思想史,所以在学术宗旨与内容取舍方面,与刘汝霖先生当年设计的综合型的中国通代学术编年不同。有鉴于此,的确需要编纂一部贯通历代、综合型、集大成的《中国学术编年》,以为"重写学术史"提供更加全面、系统而坚实的文献支持。

我们所编纂的《中国学术编年》,仍承刘汝霖先生当年所取之名,但非续作,而是另行编纂的一部独立著作。《编年》上起先秦,下迄清末,分为9卷、12册,依次为:先秦卷、汉代卷、三国两晋卷、南北朝卷、隋唐五代卷、宋代卷、元代卷、明代卷(上、下册)、清代卷(上、中、下册),共计1000余万字。《编年》具有自己独特而鲜明的学术追求,重在揭示以下四大规律:

(1) **注重中国学术史的宏观发展演变历程,以见各代学术盛衰规律**。每个时代都有自己的学术主潮,但彼此之间的嬗变与衔接及其外部动因与内在分合,却需要加以全面、系统、深入的省察,除了重点关注标志性人物、事件、成果等以外,更需要见微知著,由著溯微。唯此,才能在通观中国学术史的发展演变历程中把握各代学术盛衰规律。

(2) **注重学术流派的源起、形成、鼎盛及至解体历程,以见学术流派的兴替规律**。学术流派既是学术发展的主体力量,又是学术繁荣的根本标志。因此,通观学术流派的源起、形成、鼎盛及至解体历程并把握其兴替规律,显然是学术史研究的核心所在。然后,从学术流派的个案研究走向群体研究,即进而可见各种学术流派与各代学术盛衰规律的内在关联与宏观趋势。

(3) **注重学术群体的区域流向、位移、承变历程,以见学术中心的迁移规律**。不同的学术流派由不同的学术群体所构成,由各不同学术群体的区域流向、移位、承变历程可见学术中心的迁移规律,其中学术领袖所扮演的主导角色、所发挥的核心作用尤为重要,从一定意义上说,学术领袖的区域流向与一代学术的中心迁移常常具有同趋性。诚然,促使学术中心的迁移具有更广泛、更多元、更复杂的内外动力与动因,其与经济、政治、文化中心的迁移也常常存在着时空差。概而言之,以与经济中心迁移的关系最为持久,以与文化中心迁移的关系最为密切,而与政治中心尤其是都城迁移的关系则最为直接。

(4) **注重中外学术的冲突、交流与融合历程,以见跨文化的学术传通规律**。文化者,文而化之、化而文之也,跨文化的学术传通规律正与此相通。因此,由中外学术的冲突、交流与融合历程,探索跨文化的学术传通规律,不仅可以进一步拓展中国学术史的研究范围,而且可以借此重新审视中国学术史的发展轨迹与演变规律。

(四)《中国学术编年》的体例创新

《编年》综合吸取历代史书与各种学术编年之长而加以融通之,首创了一种新的编纂体例,主要由学术背景、学术活动、学术成果、学者生卒四大栏目构成,同时在各栏目适当处加按语,另外再在每年右边重点记载外国重大学术事件,以裨中外相互参照,合之为六大版块:

(1) **学术背景**。着重反映深刻影响中国学术史发展进程的重大文化政策以及政治、经济、军事、外交诸方面的重大事件,以考察学术演变的特定时代背景及其对学术思潮、治学风尚的影响。学术背景著录以时间为序。

(2) **学术活动**。着重记述学者治学经历、师承关系和学术交流活动,包括从师问学、科举仕进、讲学授业、交游访问、会盟结社、创办书院、学校、报刊等学术机构等,以明学术渊源之所自、学术创见之所成、学术流派之脉络以及不同流派之间的争鸣、兴替轨迹。学术活动著录以人物的重要性为序。

(3) **学术成果**。着重记述具有代表性的学术论著,以著作为主,兼收重要的单篇文献,如论文序跋、书信、奏疏等,兼录纂辑、校勘、评点、注释、考证、译著等。内容包括成书过程、内容特色、价值影响、版本流传情况等,以见各代学术研究之盛况。学术成果著录以论著类别为序,大致按经史子集顺序排列。

(4) **学者生卒**。又分卒年、生年两小栏。其中卒年栏著录学者姓名、生年、字号、籍贯以及难以系年的重要著述,并概述其一生主要成就、贡献与地位及后人的简单评价。学者生卒著录以卒年、生年为序。

(5) **编者按语**。在学术背景、学术活动、学术成果、学者生卒四栏重要处再加编者按语,内容包括补充说明、原委概述、异说考辨、新见论证、价值评判等。"按语"犹如揭示各代学术发展的"纲目",若将各卷"按语"组合起来,即相当于一部简明学术史。

(6) **外国学术**。撷取同时期外国重要学术人物、活动、事件、成果等加以简要著录,以资在更广阔的比较视境中对中外学术的冲突交融历程以及跨文化的学术传通规律获得新的感悟与启示。

以上编纂体例的创体,最初是受《史记》的启发。《史记》分本纪、表、书、世家、列传,最后有"太史公曰",为六大板块。"本纪"为帝王列传,《编年》之"学术背景"栏与此相对应;"世家"、"列传"为传记,以"人"为纲,重在纪行,《编年》之"学术活动"栏与此相对应;"书"为典章制度等学术成果介绍,《编年》之"学术成果"栏与之相对应;"表"按时间先后记录历史大事和历史人物,《编年》之"学者生卒"栏与之相对应;"太史公曰"为史家评论,《编年》之"按语"与之相对应。以上综合《史记》之体而熔铸为一种学术编年的新体例,是一种旨在学术创新的尝试与探索。此外,"外国学术"栏,主要参照一些中西历史合编的年表而运用于《编年》之中。

中国史书编纂源远流长、成果丰硕,但要以纪传体、编年体、纪事本末体为三大主干。三体各有利弊,纪传体创始于《史记》,长于纪人,短于纪事,常常同为一事,分在数篇,断续相离,故《史记》以互见法弥补之;编年体创始于《春秋》,长于纪时,短于纪事,常常同为一事,分在数年,亦是断续相离;纪事本末体创始于《通鉴纪事本末》,长于纪事,短于纪人,往往见事不见人,见个体不见整体。《中国学术编年》在体例上显然属于编年体,但同时又努力融合纪传体、纪事本末体之长,以弥补编年体之不足。一部学术发展史,归根到底是由若干巨星以及围绕着这些巨星的光度不同的群星所形成的历史。既然学术活动与成果的主体是学人,这就决定了年表不能不以学人为纲来排比材料。而取舍人物,做到既不漏也不滥,确实能反映出一代学术的本质面貌,则是编好《编年》的关键,这也决定了《编年》与以人为纲的纪传体的密切关系。何况上文所述借鉴《史记》而创立《编年》新的编纂体例,更是直接吸取了纪传体之长。而在"按语"中,常于分隔数年的学术活动、学术成果加以系统勾勒或考证、说明之,以明渊源所自,演化所终,也是充分吸取了纪事本末传的长处。

在《编年》的编写过程中,我们非常注意第一手材料,同时也注意吸收学术界的新成果,包括尽可能地参考港台学者出版的同类或相关的书籍,力求详而不芜,全而有要。其中重点采纳的文献资料主要有:历代正史、私史、实录、会要、起居注、方志、档案、文集、专著、类书、谱牒、笔记等,同时博采当代学者的研究成果。按语所录文献,随文标注所出,以示征信。或遇尚存异说之文献,则择善而从,或略加考释。

《编年》收录学者多达四万余人,论著多达四万五千篇(部),数量与规模超过了以往任何学术编年著作。为便于使用,《编年》于每卷后都编有详细的学者、论著索引,以充分发挥

《编年》学术著作兼工具书的双重功能。

自1985年开始启动以来,《编年》这一浩大工程经过20余年的艰难曲折历程至今终于划上了句号,期间所经历的艰难曲折,的确非一般著书之可比;其中所蕴含的学术景遇与世事沧桑,更不时引发我们的种种感慨。于今,这一独特经历已伴随《编年》的告竣而成为融会其间的一个重要组成部分,并已积淀为一种挥之不去、值得回味的文化记忆与学术反思。毋庸置疑,晚清以来中国学术的西化改造与现代转型是以传统学术的边缘化与断层化为沉重代价的,这是基于西学东渐与"中"学"西"化的必然结果。如果说传统学术的边缘化是对中国学术史之"昨天"的遗忘或否定,那么,传统学术的断层化则是中国学术史之"昨天"与"今天"之间的断裂。显然,两者既不利于对中国传统学术内在价值的理性认知,也不利于对中国学术未来发展方向的战略建构。我们编纂《中国学术编年》的根本宗旨:**即是期望通过对中国学术史的历史还原与重构,不仅重新体认其固有的学术价值,而且藉以反思其未来的学术取向,从而为弥补晚清以来传统学术边缘化与断层化的双重缺陷,重建一种基于传统内蕴与本土特色而又富有世界与现代意义的中国学术话语体系提供重要的思想资源与学术参照**。因此,《编年》的编纂与出版,并非缘于思古之幽情,而是出于现实之需要。当然,随着《编年》的规模扩张与内涵深化,我们对此的认知也大体经历了一个由表及里、由浅入深、与时俱进的演化过程。

值此《编年》即将出版之际,我们惟以虔敬之心,感铭这一变革时代的风云砺,感铭来自学界内外各方人士的鼎力相助!

一是衷心感谢李学勤、安平秋、章培恒、裘锡圭、朱维铮、葛兆光、刘小枫、赵逵夫、吴熊和、杨忠、束景南、崔富章、张涌泉、常元敬、黄灵庚诸位先生的热情鼓励和精心指导,朱维铮、刘小枫、束景南、崔富章、黄灵庚先生还拨冗审阅了部分书稿,并提出了修改意见,使《编年》质量不断提高,体例更趋完善。常元敬先生在退休之后仍一直关心《编年》的进展,时时勉励我们一定要高质量的完成这一大型学术工程,以早日了却他当年未曾了却的心愿。二是衷心感谢华东师范大学出版社的热忱相助。华东师范大学出版社朱杰人先生始终坚守学术的职业精神,给人留下了深刻的印象。与此同时,我们也不能忘记曾为此书付出劳动的上海书店、上海三联书店的有关人士。三是衷心感谢《编年》所有作者长期持续不懈的努力。鉴于人文社会科学研究个性化的特点与当今科研评价功利化趋势,组织大型集体攻关项目诚为不易,而长时期地坚持不懈更是难上加难,这意味着对其他科研机会与成果的舍弃与牺牲。在此,对于所有关心支持并为《编年》的编纂、出版作出贡献的前辈、同仁,一并致以诚挚的谢忱!

学无止境,学术编年更是一项永无止境的学术活动。由于《编年》是首次全面贯通中国各代学术的集成性之作,历时久长,涉面广泛,规模宏大,限于我们自身的精力与水平,其中不足或错误之处在所难免,衷心希望得到学者与读者的批评指正。

梅新林　俞樟华
2008年春初稿
2009年秋改稿
2013年春终稿

凡 例

一、《中国学术编年》(以下简称《编年》)为中国学术史编年体著作,兼具工具书的检索功能。

二、《编年》上起先秦时代,下迄清末。按时代分为九卷,即先秦卷、汉代卷、三国两晋卷、南北朝卷、隋唐五代卷、宋代卷、元代卷、明代卷、清代卷。

三、《编年》所取材,主要依据历代正史、私史、实录、会要、起居注、方志、档案、文集、专著、类书、谱牒、笔记等,同时博采当代学者的研究成果。所录文献,引文标注所出,以示征信;其他材料,限于体例,未能一一注明所出,可参见统一列于每卷之末的参考文献。或遇尚存异说之文献,则择善而从,或略加考释。

四、《编年》具有自己独特而鲜明的学术追求,重点关注各卷本时段学术主流特色与学术发展趋势两个方面,重在揭示以下四大规律:

1. 注重中国学术史的宏观发展演变历程,以见各代学术盛衰规律;
2. 注重学术流派的源起、形成、鼎盛及至解体历程,以见学术流派的兴替规律;
3. 注重学术群体的区域流向、移位、承变历程,以见学术中心的迁移规律;
4. 注重中外学术的冲突、交流与融合历程,以见跨文化的学术传通规律。

五、《编年》采用一种新的编撰体例,由学术背景、学术活动、学术成果、学者生卒四大栏目构成,同时在各栏目适当处加编者按语。若遇跨类,则以"互见法"于相应栏目分录之。

六、《编年》中的"学术背景"栏目,着重反映深刻影响中国学术史发展进程的重大文化政策以及政治、经济、军事、外交诸方面的重大事件,以考察学术演变的特定时代背景及其对学术思潮、治学风尚的影响。

1. 学术背景著录,先录时间,后录事件。
2. 同月不同日者,只标日,不标月。
3. 知月而不知日者,于此月最后以"是月,……"另起。
4. 只知季节而不知月者,则分别于三月、六月、九月、十二月后标以"是春,……"、"是夏……"、"是秋,……"、"是冬,……"另起。
5. 只知年而不知季、月、日者,列于本年最后,以"是年,……"另起。

七、《编年》中的"学术活动"栏目,着重记述学者治学经历、师承关系和学术交流活动,以明学术渊源之所自、学术创见之所成、学术流派之脉络以及不同流派之间的争鸣、兴替轨迹,包括从师问学、科举仕进、讲学授业、交游访问、会盟结社、创办书院、学校、报刊等学术机构,等等。其中学者仕历与学术思想和学术活动之演变关系密切,故多予著录。

1. 学术活动著录,先录人物,后录时间。
2. 人物大致以学术贡献与地位之重要排次,使读者对当时学界总貌有一目了然之感。相关师友、弟子、家人附列之。
3. 有诸人同时从事某一学术活动者,则系于同一条,以主次列出,不再分条著录。
4. 学者人名一般标其名而不标其字、号。科举择其最高者录之。
5. 少数民族学者一般用汉译名,不用本名。
6. 僧人通常以"僧××"或"释××"标示之,若习惯上以法号称之,则去"僧"或"释"字。方外人名只标僧名、法名,不标本名。
7. 外国来华传教士及其他人员统一标出国别,如"美国传教士×××"。外国来华学者人名一般用汉名,若无汉名则用译名。其来华前、离华后若与中国学术无涉,则不予著录。
8. 中国学者在国外传播、研究中国学术者,予以著录。

八、《编年》中的"学术成果"栏目,着重记述具有代表性的学术论著,以著作为主,兼收重要的单篇文献,如论文序跋、书信、奏疏以及纂辑、校勘、评点、注释、考证、译著等等,以见各代学术研究之盛况。

1. 学术成果著录,先录作者,后录论著。
2. 论著排列依据传统"经史子集"之序而又略作变通,依次为经学(含理学)、史学、诸子学、语言文字学、文艺学、宗教学、自然科学、图书文献学、综合。
3. 论著通常分别以"作"、"著"标之,众人所作或非专论专著一般以"纂"标之。
4. 著录论著撰写与刊行过程,包括始撰、成稿、修订、续撰、增补、重著以及刊行出版等,并著录书名、卷数及一书异名情况。
5. 对重要论著作出简要评价,如特色、价值、版本、影响等。对重要论著的序跋,或录原文,或节录原文。

九、《编年》中的"学者生卒"栏目,分卒年、生年两小栏。卒年栏著录学者姓名、生年(公元××年)、字号(包括谥号)、籍贯以及难以系年的重要著述,凡特别重要人物,略述其一生主要成就、贡献与地位、传记资料及后人的简单评价。

1. 学者生卒著录,先学者卒年,后学者生年。
2. 在卒年栏中对重要学者的学术成就与贡献作出概要评价。
3. 年月难考之论著系于卒年之下,以此对无法系年的重要学术论著略作弥补。

十、《编年》在以上四大栏目下都加有"按语"。主要内容为:

1. 价值评判。即对学术价值以及重要影响进行简要评价。
2. 原委概述。即对事件缘起、过程、流变、结果、影响诸方面作一概要论述。
3. 补充说明。即对相关内容及背景材料再作扼要说明。
4. 史料存真。即采录比较珍贵的史料或略为可取的异说,裨人参考
5. 考辨断论。即对异说或有争论者,略加考辨并尽量作出断论,或择取其中一说。

十一、《编年》在注录中国学术之外,又取同时期外国重要学术人物、活动、事件、成果等加以简要著录,以资中外参照。

十二、《编年》纪年依次为帝王年号、干支年号、公年纪年,三者具备。遇二个以上王朝并立,则标出全部王朝帝王年号。凡因农历与公历差异产生年份出入问题,以农历为准。

无法确切考定年份者,用"约于是年前后"标之。凡在系年上有分歧而难以断定者,取一通行说法著录之,另以按语录以他说。

十三、《编年》纪年所涉及的古地名(包括学者卒年所标之籍贯),一般不注今地名。

十四、《编年》每卷后列有征引及参考文献,包括著作与论文两个方面。征引及参考文献的著录顺序:先古代,后现代;先著作,后论文。

十五、《编年》每卷后编有索引,以强化其检索功能。其中包括"人物索引"与"论著索引"。人物索引按笔画顺序编排,每卷人物索引只列本朝代的人物,跨代人物不出索引;人物的字号,加括号附录在正名之后;论著索引按拼音顺序编排。唐以前称"篇目索引",即重要论文亦出索引;隋唐五代称"论著索引";此后各代称"著作索引",即文章不出索引。同书名而不同作者的,在书名后面加括号,注明作者,以示区别;一书异名的,在通行书名后面加括号,注明异称。

十六、全书根据一以贯之的统一要求与体例格式进行编写,各卷(尤其是先秦卷)基于不同时代学术发展演变的实际情况再作变通处理,力求达到规范与变通的有机结合。

目　录

三　国
（220—264）

汉献帝建安二十五年　延康元年　魏文帝曹丕黄初元年　庚子　220年 …………（3）
魏黄初二年　蜀汉先主刘备章武元年　辛丑　221年 ……………………………（12）
魏黄初三年　蜀汉章武二年　吴主孙权黄武元年　壬寅　222年 ………………（15）
魏黄初四年　蜀汉章武三年　蜀汉刘禅建兴元年　吴黄武二年　癸卯　223年 …（17）
魏黄初五年　蜀汉建兴二年　吴黄武三年　甲辰　224年 ………………………（20）
魏黄初六年　蜀汉建兴三年　吴黄武四年　乙巳　225年 ………………………（22）
魏黄初七年　蜀汉建兴四年　吴黄武五年　丙午　226年 ………………………（24）
魏明帝曹叡太和元年　蜀汉建兴五年　吴黄武六年　丁未　227年 ……………（28）
魏太和二年　蜀汉建兴六年　吴黄武七年　戊申　228年 ………………………（31）
魏太和三年　蜀汉建兴七年　吴主孙权黄龙元年　己酉　229年 ………………（33）
魏太和四年　蜀汉建兴八年　吴黄龙二年　庚戌　230年 ………………………（36）
魏太和五年　蜀汉建兴九年　吴黄龙三年　辛亥　231年 ………………………（40）
魏太和六年　蜀汉建兴十年　吴主孙权嘉禾元年　壬子　232年 ………………（42）
魏明帝青龙元年　蜀汉建兴十一年　吴嘉禾二年　癸丑　233年 ………………（46）
魏青龙二年　蜀汉建兴十二年　吴嘉禾三年　甲寅　234年 ……………………（48）
魏青龙三年　蜀汉建兴十三年　吴嘉禾四年　乙卯　235年 ……………………（51）
魏青龙四年　蜀汉建兴十四年　吴嘉禾五年　丙辰　236年 ……………………（53）
魏青龙五年　景初元年　蜀汉建兴十五年　吴嘉禾六年　丁巳　237年 ………（54）
魏景初二年　蜀汉后主延熙元年　吴嘉禾七年　吴主孙权赤乌元年　戊午　238年
……………………………………………………………………………………………（59）
魏景初三年　蜀汉延熙二年　吴赤乌二年　己未　239年 ………………………（62）
魏齐王曹芳正始元年　蜀汉延熙三年　吴赤乌三年　庚申　240年 ……………（64）
魏正始二年　蜀汉延熙四年　吴赤乌四年　辛酉　241年 ………………………（66）
魏正始三年　蜀汉延熙五年　吴赤乌五年　壬戌　242年 ………………………（67）
魏正始四年　蜀汉延熙六年　吴赤乌六年　癸亥　243年 ………………………（70）

魏正始五年　蜀汉延熙七年　吴赤乌七年　甲子　244年	(72)
魏正始六年　蜀汉延熙八年　吴赤乌八年　乙丑　245年	(75)
魏正始七年　蜀汉延熙九年　吴赤乌九年　丙寅　246年	(78)
魏正始八年　蜀汉延熙十年　吴赤乌十年　丁卯　247年	(79)
魏正始九年　蜀汉延熙十一年　吴赤乌十一年　戊辰　248年	(81)
魏正始十年　嘉平元年　蜀汉延熙十二年　吴赤乌十二年　己巳　249年	(82)
魏嘉平二年　蜀汉延熙十三年　吴赤乌十三年　庚午　250年	(84)
魏嘉平三年　蜀汉延熙十四年　吴赤乌十四年　太元元年　辛未　251年	(86)
魏嘉平四年　蜀汉延熙十五年　吴太元二年　神凤元年　吴主孙亮建兴元年　壬申　252年	(87)
魏嘉平五年　蜀汉延熙十六年　吴建兴二年　癸酉　253年	(89)
魏嘉平六年　高贵乡公曹髦正元元年　蜀汉延熙十七年　吴五凤元年　甲戌　254年	(91)
魏正元二年　蜀汉延熙十八年　吴五凤二年　乙亥　255年	(93)
魏正元三年　甘露元年　蜀汉延熙十九年　吴五凤三年　太平元年　丙子　256年	(96)
魏甘露二年　蜀汉延熙二十年　吴太平二年　丁丑　257年	(98)
魏甘露三年　蜀汉景耀元年　吴太平三年　吴主孙休永安元年　戊寅　258年	(100)
魏甘露四年　蜀汉景耀二年　吴永安二年　己卯　259年	(103)
魏甘露五年　魏陈留王曹奂景元元年　蜀汉景耀三年　吴永安三年　庚辰　260年	(104)
魏景元二年　蜀汉景耀四年　吴永安四年　辛巳　261年	(106)
魏景元三年　蜀汉景耀五年　吴永安五年　壬午　262年	(108)
魏景元四年　蜀汉景耀六年　蜀汉刘禅炎兴元年　吴永安六年　癸未　263年	(109)
魏景元五年　咸熙元年　吴永安七年　吴主孙皓元兴元年　甲申　264年	(112)

西　晋
(265—316)

魏咸熙二年　晋武帝司马炎泰始元年　吴元兴二年　甘露元年　乙酉　265年	(117)
晋泰始二年　吴甘露二年　宝鼎元年　丙戌　266年	(119)
晋泰始三年　吴宝鼎二年　丁亥　267年	(122)
晋泰始四年　吴宝鼎三年　戊子　268年	(124)
晋泰始五年　吴宝鼎四年　建衡元年　己丑　269年	(127)
晋泰始六年　吴建衡二年　庚寅　270年	(129)
晋泰始七年　吴建衡三年　辛卯　271年	(130)
晋泰始八年　吴凤凰元年　壬辰　272年	(133)
晋泰始九年　吴凤凰二年　癸巳　273年	(135)
晋泰始十年　吴凤凰三年　甲午　274年	(138)

晋武帝咸宁元年　吴天册元年　乙未　275年	(140)
晋咸宁二年　吴天册二年　天玺元年　丙申　276年	(142)
晋咸宁三年　吴天纪元年　丁酉　277年	(143)
晋咸宁四年　吴天纪二年　戊戌　278年	(144)
晋咸宁五年　吴天纪三年　己亥　279年	(147)
晋咸宁六年　太康元年　吴天纪四年　庚子　280年	(149)
晋太康二年　辛丑　281年	(154)
晋太康三年　壬寅　282年	(156)
晋太康四年　癸卯　283年	(159)
晋太康五年　甲辰　284年	(160)
晋太康六年　乙巳　285年	(163)
晋太康七年　丙午　286年	(165)
晋太康八年　丁未　287年	(166)
晋太康九年　戊申　288年	(167)
晋太康十年　己酉　289年	(169)
晋武帝太熙元年　晋惠帝司马衷永熙元年　庚戌　290年	(172)
晋惠帝永平元年　元康元年　辛亥　291年	(175)
晋元康二年　壬子　292年	(181)
晋元康三年　癸丑　293年	(183)
晋元康四年　甲寅　294年	(184)
晋元康五年　乙卯　295年	(186)
晋元康六年　丙辰　296年	(187)
晋元康七年　丁巳　297年	(190)
晋元康八年　戊午　298年	(192)
晋元康九年　己未　299年	(195)
晋惠帝永康元年　庚申　300年	(197)
晋永康二年　永宁元年　辛酉　301年	(200)
晋永宁二年　太安元年　壬戌　302年	(203)
晋太安二年　癸亥　303年	(205)
晋惠帝永兴元年　永安元年　建武元年　成都王李雄建兴元年 　汉王刘渊元熙元年　甲子　304年	(208)
晋永兴二年　李雄建兴二年　汉元熙二年　乙丑　305年	(211)
晋永兴三年　光熙元年　李雄建兴三年　成晏平元年　汉元熙三年 　丙寅　306年	(212)
晋怀帝司马炽永嘉元年　成晏平二年　汉元熙四年　丁卯　307年	(215)
晋永嘉二年　成晏平三年　汉元熙五年　永凤元年　戊辰　308年	(217)
晋永嘉三年　成晏平四年　汉河瑞元年　己巳　309年	(218)
晋永嘉四年　成晏平五年　汉河瑞二年　刘聪光兴元年　庚午　310年	(219)
晋永嘉五年　成玉衡元年　汉光兴二年　嘉平元年　辛未　311年	(221)

晋永嘉六年　成玉衡二年　汉嘉平二年　壬申　312年 …………………………………（224）
晋永嘉七年　晋愍帝司马邺建兴元年　成玉衡三年　汉嘉平三年　癸酉　313年
　　……………………………………………………………………………………………（226）
晋建兴二年　成玉衡四年　汉嘉平四年　前凉张寔永安元年　甲戌　314年 ………（227）
晋建兴三年　成玉衡五年　汉嘉平五年　建元元年　前凉永安二年　乙亥　315年
　　……………………………………………………………………………………………（228）
晋建兴四年　成玉衡六年　汉建元二年　麟嘉元年　前凉永安三年　丙子　316年
　　……………………………………………………………………………………………（229）

东　晋
（317—419）

晋建兴五年　晋司马睿建武元年　成玉衡七年　汉麟嘉二年　前凉永安四年
　　丁丑　317年 ………………………………………………………………………………（233）
晋元帝司马睿太兴元年　成玉衡八年　汉刘粲汉昌元年　汉刘曜光初元年
　　前凉永安五年　戊寅　318年 ……………………………………………………………（237）
晋太兴二年　成玉衡九年　前赵光初二年　后赵石勒元年　前凉永安六年　己卯
　　319年 ………………………………………………………………………………………（243）
晋太兴三年　成玉衡十年　前赵光初三年　后赵二年　前凉张茂永元元年　庚辰
　　320年 ………………………………………………………………………………………（245）
晋太兴四年　成玉衡十一年　前赵光初四年　后赵三年　前凉永元二年　辛巳
　　321年 ………………………………………………………………………………………（248）
晋永昌元年　成玉衡十二年　前赵光初五年　后赵四年　前凉永元三年　壬午
　　322年 ………………………………………………………………………………………（249）
晋明帝司马绍太宁元年　成玉衡十三年　前赵光初六年　后赵五年　前凉永元
　　四年　癸未　323年 ………………………………………………………………………（253）
晋太宁二年　成玉衡十四年　前赵光初七年　后赵六年　前凉张骏太元元年
　　甲申　324年 ………………………………………………………………………………（256）
晋太宁三年　成玉衡十五年　前赵光初八年　后赵七年　前凉太元二年
　　乙酉　325年 ………………………………………………………………………………（258）
晋成帝司马衍咸和元年　成玉衡十六年　前赵光初九年　后赵八年　前凉太元
　　三年　丙戌　326年 ………………………………………………………………………（260）
晋咸和二年　成玉衡十七年　前赵光初十年　后赵九年　前凉太元四年　丁亥
　　327年 ………………………………………………………………………………………（263）
晋咸和三年　成玉衡十八年　前赵光初十一年　后赵太和元年　前凉太元五年
　　戊子　328年 ………………………………………………………………………………（265）
晋咸和四年　成玉衡十九年　后赵太和二年　前凉太元六年　己丑　329年 ………（267）
晋咸和五年　成玉衡二十年　后赵太和三年　建平元年　前凉太元七年　庚寅
　　330年 ………………………………………………………………………………………（269）

晋咸和六年　成玉衡二十一年　后赵建平二年　前凉太元八年　辛卯　331 年……(270)
晋咸和七年　成玉衡二十二年　后赵建平三年　前凉太元九年　壬辰　332 年……(271)
晋咸和八年　成玉衡二十三年　后赵建平四年　前凉太元十年　癸巳　333 年……(272)
晋咸和九年　成玉衡二十四年　后赵石弘延熙元年　前凉太元十一年　甲午
　334 年 ……………………………………………………………………………………(273)
晋咸康元年　成李期玉恒元年　后赵石虎建武元年　前凉太元十二年　乙未
　335 年 ……………………………………………………………………………………(275)
晋咸康二年　成玉恒二年　后赵建武二年　前凉太元十三年　丙申　336 年………(277)
晋咸康三年　成玉恒三年　后赵建武三年　前燕慕容皝元年　前凉太元十四年
　丁酉　337 年 ……………………………………………………………………………(279)
晋咸康四年　汉(成)李寿汉兴元年　后赵建武四年　前燕慕容皝二年　代拓跋
　什翼犍建国元年　前凉太元十五年　戊戌　338 年 …………………………………(280)
晋咸康五年　汉(成)汉兴二年　后赵建武五年　前燕慕容皝三年　代建国二年
　前凉太元十六年　己亥　339 年 ………………………………………………………(283)
晋咸康六年　汉(成)汉兴三年　后赵建武六年　前燕慕容皝四年　代建国三年
　前凉太元十七年　庚子　340 年 ………………………………………………………(286)
晋咸康七年　汉(成)汉兴四年　后赵建武七年　前燕慕容皝五年　代建国四年
　前凉太元十八年　辛丑　341 年 ………………………………………………………(289)
晋咸康八年　汉(成)汉兴五年　后赵建武八年　前燕慕容皝六年　代建国五年
　前凉太元十九年　壬寅　342 年 ………………………………………………………(290)
晋康帝司马岳建元元年　汉(成)汉兴六年　后赵建武九年　前燕慕容皝七年
　代建国六年　前凉太元二十年　癸卯　343 年 ………………………………………(293)
晋建元二年　汉(成)李势太和元年　后赵建武十年　前燕慕容皝八年
　代建国七年　前凉太元二十一年　甲辰　344 年 ……………………………………(295)
晋穆帝司马聃永和元年　汉(成)太和二年　后赵建武十一年　前燕慕容皝九年
　代建国八年　前凉太元二十二年　乙巳　345 年 ……………………………………(297)
晋永和二年　汉(成)嘉宁元年　后赵建武十二年　前燕慕容皝十年　代建国九年
　前凉张重华永乐元年　丙午　346 年 …………………………………………………(299)
晋永和三年　汉(成)嘉宁二年　后赵建武十三年　前燕慕容皝十一年
　代建国十年　前凉永乐二年　丁未　347 年 …………………………………………(303)
晋永和四年　后赵建武十四年　前燕慕容皝十二年　代建国十一年
　前凉永乐三年　戊申　348 年 …………………………………………………………(305)
晋永和五年　后赵太宁元年　前燕慕容儁元年　代建国十二年　前凉永乐四年
　己酉　349 年 ……………………………………………………………………………(306)
晋永和六年　卫李闵(石闵、冉闵)青龙元年　魏(冉)永兴元年　前燕慕容儁二年
　代建国十三年　前凉永乐五年　庚戌　350 年 ………………………………………(308)
晋永和七年　魏(冉)永兴二年　前燕慕容儁三年　代建国十四年
　前秦苻健皇始元年　前凉永兴六年　辛亥　351 年 …………………………………(309)
晋永和八年　魏(冉)永兴三年　前燕慕容儁元玺元年　代建国十五年　前秦皇始

二年　前凉永乐七年　壬子　352年 …… (312)
晋永和九年　前燕元玺二年　代建国十六年　前秦皇始三年　前凉永乐八年
　　癸丑　353年 …… (313)
晋永和十年　前燕元玺三年　代建国十七年　前秦皇始四年　前凉张祚和平元年
　　甲寅　354年 …… (316)
晋永和十一年　前燕元玺四年　代建国十八年　前秦苻生寿光元年　前凉
　　张玄靓太始元年　乙卯　355年 …… (317)
晋永和十二年　前燕元玺五年　代建国十九年　前秦寿光二年　前凉太始二年
　　丙辰　356年 …… (319)
晋升平元年　前燕光寿元年　代建国二十年　前秦苻坚永兴元年　前凉太始三年
　　丁巳　357年 …… (322)
晋升平二年　前燕光寿二年　代建国二十一年　前秦永兴二年　前凉太始四年
　　戊午　358年 …… (324)
晋升平三年　前燕光寿三年　代建国二十二年　前秦甘露元年　前凉太始五年
　　己未　359年 …… (325)
晋升平四年　前燕慕容暐建熙元年　代建国二十三年　前秦甘露二年
　　前凉太始六年　庚申　360年 …… (327)
晋升平五年　前燕建熙二年　代建国二十四年　前秦甘露三年　前凉升平元年
　　辛酉　361年 …… (328)
晋哀帝司马丕隆和元年　前燕建熙三年　代建国二十五年　前秦甘露四年
　　前凉升平二年　壬戌　362年 …… (330)
晋兴宁元年　前燕建熙四年　代建国二十六年　前秦甘露五年　前凉张天赐
　　太清元年　癸亥　363年 …… (332)
晋兴宁二年　前燕建熙五年　代建国二十七年　前秦甘露六年　前凉太清二年
　　甲子　364年 …… (334)
晋兴宁三年　前燕建熙六年　代建国二十八年　前秦建元元年　前凉太清三年
　　乙丑　365年 …… (336)
晋废帝司马奕太和元年　前燕建熙七年　代建国二十九年　前秦建元二年
　　前凉太清四年　丙寅　366年 …… (338)
晋太和二年　前燕建熙八年　代建国三十年　前秦建元三年　前凉太清五年
　　丁卯　367年 …… (339)
晋太和三年　前燕建熙九年　代建国三十一年　前秦建元四年　前凉太清六年
　　戊辰　368年 …… (341)
晋太和四年　前燕建熙十年　代建国三十二年　前秦建元五年　前凉太清七年
　　己巳　369年 …… (342)
晋太和五年　前燕建熙十一年　代建国三十三年　前秦建元六年　前凉太清八年
　　庚午　370年 …… (343)
晋太和六年　晋简文帝司马昱咸安元年　代建国三十四年　前秦建元七年
　　前凉太清九年　辛未　371年 …… (344)

晋咸安二年　代建国三十五年　前秦建元八年　前凉太清十年　壬申　372年……(346)

晋孝武帝司马曜宁康元年　代建国三十六年　前秦建元九年　前凉太清十一年
　　癸酉　373年………………………………………………………………………(349)

晋宁康二年　代建国三十七年　前秦建元十年　前凉太清十二年　甲戌　374年
　　……………………………………………………………………………………(351)

晋宁康三年　代建国三十八年　前秦建元十一年　前凉太清十三年　乙亥　375年
　　……………………………………………………………………………………(354)

晋太元元年　代建国三十九年　前秦建元十二年　前凉太清十四年　丙子　376年
　　……………………………………………………………………………………(355)

晋太元二年　前秦建元十三年　丁丑　377年…………………………………(357)

晋太元三年　前秦建元十四年　戊寅　378年…………………………………(359)

晋太元四年　前秦建元十五年　己卯　379年…………………………………(360)

晋太元五年　前秦建元十六年　庚辰　380年…………………………………(362)

晋太元六年　前秦建元十七年　辛巳　381年…………………………………(363)

晋太元七年　前秦建元十八年　壬午　382年…………………………………(364)

晋太元八年　前秦建元十九年　癸未　383年…………………………………(367)

晋太元九年　前秦建元二十年　后燕慕容垂元年　后秦姚苌白雀元年　西燕慕容
　　泓燕兴元年　甲申　384年……………………………………………………(369)

晋太元十年　前秦建元二十一年　前秦苻丕大安元年　后燕二年　后秦白雀二年
　　西秦乞伏国仁建义元年　西燕慕容冲更始元年　乙酉　385年……………(374)

晋太元十一年　北魏王拓跋珪登国元年　前秦大安二年　前秦苻登太初元年
　　后燕建兴元年　后秦建初元年　西秦建义二年　后凉吕光大安元年
　　西燕慕容永中兴元年　丙戌　386年…………………………………………(377)

晋太元十二年　北魏登国二年　前秦太初二年　后燕建兴二年　后秦建初二年
　　西秦建义三年　后凉大安二年　西燕中兴二年　丁亥　387年……………(380)

晋太元十三年　北魏登国三年　前秦太初三年　后燕建兴三年　后秦建初三年
　　西秦乞伏乾归太初元年　后凉大安三年　西燕中兴三年　戊子　388年…(381)

晋太元十四年　北魏登国四年　前秦太初四年　后燕建兴四年　后秦建初四年
　　西秦太初二年　后凉麟嘉元年　西燕中兴四年　己丑　389年……………(383)

晋太元十五年　北魏登国五年　前秦太初五年　后燕建兴五年　后秦建初五年
　　西秦太初三年　后凉麟嘉二年　西燕中兴五年　庚寅　390年……………(385)

晋太元十六年　北魏登国六年　前秦太初六年　后燕建兴六年　后秦建初六年
　　西秦太初四年　后凉麟嘉三年　西燕中兴六年　辛卯　391年……………(386)

晋太元十七年　北魏登国七年　前秦太初七年　后燕建兴七年　后秦建初七年
　　西秦太初五年　后凉麟嘉四年　西燕中兴七年　壬辰　392年……………(388)

晋太元十八年　北魏登国八年　前秦太初八年　后燕建兴八年　后秦建初八年
　　西秦太初六年　后凉麟嘉五年　西燕中兴八年　癸巳　393年……………(390)

晋太元十九年　北魏登国九年　前秦苻崇延初元年　后燕建兴九年
　　后秦姚兴皇初元年　西秦太初七年　后凉麟嘉六年　西燕中兴九年　甲午

394年 ……………………………………………………………………………………（391）

晋太元二十年　北魏登国十年　后燕建兴十年　后秦皇初二年　西秦太初八年
　　后凉麟嘉七年　乙未　395年 ……………………………………………………（393）

晋太元二十一年　北魏皇始元年　后燕慕容宝永康元年　后秦皇初三年
　　西秦太初九年　后凉龙飞元年　丙申　396年 …………………………………（395）

晋安帝司马德宗隆安元年　北魏皇始二年　后燕永康二年　后秦皇初四年
　　西秦太初十年　后凉龙飞二年　南凉秃发乌孤太初元年　北凉段业神玺元年
　　丁酉　397年 ………………………………………………………………………（397）

晋隆安二年　北魏皇始三年　天兴元年　后燕慕容盛建平元年　后秦皇初五年
　　西秦太初十一年　后凉龙飞三年　南凉太初二年　北凉神玺二年
　　南燕慕容德燕平元年　戊戌　398年 ……………………………………………（399）

晋隆安三年　北魏天兴二年　后燕长乐元年　后秦弘始元年　西秦太初十二年
　　后凉吕纂咸宁元年　南凉太初三年　北凉天玺元年　南燕燕平二年　己亥
　　399年 ………………………………………………………………………………（402）

晋隆安四年　北魏天兴三年　后燕长乐二年　后秦弘始二年　西秦太初十三年
　　后凉咸宁二年　南凉秃发利鹿孤建和元年　北凉天玺二年　西凉李暠元年
　　南燕建平元年　庚子　400年 ……………………………………………………（405）

晋隆安五年　北魏天兴四年　后燕慕容熙光始元年　后秦弘始三年
　　后凉吕隆神鼎元年　南凉建和二年　北凉沮渠蒙逊永安元年　西凉李暠二年
　　南燕建平二年　辛丑　401年 ……………………………………………………（407）

晋元兴元年（大亨元年）　北魏天兴五年　后燕光始二年　后秦弘始四年
　　后凉神鼎二年　南凉秃发傉檀弘昌元年　北凉永安二年　西凉李暠三年
　　南燕建平三年　壬寅　402年 ……………………………………………………（410）

晋元兴二年（大亨二年）（桓玄永始元年）　北魏天兴六年　后燕光始三年
　　后秦弘始五年　后凉神鼎三年　南凉弘昌二年　北凉永安三年
　　西凉李暠四年　南燕建平四年　癸卯　403年 …………………………………（414）

晋元兴三年（桓玄永始二年）　北魏天赐元年　后燕光始四年　后秦弘始六年
　　北凉永安四年　西凉李暠五年　南燕建平五年　甲辰　404年 ………………（416）

晋义熙元年　北魏天赐二年　后燕光始五年　后秦弘始七年　北凉永安五年
　　西凉李暠建初元年　南燕慕容超太上元年　乙巳　405年 ……………………（420）

晋义熙二年　北魏天赐三年　后燕光始六年　后秦弘始八年　北凉永安六年
　　西凉建初二年　南燕太上二年　丙午　406年 …………………………………（424）

晋义熙三年　北魏天赐四年　后燕建始元年　后秦弘始九年　北凉永安七年
　　西凉建初三年　南燕太上三年　北燕高云正始元年　夏赫连勃勃龙升元年
　　丁未　407年 ………………………………………………………………………（427）

晋义熙四年　北魏天赐五年　后秦弘始十年　南凉嘉平元年　北凉永安八年　西凉
　　建初四年　南燕太上四年　北燕正始二年　夏龙升二年　戊申　408年 ……（429）

晋义熙五年　北魏天赐六年　北魏拓跋嗣永兴元年　后秦弘始十一年　西秦乞伏
　　乾归更始元年　南凉嘉平二年　北凉永安九年　西凉建初五年　南燕太上五年

北燕正始三年　北燕冯跋太平元年　夏龙升三年　己酉　409年 …………（430）
晋义熙六年　北魏永兴二年　后秦弘始十二年　西秦更始二年　南凉嘉平三年
　　北凉永安十年　西凉建初六年　南燕太上六年　北燕太平二年　夏龙升四年
　　庚戌　410年 ……………………………………………………………………（432）
晋义熙七年　北魏永兴三年　后秦弘始十三年　西秦更始三年　南凉嘉平四年
　　北凉永安十一年　西凉建初七年　北燕太平三年　夏龙升五年
　　辛亥　411年 ……………………………………………………………………（435）
晋义熙八年　北魏永兴四年　后秦弘始十四年　西秦更始四年
　　西秦乞伏炽磐永康元年　南凉嘉平五年　北凉永安十二年　玄始元年
　　西凉建初八年　北燕太平四年　夏龙升六年　壬子　412年 ………………（437）
晋义熙九年　北魏永兴五年　后秦弘始十五年　西秦永康二年　南凉嘉平六年
　　北凉玄始二年　西凉建初九年　北燕太平五年　夏凤翔元年　癸丑
　　413年 ……………………………………………………………………………（441）
晋义熙十年　北魏神瑞元年　后秦弘始十六年　西秦永康三年　南凉嘉平七年
　　北凉玄始三年　西凉建初十年　北燕太平六年　夏凤翔二年　甲寅
　　414年 ……………………………………………………………………………（445）
晋义熙十一年　北魏神瑞二年　后秦弘始十七年　西秦永康四年　北凉玄始四年
　　西凉建初十一年　北燕太平七年　夏凤翔三年　乙卯　415年 ……………（447）
晋义熙十二年　北魏泰常元年　后秦姚泓永和元年　西秦永康五年　北凉玄始
　　五年　西凉建初十二年　北燕太平八年　夏凤翔四年　丙辰　416年 ……（450）
晋义熙十三年　北魏泰常二年　后秦永和二年　西秦永康六年　北凉玄始六年
　　西凉李歆嘉兴元年　北燕太平九年　夏凤翔五年　丁巳　417年 …………（454）
晋义熙十四年　北魏泰常三年　西秦永康七年　北凉玄始七年　西凉嘉兴二年
　　北燕太平十年　夏凤翔六年　昌武元年　戊午　418年 ……………………（457）
晋恭帝司马德文元熙元年　北魏泰常四年　西秦永康八年　北凉玄始八年
　　西凉嘉兴三年　北燕太平十一年　夏真兴元年　己未　419年 ……………（461）

征引及主要参考文献 ……………………………………………………………（465）
人物索引 …………………………………………………………………………（471）
著作索引 …………………………………………………………………………（485）
后记 ………………………………………………………………………………（503）

三国
(220—264)

汉献帝建安二十五年　延康元年
魏文帝曹丕黄初元年　庚子　220年

正月,曹操至洛阳。孙权击斩关羽,传首于曹操,操以诸侯之礼葬之(《三国志》卷一《魏书·武帝纪》)。

庚子,曹操病卒于洛阳。曹丕袭曹操爵,嗣位为丞相、魏王,领冀州牧。改建康二十五年为延康元年(《三国志》卷一《魏书·武帝纪》、卷二《魏书·文帝纪》裴松之注[下简称"裴注"]引袁宏《汉纪》)。

曹丕用尚书陈群议,制九品官人法,州郡皆置中正,司选举事。

按：班固《汉书·古今人表》将古人分为九等,即上上、上中、上下;中上、中中、中下;下上、下中、下下。颜师古注曰："但次古人而不表今人者,其书未毕故也。"《三国志》卷二二《魏书·陈群传》曰："(曹丕)及即王位,封群昌武亭侯,徙为尚书。制九品官人之法,群所建也。"《通典》卷一四曰："魏文帝为魏王时,三方鼎立,士流播迁,四人错杂,详核无所。延康元年,吏部尚书陈群以天朝选用不尽人才,乃立'九品官人之法',州郡皆置中正,以定其选,择州郡之贤有识鉴者为之,区别人物,第其高下。"曹丕用陈群议,始立九品之制,在郡县设中正,评定人才高下,分为九等。中正一职多由地方豪门把持,选取以家世为重,故形成了晋刘毅所说的"上品无寒门,下品无势族"(见《晋书》卷四五《刘毅传》)的门阀制度。这种制度至隋开皇年间才被废除。曹丕是年正月嗣为魏王,故系是月。

二月丁卯,葬曹操于高陵(《三国志》卷一《魏书·武帝纪》)。

曹植与诸侯并被遣就国。曹丕设防辅监国之官监之。

按：《三国志》卷一九《魏书·陈思王传》曰："文帝即王位……植与诸侯并就国。"同卷《任城王传》裴注引《魏略》曰："太子嗣立,既葬,遣彰之国。"卷二〇《武文世王公传》注引《袁子》曰："于是封建侯王,皆使寄地空名,而无其实。王国使有老兵百余人,以卫其国。虽有王侯之号,而乃俦为匹夫。县隔千里之外,无朝聘之仪,邻国无会同之制。诸侯游猎不得过三十里,又为设防辅监国之官以伺察之。王侯皆思为布衣而不能得。"

六月辛亥,曹丕治兵。庚午,遂南征(《三国志》卷二《魏书·文帝纪》)。

七月庚辰,曹丕令百官职尽规谏(《三国志》卷二《魏书·文帝纪》)。

孙权遣使奉献于魏(《三国志》卷二《魏书·文帝纪》)。

刘备部将孟达率众降魏(《三国志》卷二《魏书·文帝纪》)。

八月辛未,曹丕驻军于谯,大飨六军及谯父老百姓于邑东。

按：谯,即今安徽亳县,曹氏故里。《三国志》卷二《魏书·文帝纪》裴注引《魏书》曰："设伎乐百戏,令曰：'先王云乐其所自生,礼不忘其本。谯,霸王之邦,真人本出,其复谯租税二年。'三老吏民上寿,日夕而罢。丙申,亲祠谯陵。"并引孙盛曰："魏王既追汉制,替其大礼,处莫重之哀而设飨宴之乐,居贻厥之始而坠王化之基,及至受禅,显纳二女,忘其至恤以谘先圣之典,天心丧矣,将何以终！是以知王龄之不遐,

哥特人入寇小亚细亚和巴尔干半岛。

卜世之期促也。"《三国志》系此事于是年七月甲午，宋赵明诚《金石录》据《大飨碑》考为八月辛未，从之。参见是年"卫觊作《为汉帝禅位魏王诏》、《乙卯册诏魏王》、《壬戌册诏魏王》、《丁卯册诏魏王》、《庚午册诏魏王》、《禅位册》、《大飨碑》、《公卿将军奏上尊号》及《受禅表》"条。

十月乙卯，汉献帝逊位。辛未，曹丕废献帝，自立为皇帝，国号魏，是为魏文帝。改延康为黄初。曹丕奉献帝为山阳公，追尊曹操为武皇帝。

按：《后汉书》卷九《献帝纪》曰："冬十月乙卯，皇帝逊位。魏天子丕称天子，奉帝为山阳公。"《三国志》卷二《魏书·文帝纪》云十一月奉献帝为山阳公："黄初元年十一月癸酉，以河内之山阳邑万户奉汉帝为山阳公。"潘眉《三国志考证》卷一曰："'十一月'当作'十月'。《后汉书·献帝纪》：'建安二十五年冬十月乙卯，皇帝逊位。'《魏志·文昭甄皇后传》：'黄初元年十月，帝践阼。'《魏受禅碑》：'十月辛未，受禅于汉。'《五代史·张策传》：'曹公薨，改元延康，是岁十月文帝受禅。'皆是十月之证。"曹丕代汉自立，却以献帝禅让粉饰。东汉至此亡，共历14帝，195年。《三国志》卷二《魏书·文帝纪》裴注引《献帝传》曰："辛未，魏王登坛受禅，公卿、列侯、诸将、匈奴单于、四夷朝者数万人陪位，燎祭天地、五岳、四渎，曰……"

十一月癸酉，魏改相国为司徒，御史大夫为司空，奉常为太常，郎中令为光禄勋，大理为廷尉，大农为大司农(《三国志》卷二《魏书·文帝纪》)。

十二月，曹丕初营洛阳宫，戊午，幸洛阳(《三国志》卷二《魏书·文帝纪》)。

是年，魏曹丕诏令祭奉孔子，以孔子第二十一代孙孔羡为宗圣侯，令鲁郡修旧庙，置百户吏卒以守卫，又于其外广为室屋以居学者。

按：《三国志》卷二《魏书·文帝纪》载诏曰："昔仲尼资大圣之才，怀帝王之器，当衰周之末，无受命之运，在鲁、卫之朝，教化乎洙、泗之上，凄凄焉，遑遑焉，欲屈己以存道，贬身以救世。于时王公终莫能用之，乃退考五代之礼，修素王之事，因鲁史而制《春秋》，就太师而正《雅》、《颂》，俾千载之后，莫不宗其文以述作，仰其圣以成谋，咨！可谓命世之大圣，亿载之师表者也。遭天下大乱，百祀堕坏，旧居之庙，毁而不修，褒成之后，绝而莫继。阙里不闻讲颂之声，四时不睹蒸尝之位，斯岂所谓崇礼报功，盛德百世必祀者哉！其以议郎孔羡为宗圣侯，邑百户，奉孔子祀。"

又按：《三国志》系此事于黄初二年正月，洪适《隶释》卷一九录《孔子庙颂(并序)》，言为"黄初元年"，从之。参见是年"曹植作《庆文帝受禅章》、《庆文帝受禅上礼章》、《武帝诔》、《孔子庙颂(并序)》及《学宫颂(并序)》"条。

曹叡封为武德侯(《三国志》卷三《魏书·明帝纪》)。

曹彰至洛阳，欲曹植嗣位，植拒绝不受。曹植闻曹丕代汉称帝，发服悲哭，由是更遭曹丕忌恨。

按：《三国志》卷一九《魏书·任城王传》曰："太祖东还，以彰行越骑将军，留长安。太祖至洛阳，得疾，驿召彰，未至，太祖崩。"裴注引《魏略》曰："彰至，谓临菑侯植曰：'先王召我者，欲立汝也。'植曰：'不可。不见袁氏兄弟乎！'"

又按：《三国志》卷一六《魏书·苏则传》曰："初，则及临菑侯植闻魏氏代汉，皆发服悲哭，文帝闻植如此，而不闻则也。帝在洛阳，尝从容言曰：'吾应天而禅，而闻有哭者，何也？'则谓为见问，须髯悉张，欲正论以对。侍中傅巽掐则曰：'不谓卿也。'于是乃止。"

华歆拜相国，及曹丕称帝，以形色忤时，改为司徒而不进爵。论举孝廉应以经试，曹丕从其言。

　　按：《三国志》卷一三《魏书·华歆传》曰："文帝即王位，拜相国，封安乐乡侯。及践阼，改为司徒……三府议：'举孝廉，本以德行，不复限以试经。'歆以为：'丧乱以来，六籍堕废，当务存立，以崇王道。夫制法者，所以经盛衰。今听孝廉不以经试，恐学业遂从此而废。若有秀异，可特征用。患于无其人，何患不得哉？'帝从其言。"裴注引华峤《谱叙》曰："文帝受禅，朝臣三公已下并受爵位，歆以形色忤时，徙为司徒，而不进爵。"

　　卫觊徙为尚书，旋为侍郎，劝赞禅代之义，为文诰之诏。曹丕即位，复为魏尚书，封阳吉亭侯（《三国志》卷二一《魏书·卫觊传》）。

　　王朗为御史大夫，封安陵亭侯，上疏劝育民省刑。与华歆、贾诩等共劝曹丕称帝。文帝受禅，改为司空，进封乐平乡侯。上疏谏帝游猎，奏宜节省（《三国志》卷一三《魏书·王朗传》）。

　　鲍勋上疏谏曹丕游猎。

　　按：《三国志》卷一二《魏书·鲍勋传》曰："鲍勋字叔业，泰山平阳人也……文帝受禅，勋每陈'今之所急，唯在军农，宽惠百姓。台榭苑囿，宜以为后'。文帝将出游猎，勋停车上疏曰……"

　　吴质拜北中郎将，封列侯，使持节督幽、并诸军事，治信都。

　　按：《三国志》卷二一《魏书·王粲传》裴注引《魏略》曰："初，曹真、曹休亦与质等俱在渤海游处，时休、真亦以宗亲并受爵封，出为列将，而质故为长史。王顾质有望，故称二人以慰之。始质为单家，少游遂贵戚间，盖不与乡里相沈浮。故虽已出官，本国犹不与之士名。及魏有天下，文帝征质，与车驾会洛阳。到，拜北中郎将，封列侯，使持节督幽、并诸军事，治信都。"

　　刘廙为侍中，赐爵关内侯。

　　按：《三国志》卷二一《魏书·刘廙传》曰："文帝即王位，为侍中，赐爵关内侯。"

　　王象拜散骑侍郎，迁为常侍，封列侯，受诏撰《皇览》，领秘书监。荐杨俊。

　　按：《三国志》卷二三《魏书·杨俊传》曰："文帝践阼，（杨俊）复在南阳。时王象为散骑常侍，荐俊曰：'伏见南阳太守杨俊，秉纯粹之茂质，履忠肃之弘量，体仁足以育物，笃实足以动众，克长后进，惠训不倦，外宽内直，仁而有断。自初弹冠，所历垂化，再守南阳，恩德流著，殊邻异党，襁负而至。今境守清静，无所展其智能，宜还本朝，宣力辇毂，熙帝之载。'"裴注引《魏略》曰："王象字义伯。既为俊所知拔，果有才志。建安中，与同郡荀纬等俱为魏太子所礼待。及王粲、陈琳、阮瑀、路粹等亡后，新出之中，惟象才最高。魏有天下，拜象散骑侍郎，迁为常侍，封为列侯。受诏撰《皇览》，使象领秘书监。"

　　贾洪为白马王相。

　　按：《三国志》卷一三《魏书·王朗传》附裴注引《魏略》曰："贾洪字叔业，京兆新丰人也。好学有才，而特精于《春秋左传》。建安初，仕郡，举计掾，应州辟。时州中自参军事以下百余人，唯洪与冯翊严苞文通才学最高。洪历守三县令，所在辄开除厩舍，亲授诸生。后马超反，超劫洪，将诣华阴，使作露布。洪不获已，为作之。司徒钟繇在东，识其文，曰：'此贾洪作也。'及超破走，太祖召洪署军谋掾。犹以其前为超作露布文，故不即叙。晚乃出为阴泉长。延康中，转为白马王相。善能谈戏。王彪亦雅好文学，常师宗之，过于三卿。数岁病亡，亡时年五十余，时人为之恨仕不至二千石。"

苏林约是年为博士、给事中。

按：《三国志》卷二一《魏书·刘劭传》裴注引《魏略》曰："林字孝友，博学，多通古今字指，凡诸书传文间危疑，林皆释之。建安中，为五官将文学，甚见礼待。黄初中，为博士、给事中。文帝作《典论》所称苏林者是也。以老归第，国家每遣人就问之，数加赐遗。年八十余卒。"

又按：曹道衡、沈玉成《中古文学史料丛考·苏林事迹》曰："苏林为曹魏名儒，然其事迹，《魏志》所书极为简略……《文帝纪》注引《献帝传》记建安二十五年禅代事，'给事中、博士苏林、董巴等'奏请曹丕受禅。《王肃传》记当时以董遇、贾洪、邯郸淳、隗禧、苏林、乐详等七人为儒宗。颜师古《汉书叙例》云：'苏林，字孝友。陈留外黄人。魏给事中领秘书监，散骑常侍，永安卫尉，太中大夫。黄初中迁博士，封安成亭侯。'按，师古谓'黄初中迁博士'，而据裴注引《献帝传》，'给事中、博士苏林'凡二见，且具记上表月日，其有文献可征，当无疑。故苏林之迁博士、给事中当在建安二十五年（魏延康元年）而非黄初。《魏略》言'黄初中为博士、给事中'而不作'迁博士'，不误。师古叙录似嫌未确。又，太中大夫，秩千石，无员。则苏林或以太中大夫致仕，其卒似已在正始间。"按，《文帝纪》苏林凡两见，文有异，一曰："给事中博士骑都尉苏林、董巴等奏曰……"一曰："给事中博士苏林、董巴上表曰……"《中古文学史料丛考》依《魏略》曰苏林约是年为博士给事中，今从之。

董遇约是年出为郡守（《三国志》卷一三《魏书·王朗传》裴注引《魏略》）。

隗禧约是年为谯王郎中。

按：《三国志》卷一三《魏书·王朗传》裴注引《魏略》曰："隗禧字子牙，京兆人也。世单家。少好学。初平中，三辅乱，禧南客荆州，不以荒扰，担负经书，每以采稆余日，则诵习之。太祖定荆州，召署军谋掾。黄初中，为谯王郎中。王宿闻其儒者，常虚心从学。禧亦敬恭以授王，由是大得赐遗。"

严苞、薛夏约是年为秘书丞。

按：《三国志》卷一三《魏书·王朗传》裴注引《魏略》曰："严苞亦历守二县，黄初中，以高才入为秘书丞，数奏文赋，文帝异之。出为西平太守，卒官。薛夏字宣声，天水人也。博学有才。……文帝又嘉其才，黄初中为秘书丞，帝每与夏推论书传，未尝不终日也。每呼之不名，而谓之薛君。"

程晓封列侯。

按：《三国志》卷一四《魏书·程昱传》曰："文帝践阼，（程昱）复为卫尉，进封安乡侯，增邑三百户，并前八百户。分封少子延及孙晓列侯。"

何夔封成阳亭侯，屡乞逊位。

按：《三国志》卷一二《魏书·何夔传》曰："何夔字叔龙，陈郡阳夏人也……文帝践阼，封成阳亭侯，邑三百户。疾病，屡乞逊位。诏报曰：'……君其即安，以顺朕意。'薨，谥曰靖侯。"

蒋济为相国长史，出为东中郎将。上《万机论》，为散骑常侍。

按：《三国志》卷一四《魏书·蒋济传》曰："文帝即王位，转为相国长史。及践阼，出为东中郎将。济请留，诏曰：'高祖歌曰："安得猛士守四方！"天下未宁，要须良臣以镇边境。如其无事，乃还鸣玉，未为后也。'济上《万机论》，帝善之。入为散骑常侍。"

汉献帝建安二十五年　延康元年　魏文帝曹丕黄初元年　庚子　220年

曹丕诏诸儒纂《皇览》。丕与钟繇作书往来，又作《武帝哀策文》、《又与吴质书》。

按：曹丕集经典，命郑默删定旧文，又诏诸儒如王象、缪袭、桓范、刘劭、韦诞等撰经传，自五经群书，分类为篇，以供皇帝阅读，号曰《皇览》。曹丕诏诸儒作《皇览》也有出于不朽之虑。《三国志》卷二《魏书·文帝纪》裴注引《魏书》曰："帝初在东宫，疫疠大起，时人凋伤，帝深感叹，与素所敬者大理王朗书曰：'生有七尺之形，死唯一棺之土，唯立德扬名，可以不朽，其次莫如著篇籍。疫疠数起，士人凋落，余独何人，能全其寿？'故论撰所作《典论》、诗赋，盖百余篇，集诸儒于肃城门内，讲论大义，侃侃无倦。"

又按：《皇览》为我国最早的类书，开后世官修类书之先河。宋王应麟《玉海·艺文》曰："类事之书始于《皇览》。"明焦竑《国史经籍志》卷四评曰："此类家所由起也，自魏《皇览》而下，莫不代集儒硕，开局编摩……韩愈氏所称'钩玄提要'者，其谓斯乎！"

据《魏略》，《皇览》分四十余部，每部数十篇，合八百余万字。《隋书》卷三四《经籍志三》著录《皇览》一百二十卷，缪袭等撰，梁六百八十卷。梁又有《皇览》一百二十三卷，何承天合；《皇览》五十卷，徐爰合；《皇览目》四卷；又有《皇览抄》二十卷，梁特进萧琛抄，亡。中华书局标点本《隋书》"缪袭"校勘记曰："'缪'，一作'卜'，据《史记·五帝本纪索引》改。""卜"，一本又作"十"，故姚振宗《三国艺文志》卷三曰"缪十一作缪卜"。

姚振宗《三国艺文志》卷三曰："案《皇览》当是千余卷，至梁存六百八十卷，至隋存一百二十卷，至唐惟有何、徐两家抄合本，而魏时原本亡，至宋并抄合本亦亡。缪十一作缪卜，盖即缪袭。刘邵附传云袭有才学，多所述叙。《史记·五帝本纪》索隐云：《皇览》是魏人王象、缪袭等所撰。"

清孙冯翼有辑本一卷，仅存《逸礼》、《冢墓记》二类八十余条，近四千字。前有孙氏《皇览序》，述《皇览》编纂、流传情况。清黄奭亦有辑本一卷。胡道静《中国古代的类书》认为《皇览》是在公元220年夏间开始编撰，而在222年完成的"，该书还介绍了《皇览》的卷帙、部类、编者、抄合本及辑本等情况。

又按：《三国志》卷二三《魏书·杨俊传》裴注引《魏略》曰："王象字羲伯。……受诏撰《皇览》，使象领秘书监。象从延康元年始撰集，数岁成，藏于秘府，合四十余部，部有数十篇，通合八百余万字。象既性器和厚，又文采温雅，用是京师归美，称为儒宗。"

《三国志》卷九《魏书·曹爽传》裴注引《魏略》曰："桓范字元则，世为冠族。建安末，入丞相府。延康中，为羽林左监。以有文学，与王象等典集《皇览》。"

《三国志》卷二一《魏书·刘劭传》曰："黄初中，为尚书郎、散骑侍郎。受诏集五经群书，以类相从，作《皇览》。"

《太平御览》卷六〇一引《三国典略》曰："祖珽等上言，昔魏文帝命韦诞诸人撰作《皇览》，包括群言，区分义别。"

再按：《三国志》卷一三《魏书·钟繇传》裴注引《魏略》曰："孙权称臣，斩送关羽。太子书报繇，繇答书曰：'臣同郡故司空荀爽言："人当道情，爱我者一何可爱！憎我者一何可憎！"顾念孙权，了更妩媚。'太子又书曰：'得报，知喜南方。至于荀公之清谈，孙权之妩媚，执书嗢噱，不能离手。若权复黠，当折以汝南许劭月旦之评。权优游二国，俯仰荀、许，亦已足矣。'"

《武帝哀策文》见《艺文类聚》卷一三。

卡利达萨的梵语剧《萨孔塔拉》著成。

奥利金发表其著作《六文本合参》（《旧约全书》的六种希伯来文和希腊文译本）。

《又与吴质书》见《三国志》卷二一《魏书·王粲传》裴注引《魏略》曰："太子即王位，又与质书曰：'南皮之游，存者三人，烈祖龙飞，或将或侯。今惟吾子，栖迟下仕，从我游处，独不及门。瓶罄罍耻，能无怀愧。路不云远，今复相闻。'"

曹操作《遗令》。

按：曹操《遗令》，作于正月病卒洛阳前，散见于《三国志》卷一《魏书·武帝纪》、《宋书》卷一五《礼志二》、《世说新语·言语》注、陆机《吊魏武文序》、《通典》卷八〇、《北堂书钞》卷一三二、《太平御览》卷五〇〇、五六〇、六八七、六九七、六九九、八二〇、八五九。严可均辑合整理为《遗令》一篇，见《全上古三代秦汉三国六朝文·全三国文》(以下简称《全三国文》)卷三。

卫觊作《为汉帝禅位魏王诏》、《乙卯册诏魏王》、《壬戌册诏魏王》、《丁卯册诏魏王》、《庚午册诏魏王》、《禅位册》、《大飨碑》、《公卿将军奏上尊号》及《受禅表》。

按：《为汉帝禅位魏王诏》等诏文见《三国志》卷二《魏书·文帝纪》及裴注所引袁宏《汉纪》、《献帝传》等。严可均《全三国文》卷二八有辑录。参见是年"卫觊徙为尚书，旋为侍郎，劝赞禅代之义，为文诰之诏。曹丕即位，复为魏尚书，封阳吉亭侯"条。

赵明诚《金石录》卷二〇曰："右《魏大飨碑》。案《魏志》，文帝以建安二十五年嗣位为丞相、魏王，改元延康。夏六月南征。秋七月甲午，军次于谯，大飨六军及谯父老。今以《碑》考之，乃八月辛未。盖《魏志》误也。"又曰："右《唐重立大飨碑》。大中五年，亳州刺史李暨以旧文刓缺，再刻于石。旧碑既断续不可尽识，而此本特完好，故附于其次，俾览者详焉。魏之事迹虽无足取，而其文词工妙，亦不可废也。"(金文明《金石录校证》，广西师范大学出版社2005年版第338—339页。)洪适《隶释》卷一九曰："大飨之碑篆额在亳州谯县，魏文帝延康元年立，相传为梁鹄书。碑字有不明者，唐大中年亳守李暨再刻，故有文可读。……士大夫椠藏其碑者，特以字画之故尔。碑云八月至谯而史作七月，亦不必多辨也。"严可均按曰："闻人牟准《魏敬侯碑阴》云：'《大飨碑》，卫觊文并书；《天下碑隶》引《图经》云：曹子建文，钟繇书。疑《图经》之言非也。'《隶释》四又有《大飨残碑》，云：'繇文为书。'则《大飨》非一碑，当以碑阴为实。"

《公卿将军上尊号奏》，又名《百官劝进表》、《劝进碑》、《上尊号奏》。碑不书立石年月。王昶《金石萃编》卷二三曰："《上尊号碑》，碑高八尺七寸，广七尺，三十二行，行四十九字。额题'公卿上尊号奏'八字，篆书阳文。今在许州繁城镇。"又引《集古录》曰："《魏公卿上尊号表》，唐贤多传为梁鹄书，今人或谓非鹄也，乃钟繇书尔，未知孰是。"又引《隶释》曰："《公卿上尊号奏》，篆额在颍昌，相传为钟繇书，其中有大理东下亭侯臣繇者，乃其人也。……当时内外前后劝进之辞不一，盖刻其最后一章。《魏志》注中亦载此文，有数字不同，非史臣笔削之辞也，皆当以碑为正。碑自造于华裔之后，石理皱剥，字迹晻昧。今世所会诸多是前一段耳。"又引《金石文字记》曰："《公卿上尊号碑》，拓本残缺。按此文当在延康元年，而刻于黄初之后。"严可均按曰："《古文苑》闻人牟准《魏敬侯碑阴》，言'群上尊号奏，卫觊撰，钟繇书'。"《北京图书馆藏中国历代石刻拓本汇编·三国晋十六国南朝卷》曰："三国魏黄初元年(220)刻。石存河南临颍。拓片额高52厘米，宽26厘米；身高189厘米，宽105厘米。传是梁鹄或钟繇所书。额为阳文篆书。"

《受禅表》一名《受禅碑》，是年十月辛未刻立。王昶《金石萃编》卷二三曰："《受禅碑》，碑高八尺四寸，广四尺六寸，二十二行，行四十九字。额题'受禅表'三字，篆书阳文。今在许州繁城镇。"又引《集古录》曰："魏《受禅碑》，世传为梁鹄书，而颜真卿又以为钟繇书，莫知孰是。按《汉献帝纪》，延康元年十月乙卯皇帝逊位，魏王称天子。又按《魏志》，是岁十一月葬士卒死亡者犹称令。是月丙午，汉帝使张愔愔奉玺绶，庚午王升坛受禅，又是月癸酉奉汉献帝为山阳公，而此碑云十月辛未受禅于汉。三家之说皆不同，而裴松之注《魏志》备列汉魏禅代诏册书令群臣奏议甚详，篡汉实以十月乙卯，策诏魏王使张愔奉玺绶而魏王辞让，往返三四而后受也。又据侍中刘廙奏问太史令许芝今月十七日己未可治坛场，又据尚书令桓阶等奏云辄下太史令择元辰今月二十九日可登坛受命，盖自十七日己未至二十九日正得辛未，以此推之，汉魏二纪皆缪，而独此碑为是也。"严可均按曰："唐韦绚录《刘宾客嘉话》：'魏受禅表，王朗文，梁鹄书，钟繇镌字，谓之三绝。'今据闻人牟准《魏敬侯碑阴》，则受禅表卫觊撰并书，牟准去魏未远，语尤可信也。"《北京图书馆藏中国历代石刻拓本汇编·三国晋十六国南朝卷》曰："三国魏黄初元年（220）十月二十九日刻。石立于河南临颍。拓片额高37厘米，宽17厘米；身高189厘米，宽108厘米。隶书。传为梁鹄或钟繇书。额阳文篆书。"

曹植作《庆文帝受禅章》、《庆文帝受禅上礼章》、《武帝诔》、《孔子庙颂（并序）》及《学宫颂（并序）》。

按：《庆文帝受禅章》、《庆文帝受禅上礼章》、《武帝诔》见《艺文类聚》卷一三。

《孔子庙颂（并序）》（又称《孔子庙碑》）、《孔羡碑》，文见《隶释》卷一九曰："维黄初元年，大魏受命，胤轩辕之高纵，绍虞氏之退统。应历数以改物，扬仁风以作教。于是辑五瑞，斑宗彝，钧衡石，同度量，秩群祀于无文，顺天时以布化。既乃缉熙圣绪，昭显上世，追存二代三恪之礼，兼绍宣尼褒成之后，以鲁县百户命孔子廿一世孙议郎孔羡为宗圣侯，以奉孔子之祀。制诏三公曰……于是鲁之父老，诸生游士，睹庙堂之始复，观俎豆之初设。嘉圣灵之仿佛，想贞祥之来集。乃慨然而叹曰……乃作颂曰……"洪适按曰："右鲁孔子庙之碑篆额嘉祐中郡守张稚圭按图经题曰：魏陈思王曹植词，梁鹄书。《魏志》黄初二年正月诏以议郎孔羡为宗圣侯，奉孔子祀。令鲁郡修起旧庙，置吏卒守卫。碑云元年，而史作二年，误也。《后汉·孔僖传》注以羡为崇圣侯，亦误也。文帝履位之初，首能尊崇先圣，刊写琬琰，知所本矣。使共知素王之言，行六经之道，则岂止鼎峙之业而已哉。魏隶可珍者四碑，此为之冠，甚有石经《论语》笔法。《大飨碑》盖不相远，若繁昌两碑，则自是一家，亦有以为鹄书者，非也。"今从碑文系于是年。

赵明诚《金石录》卷二〇曰："右《魏孔子庙碑》。案《魏志》，文帝以黄初二年正月下诏，以议郎孔羡为宗圣侯，奉孔子之祀，及令鲁郡修起旧庙。今以《碑》考之，乃黄初元年。又诏语时时小异，亦当以《碑》为正。"（金文明《金石录校证》，广西师范大学出版社2005年版第339页。）

王昶《金石萃编》卷二三曰："《孔子庙碑》，碑高六尺二寸，广三尺五寸五分，二十二行，行四十字。额题'鲁孔子庙之碑'六字，篆书。今在曲阜县。"《北京图书馆藏中国历代石刻拓本汇编·三国晋十六国南朝卷》曰："《孔羡碑》，三国黄初元年（220）刻。石现存山东曲阜。拓片高144厘米，宽81厘米。据传为曹植撰，梁鹄书。尾有宋嘉祐七年张稚圭刻记，现存'曹植词'一行。其碑书风遒劲寒俭，被后人推为魏隶代表作品。"

《学宫颂（并序）》见《艺文类聚》卷三八。从其内容看，与祭奉孔子有关，故系于是年。

邯郸淳作《上受命述表》、《受命述》及《投壶赋》。

按：曹丕禅位，淳作《上受命述表》、《受命述》，见《艺文类聚》卷一〇。《三国志》卷二一《魏书·王粲传》裴注引《魏略》曰："及黄初初，以淳为博士给事中。淳作《投壶赋》千余言奏之，文帝以为工，赐帛千匹。"《投壶赋》见《艺文类聚》卷七四。

王朗作《劝育民省刑疏》、《谏文帝游猎疏》及《奏宜节省》(《三国志》卷一三《魏书·王朗传》及裴注引《魏名臣奏》)。

刘廙等作《上言符谶》、《奏议治受禅坛场》、《奏具章拒禅》及《奏请受禅》(《三国志》卷二《魏书·文帝纪》裴注引《献帝传》)。

傅巽约是年作《皇初颂》。

按：《皇初颂》颂大魏之德，见《艺文类聚》卷一〇。侯康《三国志补注续》曰："《艺文类聚》卷十引魏傅巽《皇初颂》……是当时黄初亦通作皇初。"

桓阶作《奏请追崇始祖》及《奏改服色牺牲》。

按：《奏请追崇始祖》见《通典》卷七二："文帝即王位，尚书令桓阶等奏……诏曰：'前奏以朝车迎中常侍大长秋特进君侯神主，然君侯不宜但依故爵乘朝车也。礼有尊亲之义，为可依诸王比，更议。'"《奏改服色牺牲》见《宋书》卷一四《礼志一》："魏文帝虽受禅于汉，而以夏数为得天，故黄初元年诏曰：'孔子称："行夏之时，乘殷之辂，服周之冕，乐则《韶舞》。"此圣人集群代之美事，为后王制法也。《传》曰"夏数为得天"。朕承唐、虞之美，至于正朔，当依虞、夏故事。若殊徽号，异器械，制礼乐，易服色，用牲币，自当随土德之数。每四时之季月，服黄十八日，腊以丑，牲用白，其饰节旄，自当赤，但节幡黄耳。其余郊祀天地朝会四时之服，宜如汉制。宗庙所服，一如《周礼》。'尚书令桓阶等奏：'据三正周复之义，国家承汉氏人正之后，当受之以地正，牺牲宜用白，今从汉十三月正，则牺牲不得独改。今新建皇统，宜稽古典先代，以从天命，而告朔牺牲，壹皆不改，非所以明革命之义也。'诏曰：'服色如所奏。其余宜如虞承唐，但腊日用丑耳，此亦圣人之制也。'"

韩翊约是年造《黄初历》。

按：《宋书》卷一二《律历中》曰："魏文帝黄初中，太史丞韩翊以为《乾象》减斗分太过，后当先天，造《黄初历》，以四千八百八十三为纪法，一千二百五为斗分。"

蒋济约是年著《万机论》。

按：蒋济《万机论》，严可均《全三国文》卷三三有辑，严可均按曰："《隋志》杂家，《蒋子万机论》八卷，蒋济撰，《旧唐志》同，《新唐志》作十卷，《直斋书录解题》作二卷，称《馆阁书目》十卷五十五篇，今惟十五篇，非完书也。至明而二卷本亦亡。焦竑《国史经籍志》以八卷入儒家，以二卷入杂家，虚列书名，又误分为两种，不足据。今从《群书治要》写出三篇，益以各书所征引，定著一卷。嘉庆乙亥岁四月朔。"又按，《群书治要》三篇为《政略》、《刑论》及《用奇》。参见是年"蒋济为相国长史，出为东中郎将。上《万机论》，为散骑常侍"条。

曹操卒(155—)。操一名吉利，字孟德，小字阿瞒，沛国谯人。年二十举孝廉，灵帝中平元年，以骑都尉参与镇压黄巾起义。后起兵讨董卓。建安元年迎献帝都许。先后击败吕布、袁术、袁绍等，统一中国北部。后封魏王，子曹丕称帝，追尊为武帝。操善用兵，自作兵书十余万言，著《孙子略解》、《兵书接要》。书法、音乐、围棋均有造诣。又长于文学，所作乐府诗,开一代文学创作新风气,与子曹丕、曹植合称"三曹"。《隋书》卷三五《经籍志四》著录《魏武帝集》26卷(梁30卷,录1卷。梁又有《武皇帝逸集》10卷,亡),《魏武帝集新撰》10卷。张溥《汉魏六朝百三家集》有《魏武帝集》。丁福保《汉魏六朝名家集》亦有《魏武帝集》。事迹见《三国志》卷一《魏书·武帝纪》。今人张可礼有《三曹年谱》。

仲长统卒(180—)。统字公理,山阳高平人。少好学,赡于文辞。官至尚书郎,后参丞相曹操军事。敢直言,语默无常,时人谓之狂生。每论及时事,常发愤叹息,因著论,名曰《昌言》,提出"人事为本,天道为末"。友人东海缪袭常称统才章足继西京董(仲舒)、贾(谊)、刘(向)、扬(雄)。韩愈誉统与王充、王符为"后汉三贤"。《后汉书》载其论1篇,诗2首,《昌言》之政论3篇。严可均《全后汉文》卷八七载其《答邓义社主难》,卷八八、卷八九辑《昌言》2卷。逯钦立《先秦汉魏晋南北朝诗·汉诗》(以下均简称如《汉诗》、《魏诗》)卷七载其诗3首。《后汉书》本传著录《昌言》34篇,十余万言。《三国志》卷二一《魏书·刘劭传》裴注著录为24篇。《隋书》卷三四《经籍志三》著录《仲长子昌言》12卷,录1卷。严可均《全后汉文》卷八八按曰:"《隋志》杂家:'《仲长子昌言》十卷,录一卷。汉尚书郎仲长统撰。'《旧唐志》作十卷,《新唐志》移入儒家,亦十卷。《崇文总目》称,'今所存十五篇,分为二卷,余皆亡'。《郡斋读书志》、《直斋书录解题》不著录。明陈第《世善堂书目》有二卷。其刻本仅见明胡维新《两京遗编》,有《理乱》、《损益》、《法诫》三篇。归有光《诸子汇函》有《理乱》、《损益》二篇,皆出本传,无所增多,则北宋十五篇本又复佚失。今从《群书治要》写出九篇,益以本传三篇,以《意林》次第之,剌取各书引见,补正脱讹,定著二卷。其遗文坠句,于原次无考,依各书先后附于末。本传'统,山阳高平人,著论三十四篇十余万言',今此搜辑,才万余言,亡者盖十八九。而《治要》所载,又颇删节,断续佹离,殆所不免。然其间陈善道,指柯时弊,剀切之忱,踔厉震荡之气,有不容摩灭者。缪熙伯方之董、贾、刘、扬,非过誉嘉也。"事迹见《后汉书》卷四九及《三国志》卷二一《魏书·刘劭传》裴注。

关羽卒,生年不详。羽字云长,本字长生。河东解人。汉末从刘备起兵。建安五年,被曹操所俘,拜偏将军,礼遇优渥,因功封汉寿亭侯。后辞操归刘。镇荆州,攻曹仁,破于禁。孙权将吕蒙攻破荆州,与子关平皆遇害。谥壮缪。羽好《左氏传》,讽诵略皆上口。有张兹编《关夫子编年集注》。事迹见《三国志》卷三六。

丁仪卒,生年不详。仪字正礼,沛郡人。曹操颇称其才。与曹植友善,曾劝操立植为太子。及丕立,欲治仪罪,转仪为右刺奸掾,欲仪自裁,而仪不能。后因职事收付狱,被杀。《隋书》卷三五《经籍志四》著录后汉尚书《丁仪集》1卷,梁2卷,录1卷。严可均《全后汉文》卷九四载其文3篇。事迹见《三国志》卷一九《魏书·曹植传》裴注。

丁廙卒,生年不详。廙字敬礼,沛郡人,丁仪弟。少有才学,与曹植友善,也因劝曹操立植为帝,为曹丕所忌恨,丕立,借故杀之。《隋书》卷三五

《经籍志四》著录后汉黄门侍郎《丁廙集》1卷,梁2卷,录1卷。严可均《全后汉文》卷九四载其文2篇。事迹见《三国志》卷一九《魏书·曹植传》裴注。

卫瓘(—291)、刘寔(—310)生。

按:刘寔生年,据《晋书》本传怀帝即位三年,准其告老,岁余卒推算。而钱椒《补疑年录》及吴荣光《历代名人年谱》均系刘寔生年于建安九年(204年),辛于晋元康四年(294年)。

魏黄初二年　蜀汉先主刘备章武元年
辛丑　221年

四月丙午,刘备于成都称帝,改元章武,是为汉昭烈皇帝,史称"蜀汉",简称"蜀",又称"季汉"(《三国志》卷三二《蜀书·先主传》)。

孙权自公安徙都于鄂,改名武昌(《三国志》卷四七《吴书·吴主传》)。

六月戊辰晦,日食。有司奏免太尉,曹丕下诏此后灾异,勿劾三公(《三国志》卷二《魏书·文帝纪》)。

七月,蜀刘备亲自率军东下攻吴(《三国志》卷三二《蜀书·先主传》)。

八月,孙权遣使降魏,向魏称臣,并释于禁还魏(《三国志》卷一七《魏书·于禁传》)。

丁巳,魏曹丕拜孙权为大将军,封为吴王,加九锡(《三国志》卷二《魏书·文帝纪》)。

十二月,魏曹丕东巡(《三国志》卷二《魏书·文帝纪》)。

是年,魏曹丕筑陵云台(《三国志》卷二《魏书·文帝纪》)。

魏以长安、谯、许昌、邺、洛阳为五都(《三国志》卷二《魏书·文帝纪》裴注引《魏略》)。

魏改汉乐。

按:《宋书》卷一九《乐志》曰:"文帝黄初二年,改汉《巴渝舞》曰《昭武舞》,改宗庙《安世乐》曰《正世乐》,《嘉至乐》曰《迎灵乐》,《武德乐》曰《武颂乐》,《昭容乐》曰《昭业乐》,《云翘舞》曰《凤翔舞》,《育命舞》曰《灵应舞》,《武德舞》曰《武颂舞》,《文始武舞》曰《大韶舞》,《五行舞》曰《大武舞》。其众哥诗,多即前代之旧;唯魏国初建,使王粲改作《登哥》及《安世》、《巴渝》诗而已。"

曹植贬爵安乡侯,又改封鄄城侯。

按:《三国志》卷一九《魏书·曹植传》曰:"黄初二年,监国谒者灌均希指,奏'植醉酒悖慢,劫胁使者'。有司请治罪,帝以太后故,贬爵安乡侯。其年改封鄄城侯。"裴注引《魏书》载"诏曰:'植,朕之同母弟。朕于天下无所不容,而况植乎?骨肉之亲,舍而不诛,其改封植。'"

曹叡为齐公(《三国志》卷三《明帝纪》)。

何晏为曹丕所憎，黄初时无所事任。

按：《三国志》卷九《魏书·曹爽传》曰："晏，何进孙也。母尹氏，为太祖夫人。晏长于宫省，又尚公主，少以才秀知名，好老庄言，作《道德论》及诸文赋著述凡数十篇。"裴注引《魏略》曰："太祖为司空时，纳晏母并收养晏，其时秦宜禄儿阿苏亦随母在公家，并见宠如公子。苏即朗也。苏性谨慎，而晏无所顾惮，服饰拟于太子，故文帝特憎之，每不呼其姓字，尝谓之为'假子'。晏尚主，又好色，故黄初时无所事任。"

管宁约是年被魏文帝召为太中大夫，宁辞不受。

按：《三国志》卷一一《魏书·管宁传》曰："文帝即位，征宁，遂将家属浮海还郡……诏以宁为太中大夫，固辞不受。"裴注引《傅子》曰："宁上书天子，且以疾辞，曰：'臣闻傅说发梦，以感殷宗，吕尚启兆，以动周文，以通神之才悟于圣主，用能匡佐帝业，克成大勋。臣之器朽，实非其人。虽贪清时，释体蝉蜕。内省顽病，日薄西山。唯陛下听野人山薮之原，使一老者得尽微命。'书奏，帝亲览焉。"

杨彪约是年以昔为汉朝三公，辞曹丕征。

按：《三国志》卷二《魏书·文帝纪》裴注引《续汉书》曰："彪见汉祚将终，自以累世为三公，耻为魏臣，遂称足挛，不复行。积十余年，帝即王位，欲以为太尉，令近臣宣旨。彪辞曰：'尝以汉朝为三公，值世衰乱，不能立尺寸之益，若复为魏臣，于国之选，亦不为荣也。'帝不夺其意。"

高堂隆约是年为堂阳长。

按：高堂隆元年为相，三年为傅。《三国志》卷二五《魏书·高堂隆传》曰："黄初中，为堂阳长，以选为平原王傅。"

甄后被曹丕赐死。

按：《三国志》卷五《魏书·后妃传》："(曹丕)践阼之后，山阳公奉二女以嫔于魏，郭后、李、阴贵人并爱幸，后愈失意，有怨言。帝大怒，二年六月，遣使赐死，葬于邺。"

诸葛亮劝刘备称帝号。为丞相，录尚书事，领司隶校尉。

按：《三国志》卷三五《蜀书·诸葛亮传》曰："二十六年，群下劝先主称尊号，先主未许，亮说曰：'昔吴汉、耿弇等初劝世祖即帝位，世祖辞让，前后数四，耿纯进言曰："天下英雄喁喁，冀有所望。如不从议者，士大夫各归求主，无为从公也。"世祖感纯言深至，遂然诺之。今曹氏篡汉，天下无主，大王刘氏苗族，绍世而起，今即帝位，乃其宜也。士大夫随大王久勤苦者，亦欲望尺寸之功如纯言耳。'先主于是即帝位，策亮为丞相曰：'朕遭家不造，奉承大统，兢兢业业，不敢康宁，思靖百姓，惧未能绥。於戏！丞相亮其悉朕意，无怠辅朕之阙，助宣重光，以照明天下，君其勖哉！'亮以丞相录尚书事，假节。张飞卒后，领司隶校尉。"

张昭拜为绥远将军，封由拳侯。与孙绍等受孙权之命撰定朝仪。

按：《三国志》卷五二《吴书·张昭传》曰："魏黄初二年，遣使者邢贞拜权为吴王。贞入门，不下车。昭谓贞曰：'夫礼无不敬，故法无不行。而君敢自尊大，岂以江南寡弱，无方寸之刃故乎！'贞即遽下车。拜昭为绥远将军，封由拳侯。"裴注引《吴录》曰："昭与孙绍、滕胤、郑礼等，采周、汉，撰定朝仪。"

邯郸淳补写缺坏石经。

按：《三国志》卷一三《魏书·王朗传》裴注："《魏略》以(董)遇及贾洪、邯郸淳、薛夏、隗禧、苏林、乐详等七人为儒宗，其序曰：'从初平之元，至建安之末，天下分崩，人怀苟且，纲纪既衰，儒道尤甚。至黄初元年之后，新主乃复始扫除太学之灰炭，补旧石碑之缺坏，备博士之员录，依汉甲乙以考课。申告州郡，有欲学者，皆遣诣太学。太学始开，有弟子数百人……'"陆侃如《中古文学系年》曰："根据上文'元年之后'的话，我们假定在本年。虽然《文帝纪》有五年四月立太学置博士的话，与淳恐无涉；因为从他的答赠诗看来，他做博士不能那么晚。本年上距他作《曹娥碑》，整整十七年。如果他卒于二二五年左右，那么他享年当在九十以上了。"《水经注》卷一六："魏初传古文，出邯郸淳。[正始]石经古文，转失淳法。"侯康《补三国艺文志》卷二著录"《今字石经毛诗》三卷"："案《唐志》所云今字者皆一字，盖指隶书一体也。一字本汉时所建，而毛诗、郑氏《尚书》，后汉不立学官，必无刊石之理。全祖望谓是黄初时邯郸淳补修，引鱼豢《魏略·儒宗传序》曰'黄初元年之后，新王乃始扫除太学灰炭，补旧石碑之阙坏'云为证，谓是时淳方以博士给事中，是补正熹平隶字旧刻者淳也。且谓《隋志》以正始石经为一字，其误即源于此，今从之。（全氏之意，以熹平、黄初所立石经皆一字，正始所乃是三字；诸家但知有熹平、正始二刻，全氏细绎史注，乃知复有黄初补刻也。）至全氏并欲以《隋志》之《鲁诗》、《仪礼》、《春秋》石经尽归之邯郸淳，则未敢从，盖汉碑原有八种也。说详《补后汉艺文志》。"

又按：邯郸淳生卒年不详。淳一名竺，字子叔，颍川人。博学有才华，师事曹喜，善《苍》、《雅》、虫、篆、许氏字指。汉桓帝元嘉元年为上虞长度尚弟子。尚为孝女曹娥立碑，淳于席间，援笔立就，无所改动，以此知名。曹操闻其名而召与相见。黄初中为博士、给事中。作《投壶赋》千余言，曹丕善之，赐帛千匹。《隋书》卷三五《经籍志四》著录《邯郸淳集》2卷，亡；卷三四《经籍志三》著录《笑林》3卷，为后世俳谐文之权舆，马国翰《玉函山房辑佚书》、鲁迅《古小说钩沉》均有辑本。严可均《全三国文》卷二六载其文5篇，逯钦立《魏诗》卷五载其诗1首。事迹略见《三国志》卷二一《魏书·王粲传》裴注、卫恒《四体书势》及《法书要录》卷八。

曹叡作《正朔论》。

按：《三国志》卷三《魏书·明帝纪》裴注引《魏书》曰："初，文皇帝即位，以受禅于汉，因循汉正朔弗改。帝在东宫著论，以为五帝三王虽同气共祖，礼不相袭，正朔自宜改变，以明受命之运。"

曹植作《上九尾狐表》及《谢初封安乡侯表》。

按：《上九尾狐表》见《开元占经》卷一一六："黄初元年十一月二十三日，于甄城县北见众狐数十，首在后，大狐在中央，长七八尺，赤紫色，举头树尾，尾甚长大，林丛有之甚多，然后知九尾狐，斯诚圣王德正和气所应也。"陆侃如《中古文学系年》曰："魏无甄城，当系鄄城之误，而元年自然也是二年或三年之误。"《谢初封安乡侯表》见《艺文类聚》卷五一。

缪袭约是年作《上仲长统〈昌言〉表》。

按：文见《三国志》卷二一《魏书·刘劭传》裴注。《刘劭传》曰："（缪）袭友人山阳仲长统，汉末为尚书郎，早卒。作《昌言》，词佳，可观省。"裴注："袭撰统《昌言表》，称统字公理，少好学，博涉书记，赡于文辞。年二十余，游学青、徐、并、冀之间，与交者多异之。并州刺史高幹素贵有名，招致四方游士，多归焉。统过幹，幹善待遇之，访以世事。统谓幹曰：'君有雄志而无雄才，好士而不能择人，所以为君深戒也。'幹雅自多，不纳统言。统去之，无几而幹败。并、冀之士，以是识统。大司农常林与统共在上党，为臣道统性倜傥，敢直言，不矜小节，每列郡命召，辄称疾不就。默语无常，时人或谓之狂。汉帝在许，尚书令荀彧领典枢机，好士爱奇，闻统名，启召以为尚书郎。后参太祖军事,复还为郎。延康元年卒,时年四十余。统每论说古今世俗行事,发愤叹息,辄以为论,名曰《昌言》,凡二十四篇。"仲长统卒于上年,今姑系表于是年。

刘廙卒(180—)。廙字恭嗣,南阳人。曹操曾辟为丞相掾属,转五官将文学。曹丕即位,为侍中。曾与丁仪共论刑、礼;与司马徽论运命历数。《隋书》卷三五《经籍志四》著录梁时有《刘廙集》2卷,亡;卷三四《经籍志三》著录梁时有《政论》5卷,亡。严可均《全三国文》卷三四载其文12篇。事迹见《三国志》卷二一。

甄后卒(182—)。魏文帝曹丕夫人,名不详,中山人。甄氏原为袁绍次子袁熙之妻。绍为曹操灭后,丕纳为夫人。相传曹植《洛神赋》中"洛神"即为甄后。是年因失宠被曹丕赐死,葬于邺。能诗,相传《塘上行》一诗是她的绝笔,抒发了哀怨之情。《玉台新咏》卷二载其诗1首。事迹见《三国志》卷五。

羊祜(—278)、范乔(—298)生。

魏黄初三年　蜀汉章武二年　吴主孙权黄武元年　壬寅　222年

正月庚午,魏下诏郡国举上计吏及孝廉,勿再限年(《三国志》卷二《魏书·文帝纪》)。

二月,鄯善、龟兹、于阗王遣使奉献于魏。是后西域遂通,置戊己校尉(《三国志》卷二《魏书·文帝纪》)。

是月,蜀刘备自秭归将击孙权(《三国志》卷二《魏书·文帝纪》)。

闰六月,吴将陆逊大破蜀汉兵,刘备败走白帝城,史称"夷陵之战"(《三国志》卷二《魏书·文帝纪》、《三国志》卷三二《蜀书·先主传》及《三国志》卷四七《吴书·吴主传》)。

吴孙权遣使聘魏,曹丕以素书所作《典论》及诗赋与权,并作《答吴王诏》。

按:《三国志》卷四七《吴书·吴主传》裴注引《吴历》曰:"权以使聘魏,具上破备获印绶及首级、所得土地,并表将吏功勤宜加爵赏之意。文帝报使,致鼲子裘、明光铠、騑马,又以素书所作《典论》及诗赋与权。《魏书》载诏答曰……"

九月甲午,魏曹丕制诏禁妇人与政。庚子,立皇后郭氏(《三国志》卷二《魏书·文帝纪》)。

十月,吴孙权改元绝魏,天下三分。

按:九月,孙权叛魏,曹丕作《伐吴诏》。魏大举攻吴,吴孙权临江拒守。十月,孙权复叛,自称吴王,建元黄武。见《三国志》卷二《魏书·文帝纪》及《三国志》卷四七《吴书·吴主传》。

禁卫军弑罗马皇帝埃拉加巴卢斯。

吴与蜀汉通使复交（《三国志》卷三二《蜀书·先主传》）。

是年，魏敕豫州禁吏民往老子亭祷祝。

按：敕见严可均《全三国文》卷六曰："告豫州刺史。老聃贤人，未宜先孔子，不知鲁郡为孔子立庙成未？汉桓帝不师圣法，正以嬖臣而事老子，欲以求福，良足笑也。此祠之兴由桓帝。武皇帝以老子贤人，不毁其屋，朕亦以此亭当路，行来者辄往瞻视，而楼屋倾颓，倘能压人，故令修整。昨过视之，殊整顿，恐小人谓此为神，妄往祷祝，违犯常禁。宜宣告吏民，咸使知闻。"

曹植封鄄城王，曹叡为平原王，曹彰等十一人亦皆封王（《三国志》卷二《魏书·文帝纪》）。

高堂隆约是年为平原王曹叡傅。

按：《三国志》卷二五《魏书·高堂隆传》曰："黄初中，为堂阳长，以选为平原王傅。"

中山恭王曹衮为北海王，时有黄龙见邺西漳水，衮上书赞颂。

按：《三国志》卷二〇《魏书·武文世王公传》曰："（黄初）三年，为北海王。其年，黄龙见邺西漳水，衮上书赞颂。诏赐黄金十斤，诏曰：'昔唐叔归禾，东平献颂，斯皆骨肉赞美，以彰懿亲。王研精坟典，耽味道真，文雅焕炳，朕甚嘉之。王其克慎明德，以终令闻。'"

王朗反对魏文帝兴师与吴并取蜀，帝纳其计（《三国志》卷一三《魏书·王朗传》）。

严畯使蜀，诸葛亮善之。

按：《三国志》卷五三《吴书·严畯传》曰："严畯字曼才，彭城人也。少耽学，善《诗》、《书》、三《礼》，又好《说文》。避乱江东，与诸葛瑾、步骘齐名友善。性质直纯厚，其于人物，忠告善道，志存补益。张昭进之于孙权，权以为骑都尉、从事中郎。及横江将军鲁肃卒，权以畯代肃，督兵万人，镇据陆口。众人咸为畯喜，畯前后固辞：'朴素书生，不闲军事，非才而据，咎悔必至。'发言慷慨，至于流涕，权乃听焉。世嘉其能以实让。权为吴王，及称尊号，畯尝为卫尉，使至蜀，蜀相诸葛亮深善之。"

唐固为议郎。

按：《三国志》卷五三《吴书·阚泽传》曰："权为吴王，拜固议郎，自陆逊、张温、骆统等皆拜之。"

曹植作《封鄄城王谢表》、《封二子为乡公谢恩章》、《毁鄄城故殿令》及《杂诗六首》等。

按：《封鄄城王谢表》、《封二子为乡公谢恩章》见《艺文类聚》卷五一。《毁鄄城故殿令》见《文馆词林》卷六九五。《杂诗六首》见《文选》卷二九，李善注："此六篇并托喻伤政，急朋友道绝，贤人为人窃势。别京邑以后，在鄄城思乡而作。"

王朗作《兴师与吴取蜀议》。

按：文见《三国志》卷一三《魏书·王朗传》。参见是年"王朗反对魏文帝兴师与吴并取蜀，帝纳其计"条。

月支僧支谦居东吴译经，从是年至吴建兴中，共出四十九经。

按：《高僧传》卷一《康僧会传》曰："时孙权已制江左，而佛教未行。先有优婆塞支谦,字恭明。一名越,本月支人,来游汉境。初汉桓灵之世,有支谶译出众经。有支亮字纪明,资学于谶,谦又受业于亮。博览经籍,莫不精究,世间伎艺,多所综习,遍学异书,通六国语。其为人细长黑瘦,眼多白而睛黄,时人为之语曰:'支郎眼中黄,形躯虽细是智囊。'汉献末乱,避地于吴。孙权闻其才慧,召见悦之,拜为博士,使辅导东宫,与韦曜诸人共尽匡益。但生自外域,故《吴志》不载。谦以大教虽行,而经多梵文,未尽翻译,已妙善方言,乃收集众本,译为汉语。从吴黄武元年至建兴中,所出《维摩》、《大般泥洹》、《法句》、《瑞应本起》等四十九经,曲得圣义,辞旨文雅。又依《无量寿》、《中本起》制菩提连句梵呗三契,并注《了本生死经》等,皆行于世。"

王象卒,生年不详。象字羲伯,河内人。少贫,为人牧羊以为生,但勤奋读书,杨俊赏其才而赎之。既为俊知拔,果有才志。建安中,与同郡荀纬俱为魏太子所礼待。及王粲、陈琳、阮瑀、路粹等亡后,新出之中,惟象才最高。魏时官至常侍,封列侯。受诏作《皇览》,领秘书监。象性器和厚,又文采温雅,以是京师归美,称为儒宗。黄初三年,文帝借故欲治杨俊之罪,王象等力救未免,俊自杀。王象因是得病而卒。《隋书》卷三五《经籍志四》著录梁有散骑常侍《王象集》1卷,已佚。严可均《全三国文》卷三八载其文1篇。事迹见《三国志》卷二三《魏书·杨俊传》附传。

杜预(—284)生。

魏黄初四年　蜀汉章武三年　蜀汉刘禅建兴元年
吴黄武二年　癸卯　223年

正月,吴孙权改《四分历》,用《乾象历》。

按:《三国志》卷四七《吴书·吴主传》曰:"改四分,用乾象历。"裴注引《江表传》曰:"权推五德之运,以为土行用未祖辰腊。"《宋书》卷一二《律历中》曰:"刘氏在蜀,不见改历,当是仍用汉《四分法》。吴中书令阚泽受刘洪《乾象法》于东莱徐岳字公河。故孙氏用《乾象历》,至于吴亡。"陈遵妫《中国天文学史》曰:"乾象历是后汉灵帝光和年间(178—183年)刘洪所创划时代的历法,它形成一个完整的历法,至迟是在献帝建安十一年(206年),乾象历创法很多,确比四分历精密,为后世历法的师法。灵帝末年,政权动荡不安,乾象历没有被采用,至吴黄武二年(223年)始颁行使用。"(陈遵妫《中国天文学史》中册,上海人民出版社2006年版第1034页。)

三月,蜀刘备病重,托孤于丞相诸葛亮(《三国志》卷三五《蜀书·诸葛亮传》)。

四月,蜀刘备卒于永安宫。五月,诸葛亮奉丧还成都,谥曰昭烈皇帝(《三国志》卷三二《蜀书·先主传》)。

五月,蜀刘备子刘禅于成都继位。改元建兴,是为蜀后主(《三国志》卷三二《蜀书·后主传》)。

是月，魏有鹈鹕鸟集灵芝池，下诏博举天下德行君子（《三国志》卷二《魏书·文帝纪》）。

十一月，蜀诸葛亮遣邓芝使吴，孙权乃与蜀修好。

按：是年四月刘备卒，孙权遣冯熙使吴吊丧。《三国志》卷四七《吴书·吴主传》曰："冬十一月，蜀使中郎将邓芝来聘。"裴注引《吴历》曰："蜀致马二百匹，锦千端，及方物。自是之后，聘使往来以为常。吴亦致方土所出，以答其厚意焉。"

曹植徙封雍丘王。是年，朝京都（《三国志》卷一九《魏书·陈思王传》）。

王朗荐光禄大夫杨彪，且称疾，让位于彪。

按：《三国志》卷一三《魏书·王朗传》曰："黄初中，鹈鹕集灵芝池，诏公卿举独行君子。朗荐光禄大夫杨彪，且称疾，让位于彪。帝乃为彪置吏卒，位次三公。诏曰：'朕求贤于君而未得，君乃翻然称疾，非徒不得贤，更开失贤之路，增玉铉之倾。无乃"居其室，出其言不善"，见违于君子乎！君其勿有后辞。'朗乃起。"

杨彪拜光禄大夫，位次三公。

按：《三国志》卷二《魏书·文帝纪》裴注引《续汉书》曰："黄初四年，诏拜光禄大夫，秩中二千石，朝见位次三公，如孔光故事。彪上章固让，帝不听，又为门施行马，致吏卒，以优崇之。"

钟繇为太尉（《三国志》卷二《魏书·文帝纪》）。

诸葛亮受遗诏辅政，封武乡侯，领益州牧。事无巨细，咸决于亮。

按：《三国志》卷三五《蜀书·诸葛亮传》曰："建兴元年，封亮武乡侯，开府治事。顷之，又领益州牧。政事无巨细，咸决于亮。南中诸郡，并皆叛乱，亮以新遭大丧，故未便加兵，且遣使聘吴，因结和亲，遂为与国。"

蒋琬被诸葛亮辟为东曹掾。

按：见《三国志》卷四四《蜀书·蒋琬传》："建兴元年，丞相亮开府，辟琬为东曹掾。举茂才，琬固让刘邕、阴化、庞延、廖淳，亮教答曰：'思惟背亲舍德，以殄百姓，众人既不隐于心，实又使远近不解其义，是以君宜显其功举，以明此选之清重也。'"

来敏为虎贲中郎将。

按：《三国志》卷四二《蜀书·来敏传》曰："来敏字敬达，义阳新野人，来歙之后也。父艳，为汉司空。汉末大乱，敏随姊奔荆州，姊夫黄琬是刘璋祖母之侄，故璋遣迎琬妻，敏遂俱与姊入蜀，常为璋宾客。涉猎书籍，善《左氏春秋》，尤精于《仓》、《雅》训诂，好是正文字。先主定益州，署敏典学校尉，及立太子，以为家令。后主践阼，为虎贲中郎将。"

谯周被诸葛亮命为劝学从事。

按：《三国志》卷四二《蜀书·谯周传》曰："谯周字允南，巴西西充国人也。父岍，字荣始，治《尚书》，兼通诸经及图、纬。州郡辟请，皆不应，州就假师友从事。周幼孤，与母兄同居。既长，耽古笃学，家贫未尝问产业，诵读典籍，欣然独笑，以忘寝食。研精六经，尤善书札。颇晓天文，而不以留意；诸子文章非心所存，不悉遍视也。身长八尺，体貌素朴，性推诚不饰，无造次辩论之才，然潜识内敏。建兴中，丞相亮领益州牧，命周为劝学从事。"

尹默拜为谏议大夫。

按：《三国志》卷四二《蜀书·尹默传》曰："尹默字思潜，梓潼涪人。益部多贵今文而不崇章句，默知其不博，乃远游荆州，从司马德操、宋仲子等受古学。皆通诸经史,又专精于《左氏春秋》,自刘歆条例,郑众、贾逵父子、陈元、服虔注说,咸略诵述,不复按本。先主定益州,领牧,以为劝学从事,及立太子,以默为仆,以《左氏传》授后主。后主践阼,拜谏议大夫。"

许靖约是年与魏大臣王朗、华歆、陈群等多有书信来往。

按:《三国志》卷三八《蜀书·许靖传》曰:"许靖字文休,汝南平舆人……始靖兄事颍川陈纪,与陈郡袁涣、平原华歆、东海王朗等亲善,歆、朗及纪子群,魏初为公辅大臣,咸与靖书,申陈旧好,情义款至,文多故不载。"

又按:《许靖传》裴注引《魏略》共载王朗与许靖三封书信,最后一封中云:"前夏有书而未达,今重有书,而并致前问。皇帝既深悼刘将军之早世,又愍其孤之不易,又惜使足下孔明等士人气类之徒,遂沈溺于羌夷异种之间,永与华夏乖绝,而无朝聘中国之期缘,瞻睎故土桑梓之望也,故复运慈念而劳仁心,重下明诏以发德音,申敕朗等,使重为书与足下等。"信中提到"皇帝既深悼刘将军之早世",刘备于是年四月卒,三封书信,约作于是年四月前后。《许靖传》言靖卒于章武二年,是年刘备尚在,二年或是三年之误。今依信暂系是年。

虞翻以性疏直,被孙权徙于交州。

按:《三国志》卷五七《吴书·虞翻传》曰:"虞翻字仲翔,会稽余姚人也……翻性疏直,数有酒失。权与张昭论及神仙,翻指昭曰:'彼皆死人,而语神仙,世岂有仙人邪!'权积怒非一,遂徙翻交州。虽处罪放,而讲学不倦,门徒常数百人。又为《老子》、《论语》、《国语》训注,皆传于世。"

曹植作《上责躬应诏诗表》、《责躬诗》、《应诏诗》、《任城王诔》、《赠白马王彪》及《洛神赋》等。

按:《上责躬应诏诗表》、《责躬诗》、《应诏诗》三篇见《三国志》卷一九《魏书·陈思王传》:"四年,徙封雍丘王。其年,朝京都。上疏曰:'臣自抱衅归藩,刻肌刻骨,追思罪戾,昼分而食,夜分而寝……谨拜表献诗二篇,其辞曰……'帝嘉其辞义,优诏答勉之。"《文选》卷二〇曹植《上责躬应诏诗表》五臣注曰:"文帝即位,念其旧事,徙封鄄城侯。后求见帝,帝责之,置西馆,示许朝,故子建献此诗也。"

《任城王诔》见《艺文类聚》卷四五。《三国志》卷一九《魏书·任城王传》:"四年,朝京都,疾薨于邸,谥曰威。"

《赠白马王彪》见《三国志》卷一九《魏书·陈思王传》裴注引《魏氏春秋》:"是时待遇诸国法峻。任城王暴薨,诸王既怀友于之痛。植及白马王彪还国,欲同路东归,以叙隔阔之思,而监国使者不听。植发愤告离而作诗曰……"《文选》卷二四《赠白马王彪》李善注曰:"集曰:于圈城作。又曰:黄初四年五月,白马王任城王与余俱朝京师。会节气日不阳,任城王薨。至七月,与白马王还国。后有司以二王归藩,道路宜异宿止,意毒恨之。盖以大别在九日,是用自剖,与王辞焉,愤而成篇。"

关于《洛神赋》的作年主要有两说。一说根据《洛神赋序》,此篇作于黄初三年:"黄初三年,余朝京师,还济洛川。古人有言,斯水之神,名曰宓妃。感宋玉对楚王神女之事,遂作斯赋。"一说作于四年,《洛神赋》"余从京师,言归东藩"句,李善注曰:"《魏志》曰:黄初三年立植为鄄城王,四年徙封雍丘,其年朝京师。又《文纪》曰:黄初三年行幸许。又曰:四年三月还洛阳。然京城谓洛阳,东蕃即鄄城。《魏志》及诸诗序并云四年朝,此云三年,误。一云,《魏志》三年不言植朝,盖《魏志》略也。"陆侃如《中古文学系年》曰:"梁章钜《三国志旁证》卷十四:'何焯曰:魏以延康元年十月禅代,十一月遽改元黄初。陈思王实以四年朝洛阳,而赋云三年,不欲亟夺汉年,犹发丧悲哭之意耳。'三年丕在许昌,故植'朝京师还济洛川'为不可能。赠彪诗序亦称四年,则何焯之说为迂。当从李善第一说,三为四之误。"关于《洛神赋》的写作情事,一说是因感甄之作,初名《感甄赋》,后明帝改为《洛神赋》。一说是子建寓言,非为感甄而作。刘克庄《后村诗话》曰:"《洛神赋》,子建寓言也。好事者乃造甄后以实之。使果有之,当见诛于黄初之朝矣。"

诸葛亮作《正议》。

按:《三国志》卷三五《蜀书·诸葛亮传》裴注引《(诸葛)亮集》曰:"是岁,魏司徒华歆、司空王朗、尚书令陈群、太史令许芝、谒者仆射诸葛璋各有书与亮,陈天命人事,欲使举国称藩。亮遂不报书,作《正议》曰……"

虞翻作《上书吴主权》。

按:《三国志》卷五七《吴书·虞翻传》裴注引《(虞)翻别传》曰:"权即尊号,翻因上书曰……"

荀纬卒(182—)。纬字公高,河内人。少好文学。建安中,召署军谋掾、魏太子庶子,稍迁至散骑常侍、越骑校尉。与杨修、丁仪、丁廙诸人,并以文采见称。其生平事迹散见于《三国志》卷二一、二三。

裴秀(—271)、王浑(—297)生。

魏黄初五年　蜀汉建兴二年　吴黄武三年
甲辰　224 年

波斯萨珊王朝立。

正月,魏令谋反大逆乃得相告,其余皆勿听治;敢妄相告,以其罪罪之(《三国志》卷二《魏书·文帝纪》)。

三月,魏曹丕自许昌还洛阳宫(《三国志》卷二《魏书·文帝纪》)。

四月,魏立太学,制五经课试之法,置《春秋谷梁》博士。

按:《三国志》卷二《魏书·文帝纪》曰:"夏四月,立太学,制五经课试之法,置《春秋谷梁》博士。"《通典》卷五三:"魏文帝黄初五年,立大学于洛阳。时慕学者,始诣大学为门人。满二岁,试通一经者,称弟子;不通一经,罢遣。弟子满二岁,试通二经者,补文学掌故;不通经者,听须后辈试,试通二经,亦得补掌故。掌故满二岁,试通三经者,擢高第为太子舍人;不第者,随后辈复试,试通亦为太子舍人。舍人满二岁,试通四经者,擢其高第为郎中;不通者,随后辈复试,试通亦为郎中。郎中满二岁,能通五经者,擢高第,随才叙用;不通者,随后辈复试,试通亦叙用。"

是夏,吴使张温至蜀,蜀使邓芝至吴,重结盟好(《三国志》卷四七《吴书·吴主传》裴注)。

八月,魏曹丕征吴,为水军,亲御龙舟,循蔡、颍,浮淮,幸寿春。九月至广陵,赦青、徐二州,改易诸将守(《三国志》卷二《魏书·文帝纪》)。

十二月,魏禁淫祀。

按：《三国志》卷二《魏书·文帝纪》曰："十二月，诏曰：'先王制礼，所以昭孝事祖，大则郊社，其次宗庙，三辰五行，名山大川，非此族也，不在祀典。叔世衰乱，崇信巫史，至乃宫殿之内，户牖之间，无不沃酹，甚矣其惑也。自今，其敢设非祀之祭，巫祝之言，皆以执左道论，著于令典。'"

乐详约是年征拜博士。于太学授业，擅名远近。

按：《三国志》卷一六《魏书·杜恕传》裴注引《魏略》曰："乐详字文载……至黄初中，征拜博士。于时太学初立，有博士十余人，学多褊狭，又不熟悉，略不亲教，备员而已。惟详五业并授，其或难解，质而不解，详无愠色，以杖画地，牵譬引类，至忘寝食，以是独擅名于远近。详学既精悉，又善推步三五，别受诏与太史典定律历。"是年太学立，姑系是年。

阮籍十五岁，好《书》、《诗》。

按：阮籍《咏怀诗》曰："昔年十四五，志尚好《书》、《诗》。"《晋书》卷四九《阮籍传》曰："籍容貌瑰杰，志气宏放，傲然独得，任性不羁，而喜怒不形于色。或闭户视书，累月不出；或登临山水，经日忘归。博览群籍，尤好《庄》、《老》。嗜酒能啸，善弹琴。当其得意，忽忘形骸。时人多谓之痴，惟族兄文业每叹服之，以为胜己，由是咸共称异。"

王朗上疏谏曹丕东征孙权。

按：《三国志》卷一三《魏书·王朗传》曰："是时车驾徙许昌，大兴屯田，欲举军东征。朗上疏曰……是时，帝以成军遂行，权子不至，车驾临江而还。"

吴质奉召入朝，与曹丕亲善，怙威肆行，与曹真、朱铄起口舌之争（《三国志》卷二一《魏书·王粲传》裴注引《（吴）质别传》）。

杜微被诸葛亮征为主簿，微固辞，舆而致之。以老病自乞归。亮屡作书与微。

按：《三国志》卷四二《蜀书·杜微传》曰："杜微字国辅，梓潼涪人也。少受学于广汉任安。刘璋辟为从事，以疾去官。及先主定蜀，微常称聋，闭门不出。建兴二年，丞相亮领益州牧，选迎皆妙简旧德，以秦宓为别驾，五梁为功曹，微为主簿。微固辞，舆而致之。既致，亮引见微，微自陈谢。亮以微不闻人语，于坐上与书曰……"

曹丕作《改封县王诏》。

按：《三国志》卷二〇《魏书·武文世王公传》曰："五年，诏曰：'先王建国，随时而制。汉祖增秦所置郡，至光武以天下损耗，并省郡县。以今比之，益不及焉。其改封诸王，皆为县王。'"

曹植作《赏罚令》。

按：《艺文类聚》卷五四作《黄初五年令》，《文馆词林》卷六九五作《赏罚令》。

王朗作《谏东征疏》（《三国志》卷一三《魏书·王朗传》）。

天竺僧维祇难等译《法句经》2卷。

按：《出三藏记集》卷二曰："《法句经》二卷。右一部，凡二卷。魏文帝时，天竺沙门维祇难以吴主孙权黄武三年赍胡本，武昌竺将炎共支谦译出。"卷七无名氏《法句经序》曰："夫诸经为法言，《法句》者，犹法言也。近世葛氏传七百偈，偈义致深，译人出之，颇使其浑漫。唯佛难值，其文难闻。又诸佛兴，皆在天竺，天竺言语与汉异音，云其书为天书，语为天语，名物不同，传实不易。唯昔蓝调安侯世高、都尉、弗调，译胡为汉,审得其体。斯以难继。后之传者,虽不能密,犹尚贵其实,粗得大趣。始者维祇难出自天竺,以黄武三年来适武昌。仆从受此五百偈本,请其同道竺将炎为译。将炎虽善天竺语,未备晓汉,其所传言,或得胡语,或以义出音,近于质直。"《高僧传》卷一《维祇难传》曰:"维祇难,本天竺人。世奉异道,以火祠为正。时有天竺沙门习学小乘,多行道术,经远行逼暮,欲寄难家宿。难家既事异道,猜忌释子,乃处之门外,露地而宿。沙门夜密加咒术,令难家所事之火,欻然变灭,于是举家共出,稽请沙门入室供养。沙门还以咒术,变火令生。难既睹沙门神力胜己,即于佛法大生信乐,乃舍本所事,出家为道,依此沙门以为和上。受学三藏,妙善四含,游化诸国,莫不皆奉。以吴黄武三年,与同伴竺律炎,来至武昌,赍《昙钵经》梵本。《昙钵》者,即《法句经》也。时吴士共请出经,难既未善国语,乃共其伴律炎译为汉文。炎亦未善汉言,颇有不尽,志存义本,辞近朴质。至晋惠之末,有沙门法立,更译为五卷。沙门法巨著笔,其辞小华也。立又别出小经近四许首,值永嘉末乱,多不复存。"

嵇康(　—263)、李密(　—287)生。

按:关于嵇康生年,陆侃如《中古文学系年》曰:"康生年旧有三说:一说建安二十一年。《三国志·魏志》卷二十一《王粲传》注引干宝、孙盛、习凿齿,谓康以正元二年(公元二五五年)被诛。由此上溯四十年,当生于建安二十一年(二一六年)。一说建安二十四年。吴荣光《历代名人年谱》附录:'嵇叔夜一作生于建安二十四年己亥,年四十四。'一说黄初四年。《通鉴》卷七十八谓康以景元三年(二六二年)被诛。由此上溯四十年,当生于黄初四年(二二三年)。康卒年四十,史有明文。吴说四十四不知何据。干、孙、习三家之误,裴注已辩明。《通鉴》之说虽为一般疑年录所采用,但三年实系四年之误。自景元四年(二六三年)上溯四十年,康当生于本年。"今从陆说。又,李剑国《嵇康生卒年新考》(载《南开学报》1985年3期),认为嵇康卒于景元五年,生于黄初六年。该文对涉及嵇康被杀相关人事进行梳理,认为嵇康于景元五年被杀才合情合理,文中推断之词较多,可备一说。

魏黄初六年　蜀汉建兴三年　吴黄武四年
乙巳　225年

二月,魏遣使者循行许昌以东尽沛郡,问民疾苦,贫者振贷之(《三国志》卷二《魏书·文帝纪》)。

魏将征吴,曹丕以尚书令颍乡侯陈群为镇军大将军,尚书仆射西乡侯司马懿为抚军大将军(《三国志》卷二《魏书·文帝纪》裴注)。

三月,魏曹丕行幸召陵,开通讨虏渠(《三国志》卷二《魏书·文帝纪》)。

辛未,魏曹丕为舟师东征(《三国志》卷二《魏书·文帝纪》)。

是月,蜀诸葛亮南征四郡。七擒孟获(《三国志》卷三三《蜀书·后主传》)。

十月,魏曹丕攻吴至广陵,临江观兵。是岁大寒,水道冰,舟无法渡江而还(《三国志》卷二《魏书·文帝纪》、《三国志》卷四七《吴书·吴主传》裴注引《吴录》及《艺文类聚》卷一三引《江表传》)。

  曹丕自谯赴梁,过雍丘,至曹植宫。
  按:《三国志》卷二《魏书·文帝纪》曰:"(是年)十二月,行自谯过梁。"卷一九《魏书·陈思王传》曰:"六年,帝东征,还过雍丘,幸植宫,增户五百。"

  鲍勋谏曹丕东征。
  按:《三国志》卷一二《魏书·鲍勋传》曰:"六年秋,帝欲征吴,群臣大议,勋面谏曰……帝益忿之,左迁勋为治书执法。"

  夏侯尚病卒,子夏侯玄嗣。
  按:《三国志》卷九《魏书·夏侯尚传》曰:"六年,尚疾笃,还京都,帝数临幸,执手涕泣。尚薨,谥曰悼侯。子玄嗣。又分尚户三百,赐尚弟子奉爵关内侯。"

  谢承约是年为五官郎中。
  按:陆侃如《中古文学系年》曰:"《三国志·吴志》卷五《谢夫人传》:'后权纳姑孙徐氏,欲令谢下之,谢不肯,由是失志,早卒。后十余年,弟承拜五官郎中。'此事年月史无明文,但也可以大略推定。同卷《徐夫人传》:'权为讨虏将军在吴,聘以为妃,使母养子登。后权迁移,以夫人妒忌,废处吴。积十余年,权为吴王。'据卷十四《孙登传》,登以赤乌四年(正始二年)卒,年三十三,上推当生于建安十四年(二〇九至二四一年)。权聘徐必在十四年登生之后,十六年徙治秣陵之前,谢因徐失志而卒必在十五年左右。承拜官在其姊卒后十余年,如以十五年计,则当在黄初六年左右。"

  顾雍为丞相,陈化为太常。
  按:《三国志》卷四七《吴书·吴主传》曰:"四年夏五月,丞相孙邵卒。六月,以太常顾雍为丞相。"裴注引《吴书》曰:"以尚书令陈化为太常。"

  程秉守太常,以《诗》教吴太子孙登。时徵崇亦以笃学立行闻名太子。
  按:《三国志》卷五三《吴书·程秉传》曰:"程秉字德枢,汝南南顿人也。逮事郑玄,后避乱交州,与刘熙考论大义,遂博通五经。士燮命为长史。权闻其名儒,以礼征;秉既到,拜太子太傅。黄武四年,权为太子登娉周瑜女,秉守太常,迎妃于吴,权亲幸秉船,深见优礼。既还,秉从容进说登曰:'婚姻人伦之始,王教之基,是以圣王重之,所以率先众庶,风化天下,故《诗》美《关雎》,以为称首。原太子尊礼教于闺房,存《周南》之所咏,则道化隆于上,颂声作于下矣。'登笑曰:'将顺其美,匡救其恶,诚所赖于傅君也。'病卒官。作《周易摘》、《尚书驳》、《论语弼》,凡三万余言。秉为傅时,率更令河南徵崇亦笃学立行云。"裴注引《吴录》曰:"崇字子和,治《易》、《春秋左氏传》,兼善内术。本姓李,遭乱更姓,遂隐于会稽,躬耕以求其志。好尚者从学,所教不过数人辄止,欲令其业必有成也。所交结如丞相步骘等,咸亲焉。严畯荐崇行足以厉俗,学足以为师。初见太子登,以疾赐不拜。东宫官僚皆从谘询。太子数访以异闻。年七十而卒。"

  唐固为尚书仆射(《三国志》卷五三《吴书·阚泽传》裴注)。

  卫觊、缪袭受命著《魏史》。
  按:《史通》外篇《古今正史第二》曰:"魏史,黄初、太和中始命尚书卫觊、缪袭草创纪传,累载不成。又命侍中韦诞、应璩,秘书监王沈、大将军从事中郎阮籍,司徒右长史孙该、司隶校尉傅玄等,复共撰定。其后王沈独就其业,勒成《魏书》四十四卷。其书多为时讳,殊非实录。"陆侃如《中古文学系年》曰:"觊与缪袭同为尚书已数年,下年袭即迁散骑常侍,姑系撰史事于本年。"又云:"袭与卫觊同时受命撰《魏史》。后由王沈总其成,名《魏书》,《隋书》卷三十三《经籍志》二著录四十八卷。"

曹丕作《至广陵于马上作》。

按:《三国志》卷二《魏书·文帝纪》裴注引《魏书》曰:"帝于马上为诗曰……"《汉魏六朝百三名家集·魏文帝集》张溥于此诗注曰:"僧皎然云:'魏文军至扬子,见洪涛浪汹,叹曰:"固天所以隔南北也!"因赋诗而还。魏文集无此诗,且魏文雄才智略,本非庸主,如何有此示弱于孙权,取笑于刘备?陈寿谬矣。'按寿正史但云引还,不言赋诗。《魏书》注载此诗,未尝示弱也。《杂诗》、《魏书》不载。"

曹植作《自诫令》。

按:曹丕东征,还过雍丘,幸植宫。曹植作此令自诫。《文馆词林》卷六九五作《自试令》。《艺文类聚》卷五四作《黄初六年令》,文残。严可均《全三国文》卷一四作《自诫令》。从文章内容看,"自试"应作"自诫"。

诸葛亮作《南征表》及《表吕凯等守义》。

按:是年诸葛亮南征,作《南征表》。《北堂书钞》卷一五八载《南征表》佚文。《表吕凯等守义》见《三国志》卷四三《蜀书·吕凯传》。

杨彪卒(142—)。彪字文先,弘农华阴人,杨震曾孙,杨修之父。少传家学,博习旧闻。历任议郎、太尉。曾著作东观,与蔡邕等补撰《东观汉记》。因力谏董卓迁都而免官。卓死,复为太尉。李傕、郭汜之乱,尽节卫主。为曹操所忌,诬以大逆,孔融力救得免。文帝曹丕继位,以礼待之。严可均《全后汉文》卷五一辑其《答曹公书》1篇。事迹见《后汉书》卷五四。

唐固卒,生年不详。固字子正,丹阳人,吴阚泽州里先辈。修身积学,称为儒者,作《国语》、《公羊》、《谷梁传》注,讲授常数十人。孙权为吴王,拜固议郎,自陆逊、张温、骆统等皆拜之。卒官尚书仆射,时年七十余。《隋书》卷三二《经籍志一》著录唐固注《春秋谷梁传》13卷、《春秋外传国语》21卷。事迹略见《三国志》卷五三《吴书·阚泽传》及裴注。

钟会(—264)生。

魏黄初七年　　蜀汉建兴四年　　吴黄武五年
丙午　　226 年

波斯王阿尔达希尔一世加冕于泰西封,自称诸王之王。

正月,魏曹丕将幸许昌,许昌城南门无故自崩,曹丕心恶之,遂不入(《三国志》卷二《魏书·文帝纪》)。

五月丙辰,魏曹丕病笃,立太子。曹真、陈群、曹休、司马懿并受遗诏辅政。丁巳,曹丕卒,时年四十。皇太子叡继位,即魏明帝。议改元太和(《三国志》卷二《魏书·文帝纪》、卷三《魏书·明帝纪》)。

六月戊寅,魏葬曹丕首阳陵,自殡及葬,皆以终制从事。

按：《三国志》卷二《魏书·文帝纪》裴注引《魏氏春秋》曰："明帝将送葬，曹真、陈群、王朗等以暑热固谏，乃止。"

是年，吴孙权于建业接见大秦（罗马帝国）商人秦论。

按：《梁书》卷五四《诸夷传》曰："孙权黄武五年，有大秦贾人字秦论来到交趾，交趾太守吴邈遣送诣权。权问方土谣俗，论具以事对。时诸葛恪讨丹阳，获黝、歙短人，论见之曰：'大秦希见此人。'权以男女各十人，差吏会稽刘咸送论，咸于道物故，论乃径还本国。"许永璋认为秦论直到237年或者稍后才回国，详见其《秦人秦论来华若干问题探讨》，载《北大史学》第4辑。

吴交州刺史吕岱遣中郎康泰、宣化从事朱应出使扶南（今柬埔寨）、林邑、堂明。凡经历、途闻之国一百数十个。归国后，朱应著《扶南异物志》，康泰著《吴时外国传》。二人是中国史上所载最早航海到东南亚、南亚的旅行家。

按：《梁书》卷五四《诸夷传》曰："吴孙权时，遣宣化从事朱应、中郎康泰通焉。其所经及传闻，则有百数十国，因立记传。"又曰："其时吴遣中郎康泰使扶南，及见陈、宋等，具问天竺土俗，云……"《三国志》卷六〇《吴书·吕岱传》曰："吕岱字定公，广陵海陵人也，为郡县吏，避乱南渡……岱既定交州，复进讨九真，斩获以万数。又遣从事南宣国化，暨徼外扶南、林邑、堂明诸王，各遣使奉贡。权嘉其功，进拜镇南将军。"冯承钧《中国南洋交通史》据以考订朱应、康泰出使为吕岱所派，时间应在226至231年间。《隋书》卷三三《经籍志二》著录《扶南异物志》1卷，朱应撰。康泰《吴时外国传》散见于《水经注》、《艺文类聚》、《梁书》、《通典》、《太平御览》中，是研究中国和南海诸国早期经济文化交流的重要文献。二书应是二人回国后所撰。关于朱应、康泰出使时间及二人著述情况有不同看法，参许永璋《朱应、康泰南海诸国之行考论》（载《史学月刊》2004年12期）一文。

卫觊进封閺乡侯，奏请置律博士。上疏为民请罢劳役。

按：《三国志》卷二一《魏书·卫觊传》曰："明帝即位，进封閺乡侯，三百户。觊奏曰：'九章之律，自古所传，断定刑罪，其意微妙。百里长吏，皆宜知律。刑法者，国家之所贵重，而私议之所轻贱；狱吏者，百姓之所县命，而选用者之所卑下。王政之弊，未必不由此也。请置律博士，转相教授。'事遂施行。时百姓凋匮而役务方殷，觊上疏曰……"

王朗、王基、辛毗、杨阜等上疏谏魏明帝营修宫室事（《三国志》卷一三《魏书·王朗传》、卷二七《王基传》、卷二五《辛毗传》及《杨阜传》）。

高堂隆为给事中、博士、驸马都尉，谏明帝不宜飨会。

按：《三国志》卷二五《魏书·高堂隆传》曰："黄初中，为堂阳长，以选为平原王傅。王即尊位，是为明帝。以隆为给事中、博士、驸马都尉。帝初践阼，群臣或以为宜飨会，隆曰：'唐、虞有过密之哀，高宗有不言之思，是以至德雍熙，光于四海。'以为不宜为会，帝敬纳之。"

缪袭为散骑常侍，奉诏喻指华歆临会。

按：《三国志》卷一三《魏书·华歆传》曰："歆称病乞退，让位于宁。帝不许。临当大会，乃遣散骑常侍缪袭奉诏喻指曰……又诏袭：'须歆必起，乃还。'歆不得已，乃起。"

刘劭为陈留太守。

按：《三国志》卷二一《魏书·刘劭传》曰："明帝即位，出为陈留太守，敦崇教化，百姓称之。"

应璩约是年为散骑常侍，作书与刘靖。

按：璩字休琏，博学好属文，善为书记。陆侃如《中古文学系年》曰："《三国志·魏志》卷二十一《王粲传》注引《文章叙录》：'文、明帝世，历官散骑常侍。'由此可知，至迟黄初末年，璩已由侍中迁常侍了。"又卷一五《刘馥传》曰：'馥子靖，黄初中从黄门侍郎迁庐江太守，诏曰：'卿父昔为彼州，今卿复据此郡，可谓克负荷者也。'转在河内，迁尚书，赐爵关内侯，出为河南尹。散骑常侍应璩书与靖曰……"

诸葛亮、李严皆有书与孟达。

按：《三国志》卷四〇《蜀书·李严传》曰："李严字正方，南阳人也……（建兴）四年，转为前将军。以诸葛亮欲出军汉中，严当知后事，移屯江州，留护军陈到驻永安，皆统属严。严与孟达书曰：'吾与孔明俱受寄托，忧深责重，思得良伴。'亮亦与达书曰：'部分如流，趋舍罔滞，正方性也。'其见贵重如此。"

薛综约是年为合浦、交阯太守。

按：《三国志·吴志》卷八《薛综传》曰："除合浦、交阯太守。时交土始开，刺史吕岱率师讨伐，综与俱行，越海南征，及到九真。事毕还都，守谒者仆射。"陆侃如《中古文学系年》曰："据卷十五《吕岱传》，岱于延康元年代步骘为交州刺史，似乎综为太守亦在此时。可是据卷四《士燮传》，燮于董卓乱前已为交阯太守，不久其弟壹亦为合浦太守。燮于黄武五年（黄初七年）卒，燮子徽自署太守。岱诛徽等，又进讨九真。今假定综为太守在燮卒后，故系于本年。"

卫觊作《奏请置律博士》、《请恤凋匮罢役务疏》。受命典著作，作《魏官仪》。

按：《奏请置律博士》、《请恤凋匮罢役务疏》见《三国志》卷二一《魏书·卫觊传》，参见是年"卫觊进封阌乡侯，奏请置律博士。上疏为民请罢劳役"条。《三国志》卷二一《魏书·卫觊传》曰："受诏典著作，又为《魏官仪》，凡所撰述数十篇。好古文、鸟篆、隶草，无所不善。建安末，尚书右丞河南潘勖，黄初时，散骑常侍河内王象，亦与觊并以文章显。"《魏官仪》或在荀攸基础之上增损而成。姚振宗《隋书经籍志考证》卷一七引《册府元龟·掌礼部·仪注篇》："魏荀攸魏国初建为尚书令，撰《魏官仪》一卷；一说卫觊为尚书令，诏典著作，为《魏官仪》。"姚按："《魏志·武纪》：'建安十八年五月丙申，天子使御史大夫郗虑持节，策命公为魏公，加九锡。秋七月，始建魏社稷宗庙。十一月初置尚书、侍中、六卿。'注引《魏氏春秋》曰：'以荀攸为尚书令，凉茂为仆射，毛玠、崔琰、常林、徐奕、何夔为尚书，王粲、杜袭、卫觊、和洽为侍中。'《魏官仪》之作，即在其时。时荀攸为魏国尚书令，卫觊为魏国侍中，其明年荀攸卒。卫觊卒年未详，大抵在明帝时或魏文受禅之后，觊复增损为定，故史传归之于觊欤？"又《三国艺文志》卷二著录卫觊《魏官仪》曰："按，卫敬侯卒于明帝时，荀敬侯卒于建安中；荀书作于魏国初建，此书似作于文、明之世，当视荀书为备。"陆侃如《中古文学系年》曰："详绎本传文意，似当在明帝即位后。"

王朗作《谏明帝营修宫室疏》、《屡失皇子上疏》及《劾刺史王凌不遣王基》。

按：《三国志》卷一三《魏书·王朗传》曰："明帝即位，进封兰陵侯，增邑五百，并前千二百户。使至邺省文昭皇后陵，见百姓或有不足。是时方营修宫室，朗上疏曰……转为司徒。时屡失皇子,而后宫就馆者少,朗上疏曰……"

《三国志》卷二七《魏书·王基传》曰:"王基字伯舆,东莱曲城人也。少孤,与叔父翁居。翁抚养甚笃,基亦以孝称。年十七,郡召为吏,非其好也,遂去,入琅邪界游学。黄初中,察孝廉,除郎中。是时青土初定,刺史王凌特表请基为别驾,后召为秘书郎,凌复请还。顷之,司徒王朗辟基,凌不遣。朗书劾州曰……凌犹不遣。凌流称青土,盖亦由基协和之辅也。大将军司马宣王辟基,未至,擢为中书侍郎。"

王基作《上明帝疏谏盛修宫室》。

按:《三国志》卷二七《魏书·王基传》曰:"明帝盛修宫室,百姓劳瘁。基上疏曰……"

应璩约是年作《与刘靖书》。

按:是书赞刘靖政绩。文见《三国志》卷一五《魏书·刘馥传》。参见是年"应璩约是年为散骑常侍,作书与刘靖"条,暂系是年。

曹植作《文帝诔》及《上文帝诔表》。

按:《三国志》卷二《魏书·文帝纪》裴注引鄄城侯植为诔曰:"惟黄初七年五月十七日,大行皇帝崩,呜呼哀哉!……乃作诔曰……"又,《文选》沈约《齐安陆王碑文》注引曹植《上文帝诔表》"陛青云而诞德"句。

吴质作《思慕诗》。

按:《三国志》卷二一《魏书·王粲传》裴注引《(吴)质别传》曰:"及文帝崩,质思慕作诗曰……"

刘劭作《文帝诔》。

按:文已佚。《文选·头陀寺碑》注引《文帝诔》"凤皇立蓍"句。

士燮卒(137—)。燮,或作爕,字威彦,苍梧广信人。少游京师,从刘子奇学,治《左氏春秋》。举茂才,累迁交阯太守。汉末大乱,燮不废职贡,拜安远将军。建安末附权。迁卫将军,封龙编侯。燮性宽厚,谦虚下士,在郡四十余年,中原人士多往依避难。精通《春秋左氏传》及《尚书》。《隋书》卷三二《经籍志一》著录士燮注《春秋经》11卷。事迹见《三国志》卷四九。

按:《三国志》卷四九《吴书·士燮传》曰:"陈国袁徽与尚书令荀彧书曰:'交阯士府君既学问优博,又达于从政……官事小阕,辄玩习书传,《春秋左氏传》尤简练精微,吾数以咨问传中诸疑,皆有师说,意思甚密。又《尚书》兼通古今,大义详备。闻京师古今之学,是非忿争,今欲条《左氏》、《尚书》长义上之。'其见称如此。"

杜畿卒(165—)。畿字伯侯,京兆杜陵人,杜预祖父。少孤,以孝闻。荀彧进之太祖,为河东太守,劝民耕作,讲武兴学,亲执经教授,郡中化之。文帝时,进封丰乐亭侯,守司隶校尉。文帝征吴,畿为尚书仆射,统留事。受诏作御楼船,于陶河试船,遇风船沉而卒,时年六十二。追赠太仆,谥曰戴侯。事迹见《三国志》卷一六。

按:《三国志》卷一六《魏书·杜畿传》曰:"帝征吴,以畿为尚书仆射,留统事。其后帝幸许昌,畿复居守。受诏作御楼船,于陶河试船,遇风没。帝为之流涕。"曹丕上年三月征吴,十月还,本传叙畿卒年在曹丕征吴、幸许昌之后。曹丕是年正月将幸许昌,五月病卒,故畿卒年应在是年五月前。

曹丕卒(187—)。丕字子桓，沛国谯人，曹操次子。八岁能属文，有逸才，博贯经传诸子百家之书。操死，袭位为魏王，行九品中正制。不久代汉称帝，是为魏文帝，都洛阳，国号魏。曾命王象等人编辑中国第一部类书《皇览》。丕爱好文学，与吴质、孔融、王粲等相善。其所著《典论·论文》是中国最早的文学批评专论，其《燕歌行》为现存最早的文人七言诗。《隋书》卷三五《经籍志四》著录《魏文帝集》10卷，梁23卷。明张溥辑有《魏文帝集》。严可均《全三国文》卷四至卷八载其文166篇，逯钦立《魏诗》卷四载其诗43首。事迹见《三国志》卷二、曹植《文帝诔》，张可礼编有《三曹年谱》。

王弼（ —249）、陆抗（ —274）生。

魏明帝曹叡太和元年　蜀汉建兴五年　吴黄武六年 丁未　227年

正月，魏改元太和(《宋书》卷一四《礼志一》)。

三月，蜀诸葛亮进驻汉中，上表北伐中原。

按：《三国志》卷三三《蜀书·后主传》曰："五年春，丞相亮出屯汉中，营沔北阳平石马。"卷三五《蜀书·诸葛亮传》曰："治戎讲武，以俟大举。五年，率诸军北驻汉中，临发，上疏曰……"

曹植徙封浚仪(《三国志》卷一九《魏书·陈思王传》)。

司空陈群辟傅嘏为司空掾。

按：陈群于上年十二月为司空。《三国志》卷二一《魏书·傅嘏传》曰："嘏弱冠知名，司空陈群辟为掾。"

李丰为黄门郎，转骑都尉、给事中。

按：李丰为李婉父，李婉为贾充前妻，有淑性令才。《三国志》卷九《魏书·夏侯玄传》裴注引《魏略》曰："丰字安国，故卫尉李义子也。黄初中，以父任召随军。始为白衣时，年十七八，在邺下名为清白，识别人物，海内翕然，莫不注意。后随军在许昌，声称日隆。其父不愿其然，遂令闭门，敕使断客。初，明帝在东宫，丰在文学中。及即尊位，得吴降人，问'江东闻中国名士为谁'？降人云：'闻有李安国者是。'时丰为黄门郎，明帝问左右安国所在，左右以丰对。帝曰：'丰名乃被于吴越邪？'后转骑都尉、给事中。"

管宁被魏明帝征为光禄勋，宁固辞不就。

按：《三国志》卷一一《魏书·管宁传》曰："明帝即位，太尉华歆逊位让宁，遂下诏曰……"明帝即位后多次征诏管宁，以"明帝即位"，暂系是年。

高柔封延寿亭侯，上疏请以学行优劣用博士。

按：《三国志》卷二四《魏书·高柔传》曰："高柔字文惠，陈留圉人也。父靖，为蜀郡都尉……明帝即位，封柔延寿亭侯。时博士执经，柔上疏曰……帝纳之。"以"明帝即位",暂系是年。

华歆荐郑小同为侍中。

按:《后汉书》卷三五《郑玄传》曰:"玄唯有一子益恩,孔融在北海,举为孝廉;及融为黄巾所围,益恩赴难殒身。有遗腹子,玄以其手文似己,名之曰小同。"《三国志》卷四《高贵乡公纪》裴注引《(郑)玄别传》曰:"玄有子,为孔融吏,举孝廉。融之被围,往赴,为贼所害。有遗腹子,以丁卯日生;而玄以丁卯岁生,故名曰小同。"又引《魏名臣奏》载"太尉华歆表曰……"华歆上年十二月为太尉,其荐郑小同应在是年或之后。刘汝霖《汉晋学术编年》曰:"按郑玄致子益恩书,知其时玄年已七十,当在建安元年。而孔融即以是年失北海。则益恩之死,又不能在后,故可断定其死于是年。假使小同生于建安元年或二年,则至此时方三十二岁。又值华歆为太尉,其荐小同,必在此时可知。"

荀粲约是年到洛阳,与傅嘏谈。

按:《三国志》卷一〇《魏书·荀彧传》裴注引何劭《(荀)粲传》曰:"……太和初,到京邑,与傅嘏谈。嘏善名理而粲尚玄远,宗致虽同,仓卒时或有格而不相得意。裴徽通彼我之怀,为二家骑驿,顷之,粲与嘏善。夏侯玄亦亲。常谓嘏、玄曰:'子等在世涂间,功名必胜我,但识劣我耳!'嘏难曰:'能盛功名者,识也。天下孰有本不足而末有余者邪?'粲曰:'功名者,志局之所奖也。然志局自一物耳,固非识之所独济也。我以能使子等为贵,然未必齐子等所为也。'"

又按:荀粲,生卒年不详,颍川颍阴人,荀彧之子,荀𫖯之弟。提出言不尽意。《三国志》卷一〇《魏书·荀彧传》裴注引《何劭《(荀)粲传》":"(粲)字奉倩,粲诸兄并以儒术论议,而粲独好言道,常以为子贡称夫子之言性与天道,不可得闻,然则六籍虽存,固圣人之糠秕。粲兄俣难曰:'《易》亦云圣人立象以尽意,系辞焉以尽言,则微言胡为不可得而闻见哉?'粲答曰:'盖理之微者,非物象之所举也。今称立象以尽意,此非通于意外者也,系辞焉以尽言,此非言乎系表者也;斯则象外之意,系表之言,固蕴而不出矣。'及当时能言者不能屈也。又论父彧不如从兄攸。彧立德高整,轨仪以训物,而攸不治外形,慎密自居而已。粲以此言善攸,诸兄怒而不能回也。"性简贵,所交皆一时俊杰,年二十九时悼妇丧而亡。赴丧者十余人,皆当时名士,哭之,感动路人。

来敏被诸葛亮请为军祭酒、辅军将军。

按:《三国志》卷四二《蜀书·来敏传》曰:"丞相亮住汉中,请为军祭酒、辅军将军。"

尹默被诸葛亮请为军祭酒。

按:《三国志》卷四二《蜀书·尹默传》曰:"丞相亮住汉中,请为军祭酒。"

姚伷被诸葛亮辟为掾。

按:《三国志》卷四五《蜀书·杨戏传》曰:"丞相亮北驻汉中,辟(姚伷)为掾。并进文武之士,亮称曰:'忠益者莫大于进人,进人者各务其所尚;今姚掾并存刚柔,以广文武之用,可谓博雅矣,愿诸掾各希此事,以属其望。'"

缪袭奉魏命为所改汉短箫铙歌之乐十二曲作词。又作《奏对诏问外祖母服汉旧云何》。

按:《晋书》卷二三《乐志下》曰:"汉时有《短箫铙歌》之乐,其曲有《朱鹭》、《思悲翁》、《艾如张》、《上之回》、《雍离》、《战城南》、《巫山高》、《上陵》、《将进酒》、《君马黄》、《芳树》、《有所思》、《雉子班》、《圣人出》、《上邪》、《临高台》、《远如期》、《石留》、《务成》、《玄云》、《黄爵行》、《钓竿》等曲,列于鼓吹,多序战阵之事。及魏受命,改其十二曲,使缪袭为词,述以功德代汉。改《朱鹭》为《楚之平》,言魏也。改《思悲翁》为《战荥阳》,言曹公也。改《艾如张》为《获吕布》,言曹公东围临淮,擒吕布也。改《上之回》为《克官渡》,言曹公与袁绍战,破之于官渡也。改《雍离》为《旧邦》,言曹公胜袁绍于官渡,还谯收藏死亡士卒也。改《战城南》为《定武功》,言曹公初破邺,武功之定始乎此也。改《巫山高》为《屠柳城》,言曹公越北塞,历白檀,破三郡乌桓于柳城也。改《上陵》为《平南荆》,言曹公平荆州也。改《将进酒》为《平关中》,言曹公征马超,定关中也。改《有所思》为《应帝期》,言文帝以圣德受命,应运期也。改《芳树》为《邕熙》,言魏氏临其国,君臣邕穆,庶绩咸熙也。改《上邪》为《太和》,言明帝继体承统,太和改元,德泽流布也。其余并同旧名。"从内容看,缪袭所作十二曲词非作于一时,以"太和改元",系于是年。

又按:陆侃如《中古文学系年》曰:"《三国志·魏志》卷五《后妃传》:'太和元年……四月,初营宗庙……是月,[甄]后母薨,帝制缌服临丧,百僚陪位。'《通典》卷八十一《礼》四十一《凶》三:'魏太和六年四月,明帝有外祖母安成乡敬侯夫人之丧,即甄后母也……诏问:"汉旧仪云何?"散骑常侍缪袭奏……'六年当是元年之误。"严可均《全三国文》并误录为太和六年。

高柔作《请待博士以不次之位疏》。

按:《三国志》卷二四《魏书·高柔传》曰:"臣闻遵道重学,圣人洪训;褒文崇儒,帝者明义。昔汉末陵迟,礼乐崩坏,雄战虎争,以战陈为务,遂使儒林之群,幽隐而不显。太祖初兴,愍其如此,在于拨乱之际,并使郡县立教学之官。高祖即位,遂阐其业,兴复辟雍,州立课试,于是天下之士,复闻庠序之教,亲俎豆之礼焉。陛下临政,允迪睿哲,敷弘大猷,光济先轨,虽夏启之承基,周成之继业,诚无以加也。然今博士皆经明行修,一国清选,而使迁除限不过长,惧非所以崇显儒术,帅励怠惰也。孔子称'举善而教不能则劝',故楚礼申公,学士锐精,汉隆卓茂,搢绅竞慕。臣以为博士者,道之渊薮,六艺所宗,宜随学行优劣,待以不次之位。敦崇道教,以劝学者,于化为弘。"参见是年"高柔封延寿亭侯,上疏请以学行优劣用博士"条。

曹植作《慰情赋》及《社颂》。

按:《北堂书钞》卷一五六载《慰情赋序》曰:"黄初八年正月,雨,而北风飘寒,园果堕冰,枝干摧折。"《太平御览》卷五三二载《社颂序》,题作《赞社文》曰:"余前封鄄城侯,转雍丘,皆遇荒土……经离十载,块然守空,饥寒备尝,圣朝愍之,故封此县。田则一州之膏腴,桑则天下之甲第,故封此桑,以为田社,乃作颂云。"可知,曹植《社颂》写于从雍丘改封浚仪之后。《艺文类聚》卷三九、《初学记》卷一三并载其颂文。

诸葛亮作《前出师表》、《与张裔书》及《称姚伷》。

按:是年三月北伐,诸葛亮北驻汉中,临发上疏,这便是有名的《前出师表》,文见《三国志》卷三五《蜀书·诸葛亮传》。又,亮北往汉中,欲用张裔为留府长史,后裔与司盐校尉岑述不和,至于忿恨,亮因作《与张裔书》,文见《三国志》卷四一《蜀书·杨洪传》。又,亮北驻汉中,辟姚伷为掾,并进文武之士,作《称姚伷》,文见《三国志》卷四五《蜀书·杨戏传》,参见是年"姚伷被诸葛亮辟为掾"条。

魏太和二年　蜀汉建兴六年　吴黄武七年
戊申　228 年

正月蜀诸葛亮攻魏，兵出祁山，失街亭。进无所据，退还汉中，杀马谡；上疏请自贬，以右将军行丞相事(《三国志》卷三《魏书·明帝纪》、《三国志》卷三五《蜀书·诸葛亮传》)。

四月，魏讹传曹叡卒，群臣欲迎立曹植。

按：《三国志》卷三《魏书·明帝纪》曰："(正月)丁未，行幸长安。夏四月丁酉，还洛阳宫。"裴注引《魏略》曰："是时讹言，云帝已崩，从驾群臣迎立雍丘王植。京师自下太后群公尽惧。及帝还，皆私察颜色。下太后悲喜，欲推始言者，帝曰：'天下皆言，将何所推？'"

六月，魏诏郡国贡士以经学为先，提倡尊儒贵学。

按：《三国志》卷三《魏书·明帝纪》曰："(是年)六月，诏曰：'尊儒贵学，王教之本也。自顷儒官或非其人，将何以宣明圣道？其高选博士，才任侍中、常侍者。申敕郡国，贡士以经学为先。'"

十月，魏诏公卿近臣举良将各一人(《三国志》卷三《魏书·明帝纪》)。

十二月，蜀诸葛亮围陈仓，曹真遣将军费曜等拒之。

按：魏吴交战，魏曹休为吴陆议所败。亮欲趁关中兵力虚弱，出兵击魏，上表请许北伐。攻战二十余日，因粮尽而退。详见《三国志》卷三《魏书·明帝纪》裴注引《魏略》。

魏辽东太守公孙康死，弟恭继位。康子渊杀恭自立。魏遂以渊为辽东太守(《三国志》卷八《魏书·公孙渊传》)。

曹植封雍丘，常自愤怨，抱利器而无所施，上疏求自试。

按：《三国志》卷一九《魏书·陈思王传》曰："二年，复还雍丘。植常自愤怨，抱利器而无所施，上疏求自试曰……"参见是年"曹植作《求自试表》、《又求自试表》、《大司马曹休诔》及《喜雨诗》"条。

钟繇上疏恢复肉刑，王朗议不宜复之。

按：《三国志》卷一三《魏书·钟繇传》曰："初，太祖下令，使平议死刑可宫割者。繇以为'古之肉刑，更历圣人，宜复施行，以代死刑'。议者以为非悦民之道，遂寝。及文帝临飨群臣，诏谓'大理欲复肉刑，此诚圣王之法。公卿当善共议'。议未定，会有军事，复寝。太和中，繇上疏曰：'大魏受命，继踪虞、夏。孝文革法，不合古道。先帝圣德，固天所纵，坟典之业，一以贯之。是以继世，仍发明诏，思复古刑，为一代法。连有军事，遂未施行。陛下远追二祖遗意，惜斩趾可以禁恶，恨入死之无辜，使明习律令，与群臣共议。出本当右趾而入大辟者，复行此刑……'书奏，诏曰：'太傅学优才高，留心政事，又于刑理深远。此大事，公卿群僚善共平议。'司徒王朗议，以为'……前世仁者，不忍肉刑之惨酷，是以废而不用。不用已来，历年数百。今复行之，恐所减之文未彰于万民之目,而肉刑之问已宣于寇雠之耳,非所以来远人也。今可按锣所欲轻之死罪,使减死之髡、刖。嫌其轻者,可倍其居作之岁数。内有以生易死不訾之恩,外无以刖易钦骇耳之声。'议者百余人,与朗同者多。帝以吴、蜀未平,且寝。""议未定,会有军事,复寝。太和中,锣上疏曰……"诸葛亮于上年北伐中原,以"太和中",暂系是年。

杨阜上书陈九族之义,以讽时政。

按:《三国志》卷二五《魏书·杨阜传》曰:"杨阜字义山,天水冀人也……时雍丘王植怨于不齿,藩国至亲,法禁峻密,故阜又陈九族之义焉。诏报曰:'……览思苦言,吾甚嘉之。'"以"时雍丘王植怨于不齿,藩国至亲,法禁峻密",系于是年,参见是年"曹植封雍丘,常自愤怨,抱利器而无所施,上疏求自试"条。

夏侯玄弱冠为散骑黄门侍郎,左迁羽林监。

按:《三国志》卷九《魏书·夏侯玄传》曰:"玄字太初。少知名,弱冠为散骑黄门侍郎。尝进见,与皇后弟毛曾并坐,玄耻之,不悦形之于色。明帝恨之,左迁为羽林监。"

钟会四岁习《孝经》。

按:《三国志》卷二八《魏书·钟会传》裴注曰:"会时遭所生母丧。其《母传》曰:'夫人性矜严,明于教训,会虽童稚,勤见规诲。年四岁授《孝经》,七岁诵《论语》,八岁诵《诗》,十岁诵《尚书》,十一诵《易》,十二诵《春秋左氏传》、《国语》,十三诵《周礼》、《礼记》,十四诵《成侯易记》,十五使入太学问四方奇文异训。谓会曰:"学猥则倦,倦则意怠;吾惧汝之意怠,故以渐训汝,今可以独学矣。"雅好书籍,涉历众书,特好《易》、《老子》,每读《易》孔子说鸣鹤在阴、劳谦君子、籍用白茅、不出户庭之义,每使会反覆读之,曰:"《易》三百余爻,仲尼特说此者,以谦恭慎密,枢机之发,行己至要,荣身所由故也,顺斯术已往,足为君子矣。"'"

曹叡作《露布天下并班告益州》、《贡士先经学诏》及《诏雍丘王植》。

按:《露布天下并班告益州》见《三国志》卷三《魏书·明帝纪》裴注引《魏略》。《贡士先经学诏》参见是年"六月,魏诏郡国贡士以经学为先,提倡尊儒贵学"条。《诏雍丘王植》见《初学记》卷二〇,严可均《全三国文》卷九系于是年。

曹植作《求自试表》、《又求自试表》、《大司马曹休诔》及《喜雨诗》。

按:《求自试表》见《三国志》卷一九《魏书·陈思王传》。《艺文类聚》卷五三有植《又求自试表》,严可均曰:"篇首至此(按,指"五帝之世非皆智"至"诚任贤使能之明效也"),与《魏志》本传所载《陈审举疏文》同,《艺文类聚》作《又求自试表》。考《文馆词林》载明帝答诏云:'省览来书,至于再三。'则《求自试》,似非一表,盖《艺文》据《植集》本,因与本传异耳,录之不嫌复出。"严可均《全三国文》卷一五曹植《又求自试表》为《艺文类聚》文,与本传《魏略》一段合成。

《三国志》卷九《魏书·曹休传》载,是年曹休与吴战败,"因此痈发背薨,谥曰壮侯"。曹植《大司马曹休诔》见《艺文类聚》卷四七。《喜雨诗》见逯钦立《魏诗》卷七,序曰:"太和二年,大旱,三麦不收,百姓分为饥饿。"

诸葛亮作《街亭之败戮马谡上疏》、《与兄瑾书》、《与张裔蒋琬书》,约是年作《至祈山南北岈上表》及《远涉帖》。

按:《街亭之败戮马谡上疏》、《与兄瑾书》见《三国志》卷三五《蜀书·诸葛亮传》。《与张裔蒋琬书》荐举姜维、赖厷,见《三国志》卷四四《蜀书·姜维传》。陆侃如

《中古文学系年》曰:"严可均《全三国文》卷五十八载亮《至祁山南北岈上表》,卷五十九载《远涉帖》,有'自及褒斜'句,疑亦作于本年前后。"

王朗卒,生年不详。朗本名严,字景兴,东海郯人。以通经拜郎中,官至会稽太守。入魏,累官司空,封乐平乡侯。谥成侯,子肃嗣。朗高才博雅而性严谨,慷慨多威仪,恭俭节约。著《易》、《春秋》、《孝经》及《周官》传,有奏议论记。魏正始六年(245年),王朗所作《易传》于学官,令学者得以课试。《隋书》卷三五《经籍志四》著录魏司徒《王朗集》34卷,梁30卷。卷三二《经籍志一》著录王朗《春秋左氏传》12卷,梁尚存;《春秋左氏释驳》1卷,亡佚。严可均《全三国文》卷二二载34篇。事迹见《三国志》卷一三。

王蕃(　—266)生。

乌尔比安卒,生年不详。罗马法学家。著有《萨宾派民法》评注、《民法和告示》等。

魏太和三年　蜀汉建兴七年　吴主孙权黄龙元年　己酉　229年

是春,蜀诸葛亮遣陈式攻陷魏武都、阴平二郡而归,后主刘禅复拜亮为丞相(《三国志》卷三三《蜀书·后主传》、《三国志》卷三五《蜀书·诸葛亮传》)。

四月,吴王孙权即皇帝位,改元黄龙,即吴大帝,国号吴。

按:《三国志》卷四七《吴书·吴主传》曰:"黄龙元年春,公卿百司皆劝权正尊号。夏四月,夏口、武昌并言黄龙、凤凰见。丙申,南郊即皇帝位,是日大赦,改年。追尊父破虏将军坚为武烈皇帝,母吴氏为武烈皇后,兄讨逆将军策为长沙桓王。吴王太子登为皇太子。将吏皆进爵加赏。"

又按:《三国志》卷四七《吴书·吴主传》裴注引《吴录》曰:"权《告天文》曰:'皇帝臣权敢用玄牡昭告于皇皇后帝……谨择元日,登坛燎祭,即皇帝位。惟尔有神飨之,左右有吴,永终天禄。'"

六月,蜀诸葛亮遣陈震使吴,贺权称帝。吴蜀联盟,约中分天下(《三国志》卷三五《蜀书·诸葛亮传》裴注引《汉晋春秋》)。

按:《三国志》卷四七《吴书·吴主传》曰:"六月,蜀遣卫尉陈震庆权践位。权乃参分天下,豫、青、徐、幽属吴,兖、冀、并、凉属蜀。其司州之土,以函谷关为界,造为盟曰……"

九月,吴由武昌迁都建业。

按:《三国志》卷四七《吴书·吴主传》曰:"秋九月,权迁都建业,因故府不改馆,征上大将军陆逊辅太子登,掌武昌留事。"

十一月,魏洛阳宗庙始成,使太常韩暨持节迎高皇帝、太皇帝、文帝、武帝神主于邺。十二月己丑,奉安神主于庙(《三国志》卷三《魏书·明帝纪》)。

按:《三国志》卷二十四《魏书·韩暨传》曰:"时新都洛阳,制度未备,而宗庙主祏皆在邺都。暨奏请迎邺四庙神主,建立洛阳庙,四时蒸尝,亲奉粢盛。崇明正礼,废去淫祀,多所匡正。"《三国志》卷三《魏书·明帝纪》裴注曰:"此则魏初唯立亲庙,祀四室而已。"

十二月癸卯,大月氏王波调遣使奉献于魏,魏以调为亲魏大月氏王(《三国志》卷三《魏书·明帝纪》)。

曹植徙封东阿王,上表称谢。登鱼山,有终焉之志,遂营为墓。

按:《三国志》卷一九《魏书·陈思王传》曰:"初,植登鱼山,临东阿,喟然有终焉之心,遂营为墓。"《水经注》卷八曰:"马颊水又东北流,迳鱼山南。……魏东阿王曹子建每登之,有终焉之志。及其终也,葬山西,西去东阿城四十里。"

王肃拜散骑常侍,于任上著诸经传解及论定朝仪,改易郑玄旧说。王基、孙炎等据持玄义,与之抗衡。

按:《三国志》卷一三《魏书·王朗传》曰:"(王肃)太和三年,拜散骑常侍。"卷二七《魏书·王基传》曰:"散骑常侍王肃著诸经传解及论定朝仪,改易郑玄旧说,而基据持玄义,常与抗衡。"卷一三《魏书·王朗传》曰:"初,肃善贾、马之学,而不好郑氏,采会同异,为《尚书》、《诗》、《论语》、《三礼》、《左氏》解,及撰定父朗所作《易传》,皆列于学官。其所论驳朝廷典制、郊祀、宗庙、丧纪、轻重,凡百余篇。时乐安孙叔然,受学郑玄之门,人称东州大儒。征为秘书监,不就。肃集《圣证论》以讥短玄,叔然驳而释之,及作《周易》、《春秋》例,《毛诗》、《礼记》、《春秋三传》、《国语》、《尔雅》诸注,又著书十余篇。"孙叔然,裴注曰:"臣松之案叔然与晋武帝同名,故称其字。"王朗所作《易传》列于学官事在魏正始六年(245年),王肃著诸经传解、论定朝仪及与王基、孙炎论辩事,亦殆非一年,以王肃是年拜散骑常侍,暂系于此。

缪袭议处士君号谥。

按:严可均《全三国文》卷三八载《处士君号谥议》。陆侃如《中古文学系年》曰:"考其事当在是年六月。"

羊祜九岁习《诗》、《书》。

按:《艺文类聚》卷二三载羊祜《诫子书》曰:"吾少受先君之教,能言之年,便召以典文。年九岁,便诲以《诗》、《书》……"

钟会五岁见蒋济,济甚异之,观其眸子,谓会为非常人(《三国志》卷二八《魏书·钟会传》)。

张昭以老病,上还官位及所统领。更拜辅吴将军,改封娄侯。

按:《三国志》卷五二《吴书·张昭传》曰:"权既称尊号,昭以老病,上还官位及所统领。更拜辅吴将军,班亚三司,改封娄侯,食邑万户。在里宅无事,乃著《春秋左氏传解》及《论语注》。权尝问卫尉严畯:'宁念小时所闇书不?'畯因诵《孝经》'仲尼居'。昭曰:'严畯鄙生,臣请为陛下诵之。'乃诵'君子之事上',咸以昭为知所诵。"

阚泽为尚书(《三国志》卷五三《吴书·阚泽传》)。

张昭约是年作《春秋左氏传解》及《论语注》(《三国志》卷五二《吴书·张昭传》)。

按:参见"张昭以老病,上还官位及所统领。更拜辅吴将军,改封娄侯"条按语。

胡综作《黄龙大牙赋》及《中分天下盟文》。

按:《三国志》卷六二《吴书·胡综传》曰:"黄武八年夏,黄龙见夏口,于是权称尊号,因瑞改元。又作黄龙大牙,常在中军,诸军进退,视其所向,命综作赋曰……"严可均《全三国文》卷六七注曰:"《艺文类聚》六十以'黄武八年'一段为赋之本文,盖即此赋之序也。然不应直称权名,疑史家改窜。又见《初学记》二十二。"

《中分天下盟文》见《三国志》卷四七《吴书·吴主传》,《三国志》卷六二《吴书·胡综传》曰:"蜀闻权践阼,遣使重申前好。综为盟文,文义甚美,语在权传。"

陈震作《入吴移关候》。

按:《三国志》卷三九《蜀书·陈震传》曰:"陈震字孝起,南阳人也。……七年,孙权称尊号,以震为卫尉,贺权践阼……震入吴界,移关候曰……"

诸葛亮作《答李严书》。

按:《三国志》卷四〇《蜀书·李严传》裴注曰:"《诸葛亮集》有严与亮书,劝亮宜受九锡,进爵称王。亮答书曰……"陆侃如《中古文学系年》曰:"严可均《全三国文》卷五十九载此书,注:'建兴四年。'裴松之注虽在四年严转前将军下,但此书未必作于四年。书中有'灭魏斩睿'句,当作于太和年间。严传下文叙八年事,疑九锡之劝即在七年复丞相时。"

曹叡作《禁外藩入嗣复顾私亲诏》、《诏青州刺史礼遣管宁》及《答东阿王论边事诏》。

按:《禁外藩入嗣复顾私亲诏》见《三国志》卷三《魏书·明帝纪》。《诏青州刺史礼遣管宁》见《三国志》卷一一《魏书·管宁传》,曰:"又诏青州刺史曰:'宁抱道怀贞,潜翳海隅,比下征书,违命不至,盘桓利居,高尚其事。虽有素履幽人之贞,而失考父兹恭之义,使朕虚心引领历年,其何谓邪?……其命别驾从事郡丞掾,奉诏以礼发遣宁诣行在所,给安车、吏从、茵蓐、道上厨食,上道先奏。'"管宁次年上疏辞征命中言"奉今年二月被州郡所下三年十二月辛酉诏书",当指此诏书。

《答东阿王论边事诏》见《文馆词林》卷六六四,严可均《全三国文》卷九曰:"当在太和三年。"

曹植作《转封东阿王谢表》及《迁都赋》。约是年模写梵呗新声。

按:《转封东阿王谢表》见《艺文类聚》卷五一。

《太平御览》卷一九八载《迁都赋序》曰:"余初封平原,转出临淄,中命鄄城,遂徙雍丘,改邑浚仪,而末将适于东阿。号则六易,居实三迁,连遇瘠土,衣食不继。"《文选》曹大家《东征赋》注引其句曰:"览乾元之兆域兮,本人物乎上世。纷混沌而未分,与禽兽乎无别。啄蠡蜽而食蔬,摅皮毛以自蔽。"

又按:《高僧传》卷一三慧皎论曰:"……自大教东流,乃译文者众,而传声盖寡。良由梵音重复,汉语单奇。若用梵音以咏汉语,则声繁而偈迫;若用汉曲以咏梵文,则韵短而辞长。是故金言有译,梵响无授。始有魏陈思王曹植,深爱声律,属意经音。既通般遮之瑞响,又感鱼山之神制。于是删治《瑞应本起》,以为学者之宗。传声则三千有余,在契则四十有二。其后帛桥、支籥亦云祖述陈思,而爱好通灵,别感神制,裁变古声,所存止一十而已。……原夫梵呗之起,亦兆自陈思。始著《太子颂》及《睒颂》等,因为之制声。吐纳抑扬,并法神授。今之皇皇,顾惟盖其风烈也。"《三国志》卷一九《魏书·曹植传》曰:"初,植登鱼山,临东阿,喟然有终焉之心。"梁章钜《三国志旁证》卷一四曰:"杭世骏曰:《异苑》云:陈思王尝登鱼山,临东阿,忽闻岩岫里有诵经声,清道深亮,远谷流响,肃然有灵气,不觉敛衿祗敬,便有终焉之志,即效而则之。今梵唱皆植依拟所造。"《法苑珠林》亦载此事,无具体年月。《佛祖统纪》卷三五《法运通塞志》曰:"(黄初)六年,陈思王曹植每读佛经,辄留连嗟玩,以为至道之宗极。尝游渔山,闻空中梵天之响,乃摹其声节,写为梵呗,撰文制音,凡六契,传为后式。"系于黄初六年。曹植模写梵呗新声似在徙封东阿王之后,暂系于是年。

韦昭受命制十二曲名。

按:《晋书》卷二三《乐志下》曰:"是时吴亦使韦昭制十二曲名,以述功德受命。改《朱鹭》为《炎精缺》,言汉室衰,孙坚奋迅猛志,念在匡救,王迹始乎此也。改《思悲翁》为《汉之季》,言坚悼汉之微,痛董卓之乱,兴兵奋击,功盖海内也。改《艾如张》为《摅武师》,言权卒父之业而征伐也。改《上之回》为《乌林》,言魏武既破荆州,顺流东下,欲来争锋,权命将周瑜逆击之于乌林而破走也。改《雍离》为《秋风》,言权悦以使人,人忘其死也。改《战城南》为《克皖城》,言魏武志图并兼,而权亲征,破之于皖也。改《巫山高》为《关背德》,言蜀将关羽背弃吴德,权引师浮江而擒之也。改《上陵曲》为《通荆州》,言权与蜀交好齐盟,中有关羽自失之愆,终复初好也。改《将进酒》为《章洪德》,言权章其大德,而远方来附也。改《有所思》为《顺历数》,言权顺箓图之符,而建大号也。改《芳树》为《承天命》,言其时主圣德践位,道化至盛也。改《上邪曲》为《玄化》,言其时主修文武,则天而行,仁泽洽,天下喜乐也。其余亦用旧名不改。"

卫觊约卒,生年不详。觊字伯儒,河东安邑人。少以才学称,汉末为司空掾属,累迁尚书。魏建拜侍中,与王粲并典制度。明帝即位,进封闅乡侯,受诏典著作,又为《魏官仪》,凡所撰述数十篇。好古文、鸟篆、隶草,无所不善,以文章显。谥曰敬侯,子卫瓘嗣。严可均《全三国文》卷二八载其文17篇。《古文苑》卷一七有闻人牟準《卫敬侯碑阴文》。事迹见《三国志》卷二一。

按:曹道衡、沈玉成《中古文学史料丛考·卫觊卒年及建安初仕历》曰:"本传未记卒年、年岁,据《晋书·卫瓘传》'父觊,魏尚书。瓘年十岁丧父'语,以瓘于晋惠帝永平元年(291)被杀时年七十二逆推,觊当卒于魏明帝太和三年(229)。陆侃如先生据觊《汉金城太守殷华碑》殷华卒于光和元年(178),推定其时觊当年过二十,与孔融、曹操为同辈,说是。"

魏太和四年　蜀汉建兴八年　吴黄龙二年
庚戌　230年

波斯王阿尔达希尔一世入美索不达米亚。

罗马—波斯战争爆发。

正月吴立都讲祭酒以教学诸子(《三国志》卷四七《吴书·吴主传》)。

吴遣将军卫温、诸葛直率甲士万人航海求夷洲、亶洲。

按:《三国志》卷四七《吴书·吴主传》曰:"(是年正月)遣将军卫温、诸葛直将甲士万人浮海求夷洲及亶洲。亶洲在海中,长老传言秦始皇帝遣方士徐福将童男童女数千人入海,求蓬莱神山及仙药,止此洲不还。世相承有数万家,其上人民,时有至会稽货布,会稽东县人海行,亦有遭风流移至亶洲者。所在绝远,卒不可得至,但得夷洲数千人还。"夷洲即今台湾,亶洲绝远未至。这是内陆军民到达夷洲的第一次明确记载。至此,夷洲与内地往来频繁。

二月壬午,魏下诏以经学课试郎吏,贬黜浮华。

按:《三国志》卷三《魏书·明帝纪》曰:"四年春二月壬午,诏曰:'世之质文,随教而变。兵乱以来,经学废绝,后生进趣,不由典谟。岂训导未洽,将进用者不以德显乎?其郎吏学通一经,才任牧民,博士课试,擢其高第者,亟用;其浮华不务道本者,皆罢退之。'"

七月,魏曹真、司马懿等攻蜀,诸葛亮屯城固、赤阪待敌,命李严将二万人赴汉中。

按:《三国志》卷三《魏书·明帝纪》曰:"秋七月……诏大司马曹真、大将军司马宣王伐蜀。……九月,大雨,伊、洛、河、汉水溢,诏真等班师。"卷三三《蜀书·后主传》曰:"八年秋,魏使司马懿由西城,张郃由子午,曹真由斜谷,欲攻汉中。丞相亮待之于城固、赤阪,大雨道绝,真等皆还。"《三国志》卷四〇《蜀书·李严传》曰:"八年,迁骠骑将军。以曹真欲三道向汉川,亮命严将二万人赴汉中。……亮以明年当出军,命严以中都护署府事。严改名为平。"

十二月丙寅,魏诏公卿举贤良(《三国志》卷三《魏书·明帝纪》)。

董遇为大司农。

按:《三国志》卷一三《魏书·王朗传》裴注引《魏略》曰:"遇字季直,性质讷而好学……明帝时,入为侍中、大司农。数年,病亡。初,遇善治《老子》,为《老子》作训注。又善《左氏传》,更为作朱墨别异。人有从学者,遇不肯教,而云'必当先读百遍'。言'读书百遍而义自见'。从学者云:'苦渴无日。'遇言'当以三余'。或问三余之意,遇言'冬者岁之余,夜者日之余,阴雨者时之余也'。由是诸生少从遇学,无传其朱墨者。"又引《世语》曰:"遇子绥,位至秘书监,亦有才学。齐王同功臣董艾,即绥之子也。"刘汝霖《汉晋学术编年》考证云:"按《魏志·常林传》,林于文帝时为大司农。明帝即位,进封高阳乡侯。徙光禄勋太常。《梁习传》,太和二年习为大司农,四年薨。则明帝初相继为大司农者,即林与习也。《赵俨传》,齐王即位,始由大司农转征西将军。《裴潜传》,明帝即位,入为尚书,出为河南尹,转太尉军师大司农,则非短时之事,故知明帝晚年相继为大司农者,裴潜、赵俨也。则梁习、裴潜当中之年,当即董遇为大司农之年,故置其事于此。"

又按:董遇,生卒年不详,上引材料言其为大司农后,数年,病亡。其与贾洪等七人被誉为"儒宗"。《三国志》卷一三《魏书·王朗传》裴注曰:"《魏略》以遇及贾洪、邯郸淳、薛夏、隗禧、苏林、乐详等七人为儒宗,其序曰:'从初平之元,至建安之末,天下分崩,人怀苟且,纲纪既衰,儒道尤甚。至黄初元年之后,新主乃复始扫除太学之灰炭,补旧石碑之缺坏,备博士之员录,依汉甲乙以考课。申告州郡,有欲学者,皆遣诣太学。太学始开,有弟子数百人。至太和、青龙中,中外多事,人怀避就。虽性非解学,多求诣太学。太学诸生有千数,而诸博士率皆粗疏,无以教弟子。弟子本亦避役,竟无能习学,冬来春去,岁岁如是。又虽有精者,而台阁举格太高,加不念统其大义,而问字指墨法点注之间,百人同试,度者未十。是以志学之士,遂复陵迟,而未求浮虚者各竞逐也。正始中,有诏议圆丘,普延学士。是时郎官及司徒领吏二万余人,虽复分布,见在京师者尚且万人,而应书与议者略无几人。又是时朝堂公卿以下四百余人,其能操笔者未有十人,多皆相从饱食而退。嗟夫!学业沈陨,乃至于此。是以私心常区区贵乎数公者,各处荒乱之际,而能守志弥敦者也。'"《隋书》卷三二《经籍志一》著录梁有魏大司农卿董遇注《周易》10卷，《春秋左氏传》30卷，董遇章句。

管宁上疏辞征命。

按：《三国志》卷一一《魏书·管宁传》曰："宁称草莽臣上疏曰：'……谨拜章陈情，乞蒙哀省，抑恩听放，无令骸骨填于衢路。'"《管宁传》言"自黄初至于青龙，征命相仍，常以八月赐牛酒"，疏文言及太和元年至四年的被征召情况，故此文应作于是年。

刘劭约是年拜骑都尉。

按：《三国志》卷二一《魏书·刘劭传》曰："明帝即位，出为陈留太守，敦崇教化，百姓称之。征拜骑都尉，与议郎庾嶷、荀诜等定科令，作《新律》十八篇，著《律略论》。迁散骑常侍。"陆侃如《中古文学系年》曰："本传叙于迁散骑常侍前，今从之。拜骑都尉年月，史无明文；但总在陈留太守与散骑常侍两职之间，故假定在本年。"

吴质入为侍中，评骘司马懿、陈群。

按：《三国志》卷二一《魏书·王粲传》裴注引《(吴)质别传》曰："太和四年，入为侍中。时司空陈群录尚书事，帝初亲万机，质以辅弼大臣，安危之本，对帝盛称骠骑将军司马懿，忠智至公，社稷之臣也。陈群从容之士，非国相之才，处重任而不亲事，帝甚纳之。"又注曰："太和中，入朝。质自以不为本郡所饶，谓司徒董昭曰：'我欲溺乡里耳。'昭曰：'君且止，我年八十，不能老为君溺攒也。'"

高堂隆约是年为散骑常侍，赐爵关内侯。与尚书郎杨伟、太使待诏骆禄，推校历法。又于是年议祀功臣。

按：《三国志》卷二五《魏书·高堂隆传》曰："征隆为散骑常侍，赐爵关内侯。"裴注引《魏略》曰："太史上汉历不及天时，因更推步弦望朔晦，为太和历。帝以隆学问优深，于天文又精，乃诏使隆与尚书郎杨伟、太史待诏骆禄参共推校。伟、禄是太史，隆故据旧历更相劾奏，纷纭数岁，伟称禄得日蚀而月晦不尽，隆不得日蚀而月晦尽，诏从太史。隆所争虽不得，而远近犹知其精微也。"陆侃如《中古文学系年》曰："隆为散骑常侍年月无考，今假定在守陈留后一二年。"严可均《全三国文》卷三一载《祀功臣议》，注曰"太和四年"。

来敏约是年坐事去职。

按：《三国志》卷四二《蜀书·来敏传》曰："丞相亮住汉中，请为军祭酒、辅军将军，坐事去职。"裴注："《(诸葛)亮集》有教曰：'……今既不能，表退职，使闭门思愆。'"陆侃如《中古文学系年》考表与教作于亮北伐后，逝世前，假定在是年前后。

蒋琬为政以民为本，诸葛亮命琬为长史。

按：《三国志》卷四四《蜀书·蒋琬传》曰："八年，代裔为长史，加抚军将军。亮数外出，琬常足食足兵以相供给。"

魏刊刻魏文帝《典论》，立石刻于庙门之外。

按：《三国志》卷三《魏书·明帝纪》曰："(是年二月)戊子，诏太傅三公：以文帝《典论》刻石，立于庙门之外。"又，卷四《魏书·三少帝纪》裴注引《搜神记》曰："及明帝立，诏三公曰：'先帝昔作《典论》，不朽之格言，其刊石于庙门之外及太学，与石经并，以永示来世。'"又曰："臣松之昔从征西至洛阳，历观旧物，见《典论》石在太学者尚存，而庙门外无之，问诸长老，云晋初受禅，即用魏庙，移此石于太学，非两处立也。窃谓此言为不然。"侯康《补三国艺文志》卷二著录《一字石经典论》一卷曰："杭世骏《石经考异》曰：'《水经注》言魏文帝刊《典论》六碑列于石经之次，裴松之注《三国志》云汉世西域旧献火浣布，文帝以为火性酷烈，无含生之气，著之《典论》。及明帝立，诏三公曰："先帝昔作《典论》，不朽之格言，其刊石于庙门之外及太学，与石经并，以永示来世。"至齐王芳正始元年，西域使至，献火浣布焉，于是刊灭此论，天下笑之。松之昔从征至洛阳，见《典论》石在太学者尚存，而庙门外无之。'愚案：《魏志》明帝太和四年二月戊子，以文帝《典论》刻石，立于庙门之外。郦道元云文帝刊之，误矣。松之既去刊灭此论，又云《典论》石在太学者尚存，而《伽蓝记》云《典论》六碑至太和（后魏文帝号）十七年犹有四存。《隋经籍志》亦有《一字石经典论》一卷，意当时所谓刊灭者，第芟去火浣布一条，至于六碑则仍立于太学，故裴松之、杨衒之等并得见也。"潘眉《三国志考证》卷二曰："《典论》凡六碑，见《水经注》（十六）。按汉蔡邕石经在太学讲堂前东侧，魏正始石经在太学讲堂前西侧。明帝刊《典论》时，魏石经尚未刊立；诏令与石经并，应在堂东。而郦道元云石经树于堂西，石长八尺，广四尺，列石于其下，碑石四十八枚，广三十丈，《典论》六碑附于其次，是郦元所见《典论》石碑在堂西魏石经之次，初不与汉石经并也。大抵初刊典论时，诏立堂东，与汉石经并。后魏自刻石经，乃迁《典论》石碑于堂西，自与魏石经并耳。又按魏石经有二：一为三字石经，一为一字石经。考《隋书·经籍志》，一字石经《周易》一卷，一字石经《尚书》六卷，一字石经《鲁诗》六卷，一字石经《仪礼》九卷，一字石经《春秋》一卷，一字石经《公羊传》九卷，一字石经《论语》一卷，一字石经《典论》一卷。三字石经《尚书》五卷，三字石经《春秋》三卷。金石家咸谓，一字三字俱齐王正始年刊。眉以《隋志》目次考之，一字石经当刊于明帝太和四年。是时诏《典论》刊石，与石经并。所谓石经，即魏一字石经也。至正始年又刊三体石经，与一字石经并立。后人不考，遂以为俱在正始年刊，失其实矣。"

刘劭作《新律》18 篇及《律略论》。

按：《三国志》卷二一《魏书·刘劭传》曰："明帝即位，出为陈留太守，敦崇教化，百姓称之。征拜骑都尉，与议郎庾嶷、荀诜等定科令，作《新律》十八篇，作《律略论》。迁散骑常侍。"《晋书》卷三〇《刑法志》曰："其后，天子又下诏改定刑制，命司空陈群、散骑常侍刘邵、给事黄门侍郎韩逊、议郎庾嶷、中郎黄休、荀诜等删约旧科，傍采汉律，定为魏法，制《新律》十八篇，《州郡令》四十五篇，《尚书官令》、《军中令》，合百八十余篇。其序略曰……"参见是年"刘劭约是年拜骑都尉"条。

华歆作《谏伐蜀疏》。

按：《三国志》卷一三《魏书·华歆传》曰："太和中，遣曹真从子午道伐蜀，车驾东幸许昌。歆上疏曰……"

曹植作《卞太后诔》及《上卞太后诔表》。

按：曹植母卞太后于是年六月戊子卒。《三国志》卷五《魏书·后妃传》曰："至太和四年春……其年五月，后崩。七月，合葬高陵。"卷三《魏书·明帝纪》曰："六月戊子太皇太后崩……秋七月，武宣太后祔葬于高陵。"潘眉《三国志考证》卷一："钱少詹考异云《后妃传》作五月，眉推太和四年五月无戊子，《后妃传》误。"严可均《全三国文》卷一五注《上卞太后诔表》为太和五年五月，卷一九载《卞太后诔》为太和四年，误。《艺文类聚》卷一五载《上卞太后诔表》及《卞太后诔》。

钟繇卒（151—　）。繇字元常，颍川长社人，钟皓玄孙，钟会之父。家贫好学，为《周易》《老子》训。汉末举孝廉，官至侍中、尚书仆射，入魏，进太傅，世称"钟太傅"。善书，工正、隶、行、草、八分，尤长于正、隶。师曹喜、蔡邕、刘德升，与胡昭并师刘德升草书，世传胡肥钟瘦，后誉之者称秦汉以来一人而已。行书在王羲之、王献之下，与王羲之并称"钟王"。真迹不传，宋以来法帖中所刻《宣示表》《贺克捷表》《力命表》等，皆为晋、唐人摹本。事迹见《三国志》卷一三及《法书要录》卷八。

吴质卒（177—　）。质字季重，济阴人。早年为朝歌长、元城令。官至振威将军，假节都督河北诸军事，入为侍中，封列侯。质先以怙威肆行，谥曰丑侯。质子应乃上书论枉，至正元中乃改谥威侯。与孔融、王粲、陈琳、徐幹、阮瑀、应瑒等为曹植文章之友。曹丕尤爱之。《隋书》卷三五《经籍志四》著录梁有侍中《吴质集》5卷，亡。严可均《全三国文》卷三〇载其文7篇。逯钦立《魏诗》卷五载其诗1首。事迹略见《三国志》卷二一《魏书·王粲传》裴注。

魏太和五年　蜀汉建兴九年　吴黄龙三年
辛亥　231年

二月，蜀诸葛亮再出祁山攻魏，用"木牛"运粮。魏遣司马懿、张郃救祁山（《三国志》卷三三《蜀书·后主传》）。

八月，蜀诸葛亮罢免李严（《三国志》卷四〇《蜀书·李严传》）。

十二月，吴因会稽南始平言嘉禾生，改明年为嘉禾元年，大赦（《三国志》卷四七《吴书·吴主传》）。

韦诞迁武都太守，以能书留补转侍中。

按：《三国志》卷二一《魏书·刘劭传》裴注引《文章叙录》曰："诞字仲将，太仆端之子。有文才，善属辞章。建安中，为郡上计吏，特拜郎中，稍迁侍中中书监，以光禄大夫逊位，年七十五卒于家。"裴注引卫恒序篆书曰："秦时李斯号为工篆，诸山及铜人铭皆斯书也。汉建初中，扶风曹喜少异于斯而亦称善。邯郸淳师焉，略究其妙。韦诞师淳而不及也。太和中，诞为武都太守，以能书留补侍中，魏氏宝器铭题皆诞书云。汉末又有蔡邕采斯、喜之法，为古今杂形，然精密简理不如淳也。"万斯同《魏将相大臣年表》以韦诞是年为侍中。

钟会七岁诵《论语》（《三国志》卷二八《魏书·钟会传》裴注）。

杜恕为散骑黄门侍郎，对朝政多有谏言。

按：《三国志》卷一六《魏书·杜恕传》曰："恕字务伯，太和中为散骑黄门侍郎。恕推诚以质，不治饰，少无名誉。及在朝，不结交援，专心向公。每政有得失，常引纲维以正言，于是侍中辛毗等器重之。"刘汝霖《汉晋学术编年》考证："按《魏志》本传称恕于太和中为散骑黄门侍郎，而《杜恕传》载嘉平元年程喜劾奏杜恕，注引杜氏新书，谓恕是时年五十二，则其二十四当在黄初二年，与本传及《三辅决录》所载不同，窃疑二十四为三十四之讹，正当太和五年，与各方所载情形均合，故志其事于此。"

皇甫谧十七岁，未通经史。

按：吴士鉴、刘承幹《晋书斠注》卷五一曰："《御览》四百六十四《玄晏春秋》曰：予朴讷不好戏弄，口又不能戏谈。又六百七《玄晏春秋》曰：十七年予长七尺四寸（又《御览》三百五十一引作：七年春王正月乙酉，予长七尺四寸矣。），未通史书；与从姑子梁柳等或编荆为楯，执杖为殳，分陈相刺，有若习兵。"陆侃如《中古文学系年》曰："谧幼时各年号均无十七年，可能是指他本人十七岁。若作七年，也只有黄初七年，正月却无乙酉日。如果以青龙元年为太和七年，正月乙酉是二十四日，时谧十九岁，未知是否。《斠注》下文引'母数谴予'一段，以为本传'年二十不好学'当即十七岁时事，那却未必。"

薛综上疏请选交州刺史，为镇军长史。

按：《三国志》卷五三《吴书·薛综传》曰："吕岱从交州召出，综惧继岱者非其人，上疏曰……"《三国志》卷六〇《吕岱传》曰："黄龙三年，以南土清定，召岱还屯长沙沤口。"《三国志》卷五三《吴书·薛综传》曰："黄龙三年，建昌侯虑为镇军大将军，屯半州，以综为长史，外掌众事，内授书籍。"

韦诞约是年著《魏书》。

按：姚振宗《隋书经籍志考证》卷三九曰："《三辅决录》佚文曰：'韦诞，字仲将，除武都太守，以书不得之郡。转侍中，典作《魏书》，号《散骑书》，一名《大魏书》，凡五十篇。'案此盖《决录》注文，其称《散骑书》者，当时号仲将所书；又云《大魏书》五十篇者，似因与修王沈《魏书》之事，其间似有脱文也。"韦诞是年为侍中，姑系是年。参见是年"韦诞迁武都太守，以能书留补转侍中"条。

孙该约是年著《魏书》。

按：《三国志》卷二一《魏书·刘劭传》裴注引《文章叙录》曰："该字公达。强志好学。年二十，上计掾，召为郎中。著《魏书》。迁博士司徒右长史，复还入著作。景元二年卒官。"陆侃如《中古文学系年》曰："该生年无考，年辈似与曹叡、阮籍相近。撰《魏书》不知在何时，假定与韦诞同时。"

曹叡作《令诸王及宗室公侯各将适子一人入朝诏》、《日蚀求言诏》及《诏报东阿王植》。

按：《令诸王及宗室公侯各将适子一人入朝诏》见《三国志》卷三《魏书·明帝纪》。《日蚀求言诏》见《宋书》卷三四《五行志五》。《诏报东阿王植》见《三国志》卷一九《魏书·陈思王传》。

曹植作《求存问亲戚疏》、《上疏陈审举之义》、《上书请免发取诸国士息》及《皇太子生颂》。

按：《三国志》卷一九《魏书·陈思王传》曰："五年，复上疏求存问亲戚，因致其意曰……"又曰："植复上疏陈审举之义，曰……"裴注引《魏略》曰："是后大发士息，及取诸国士。植以近前诸国士息已见发，其遗孤稚弱，在者无几，而复被取，乃上书曰……皆遂还之。"《三国志》卷三《魏书·明帝纪》曰："（七月）乙酉，皇子殷生，大赦。"《皇太子生颂》见于《艺文类聚》卷四五、《初学记》卷一〇及《北堂书钞》卷一二，严可均《全三国文》卷一九补辑为一篇。

夏侯玄作《皇胤赋》。

按：《皇胤赋》见《艺文类聚》卷四五、《初学记》卷一〇，文中有"在太和之五载，肇皇胤之盛始"、"时惟孟秋，和气淑清"语，是为此年秋七月皇子殷生而作。

诸葛亮作《木牛流马法》、《与蒋琬董允书》、《表废李平》、《公文上尚书》及《与李丰教》。

按：《三国志》卷三五《蜀书·诸葛亮传》曰："亮性长于巧思，损益连弩，木牛流马，皆出其意；推演兵法，作八陈图，咸得其要云。亮言教书奏多可观，别为一集。"裴注引《魏氏春秋》曰："亮作八务、七戒、六恐、五惧，皆有条章，以训厉臣子。又损益连弩，谓之元戎，以铁为矢，矢长八寸，一弩十矢俱发。"又引《（诸葛）亮集》载《木牛流马法》。

《表废李平》、《公文上尚书》、《与李丰教》俱见《三国志》卷四〇《蜀书·李严传》。

华歆卒（157— ）。歆字子鱼，平原高唐人。少与邴原、管宁俱游学，三人相善，时人号三人为"一龙"，歆为龙头，原为龙腹，宁为龙尾。东汉末举孝廉，除郎中，后拜豫章太守。孙策据江东，待以上宾之礼。策死，曹操表天子征歆，任议郎，后代荀彧为尚书令。曹操征孙权，以歆为军师，转御史大夫。文帝受禅，累拜相国，官司徒。明帝时进封博平侯，转拜太尉。是年卒，谥曰敬侯。《隋书》卷三五《经籍志四》著录梁有司徒《华歆集》2卷，亡。事迹见《三国志》卷一三。

成公绥（ —273）生。

魏太和六年　蜀汉建兴十年　吴主孙权嘉禾元年
壬子　232年

塞维鲁·亚历山大皇帝亲征波斯。波斯取亚美尼亚。

二月，魏改封诸王，以郡为国（《三国志》卷三《魏书·明帝纪》）。

魏平原懿公主卒，曹叡自临送葬（《三国志》卷五《魏书·甄后传》）。

三月癸酉，魏曹叡东巡，所过存问高年鳏寡孤独，赐谷帛（《三国志》卷三《魏书·明帝纪》）。

吴遣周贺、裴潜航海到辽东，向公孙渊求马（《三国志》卷四七《吴书·吴主传》）。

九月，魏曹叡行幸摩陂，治许昌宫，起景福、承光殿（《三国志》卷三《魏书·明帝纪》）。

十月，辽东公孙渊称藩于吴，献貂马。权大悦，加渊爵位（《三国志》卷四七《吴书·吴主传》）。

是年，蜀诸葛亮劝农于黄沙，休士、练兵、讲武（《三国志》卷三三《蜀书·后主传》）。

王肃议禘祫之礼。

按：《通典》卷四九曰："魏明帝太和六年，尚书难王肃以'《曾子问》唯祫于太祖，群主皆从，而不言禘，知禘不合食'。肃答曰，以为'禘祫殷祭，群主皆合，举祫则禘可知也'。"又曰："武宣皇后太和四年六月崩，至六年三月，有司以今年四月禘告。王肃

魏太和六年　蜀汉建兴十年　吴主孙权嘉禾元年　壬子　232年

议曰……王肃又奏……"参见是年"王肃作《禘祭议》"条。

董昭为司徒，上疏陈末流之弊。

按：《三国志》卷三《魏书·明帝纪》："(是年)秋七月，以卫尉董昭为司徒。"卷一四《魏书·董昭传》："(太和六年)昭上疏陈末流之弊曰……帝于是发切诏，斥免诸葛诞、邓飏等。"参见是年"董昭作《陈末流之弊疏》"条。

邓飏、诸葛诞、何晏等因浮华为魏明帝曹叡抑黜。

按：《三国志》卷九《魏书·曹爽传》曰："南阳何晏、邓飏、李胜、沛国丁谧、东平毕轨咸有声名，进趣于时，明帝以其浮华，皆抑黜之；及爽秉政，乃复进叙，任为腹心。"裴注引《魏略》曰："晏尚主，又好色，故黄初时无所事任。及明帝立，颇为冗官。"《世说新语·容止第十四》曰："何平叔美姿仪，面至白，魏明帝疑其傅粉。正夏月，与热汤饼，既噉，大汗出，以朱衣自拭，色转皎然。"卷二八《魏书·诸葛诞传》曰："诸葛诞字公休，琅邪阳都人，诸葛丰后也。初以尚书郎为荥阳令，入为吏部郎。人有所属托，辄显其言而承用之，后有当否，则公议其得失以为褒贬，自是群僚莫不慎其所举。累迁御史中丞尚书，与夏侯玄、邓飏等相善，收名朝廷，京都翕然。言事者以诞、飏等修浮华，合虚誉，渐不可长。明帝恶之，免诞官。"裴注引《世语》曰："是时，当世俊士散骑常侍夏侯玄、尚书诸葛诞、邓飏之徒，共相题表，以玄、畴四人为四聪，诞、备八人为八达，中书监刘放子熙、孙资子密、吏部尚书卫臻子烈三人，咸不及比，以父居势位，容之为三豫，凡十五人。帝以构长浮华，皆免官废锢。"

曹植徙封陈王，抑郁而终。

按：《三国志》卷一九《魏书·陈思王传》曰："其二月，以陈四县封植为陈王，邑三千五百户。植每欲求别见独谈，论及时政，幸冀试用，终不能得。既还，怅然绝望。时法制，待藩国既自峻迫，察属皆贾竖下才，兵人给其残老，大数不过二百人。又植以前过，事事复减半，十一年中而三徙都，常汲汲无欢，遂发疾薨，时年四十一。遗令薄葬。"卷三《魏书·明帝纪》曰："十一月丙寅，太白昼见。有星孛于翼，近太微上将星。庚寅，陈思王植薨。"

杜挚约是年举孝廉，除郎中。

按：陆侃如《中古文学系年》曰："《三国志》卷二十一《刘劭传》：'劭同时……郎中令河东杜挚等亦著文赋，颇传于世。'注引《文章叙录》：'后举孝廉，除郎中。'假定在为军谋吏后五年左右。"

钟会八岁诵《诗经》（《三国志》卷二八《魏书·钟会传》裴注）。

羊祜十二岁丧父，孝思过礼。

按：《晋书》卷三四《羊祜传》曰："祜年十二丧父，孝思过礼，事叔父耽甚谨。"吴士鉴、刘承幹《晋书斠注》卷三四："《御览》五百十三《三十国春秋》曰：羊祜年十五而孤，事伯母蔡氏以孝闻，蔡氏每叹曰：'羊叔子可谓能养，今颜叔子也，其诸葛孔明之亚乎？'案本传言事叔父耽，《三十国春秋》又言事伯母蔡氏，未知伯母为叔父之误否。祜母为蔡邕之女，而伯母亦为蔡氏，或是一族。本传下文云郭奕见之曰：'今日之颜子也。'又与蔡氏语同，疑是传闻之异。"

薛综入守贼曹尚书，迁尚书仆射。

按：《三国志》卷五九《吴书·孙虑传》曰："虑以皇子之尊，富于春秋，远近嫌其不能留意。及至临事，遵奉法度，敬纳师友，过于众望。年二十，嘉禾元年卒。无子，国除。"卷五三《吴书·薛综传》曰："虑卒，入守贼曹尚书，迁尚书仆射。"

韦昭约是年从丞相掾除西安令。

按：陆侃如《中古文学系年》曰："《三国志·吴志》卷二十《韦曜传》：'从丞相掾除西安令。'年月无考，今假定在为尚书郎前五年左右。曜，本名昭。"

王肃作《禘祭议》。

按：《通典》卷四九曰："武宣皇后太和四年六月崩，至六年三月，有司以今年四月禘告。王肃议曰：'今宜以崩年数。按《春秋》鲁闵公二年夏，禘于庄公。是时缘经之中，至二十五月大祥便禘，不复禫，故讥其速也。去四年六月，武宣皇后崩，二十六日晚葬，除服即吉，四时之祭，皆亲行事。今当计始除服日数，当如礼须到禫月乃禘。'赵怡等以为皇帝崩二十七月之后，乃得禘祫。王肃又奏：'如郑玄言各于其庙，则无以异四时常祀，不得谓之殷祭。以粢盛百物丰衍备具为殷之者，夫孝子尽心于事亲，致敬于四时，比时具物，不可以不备，无缘俭齐其亲，累年而后一丰其馔也。夫谓殷者，因以祖宗并陈，昭穆皆列故也。设以为毁庙之主皆祭谓殷者，夫毁庙祭于太祖，而六庙独在其前，所不合宜，非事之理……'"

高堂隆作《告瑞玺议》。

按：《通典》卷五五曰："明帝太和六年，征西大将军臣懿等言：'长安典农中郎将张烈书言："所部人左先，雨后于地得玉印。"臣今谨遣夏裕送。'诏：'推原符瑞，有感而至，宜因祭祀，奠于文思皇后神座前，以慰神灵之思念。'散骑常侍高堂隆议：'案《典瑞》，天子有事，必告宗庙，以象生也。凡宗庙，祖尊而祢亲。祭祀告事，皆先尊而后亲。往者得瑞玺以告宗庙，而奠于亲庙；此则告于尊，奠于亲，故事明比。文皇帝、文思皇后，其为慈亲一体也。告之日，质明，守官筵于庙堂之奥，设玉几，近南。设洗于阼阶东南。酒人设醴酒于堂。脯人醢人执笾脯豆醢于洗北，西面。公位于阼阶西南，北面。太常位于阼阶，北面，差出公后。百执事叙立于卿后。执玺使者立公西北，东面。诸博士差退。唯笾人豆人不拜，余皆拜。拜讫，解剑纳履。博士引公，祝道盥，升自阼阶。博士立于高皇庙室户外西，东面。祝先入室，南面。入户内，西面。博士并引卿盥，从公。笾人、醢人、百执事皆从升。博士引使者升阶，如在廷之位。卿受脯于户外，入于筵前。醢人以醢授卿，卿不兴，受，设于笾北，兴，出，俟事于大皇帝室，南面。祝酹酒，奠笾南。祝道公，博士引使者执邸受瑞玺于户。祝西面立于户外东，使者还复位，公奠玺于几东。兴，复位。祝入。公再拜稽首，兴，立漏移一刻，公执玺邸授使者户外。遂造太皇帝、武皇帝、文皇帝，皆如高皇，出。礼毕之后，可使都督黄门兼诸官告瑞于文思皇后寝堂，如庙之礼。'"

缪袭、卞兰各作《许昌宫赋》。

按：《太平御览》卷五三七载缪袭《许昌宫赋序》曰："太和六年春，上既躬耕帝藉，发趾乎千亩，以帅先万国，乃命群牧守相，述职班教，顺阳宣化，烝黎允示，训德歌功，观事乐业。是岁甘露降，黄龙见，海内有克捷之师，方内有农穰之庆，农有余粟，女有余布，遐狄来享，殊俗内附，穆乎有太平之风。"卞兰《许昌宫赋》见《艺文类聚》卷六二、《初学记》卷一五、《文选·景福殿赋》注、《文选·舞赋》注，严可均《全三国文》卷三〇辑补成文。

何晏、韦诞、夏侯惠皆作《景福殿赋》。

按：何晏《景福殿赋》见《文选》卷一一。李善注引《典略》曰："魏明帝将东巡，恐夏热，故许昌作殿，名曰景福。既成，命人赋之，平叔遂有此作。"韦诞《景福殿赋》不全，见《艺文类聚》卷六二、《御览》卷一八八及《文选·景福殿赋》注。严可均《全三国文》卷三二有辑佚。夏侯惠《景福殿赋》亦不全，见《艺文类聚》卷六二、《文选》何晏

《景福殿赋》注及《文选》沈约《齐安陆王碑文》注。严可均《全三国文》卷二一有辑佚。

董昭作《陈末流之弊疏》。

按：《陈末流之弊疏》见《三国志》卷一四《魏书·董昭传》："昭上疏陈末流之弊曰：'……窃见当今年少，不复以学问为本，专更以交游为业；国士不以孝悌清修为首，乃以趋势游利为先。合党连群，互相褒叹，以毁訾为罚戮，用党誉为爵赏，附己者则叹之盈言，不附者则为作瑕衅。至乃相谓"今世何忧不度邪，但求人道不勤，罗之不博耳；又何患其不知己矣，但当吞之以药而柔调耳"。又闻或有使奴客名作在职家人，冒之出入，往来禁奥，交通书疏，有所探问。凡此诸事，皆法之所不取，刑之所不赦，虽讽、伟之罪，无以加也。'帝于是发切诏，斥免诸葛诞、邓飏等。"

曹植作《改封陈王谢恩章》、《谢妻改封表》、《答诏示平原公主诔表》、《平原懿公主诔》、《谏伐辽东表》及《吁嗟篇》。

按：《改封陈王谢恩章》见《艺文类聚》卷五一。《谢妻改封表》见《艺文类聚》卷五一。《答诏示平原公主诔表》见《太平御览》卷五九六。《三国志》卷五《魏书·甄后传》曰："太和六年，明帝爱女淑薨，追封谥淑为平原懿公主，为之立庙。"《平原懿公主诔》见《艺文类聚》卷一六及《初学记》卷一〇。《谏伐辽东表》见《艺文类聚》卷二四。《吁嗟篇》见《三国志》卷一九《魏书·陈思王传》："植以前过，事事复减半，十一年中而三徙都，常汲汲无欢，遂发疾薨，时年四十一。"裴注："植常为琴瑟调歌，辞曰：'吁嗟此转蓬，居世何独然……'"

曹叡作《改封诸侯以郡为国诏》、《诏陈王植》、《与陈王植手诏》、《陈国相为国王制服诏》及《获玉印告庙诏》。

按：《改封诸侯以郡为国诏》见《三国志》卷三《魏书·明帝纪》。曹植是年二月改封陈，十一月卒，故《诏陈王植》、《与陈王植手诏》、《陈国相为国王制服诏》及《获玉印告庙诏》皆应作于是年。严可均《全三国文》卷九有辑录。

蒋济作《谏遣田豫王雄攻辽东》(《三国志》卷一四《魏书·蒋济传》裴注引司马彪《战略》)。

曹植卒（192—   ）。植字子建，沛国谯人。曹操第三子，文帝曹丕之弟。封陈王、谥思，世称"陈思王"。十岁能文，才思敏捷，甚得曹操宠爱，后失宠。曹丕、曹叡相继为帝，因忌其才而欲害之，抑郁而终。植作诗以五言为主，词采绚丽，才华高旷，世人莫及。故称天下共有才十斗，植有其八。钟嵘《诗品》誉其为"建安之杰"，并言："陈思之于文章也，譬人伦之有周孔，鳞羽之有龙凤，音乐之有琴笙，女工之有黼黻，俾尔怀铅吮墨者，抱篇章而景慕，映余辉以自烛。"所作赋以《洛神赋》最为著名。曹植《前录序》言其生前删定文集，撰为《前录》78篇。景初中，明帝诏撰录植前后所著赋、颂、诗、铭、杂论凡百余篇。《隋书》卷三三《经籍志二》著录《列女传颂》1卷，卷三五《经籍志四》著录魏《陈思王曹植集》30卷、《画赞》5卷，皆散佚。严可均《全三国文》载其文162篇。逯钦立《魏诗》卷六至卷七载其诗112首。今传宋人所刻《曹子建集》。清丁晏有《曹集铨评》，朱绪曾有《曹集考异》。近人黄节有《曹子建诗注》，古直有《曹子建诗笺》，今人赵幼文有《曹植集校注》。清丁晏编有《魏陈思王年谱》，今人张可礼有《三曹年谱》。事迹见《三国志》卷一九。

张华（ —300）、佛图澄（ —348）生。

魏明帝青龙元年　蜀汉建兴十一年　吴嘉禾二年
癸丑　233 年

波斯人入贵霜。

二月丁酉，魏改元青龙。

按：《三国志》卷三《魏书·明帝纪》曰："青龙元年春正月甲申，青龙见于郏之摩陂井中。二月丁酉，幸摩陂观龙，于是改年……"

三月甲子，魏诏公卿举贤良笃行之士各一人（《三国志》卷三《魏书·明帝纪》）。

吴遣太常张弥、中使秦旦等航海前往辽东，封公孙渊为燕王（《三国志》卷四七《吴书·吴主传》、《三国志》卷八《魏书·公孙渊传》）。

五月壬申，魏诏祀故大将军夏侯惇、大司马曹仁、车骑将军程昱于太祖庙庭（《三国志》卷三《魏书·明帝纪》）。

闰五月丁酉，魏诏诸郡国山川不在祀典者，勿祀（《三国志》卷三《魏书·明帝纪》）。

十二月，公孙渊因吴地远，力不及魏，斩吴使张弥、许晏，送首级于魏。魏以渊为大司马乐浪公。吴中使秦旦逃至高句丽。高句丽王位宫遣使护送归吴，并称臣奉献（《三国志》卷三《魏书·明帝纪》及卷八《魏书·公孙渊传》、卷四十七《吴书·吴主传》裴注引《吴书》）。

刘劭迁散骑常侍，谏讨公孙渊。

按：《三国志》卷二一《魏书·刘劭传》曰："迁散骑常侍。时闻公孙渊受孙权燕王之号，议者欲留渊计吏，遣兵讨之，劭以为……后渊果斩送权使张弥等首。"本传称劭迁散骑常侍与谏讨公孙渊相连，故暂系是年。

高堂隆上疏谏取长安大钟，卞兰奉诏难之。

按：《三国志》卷二五《魏书·高堂隆传》曰："青龙中，大治殿舍，西取长安大钟。隆上疏曰……是日，帝幸上方，隆与卞兰从。帝以隆表授兰，使难隆曰：'兴衰在政，乐何为也？化之不明，岂钟之罪？'隆曰：'夫礼乐者，为治之大本也。故箫韶九成，凤皇来仪，雷鼓六变，天神以降，政是以平，刑是以错，和之至也。新声发响，商辛以陨，大钟既铸，周景以弊，存亡之机，恒由斯作，安在废兴之不阶也？君举必书，古之道也，作而不法，何以示后？圣王乐闻其阙，故有箴规之道；忠臣愿竭其节，故有匪躬之义也。'帝称善。"

又按：卞兰，生卒年及字号不详，琅琊人。曹操妻卞后弟秉之子，少有才学。为奉车都尉、游击将军，加散骑常侍。文帝时，因作赋颂曹丕《典论》及其诗赋，遂见亲幸。明帝时，因侍从屡切谏，帝虽不从，犹纳其款诚。《隋书》卷三五《经籍志四》著录梁有游击将军《卞兰集》2 卷，亡。严可均《全三国文》卷三〇载其文 4 篇。事迹略见《三国志》卷五《魏书·后妃传》、《三国志》卷二五《高堂隆传》。

再按：潘眉《三国志考证》卷五："帝纪注徙长安钟簴在景初元年，与此不同。"《三国志》卷三《魏书·明帝纪》魏明帝景初元年下裴注引《魏略》曰："是岁，徙长安诸钟簴、骆驼、铜人、承露盘。盘折，铜人重不可致，留于霸城。大发铜铸作铜人二，号曰翁仲，列坐于司马门外。又铸黄龙、凤皇各一，龙高四丈，凤高三丈余，置内殿前。起土山于芳林园西北陬，使公卿群僚皆负土成山，树松竹杂木善草于其上，捕山禽杂兽置其中。"又引《汉晋春秋》曰："帝徙盘，盘折，声闻数十里，金狄或泣，因留霸城。"王鸣盛《十七史商榷》卷四〇曰："愚按古来铸金人者三主：其一秦始皇，铸铜人十二，见《史记·本纪》；其二汉武帝，筑通天台，去地百余丈，云雨悉在其下，上有承露盘，仙人掌，擎玉杯以承露，见《三辅黄图》第五卷；其三则魏明帝也。秦所铸铜人，已为董卓椎破，见《后汉书》及《三国志》卓本传，则似景初所毁当为汉武帝之金人。然《李长吉歌诗》卷二《金铜仙人辞汉歌自序》，以明帝徙盘为青龙元年八月事，年月与《魏略》不合。故西泉吴正子注长吉诗辨之：据《黄图》言始皇所造为董卓所销，尚余二人未毁，明帝欲徙洛阳，重不可致，留霸城；仙不可言狄，知长吉未可非。青龙元年所徙是汉武铜仙，景初元年所徙是秦皇铜人也。吴说如此，然则《魏略》言景初所徙，不当言有承露盘。此微误。"

薛综谏亲讨公孙渊。

按：时公孙渊降而复叛，权盛怒，欲自亲征。综上疏切谏，群臣多谏，权遂不行。《三国志》卷四七《吴书·吴主传》曰："（公孙）渊果斩弥等，送其首于魏，没其兵资。权大怒，欲自征渊，尚书仆射薛综等切谏乃止。"又见《三国志》卷五三《吴书·薛综传》。

刘劭作《赵都赋》、《许都赋》、《洛都赋》、《龙瑞赋并序》及《嘉瑞赋》。

按：《三国志》卷二一《魏书·刘劭传》曰："劭尝作《赵都赋》，明帝美之，诏劭作《许都》、《洛都》赋。时外兴军旅，内营宫室，劭作二赋，皆讽谏焉。"《许都赋》、《洛都赋》佚。《赵都赋》见《艺文类聚》卷六一。又略见《文选·海赋》注，《赭白马赋》注，《初学记》卷六，又卷一五、卷二二，《御览》卷三四七等，严可均《全三国文》卷三二有辑。《艺文类聚》卷九八载《龙瑞赋并序》，序曰："太和七年春，龙见摩陂。行自许昌，亲往临观。形状瑰丽，光色烛耀。侍卫左右，咸与睹焉。自载籍所纪，瑞应之致，或翔集于邦国，卓荦于要荒，未有若斯之著明也。"《龙瑞赋》又见《初学记》卷三〇。又，《艺文类聚》卷九八载刘劭《嘉瑞赋》，似应作于是年。

何桢作《许都赋》。

按：文佚。《太平御览》卷五八七引《文士传》载魏明帝《诏何桢》曰："扬州别驾何桢，有文章才，试使作《许都赋》，成上不封，得令人见。"

缪袭作《青龙赋并序》及《神芝赞并序》。

按：《艺文类聚》卷九六载《青龙赋序》曰："盖青龙者，火辰之精，木官之瑞。"《初学记》卷三〇载《青龙赋》。是年二月，相传青龙见于摩陂井中，以为祥瑞，袭《青龙赋》及序应作于是年。《神芝赞并序》见《艺文类聚》卷九八，又见《太平御览》卷八七三、卷九八六，严可均《全三国文》卷三八有辑。

高堂隆作《谏取长安大钟疏》。

按：文见《三国志》卷二五《魏书·高堂隆传》。参见是年"高堂隆上疏谏取长安大钟，卞兰奉诏难之"条。

辛毗作《谏修殿舍疏》及《谏平北芒疏》。

按:《三国志》卷二五《魏书·辛毗传》曰:"辛毗字佐治,颍川阳翟人也……帝方修殿舍,百姓劳役,毗上疏曰……帝又欲平北芒,令于其上作台观,则见孟津。毗谏曰……帝乃止。"《资治通鉴》卷七三系辛毗《谏平北芒疏》于青龙三年,本传下叙接"青龙二年"事,今从本传系于是年。

薛综作《上疏谏亲征公孙渊》(《三国志》卷五三《吴书·薛综传》)。

按:参见是年"薛综谏亲讨公孙渊"条。

曹叡作《以夏侯惇等配飨武帝庙庭诏》、《赦辽东吏民公文》、《诏有司议中山王衮犯禁》及《削中山王县户玺书》。

按:《以夏侯惇等配飨武帝庙庭诏》见《三国志》卷三《魏书·明帝纪》裴注引《魏书》。《赦辽东吏民公文》见《三国志》卷八《魏书·公孙渊传》裴注引《魏略》。《诏有司议中山王衮犯禁》见《三国志》卷二〇《魏书·武文世王公传》。《削中山王县户玺书》见裴注引《魏书》。

孙权作《大赦天下诏》及《封公孙渊为燕王诏》(《三国志》卷四七《吴书·吴主传》及裴注引《江表传》)。

虞翻卒(164—)。翻字仲翔,吴会稽余姚人。初从王朗,后从孙策为功曹。曹操辟之,不就。孙权以为骑都尉,因犯颜谏争,孙权遣之徙交州。虽处罪被放,然犹讲学不倦,居交州十余年,门徒常数百人。翻精于《易》,又注《论语》、《孝经》、《老子》等。《隋书》卷三二《经籍志一》著录虞翻注《周易》9卷、《春秋外传国语》21卷、梁有虞翻注《论语》10卷,亡,与陆绩共撰《周易日月变例》6卷;《隋书》卷三四《经籍志三》著录梁有虞翻注《扬子太玄经》14卷、《老子》2卷,亡;撰《周易集林律历》1卷、《易律历》1卷;《隋书》卷三五《经籍志四》著录后汉侍御史《虞翻集》2卷,梁3卷,录1卷。事迹见《三国志》卷五七。

陈寿(—297)生。

魏青龙二年　蜀汉建兴十二年　吴嘉禾三年
甲寅　234年

塞维鲁·亚历山大皇帝亲征阿勒曼尼人于莱茵河。

二月癸酉,魏减鞭杖法。

按:《三国志》卷三《魏书·明帝纪》曰:"二年春二月乙未,太白犯荧惑。癸酉,诏曰:'鞭作官刑,所以纠慢怠也,而顷多以无辜死。其减鞭杖之制,著于令。'"

是月,蜀诸葛亮率十万人由斜谷攻魏(《三国志》卷三三《蜀书·后主传》、《三国志》卷三五《蜀书·诸葛亮传》)。

按:此次亮出兵,至八月卒于军中,亦历时数月。

五月,吴应蜀约,兵分三路,大举攻魏。

七月,魏曹叡亲率水师,兵救合肥。孙权攻新城,将军张颖等拒守力战,曹叡军未至数百里,吴三路军遁退(《三国志》卷三《魏书·明帝纪》)。

王肃上疏请使山阳公称皇配谥。
按:山阳公,即汉献帝。肃上疏,明帝不从,使称皇,后乃追谥曰汉孝献皇帝。参见是年"王肃作《请使山阳公称皇配谥疏》"条。

夏侯惠约是年为散骑侍郎,荐刘劭(《三国志》卷二一《魏书·刘劭传》)。
按:参见是年"夏侯惠约是年作《荐刘劭》"条。

刘劭出计击吴(《三国志》卷二一《魏书·刘劭传》)。

诸葛恪为抚越将军,领丹杨太守。
按:《三国志》卷六四《魏书·诸葛恪传》曰:"权拜恪抚越将军,领丹杨太守,授棨戟武骑三百。拜毕,命恪备威仪,作鼓吹,导引归家,时年三十二。"

皇甫谧从乡里席坦受书。
按:《晋书》卷五一《皇甫谧传》曰:"年二十,不好学,游荡无度,或以为痴。尝得瓜果,辄进所后叔母任氏。任氏曰:'《孝经》云:"三牲之养,犹为不孝。"汝今年余二十,目不存教,心不入道,无以慰我。'因叹曰:'昔孟母三徙以成仁,曾父烹豕以存教,岂我居不卜邻,教有所阙,何尔鲁钝之甚也!修身笃学,自汝得之,于我何有!'因对之流涕。谧乃感激,就乡人席坦受书,勤力不怠。居贫,躬自稼穑,带经而农,遂博综典籍百家之言。沈静寡欲,始有高尚之志,以著述为务,自号玄晏先生。作《礼乐》、《圣真》之论。后得风痹疾,犹手不辍卷。"

钟会十岁,诵《尚书》(《三国志》卷二八《魏书·钟会传》裴注)。

阮籍约是年与兖州刺史王昶相见,昶叹以深不可测。
按:陆侃如《中古文学系年》曰:"《晋书》卷四十九《阮籍传》:'籍尝随叔父至东郡,兖州刺史王昶请与相见,终日不开一言,自以不能测。'《世说新语》卷一《德行第一》注引《魏氏春秋》曰:'兖州刺史王昶请与相见,终日不得与言;昶愧叹之,自以不能测也。口不论事,自然高迈。'据《三国志·魏志》卷二十七《王昶传》,昶于黄初末以洛阳典农迁兖州刺史,正始中转徐州。昶在兖几二十年,不知何时与籍相见,今假定在籍二十五岁左右。"

蒋琬为尚书令,总统国事。
按:《三国志》卷四四《蜀书·蒋琬传》曰:"亮数外出,琬常足食足兵以相供给。亮每言:'公琰托志忠雅,当与吾共赞王业者也。'密表后主曰:'臣若不幸,后事宜以付琬。'亮卒,以琬为尚书令,俄而加行都护,假节,领益州刺史,迁大将军,录尚书事,封安阳亭侯。"

来敏还成都为大长秋,又免。
按:《三国志》卷四二《蜀书·来敏传》曰:"亮卒后,还成都为大长秋,又免,后累迁为光禄大夫,复坐过黜。前后数贬削,皆以语言不节,举动违常也。时孟光亦以枢机不慎,议论干时,然犹愈于敏,俱以其耆宿学士见礼于世。而敏荆楚名族,东宫旧臣,特加优待,是故废而复起。后以敏为执慎将军,欲令以官重自警戒也。"

尹默还成都,为太中大夫(《三国志》卷四二《蜀书·尹默传》)。

谯周为典学从事,总州之学者。
按:《三国志》卷四二《蜀书·谯周传》曰:"亮卒于敌庭,周在家闻问,即便奔赴,寻有诏书禁断,惟周以速行得达。大将军蒋琬领刺史,徙为典学从事,总州之学者。"

高堂隆作《瑞贽议》及《地震对》。

按：《瑞贽议》见《通典》卷七五。严可均《全三国文》卷三一注"青龙二年"。《地震对》见《太平御览》卷八八〇引《晋书》曰："地震者，臣下强盛，地故震动，冀所以警惧人主，不可不深思是灾。"《三国志》卷三《魏书·明帝纪》："（是年）十一月，京都地震，从东南来，隐隐有声，摇动屋瓦。"《地震对》盖作于是年。

夏侯惠约是年作《荐刘劭》。

按：《三国志》卷二一《魏书·刘劭传》曰："时诏书博求众贤。散骑侍郎夏侯惠荐劭曰：'伏见常侍刘劭，深忠笃思，体周于数，凡所错综，源流弘远，是以群才大小，咸取所同而斟酌焉。故性实之士服其平和良正，清静之人慕其玄虚退让，文学之士嘉其推步详密，法理之士明其分数精比，意思之士知其沈深笃固，文章之士爱其著论属辞，制度之士贵其化略较要，策谋之士赞其明思通微，凡此诸论，皆取适己所长而举其支流者也。臣数听其清谈，览其笃论，渐渍历年，服膺弥久，实为朝廷奇其器量。以为若此人者，宜辅翼机事，纳谋帏幄，当与国道俱隆，非世俗所常有也。惟陛下垂优游之听，使劭承清闲之欢，得自尽于前，则德音上通，辉耀日新矣。'"裴注："臣松之以为凡相称荐，率多溢美之辞，能不违中者或寡矣。惠之称劭云'玄虚退让'及'明思通微'，近于过也。"

又按：青龙元年三月，魏下诏公卿举贤良笃行之士各一人，文中言"时诏书博求众贤"，盖指元年下诏举贤事。又，《刘劭传》叙此事在"吴围合肥"，刘劭出计击吴之后，姑系是年。

薛综作《祝祖文》及《移诸葛恪等劳军》。

按：陆侃如《中古文学系年》曰："《三国志·吴志》卷八《薛综传》：'正月乙未，权敕综祝祖不得用常文，综承诏，卒造文义，信辞粲烂。权曰："复为两头，使满三也。"综复再祝，辞令皆新，众咸称善。'此事叙于谏征公孙渊后，未载年份。嘉禾二年正月无乙未，三年正月十日却是乙未，即青龙二年。"又曰："又卷十九《诸葛恪传》：'恪以丹阳山险……屡自求乞为官……时年三十二……权嘉其功，遣尚书仆射薛综劳军。综先移恪等曰……'恪以嘉平五年被害，时年五十一（见本传注引《吴录》），则三十二当在青龙二年。"

王肃作《请使山阳公称皇配谥疏》。

按：《三国志》卷一三《魏书·王朗传》曰："青龙中，山阳公薨，汉主也。肃上疏曰：'昔唐禅虞，虞禅夏，皆终三年之丧，然后践天子之尊。是以帝号无亏，君礼犹存。今山阳公承顺天命，允答民望，进禅大魏，退处宾位。公之奉魏，不敢不尽节。魏之待公，优崇而不臣。既至其薨，榇敛之制，舆徒之饰，皆同之于王者，是故远近归仁，以为盛美。且汉总帝皇之号，号曰皇帝。有别称帝，无别称皇，则皇是其差轻者也。故当高祖之时，土无二王，其父见在而使称皇，明非二王之嫌也。况今以赠终，可使称皇以配其谥。'明帝不从，使称皇，乃追谥曰汉孝献皇帝。"

曹叡作《谥山阳公为孝献皇帝诏》、《告祠文帝庙》、《孝献皇帝赠册文》、《入贾逵祠诏》、《诫诲赵王幹玺书》。

按：《谥山阳公为孝献皇帝诏》、《告祠文帝庙》、《孝献皇帝赠册文》见《三国志》卷三《魏书·明帝纪》裴注引《献帝传》。《入贾逵祠诏》见《三国志》卷一五《魏书·贾逵传》。《诫诲赵王幹玺书》见《三国志》卷二〇《魏书·武文世王公传》。

诸葛亮卒（181—　）。亮字孔明，琅琊阳都人。少孤。早年隐居隆中,躬耕读书,好为《梁父吟》,自比管仲、乐毅,人称"卧龙"。刘备三顾茅庐,始见之。为备出据荆州、联孙权、拒曹操之策。佐备取荆州、定益州,遂与魏、吴成鼎足之势。曹丕代汉,备称帝于成都,亮为备丞相。备死,辅后主刘禅,封武乡侯、领益州牧,主持军政大事,志复中原。曾五次北伐,六出祁山,病死军中。谥曰忠武侯。其言教书奏多可观,《三国志》卷三五著录其集24篇。《隋书》卷三五《经籍志四》著录有蜀丞相《诸葛亮集》25卷,梁20卷。严可均《全三国文》卷五八至卷五九载其文55篇,《出师表》为其名篇。清人张澍编有《诸葛忠武侯文集》,近人古直编有《诸葛忠武侯年谱》。事迹见《三国志》卷三五。

尹默约卒,生年不详。默字思潜,梓潼涪人。益部多贵今文而不崇章句,默知其不博,乃远游荆州,从司马徽、宋忠等受古学。皆通诸经史,又专精于《左氏春秋》,自刘歆条例,郑众、贾逵父子、陈元、服虔注说,咸略诵述。刘备定益州,领牧,以为劝学从事,及立太子,以默为仆,以《左氏传》授后主。后主践阼,拜谏议大夫。诸葛亮住汉中,请为军祭酒。亮卒,还成都,拜太中大夫,卒。子宗传其业,为博士。事迹见《三国志》卷四二。

按:诸葛亮是年卒,姑系默卒年于是年。

王戎(　—305)生。

魏青龙三年　蜀汉建兴十三年　吴嘉禾四年　乙卯　235年

正月戊子,魏以大将军司马宣王为太尉(《三国志》卷三《魏书·明帝纪》)。

二月丁巳,魏皇太后崩。

按:《三国志》卷三《魏书·明帝纪》:"丁巳,皇太后崩。乙亥,陨石于寿光县。三月庚寅,葬文德郭后,营陵于首阳陵涧西,如终制。"陆侃如《中古文学系年》曰:"丁巳为二月八日,庚寅为三月十一日。《明帝纪》'丁巳'上脱'二月'二字。"

三月,魏大治洛阳宫,起昭阳、太极殿,筑总章观。百姓失农时。杨阜、高堂隆等皆切谏,不听(《三国志》卷三《魏书·明帝纪》)。

八月庚午,魏立皇子曹芳为齐王,曹询为秦王(《三国志》卷三《魏书·明帝纪》)。

是年,魏使至吴,以马求珠玑、翡翠、玳瑁(《三国志》卷四七《吴书·吴主传》)。

魏博士扶风人马钧作司南车(《三国志》卷二九《魏书·杜夔传》裴注引傅玄序)。

按:马钧为杜夔弟子。《三国志》卷三《魏书·明帝纪》裴注引《魏略》曰:"是年起太极诸殿……使博士马均作司南车,水转百戏。"暂系是年。

色雷斯人马克西米努斯弑塞维鲁·亚历山大皇帝。罗马帝国塞维鲁王朝终。

钟会十一岁,诵《易经》(《三国志》卷二八《魏书·钟会传》裴注)。

蒋琬四月为大将军,录尚书事。费祎为尚书令(《三国志》卷三三《蜀书·后主传》、《三国志》卷四四《蜀书·蒋琬传》及《费祎传》)。

谢承约是年为武陵太守。

按:陆侃如《中古文学系年》曰:"《三国志·吴志》卷五《谢夫人传》:'稍迁……武陵太守。'年月无考,今假定在迁长沙东部都尉后五年左右。此时他年已逾五十,以后事迹无考,卒年可假定二四〇年左右。"

陈群作《谏营治宫室疏》及《又疏谏治宫室》(《三国志》卷二二《魏书·陈群传》)。

高堂隆作《诏问崇华殿灾咎对》及《诏问汉武厌灾对》。

按:《三国志》卷三《魏书·明帝纪》载是年"秋七月,洛阳崇华殿灾"。《诏问崇华殿灾咎对》、《诏问汉武厌灾对》见《三国志》卷二五《魏书·高堂隆传》曰:"迁侍中,犹领太史令。崇华殿灾,诏问隆:'此何咎?于礼,宁有祈禳之义乎?'隆对曰……诏问隆:'吾闻汉武帝时,柏梁灾,而大起宫殿以厌之,其义云何?'隆对曰……"

张茂作《上书谏明帝夺士女以配战士》(《三国志》卷三《魏书·明帝纪》裴注引《魏略》)。

杨阜作《谏营洛阳宫殿观阁疏》。

按:《三国志》卷二五《魏书·杨阜传》曰:"帝既新作许宫,又营洛阳宫殿观阁。阜上疏曰……奏御,天子感其忠言,手笔诏答。每朝廷会议,阜常侃然以天下为己任。数谏争,不听,乃屡乞逊位,未许。会卒,家无余财。孙豹嗣。"

高柔作《谏大兴殿舍广采众女疏》(《三国志》卷二四《魏书·高柔传》)。

杜挚作《赠毋丘俭》及《赠毋丘荆州》,毋丘作《答杜挚诗》。

按:《三国志》卷二一《魏书·刘劭传》曰:"郎中令河东杜挚等亦著文赋,颇传于世。"裴注引《文章叙录》曰:"挚字德鲁。初上《笳赋》,署司徒军谋吏。后举孝廉,除郎中,转补校书。挚与毋丘俭乡里相亲,故为诗与俭,求仙人药一丸,欲以感切俭求助也。其诗曰……俭答曰……挚竟不得迁,卒于秘书。"陆侃如《中古文学系年》曰:"丁福保《全三国诗》卷三载挚《赠毋丘俭》,即《叙录》所载。又载挚《赠毋丘荆州》,与前诗辞意相近。据卷二十八《俭传》,青龙中迁荆州刺史。万斯同《魏方镇年表》系于三年,下年即迁幽州。挚卒年无考,大约在二四〇年左右。"

又按:杜挚生卒年不详,字德鲁,河东人,初上《笳赋》,署司徒军谋吏。后举孝廉,除郎中,转补校书。卒于秘书。《隋书》卷三五《经籍志四》著录有魏校书郎《杜挚集》2卷,今佚。严可均《全三国文》卷四一载其文1篇。逯钦立《魏诗》卷五载其诗2首。事迹略见《三国志》卷二一《刘劭传》裴注。

曹叡作《甄皇后哀策文》(《三国志》卷五《魏书·郭后传》裴注)。

迪奥·卡西乌斯卒(150?—)。罗马历史学家。著有《罗马纪》。

曹衮卒,生年不详。曹操环夫人所生,少好学,年十余岁能属文。性爱读书。建安二十一年封平乡侯,二十二年徙封东乡侯,其年又改封赞侯。黄初二年,进爵为公。黄初三年为北海王。其年,黄龙见邺西漳水,衮上书赞颂。四年,改封赞王。七年,徙封濮阳,太和二年就国,六年,改封中山。每兄弟游娱,衮独覃思经典,修身自守,为人戒慎,尚约俭。凡所著文章二万余言,才不及陈思王而好与之侔。事迹见《三国志》卷二〇。

魏青龙四年　蜀汉建兴十四年　吴嘉禾五年　丙辰　236年

四月,魏置崇文观,征召善属文者充之(《三国志》卷三《魏书·明帝纪》)。

王昶被司马懿推荐应选。
按:《三国志》卷二七《魏书·王昶传》曰:"青龙四年,诏'欲得有才智文章,谋虑渊深,料远若近,视昧而察,筹不虚运,策弗徒发,端一小心,清修密静,乾乾不解,志尚在公者,无限年齿,勿拘贵贱,卿校已上各举一人'。太尉司马宣王以昶应选。"

王肃领秘书监,兼崇文观祭酒(《三国志》卷一三《魏书·王朗传》)。

曹叡令侍中韦诞书陵霄观榜。
按:《世说新语·巧艺第二十一》曰:"韦仲将能书,魏明帝起殿,欲安榜,使仲将登梯题之。既下,头鬓皓然,因敕儿孙勿复学书。"注引卫恒《四体书势》云:"诞善楷书,魏宫观多诞所题。明帝立陵霄观,误先钉榜;乃笼盛诞,辘轳长絙引上,使就题之。去地二十五丈,诞甚危惧。乃戒子孙绝此楷法,著之家令。"

孙该约是年迁博士。
按:陆侃如《中古文学系年》曰:"《三国志·魏志》卷二十一《刘劭传》注引《文章叙录》:'迁博士。'年月无考,假定在撰《魏书》后五年左右。"

钟会十二岁,诵《春秋》(《三国志》卷二八《魏书·钟会传》裴注)。

王昶约是年作《治论》及《兵书》。
按:《三国志》卷二七《魏书·王昶传》曰:"明帝即位,加扬烈将军,赐爵关内侯。昶虽在外任,心存朝廷,以为魏承秦、汉之弊,法制苛碎,不大厘改国典以准先王之风,而望治化复兴,不可得也。乃作《治论》,略依古制而合于时务者二十余篇,又作《兵书》十余篇,言奇正之用,青龙中奏之。"王昶以是年应选,假定于是年。

韦诞作《奏题署》。
按:张彦远《法书要录》卷八张怀瓘《书断中》曰:"初,青龙中,洛阳、许、邺三都宫观始成,诏令仲将大为题署,以为永制,给御笔墨,皆不任用,因曰:'蔡邕自矜能书,兼明斯、喜之法,非流纨体素,不妄下笔。夫工欲善其事,必先利其器。用张芝笔、左伯纸及臣墨,兼此三具,又得臣手,然后可逞径丈之势,方寸千言。'"

高堂隆作《诏问鹊巢陵霄阙对》及《星孛于大辰上疏》(《三国志》卷二十五《魏书·高堂隆传》)。

曹叡作《议狱从宽简诏》及《宣下灵命瑞图诏》。
按:《议狱从宽简诏》见《三国志》卷三《魏书·明帝纪》。《宣下灵命瑞图诏》见《三国志》卷一一《魏书·管宁传》。

张昭卒(156—)。昭字子布,吴彭城人。少好学,善隶书,从白侯子安受《左氏春秋》,博览众书。弱冠举孝廉不就。东汉末渡江,任孙策长史、抚军中郎将。策临终托孙权于昭,为孙权长史,后为绥远将军,拜由拳侯。孙权称王,昭以老病,上还官位及所统领。更拜辅吴将军,改封娄侯,卒谥文侯。昭曾与孙绍、滕胤、郑礼等,采周、汉,撰定朝仪。著有《春秋左氏传解》、《论语注》,已佚。严可均《全三国文》卷六五载其文2篇。事迹见《三国志》卷五二。

陈群卒,生年不详。群字长文,颍川许昌人。祖父寔,父纪,叔父谌,皆有盛名。群为儿时,祖父陈寔奇异之,谓必兴宗室。延康元年,群为吏部尚书,以朝廷选用,不尽人才,乃制九品官人之法。明帝时官至司空、录尚书事,封颍阴侯。卒谥靖侯。《隋书》卷三五《经籍志四》著录司空《陈群集》5卷,亡。严可均《全三国文》卷二六载其文12篇。事迹见《三国志》卷二二。

何劭(—301)生。

按:《晋书》卷三三《何曾传》:"劭字敬祖,少与武帝同年,有总角之好。"陆侃如《中古文学系年》曰:"司马炎生于本年,劭与同年,当亦生于此时。"

魏青龙五年　景初元年　蜀汉建兴十五年 吴嘉禾六年　丁巳　237年

正月,吴平议奔丧立科。

按:《三国志》卷四七《吴书·吴主传》:"六年春正月,诏曰:'夫三年之丧,天下之达制,人情之极痛也……前故设科,长吏在官,当须交代,而故犯之,虽随纠坐,犹已废旷。方事之殷,国家多难,凡在官司,宜各尽节,先公后私,而不恭承,甚非谓也。中外群僚,其更平议,务令得中,详为节度。'顾谭议,以为'……愚以为长吏在远,苟不告语,势不得知。比选代之间,若有传者,必加大辟,则长吏无废职之负,孝子无犯重之刑'。将军胡综议,以为'……宜定科文,示以大辟,若故违犯,有罪无赦。以杀止杀,行之一人,其后必绝'。丞相(顾)雍奏从大辟。其后吴令孟宗丧母奔赴,已而自拘于武昌以听刑。陆逊陈其素行,因为之请,权乃减宗一等,后不得以为比,因此遂绝。"

三月,魏改元景初。

按:《三国志》卷三《魏书·明帝纪》曰:"景初元年春正月壬辰,山茌县言黄龙见。于是有司奏,以为魏得地统,宜以建丑之月为正。三月,定历改年为孟夏四月。服色尚黄,牺牲用白,戎事乘黑首白马,建大赤之旂,朝会建大白之旗。改太和历曰景初历。其春夏秋冬孟仲季月虽与正岁不同,至于郊祀、迎气、祠祀、蒸尝、巡狩、蒐田、分至启闭、班宣时令、中气早晚、敬授民事,皆以正岁斗建为历数之序。"裴注引《魏书》曰:"初,文皇帝即位,以受禅于汉,因循汉正朔弗改。帝在东宫著论,以为五帝三王虽同气共祖,礼不相袭,正朔自宜改变,以明受命之运。及即位,优游者久之,史官复著言宜改，乃诏三公、特进、九卿、中郎将、大夫、博士、议郎、千石、六百石博议，议者或不同。帝据古典，甲子诏曰：'夫太极运三辰五星于上，元气转三统五行于下，登降周旋，终则又始。故仲尼作《春秋》，于三微之月，每月称王，以明三正迭相为首。今推三统之次，魏得地统，当以建丑之月为正月。考之群艺，厥义章矣。其改青龙五年三月为景初元年四月。'"陈遵妫《中国天文学史》曰："景初历从魏景初元年开始施行，到魏亡止，只用了二十八年。魏灭后，晋泰始元年（265）改用泰始历，实即景初历，刘宋永初元年（420年）改用永初历，实即景初历，还有北魏也用它，因而景初历实际前后共用了二百十五年之久。"（陈遵妫《中国天文学史》中册，上海人民出版社2006年版第1039页。）

六月，魏奏定七庙之制，议定庙乐及舞。

按：《三国志》卷三《魏书·明帝纪》曰："有司奏：武皇帝拨乱反正，为魏太祖，乐用武始之舞。文皇帝应天受命，为魏高祖，乐用咸熙之舞。帝制作兴治，为魏烈祖，乐用章武（斌）之舞。三祖之庙，万世不毁。其余四庙，亲尽迭毁，如周后稷、文、武庙祧之制。"潘眉《三国志考证》卷一："章武当作章斌。《宋书·乐志》载魏公卿奏曰：于文，文武为斌，兼并文武，圣德所以章明也，臣等谨制乐舞，名章斌之舞。"《宋书》卷一九《乐志一》曰："明帝太和初，诏曰：'礼乐之作，所以类物表庸而不忘其本者也。凡音乐以舞为主，自黄帝《云门》以下，至于周《大武》，皆太庙舞名也。然则其所司之官，皆曰太乐，所以总领诸物，不可以一物名。武皇帝庙乐未称，其议定庙乐及舞，舞者所执，缀兆之制，声哥之诗，务令详备。乐官自如故为太乐。'太乐，汉旧名，后汉依谶改太予乐官，至是改复旧。于是公卿奏曰：'臣闻德盛而化隆者，则乐舞足以象其形容，音声足以发其哥咏。故荐之郊庙，而鬼神享其和；用之朝廷，则君臣乐其度。使四海之内，遍知至德之盛，而光辉日新者，礼乐之谓也。故先王殷荐上帝，以配祖考，盖当其时而制之矣。周之末世，上去唐、虞几二千年，《韶箾》、《南》、《籥》、《武》、《象》之乐，风声遗烈，皆可得而论也。由斯言之，礼乐之事，弗可以已。今太祖武皇帝乐，宜曰《武始之乐》。武，神武也。武，又迹也。言神武之始，又王迹所起也。高祖文皇帝乐，宜曰《咸熙之舞》。咸，皆也。熙，兴也。言应受命之运，天下由之皆兴也。至于群臣述德论功，建定烈祖之称，而未制乐舞，非所以昭德纪功。夫哥以咏德，舞以象事。于文，文武为斌，兼秉文武，圣德所以章明也。臣等谨制乐舞名《章斌之舞》。昔《箫韶》九奏，亲于虞帝之庭，《武》、《象》、《大武》，亦振于文、武之阼。特以显其德教，著其成功，天下被服其光辉，习咏其风声者也。自汉高祖、文帝各逮其时，而为《武德》、《四时》之舞，上考前代制作之宜，以当今成业之美，播扬弘烈，莫盛于《章斌》焉。《乐志》曰："钟磬干戚，所以祭先王之庙，又所以献酬酳酢也。在宗庙之中，君臣莫不致敬；族长之中，长幼无不从和。"故仲尼答宾牟贾之问曰："周道四达，礼乐交通。"《传》云："鲁有禘乐，宾祭用之。"此皆祭礼大享，通用盛乐之明文也。今有事于天地宗庙，则此三舞宜并以为荐享，及临朝大享，亦宜舞之。然后乃合古制事神训民之道，关于万世，其义益明。又臣等思惟，三舞宜有总名，可名《大钧之乐》。钧，平也。言大魏三世同功，以至隆平也。于名为美，于义为当。'尚书奏：'宜如所上。'帝初不许制《章斌之乐》。三请，乃许之。"侯康《三国志补注续》曰："《宋书·乐志一》，明帝太和（当作景初）初诏曰……"

七月，魏命公孙渊入朝，渊拒命，毋丘俭进军征讨（《三国志》卷三《魏书·明帝纪》）。

辛卯，公孙渊自立为燕王，置百官，称绍汉元年（《三国志》卷三《魏书·明帝纪》)。

魏令青、兖、幽、冀四州大作海船(《三国志》卷三《魏书·明帝纪》)。

九月庚辰，皇后毛氏卒。十月癸丑，葬悼毛后于愍陵(《三国志》卷五《魏书·后妃传》)。

十月乙卯，曹叡下诏营洛阳南委粟山为圜丘。十二月壬子冬至始祀圜丘，以始祖帝舜配，号圜丘曰皇皇帝天；方丘所祭曰皇皇后地，以舜妃伊氏配。自正始以后，终魏世不复郊祀。

按：《三国志》卷三《魏书·明帝纪》曰："(冬十月)乙卯，营洛阳南委粟山为圜丘。十二月壬子冬至，始祀。"裴注曰："《魏书》载诏曰：'盖帝王受命，莫不恭承天地以章神明，尊祀世统以昭功德，故先代之典既著，则禘郊祖宗之制备也。昔汉氏之初，承秦灭学之后，采撮残缺，以备郊祀，自甘泉后土、雍宫五畤，神祇兆位，多不见经，是以制度无常，一彼一此，四百余年，废无禘祀。古代之所更立者，遂有阙焉。曹氏系世，出自有虞氏，今祀圜丘，以始祖帝舜配，号圜丘曰皇皇帝天；方丘所祭曰皇皇后地，以舜妃伊氏配；天郊所祭曰皇天之神，以太祖武皇帝配；地郊所祭曰皇地之祇，以武宣后配；宗祀皇考高祖文皇帝于明堂，以配上帝。'至晋泰始二年，并圜丘、方丘二至之祀于南北郊。"

王肃议司徒陈矫服。

按：《三国志》卷二二《魏书·陈矫传》曰："(陈矫)景初元年薨，谥曰贞侯。"裴注引《魏氏春秋》曰："矫本刘氏子，出嗣舅氏而婚于本族。徐宣每非之，庭议其阙。太祖惜矫才量，欲拥全之，乃下令曰：'丧乱已来，风教彫薄，谤议之言，难用褒贬。自建安五年已前，一切勿论。其以断前诽议者，以其罪罪之。'"王肃议陈矫服，见《通典》卷六九。参见是年"王肃作《答刘氏弟子问》"条。

高堂隆议改正朔。迁光禄勋，上疏切谏增崇宫室。

按：《三国志》卷二五《魏书·高堂隆传》曰："隆又以为改正朔，易服色，殊徽号，异器械，自古帝王所以神明其政，变民耳目，故三春称王，明三统也。于是敷演旧章，奏而改焉。帝从其议，改青龙五年春三月为景初元年孟夏四月，服色尚黄，牺牲用白，从地正也。迁光禄勋。帝愈增崇宫殿……而辽东不朝。悼皇后崩。天作淫雨，冀州水出，漂没民物。隆上疏切谏曰……"

魏三十人约是年从高堂隆、苏林、秦静分受四经三礼。

按：《三国志》卷二五《高堂隆传》曰："始，景初中，帝以苏林、秦静等并老，恐无能传业者。乃诏曰：'昔先圣既没，而其遗言余教，著于六艺。六艺之文，礼又为急，弗可斯须离者也。末俗背本，所由来久。故闵子讥原伯之不学，荀卿丑秦世之坑儒，儒学既废，则风化曷由兴哉？方今宿生巨儒，并各年高，教训之道，孰为其继？昔伏生将老，汉文帝嗣以晁错；《谷梁》寡畴，宣帝承以十郎。其科郎吏高才解经义者三十人，从光禄勋隆、散骑常侍林、博士静，分受四经三礼，主者具为设课试之法。夏侯胜有言：'士病不明经术，经术苟明，其取青紫如俯拾地芥耳。'今学者有能究极经道，则爵禄荣宠，不期而至。可不勉哉！'数年，隆等皆卒，学者遂废。"次年高堂隆卒，姑系是年。

庾峻约是年访苏林。

按：《晋书》卷五〇《庾峻传》："庾峻字山甫，颍川鄢陵人也。祖乘，才学洽闻，汉司徒辟，有道征，皆不就。伯父嶷，中正简素，仕魏为太仆。父道，廉退贞固……峻少好学，有才思。尝游京师，闻魏散骑常侍苏林老疾在家，往候之。林尝就乘学，见峻流涕,良久曰:'尊祖高才而性退让,慈和泛爱,清静寡欲,不营当世,惟修德行而已。鄢陵旧五六万户,闻今裁有数百。君二父孩抱经乱,独至今日,尊伯为当世令器,君兄弟复俊茂,此尊祖积德之所由也。'"此事年月史书不载,据《三国志》卷二五《高堂隆传》"景初中,帝以苏林、秦静等并老……数年,隆等皆卒",疑当在是年前后。

蒋济与高堂隆等论郊祀。

按:《三国志》卷一四《魏书·蒋济传》曰:"初,侍中高堂隆论郊祀事,以魏为舜后,推舜配天。济以为舜本姓妫,其苗曰田,非曹之先,著文以追诘隆。"裴注:"臣松之案蒋济《立郊议》称《曹腾碑文》云'曹氏族出自邾',《魏书》述曹氏胤绪亦如之。魏武作《家传》,自云曹叔振铎之后。故陈思王作《武帝诔》曰:'于穆武皇,胄稷胤周。'此其不同者也。及至景初,明帝从高堂隆议,谓魏为舜后,后魏为《禅晋文》,称'昔我皇祖有虞',则其异弥甚。寻济难隆,及与尚书缪袭往反,并有理据,文多不载。济亦未能定氏族所出,但谓'魏非舜后而横祀非族,降黜太祖,不配正天,皆为缪妄'。然于时竟莫能正。济又难:郑玄注《祭法》云'有虞以上尚德,禘郊祖宗,配用有德,自夏已下,稍用其姓氏'。济曰:'夫虬龙神于獭,獭自祭其先,不祭虬龙也。骐驎白虎仁于豺,豺自祭其先,不祭骐虎也。如玄之说,有虞已上,豺獭之不若邪?臣以为祭法所云,见疑学者久矣,郑玄不考正其违而就通其义。'济豺獭之譬,虽似俳谐,然其义旨,有可求焉。"

卢毓为吏部尚书,荐郑冲、阮武、孙邕等。

按:《三国志》卷二二《魏书·卢毓传》曰:"卢毓字子家,涿郡涿人也。父植,有名于世……青龙二年,入为侍中。先是,散骑常侍刘劭受诏定律,未就。毓上论古今科律之意,以为法宜一正,不宜有两端,使奸吏得容情。……在职三年,多所驳争。诏曰:'……其以毓为吏部尚书。'使毓自选代,曰:'得如卿者乃可。'毓举常侍郑冲,帝曰:'文和,吾自知之,更举吾所未闻者。'乃举阮武、孙邕,帝于是用邕。"

钟会十三岁诵《周礼》、《礼记》(《三国志》卷二八《魏书·钟会传》裴注)。

韦昭约是年为尚书郎。

按:陆侃如《中古文学系年》曰:"《三国志·吴志》卷二十《韦曜传》:'还为尚书郎。'年月无考,假定在为中庶子前五年左右。"

杨伟作《景初历》及《上景初历表》。

按:《宋书》卷一二《律历志中》曰:"明帝时,尚书郎杨伟制《景初历》,施用至于晋、宋……魏明帝景初元年,改定历数,以建丑之月为正,改其年三月为孟夏四月。其孟仲季月,虽与正岁不同,至于郊祀、迎气、祭祠、烝尝、巡狩、蒐田、分至启闭,班宣时令,皆以建寅为正。三年正月,帝崩,复用夏正。杨伟表曰……"

董寻作《上书谏明帝》。

按:依王鸣盛《十七史商榷》卷四〇,明帝似有两次迁徙金人,一次在青龙元年,一次在景初元年。董寻此书见于《三国志》卷三《魏书·明帝纪》裴注,似为明帝景初元年第二次迁徙而作。

高堂隆作《改正朔议》、《服黄读令议》及《切谏增崇宫室疏》。

按:《宋书》卷一四《礼志一》:"明帝即位,便有改正朔之意,朝议多异同,故持疑不决。久乃下诏曰:'黄初以来,诸儒共论正朔,或以改之为宜,或以不改为是,意取驳异,于今未决。朕在东宫时闻之,意常以为夫子作《春秋》,通三统,为后王法。正朔各从色,不同因袭。自五帝、三王以下,或父子相继,同体异德;或纳大麓,受终文祖；或寻干戈，从天行诛。虽遭遇异时，步骤不同，然未有不改正朔，用服色，表明文物，以章受命之符也。由此言之，何必以不改为是邪！'于是公卿以下博议。侍中高堂隆议曰：'按自古有文章以来，帝王之兴，受禅之与干戈，皆改正朔，所以明天道，定民心也。……凡典籍所记，不尽于此，略举大较，亦足以明也。'太尉司马懿、尚书仆射卫臻、尚书薛悌、中书监刘放、中书侍郎刁幹、博士秦静、赵怡、中候中诏李岐以为宜改；侍中缪袭、散骑常侍王肃、尚书郎魏衡、太子舍人黄史嗣以为不宜改。青龙五年，山茌县言黄龙见。帝乃诏三公曰：'……改青龙五年春三月为景初元年孟夏四月……'"《宋书》将《改正朔议》系于青龙五年前，陆侃如《中古文学系年》系此议于景初元年。青龙五年高堂隆亦有议改正朔，乃"敷演旧章"而成（参见是年"高堂隆议改正朔。迁光禄勋，上疏切谏增崇宫室"条），或即《宋书·礼志》所载。姑系于是年。

《服黄读令议》见《通典》卷七〇。《切谏增崇宫室疏》见《三国志》卷二五《魏书·高堂隆传》，文中言"辽东不朝，悼皇后崩"，一言是年公孙渊反，一指悼皇后即毛后卒，故作于是年。

王肃作《答刘氏弟子问》。

按：陈矫本刘氏，养在陈氏。是年七月卒，刘氏弟子疑所服，以问王肃。王肃答问见《通典》卷六九曰："司徒广陵陈矫，字季弼，本刘氏，养于陈氏。及其薨，刘氏弟子疑所服，以问王肃。答曰：'昔陈司徒丧母，诸儒陈其子无服，甚失理矣。为外祖父母小功，此以异姓而有服者。岂不以母之所生，反重于父之所生？不亦左乎？为人后者，其妇为舅姑大功。妇，他人也。犹为夫故，父母降一等；祖，至亲也，而可以无服乎！推妇降一等，则子孙宜依本亲而降一等。'"

曹叡作《改元景初以建丑月为正月诏》、《议牲色诏》、《答议牲色诏》、《郊禘诏》、《与彭城王玺书》及《皇后崩称大行诏》。

按：《改元景初以建丑月为正月诏》见《三国志》卷三《魏书·明帝纪》裴注引《魏书》曰："初，文皇帝即位，以受禅于汉，因循汉正朔弗改。帝在东宫著论，以为五帝三王虽同气共祖，礼不相袭，正朔自宜改变，以明受命之运。及即位，优游者久之，史官复著言宜改，乃诏三公、特进、九卿、中郎将、大夫、博士、议郎、千石、六百石博议，议者或不同。帝据古典，甲子诏曰：'夫太极运三辰五星于上，元气转三统五行于下，登降周旋，终则又始。故仲尼作《春秋》，于三微之月，每月称王，以明三正迭相为首。今推三统之次，魏得地统，当以建丑之月为正月。考之群艺，厥义章矣。其改青龙五年三月为景初元年四月。'"《宋书》卷一四《礼志一》更为详备。

《议牲色诏》、《答议牲色诏》见《宋书》卷一四《礼志一》："明帝又诏曰：'以建寅之月为正者，其牲用玄；以建丑之月为正者，其牲用白；以建子之月为正者，其牲用骍。此为牲色各从其正，不随所祀之阴阳也。祭天不嫌于用玄，则祭地不得独疑于用白也。天地用牲，得无不宜异邪？更议。'于是议者各有引据，无适可从。又诏曰：'诸议所依据各参错，若阳祀用骍，阴祀用黝，复云祭天用玄，祭地用黄，如此，用牲之义，未为通也。天地至尊，用牲当同以所尚之色，不得专以阴阳为别也。今祭皇皇帝天、皇皇后地、天地郊、明堂、宗庙，皆宜用白。其别祭五郊，各随方色；祭日月星辰之类用骍，社稷山川之属用玄，此则尊卑方色，阴阳众义畅矣。'"

《郊禘诏》见《三国志》卷三《魏书·明帝纪》裴注引《魏书》曰："诏曰：'盖帝王受命，莫不恭承天地以章神明，尊祀世统以昭功德，故先代之典既著，则禘郊祖宗之制备也。昔汉氏之初，承秦灭学之后，采摭残缺，以备郊祀，自甘泉后土、雍宫五畤，神祇兆位，多不见经，是以制度无常，一彼一此，四百余年，废无禘祀。古代之所更立者，遂有阙焉。曹氏系世，出自有虞氏，今祀圜丘，以始祖帝舜配，号圜丘曰皇皇帝天；方丘所祭曰皇皇后地，以舜妃伊氏配；天郊所祭曰皇天之神，以太祖武皇帝配；地郊所祭曰皇地之祇，以武宣后配；宗祀皇考高祖文皇帝于明堂，以配上帝。'至晋泰始二年，并圜丘、方丘二至之祀于南北郊。"以上诸篇诏文见出自魏文帝至魏明帝时，曹魏对汉代制度的继承与改制。

《与彭城王玺书》见《三国志》卷二〇《魏书·武文世王公传》。

《皇后崩称大行诏》见《通典》卷七九，参见是年"孙毓作《皇后崩未葬不宜称大行议》"条。

孙毓作《皇后崩未葬不宜称大行议》。

按：《通典》卷七九曰："明帝时，毛皇后崩，未葬，诏'宜称大行'。尚书孙毓奏：'武宣皇后崩，未葬时，称太后。文德皇后崩，侍中苏林议："皇后皆有谥，未葬宜称大行。"臣以为古礼无称大行之文。按汉天子称行在所，言不常居，崩曰大行者，不返之称也。未葬未有谥，不言大行，则嫌与嗣天子同号。至于后崩未葬，礼未立后，宜无所嫌，故汉氏诸后不称大行，谓未葬宜直称皇后。'诏曰：'称大行者，所以别存亡之号。故事已然，今当如林议，称大行。'"

魏景初二年　蜀汉后主延熙元年　吴嘉禾七年吴主孙权赤乌元年　戊午　238 年

正月，魏诏太尉司马懿率军攻讨辽东公孙渊（《三国志》卷三《魏书·明帝纪》）。

是月，蜀改元延熙，立刘璿为太子（《三国志》卷三三《蜀书·后主传》）。

六月，倭女王卑弥呼遣使者难升米、都市牛利等至魏，献男女生口及班布。魏封卑弥呼为"亲魏倭王"（《三国志》卷三〇《魏书·倭人传》）。

八月丙寅，魏司马懿围公孙渊于襄平，大破之，杀渊父子，海东诸郡平（《三国志》卷三《魏书·明帝纪》）。

八月，吴改元赤乌（《三国志》卷四七《吴书·吴主传》）。

十二月，魏曹叡病重，以燕王宇为大将军，甲申免，以武卫将军曹爽代之（《三国志》卷三《魏书·明帝纪》裴注引《汉晋春秋》）。

是年，吴吕壹典校文书，深文巧诋，毁短大臣，孙权穷治壹罪，遂诛吕壹。

按：《资治通鉴》卷七四系此事于是年。

高堂隆撰封禅礼仪，未成而卒。

按：《三国志》卷二五《魏书·高堂隆传》："初，太和中，中护军蒋济上疏曰'宜遵古封禅'。诏曰：'闻济斯言，使吾汗出流足。'事寝历岁，后遂议修之，使隆撰其礼仪。帝闻隆没，叹息曰：'天不欲成吾事，高堂生舍我亡也。'"

王肃约是年与曹叡议汉事，褒奖司马迁的实录精神。

按：《三国志》卷一三《魏书·王朗传》曰："帝尝问曰：'汉桓帝时，白马令李云上

元老院废马克西米努斯，立普皮恩努斯·马克西穆斯为罗马皇帝，巴尔比努斯共治。

禁卫军弑普皮恩努斯皇帝及巴尔比努斯。

书言:"帝者,谛也。是帝欲不谛。"当何得不死?'肃对曰:'但为言失逆顺之节。原其本意,皆欲尽心,念存补国。且帝者之威,过于雷霆,杀一匹夫,无异蝼蚁。宽而宥之,可以示容受切言,广德宇于天下。故臣以为杀之未必为是也。'帝又问:'司马迁以受刑之故,内怀隐切,作《史记》非贬孝武,令人切齿。'对曰:'司马迁记事,不虚美,不隐恶。刘向、扬雄服其善叙事,有良史之才,谓之实录。汉武帝闻其述《史记》,取孝景及己本纪览之,于是大怒,削而投之。于今此两纪有录无书。后遭李陵事,遂下迁蚕室。此为隐切在孝武,而不在于史迁也。'"此事载于正始元年前,明年魏明帝卒,姑系于是年。

刘劭著考课法,事下三府,傅嘏难之。后考课竟不行。

按:《三国志》卷二一《魏书·刘劭传》曰:"景初中,受诏作《都官》考课。"同卷《傅嘏传》曰:"时散骑常侍刘劭作考课法,事下三府。嘏难劭论曰……"参见是年"刘劭作《都官考课》72条,又作《说略》1篇及《上都官考课疏》、《乐论》14篇、《祀六宗议》等"条。

又按:《三国志》卷二二《魏书·卢毓传》载魏明帝下诏考课的原因:"前此诸葛诞、邓飏等驰名誉,有四聪八达之诮,帝疾之。时举中书郎,诏曰:'得其人与否,在卢生耳。选举莫取有名,名如画地作饼,不可啖也。'毓对曰:'名不足以致异人,而可以得常士。常士畏教慕善,然后有名,非所当疾也。愚臣既不足以识异人,又主者正以循名案常为职,但当有以验其后。故古者敷奏以言,明试以功。今考绩之法废,而以毁誉相进退,故真伪浑杂,虚实相蒙。'帝纳其言,即诏作考课法。会司徒缺,毓举处士管宁,帝不能用。更问其次,毓对曰:'敦笃至行,则太中大夫韩暨;亮直清方,则司隶校尉崔林;贞固纯粹,则太常常林。'帝乃用暨。毓于人及选举,先举性行,而后言才。黄门李丰尝以问毓,毓曰:'才所以为善也,故大才成大善,小才成小善。今称之有才而不能为善,是才不中器也。'丰等服其言。"

卫臻为司徒,崔林为司空(《三国志》卷三《魏书·明帝纪》)。

韩暨为司徒,临终遗言葬礼从俭。

按:《三国志》卷二四《魏书·韩暨传》曰:"景初二年春,诏曰:'太中大夫韩暨,澡身浴德,志节高絜,年逾八十,守道弥固,可谓纯笃,老而益劭者也。其以暨为司徒。'夏四月薨,遗令敛以时服,葬为土藏。谥曰恭侯。"

嵇康为浔阳长。

按:刘汝霖《汉晋学术编年》考证曰:"按康之为浔阳长,见《北堂书钞》一百引《嵇康集》。康之为官,至早须在十余岁。而依各方考之,是年不过十五岁。十二月明帝即寝疾不起。故其擢嵇康,至迟亦须在此年也。"

钟会十四岁,诵《成侯易记》(《三国志》卷二八《魏书·钟会传》裴注)。

按:钟会父钟繇卒谥成侯,著有《周易训》。姚振宗《三国艺文志》:"《易记》,疑'记'为'说'、'训'、'注'等字之讹。"

蒋琬总帅诸军屯住汉中(《三国志》卷四四《蜀书·蒋琬传》)。

李譔为太子庶子。

按:《三国志》卷四二《蜀书·李譔传》曰:"李譔字钦仲,梓潼涪人也。……延熙元年,后主立太子,以譔为庶子。"

刘劭作《都官考课》72条,又作《说略》1篇及《上都官考课疏》、《乐论》14篇、《祀六宗议》等。

魏景初二年　蜀汉后主延熙元年　吴嘉禾七年　吴主孙权赤乌元年　戊午　238年

按：《三国志》卷二一《魏书·刘劭传》曰："景初中，受诏作《都官考课》。劭上疏曰：'百官考课，王政之大较，然而历代弗务，是以治典阙而未补，能否混而相蒙。陛下以上圣之宏略，愍王纲之弛颓，神虑内鉴，明诏外发。臣奉恩旷然，得以启矇，辄作《都官考课》七十二条，又作《说略》一篇。臣学寡识浅，诚不足以宣畅圣旨，著定典制。'又以为宜制礼作乐，以移风俗，著《乐论》十四篇，事成未上。会明帝崩，不施行。"又，《晋书》卷一九《礼志上》载挚虞奏言中提及："……景初二年，大议其神，朝士纷纭，各有所执。惟散骑常侍刘邵以为万物负阴而抱阳，冲气以为和。六宗者，太极冲和之气，为六气之宗者也。《虞书》谓之六宗，《周书》谓之天宗。是时考论异同，而从其议。"

傅嘏作《难刘劭考课法论》（《三国志》卷二一《魏书·傅嘏传》）。

按：参见是年"刘劭著考课法，事下三府，傅嘏难之。后考课竟不行"条。

杜恕作《议考课疏》。

按：《三国志》卷一六《魏书·杜恕传》曰："时又大议考课之制，以考内外众官。恕以为用不尽其人，虽才且无益，所存非所务，所务非世要。上疏曰……"文中有云"今之学者，师商、韩而上法术，竞以儒家为迂阔，不周世用，此最风俗之流弊，创业者之所致慎也"。

崔林作《考课议》。

按：《三国志》卷二四《魏书·崔林传》曰："散骑常侍刘劭作《考课论》，制下百僚。林议曰……"

高堂隆作《疾笃口占上疏》。

按：《三国志》卷二五《魏书·高堂隆传》曰："隆疾笃，口占上疏曰……"高堂隆多有上疏，切谏时弊，这应是他生平最后一次上疏。

蒋济约是年作《谏外勤征役内务宫室疏》。

按：《三国志》卷一四《魏书·蒋济传》曰："景初中，外勤征役，内务宫室，怨旷者多，而年谷饥俭。济上疏曰……"以"景初中"，暂系是年。

缪袭约是年作《奏改安世哥为享神哥》及《奏文昭皇后庙乐》。

按：《奏改安世哥为享神哥》、《奏文昭皇后庙乐》见《宋书》卷一九《乐志一》，无具体系年。《三国志》卷二一《魏书·刘劭传》曰："劭同时东海缪袭亦有才学，多所述叙，官至尚书、光禄勋。"裴注引《文章志》曰："袭字熙伯。辟御史大夫府，历事魏四世。正始六年，年六十卒。"又，《晋书》卷一九《礼志上》挚虞言及景初二年刘劭议祀六宗，故假定是年。

何曾作《上魏明帝疏请选征辽东副将》（《三国志》卷三《魏书·明帝纪》裴注引《魏名臣奏》及《晋书》卷三三《何曾传》）。

曹叡约是年作《高祖光武陵不得耕牧樵采诏》及《追录陈思王遗文诏》。

按：《高祖光武陵不得耕牧樵采诏》见《三国志》卷三《魏书·明帝纪》裴注引《魏书》。《追录陈思王遗文诏》见《三国志》卷一九《魏书·陈思王传》曰："景初中诏曰：'陈思王昔虽有过失，既克己慎行，以补前阙，且自少至终，篇籍不离手，诚难能也。其收黄初中诸奏植罪状，公卿已下议尚书、秘书、中书三府、大鸿胪者，皆削除之。撰录植前后所著赋、颂、诗、铭、杂论，凡百余篇，副藏内外。"以"景初中"，姑系是年。

步骘作《上疏论典校》。

按：《三国志》卷五二《吴书·步骘传》："后中书吕壹典校文书，多所纠举，骘上疏曰……（孙）权亦觉悟，遂诛吕壹。"步骘所论共有四篇，其中一篇言及"赤乌二年正月一日及二十七日,地皆震动",故其所论三篇应作于吕壹被诛前,一篇著于明年。

  孙权作《诏责诸葛瑾、步骘、朱然、吕岱等》。

  按:文见《三国志》卷四七《吴书·吴主传》,此文作于吕壹纠劾大臣被诛之后,希望大臣陈政损益,匡所不逮,也表达了君臣共定大业、整齐天下的愿望。

  高堂隆卒,生年不详。隆字升平,泰山平阳人。鲁高堂生之后。历任泰山督邮、历城侯文学、堂阳长、陈留太守、散骑常侍、光禄勋等。隆学问优深,为郑学,议礼制;精天文,受诏推校历法。曹叡大治宫室,及崇华殿灾,隆皆引经据典,上疏切谏。《隋书》卷三三《经籍志二》著录《魏台杂访议》3卷。卷三四《经籍志三》著录《杂忌历》2卷,梁有《张掖郡玄石图》1卷;《相牛经》,亡。卷三五《经籍志四》著录魏光禄勋《高堂隆集》6卷,梁10卷,录1卷。严可均《全三国文》卷三一载其文29篇。事迹见《三国志》卷二五。

魏景初三年　　蜀汉延熙二年　　吴赤乌二年
己未　　239年

  正月丁亥,魏曹叡卒。太子齐王芳即位,年八岁。大将军曹爽、太尉司马懿辅政(《三国志》卷三《魏书·明帝纪》)。

  二月,魏曹爽用丁谧策,转司马懿为太傅,削其实权(《三国志》卷四《魏书·齐王芳纪》)。

  西域重译献火浣布,魏诏大将军、太尉临试以示百寮。

  按:《三国志》卷四《魏书·齐王芳纪》裴注曰:"《搜神记》曰:昆仑之墟,有炎火之山,山上有鸟兽草木,皆生于炎火之中,故有火浣布,非此山草木之皮枲,则其鸟兽之毛也。汉世西域旧献此布,中间久绝;至魏初,时人疑其无有。文帝以为火性酷烈,无含生之气,著之《典论》,明其不然之事,绝智者之听。及明帝立,诏三公曰:'先帝昔著《典论》,不朽之格言,其刊石于庙门之外及太学,与石经并,以永示来世。'至是西域使至而献火浣布焉,于是刊灭此论,而天下笑之。臣松之昔从征西至洛阳,历观旧物,见《典论》石在太学者尚存,而庙门外无之,问诸长老,云晋初受禅,即用魏庙,移此石于太学,非两处立也。窃谓此言为不然。"

  三月,魏以征东将军满宠为太尉(《三国志》卷四《魏书·齐王芳纪》)。

  是月,吴遣将羊衜、郑胄、孙怡等由海道击魏辽东守将,俘人民而去(《三国志》卷四七《吴书·吴主传》)。

  按:《三国志》卷四七《吴书·吴主传》裴注引《文士传》曰:"胄字敬先,沛国人。父札,才学博达,权为骠骑将军,以札为从事中郎,与张昭、孙邵共定朝仪。胄其少子,有文武姿局,少知名,举贤良,稍迁建安太守。……后拜宣信校尉,往救公孙渊,已为魏所破,还迁执金吾。子丰,字曼季,有文学操行,与陆云善,与云诗相往反。司空张华辟,未就,卒。"

十二月,魏仍以建寅之月为正月。

按:《三国志》卷四《魏书·齐王芳纪》曰:"十二月,诏曰:'烈祖明皇帝以正月弃背天下,臣子永惟忌日之哀,其复用夏正;虽违先帝通三统之义,斯亦礼制所由变改也。又夏正于数为得天正,其以建寅之月为正始元年正月,以建丑月为后十二月。'"

王肃议曹叡丧礼。

按:《通典》卷七九曰:"景初中,明帝崩于建始殿,殡于九龙殿。尚书访曰:'当以明皇帝谥告四祖,祝文于高皇称玄孙之子,云何?'王肃曰:'礼称曾孙某,谓国家也。荀爽、郑玄说皆云:"天子诸侯事曾祖以上,皆称曾孙。"'又访:'按汉既葬,容衣还,儒者以为宜如文皇帝故事,以存时所服。'王肃曰:'礼虽无容衣之制,今须容衣还而后虞祭,宜依尸服卒者上服之制。生时亵服,可随所存;至于制度,则不如礼。孔子曰"祭之以礼",亦谓此也。诸侯之上服,则今服也。天子不为命服,然亦所以命服之上也。案汉氏西京故事,月游衣冠,则容衣也。言冠以正服,不以亵衣也。'尚书又访:'容衣还,群臣故当在帐中,常填卫见。'王肃曰:'礼不墓祭。而汉氏正月上陵。神座在西序,东向,百辟计吏前告郡之谷价,人之疾苦,欲先帝魂灵闻知。时蔡邕以为"礼有烦而不可去,事亡如存",况今无填卫之禁,而合于如事存之意。可见于门内,拜讫入帐,临乃除服。'"

曹爽约是年辟羊祜与王沈,祜辞辟,沈就征。

按:《晋书》卷三四《羊祜传》曰:"及长,博学能属文,身长七尺三寸,美须眉,善谈论。郡将夏侯威异之,以兄霸之子妻之。举上计吏,州四辟从事、秀才,五府交命,皆不就。太原郭奕见之曰:'此今日之颜子也。'与王沈俱被曹爽辟。沈劝就征,祜曰:'委质事人,复何容易。'及爽败,沈以故吏免,因谓祜曰:'常识卿前语。'祜曰:'此非始虑所及。'其先识不伐如此。"《晋书》卷三九《王沈传》曰:"王沈,字处道,太原晋阳人也。祖柔,汉匈奴中郎将。父机,魏东郡太守。沈少孤,养于从叔司空昶,事昶如父。奉继母寡嫂以孝义称。好书,善属文。大将军曹爽辟为掾,累迁中书门下侍郎。及爽诛,以故吏免。"曹爽上年为大将军,姑系于是年。

应璩为侍中。

按:《三国志》卷二一《魏书·王粲传》曰:"璩官至侍中。"裴注引《文章叙录》曰:"齐王即位,稍迁侍中、大将军长史。"

钟会十五入太学,问四方奇文异训(《三国志》卷二八《魏书·钟会传》裴注)。

应璩约是年作《与满炳书》,受命撰《魏书》。

按:陆侃如《中古文学系年》:"《三国志》卷二十六《满宠传》:'景初二年以宠年老征还,迁为太尉……正始三年薨。'严可均《全三国文》卷三十载璩《与满公琰书》:'外嘉郎君谦下之德。'《文选》卷四十二李善注:'满宠子炳字公琰,为别部司马。'《百三家集·应休琏集》注:'炳父宠为太尉,璩常事之,故呼曰郎君。'朱铭《文选拾遗》:'《两汉刊误补遗》云:"汉制吏二千石以上,得任同产若子为郎,故称人之子弟为郎君。"'故假定此书作于本年前后。"又曰:"《史通》卷十二《古今正史》:'《魏史》……累载不成,又命侍中韦诞、应璩……等复共撰定。'诞于八年前受命,璩大约在本年。"

刘劭作《明帝诔》。

按：《文选》卷一四颜延之《赭白马赋》"盖乘风之淑类，实先景之洪胤"句李善注引曰："刘劭《魏明帝诔》曰：'先皇喜其诞授洪胤。'"

何晏作《明帝谥议》。

按：严可均《全三国文》卷三九载《明帝谥议》曰："案：外内群察议宜曰明，余所执难各不同，《书》曰：'三人占，则从二人之言。'《传》曰：'善钧，从众。'今称明者，可谓众也。"严注曰："《书钞》未改本九十四《谥篇》。"又，陆侃如《中古文学系年》曰："《隋书》卷三十三《经籍志》二著录晏《魏晋谥议》十三卷，但据《旧唐书》卷四十六《经籍志》上及《新唐书》卷五十八《艺文志》二，则仅《魏明帝谥议》二卷为晏作；余《晋谥议》八卷及《晋简文谥议》四卷未著撰人，当与晏无涉。事实上他死于晋代魏前十六年，当然不可能议晋谥。"

曹叡卒（205—　）。叡字元仲，沛国谯人。曹丕之子。能诗文，长于乐府，与曹操、曹丕并称魏之"三祖"，然文学成就远不及操、丕。在位时，曾置崇文馆，征召文士，鼓励学术活动。晚年大营宫室，大臣屡谏而不能纳。《隋书》卷三五《经籍志四》著录《魏明帝集》7卷，梁5卷，或9卷，录1卷。《旧唐书》卷四六《经籍志》著录《海内先贤传》4卷。严可均《全三国文》载其文91篇。逯钦立《魏诗》卷五载其诗18篇。事迹见《三国志》卷三《明帝纪》。

按：《三国志》卷三《明帝纪》曰：是年"正月丁亥……帝崩于嘉福殿，时年三十六"。裴注曰："魏武以建安九年八月定邺，文帝始纳甄后，明帝应以十年生，计至此年正月，整三十四年耳。时改正朔，以故年十二月为今年正月，可强名三十五年，不得三十六也。"

傅咸（　—294）、索靖（　—303）生；续咸（　—335?）约生。

魏齐王曹芳正始元年　蜀汉延熙三年
吴赤乌三年　庚申　240年

二月丙戌，魏在齐招辽东渡海之流民（《三国志》卷四《魏书·齐王芳纪》）。

是春，越嶲蛮夷起兵反蜀，杀太守龚禄、焦璜，此后太守不敢至郡。蜀后主以张嶷为越嶲太守，嶷恩威并施，越嶲始定（《三国志》卷三三《蜀书·后主传》、《资治通鉴》卷七四《魏纪六》）。

是年，魏太守弓遵遣使奉诏书印绶至倭，并送金帛等物，倭王答谢（《册府元龟》卷九六三）。

何晏为散骑侍郎。

按：《三国志》卷九《魏书·曹爽传》裴注引《魏略》曰："至正始初，曲合于曹爽，亦以才能，故爽用为散骑侍郎。"

魏齐王曹芳正始元年　蜀汉延熙三年　吴赤乌三年　庚申　240年

夏侯玄约是年迁中护军，顷之，为征西将军，假节都督雍、凉州诸军事。

按：《三国志》卷九《魏书·夏侯玄传》曰："累迁散骑常侍、中护军。"裴注引《世语》曰："玄世名知人，为中护军，拔用武官，参戟牙门，无非俊杰，多牧州典郡。立法垂教，于今皆为后式。"又引《魏略》曰："玄既迁，司马景王代为护军。护军总统诸将，任主武官选举，前后当此官者，不能止货赂。……玄代济，故不能止绝人事。及景王之代玄，整顿法令，人莫犯者。"《三国志》卷一四《魏书·蒋济传》曰："齐王即位，徙为领军将军，进爵昌陵亭侯。"是知夏侯玄代济为中护军应在景初三年"齐王即位"或是年。

诸葛诞复为御史中丞尚书，出为扬州刺史，加昭武将军。

按：《三国志》卷二八《魏书·诸葛诞传》曰："会帝崩，正始初，玄等并在职。复以诞为御史中丞尚书，出为扬州刺史，加昭武将军。"

傅嘏为尚书郎。

按：《三国志》卷二一《魏书·傅嘏传》曰："正始初，除尚书郎。"

傅玄约是年举秀才，除郎中。

按：陆侃如《中古文学系年》曰："《晋书》卷四十七《傅玄传》：'郡上计吏再举孝廉，太尉辟，皆不就。州举秀才，除郎中。'年月无考，今假定在撰《魏书》之前五年左右。"

王肃为广平太守，表彰张臶。

按：《三国志》卷一三《魏书·王朗传》曰："正始元年，出为广平太守。"《三国志》卷一一《魏书·管宁传》曰："钜鹿张臶，字子明，颍川胡昭，字孔明，亦养志不仕。……正始元年，戴鵀之鸟，巢臶门阴。臶告门人曰：'夫戴鵀阳鸟，而巢门阴，此凶祥也。'乃援琴歌咏，作诗二篇，旬日而卒，时年一百五岁。是岁，广平太守王肃至官，教下县曰：'前在京都，闻张子明，来至问之，会其已亡，致痛惜之。此君笃学隐居，不与时竞，以道乐身。昔绛县老人屈在泥涂，赵孟升之，诸侯用睦。愍其耄勤好道，而不蒙荣宠，书到，遣吏劳问其家，显题门户，务加殊异，以慰既往，以劝将来。'"

荀顗为散骑侍郎。

按：《晋书》卷三九《荀顗传》曰："荀顗，字景倩，颍川人，魏太尉彧之第六子也。幼为姊婿陈群所赏。性至孝，总角知名，博学洽闻，理思周密。魏时以父勋除中郎。宣帝辅政，见顗奇之，曰：'荀令君之子也。'擢拜散骑侍郎，累迁侍中。为魏少帝执经，拜骑都尉，赐爵关内侯。难钟会《易》无互体，又与扶风王骏论仁孝孰先，见称于世。"

薛综徙选曹尚书。荐让顾谭，谭后遂代综。

按：《三国志》卷五三《吴书·薛综传》曰："赤乌三年，徙选曹尚书。"卷五二《吴书·顾谭传》曰："薛综为选曹尚书，固让谭曰：'谭心精体密，贯道达微，才照人物，德允众望，诚非愚臣所可越先。'后遂代综。"

夏侯玄约是年作《议时事》。

按：《三国志》卷九《魏书·夏侯玄传》曰："太傅司马宣王问以时事，玄议以为……"所议涉及"审官择人，除重官，改服制"等方面内容。玄议时事为迁中护军后，暂系是年。

邓艾作《济河论》及《屯田议》。

按：二文见《三国志》卷二八《魏书·邓艾传》。本传系此于正始二年前。

胡综作《请立诸王表》。

按：文见《艺文类聚》卷五一。文中言及"陛下践阼以来十有二载"，孙权于229年践阼，至是年十二载。

李康约卒，生年不详。康字萧远，中山人。性耿介，不随俗，所作《游山九吟》，为明帝称赏。任寻阳长，有政绩。所作《运命论》为魏晋时讨论命运问题的较早的一篇文章。《文心雕龙·论说》云："至如李康《运命》，同《论衡》而过之。"《文选》卷五三有录，生平略见李善注引《集林》。《隋书》卷三五《经籍志四》著录梁有隰阳侯《李康集》2卷，亡。严可均《全三国文》卷四三载其文3篇。

按：陆侃如《中古文学系年》："《隋书》卷三十五《经籍志》四：'[梁又有]隰阳侯《李康集》二卷，录一卷……亡。'严可均《全三国文》卷四十三注：'后封阁阳侯。'姚振宗《隋书经籍志考证》卷三十九之三：'案《魏书》及《集林》所载，自不得有封侯之事，不知严氏何以云尔。'……我们虽不详封侯之故，但也不能断定必无其事，今从《隋志》。年月无从臆断，今假定封侯在明帝末年，卒年可能在二四〇年左右。"今从之。

谢承约卒，生年不详。承字伟平，山阴人。博学洽闻，尝所知见，终身不忘。曾拜五官郎中，稍迁长沙东部都尉、武陵太守。《隋书》卷三三《经籍志二》著录其著《后汉书》130卷，无帝纪；《会稽先贤传》7卷；卷三五《经籍志四》著录《谢承集》4卷，亡。清汪文台《七家后汉书》辑有《谢承后汉书》8卷。严可均《全三国文》卷六六载其文4篇。事迹略见《三国志》卷五〇《吴书·谢夫人传》。

按：谢承生卒年无考，今依陆侃如《中古文学系年》，系卒年于是年。参见235年"谢承约是年为武陵太守"条。

阮种（　—320?）约生。

魏正始二年　蜀汉延熙四年　吴赤乌四年
辛酉　241年

波斯王沙普尔一世入美索不达米亚及叙利亚，取安条克。

法兰克人入高卢。

卡尔皮人侵罗马默西亚行省多瑙河沿线。

正月，魏齐王曹芳十岁，初通《论语》，使太常以太牢祭孔子于辟雍，以颜渊配（《三国志》卷四《魏书·齐王芳纪》）。

按：此为颜渊配享孔子之始。

四月，吴四路攻魏，皆无功（《三国志》卷四七《吴书·吴主传》）。

六月己卯，魏以征东将军王凌为车骑将军（《三国志》卷四《魏书·齐王芳纪》）。

闰六月，魏司马懿命邓艾兴淮南屯田，开渠三百余里，溉田二万顷。

按：《三国志》卷二八《魏书·邓艾传》曰："正始二年，乃开广漕渠，每东南有事，大军兴众，泛舟而下，达于江、淮，资食有储而无水害，艾所建也。"

刘劭约是年执经讲学，赐爵关内侯。

按：《三国志》卷二一《魏书·刘劭传》曰："正始中，执经讲学，赐爵关内侯。"暂系是年。

又按：劭生卒年无考。本传载其正始中讲学，寻卒。劭字孔才，名一作邵，广平邯郸人。黄初中受诏搜集五经群书，参与编纂《皇览》。明帝时参与制定法令，作《新律》18篇，《律略论》5卷。明帝大治宫室，作《许都赋》、《洛都赋》以讽。《隋书》卷三二《经籍志二》著录其与苏林、何晏、孙氏等注《孝经》各1卷，亡。卷三四《经籍志三》著录梁有《法论》10卷，《人物志》3卷。卷三五《经籍志四》著录梁有光禄勋《刘劭集》2卷，录1卷，亡。侯康《补三国艺文志》卷二及姚振宗《三国艺文志》卷一，均著录《尔雅注》。今所存《人物志》3卷，论辨人才，分别流品，开启了魏晋士大夫品鉴人物的清谈风气。严可均《全三国文》卷三二载其文16篇。事迹见《三国志》卷二一。

王肃等议祭魏明帝。

按：《通典》卷五〇曰："宣武帝景明中，秘书丞孙惠蔚上言：'魏明帝以景初三年正月崩，至废帝正始二年，积二十五晦为大祥。有司以为禫在二十七月，到其年四月，依礼应祫。王肃以为禫在祥月，至其年二月，宜应祫祭……'"

李丰约是年迁侍中，尚书仆射，依违曹爽与司马懿之间（《三国志》卷九《魏书·夏侯玄传》裴注引《魏略》）。

尚书令费祎十月至汉中，与蒋琬谘论事计，岁尽还（《三国志》卷三三《蜀书·后主传》）。

管宁卒（158— ）。宁字幼安，北海朱虚人。当世名士，与华歆、邴原相交，游学异国。尝与歆同席而读，有乘轩冕过门者，歆废书往观，宁割席分坐。黄巾起义，避居辽东，聚徒讲学，研习《诗》、《书》，历三十余年方归故里。曹丕征为大中大夫，曹叡拜为光禄勋，皆辞不就。著有《姓氏论》，今佚。《隋书》卷三五《经籍志四》著录魏征士《管宁集》3卷，录1卷，亡。严可均《全三国文》卷二四载其文4篇。清管世骏编有《汉管处士年谱》。事迹见《三国志》卷一一。

诸葛瑾卒（174— ）。瑾字子瑜，吴琅琊阳都人，诸葛亮之兄。少游京师，治《毛诗》、《尚书》、《左氏春秋》。为人有容貌思度，于时服其弘雅。曾为孙权长史，转中司马。奉命使蜀通好刘备，与亮虽为兄弟，但只是因公相见，退不私面。甚得孙权信任。权称帝，拜大将军、左都护、领豫州牧。严可均《全三国文》卷六五载其文3篇。事迹见《三国志》卷五二。

曹髦（ —260）生。

魏正始三年　蜀汉延熙五年　吴赤乌五年　壬戌　242年

正月，吴孙权立子孙和为太子（《三国志》卷四七《吴书·吴主传》）。

是年，吴太子孙和与弟鲁王孙霸不睦，鲁王之党谮太子。

按：《三国志》卷五九《吴书·吴主五子传》裴注引殷基《通语》曰："初权既立和为太子，而封霸为鲁王，初拜犹同宫室，礼秩未分。群公之议，以为太子、国王上下有序，礼秩宜异，于是分宫别僚，而隙端开矣。自侍御宾客造为二端，仇党疑贰，滋延大臣。丞相陆逊、大将军诸葛恪、太常顾谭、骠骑将军朱据、会稽太守滕胤、大都督施绩、尚书丁密等奉礼而行，宗事太子，骠骑将军步骘、镇南将军吕岱、大司马全琮、左将军吕据、中书令孙弘等附鲁王，中外官僚将军大臣举国中分。"孙霸是年八月立为鲁王，与太子不睦应从是年开始一直持续到赤乌十三年，太子被废、鲁王霸赐死。

蒋济为太尉。

按：《三国志》卷四《魏书·齐王芳纪》曰："（是年）三月，太尉满宠薨。秋七月……乙酉，以领军将军蒋济为太尉。"

王肃约是年迁太常。

按：《三国志》卷一三《魏书·王朗传》曰："正始元年，（肃）出为广平太守。公事征还，拜议郎。顷之，为侍中，迁太常。"

周生烈约是年为博士，义说《论语》。

按：何晏《论语集解叙》曰："近故司空陈群、太常王肃、博士周生烈皆为义说。"以王肃约是年迁太常，姑系于是年。周生烈生卒年不详，敦煌人。魏初征士，官侍中。好注经传，何晏《论语集解》存其所作义例。《隋书》卷三四《经籍志三》著录梁有《周生子要论》1卷，录1卷，亡。事迹略见《三国志》卷一三《魏书·王朗传》裴注。

何晏迁侍中尚书，与丁谧、邓飏被时人谤为"三狗"。服五石散，时人相效。

按：《三国志》卷九《魏书·曹爽传》裴注引《魏略》曰："及明帝立，颇为冗官。至正始初，曲合于曹爽，亦以才能，故爽用为散骑侍郎，迁侍中尚书。"又曰："会帝崩，爽辅政，乃拔谧为散骑常侍，遂转尚书。谧为人外似疏略，而内多忌。……故于时谤书，谓'台中有三狗，二狗崖柴不可当，一狗凭默作疽囊'。三狗，谓何、邓、丁也。默者，爽小字也。其意言三狗皆欲啮人，而谧尤甚也。"《三国志》卷一三《魏书·王朗传》曰："时大将军曹爽专权，任用何晏、邓飏等。肃与太尉蒋济、司农桓范论及时政，肃正色曰：'此辈即弘恭、石显之属，复称说邪！'爽闻之，戒何晏等曰：'当共慎之！公卿已比诸君前世恶人矣。'"卷九《魏书·曹爽传》裴注引《魏略》曰："（桓范）正始中拜大司农。"蒋济于是年七月为太尉。

《世说新语·言语第二》曰："何平叔云：'服五石散，非唯治病，亦觉神明开朗。'"刘孝标注引《寒食散论》曰："寒食散之方虽出汉代，而用之者寡，靡有传焉。魏尚书何晏首获神效，由是大行于世，服者相寻也。"

缪袭迁尚书，约是年与蒋济论郊祀。

按：万斯同《魏将相大臣年表》以缪袭是年迁尚书。魏明帝从高堂隆议，以魏为舜后。蒋济曾与高堂隆争辩，及与尚书缪袭论难，双方各有依据。事见《三国志》卷一四《魏书·蒋济传》，参见237年"蒋济与高堂隆等论郊祀"条。

阮籍辞太尉蒋济辟。乡亲共劝应辟，籍乃就吏，后谢病归。

按：《晋书》卷四九《阮籍传》曰："太尉蒋济闻其有隽才而辟之，籍诣都亭奏记曰……初，济恐籍不至，得记欣然。遣卒迎之，而籍已去，济大怒。于是乡亲共喻之，乃就吏。后谢病归。"蒋济是年七月为太尉，籍奏记中言及"开府之日，人人自以为掾属;辟书始下,而下走为首",假定是年。

桓范约是年拜大司农,以清省称。

按:《三国志》卷九《魏书·曹爽传》裴注引《魏略》曰:"正始中拜大司农。范前在台阁,号为晓事,及为司农,又以清省称。"

薛综为太子少傅,上表谦让。领选职如故。

按:《三国志》卷五三《吴书·薛综传》曰:"五年,为太子少傅,领选职如故。"裴注引《吴书》曰:"后权赐综紫绶囊,综陈让紫色非所宜服,权曰:'太子年少,涉道日浅,君当博之以文,约之以礼,茅土之封,非君而谁?'是时综以名儒居师傅之位,仍兼选举,甚为优重。"

韦昭约是年迁太子中庶子。

按:孙和于是年正月立为太子。《三国志》卷六五《吴书·韦曜传》曰:"韦曜字弘嗣,吴郡云阳人也。少好学,能属文,从丞相掾,除西安令,还为尚书郎,迁太子中庶子。"

阚泽为吴太子孙和太傅,领中书如故(《三国志》卷五三《吴书·阚泽传》)。

桓范约是年作《世要论》。

按:《三国志》卷九《魏书·曹爽传》裴注引《魏略》曰:"范尝抄撮《汉书》中诸杂事,自以意斟酌之,名曰《世要论》。蒋济为太尉,尝与范会社下,群卿列坐有数人,范怀其所撰,欲以示济,谓济当虚心观之。范出其书以示左右,左右传之示济,济不肯视,范心恨之。"《魏略》提及《世要论》在桓范为大司农之后,又提及"太尉蒋济",故假定于是年。严可均《全三国文》卷三七有《世要论》辑,严氏并注:"谨案:《隋志·法家》,《世要论》十二卷,魏大司农桓范撰,梁有二十卷,亡。《新唐志》与隋同,《旧唐志》作《代要论》十卷,各书征引,或称《政要论》,或称《桓范新书》,或称《桓范世论》,或称《桓公世论》,或称《桓子》,或称《魏桓范》,或称《桓范论》,或称《桓范要集》。互证之,知是一书,宋时不著录。《群书治要》载有《政要论》十四篇,据各书征引,补改阙讹,定为一卷。范字元则,《三国志》附《曹爽传注》。"

阚泽约是年刊约《礼》文及诸注说,制定出入及见宾礼仪,又著《乾象历注》以正时日。

按:《三国志》卷五三《吴书·阚泽传》:"赤乌五年,拜太子太傅,领中书如故。泽以经传文多,难得尽用,乃斟酌诸家,刊约《礼》文及诸注说以授二宫,为制行出入及见宾仪,又著《乾象历注》以正时日。每朝廷大议,经典所疑,辄谘访之。以儒学勤劳,封都乡侯。性谦恭笃慎……权尝问:'书传篇赋,何者为美?'泽欲讽喻以明治乱,因对贾谊《过秦论》最善,权览读焉。……又诸官司有所患疾,欲增重科防,以检御臣下,泽每曰'宜依礼、律',其和而有正,皆此类也。"此事录于"赤乌五年,拜太子太傅,领中书如故"后,姑系是年。

韦昭约是年作《博弈论》。

按:《三国志》卷六五《吴书·韦曜传》曰:"时蔡颖亦在东宫,性好博弈,太子和以为无益,命曜论之。其辞曰……"亦见载于《文选》卷五二及《艺文类聚》卷七四。此事也见载于《三国志》卷五九《吴书·吴主五子传》。陆侃如《中古文学系年》曰:"和于赤乌五年正月立为太子,十三年八月废,即正始三年至嘉平二年。"是文应著于是间。

阮籍作《奏记诣蒋公》。

按：阮籍著此奏记辞太尉蒋济辟。《文选》卷四〇载录此文。又见《晋书》卷四九《阮籍传》曰："太尉蒋济闻其有隽才而辟之，籍诣都亭奏记曰：'……乞回谬恩，以光清举。'"参见是年"阮籍辞太尉蒋济辟。乡亲共劝应辟，籍乃就吏，后谢病归"条。

薛综作《让太子少傅表》。

按：《北堂书钞》卷六五有此篇佚句曰："先王之建立太子，必择九德之师，六行之傅。"参见是年"薛综为太子少傅，上表谦让。领选职如故"条。

周处（ —297）生。

魏正始四年　　蜀汉延熙六年　　吴赤乌六年
癸亥　243 年

波斯王沙普尔一世败戈尔迪安三世皇帝。

七月，魏诏祀已故太傅钟繇、太尉华歆、司徒王朗等于太祖庙庭（《三国志》卷四《魏书·齐王芳纪》）。

十二月，倭国女王卑弥呼遣使至魏献生口、倭锦、帛布等物（《三国志》卷四《魏书·齐王芳纪》、卷三〇《魏书·倭人传》）。

扶南王范旃遣使向吴献乐人及方物（《三国志》卷四七《吴书·吴主传》）。

是年，魏大规模屯田。

按：《晋书》卷一《宣帝纪》曰："帝以灭贼之要，在于积谷，乃大兴屯守，广开淮阳、百尺二渠，又修诸陂于颍之南北，万余顷。自是淮北仓庾相望，寿阳至于京师，农官屯兵连属焉。"

王弼为裴徽、傅嘏称赏。见何晏，清谈玄理。注《易》及《老子》。

按：《三国志》卷二八《魏书·钟会传》裴注曰："何劭为其传曰：弼幼而察慧，年十余，好老氏，通辩能言。父业，为尚书郎。时裴徽为吏部郎，弼未弱冠，往造焉。徽一见而异之，问弼曰：'夫无者诚万物之所资也，然圣人莫肯致言，而老子申之无已者何？'弼曰：'圣人体无，无又不可以训，故不说也。老子是有者也，故恒言无所不足。'寻亦为傅嘏所知。于是，何晏为吏部尚书，甚奇弼，叹之曰：'仲尼称后生可畏，若斯人者，可与言天人之际乎！'"《世说新语·文学第四》曰："何晏为吏部尚书，有位望，时谈客盈坐。王弼未弱冠往见之。晏闻弼名，因条向者胜理语弼曰：'此理仆以为极，可得复难不？'弼便作难，一坐人便以为屈。于是弼自为客主数番，皆一坐所不及。"又，《三国志》卷二八《魏书·钟会传》曰："弼好论儒道，辞才逸辩，注《易》及《老子》，为尚书郎，年二十余卒。"刘汝霖《汉晋学术编年》考证曰："按《王弼传》谓弼年未弱冠往谒裴徽，考弼之十九岁在正始五年。然考《魏志·管辂传》注引《管辂别传》，谓辂年三十六谒冀州刺史裴徽。辂卒于甘露元年，寿四十八。则其三十六岁时正在正始五年，其时裴徽为冀州刺史，故知其为吏部郎时必在前，而弼之谒之，亦必在前。细玩二人问答之语，似王弼已注《老子》者，故志之于此。"今从刘汝霖之说，将弼见傅嘏、何晏及注《易》事，一并系于是年。

魏正始四年　蜀汉延熙六年　吴赤乌六年　癸亥　243年

向秀约是年与嵇康论《庄子注》及难嵇康《养生论》。

按：《晋书》卷四九《向秀传》曰："向秀，字子期，河内怀人也。清悟有远识，少为山涛所知，雅好老庄之学。庄周著内外数十篇，历世才士虽有观者，莫适论其旨统也，秀乃为之隐解，发明奇趣，振起玄风，读之者超然心悟，莫不自足一时也。惠帝之世，郭象又述而广之，儒墨之迹见鄙，道家之言遂盛焉。始，秀欲注，嵇康曰：'此书讵复须注，正是妨人作乐耳。'及成，示康曰：'殊复胜不？'又与康论养生，辞难往复，盖欲发康高致也。"陆侃如《中古文学系年》曰："秀生年无考，年辈似在阮籍嵇康间，大约生于二二〇年左右。康作《养生论》既在入洛时，秀的辩难当亦在此时。"参见是年"嵇康约是年作《养生论》、《答向秀难养生论》及《释私论》"条。

嵇康约是年尚主，拜郎中。

按：《三国志》卷二〇《魏书·武文世王公传》曰："武皇帝二十五男……杜夫人生沛穆王林……林薨，子纬嗣。"裴注："案《嵇氏谱》：嵇康妻，林子之女也。"《世说新语·德行第一》刘孝标注引《文章叙录》曰："乃以魏长乐亭主壻迁郎中。"陆侃如《中古文学系年》曰："康入洛尚主年月无考，今假定在二十岁左右。"

蒋琬病重，蜀十一月以费祎为大将军、录尚书事（《三国志》卷三三《蜀书·后主传》、《三国志》卷四四《蜀书·蒋琬传》及《费祎传》）。

嵇康约是年作《养生论》、《答向秀难养生论》及《释私论》。

按：《养生论》、《释私论》见《晋书》卷四九《嵇康传》，《养生论》并见《文选》卷五三、《艺文类聚》卷七五。《答向秀难养生论》见《本集》。《晋书》卷四九《嵇康传》曰："学不师受，博览无不该通，长好《老》、《庄》。与魏宗室婚，拜中散大夫。常修养性服食之事，弹琴咏诗，自足于怀。以为神仙禀之自然，非积学所得，至于导养得理，则安期、彭祖之伦可及，乃作《养生论》。又以为君子无私，其论曰……"《文选》卷二一颜延年《五君咏》李善注引孙绰《嵇中散传》曰："嵇康作《养生论》入洛，京师谓之神人；向子期难之，不得屈。"向秀难嵇康《养生论》，并见《晋书》卷四九《向秀传》。

又按：本传系《养生论》于嵇康拜中散大夫后，《文选》李善注引孙绰《嵇中散传》系《养生论》于入洛前。姑系是年。参见是年"嵇康约是年尚主，拜郎中"条。

蒋琬作《承命上疏》。

按：文见《三国志》卷四四《蜀书·蒋琬传》。蒋琬造船，谋沿汉水袭魏兴、上庸，因众议未果。尚书令费祎、中监军姜维等喻指，琬承命上疏。疏文言"自臣奉辞汉中，已经六年"，琬于延熙元年奉辞汉中，故系于是年。

顾雍卒（168—　）。雍字元叹，吴郡人，为江南士族。尝学琴书于蔡邕。任吴相十九年。封醴陵侯，卒谥肃。事迹见《三国志》卷五二。

胡综卒（183—　）。综字伟则，汝南人。少孤。年十四，为会稽太守孙策门下循行，留吴与孙权共读书。策卒，权为讨虏将军，综为从事，出征有功。魏拜权为吴王，综为亭侯。权即帝位，蜀遣使修好，综为盟文，文义甚美。官至偏将军，兼左执法。诸文诰策命，邻国书符，皆出其手。《隋书》卷三五《经籍志四》著录吴侍中《胡综集》2卷，梁有录1卷，亡。严可均《全三国文》卷六七载其文6篇。事迹见《三国志》卷六二。

薛综卒，生年不详。综字敬文，沛郡竹邑人。少依族人避地交州，从刘熙学。少善属文，长于辞令，枢机敏捷。孙权召为五官中郎将，除合浦、交阯太守。后官至太子少傅。所著诗、赋、难论数万言，名曰《私载》。《隋书》卷三五《经籍志四》著录梁时有《薛综集》3卷，录1卷；薛综注张衡《二京赋》2卷，亡佚。但《二京赋》注保留在李善注《文选》中。严可均《全三国文》卷六六载其文12篇。事迹见《三国志》卷五三。

阚泽卒，生年不详。泽字德润，会稽山阴人。贫而好学，博览群书，通晓历数。察孝廉，除钱唐长，迁郴令。孙权为骠骑将军，辟补西曹掾；及称尊号，以泽为尚书。嘉禾中，为中书令，加侍中。赤乌五年，拜太子太傅，领中书如故。斟酌诸家，刊约《礼》文及诸注说以授二宫，为制行出入及见宾仪。以儒学勤劳，封都乡侯。虞翻比之扬雄、董仲舒。《隋书》卷三四《经籍志三》著录《乾象历》3卷，吴太子太傅阚泽撰。梁有《乾象历》5卷，汉会稽都尉刘洪等注；又有阚泽注5卷，又《乾象五星幻术》1卷，亡。严可均《全三国文》卷六六辑其文1篇。事迹见《三国志》卷五三。

夏侯湛（ —291）、傅祗（ —311）生。

魏正始五年　蜀汉延熙七年　吴赤乌七年
甲子　244年

禁卫军长官"阿拉伯人"菲利普弑戈尔迪安三世皇帝，称帝。

罗马与波斯媾和。

正月，吴以上大将军陆逊为丞相，仍任荆州牧、右都护、领武昌事（《三国志》卷四七《吴书·吴主传》、《三国志》卷五八《吴书·陆逊传》）。

二月，魏诏大将军曹爽率军征蜀，曹爽与夏侯玄共兴骆谷之役，时人讥之。

按：《三国志》卷九《魏书·曹爽传》曰："飏等欲令爽立威名于天下，劝使伐蜀，爽从其言，宣王止之不能禁。正始五年，爽乃西至长安，大发卒六七万人，从骆谷入。是时，关中及氐、羌转输不能供，牛马骡驴多死，民夷号泣道路。入谷行数百里，贼因山为固，兵不得进。爽参军杨伟为爽陈形势，宜急还，不然将败。"裴注引《汉晋春秋》曰："费祎进兵据三岭以截爽，爽争崄苦战，仅乃得过。所发牛马运转者，死失略尽，羌、胡怨叹，而关右悉虚耗矣。"又同卷《夏侯玄传》言"（玄）与曹爽共兴骆谷之役，时人讥之"。

五月癸巳，魏齐王芳讲《尚书》经通，使太常以太牢祀孔子于辟雍，以颜渊配（《三国志》卷四《魏书·齐王芳纪》）。

九月，鲜卑向魏归附，魏置辽东属国，立昌黎县以居之（《三国志》卷四《魏书·齐王芳纪》）。

王弼与钟会并知名。

按：《三国志》卷二八《魏书·钟会传》曰："初，会弱冠与山阳王弼并知名。"钟会比王弼长一岁，是年二十，王弼十九，姑系于是年。

赵俨、黄休、郭彝、钟毓、庾嶷、何桢等荐胡昭。

按：《三国志》卷一一《魏书·管宁传》曰："正始中，骠骑将军赵俨、尚书黄休、郭彝、散骑常侍荀顗、钟毓、太仆庾嶷、弘农太守何桢等递荐（胡）昭曰：'天真高絜，老而弥笃。玄虚静素，有夷、皓之节。宜蒙征命，以励风俗。'"裴注引《高士传》曰："朝廷以戎车未息，征命之事，且须后之，昭以故不即征。"《三国志》卷二三《魏书·赵俨传》言俨"正始四年，老疾求还，征为骠骑将军"，卷四《魏书·齐王芳纪》曰："（正始六年二月）丙子，以骠骑将军赵俨为司空；夏六月，俨薨。"赵俨等人荐胡昭应在是年。

缪袭约是年迁光禄勋。

按：《三国志》卷二一《魏书·刘劭传》曰："劭同时东海缪袭亦有才学，多所述叙，官至尚书、光禄勋。"袭卒于正始六年，约是年为光禄勋。陆侃如《中古文学系年》曰："光禄勋是袭最后的官职，今假定在本年，因为万斯同《魏将相大臣年表》以袭为尚书至此止。"

应璩约是年为大将军曹爽长史。

按：陆侃如《中古文学系年》曰："《三国志·魏志》卷二十一《王粲传》注引《文章叙录》：'[璩迁]大将军长史。'年月无考，但总在景初三年璩为侍中后，嘉平元年曹爽败前，故假定在正始五年左右。"

傅嘏约是年迁黄门侍郎，因谏曹爽兄弟与何晏交往而与晏等人交恶。

按：《三国志》卷二一《魏书·傅嘏传》曰："正始初，除尚书郎，迁黄门侍郎。时曹爽秉政，何晏为吏部尚书，嘏谓爽弟羲曰：'何平叔外静而内铦巧，好利，不念务本。吾恐必先惑子兄弟，仁人将远，而朝政废矣。'晏等遂与嘏不平，因微事以免嘏官。"《世说新语·识鉴第七》曰："何晏、邓飏、夏侯玄并求傅嘏交，而嘏终不许。诸人乃因荀粲说合之，谓嘏曰：'夏侯太初一时之杰士，虚心于子，而卿意怀不可交。合则好成，不合则致隙。二贤若穆，则国之休，此蔺相如所以下廉颇也。'傅曰：'夏侯太初志大心劳，能合虚誉，诚所谓利口覆国之人。何晏、邓飏有为而躁，博而寡要，外好利而内无关龠，贵同恶异，多言而妒前。多言多衅，妒前无亲。以吾观之：此三贤者，皆败德之人耳。远之犹恐罹祸，况可亲之邪？'后皆如其言。"刘孝标注曰："《傅子》曰：'是时何晏以才辩显于贵戚之间，邓飏好交通，合自豪党，鬻声名于闾阎，夏侯玄以贵臣子，少有重名，皆求交于嘏，嘏不纳也。嘏友人荀粲有清识远志，然犹劝嘏结交云。'"傅嘏正始初除尚书郎，假定是年迁黄门侍郎。何晏上年为吏部尚书，其谏曹爽应在迁黄门侍郎之后。

夏侯玄为征西将军，假节都督凉、雍州诸军事，李胜为长史，共兴骆谷之役。

按：《三国志》卷九《魏书·曹爽传》裴注引《魏略》曰："夏侯玄为征西将军，以胜为长史。玄亦宿与胜厚。骆谷之役，议从胜出，由是司马宣王不悦于胜。"

阮籍约是年复为尚书郎，与王浑、王戎父子为友，不久又以病免。

按：陆侃如《中古文学系年》曰："《晋书》卷四十九《阮籍传》：'复为尚书郎，少时，又以病免。'假定在辞太尉掾后一二年。《世说新语》卷五《简傲第二十四》小引《晋阳秋》曰：'[王]戎年十五，随父浑在郎舍，阮籍见而说焉。每适浑，俄顷辄在戎室久之。乃谓浑："濬冲清尚，非卿伦也。"'又引《竹林七贤论》曰：'初，籍与戎父浑俱为尚书郎，每造浑，坐未安，辄曰："与卿语，不如与阿戎语。"就戎，必日夕而返。籍长戎二十岁，相得如时辈。'籍长戎二十四年，戎十五岁时籍恐已辞尚书郎了。因为籍辞职后又做曹爽的参军，辞参军后'岁余'曹爽被害；那么籍为尚书郎下距爽死，决不会只有一年,而爽却死于戎十六岁的正月。所以如果籍与浑因共事而相交,戎年恐仅十一二岁。"

应贞约是年举高第,任职中书。

按:《晋书》卷九二《文苑传》曰:"应贞,字吉甫,汝南南顿人,魏侍中璩之子也。自汉至魏,世以文章显,轩冕相袭,为郡盛族。贞善谈论,以才学称。夏侯玄有盛名,贞诣玄,玄甚重之。举高第,频历显位。"陆侃如《中古文学系年》曰:"贞生年无考,从他的卒年(二六九年)及父璩的生年(一九〇年)看来,他可能生于二二〇年左右。举高第亦不知在何时,正始共九年,今假定在五年左右。严可均《全晋文》卷三十五载《安石榴赋》,序有'职在中书'句。本传未言及中书事,疑即在举高第后。"

钟会约是年为秘书郎,迁尚书中书侍郎。

按:《三国志》卷二八《魏书·钟会传》曰:"正始中,以为秘书郎,迁尚书中书侍郎。"

曹髦封郯县高贵乡公。

按:《三国志》卷四《魏书·高贵乡公纪》曰:"高贵乡公讳髦,字彦士,文帝孙,东海定王霖子也。正始五年,封郯县高贵乡公。少好学,夙成。"

文立为州从事。

按:《华阳国志》卷一一《后贤志》曰:"文立,[字]广休,巴郡临江人也。少游蜀太学,治《毛诗》、《三礼》,兼通群书。州刺史费祎命为从事。入为尚书郎。复辟祎大将军东曹掾。稍迁尚书。"《三国志》卷四四《蜀书·费祎传》载是年费祎复领益州刺史。刘汝霖《汉晋学术编年》曰:"按《三国志·蜀志》,费祎以是年领益州刺史,其引文立事,当在此时,故志之于此。"

何晏作《道德二论》。

按:《世说新语·文学第四》曰:"何平叔注《老子》,始成,诣王辅嗣。见王注精奇,乃神伏曰:'若斯人,可与论天人之际矣。'因以所注为《道德二论》。"刘孝标注:"《魏氏春秋》曰:'弼论道约美不如晏,自然出拔过之。'"同卷又载其事曰:"何晏注《老子》未毕,见王弼自说注《老子》旨。何意多所短,不复得作声,但应诺诺,遂不复注,因作《道德论》。"刘孝标注:"《文章叙录》曰:'自儒者论以老子非圣人,绝礼弃学。晏说与圣人同,著论行于世也。'"

王弼作《戏答荀融书》。

按:《三国志》卷二八《魏书·钟会传》裴注引何劭《弼传》曰:"弼注《易》,颍川人荀融难弼《大衍义》。弼答其意,白书以戏之曰:'夫明足以寻极幽微,而不能去自然之性。颜子之量,孔父之所预在,然遇之不能无乐,丧之不能无哀。又常狭斯人,以为未能以情从理者也,而今乃知自然之不可革。足下之量,虽已定乎胸怀之内,然而隔逾旬朔,何其相思之多乎?故知尼父之于颜子,可以无大过矣。'"

顾谭约是年作《上疏安太子》。

按:《三国志》卷五二《吴书·顾谭传》曰:"是时鲁王霸有盛宠,与太子和齐衡,谭上疏曰:'臣闻有国有家者,必明嫡庶之端,异尊卑之礼,使高下有差,阶级逾邈,如此则骨肉之恩生,觊觎之望绝。……今臣所陈,非有所偏,诚欲以安太子而便鲁王也。'由是霸与谭有隙。"孙和赤乌五年立为太子,不久即与其弟鲁王霸不睦,顾谭于赤乌六年"祖父雍卒数月,拜太常,代雍平尚书事",后在全琮父子的构陷下,"徙交州,幽而发愤,作《新言》二十篇。其《知难篇》盖以自悼伤也。见流二年,年四十二,卒于交阯",谭卒于赤乌九年,姑系于是年。

崔林卒,生年不详。林字德儒,魏清河东武城人,崔琰从弟。建安中曹操定冀州,召为邬长。魏受禅,拜尚书,出为幽州刺史。明帝即位,赐爵关内侯,转光禄勋、司隶校尉。景初中为司空,封安阳亭侯。进封乡侯。卒谥曰孝侯。严可均《全三国文》卷二九载其文2篇。事迹见《三国志》卷二四。

华谭(—322)约生。

魏正始六年　蜀汉延熙八年　吴赤乌八年 乙丑　245年

十二月,魏立已故司徒王朗所作《易传》于学官,令学者得以课试。

按:《三国志》卷四《魏书·齐王芳纪》曰:"(是年)十二月辛亥,诏故司徒王朗所作《易传》,令学者得以课试。"卷一三《魏书·王朗传》曰"(肃)撰定父朗所作《易传》,皆列于学官。"侯康《补三国艺文志》卷一曰:"《齐王芳纪》正始六年诏故司徒王朗所作《易传》,令学者得以课试,则当时甚重其书。又《北魏书·阚骃传》称骃注王朗《易传》,学者藉以通经,则其学并行于数百年后矣。"

傅玄为著作郎,撰集《魏书》。

按: 陆侃如《中古文学系年》曰:"《晋书》卷四十七《傅玄传》:'与东海缪施俱以时誉选入著作,撰集《魏书》。'《史通》卷十二《古今正史》:'《魏史》……累载不成,又命……傅玄等复共撰定。'施当为袭之误。袭长于玄三十余年,袭撰史时玄年尚幼,袭卒时玄亦仅二十余岁,似无同撰之理。疑玄为著作乃袭所推荐,故本传有是言;年月无考,但不能晚于本年,故系于此。"

嵇康约是年迁中散大夫,居山阳,与阮籍、山涛、向秀、阮咸、王戎、刘伶等相善,为竹林之游,时人号之为"竹林七贤"。

按:《三国志》卷二一《魏书·王粲传》注引《魏氏春秋》较早提及竹林七贤,后见载于《世说新语》及《晋书》。如《晋书》卷四九《嵇康传》曰:"拜中散大夫……盖其胸怀所寄,以高契难期,每思郢质。所与神交者惟陈留阮籍、河内山涛,豫其流者河内向秀、沛国刘伶、籍兄子咸、琅邪王戎,遂为竹林之游,世所谓'竹林七贤'也。戎自言与康居山阳二十年,未尝见其喜愠之色。"同卷《刘伶传》曰:"刘伶,字伯伦,沛国人也。身长六尺,容貌甚陋。放情肆志,常以细宇宙齐万物为心。澹默少言,不妄交游,与阮籍、嵇康相遇,欣然神解,携手入林。"同卷《阮咸传》曰:"咸字仲容。父熙,武都太守。咸任达不拘,与叔父籍为竹林之游,当世礼法者讥其所为。"《水经注》卷九曰:"(清水)又迳七贤祠东,左右筠篁列植,冬夏不变贞萋。魏步兵校尉陈留阮籍、中散大夫谯国嵇康、晋司徒河内山涛、司徒琅邪王戎、黄门郎河内向秀、建威参军沛国刘伶、始平太守阮咸等,同居山阳,结自得之游,时人号之为竹林七贤。向子期所谓山阳旧居也,后人立庙于其处,庙南又有一泉,东南流注于长泉水。郭缘生《述征记》所云,白鹿山东南二十五里有嵇公故居,以居时有遗竹焉,盖谓此也。"1960年南京西善桥发掘南朝墓砖所刻"竹林七贤图"。

又按:关于"竹林之游"的起止年代,说法不一。陆侃如《中古文学系年》曰:"康拜中散大夫不知在何时,今假定在为郎后一二年。康卒年四十,而居山阳二十年,则入洛后不久恐即迁此。"七贤之游,应有一个不断集结的过程。活动时间大概在是年至嘉平初年之间。"七贤"没有统一的政治态度,但他们尊奉老庄,崇尚自然,任性所为。随着时局的变化,"七贤"的思想与生活道路又发生了不同的变化。

夏侯玄为司马师所忌。

按:《三国志》卷九《魏书·夏侯玄传》裴注引《魏氏春秋》并自注曰:"司空赵俨薨,大将军兄弟会葬,宾客以百数,玄时后至,众宾客咸越席而迎,大将军由是恶之。臣松之案:曹爽以正始五年伐蜀,时玄已为关中都督,至十年,爽诛灭后,方还洛耳。案《少帝纪》,司空赵俨以六年亡,玄则无由得会俨葬,若云玄入朝,纪、传又无其事。斯近妄不实。"裴松之所说欠当,故陆侃如《中古文学系年》曰"玄时督雍、凉军事,此时入京而本传阙载"。

高柔为司空。

按:《三国志》卷四《魏书·齐王芳纪》曰:"八月丁卯,以太常高柔为司空。"

李密以孝闻,约是年师事谯周,治《左氏传》。

按:《晋书》卷八八《孝友传》曰:"李密,字令伯,犍为武阳人也,一名虔。父早亡,母何氏醮。密时年数岁,感恋弥至,烝烝之性,遂以成疾。祖母刘氏,躬自抚养,密奉事以孝谨闻。刘氏有疾,则涕泣侧息,未尝解衣,饮膳汤药必先尝后进。有暇则讲学忘疲,而师事谯周,周门人方之游、夏。"《华阳国志》卷十一《后贤传》称其"治《春秋左传》,博览五经,多所通涉;机警辨捷,辞义响起"。陆侃如《中古文学系年》曰:"密《陈情表》有'臣今年四十有四'句,表作于二七○年左右,当生于二二五年左右。其从师治经,假定在二十岁前后。"

魏刻三字石经。

按:"三字"即篆、科、隶三种书体,又称"三体石经"。《晋书》卷三六《卫瓘传》引《四体书势》曰:"魏初传古文者,出于邯郸淳,恒祖敬侯写淳《尚书》,后以示淳,而淳不别。至正始中,立三字石经,转失淳法,因科斗之名,遂效其形。"1921年洛阳出土正始石经残石。刘汝霖《汉晋学术编年》考证曰:"按魏石经为何人所书,本不可考。后人强欲考知其人,或谓为邯郸淳,或谓卫觊,或谓为嵇康。邯郸淳已由前人详细辨驳,兹不赘。卫觊则年代不相及,考《晋书·卫瓘传》,瓘十岁丧父。瓘于元康元年被杀,年七十二。则其十岁,当在太和三年。是觊卒于太和三年,去正始已十年矣。嵇康在太学写石经,在甘露二年,去正始为时九年。年代亦不相及。盖康写石经,乃摹写之谓,非写碑而刻字也。又按是年刘馥(按应为刘靖)请整顿太学,朝廷又立王朗《易传》,学术界颇呈活跃之气。其立石经,当在此时,故志之于此。"

何晏等上《论语集解》。

按:何晏《论语集解叙》曰:"汉中垒校尉刘向言:'《鲁论语》二十篇,皆孔子弟子记诸善言也。'太子太傅夏侯胜、前将军萧望之、丞相韦贤及子玄成等传之。《齐论语》二十二篇,其二十篇中章句颇多于《鲁论》,琅琊王卿及胶东庸生、昌邑中尉王吉皆以教授之,故有《鲁论》,有《齐论》。鲁恭王时,尝欲以孔子宅为宫,坏得《古文论语》。《齐论》有《问王》、《知道》,多于《鲁论》二篇,《古论》亦无此二篇,分'尧曰'下章'子张问'以为一篇,有两《子张》,凡二十一篇,篇次不与齐、鲁《论》同。安昌侯张禹,本受《鲁论》,兼讲《齐说》,善者从之,号曰'张侯论',为世所贵,包氏、周氏章句出焉。《古论》唯博士孔安国为之训解,而世不传。至顺帝时,南郡太守马融亦为之训说,汉末大司农郑玄就《鲁论》篇章,考之齐、古为之注。近故司空陈群、太常王肃、博士周生烈皆为义说。前世传授师说,虽有异同,不为训解,中间为之训解,至于今多矣,所见不同,互有得失。今集诸家之善,记其姓名,有不安者,颇为改易,名曰《论语集解》。光禄大夫关内侯臣孙邕、光禄大夫臣郑冲、散骑常侍中领军安乡亭侯臣曹羲、侍中臣荀顗、尚书驸马都尉关内侯臣何晏等上。"刘汝霖《汉晋学术编年》考证曰:"按《论语序解》与晏共上此书者,有光禄大夫郑冲、侍中荀顗……等四人。考《晋书·郑冲传》:'大将军曹爽引为从事中郎,转散骑常侍,光禄勋。'《荀顗传》:'宣帝辅政,见顗奇之,擢拜散骑侍郎,累迁侍中。'可知冲之为光禄大夫,顗之为侍中,必不在正始初年。叙中又言及太常王肃。考肃于正始中为太常,坐宗庙事免,后为光禄勋。其免太常之年虽不见于《魏志》,然《齐王纪》称是年高柔由太常为司空,《高柔传》称柔为太常仅旬日。则太常一职之更动,必在是年。晏之上此书,至晚亦必在此年,故志之于此。"

刘靖作《陈儒训之本疏》。

按:《三国志》卷一五《魏书·刘馥传》载靖上疏陈儒训之本曰:"夫学者,治乱之轨仪,圣人之大教也。自黄初以来,崇立太学二十余年,而寡有成者,盖由博士选轻,诸生避役,高门子弟,耻非其伦,故无学者。虽有其名而无其人,虽设其教而无其功。宜高选博士,取行为人表,经任人师者,掌教国子。依遵古法,使二千石以上子孙,年从十五,皆入太学。明制黜陟荣辱之路,其经明行修者,则进之以崇德;荒教废业者,则退之以惩恶;举善而教不能则劝,浮华交游,不禁自息矣。阐弘大化,以绥未宾;六合承风,远人来格。此圣人之教,致治之本也。"中言"自黄初以来,崇立太学二十余年",假定于是年。

羊衜作《上疏请勿绝二宫宾客》。

按:吴太子孙和与弟鲁王霸有隙,并各有宾客,孙权令二宫并绝宾客,羊衜上疏切谏。文见《三国志》卷五九《吴志·孙霸传》。文中言及"咸谓二宫智达英茂,自正名建号,于今三年",太子孙和于赤乌五年立为太子,故系于是年。

陆逊卒(183—)。逊本名议,字伯言,吴郡吴人,孙策婿,系江南大姓。逊祖纡,字叔盘,敏淑有思学,守城门校尉。父骏,字季才,淳懿信厚,为邦族所怀,官至九江都尉。黄武元年,刘备攻吴,逊以火攻破备四十余营。加拜辅国将军。黄武七年,大败魏曹休于皖。后官至丞相。孙权欲废太子,逊上疏力谏,因权未纳,愤恚而卒。严可均《全三国文》卷六八载其文13篇。事迹见《三国志》卷五八。

缪袭卒(186—)。袭字熙伯,东海兰陵人。袭父斐,字文,该览经传,事亲色养。袭历事魏四世,官至尚书光禄勋。袭子悦,孙绍、播、征、胤等,皆显达。与仲长统友善。富有才学,著述颇丰。改定《魏鼓吹曲》12首,为颂曹氏功业之作。参与编纂类书《皇览》。《隋书》卷三三《经籍志二》著录其《列女传赞》1卷;卷三四《经籍志三》著录缪袭等撰《皇览》120卷;卷三五《经籍志四》著录魏散骑常侍《缪袭集》5卷,梁有录1卷,亡。严可均《全三国文》卷三八著载其文 14 篇。逯钦立《魏诗》卷一一载其诗 13 首。事迹略见《三国志》卷二一《魏书·刘劭传》。

夏侯惠约卒(209?—)。惠字稚权,沛中谯人。以才学著称,善奏议及文赋。官散骑黄门侍郎,后迁燕相、乐安太守。《隋书》卷三五《经籍志四》著录梁有《夏侯惠集》2 卷,录 1 卷,亡。严可均《全三国文》卷二一载其文 2 篇。事迹略见《三国志》卷九《魏书·夏侯渊传》裴注及卷二一《魏书·刘劭传》。

按:曹道衡、沈玉成《中古文学史料丛考·夏侯惠生卒年》:"夏侯惠,《魏志·夏侯渊传》裴注引《文章叙录》云'年三十七卒',不记卒年。按,据《夏侯渊传》及裴注,渊子行第可知者为长子衡,次子霸(仲权),三子称(叔权),四子威(季权),五子荣(幼权)。惠、和虽未明书行第,当为第六、七子,盖裴注固明言'第五子荣'也。荣年十三,逢建安二十四年汉中之败,殁于军中。则其时惠或十岁左右。推其生年约在汉献帝十四年(209)左右,卒年约在魏齐王芳正始六年(245)左右,当无大误。陆侃如先生《中古文学系年》说同,惟拟测之生卒年则与此异。"

魏正始七年　蜀汉延熙九年　吴赤乌九年
丙寅　246 年

十一月,蜀大司马蒋琬卒,刘禅乃自摄国事(《三国志》卷三三《蜀书·后主传》)。

十二月,魏齐王芳讲《礼记》通,使太常以太牢祀孔子于辟雍,以颜渊配(《三国志》卷四《魏书·齐王芳纪》)。

是年,蜀董允卒,陈祗代允为侍中,与黄皓互相表里,皓始预政事。

按:《三国志》卷三九《蜀书·董允传》曰:"(延熙)九年,卒。陈祗代允为侍中,与黄皓互相表里,皓始预政事。祗死后,皓从黄门令为中常侍、奉车都尉,操弄威柄,终至覆国。蜀人无不追思允。"裴注引《华阳国志》曰:"时蜀人以诸葛亮、蒋琬、费祎及允为四相,一号四英也。"

乐详约是年以年老罢归于舍,本国宗族归之,门徒数千人。

按:《三国志》卷一六《魏书·杜恕传》裴注引《魏略》曰:"太和中,转拜骑都尉。详学优能少,故历三世,竟不出为宰守。至正始中,以年老罢归于舍,本国宗族归之,门徒数千人。"

傅嘏约是年免官。

按:《三国志》卷二一《魏书·傅嘏传》曰:嘏因谏曹爽兄弟与何晏交往,"晏等遂与嘏不平,因微事以免嘏官"。《晋书》卷三九《荀顗传》曰:"时曹爽专权,何晏等欲害太常傅嘏,顗营救得免。"陆侃如《中古文学系年》曰:"太常是追称,免官不知在何时,今假定在为黄门侍郎后一二年。"

孙该约是年入为著作郎。

按：《三国志》卷二一《魏书·刘劭传》裴注引《文章叙录》曰："复还入著作。"陆侃如《中古文学系年》曰："假定在迁右长史后五年左右。"

贾充拜尚书郎，典定科令，兼度支考课，辩章节度，事皆施用。

按：《晋书》卷四〇《贾充传》曰："贾充，字公闾，平阳襄陵人也。父逵，魏豫州刺史、阳里亭侯……充少孤，居丧以孝闻。袭父爵为侯。拜尚书郎，典定科令，兼度支考课。辩章节度，事皆施用。"陆侃如《中古文学系年》曰："年月无考，假定在迁黄门郎前一二年。"

顾谭卒(205—)。谭字子默，吴郡吴人，顾雍孙。弱冠，与诸葛恪等四人为太子四友。由中庶子转辅正都尉，后代恪为左节度。薛综为选曹尚书，让于谭。旋拜太常，代祖父雍平尚书事。后与鲁王孙霸有隙。又因芍陂之役论功为全琮父子所恨，被诬陷，徙交州。谭在交州发愤作《新言》20 篇。二年后，卒于交阯。《隋书》卷三四《经籍志三》著录《顾子新语》12 卷，即《三国志》本传所言《新言》20 篇。严可均《全三国文》卷六七载其文 2 篇。事迹见《三国志》卷五二。

蒋琬卒，生年不详。琬字公琰，零陵湘乡人。随刘备入蜀，为诸葛亮所重，称之为"社稷之器"。亮死，为尚书令，代亮执政，民心以定。琬死，刘禅乃自摄国事。《隋书》卷三二《经籍志一》著录《丧服要记》1 卷，蜀丞相蒋琬撰。严可均《全三国文》卷六二载其文 2 篇。事迹见《三国志》卷四四。

赵至(—282?)约生。

魏正始八年　蜀汉延熙十年　吴赤乌十年　丁卯　247 年

三月，魏司马懿与曹爽有隙，称病不问政事(《晋书》卷一《宣帝纪》)。

吴孙权诏令修缮建业宫(《三国志》卷四七《吴书·吴主传》及裴注引《江表传》)。

夏侯玄约是年与李胜、曹爽、丁谧等议肉刑。

按：《晋书》卷三〇《刑法志》曰："其后正始之间，天下无事，于是征西将军夏侯玄、河南尹李胜、中领军曹爽、尚书丁谧，又追议肉刑，卒不能决。"《三国志》卷九《魏书·曹爽传》裴注引《魏略》曰："累迁荥阳太守、河南尹。胜前后所宰守，未尝不称职，为尹岁余，厅事前屠苏坏，令人更治之，小材一枚激堕，正挝受符吏石虎头，断之。后旬日，迁为荆州刺史，未及之官而败也。"李胜约是年为河南尹，故系于是年。

何晏奏请大臣侍从游幸，以"从容戏宴，兼省文书，询谋政事，讲论经义"为事。

按：参见是年"何晏作《奏请大臣侍从游幸》，孔乂作《奏谏齐王》"条。

阮籍以疾辞曹爽召，归于田里。

按：《晋书》卷四九《阮籍传》曰："及曹爽辅政，召为参军。籍因以疾辞，屏于田里。岁余而爽诛，时人服其远识。"

钟会迁尚书郎。

按：《三国志》卷二八《魏书·钟会传》裴注引会《母传》曰："正始八年，会为尚书郎，夫人执会手而诲之曰：'汝弱冠见叙，人情不能不自足，则损在其中矣，勉思其戒！'是时大将军曹爽专朝政，日纵酒沉醉，会兄侍中毓宴还，言其事。夫人曰：'乐则乐矣，然难久也。居上不骄，制节谨度，然后乃无危溢之患。今奢僭若此，非长守富贵之道。'"

韦诞约是年驳议胡昭。

按：正始五年，荀顗、黄休、庾嶷等荐昭，未果。参见244年"赵俨、黄休、郭彝、钟毓、庾嶷、何桢等荐胡昭"条。《三国志》卷一一《魏书·管宁传》裴注引《高士传》曰："后顗、休复与庾嶷荐昭，有诏访于本州评议。侍中韦诞驳曰：'礼贤征士，王政之所重也，古者考行于乡。今顗等位皆常伯纳言，嶷为卿佐，足以取信。附下罔上，忠臣之所不行也。昭宿德耆艾，遗逸山林，诚宜嘉异。'乃从诞议也。"传并曰"至嘉平二年，公车特征，会卒，年八十九"。因此，正始五年至嘉平二年这段时间，荀顗、黄休、庾嶷等再次荐昭，因诏下本州评议，韦诞以荀顗、黄休、庾嶷等人"足以取信"及胡昭本人乃"宿德耆艾"，认为毋需本州评议。韦诞约于下年迁中书监，故其驳议约在是年。

天竺僧康僧会至建业设像行道，孙权为立建初寺。江南始有佛寺，佛教遂兴（《高僧传》卷一《康僧会传》）。

夏侯玄作《肉刑论》及《答李胜难肉刑论》。

按：两篇见《通典》卷一六八。《三国志》卷九《魏书·夏侯玄传》裴注引《魏氏春秋》曰："玄尝作《乐毅》、《张良》及《本无》、《肉刑论》，辞旨通远，咸传于世。"参见是年"夏侯玄约是年与李胜、曹爽、丁谧等议肉刑"条。

何晏作《奏请大臣侍从游幸》，孔乂作《奏谏齐王》。

按：《三国志》卷四《魏书·齐王芳纪》曰："（是年）秋七月，尚书何晏奏曰……冬十二月，散骑常侍谏议大夫孔乂奏曰……晏、乂咸因阙以进规谏。"

步骘卒，生年不详。骘字子山，吴临淮淮阴人。避难江东，昼勤四体，夜诵经传。孙权为讨虏将军，召骘为主记。除海盐长，还辟东曹掾，出领鄱阳太守，徙交州刺史，立武中郎将，拜使持节、征南中郎将，加平戎将军，封广信侯。黄武二年迁右将军左护军，改封临湘侯。权称尊号，拜骠骑将军，领冀州牧，都督西陵，代陆逊抚二境，赤乌九年代陆逊为丞相，犹诲育门生，手不释书，被服居处有如儒生。严可均《全三国文》卷六六载其文4篇。事迹见《三国志》卷五二。

潘岳（　—300）生。

魏正始九年　蜀汉延熙十一年　吴赤乌十一年　戊辰　248年

五月，蜀大将军费祎出屯汉中（《三国志》卷三三《蜀书·吴主传》）。

是年，魏曹爽愈益骄奢，司马懿称疾避之，暗中谋算（《三国志》卷九《魏书·曹爽传》）。

韦诞迁中书监（《三国志》卷二一《魏书·刘劭传》裴注引《文章叙录》）。

按：万斯同《魏将相大臣年表》以韦诞是年为中书监。

管辂举秀才，为何晏卜卦，预言晏败（《三国志》卷二九《魏书·方技传》）。

傅嘏为太傅司马懿从事中郎。

按：《三国志》卷二一《魏书·傅嘏传》曰："起家拜荥阳太守，不行。太傅司马宣王请为从事中郎。"陆侃如《中古文学系年》曰："年月无考，假定在免官后一二年。"

皇甫谧得风痹疾，因之习医，习览经方，手不释卷，遂尽其妙。

按：陆侃如《中古文学系年》曰："谧于泰始三年上疏，有'久婴笃疾，躯半不仁，右脚偏小，十有九载'的话，则得病当始于本年。"

裴秀为黄门侍郎。

按：《三国志》卷二三《魏书·裴潜传》裴注引《文章叙录》曰："秀字季彦。弘通博济，八岁能属文，遂知名。大将军曹爽辟。丧父服终，推财与兄弟。年二十五，迁黄门侍郎。"秀是年二十五。

何晏议用王弼为黄门侍郎，未果，以弼补台郎。

按：《三国志》卷二八《魏书·钟会传》裴注引何劭《弼传》曰："正始中，黄门侍郎累缺。晏既用贾充、裴秀、朱整，又议用弼。时丁谧与晏争衡，致高邑王黎于曹爽，爽用黎。于是以弼补台郎。初除，觐爽，请间，爽为屏左右，而弼与论道，移时无所他及，爽以此嗤之。时爽专朝政，党与共相进用，弼通俊不治名高。寻黎无几时病亡，爽用王沈代黎，弼遂不得在门下，晏为之叹恨。"裴秀是年为黄门侍郎，假定是年。

沐并效法汉代杨王孙，告子俭葬。

按：《三国志》卷二三《魏书·常林传》裴注引《魏略·清介传》曰："沐并字德信，河间人也……至正始中，为三府长史……为长史八年，晚出为济阴太守，召还，拜议郎。年六十余，自虑身无常，豫作终制，戒其子以俭葬，曰……"裴注言"至正始中，为三府长史"，又言"为长史八年"，故系于是年。

皇甫谧约是年作《玄守论》。

按：《晋书》卷五一《皇甫谧传》曰："后得风痹疾，犹手不辍卷。或劝谧修名广交，谧以为'非圣人孰能兼存出处，居田里之中亦可以乐尧、舜之道，何必崇接世利，事官鞅掌，然后为名乎'。作《玄守论》以答之，曰……遂不仕。耽玩典籍，忘寝与食，时人谓之'书淫'。或有箴其过笃，将损耗精神。谧曰：'朝闻道，夕死可矣，况命之修

罗马庆祝建城一千年。

短分定悬天乎！'"参见是年"皇甫谧得风痹疾，因之习医，习览经方，手不释卷，遂尽其妙"条。

王弼作《难何晏圣人无喜怒哀乐论》。

按：《三国志》卷二八《魏书·钟会传》裴注引何劭《弼传》曰："弼在台既浅，事功亦雅非所长，益不留意焉。淮南人刘陶善论纵横，为当时所推。每与弼语，常屈弼。弼天才卓出，当其所得，莫能夺也。性和理，乐游宴，解音律，善投壶。其论道傅会文辞，不如何晏，自然有所拔得，多晏也，颇以所长笑人，故时为士君子所疾。弼与钟会善，会论议以校练为家，然每服弼之高致。何晏以为圣人无喜怒哀乐，其论甚精，钟会等述之。弼与不同，以为'圣人茂于人者神明也，同于人者五情也，神明茂故能体冲和以通无，五情同故不能无哀乐以应物，然则圣人之情，应物而无累于物者也。今以其无累，便谓不复应物，失之多矣'。"弼于是年补台郎，此言"在台既浅"，又何晏明年卒，姑系其难何晏之论于是年。

王基约是年作《时要论》。

按：《三国志》卷二七《魏书·王基传》曰："时曹爽专柄，风化陵迟，基作《时要论》以切世事。以疾征还，起家为河南尹，未拜，爽伏诛，基尝为爽官属，随例罢。"其文佚。本传述此文作于曹爽被诛前，爽明年被诛，姑系是年。

应璩约是年作《百一诗》。

按：《三国志》卷二一《魏书·王粲传》裴注引《文章叙录》曰："曹爽秉政，多违法度，璩为诗以讽焉。其言虽颇谐合，多切时要，世共传之。"此诗见录于《文选》卷二一。逯钦立《先秦汉魏晋南北朝诗·全三国诗》卷三载璩《百一诗》三篇。陆侃如《中古文学系年》曰："璩作诗年月无考，假定在爽败前一年。"

魏正始十年　嘉平元年　蜀汉延熙十二年
吴赤乌十二年　己巳　249年

达西亚总督德西乌斯弑菲利普皇帝，称帝。

哥特人入默西亚。

第一次罗马—哥特战争爆发。

正月甲午，魏高平陵事变（《三国志》卷四《魏书·齐王芳纪》、卷九《魏书·曹爽传》）。

按：魏司马懿趁曹芳与曹爽至高平陵祭扫明帝墓之机，发动政变，控制洛阳。杀曹爽、何晏、邓飏、丁谧、桓范、李胜等，皆夷三族，司马懿为丞相，遂专魏政。史称"高平陵事变"。《三国志》卷四《魏书·齐王芳纪》裴注引孙盛《魏世谱》曰："高平陵在洛水南大石山，去洛城九十里。"

四月乙丑，魏改元嘉平（《三国志》卷四《魏书·齐王芳纪》）。

是秋，蜀姜维攻魏雍州，魏郭淮命邓艾等往攻，取其城（《三国志》卷三三《蜀书·后主传》、《三国志》卷二八《魏书·邓艾传》）。

是年，魏兖州刺史令狐愚与太尉王凌谋迎楚王彪都许昌（《三国志》卷二〇《魏书·楚王彪传》及卷二八《王凌传》）。

傅嘏于曹爽诛后为河南尹，对前此诸尹之政增损渐补（《三国志》卷二一

《魏书·傅嘏传》裴注引《傅子》)。

夏侯玄于曹爽诛后征为大鸿胪(《三国志》卷九《魏书·夏侯玄传》)。

按:《三国志》卷九《魏书·夏侯玄传》裴注引《魏略》曰:"玄自从西还,不交人事,不蓄华妍。"又引《魏氏春秋》曰:"初,夏侯霸将奔蜀,呼玄欲与之俱。玄曰:'吾岂苟存自客于寇虏乎?'遂还京师。"是年正月,夏侯霸以爽诛,惧祸殃己,奔蜀。霸从妹为张飞妻,飞女为刘禅后。事详见《三国志》卷九《魏书·夏侯渊传》裴注引《魏略》。

阮籍为司马懿从事中郎。

按:《晋书》卷四九《阮籍传》曰:"宣帝为太傅,命籍为从事中郎。"本传叙此事在曹爽诛后,故系于是年。

王沈赞羊祜不就曹爽辟有识鉴。

按:《晋书》卷三四《羊祜传》曰:"与王沈俱被曹爽辟。沈劝就征,祜曰:'委质事人,复何容易。'及爽败,沈以故吏免,因谓祜曰:'常识卿前语。'祜曰:'此非始虑所及。'其先识不伐如此。夏侯霸之降蜀也,姻亲多告绝,祜独安其室,恩礼有加焉。寻遭母忧,长兄发又卒,毁慕寝顿十余年,以道素自居,恂恂若儒者。"

钟会为中书郎,从车驾至高平陵(《三国志》卷二八《魏书·钟会传》裴注引会《母传》)。

卢钦在曹爽诛后免官。

按:《晋书》卷四四《卢钦传》曰:"卢钦,字子若,范阳涿人也。祖植,汉侍中。父毓,魏司空。世以儒业显。钦清淡有远识,笃志经史,举孝廉,不行,魏大将军曹爽辟为掾……除尚书郎。爽诛,免官。"

张华约是年为县吏,娶刘放女。

按:《艺文类聚》卷五三载徐广《晋纪》曰:"张华少自牧羊,而笃志好学。初为县吏,卢钦奇其才,数称荐之。"《晋书》卷三六《张华传》曰:"张华,字茂先,范阳方城人也。父平,魏渔阳郡守。华少孤贫,自牧羊,同郡卢钦见而器之。乡人刘放亦奇其才,以女妻焉。华学业优博,辞藻温丽,朗赡多通,图纬方伎之书莫不详览。少自修谨,造次必以礼度。勇于赴义,笃于周急。器识弘旷,时人罕能测之。"陆侃如《中古文学系年》曰:"(刘)放以嘉平二年卒,故系华婚事及为吏于本年。"

王弼卒(226—)。弼字辅嗣,山阳人。少而察慧,年十余好老氏,通辩能言,与何晏、夏侯玄等同开玄学清谈之风,世称"正始之音"。是年何晏被诛,弼亦被免职,不久病死,年仅二十四,官至尚书郎。曾注《周易》、《老子》,认为"道者,无之称也",提出"名教出于自然"。《隋书》卷三五《经籍志四》著录梁有《王弼集》5卷,录1卷,亡。严可均《全三国文》卷四四载其文2篇。事迹见《三国志》卷二八《魏书·钟会传》裴注引何劭《王弼传》。

何晏卒,生年不详。晏字平叔,南阳宛人。为汉末大将军何进之孙。母尹氏,曹操纳为夫人,晏随母为操收养。"美姿仪,面至白",人称"傅粉阿郎",尚魏公主。曹爽辅政,任散骑常侍,官至侍中尚书。高平陵事件中,被司马懿诛杀。祖述老、庄,为无为无名立论,谓"天地万物,以无为为本"。晏与王弼、夏侯玄等开清谈之风。著有《道德论》、《论语集解》等。《论语集解》首创注释中的集解之体。《隋书》卷三五《经籍志四》著录《何晏集》11卷,梁10卷,录1卷。严可均《全三国文》卷三九载其文14篇。逯钦立《魏诗》卷八载其诗1首。事迹见《三国志》卷九。

桓范卒,生年不详。范字元则,沛人。世为冠族。文帝时,以有文学,参与编纂《皇览》。正始中拜大司农,以清省称。范尝抄撮《汉书》中诸杂事,自以意斟酌之,名曰《世要论》。因附曹爽,高平陵事变中被司马懿所杀。《隋书》卷三五《经籍志四》著录《桓范集》2卷。事迹略见《三国志》卷九《魏书·曹爽传》。

蒋济卒,生年不详。济字子通,平阿人。历仕曹魏四朝。曹操时召入为丞相主簿、西曹属。曹丕时,出为东中郎将,上《万机论》,为丕称赏。入为散骑常侍。明帝时,赐爵关内侯。正始三年,迁为太尉。高平陵之变,随司马懿屯洛水浮桥,济以免官勿治罪为约,致书劝爽罢兵。后懿诛爽,济自伤失信,遂发病而卒。《万机论》10卷,已佚,马国翰《玉函山房辑佚书》有其逸文。所撰小说《山阳死友传》1卷,收入《五朝小说》、《五朝小说大观》、《旧小说》中。严可均《全三国文》卷三三载其文17篇及《万机论》数篇。事迹见《三国志》卷一四。

王湛(—295)、石崇(—300)生。

魏嘉平二年　蜀汉延熙十三年　吴赤乌十三年
庚午　250年

德西乌斯皇帝重申皇帝崇拜。

玛雅文明进入古典期。

哥特人入希腊北部。

八月,吴废太子和为庶人,杀鲁王霸及其党(《三国志》卷四七《吴书·吴主传》)。

十一月,吴孙权立子孙亮为太子(《三国志》卷四七《吴书·吴主传》)。

应璩复为侍中,典著作。

按:《三国志》卷二九《魏书·朱建平传》曰:"璩六十一为侍中,直省内。忽见一白狗,问之众人,悉无见者。于是数聚会,并急游观田里,饮宴自娱。过期一年,六十三卒。"卷二一《魏书·王粲传》曰:"复为侍中,典著作。嘉平四年卒,追赠卫尉。"是年璩六十一。

韦昭为黄门侍郎。

按:《三国志》卷六五《吴书·韦曜传》曰:"和废后,为黄门侍郎。"

中天竺僧昙柯迦罗约是年至洛阳,译出《僧祇戒心》,中国戒律,始自于此。

按:《高僧传》卷一《昙柯迦罗传》曰:"昙柯迦罗,此云法时,本中天竺人,家世大富,常修梵福。……常贵游化,不乐专守,以魏嘉平中,来至洛阳。于时魏境虽有佛法,而道风讹替,亦有众僧未禀归戒,正以剪落殊俗耳。设复斋忏,事法祠祀。迦罗既至,大行佛法。时有诸僧共请迦罗译出戒律,迦罗以律部曲制,文言繁广,佛教未昌，必不承用。乃译出《僧祇戒心》，止备朝夕。更请梵僧立羯磨法受戒。中夏戒律，始自于此。迦罗后不知所终。"唐僧智昇《开元释教录》卷一曰："（昙柯迦罗）以文帝黄初三年壬寅来至洛阳。"宋僧志磐《佛祖统纪》卷三五《法运通塞志》曰："嘉平二年中天竺三藏昙摩迦罗至洛阳，译《僧祇戒》，立大僧羯磨受戒。"今从《高僧传》及《佛祖统纪》系于是年。

王肃作《孔子家语解》。

按：王肃《孔子家语解序》曰："郑氏学行五十载矣，自肃成童，始志于学，而学郑氏学矣。然寻文责实，考其上下义理，不安违错者多，是以夺而易之。世未明其款情，不谓其苟驳前师以见异于前人，乃慨然而叹曰：予岂好难哉？予不得已也。圣人之门，方壅不通；孔氏之路，枳棘充焉。岂得不开而辟之哉？若无由者，亦非予之罪也。是以撰经礼申明其义，及朝论制度，皆据所见而言。孔子二十二世孙有孔猛者，家有其先人之书，昔相从学，顷还家，方取已来，与予所论，有若重规叠矩。……斯皆圣人实事之论，而恐其将绝，故特为解，以贻好事之君子。语云：'牢曰：'子云："吾不试，故艺。"'谈者不知为谁，多妄为之说。《孔子家语》：'弟子有琴张，一名牢，字子开，子张，卫人也。宗鲁死，将往吊，孔子止焉。'……"

刘汝霖《汉晋学术编年》考证曰："按序言郑氏学行五十载，此年正为其死后五十年。且何晏注《论语》，常采王肃之说。而牢曰一节，则引郑曰：'牢弟子子牢也。'可知晏未见及《孔子家语》，则《家语》之出，常在其死后矣。故志之于此。又按《孔子家语》一书，后人多疑其伪。盖王氏欲掊击郑玄，不得不伪托古人以自重也。"

张华作《魏刘骠骑诔》。

按：《三国志》卷一四《魏书·刘放传》曰："嘉平二年，放薨，谥曰敬侯。子正嗣。"文见《艺文类聚》卷四八。

应璩作《与从弟君苗君胄书》。

按：六臣本《文选》卷四二《与从弟君苗君胄书》下注曰："此书言欲归田，故报二从弟也。"陆侃如《中古文学系年》曰："严可均《全三国文》卷三十载璩《与从弟君苗君胄书》，述归老之意，疑即作于此时。"

胡昭卒（162—　）。昭字孔明，颍川人。少而博学，不慕荣利。东汉末避地冀州，辞袁绍之命。曹操为司空、丞相，屡辟不就。隐居陆浑山中，躬耕乐道，以经籍自娱。建安二十三年，陆浑民孙狼等叛乱，昭招集遗民，安复社稷。是年公车特征，会卒。昭善史书，与钟繇、邯郸淳、卫觊、韦诞并有名。与钟繇并师刘德升，俱善草行，有钟肥胡瘦之称。亦善隶书，西晋张华、荀勖整理记籍，立书博士，置弟子教习，以钟、胡为法。事迹见《法书要录》卷八、《三国志》卷一一《魏书·管宁传》及裴注。

杜琼卒，生年不详。琼字伯瑜，蜀郡成都人。少师事任安。刘备入蜀，为议曹从事。与群臣援图谶劝进。后主时，拜谏议大夫，官至太常。为人静默少言，阖门自守，不与世事。蒋琬、费祎等皆器重之。作《韩诗章句》十余万言。事迹见《三国志》卷四二。

陆景（　—280）生；潘尼（　—311）约生。

亚历山大里亚的迪奥芬图斯编写出第一本代数学课本。

魏嘉平三年　蜀汉延熙十四年　吴赤乌十四年
太元元年　辛未　251 年

德西乌斯皇帝亲征哥特人，战死。加卢斯立。

四月丙午，魏太尉王凌谋废帝，立楚王彪，在淮南反司马懿。懿东征凌。五月甲寅，王凌自杀。

按：司马懿穷治其事，牵连者均遭灭族。事并见《三国志》卷四《魏书·齐王芳纪》及卷二八《魏书·王凌传》。

五月，吴改元太元。立宠妃潘夫人为皇后，大赦（《三国志》卷四七《吴书·吴主传》）。

六月，魏司马懿杀楚王彪，令曹氏王公悉居邺中，派官监视（《三国志》卷二〇《魏书·楚王彪传》）。

七月戊寅，魏司马懿死。子司马师为抚军大将军、录尚书事（《三国志》卷四《魏书·齐王芳纪》）。

八月，魏城阳太守邓艾向司马师陈守边之策，师从之。分南匈奴为二部，以弱其势；又分出羌、胡之与同杂居者（《三国志》卷二八《魏书·邓艾传》、《资治通鉴》卷七五《魏纪七》）。

十一月，魏有司奏诸功臣飨食于太祖庙，应以官为次，司马懿功高爵尊，最在上（《三国志》卷四《魏书·齐王芳纪》）。

十二月，吴命诸葛恪以大将军领太子太傅，诏有司诸事一统于恪，综军国大政。

按：《三国志》卷四八《吴书·孙亮传》曰："冬，权寝疾，征大将军诸葛恪为太子太傅，会稽太守滕胤为太常，并受诏辅太子。"

阮籍为司马师从事中郎。

按：《晋书》卷四九《阮籍传》曰："及（宣）帝崩，复为景帝大司马从事中郎。"大司马为司马师辛后追赠。

郑冲是年十二月为司空（《三国志》卷四《魏书·齐王芳纪》）。

程晓约是年为黄门侍郎，上疏请罢校事官。

按：程晓上疏详述魏武帝曹操始置校事之官的危害，认为"此霸世之权宜，非帝王之正典"，奏请罢之。《三国志》卷一四《魏书·程晓传》曰："晓，嘉平中为黄门侍郎。时校事放横，晓上疏曰……于是遂罢校事官。晓迁汝南太守，年四十余薨。"裴注引《世语》曰："晓字季明，有通识。"又引《晓别传》曰："晓大著文章多亡失，今之存者不能十分之一。"嘉平共六年，假定是年。

又按：程晓生卒年不详。晓字季明，东郡东阿人。官至汝南太守。年四十余卒。晓大著文章多亡失，《隋书》卷三五《经籍志四》著录魏汝南太守《程晓集》2卷，梁录1卷。严可均《全三国文》卷三九载其文3篇。逯钦立《晋诗》卷一载其诗2首。

事迹见《三国志》卷一四。

阮籍作《鸠赋》。

按：《艺文类聚》卷九二载阮籍《鸠赋序》曰："嘉平中，得两鸠子，常食以黍稷，后卒为狗杀，故作赋。"刘汝霖《汉晋学术编年》考证："按狗杀双鸠，细事耳，嗣宗竟为之作赋，是必有所感而借以为喻者。疑双鸠即指曹爽兄弟也。其证有三……"刘氏系此赋于嘉平元年，嘉平共六年，故假定是年。

成公绥约是年作《乌赋》、《天地赋》及《魏相国舞阳宣文侯司马公诔》。

按：《晋书》卷九二《文苑传》曰："成公绥，字子安，东郡白马人也。幼而聪敏，博涉经传。性寡欲，不营资产，家贫岁饥，常晏如也。少有俊才，词赋甚丽，闲默自守，不求闻达。时有孝乌，每集其庐舍，绥谓有反哺之德，以为祥禽，乃作赋美之，文多不载。又以'赋者贵能分赋物理，敷演无方，天地之盛，可以致思矣。历观古人未之有赋，岂独以至丽无文，难以辞赞；不然，何其阙哉？'遂为《天地赋》曰……"《天地赋》本传有录，《乌赋序》见录于《艺文类聚》卷九二及《太平御览》卷九二〇。《乌赋》见录于《初学记》卷三〇。陆侃如《中古文学系年》曰："汤球辑臧荣绪《晋书》卷十六《文苑传》：'少有俊才而口吃，辞赋壮丽。'《乌赋》载严可均《全晋文》卷五十九，与《天地赋》未必一时之作，但似均作于出仕前。"《魏相国舞阳宣文侯司马公诔》见《艺文类聚》卷四五。

魏嘉平四年　蜀汉延熙十五年　吴太元二年　神凤元年　吴主孙亮建兴元年　壬申　252年

二月，吴改元神凤（《三国志》卷四七《吴书·吴主传》）。

四月，吴孙权卒，时年七十一，谥曰大皇帝。秋七月，葬蒋陵（《三国志》卷四七《吴书·吴主传》）。

吴太子孙亮即位，改元建兴。命诸葛恪为太傅，滕胤为卫将军领尚书事，吕岱为大司马（《三国志》卷四八《吴书·孙亮传》、卷六四《吴书·诸葛恪传》）。

罗马人与哥特人媾和，纳贡。

王肃为光禄勋，以鱼孽预言东关之败。

按：《三国志》卷一三《魏书·王朗传》曰："后为光禄勋。时有二鱼长尺，集于武库之屋，有司以为吉祥。肃曰：'鱼生于渊而亢于屋，介鳞之物失其所也。边将其殆有弃甲之变乎？'其后果有东关之败。"《宋书》卷三三《五行志四》曰："魏齐王嘉平四年五月，有二鱼集于武库屋上。此鱼孽也。王肃曰……后果有东关之败。干宝又以为高贵乡公兵祸之应。"

傅嘏迁尚书，欲改定官制，并对诏访征吴三计，时不从嘏言（《三国志》卷二一《魏书·傅嘏传》）。

韦诞迁光禄大夫。

按：陆侃如《中古文学系年》曰："《三国志·魏志》卷二十一《刘劭传》：'劭同

时……光禄大夫京兆韦诞……等,亦著文、赋,颇传于世。'诞由中书监迁光禄大夫,不知在何时。万斯同《魏将相大臣年表》以诞为中书监至正元二年止,但那时诞已卒二年,故至迟在本年当迁光禄了。"

李丰为中书令。

按：《三国志》卷九《魏书·夏侯玄传》裴注引《魏氏春秋》曰："至嘉平四年宣王终后,中书令缺,大将军谘问朝臣：'谁可补者？'或指向丰。丰虽知此非显选,而自以连婚国家,思附至尊,因伏不辞,遂奏用之。"

夏侯玄约是年为太常。

按：《三国志》卷九《魏书·夏侯玄传》曰："爽诛,征玄为大鸿胪,数年徙太常。玄以爽抑绌,内不得意。中书令李丰虽宿为大将军司马景王所亲待,然私心在玄,遂结皇后父光禄大夫张缉,谋欲以玄辅政。"玄迁太常,似在李丰为中书令后,故系是年。

贾充参大将军军事。

按：见《晋书》卷四〇《贾充传》。司马师是年正月迁大将军。

陈寿约是年师事谯周。

按：陆侃如《中古文学系年》曰："《晋书》卷八十二《陈寿传》：'少好学,师事同郡谯周。'《华阳国志》卷十一《后贤志》：'少受学于散骑常侍谯周,治《尚书》三传,锐精《史》、《汉》,聪警敏识,属文富艳。'年月无考,假定在寿二十岁左右。"

韦昭为太史令。

按：《三国志》卷六五《吴书·韦曜传》曰："孙亮即位,诸葛恪辅政,表曜为太史令。"

薛莹约是年为秘府中书郎。

按：见《三国志》卷五三《吴书·薛莹传》。陆侃如《中古文学系年》曰："莹生年无考,年辈似与杜预、嵇康相近,大约生于二二〇年左右。为秘书府郎亦不知在何时,今假定与韦昭为太史令同时。"

韦昭、周昭、薛莹、梁广、华覈等始著《吴书》。

按：《三国志》卷五三《吴书·薛莹传》载吴凤凰元年（272年）,薛莹因事徙广州,华覈上疏请召还薛莹以完成国史,中言"大皇帝末年,命太史令丁孚、郎中项峻始撰《吴书》。孚、峻俱非史才,其所撰作,不足纪录。至少帝时,更差韦曜、周昭、薛莹、梁广及臣五人,访求往事,所共撰立,备有本末",《吴书》于孙权末年已开始撰著,至孙皓凤凰年间尚未著成,其间历时二十余年。卷六五《吴书·韦曜传》曰："孙亮即位,诸葛恪辅政,表曜为太史令,撰《吴书》,华覈、薛莹等皆与参同。"卷五二《吴书·步骘传》曰："周昭者字恭远,与韦曜、薛莹、华覈并述《吴书》。"《隋书》卷三三《经籍志二》曰："《吴书》二十五卷,韦昭撰,本五十五卷,梁有,今残缺。"

傅嘏作《对诏访征吴三计》(《三国志》卷二一《魏书·傅嘏传》)。

应璩卒（190—　）。璩字休琏,汝南人,应玚弟。文帝、明帝在位时官至散骑常侍。齐王芳即位,迁侍中、大将军长史。卒后追赠卫尉。曹爽专权,多违法度,作《百一诗》以讽,多切时要,世共传之。《隋书》卷三五《经籍志四》著录魏卫尉卿《应璩集》10卷,梁有录1卷。张溥辑有《应休琏集》。严可均《全三国文》卷三〇载其文 44 篇。逯钦立《先秦汉魏晋南北朝诗·魏诗》卷八载其诗 5 首。事迹略见《三国志》卷二一《魏书·王粲传》裴注。

杜恕卒(198—　)。恕字务伯,京兆杜陵人。杜预父。历任河东太守、淮北都督护军、御史中丞、幽州刺史等职。后为程喜所劾,徙章武郡,卒于徙所。恕在章武,作《体论》8 篇,以为"万物皆得其体,无有不善,故谓之《体论》"。又作《兴性论》1 篇。《隋书》卷三四《经籍志三》著录其《杜氏体论》4 卷,梁有《笃论》4 卷。严可均《全三国文》卷四一、卷四二载其文 6 篇及《体论》、《笃论》辑文。事迹见《三国志》卷一六。

魏嘉平五年　蜀汉延熙十六年　吴建兴二年
癸酉　253 年

正月,蜀大将军费祎为魏降人郭循所杀(《三国志》卷四四《蜀书·费祎传》)。

十月,吴孙峻等利用民怨,以宴会为名,杀诸葛恪,并夷三族。峻自任丞相、大将军,督中外诸军事,封富春侯,专吴政(《三国志》卷四八《吴书·孙亮传》、卷六四《吴书·诸葛恪传》)。

十一月,吴改明年为五凤元年(《三国志》卷四八《吴书·孙亮传》)。

加卢斯皇帝遇弑。瓦勒良立,其子加列努斯共治。帝国始乱。

哥特人侵爱琴海沿岸。第二次罗马—哥特战争爆发。

韦诞以光禄大夫逊位。

按:张彦远《法书要录》卷八张怀瓘《书断中》曰:"嘉平五年(诞)卒,年七十五。"《三国志》卷二一《魏书·刘劭传》裴注引《文章叙录》曰:"(韦诞)以光禄大夫逊位,年七十五卒于家。"

嵇康喜锻铁,拒与钟会交友。

按:《晋书》卷四九《嵇康传》曰:"性绝巧而好锻。宅中有一柳树甚茂,乃激水圜之,每夏月,居其下以锻。东平吕安服康高致,每一相思,辄千里命驾,康友而善之。……初,康居贫,尝与向秀共锻于大树之下,以自赡给。颍川钟会,贵公子也,精练有才辩,故往造焉。康不为之礼,而锻不辍。良久会去,康谓曰:'何所闻而来?何所见而去?'会曰:'闻所闻而来,见所见而去。'会以此憾之。"《世说新语·简傲第二十四》也有类似记载。陆侃如《中古文学系年》:"此事疑即在会撰《四本论》之时,故系于本年。"

向秀佐嵇康锻铁,与吕安灌园于山阳。

按:《晋书》卷四九《向秀传》曰:"康善锻,秀为之佐,相对欣然,傍若无人。又共吕安灌园于山阳。"《世说新语·言语第二》曰:"《向秀别传》曰:秀字子期,河内人。少为同郡山涛所知,又与谯国嵇康、东平吕安友善,并有拔俗之韵,其进止无不同,而造事营生,业亦不异。常与嵇康偶锻于洛邑,与吕安灌园于山阳,不虑家之有无,外物不足忤其心。"陆侃如《中古文学系年》:"锻铁灌园恐自竹林以来即如此,今以《四本论》之故系于本年。"

钟会作《四本论》。

按: 会《四本论》主要论才性异同。《三国志》卷二一《魏书·傅嘏传》曰:"嘏常论才性同异,钟会集而论之。"裴注引《傅子》曰:"嘏既达治好正,而有清理识要,好论才性,原本精微,鲜能及之。司隶校尉钟会年甚少,嘏以明智交会。"本传叙《四本论》于本年五月诸葛恪围新城及嘏"嘉平末,赐爵关内侯"之间,姑系是年。《三国志》卷二八《魏书·钟会传》言"会尝论《易》无互体、才性同异"。《世说新语·文学第四》曰:"钟会撰《四本论》始毕,甚欲使嵇公一见。置怀中,既定,畏其难,怀不敢出,于户外遥掷,便回急走。"刘孝标注曰:"《魏志》曰:'会论才性同异传于世。四本者:言才性同,才性异,才性合,才性离也。尚书傅嘏论同,中书令李丰论异,侍郎钟会论合,屯骑校尉王广论离。文多不载。'"《晋书》卷四九《阮裕传》曰:"裕虽不博学,论难甚精。尝问谢万云:'未见《四本论》,君试为言之。'万叙说既毕,裕以傅嘏为长,于是构辞数百言,精义入微,闻者皆嗟味之。"

韦诞作《叙志赋》。

按:《叙志赋》见《艺文类聚》卷二六,中言"念余年之冉冉,忽一过其如驰。微奇功以佐时,徒旷官其何为?匪逊让之足殉,信神气之稍衰。将诉诚于明后,乞骸骨而告归",应是韦诞逊位告归之作。

傅嘏作《诸葛恪扬声欲向青徐议》(《三国志》卷二一《魏书·傅嘏传》)。

韦诞卒(179—)。诞字仲将,京兆人。历任郡上计吏、郎中、侍中等。善辞章,尤工书法。魏代宝器铭题,皆诞所书。善制墨、制笔,世称"仲将之墨,一点如漆"。曾作《笔墨法》1卷,《相印法》1卷,《相版印法指略钞》1卷,已亡。《隋书》卷三五《经籍志四》著录梁有《韦诞集》3卷,录1卷,亡。严可均《全三国文》卷三二载其文8篇。逯钦立《魏诗》卷八载其诗1首。事迹见《法书要录》卷八及《三国志》卷二一《刘劭传》裴注引《文章叙录》。

诸葛恪卒(203—)。恪字元逊,诸葛瑾长子。少知名,弱冠拜骑都尉。孙权拜为抚越将军。孙亮立,进封阳都侯,加荆、扬州牧,督中外诸军事。是年孙峻诬以谋反杀之。严可均《全三国文》卷六五载其文6篇。事迹见《三国志》卷六四。

费祎卒,生年不详。祎字文伟,江夏人。与许叔龙、董允齐名。后主时任黄门侍郎,为丞相诸葛亮所器重,屡奉命使吴。继代蒋琬为尚书令。是年正月,因岁朝大会酒醉,被魏降人郭循刺死,谥曰敬侯。严可均《全三国文》卷六二载其文《甲乙论》1篇。事迹见《三国志》卷四四。

李重(—300)、嵇绍(—304)、山简(—312)、纪瞻(—324)生。

魏嘉平六年　高贵乡公曹髦正元元年　蜀汉延熙十七年　吴五凤元年　甲戌　254 年

二月庚戌,魏李丰、夏侯玄等谋反,司马师杀之(《三国志》卷四《魏书·齐王芳纪》、卷九《魏书·夏侯玄传》)。

九月,魏司马师废魏帝曹芳为齐王,议从元城迎立文帝孙高贵乡公曹髦为帝。

是秋,吴丞相孙峻淫暴骄矜,吴侯孙英谋杀峻,事泄,自杀(《三国志》卷四八《吴书·孙亮传》)。

十月庚寅,魏曹髦至洛阳,即皇帝位,改元正元。是年,髦年十四岁(《三国志》卷四《魏书·高贵乡公纪》)。

王祥拜光禄勋,转司隶校尉。

按:《晋书》卷三三《王祥传》曰:"高贵乡公即位,与定策功,封关内侯,拜光禄勋,转司隶校尉。"

傅嘏赐爵关内侯,高贵乡公即位,进封武乡亭侯(《三国志》卷二一《魏书·傅嘏传》)。

阮籍封关内侯,徙散骑常侍。约是年借酒醉以拒司马炎之婚。

按:《晋书》卷四九《阮籍传》曰:"高贵乡公即位,封关内侯,徙散骑常侍。籍本有济世志,属魏、晋之际,天下多故,名士少有全者,籍由是不与世事,遂酣饮为常。文帝初欲为武帝求婚于籍,籍醉六十日,不得言而止。钟会数以时事问之,欲因其可否而致之罪,皆以酣醉获免。"阮籍借醉酒拒婚事,确年无考,姑系于其为散骑常侍后。

皇甫谧遭后母丧,遂还本宗。

按:《晋书》卷五一《皇甫谧传》曰:"(谧)出后叔父,徙居新安……叔父有子既冠,谧年四十丧所生后母,遂还本宗。城阳太守梁柳,谧从姑子也,当之官,人劝谧饯之。谧曰:'柳为布衣时过吾,吾送迎不出门,食不过盐菜,贫者不以酒肉为礼。今作郡而送之,是贵城阳太守而贱梁柳,岂中古人之道,是非吾心所安也。'"

傅玄为安东将军司马昭参军。

按:陆侃如《中古文学系年》曰:"《晋书》卷四十七《傅玄传》:'后参安东、卫军军事。'《三国志·魏志》卷四《齐王纪》嘉平六年注:'《世语》及《魏氏春秋》并云:此秋姜维寇陇右,时安东将军司马文王镇许昌。'此时为安东将军及卫将军者甚多,惟司马昭兼历此二职,故疑玄所参者为昭军。昭于本年方由安西转安东,时尚未改元正元。"

贾充妻李婉坐父李丰事徙乐浪。

按:《晋书》卷四〇《贾充传》曰:"充前妻李氏淑美有才行,生二女褒、裕,褒一名荃,裕一名濬。父丰诛,李氏坐流徙。后娶城阳太守郭配女,即广城君也。"

钟会赐爵关内侯。

按：《三国志》卷二八《魏书·钟会传》曰："高贵乡公即尊位,赐爵关内侯。"

夏侯玄身在狱中,拒与钟会、钟毓交。

按：《三国志》卷九《魏书·夏侯玄传》裴注引《世语》曰："玄至廷尉,不肯下辞。廷尉钟毓自临治玄。玄正色责毓曰：'吾当何辞？卿为令史责人也,卿便为吾作。'毓以其名士,节高不可屈,而狱当竟,夜为作辞,令与事相附,流涕以示玄。玄视,领之而已。毓弟会,年少于玄,玄不与交,是日于毓坐狎玄,玄不受。"又引孙盛《杂语》曰："玄在图圄,会因欲狎而友玄,玄正色曰：'钟君何相逼如此也！'"

中天竺僧昙柯迦罗上书于魏乞行受戒法,十人受戒羯磨法,沙门颖川朱士行为受戒之始。

按：《佛祖统纪》卷三五《法运通塞志》曰："正元元年,汉魏以来二众唯受三归,大僧沙弥曾无区别。昙摩迦罗乃上书乞行受戒法,与安息国沙门昙谛同在洛,出《昙无德》部四分戒本。十人受戒羯磨法,沙门朱士行为受戒之始。"《高僧传》卷四《朱士行传》曰："朱士行,颖川人,志业方直,劝沮不能移其操。少怀远悟,脱落尘俗。"

曹冏作《六代论》。

按：文中言"大魏之兴于今三十有四年矣",系于是年。文见《三国志》卷二〇《魏书·武文世王公传》裴注引《魏氏春秋》,《文选》卷五二有录。李善注曰"论夏、殷、周、秦、汉、魏也。"又引《魏氏春秋》曰："曹冏字元首,少帝族祖也。是时天子幼稚,冏借以此论,感悟曹爽,爽不能纳,为弘农太守。"事迹略见《三国志》卷二〇裴注引《魏氏春秋》。

阮籍作《首阳山赋》。

按：阮籍《首阳山赋序》曰："正元元年秋,余尚为中郎,在大将军府,独往南墙下,北望首阳山,作赋曰……"此赋应作于是年十月曹髦即位前。又《咏怀诗》八十二首有"步出上东门,北望首阳山"之诗,当与赋作于同时。

曹髦作《改元大赦令》、《以司马师为相国进号大都督诏》及《封楚王彪世子诏》。

按：《改元大赦令》、《以司马师为相国进号大都督诏》并见《三国志》卷四《魏书·高贵乡公纪》。《封楚王彪世子诏》见《三国志》卷二〇《魏书·武文世王公传》。

天竺僧康僧铠出《郁伽长者所问经》2卷及《无量寿经》2卷。

按：《历代三宝纪》卷五曰："《郁伽长者所问经》二卷、《无量寿经》二卷。右二部合四卷。天竺国沙门康僧铠,齐王世嘉平年于洛阳白马寺译。《高僧传》载直云《郁伽长者》等四经。检道祖《魏晋录》及僧祐《出三藏记》并宝唱《梁代录》等,所列如前。自外二部并不显名,校阅群录未见。"《高僧传》卷一《昙柯迦罗传》曰："时又有外国沙门康僧铠者,亦以嘉平之末,来至洛阳,译出《郁伽长者》等四部经。"暂系是年。

安息国僧昙谛出《昙无德羯磨》1卷。

按：《历代三宝纪》卷五："昙无德者,魏云法藏,藏师地梨茶由,是阿踰阇第九世弟子,藏承其后,即四分律主也,自斯异部兴焉,此当佛后二百年中。后安息国沙门昙谛,以高贵乡公正元一年届乎洛汭(妙善律学,于白马寺,众请译出)。"《高僧传》卷一《昙柯迦罗传》曰："又有安息国沙门昙帝亦善律学,魏正元之中,来游洛阳,出《昙无德羯磨》。"而宋志磐《佛祖统纪》卷三五《法运通塞志》曰："正元元年,汉魏以来二众唯受三归大僧沙弥,曾无区别。昙摩迦罗乃上书乞行受戒法,与安息国沙门昙谛同在洛,出《昙无德部》四分戒本,十人受戒羯磨法。沙门朱士行为受戒之始。"

夏侯玄卒(209—)。玄字太初,沛国谯人,曹魏勋戚。少知名,与诸葛诞等互相题表,被誉为"四聪"之一。明帝时任散骑黄门侍郎,左迁为羽林监。曹爽辅政,累迁散骑常侍、中护军。齐王时为征西将军,都督雍凉诸军事。司马懿诛曹爽,玄被废黜。是年与中书令李丰、光禄大夫张缉谋杀司马师,事泄被杀,夷三族。玄精通玄理,善清谈,为早期玄学领袖之一。《隋书》卷三五《经籍志四》著录《夏侯玄集》3卷。严可均《全三国文》卷二一载其文7篇。事迹见《三国志》卷九。

奥利金卒(185?—)。早期基督教会神学家。著有《六文本合参》、《论原理》、《驳塞尔索》。

魏正元二年　蜀汉延熙十八年　吴五凤二年　乙亥　255年

正月,魏扬州刺史文钦、镇东将军毋丘俭在寿春起兵,讨司马师。司马师率兵镇压,俭败死,文钦与子鸯投吴(《三国志》卷四《魏书·高贵乡公纪》)。

闰正月,魏以诸葛诞为镇东大将军,镇寿春(《三国志》卷四《魏书·高贵乡公纪》)。

魏司马师卒于许昌(《三国志》卷四《魏书·高贵乡公纪》)。

二月丁巳,魏司马师弟司马昭为大将军,录尚书事(《三国志》卷四《魏书·高贵乡公纪》)。

甲子,吴大将孙峻等率军十万攻寿春,魏诸葛诞拒之,峻引军还(《三国志》卷四《魏书·高贵乡公纪》)。

七月,吴将军孙仪、张怡等谋杀孙峻,事败均死(《三国志》卷四八《吴书·孙亮传》)。

九月庚子,曹髦讲《尚书》业终,赐执经亲授者司空郑冲、侍中郑小同等各有差。

按:《三国志》卷四《魏书·高贵乡公纪》曰:"(是年)九月庚子,讲《尚书》业终,赐执经亲授者司空郑冲、侍中郑小同等各有差。"

十二月,吴作太庙(《三国志》卷四八《吴书·孙亮传》)。

王祥迁太常,封万岁亭侯。

按:《晋书》卷三三《王祥传》曰:"从讨毋丘俭,增邑四百户,迁太常,封万岁亭侯。"

傅嘏为尚书仆射,以功进封阳乡侯(《三国志》卷二一《魏书·傅嘏传》)。

司马师破毋丘俭、文钦,王肃以策画有功,迁中领军,加散骑常侍(《三国志》卷一三《魏书·王朗传》)。

阮籍为东平相,旬日而还,为大将军司马昭从事中郎。

按：《晋书》卷四九《阮籍传》曰："及文帝辅政，籍尝从容言于帝曰：'籍平生曾游东平，乐其风土。'帝大悦，即拜东平相。籍乘驴到郡，坏府舍屏鄣，使内外相望，法令清简，旬日而还。帝引为大将军从事中郎。"

傅玄迁卫将军参军，转温令。

按：陆侃如《中古文学系年》："《晋书》卷四十七《傅玄传》：'后参安东、卫军军事，转温令。'又卷二《文帝纪》：'及景帝疾笃，帝自京都省疾，拜卫将军。景帝崩……自帅军而还，至洛阳，进位大将军。'司马昭由安东将军迁卫将军，玄即由安东参军迁卫将军参军，那是在本年闰一月。昭由卫将军迁大将军，本传却没有说他迁大将军的参军；由此可证玄转温令即在昭为大将军时，那是在本年二月丁巳（五日）。"

贾充从讨毋丘俭，司马师疾笃还许昌，充留监诸军事。后为大将军司马，转右长史。

按：《晋书》卷四〇《贾充传》曰："参大将军军事，从景帝讨毋丘俭、文钦于乐嘉。帝疾笃，还许昌，留充监诸军事，以劳增邑三百五十户。后为文帝大将军司马，转右长史。"

羊祜拜中书侍郎。

按：《晋书》卷三四《羊祜传》曰："文帝为大将军，辟祜，未就，公车征拜中书侍郎，俄迁给事中、黄门郎。"

杜预尚司马昭妹高陆公主，起家拜尚书郎。

按：《晋书》卷三四《杜预传》曰："杜预，字元凯，京兆杜陵人也。祖畿，魏尚书仆射。父恕，幽州刺史。预博学多通，明于兴废之道，常言：'德不可以企及，立功立言可庶几也。'初，其父与宣帝不相能，遂以幽死，故预久不得调。文帝嗣立，预尚帝妹高陆公主，起家拜尚书郎，袭祖爵丰乐亭侯。"

嵇康欲应毋丘俭反，俭败，避居河东。至汲郡山，见孙登，执弟子礼而师事之。

按：康助毋丘俭反事，见《三国志》卷二一《魏书·王粲传》裴注及《晋书》卷四九《嵇康传》。裴注引《世语》曰："毋丘俭反，康有力，且欲起兵应之。以问山涛，涛曰：'不可。'俭亦已败。"《晋书》本传曰："（钟会）因谮康欲助毋丘俭，赖山涛不听。"俭败后，康避居河东。裴注引《魏氏春秋》曰："大将军尝欲辟康。康既有绝世之言，又从子不善，避之河东，或云避世。"期间或至汲郡山，见孙登，说见本传、《世说新语·栖逸第十八》刘孝标注引王隐《晋书》及《晋书》卷九四《孙登传》。《孙登传》曰："孙登，字公和，汲郡共人也。无家属，于郡北山为土窟居之，夏则编草为裳，冬则被发自覆。好读《易》，抚一弦琴，见者皆亲乐之……嵇康又从之游三年，问其所图，终不答，康每叹息。"刘汝霖《汉晋学术编年》系于甘露三年。陆侃如《中古文学系年》曰："刘汝霖先生《汉晋学术编年》卷七'余按所谓避世，即至汲郡山中也。盖康既参与毋丘俭之事，俭既死而司马昭辟之又不至，心不自安，不得不避居于外……《与山巨源绝交书》曰："前年自河东还。"《孙登传》曰："康又从游三年。"自此[甘露三年]至绝交之前年，恰为三年，故知二者为一事。或云汲郡，或云河东者，盖叔夜避居于外本无定所，然以居苏门山时为多也。'这个假定很合理，不过他拘于绝交书的'前年'，故系避世事于甘露中。但起因既为毋丘俭的嫌疑，似不会迟了三年方避居，故改系于本年。"

钟会迁黄门侍郎，封东武亭侯。会自矜，傅嘏戒之（《三国志》卷二八《魏书·钟会传》、卷二一《魏书·傅嘏传》）。

魏正元二年　蜀汉延熙十八年　吴五凤二年　乙亥　255年

华峤为大将军司马昭掾属。

按：《晋书》卷四四《华峤传》曰："峤字叔骏，才学深博，少有令闻。文帝为大将军，辟为掾属。"

何曾为镇北将军，都督河北诸军事，假节（《晋书》卷三三《何曾传》）。

王沈等约是年受命著《魏书》。

按：《晋书》卷三九《王沈传》曰："及爽诛，以故吏免。后起为治书侍御史，转秘书监。正元中，迁散骑常侍、侍中，典著作。与荀𫖮、阮籍共撰《魏书》，多为时讳，未若陈寿之实录也。"《晋书》卷四七《傅玄传》曰："州举秀才，除郎中，与东海缪施俱以时誉选入著作，撰集《魏书》。"《史通》外编《古今正史第二》曰："魏史，黄初、太和中始命尚书卫觊、缪袭草创纪传，累载不成。又命侍中韦诞、应璩，秘书监王沈，大将军从事中郎阮籍，司徒右长史孙该，司隶校尉傅玄等，复共撰定。其后王沈独就其业，勒成《魏书》四十四卷。其书多为时讳，殊非实录。"正元共三年，以"正元中"系于是年。又，阮籍是年为大将军从事中郎。

阮籍作《大人先生传》及《歌》。

按：《晋书》卷九四《孙登传》曰："尝住宜阳山，有作炭人见之，知非常人，与语，登亦不应。文帝闻之，使阮籍往观，既见，与语，亦不应。"卷四九《阮籍传》曰："籍尝于苏门山遇孙登，与商略终古及栖神导气之术，登皆不应，籍因长啸而退。至半岭，闻有声若鸾凤之音，响乎岩谷，乃登之啸也。遂归著《大人先生传》，其略曰：'世人所谓君子，惟法是修，惟礼是克。手执圭璧，足履绳墨。行欲为目前检，言欲为无穷则。少称乡党，长闻邻国。上欲图三公，下不失九州牧。独不见群虱之处裈中，逃乎深缝，匿乎坏絮，自以为吉宅也。行不敢离缝际，动不敢出裈裆，自以为得绳墨也。然炎丘火流，焦邑灭都，群虱处于裈中而不能出也。君子之处域内，何异夫虱之处裈中乎！'此亦籍之胸怀本趣也。"陆侃如《中古文学系年》曰："籍如访登，当在为从事郎中后。"

江伟作《答贺腊诗并序》。

按：《艺文类聚》卷五载《答贺腊诗》曰："正元二年冬腊，家君在陈郡，余别在国舍，不得集会，弟广平作诗以贻余，余因答之。曰……"严可均《全晋文》卷六七曰："伟，陈留襄邑人。仕魏官爵未详。武帝时为通事郎，有集六卷。"

傅嘏卒（209—　）。嘏字兰石，北地泥阳人。正始初为尚书郎，因与曹爽、何晏不合，免官。爽诛，党于司马氏，封阳乡侯。尝作《四本论》，论"才性异同"，主张才性同。《隋书》卷三五《经籍志四》著录《傅嘏集》2卷，录1卷，亡。严可均《全三国文》卷三五载其文5篇。事迹见《三国志》卷二一。

毌丘俭卒，生年不详。俭字仲恭，河东闻喜人。初为平原侯文学。魏明帝初，为尚书郎，迁羽林监，出为洛阳典农。迁荆州刺史，青龙中徙幽州刺史。讨公孙渊定辽东，以功封安邑侯。高句丽数侵叛，俭讨之，有功，迁镇东将军、都督扬州。正元二年，与扬州刺史文钦矫太后诏讨司马师，兵败被杀。《隋书》卷三五《经籍志四》著录梁有《毌丘俭集》2卷，录1卷，亡。严可均《全三国文》卷四〇载其文9篇。逯钦立《魏诗》卷八载其诗3首。事迹见《三国志》卷二八。

魏正元三年　甘露元年　蜀汉延熙十九年
吴五凤三年　太平元年　丙子　256年

波斯人入亚美尼亚、叙利亚。

法兰克人、阿勒曼尼人、哥特人寇边。

正月，蜀姜维进位大将军（《三国志》卷三三《蜀书·后主传》）。

二月丙辰，曹髦宴群臣，讲述礼典。四月丙辰，幸临太学，与诸儒论经。

按：《三国志》卷四《魏书·高贵乡公纪》裴注引《魏氏春秋》曰："二月丙辰，帝宴群臣于太极东堂，与侍中荀顗、尚书崔赞、袁亮、钟毓、给事中中书令虞松等并讲述礼典，遂言帝王优劣之差。"帝以夏少康优于刘邦，夏少康为中兴之主，反映了曹髦有做中兴之主之志。四月丙辰幸临太学，与诸儒论《易经》、《尚书》、《礼记》，诸儒莫能及。裴注并引傅畅《晋诸公赞》曰："帝常与中护军司马望、侍中王沈、散骑常侍裴秀、黄门侍郎钟会等讲宴于东堂，并属文论。名秀为儒林丈人，沈为文籍先生，望、会亦各有名号。帝性急，请召欲速。秀等在内职，到得及时，以望在外，特给追锋车，虎贲卒五人，每有集会，望辄奔驰而至。"姚振宗《三国艺文志》卷一著录《高贵乡公太学讲义》曰："按是日所讲见于《本纪》者尚千数百言。此必承祚从公本集中或当时注记所有，采以入纪，恐节录非全文。其时政归司马氏，犹山阳公在位之日，命荀悦作《汉纪》之时也。"

六月丙午，魏改元甘露。

按：《三国志》卷四《魏书·高贵乡公纪》曰："五月，邺及上洛并言甘露降。夏六月丙午，改元为甘露。"

七月癸未，魏安西将军邓艾大破蜀大将姜维于上邽（《三国志》卷四《魏书·高贵乡公纪》）。

八月庚午，魏命大将军司马昭加号大都督，奏事不名，假黄钺。癸酉，以太尉司马孚为太傅（《三国志》卷四《魏书·高贵乡公纪》）。

是月，吴孙峻遣命吕据等与文钦出兵，自江都入淮、泗（《三国志》卷四八《吴书·孙亮传》）。

九月，吴孙峻死，攻魏之吴军遂还师（《三国志》卷四八《吴书·孙亮传》）。

吴命孙綝为侍中，都督中外诸军事（《三国志》卷四八《吴书·孙亮传》）。

十月己酉，吴大赦，改元太平（《三国志》卷四八《吴书·孙亮传》）。

邓艾为镇西将军、都督陇右诸军事，进封邓侯（《三国志》卷二八《魏书·邓艾传》）。

高柔九月为太尉（《三国志》卷四《魏书·高贵乡公纪》）。

羊祜迁给事中。

按：陆侃如《中古文学系年》曰："《晋书》卷三十四《羊祜传》：'俄迁给事中。'假定在为中书侍郎的次年。"

魏正元二年　蜀汉延熙十八年　吴五凤二年　乙亥　255年

郑冲九月为司徒(《三国志》卷四《魏书·高贵乡公纪》)。

曹髦作《自叙始生祯祥》。

按：《自叙始生祯祥》见《三国志》卷四《魏书·高贵乡公纪》甘露元年裴注引《帝集》，姑系是年。

西域僧白延译《首楞严经》2卷、《无量清净平等觉经》2卷、《叉须赖经》1卷、《除灾患经》1卷、《平等觉经》1卷及《菩萨修行经》1卷。

按：《历代三宝纪》卷五曰："《首楞严经》二卷、《无量清净平等觉经》二卷、《叉须赖经》一卷、《除灾患经》一卷、《平等觉经》一卷、《菩萨修行经》一卷。右六部合八卷。高贵乡公世，西域沙门白延，怀道游化，甘露年中来届洛阳，止白马寺，众请译焉。"《佛祖统纪》卷三五《法运通塞志》曰："甘露元年，天竺沙门白延，至洛阳译《无量清净平等觉经》等六部。"《出三藏记集》卷二曰："《首楞严经》二卷(阙)、《叉须赖经》一卷(阙)、《除灾患经》一卷(阙)。右三部，凡四卷。魏高贵乡公时，白延所译出。《别录》所载，《安公录》先无其名。"《高僧传》卷一《昙柯迦罗传》曰："又有沙门帛延，不知何人，亦才明有深解，以魏甘露中，译出《无量清净平等觉经》等，凡六部经。"《开元释教录》卷一曰："沙门帛延，西域人也。才明盖世，深解喻伦。以高贵乡公甘露三年戊寅游化洛阳，止白马寺，出《无量清净》等经五部。长房等录又有《平等觉经》一卷，亦云白延所出。今以此经即是《无量清净平等觉经》，但名有广略，故不复存也。"白延、帛延应为同一人。各本系年有异，今从《佛祖统纪》系于是年。

月氏僧支疆梁接译《法华三昧经》6部。

按：《历代三宝纪》卷五曰："《法华三昧经》六部。右一部六卷。高贵乡公世，甘露元年七月，外国沙门支疆梁接，魏言正无畏，于交州译。沙门道声笔受。"

王肃卒(195—　)。肃字子雍，东海郯人。王朗之子，司马昭岳父。年十八从宋忠读《太玄》而更为之解。黄初中，为散骑黄门侍郎，旋任散骑常侍，领秘书监，兼崇文馆祭酒。后出为广平太守等职。追赠卫将军，谥曰景侯。肃精于贾逵、马融之学，曾遍注群经，不分古文、今文，对各家学说都有所综合。唯不喜郑玄之学，曾伪造《孔子家语》等书，作为所作《圣证论》之据，以讥郑玄学派之短，意与郑学争胜，其学称为"王学"。所注《尚书》、《诗经》、《三礼》、《左传》、《论语》及其父王朗所作《易传》，以帝王之力，在晋代立有博士，其注传得立于学官。《隋书》卷三二《经籍志一》著录王肃注《周易》10卷、《尚书》11卷，撰《尚书驳议》5卷。梁有其与郑玄、孔晁撰《尚书义问》3卷；又有其注《毛诗》20卷。梁有其与郑玄合注《毛诗》20卷；又有其撰《毛诗义驳》8卷、《毛诗奏事》1卷，有《毛诗问难》2卷，亡；注《周官礼》12卷、《仪礼》17卷、《丧服经传》1卷、《丧服要记》1卷、《礼记》30卷；撰《礼记音》1卷、《明堂议》3卷；注《春秋左氏传》30卷，撰《春秋外传章句》1卷，梁22卷；解《孝经》1卷；与虞翻、谯周等注《论语》各10卷；梁有其撰《论语释驳》3卷；解《孔子家语》21卷；撰《圣证论》12卷；卷三三《经籍志二》著录《王朗王肃家传》1卷；卷三四《经籍志三》著录其注《扬子太玄经》7卷，亡；撰《王子正论》10卷；卷三五《经籍志四》著录《魏卫将军王肃集》5卷，梁有录一卷，亡。所注各书及原有文集五卷均已散佚，仅清马国翰《玉函山房辑佚书》有辑本。严可均《全三国文》卷二三辑其文39篇。《三国志》卷一三。

管辂卒(210—)。辂字公明,魏平原人。幼喜仰视星辰,及成人,果明《周易》,仰观、风角、占、相之道,无不精微。相传占事多中,自知不寿,果中年而卒。与当时名士如华表、裴徽、何晏、钟毓等多有来往。其所论《易》,何晏赞为"要言不烦"。《三国志》卷二九。

按：《三国志》卷二九《魏书·管辂传》曰："正元二年,弟辰谓辂曰：'大将军待君意厚,冀当富贵乎？'辂长叹曰：'吾自知有分直耳,然天与才明,不与我年寿,恐四十七八间,不见女嫁儿娶妇也……''又吾本命在寅……'明年二月卒,年四十八。"裴注曰："案辂自说,云'本命在寅',则建安十五年生也。至正始九年,应三十九,而传云三十六,以正元三年卒,应四十七,而传云四十八,皆为不相应也。"按裴说,管辂生于建安十五年(210年),卒于正元三年(256年),得年四十七岁,与本传略异。管辂自云"恐四十七八间,不见女嫁儿娶妇也",传云四十八,盖虚指。今从裴注。

王衍(—311)生。

魏甘露二年　蜀汉延熙二十年　吴太平二年
丁丑　257年

罗马—波斯战争再起。

哥特人分东西两部,寻寇黑海地区。

四月,吴主孙亮开始亲视政事,命选大将子弟有勇力者,在苑中教习武艺(《三国志》卷四八《吴书·孙亮传》)。

五月辛未,曹髦幸辟雍,命群臣赋诗。侍中和逌、尚书陈骞等作诗忤旨,有司奏免官,诏令免之。

按：《三国志》卷四《魏书·高贵乡公纪》曰："(是年)五月辛未,帝幸辟雍,会命群臣赋诗。侍中和逌、尚书陈骞等作诗稽留,有司奏免官,诏曰：'吾以暗昧,爱好文雅,广延诗赋,以知得失,而乃尔纷纭,良用反仄。其原逌等。主者宜敕自今以后,群臣皆当玩习古义,修明经典,称朕意焉。'"

乙亥,魏诸葛诞拒命起兵反,称臣于吴,据寿春。司马昭挟魏帝及太后讨之。吴遣将领兵三万援救诸葛诞。

按：魏四月甲子征东大将军诸葛诞为司空,诞惧而反,诞以二年五月反,三年二月破灭,详见《三国志》卷二八《魏书·诸葛诞传》。

是年,蜀姜维乘诸葛诞叛,出骆谷伐魏,向秦川,被邓艾等所阻,不能进(《资治通鉴》卷七七《魏纪九》)。

羊祜迁黄门郎。

按：《晋书》卷三四《羊祜传》曰："俄迁给事中、黄门郎。时高贵乡公好属文,在位者多献诗赋,汝南和逌以忤意见斥,祜在其间,不得而亲疏,有识尚焉。"

贾充为大将军右长史,为司马昭划谋,从讨诸葛诞(《晋书》卷四〇《贾裴秀、陈泰、钟会从大将军征讨诸葛诞。

按：《三国志》卷四《魏书·高贵乡公纪》曰："令散骑常侍裴秀、给事黄门侍郎钟会咸与大将军俱行。"《晋书》卷三五《裴秀传》曰："帝之讨诸葛诞也，秀与尚书仆射陈泰、黄门侍郎钟会以行台从，豫参谋略。及诞平，转尚书，进封鲁阳乡侯，增邑千户。"《三国志》卷二二《魏书·陈泰传》曰："泰字玄伯……诸葛诞作乱寿春，司马文王率六军军丘头，泰总署行台。"《三国志》卷二八《魏书·钟会传》曰："甘露二年，征诸葛诞为司空，时会丧宁在家，策诞必不从命，驰白文王。文王以事已施行，不复追改。及诞反，车驾住项，文王至寿春，会复从行。……寿春之破，会谋居多，亲待日隆，时人谓之子房。"

乐详上书颂杜畿之绩，杜预因此袭封丰乐亭侯。

按：《三国志》卷一六《魏书·杜恕传》曰："甘露二年，河东乐详年九十余，上书讼畿之遗绩，朝廷感焉。诏封恕子预为丰乐亭侯，邑百户。"《晋书》卷三四《杜预传》曰："袭祖爵丰乐亭侯。"

成公绥约是年迁章安令。

按：吴士鉴、刘承幹《晋书斠注》卷九二曰："又《御览》一百八十五《临海记》曰：'章安县有赤兰桥，世传成公绥作县，此桥上作厅事。'案本传失载。为章安令当在荐征博士之后。"陆侃如《中古文学系年》曰："今假定在为太常博士后一二年。"

张华约是年被卢钦荐于司马昭，转河南尹丞，未拜，除佐著作郎。

按：见《晋书》卷三六《张华传》。陆侃如《中古文学系年》曰："假定在为博士后一二年。"

赵至约是年诣师受业。

按：《晋书》卷九二《赵至传》曰："赵至，字景真，代郡人也。寓居洛阳。缑氏令初到官，至年十三，与母同观。母曰：'汝先世本非微贱，世乱流离，遂为士伍耳。尔后能如此不？'至感母言，诣师受业。闻父耕叱牛声，投书而泣。师怪问之，至曰：'我小未能荣养，使老父不免勤苦。'师甚异之。年十四，诣洛阳，游太学，遇嵇康于学写石经，徘徊视之，不能去，而请问姓名。康曰：'年少何以问邪？'曰：'观君风器非常，所以问耳。'康异而告之。后乃亡到山阳，求康不得而还。又将远学，母禁之，至遂阳狂，走三五里，辄追得之。年十六，游邺，复与康相遇，随康还山阳，改名浚，字允元。"赵至生平也见于《世说新语·言语第二》刘孝标注引嵇绍《赵至叙》。陆侃如《中古文学系年》曰："他的生卒年月，史无明文。本传说他太康中卒年三十七，则卒年必在元年（二八〇年）以后，生年也必在二四四年以后。绍叙说他十六岁依嵇康'经年'，则康卒时他必在十七岁以上；康卒于二六三年，所以他必生于二四七年以前，卒于二八三年以前。他受业究在十二岁还是十三岁，传叙互异，但总在二五七年左右吧。"

陈寿约是年初应州命。

按：陆侃如《中古文学系年》曰："《华阳国志》卷十一《后贤志》：'初应州命。'年月无考，假定在师事谯周后五年左右。"

李密约是年为尚书郎。

按：陆侃如《中古文学系年》曰："《晋书》卷八十八《孝友传》：'少仕蜀为郎。'《华阳国志》卷十一《后贤志》：'尚书郎。'假定在为大将军主簿前一二年。"

谯周作《仇国论》。

按：《三国志》卷四二《蜀书·谯周传》曰："于时军旅数出，百姓彫瘁，周与尚书令陈祗论其利害，退而书之，谓之《仇国论》。其辞曰……"陈祗下年卒。是年，姜维又领兵攻魏，谯周此作应为讽姜维用兵而作。《资治通鉴》卷七七《魏纪九》系此事于是年，曰："是时，维屡出兵，蜀人愁苦，中散大夫谯周作《仇国论》以讽之。"

曹髦作《入贾逵祠下诏》及《伤魂赋》。

按：《三国志》卷四《魏书·高贵乡公纪》曰："（六月）甲子，诏曰：'今车驾驻项，大将军恭行天罚，前临淮浦。昔相国大司马征讨，皆与尚书俱行，今宜如旧。'"《三国志》卷一五《魏书·贾逵传》裴注引《魏略》曰："甘露二年，车驾东征，屯项，复入逵祠下，诏曰：'……其扫除祠堂，有穿漏者补治之。'"《伤魂赋并序》见《艺文类聚》卷三四，其序曰："王师东征，宗正曹并以宗室材能兼侍中从行，到项得疾，数日亡。意甚伤之，为作此赋。"应作于是年。

钟会作《母传》。

按：会是年遭母丧，《三国志》卷二八《魏书·钟会传》裴注曰："会时遭所生母丧。其《母传》曰：'……年五十有九，甘露二年二月暴疾薨。比葬，天子有手诏，命大将军高都侯厚加赗赠，丧事无巨细，一皆供给。议者以为公侯有夫人，有世妇，有妻，有妾，所谓外命妇也。依《春秋》成风、定姒之义，宜崇典礼，不得总称妾名，于是称成侯命妇。殡葬之事，有取于古制，礼也。'"其《母传》应作于是年其母卒后。

魏甘露三年　蜀汉景耀元年　吴太平三年
吴主孙休永安元年　戊寅　258年

正月，蜀汉改元景耀，宦官黄皓始专国政（《三国志》卷三三《蜀书·后主传》）。

二月，魏司马昭攻陷寿春城，杀诸葛诞。诞左右皆战死，将吏以下皆降。吴援诞军被俘及死者数万（《三国志》卷四《魏书·高贵乡公纪》、《三国志》卷四八《吴书·孙亮传》）。

五月，司马昭自为相国，封晋公，食邑八郡，加之九锡（《三国志》卷四《魏书·高贵乡公纪》）。

八月丙寅，魏下诏行养老礼，诏关内侯王祥为三老，郑小同为五更。

按：《三国志》卷四《魏书·高贵乡公纪》曰："（八月）丙寅，诏曰：'夫养老兴教，三代所以树风化垂不朽也，必有三老、五更以崇至敬，乞言纳诲，著在惇史，然后六合承流，下观而化。宜妙简德行，以充其选。关内侯王祥，履仁秉义，雅志淳固。关内侯郑小同，温恭孝友，帅礼不忒。其以祥为三老，小同为五更。'车驾亲率群司，躬行古礼焉。"《晋书》卷三三《王祥传》曰："天子幸太学，命祥为三老。祥南面几杖，以师道自居。天子北面乞言，祥陈明王圣帝君臣政化之要以训之，闻者莫不砥砺。"

九月，吴帝欲杀孙綝，未成；綝以兵废帝为会稽王（《三国志》卷四八《吴书·孙亮传》）。

波斯人入美索不达米亚及叙利亚，取安条克。

瓦勒良皇帝镇压基督教。

阿勒曼尼人和苏维汇人入上意大利。共治皇帝加列努斯败之。

魏甘露三年　蜀汉景耀元年　吴太平三年　吴主孙休永安元年　戊寅　258年

十月，吴孙綝使孙楷、董朝迎立琅邪王孙休，是为景帝。改元永安，以孙綝为臣相、荆州牧。封故南阳王孙和子孙皓为乌程侯。令减轻吏役（《三国志》卷四八《吴书·孙休传》）。

十二月，吴景帝孙休恐孙綝有变，与张布、丁奉杀綝，夷三族（《三国志》卷四八《吴书·孙休传》）。

吴诏置学官，立五经博士，令将吏子弟受业。

按：《三国志》卷四八《吴书·孙休传》曰："诏曰：'古者建国，教学为先，所以道世治性，为时养器也。自建兴以来，时事多故，吏民颇以目前趋务，去本就末，不循古道。夫所尚不惇，则伤化败俗。其案古置学官，立五经博士，核取应选，加其宠禄，科见吏之中及将吏子弟有志好者，各令就业。一岁课试，差其品第，加以位赏。使见之者乐其荣，闻之者美其誉。以敦王化，以隆风俗。'"

是年，蜀姜维闻诸葛诞死，退还成都（《三国志》卷三三《蜀书·后主传》）。

阮籍约是年为步兵校尉，居母丧不拘礼，为何曾所劾。约是年荐陈协修五龙渠。

按：《三国志》卷二一《魏书·王粲传》裴注引《魏氏春秋》曰："后朝论以其名高，欲显崇之，籍以世多故，禄仕而已，闻步兵校尉缺，厨多美酒，营人善酿酒，求为校尉，遂纵酒昏酣，遗落世事。尝登广武，观楚、汉战处，乃叹曰：'时无英才，使竖子成名乎！'时率意独驾，不由径路，车迹所穷，辄恸哭而反。……籍口不论人过，而自然高迈，故为礼法之士何曾等深所雠疾。大将军司马文王常保持之。"《晋书》卷四九《阮籍传》曰："……籍虽不拘礼教，然发言玄远，口不臧否人物。性至孝，母终，正与人围棋，对者求止，籍留与决赌。既而饮酒二斗，举声一号，吐血数升。及将葬，食一蒸肫，饮二斗酒，然后临诀，直言穷矣，举声一号，因又吐血数升，毁瘠骨立，殆致灭性。裴楷往吊之，籍散发箕踞，醉而直视，楷吊唁毕便去。或问楷：'凡吊者，主哭，客乃为礼。籍既不哭，君何为哭？'楷曰：'阮籍既方外之士，故不崇礼典。我俗中之士，故以轨仪自居。'时人叹为两得。籍又能为青白眼，见礼俗之士，以白眼对之。及嵇喜来吊，籍作白眼，喜不怿而退。喜弟康闻之，乃赍酒挟琴造焉，籍大悦，乃见青眼。由是礼法之士疾之若仇，而帝每保护之。"类似记载尚见之于汤球《九家旧晋书辑本·裴楷别传》、《三国志》卷一八《魏书·李通传》、《晋书》卷三三《何曾传》及《世说新语·简傲第二十四》等。陆侃如《中古文学系年》曰："籍为步兵年月无考，今假定在自东平归后二三年。丧母亦不知在何时，据《何曾传》知在步兵任上，惟曾传叙劾籍事于正元前，那显然有误，因为那时司马昭还没有当权。籍三岁丧父，母年岁如与父相近，此时当在八十以上了。裴楷本年二十二岁，与'弱冠'的记载亦合。……《语林》曰：'陈协数进阮步兵酒，后晋文王欲修九龙堰，阮举协。文王用之，掘地得古承水铜龙六枚，堰遂成。水历竭东注，谓之千金渠。'赵一清释引全祖望：'按五龙渠与九龙渠不同，五龙渠即千金渠，若九龙渠作于魏明帝青龙三年……善长误矣。'五龙渠初作于太和五年，陈协继修当在籍为步兵后。"

嵇康自河东返，告别孙登，往吊阮籍母丧。

按：《晋书》卷九四《孙登传》曰："嵇康又从之游三年，问其所图，终不答，康每叹息。将别，谓曰：'先生竟无言乎？'登乃曰：'子识火乎？火生而有光，而不用其光，果在于用光。人生而有才，而不用其才，而果在于用才。故用光在乎得薪，所以保其耀；用才在乎识真，所以全其年。今子才多识寡，难乎免于今之世矣！子无求乎？'康不能用，果遭非命，乃作《幽愤诗》曰：'昔惭柳下，今愧孙登。'或谓登以魏晋去就，易生嫌疑，故或嘿者也。竟不知所终。"往吊阮籍母丧事，参见上条按语。

贾充迁廷尉，听讼称平（《晋书》卷四〇《贾充传》及《世说新语·政事第三》刘孝标注引《晋诸公赞》）。

按：陆侃如《中古文学系年》曰："事在征诸葛诞与害曹髦之间，故系于此。"

钟会迁太仆，固辞不就。以中郎在大将军府管记室事，为腹心之任。以讨诸葛诞功，进爵陈侯，屡让不受。荐王戎、裴楷。

按：《三国志》卷二八《魏书·钟会传》曰："军还，迁为太仆，固辞不就。以中郎在大将军府管记室事，为腹心之任。以讨诸葛诞功，进爵陈侯，屡让不受。……迁司隶校尉。"

又按：《世说新语·赏誉第八》曰："钟士季目王安丰：'阿戎了了解人意。'谓'裴公之谈，经日不竭'。吏部郎阙，文帝问其人于钟会，会曰：'裴楷清通，王戎简要，皆其选也。'于是用裴。"刘孝标注："按诸书皆云：钟会荐裴楷、王戎于晋文王，文王辟以为掾，不闻为吏部郎。"又："王濬冲、裴叔则二人总角诣钟士季。须臾去后，客问钟曰：'向二童何如？'钟曰：'裴楷清通，王戎简要。后二十年，此二贤当为吏部尚书，冀尔时天下无滞才。'"刘孝标注："《晋阳秋》曰：戎为儿童，钟会异之。"陆侃如《中古文学系年》曰："从《晋书》卷三十五《裴楷传》及卷四十三《王戎传》的记载看来，会荐二人似在管记室时。"

潘岳为父友杨肇赏识，始见知名，并申之以婚姻。

按：《文选》卷一六潘岳《怀旧赋序》曰："余十二而获见于父友东武戴侯杨君，始见知名，遂申之以婚姻。"

韦昭为中书郎、博士祭酒，受诏依刘向故事，校定众书。

按：《三国志》卷六五《吴书·韦曜传》曰："孙休践阼，为中书郎、博士祭酒。命曜依刘向故事，校定众书。"

薛莹、贺邵、虞汜、王蕃俱为散骑中常侍，皆加附马都尉。

按：《三国志》卷六五《吴书·王蕃传》曰："王蕃字永元，庐江人也。博览多闻，兼通术艺。始为尚书郎，去官。孙休即位，与贺邵、薛莹、虞汜俱为散骑中常侍，皆加驸马都尉。时论清之。"《三国志》卷五三《吴书·薛莹传》曰："孙休即位，为散骑中常侍。"

杜夷（ —323）生。

按：曹道衡、沈玉成《中古文学史料丛考·杜夷年岁两说》："《晋书·杜夷传》载夷于明帝太宁元年（323）卒，年六十六。吴士鉴注：'《御览》卷五五五《杜祭酒别传》曰："君年五十二，当其终亡，安厝先茔，帛巾辒车，丧仪俭约，执引者皆三吴令望及北人贤流。"案，夷之卒年，别传与本传大异，未知孰是。'……今《杜夷传》所书六十六岁，核以'年四十余，始还乡里'，'惠帝时三察孝廉'，皆可相合。设以《别传》所记'五十二岁'为是，四十余岁已当怀帝时。据汤球辑《晋诸公别传》，《御览》引《杜祭酒别传》凡五处，卷三三七云'桓宣武馆于赤桥南曰延贤里'，杜夷卒时，桓温年仅十二，则所记出自传闻，作者与杜夷关系之疏，可窥一斑。以此，杜夷年岁窃以为当从《晋书》。"

魏甘露四年　蜀汉景耀二年　吴永安二年
己卯　259 年

正月,黄龙二,见宁陵县界井中(《三国志》卷四《魏书·高贵乡公纪》)。

三月,吴备九卿官(《三国志》卷四八《吴书·孙休传》)。

赵至约是年诣洛阳,游太学,遇嵇康于学写石经。

按:《晋书》卷九二《赵至传》曰:"年十四,诣洛阳,游太学,遇嵇康于学写石经,徘徊视之,不能去,而请问姓名。康曰:'年少何以问邪?'曰:'观君风器非常,所以问耳。'康异而告之。"事亦见《世说新语·言语第二》刘孝标注引嵇绍《赵至叙》。《晋书》本传并云至太康中卒,时年三十七。是年约十四岁。

张华约是年迁长史。

按:《晋书》卷三六《张华传》曰:"顷之,迁长史。"陆侃如《中古文学系年》曰:"假定在为佐著作郎后一二年。"

杜预约是年转参相府军事。

按:《晋书》卷三四《杜预传》曰:"在职四年,转参相府军事。"陆侃如《中古文学系年》曰:"司马昭为相国,在灭蜀后;而预为参军,却在伐蜀前。自尚主拜郎后四年,即景元二年;时昭为大将军,预当为大将军府参军。"

成公绥约是年迁秘书郎。

按:《晋书》卷九二《成公绥传》曰:"历秘书郎,转丞,迁中书郎。"陆侃如《中古文学系年》曰:"年月无考,假定在为章安令后一二年。"

李密约是年为大将军主簿。

按:《华阳国志》卷一一《后贤志》曰:"大将军主簿。"陆侃如《中古文学系年》曰:"延熙十六年(嘉平五年)以前,费祎是大将军;十九年(甘露元年)以后,姜维是大将军。密大概是维的主簿,假定在为太子洗马前一二年。"

嵇康写石经。

按:嵇康写石经,旧说以为即正始石经,朱彝尊《经义考》卷二八八曰:"《赵至传》云:年十四诣洛阳游太学,遇嵇康于学写石经,徘徊视之,不能去。嵇绍亦曰:至入太学,睹先君在学写石经古文,然则正始石经实康等所书也。"陆侃如认为:是年,赵至入太学,上距正始已有十一至十九年的距离,朱说不可信。康写石经有两种可能,一是康于是年摹写正始石经;一是康于是年增刻正始所无的《左传》,因《隋书》卷三二《经籍志一》著录正始的三字石经,只有《尚书》和《春秋》两种,而《旧唐书》卷四六《经籍志》上所著录的,多出《左传》一种。见《中古文学系年》。

曹髦作《潜龙诗》。

按:《三国志》卷四《魏书·高贵乡公纪》裴注引《汉晋春秋》曰:"是时龙仍见,咸以为吉祥。帝曰:'龙者,君德也。上不在天,下不在田,而数屈于井,非嘉兆也。'仍

哥特人侵小亚细亚卡尔西顿、尼西亚诸城。

作《潜龙》之诗以自讽,司马文王见而恶之。"

王昶卒,生年不详。昶字文舒,太原晋阳人。曾为曹丕太子文学,迁中庶子。丕即帝位,徙散骑侍郎,迁兖州刺史。明帝时,加扬烈将军,赐爵关内侯。正始中,转在徐州,封武观亭侯,迁征南将军,假节都督荆豫诸军事。表请徙治新野,习水军,大破吴军。毋丘俭、诸葛诞反,昶引兵力拒,以功迁司空,持节都督如故。谥曰穆侯。著有《治论》,略依古制而合于时务者20余篇,又作《兵书》10余篇,言奇正之用。《隋书》卷三五《经籍志四》著录魏司空《王昶集》5卷,梁有录1卷。严可均《全三国文》卷三六载其文9篇。事迹见《三国志》卷二七。

郑小同卒,生年不详。郑玄孙,玄子益恩遗腹子。以丁卯日生,与玄同,故名曰小同。文帝时为郎中。曹髦诏为五更,曾亲授《尚书》学官。小同诣司马昭,昭有密疏,未及收藏。昭如厕还,问之曰:"卿见吾疏乎?"答曰:"我不见。"昭曰:"宁我负卿,无卿负我。"遂酖之。其所著述,《隋书》卷三二《经籍志一》著录梁有《礼义》4卷;又著录《郑志》11卷。严可均《全三国文》卷四〇载其文1篇。清曹元忠有《补魏志郑小同传》(《笺经室遗集》卷一六)。

陶侃(　—334)生。

按:《晋书》卷六六《陶侃传》曰:"薨于樊溪,时年七十六。"卷七《成帝纪》曰:"(咸和九年六月)乙卯,太尉、长沙公陶侃薨。"以此推之,侃生于是年。吴荣光《历代名人年谱》系侃生于是年。陆心源《三续疑年录》系侃生于蜀汉延熙二十年(257年),卒于晋咸和七年(332年)。

魏甘露五年　魏陈留王曹奂景元元年　蜀汉景耀三年　吴永安三年　庚辰　260年

波斯王沙普尔一世获瓦勒良皇帝。

高卢行省反。

帕尔米拉王国自立。

四月,魏诏大将军司马昭位为相国,封晋公,加九锡(《三国志》卷四《魏书·高贵乡公纪》)。

按:五月癸卯,司马昭固辞进封。后数次进封,均固让乃止,至景元四年受封。

五月己丑,魏帝曹髦讨司马昭,不克,髦为太子舍人成济所杀。司马昭委罪于成倅、成济,杀之(《三国志》卷四《魏书·高贵乡公纪》及裴注引《汉晋春秋》、《魏氏春秋》)。

六月甲寅,魏曹奂即皇位,是为元帝,改元景元(《三国志》卷四《魏书·陈留王纪》)。

按:曹璜入洛阳,更名曹奂,即皇帝位。时年十五岁。

丙辰,魏进大将军司马昭位为相国,封晋公,增封二郡,并前满十,加九锡之礼,一如前诏。诸群从子弟,其未有侯者皆封亭侯,赐钱千万,帛万匹。司马昭固让乃止(《三国志》卷四《魏书·陈留王纪》)。

是年，吴孙亮被黜，遣赴封地，途中自杀（《三国志》卷四八《吴书·孙休传》）。

　　王祥任司空（《三国志》卷四《魏书·陈留王纪》）。
　　钟会约是年迁司隶校尉。
　　按：《三国志》卷二八《魏书·钟会传》曰："迁司隶校尉。虽在外司，时政损益，当世与夺，无不综典。"陆侃如《中古文学系年》曰："迁官年月，史无明文。洪饴孙《三国职官表》卷下假定在'景元初'，尚合理。据《陈留王纪》本年十二月王祥由司隶校尉迁司空，会可能是继祥任。"
　　荀颛为尚书令。
　　按：《晋书》卷三九《荀颛传》曰："颛甥陈泰卒，颛代泰为仆射，领吏部，四辞而后就职。颛承泰后，加之淑慎，综核名实，风俗澄正。"陈泰是年卒。
　　贾充为中护军，进封安阳乡侯，增邑千二百户，统城外诸军，加散骑常侍（《晋书》卷四〇《贾充传》）。
　　羊祜赐爵关中侯，求出补吏，徙秘书监（《晋书》卷三四《羊祜传》）。
　　皇甫谧服寒食散中毒，自杀未果。
　　按：《晋书》卷五一《皇甫谧传》曰："初服寒食散，而性与之忤，每委顿不伦，尝悲恚，叩刃欲自杀，叔母谏之而止。"谧泰始三年作《让征聘表》中曰："又服寒食药，违错节度，辛苦荼毒，于今七年。隆冬裸袒食冰，当暑烦闷，加以咳逆，或若温虐，或类伤寒，浮气流肿，四肢酸重。"
　　赵至佯狂。
　　按：《晋书》卷九二《赵至传》曰："后乃亡到山阳，求康不得而还。又将远学，母禁之，至遂阳狂，走三五里，辄追得之。"《世说新语·言语第二》刘孝标注引嵇绍《赵至叙》曰："至年十五，阳病，数数狂走五里三里，为家追得，又灸身体十数处。"
　　傅玄约是年再迁弘农太守，领典农校尉。数上书陈便宜，多所匡正（《晋书》卷四七《傅玄传》）。
　　按：陆侃如《中古文学系年》曰："假定在迁温令后五年左右。"
　　华峤约是年补尚书郎，始撰《汉后书》。
　　按：《晋书》卷四四《华峤传》："补尚书郎。"陆侃如《中古文学系年》曰："假定在为大将军掾属后五年左右。本传又说：'初，峤以《汉纪》烦秽，慨然有改作之意。会为台郎，典官制事，由是得遍观秘籍，遂就其绪。起于光武，终于孝献，一百九十五年，为帝纪十二卷，皇后纪二卷，十典十卷，传七十卷及三谱序传目录，凡九十七卷……而改名《汉后书》。'这个工作，应始于尚书郎任上。"
　　挚虞约是年师事皇甫谧，才学通博，著述不倦。
　　按：《晋书》卷五一《挚虞传》曰："挚虞，字仲洽，京兆长安人也。父模，魏太仆卿。虞少事皇甫谧，才学通博，著述不倦。"陆侃如《中古文学系年》曰："虞生年，史无明文。惟知卒于三一一年，举二六八年贤良前已为郡主簿，则当生于二四〇年左右。今系从谧受业于本年，时虞年约二十。"
　　虞溥约是年随父至陇西，专心坟籍，时疆场阅武，人争视之，溥未尝寓目（《晋书》卷八二《虞溥传》）。
　　按：陆侃如《中古文学系年》曰："至陇西不知在何时，假定在除郎中前十年左右,时溥年约十余岁。"

郤正约是年迁秘书令。

按:《三国志》卷四二《蜀书·郤正传》曰:"弱冠能属文,入为秘书吏,转为令史,迁郎,至令。性澹于荣利,而尤耽意文章,自司马、王、扬、班、傅、张、蔡之俦遗文篇赋,及当世美书善论,益部有者,则钻凿推求,略皆寓目。自在内职,与宦人黄皓比屋周旋,经三十年,皓从微至贵,操弄威权,正既不为皓所爱,亦不为皓所憎,是以官不过六百石,而免于忧患。依则先儒,假文见意,号曰《释讥》,其文继于崔骃《达旨》。其辞曰……"陆侃如《中古文学系年》曰:"潘眉《三国志考证》卷六:'汉制秘书监六百石,蜀改监为令;时正为秘书令,故云六百石。'自弱冠为吏至此,约三十年。"

僧朱士行西行求法。

按:《高僧传》卷四《朱士行传》曰:"出家已后,专务经典。昔汉灵之时,竺佛朔译出《道行经》,即《小品》之旧本也,文句简略,意义未周。士行尝于洛阳讲《道行经》,觉文章隐质,诸未尽善,每叹曰:'此经大乘之要,而译理不尽,誓志捐身,远求大本。'遂以魏甘露五年,发迹雍州,西渡流沙。既至于阗,果得梵书正本,凡九十章。"朱士行为内地僧人赴西域求经之最早者。

郤正作《释讥》(《三国志》卷四二《蜀书·郤正传》)。

按: 参见是年"郤正约是年迁秘书令"条。

曹髦卒(241—)。髦字彦士,谯人。曹丕孙。少好学,正始五年,封高贵乡公。嘉平六年,司马师废齐王芳,立为帝。与诸儒论《易》、《书》、《礼》,诸儒莫能及。亦能诗,曾作《潜龙诗》以自讽。颇慕夏少康中兴。因不甘司马昭擅权,率僮仆攻昭,为昭所杀。时年二十。死后无谥号,史称高贵乡公。《隋书》卷三五《经籍志四》著录梁有《高贵乡公集》4卷,亡。严可均《全三国文》卷一一载其文 24 篇。事迹见《三国志》卷四。

李譔约卒,生年不详。譔字钦仲,梓潼涪人也。父仁,字德贤,与同县尹默俱游荆州,从司马徽、宋忠等学。譔具传其业,又从默讲论义理,五经、诸子,无不该览。博好技艺,诸如算术、卜数、医药、弓弩、机械之巧,皆有涉略。始为州书佐、尚书令史。延熙元年,后主立太子,以譔为庶子,迁为仆。转中散大夫、右中郎将,犹侍太子。著古文《易》、《尚书》、《毛诗》、《三礼》、《左氏传》、《太玄》指归,皆依准贾逵、马融,异于郑玄。事迹见《三国志》卷四二。

按:《三国志》卷四二言其"景耀中卒",景耀共六年,姑系是年。

贺循(—319)生。

魏景元二年　蜀汉景耀四年　吴永安四年
辛巳　261 年

八月,吴遣光禄大夫周奕、石伟巡行风俗,察将吏清浊,民所疾苦,为黜陟之诏(《三国志》卷四八《吴书·孙休传》)。

十月，蜀以董厥为辅国大将军，诸葛瞻为都护、卫将军，共平尚书事。中常侍黄皓专权，厥、瞻却不能纠正(《资治通鉴》卷七七《魏纪九》)。

赵至是年十六岁，游邺，复与嵇康相遇，又随康至山阳。

按：《晋书》卷九二《文苑传》曰："年十六，游邺，复与康相遇，随康还山阳，改名浚，字允元。康每曰：'卿头小而锐，童子白黑分明，有白起之风矣。'"又见《世说新语·言语第二》。

邹湛约是年为通事郎。

按：《晋书》卷九二《邹湛传》曰："邹湛，字润甫，南阳新野人也。父轨，魏左将军。湛少以才学知名，仕魏历通事郎。"陆侃如《中古文学系年》曰："湛生年无考，就其一生行事看来，在泰始初不能在三十岁以下，年辈也许略晚于羊祜，大约生于二三〇年左右。为通事郎不知在何时，假定在为博士前一二年。"

成公绥约是年转秘书丞。

按：《晋书》卷九二《成公绥传》："转丞。"陆侃如《中古文学系年》曰："假定在迁秘书郎后一二年。"

张华约是年兼中书郎。

按：《晋书》卷三六《张华传》曰："初未知名，作《鹪鹩赋》以自寄。其词曰……陈留阮籍见之，叹曰：'王佐之才也！'由是声名始著。郡守鲜于嗣荐华为太常博士。卢钦言之于文帝，转河南尹丞，未拜，除佐著作郎。顷之，迁长史，兼中书郎。"陆侃如《中古文学系年》曰："兼中书郎年月无考，今假定在迁长史之后一二年。"

李密约是年迁太子洗马，数使吴，有才辩，吴人称之。

按：见《晋书》卷八八《李密传》及《华阳国志》卷一一《后贤志》。陆侃如《中古文学系年》曰："假定在蜀亡前一二年。"

薛珝约是年使蜀，还言蜀汉朝无直言，民有菜色，而不知祸之将至。

按：《三国志》卷五三《吴书·薛珝传》裴注引《汉晋春秋》曰："孙休时，珝为五宫中郎将，遣至蜀求马。及还，休问蜀政得失，对曰……"孙休在位六年，假定是年。

嵇康作《与山巨源绝交书》。

按：《三国志》卷二一《魏书·王粲传》裴注引《魏氏春秋》曰："及山涛为选曹郎，举康自代，康答书拒绝，因自说不堪流俗，而非薄汤、武。大将军闻而怒焉。"裴注："案《涛行状》，涛始以景元二年除吏部郎耳。"此书见《晋书》卷四九《嵇康传》曰："山涛将去选官，举康自代。康乃与涛书告绝，曰……"

张华约是年作《鹪鹩赋》。

按：张华作此篇，《晋书》本传系于华二十左右尚未知名之时。《文选》卷一三《鹪鹩赋》李善注引臧荣绪《晋书》曰："转兼中书郎，虽栖处云阁，慨然有感，作《鹪鹩赋》。"陆侃如《中古文学系年》认为臧荣绪《晋书》较可信，理由有二："第一，赋中的牢骚不象二十左右的人所有的，移于三十左右较合理。第二，汤球辑臧荣绪《晋书》卷五及王隐《晋书》卷六，均有'中书郎成公绥亦推华文义胜己'的话，绥为中书郎在景元中，不当在嘉平初。"

又按：参是年"张华约是年兼中书郎"条。

王基卒，生年不详。基字伯舆，东莱曲城人。曹爽专柄，风化陵迟，作《时要论》以切世事。以平毋丘俭、文钦乱有功，进封安乐侯。又以平诸葛诞有功，封东武侯。卒后追赠司空，谥曰景。基宗郑玄，王肃改易玄说，基常与肃相抗。《隋书》卷三二《经籍志一》著录其撰《毛诗驳》1卷，残缺，梁5卷；卷三三《经籍志二》著录《东莱耆旧传》1卷；卷三四《经籍志三》著录梁有《新书》5卷。《册府元龟》卷六百五著录王基注解《左氏传》。严可均《全三国文》卷三八载其文8篇。事迹见《三国志》卷二七。

孙该卒，生年不详。该字公达，任城人。曾受诏作《魏书》，书成，迁博士司徒右长史。出为陈郡太守。《隋书》卷三五《经籍志四》著录梁有陈郡太守《孙该集》2卷，录1卷，亡。严可均《全三国文》卷四○载其文2篇。事迹见《三国志》卷二一《魏书·刘劭传》裴注引《文章叙录》。

来敏约卒（165？— ）。敏字敬达，义阳新野人，来歙之后。敏父艳，好学下士，开馆养徒众，少历显位，汉灵帝时为司空。敏博涉多闻，善《左氏春秋》，尤精于《仓》、《雅》训诂。汉末常为刘璋宾客。刘备定益州，以为典学校尉，历任太子家令等职。后累迁为光禄大夫，坐过黜，又起为执慎将军，年九十七卒。事迹见《三国志》卷四二。

按：《三国志》卷四二《蜀书·来敏传》曰："年九十七，景耀中卒。"姑系于是年。

又按：敏子忠，博览经学，有父风，姜维以为参军。

周昭约卒，生年不详。昭字恭远，颍川人。与韦昭、薛莹、华覈并作《吴书》，后为中书郎，坐事下狱死。《隋书》卷三四《经籍志三》著录《周子》9卷，亡。严可均《全三国文》卷七一载其文4篇。事迹略见《三国志》卷五二《吴书·步骘传》。

按：《三国志》卷五二《步骘传》曰："（周昭）坐事下狱，覈表救之，孙休不听，遂伏法云。"孙休在位七年，姑系是年。

陆机（ —303）生。

魏景元三年　蜀汉景耀五年　吴永安五年
壬午　262年

帕尔米拉人败波斯，取罗马东方行省。

哥特人侵小亚细亚，毁以弗所阿耳忒弥斯神庙。

四月，肃慎来献楛矢、石砮、弓甲、貂皮等，魏天子命归于大将军府（《三国志》卷四《魏书·陈留王纪》）。

十月，吴以卫将军濮阳兴为丞相，与左将军张布同任国政，布典宫省，兴关军国（《三国志》卷四八《吴书·孙休传》）。

是冬，魏司马昭敕青、徐、兖、豫、荆、扬诸州，并使作船，又令唐咨作浮海大船，为伐吴之用（《三国志》卷二八《魏书·钟会传》）。

钟会为镇西将军，假节都督关中诸军事（《三国志》卷二八《魏书·钟夏侯湛弱冠辟为太尉掾。

> 按：《晋书》卷五五《夏侯湛传》曰："少为太尉掾。"《文选》卷五七载潘岳《夏侯常侍诔并序》，序曰："夏侯湛，字孝若，谯人也。少知名，弱冠辟太尉府。"

陈寿遭父丧，使婢丸药，遭乡党贬议。

> 按：《晋书》卷八二《陈寿传》曰："宦人黄皓专弄威权，大臣皆曲意附之，寿独不为之屈，由是屡被谴黜。遭父丧，有疾，使婢丸药，客往见之，乡党以为贬议。及蜀平，坐是沈滞者累年。"明年蜀亡，姑系是年。

韦昭、盛冲为张布所忌，不得与孙休讲业。

> 按：《三国志》卷四八《吴书·孙休传》曰："休锐意于典籍，欲毕览百家之言，尤好射雉，春夏之间常晨出夜还，唯此时舍书。休欲与博士祭酒韦曜、博士盛冲讲论道艺，曜、冲素皆切直，布恐入侍，发其阴失，令己不得专，因妄饰说以拒遏之。……初休为王时，布为左右将督，素见信爱，及至践阼，厚加宠待，专擅国势，多行无礼，自嫌瑕短，惧曜、冲言之，故尤患忌。休虽解此旨，心不能悦，更恐其疑惧，竟如布意，废其讲业，不复使冲等入。"

陆云（ —303）、庾敳（ —311）生。

魏景元四年　蜀汉景耀六年　蜀汉刘禅炎兴元年　吴永安六年　癸未　263年

二月，魏司马昭被魏复命以大将军为相国，封晋公，加九锡，又固辞乃止（《三国志》卷四《魏书·陈留王纪》）。

五月，魏命征西将军邓艾、镇西将军钟会、雍州刺史诸葛绪数道并攻蜀；蜀遣左右车骑将军张翼、廖化、辅国大将军董厥等拒之（《三国志》卷四《魏书·陈留王纪》及卷三三《蜀书·后主传》）。

八月，蜀后主改元炎兴（《资治通鉴》卷七八《魏纪》一〇）。

十月甲寅，魏司马昭始称相国、晋公、受九锡（《三国志》卷四《魏书·陈留王纪》及《晋书》卷二《文帝纪》）。

十一月，魏邓艾率兵抵成都，蜀汉后主刘禅降，敕姜维降钟会，蜀汉亡（《三国志》卷四《魏书·陈留王纪》及《三国志》卷三三《蜀书·后主传》）。

> 按：自刘备公元221年称帝至是年，蜀经2主，历43年。

邓艾十二月乙卯以征西将军为太尉（《三国志》卷四《魏书·陈留王纪》）。

钟会十二月乙卯以镇西将军为司徒（《三国志》卷四《魏书·陈留王纪》）。

皇甫谧不就相国司马昭辟。

> 按：《晋书》卷五一《皇甫谧传》："景元初，相国辟，皆不行。"陆侃如《中古文学系

年》曰:"司马昭于本年十月始受相国之命,谥被辟当在其后,已是景元末了。"

杜预为镇西长史,从钟会伐蜀(《晋书》卷三四《杜预传》)。

嵇绍是年十岁,遭父丧。

按:《晋书》卷八九《嵇绍传》曰:"嵇绍,字延祖,魏中散大夫康之子也。十岁而孤,事母孝谨。以父得罪,靖居私门。"

赵至见太守张嗣宗,甚被优遇(《晋书》卷九二《赵至传》)。

李密以事祖母拒征西将军邓艾主簿之命(《华阳国志》卷一一《后贤志》)。

薛莹约是年以病免官。

按:陆侃如《中古文学系年》曰:"《三国志·吴志》卷八《薛莹传》:'数年,以病免。'假定在为中常侍后五年左右。"

邓艾作《报后主降书》(《三国志》卷三三《蜀书·后主传》裴注引王隐《蜀记》)。

阮籍作《为郑冲劝晋王笺》。

按:文见《文选》卷四〇,又见《晋书》卷二《文帝纪》。司马昭是年十月受九锡。《晋书》卷四九《阮籍传》曰:"会帝让九锡,公卿将劝进,使籍为其辞。籍沈醉忘作,临诣府,使取之,见籍方据案醉眠。使者以告,籍便书案,使写之,无所改窜。辞甚清壮,为时所重。"事亦见于《世说新语·文学第四》。

嵇康作《幽愤诗》及《与吕长悌绝交书》。

按:《晋书》卷四九《嵇康传》曰:"东平吕安服康高致,每一相思,辄千里命驾,康友而善之。后安为兄所枉诉,以事系狱,辞相证引,遂复收康。康性慎言行,一旦缧绁,乃作《幽愤诗》……"《三国志》卷二一《魏书·王粲传》言嵇康"景元中,坐事诛",裴注引《魏氏春秋》曰:"初,康与东平吕昭子巽及巽弟安亲善。会巽淫安妻徐氏,而诬安不孝,囚之。安引康为证,康义不负心,保明其事,安亦至烈,有济世志力。钟会劝大将军因此除之,遂杀安及康。"《与吕长悌绝交书》约作于是年。巽,字长悌。文见严可均《全三国文》卷四七。

钟会作《与姜维书》、《蜀平上言》、《移蜀将吏士民檄》及《与蒋斌书》。

按:钟会与姜维战,维还保剑阁以拒会,会作《与姜维书》。姜维降,会又作《蜀平上言》及《移蜀将吏士民檄》。会至汉城,作《与蒋斌书》,斌为蒋琬子。文见《三国志》卷二八《魏书·钟会传》、卷四四《蜀书·姜维传》及《蒋琬传》。

成公绥约是年作《啸赋》。

按:《晋书》卷九二《成公绥传》曰:"绥雅好音律,尝当暑承风而啸,泠然成曲,因为《啸赋》曰……张华雅重绥,每见其文,叹伏以为绝伦,荐之太常,征为博士。历秘书郎,转丞,迁中书郎。"陆侃如《中古文学系年》曰:"汤球辑臧荣绪《晋书》卷十六《文苑传》:'征为博士,历中书郎。'又:'仕为中台郎,作《啸赋》曰……'《啸赋》时代,本传以为在出仕前,臧荣绪以为在迁中书郎时;均无佐证,姑从臧说。迁中书郎年月无考,假定在转秘书丞后一二年。"

刘徽作《九章算术注》。

按:《晋书》卷一六《律历志上》曰:"魏景元四年,刘徽注《九章》云:王莽时刘歆斛尺弱于今尺四分五厘,比魏尺其斛深九寸五分五厘;即荀勖所谓今尺长四分半是也。""魏陈留王景元四年,刘徽注《九章商功》曰:'当今大司农斛,圆径一尺三寸五分五厘,深一尺,积一千四百四十一寸十分寸之三。王莽铜斛,于今尺为深九寸五分五厘,径一尺三寸六分八厘七豪。以徽术计之,于今斛为容九斗七升四合有奇。'"刘徽为《九章算术》作注解，写成《九章算术注》九卷，刘徽依据"割之弥细，所失弥小。割之又割，以至于不可割，则与圆周合体而无所失矣"的"割圆术"，计算出圆周率为 3927/1250，相当于 3.1416，此在当时世界上为最佳数据。

谯周作《谏后主南行疏》（《三国志》卷四二《蜀书·谯周传》）。

郤正作《降魏书》。

按：《三国志》卷四二《蜀书·郤正传》曰："景耀六年，后主从谯周之计，遣使请降于邓艾，其书，正所造也。"其书见卷三三《蜀书·后主传》。

高柔卒（174— ）。柔字文惠，陈留圉人。曹操平袁氏，以柔为营长。处法允当，狱无留滞，辟为丞相仓曹属。魏国初建，为尚书郎。转拜丞相理曹掾。文帝践阼，以柔为治书侍御史，赐爵关内侯，转加治书执法。四年，迁为廷尉。明帝即位，封柔延寿亭侯。转为太常，旬日迁司空，后徙司徒。高贵乡公即位，进封安国侯，转为太尉。是年薨，谥曰元侯。严可均《全三国文》卷二七辑其文 10 篇。事迹见《三国志》卷二四。

阮籍卒（210— ）。籍字嗣宗，陈留尉氏人。阮瑀子。曾为步兵校尉，世称"阮步兵"，为"竹林七贤"之一。与嵇康齐名，世称"嵇阮"。籍好老庄，主张名教与自然合一。性嗜酒，常以纵酒佯狂避祸。其诗专长五言，有《咏怀》诗八十余首，是"正始诗歌"的代表。又工文，其名作《大人先生传》及《达生论》，以老庄思想批判"礼法"。《隋书》卷三五《经籍志四》著录魏步兵校尉《阮籍集》10 卷，梁 13 卷，录 1 卷。张溥《汉魏六朝百三家集》有《阮步兵集》。严可均《全三国文》卷四四至卷四六载其文 17 篇。逯钦立《魏诗》卷一〇载其诗 104 首。事迹见《晋书》卷四九。

嵇康卒（224— ）。康字叔夜，谯郡铚人。与魏宗室有姻戚关系，官至中散大夫，世称"嵇中散"，为"竹林七贤"之一。与阮籍齐名，世称"嵇阮"。崇尚老庄，喜清谈，提出"越名教而任自然"，以"非汤武而薄周孔"的极端方式，表示对司马氏集团的不满，而其实质却是崇奉名教的。又好养生服食之道，作《养生论》。诗长于四言，《幽愤诗》、《赠秀才从军十九首》为其代表。《隋书》卷三五《经籍志四》著录魏中散大夫《嵇康集》13 卷，梁 15 卷，录 1 卷。张溥《汉魏六朝百三家集》有《嵇中散集》。严可均《全三国文》卷四七至卷五二载其文 21 篇。逯钦立《魏诗》卷九载其诗 53 首。事迹见《晋书》卷四九。

按：嵇康卒年有正元二年、景元三年、景元四年及景元五年说。参见 224 年"嵇康生"条。

又按：《晋书》卷四九《嵇康传》曰："及是，（钟会）言于文帝曰：'嵇康，卧龙也，不可起。公无忧天下，顾以康为虑耳。'因谮'康欲助毋丘俭，赖山涛不听。昔齐戮华士，鲁诛少正卯，诚以害时乱教，故圣贤去之。康、安等言论放荡，非毁典谟，帝王者所不宜容。宜因衅除之，以淳风俗'。帝既昵听信会，遂并害之。康将刑东市，太学生三千人请以为师，弗许。康顾视日影，索琴弹之，曰：'昔袁孝尼尝从吾学《广陵散》，吾每靳固之，《广陵散》于今绝矣！'时年四十。海内之士，莫不痛之。帝寻悟而恨焉。初，康尝游于洛西，暮宿华阳亭，引琴而弹。夜分，忽有客诣之，称是古人，与康共谈音律,辞致清辩,因索琴弹之,而为《广陵散》,声调绝伦,遂以授康,仍誓不传人,亦不言其姓字。"

吕安卒,生年不详。安字仲悌,东平人,与嵇康、向秀友善,是年被诬以不孝罪,与康同时被杀。《隋书》卷三五《经籍志四》著录梁有魏征士《吕安集》2卷,录1卷,亡。事迹略见《晋书》卷四九。

嵇含（ —306)、荀崧（ —329)生。

魏景元五年　咸熙元年　吴永安七年
吴主孙皓元兴元年　甲申　264年

正月壬戌,魏钟会诬邓艾反,诏以槛车征邓艾。钟会至成都,谋据蜀反,矫诏起兵废司马昭。军乱,诸将杀钟会及姜维,监军卫瓘遣田续等杀邓艾于途(《三国志》卷四《魏书·陈留王纪》、卷二八《魏书·邓艾传》及《钟会传》)。

三月己卯,魏进司马昭晋公爵为晋王(《三国志》卷四《魏书·陈留王纪》)。

丁亥,魏迁蜀汉帝刘禅于洛阳,封为安乐公(《三国志》卷三三《蜀书·后主传》)。

五月庚申,魏司马昭奏复五等爵。七月,五等始建。

按:五等爵,即公、侯、伯、子、男。《晋书》卷二《文帝纪》曰:"秋七月,帝奏司空荀顗定礼仪,中护军贾充正法律,尚书仆射裴秀议官制,太保郑冲总而裁焉。始建五等爵。"

甲戌,魏改元咸熙(《三国志》卷四《魏书·陈留王纪》)。

癸未,魏追命司马懿为晋宣王,司马师为晋景王(《三国志》卷四《魏书·陈留王纪》)。

七月癸未,吴景帝孙休卒,群臣迎立孙和之子、乌程侯孙皓,改元元兴(《三国志》卷四八《吴书·孙休传》)。

十一月,吴帝孙皓杀其丞相濮阳兴、左将军张布,夷三族(《三国志》卷四八《吴书·孙皓传》)。

贾充持节督关中陇右诸军事,定法律,封临沂侯(《晋书》卷四〇《贾充传》)。

按:《晋书》卷三十《刑法志》曰:"文帝为晋王,患前代律令本注烦杂……于是令贾充定法律,令与太傅郑冲、司徒荀顗、中书监荀勖、中军将军羊祜、中护军王业、廷尉杜友、守河南尹杜预、散骑侍郎裴楷、颍川太守周雄、齐相郭颀、骑都尉成公绥、尚书郎柳轨及吏部令史荣邵等十四人典其事……"

成公绥迁骑都尉(《晋书》卷九二《成公绥传》)。

王祥为太尉,长揖晋王司马昭(《三国志》卷四《魏书·陈留王纪》及裴注引《汉晋春秋》)。

魏景元五年　咸熙元年　吴永安七年　吴主孙皓元兴元年　甲申　264年

按：《晋书》卷三三《王祥传》言长揖对象是晋武帝司马炎,误。

何曾为司徒(《三国志》卷四《魏书·陈留王纪》)。

荀颢为司空,定礼仪(《三国志》卷四《魏书·陈留王纪》、《晋书》卷二《文帝纪》、卷三九《荀颢传》)。

按：《晋书》卷三九《荀颢传》曰:"及蜀平,兴复五等,命颢定礼仪。颢上请羊祜、任恺、庾峻、应贞、孔颢共删改旧文,撰定晋礼。"

卫瓘上雍州兵于成都县获璧玉印各一,宣示百官,藏于相国府(《三国志》卷四《魏书·陈留王纪》)。

羊祜封钜平子,拜相国从事中郎,迁中领军(《晋书》卷三四《羊祜传》)。

傅玄封鹑觚男(《晋书》卷四七《傅玄传》)。

向秀应本郡计入洛。

按：《晋书》卷四九《向秀传》曰:"康既被诛,秀应本郡计入洛。文帝问曰:'闻有箕山之志,何以在此?'秀曰:'以为巢许狷介之士,未达尧心,岂足多慕。'帝甚悦。秀乃自此役,作《思旧赋》云……"

又按：本传并言秀"后为散骑侍郎,转黄门侍郎、散骑常侍,在朝不任职,容迹而已。卒于位"。秀生卒年不详,字子期,河内怀人。司马昭时,授黄门侍郎、散骑常侍。与嵇康、阮籍等友善,为"竹林七贤"之一。性好老庄,曾为《庄子》作注,《秋水》、《至乐》二篇未注完而卒。郭象继之,别为一书。向注早佚,今惟散见于《经典释文》中。严可均《全晋文》卷七二载其文2篇。事迹见《晋书》卷四九。

张华从征钟会,兼中书郎,奏议表奏,多所施行。

按：《晋书》卷三六《张华传》曰:"顷之,迁长史,兼中书郎。朝议表奏,多见施用,遂即真。"本传系此事在晋禅代前。吴士鉴、刘承幹《晋书斠注》卷三六曰:"《书钞》五十七《晋赞》曰：大驾征钟会,兼中书郎,奏议众文,多所施行,久而即真。《类聚》五十八、《御览》五百九十七《张华别传》曰：华兼中书侍郎,从行,掌军事中书疏表檄文,帝善之。"

刘颂为相府掾,奉使于蜀,时蜀新平,人饥土荒,颂表求振贷,不待报而行,由是除名(《晋书》卷四六《刘颂传》)。

荀勖为侍中,封安阳子,邑千户(《晋书》卷三九《荀勖传》)。

郤正随蜀汉帝刘禅至洛阳,赐爵关内侯(《三国志》卷四二《蜀书·郤正传》)。

文立举秀才,除郎中(《华阳国志》卷一一《后贤志》)。

韦昭封高陵亭侯,迁中书仆射(《三国志》卷六五《吴书·韦曜传》)。

薛莹为孙皓左执法(《三国志》卷五三《吴书·薛莹传》)。

孙皓议毁梵寺,天竺僧康僧会以理折之(《高僧传》卷一《康僧会传》)。

向秀作《思旧赋》。

按：《思旧赋》为其名篇,为吊嵇康、吕安所作。文见《晋书》卷四九《向秀传》。参见是年"向秀应本郡计入洛"条。

荀勖作《为晋文王与孙皓告书》。

按：《晋书》卷三九《荀勖传》曰:"时将发使聘吴,并遣当时文士作书与孙皓,帝用勖所作。皓既报命和亲,帝谓勖曰:'君前作书,使吴思顺,胜十万之众也。'"

孙楚作《为石仲容与孙皓书》。

按：《晋书》卷五六《孙楚传》曰："孙楚，字子荆，太原中都人也。……楚才藻卓绝，爽迈不群，多所陵傲，缺乡曲之誉。年四十余，始参镇东军事。文帝遣符劭、孙郁使吴，将军石苞令楚作书遗孙皓曰……"文见《孙楚传》及《文选》卷四三，文中有"相国晋王，辅相帝室，文武桓桓，志厉秋霜"句，应作于是年。

邹湛作《为诸葛穆答晋王令》。

按：严可均《全晋文》卷六七辑有该文佚句。

邓艾卒（197— ）。艾字士载，义阳棘阳人。仕魏，历城阳太守、镇西将军、都督陇右诸军事等，迁征西将军，伐蜀有功，进封太尉，后钟会诬以谋反，被杀。严可均《全三国文》卷四四载其文8篇。事迹见《三国志》卷二八。

姜维卒（202— ）。维字伯约，天水冀人。少孤，与母居，好郑氏学。本魏将，后归蜀。诸葛亮器重之，拜为征西将军，历仕至蜀大将军。刘禅降魏后，维降钟会。后与会谋反，以图复蜀，事发被杀。严可均《全三国文》卷六二载其文7篇。事迹见《三国志》卷四四。

钟会卒（225— ）。会字士季，颍川长社人。钟繇幼子。年五岁，蒋济目其为非常人。与邓艾征蜀有功，官至司徒，进封县侯。后与蜀将姜维谋叛据蜀，为部将乱兵所杀。会有才数技艺，精练名理。曾作《道论》二十篇，佚。《隋书》卷三二《经籍志一》著录其《周易尽神论》一卷，梁有《周易无互体论》三卷，亡。《隋书》卷三五《经籍志四》著录魏司徒《钟会集》9卷，梁2卷，录1卷。严可均《全三国文》卷二五载其文15篇。事迹见《三国志》卷二八。

西　晋
（265—316）

魏咸熙二年　晋武帝司马炎泰始元年　吴元兴二年
甘露元年　乙酉　265 年

四月,吴改元甘露(《三国志》卷四八《吴书·孙皓传》)。

五月,司马炎为晋王太子(《三国志》卷四《魏书·陈留王纪》、《晋书》卷三《武帝纪》)。

八月辛卯,晋王司马昭卒,子司马炎嗣为相国、晋王(《三国志》卷四《魏书·陈留王纪》)。

九月,吴迁都吴昌。御史大夫丁固、右将军诸葛靓镇建业(《三国志》卷四八《吴书·孙皓传》)。

十一月乙未,魏令诸郡中正以六条举淹滞。

按:《晋书》卷三《武帝纪》载此六条:"一曰忠恪匪躬,二曰孝敬尽礼,三曰友于兄弟,四曰洁身劳谦,五曰信义可复,六曰学以为己。是时晋德既洽,四海宅心。"

十二月丙寅,司马炎逼魏帝曹奂禅位,自立为帝,是为晋武帝,国号晋,史称西晋,改元泰始,建都洛阳(《晋书》卷三《武帝纪》)。

按:魏自文帝曹丕起,至魏帝曹奂废为陈留王,曹魏亡,凡 5 主,历 46 年。

丁卯,晋司马炎废曹奂为陈留王,追尊司马懿为宣帝,师为景帝,昭为文帝。大封宗室为王,授以职位;解除魏宗室禁锢,罢部曲将长吏以下质任;改《景初历》为《泰始历》(《晋书》卷三《武帝纪》)。

按:《宋书》卷一二《历志中》曰:"晋武帝泰始元年,有司奏:'王者祖气而奉其□终,晋于五行之次应尚金,金生于巳,事于酉,终于丑,宜祖以酉日,腊以丑日。改《景初历》为《泰始历》。'奏可。"

己巳,晋司马炎下诏,约法省刑,除魏氏宗室禁锢,禁乐府靡丽百戏之伎及雕文游畋之具,置谏官以开言路(《晋书》卷三《武帝纪》)。

王祥拜太保,进爵为公。以年老疲耄,累乞逊位(《晋书》卷三三《王祥传》)。

郑冲拜太傅,进爵为公(《晋书》卷三三《郑冲传》)。

何曾九月为丞相,加侍中。十二月为太尉(《晋书》卷三三《何曾传》及卷三《武帝纪》)。

王沈九月拜御史大夫。以佐命之勋,十二月转骠骑将军、录尚书事,加散骑常侍,统城外诸军事(《晋书》卷三九《王沈传》及卷三《武帝纪》)。

贾充九月为卫将军,仪同三司,给事中,改封临颍侯。十二月,以建明大命,转车骑将军、散骑常侍、尚书仆射,更封鲁郡公(《晋书》卷四〇《贾充传》及卷三《武帝纪》)。

裴秀九月拜尚书令、右光禄大夫。十二月,加左光禄大夫,封钜鹿郡

昆怯庚钦人取努米底亚,遂伐罗马阿非利加行省。

公(《晋书》卷三五《裴秀传》及卷三《武帝纪》)。

傅玄为散骑常侍。司马炎受禅,进爵为子,加驸马都尉(《晋书》卷四七《傅玄传》)。

羊祜进号中军将军,加散骑常侍,乃进本爵为侯,置郎中令,备九官之职,加夫人印绶(《晋书》卷三四《羊祜传》)。

何劭为晋王太子中庶子。司马炎受禅,转为散骑常侍,甚见亲待(《晋书》卷三三《何劭传》)。

刘颂拜尚书三公郎,典科律,申冤讼(《晋书》卷四六《刘颂传》)。

荀颉为临淮公(《晋书》卷三九《荀颉传》)。

荀勖封济北郡公,固辞为侯,拜中书监,加侍中,领著作(《晋书》卷三九《荀勖传》)。

应贞迁给事中(《晋书》卷九二《应贞传》)。

华峤约是年赐爵关内侯(《晋书》卷四四《华峤传》)。

邹湛约是年转尚书郎(《晋书》卷九二《邹湛传》)。

刘伶约是年对策,言无为之治,以无用罢。

按：《晋书》卷四九《刘伶传》曰："泰始初对策,盛言无为之化。时辈皆以高第得调,伶独以无用罢。竟以寿终。"以"泰始初",姑系是年。

又按：伶生卒年不详,字伯伦,沛国人。本传言其曾为建威将军,晋武帝泰始初后事无载。性好庄老,与阮籍、嵇康友善,为"竹林七贤"之一。性嗜酒,所作《酒德颂》最为著名,表示了对礼法的蔑弃。严可均《全晋文》卷六六载其文1篇。逯钦立《晋诗》卷一载其诗2首。事迹见《晋书》卷四九。

陈劭为燕王师。

按：《晋书》卷九一《陈劭传》曰："陈邵,字节良,东海襄贲人也。郡察孝廉,不就。以儒学征为陈留内史,累迁燕王师。撰《周礼评》,甚有条贯,行于世。泰始中,诏曰：'燕王师陈邵清贞洁静,行著邦族,笃志好古,博通六籍,耽悦典诰,老而不倦,宜在左右以笃儒教。可为给事中。'卒于官。"《晋书》卷三八《清惠亭侯京传》曰："清惠亭侯京……以文帝子机字太玄为嗣。泰始元年,封燕王,邑六千六百六十三户。"同卷《乐安平王鉴传》曰："……武帝践阼,封乐安王。帝为鉴及燕王机高选师友,下诏曰……"

月支僧竺法护至洛阳,致力传译,经法因以广流中华。

按：《佛祖历代通载》卷七曰："太始元年,月氏国沙门昙摩罗奈,晋言法护,至洛阳,护学究三十六国道术,兼通其语。"《高僧传》卷一《竺法护传》曰："竺昙摩罗刹,此云法护,其先月支人,本姓支氏,世居燉煌郡。年八岁出家,事外国沙门竺高座为师,诵经日万言,过目则能。天性纯懿,操行精苦,笃志好学,万里寻师。是以博览六经,游心七籍。虽世务毁誉,未尝介抱。是时晋武之世,寺庙图像,虽崇京邑,而方等深经,蕴在葱外。护乃慨然发愤,志弘大道。遂随师至西域,游历诸国,外国异言三十六种,书亦如之,护皆遍学,贯综诂训,音义字体,无不备识。遂大赍梵经,还归中夏。自燉煌至长安,沿路传译,写为晋文。所获《贤劫》、《正法华》、《光赞》等一百六十五部。孜孜所务,唯以弘通为业。终身写译,劳不告倦。经法所以广流中华者,护之力也。"

司马彪作《驳祀六宗表》。

按：《晋书》卷三《武帝纪》："泰始元年冬十二月丙寅，设坛于南郊，百僚在位及匈奴南单于四夷会者数万人，柴燎告类于上帝曰……"《晋书》卷八二《司马彪传》曰："泰始初，武帝亲祠南郊，彪上疏定议，语在《郊祀志》。"卷一九《礼志上》曰："《尚书》'禋于六宗'，诸儒互说，往往不同。王莽以《易》六子，遂立六宗祠。魏明帝时疑其事，以问王肃，亦以为《易》六子，故不废。及晋受命，司马彪等表六宗之祀不应特立新礼，于是遂罢其祀。"《驳祀六宗表》，严可均《全晋文》卷一六有辑，严案曰："《晋书·司马彪传》：泰始初，武帝亲祠南郊，彪上疏定议，在《郊祀志》。今《晋书》无《郊祀志》，惟《礼志》上载彪二语，盖本传所指，乃旧《晋书》也。"

皇甫谧作《释劝论》。

按：《晋书》卷五一《皇甫谧传》曰："其后乡亲劝令应命，谧为《释劝论》以通志焉。其辞曰：'相国晋王辟余等三十七人，及泰始登禅，同命之士莫不毕至……唯余疾困，不及国宠。宗人父兄及我僚类，咸以为天下大庆，万姓赖之，虽未成礼，不宜安寝，纵其疾笃，犹当致身。……遂究宾主之论，以解难者，名曰《释劝》……'谧辞切言至，遂见听许。"

张华作《晋文王谥议》（《艺文类聚》卷四〇）。

挚虞约是年作《思游赋》（《晋书》卷五一《挚虞传》）。

按：陆侃如《中古文学系年》曰："假定在师事皇甫谧后五年左右。"

民谣《泰始中谣》约是年后流行。

按：《晋书》卷四〇《贾充传》曰，贾充与裴秀、王沈、羊祜、荀勖同受腹心之任，"泰始中，人为充等谣曰：'贾、裴、王，乱纪纲。王、裴、贾，济天下。'言亡魏而成晋也"。

月支僧竺法护出《萨芸分陀利经》6卷及《无尽意经》4卷。

按：《历代三宝纪》卷六曰："《萨芸分陀利经》六卷。太始元年译。见竺道祖《晋世杂录》。"同卷曰："《无尽意经》四卷。太始元年第二出。与《阿差末》同本别译。"

晋泰始二年 吴甘露二年 宝鼎元年
丙戌 266年

正月丁亥，有司请建七庙，晋帝以劳役过重，不许（《晋书》卷三《武帝纪》）。

二月，晋解除汉宗室禁锢（《晋书》卷三《武帝纪》）。

七月辛巳，晋营太庙（《晋书》卷三《武帝纪》）。

八月，吴改元宝鼎（《三国志》卷四八《吴书·孙皓传》）。

十二月，吴帝孙皓纳左丞相陆凯迁都建业之议（《三国志》卷六一《吴书·陆凯传》）。

按：时有名谣曰："宁饮建业水，不食武昌鱼；宁还建业死，不止武昌居。"扬州之民苦于溯流供给，凯建议还都建业，孙皓从之。

傅玄及散骑常侍皇甫陶共掌谏职,常上疏进谏(《晋书》卷三《武帝纪》)。

文立拜为济阴太守(《华阳国志》卷一一《后贤志》)。

袁準约是年为给事中(《三国志》卷一一《魏书·袁涣传》裴注)。

按：袁準生卒年不详。準字孝尼,陈郡阳夏人。性恬淡,以儒学知名,有隽才。与嵇康、阮籍友善。泰始中,任给事中。著书十余万言,论治世之务,为《易》、《周官》、《诗》传,及论五经滞义,圣人之微言。《隋书》卷三二《经籍志一》著录其注《丧服经传》1卷,卷三四《经籍志三》著录其《袁子正论》19卷。梁又有《袁子正书》25卷,卷三五《经籍志四》著录有《袁準集》2卷,录1卷,亡。严可均《全晋文》卷五四、五五载其文3篇、《丧服经传》1条、《正论》30余条、《正书》40余条。事迹见《三国志》卷一一《魏书·袁涣传》裴注引《袁氏世纪》。

李密约是年察孝廉,不应。

按：陆侃如《中古文学系年》曰:"《晋书》卷八十八《孝友传》载密《陈情事表》:'自奉圣朝,沐浴清化,前太守臣逵察臣孝廉。'假定在晋受禅后的次年。"

郤正约是年除安阳令。

按：《三国志》卷四二《蜀书·郤正传》曰:"泰始中,除安阳令。"陆侃如《中古文学系年》曰:"假定在至洛阳后一二年。"

孙楚约是年复为石苞参军,与苞构隙。

按：《晋书》卷五六《孙楚传》曰:"楚后迁佐著作郎,复参石苞骠骑军事。楚既负其材气,颇侮易于苞,初至,长揖曰:'天子命我参卿军事。'因此而嫌隙遂构。"汤球辑王隐《晋书》卷七《孙楚传》曰:"石苞泰始之初拜大司马,旧参军于都督无敬,故孙楚抗衡于苞。"陆侃如《中古文学系年》曰:"假定在迁佐著作的次年。(据《苞传》,苞由骠骑迁大司马,不过仍镇寿春,也许本年王沈卒后又加骠骑的称号。)"

荀勖造金像佛菩萨。

按：《佛祖统纪》卷三六《法运通塞志》曰:"泰始二年,侍中荀勖于洛阳造金像佛菩萨十二身,放大光明,都人竞集瞻礼。"

张俨使于晋,吊祭晋文帝,与羊祜、何桢并结缟带之好,归途中病卒(《三国志》卷四八《吴书·孙皓传》及裴注引《吴录》)。

按：《三国志》卷四八《吴书·孙皓传》及裴注引《吴录》曰:"使于晋,皓谓俨曰:'今南北通好,以君为有出境之才,故相屈行。'对曰:'皇皇者华,蒙其荣耀,无古人延誉之美,磨厉锋锷,思不辱命。'既至,车骑将军贾充、尚书令裴秀、侍中荀勖等欲傲以所不知而不能屈。尚书仆射羊祜、尚书何桢并结缟带之好。"

薛莹约是年迁选曹尚书。

按：陆侃如《中古文学系年》曰:"《三国志·吴志》卷八《薛莹传》:'迁选曹尚书。'事在孙皓即位与瑾为太子之间,故假定在宝鼎初,即太始二年左右。"

傅玄作《正朔服色议》、《郊祀歌》5篇、《天地郊明堂歌》6篇、《宗庙歌》11篇、《鼓吹曲》22篇及《掌谏职上疏》、《上疏陈要务》。

按：《正朔服色议》见《通典》卷五五:"武帝泰始二年,散骑常侍傅玄上议:'帝王受命,应历禅代,则不改正朔,遭变征伐则改之。……大晋以金德王天下,顺五行三统之序矣。'诏从之,由是正朔服色,并依前代。"

《晋书》卷二二《乐志上》曰:"及武帝受命之初,百度草创。泰始二年,诏郊祀明堂礼乐权用魏仪,遵周室肇称殷礼之义,但改乐章而已,使傅玄为之词云……"共载傅玄所作歌词二十一篇：《祀天地五郊夕牲歌》一篇、《祀天地五郊迎送神歌》一篇、《飨天地五郊歌》三篇、《天地郊明堂夕牲歌》一篇、《天地郊明堂降神歌》一篇、《天郊飨神歌》一篇、《地郊飨神歌》一篇、《明堂飨神歌》一篇、《祠庙夕牲歌》一篇、《祠庙迎送神歌》一篇、《祠征西将军登歌》一篇、《祠豫章府君登歌》一篇、《祠颍川府君登歌》一篇、《祠京兆府君登歌》一篇、《祠宣皇帝登歌》一篇、《祠景皇帝登歌》一篇、《祠文皇帝登歌》一篇、《祠庙飨神歌》二篇。《宋书》卷二〇《乐志二》将前一至五篇合称为《郊庙歌》，六至十篇称《天地郊明堂歌》，十一至二十一篇称《宗庙歌》。

《鼓吹曲》见《晋书》卷二三《乐志下》："及武帝受禅，乃令傅玄制为二十二篇，亦述以功德代魏……"

《掌谏职上疏》、《上疏陈要务》见《晋书》卷四七《傅玄传》曰："帝初即位，广纳直言，开不讳之路，玄及散骑常侍皇甫陶共掌谏职。玄上疏曰……诏报曰：'举清远有礼之臣者，此尤今之要也。'乃使玄草诏进之。玄复上疏曰……"

　　陆凯作《上疏谏吴主皓》及《疏悼王蕃》。

　　按：《上疏谏吴主皓》见《三国志》卷六一《吴书·陆凯传》："皓徙都武昌，扬土百姓溯流供给，以为患苦，又政事多谬，黎元穷匮。凯上疏曰……"《疏悼王蕃》见《三国志》卷六五《吴书·王蕃传》。

　　孙楚作《王骠骑诔》。

　　按：王骠骑，即王沈。是年五月卒。见《太平御览》卷五。

　　月支僧竺法护出《须真天子经》2卷。

　　按：《出三藏记集》卷二曰："《须真天子经》二卷。或云《须真天子问四事经》。太始二年十一日初八日出。右一部，凡二卷。晋武帝世，天竺菩萨沙门昙摩罗察口授出，安文惠、白元信笔受。"卷七无名氏《真须天子经记》曰："《真须天子经》，太始二年十一月八日于长安青门内白马寺中，天竺菩萨昙摩罗察口授出之。时传言者安文慧、帛元信，手受者聂承远、张玄伯、孙休达。十二月三十日未时讫。"帛、白同音而误。《高僧传》卷一《竺法护传》曰："竺昙摩罗刹，此云法护，其先月支人，本姓支氏。"此"昙摩罗察"当即竺法护。

　　王蕃卒（228—　）。蕃字永元，吴庐江人。博览多闻，兼通术艺。孙休即位，为散骑中常侍，加驸马都尉。孙皓初，复入为常侍，为嬖臣所谮。蕃因不能顺颜承旨，终致被斩。《晋书》卷一一《天文志上》载中常侍庐江王蕃善数术，传刘洪《乾象历》，依其法而制浑仪。《隋书》卷三四《经籍志三》著录《浑天象注》1卷，吴散骑常侍王蕃撰。严可均《全三国文》卷七二载其《浑天象说》1篇。事迹见《三国志》卷六五。

　　王沈卒，生年不详。沈字处道，太原晋阳人。少孤，由其从叔司空王昶抚养。喜读书，善属文。高贵乡公曹髦号沈为"文籍先生"。与羊祜、荀勖等参与晋禅魏之谋，为晋开国功臣。《魏史》累载不成，后由沈总其成，名《魏书》，《隋书》卷三三《经籍志二》著录有48卷，卷三五著录晋《王沈集》5卷，均已佚。严可均《全晋文》卷二八载其文14篇。事迹见《晋书》卷三九。

　　张俨卒，生年不详。俨字子节，吴郡吴人。弱冠知名，历显位，以博学多识，拜大鸿胪。《隋书》卷三四《经籍志三》著录其撰《默记》3卷；卷三五

《经籍志四》著录吴侍中《张俨集》1卷,梁2卷,录1卷。《三国志》卷三五《蜀书·诸葛亮传》裴注引张俨《默记·述佐篇》。严可均《全三国文》卷七三载其文4篇。事迹略见《三国志》卷四八《吴书·孙皓传》裴注。

祖逖(　—321)生。

晋泰始三年　吴宝鼎二年　丁亥　267年

<small>帕尔米拉人势及埃及与小亚细亚。

赫鲁利人入拜占庭城,遂劫掠希腊诸城。</small>

正月,晋武帝立皇子司马衷为皇太子,时年九岁(《晋书》卷三《武帝纪》)。

六月,吴帝孙皓造昭明宫(《三国志》卷四八《吴书·孙皓传》裴注引《江表传》)。

十二月,晋改封孔子后宗圣侯孔震为奉圣亭侯要(《晋书》卷三《武帝纪》)。

是月,晋禁星气、谶纬之学(《晋书》卷三《武帝纪》)。

是月,吴孙皓遣守丞相孟仁、太常姚信等备官僚中军步骑二千人,以灵舆法驾,东迎神于明陵。

按:《三国志》卷五九《吴书·吴主五子传》曰,皓七月营立清庙,至十二月遣孟仁、姚信东迎神于明陵,"皓引见仁,亲拜送于庭。灵舆当至,使丞相陆凯奉三牲祭于近郊,皓于金城外露宿。明日,望拜于东门之外。其翌日,拜庙荐祭,歔欷悲感。比七日三祭,倡技昼夜娱乐。有司奏言'祭不欲数,数则黩,宜以礼断情',然后止"。

又按:姚信生卒年不详。信字元直,一字德祐,武康人。曾任吴太常。精于天文易数之学。《隋书》卷三二《经籍志一》著录其注《周易》10卷;卷三四《经籍志三》著录梁有《士纬新书》10卷,又《姚氏新书》2卷,与《士纬》相似;梁有《昕天论》1卷;卷三五《经籍志四》著录梁有《姚信集》2卷,录1卷。所作《周易姚氏注》1卷,《昕天论》1卷,杂论《士纬》1卷,均见辑于马国翰《玉函山房辑佚书》。严可均《全三国文》卷七一载其文3篇。

荀𫖮九月为司徒(《晋书》卷三《武帝纪》及卷三九《荀𫖮传》)。

张华拜黄门侍郎,封关内侯。

按:《晋书》卷三六《张华传》曰:"晋受禅,拜黄门侍郎,封关内侯。华强记默识,四海之内,若指诸掌。武帝尝问汉宫室制度及建章千门万户,华应对如流,听者忘倦,画地成图,左右属目。帝甚异之,时人比之子产。"吴士鉴、刘承幹《晋书斠注》卷三六:"《书钞》五十八王隐《晋书》曰:泰始三年诏华为黄门侍郎,博览图籍。"

傅玄、皇甫陶约是年皆免官。

按:《晋书》卷四七《傅玄传》曰:"初,玄荐皇甫陶,及入而抵,玄以事与陶争,言喧哗,为有司所奏,二人竟坐免官。泰始四年,以为御史中丞。"二人免官应在泰始四年前,姑系是年。

应贞迁太子中庶子。

按：是春正月，立皇太子。《晋书》卷九二《应贞传》曰："初置太子中庶子官，贞与护军长史孔恂俱为之。"

孙楚免官。

按：《晋书》卷五六《孙楚传》曰："(石)苞奏楚与吴人孙世山共讪毁时政，楚亦抗表自理，纷纭经年，事未判，又与乡人郭奕忿争。武帝虽不显明其罪，然以少贱受责，遂湮废积年。"陆侃如《中古文学系年》曰："石苞于明年召回，与楚纷争当在其前，故系于此。"

李密举秀才，以祖母刘氏无人供养，辞不赴命。

按：《晋书》卷八八《李密传》曰："后刺史臣荣，举臣秀才。臣以供养无主，辞不赴命。"陆侃如《中古文学系年》曰："荣即童策，万斯同《晋方镇年表》列策为益州刺史于太始三至五年。"

阮种约是年被何曾举贤良。

按：《晋书》卷五二《阮种传》曰："是时西虏内侵，灾眚屡见，百姓饥馑，诏三公、卿尹、常伯、牧守各举贤良方正直言之士。于是太保何曾举种贤良。"据《晋书》卷三《武帝纪》，何曾是年九月为太保，姑系是年。

又按：阮种生卒年不详，字德猷，陈留尉氏人。弱冠有殊操，为嵇康所重。康《养生论》中所谓阮生者，即指其人。后察孝廉，辟公府掾。举贤良对策，武帝亲自廷试，擢为第一。转中书郎，进止有方，朝廷皆惮之，每为驳议，事皆施用，遂为楷则。迁平原相，为政惠简，百姓称之。卒于郡。《隋书》卷三五《经籍志四》著录平原太守《阮种集》2卷，录1卷，亡。严可均《全晋文》卷七八载其文2篇。事迹见《晋书》卷五二。

韦昭为吴侍中，常领左国史。

按：《三国志·吴志》卷二十《韦曜传》："职省，为侍中，常领左国史。"万斯同《吴将相大臣年表》系韦昭为侍中于是年。

陆凯为造昭明宫事进谏孙皓，皓不听（《三国志》卷四八《吴书·孙皓传》及注）。

陆云六岁能属文赋诗，与兄机齐名，号曰二陆。

按：《晋书》卷五四《陆云传》曰："云字士龙，六岁能属文，性清正，有才理。少与兄机齐名，虽文章不及机，而持论过之，号曰'二陆'。幼时吴尚书广陵闵鸿见而奇之，曰：'此儿若非龙驹，当是凤雏。'"

贾充等著成《晋律》。

按：《晋书》卷三〇《刑法志》曰："文帝为晋王，患前代律令本注烦杂，陈群、刘邵虽经改革，而科网本密，又叔孙、郭、马、杜诸儒章句，但取郑氏，又为偏党，未可承用。于是令贾充定法律，令与太傅郑冲、司徒荀𫖮、中书监荀勖、中军将军羊祜、中护军王业、廷尉杜友、守河南尹杜预、散骑侍郎裴楷、颍川太守周雄、齐相郭颀、骑都尉成公绥、尚书郎柳轨及吏部令史荣邵等十四人典其事，就汉九章增十一篇，仍其族类，正其体号，改旧律为《刑名》、《法例》，辨《囚律》为《告劾》、《系讯》、《断狱》，分《盗律》为《请赇》、《诈伪》、《水火》、《毁亡》，因事类为《卫宫》、《违制》，撰《周官》为《诸侯律》，合二十篇，六百二十条，二万七千六百五十七言。蠲其苛秽，存其清约，事从中典，归于益时。其余未宜除者，若军事、田农、酤酒，未得皆从人心，权设其法，太平当除，故不入律，悉以为令。施行制度，以此设教，违令有罪则入律。其常事品式章程，各还其府,为故事。……凡律令合二千九百二十六条,十二万六千三百言,六十卷,故事三十卷。泰始三年,事毕,表上……武帝亲自临讲,使裴楷执读。"

又按:《晋书》卷三《武帝纪》曰:"(四年春正月)丙戌,律令成,封爵赐帛各有差。"今据《刑法志》系于是年。

皇甫谧作《让征聘表》。

按:《晋书》卷五一《皇甫谧传》曰:"其后武帝频下诏敦逼不已,谧上疏自称草莽臣曰……谧辞切言至,遂见听许。岁余,又举贤良方正,并不起。"泰始四年十一月己未,晋诏王公卿尹及郡国守相,举贤良方正直言之士。此表应作于是年。

挚虞作《迁宅诰》。

按:《太平御览》卷五六载《迁宅诰》曰:"惟太始三年九月上旬,涉自洛川,周于原阿,乃卜昌水东,黄水西,背山面隰惟此良。"

文立作《上疏辞太子中庶子》及《上言请叙故蜀大官及死事者子孙》。

按:《华阳国志》卷一一《后贤志》曰:"武帝立太子,以司徒李胤为太傅,齐王、骠骑为少傅,选立为中庶子。立上疏曰……立上:'故蜀大官及尽忠死事者子孙,虽仕郡国;或有不才,同之齐民,为剧。'又上:'诸葛亮、蒋琬、费祎等子孙,流徙中畿,宜见叙用……'事皆施行。"泰始五年晋武帝"诏诸葛亮孙京随才署吏",应与此有关。

月支僧竺法护译《比丘尼戒经》1卷及《三品悔过经》1卷。

按:《出三藏记集》卷二曰:"《比丘尼戒经》一卷。太始三年九月十日出。"该经梁时阙。同卷:"《三品悔过经》一卷。太始三年九月二十一日出。"该经梁时阙。

裴頠(　—300)生。

晋泰始四年　吴宝鼎三年　戊子　268年

加列努斯遇弑。克劳狄二世立。

哥特人侵雅典、斯巴达和科林斯。

正月丙戌,晋班新律(《晋书》卷三《武帝纪》)。

按:参见267年"贾充等著成《晋律》"条。

丁亥,晋武帝司马炎耕于藉田(《晋书》卷三《武帝纪》)。

二月,晋武帝司马炎幸芳林园,与群臣宴,赋诗观志。

按:《文选》卷二〇应贞《华林园集诗》李善注曰:"《洛阳图经》曰:华林园在城内东北隅,魏明帝起,名芳林园,齐王芳改为华林。干宝《晋纪》曰:泰始四年二月,上幸芳林园,与群臣宴,赋诗观志。孙盛《晋阳秋》曰:散骑常侍应贞诗最美。"

六月丙申朔,晋下诏敦喻五教,劝务农功,勉励学者,思勤正典(《晋书》卷三《武帝纪》)。

十一月己未,晋诏王公卿尹及郡国守相,举贤良方正直言之士(《晋书》卷三《武帝纪》)。

十二月,晋班五条诏书于郡国。

按:《晋书》卷三《武帝纪》曰:"十二月,班五条诏书于郡国:一曰正身,二曰勤百姓,三曰抚孤寡,四曰敦本息末,五曰去人事。"

庚寅,晋武帝司马炎临听讼观,录廷尉洛阳狱囚,司马炎亲自平决(《晋书》卷三《武帝纪》)。

裴秀为司空(《晋书》卷三《武帝纪》及卷三五《裴秀传》)。
羊祜为尚书左仆射、卫将军(《晋书》卷三《武帝纪》及卷三四《羊祜传》)。
皇甫谧举贤良方正,不起。表上向帝借书,帝送一车书与之。文立表请绝其礼币,谧以古礼讥之。

> 按:《晋书》卷五一《皇甫谧传》曰:"岁余,又举贤良方正,并不起。自表就帝借书,帝送一车书与之。谧虽羸疾,而披阅不怠。……济阴太守蜀人文立,表以命士有赞为烦,请绝其礼币,诏从之。谧闻而叹曰:'亡国之大夫不可与图存,而以革历代之制,其可乎!夫"束帛戋戋",《易》之明义,玄纁之赞,自古之旧也……'"

傅玄为御史中丞,时颇有水旱之灾,玄上疏陈便宜五事(《晋书》卷四七《傅玄传》)。

贾充为尚书令,加侍中。

> 按:《晋书》卷四〇《贾充传》曰:"充所定新律既班于天下,百姓便之。……后代裴秀为尚书令,常侍、车骑将军如故。寻改常侍为侍中,赐绢七百匹。"是年尚书令裴秀为司空。

杜预约是年守河南尹(《晋书》卷三四《杜预传》)。

> 按:《晋书》卷三四《杜预传》曰:"与车骑将军贾充等定律令,既成,预为之注解……诏班于天下。泰始中,守河南尹。"陆侃如《中古文学系年》曰:"《贾充传》载班律诏,已称预为尹。"

李密拜郎中,不就。

> 按:《晋书》卷八八《李密传》载李密《陈情事表》曰:"明诏特下,拜臣郎中。"陆侃如《中古文学系年》曰:"假定在举秀才的次年。"

张华、卢珽表请抄《新律》诸死罪条目,悬之亭传,以示百姓,有诏从之(《晋书》卷三〇《刑法志》)。

挚虞举贤良,与夏侯湛等十七人,策为下第,拜中郎。

> 按:《晋书》卷五一《挚虞传》曰:"举贤良,与夏侯湛等十七人策为下第,拜中郎。"

夏侯湛约是年举贤良,对策中第,拜郎中(《晋书》卷五五《夏侯湛传》)。

挚虞作《泰始四年举贤良方正对策》(《晋书》卷五一《挚虞传》)。
夏侯湛作《泰始四年举贤良方正对策》(《晋书》卷五五《夏侯湛传》)。
杜预作《奏上律令注解》及《举贤良方正表》。

> 按:《奏上律令注解》见《晋书》卷三四《杜预传》曰:"与车骑将军贾充等定律令,既成,预为之注解,乃奏之曰……诏班于天下。"又见《书钞》卷四五、《艺文类聚》卷五四,文字稍异。《隋书》卷三三《经籍志二》著录杜预撰《律本》21卷。《举贤良方正表》见《初学记》卷二〇。严可均《全晋文》卷四二载此文,严案曰:"《初学记》此下有陆云荐张瞻文,张溥误采入《杜预集》中,今削不收。"

张裴约是年作《表上律法》。

按：《晋书》卷三〇《刑法志》曰："四年正月，大赦天下，乃班新律。其后，明法掾张裴又注律，表上之，其要曰……"

又按：张裴，一作张斐，生卒不详。《隋书》卷三三《经籍志二》著录《汉晋律序注》1卷、《杂律解》21卷。

傅玄作《水旱上便宜五事疏》（《晋书》卷四七《傅玄传》）。

应贞作《华林园集诗》。

按：诗见载于《晋书》卷九二《应贞传》："帝于华林园宴射，贞赋诗最美。其辞曰……后迁散骑常侍。"《文选》卷二〇载为《晋武帝华林园集诗》。

潘岳作《藉田赋》。

按：《晋书》卷五五《潘岳传》曰："泰始中，武帝躬耕藉田，岳作赋以美其事，曰：伊晋之四年正月丁未，皇帝亲率群后藉于千亩之甸，礼也……"《文选》卷七潘岳《藉田赋》李善注引臧荣绪《晋书》曰："泰始四年正月丁亥，世祖初藉于千亩，司空掾潘岳作《藉田颂》也。"《晋书》卷三《武帝纪》亦作"正月丁亥"。孙志祖《文选考异》曰："何云：礼记月令疏云：耕用亥日，以阴阳式法，正月亥为天仓。又王氏云：正月建寅，日月会辰在亥，故耕用亥。然则丁未误明矣。"陆侃如《中古文学系年》曰："本年正月无丁未，丁亥为十九日。"

荀勖作《从武帝华林园宴诗》2首及《三月三日从华林园诗》1首。

按：逯钦立《晋诗》卷二著录，并案曰："此与上篇当为同时之作。盖一用四言，一用五言也。"

裴秀约是年作《禹贡地域图》。

按：《晋书》卷三五《裴秀传》言秀为司空后，曰："秀儒学洽闻，且留心政事，当禅代之际，总纳言之要，其所裁当，礼无违者。又以职在地官，以《禹贡》山川地名，从来久远，多有变易。后世说者或强牵引，渐以暗昧。于是甄摘旧文，疑者则阙，古有名而今无者，皆随事注列，作《禹贡地域图》十八篇，奏之，藏于秘府。其序曰：'……今上考《禹贡》山海川流，原隰陂泽，古之九州，及今之十六州，郡国县邑，疆界乡陬，及古国盟会旧名，水陆径路，为地图十八篇。……'"裴秀《禹贡地域图》十八篇，提出"制图六体"说，即分率（比例）、准望（方位）、道里（距离）、高下（地形）、方邪（角度）、迂直（曲直）。

王祥作《训子孙遗令》（《晋书》卷三三《王祥传》）。

月支僧竺法护出《小品经》7卷。

按：《历代三宝纪》卷六曰："太始四年三月四日译，是第二出。或八卷，见《聂道真录》。与旧《道行经》本同，文小异。"

王祥卒（185— ）。祥字休征，琅邪临沂人。汉末动乱，避居庐江，隐居三十余年。魏高贵乡公继位，定策有功，封万岁亭侯，命为三老。迁太尉，加侍中。入晋，拜太保，进爵为公。卒谥元。以孝著称，坊刻《二十四孝》中有王祥卧冰取鲤奉母事。严可均《全晋文》卷一八载其文《训子孙遗令》1篇。事迹见《晋书》卷三三。

按：《晋书》卷三《武帝纪》言王祥卒于泰始四年四月戊戌，卷三三《王祥传》言卒于泰始五年，今从《武帝纪》。

孔衍（ —320）、孔愉（ —342）生。

晋泰始五年　吴宝鼎四年　建衡元年
己丑　269 年

正月，吴帝孙皓立子孙瑾为太子（《三国志》卷四八《吴书·孙皓传》）。

二月壬寅，晋以尚书左仆射羊祜都督荆州诸军事，征东大将军卫瓘都督青州诸军事，东莞王司马伷为镇东大将军、都督徐州诸军事，准备灭吴（《晋书》卷三《武帝纪》）。

丁亥，晋申诸令史黜赏令（《晋书》卷三《武帝纪》）。

己未，晋录用蜀汉名臣子孙，诏蜀相诸葛亮孙诸葛京随才署吏（《晋书》卷三《武帝纪》）。

七月，晋延群公，询谠言（《晋书》卷三《武帝纪》）。

十月，吴改元建衡（《三国志》卷四八《吴书·孙皓传》）。

十二月，晋诏州郡举勇猛秀异之才（《晋书》卷三《武帝纪》）。

克劳狄二世皇帝败哥特人、阿勒曼尼人。

太仆傅玄、中书监荀勖、黄门侍郎张华各造正旦行礼及王公上寿酒、食举乐歌诗。

按：《晋书》卷二二《乐志上》曰："至泰始五年，尚书奏，使太仆傅玄、中书监荀勖、黄门侍郎张华各造正旦行礼及王公上寿酒、食举乐歌诗。荀勖云：'魏氏行礼、食举，再取周诗《鹿鸣》以为乐章。又《鹿鸣》以宴嘉宾，无取于朝，考之旧闻，未知所应。'勖乃除《鹿鸣》旧歌更作行礼诗四篇，先陈三朝朝宗之义。又为正旦大会、王公上寿歌诗并食举乐歌诗，合十三篇。又以魏氏歌诗或二言，或三言，或四言，或五言，与古诗不类，以问司律中郎将陈颀。颀曰：'被之金石，未必皆当。'故勖造晋歌，皆为四言，唯王公上寿酒一篇为三言五言焉。张华以为'魏上寿、食举诗及汉氏所施用，其文句长短不齐，未皆合古。盖以依咏弦节，本有因循，而识乐知音，足以制声度曲，法用率非凡近之所能改。二代三京，袭而不变，虽诗章辞异，兴废随时，至其韵逗留曲折，皆系于旧，有由然也。是以一皆因就，不敢有所改易。'此则华、勖所明异旨也。时诏又使中书侍郎成公绥亦作焉。"

羊祜出镇襄阳，开设学校，安抚远近，甚得江汉之心。使军士垦田八百余顷，使军从无百日之粮到有十年之积（《晋书》卷三四《羊祜传》）。

郭廙上疏陈五事以谏，言甚切直，擢为屯留令（《晋书》卷三《武帝纪》）。

石苞为司徒（《晋书》卷三三《石苞传》）。

贾充遭母丧去职，诏遣黄门侍郎慰问。及羊祜等出镇，充复上表欲立勋边境，晋武帝并不许（《晋书》卷四〇《贾充传》）。

傅玄迁太仆，玄应对所问，陈事切直（《晋书》卷四七《傅玄传》）。

李密除太子洗马，又以祖母年迈无人奉养，不就。晋武帝嘉其诚款，赐奴婢二人，下郡县供养其祖母奉膳（《晋书》卷八八《李密传》、《华阳国志》卷十一《后贤志》)。

> 按：参见是年"李密作《陈情事表》"条。

华峤约是年迁太子中庶子。

> 按：陆侃如《中古文学系年》曰："《晋书》卷四十四《华峤传》：'迁太子中庶子。'假定在迁车骑从事中郎后五年左右。"

王衍是年十四岁，往见仆射羊祜（《晋书》卷四三《王衍传》及卷三四《羊祜传》）。

> 按：《晋书》卷四三《王衍传》曰："衍年十四，时在京师，造仆射羊祜，申陈事状，辞甚清辩。祜名德贵重，而衍幼年无屈下之色，众咸异之。杨骏欲以女妻焉，衍耻之，遂阳狂自免。武帝闻其名，问戎曰：'夷甫当世谁比？'戎曰：'未见其比，当从古人中求之。'"

薛莹领太子少傅（《三国志》卷五三《吴书·薛莹传》）。

傅玄作《正旦大会行礼歌》四章，《上寿酒歌》一章，《食举东西厢歌》十三章，合称《四厢乐歌》。约是年又作《宣武舞歌》4篇、《宣文舞歌》2篇（《晋书》卷二二《乐志上》及《宋书》卷二〇《乐志上》）。

张华作《王公上寿诗》一章、《食举东西厢乐诗》十一章、《雅乐正旦大会行礼诗》四章，总称《四厢乐歌》。约是年又作《冬至初岁小会歌》、《宴会歌》、《命将出征歌》、《劳还师歌》、《中宫所歌》及《宗亲会歌》（《晋书》卷二二《乐志上》及《宋书》卷二〇《乐志上》）。

荀勖作《行礼诗》4篇，又作《正旦大会王公上寿酒歌》，并食举乐歌诗，合13篇。

> 按：皆为四言，唯《王公上寿酒》一篇为三言五言。见《晋书》卷二二《乐志上》及《宋书》卷二〇《乐志二》。

成公绥作《四厢乐歌》16篇，约是年作《中宫》2篇（《晋书》卷二二《乐志上》及《宋书》卷二〇《乐志二》）。

杜预作《奏上黜陟课略》。

> 按：《晋书》卷三四《杜预传》曰："预以京师王化之始，自近及远，凡所施论，务崇大体。受诏为黜陟之课，其略曰……"陆侃如《中古文学系年》曰："据《武帝纪》，本年二月二十六日，诏言及黜陟。"

李密作《陈情事表》。

> 按：《晋书》卷八八《李密传》曰："蜀平，泰始初，诏征为太子洗马。密以祖母年高，无人奉养，遂不应命。乃上疏曰……帝览之曰：'士之有名，不虚然哉！'乃停召。"陆侃如《中古文学系年》曰："武帝立太子在三年，但密除洗马不会那么早。因为从他的《陈情事表》上，知道在此以前还有察孝廉、举秀才及拜郎中三件事，而举他秀才的益州刺史童策是三年才到任的。今假定在辞郎中的次年。"

陈寿约是年作《益都耆旧传》10篇。

> 按：《华阳国志》卷一一《后贤志》曰："大同后，察孝廉。为本郡中正。益部自建武后，蜀郡郑伯邑、太尉赵彦信，及汉中陈申伯、祝元灵，广汉王文表，皆以博学洽闻，作《巴蜀耆旧传》。寿以为不足经远，乃并巴汉撰为《益部耆旧传》十篇。散骑常侍文立表呈其《传》，武帝善之。"《三国志》卷四二《蜀书·谯周传》："（泰始）五年，予尝为

本郡中正,清定事讫,求休还家,往与周别。"陆侃如《中古文学系年》曰:"五年不知是始为中正,抑求休还家之年。"以《益部耆旧传》作于为郡中正时,姑系是年。

夏侯湛作《辛宪英传》(《三国志》卷二五《魏书·辛毗传》裴注)。

月支僧竺法护出《方等泥洹经》2卷。

按:《出三藏记集》卷二曰:"《方等泥洹经》二卷。或云《大般泥洹经》。泰始五年七月二十三日出。"

辛宪英卒(191—)。颍川阳翟人。辛毗女,羊耽妻,夏侯湛外祖母。颇有才识,知曹丕为太子而喜,谓"宜戚而喜,何以能久"。又谓曹爽专权而才不及司马懿,必被诛。夏侯湛作《辛宪英传》(《三国志》卷二五《魏书·辛毗传》裴注)。

陆凯卒(198—)。凯字敬风,吴郡吴人,陆逊族子,陆机从父。为永兴、诸暨长,有政绩。虽统兵犹手不释卷,好《太玄论》。封嘉兴侯,官至左丞相,上疏切谏时弊,封嘉兴侯。《隋书》卷三五《经籍志四》著录吴丞相《陆凯集》5卷,梁有录1卷。严可均《全三国文》卷六九载其文11篇。事迹见《三国志》卷六一。

应贞卒,生年不详。贞字吉甫,汝南南顿人。应璩子。少有才名,曾在夏侯玄坐中作五言诗,甚得玄称赏。晋武帝即位,贞为给事中。武帝宴射于华林园,贞赋诗最美,官至散骑常侍。与荀顗撰定新礼。《隋书》卷三五《经籍志四》著录《应贞集》1卷,梁5卷。应贞注应璩《百一诗》8卷,皆亡佚。严可均《全晋文》卷三五载其文9篇。逯钦立《晋诗》卷二载其诗2首。事迹见《晋书》卷九二。

周顗(—322)、郗鉴(—339)生。

晋泰始六年　吴建衡二年　庚寅　270年

十一月,晋司马炎幸辟雍,行乡饮酒之礼,赐太常博士、学生帛牛酒各有差。立皇子柬为汝南王(《晋书》卷三《武帝纪》)。

杜预为安西军司,除秦州刺史,领东羌校尉,轻车将军,假节。时石鉴为安西将军,预因未听鉴进讨强虏之令,槛车征诣廷尉,以侯赎论(《晋书》卷三四《杜预传》)。

按:石鉴是年为安西将军。《晋书》卷三《武帝纪》:"(是年)六月戊午,秦州刺史胡烈击叛虏于万斛堆,力战,死之。诏遣尚书石鉴行安西将军、都督秦州诸军事,与奋威护军田章讨之。"

陆抗都督信陵、西陵、夷道、乐乡、公安诸军事,治乐乡(《三国志》卷五八

克劳狄二世皇帝卒。其弟昆提卢斯继立。寻卒。

汪达尔人寇边。

《吴书·陆抗传》)。

杜预作《奏秦州军事》。

按：《太平御览》卷三三七节录此文。参见是年"杜预为安西军司，除秦州刺史，领东羌校尉，轻车将军，假节。时石鉴为安西将军，预因未听鉴进讨强虏之令，槛车征诣廷尉，以侯赎论"条。

陆抗作《十七事疏》。

按：《三国志》卷五八《吴书·陆抗传》曰："抗闻都下政令多阙，忧深虑远，乃上疏曰……十七条失本，故不载。"

月支僧竺法护出《宝藏经》2卷及《德光太子经》1卷。

按：《出三藏记集》卷二曰："《宝藏经》二卷。《旧录》云，《文殊师利宝藏经》，或云《文殊师利现宝藏》。太始六年十月出。"同卷曰："《德光太子经》一卷。或云《赖吒和罗所问光德太子经》。泰始六年九月三十日出。"

柏罗丁卒（205— ）。罗马哲学家。

普布留·德克西普斯卒(210?—)。罗马历史学家。

谯周卒(201—)。周字允南，巴西西充人。幼孤，家贫，少好学，精研六经，每忘寝食。善书札，晓天文。诸葛亮领益州牧，任为劝学从事。蒋琬领刺史，徙典学从事。后主时，任中散大夫、光禄大夫。又因劝后主刘禅降魏有功，受魏封为阳城亭侯。入晋，因老病累征不起，后拜骑都尉，又以疾辞。周卒后，益州刺史董荣图画周像于州学，命从事李通颂之。周撰定《法训》、《五经论》、《古史考》之属百余篇。《隋书》卷三二《经籍志一》著录其注《论语》10卷，亡；又著录《五经然否论》5卷；卷三三《经籍志二》著录《古史考》25卷、《三巴记》1卷；卷三四《经籍志三》著录《谯子法训》8卷。梁有《谯子五教志》5卷，亡。《古史考》有清人章宗源辑本，搜罗古籍补《史记》所载先秦史事之缺，是我国史学史上第一部考史专著，也是第一部史料专著。严可均《全晋文》卷七〇辑其文10篇。事迹见《三国志》卷四二。

按：周少子同，颇好周业，以忠笃质素为行。举孝廉，除锡令、东宫洗马，召不就。

阮修（ —311?）约生。

晋泰始七年　吴建衡三年　辛卯　271年

奥勒良皇帝败汪达尔人、阿勒曼尼人、哥特人。

罗马弃达西亚行省。

正月，吴帝孙皓迷信谶文，以为当得天下，大举兵图攻晋；晋遣将屯寿春拒之。吴东观令华覈诤谏，孙皓乃罢兵(《三国志》卷四八《吴书·孙皓传》及裴注引《江表传》)。

十一月，吴改明年为凤凰元年(《三国志》卷四八《吴书·孙皓传》)。

晋泰始七年　吴建衡三年　辛卯　271年

是年，晋袭魏制，太子或皇帝学通一经，对孔子行释奠礼。

按：《晋书》卷一九《礼志上》曰："武帝泰始七年，皇太子讲《孝经》通。咸宁三年，讲《诗》通，太康三年，讲《礼记》通。惠帝元康三年，皇太子讲《论语》通。元帝太兴二年，皇太子讲《论语》通。太子并亲释奠，以太牢祠孔子，以颜回配。成帝咸康元年，帝讲《诗》通。穆帝升平元年三月，帝讲《孝经》通。孝武宁康三年七月，帝讲《孝经》通。并释奠如故事。穆帝、孝武并权以中堂为太学。"魏以太常行释奠礼，晋虽承魏制，但已改由太子或皇帝亲自行礼。

荀勖约是年领秘书监，与中书令张华依刘向《别录》整理记籍。

按：《晋书》卷三九《荀勖传》曰："俄领秘书监，与中书令张华依刘向《别录》，整理记籍。"《隋书》卷三二《经籍志一》曰："魏氏代汉，采摭遗亡，藏在秘书中、外三阁。魏秘书郎郑默，始制《中经》，秘书监荀勖，又因《中经》，更著《新簿》，分为四部，总括群书。一曰甲部，纪六艺及小学等书；二曰乙部，有古诸子家、近世子家、兵书、兵家、术数；三曰丙部，有史记、旧事、皇览簿、杂事；四曰丁部，有诗赋、图赞、《汲冢书》，大凡四部合二万九千九百四十五卷。但录题及言，盛以缥囊，书用缃素。至于作者之意，无所论辩。"荀勖领秘书监时间不详。张华是年任中书令，姑系是年。参见是年"张华拜中书令"条。

王瓒约是年迁著作郎，参与议立《晋书》限断。

按：《晋书》卷四○《贾谧传》曰："先是，朝廷议立《晋书》限断，中书监荀勖谓宜以魏正始起年，著作郎王瓒欲引嘉平已下朝臣尽入晋史，于时依违未有所决。"参见是年"荀勖约是年领秘书监，与中书令张华依刘向《别录》整理记籍"条。

贾充为都督秦、凉二州诸军事，未成行（《晋书》卷三《武帝纪》及卷四○《贾充传》）。

杜预拜度支尚书，奏立藉田，建安边，论处军国之要。因纠石鉴，免官，以侯兼本职。

按：《晋书》卷三四《杜预传》："是时朝廷皆以预明于筹略，会匈奴帅刘猛举兵反，自并州西及河东、平阳，诏预以散侯定计省闼，俄拜度支尚书。预乃奏立藉田，建安边，论处军国之要。又作人排新器，兴常平仓，定谷价，较盐运，制课调，内以利国外以救边者五十余条，皆纳焉。石鉴自军还，论功不实，为预所纠，遂相仇恨，言论喧哗，并坐免官，以侯兼本职。"《晋书》卷三《武帝纪》：是年正月，"匈奴帅刘猛叛出塞"。万斯同《晋方镇年表》以是年石鉴自军还。

张华拜中书令。

按：《晋书》卷三六《张华传》曰："数岁，拜中书令。"万斯同《晋将相大臣年表》以张华是年任中书令，终于咸宁五年四月。

韦昭以事迕逆孙皓，渐被皓责怒徙黜，为华覈救免。

按：《三国志》卷六五《吴书·韦曜传》曰："时所在承指数言瑞应。皓以问曜，曜答曰：'此人家筐箧中物耳。'又皓欲为父和作纪，曜执以和不登帝位，宜名为传。如是者非一，渐见责怒。曜益忧惧，自陈衰老，求去侍、史二官，乞欲成所造书，以从业别有所付，皓终不听。"陆侃如《中古文学系年》曰："此事当在迁侍中后，被杀前。于此，我们应说明两点：第一，华覈救昭有两次。姚振宗《隋书经籍志考证》卷十一：'《史通·正史篇》……当归命侯时，昭、广先亡，曜、莹徙黜，史官久缺，书遂无闻。覈表请召曜、莹续成前史，其后曜独终其书，定为五十五卷。（按此知华覈疏救凡两次，本传合并记载,故曰连上疏。其初被罪黜,得曧疏救而解,召还史馆,得以续成前书,其事当在凤皇二年之前。至是年收付狱,曧又疏救,以《吴书》未述序赞为言,而事不可解矣。以是知《吴书》序赞终未底于成焉。)'大约昭求去而皓不听,即得华曧的救助。第二,昭首次忤皓在凤皇元年以前。《吴志》卷八《薛莹传》:'后[何]定被诛,皓追圣溪事,下莹狱,徙广州。右国史华曧上疏曰:"……昭、广先亡,曜负恩蹈罪,莹出为将,复以过徙,其书遂委滞,迄今未撰奏。"据《孙皓传》,"何定奸秽发闻伏诛"是凤皇元年的事。薛莹下狱而曧疏救,当亦在此时。至于昭的获罪,则显然在其前。凤皇元年即太始八年,故今系于七年。"

薛莹督凿圣溪,未成,出为武昌左部督(《三国志》卷五三《吴书·薛莹传》)。

司马彪约是年始注《庄子》,作《九州春秋》及《续汉书》。

按:《晋书》卷八二《司马彪传》曰:"转丞。注《庄子》,作《九州春秋》。以为'先王立史官以书时事,载善恶以为沮劝,撮教世之要也。是以《春秋》不修,则仲尼理之;《关雎》既乱,则师挚修之。前哲岂好烦哉? 盖不得已故也。汉氏中兴,讫于建安,忠臣义士亦以昭著,而时无良史,记述烦杂,谯周虽已删除,然犹未尽,安顺以下,亡缺者多。'彪乃讨论众书,缀其所闻,起于世祖,终于孝献,编年二百,录世十二,通综上下,旁贯庶事,为纪、志、传凡八十篇,号曰《续汉书》。"陆侃如《中古文学系年》曰:"转丞年月无考,假定在拜郎后五年左右。彪今后二十年未徙官,此数书当陆续撰成,非本年一时之作。严可均《全晋文》卷十六载《续汉书叙》、《光武纪论》及《和帝纪论》三篇,但未收《序传》。秦荣光《补晋书艺文志》卷二著录彪《司马郎序传》,标题似误。"

杜预作《奏履藉田》。

按:严可均《全晋文》卷四二收录此文佚句。

薛莹作《追悼先父献诗》。

按:《三国志》卷五三《吴书·薛莹传》曰:"建衡三年,皓追叹莹父综遗文,且命莹继作。莹献诗曰……"

月支僧竺法护出《文殊师利五体悔过经》1卷、《持人菩萨经》3卷及《超日明三昧经》3卷。

按:《出三藏记集》卷二曰:"《文殊师利五体悔过经》一卷。《旧录》云,《文殊师利悔过经》。泰始七年正月二十七日出。"同卷曰:"《持人菩萨经》三卷。泰始七年九月十五日出。"《历代三宝纪》卷六曰:"《超日明三昧经》三卷。太始七年正月译,初出,或两卷。或直云《超日明经》。见《聂道真录》。"

裴秀卒(223—)。秀字季彦,河东闻喜人。裴楷从兄、裴頠父。秀少好学能文,有才名,时人称"后进领袖有裴秀"。司马昭时参与改革官制,议五等之爵。昭立司马炎为世子,秀多为有言。司马炎禅魏,官司空。创"制图六体"理论,即分率(比例)、准望(方位)、道里(距离)、高下(地形)、方邪(角度)、迂直(曲直),为中国制图者所遵循,在世界地图史上有重要地位。著有《禹贡地域图》、《地形方丈图》。《隋书》卷三五《经籍志四》著录有《裴秀集》3卷,录1卷,亡。严可均《全晋文》卷三三辑其文4

篇。事迹见《晋书》卷三五。

刘琨（—318）生。

晋泰始八年　吴凤凰元年　壬辰　272年

二月乙亥，晋禁雕文绮组非法之物（《晋书》卷三《武帝纪》）。

四月，晋置后将军，以备四军（《晋书》卷三《武帝纪》）。

八月，吴孙皓征西陵督步阐入朝，阐不应，据城反（《三国志》卷四八《吴书·孙皓传》）。

九月，吴西陵督步阐来降，晋拜阐为卫将军，开府仪同三司，封宜都公（《晋书》卷三《武帝纪》）。

十二月，吴陆抗破晋杨肇，拔西陵，擒杀步阐，肇败还（《晋书》卷三《武帝纪》）。

是年，晋王濬大造舰船，以备伐吴（《晋书》卷四三《王濬传》）。

羊祜加车骑将军，开府仪同三司，祜上表固让，不听。以步阐事，贬为平南将军（《晋书》卷三四《羊祜传》）。

羊祜、陆抗治边以德，时人称之。二人推侨、札之好（《晋书》卷三四《羊祜传》及《三国志》卷五八《吴书·陆抗传》裴注引《晋阳秋》及《汉晋春秋》）。

按：《三国志》卷五八《吴书·陆抗传》裴注引《晋阳秋》曰："抗与羊祜推侨、札之好。抗尝遗祜酒，祜饮之不疑。抗有疾，祜馈之药，抗亦推心服之。于时以为华元、子反复见于今。"

王衍被举为辽东太守，不就。口不论时事，唯雅咏玄虚而已。

按：《晋书》卷四三《王衍传》曰："泰始八年，诏举奇才可以安边者，衍初好论从横之术，故尚书卢钦举为辽东太守。不就，于是口不论世事，唯雅咏玄虚而已。"

郤正迁巴西太守。

按：《三国志》卷四二《蜀书·郤正传》曰："泰始八年诏曰：'……其以正为巴西太守。'"

潘岳是年二十六岁，为司空贾充辟为僚属。娶杨肇女。

按：《文选》卷一六潘岳《闲居赋序》曰："仆少窃乡曲之誉，忝司空太尉之命，所奉之主，即太宰鲁武公其人也，举秀才为郎。逮事世祖武皇帝，为河阳怀令、尚书郎、廷尉平。"陆侃如《中古文学系年》曰："《文选》卷十六《闲居赋》李善注引臧荣绪《晋书》：'岳弱冠，太尉举秀才。'岳初辟司空府在作《藉田赋》时，'举秀才为郎'当不能晚至辟太尉府后。在本年以前，岳'所奉之主'是裴秀。本年充继任司空，岳便成充的僚属。不过，此时岳似尚未为充所赏识。后来与贾氏关系渐密，故作赋时便把裴秀丢开了。"

奥勒良皇帝灭帕尔米拉王国。

  左芬入宫为修仪，左思移家京师。
  按：《晋书》卷三一《左贵嫔传》曰："左贵嫔，名芬。兄思，别有传。芬少好学，善缀文，名亚于思，武帝闻而纳之。泰始八年，拜修仪。"《晋书》卷九二《左思传》曰："会妹芬入宫，移家京师。"陆侃如《中古文学系年》曰："吴士鉴、刘承幹《斠注》：'《御览》一百四十五引《晋起居注》，拜修仪在咸宁三年。又王隐《晋书》曰：左思妹以采择入为修仪，有叔父上敬焉。'芬生年无考，入宫时当在二十岁以前，可假定生于二五五年左右。严可均《全晋文》卷一三载芬《白鸠赋》：'泰始八年，鸠巢于庙阙，而孕白鸠一只。'由此可知，《起居注》所载入宫年代有误。"
  贾充女贾南风为太子妃，诏充以车骑将军为司空（《晋书》卷三一《惠贾皇后传》及卷四〇《贾充传》）。
  薛莹因圣溪事下狱，徙广州。华覈上疏救之，孙皓遂召莹还，为左国史（《三国志》卷五三《吴书·薛莹传》）。
  按：参见是年"华覈作《上疏请召还薛莹》"条、271年"韦昭以事连逆孙皓，渐被皓责怒徙黜，为华覈救免"条按语。

  羊祜作《让开府表》。
  按：《晋书》卷三四《羊祜传》曰："后加车骑将军，开府如三司之仪。祜上表固让曰……不听。"文中言及"今天下自服化以来，方渐八年"，故系于是年。
  左思作《招隐诗》二首。
  按：《文选》卷二二左思《招隐诗》"经始东山庐，果下自成榛"句，李善注引王隐《晋书》曰："左思徙居洛阳城东，著经始东山庐诗。"姑系是年。
  左芬作《离思赋》及《白鸠赋》。
  按：《离思赋》见《晋书》卷三一《左贵嫔传》曰："泰始八年，拜修仪。受诏作愁思之文，因为《离思赋》曰……"《白鸠赋》仅存序文，残，见《太平御览》卷九二一。
  华覈作《上疏请召还薛莹》。
  按：文见《三国志》卷五三《吴书·薛莹传》。时薛莹因事被徙广州，右国史华覈以国史未完成上疏孙皓，请召还薛莹。其疏曰："臣闻五帝三王皆立史官，叙录功美，垂之无穷。汉时司马迁、班固，咸命世大才，所撰精妙，与六经俱传。大吴受命，建国南土。大皇帝末年，命太史令丁孚、郎中项峻始撰《吴书》。孚、峻俱非史才，其所撰作，不足纪录。至少帝时，更差韦曜、周昭、薛莹、梁广及臣五人，访求往事，所共撰立，备有本末。昭、广先亡，曜负恩蹈罪，莹出为将，复以过徙，其书遂委滞，迄今未撰奏。臣愚浅才劣，适可为莹等记注而已，若使撰合，必袭孚、峻之迹，惧坠大皇帝之元功，损当世之盛美。莹涉学既博，文章尤妙，同察之中，莹为冠首。今者见吏，虽多经学，记述之才，如莹者少，是以娄娄为国惜之。实欲使卒垂成之功，编于前史之末。奏上之后，退填沟壑，无所复恨。"
  陆抗作《请原薛莹》及《戒动师旅疏》。
  按：《三国志》卷五八《吴书·陆抗传》曰："闻武昌左部督薛莹征下狱，抗上疏曰……时师旅仍动，百姓疲弊，抗上疏曰……"
  皇甫谧作《笃终》。
  按：文见《晋书》卷五一《皇甫谧传》。赵以武《皇甫谧生平新探》曰："关于《笃终论》一文的写作时间，至今有两种说法：一种是多数介绍文章笼统地说成为临死前所写；另一种是陆侃如《中古文学系年》以《晋书·皇甫谧传》上下文的衔接为依据，推定为皇甫谧辞司隶校尉刘毅请为功曹之年,即晋咸宁四年(278),皇甫谧64岁时。这两种说法都有错误。《笃终论》一文作于何时,其实不难确定,此文开头就交待了这个问题,文曰:'吾年虽未制寿,然婴疢弥纪,仍遭丧难,神气损劣,困顿数矣,常惧天陨不期,虑终无素,是以略陈至怀。'其中'虽未制寿'说明写本文时作者还不满60岁。'婴疢弥纪'是指的服寒食药中毒成癖,已有12年光景了。这里'婴疢'不是指早年所得的'风痹疾',而是指服寒食药带来的种种中毒症状,所以紧接着言及'神气损劣,困顿数矣'云云。前面已述《让征聘表》作于晋泰始三年(267),从中而知皇甫谧是在景元元年(260)46岁时始服寒食药的。那么,12年后,即晋泰始八年(272)皇甫谧58岁时,写了《笃终论》。《笃终论》写出距皇甫谧去世,尚有十年之久。"(载《西北师大学报》1993年1期。)

石苞卒,生年不详。苞字仲容,渤海南皮人,石崇父。为人多智谋,容仪伟丽,不修小节。三国魏末,为大将军司马师中护军司马,后进位征东大将军、骠骑将军。及司马炎称帝,迁大司马。进封乐陵郡公,镇淮南。武帝疑其士马强盛,免其官。后又起为司徒,卒谥武。严可均《全晋文》卷三〇载其文4篇。事迹见《晋书》卷三三。

  按:《晋书》卷三《武帝纪》载石苞卒于泰始九年二月癸巳。今从《晋书》本传。

  孙惠(　—318?)、卫夫人(　—349)生。

晋泰始九年　吴凤凰二年　癸巳　273年

  七月,晋罢五官左右中郎将、弘训太仆、卫尉、大长秋等官(《晋书》卷三《武帝纪》)。

  是月,晋选公卿以下之女入宫,采择未完,禁止婚嫁(《晋书》卷三《武帝纪》)。

  九月,吴封十一王,王给三千兵(《三国志》卷四八《吴书·孙皓传》)。

  十月辛巳,晋诏女年十七,父母不遣嫁者,使长吏配之(《晋书》卷三《武帝纪》)。

  十一月丁酉,晋武帝临宣武观,大阅诸军,甲辰乃罢(《晋书》卷三《武帝纪》)。

  荀勖典知乐事,始作古尺以调声律。

  按:《晋书》卷二二《乐志上》曰:"泰始九年,光禄大夫荀勖始作古尺,以调声韵,仍以张华等所制高文,陈诸下管。"又曰:"泰始九年,光禄大夫荀勖以杜夔所制律吕,校太乐、总章、鼓吹八音,与律吕乖错,乃制古尺,作新律吕,以调声韵。事具《律历志》。律成,遂班下太常,使太乐、总章、鼓吹、清商施用。勖遂典知乐事,启朝士解音律者共掌之。使郭夏、宋识等造《正德》、《大豫》二舞,其乐章亦张华之所作云。"

罗马毁帕尔米拉城。

奥勒良皇帝平高卢。

波斯王巴赫拉姆一世尊琐罗亚斯德教。

傅咸举孝廉，拜太子洗马。

按：陆侃如《中古文学系年》曰："《晋书》卷四十七《傅咸传》：'咸宁初袭父爵，拜太子洗马。'《文选》卷二十五傅咸《赠何劭王济诗》李善注引王隐《晋书》：'举孝廉，拜太子洗马。'咸袭父爵在咸宁四年，拜洗马应在其前。因为本传谓拜洗马后累迁尚书右丞，冀州刺史，司徒左长史，而他做左长史却不能在咸宁五年以后。四年遭父丧而袭爵，做官至少在葬后；在那么短短的十余月中，接连迁四次官，虽不能说绝对不可能，但至少这可能性是很小的。那么拜洗马究竟在袭爵前多少年呢？严可均《全晋文》卷五十一载咸《喜雨赋》：'泰始九年自春不雨，以涉夏节……余以太子洗马兼司徒请雨。'（兼字或是佐字之误。）可见赋作于九年夏，拜官当在夏前，而本传之误是显然的了。"

何曾五月领司徒（《晋书》卷三《武帝纪》）。

韦昭下狱，上书呈著作，华覈疏救不能免，昭被诛。

按：《三国志》卷六五《吴书·韦曜传》曰："……时有怨过，或误犯皓讳，辄见收缚，至于诛戮。曜以为外相毁伤，内长尤恨，使不济济，非佳事也，故但示难问经义言论而已。皓以为不承用诏命，意不忠尽，遂积前后嫌忿，收曜付狱，是岁凤皇二年也。……遂诛曜，徙其家零陵。"

薛莹约是年又徙广州，未至，召还复职。

按：《三国志》卷五三《吴书·薛莹传》曰："顷之，选曹尚书同郡缪祎以执意不移，为群小所疾，左迁衡阳太守。既拜，又追以职事见诘责，拜表陈谢。因过诣莹，复为人所白，云祎不惧罪，多将宾客会聚莹许。乃收祎下狱，徙桂阳，莹还广州。未至，召莹还，复职。"陆侃如《中古文学系年》曰："从'顷之'二字看，似在为左国史后不久，故假定在次年。所谓'复职'，当指左国史言。严可均《全晋文》卷八十一注谓'召还复为选曹尚书'，显然因缪祎而误。"

陆抗三月为大司马（《三国志》卷四八《吴书·孙皓传》）。

傅玄作《正德舞歌》、《大豫舞歌》及《喜霁赋》。

按：《宋书》卷一九《乐志一》曰："（泰始）九年，荀勖遂典知乐事，使郭琼、宋识等造《正德》、《大豫》之舞，而勖及傅玄、张华又各造此舞哥诗。"卷二〇《乐志二》曰："晋《正德》、《大豫》二舞歌二篇，傅玄造。"傅咸《喜雨赋》作于泰始九年，傅玄《喜霁赋》似应作于是年，《初学记》卷二有节录。

张华作《正德舞歌》及《大豫舞歌》（《晋书》卷二二《乐志上》）。

夏侯湛作《抵疑》。

按：《晋书》卷五五《夏侯湛传》曰："累年不调，乃作《抵疑》以自广，其辞曰……"陆侃如《中古文学系年》曰："假定在拜郎中后五年左右。"

潘岳作《司空密陵侯郑袤碑》。

按：文见《艺文类聚》卷四七。《晋书》卷三《武帝纪》曰："九年春正月辛酉，司空、密陵侯郑袤薨。"卷四四《郑袤传》曰："九年薨，时年八十五。帝于东堂发哀，赐秘器、朝服一具、衣一袭、钱三十万、绢布各百匹，以供丧事。谥曰元。有子六人，长子默嗣，次质、舒、诩、称、予，位并列卿。"

傅咸作《喜雨赋》。

按：《艺文类聚》卷一〇〇载《喜雨赋序》曰："泰始九年……"此序又见《太平御览》卷一一。赋正文《艺文类聚》卷二有节录。

晋泰始九年　吴凤凰二年　癸巳　273年

韦昭作《因狱吏上辞》(《三国志》卷六五《吴书·韦曜传》)。

按：韦昭在上辞中详说了自己的著述情况。《三国志》卷六五《吴书·韦曜传》曰："曜因狱吏上辞曰：'……囚昔见世间有古历注，其所纪载既多虚无，在书籍者亦复错谬。囚寻按传记，考合异同，采摭耳目所及，以作《洞纪》，起自庖牺，至于秦、汉，凡为三卷，当起黄武以来，别作一卷，事尚未成。又见刘熙所作《释名》，信多佳者，然物类众多，难得详究，故时有得失，而爵位之事，又有非是。愚以官爵，今之所急，不宜乖误。囚自忘至微，又作《官职训》及《辩释名》各一卷，欲表上之。新写始毕，会以无状，幽囚待命，泯没之日，恨不上闻，谨以先死列状，乞上言秘府，于外料取，呈内以闻。追惧浅蔽，不合天听，抱怖雀息，乞垂哀省。'"

华覈作《上疏救韦曜》(《三国志》卷六五《吴书·韦曜传》)。

按：华覈上疏给韦昭很高的评价。《三国志》卷六五《吴书·韦曜传》曰："而华覈连上疏救曜曰：'曜运值千载，特蒙哀识，以其儒学，得与史官，貂蝉内侍，承合天问，圣朝仁笃，慎终追远，迎神之际，垂涕敕曜。曜愚惑不达，不能敷宣陛下大舜之美，而拘系史官，使圣趣不叙，至行不彰，实曜愚蔽当死之罪。然臣偻偻，见曜自少勤学，虽老不倦，探综坟典，温故知新，及意所经识古今行事，外吏之中少过曜者。……今《吴书》当垂千载，编次诸史，后之才士论次善恶，非得良才如曜者，实不可使阙不朽之书。如臣顽蔽，诚非其人。曜年已七十，余数无几，乞赦其一等之罪，为终身徒，使成书业，永足传示，垂之百世。……'"

月支僧竺法护译《雁王经》1卷。

按：《出三藏记集》卷二曰："《雁王经》一卷。太始九年二月一日出。"该经梁时阙。

韦昭卒(204—　)。昭字弘嗣，吴郡云阳人。《三国志》避晋讳，作韦曜。少好学，善文章。历迁太子中庶子。孙亮即位，为太史令，与华覈、薛莹等同作《吴书》；孙休即位，为中书郎，博士祭酒，校定群书。孙皓即位，任侍中，领左国史，因屡忤孙皓意，被诛。《隋书》卷三二《经籍志一》著录其与朱育等撰《毛诗答杂问》7卷；又著录其注《春秋外传国语》22卷，解《孝经解赞》1卷，撰《辩释名》1卷；卷三三《经籍志二》著录其《汉书音义》7卷；《吴书》25卷，本55卷，梁有，今残缺；《洞纪》4卷，记庖牺已来，至汉建安二十七年；《韦昭官仪职训》1卷，亡；卷三五《经籍志四》著录《韦昭集》2卷，录一卷，亡。《国语注》为现存最早注本。严可均《全三国文》卷七一载其文5篇。事迹见《三国志》卷六五。

成公绥卒(231—　)。绥字子安，东郡白马人。少聪慧，性寡欲，博涉经传，不营资产。提倡引道入儒，儒道糅合。口吃而好音律。辞赋甚丽，颇为张华所重，叹服以为绝伦。后华荐之太常，征为博士，历秘书郎。又曾与贾充、张华等参定法律。所作《啸赋》，言长啸之奇妙，为音乐之名篇。张溥誉为"激扬噍缓，仿佛有声"。《隋书》卷三五《经籍志四》著录《成公绥集》9卷，残缺，梁10卷。张溥辑有《成子安集》。严可均《全晋文》卷五九载其文36篇。逯钦立《晋诗》卷二载其诗5首。事迹见《晋书》卷九二。

庾峻卒，生年不详。峻字山甫，颍川鄢陵人，庾敳之父。魏时举博士。潜心儒学。武帝禅魏，赐爵关内侯，迁司空长吏，转秘书监、御史中丞，拜侍中，加谏议大夫。时风俗趋竞，礼让陵迟，峻上疏力陈纠弊。又著文疾世人好浮华，不修名实。《隋书》卷三五《经籍志四》著录晋侍中《庾峻集》2卷，录1卷，亡。严可均《全晋文》卷三六载其文3篇。事迹见《晋书》卷五〇。

晋泰始十年　吴凤凰三年　甲午　274年

罗马举行盛大凯旋仪式迎奥勒良皇帝。

七月丙寅，晋皇后杨氏崩（《晋书》卷三《武帝纪》）。

八月戊申，晋葬元皇后于峻阳陵（《晋书》卷三《武帝纪》）。

十一月庚午，晋司马炎临宣武观，大阅诸军（《晋书》卷三《武帝纪》）。

是年，魏齐王曹芳卒（《三国志》卷四《魏书·齐王芳纪》裴注引《魏世谱》）。

山涛为吏部尚书。

按：《晋书》卷四三《山涛传》曰："后除太常卿，以疾不就。会遭母丧，归乡里。涛年逾耳顺，居丧过礼，负土成坟，手植松柏。诏曰：'……其以涛为吏部尚书。'涛辞以丧病，章表恳切。会元皇后崩，遂扶舆还洛。逼迫诏命，自力就职。前后选举，周遍内外，而并得其才。"

杜预约是年复拜度支尚书，请建河桥（《晋书》卷三四《杜预传》）。

陈寿迁平阳侯相。

按：《晋书》卷八二《陈寿传》曰："出补阳平令，撰《蜀相诸葛亮集》，奏之。"吴士鉴、刘承幹《晋书斠注》卷八二："《廿二史考异》二十二曰：按泰始十年寿上表称平阳侯，此云阳平令，恐误。案《华阳国志》十一正作出为平阳侯相。"陆侃如《中古文学系年》曰："《华阳国志》叙平阳相于平吴后，其误不待言。"

陆抗病重，上表请重视西防。陆抗卒，子晏、玄、机、云，分领父兵，陆机为牙门将（《三国志》卷五八《吴书·陆抗传》）。

刘智作《正历》。

按：《晋书》卷一八《律历志下》曰："武帝侍中平原刘智，以斗历改宪，推《四分法》，三百年而减一日，以百五十为度法，三十七为斗分。推甲子为上元，至泰始十年，岁在甲午，九万七千四百一十一岁，上元天正甲子朔夜半冬至，日月五星始于星纪，得元首之端。饰以浮说，名为《正历》。"智以甲子为上元，得元首之端。后王朔之所作《通历》等皆从之。

荀勖作《奏校试笛律》及《奏条牒诸律问列和意状》（《晋书》卷一六《律历志上》）。

张华作《元皇后哀策文》。

按：《晋书》卷三一《武元杨皇后传》曰："武元杨皇后，讳艳，字琼芝，弘农华阴人也。……泰始十年，崩于明光殿，绝于帝膝，时年三十七。……于是有司卜吉，窆窆有期，乃命史臣作哀策叙怀。其词曰……"《艺文类聚》卷一五署名张华，与《武元杨皇后传》中文稍异。

杜预作《皇太子除服议》、《答卢钦魏舒问》、《奏议皇太子除服》及《乾度历》，与段畅合作《丧服要集》。

按：《晋书》卷二〇《礼志中》曰："泰始十年，武元杨皇后崩，及将迁于峻阳陵，依旧制，既葬，帝及群臣除丧即吉。先是，尚书祠部奏从博士张靖议，皇太子亦从制俱释服。博士陈逵议，以为'今制所依，盖汉帝权制，兴于有事，非礼之正。皇太子无有国事，自宜终服'。有诏更详议。尚书杜预以为：'……今皇太子与尊同体，宜复古典，卒哭除衰麻，以谅闇终制。于义既不应不除，又无取于汉文，乃所以笃丧礼也。'于是尚书仆射卢钦、尚书魏舒问杜预证据所依。预云：'……上考七代，未知王者君臣上下衰麻三年者谁；下推将来，恐百世之主其理一也。非必不能，乃事势不得，故知圣人不虚设不行之制。仲尼曰"礼所损益虽百世可知"，此之谓也。'于是钦、舒从之，遂命预造议，奏曰：'侍中尚书令司空鲁公臣贾充、侍中尚书仆射奉车都尉大梁侯臣卢钦、尚书新沓伯臣山涛、尚书奉车都尉平春侯臣胡威、尚书剧阳子臣魏舒、尚书堂阳子臣石鉴、尚书丰乐亭侯臣杜预稽首言……'"

卷一八《律历志下》曰："当阳侯杜预作《春秋长历》，说云……"

卷三四《杜预传》曰："元皇后梓宫将迁于峻阳陵。旧制，既葬，帝及群臣即吉。尚书奏，皇太子亦宜释服。预议'皇太子宜复古典，以谅闇终制'，从之。预以时历差舛，不应晷度，奏上《二元乾度历》，行于世。"

陆侃如《中古文学系年》曰："《隋书》卷三二《经籍志一》：'《丧服要集》二卷，晋征南将军杜预撰。'……丁国钧《补晋书艺文志》卷四及秦荣光《补晋书艺文志》卷四均著录《集要》，严可均《全晋文》卷四十三载预《集要》，显然就是《丧服要集》。黄逢元《补晋书艺文志》卷一著录《答问杂议》二卷，据《隋志》是任预的。文廷式《补晋书艺文志》卷四及秦志卷三均著录《乾度历》及《历论》。"

挚虞作《答杜预书》。

按：《晋书》卷五一《挚虞传》曰："元皇后崩，杜预奏：'谅闇之制，乃自上古，是以高宗无服丧之文，而唯文称不言。汉文限三十六日。魏氏以降，既虞为节。皇太子与国为体，理宜释服，卒哭便除。'虞答预书曰：'唐称过密，殷云谅闇，各举事以为名，非既葬有殊降。周室以来，谓之丧服。丧服者，以服表丧。今帝者一日万机，太子监抚之重，以宜夺礼，葬讫除服，变制通理，垂典将来，何必附之于古，使老儒致争哉！'"

陈寿作《表上诸葛氏集目录》。

按：《三国志》卷三五《蜀书·诸葛亮传》："诸葛氏集目录……右二十四篇，凡十万四千一百一十二字。臣寿等言：臣前在著作郎，侍中领中书监济北侯臣荀勖、中书令关内侯臣和峤奏，使臣定故蜀丞相诸葛亮故事。亮毗佐危国，负阻不宾，然犹存录其言，耻善有遗，诚是大晋光明至德，泽被无疆，自古以来，未之有伦也。辄删除复重，随类相从，凡为二十四篇，篇名如右。……泰始十年二月一日癸巳，平阳侯相臣陈寿上。"

左思作《悼离赠妹诗》2首。

按：见逯钦立《晋诗》卷七，诗应作于妹芬入宫两年后。

左芬作《上元皇后诔》及《感离诗》。

按：《晋书》卷三一《左贵嫔传》曰："后为贵嫔，姿陋无宠，以才德见礼。体羸多患,常居薄室,帝每游华林,辄回辇过之。言及文义,辞对清华,左右侍听,莫不称美。及元杨皇后崩,芬献诔曰:'惟泰始十年秋七月丙寅,晋元皇后杨氏崩,呜呼哀哉!……'"《感离诗》见逯钦立《晋诗》卷七,中云"自我去膝下,倏忽踰再期",应是与左思《悼离赠妹诗》相和之作。

　　陆抗作《疾病上疏》。
　　按:《三国志》卷五八《吴书·陆抗传》曰:"三年夏,疾病,上疏曰……"
　　陆机作《吴大司马诔》(《艺文类聚》卷四七)。
　　邵畴作《临亡置辞》。
　　按:《三国志》卷四八《吴书·孙皓传》裴注引《会稽邵氏家传》曰:"邵畴字温伯,时为诞功曹。诞被收,惶遽无以自明。畴进曰:'畴今自在,畴之事,明府何忧?'遂诣吏自列,云不白妖言,事由于己,非府君罪。吏上畴辞,皓怒犹盛。畴虑诞卒不免,遂自杀以证之。临亡,置辞曰……吏收畴丧,得辞以闻,皓乃免诞大刑,送付建安作船。畴亡时,年四十。皓嘉畴节义,诏郡县图形庙堂。"

　　陆抗卒(226—)。抗字幼节,吴郡吴人,陆逊子。为吴名将。年二十一拜建武校尉。孙皓即位,加镇军大将军,领益州牧。步阐降晋,抗攻占西陵,诛夷步阐,以功加拜都护。驻乐乡拒晋将羊祜,二人推侨、札之好。官至大司马、荆州牧。抗卒后,陆机长兄晏嗣,机与兄景、玄及弟云,分领其兵。严可均《全三国文》卷六九载其文5篇。事迹见《三国志》卷五八。

　　郑冲卒,生年不详。冲字文和,荥阳开封人。起自寒微,卓尔立操。清恬寡欲,耽玩经史,博究儒术及百家之言。曾上表劝司马昭受禅。入晋,拜太傅,封寿光公。曾与何晏等俱作《论语集解》。严可均《全晋文》卷一八载其《甲乙问议》1篇。事迹见《晋书》卷三三。

　　应詹(—326)生;华畅(—313?)约生。

晋武帝咸宁元年　吴天册元年　乙未　275 年

奥勒良皇帝遇弑。元老院立塔西佗。

　　正月戊午朔,晋改元咸宁(《晋书》卷三《武帝纪》)。
　　是月,吴改元天册(《资治通鉴》卷八〇《晋纪二》)。
　　六月戊申,晋置太子詹事官(《晋书》卷三《武帝纪》)。
　　八月,晋以故太傅郑冲、太尉荀顗、司徒石苞、司空裴秀、骠骑将军王沈、安平献王孚、太保何曾、司空贾充、太尉陈骞、中书监荀勖、平南将军羊祜、齐王攸等皆列于铭飨(《晋书》卷三《武帝纪》)。
　　十一月癸亥,晋司马炎大阅于宣武观,至于己巳(《晋书》卷三《武帝纪》)。
　　十二月丁亥,晋追尊宣帝庙曰高祖,景帝曰世宗,文帝曰太祖(《晋书》

卷三《武帝纪》)。

晋洛阳自十二月至明年春,大疫,死者大半,至疾疫废朝(《晋书》卷三《武帝纪》)。

贾充上表称颂裴颁。颁十二月袭爵,封为钜鹿公(《晋书》卷三《武帝纪》及《晋书》卷三五《裴颁传》)。

何劭与其兄何遵因受故鬲令袁毅货,被有司奏劾(《晋书》卷三三《何劭传》)。

刘颂与散骑侍郎白褒巡抚荆、扬。以奉使称旨,转黄门郎,迁议郎,守廷尉。

按:《晋书》卷四六《刘颂传》曰:"咸宁中,诏颂与散骑郎白褒巡抚荆、扬,以奉使称旨,转黄门郎。迁议郎,守廷尉。时尚书令史扈寅非罪下狱,诏使考竟,颂执据无罪,寅遂得免,时人以颂比张释之。在职六年,号为详平。会灭吴……"280年吴灭,故本传中言"咸宁中"当指咸宁元年。

王济迁侍中,与侍中孔恂、王恂、杨济同列,为一时秀彦。

按:《晋书》卷四二《王济传》曰:"起为骁骑将军,累迁侍中,与侍中孔恂、王恂、杨济同列,为一时秀彦。武帝尝会公卿藩牧于式乾殿,顾济、恂而谓诸公曰:'朕左右可谓恂恂济济矣!'每侍见,未尝不谘论人物及万机得失。济善于清言,修饰辞令,讽议将顺,朝臣莫能尚焉。帝益亲贵之。"万斯同《晋将相大臣年表》以王济是年为侍中。

石崇约是年为修武令,有能名。

按:《晋书》卷三三《石崇传》曰:"年二十余,为修武令,有能名。"吴士鉴、刘承幹《斠注》:'案《书钞》七十八引王隐《晋书》作年三十余,《文选·思归引序》注引臧荣绪《晋书》亦作二十余,则三十误也。'

卫瓘约是年为尚书令。学问深博,明习文艺,善草书。

按:《晋书》卷三六《卫瓘传》曰:"咸宁初,征拜尚书令,加侍中。性严整,以法御下,视尚书若参佐,尚书郎若掾属。瓘学问深博,明习文艺,与尚书郎敦煌索靖俱善草书,时人号为'一台二妙'。汉末张芝亦善草书,论者谓瓘得伯英筋,靖得伯英肉。"

傅玄转司隶校尉(《晋书》卷四七《傅玄传》)。

按:万斯同《晋将相大臣年表》系于是年。

夏侯湛约是年补太子舍人。

按:陆侃如《中古文学系年》曰:"《晋书》卷五十五《夏侯湛传》:'后选补太子舍人。'假定在作《抵疑》后一二年。"

刘颂作《上疏请复肉刑》。

按:《晋书》卷三〇《刑法志》曰:"及刘颂为廷尉,频表宜复肉刑,不见省,又上言曰……疏上,又不见省。"

潘岳作《杨荆州诔》及《荆州刺史东武戴侯杨使君碑》。

按:《杨荆州诔》见《文选》卷五六,序中曰:"维咸宁元年夏四月乙丑,晋故折冲将军荆州刺史东武戴侯荥阳杨使君薨。"《荆州刺史东武戴侯杨使君碑》见严可均《全晋文》卷九三,严氏从《文选·怀旧赋》注、《文选·杨荆州诔》注及《艺文类聚》卷五〇辑缀成文。

傅咸作《申怀赋》及《感别赋》。

按：两篇赋序并见《太平御览》卷二四六。《申怀赋》见《艺文类聚》卷二六,《感别赋》见《艺文类聚》卷三〇。《申怀赋序》曰："余自咸宁,谬为众所许,补太子洗马,才不称职,而意常阙然。"咸《喜雨赋序》言其泰始九年以太子洗马,或于是年有感而作。《太平御览》同卷载咸《感别赋序》曰："友人鲁庶叔,雅量宏济,思心辽远,余自少与之相长,情相爱亲,有如同生。其后选太子洗马,俄而谬蒙朝私,猥忝斯职,虽惧不称,而喜得与此子同班共事,天下之遇,未有若此。周旋三载,鲁生迁尚书郎,虽别不远,而甚怅恨。退作兹赋云尔。"中言"周旋三载",泰始九年为太子洗马至是年正三年,或咸有感友人迁而"芬芳并发,我秽其馨,德音光宣,我累厥声。岂伊不愧？顾影惭形"(《申怀赋》)并作《感别赋》与《申怀赋》的。

张载约是年作《濛汜赋》。

按：文见《艺文类聚》卷九及《初学记》卷七。《晋书》卷五五《张载传》曰："张载,字孟阳,安平人也。……载又为《濛汜赋》,司隶校尉傅玄见而嗟叹,以车迎之,言谈尽日,为之延誉,遂知名。起家佐著作郎,出补肥乡令。"据万斯同《晋将相大臣年表》,傅玄是年为司隶校尉,咸宁四年卒,暂系于是年。

左思约是年作《咏史诗》八首其一。

按：逯钦立《全晋诗》卷七载思《咏史》八首。陆侃如《中古文学系年》曰："丁福保《全晋诗》卷四载思《咏史诗》八首,有'弱冠弄柔翰……志若无东吴'句,时思年当在二十以上,而吴尚未灭,约当二七〇至二八〇年间,故系于二七五年。"《咏史》其一"弱冠弄柔翰"或作于是年前后,但八首恐非作于一时。

晋咸宁二年　吴天册二年　天玺元年
丙申　276年

塔西佗皇帝卒。弗洛里安努斯立。

正月,晋以大疫废朝(《晋书》卷三《武帝纪》)。

五月,晋立国子学(《晋书》卷三《武帝纪》)。

七月,吴改元天玺(《三国志》卷四八《吴书·孙皓传》)。

八月,吴预改明年元为天纪(《三国志》卷四八《吴书·孙皓传》)。

十月丁卯,晋立皇后杨氏,大赦,赐王公以下及于鳏寡各有差(《晋书》卷三《武帝纪》)。

羊祜十月除征南大将军、开府仪同三司,得专辟召(《晋书》卷三《武帝纪》)。

皇甫谧十二月征为太子中庶子,谧以笃疾,固辞不就。

按：《晋书》卷三《武帝纪》曰："(是年)十二月,征处士安定皇甫谧为太子中庶子。"《晋书》卷五一《皇甫谧传》曰："咸宁初,又诏曰：'男子皇甫谧沈静履素,守学好古,与流俗异趣,其以谧为太子中庶子。'谧固辞笃疾。"吴士鉴、刘承幹《晋书斠注》卷五一曰:"《书钞》六十六引《晋起居注》作武帝咸宁二年诏曰。《御览》二百四十五、《翰苑新书前集》六,均引作元年。"今从《武帝纪》系于是年。

贾充转太尉,行太子太保,录尚书事(《晋书》卷三《武帝纪》及卷四〇《贾充传》)。

邹湛为征南大将军从事中郎,深得羊祜器重(见《晋书》卷九二《邹湛传》)。

按:《晋书》卷九二《邹湛传》曰:"泰始初,转尚书郎、廷尉平、征南将军从事中郎。"羊祜于是年除征南大将军,故系于是年。

羊祜作《请伐吴疏》(《晋书》卷三四《羊祜传》)。

王濬作《伐吴疏》。

按:《晋书》卷四二《王濬传》曰:"时朝议咸谏伐吴,濬乃上疏曰:'……又臣年已七十,死亡无日……'帝深纳焉。"濬卒于太康六年,享年八十,是年七十。

左芬作《纳悼后颂》及《纳杨后赞》。

按:《纳悼后颂》见《晋书》卷三一《左贵嫔传》曰:"咸宁二年,纳悼后,芬于座受诏作颂,其辞曰……"《纳杨后赞》见《艺文类聚》卷一六。

潘岳作《寡妇赋》。

按:文见《文选》卷一六,岳《寡妇赋序》曰:"乐安任子咸有韬世之量,与余少而欢焉,虽兄弟之爱无以加也。不幸弱冠而终。良友既没,何痛如之。其妻又吾姨也,少丧父母,适人而所天又殒,孤女藐焉始孩。斯亦生民之至艰,而荼毒之极哀也。"任子咸即任护,杨肇次女适之。陆侃如《中古文学系年》曰:"护弱冠而终,时岳年亦不过三十,赋当作于本年左右。"

王廙(—322)、郭璞(—324)、王导(—339)生。

摩尼约卒(216?—)。波斯人。摩尼教创始人。

晋咸宁三年　吴天纪元年　丁酉　277年

正月,晋诏扶风王司马亮为宗师(《晋书》卷三《武帝纪》)。

是春,晋陈瑞自称天师被诛。

按:《华阳国志》卷八《大同志》曰:"咸宁三年春,刺史(王)濬诛犍为民陈瑞。瑞初以鬼道惑民。其道始用酒一斗,鱼一头,不奉他神。贵鲜洁。其死丧、产乳者,不百日不得至道治。其为师者曰祭酒。父母妻子之丧,不得抚殡、入吊,及问乳、病者。[后]转奢靡,作朱衣、素带、朱帻、进贤冠。瑞自称天师。徒众以千百数。濬闻,以为不孝。诛瑞及祭酒袁旌等,焚其传舍。益州民有奉瑞道者,见官二千石长吏,巴郡太守犍为唐定等,皆免官或除名。蜀中山川神祠皆种松柏。濬以为非礼,皆废坏烧除,取其松柏为舟船,惟不毁禹王祠及汉武帝祠。又禁民作巫祀。于是蜀无淫祀之俗。教化大行,有木连理、嘉禾、黄龙、甘露之祥。"

八月癸亥，晋改封宗室诸王，令赴封地，大国置军五千人，次国三千人，小国一千一百人(《晋书》卷三《武帝纪》)。

十一月丙戌，晋司马炎临宣武观大阅，至于壬辰(《晋书》卷三《武帝纪》)。

贾充益封公丘，宠幸愈甚，朝臣侧目(《晋书》卷四〇《贾充传》)。

羊祜徙封南城侯，固执不拜，帝许之(《晋书》卷三《武帝纪》及卷三四《羊祜传》)。

汝南王司马亮八月为镇南大将军(《晋书》卷三《武帝纪》)。

王浑七月以都督豫州诸军事都督扬州诸军事(《晋书》卷三《武帝纪》)。

皇甫谧复被征诏为议郎，又召补著作郎，谧皆不应。

按：陆侃如《中古文学系年》曰："《晋书》卷五十一《皇甫谧传》：'帝初虽不夺其志，寻复发诏征为议郎，又召补著作郎……并不应。'《文选》卷四十五谧《三都赋序》李善注引臧荣绪《晋书》：'又辟著作，不应。'事在辞中庶子及辞功曹之间，故系于本年。"

孙楚与征西将军扶风王司马骏友善，被骏起为征西参军(《晋书》卷五六《孙楚传》)。

按：是年八月司马骏徙为扶风王。

陆云举贤良。

按：《晋书》卷五四《陆云传》曰："幼时吴尚书广陵闵鸿见而奇之，曰：'此儿若非龙驹，当是凤雏。'后举云贤良，时年十六。"

羊祜作《让封南城侯表》、《与从弟琇书》。

按：俱见《晋书》卷三四《羊祜传》。《与从弟琇书》又见《艺文类聚》卷二六、《御览》卷六八七。

张华作《祖道赵王应诏诗》。

按：诗见《艺文类聚》卷二九。琅邪王司马伦是年八月徙封赵王，华作是篇，篇中言"光宅旧赵，作镇冀方"。

晋咸宁四年　吴天纪二年　戊戌　278年

六月，弘训太后羊氏卒(《晋书》卷三《武帝纪》)。

七月，吴立成纪、宣威等十一王，王给三千兵(《三国志》卷四八《吴书·孙皓传》)。

十一月辛巳，晋太医司马程据献雉头裘，晋帝以奇技异服典礼所禁，焚之于殿前(《晋书》卷三《武帝纪》)。

羊祜病重,入朝面陈攻吴之计,晋武帝以其病,不宜常入,遣中书令张华就问筹策(《晋书》卷三四《羊祜传》)。

何曾九月以太傅为太宰,十二月丁未卒(《晋书》卷三《武帝纪》)。

何劭于父曾卒后袭封朗陵郡公(《晋书》卷三《武帝纪》)。

李胤九月辛巳以尚书令为司徒(《晋书》卷三《武帝纪》)。

卫瓘十月以征北大将军为尚书令(《晋书》卷三《武帝纪》)。

杜预以本官假节,后平东将军,领征南军司。羊祜卒,拜镇南大将军,都督荆州诸军事(《晋书》卷三《武帝纪》)。

按:羊祜病重,荐杜预代荆州。

皇甫谧辞司隶校尉刘毅功曹之命。

按:《晋书》卷五一《皇甫谧传》曰:"司隶校尉刘毅请为功曹,并不应。著论为葬送之制,名曰《笃终》,曰……而竟不仕。"万斯同《晋将相大臣年表》以刘毅是年为司隶校尉。

贾充议齐王攸为弘训太后服。

按:《晋书》卷四〇《贾充传》曰:"河南尹王恂上言:'弘训太后入庙,合食于景皇帝,齐王攸不得行其子礼。'充议以为:'礼,诸侯不得祖天子,公子不得祢先君,皆谓奉统承祀,非谓不得复其父祖也。攸身宜服三年丧事,自如臣制。'有司奏:'若如充议,服子服,行臣制,未有前比。宜如恂表,攸丧服从诸侯之例。'帝从充议。"

傅玄以弘训太后设丧位事,坐免官,寻卒于家。

按:《晋书》卷四七《傅玄传》曰:"献皇后崩于弘训宫,设丧位。旧制,司隶于端门外坐,在诸卿上,绝席。其入殿,按本品秩在诸卿下,以次坐,不绝席。而谒者以弘训宫为殿内,制玄位在卿下。玄恚怒,厉声色而责谒者。谒者妄称尚书所处,玄对百僚而骂尚书以下。御史中丞庾纯奏玄不敬,玄又自表不以实,坐免官。然玄天性峻急,不能有所容;每有奏劾,或值日暮,捧白简,整簪带,竦踊不寐,坐而待旦。于是贵游慑伏,台阁生风。寻卒于家,时年六十二,谥曰刚。"

傅咸于父玄卒后袭父爵(《晋书》卷四七《傅玄传》)。

邹湛约是年入为太子中庶子。

按:陆侃如《中古文学系年》曰:"《晋书》卷九十二《文苑传》:'入为太子中庶子。'事当在羊祜卒时,故系于此。"

陈寿迁长广太守,不就。授御史治书。

按:《晋书》卷八二《陈寿传》曰:"张华将举寿为中书郎,荀勖忌华而疾寿,遂讽吏部迁寿为长广太守。辞母老不就。杜预将之镇,复荐之于帝,宜补黄散。由是授御史治书。"潘岳以太尉掾兼虎贲中郎将,寓直于散骑之省,时岳三十二岁(潘岳《秋兴赋序》)。

晋皇室刊刻《大晋龙兴皇帝三临辟雍皇太子又再莅之盛德隆熙之颂》碑。

按:碑署"咸宁四年十月廿日立"。该碑又称《临辟雍碑》、《晋辟雍碑》。许景元《晋辟雍碑》曰:"晋皇室于洛阳城南辟雍所立的大碑。咸宁四年(278)立。1931年春于河南偃师县东大郊村北的汉晋辟雍址出土,该地在洛阳汉魏故城南郊开阳门外御道东侧,现该碑仍存原处,碑文记载晋武帝司马炎和皇太子司马衷临辟雍视察等事,故称辟雍碑。该碑是中国现存晋碑中最大最完好的一座。"(《中国大百科全书·考古学》,中国大百科全书出版社1986年版。)

  杜预作《列上故太傅羊祜所辟士表》及《陈农要疏》(《晋书》卷三四《羊祜传》及卷二六《食货志》)。

  按:《陈农要疏》见《晋书》卷二六《食货志》:"三年,又诏曰:'今年霖雨过差,又有虫灾。颍川、襄城自春以来,略不下种,深以为虑。主者何以为百姓计,促处当之。'杜预上疏曰……预又言……"又卷三四《杜预传》曰:"咸宁四年秋,大霖雨,螟虫起。预上疏多陈农要,事在《食货志》。预在内七年,损益万机,不可胜数,朝野称美,号曰'杜武库',言其无所不有也。"陆侃如《中古文学系年》曰:"三年四年,传志互异;据《武帝纪》,三年九月及四年七月均有水灾。不能定其是非,姑从本传系于此。所谓七年,是从太始七年算起的。"

  陈寿作《官司论》、《释讳》及《广国论》。

  按:《华阳国志》卷一一《后贤志》曰:"镇南将军杜预表为散骑侍郎,诏曰:'昨适用蜀人寿良具员。且可以为侍御史。'上《官司论》七篇,依据典故,议所因革。又上《释讳》、《广国论》。"

  潘岳作《秋兴赋》、《景献皇后哀策文》及《为任子咸妻作孤女泽兰哀辞》。

  按:《秋兴赋》见《文选》卷一三,其序曰:"晋十有四年,余春秋三十有二,始见二毛……"《景献皇后哀策文》见《艺文类聚》卷一五。《为任子咸妻作孤女泽兰哀辞》见《艺文类聚》卷三四,其序曰:"泽兰者,任子咸之女也。涉三龄,未没衰而殒,余闻而悲之,遂为其母辞。"陆侃如《中古文学系年》曰:"'涉三龄,未没衰而殒'(衰字当依《寡妇赋》李善注引作表),当作于《寡妇赋》后二年许。"

  孙楚作《故太傅羊祜碑》(《艺文类聚》卷四六)。

  何曾卒(199—)。曾字颖考,陈国阳夏人,何劭父。齐王曹芳被废,曾预其谋。司马炎为晋王,以曾为晋丞相,加侍中,与裴秀、王沈等劝进。及炎即位,曾拜太尉,进爵为公。泰始中为司徒,进位太傅、太宰。曾性至孝,以孝闻。然性奢豪,务在华侈,外宽内忌,为正直所非。善草书,甚有古质,时人珍之。事迹见《晋书》卷三三及《法书要录》卷九。

  傅玄卒(217—)。玄字休奕,北地泥阳人。少时避难于河内,专心诵学。魏末任散骑常侍,西晋初为御史中丞。后官至太仆、司隶校尉。虽显贵而著述不废。封鹑觚子。性峻急,不能容人之短,谥曰刚,追封清泉侯。撰论经国九流及三史故事,评断得失,各为区例,名为《傅子》,为内、外、中编,凡有四部、六录,合百四十篇,数十万言。精通音律,晋《郊祀》、《宗庙》诸乐府,多出玄手。《隋书》卷三四《经籍志三》著录《傅子》120卷;卷三五《经籍志四》著录晋司隶校尉《傅玄集》15卷,梁50卷,录1卷,亡;《相风赋》7卷,傅玄等撰,亡。明张溥辑有《傅鹑觚集》。严可均《全晋文》载其文102篇。逯钦立《晋诗》卷一载其诗66首。事迹见《晋书》卷四七。

  华覈卒(219—)。覈字永先,吴郡武进人。始为上虞尉、典农都尉,以文学入为秘府郎,迁中书丞。孙皓即位,封徐陵亭侯。后迁东观令,领右国史。覈前后陈便宜,及贡荐良能,解释罪过,书百余上,皆有补益。所论事章疏,咸传于世。严可均《全三国文》卷七四辑其文11篇。事迹见《三国志》卷六五、《建康实录》卷四。

羊祜卒(221—　)。祜字叔子,泰山南城人。蔡邕外孙,司马师妻弟。魏末拜相国从事中郎,入晋,参与谋划灭吴。后以尚书左仆射都督荆州诸军事,出镇襄阳。官至征南大将军,封南城侯。在官清俭。祜卒后襄阳百姓于岘山祜生平游憩之所,建碑立庙,岁时飨祭,望其碑者莫不流涕,杜预因名为"堕泪碑"。《隋书》卷三四著录梁有其解释《老子道德经》2卷;卷三五《经籍志四》著录《晋太傅羊祜集》1卷,残缺,梁2卷,录1卷,亡。严可均《全晋文》卷四一载其文7篇。事迹见《晋书》卷三四。

郤正卒,生年不详。正字令先,本名纂,河南偃师人。少孤,母嫁,安贫好学,博览群籍,善属文。早年仕蜀为秘书吏,迁郎至令。性淡于荣利,而耽意文章。与宦官黄皓比屋周旋凡三十年,仅能免于忧患。为后主作降书,降魏后迁洛阳,赐爵关内侯。后仕晋,除安阳令,迁巴西太守,卒于位。正曾作《释讥》,以继扬雄《解嘲》、崔骃《达旨》,自解曰"我师遗训,不怨不尤,委命恭己,我又何辞",故能"静然守己而自宁"。又著述诗论赋之属近百篇,《隋书》卷三五《经籍志四》著录晋巴西太守《郤正集》1卷。严可均《全晋文》卷七十载其文3篇。事迹见《三国志》卷四二。

卢钦卒,生年不详。钦字子若,范阳涿人,卢毓子,卢植孙,世以儒业显。赏识同郡张华,以女妻之。清澹有远识,笃志经史。正始中为曹爽辟为掾,除尚书郎。司马懿诛爽,免官。旋起为侍御史。泰始十年前,入为尚书仆射,加侍中,领吏部。钦性淡泊,俸禄皆散之亲故。著诗、赋、论、难数十篇,名曰《小道》,已佚。严可均《全晋文》卷三四载其文1篇。事迹见《晋书》卷四四。

王鉴(　—318?)约生。

晋咸宁五年　吴天纪三年　己亥　279年

三月,匈奴刘渊继为匈奴左部帅(《晋书》卷三《武帝纪》)。
　按:匈奴左部帅刘豹死,子刘渊继位。
十一月,晋发兵二十余万,大举伐吴(《晋书》卷三《武帝纪》)。

汲郡人不準掘魏襄王冢,得竹简小篆古书十余万言。
　按:朱希祖《汲冢书考·汲冢书来历考第一》曰:"汲冢书所得年月,约有三说:《晋书》卷三《武帝纪》系于咸宁五年(公元二七九年)十月,阎若璩《困学纪闻笺》云《晋武帝纪》本《起居注》,此一说也。卫恒《四体书势》、王隐《晋书·束晳传》则系之太康元年(公元二八〇年),《晋书》卷十六《律历志》汲冢得玉律,亦云太康元年,此一说也。荀勖《穆天子传序》、唐修《晋书》卷五十一《束晳传》则系之于太康二年(公元二八一年)，太康十年(公元二八九年)汲令卢无忌所建《齐太公吕望碑》亦云太康二年，此又一说也。雷学淇《竹书纪年考证》云：'竹书发于咸宁五年(公元二八九年)十月，明年三月吴平，遂上之。《帝纪》之说，录其实也。余就官收以后上于帝京时言，故曰太康元年(公元二八〇年)。《束晳传》云二年，或命官校理之岁也。'案：雷说是也。惟云'吴平遂上之'，恐尚嫌过久。盖出土在咸宁五年(公元二七九年)十月，当时地方官吏即表闻于朝，汲至洛京虽隔黄河，相去不过二三日程，及帝命藏于秘府，至迟必在太康元年(公元二八〇年)正月。否则露积于汲冢，则有散佚之虞，保管于郡府，亦有疏失之虑，何能待至吴平而后献邪？当收藏秘府之时，正大举伐吴之际，军事孔亟，未遑文事。及三月吴平，论功行赏，吴土战乱，尚未全定，故至太康二年(公元二八一年)春始命官校理也。王隐《晋书·束晳传》云：'汲郡得此书，表藏秘府，诏荀勖、和峤以隶字写之。'可以证明之。三事不同时也。"朱希祖认为出土在咸宁五年(279)十月，太康元年(280)正月藏于秘府，校理则在太康二年(281)春。

杜预表陈伐吴之计(《晋书》卷三四《杜预传》)。

王濬统兵伐吴。

按：《晋书》卷四二《王濬传》曰："又杜预表请，帝乃发诏，分命诸方节度。濬于是统兵。先在巴郡之所全育者，皆堪徭役供军，其父母戒之曰：'王府君生尔，尔必勉之，无爱死也！'"

贾充奉命伐吴，拜大都督，总统六师。充上表请辞，不许(《晋书》卷四〇《贾充传》)。

枣据为贾充从事中郎。

按：《晋书》卷九二《枣据传》曰："枣据，字道彦，颍川长社人也。本姓棘，其先避仇改焉。父叔祎，魏钜鹿太守。据美容貌，善文辞。弱冠，辟大将军府，出为山阳令，有政绩。迁尚书郎，转右丞。贾充伐吴，请为从事中郎。"

张华迁度支尚书。

按：《晋书》卷三六《张华传》曰："初，帝潜与羊祜谋伐吴，而群臣多以为不可，唯华赞成其计。其后，祜疾笃，帝遣华诣祜，问以伐吴之计，语在《祜传》。及将大举，以华为度支尚书，乃量计运漕，决定庙算。"吴士鉴、刘承幹《晋书斠注》卷三六："《御览》二百十七《晋起居注》曰：咸宁五年诏曰：'……其以散骑常侍中书令张华为度支尚书。'"

傅咸为冀州刺史，继母杜氏不肯随咸之官，自表解职。三旬之间，迁司徒左长史。

按：《晋书》卷四七《傅咸传》曰："出为冀州刺史，继母杜氏不肯随咸之官，自表解职。三旬之间，迁司徒左长史。时帝留心政事，诏访朝臣政之损益。咸上言……"陆侃如《中古文学系年》曰："上言中有'然泰始开元以暨于今，十有五年矣'的话，当然作于咸宁五年。大约咸上年因父丧而免右丞(按：当作"丞")，既葬便有冀州之命，不久又迁左长史而上言，事情都在本年一年中。此时的司徒是李胤。"

华峤著《汉后书》。

按：《晋书》卷四四《华峤传》曰："初，峤以《汉纪》烦秽，慨然有改作之意。会为台郎，典官制事，由是得遍观秘籍，遂就其绪。起于光武，终于孝献，一百九十五年，为帝纪十二卷、皇后纪二卷、十典十卷、传七十卷及三谱、序传、目录，凡九十七卷。

峤以皇后配天作合，前史作外戚传以继末编，非其义也，故易为皇后纪，以次帝纪。又改志为典，以有《尧典》故也。而改名《汉后书》奏之。诏朝臣会议。时中书监荀勖、令和峤、太常张华、侍中王济咸以峤文质事核，有迁固之规，实录之风，藏之秘府。后太尉汝南王亮、司空卫瓘为东宫傅，列上通讲，事遂施行。"陆侃如《中古文学系年》曰："《隋书》卷三十三《经籍志》二：'《后汉书》十七卷，本九十七卷，今残缺，晋少府卿华峤撰。'章宗源《隋书经籍志考证》卷一：'至《魏志·华歆传》注，《世说·德行》篇、《方正》篇注，并引峤《谱序》，其言皆华氏事，盖即马班自序之例。'严可均《全晋文》卷六十六载峤《谱序》，《后汉书·江革毛义论》、《丁鸿论》、《郎颢论》及《王充论》等篇。据万斯同《晋将相大臣年表》，和峤、勖、济同时为中书侍中者，惟有本年。张华为太常较晚，疑是尚书之误。华峤所奏者恐非全稿，观《十典》至死未成可知。（亮、瓘均于太康三年十二月十三日受任，所以施行还在三年后。）"

  潘尼作《答傅咸诗》，约是年作《益州刺史杨恭侯碑》。

  按：逯钦立《晋诗》卷八载潘尼《答傅咸诗并序》，序云："司徒左长史傅长虞……"陆侃如《中古文学系年》曰："序称咸为左长史，当作于本年。"《益州刺史杨恭侯碑》，陆侃如《中古文学系年》曰："严可均《全晋文》卷九十五载尼《益州刺史杨恭侯碑》：'西南未夷，侯其是宁；上天不惠，早世潜灵。'《华阳国志》载杨攸以犍为太守监益州军，后迁梁州刺史，似即其人。万斯同《晋方镇年表》系监军于泰始中，吴廷燮《晋方镇年表》系梁州刺史于咸宁初。从碑文看来，攸似不久即卒于任上，今假定作碑在咸宁末。"

  傅咸作《上言宜省官务农》、《与尚书同僚诗》及《答潘尼诗》。

  按：《上言宜省官务农》见《晋书》卷四七《傅咸传》曰："时帝留心政事，诏访朝臣政之损益。咸上言曰……"

  《与尚书同僚诗》及《答潘尼诗》见逯钦立《全晋诗》卷三。从诗的内容看，《与尚书同僚诗》似为出任冀州刺史与同僚告别诗。《答潘尼诗》系与潘尼互为赠答而作。

  枣据作《杂诗》。

  按：诗见《文选》卷二九，从内容看，似为随贾充南征伐吴有感而作。

  杜预作《陈伐吴至计表》（《晋书》卷三四《杜预传》）。

  文立卒，生年不详。立字广休，巴郡临江人。少游蜀太学，师事谯周，治《毛诗》、"三礼"，门人比之颜回。在蜀被州刺史费祎辟为从事，入补尚书郎。后补祎大将军东曹掾，迁尚书。泰始初，拜济阴太守，入为太子中庶子，迁散骑常侍、卫尉。性贤雅恭谨，为中朝士人推服。《华阳国志·后贤传》记其章奏集为10篇，诗、赋、论、颂数十篇。严可均《全晋文》卷七十载其文3篇。事迹见《晋书》卷九一《儒林传》及《华阳国志》卷一一《后贤志》。

晋咸宁六年　太康元年　吴天纪四年
庚子　280年

  三月壬寅，晋王濬以舟师顺流而下至于建邺之石头，孙皓请降（《晋书》

卷三《武帝纪》)。

> **按**：至是年孙皓请降，吴传 4 主，历 58 年。

乙酉，大赦，晋改元太康(《晋书》卷三《武帝纪》)。

五月辛亥，孙皓被封为归命侯，拜其太子为中郎，诸子为郎中。吴之旧望，随才擢叙(《晋书》卷三《武帝纪》)。

庚辰，司马炎论功行封，赐公卿以下帛各有差(《晋书》卷三《武帝纪》)。

九月，晋群臣以天下一统，屡请封禅，司马炎谦让弗许(《晋书》卷三《武帝纪》)。

是年，晋侍御史郭钦上疏，请徙羌、胡、鲜卑降者于塞外边地，不听(《资治通鉴》卷八一《晋纪三》)。

贾充遣使上表请求召回诸军，以为后图。驰表固争，言平在旦夕。中书监荀勖奏应从充表，帝不从。吴平，增邑八千户(《晋书》卷四〇《贾充传》)。

杜预因平吴有功，进爵当阳县侯，增邑并前九千六百户，封子耽为亭侯，千户，赐绢八千匹。杜预四月还镇，勤于讲武，修立泮宫，兴修水利，灌田万余顷，开杨口以通零陵、桂阳之漕。江汉怀德，化被万里(《晋书》卷三四《杜预传》)。

王濬吴平后为辅国大将军，领步兵校尉，封为襄阳县侯(《晋书》卷四二《王濬传》)。

张华吴平后进封为广武县侯。

> **按**：《晋书》卷三六《张华传》曰："及吴灭，诏曰：'尚书、关内侯张华，前与故太傅羊祜共创大计，遂典掌军事，部分诸方，算定权略，运筹决胜，有谋谟之勋。其进封为广武县侯，增邑万户，封子一人为亭侯，千五百户，赐绢万匹。'华名重一世，众所推服，晋史及仪礼宪章并属于华，多所损益。当时诏诰皆所草定，声誉益盛，有台辅之望焉。"

魏舒拜右仆射。与卫瓘、山涛、张华等议封禅。

> **按**：《晋书》卷四一《魏舒传》曰："魏舒，字阳元，任城樊人也……太康初，拜右仆射。舒与卫瓘、山涛、张华等以六合混一，宜用古典封禅东岳，前后累陈其事，帝谦让不许。以舒为左仆射，领吏部。舒上言：'今选六宫，聘以玉帛，而旧使御府丞奉聘，宣成嘉礼，赞重使轻。以为拜三夫人宜使卿，九嫔使五官中郎将，美人、良人使谒者，于典制为弘。'有诏详之，众议异同，遂寝。"

枣据随征吴还，徙黄门侍郎(《晋书》卷九二《枣据传》)。

刘颂左迁京兆太守，未行，转任河内(《晋书》卷四六《刘颂传》)。

挚虞除闻喜令。

> **按**：参见是年"挚虞作《太康颂》"条。

石崇以伐吴有功，封安阳乡侯(《晋书》卷三三《石崇传》)。

虞溥补尚书都令史，尚书令卫瓘，尚书褚䂮皆器重之。与瓘谈论恢复五等之制。

> **按**：《晋书》卷二十《礼志中》曰："太康元年……都令史虞溥上言……"《晋书》卷八二《虞溥传》曰："补尚书都令史。尚书令卫瓘、尚书褚䂮并器重之。溥谓瓘曰：'往

者金马启符,大晋应天,宜复先王五等之制,以绥久长。不可承暴秦之法,遂汉魏之失也。'瑾曰:'历代叹此,而终未能改。'"

又按:虞溥生卒年不详,字允源,高平昌邑人。为鄱阳内史时,大修庠序,广招学徒,因移告属县,并具为条制,作诰以奖学徒。注《春秋经传》,作《江表传》及文章诗赋数十篇。子勃过江,上《江表传》于元帝,诏藏于秘书。卒于洛阳,享年六十二。《隋书》卷三五《经籍志四》著录梁有东晋鄱阳太守《虞溥集》2卷,录1卷,亡。严可均《全晋文》卷七九载其文4篇。事迹见《晋书》卷八二。按:虞溥约卒于西晋末,《隋志》著录"东晋鄱阳太守",欠当。

华廙袭封。

按:华廙为华歆孙,华表长子。因事于丧服中免官,削爵土,遂栖迟家巷近十年,教诲子孙,讲诵经典,集经书要事,名曰《善文》,行于世。是年大赦,乃得袭封。事见《晋书》卷四四《华廙传》。

薛莹为孙皓作请降书。随皓至洛阳,为散骑常侍,答问处当,皆有条理。

按:《三国志》卷四八《吴书·孙皓传》曰:"王濬顺流将至,司马伷、王浑皆临近境。皓用光禄勋薛莹、中书令胡冲等计,分遣使奉书于濬、伷、浑曰……"卷五三《吴书·薛莹传》曰:"天纪四年,晋军征皓,皓奉书于司马伷、王浑、王濬请降,其文,莹所造也。莹既至洛阳,特先见叙,为散骑常侍,答问处当,皆有条理。"

陆机于吴灭后退居旧里,与弟云闭门勤学。

按:《晋书》卷五四《陆机传》曰:"年二十而吴灭,退居旧里,闭门勤学,积有十年。"《文选》卷一七陆机《文赋》李善注引臧荣绪《晋书》曰:"年二十而吴灭,退居旧里,与弟云勤学,积十一年。"《世说新语·尤悔第三十三》刘孝标注引《八王故事》曰:"华亭,吴由拳县郊外墅也,有清泉茂林。吴平后,陆机兄弟共游于此十余年。"

褚陶于吴平后入洛,补为尚书郎(《晋书》卷九二《文苑传》)。

按:陶生卒年不详,字季雅,吴郡钱塘人。年十三,作《鸥鸟》、《水碓》二赋,见者奇之。州郡辟,不就。吴平,入洛补为尚书郎。张华甚赞其才华,比之于二陆、顾荣。迁九真太守,转中尉。享年五十五。事迹见《晋书》卷九二《文苑传》。

杜预始著《春秋左氏经传集解》、《春秋释例》、《春秋左氏传音》、《春秋左氏传评》及《女记赞》等。作《与王濬书》。

按:《晋书》卷三四《杜预传》曰:"预身不跨马,射不穿札,而每任大事,辄居将率之列。结交接物,恭而有礼,问无所隐,诲人不倦,敏于事而慎于言。既立功之后,从容无事,乃耽思经籍,为《春秋左氏经传集解》。又参考众家谱第,谓之《释例》。又作《盟会图》、《春秋长历》,备成一家之学,比老乃成。又撰《女记赞》。当时论者谓预文义质直,世人未之重,唯秘书监挚虞赏之,曰:'左丘明本为《春秋》作传,而《左传》遂自孤行,《释例》本为《传》设,而所发明何但《左传》,故亦孤行。'时王济解相马,又甚爱之,而和峤颇聚敛,预常称'济有马癖,峤有钱癖'。武帝闻之,谓预曰:'卿有何癖?'对曰:'臣有《左传》癖。'预在镇,数饷遗洛中贵要。或问其故,预曰:'吾但恐为害,不求益也。'"陆侃如《中古文学系年》曰:"严可均《全晋文》卷四十三载预《春秋左传序》:'分经之年与传之年相附,比其义类,各随而解之,名曰:《经传集解》。又别集诸例及地名谱第历数,相与为部,凡四十部,十五卷,皆显其异同,从而释之,名曰《释例》。'又载预后序:'太康元年三月吴寇始平,余自江陵还襄阳,解甲休兵。乃申抒旧意,修成《春秋释例》及《经传集解》,始讫.'《释例》包含部门较多,本传已分列《盟会图》及《长历》。(严可均《全晋文》卷四十三载《长历》。)文廷式《补晋书艺文志》卷一著录《春秋公子谱》,秦荣光《补晋书艺文志》卷一著录《春秋世谱》,《春秋谥法》及《地名谱》,似均在《释例》中。黄逢元《补晋书艺文志》卷二著录《列女传要录》三卷,其实是庾仲容的(参看姚振宗《隋书经籍志考证》卷二十)。"

《与王濬书》见《晋书》卷四二《王濬传》。

陈寿作《三国志》、《古国志》及《驳虞溥议王昌前母服》。

按:《华阳国志》卷一一《后贤志》曰:"吴平后,寿乃鸠合三国史,著魏、吴、蜀三书六十五篇,号《三国志》;又作《古国志》五十篇;品藻典雅。中书监荀勖、令张华深爱之,以班固、史迁不足方也。"《晋书》卷八二《陈寿传》曰:"除著作郎,领本郡中正。撰魏吴蜀《三国志》,凡六十五篇。时人称其善叙事,有良史之才。夏侯湛时作《魏书》,见寿所作,便坏己书而罢。张华深善之,谓寿曰:'当以《晋书》相付耳。'其为时所重如此。或云丁仪、丁廙有盛名于魏,寿谓其子曰:'可觅千斛米见与,当为尊公作佳传。'丁不与之,竟不为立传。寿父为马谡参军,谡为诸葛亮所诛,寿父亦坐被髡,诸葛瞻又轻寿。寿为亮立传,谓亮将略非长,无应敌之才,言瞻惟工书,名过其实。议者以此少之。"卷二〇《礼志中》曰:"太康元年,东平王楙上言,相王昌父毖,本居长沙,有妻息,汉末使入中国,值吴叛,仕魏为黄门郎,与前妻息死生隔绝,更娶昌母。今江表一统,昌闻前母久丧,言疾求平议。……都令史虞溥议曰……黄门侍郎崔谅、荀悝、中书监荀勖、领中书令和峤、侍郎夏侯湛皆如溥议。侍郎山雄、兼侍郎著作陈寿以为……"

又按:曹道衡、沈玉成《中古文学史料丛考·陈寿〈三国志〉成于太康中》曰:"中华书局标点本《三国志·出版说明》以陈寿成书年代'不能确定',然细加稽索,或可得其大略。《华阳国志·后贤志·陈寿传》:'吴平后,寿乃鸠合三国史,著魏、吴、蜀三书六十五篇,号《三国志》。'《晋书·陈寿传》云:'夏侯湛时著《魏书》,见寿所作,便坏己书而罢。'按,太康元年夏侯湛为侍郎,陈寿兼侍郎、著作,见《晋书·礼志中》……湛传记其旋出为野王令,居邑累年,'除中书侍郎,出补南阳相。迁太子仆,未就命而武帝崩。惠帝即位,以为散骑常侍。元康初,卒'。是寿撰《三国志》当始自太康元年以后,至迟成书于太康末。"认为陈寿《三国志》成于太康中。今以"吴平后",姑系是年。

张华、卫瓘等作《封禅议》。

按:《宋书》卷一六《礼志三》曰:"晋武帝平吴,混一区宇。太康元年九月庚寅,尚书令卫瓘、尚书左仆射山涛、右仆射魏舒、尚书刘寔、张华等奏曰:'……宜同古典,勒封东岳,告三府太堂为仪制。'瓘等又奏……诏曰:'……此盛德之事,所未议也。'瓘等又奏……诏曰:'……勿复为烦。'瓘等又奏……诏曰:'方当共弘治道,以康庶绩,且俟他年,无复纷纭也。'太康元年冬,王公有司又奏……上复诏曰:'所议诚前烈之盛事也。方今未可以尔。便报绝之。'"严可均《全晋文》卷五八载有张华《封禅议》,并云"又《陆云集·与兄机书》云:'顷得张公封禅事。'明此六奏,皆张华所撰。"陆侃如《中古文学系年》曰:"奏中华自称'司空',显然是传抄误改,当作'尚书'。"

虞溥作《王昌前母服议》、《驳卞粹议王昌前母服》(《晋书》卷二〇《礼志中》)。

张载作《平吴颂》(《艺文类聚》卷五九)。

挚虞作《太康颂》。

晋咸宁六年　太康元年　吴天纪四年　庚子　280年

按：《晋书》卷五一《挚虞传》曰："除闻喜令。时天子留心政道，又吴寇新平，天下乂安，上《太康颂》以美晋德。其辞曰……"

王济作《平吴后三月三日华林园诗》（逯钦立《全晋诗》卷二）。

枣据作《登楼赋》。

按：陆侃如《中古文学系年》曰："严可均《全晋文》卷六十七载据《登楼赋》，有'怀通川之清漳'句，显然模拟王粲的'挟清漳之通浦'，因为两人南行地望相近，当作于据北返前。"

王濬作《上书自理》及《复上表自理》（《晋书》卷四二《王濬传》）。

陆机作《辩亡论》上下二篇。

按：《晋书》卷五四《陆机传》曰："年二十而吴灭，退居旧里，闭门勤学，积有十年。以孙氏在吴，而祖父世为将相，有大勋于江表，深慨孙皓举而弃之，乃论权所以得，皓所以亡，又欲述其祖父功业，遂作《辩亡论》二篇。其上篇曰……其下篇曰……"

陆喜作《西州清论》。

按：《晋书》卷五四《陆喜传》曰："喜字恭仲。父瑁，吴吏部尚书。喜仕吴，累迁吏部尚书。少有声名，好学有才思。尝为自叙，其略曰：'……余不自量，感子云之《法言》而作《言道》，睹贾子之美才而作《访论》，观子政《洪范》而作《古今历》，鉴蒋子通《万机》而作《审机》，读《幽通》、《思玄》、《四愁》而作《娱宾》、《九思》，真所谓忍愧者也。'其书近百篇。吴平，又作《西州清论》传于世，借称诸葛孔明以行其书也。有《较论格品篇》曰……"

薛莹作《为吴主告请降书》（《三国志》卷四八《吴书·孙皓传》）。

孙皓作《尔汝歌》。

按：《世说新语·排调第二十五》曰："晋武帝问孙皓：'闻南人好作《尔汝歌》，颇能为不？'皓正饮酒，因举觞劝帝而言曰：'昔与汝为邻，今与汝为臣。上汝一杯酒，令汝寿万春。'帝悔之。"是年晋灭吴，皓降，姑系是年。

郑默卒（213—　）。默字思元，荥阳开封人，郑袤子。起家秘书郎。汉末，书籍散佚，魏氏代汉，采掇遗亡，藏在秘书中外三阁。默删省旧文，除去浮秽，作《魏中经簿》。转尚书考功郎，专典伐蜀事，封关内侯，迁司徒左长史。入晋为中庶子，出为东郡太守。朝廷诏书褒叹，比之汲黯。入为散骑常侍，累迁大司农，转光禄勋。为人敦重，柔而能整，不以才地矜物。严可均《全晋文》卷五九载其文1篇。事迹见《晋书》卷四四。

陆景卒（250—　）。景字士仁，吴郡吴县华亭人。陆机仲兄。祖陆逊、父陆抗皆吴名将。父抗卒，与兄晏及弟玄、机、云分领父兵，拜偏将军，中夏督。是年与晋将王濬战中，与兄晏俱战败而死。景好文学，原有《风语》1卷，已佚。清马国翰《玉函山房辑佚书》、王仁俊《玉函山房辑佚书续编》中有辑。《隋书》卷三五《经籍志四》著录《陆景集》1卷，亡。事迹略见《三国志》卷五八《吴书·陆抗传》。

天竺僧康僧会卒，生年不详。其先康居人，世居天竺。其父因商贾移居交阯。年十余岁，双亲皆亡。至性奉孝，服毕出家。励行甚峻。吴赤乌十年，初至建业，因舍利之感应，孙权为之立建初寺。僧会虽出西域，而生于中土，深受华化。译经尚文雅，所译经中，现存有《六度集经》。事迹见《高僧传》卷一。

晋太康二年　辛丑　281 年

三月，晋以所俘吴人赐王公以下，选吴孙皓宫中妓妾五千人入宫（《晋书》卷三《武帝纪》）。

是年，吴人未服者纷起抗晋，命扬州刺史周浚暂移镇秣陵（《资治通鉴》卷八一《晋纪三》）。

司马炎令荀勖、和峤整理不凖掘墓所得竹书。

按：朱希祖《汲冢书考·汲冢书校理年月考第四》曰："汲冢书之编校写定，盖经始于太康二年（公元二八一年），讫于永康元年（公元三〇〇年），前后约二十年，分为三期：第一期自武帝太康二年（公元二八一年）至太康八、九年（公元二八七、八年）为荀勖、和峤分编时期，《穆天子传》、《纪年》（初定本）皆于此期写定。第二期自惠帝永平元年（公元二九一年）二月至六月为卫恒考正时期，后以被楚王玮所害而中止。第三时期自惠帝元康元年（公元二九六年）至永康元年（公元三〇〇年）为束晳考正写定时期，《纪年》重行改编，于是十六种七十五篇全部告成。此汲冢书校理之大概经过情形。中间或有中断，或他人参加编校，则史无明文，不可考矣。"参见279年"汲郡人不凖掘魏襄王冢，得竹简小篆古书十余万言"条。

阮侃为河内太守，献白雀。

按：《宋书》卷二九《符瑞志下》曰："晋武帝太康二年六月丁卯，白雀二见，河内南阳太守阮侃获以献。"侃生卒年不详，字德如，尉氏人。有俊才，而饬以名理。风仪雅润，以嵇康为友。官至河内太守。《隋书》卷三五《经籍志四》著录《阮侃集》5卷，录1卷，亡。逯钦立《先秦汉魏晋南北朝诗·魏诗》卷八载其诗2首。事迹略见《世说新语·贤媛第十九》刘孝标注引《陈留志名》。

王濬迁镇军大将军，加散骑常侍，领后军将军（《晋书》卷四二《王濬传》）。

嵇绍为山涛启用，入洛为秘书丞。

按：《晋书》卷八九《嵇绍传》曰："山涛领选，启武帝曰：'《康诰》有言："父子罪不相及。"嵇绍贤侔郤缺，宜加旌命，请为秘书郎。'帝谓涛曰：'如卿所言，乃堪为丞，何但郎也。'乃发诏征之，起家为秘书丞。"《世说新语·政事第三》曰："嵇康被诛后，山公举康子绍为秘书丞。绍咨公出处，公曰：'为君思之久矣。天地四时，犹有消息，而况人乎？'"刘孝标注引《晋诸公赞》曰："康遇事后二十年，绍乃为涛所拔。"又引王隐《晋书》曰："时以绍父康被法，选官不敢举。年二十八，山涛启用之。世祖发诏，以为秘书丞。"陆侃如《中古文学系年》曰："康卒后二十年，正是山涛的卒年，似乎太晚了。绍十岁而孤，二十八正是父卒后十八年，即涛卒前二年，似较合理。《晋诸公赞》的话，当是就整数言。今系于本年，时涛兼吏部已四年。"

陆云为周浚主簿。

按：《晋书》卷五四《陆云传》曰："刺史周浚召为从事。"《世说新语·赏誉第八》刘孝标注引《陆云别传》曰："年十八，刺史周浚命为主簿。浚常叹曰：'陆士龙当今之颜渊也。'"陆侃如《中古文学系年》曰："《本传》叙于入洛后，《世说》谓年十八，恐怕都不对。云自十三岁丧父领兵，至十九岁吴亡退居，似无十八岁应召之事。而且那时周浚为扬州刺史，云也不会在吴亡前即应晋召。吴亡的次年，浚移镇秣陵；不久便入为少府，领将作大匠，又代王浑都督扬州诸军事。云入洛后，而又回到秣陵做从事，既不合理，而且到了太康末年，浚的职位也早非刺史了。《晋书》卷六十一《周浚传》谓浚到秣陵后'宾礼故老，搜求俊义，甚有威德，吴人悦服'，疑云即浚所搜求的俊义之一。事当在吴亡之后，入洛之前，是云退居期间的一段插曲。（据万斯同《晋方镇年表》，浚为刺史至下年止。）"

司马彪约是年条列谯周《古史考》中百二十二事之不当。

按：《晋书》卷八二《司马彪传》曰："初，谯周以司马迁《史记》书周秦以上，或采俗语百家之言，不专据正经，周于是作《古史考》二十五篇，皆凭旧典，以纠迁之谬误。彪复以周为未尽善也，条《古史考》中凡百二十二事为不当，多据《汲冢纪年》之义，亦行于世。"陆侃如《中古文学系年》曰："汲冢事或说咸宁五年，或说太康元年，或说二年，彪驳周当在其后。"以汲冢书是年编校，姑系是年。

左思作《三都赋》。

按：《晋书》卷九二《左思传》曰："复欲赋三都，会妹芬入宫，移家京师，乃诣著作郎张载访岷邛之事。遂构思十年，门庭藩溷皆著笔纸，遇得一句，即便疏之。自以所见不博，求为秘书郎。及赋成，时人未之重。思自以其作不谢班张，恐以人废言，安定皇甫谧有高誉，思造而示之。谧称善，为其赋序。张载为注《魏都》，刘逵注《吴》、《蜀》而序之曰：'……至若此赋，拟议数家，傅辞会义，抑多精致，非夫研核者不能练其旨，非夫博物者不能统其异……'陈留卫权又为思赋作《略解》，序曰：'余观《三都》之赋，言不苟华，必经典要，品物殊类，禀之图籍；辞义瑰玮，良可贵也。有晋征士故太子中庶子安定皇甫谧，西州之逸士，耽籍乐道，高尚其事，览斯文而慷慨，为之都序。中书著作郎安平张载、中书郎济南刘逵，并以经学洽博，才章美茂，咸皆悦玩，为之训诂；其山川土域，草木鸟兽，奇怪珍异，金皆研精所由，纷散其义矣。余嘉其文，不能默已，聊藉二子之遗忘，又为之《略解》，只增烦重，览者阙焉。'自是之后，盛重于时，文多不载。司空张华见而叹曰：'班张之流也。使读之者尽而有余，久而更新。'于是豪贵之家竞相传写，洛阳为之纸贵。"

又按：左思《三都赋》作时，争论颇大。刘汝霖《汉晋学术编年》考证云："按《三都赋》之成于是年，其证有三：本传谓移家京师后，构思十年乃成，自泰始八年至是，恰为十年，一也。考皇甫谧卒于太康三年，为思赋作序当在其前。而《张载传》称载于太康初至蜀省父，至早不得过太康元年，则思之访载问岷邛之事，当在其后，不得不定为是年完成，二也。文中言及吴国之亡，则当在太康元年之后，三也。"姜剑云《〈三都赋〉撰年疑案辨析》（《北京大学学报》2002年第6期）分析诸家之说，总结四种观点："第一种观点，认为撰作于太康元年晋灭吴以前，即公元280年以前。如傅璇琮先生《左思〈三都赋〉写作年代质疑》（傅璇琮《左思〈三都赋〉写作年代质疑》，见《中华文史论丛》，1979年第2期）一文持此说。第二种观点，认为撰作于太康末陆机入洛以后，认为是在元康元年或稍后，即公元291年以后。如姜亮夫先生《陆平原年谱》(姜亮夫《陆平原年谱》,古典文学出版社,1957年,53—54页)一书持此说。第三种观点,认为撰作于元康中左思任秘书郎,大约在公元295年左右。如牟世金、徐传武先生《左思文学业绩新论》(牟世金等《左思文学业绩新论》,《文学遗产》,1988年第2期)一文持此说。第四种观点,认为撰作于太安二年,即公元303年。如陆侃如先生《中古文学系年》(陆侃如《中古文学系年》,人民文学出版社,1985年,803页)一书持此说。"姜文条析众多文献,并以皇甫谧卒于太康三年为据,提出"左思《三都赋》作成于太康二年春季陆机自洛归吴以后、太康三年正月张华出洛都镇幽州之前。而最为肯定的时间应在太康二年(281),从泰始八年(272)至此恰好十年"。徐传武《皇甫谧卒年新考》(《学术研究》1996年第11期),考订认为皇甫谧卒年应在元康三年(293年)而非太康三年(282年),并由此认为"左思写《三都赋》还曾向陆机访求过吴地之事,这都应在290年左右了,亦证《三都赋》不可能撰成于282年皇甫谧死之前。如此说来,272年左思因妹入宫而移家洛阳,283年前后左思访蜀事于张载,290年前后陆机讥左思作赋,后来左思又访吴事于陆机,290年左思为陇西王祭酒,291—295年左思为贾谧秘书郎,左思《三都赋》当完成于任秘书郎时。293年之前左思拜谒皇甫谧,谧为《三都赋》作序。"此可备一说。

再按：本书采用姜剑云说。但姜说唯以陆机太康元年入洛,缺少史实根据。曹道衡、沈玉成《中古文学史料丛考·〈三都赋〉作年》曰:"《晋书》本传记陆机嗤左思作赋,事出有因。《左思别传》所记亦未可尽废。其言《三都赋》之成云:'齐王同请记室参军,不起,时为《三都赋》未成也。后数年,疾终。其《三都赋》改定,至终乃上。初,作《蜀都赋》云:"金马电发于高冈,碧鸡振翼而云披。鬼弹飞丸以礧磴,火并腾光以赫曦。"'今无'鬼弹',故其赋往往不同。《御览》卷八八四引《文士传》云:'左思初作《三都赋》曰:"鬼弹飞丸以砺砺。"后又改易,无此语。'此则非可向壁虚构者。以此拟测,《三都赋》流传之本,或如李善《文选》注之有初、二、三稿之异。皇甫谧为初稿作序,其后太冲又屡加改定。'齐王同请为记室参军',本传作'记室督',其时已在惠帝中期。若《别传》所记可信,则一赋自构思至最终定稿,前后竟达三十年,遍观我国文学史,似无可并比者。鄙见如此,大似调和折中,姑申之以俟高明。"曹、沈二先生在《三都赋》作年上认同傅璇琮说,上文所引解释《三都赋》作年与陆机入洛时间的矛盾,颇通达合理。

西域僧疆梁娄至译《十二游经》1卷。

按：《开元释教录》卷二曰:"沙门疆梁娄至,晋言真喜,西域人。志情旷放,弘化在怀。以武帝太康二年辛丑于广州译《十二游经》一部。见《始兴录》及《宝唱录》。"

卞壶(—328)、蔡谟(—356)生。

晋太康三年　壬寅　282年

普罗布斯皇帝遇弒。卡鲁斯立。

荀勖为光禄大夫(《晋书》卷三九《荀勖传》)。

山涛拜司徒,固让,舆疾归家(《晋书》卷三《武帝纪》)。

卫瓘为司空(《晋书》卷三《武帝纪》及卷三六《卫瓘传》)。

张华出为持节都督幽州诸军事,领护乌桓校尉、安北将军(《晋书》卷三《武帝纪》)。

庾旉与博士太叔广、刘暾、缪蔚、郭颐、秦秀、傅珍等上表谏齐王攸之国,因忤意,除名。

按:《晋书》卷五〇《庾旉传》曰:"旉字允臧。少有清节,历位博士。齐王攸之就国也,下礼官议崇锡之物。旉与博士太叔广、刘暾、缪蔚、郭颐、秦秀、傅珍等上表谏曰:'……今天下已定,六合为家,将数延三事,与论太平之基,而更出之,去王城二千里,违旧章矣。'旉草议,先以呈父纯,纯不禁。太常郑默、博士祭酒曹志并过其事。武帝以博士不答所问,答所不问,大怒,事下有司。……乃诏曰:'……秀、珍、旉等并除名。'后数岁,复起为散骑侍郎。终于国子祭酒。"

王济因忤旨左迁国子祭酒,常侍如故(《晋书》卷四二《王济传》)。

按:齐王攸当之藩,济陈情请帝留攸,故忤旨,左迁国子祭酒,常侍如故。

枣据约是年徙冀州刺史(《晋书》卷九二《文苑传》)。

按:陆侃如《中古文学系年》曰:"万斯同《晋方镇年表》系于太康五年,秦锡圭《补晋方镇表》系于咸宁四年,吴廷燮《晋方镇年表》系于太康三年,今假定在为黄门侍郎后一二年。"

赵至约是年以良吏赴洛,方知母亡,号愤恸哭而卒。

按:《晋书》卷九二《赵至传》曰:"太康中,以良吏赴洛,方知母亡。初,至自耻士伍,欲以宦学立名,期于荣养。既而其志不就,号愤恸哭,欧血而卒,时年三十七。"陆侃如《中古文学系年》推定其生于244至247年间,卒于280至283年间。

潘岳屏居天陵东山,后出为河阳令,厚待公孙宏。

按:《晋书》卷五五《潘岳传》曰:"岳才名冠世,为众所疾,遂栖迟十年。出为河阳令,负其才而郁郁不得志。时尚书仆射山涛、领吏部王济、裴楷等并为帝所亲遇,岳内非之,乃题阁道为谣曰:'阁道东,有大牛。王济鞅,裴楷鞧,和峤刺促不得休。'……初,谯人公孙宏少孤贫,客田于河阳,善鼓琴,颇能属文。岳之为河阳令,爱其才艺,待之甚厚。"岳出为河阳令,本传叙于"栖迟十年"之后,陆侃如《中古文学系年》曰:"岳调外任,当在本年四月贾充卒后,作谣当在初奉命时。"又曰:"岳于贾充卒后,出令河阳前,似曾归耕东山。"

石崇约是年拜黄门郎,因兄石统事上表自理。

按:《晋书》卷三三《石崇传》曰:"顷之,拜黄门郎。兄统忤扶风王骏,有司承旨奏统,将加重罚,既而见原。以崇不诣阙谢恩,有司欲复加统罪。崇自表曰……由是事解。"《晋书》卷三八《扶风王骏传》曰:"扶风武王骏,字子臧……及齐王攸出镇,骏表谏恳切,以帝不从,遂发病薨。"齐王攸出镇在是年冬十二月,骏或发病卒于次年。石崇拜黄门郎及上表自理当在是年或之前一二年。

裴颜征为太子中庶子(《晋书》卷三五《裴颜传》)。

贾充卒后,李婉女为其母争祔葬。

按:《晋书》卷四〇《贾充传》曰:"及充薨后,李氏二女乃欲令其母祔葬,贾后弗之许也。及后废,李氏乃得合葬。李氏作《女训》行于世。"《世说新语·贤媛第十九》曰:"李氏女,齐献王妃。郭氏女,惠帝后。充卒,李、郭女各欲令其母合葬,经年不决。贾后废,李氏乃祔葬,遂定。"陆侃如《中古文学系年》曰:"郭槐于惠帝即位时犹在,此时发生合葬问题,必是李婉已前卒,大约在二八〇年左右罢?荃似已早卒,此

卡鲁斯皇帝伐波斯。

时为婉争者恐是濬。"

又按：李婉生卒年不详，字淑文，冯翊东县人。李丰女，贾充前妻。因父罪坐徙乐浪里，与充离婚。后遇赦还，因充娶郭槐为妻，武帝诏充置为左右夫人。婉淑美有才行，作有《典式》，一名《女训》8篇。事迹略见《世说新语·贤媛第十九》刘孝标注引《妇人集》及《晋书》卷四〇《贾充传》。

庾勇作《上表谏遣齐王攸就国》（《晋书》卷五〇《庾勇传》）。

枣据约是年作《表志赋》及《追远诗》。

按：《艺文类聚》卷二六载《表志赋并序》，序曰："据忝职门下，在帷幄之末，与群士叙齐，登玉陛，待日月，久矣。出为冀州刺史，犬马恋主，既有微情，且志之所存，不能无言，因而赋之。"《宋书》卷四〇《百官志下》曰："晋江左犹行郡县诏，枣据《追远诗》曰'君为钜鹿太守，迄今三纪。忝私为冀州刺史，班诏次于郡传'是也。"两篇都应作于冀州刺史任上。

王济作《国子箴》。

按：《文心雕龙》卷三《铭箴》曰："王济《国子》，引广事杂。"范文澜注曰："王济《国子箴》佚。《晋书·王济传》谓济文词秀茂，尝为国子祭酒，则《国子箴》当作于此时也。"

王赞作《司徒李胤诔》，约是年作《三月三日诗》及《侍皇太子宴始平王》。

按：《司徒李胤诔》文已佚。《晋书》卷四四《李胤传》曰："太康三年薨……皇太子命舍人王赞诔之，文义甚美。"由是可知王赞是年前后为太子舍人，《三月三日诗》及《侍皇太子宴始平王》两首诗应作于任上，并见逯钦立《全晋诗》卷八。陆侃如《中古文学系年》曰："据卷三《武帝纪》，卷五十九《楚王传》及卷六十四《武十三王传》，知始平王有二。一名裕，赵才人生，咸宁三年元旦封，元夕卒，年七岁。一名玮，审美人生，咸宁三年八月二十一日封，拜屯骑校尉，太康十年十一月二十三日改封楚王。太子所宴者当是玮而非裕，诗当亦作于此数年中。"

潘岳作《太宰鲁武公诔》、《天陵诗》、《谣》、《河阳庭前安石榴赋》及《河阳县作》2首。

按：《太宰鲁武公诔》严可均《全晋文》卷九三有辑。是年四月贾充卒。《天陵诗》作于潘岳屏居天陵东山时，已佚，《文选》卷二六《河阳县作》李善注曰："岳《天陵诗序》曰：岳屏居天陵东山下。"《谣》见《晋书》卷五五《潘岳传》。

潘尼作《赠河阳诗》。

按：诗见逯钦立《晋诗》卷八。是诗作于潘岳出任河阳令后。

石崇约是年作《自理表》。

按：文见《晋书》卷三三《石崇传》。参见是年"石崇约是年拜黄门郎，因兄石统事上表自理"条。

皇甫谧卒（215—　）。谧字士安，幼名静，自号玄晏先生，安定朝那人。从席坦学儒。博通经典百家之言，沉静寡欲，以著述为务。朝廷屡征诏辟命，皆力拒不就。门人挚虞、张轨、牛综、席纯皆为晋名臣。谧虽身患风痹，仍手不释卷，时人谓之"书淫"。所作《针灸甲乙经》，是现存最早的针灸专著。谧著作甚丰，所著诗、赋、诔、颂、论、难甚多。《隋书》卷三三

《经籍志二》著录其撰《帝王世纪》10卷(起三皇,尽汉、魏)、《高士传》6卷、《逸士传》1卷、《玄晏春秋》3卷、《列女传》6卷;卷三四《经籍志三》著录其注《鬼谷子》3卷;梁有《朔气长历》2卷;卷三五《经籍志四》著录晋征士《皇甫谧集》2卷,录1卷。严可均《全晋文》卷七一载其文13篇,逯钦立《晋诗》卷二载其诗2首。事迹见《晋书》卷五一。

贾充卒(217—)。充字公闾,平阳襄陵人。袭父贾逵爵为侯。司马昭执政,任大将军司马、廷尉。曾指使成济杀魏帝曹髦,参与军国机密。晋初历任司空、侍中、尚书令、太尉等职,谄媚贪鄙,却深受武帝宠信。反对伐吴,武帝却分封有加。曾主持删革刑书,修订《晋律》。《隋书》卷三五《经籍志四》著录晋太宰《贾充集》5卷,录1卷,亡。严可均《全晋文》卷三〇载其文4篇。逯钦立《晋诗》卷二载其诗1首。事迹见《晋书》卷四〇。

薛莹卒,生年不详。莹字道言,沛郡竹邑人,薛综次子。初为秘府中书郎。吴景帝孙休时为散骑中常侍。孙皓立,官至太子少傅,领左国史。以事下狱,陆抗上疏救,徙广州。孙皓降晋,莹作降表。入晋,官至散骑常侍,为晋武帝所重,参作《吴书》,有《后汉纪》100卷,佚。清汪文台《七家后汉书》辑有《薛莹后汉书》1卷。著书8篇,名曰《新议》。《隋书》卷三五《经籍志四》著录晋散骑常侍《薛莹集》3卷,佚。严可均《全晋文》卷八一载其文8篇。逯钦立《晋诗》卷二载其诗2首。事迹见《三国志》卷五三。

赵至约卒(246?—)。至字景真,后改名浚,字允元,代郡人。与嵇康及其兄子嵇蕃友善。晋太康初,以良吏赴洛,方知母亡,哀痛发病而亡。所作《与嵇蕃书》,见称于世。严可均《全晋文》卷六七辑其文2篇。事迹见《晋书》卷九二。

按:陆侃如《中古文学系年》:"上文曾推定他生于二四四至二四七年间,故当卒于二八〇至二八三年间。"参见257年"赵至约是年诣师受业"条。

晋太康四年　癸卯　283年

六月,晋增九卿礼秩(《晋书》卷三《武帝纪》)。

十二月庚午,司马炎大阅于宣武观(《晋书》卷三《武帝纪》)。

杜预自镇入朝。

按:《晋书》卷三四《杜预传》曰:"预先为遗令曰:'……吾去春入朝,因郭氏丧亡,缘陪陵旧义,自表营洛阳城东首阳之南为将来兆域……'"预明年卒,故是春自镇入朝。

邹湛拜散骑常侍,与刘毅异议晋武帝。

按:《晋书》卷九二《邹湛传》曰:"太康中拜散骑常侍。"卷四五《刘毅传》曰:"帝

卡鲁斯皇帝入美索不达米亚,取波斯王都泰西封。寻卒。其子卡里努斯和努梅里安继立。是为西部皇帝和东部皇帝。

尝南郊，礼毕，喟然问毅曰：'卿以朕方汉何帝也？'对曰：'可方桓灵。'……散骑常侍邹湛进曰……"陆侃如《中古文学系年》曰："刘毅的话是在他司隶校尉任上，后来就迁尚书左仆射。万斯同《晋将相大臣年表》以毅迁官在本年十一月，继魏舒之任，这与《武帝纪》魏舒迁司徒的记载相合。湛为常侍必在本年十一月之前。"

晋约是年诏征陆喜等十五人，以喜为散骑常侍。

按：《晋书》卷五四《陆喜传》曰："太康中，下诏曰：'伪尚书陆喜等十五人，南士归称，并以贞洁不容皓朝，或忠而获罪，或退身修志，放在草野。主者可皆随本位就下拜除，敕所在以礼发遣，须到随才授用。'乃以喜为散骑常侍，寻卒。"陆喜卒于明年，故诏为散骑常侍约在是年。

何劭迁侍中尚书。

按：《晋书》卷三三《何劭传》曰："迁侍中尚书。"吴士鉴、刘承幹《晋书斠注》卷三三："《书钞》五十八《晋起居注》曰：武帝太康四年诏曰：何劭已历试朝位，博雅有拾遗顾问之才，其以劭为侍中。"

魏舒正月为尚书左仆射，十一月为司徒（《晋书》卷三《武帝纪》）。

山涛卒（205— ）。涛字巨源，河内怀人。喜好老庄之学，为"竹林七贤"之一。魏时为赵国相，迁尚书吏部郎。入晋，任冀州刺史、吏部尚书、太子少傅、右仆射等职。本与嵇康友善，既出仕为官，又欲荐康为官，康乃作书与之绝交。主持吏部十余年，选取人物，各为品题，世称"山公启事"。著有《山公启事》3卷。《隋书》卷三五《经籍志四》著录晋少傅《山涛集》9卷，梁5卷，录1卷，又一本10卷，亡。严可均《全晋文》卷三四载其文4篇及《启事》数则。事迹见《晋书》卷四三。

阮瞻（ —312?）、葛洪（ —363?）约生。

按：《晋书》卷四九《阮瞻传》曰："永嘉中，为太子舍人……后岁余，病卒于仓垣，时年三十。其卒年约在312年，上推30年，生年约为是年。

又按：葛洪卒年，因史料记载不同，有多种不同说法。杨明照《葛洪生卒年》详细介绍了三种说法（即81岁说、61岁说和不出60岁说）及各种观点的代表和依据的史料。见其《抱朴子外篇校笺》附录（中华书局1997年版）。此依《晋书》本传81岁说。又据《太平御览》卷三二八引《抱朴子》佚文，推洪于晋太安二年（303）时二十一岁。据此，洪应生于是年，而卒于363年。

晋太康五年　甲辰　284年

东部皇帝努梅里安卒。戴克里先立。

正月己亥，青龙二见于武库井中（《晋书》卷三《武帝纪》）。

五月丙午，宣帝庙梁折，武帝改作太庙，匠者六万余人，十年乃成（《晋书》卷三《武帝纪》）。

刘毅迁尚书左仆射,指斥祥瑞,并请废九品中正制。

按:《晋书》卷四五《刘毅传》曰:"在职六年,迁尚书左仆射。时龙见武库井中,帝亲观之,有喜色。百官将贺,毅独表曰……毅以魏立九品,权时之制,未见得人,而有八损,乃上疏曰……疏奏,优诏答之。后司空卫瓘等亦共表宜省九品,复古乡议里选。帝竟不施行。"

杜预征为司隶校尉,加位特进,行次邓县而卒(《晋书》卷三四《杜预传》)。

傅咸约是年以夏侯骏事转为车骑司马。

按:《晋书》卷四七《傅咸传》曰:"咸在位多所执正。豫州大中正夏侯骏上言,鲁国小中正、司空司马孔毓,四移病所,不能接宾,求以尚书郎曹馥代毓,旬日复上毓为中正。司徒三却,骏故据正。咸以骏与夺惟意,乃奏免骏大中正。司徒魏舒,骏之姻属,屡却不署,咸据正甚苦。舒终不从,咸遂独上。舒奏咸激讪不直,诏转咸为车骑司马。"陆侃如《中古文学系年》曰:"魏舒以四年十一月为司徒,后以灾异致仕,万斯同《晋将相大臣年表》以为即在七年正月日蚀时,故夏侯骏事当在五六年间。"

王济复入为侍中。

按:《晋书》卷四二《王济传》曰:"数年,入为侍中。"万斯同《晋将相大臣年表》以王济是年复为侍中。

孙楚约是年迁卫将军司马。

按:《晋书》卷五六《孙楚传》叙楚"迁卫将军司马"于"时龙见武库井中"前,假定是年。

石崇约是年迁散骑常侍。

按:陆侃如《中古文学系年》曰:"《晋书》卷三十三《石崇传》:'累迁散骑常侍。'假定在拜黄门郎后一二年。"

刘毅作《谏贺龙见表》、《因天阴上言》及《上疏请罢中正除九品》(《晋书》卷四五《刘毅传》)。

孙楚作《龙见武库井上言》。

按:《晋书》卷五六《孙楚传》曰:"时龙见武库井中,群臣将上贺,楚上言曰……"

傅咸约是年作《上书请诘奢》、《答栾弘诗》及《赠何劭王济》。

按:《上书请诘奢》见《晋书》卷四七《傅咸传》曰:"咸以世俗奢侈,又上书曰……"陆侃如《中古文学系年》曰:"丁福保《全晋诗》卷二载咸《答栾弘诗》,序有'余失和于府,当换为护军司马'句,当作于离司徒府时。又载《赠何劭王济》,序有'何公既登侍中,武子俄而亦作'句。《晋将相大臣年表》以济复为侍中在本年,故系于此。(严可均《全晋文》卷五十二亦载两诗序)"

陆云作《晋故散骑常侍陆府君诔》。

按:晋故散骑常侍陆府君,即陆机、陆云从父陆喜,是年四月卒,云作诔。严可均《全晋文》卷一○四载云《晋故散骑常侍陆府君诔》曰:"惟太康五年夏四月丙申,晋故散骑常侍吴郡陆君卒。"

潘岳约是年作《怀旧赋》。

按:赋见《文选》卷一六。《怀旧赋序》曰:"东武戴侯杨君,不幸短命,父子凋殒。余既有私艰,且寻役于外,不历嵩丘之山者,九年于兹矣。今而经焉,慨然怀旧。"陆侃如《中古文学系年》曰:"这九年不知究应如何算法,如从扬肇卒年算起,则赋应作于本年。"

杜预作《遗令》(《晋书》卷三四《杜预传》)。

月支僧竺法护出《修行经》7卷、《阿惟越致遮经》4卷。

按：《出三藏记集》卷二曰："《修行经》七卷。二十七品。《旧录》云，《修行道地经》。太康五年二月二十三日出。"同卷曰："《阿惟越致遮经》四卷。太康五年十月十四日出。"卷七无名氏《阿维越致遮经记》曰："太康五年十月十四日，菩萨沙门法护于敦煌从龟兹副使羌子侯得此梵书《不退转法轮经》，口敷晋言，授沙门法乘使流布，一切咸悉闻知。"注曰："晋言《不退转法轮经》，四卷。"

杜预卒(222—)。 预字元凯，京兆杜陵人。司马懿之婿。入晋，任镇南大将军，都督荆州诸军事。与张华等积极筹划灭吴。吴平后还镇，兴修水利，潜心著作。预卒，追赠征南大将军、开府仪同三司，谥曰成。预博学多通，有"杜武库"之称。特好《左传》，自称有"《左传》癖"。所作《春秋左氏经传集解》30卷，为现存《左传》之最早注本。其为《左传》集解，盖取何晏《论语集解》之例。但何晏集孔、包、马、郑诸解并各标其姓名，而预所集诸解，隐而不言。《隋书》卷三二《经籍志一》著录杜预撰《丧服要集》2卷；《春秋左氏经传集解》30卷；梁有服虔、杜预音3卷；《春秋释例》15卷；《春秋左氏传评》2卷。卷三三《经籍志二》著录杜预撰《律本》21卷；《女记》10卷；卷三五《经籍志四》著录晋征南将军《杜预集》18卷；《善文》50卷。严可均《全晋文》卷四二至卷四三载其文28篇。事迹见《晋书》卷三四。

陆喜卒，生年不详。喜字恭仲，吴郡吴人。陆机从父。仕吴累迁吏部尚书，少有声名，好学有才思，著书近百篇。作《西州清论》，托诸葛亮名以行其书。晋太康中，为散骑常侍。严可均《全晋文》卷八一载其文2篇。事迹见《晋书》卷五四。

范平约卒(216? —)。 平字子安，吴郡钱塘人。平研览典籍，姚信、贺邵等皆从之受业。吴时举秀才，累迁临海太守，颇有政声，孙皓初，谢病还家，研习儒学。吴平，太康中，频征不起。卒谥文贞先生，贺循勒碑纪其德行。事迹见《晋书》卷九一《儒林传》。

按：《晋书》卷九一《儒林传》曰："太康中，频征不起，年六十九卒。"姑系是年。

枣据约卒，生年不详。据字道彦，颍川长社人。贾充伐吴，为从事中郎。迁太子中庶子。善文辞。《隋志》卷三五《经籍志四》著录梁时有太子中庶子《枣据集》2卷，录1卷，已佚。严可均《全晋文》卷六七载其文5篇。逯钦立《晋诗》卷二载其诗9首。事迹见《晋书》卷九二《文苑传》。

按：《晋书》卷九二《文苑传》曰据"太康中卒，时年五十余"，姑系是年。曹道衡、沈玉成《中古文学史料丛考·枣据仕历》："《晋书》本传记枣据'弱冠，辟大将军府'，《文选》卷二九《杂诗》注引《今书七志》所记同。司马师、昭兄弟相继为大将军，据于'太康中卒，年五十余'。太康凡十年，卒于何年，五十有几，已难推断。设太康元年(280)为五十岁，则弱冠为嘉平三年(251)，其年司马懿卒，司马师为大将军。师执政四年而卒(255)；若据在司马昭时被辟，则太康元年为四十六岁，太康中卒年五十余，亦可通。"

晋太康六年　乙巳　285年

华峤奏皇后宜修蚕礼，侍中成粲草定其仪。

按：《晋书》卷一九《礼志上》曰："魏文帝黄初七年正月，命中宫蚕于北郊，依周典也。及武帝太康六年，散骑常侍华峤奏：'先王之制，天子诸侯亲耕藉田千亩，后夫人躬蚕桑。今陛下以圣明至仁，修先王之绪，皇后体资生之德，合配乾之义，而坤道未光，蚕礼尚缺。以为宜依古式，备斯盛典。'诏曰：'昔天子亲藉，以供粢盛，后夫人躬蚕，以备祭服，所以聿遵孝敬，明教示训也。今藉田有制，而蚕礼不修，由中间务多，未暇崇备。今天下无事，宜修礼以示四海。其详依古典，及近代故事，以参今宜，明年施行。'于是蚕于西郊，盖与藉田对其方也。乃使侍中成粲草定其仪。先蚕坛高一丈，方二丈，为四出陛，陛广五尺，在皇后采桑坛东南帷宫外门之外，而东南去帷宫十丈，在蚕室西南，桑林在其东。取列侯妻六人为蚕母。蚕将生，择吉日，皇后著十二笄步摇，依汉魏故事，衣青衣，乘油画云母安车，驾六騩马。女尚书著貂蝉佩玺陪乘，载筐钩。公主、三夫人、九嫔、世妇、诸太妃、太夫人及县乡君、郡公侯特进夫人、外世妇、命妇皆步摇，衣青，各载筐钩从蚕。先桑二日，蚕宫生蚕著薄上。桑日，皇后未到，太祝令质明以一太牢告祠，谒者一人监祠。祠毕撤馔，班余胙于从桑及奉祠者。皇后至西郊升坛，公主以下陪列坛东。皇后东面躬桑，采三条，诸妃公主各采五条，县乡君以下各采九条，悉以桑授蚕母，还蚕室。事讫，皇后还便坐，公主以下乃就位，设飨宴，赐绢各有差。"

张华自幽州征还为太常（《晋书》卷三六《张华传》）。

按：陆侃如《中古文学系年》曰："华还后，唐彬继镇幽州；两人交替年月，史无明文。丁福保《全晋诗》卷二载华《太康六年三月三日后园会诗》一首，有'忝恩于外，攸攸三期；犬马惟慕，天实为之；灵启其愿，邀愿在兹；于以表情，爰著斯诗'等句。自三年正月出镇，至作诗时恰是三年零两月。我们很可以假定他在游园前不久召回的。万斯同《晋方镇年表》列于五年，也还近似，不过一定是冬末了。吴廷燮《晋方镇年表》列于七年，那是不可能的，这四首诗便是证据……至于秦锡圭《补晋方镇年表》以彬出镇在元年，华迁太常在三年，其错误是不须置辩的。"

陈寿约是年以母忧去职。母有遗言令葬洛阳，寿遵其志。又坐不以母归葬，竟被贬议，再致废辱。

按：《晋书》卷八二《陈寿传》曰："以母忧去职。母遗言令葬洛阳，寿遵其志。又坐不以母归葬，竟被贬议。初，谯周尝谓寿曰：'卿必以才学成名，当被损折，亦非不幸也。宜深慎之。'寿至此，再致废辱，皆如周言。后数岁，起为太子中庶子，未拜。"陆侃如《中古文学系年》曰："假定在起为中庶子前五年左右。"

张载至蜀省父。

按：《晋书》卷五五《张载传》曰："父收，蜀郡太守。载性闲雅，博学有文章。太康初，至蜀省父，道经剑阁。载以蜀人恃险好乱，因著铭以作诫曰……益州刺史张敏见而奇之，乃表上其文，武帝遣使镌之于剑阁山焉。"《华阳国志》卷八《大同志》曰：

卡里努斯皇帝遇弑。

"(太康)三年,更以益、梁州为轻州,刺史乘传奏事。以蜀多羌夷,置西夷府,以平吴军司张收为校尉,持节统兵。州别立治。西夷治蜀。各置长史、司马。"《文选》卷五六载《剑阁铭》李善注引臧荣绪《晋书》曰:"载随父入蜀,作《剑阁铭》。"陆侃如《中古文学系年》曰:"严可均《全晋文》卷八十五载载《叙行赋》:'岁大荒之孟夏,余将往乎蜀都。'大荒为巳年,太康惟六年为乙巳。万斯同及吴廷燮《晋方镇年表》均以张敏为益州刺史在太康三至五年,疑误。"

王濬为抚军大将军,寻卒(《晋书》卷三《武帝纪》)。

华峤作《奏皇后宜修蚕礼》(《晋书》卷一九《礼志上》)。
按:参见是年"华峤奏皇后宜修蚕礼,侍中成粲草定其仪"条。

张华作《太康六年三月三日后园会诗》。
按:此为华自幽州召回后不久游园之作。参见是年"张华自幽州征还为太常"条。

张载作《剑阁铭》、《叙行赋》、《登成都白菟楼》。
按:《剑阁铭》见录于《文选》卷五六。《叙行赋》见录于严可均《全晋文》卷八十五。陆侃如《中古文学系年》曰:"丁福保《全晋诗》卷四载载《登成都白菟楼》,当亦作于旅蜀时。"参见是年"张载至蜀省父"条。

月支僧竺法护出《大善权经》2卷及《海龙王经》4卷。
按:《出三藏记集》卷二曰:"《大善权经》二卷。或云《慧上菩萨问大善权经》,或云《慧上菩萨经》,或云《善权方便经》,或云《善权方便所度无极经》。太康六年六月十七日出。"同卷曰:"《海龙王经》四卷。或三卷。太康六年七月十日出。"

范粲卒(202—)。粲字承明,陈留外黄人。高亮贞正,博涉强记。魏时州府交辟,皆不就。久之,乃应命为治中,转别驾,辟太尉掾、尚书郎,出为征西司马,所历皆有声称。司马懿辅政,迁武威太守。至郡,选良吏、立学校、劝农桑。后转太宰从事中郎。齐王芳被废,迁于金墉城,粲素服拜送。司马师召之,称疾不出,朝廷以其时望,优容之。后又特诏为侍中,持节使于雍州。粲佯狂不言,寝于车中,卒。事迹见《晋书》卷九四《隐逸传》。

王濬卒(206—)。濬字士治,弘农湖人。博涉经典,参羊祜军事。祜荐为巴州刺史,迁益州刺史。武帝谋伐吴,诏濬修舟舰,濬先王浑抵石头城,纳孙皓降。官至抚军大将军、襄阳侯。严可均《全晋文》卷四三载其文3篇。事迹见《晋书》卷四二。

刘毅卒,生年不详。毅字仲雄,东莱掖人。幼有孝行,少厉清节,然好臧否人物。晋武帝时为尚书郎、驸马都尉,迁散骑常侍、国子祭酒。帝以毅忠蹇正直,使掌谏官,坐事免。咸宁初,复为散骑常侍、博士祭酒。转司隶校尉。纠正豪右,京师肃然。毅提出罢中正,除九品。严可均《全晋文》卷三五载其文5篇。事迹见《晋书》卷四五。

卢谌(—351)生。

晋太康七年　丙午　286年

潘岳由河阳令转怀县令。

按：《晋书》卷五五《潘岳传》曰："转怀令。时以逆旅逐末废农，奸淫亡命，多所依凑，败乱法度，敕当除之。十里一官橘，使老小贫户守之，又差吏掌主，依客舍收钱。岳议曰……请曹列上，朝廷从之。"参见是年"潘岳作《上客舍议》、《在怀县作》二首及《顾内诗》二首"条。

李密迁汉中太守。

按：《华阳国志》卷一一《后贤志》曰："性方亮，不曲意势位者，失荀、张指，左迁汉中太守。诸王多以为冤。一年去官，年六十四卒。"密卒于明年。其迁汉中太守假定是年。

石崇约是年迁侍中，与贵戚王恺斗富争豪。

按：《晋书》卷三三《石崇传》曰："累迁散骑常侍、侍中。武帝以崇功臣子，有干局，深器重之。元康初，杨骏辅政……"本传叙崇迁侍中在元康初前，暂系于是年。崇与王恺争富斗豪，见载于本传及《世说新语·汰侈第三十》，而皆及晋武帝助王恺相斗，假定是年。

潘岳作《上客舍议》、《在怀县作》二首及《顾内诗》二首。

按：《上客舍议》见《晋书》卷五五《潘岳传》，参见是年"潘岳由河阳令转怀县令"条。陆侃如《中古文学系年》曰："丁福保《全晋诗》卷四载岳《在怀县作》二首'初伏启新节，隆暑方赫曦……驱役宰两邑，政绩竟无施。自我违京辇，四载迄于斯。'又：'我来冰未泮，时暑忽隆炽。'诗当作于免太尉掾后第四年的夏天，而由河阳迁怀则在春初。又载《顾内诗》二首：'初征冰未泮，忽然振絺绤。'时令与《在怀县作》二首合，疑同时作。"

月支僧竺法护出《持心经》6卷、《正法华经》10卷、《光赞经》10卷及《普超经》4卷。

按：《出三藏记集》卷二曰："《持心经》六卷。十七品。一名《等御诸法》，一名《庄严佛法》。《旧录》云《持心梵天经》，或云《持心梵天所问经》。太康七年三月十日出。"卷八《持心经后记》曰："《持心经》，太康七年三月十日，敦煌开士竺法护在长安说出梵文，授（张）承远。"《出三藏记集》卷二曰："《正法华经》十卷。二十七品。《旧录》云，《正法华经》，或云《方等正法华经》。太康七年八月十日出。"卷八《正法华经记》曰："太康七年八月十日，敦煌月支菩萨沙门法护手执胡经，口宣出《正法华经》二十七品，授优婆塞聂承远、张仕明、张仲政光笔受，竺德成、竺文盛、严威伯、续文承、赵叔初、张文龙、陈长玄等共劝助欢喜。九月二日讫。天竺沙门竺力、龟兹居士帛元信共参校，元年二月六日重校。又元康元年，长安孙伯虎以四月十五日写素解。"卷一三《竺法护传》论及聂承远曰："初护于西域得《超日明经》胡本，译出颇多繁重。时有信士聂承远，乃更详正文偈，删为二卷，今之所传经是也。承远明练有才理，笃志

戴克里先皇帝立马克西米安为同朝皇帝，理政帝国西部。

法务,护公出经,多参正焉。"《出三藏记集》卷二曰:"《光赞经》十卷。十七品。太康七年十一月二十五日出。"卷七《合放光光赞略解序》曰:"《放光》、《光赞》,同本异译耳。其本俱出于阗国持来,其年相去无几。《光赞》,于阗沙门祇多罗以泰始七年赍来,护公以其年十一月二十五日出之。"《出三藏记集》卷二曰:"《普超经》四卷。一名《阿阇世王品》。《安录》亦云更出《阿阇世王经》。或为三卷。《旧录》云,《文殊普超三昧经》。太康七年十二月二十七日出。"

卫玠(　—312)、孔坦(　—336)、僧竺法潜(　—374)生。

晋太康八年　丁未　287年

罗马舰队司令卡劳修斯叛。

正月戊申朔,日蚀。太庙殿陷(《晋书》卷三《武帝纪》)。

六月,鲁国大风,拔树木,坏百姓庐舍。八郡国大水(《晋书》卷三《武帝纪》)。

七月,前殿地陷,深数丈,中有破船(《晋书》卷三《武帝纪》)。

九月,改营太庙(《晋书》卷三《武帝纪》)。

张华免官。

按:《晋书》卷三六《张华传》曰:"以太庙屋栋折,免官。遂终帝之世,以列侯朝见。"

荀勖约是年守尚书令。

按:《晋书》卷三九《荀勖传》曰:"居职月余,以母忧上还印绶,帝不许。遣常侍周恢喻旨,勖乃奉诏视职。"荀勖卒于太康十年,假定是年奉诏视职。

夏侯湛约是年出补南阳相。

按:《晋书》卷五五《夏侯湛传》曰:"居邑累年,朝野多叹其屈。除中书侍郎,出补南阳相。迁太子仆,未就命,而武帝崩。"假定是年出补南阳相。

王济作《太常郭奕谥景议》。

按:文见《通典》卷一〇四曰:"晋武帝太康八年十月,太常上议故太常平陵男郭奕为景侯。有司议奏,以为:'大晋受命祖宗谥号,群下末有同者。盖因近代浅情,习于所见也。奕谥与景皇帝同,可改谥曰穆。'侍中王济等议曰:'按主者议谥,避帝而不避后,既不修古典,不嫌同称,复乖近代不袭帝后之例。至于无穷之祚,若皆有避,于制难全。'侍中成粲等议,以为……"《晋书》卷四五《郭奕传》曰:"郭奕,字大业,太原阳曲人也。少有重名,山涛称其高简有雅量……太康八年卒,太常上谥为景。有司议以贵贱不同号,谥与景皇同,不可,请谥曰穆。诏曰:'谥所以旌德表行,按谥法一德不懈为简。奕忠毅清直,立德不渝。'于是遂赐谥曰简。"

成粲作《太常郭奕谥景议》。

按：《通典》卷一〇四曰："侍中成粲等议，以为：'号谥国之大典，使上下迈德，罔有荒怠。宜远稽圣世，同符尧舜，不宜遵袭魏氏近制。'"参见是年"王济作《太常郭奕谥景议》"条。

李密作《赐饯东堂诏令赋诗》。

按：《晋书》卷八八《李密传》曰："密有才能，常望内转，而朝廷无援，乃迁汉中太守，自以失分怀怨。及赐饯东堂，诏密令赋诗，末章曰：'人亦有言，有因有缘。官无中人，不如归田。明明在上，斯语岂然！'武帝忿之，于是都官从事奏免密官。后卒于家。"

嵇含作《诰风伯》。

按：《北堂书钞》卷一五一曰："太康六年，狂风暴怒，腾逸相触。百川倒流，大山乃沲剥。"严可均《全晋文》卷六五案："《晋书·武纪》作八年。"

王范上《交广二州春秋》。

按：《三国志》卷四六《吴书·孙策传》裴注曰："太康八年，广州大中正王范上《交广二州春秋》。"

夏侯湛约是年作《张平子碑》。

按：夏侯湛为南阳相，凭吊张衡，书之碑侧。文见洪适《隶释》卷一九曰："河间讳衡，字平子，南阳此县人也。……南阳相夏侯湛，自涉境以经于诸邑……遂纠集旧迹，摅载新怀，而书之碑侧，以阐美抒思焉。其颂曰……"

月支僧竺法护出《普门品经》1卷及《宝女经》4卷。

按：《出三藏记集》卷二曰："《普门经》一卷。一本云《普门品》。太康八年正月十一日出。"同卷曰："《宝女经》四卷。《旧录》云，《宝女三昧经》。或云《宝女问慧经》。太康八年四月二十七日出。"

李密卒(224—)。密一作宓，字令伯，一名虔，犍为武阳人。生六月，父亡。母改嫁，由其祖母刘氏抚养成人。师事谯周，博览多闻。后主时，州辟从事，为尚书郎，大将军主簿，太子洗马。数使吴，有辩才，吴人称之。蜀亡，晋武帝屡诏出仕，上《陈情表》，以祖母刘氏无人赡养，固辞不就。刘氏卒，乃仕。官尚书郎，后转温令。迁汉中太守，因作诗忤帝旨，免官，居家。所作《陈情表》情辞哀婉，为人称道。严可均《全晋文》卷七〇载其文3篇。逯钦立《全晋诗》卷二载其诗1首。事迹见《晋书》卷八八《孝友传》及《华阳国志》卷一一《后贤志》。

按：曹道衡、沈玉成《中古文学史料丛考·李密生卒、入洛之年》："举密秀才，密辞，又诏拜郎中、除洗马，前后相接，则《陈情事表》自言四十四岁，以泰始三年计，逆推其生年当在魏黄初五年(蜀建兴二年，224)……密卒年六十四，亦见《华阳国志》。"

晋太康九年　戊申　288年

正月，诏令内外群官举清能，拔寒素(《晋书》卷三《武帝纪》)。

五月，诏内外群官推举可任州郡守令之才（《晋书》卷三《武帝纪》）。

束晳、挚虞对武帝问三日曲水事。

按：《晋书》卷五一《束晳传》曰："武帝尝问挚虞三日曲水之义，虞对曰：'汉章帝时，平原徐肇以三月初生三女，至三日俱亡，邨人以为怪，乃招携之水滨洗祓，遂因水以泛觞，其义起此。'帝曰：'必如所谈，便非好事。'晳进曰：'虞小生，不足以知，臣请言之。昔周公成洛邑，因流水以泛酒，故逸诗云："羽觞随波。"又秦昭王以三日置酒河曲，见金人奉水心之剑，曰："令君制有西夏。"乃霸诸侯，因此立为曲水。二汉相缘，皆为盛集。'帝大悦，赐晳金五十斤。"陆侃如《中古文学系年》曰："此事颇可疑。虞为尚书郎时，年近五十；晳在国学，年仅二十余，怎能说'虞小生'？《晳传》载于晳为尚书郎时，那已在元康末，虞在吴王友任上，武帝早已死了。若说武帝为惠帝之误，唐修《晋书》及臧荣绪《晋书》均作武，不敢擅改。今姑系于本年。"

挚虞补尚书郎，讨论新礼。

按：《晋书》卷一九《礼志上》曰："魏氏承汉末大乱，旧章殄灭，命侍中王粲、尚书卫觊草创朝仪。及晋国建，文帝又命荀顗因魏代前事，撰为新礼，参考今古，更其节文，羊祜、任恺、庾峻、应贞并共刊定，成百六十五篇，奏之。太康初，尚书仆射朱整奏付尚书郎挚虞讨论之。"据《晋书》卷三《武帝纪》，朱整是年二月为尚书仆射，明年四月丁未卒，故系于是年。

傅咸、刘寔议依魏制，诏令复置二社。

按：《晋书》卷一九《礼志上》曰："前汉但置官社而无官稷，王莽置官稷，后复省。故汉至魏但太社有稷，而官社无稷，故常二社一稷也。晋初仍魏，无所增损。至太康九年，改建宗庙，而社稷坛与庙俱徙。乃诏曰：'社实一神，其并二社之祀。'于是车骑司马傅咸表曰……时成粲义称景侯论太社不立京都，欲破郑氏学。咸重表以为……刘寔与咸议同。诏曰：'社实一神，而相袭二位，众议不同，何必改作！其便仍旧，一如魏制。'"

王济坐鞭王官吏免官，性豪侈。寻以白衣领太仆。

按：《晋书》卷四二《王济传》曰："数年，入为侍中。……出为河南尹，未拜，坐鞭王官吏免官。而王佑始见委任。而济遂被斥外，于是乃移第北芒山下。性豪侈，丽服玉食。……寻使白衣领太仆。"万斯同《晋将相大臣年表》以王济太康五年为侍中，至是年止。

僧诃罗竭至洛阳。

按：《高僧传》卷一〇《诃罗竭传》曰："诃罗竭者，本樊阳人。少出家，诵经二百万言。性玄虚，守戒节，善举措，美容色。多行头陀，独宿山野。晋武帝太康九年暂至洛阳，时疫疾甚流，死者相继，竭为咒治，十差八九。"

傅咸作《议立二社表》及《重表驳成粲议太社》（《晋书》卷一九《礼志上》）。

挚虞作《驳潘岳古今尺议》及《族姓昭穆》10卷。

按：《驳潘岳古今尺议》及《族姓昭穆》，《晋书》卷五一《挚虞传》曰："将作大匠陈勰掘地得古尺，尚书奏：'今尺长于古尺，宜以古为正。'潘岳以为习用已久，不宜复改。虞驳曰……又表论封禅，见《礼志》。虞以汉末丧乱，谱传多亡失，虽其子孙不能言其先祖，撰《族姓昭穆》十卷，上疏进之，以为足以备物致用，广多闻之益。"中言"又表论封禅，见《礼志》"，吴士鉴、刘承幹《晋书斠注》卷五一曰："案《礼志》载卫瓘等奏请封禅表,不列虞名。详《李重传》注。"又卷四六曰:"《挚虞传》表论封禅,见《礼志》,又议玉辂两社事见《舆服志》。今考《礼志》载卫瓘等奏请封禅表,列诸臣名初不及虞,若玉辂之议,则《舆服志》亦无之,惟两社议见于《礼志》,然亦非《舆服志》也。盖自唐以后修史不出一人之手,志传之文,不相检照,至于如此散播,诸臣失其职矣。"

孙楚作《太仆坐上诗》。

按:孙楚与王济交好。王济免河南尹而领太仆,孙楚故著此诗。陆侃如《中古文学系年》曰:"丁福保《全晋诗》卷四载楚《太仆坐上诗》:'朝钦厥庸,出尹京畿;迴授太仆,四牡骓骓。'显然指王济免河南尹而领太仆。"

月支僧竺法护出《密迹经》5卷。

按:《出三藏记集》卷二曰:"《密迹经》五卷。或云《密迹金刚力士经》。或七卷。太康九年十月八日出。"

温峤(　—329)、顾和(　—351)生。

晋太康十年　己酉　289 年

四月,太庙成。乙巳,迁神主于新庙,司马炎迎于道左,遂祫祭。大赦,文武增位一等,作庙者二等(《晋书》卷三《武帝纪》)。

五月,鲜卑慕容廆降晋,封为鲜卑都督,迁居徒河之青山(《晋书》卷三《武帝纪》)。

十一月,司马炎因宴乐过度,多疾病。疾稍瘳,赐王公以下帛各有差(《晋书》卷三《武帝纪》)。

甲申,晋改封诸王,并改诸王相国为内史,令诸王就国,假节督诸州军事。封子孙六人为王(《晋书》卷三《武帝纪》)。

司马炎诏刘渊为匈奴北部都尉(《资治通鉴》卷八二《晋纪四》)。

十二月,太庙梁折(《晋书》卷三《武帝纪》)。

挚虞议率百官迁神主于新庙,武帝纳之。

按:《晋书》卷一九《礼志上》曰:"至十年,乃更改筑(太庙)于宣阳门内,穷极壮丽,然坎位之制犹如初尔。庙成,帝用挚虞议,率百官迁神主于新庙,自征西以下,车服导从皆如帝者之仪。"

华峤约是年迁侍中。

按:《晋书》卷四四《华峤传》叙峤迁侍中于"太康末"前,假定是年。

何劭迁中书令,上表请改父谥为元。

按:《晋书》卷三三《何曾传》曰:"(何曾)咸宁四年薨,时年八十……将葬,下礼官议谥。博士秦秀谥为'缪丑',帝不从,策谥曰孝。太康末,子劭自表改谥为元。"陆侃如《中古文学系年》曰:"又卷四十《杨骏传》:'上疾遂笃,后乃奏帝以骏辅政,帝领之;便召中书监华廙,令何劭,口宣帝旨,使作遗诏。'这是下年四月的事,万斯同《晋将相大臣年表》以劭迁令在本年,秦锡圭《补晋执政表》则列于上年。劭本传未言及中书令,仅言迁侍中后又迁尚书。万表于侍中中书令间空一年,大约即为尚书留个时间,秦表似欠妥。"

傅咸约是年迁尚书左丞,举奏郭奕。

按:《晋书》卷四七《傅咸传》曰:"迁尚书左丞。"叙此事于"惠帝即位,杨骏辅政"前,假定是年。汤球辑王隐《晋书》卷六《傅咸传》曰:"傅咸为尚书左丞时,尚书郭奕,咸故将也,累辞疾病起,复不上朝,又自表妹葬乞出临丧。诏书听许,咸举奏之。"

刘颂母丧服满,除淮南相。有政绩,百姓颂之(《晋书》卷四六《刘颂传》)。

按:本传叙此事于"元康初,从淮南王允入朝"前,假定是年。

潘岳约是年迁廷尉评,以公事免。

按:《晋书》卷五五《潘岳传》曰:"岳频宰二邑,勤于政绩。调补尚书度支郎,迁廷尉评,以公事免。"本传叙岳迁廷尉评,以公事免于杨骏辅政前。假定是年。

潘尼迁淮南王允镇东参军。

按:《晋书》卷六四《淮南王传》曰:"淮南忠壮王允……太康十年,徙封淮南,仍之国,都督扬江二州诸军事、镇东大将军、假节。"卷五五《潘尼传》曰:"太康中,举秀才,为太常博士。历高陆令、淮南王允镇东参军。"

陆机与弟陆云俱入洛,造太常张华,被誉"二俊"。

按:《晋书》卷五四《陆机传》曰:"至太康末,与弟云俱入洛,造太常张华。华素重其名,如旧相识,曰:'伐吴之役,利获二俊。'又尝诣侍中王济,济指羊酪谓机曰:'卿吴中何以敌此?'答云:'千里莼羹,未下盐豉。'时人称为名对。"同卷《陆云传》曰:"吴平,入洛。机初诣张华,华问云何在。机曰:'云有笑疾,未敢自见。'俄而云至。华为人多姿制,又好帛绳缠须。云见而大笑,不能自已。先是,尝著缞绖上船,于水中顾见其影,因大笑落水,人救获免。云与荀隐素未相识,尝会华坐,华曰:'今日相遇,可勿为常谈。'云因抗手曰:'云间陆士龙。'隐曰:'日下荀鸣鹤。'鸣鹤,隐字也。云又曰:'既开青云睹白雉,何不张尔弓,挟尔矢?'隐曰:'本谓是云龙騤騤,乃是山鹿野麋。兽微弩强,是以发迟。'华抚手大笑。"《文选》卷一七《文赋》李善注引臧荣绪《晋书》曰:"与弟云勤学,积十一年,誉流京华,声溢四表,被征为太子洗马。与弟云俱入洛,司徒张华素重其名,如旧相识,以文呈华。天才绮练,当时独绝;新声妙句,系踪张、蔡。机妙解情理,心识文体,故作《文赋》。"陆侃如《中古文学系年》曰:"吴亡于太康元年,机太康末入洛,不及十一年,当以前引本传十年为是。征洗马尚在二年后,华亦非司徒。据胡克家《文选考异》卷三,袁本、茶陵本无此段,可证传写多误。"

顾荣与陆机兄弟同入洛,时号"三俊"(《晋书》卷六八《顾荣传》)。

戴若思与陆机结交。

按:《晋书》卷六九《戴若思传》曰:"戴若思,广陵人也,名犯高祖庙讳。……若思有风仪,性闲爽,少好游侠,不拘操行。遇陆机赴洛,船装甚盛,遂与其徒掠之。若思登岸,据胡床,指麾同旅,皆得其宜。机察见之,知非常人,在舫屋上遥谓之曰:'卿才器如此,乃复作劫邪!'若思感悟,因流涕,投剑就之。机与言,深加赏异,遂与定交焉。"

嵇含被楚王玮辟为掾。

按:《晋书》卷八九《嵇含传》曰:"含字君道。……含好学能属文。家在巩县亳丘,自号亳丘子,门曰归厚之门,室曰慎终之室。楚王玮辟为掾。"据卷三《武帝纪》,

是年十一月"始平王玮为楚王"。

华峤作《贺武帝疾瘳表》。

按：《晋书》卷四四《华峤传》曰："太康末，武帝颇亲宴乐，又多疾病。属小瘳，峤与侍臣表贺，因微谏曰……"

刘颂作《除淮南相在郡上疏》。

按：文见《晋书》卷四六《刘颂传》曰："颂在郡上疏曰……"文甚长，中言"自泰始以来，将三十年，政功美绩，未称圣旨，凡诸事业，不茂既往"，武帝明年卒，故假定是年。

傅咸约是年作《迁尚书左丞相表》及《答辛旷诗序》。

按：《迁尚书左丞相表》见《太平御览》卷二一三。《答辛旷诗序》，严可均《全晋文》卷五二注曰："《初学记》十一引两条。前作傅玄，后作傅咸。《通典》二十二、《御览》二百十三并作傅咸。"序云："尚书左丞，弹八座以下，居万机之会，斯乃皇朝之司直，天台之管辖。余前为右丞，具知此职之要，后忝此任，黾勉从事，日慎一日。"

王赞作《梨树颂并序》、《侍皇子宴始平王诗》及《侍皇太子祖道楚、淮南二王诗》。

按：《梨树颂》见《艺文类聚》卷八六，序见《初学记》卷二八曰："太康十年，梨树四枝，其条与中枝合，生于园囿。皇太子令侍臣作颂。"《侍皇子宴始平王诗》及《侍皇太子祖道楚、淮南二王诗》见逯钦立《晋诗》卷八。是年改封诸王。

陆机作《赴洛道中》诗二首，《赴洛》二首其一及《与弟云书》。

按：《赴洛道中》诗二首，《赴洛》二首其一并见《文选》卷二六。《赴洛》二首李善注曰："集云此篇赴太子洗马时作，下篇云东宫作；而此同云赴洛，误也。"五臣注曰："后篇意，乃在东宫作，盖撰者合也。"陆侃如《中古文学系年》曰："下篇确作于东宫，上篇则应召赴洛时作，不过并非就洗马之职。"《晋书》卷九二《左思传》曰："初，陆机入洛，欲为此赋，闻思作之，抚掌而笑，与弟云书曰：'此间有伧父，欲作《三都赋》，须其成，当以覆酒甏耳。'及思赋出，机绝叹伏，以为不能加也，遂辍笔焉。"

又按：陆机入洛时间，关系到左思《三都赋》作年的考订。参见281年"左思作《三都赋》"条。

卫恒约是年作《四体书势》。

按：文见《晋书》卷三六《卫恒传》。刘汝霖《汉晋学术编年》考证曰："按本文引太康元年之事，疑其文之作，最早亦当在太康中叶或中叶之后，故志之于此。"所谓"太康元年之事"，指"太康元年，汲县人盗发魏襄王冢，得策书十余万言"。

左芬约是年作《万年公主诔》。

按：《晋书》卷三一《左贵嫔传》曰："及帝女万年公主薨，帝痛悼不已，诏芬为诔，其文甚丽。帝重芬词藻，每有方物异宝，必诏为赋颂，以是屡获恩赐焉。答兄思诗、书及杂赋颂数十篇，并行于世。"陆侃如《中古文学系年》曰："公主卒年无考，假定在武帝末年。芬以后事迹没有记载。"

月支僧竺法护出《文殊师利净律经》1卷、《离垢施女经》1卷及《魔逆经》1卷。

按：《出三藏记集》卷二曰："《文殊师利净律经》一卷。一本云《净律经》。太康十年四月八日出。"卷七《文殊师利净律经记》曰："经后记云：沙门竺法护于京师，遇西国寂志诵出此经。经后尚有数品，其人忘失，辄宣现者，转之为晋。更得其本，补令具足。太康十年四月八日,白马寺中,聂道真对笔受,劝助刘元谋,傅公信、侯彦长等。"卷二曰:"《离垢施女经》一卷。太康十年十二月二日出。"卷二曰:"《魔逆经》一卷。太康十年十二月二日出。"卷七《魔逆经记》出经后记曰:"太康十年十二月二日,月支菩萨法护手执梵书,口宣晋言,聂道真笔受,于洛阳城西白马寺中始出。折显元写,使功德流布,一切蒙福度脱。"

荀勖卒,生年不详。勖字公曾,颍川颍阴人,汉荀爽曾孙。西晋文学家、音乐家、目录学家。曾仕魏,累任中郎。入晋为侍中,受封济北郡公,进位光禄大夫。曾与贾充共定律令,与张华依刘向《别录》整理记籍。又据郑默之《中经》作《中经新簿》,分群书为甲乙丙丁,即经史子集四部,开创中国图书四部分类法,原书已佚,清王仁俊《玉函山房辑佚书补编》辑存1卷。严可均《全晋文》卷三一载其文16篇。逯钦立《晋诗》卷二载其诗3首。张溥《汉魏六朝百三名家集》有《魏荀公曾集》1卷。事迹见《晋书》卷三九。

刘智约卒,生年不详。智字子房,平原高唐人,刘寔弟。少贫窭,常负薪自给,读诵不辍,以儒行称。历中书黄门吏部郎,出为颍川太守。平原管辂曾谓人曰:"吾与刘颍川兄弟语,使人神思清发,昏不假寐。自此之外,殆白日欲寝矣。"累迁侍中、尚书、太常。精历法,晋武帝时,尝制新历,作《正历》,以甲子为上元,得元首之端,后王朔之所作《通历》等皆从之。作《丧服释疑论》。卒谥成。严可均《全晋文》卷三九载其文3篇。事迹见《晋书》卷四一《刘寔传》。

庾亮(—340)生。

晋武帝太熙元年　晋惠帝司马衷永熙元年
庚戌　290年

意大利维罗纳圆形竞技场始建。

正月辛酉朔,改元太熙(《晋书》卷三《武帝纪》)。

四月己酉,晋武帝司马炎卒,皇太子司马衷继位,是为惠帝,改元永熙。尊皇后杨氏曰皇太后,立妃贾氏为皇后(《晋书》卷三《武帝纪》、《晋书》卷四《惠帝纪》)。

五月,武帝杨后父杨骏为太傅,矫诏辅政(《晋书》卷四《惠帝纪》)。

八月壬午,晋立广陵王遹为皇太子(《晋书》卷四《惠帝纪》)。

是冬,以匈奴刘渊为建威将军、匈奴五部大都督(《资治通鉴》卷八二《晋纪四》)。

裴頠转国子祭酒,兼右军参军。奏修国学,刻石写经。

按:《晋书》卷三五《裴頠传》曰:"惠帝即位,转国子祭酒,兼右军将军。……时天下暂宁,颙奏修国学,刻石写经。皇太子既讲,释奠祀孔子,饮飨射侯,甚有仪序。"陆侃如《中古文学系年》曰:"吴士鉴、刘承幹《斠注》:'《书钞》六十七,《类聚》三十八《晋诸公赞》曰:裴颙惠帝时拜为国子祭酒,奏立国子太学,起讲堂,筑门阙,刻石以写五经。案奏立太学当在为祭酒时,傅畅所言是也。《本传》叙修国学于迁侍中之下,未允。'顾炎武《石经考》及朱彝尊《经义考》卷二百八十八均以刻经在祭酒任上。"

  李重约是年迁廷尉平。

  按:《晋书》卷四六《李重传》曰:"太熙初,迁廷尉平。驳廷尉奏邯郸醉等,文多不载。再迁中书郎,每大事及疑议,辄参以经典处决,多皆施行。迁尚书吏部郎,务抑华竞,不通私谒,特留心隐逸,由是群才毕举。拔用北海西郭汤、琅邪刘珩、燕国霍原、冯翊吉谋等为秘书郎及诸王文学,故海内莫不归心。"

  何劭迁中书监,改太子太师。

  按:《晋书》卷三三《何劭传》曰:"惠帝即位,初建东宫,太子年幼,欲令亲万机,故盛选六傅,以劭为太子太师,通省尚书事。"

  张华为太子少傅,与王戎、裴楷、和峤俱以德望为杨骏所忌,皆不与朝政(《晋书》卷三六《张华传》)。

  石崇出为南中郎将,荆州刺史,领南蛮校尉,加鹰扬将军。

  按:《晋书》卷三三《石崇传》曰:"元康初,杨骏辅政,大开封赏,多树党援。崇与散骑郎蜀郡何攀共立议,奏于惠帝曰……书奏,弗纳。出为南中郎将、荆州刺史,领南蛮校尉,加鹰扬将军。"陆侃如《中古文学系年》曰:"据卷四十《杨骏传》及卷四十七《傅祗传》,知大开封赏在永熙元年,而不在元康。……万斯同《晋方镇年表》及秦锡圭《补晋方镇表》,均以崇出镇在元康元年,似误。"

  邹湛转太傅杨骏长史。

  按:《晋书》卷九二《邹湛传》曰:"太康中,拜散骑常侍,出补渤海太守,转太傅杨骏长史。"其转太傅杨骏长史应在是年。

  孙楚为冯翊太守(《晋书》卷五六《孙楚传》)。

  夏侯湛为散骑常侍(《晋书》卷五五《夏侯湛传》)。

  潘岳为太傅主簿。

  按:《晋书》卷五五《潘岳传》曰:"杨骏辅政,高选吏佐,引岳为太傅主簿。"

  陆机被太傅杨骏辟为祭酒。

  按:《晋书》卷五四《陆机传》曰:"张华荐之诸公,后太傅杨骏辟为祭酒。"《文选》卷三七载机《谢平原内史》李善注引臧荣绪《晋书》曰:"太熙末,太傅杨骏辟机为祭酒。"陆侃如《中古文学系年》曰:"本年正月改元太熙,四月改元永熙,机为祭酒当在永熙初。"

  木华为太傅杨骏主簿。

  按:《文选》卷一二木华《海赋》五臣注曰:"今书《七志》云:木华,字玄虚,广川人也。文章隽丽,为杨骏府主簿。"

  杨泉约是年征为郎中,不就,从事著述。

  按:杨泉,生卒年不详,字德渊,梁国人。征聘不就,从事著述。曾采秦汉诸子之说著《物理论》,仅存残篇,杂入晋傅玄《傅子》一书中。上继汉桓谭王充,主张死无遗魂,开范缜《神灭论》之先河。《隋书》卷三四《经籍志三》著录梁有其《杨子物理论》16卷、《杨子太元经》14卷。卷三五《经籍志四》著录晋处士《杨泉集》2卷,录1卷。清人孙星衍《平津馆丛书》辑有《物理论》1卷,《玉函山房辑佚书·续编》收入清王仁俊辑本及补遗各1卷,《玉函山房辑佚书》收入马国翰辑《太元经》1卷。严可均《全三国文》卷七五载其文7篇。今人魏明安、赵以武《杨泉评传》(南京大学出版社1996年版)对杨泉的生平事迹、著述情况、杨泉的思想及背景作了深入研究。

又按：魏明安、赵以武《杨泉评传》曰："关于杨泉，我们知道无多。《三国志·吴书》《晋书》里既无其传，又无其名其生平事迹的线索，只有以下三处极简单的记载：1.《北堂书钞》卷六三引《晋录》讲，杨泉为吴处士，入晋，'诏拜泉郎中'，会稽相朱则上言'杨泉[为政]清操[发于]自然，征聘终不移心'(严可均《全三国文》卷七五'杨泉'介绍文字，《全晋文》卷八六朱则《上书言杨泉》文，均据《书钞》，无'为政'、'发于'四字)。2.《隋书·经籍志》'子部·儒家类'与'集部'载录杨泉著作，冠以'晋处士'、'晋征士'的称谓。3.《意林》卷五，在《物理论》、《太元经》下，同注：'梁国杨泉，字德渊。'"经过考证，认为："杨泉于晋惠帝继位前后，即公元290年前后，被朝廷征召，离开会稽，北上至洛。他没有任职做官，仍为'处士''征士'，从事著述。这与皇甫谧这位'晋征士'的情形有点相似。杨泉《物理论》写成于入洛以后，他的有些作品也作于隐居洛下之时。"今从之。

月支僧竺法护隐居深山。

按：《高僧传》卷一《竺法护传》曰："护以晋武之末，隐居深山。"刘汝霖《汉晋学术编年》考证曰："按《高僧传》谓法护以晋武之末隐居深山，考法护此年八九月尚于洛阳校经，则其隐居不能在此年之前。且此年即武帝泰熙元年，与武帝末之语正合，故志之于此。"

何劭作《武帝遗诏》(《晋书》卷四〇《杨骏传》)。

张华作《武帝哀策文》(《艺文类聚》卷一三)。

潘岳作《世祖武皇帝诔》(《艺文类聚》卷一三)。

石崇作《议奏封赏当依准旧事》(《晋书》卷三三《石崇传》)。

挚虞约是年作《谏改除普增位一等表》。

按：《晋书》卷五一《挚虞传》曰："时太庙初建，诏普增位一等。后以主者承诏失旨，改除之。虞上表曰……诏从之。""时太庙初建，诏普增位一等"在上年太康十年，文中言及"先帝遗惠余泽，普增位一等，以酬四海欣戴之心"，则此文应作于武帝卒后。又本传叙此事于"元康中，迁吴王友"前，假定是年。

孙楚作《之冯翊祖道诗》。

按：诗见逯钦立《晋诗》卷二。应为是年至冯翊赴太守任上作。

傅咸作《与杨骏笺》、《奏劾荀恺》、《答杨济书》及《答李斌书》。

按：《与杨骏笺》、《奏劾荀恺》、《答杨济书》见《晋书》卷四七《傅咸传》。《太平御览》卷九二四节录《答李斌书》曰："吾作左丞，未几而已。吾为京兆，虽心知此为不合，然是家乡亲里，自愿便从俗耳……"书中正言及出为京兆事。

嵇含作《白首赋》。

按：仅存《白首赋序》，见《艺文类聚》卷一七。序曰："余年二十七，始有白发生于左鬓……"含生于景元四年(263)，是年二十七。

月支僧竺法护出《法没尽经》1卷、《宝髻经》2卷及《给孤独明德经》1卷。

按：《出三藏记集》卷二曰："《法没尽经》一卷。或云《空寂菩萨所问经》。太熙元年二月七日出。"卷二曰："《宝髻经》二卷。一名《菩萨净行经》。《旧录》云，《宝结菩萨经》，或云《宝髻菩萨所问经》。永熙元年七月十四日出。"卷二曰："《给孤独明德经》一卷。《旧录》云，《给孤独氏经》。太熙元年末出。"该经梁时阙。

僧康那律写《正法华品》。

按：《出三藏记集》卷八无名氏《正法华经后记》曰："永熙元年八月二十八日，比丘康那律于洛阳写《正法华品》竟，时与清戒界节优婆塞张季博、董景玄、刘长武、长文等手执经本，诣白马寺对，于法护口校古训，讲出深义。以九月大斋十四日，于东牛寺中施檀大会，讲诵此经，竟日尽夜。无不咸欢，重已校定。"

魏舒卒（209— ）。舒字阳元，任城樊人。年四十余，对策上第，除渑池长，迁浚仪令，入为尚书郎。累迁后将军钟毓长史，转相国参军，迁宜阳、荥阳二郡太守，甚有美称。征拜散骑常侍，出冀州刺史，以简惠称。入为侍中，迁尚书，太康初，拜尚书右仆射。徙左仆射，领吏部，加右光禄大夫。山涛卒，代为司徒。署兖州大中正。是年逊位，寻卒，谥曰康。严可均《全晋文》卷四四辑其文4篇。事迹见《晋书》卷四一。

晋惠帝永平元年　元康元年　辛亥　291年

正月乙酉朔，晋改永熙二年为永平元年(《晋书》卷四《惠帝纪》)。

二月戊寅，复置秘书监官(《晋书》卷四《惠帝纪》)。

三月辛卯，贾后命东安公繇杀杨骏等，皆夷三族(《晋书》卷四《惠帝纪》)。

壬辰，改元元康(《晋书》卷四《惠帝纪》)。

贾后矫诏废皇太后杨氏为庶人，徙于金墉城，告于天地宗庙。诛太后母庞氏(《晋书》卷四《惠帝纪》)。

壬寅，征大司马、汝南王亮为太宰，与太保卫瓘均录尚书事，辅政。以楚王司马玮为卫将军，进东安公司马繇为王。贾后族兄贾模、从舅郭彰、妹之子贾谧等参与政事(《晋书》卷四《惠帝纪》)。

四月癸亥，以征东将军、梁王肜为征西大将军、都督关西诸军事，太子少傅阮坦为平东将军、监青徐二州诸军事(《晋书》卷四《惠帝纪》)。

六月，汝南王亮与卫瓘谋夺楚王玮兵权。贾后矫诏使楚王玮杀亮、瓘；乙丑，又矫诏以玮擅害亮、瓘，杀楚王玮。"八王之乱"由此始(《晋书》卷四《惠帝纪》)。

按：八王，即汝南王亮、楚王玮、长沙王乂、成都王颖、赵王伦、河间王颙、齐王冏、东海王越。

贾后专权，以贾模、张华、裴頠掌机要，同辅政(《晋书》卷四《惠帝纪》、《资治通鉴》卷八二《晋纪四》)。

八月庚申，以赵王伦为征东将军、都督徐兖二州诸军事；河间王颙为北中郎将，镇邺；太子太师何劭为都督豫州诸军事，镇许昌。徙长沙王乂为常山王。立陇西王泰之子司马越为东海王(《晋书》卷四《惠帝纪》)。

九月辛丑，征征西大将军、梁王肜为卫将军、录尚书事，以赵王伦为征西大将军、都督雍梁二州诸军事(《晋书》卷四《惠帝纪》)。

卫恒考正《汲冢竹书》。

按： 朱希祖《汲冢书考·汲冢书校理年月考第四》曰："汲冢书之编校写定……第二期自惠帝永平元年(公元二九一年)二月至六月为卫恒考正时期，后以被楚王玮所害而中止。"参见279年"汲郡人不准掘魏襄王冢，得竹简小篆古书十余万言"条、281年"司马炎令荀勖、和峤整理不准掘墓所得竹书"条。

鲁胜约是年迁建康令，到官，著《正天论》。

按：《晋书》卷九四《鲁胜传》曰："元康初，迁建康令。到官，著《正天论》……遂表上求下群公卿士考论……"以"元康初"，姑系是年。

又按： 鲁胜，生卒年不详，字叔时，代郡人。少有才操，为佐著作郎。元康初，迁建康令。到官，著《正天论》。知将来多故，称疾去官。中书令张华遣子劝其更仕，再征博士，举中书郎，皆不就。其著述为世所称，遭乱遗失。注《墨辩》，仅存其叙，中言："自邓析至秦时名家者，世有篇籍，率颇难知，后学莫复传习，于今五百余岁，遂亡绝。《墨辩》有上下《经》，《经》各有《说》，凡四篇，与其书众篇连第，故独存。今引说就经，各附其章，疑者阙之。又采诸众杂集为《刑》、《名》二篇，略解指归，以俟君子。其或兴微继绝者，亦有乐乎此也！"鲁胜为墨学的流传做出了贡献。严可均《全晋文》卷八九载其文3篇。事迹见《晋书》卷九四《隐逸传》。

刘颂为三公尚书，上疏论律令事，为时论所美。监诛楚王玮(《晋书》卷四六《刘颂传》及卷五九《楚王玮传》)。

挚虞迁吴王友，与荀颉讨论新礼。

按：《晋书》卷五一《挚虞传》曰："元康中，迁吴王友。时荀颉撰《新礼》，使虞讨论得失而后施行。"据卷一九《礼志上》，虞表上新礼在元康元年。

张华议废杨太后，谋诛楚王玮，拜右光禄大夫、侍中、中书监(《晋书》卷三六《张华传》)。

裴楷以杨骏姻亲收付廷尉，坐去官。封临海侯。为北军中候，加散骑常侍，不敢拜，转为尚书。求出外镇，除安南将军、假节、都督荆州诸军事。玮诛后，为中书令，加侍中。

按：《晋书》卷三五《裴楷传》曰："楷子瓒娶杨骏女，然楷素轻骏，与之不平。骏既执政，乃转为卫尉，迁太子少师，优游无事，默如也。及骏诛，楷以婚亲收付廷尉，将加法。是日事起仓卒，诛戮纵横，众人为之震恐。楷容色不变，举动自若，索纸笔与亲故书。赖侍中傅祗救护得免，犹坐去官。太保卫瓘、太宰亮称楷贞正不阿附，宜蒙爵土，乃封临海侯，食邑二千户。代楚王玮为北军中候，加散骑常侍。玮怨瓘、亮斥己任楷，楷闻之，不敢拜，转为尚书。楷长子舆先娶亮女，女适卫瓘子，楷虑内难未已，求出外镇，除安南将军、假节、都督荆州诸军事……玮既伏诛，以楷为中书令，加侍中，与张华、王戎并管机要。……就加光禄大夫、开府仪同三司。及疾笃，诏遣黄门郎王衍省疾，楷回眸瞩之曰：'竟未相识。'衍深叹其神俊。"

又按： 裴楷，生卒年不详，年五十五卒。楷字叔则，河东闻喜人，裴徽子、裴秀从弟。明悟有识量,弱冠知名,尤精《老》、《易》,少与王戎齐名。楷风神高迈,容仪俊爽,博涉群书,特精理义,时人谓之"玉人"。钟会荐之于司马昭,辟相国掾,迁尚书郎。贾充改定律令,楷为定科郎。晋武帝时,累迁散骑常侍、河内太守,入为屯骑校尉、右军将军,转侍中。杨骏之难,坐免官,转为尚书。楚王玮伏诛,为中书令,加侍中,与张华、王戎并管机要。官至光禄大夫、开府仪同三司。《隋书》卷三五《经籍志四》著录梁有光禄大夫《裴楷集》2卷,录1卷,亡。事迹见《晋书》卷三五。

裴頠领左军将军,迁侍中。
按:《晋书》卷三五《裴頠传》曰:"杨骏将诛也……寻而诏頠代豫领左军将军,屯万春门。……累迁侍中。"万斯同《晋将相大臣年表》系裴頠于是年迁侍中。

李含领始平中正,被贬官,退割为五品(《晋书》卷六〇《李含传》)。

华峤于杨骏诛后改封乐乡侯,迁尚书。
按:《晋书》卷四四《华峤传》曰:"元康初,封宣昌亭侯。诛杨骏,改封乐乡侯,迁尚书。"

傅咸在杨骏诛后,转为太子中庶子,迁御史中丞(《晋书》卷四七《傅咸传》)。

潘岳坐杨骏除名,以公孙宏救得免死。
按:《晋书》卷五五《潘岳传》曰:"骏诛,除名。初,谯人公孙宏少孤贫,客田于河阳,善鼓琴,颇能属文。岳之为河阳令,爱其才艺,待之甚厚。至是,宏为楚王玮长史,专杀生之政。时骏纲纪皆当从坐,同署主簿朱振已就戮。岳其夕取急在外,宏言之玮,谓之假吏,故得免。"

邹湛于杨骏诛后免官(《晋书》卷九二《邹湛传》)。

傅祗免官。
按:《晋书》卷四七《傅祗传》曰:"祗字子庄。父嘏,魏太常。祗性至孝,早知名,以才识明练称……除河南尹,未拜,迁司隶校尉。以讨杨骏勋,当封郡公八千户,固让,减半,降封灵川县公,千八百户,余二千二百户封少子畅为武乡亭侯。又以本封赐兄子隽为东明亭侯。楚王玮之矫诏也,祗以闻奏稽留,免官。"楚王玮六月被杀,祗免官当在是年六月后。

石崇因献鸩于王恺,二人被傅祗所纠。
按:《晋书》卷三三《石崇传》曰:"崇在南中,得鸩鸟雏,以与后军将军王恺。时制,鸩鸟不得过江,为司隶校尉傅祗所纠,诏原之,烧鸩于都街。崇颖悟有才气,而任侠无行检。在荆州,劫远使商客,致富不赀。"献鸩之事亦见于卷九三《外戚传》。陆侃如《中古文学系年》曰:"据卷四十七《傅祗传》,祗为司隶校尉在本年三月杨骏死后,六月楚王玮死前。"

嵇含于楚王玮被杀后免官(《晋书》卷八九《嵇含传》)。

陆机于杨骏诛后,迁太子洗马(《晋书》卷五四《陆机传》)。

陆云约是年以公府掾为太子舍人。
按:姜亮夫《陆平原年谱》曰:"按云补太子舍人为浚仪令在何时,史无明文。然元康四年与兄机同征为吴王郎中令,则不得迟于四年。史称为浚仪令有政绩,则在官非短促所能见,故浚仪之使,当得一二年。疑至迟当在三年初,则补太子舍人,不得迟于二年,故次此。"

欧阳建迁冯翊太守,与赵王伦、孙秀有隙(《晋书》卷三三《石崇传》、《世说新语·仇隙第三十六》刘孝标注引《晋阳秋》)。

王戎为尚书右仆射（《晋书》卷四《惠帝纪》）。

僧诃罗竭西入止娄至山石室中坐禅。

按：《高僧传》卷一〇《诃罗竭传》曰："至晋惠帝元康元年，乃西入，止娄至山石室中坐禅。"

挚虞作《典校五礼表》、《奏定二社》、《奏祀六宗》、《明堂郊祀议》、《祀皋陶议》、《庙设次殿议》、《挽歌议》、《丧佩议》、《吉驾导从议》、《公为所寓服议》、《傍亲服议》、《师服议》、《诸侯觐建旗议》、《皇太子称臣议》及《夫人不答妾拜议》。

按：《晋书》卷一九《礼志上》曰："太康初，尚书仆射朱整奏付尚书郎挚虞讨论之。虞表所宜损增曰……虞讨论新礼讫，以元康元年上之。所陈惟明堂五帝、二社六宗及吉凶王公制度，凡十五篇。有诏可其议。后虞与傅咸缵续其事，竟未成功。中原覆没，虞之《决疑注》，是其遗事也。……太康九年，改建宗庙，而社稷坛一庙俱徙。乃诏曰：'社实一神，其并二社之祀。'……其后挚虞奏，以为：'……世祖武皇帝躬发明诏，定二社之义，以为永制。宜定新礼，从二社。'诏从之。"陆侃如《中古文学系年》曰："严可均《全晋文》卷七十六载《典校五礼表》等十二篇，卷七十七《诸侯觐见旗议》等三篇。丁国钧《补晋书艺文志》卷三著录《杂礼议》，秦荣光《补晋书艺文志》卷二著录《新礼讨论》十五篇、《晋礼续制》、《新礼仪志》及《杂祀议》；吴士鉴《补晋书经籍志》卷二著录挚毅《新礼杂礼议》。黄逢元《补晋书艺文志》卷二著录《杂记》及《新礼仪志》，注：'见《御览》五百六十七，又二百七十四引作挚虞《新礼》。《书钞》八十八，又九十引作《新礼仪》。又《酉阳杂俎·贬误篇》引作《初礼仪》，注云，一曰《新礼》。'这些不同的名称，都是指挚虞讨论荀顗《新礼》的作品，《全晋文》据《礼志》而收的几篇是其中尚存者。"

刘颂作《上疏言断狱宜守律令》（《晋书》卷三〇《刑法志》）。

张载作《元康颂》。

按：本年三月改元。见《文选》卷二七颜延之《宋郊祀歌》注，仅存"开元建号，班德布化"两句。

鲁胜约是年作《正天论》及《上正天论表》。

按：二文见《晋书》卷九四《鲁胜传》。参见是年"鲁胜约是年迁建康令，到官，著《正天论》"条。

张华作《女史箴》。

按：《晋书》卷三六《张华传》曰："华惧后族之盛，因作《女史箴》以为讽。贾后虽凶妒，而知敬重华。"

傅咸作《致汝南王亮书》、《与汝南王亮笺》、《上书陈选举》、《理李含表》、《又言》、《明意赋》、《御史中丞箴》等。

按：《致汝南王亮书》、《与汝南王亮笺》、《上书陈选举》见《晋书》卷四七《傅咸传》。《理李含表》见《晋书》卷六〇《李含传》。严可均《全晋文》卷五二载咸《又言》，见《通典》卷八八，亦为李含而作。《明意赋并序》见《艺文类聚》卷五四，序曰："侍御史傅咸奉诏治狱，作赋用明意云。"《御史中丞箴并序》见《初学记》卷一二及《太平御览》卷二二六。两篇都应作于御史中丞任上。

潘岳作《夏侯常侍诔》（《文选》卷五七）。

陆机作《赴洛》二首其二。

晋惠帝永平元年　元康元年　辛亥　291年

按：《赴洛》二首其二见载于《文选》卷二六，中云"托身承华侧"，李善注引陆机《洛阳记》曰："太子宫有承华门。"应作于为太子洗马后。

陆云约是年作《盛德颂》及《征西大将军京陵王公会射堂皇太子见命作此诗》。

按：《盛德颂》见严可均《全晋文》卷一〇三。序曰："余行经泗水，高帝昔为亭长于此。瞻望山川，意有恨然，遂奏章以通情焉，并为之颂云尔。晋太子舍人粪土臣云稽首再拜上书皇帝陛下，臣云顿首死罪……"逯钦立《晋诗》卷六载《征西大将军京陵王公会射堂皇太子见命作此诗》（六章），作于云任太子舍人任上。

束皙作《吊卫巨山文》、《劝农赋》、《饼赋》及《玄居释》。

按：《晋书》卷五一《束皙传》曰："皙与卫恒厚善，闻恒遇祸，自本郡赴丧。尝为《劝农》及《饼》诸赋，文颇鄙俗，时人薄之。而性沈退，不慕荣利，作《玄居释》以拟《客难》，其辞曰……"除《玄居释》本传有录外，其余三篇严可均《全晋文》卷八七有辑。陆侃如《中古文学系年》系其作《劝农赋》、《饼赋》及《玄居释》于是年。

蔡洪约是年作《孤奋论》讽世，与王沈《释时论》意同。

按：《晋书》卷九二《文苑传·王沈传》曰："（王沈）郁郁不得志，乃作《释时论》，其辞曰……是时王政陵迟，官才失实，君子多退而穷处，遂终于里间。元康初，松滋令吴郡蔡洪字叔开，有才名，作《孤奋论》，与《释时》意同，读之者莫不叹息焉。"

又按：王沈生卒年不详，字彦伯，高平人。出身寒微，不能随俗沉浮，为豪族所抑。仕郡为文学掾，作《释时论》，为疾时之作，见于《晋书》本传。事迹见《晋书》卷九二《文苑传》。蔡洪生卒年不详，字叔开，吴郡人。惠帝元康初，为松滋令。虽有才名，而亦不遇于时。作《孤奋论》，亦为讽世之作。严可均《全晋文》卷八一载其文3篇。事迹见《晋书》卷九二《文苑传》。

月支僧竺法护出《勇伏定经》2卷、《度世品经》6卷、《大哀经》7卷、《贤劫经》7卷、《如来兴显经》4卷、《马王经》1卷、《鹿母经》1卷及《普义经》1卷。

按：《出三藏记集》卷二曰："《勇伏定经》二卷。安公云，更出《首楞严》。元康元年四月九日出。"该经梁时阙。卷七支敏度《合首楞严经记》曰："至大晋之初，有沙门支法护，白衣竺叔兰，并更译此经，求之于义，互相发明。……《勇伏定记》曰：元康元年四月九日，敦煌菩萨支法护手执胡经，口出《首楞严三昧》，聂承远笔受。愿令四辈揽综奉宣，观异同意。"卷二曰："《度世品经》六卷。或云《度世》。或为五卷。元康元年四月十三日出。"卷二曰："《大哀经》七卷。二十八品。《旧录》云，《如来大哀经》。元康元年七月七日出。"卷九无名氏《如来大哀经记》曰："元康元年七月七日，敦煌菩萨支法护手执胡经，经名《如来大哀》，口受聂承远，道真正书晋言，以其年八月二十三日讫。护亲自覆校。"卷二曰："《贤劫经》七卷。《旧录》云，《贤劫三昧经》，或云《贤劫定意经》。元康元年七月二十一日出。"卷七无名氏《贤劫经记》曰："《贤劫经》，永康元年七月二十一日，月支菩萨竺法护从罽宾沙门得是《贤劫三昧》，手执口宣。时竺法友从洛寄来，笔受者赵文龙。""永康"或为"元康"之误。今从卷二。卷二曰："《如来兴显经》四卷。一本云《兴显如幻经》。元康元年十二月二十五日出。"卷二曰："《马王经》一卷。永平元年中出。"该经梁时阙。卷二曰："《普义经》一卷。永平中出。"该经梁时阙。卷二曰："《鹿母经》一卷。元康初出。"该经梁时阙。

天竺僧竺叔兰译《放光经》、《异维摩诘经》3卷及《首楞严经》2卷。

按：《出三藏记集》卷二曰："《异维摩诘经》三卷。《首楞严经》二卷（《别录》所载，《安录》先阙。《旧录》有叔兰《首楞严》二卷）。右二部，凡五卷。晋惠帝时，竺叔兰以元康元年译出。"卷一三《竺叔兰传》曰："竺叔兰，本天竺人也。……祖父娄陀，笃志好学……娄陀子达摩尸罗，齐言法首，先在他国。其妇兄二人，并为沙门。闻父被害，国内大乱，即与二沙门奔晋，居于河南，生叔兰。……（叔兰）以晋元康元年译出《放光经》及《异维摩诘》十余万言。既学兼胡汉，故译义精允。"

僧朱士行译《放光经》20 卷。

按：《出三藏记集》卷七《放光经记》曰："惟昔大魏颍川朱士行，以甘露五年出家学道为沙门，出塞西至于阗国，写得正品梵书胡本九十章，六十万余言。以太康三年遣弟子弗如檀，晋字法饶，送经胡本至洛阳。住三年，复至许昌。二年后至陈留界仓垣水南寺，以元康元年五月十五日，众贤者共集议，晋书正写。时执胡本者，于阗沙门无罗叉，优婆塞竺叔兰口传，祝太玄、周玄明共笔受。正书九十章，凡二十万七千六百二十一言。时仓垣诸贤者等，大小皆劝助供养，至其年十二月二十四日写都讫。"又，卷二曰："《放光经》二十卷。晋元康元年五月十五日出。有九十品。一名《旧小品》。阙。右一部，凡二十卷。魏高贵乡公时，沙门朱士行到于阗国，写得此经正品梵书胡本十九章，到晋武帝元康初，于陈留仓垣水南寺译出。"元康为惠帝年号，此云"晋武帝"，误。

僧如檀译《放光分》。

按：《出三藏记集》卷七道安《合放光光赞略解序》曰："《放光分》，如檀以泰始三年于阗为师送至洛阳，到元康元年五月乃得出耳。先《光赞》来四年，后《光赞》出九年也。"

卫瓘卒（220— ）。瓘字伯玉，河东安邑人。仕魏为廷尉卿，明法理，每至听讼，小大以情。邓艾、钟会攻蜀，瓘以本官持节监之。蜀平，会谋反，瓘纠集诸将杀之。咸宁初，征拜尚书令，加侍中。性整严，以法御下。瓘学问深博，明习文艺，与尚书郎索靖皆善草书，时人号为"一台二妙"。武帝以太子不慧，欲废立，瓘赞其事，故太子妃即贾后深恨之。及惠帝立，瓘遂遇害。严可均《全晋文》卷三〇载其文 6 篇。事迹见《晋书》卷三六。

夏侯湛卒（243— ）。湛字孝若，谯人。与潘岳友善，时常出游，时人谓之"连璧"。惠帝时，官至散骑常侍。湛族为盛门，性颇豪奢，及死则俭约，论者谓湛深达存亡之理。《隋书》卷三四《经籍志三》著录其《新论》10卷；卷三五《经籍志四》著录晋散骑常侍《夏侯湛集》10卷，梁有录 1 卷。严可均《全晋文》卷六八及六九载其文 54 篇。逯钦立《晋诗》卷四载其诗 10首。事迹见《晋书》卷五五。

卫恒卒，生年不详。恒字巨山，河东安邑人，尚书令卫瓘子。官至黄门侍郎。父瓘为贾后、楚王司马玮所杀，恒亦遇害。恒善书法，善作草、章草、隶、散隶四种书体，著有《四体书势》。书法宗尚汉张芝，唐张怀瓘《书断中》列恒之章草、划书入妙品，隶书入能品。与父卫瓘同时遇害。严可均《全晋文》卷三〇载其文 3 篇。事迹见《晋书》卷三六及《法书要录》卷八。

晋元康二年　壬子　292年

二月己酉,贾后杀杨太后于金墉城(《晋书》卷四《惠帝纪》)。

是年,改中书著作隶秘书省。

按:《晋书》卷二四《职官志》曰:"元康二年,诏曰:'著作旧属中书,而秘书既典文籍,今改中书著作为秘书著作。'于是改隶秘书省。后别自置省而犹隶秘书。著作郎一人,谓之大著作郎,专掌史任,又置佐著作郎八人。著作郎始到职,必撰名臣传一人。"

华峤约是年转秘书监,加散骑常侍。

按:《晋书》卷四四《华峤传》曰:"后以峤博闻多识,属书典实,有良史之志,转秘书监,加散骑常侍,班同中书。寺为内台,中书、散骑、著作及治礼音律,天文数术,南省文章,门下撰集,皆典统之。"陆侃如《中古文学系年》曰:"假定在迁尚书的次年。"

傅咸为本郡中正,遭继母忧去官。不久,又起以议郎,长兼司隶校尉,固辞未免。

按:《晋书》卷四七《傅咸传》曰:"咸再为本郡中正,遭继母忧去官。顷之,起以议郎,长兼司隶校尉。咸前后固辞,不听……"万斯同《晋将相大臣年表》以傅咸是年为司隶校尉。

潘岳为长安令(《晋书》卷五五《潘岳传》)。

按:参见是年"潘岳作《西征赋》、《伤弱子辞》及《思子诗》"条。

潘尼约是年拜太子舍人(《晋书》卷五五《潘尼传》)。

华峤约是年作《散骑常侍谢表》及《秘书监谢表》。

按:《散骑常侍谢表》见《太平御览》卷二二四引《华峤集》。《秘书监谢表》见《通典》卷二六及《御览》卷二三三引《华峤集》。

傅咸作《遭继母忧上书》及《摄司隶上表》。

按:《遭继母忧上书》文佚,《文选》卷三九任昉《上萧太傅固辞夺礼启》李善注引王隐《晋书》有"咸身无兄弟,到官之日,丧祭无主",亦见《晋书》卷四七《傅咸传》。《摄司隶上表》文见本传。

潘岳作《西征赋》、《伤弱子辞》及《思子诗》。

按:《晋书》卷五五《潘岳传》曰:"未几,选为长安令,作《西征赋》,述所经人物山水,文清旨诣,辞多不录。"《西征赋》载《文选》卷一〇。《西征赋序》曰:"岁次玄枵,月旅蕤宾。丙丁统日,乙未御辰。潘子凭轼西征,自京徂秦。乃喟然叹曰……"李善注曰:"以历推之,元康二年,岁在壬子,乙未五月十八日也。"《伤弱子辞并序》见《艺文类聚》卷三四、《文选》卷一〇潘岳《西征赋》李善注及《太平御览》卷一九四,严可均《全晋文》卷九三融合成文,其序曰:"惟元康二年春三月壬寅,弱子生。夏五月,余之长安。壬寅,次于新安之千秋亭。甲辰而弱子夭,越翼日乙巳,瘗于亭东,感嬴博之哀。乃伤之曰……"逯钦立《晋诗》卷四载岳《思子诗》,也为伤悼幼子之作。

潘尼作《献长安君安仁诗》。

按:逯钦立《晋诗》卷八载尼《献长安君安仁诗》十章,应作于五月潘岳赴长安任时。

嵇含作《遇蚕赋》,约是年作《吊庄周图文》。

按:《遇蚕赋》仅存序文,见《太平御览》卷七四二及卷九四七。严可均《全晋文》卷六五辑其序曰:"元康二年七月七日,余中夜遇蚕……"《晋书》卷八九《嵇含传》曰:"举秀才,除郎中。时弘农王粹以贵公子尚主,馆宇甚盛,图庄周于室,广集朝士,使含为之赞。含援笔为吊文,文不加点。其序曰:'……画真人于刻桷之室,载退士于进趣之堂,可谓托非其所,可吊不可赞也。'其辞曰……粹有愧色。"陆侃如《中古文学系年》:"除郎中不知在何时,假定在免官的次年。"

鲍靓作《三皇经》。

按:"三皇"即天皇、地皇、人皇。三皇所授经合三卷,古时称《三愤》,亦名《三皇经》。《云笈七签》卷六曰:"晋时鲍靓学道于嵩高,以惠帝永康二年于刘君石室清斋,忽有《三皇文》刊石成字,乃依经以四百尺绢告玄而受。后亦授葛洪。"《晋书》卷九五《鲍靓传》曰:"鲍靓,字太玄,东海人也。……靓学兼内外,明天文河洛书,稍迁南阳中部都尉,为南海太守。……靓尝见仙人阴君,授道诀,百余岁卒。"

王济约卒(247? —)。济字武子,太原晋阳人。王浑之子。与和峤、裴楷齐名。有逸才,尚武帝姐常山公主,例授驸马都尉。泰始八年左右,迁侍中,每与帝品评人物及朝政得失。太康九年左右出为河南尹,未拜,坐法免官,寻以白衣领太仆。济善射,特喜马,解马性,杜预称其有"马癖"。性豪奢,尝与子恺、石崇等更相夸尚。喜好《易》及《庄》、《老》。严可均《全晋文》载其文4篇。逯钦立《晋诗》卷二载其诗4首。事迹见《晋书》卷四二。

按:《晋书》卷四二《王济传》曰:"及其(王济)将葬,时贤无不毕至。孙楚雅敬济,而后来,哭之甚悲,宾客莫不垂涕。哭毕,向灵床曰:'卿常好我作驴鸣,我为卿作之。'体似声真,宾客皆笑。楚顾曰:'诸君不死,而令王济死乎!'"

又按:曹道衡、沈玉成《中古文学史料丛考·王济卒年及两为侍中之年》:"王济卒年,《晋书》本传不记,仅言年四十六,先其父浑卒。……将葬,孙楚哭之甚哀,为作驴鸣。按楚卒于惠帝元康三年(293),则王济之卒,当在元康元年或二年。济卒,孙楚有《王骠骑诔》,《颜氏家训·文章》引一句,《全晋文》失收。"

和峤卒,生年不详。峤字长舆,汝南西平人。少有盛名,庾颞称其"森森如千丈松,虽磊砢多节目,施之大厦,有栋梁之用"。起家太子舍人,累迁颍川太守。以贾充荐,入为中书令。惠帝立,拜太子太傅,迁光禄大夫。家产颇丰,拟于王者,然性至吝,以是获讥于世,杜预称其有"钱癖"。事迹见《晋书》卷四五。

何充(—346)生;尼净检(—361)约生。

按:《比丘尼传》卷一《净检传》:"到升平末……执手辞别,腾空而上,所行之路,有似虹蜺,直属于天。时年七十矣。"升平共五年,以升平五年为卒年,是年约生。王王孺童《比丘尼传校注》曰:"'升平',《资福藏》、《碛砂藏》、《普林藏》、《洪武南藏》、《永乐南藏》、《永乐北藏》、《径山藏》、《清藏》、金陵本作'咸康'。案传记中记述,净检升平年还健在,而'咸康'早于'升平',故《资福藏》、《碛砂藏》、《普林藏》、《洪武南藏》、《永乐南藏》、《永乐北藏》、《径山藏》、《清藏》、金陵本误。"

晋元康三年　癸丑　293 年

何劭入为秘书监,奏华彻继成《十典》。

按:《晋书》卷四四《华峤传》曰:"峤性嗜酒,率常沈醉。所撰书《十典》未成而终,秘书监何劭奏峤中子彻为佐著作郎,使踵成之,未竟而卒。"陆侃如《中古文学系年》曰:"劭出镇许昌,万斯同《晋方镇年表》谓至元康二年止,吴廷燮《晋方镇年表》谓至四年止。从《华峤传》的记载看来,劭被召当在本年峤卒前。"

张华约是年封壮武郡公。

按:《晋书》卷三六《张华传》曰:"久之,论前后忠勋,进封壮武郡公。华十余让,中诏敦譬,乃受。"

傅咸约是年奏免河南尹澹、左将军倩、廷尉高光、兼河南尹何攀、司徒王戎等官。

按:《晋书》卷四七《傅咸传》曰:"时朝廷宽弛,豪右放恣,交私请托,朝野溷淆。咸奏免河南尹澹、左将军倩、廷尉高光、兼河南尹何攀等,京都肃然,贵戚慑伏。……时仆射王戎兼吏部,咸奏:'……请免戎等官。'诏曰:'……戎职在论道,吾所崇委,其解禁止。'御史中丞解结以咸劾戎为违典制,越局侵官,干非其分,奏免咸官。诏亦不许。"傅玄元康二年为司隶校尉,卒于元康四年,其奏免诸官事约在是年。

潘尼作《释奠颂》、《释奠诗》、《皇太子社》、《七月七日侍太子宴玄圃》、《七月七日玄圃园诗序》、《鳖赋》及《桑树赋》等。

按:《释奠颂》见《晋书》卷五五《潘尼传》曰:"元康初,拜太子舍人,上《释奠颂》。其辞曰:'元康元年冬十二月,上以皇太子富于春秋,而人道之始莫先于孝悌,初命讲《孝经》于崇正殿……其辞曰……'"《释奠诗》、《皇太子社》、《七月七日侍太子宴玄圃》见逯钦立《晋诗》卷八。《初学记》卷一〇载《七月七日玄圃园诗序》曰:"七月七日,皇太子会于玄圃园,有令赋诗。"《艺文类聚》卷九六载《鳖赋并序》,《艺文类聚》卷八八载《桑树赋》,从内容看也似作于与太子游宴时。

傅咸作《皇太子释奠颂》、《奏劾王戎》、《上事自辨》及《司隶校尉教》。

按:《皇太子释奠颂》见《艺文类聚》卷三八及《初学记》卷一四。《奏劾王戎》文见《晋书》卷四三《王戎传》,又见《晋书》卷四七《傅咸传》。《上事自辨》见《傅咸传》。《司隶校尉教》见《太平御览》卷二五〇、卷八二八引《傅咸集》及《北堂书钞》卷一四四。以上诸篇严可均《全晋文》卷五二有辑。参见是年"傅咸约是年奏免河南尹澹、左将军倩、廷尉高光、兼河南尹何攀、司徒王戎等官"条。

罗马"四帝共治"始。

鲁褒约是年作《钱神论》。

  按：《晋书》卷九四《鲁褒传》曰："鲁褒，字元道，南阳人也。好学多闻，以贫素自立。元康之后，纲纪大坏，褒伤时之贪鄙，乃隐姓名，而作《钱神论》以刺之。其略曰……盖疾时者共传其文。褒不仕，莫知其所终。"曹道衡、沈玉成《中古文学史料丛考·鲁褒、成公绥〈钱神论〉》曰："干宝《晋纪·总论》云：'核傅咸之奏《钱神》之论，而睹宠赂之彰。'咸刚直清简，曾上书言宜禁奢靡之风，然此事不见咸传，咸卒于元康四年。咸奏疏中援引时人之文，可见当时就流布朝野，故咸乃据以为民情舆论而上奏。以此亦可知《钱神论》之作当在惠帝即位不久，世风汰侈，盖已非一日，非尽惠帝愚呆，贾氏专擅之咎。"以傅咸引用《钱神》之论，姑系是年。

陆机作《桑赋》、《鳖赋》及《皇太子宴玄圃宣猷堂有令赋诗》。

  按：《皇太子宴玄圃宣猷堂有令赋诗》一首见《文选》卷二〇。五臣注："皇太子，晋惠帝愍怀太子也。玄圃，园名。宣猷，堂名，在园中。衡时为太子洗马，应令作此诗。"《桑赋并序》见载于《艺文类聚》卷八八及《太平御览》卷九五五。《鳖赋并序》见《艺文类聚》卷九六。

郭泰机作《答傅咸》。

  按：《文选》卷二五郭泰机《答傅咸》一首李善注引《傅咸集》曰："河南郭泰机，寒素后门之士，不知余无能为益，以诗见激切。可施用之才，而况沈沦不能自拔于世。余虽心知之，而未如之何。此屈非复文辞所了，故直戏以答其诗云。"诗以寒女自喻，望能得到傅咸的援引。陆侃如《中古文学系年》曰："泰机事迹不详，严可均《全晋文》卷八十六载《果赋》，仅'杏或冬而实'一句。《文选》此诗，丁福保收入《全晋诗》卷四。钟嵘《诗品》列入中品，称其'孤怨宜恨'。以傅咸次年卒，故系其往还于本年。生卒无考，其年代大约在二五〇与三〇〇年间。"

孙楚卒，生年不详。楚字子荆，太原中都人。为人傲慢不群，故乏乡曲之誉。惠帝时，为冯翊太守。能诗赋，其《除妇服诗》，当时颇为传诵。《隋书》卷三五《经籍志四》著录《孙楚集》6卷，亡。严可均《全晋文》卷六〇载其文54篇。逯钦立《晋诗》卷二载其诗8首。事迹见《晋书》卷五六。

华峤卒，生年不详。峤字叔骏，平原高唐人。华歆孙，华表子。晋武帝时，迁太子中庶子，后拜散骑常侍，典中书著作，领国子博士，官至侍中。惠帝时，迁尚书，转秘书监。追赠少府。峤才学深博，著有《汉后书》97卷，起于光武，终于献帝，记东汉一代史事，张华、王济称其有良史之才。作《十典》未成而卒，由其子彻、畅续成，原书已佚，现有辑本。《隋书》卷三五《经籍志四》著录《华峤集》8卷，梁2卷。清汪文台《七家后汉书》辑有《华峤后汉书》2卷。严可均《全晋文》卷六六载其文9篇。事迹见《晋书》卷四四。

晋元康四年　甲寅　294 年

厄斯利兹叛于埃及。

陆机为吴王郎中令。

按：《晋书》卷五四《陆机传》曰："吴王晏出镇淮南，以机为郎中令。"《北堂书钞》卷六六载陆机《皇太子清晏诗序》曰："元康四年秋，余以太子洗马，出补吴王郎中。"

陆云亦拜吴王郎中令。

按：姜亮夫《陆平原年谱》曰："又《云传》有为郎中令时《谏吴王西园营第》及《谏复察诸官钱帛》两书，《云集》更有《西园第既成有司启》、《主即位未见宾客群臣又未讲启》、《与驾比出启》、《国人兵多不法启》四文，皆指陈吴王就国时后事迹。吴王晏为武帝李夫人出，太康十年受封，其就出镇淮南在何时不可知，但必前于与淮南王允共攻赵王伦前无疑，则云之为郎中令，当与兄机同时，故次此。"从之。陆侃如《中古文学系年》认为陆云是年补浚仪令。

束璆为王戎所辟。束皙为张华召为掾，皙又为司空下邳王晃所辟。

按：《晋书》卷五一《束皙传》曰："皙博学多闻，与兄璆俱知名……璆娶石览鉴从女，弃之，鉴以为憾，讽州郡公府不得辟，故皙等久不得调……石鉴卒，王戎乃辟璆。华召皙为掾，又为司空、下邳王晃所辟。"石鉴卒于是年正月。吴士鉴、刘承幹《晋书斠注》卷五一曰："《书钞》五十七《文士传》曰：束皙元康四年晚应司空辟，入府匝月。"

挚虞作《册陇西王泰为太尉文》。

按：文见《初学记》卷一一及《太平御览》卷二〇七。严可均《全晋文》卷七六有辑。《晋书》卷四《惠帝纪》曰："四年春正月丁酉朔，侍中、太尉、安昌公石鉴薨。"陇西王泰应继石鉴后任太尉。万斯同《晋将相大臣年表》以王泰是年正月迁太尉。

罗马《格雷戈里安努斯法典》编成。

陆机作《皇太子赐燕诗》、《吴王郎中时从梁陈作》、《答潘尼》、《赠冯文罴迁斥令》、《赠冯文罴》、《赠斥丘令冯文罴》三首、《行思赋》及《诣吴王表》等。

按：《皇太子赐燕诗》见逯钦立《晋诗》卷五曰："元康四年秋，余以太子洗马出补吴王郎中，以前事仓卒未得宴。三月十六，有命清宴。感圣恩之周极，退而赋此诗也。"逯按曰："序文或属此诗。列此俟考。"其余诸篇应作于为吴王郎中令前后。

陆云作《国起西园第表启宜遵节俭之制》、《西园第既成有司启观疏谏不可》、《王即位未见宾客群臣又未讲启宜飨宴通客及引师友文学观书问道》、《舆驾比出启宜当入朝》、《言事者启使部曲将司马给事覆校诸官财用出入启宜信君子而远小人》、《国人兵多不法启宜峻其防以整之》、《移书太常荐同郡张赡》及《答吴王上将顾处微》。

按：《晋书》卷五四《陆云传》曰："寻拜吴王晏郎中令。晏于西园大营第室，云上书曰……时晏信任部将，使覆察诸官钱帛，云又陈曰……云爱才好士，多所贡达。移书太常府荐同郡张赡曰……"以上文严可均《全晋文》卷一〇一有辑，诗见逯钦立《晋诗》卷六。

潘尼作《皇太子集应令》及《赠陆机出为吴王郎中令》。

按：二诗见逯钦立《晋诗》卷八。陆侃如《中古文学系年》曰："丁福保《全晋诗》卷四载尼《皇太子集应令》：'圣朝命方岳，爪牙司北邻；皇储延笃爱，设饯送远宾。'在惠帝初年，奉命出镇北方时，惟刘弘'为宁朔将军，假节监幽州诸军事，领乌丸校尉'（《晋书》卷六十六《弘传》）一事与诗意符合；若指河间王颙镇邺，便不应用'爪牙'一词。《水经注》卷十四引《刘靖碑》有'晋世元康四年君少子骁骑将军平乡侯宏受命使持节监幽州诸军事，领乌丸校尉，宁朔将军'的话，可证尼作诗当在本年，时正在太子舍人任上。万斯同《晋方镇年表》以弘出镇在五年，吴廷燮《晋方镇年表》以为始于三年,似误。(秦锡圭《补晋方镇表》列于四年。)又载《赠陆机出为吴王郎中令》,当作于本年。"

月支僧竺法护译《圣法印经》1卷。

按:《出三藏记集》卷二曰:"《圣法印经》一卷。天竺名《阿遮昙摩叉图》。安公云,出《杂阿含》。"卷七无名氏《圣法印经记》曰:"元康四年十二月二十五日,月支菩萨沙门法护于酒泉演出此经,弟子竺法首笔受。"

傅咸卒(239—)。 咸字长虞,北地泥阳人。傅玄之子。曾多次上疏裁并冗官、斥责奢靡。刚正廉直,曾奏免为官多人,京都肃然。《隋书》卷三五《经籍志四》著录《傅咸集》17卷,梁30卷,录1卷。严可均《全晋文》卷五一及五二载其文75篇。逯钦立《先秦汉魏晋南北朝诗·晋诗》卷三载其诗19首。事迹见《晋书》卷四七。

石鉴卒,生年不详。鉴字林伯,乐陵厌次人。出自寒素,雅志公亮。仕魏,历尚书郎、侍御史、尚书左丞、御史中丞,出为并州刺史,假节护匈奴中郎将。武帝受禅,封堂阳子,入为司隶校尉,转尚书,都督陇右诸军事,免。后为镇南将军,豫州刺史,免。后拜光禄勋,复为司隶校尉,加特进,迁右光禄大夫,开府领司徒。太康末拜司空,领太子太傅,武帝崩,监统山陵,封昌安县侯。严可均《全晋文》卷三三载其文1篇。事迹见《晋书》卷四四。

晋元康五年　乙卯　295年

波斯—罗马战争复起。

十月,武库着火,焚累代之宝(《晋书》卷四《惠帝纪》)。

按:《晋书》卷三六《张华传》曰:"武库火,华惧因此变作,列兵固守,然后救之,故累代之宝及汉高斩蛇剑、王莽头、孔子屐等尽焚焉。时华见剑穿屋而飞,莫知所向。"

十二月丙戌,新作武库,大调兵器(《晋书》卷四《惠帝纪》)。

裴頠约是年迁尚书,侍中如故,加光禄大夫。

按:《晋书》卷三五《裴頠传》曰:"迁尚书,侍中如故,加光禄大夫。每授一职,未尝不殷勤固让,表疏十余上,博引古今成败以为言,览之者莫不寒心。"《晋书》卷三〇《刑法志》曰:"至惠帝之世,政出群下,每有疑狱,各立私情,刑法不定,狱讼繁滋。尚书裴頠表陈之曰:'……会五年二月有大风,主者惩惧前事。臣新拜尚书始三日……'

裴頠作《让吏部尚书表》及《陈刑法过当表》。

按：《让吏部尚书表》见《初学记》卷一一。《陈刑法过当表》见《晋书》卷三〇《刑法志》。严可均《全晋文》卷三〇有辑。

陆机约是年作《赠顾交趾公真》。

按：诗见《文选》卷二四。李善注曰：“《晋百官名》云：'顾秘，字公真，为交州刺史。'"其中"发迹翼藩后，改授抚南裔"句，李善注曰：“藩后，吴王也。《顾氏谱》曰：'秘为吴王郎中令。'"五臣注曰：“公真初为吴王郎中令，故云翼藩后。南裔，即交趾也。"诗或作于顾秘由吴王郎中令改任交州刺史时，时陆机仍在吴王郎中令任上，故假定是年。

张悛约是年作《为吴令谢询求为诸孙置守冢人表》。

按：文见《文选》卷三八。李善注曰：“孙盛《晋阳秋》曰：'张悛，字士然，吴国人也。元康中，吴令谢询表为孙氏置守冢人，悛为文，诏从之。'《晋百官名》曰：'悛为太子庶子。'"假定是年。

王湛卒（249— ）。湛字处冲，晋阳人。王昶次子，王浑弟。为人少言语，简淡有识度。时人不识，或以为痴。其侄王济往访，见床头置《周易》，取以剖析玄微。济因惊叹，"家有名士，三十年而不知"。湛少仕历秦王文学、太子洗马、尚书郎、太子中庶子，出为汝南内史。事迹见《晋书》卷七五。

晋元康六年　丙辰　296年

五月，赵王司马伦被召入京，以征西大将军为车骑将军。以太子太保、梁王肜为征西大将军、都督雍梁二州诸军事，镇关中（《晋书》卷四《惠帝纪》）。

八月，郝度元败雍州刺史解系兵，秦雍二州氐、羌悉反，推氐帅齐万年为帝，围攻泾阳（《晋书》卷四《惠帝纪》）。

十一月丙子，晋命安西将军夏侯骏、建威将军周处等讨齐万年，梁王肜屯好畤（《晋书》卷四《惠帝纪》）。

十二月，略阳清水氐杨茂搜率部落居仇池，建仇池国，关中多往依之（《资治通鉴》卷八二《晋纪四》）。

裴𬱟深虑贾后乱政，与司空张华、侍中贾模议废贾后，而立谢淑妃，未成（《晋书》卷三五《裴𬱟传》）。

按：张华是年为司空，谢淑妃元康九年被贾后杀害，裴𬱟议立谢淑妃应在元康六年至九年间，姑系是年。

张华为司空，领著作。与赵王伦、孙秀结怨。

按：《晋书》卷四《惠帝纪》曰："（元康）六年春正月，大赦。司空、下邳王晃薨。

波斯王纳尔萨侵美索不达米亚。

戴克里先皇帝平埃及。

君士坦提乌斯一世平不列颠。

以中书监张华为司空。"卷三六《张华传》曰："数年,代下邳王晃为司空,领著作……初,赵王伦为镇西将军,挠乱关中,氐羌反叛,乃以梁王肜代之。或说华曰:'赵王贪昧,信用孙秀,所在为乱,而秀变诈,奸人之雄。今可遣梁王斩秀,刘赵之半,以谢关右,不亦可乎!'华从之,肜许诺。秀友人辛冉从西来,言于肜曰:'氐羌自反,非秀之为。'故得免死。伦既还,谄事贾后,因求录尚书事,后又求尚书令。华与裴𬱟皆固执不可,由是致怨,伦、秀疾华如仇。"华是年正月为司空,赵王伦是年五月回京。

潘岳征补博士,未召,以母疾辄去官免(《晋书》卷五五《潘岳传》)。

潘尼迁宛令。在任宽而不纵,恤隐勤政,厉公平而遗人事。

按:《晋书》卷五五《潘尼传》曰："出为宛令,在任宽而不纵,恤隐勤政,厉公平而遗人事。"参见是年"潘尼作《赠二李郎诗并序》及《答杨士安诗》"条。

石崇出为征虏将军,假节、监徐州诸军事,镇下邳。

按:《晋书》卷三三《石崇传》曰："出为征虏将军,假节、监徐州诸军事,镇下邳。崇有别馆在河阳之金谷,一名梓泽,送者倾都,帐饮于此焉。"《世说新语·品藻第九》刘孝标注引石崇《金谷诗叙》曰："余以元康六年,从太仆卿出为使持节,监青徐诸军事、征虏将军。"陆侃如《中古文学系年》曰:"《水经注》卷十六:'……石季伦《金谷诗集叙》曰:"余以元康七年从太仆出为征虏将军……"'又卷二五:'汉明帝置下邳郡矣。城有三重,其大城中有大司马石苞,镇东将军胡质,司徒王浑,监军石崇四碑。'两注所引《诗叙》,六年七年互异;不过《水经注》此处有'脱错',故今从《世说注》,系于本年。"

左思被张华辟为祭酒。

按:《世说新语·文学第四》刘孝标注引《思别传》曰："司空张华辟为祭酒。"陆侃如《中古文学系年》曰:"华本年继陇西王泰为司空,思本是泰祭酒,今后便成华的幕僚了。"

嵇绍拜徐州刺史。

按:《晋书》卷八九《嵇绍传》曰："服阕,拜徐州刺史。时石崇为都督,性虽骄暴,而绍将之以道,崇甚亲敬之。"

陆机迁尚书中兵郎。

按:《晋书》卷五四《陆机传》曰："迁尚书中兵郎。"陆机《答贾谧并序》曰："元康六年入为尚书郎……"

陆云被征为尚书郎。

按:姜亮夫《陆平原年谱》曰:"按《云传》入为尚书郎在何年,史无明文。《云集》卷一,《岁暮赋序》云:'永宁二年春,忝宠北郡,……自去故乡,荏苒六年'云云。计永宁二年上推六年,适为元康六年,则'去乡六年'云云,即指元康六年北上而言,则必与兄机同时被征入京无疑。且自兄弟同入东宫后,拜除迁转,往往同时,事迹俱在,可以覆案。盖非虚构也,故次之。"陆侃如《中古文学系年》据《岁暮赋序》推至元康七年,误。

束晳为贼曹属。

按:参见是年"束晳作《广田农议》"条。

刘琨为司隶从事,参与金谷游宴。

按:《晋书》卷六二《刘琨传》曰："年二十六,为司隶从事。时征虏将军石崇河南金谷涧中有别庐,冠绝时辈,引致宾客,日以赋诗。琨预其间,文咏颇为当时所许。"

晋元康六年　丙辰　296年

石崇作《金谷诗并序》。

按：《世说新语·品藻第九》刘孝标注引石崇《金谷诗叙》曰："余以元康六年，从太仆卿出为使持节，监青徐诸军事、征虏将军。有别庐在河南县界金谷涧中，或高或下。……时征西大将军祭酒王诩当还长安，余与众贤共送往涧中，昼夜游宴，屡迁其坐。……感性命之不永，惧凋落之无期。故具列时人官号、姓名、年纪，又写诗著后。后之好事者，其览之哉！凡三十人，吴王师、议郎、关中侯、始平武功苏绍字世嗣，年五十，为首。"

欧阳建作《答石崇赠》。

按：诗见《文馆词林》卷一五六。逯钦立《晋诗》卷四有录。

嵇绍作《赠石季伦诗》。

按：《文选》卷二三有载。逯钦立《晋诗》卷七有录。

曹摅作《赠石崇诗》。

按：《赠石崇诗》四章见《文馆词林》卷一五七。逯钦立《晋诗》卷八有录。

枣腆作《答石崇诗》及《赠石季伦诗》。

按：《答石崇诗》见《文馆词林》卷一五七。《赠石季伦诗》见《艺文类聚》卷三一。逯钦立《晋诗》卷八均有录。

又按：枣腆生卒年不详，字玄方，一作元方，颍川长社人，枣据子。晋元康中，与石崇有诗往来。永嘉中，为襄城太守。以文章显。《隋书》卷三五《经籍志四》著录梁有襄阳太守《枣腆集》2卷，录1卷，亡。逯钦立《晋诗》卷八载其诗3首。事迹见《晋书》卷九二《文苑传》。

曹嘉作《赠石崇诗》。

按：逯钦立《晋诗》卷四有录，逯注："《诗纪》云：曹嘉元康中与石崇俱为国子博士，后嘉为东莞太守，崇为征虏将军、监青徐军事。屯于下邳。嘉以诗遗崇。"

潘岳作《闲居赋》、《悼亡赋》、《哀永逝文》、《悼亡诗》三首、《金鹿哀辞》、《为贾谧作赠陆机》、《于贾谧坐讲汉书》及《金谷集作诗》。

按：《闲居赋》见《晋书》卷五五《潘岳传》，中云"迁博士，未召拜，亲疾，辄去官免。自弱冠涉于知命之年，八徙官而一进阶，再免，一除名，一不拜职，迁者三而已矣"，可知岳作《闲居赋》约五十岁左右。陆侃如《中古文学系年》曰："严可均《全晋文》卷九十一载岳《悼亡赋》：'伊良嫔之初降，几二纪以迄兹。'结婚二十四年方悼亡，可证岳年近五十。丁福保《全晋诗》卷四载《悼亡诗》三首：'投心遵朝命，挥涕强就车；谁谓帝宫远，路极悲有余。'可证悼亡时，岳正自外任还京，所以赋与诗似均作于本年征调前不久。《全晋文》卷九十三载《哀永逝文》，似是送葬时作。又载《金鹿哀辞》：'良嫔短世，令子夭昏。'则此女似与其母同时卒。《全晋诗》又载《为贾谧作赠陆机》及《金谷集作诗》，从陆机答诗及石崇诗序知均作于本年。又载《于贾谧坐讲汉书》，当亦作于此时。"岳妻杨氏卒，岳作"悼亡"诗赋悼之，后世遂称悼妻之作为"悼亡"。

潘尼作《赠二李郎诗并序》及《答杨士安诗》。

按：《赠二李郎诗序》见《太平御览》卷二五九曰："元康六年，尚书吏部郎汝南李光彦迁汲郡太守，都亭侯江夏李茂曾迁平阳太守。此二子皆弱冠知名，历职显要，旬月之间，继踵名郡。离俭剧之勤，就放旷之逸，枕鸣琴以俟远致。离别之际，各斐然赋诗。"陆侃如《中古文学系年》曰："丁福保《全晋诗》卷四载尼《赠汲郡太守李茂彦》（茂彦与光彦不知孰误），《赠李茂曾诗》已佚。尼出为宛令，当在二李出守后，故有赠别之作。《全晋诗》又载尼《答杨士安诗》:'逝将辞储宫,栖迟集南巘。'当作于初受命宛令时。"

陆机作《答贾谧并序》、《策问秀才》、《思归赋》及《讲汉书诗》。

按:《答贾谧诗》十一章见《文选》卷二四,著录为《答贾长渊》,序曰:"余昔为太子洗马,鲁公贾长渊以散骑常侍侍东宫积年。余出补吴王郎中令,元康六年入为尚书郎。鲁公赠诗一篇,作此诗答之云尔。"《策问秀才》见《晋书》卷六八《纪瞻传》曰:"纪瞻,字思远,丹阳秣陵人也。祖亮,吴尚书令。父陟,光禄大夫。瞻少以方直知名。吴平,徙家历阳郡。察孝廉,不行。后举秀才,尚书郎陆机策之曰……"应作于机为尚书中兵郎任上。严可均《全晋文》卷九六辑《思归赋并序》,序曰:"余牵役京室,去家四载,以元康六年冬取急归……"《讲汉书诗》见《北堂书钞》卷九八,应与左思、潘岳同题之作。

束晢作《广田农议》。

按:文见《晋书》卷五一《束晢传》曰:"华为司空,复以为贼曹属。时欲广农,晢上议曰……"

庾冰(—344)生。

晋元康七年　丁巳　297年

罗马加莱里乌斯败波斯人,归上美索不达米亚,取伊伯利亚,归亚美尼亚。

皮克特人及斯科特人侵罗马"哈德良"长城。

正月癸丑,周处与齐万年战于六陌,晋师败,周处战死(《晋书》卷四《惠帝纪》)。

刘颂转吏部尚书,建九班之制,裴颜驳之。

按:《晋书》卷四六《刘颂传》曰:"久之,转吏部尚书,建九班之制,欲令百官居职希迁,考课能否,明其赏罚。贾、郭专朝,仕者欲速,竟不施行。"万斯同《晋将相大臣年表》以刘颂是年为吏部尚书。《文选》卷四九干宝《晋纪总论》曰:"子雅制九班而不得用。"李善注引王隐《晋书》曰:"刘颂字子雅,转吏部尚书,为九班之制,裴颜有所驳。"

王戎为司徒。

按:《晋书》卷四《惠帝纪》曰:"(是年七月)丁丑,司徒、京陵公王浑薨。九月,以尚书右仆射王戎为司徒。"卷四三《王戎传》曰:"寻转司徒。以王政将圮,苟媚取容,属愍怀太子之废,竟无一言匡谏。"

何劭为尚书左仆射。

按:《晋书》卷四《惠帝纪》曰:"(九月)太子太师何劭为尚书左仆射。"卷三三《何劭传》曰:"后转特进,累迁尚书左仆射。劭博学,善属文,陈说近代事,若指诸掌。"

潘岳约是年为著作郎。

按:《晋书》卷五五《潘岳传》曰:"寻为著作郎。"应在上年免官后不久,假定是年。

陆机转殿中郎。

按：机上年为尚书中兵郎，下年为著作郎。转殿中郎应在二年之间。

束晳约是年除佐著作郎。

按：《晋书》卷五一《束晳传》曰："转佐著作郎。"汤球辑王隐《晋书》卷六《束晳传》曰："贾谧请为著作郎。"

月支僧竺法护约是年立寺于长安青门外，精勤行道。

按：《高僧传》卷一《竺法护传》曰："后立寺于长安青门外，精勤行道。于是德化遐布，声盖四远，僧徒数千咸所宗事。"《高僧传》叙此事在"晋惠西奔"前，假定是年。

束晳作《避讳议》，约是年作《晋书帝纪》、《十志》。

按：《避讳议》见《通典》卷一〇四曰："元康七年诏书称，咸宁元年诏下尊讳，风伯雨师，皆为训诂……"《晋书》卷五一《束晳传》曰："转佐著作郎，撰《晋书帝纪》、《十志》。"文已亡佚。吴士鉴、刘承幹《晋书斠注》卷五一曰："《御览》二百三十四《文士传》曰：束晳晚应司空辟，入府六日，除佐著作郎，著作西观，撰《晋书》，草创《三帝纪》及《十志》。"陆侃如《中古文学系年》曰："六日疑当作六月，似指贼曹言，故假定迁官在本年。"

潘岳作《马汧督诔并序》。

按：文见《文选》卷五七。序曰："惟元康七年秋九月十五日，晋故督守关中侯扶风马君卒……"

陆机作《晋平西将军周处碑》。

按：周处是年战死。严可均《全晋文》卷一四六存为阙名，注曰："碑在宜兴孝侯庙，题陆机撰，王羲之书，唐元和六年，义兴县令陈从谏重树，据文有太兴二年语，明非陆机撰，反覆观之，其骈俪对偶，当属旧文，余则唐人以新修《晋书》及他说添补，今以旧文当格，其添补文旁注，以别异之。"姜亮夫《陆平原年谱》曰："《机集》有《晋平西将军孝侯周处碑》。机，云兄弟与处至厚，又吴时旧人，则死而为之碑，宜也。文中叙事皆与《晋书》合，且多有《晋书》所不载者，非后人所得伪。然孝侯之谥在元帝建武元年，去机之死已十四年；其葬在太兴二年，去机之死已十六年，则此文恐为后人伪托。故严可均《全晋文·机集》不录此篇，不为无见。然六朝以来碑文，本有后人就死时原作追补事迹之例，作者主名，仍本旧题，则此文主要部分，固不妨仍为机笔。"

月支僧竺法护译《渐备一切智德经》10卷及《如来大哀经》。

按：《出三藏记集》卷二曰："《渐备一切智德经》十卷。或五卷。元康七年十一月二十一日出。"卷九无名氏《渐备经十住梵名并书叙》曰："《渐备经》，护公以元康七年出之。其经有五卷，五万余言。第一卷说一住事，今无此一卷。今现有二住以上至十住，为十品。……元康七年十一月二十一日，沙门法护在长安市西寺中出《渐备经》，手执梵本，译为晋言。"卷九无名氏《如来大哀经记》曰："元康元年七月七日，燉煌菩萨支法护手执胡经，经名《如来大哀》，口授聂承远，道真正书晋言，以其年八月二十三日讫。护亲自覆校。"

王浑卒(223—　)。浑字玄冲，太原晋阳人，子王济为晋武帝婿。晋咸宁五年与王濬共领兵伐吴，因功封京陵公。惠帝即位，加侍中，录尚书事。《隋书》卷三五《经籍志》四著录梁有司徒《王浑集》5卷,亡。严可均《全晋文》卷二八载其文9篇。事迹见《晋书》卷四二。

陈寿卒(233—)。寿字承祚,巴西安汉人。少年好学,拜同郡名士谯周为师,在蜀为观阁令史。入晋,张华荐为佐著作郎,后转著作郎、治书侍御史等职。著有《三国志》,以纪传体例记魏、蜀、吴三国史事。三国并列撰述,亦为创例。《晋书》本传谓"时人称其善叙事,有良史之才"。夏侯湛见其书,自愧不如,遂毁自所作《魏书》。《隋书》卷三三《经籍志二》著录《三国志》65卷,叙录1卷;《魏名臣奏事》40卷,目1卷。严可均《全晋文》卷七一载其文2篇。事迹见《晋书》卷八二。

周处卒(242—)。处字子隐,义兴阳羡人。少时曾横行乡里,乡人将其与猛虎、蛟龙合称三害。处自知为人所恶,乃入吴寻二陆。陆云举贤良,勉励周处立志修名,处遂励志好学。官至御史中丞,弹劾不避权贵。是年,与齐万年战,力战而死。谥曰孝。著有《默语》30篇、《风土记》、《吴书》等。严可均《全晋文》卷八一录其文8篇。清周湛霖辑有《孝侯公年谱》。事迹见《晋书》卷五八。

按:1953年、1976年,南京博物馆在江苏宜兴发掘了周处家族墓,墓中的青瓷器向后人展示了西晋青瓷艺术已有很高的水平。

庾阐(—350?)约生。

按:参见350年"庾阐约卒"条。

晋元康八年　戊午　298年

君士坦提乌斯一世败阿勒曼人于高卢。

九月,巴氏首领李特率流民由关中入蜀就食(《晋书》卷一二〇《李特传》)。

是年,张华、陈準等因梁王肜攻战不力,荐孟观有将才,命击齐万年,屡破之(《资治通鉴》卷八二《晋纪四》)。

贾谧为秘书监,文士附会,达于极盛,有二十四友之称。议立《晋书》限断。

按:《晋书》卷四〇《贾谧传》曰:"广城君薨,去职。丧未终,起为秘书监,掌国史。"又本传言:"负其骄宠,奢侈逾度,室宇崇僭,器服珍丽,歌僮舞女,选极一时。开阁延宾,海内辐凑,贵游豪戚及浮竞之徒,莫不尽礼事之。或著文章称美谧,以方贾谊。渤海石崇、欧阳建、荥阳潘岳、吴国陆机、陆云、兰陵缪征、京兆杜斌、挚虞、琅邪诸葛诠、弘农王粹、襄城杜育、南阳邹捷、齐国左思、清河崔基、沛国刘瑰、汝南和郁、周恢、安平牵秀、颍川陈珍、太原郭彰、高阳许猛、彭城刘讷、中山刘舆、刘琨,皆傅会于谧,号曰二十四友,其余不得预焉。"

本传又曰："起为秘书监,掌国史。先是,朝廷议立晋书限断,中书监荀勖谓宜以魏正始起年,著作郎王瓒欲引嘉平已下朝臣尽入晋史,于时依违未有所决。惠帝立,更使议之。谧上议,请从泰始为断。于是事下三府,司徒王戎、司空张华、领军将军王衍、侍中乐广、黄门侍郎嵇绍、国子博士谢衡皆从谧议。骑都尉济北侯荀畯、侍中荀藩、黄门侍郎华混以为宜用正始开元。博士荀熙、习协谓宜嘉平起年。谧重执奏戎、华之议,事遂施行。"

又按：沈玉成《"竹林七贤"与"二十四友"》(《辽宁大学学报》1990年第6期)曰,广城君"即贾充的妻子、贾后的母亲郭槐,据北京图书馆藏《贾充妻郭槐柩铭》,她死在元康六年"。又曰："《北堂书钞》卷五七引王隐《晋书》记贾谧'元康末为秘书监'。广城君郭槐卒于元康六年,贾谧理应服丧二十七个月。"丧未终",至早也在元康七年。秘书监掌国史,提出限断问题正是他的职责。""从各种材料来看,这一事件(按,指议《晋书》限断的时间)应该系于元康八年或九年。"本传叙贾谧二十四友于贾后专权之初,文士附会贾谧有一个过程,贯穿整个元康年间,就二十四友的仕历看,其极盛应是元康八年、九年间。姑系是年。

束晳迁转博士,著作如故。得观竹书,随疑分释,皆有义证。贾谧使束晳难陆机《晋书限断》。

按：《晋书》卷五一《束晳传》曰："迁转博士,著作如故。初,太康二年,汲郡人不准盗发魏襄王墓,或言安釐王冢,得竹书数十车。……武帝以其书付秘书校缀次第,寻考指归,而以今文写之。晳在著作,得观竹书,随疑分释,皆有义证。"朱希祖《汲冢书考·汲冢书校理年月考第四》曰："汲冢书之编校写定,……第三时期自惠帝元康元年(公元二九六年)至永康元年(公元三〇〇年)为束晳考正写定时期,《纪年》重行改编,于是十六种七十五篇全部告成。"参见279年"汲郡人不准掘魏襄王冢,得竹简小篆古书十余万言"条、281年"司马炎令荀勖、和峤整理不准掘墓所得竹书"条。

吴士鉴、刘承幹《晋书斠注》卷五一曰："《书钞》五十七干宝《晋纪》曰:秘书监贾谧请束晳为著作郎,难陆机《晋书限断》。"

潘岳转散骑侍郎,谄事贾谧,代谧议《晋书》限断。

按：《晋书》卷五五《潘岳传》曰："岳性轻躁,趋世利,与石崇等谄事贾谧,每候其出,与崇辄望尘而拜。……谧二十四友,岳为其首。谧《晋书》限断,亦岳之辞也。其母数诮之曰:'尔当知足,而干没不已乎?'而岳终不能改。"

乐广迁河南尹,请潘岳作让表。

按：《晋书》卷四三《乐广传》曰："累迁侍中、河南尹。广善清言而不长于笔,将让尹,请潘岳为表。岳曰:'当得君意。'广乃作二百句语,述己之志。岳因取次比,便成名笔。时人咸云:'若广不假岳之笔,岳不取广之旨,无以成斯美也。'"万斯同《晋将相大臣年表》以乐广是年由侍中迁河南尹。

石崇免官,复拜卫尉。谄事贾谧(《晋书》卷三三《石崇传》)。

左思被贾谧举为秘书郎。

按：《晋书》卷九二《左思传》曰："自以所见不博,求为秘书郎。"《世说新语·文学第四》刘孝标注引《思别传》曰："贾谧举为秘书郎。"陆侃如《中古文学系年》曰："《别传》叙秘书郎于祭酒后,故系于张华为司空后一二年。"

陆机出补著作郎,议《晋书》限断。

按：姜亮夫《陆平原年谱》曰："按《晋书》机本传不载此事。臧荣绪《晋书》云:

'入为尚书中兵郎,转殿中郎,又为著作郎。'……机《吊魏武帝文序》云:'元康八年,机始以台郎出补著作。'则补著作于本年审矣。"汤球辑王隐《晋书》卷七《陆机传》曰:"陆士衡以文学为秘书监虞濬所请,为著作郎,议《晋书》限断。"陆侃如《中古文学系年》曰:"虞濬似当作贾谧。"

嵇绍为给事黄门侍郎,拒交贾谧。

按:《晋书》卷八九《嵇绍传》曰:"元康初,为给事黄门侍郎。时侍中贾谧以外戚之宠,年少居位,潘岳、杜斌等皆附托焉。谧求交于绍,绍距而不答。"

束皙作《答汲冢竹书释难书》。

按:佚文见《初学记》卷二一。《晋书》卷五一《王接传》曰:"时秘书丞卫恒考正汲冢书,未讫而遭难。佐著作郎束皙述而成之,事多证异义。时东莱太守陈留王庭坚难之,亦有证据。皙又释难,而庭坚已亡。散骑侍郎潘滔谓接曰:'卿才学理议,足解二子之纷,可试论之。'接遂详其得失。挚虞、谢衡皆博物多闻,咸以为允当。"

陆机作《荐贺循郭讷表》、《吊魏武帝文并序》、《晋书限断议》、《晋纪》、《惠帝起居注》及《惠帝百官名》。

按:《荐贺循郭讷表》见《晋书》卷六八《贺循传》曰:"无援于朝,久不进序。著作郎陆机上疏荐循曰:'伏见武康令贺循德量邃茂,才鉴清远,服膺道素,风操凝峻,历试二城,刑政肃穆。前蒸阳令郭讷风度简旷,器识朗拔,通济敏悟,才足干事……'久之,召补太子舍人。"

《吊魏武帝文并序》见《文选》卷六〇,中曰:"元康八年,机始以台郎出补著作,游乎秘阁,而见魏武帝遗令,忾然叹息,伤怀者久之。"

《晋书限断议》见《初学记》卷二一曰:"三祖实终为臣,故书为臣之事,不可不如传,此实录之谓也。而名同帝王,故自帝王之籍,不可以不称纪,则追王之义。"陆侃如《中古文学系年》曰:"《隋书》卷三十三《经籍志》二:'《晋纪》四卷,陆机撰。'《史通》卷十二《古今正史》:'晋史,洛京时著作郎陆机始撰《三祖纪》。'此外,《隋志》又著录《惠帝起居注》二卷,不著撰人。章宗源《隋书经籍志考证》卷五:'《宋书·蔡廓传》……《魏志·张燕传》注……并题陆机《晋惠帝起居注》。'姚振宗《隋书经籍志考证》卷十五以为机撰《起居注》当在著作郎任上。《旧唐书》卷四十六《经籍志》上又著录《晋惠帝百官名》三卷,陆机撰。当与《起居注》同时之作。"

石崇作《思归引序》。

按:文见《文选》卷四五曰:"余少有大志,夸迈流俗。弱冠登朝,历位二十五年。年五十,以事去官……"

范乔卒(221—)。乔字伯孙,陈留外黄人。范粲子。父粲佯狂不言,乔与二弟皆弃学业,绝人事,侍疾于家。至粲卒,足不出户。乔凡一举孝廉,八荐公府,再举清白异行,又举寒素,皆不就。时荐之者有刘毅、张华等。乔好学不倦,弱冠受业于乐安蒋国明。光禄大夫李铨尝论杨雄才学优于刘向,乔以为向定一代之书,正群籍之篇,使雄当之,故非所长,遂作《刘杨优劣论》。事迹见《晋书》卷九四《隐逸传》。

晋元康九年　己未　299 年

正月,左积弩将军孟观伐氐,战于中亭,大破之,生擒齐万年(《晋书》卷四《惠帝纪》)。

征征西大将军、梁王肜录尚书事。以北中郎将、河间王颙为镇西将军,镇关中。成都王颖为镇北大将军,镇邺(《晋书》卷四《惠帝纪》)。

十二月壬戌,贾谧与贾后谋废太子司马遹为庶人,遹与其三子幽于许昌金墉城,杀太子母谢淑媛(《晋书》卷四《惠帝纪》)。

佛教传入今下缅甸。

裴頠为尚书仆射,专任门下事,固让,不听。谏东宫侍从失人(《晋书》卷四《惠帝纪》及卷三五《裴頠传》)。

张华、裴頠谏废太子。

按:《晋书》卷三六《张华传》曰:"及贾后谋废太子……及帝会群臣于式乾殿,出太子手书,遍示群臣,莫敢有言者。惟华谏曰……尚书左仆射裴頠以为宜先检校传书者,又请比校太子手书……议至日西不决,后知华等意坚,因表乞免为庶人,帝乃可其奏。"

潘岳时为黄门侍郎,为贾后草构愍怀太子文(《晋书》卷五五《潘岳传》及卷五三《愍怀太子传》)。

江统转太子洗马,甚被亲礼,上书谏愍怀太子。

按:参见是年"江统作《徙戎论》、《上疏言授官与本名同宜改选》及《谏愍怀太子书》"条。

束皙迁尚书郎,以识得竹简,时人叹其博识。

按:《晋书》卷五一《束皙传》曰:"迁尚书郎……时有人于嵩高山下得竹简一枚,上两行科斗书,传以相示,莫有知者。司空张华以问皙,皙曰:'此汉明帝显节陵中策文也。'检验果然,时人伏其博识。"

僧帛远讲习于长安。

按:《高僧传》卷一《帛远传》曰:"帛远字法祖,本姓万氏,河内人。父威达,以儒雅知名。州府辟命皆不赴。祖少发道心,启父出家,辞理切至,父不能夺,遂改服从道。祖才思俊彻,敏朗绝伦,诵经日八九千言。研味《方等》,妙入幽微。世俗坟素,多所该贯。乃于长安造筑精舍,以讲习为业。白黑宗禀,几且千人。晋惠之末,太宰河间王颙镇关中,虚心敬重,待以师友之敬。每至闲辰靖夜,辄谈讲道德。于时西府初建,俊乂甚盛。能言之士,咸服其远达。"《晋书》卷五九《河间王颙传》曰:"九年,代梁王肜为平西将军,镇关中。"

裴頠作《崇有论》及《贵无论》。

按:《晋书》卷三五《裴頠传》曰:"頠深患时俗放荡,不尊儒术,何晏、阮籍素有高名于世,口谈浮虚,不遵礼法,尸禄耽宠,仕不事事;至王衍之徒,声誉太盛,位高势重,不以物务自婴,遂相放效,风教陵迟,乃著崇有之论以释其蔽曰……王衍之徒攻难交至,并莫能屈。"《三国志》卷二三《魏书·裴潜传》裴注曰:"陆机《惠帝起居注》称'頠雅有远量,当朝名士也',又曰'民之望也'。颜理具渊博,赡于论难,作《崇有》、《贵无》二论,以矫虚诞之弊,文辞精富,为世名论。"《世说新语·文学第四》曰:"裴成公作《崇有论》,时人攻难之。莫能折。唯王夷甫来,如小屈。时人即以王理难裴,理还复申。"刘孝标注曰:"《晋诸公赞》曰:'自魏太常夏侯玄、步兵校尉阮籍等,皆作《道德论》。于时侍中乐广、吏部郎刘汉亦体道而言约,尚书令王夷甫进理而才虚,散骑常侍戴奥以学道为业,后进庚敳之徒皆希慕简旷。頠疾世俗尚虚无之理,故作《崇有》二论以折之。才博喻广,学者不能究。后乐广与頠清闲欲说理,而頠辞喻丰博,广自以体虚无,笑而不复言。'《惠帝起居注》曰:'頠著二论以规虚诞之弊。文词精富,为世名论。'"陆侃如《中古文学系年》曰:"王衍于本年为尚书令。"

江统作《徙戎论》、《上疏言授官与本名同宜改选》及《谏愍怀太子书》(《晋书》卷五六《江统传》)。

潘岳表上《关中诗》、《上关中诗表》、《杨仲武诔》、《为杨长文作弟仲武哀祝文》及《愍怀太子祷神文》。

按:《晋书》卷五八《周处传》曰:"时潘岳奉诏作《关中诗》曰:'周徇师令,身膏齐斧。人之云亡,贞节克举。'"《关中诗》见《文选》卷二〇,五臣注曰:"晋惠帝元康六年,氐贼齐万年与杨茂于关中反乱,人多疲敝。既定,命诸臣作《关中诗》。"《上关中诗表》见《文选》卷二〇李善注。《杨仲武诔》见《文选》卷五六,序曰:"杨绥,字仲武,荥阳宛陵人也……春秋二十九,元康九年夏五月己亥卒。呜呼哀哉!乃作诔曰……"《为杨长文作弟仲武哀祝文》,为代笔之作,见《艺文类聚》卷三四。《愍怀太子祷神文》见《晋书》卷五三《愍怀太子传》。

阎缵作《关中诗》。

按:《晋书》卷五八《周处传》曰:"时潘岳奉诏作《关中诗》曰……又西戎校尉阎缵亦上诗云……"

王浮作《老子化胡经》。

按:《高僧传》卷一《帛远传》曰:"昔祖平素之日,与浮每争邪正,浮屡屈,既瞋不自忍,乃作《老子化胡经》。"刘汝霖《汉晋学术编年》考证曰:"按《佛祖统纪》载此事于成帝咸康六年,未知何据。《高僧·帛远传》载此事,则当在惠帝时,又考《辩正论》引裴子野《高僧传》云:'晋慧帝时,沙门帛远字法祖,每与祭酒王浮……'云云,则浮为此时人无疑,故志之于此。"

邹湛卒,生年不详。湛字润甫,南阳新野人。少以才学知名。仕魏通事郎、太学博士。入晋,转尚书郎,迁廷尉。为平南将军羊祜从事中郎,深得祜器重。后入为太子中庶子,拜散骑常侍,官至少府。所著诗及论事议25首,为时所重。《隋书》卷三五《经籍志四》著录梁有《邹湛集》3卷,录1卷,亡。严可均《全晋文》卷六七载其文1篇。事迹见《晋书》卷九二《文苑传》。

晋惠帝永康元年　庚申　300年

正月癸亥朔，改元永康(《晋书》卷四《惠帝纪》)。

三月癸未，贾后矫诏杀害废太子遹于许昌(《晋书》卷四《惠帝纪》)。

四月癸巳，梁王肜、赵王伦矫诏废贾后为庶人，司空张华、尚书仆射裴頠皆遇害，侍中贾谧及党与数十人皆伏诛(《晋书》卷四《惠帝纪》)。

甲午，赵王伦矫诏大赦，自为相国、都督中外诸军，辅政专权(《晋书》卷四《惠帝纪》)。

丁酉，赵王伦以梁王肜为太宰，左光禄大夫何劭为司徒，右光禄大夫刘寔为司空，淮南王允为骠骑将军(《晋书》卷四《惠帝纪》)。

己亥，赵王伦矫诏害贾后于金墉城(《晋书》卷四《惠帝纪》)。

五月，诏复故太子遹位号，谥曰"愍怀"(《晋书》卷四《惠帝纪》)。

八月，淮南王司马允举兵讨赵王伦，未成，允与其二子秦王郁、汉王迪皆遇害(《晋书》卷四《惠帝纪》)。

改封吴王晏为宾徒县王；以齐王冏为平东将军，镇许昌；光禄大夫陈準为太尉，录尚书事(《晋书》卷四《惠帝纪》)。

赵王伦加九锡(《晋书》卷四《惠帝纪》)。

九月，改司徒为丞相，以梁王肜为之(《晋书》卷四《惠帝纪》)。

江统与宫臣冒禁至洛水，拜送太子。太子卒，统作诔叙哀，为世所重。

按：《晋书》卷五六《江统传》曰："及太子废，徙许昌，贾后讽有司不听宫臣追送。统与宫臣冒禁至伊水，拜辞道左，悲泣流涟……及太子薨，改葬，统作诔叙哀，为世所重。"卷五三《愍怀太子传》曰："六月己卯葬于显平陵。帝感阎缵之言，立思子台。故臣江统、陆机并作诔颂焉。"

乐广解遣冒禁拜辞太子者(《晋书》卷四三《乐广传》)。

张华少子张韪及阎缵劝张华辞官，华未从。因拒赵王伦，被害(《晋书》卷三六《张华传》)。

刘颂迁光禄大夫，非议加赵王伦九锡(《晋书》卷四六《刘颂传》)。

潘岳因与孙秀有隙，以谋反罪被杀(《晋书》卷五五《潘岳传》)。

石崇以贾谧党与，四月免官。八月，与欧阳建一道被害(《晋书》卷三三《石崇传》)。

陆机为赵王伦相国参军，以参与诛贾谧功，赐爵关中侯(《晋书》卷五四《陆机传》)。

嵇绍封弋阳子，迁散骑常侍，领国子博士。驳议陈準谥(《晋书》卷八九《嵇绍传》)。

东、西哥特人约于此际分名。

亚美尼亚立基督教为国教。

张协因天下大乱,约是年屏居草泽,守道不竞,以属咏自娱。

按:《晋书》卷五五《张协传》曰:"于时天下已乱,所在寇盗,协遂弃绝人事,屏居草泽,守道不竞,以属咏自娱。拟诸文士作《七命》。其辞曰……世以为工。"

左思退居宜春里,专意典籍(《晋书》卷九二《左思传》)。

束皙被赵王伦请为相国记室,皙辞疾罢归,教授门徒(《晋书》卷五一《束皙传》)。

按:束皙生卒年不详,字广微,阳平元城人。性沉静,不慕荣利。所作《玄居释》,张华见而奇之。王戎辟为掾,转佐著作郎。赵王伦请为相国记室,皙辞疾罢归,教授门徒。年四十卒。皙才学博通,所作《三魏人士传》、《七代通记》、《晋书纪志》,遇乱亡佚。其《五经通论》、《发蒙记》、《补亡诗》,文集数十篇,行于世。《隋书》卷三三《经籍志二》著录《发蒙记》1卷,束皙撰,载物产之异;卷三五《经籍志四》著录晋著作郎《束皙集》7卷,梁5卷,录1卷。严可均《全晋文》卷八七载其文17篇。逯钦立《晋诗》卷四载其《补亡诗》6篇。事迹见《晋书》卷五一。

刘琨为赵王伦记室督,转从事中郎(《晋书》卷六二《刘琨传》)。

潘尼约是年转著作郎(《晋书》卷五五《潘尼传》)。

刘颂作《赵王伦加九锡议》。

按:文见《晋书》卷四六《刘颂传》。参见是年"刘颂迁光禄大夫,非议加赵王伦九锡"条。

欧阳建作《临终诗》。

按:《晋书》卷三三《石崇传》曰:"及遇祸,莫不悼惜之,年三十余。临命作诗,文甚哀楚。"诗载《文选》卷二三。

潘尼约是年作《乘舆箴》。

按:《晋书》卷五五《潘尼传》曰:"俄转著作郎。为《乘舆箴》,其辞曰……"

嵇绍作《陈準谥议》(《晋书》卷八九《嵇绍传》)。

张协作《七命》。

按:文见《晋书》卷五五《张协传》。参见是年"张协因天下大乱,约是年屏居草泽,守道不竞,以属咏自娱"条。

陆机作《与赵王伦笺荐戴渊》、《张华诔》、《咏德赋》、《叹逝赋》、《愍怀太子诔》、《述思赋》、《漏刻赋》、《羽扇赋》及《文赋》。

按:《与赵王伦笺荐戴渊》见《晋书》卷六九《戴若思传》。《张华诔》与《咏德赋》均为悼张华之作,文佚。卷三六《张华传》曰:"初,陆机兄弟志气高爽,自以吴之名家,初入洛,不推中国人士,见华一面如旧,钦华德范,如师资之礼焉。华诛后,作诔,又为《咏德赋》以悼之。"《叹逝赋》见录《文选》卷一六,其序曰:"……余年方四十,面懋亲戚属,亡多存寡;昵交密友,亦不半在……"《愍怀太子诔》见《艺文类聚》卷一六。姜亮夫《陆平原年谱》曰:"是时机作之可考者,尚有《述思》、《羽扇》、《漏刻》三赋。按,《述思赋》见《类聚》卷二一,盖思弟云分离在邺之作也。……情旨相同,故次此。……其余《述思》、《咏德》、《扇赋》、《感逝》、《漏刻》诸文,皆重返京朝后之作,恐不能复迟于此时,故次之。"《文赋》是一篇从创作角度讨论文章艺术的文学批评名作,据陆侃如《中古文学系年》系于是年;姜亮夫《陆平原年谱》系于太康元年。

裴𬱟作《辩才论》。

按：《晋书》卷三五《裴頠传》曰："又作《辩才论》，古今精义皆辨释焉，未成而遇祸。"

张华卒（232— ）。华字茂先，范阳方城人。晋初任黄门侍郎、中书令，加散骑常侍。与羊祜力主伐吴，吴灭后，受封广武县侯，持节都督幽州诸军事。惠帝时，历任侍中、中书监、司空。"八王之乱"中为赵王伦所害。华性好人物，诱进不倦。雅爱书籍，身死之日，家无余财，惟有文史溢于机箧。尝徙居，载书三十乘。天下奇秘，悉在华所。华博物洽闻，世无与比。秘书监挚虞撰定官书，皆资华之本以取正。华善作赋及五言诗，《诗品》评其诗云"儿女情多，风云气少"。《隋书》卷三三《经籍志二》著录其注《神异经》1卷；卷三四《经籍志三》著录其撰《博物志》10卷，又著录《张公杂记》1卷，梁有1卷，与《博物志》稍异，又有《杂记》11卷。卷三五《经籍志四》著录《张华集》1卷，录1卷，散佚。明张溥辑有《张司空集》。严可均《全晋文》卷五八载其文35篇。逯钦立《晋诗》卷三载其诗45首。事迹见《晋书》卷三六。

潘岳卒（247— ）。岳字安仁，荥阳中牟人。少即以才颖获"奇童"之誉。历任河阳令、怀县令、著作郎、给事黄门侍郎等职。与石崇等依附贾谧，谧二十四友，岳为其首。后为赵王伦、孙秀所害。岳文辞藻绝丽，尤善为哀诔之文，《悼亡诗》3首为其代表作。《隋书》卷三五《经籍志四》著录晋黄门郎《潘岳集》10卷。明张溥辑有《潘黄门集》。严可均《全晋文》卷九〇至九三载其文61篇。逯钦立《晋诗》卷四载其诗23首。事迹见《晋书》卷五五。

石崇卒（249— ）。崇字季伦，小名齐奴。渤海南皮人，石苞子。初为修武令，有能名。后入为散骑侍郎。以伐吴有功，封安阳乡侯。迁散骑常侍，出为荆州刺史。后为贾谧二十四友之一。出为征虏将军，假节、监徐州诸军事，镇下邳。赵王伦专权，免官、被害。崇富甲一时，晋武帝曾助王恺与之斗富，亦不能胜。崇有别馆金谷园，时聚文士，饮酒赋诗。《隋书》卷三五《经籍志四》著录晋卫尉卿《石崇集》6卷，梁有录1卷。严可均《全晋文》卷三三载其文9篇。逯钦立《晋诗》卷四载其诗10首。事迹见《晋书》卷三三。

李重卒（253— ）。重字茂曾，江夏钟武人。曾为始平王文学，上疏陈九品之弊。后历仕太子舍人、尚书郎、中书郎等职。每大事及疑议，辄参以经典决断，常见施行。迁尚书吏部郎。出为平阳太守，崇德化，修学校，正身率下。永康初，为赵王伦相国左司马，以忧迫成疾而卒。《隋书》卷三五《经籍志四》著录散骑常侍《李重集》2卷，亡。事迹见《晋书》卷四六。

左芬卒（256?— ）。一作棻。芬字兰芝，齐国临淄人，左思之妹。少好学，善属文。晋武帝闻其才名，纳入宫中为修仪。后拜贵嫔。芬虽姿陋无宠，然以才德见重。原有文集四卷，佚。今所传之作，大都为应诏而作。逯钦立《晋诗》卷七载其诗2首。事迹见《晋书》卷三一《后妃传》。1930年河南偃师出土《左棻墓志》。

裴頠卒（267— ）。頠字逸民，河东闻喜人。裴秀之子。晋惠帝时仕为国子祭酒，兼左军将军，迁侍中。诛杨骏有功，封武昌侯。官至尚书仆射，为赵王伦、孙秀所害。作《崇有论》、《贵无论》，为世名论。頠又曾奏修国学，刻写石经，并议定度量制度。《隋书》卷三五《经籍志四》著录晋尚书仆射《裴頠集》9卷。严可均《全晋文》卷三三载其文15篇。事迹见《晋书》卷三五。

刘颂卒，生年不详。颂字子雅，广陵人。司马昭曾辟为相府掾。晋武帝时，拜尚书三公郎，累迁廷尉、吏部尚书，官至光禄大夫。颂典科律，持法公正。永康元年，追封梁邹县侯。《隋书》卷三五《经籍志四》著录梁有光禄大夫《刘颂集》3卷，录1卷，皆亡。严可均《全晋文》卷四〇及四一载其文4篇。事迹见《晋书》卷四六。

欧阳建卒，生年不详。建字坚石，冀州人。石崇之甥。为贾谧二十四友之一。历任山阳令、尚书郎、冯翊太守，甚得时誉。"八王之乱"中为赵王伦所杀。临终时作《临终诗》一首，辞甚哀切。建善玄言，曾作《言尽意论》，王导过江，止道嵇康《声无哀乐》、《养生》及欧阳建《言尽意论》三理而已。《隋书》卷三五《经籍志四》著录晋顿丘太守《欧阳建集》2卷。严可均《全晋文》卷一〇九载其文2篇。逯钦立《晋诗》卷四载其诗2首。事迹见《晋书》卷三三。

晋永康二年　永宁元年　辛酉　301年

<small>戴克里先皇帝颁"物价敕令"，并整顿币制。

圣马力诺始建。</small>

正月乙丑，赵王伦篡帝位，改元建始；丙寅，迁惠帝于金墉城，号曰太上皇，改金墉为永昌宫（《晋书》卷四《惠帝纪》）。

三月，镇东将军、齐王司马冏起兵讨赵王伦，传檄州郡，众人应之（《晋书》卷四《惠帝纪》）。

按："八王之乱"至是发展为大规模的混战。

四月辛酉，左卫将军王舆与尚书、淮陵王司马漼勒兵入宫，杀赵王伦党孙秀、孙会、许超、士猗等，迎惠帝复位（《晋书》卷四《惠帝纪》）。

癸亥，改元永宁。诛赵王伦及其党羽（《晋书》卷四《惠帝纪》）。

六月，齐王司马冏入洛执政（《晋书》卷四《惠帝纪》）。

庚午，东莱王司马蕤、左卫将军王舆谋废齐王冏，事泄，蕤废为庶人，舆伏诛，夷三族（《晋书》卷四《惠帝纪》）。

罢丞相，复置司徒官。己卯，以梁王肜为太宰，领司徒（《晋书》卷四《惠十月，流民拥李特反于蜀，据广、汉，攻成都（《晋书》卷四《惠帝纪》）。

张轨出为护羌校尉、凉州刺史。

按：《晋书》卷八六《张轨传》曰："张轨，字士彦，安定乌氏人，汉常山景王耳十七代孙也。家世孝廉，以儒学显……轨以时方多难，阴图据河西，筮之，遇《泰》之《观》，乃投策喜曰：'霸者兆也。'于是求为凉州。公卿亦举轨才堪御远。永宁初，出为护羌校尉、凉州刺史。"

何劭正月为太宰，迁司空，寻卒（《晋书》卷三三《何劭传》）。

乐广迁吏部尚书左仆射，九月转右仆射（万斯同《晋将相大臣年表》）。

挚虞致笺齐王冏，为张华讼冤。

按：事见《晋书》卷三六《张华传》。

潘尼为齐王冏参军，与谋时务，兼管书记。封安昌公（《晋书》卷五五《潘尼传》）。

左思被齐王冏命为记室督，辞疾不就（《晋书》卷九二《左思传》）。

嵇绍为侍中。

按：《晋书》卷八九《嵇绍传》曰："赵王伦篡位，署为侍中。惠帝复阼，遂居其职。"

曹摅为齐王冏记室督。谏齐王冏存公屏欲，举贤进善（《晋书》卷九〇《曹摅传》）。

江统迁尚书郎，参大司马齐王冏军事。时冏骄荒将败，统切谏（《晋书》卷五六《江统传》）。

陆机为中书郎，齐王冏以机在中书，收机付廷尉，减死徙边，遇赦而止。后又为成都王颖大将军司马，拜为平原内史（《晋书》卷五四《陆机传》）。

嵇含为骠骑记室督、尚书郎。

按：《晋书》卷八九《嵇含传》曰："长沙王乂召为骠骑记室督、尚书郎。"又于是年六月入洛，卷五九《长沙王乂传》曰："至洛，拜抚军大将军，领左军将军。顷之，迁骠骑将军、开府，复本国。"

刘琨为赵王伦子荂太子詹事，又为冠军将军。齐王冏辅政，为尚书左丞，转司徒左长史（《晋书》卷六二《刘琨传》）。

按：陆侃如《中古文学系年》曰："吴士鉴、刘承幹《斠注》：'案《书钞》六十八王隐《晋书》曰：年二十七为太子掾。与本书异。'……汤球辑王隐《晋书》卷七《刘琨传》：'年二十九为太子掾。'二十七及二十九均当作三十一。"

华谭出为郏令。

按：《晋书》卷五二《华谭传》曰："永宁初，出为郏令。于时兵乱之后，境内饥馑，谭倾心抚恤。司徒王戎闻而善之，出谷三百斛以助之。"

贺循于赵王伦篡位后转侍御史，辞疾不就（《晋书》卷六八《贺循传》）。

王接举秀才。

按：《晋书》卷五一《王接传》曰："永宁初，举秀才。友人荥阳潘滔遗接书曰：'挚虞、卞玄仁并谓足下应和鼎味，可无以应秀才行。'接报书曰：'今世道交丧，将遂剥乱，而识智之士钳口韬笔，祸败日深，如火之燎原，其可救乎？非荣斯行，欲极陈所见,冀有觉悟耳。'是岁,三王义举,惠帝复阼,以国有大庆,天下秀孝一皆不试,挚以为恨。"

王衍以病辞官。

按：《晋书》卷四三《王衍传》曰："女为愍怀太子妃,太子为贾后所诬,衍惧祸,自表离婚。贾后既废,有司奏衍,曰：'……可禁锢终身。'从之。衍素轻赵王伦之为人。及伦篡位,衍阳狂斫婢以自免。及伦诛,拜河南尹,转尚书,又为中书令。时齐王冏有匡复之功,而专权自恣,公卿皆为之拜,衍独长揖焉。以病去官。"

郭琦不为赵王伦之吏。

按：《晋书》卷九四《郭琦传》曰："郭琦,字公伟,太原晋阳人也。少方直,有雅量,博学,善五行,作《天文志》、《五行传》,注《谷梁》、《京氏易》百卷。乡人王游等皆就琦学。武帝欲以琦为佐著作郎,问琦族人尚书郭彰。彰素疾琦,答云：'不识。'帝曰：'若如卿言,乌丸家儿能事卿,即堪为郎矣。'遂决意用之。及赵王伦篡位,又欲用琦,琦曰：'我已为武帝吏,不容复为今世吏。'终身处于家。"

挚虞作《致齐王冏笺》,为张华理冤。

按：文见《晋书》卷三六《张华传》。

嵇绍作《张华不宜复爵议》及《上惠帝疏》。

按：文见《晋书》卷八九《嵇绍传》。

江统作《太子母丧废乐议》。

按：《通典》卷一四七曰："晋惠帝永宁元年冬,愍怀太子母丧,三年制未终。大司马府参军江统议,二年正会,不宜举乐。引《春秋传》曰"母以子贵"。而儒者谓传重非嫡,服同众子。经无明据,于义为短。今愍怀太子正位东宫,继体承业,监国尝膳,既处其重,无缘复议其轻制也。二年正会,不宜举乐。'"

陆机作《豪士赋并序》、《五等论》、《园葵诗》二首、《与吴王表》、《谢吴王表》、《见原后谢齐王表》及《谢平原内史表》等。

按：《豪士赋序》、《五等论》见《晋书》卷五四《陆机传》曰："冏既矜功自伐,受爵不让,机恶之,作《豪士赋》以刺焉。其序曰……冏不之悟,而竟以败。机又以圣王经国,义在封建,因采其远指,作《五等论》曰……"《豪士赋序》收入《文选》卷四六,《五等论》收入《文选》卷五四,题作《五等诸侯论》。《园葵诗》二首见《文选》卷二九,李善注曰："齐王冏谱机为伦作禅文,赖成都王颖救之免,故著此诗,以葵为喻谢颖。"《谢平原内史表》见《文选》卷三七,李善注曰："臧荣绪《晋书》曰：成都王理机起为平原内史,到官上表谢恩。"正月,机闻潘尼归故里,作《赠潘尼》,劝其出仕。《与吴王表》见《北堂书钞》卷五五引《陆机集》,《谢吴王表》见《太平御览》卷二一五,《见原后谢齐王表》见《初学记》卷一一及《太平御览》卷二二〇,严可均《全晋文》卷九七有辑。

陆云作《晋故豫章内史夏府君诔》及《大将军宴会被命作诗》。

按：严可均《全晋文》卷一〇四录《晋故豫章内史夏府君诔》,序曰："惟永宁元年五月二十五日,晋故豫章内史夏府君卒……"《大将军宴会被命作诗》见《文选》卷二〇,李善注曰："臧荣绪《晋书》曰：成都王颖字章度,赵王伦篡位,颖与齐王冏诛之,进位大将军。"

时有《著布谣》。

按：《晋书》卷五九《齐王冏传》曰："时又谣曰：'著布袙腹,为齐持服。'俄而冏诛。"

释法立、释法巨译《法句经》5卷。

按：《高僧传》卷一《维祇难传》曰："（维祇难）以吴黄武三年，与同伴竺律炎来至武昌。赍《昙钵经》梵本，《昙钵》者，即《法句经》也。时吴士共请出经，难既未善国语，乃共其伴律炎译为汉文。炎亦未善汉言，颇有不尽。志存义本，辞近朴质。至晋惠之末，有沙门法立，更译为五卷。沙门法巨著笔，其辞小华也。立又别出小经近四许首，值永嘉末乱，多不复存。"

何劭卒（236—　）。劭字敬祖，陈国阳夏人。何曾之子。少与司马炎有总角之好。炎即帝位，官散骑常侍，迁侍中、尚书，甚见亲待。惠帝时，迁中书监，改太子太傅，都督豫州诸军事，镇许昌。赵王伦辅政，为司徒、太宰。于八王乱中，周旋于诸王之间，故不为所害。所撰《荀粲传》、《王弼传》及诸奏议文章并行于世。《隋书》卷三五《经籍志四》著录梁有太宰《何劭集》2卷，录1卷，亡。严可均《全晋文》卷一八载其文3篇。逯钦立《晋诗》卷四载其诗5首。事迹见《晋书》卷三三。

王长文卒，生年不详。长文字德睿，广汉郪人。少以才学知名，天姿聪敏，博综群籍。为人放荡不羁，州府辟命皆不就。闭门自守，不交人事。独讲学，作《无名子》12篇，依则《论语》。以《春秋》三传，传经不同，每生讼议，乃据经摭传，作《春秋沽传》十二篇。撰约《礼记》，除烦举要，凡十篇。著书四卷拟《易》，名曰《通玄经》，有《文言》、《卦象》，可用卜筮，时人比之扬雄《太玄》。元康初，成都王颖引为江源令。后应梁王肜诏为从事中郎。贾氏之诛，从梁王肜有功，封关内侯，再为中书郎。拜蜀郡太守，暴疾卒于洛。《隋书》卷三四《经籍志三》著录《通经》2卷，晋丞相从事中郎王长文撰。事迹见《晋书》卷八二。

晋永宁二年　太安元年　壬戌　302年

五月，河间王司马颙遣将衙博击李特于蜀，为特所败。特进据梓潼、巴西，自号大将军、益州牧（《晋书》卷四《惠帝纪》）。

癸卯，以清河王遐子覃为皇太子。以齐王冏为太师，东海王越为司空（《晋书》卷四《惠帝纪》）。

十二月丁卯，河间王颙起兵讨齐王冏，长沙王乂杀齐王冏。改元太安（《晋书》卷四《惠帝纪》）。

长沙王乂为太尉，都督中外诸军事，在洛阳执政（《晋书》卷四《惠帝纪》）。

是年，李特改年建初，赦其境内（《晋书》卷一二〇《李特传》）。

陈留王曹奂卒，谥号"魏元皇帝"（《晋书》卷四《惠帝纪》）。

刘寔为太傅（《晋书》卷四《惠帝纪》）。

嵇绍谏齐王冏，迁左司马。冏被诛，绍还荥阳旧宅（《晋书》卷八九《嵇绍传》）。

陆云被成都王颖表请为清河内史。齐王冏诛，转大将军右司马。

按：《晋书》卷五四《陆云传》曰："成都王颖表为清河内史。颖将讨齐王冏，以云为前锋都督。会冏诛，转大将军右司马。"

刘琨为范阳王虓司马。

按：《晋书》卷六二《刘琨传》曰："（齐王）冏败，范阳王虓镇许昌，引为司马。"

乐广代王戎为尚书令（万斯同《晋将相大臣年表》）。

嵇绍作《谏齐王冏书》（《晋书》卷八九《嵇绍传》）。

挚虞作《议为皇太孙服》。

按：《晋书》卷二〇《礼志中》曰："惠帝太安元年三月，皇太孙尚薨。有司奏，御服齐衰期。诏下通议。散骑常侍谢衡以为……中书令卞粹曰……博士蔡克同粹。秘书监挚虞云……于是从之。"卷五一《挚虞传》曰："皇太孙尚薨，有司奏'御服齐衰期'。诏令博士议。虞曰：'太子生，举以成人之礼，则殇理除矣。太孙亦体君传重，由位成而服全，非以年也。'从之。"

陆云作《岁暮赋并序》，约是年作《登台赋并序》。

按：《岁暮赋并序》、《登台赋并序》严可均《全晋文》卷一〇〇有录。《岁暮赋序》曰："余祗役京邑，载离永久。永宁二年春，忝宠北郡；其夏又转大将军右司马于邺都。自去故乡，荏苒六年……"《登台赋序》曰："永宁中，参大府之佐于邺都，以时事巡行邺宫三台。登高有感，因以言崇替，乃作赋云。"陆侃如《中古文学系年》曰："当作于转右司马后。"

陆机作《愍思赋》及《思亲赋》。

按：姜亮夫《陆平原年谱》曰："机文之可约定为此时，有《愍思赋》、《思亲赋》。《愍思赋序》有云：'予屡抱孔怀之痛，而奄复丧同生姊，衔恤哀伤，一载之间，而丧制便过'云云。按《士龙集·岁暮赋序》云：'余祗役京邑，载离永久。永宁二年春，忝宠北郡，其夏又转大将军右司马于邺都。自去故乡，荏苒六年，惟姑与姊，仍见背弃，衔痛万里，哀思伤毒'云云。……疑兄弟同得家报于岁晚之时，而同作也。《思亲赋》见《艺文类聚》卷二十、《初学记》卷十七、今集卷一。文中'兄琼芳而蕙茂，弟兰发而玉晖，感瑰姿之晚就，痛慈景之先违'之语。……然兄弟仕颖，官爵日以崇，则亦可归之于为河北大都督时，盖文后有'天步悠长，人道短矣，异途同归，无早晚矣。'如此凄厉之词，盖于囹圄之悲，尚未能弃怀，故犹得以人道之短为惧也。故不置于河北都督时而次此。"

张翰作《首丘赋》及《思吴江歌》。

按：《晋书》卷九二《张翰传》曰："齐王冏辟为大司马东曹掾。冏时执权，翰谓同郡顾荣曰：'天下纷纷，祸难未已。夫有四海之名者，求退良难。吾本山林间人，无望于时。子善以明防前，以智虑后。'荣执其手，怆然曰：'吾亦与子采南山蕨，饮三江水耳。'翰因见秋风起，乃思吴中菰菜、莼羹、鲈鱼脍，曰：'人生贵得适志，何能羁宦数千里以要名爵乎！'遂命驾而归。作《首丘赋》，文多不载。俄而冏败，人皆谓之见机。然府以其辄去，除吏名。翰任心自适，不求当世。或谓之曰：'卿乃可纵适一时，独不为身后名邪？'答曰：'使我有身后名，不如即时一杯酒。'时人贵其旷达。"《晋诗》卷七载翰《思吴江歌》。

又按：张翰生卒年不详，字季鹰，吴郡人。吴大鸿胪俨之子。性至孝，为人旷达，纵任不拘，有清名美望，时号"江东步兵"。齐王同辟为大司马东曹掾。知同将败，翰作《思吴江歌》，遂命驾归吴。时人贵其旷达。年五十七卒。其文笔数十篇行于世。《隋书》卷三五《经籍志四》著录大司马东曹掾《张翰集》2卷，录1卷。严可均《全晋文》卷一〇七载其文4篇。逯钦立《晋诗》卷七载其诗6首。事迹见《晋书》卷九二《文苑传》。

月支僧竺法护出《楼炭经》5卷、《菩萨十住经》1卷及《五盖疑结失行经》1卷。

按：《出三藏记集》卷二曰："《楼炭经》五卷。安公云，出方等部。太安元年正月二十三日出。"该经梁时阙。卷二曰："《菩萨十住经》一卷。太安元年十月三日出。"卷二曰："《五盖疑结失行经》一卷。安公云，不似护公出。《后记》云，永宁二年四月十二日出。"

徐苗卒，生年不详。苗字叔胄，高密淳于人。苗少家贫，昼执锄耨，夜则吟诵。弱冠，与弟贾就博士济南宋钧受业，遂为儒宗。作《五经同异评》，又依道家作《玄微论》，前后所著数万言。性刚烈，轻财贵义，兼有知人之鉴。郡察孝廉，州辟从事，治中别驾会异行，公府五辟，博士再征，皆不就。《隋书》卷三四《经籍志三》著录梁有《周易筮占》24卷，晋征士徐苗撰，亡。事迹见《晋书》卷九一《儒林传》。

按：与徐苗俱以儒学著称的还有氾毓、刘兆。氾毓，字稚春，济北卢人。奕世儒素。毓少履高操，安贫有志业。或荐之武帝，召补南阳王文学、秘书郎、太傅参军，并不就。于时青土隐逸之士刘兆、徐苗等皆务教授，惟毓不蓄门人，清静自守。时有好古慕德者谘询，亦倾怀开诱，以一隅示之。合《三传》为之解注，撰《春秋释疑》、《肉刑论》，凡是述造七万余言。年七十一卒。事迹见《晋书》卷九一《儒林传》。刘兆，字延世，济南东平人。博学洽闻，温笃善诱，从之受业者数千人。武帝时五辟公府、三征博士皆不就。安贫乐道，潜心著述，不出门庭数十年。以《春秋》一经而三家殊途，诸儒是非之议纷然，乃思三家之异，合而通之。兆还著有《春秋调人》、《周易训注》、《全综》等。凡所著述百余万言。兆年六十六卒。事迹见《晋书》卷九一《儒林传》。

孙盛（ —373）生。

晋太安二年　癸亥　303年

三月，李特为晋将罗尚袭杀。

按：《晋书》卷一二〇《李特传》曰："在位二年。其子雄僭称王，追谥特景王，及僭号，追尊曰景皇帝，庙号始祖。"

四月，李雄复据益州（《晋书》卷四《惠帝纪》）。

五月，义阳蛮张昌举兵反，以山都人丘沈为主，改姓刘氏，伪号汉，建

戴克里先皇帝禁基督教。

元神凤,攻破郡县(《晋书》卷一〇〇《张昌传》)。

八月,河间王颙、成都王颖举兵讨长沙王乂。惠帝以乂为大都督,帅军拒之(《晋书》卷四《惠帝纪》)。

按:颙遣其将张方,颖遣其将陆机、牵秀、石超等进兵京师洛阳。乂挟惠帝出征,遣将军皇甫商拒方军于宜阳。

十月癸亥,东海王越执长沙王乂,幽于金墉城,寻为张方所害(《晋书》卷四《惠帝纪》)。

丙寅,扬州秀才周玘、前南平内史王矩、前吴兴内史顾秘起义军以讨石冰。冰退,自临淮趣寿阳。征东将军刘準遣广陵度支陈敏击冰(《晋书》卷四《惠帝纪》)。

是年,李雄入成都,罗尚遁逃(《晋书》卷四《惠帝纪》)。

陶侃等大破张昌(《晋书》卷一〇〇《张昌传》)。

陆机被成都王颖任为后将军、河北大都督,督北中郎将王粹、冠军牵秀等诸军二十余万人。机固辞都督,颖不许。十月,陆机战败鹿苑,被谗而死(《晋书》卷五四《陆机传》)。

按:《晋书》卷五四《陆机传》载,陆机临刑神色自若,叹曰:"华亭鹤唳,岂可复闻乎!"

陆云被成都王颖命为使持节大都督、前锋将军,攻讨张昌。会伐长沙王乂,乃止,坐兄机事被害(《晋书》卷五四《陆云传》)。

江统为成都王颖请为记室,上疏为陆云申说。统后以母忧去职。

按:《晋书》卷五六《江统传》曰:"成都王颖请为记室,多所箴谏。申论陆云兄弟,辞甚切至。以母忧去职。"

嵇绍被长沙王乂命为侍中,后拜平西将军;十二月,乂被执,绍复为侍中,免为庶人(《晋书》卷八九《嵇绍传》)。

嵇含上言长沙王乂应增置掾属,乂从之,增郎及令史(《晋书》卷八九《嵇含传》)。

左思避难冀州。

按:《晋书》卷九二《左思传》曰:"及张方纵暴都邑,举家适冀州。数岁,以疾终。"

又按:左思生卒年不详,字太冲,齐国临淄人。家世寒微,貌丑口讷,不喜交游。官至秘书郎。曾为贾谧二十四友之一,为谧讲《汉书》。齐王冏命为记室督,辞疾不就,专意典籍。所作《三都赋》,构思十年,豪贵之家,竞相传写,洛阳为之纸贵。其《咏史》八首,多借古抒情。刘勰《文心雕龙·才略》称:"左思奇才,业深覃思,尽锐于《三都》,拔萃于《咏史》。"钟嵘《诗品》列左思诗于上品,称"文典以怨,颇为精切,得讽谕之致。虽野于陆机,而深于潘岳。"《隋书》卷三五《经籍志四》著录晋齐王府记室《左思集》2卷,梁有5卷,录1卷。与张衡撰《五都赋》6卷,并录。又有《齐都赋》2卷并音。严可均《全晋文》卷七四载其文7篇。逯钦立《晋诗》卷七载其诗15首。事迹见《晋书》卷九二《文苑传》。

葛洪因战功迁伏波将军。

按:《晋书》卷七二《葛洪传》曰:"太安中,石冰作乱,吴兴太守顾秘为义军都督,与周玘等起兵讨之,秘檄洪为将兵都尉,攻冰别率,破之,迁伏波将军。冰平,洪不论功赏,径至洛阳,欲搜求异书以广其学。"

嵇含作《上言长沙王乂宜增置掾属》。
按:文见《晋书》卷八九《嵇含传》。
陆机作《与成都王笺》。
按:文见《艺文类聚》卷五九,应作于是年受成都王之命时。
陆云作《大安二年夏四月大将军出祖王羊二公于城南堂皇被命作此诗》、《愁霖赋》、《喜霁赋》及《南征赋》等。
按:《大安二年夏四月大将军出祖王羊二公于城南堂皇被命作此诗》见逯钦立《晋诗》卷六。《愁霖赋》、《喜霁赋》、《南征赋》并见严可均《全晋文》卷一〇〇。《愁霖赋序》曰:"永宁三年夏六月,邺都大霖……"《喜霁赋序》曰:"余既作《愁霖赋》,雨亦霁。昔魏之文士,又作《喜霁赋》,聊厕作者之末,而作是赋焉。"《南征赋序》曰:"太安二年秋八月,奸臣羊玄之、皇甫商敢行称乱……粤十月,军次于朝歌,讲武治戎,以观兵于殷墟。于是美义征之举,壮师徒之盛,乃作《南征赋》,以扬匡霸之勋云尔。"
江统等作《理陆云上成都王颖疏》(《晋书》卷五四《陆云传》)。
月支僧竺法护出《顺权方便经》2卷、《五百弟子本起经》1卷、《佛为菩萨五梦经》、《如幻三昧经》2卷、《弥勒本愿经》1卷、《舍利弗悔过经》1卷、《胞胎经》1卷及《十地经》1卷。
按:《出三藏记集》卷二曰:"《顺权方便经》二卷。一本云《惟权方便经》。《旧录》云,《顺权女经》,一云《转女身菩萨经》。太安二年四月九日出。"又曰:"《五百弟子本起经》一卷。《旧录》云,《五百弟子自说本末经》。太安二年五月一日出。或云《佛五百弟子自说本起经》。"又曰:"《佛为菩萨五梦经》。《旧录》云,《佛五梦》。太安二年五月六日出。或云《太子五梦》。"又曰:"《如幻三昧经》二卷。《旧录》云,三卷。太安二年五月十一日出。"又曰:"《弥勒本愿经》一卷。或云《弥勒菩萨所问本愿经》。太安二年五月十七日出。"又曰:"《舍利弗悔过经》一卷。太安二年五月二十日出。"又曰:"《胞胎经》一卷。《旧录》云,《胞胎受身经》。太安二年八月一日出。"又曰:"《十地经》一卷。或云《菩萨十地经》。太安二年十二月四日出。"
僧安法钦译《文殊师利现宝藏经》2卷。
按:《历代三宝纪》卷六曰:"《文殊师利现宝藏经》二卷,太安二年出,或三卷。亦云《示现宝藏经》,见竺道祖《晋世杂录》。"
僧支孝龙校定竺叔兰《放光波若》,写为20卷。
按:《高僧传》卷四《朱士行传》曰:"时河南居士竺叔兰,本天竺人,父世避难,居于河南。兰少好游猎,后经暂死,备见业果。因改励专精,深崇正法,博究众音,善于梵汉之语。又有无罗叉比丘,西域道士,稽古多学,乃手执梵本,叔兰译为晋文,称为《放光波若》,皮牒故本,今在豫章。至太安二年,支孝龙就叔兰一时写五部,校为定本。时未有品目,旧本十四匹缣,今写为二十卷。"同卷《支孝龙传》曰:"支孝龙,淮阳人。少以风姿见重,加复神彩卓荦,高论适时。常披《小品》,以为心要。陈留阮瞻、颍川庾凯,并结知音之交,世人呼为八达。"陶渊明《集圣贤群辅录》(四库馆臣认为后人依托之作)载晋中朝"八达":"陈留董昶字仲道、琅琊王澄字平子、陈留阮瞻字千里(一云八百,八百即瞻弟孚,字遥集,朗率多通。故大将军王敦云:'方瞻有减,故云八百。')、颍川庾凯字子嵩、陈留谢鲲字幼舆、太山胡毋辅之字彦国、沙门于法龙、乐安光逸字孟祖。"于法龙、支孝龙为同一人。

索靖卒（239——）。靖字幼安，敦煌人。少与乡人氾衷等四人俱入太学，驰名海内，号称"敦煌五龙"。晋武帝擢为尚书郎。赵王伦篡位，靖响应齐王冏，因功加散骑常侍，迁后将军。太安二年，河间王颙攻洛阳，授靖游击将军，战死。靖工章草，并学韦诞，而险峻过之。自名其字为"银钩虿尾"，一时学者宗之。与尚书郎卫瓘并以善草书知名，时称"二妙"。靖作《五行三统正验论》，辩理阴阳气运。又撰《索子》、《晋诗》各20卷。又作《草书状》。《隋书》卷三五《经籍志四》著录游击将军《索靖集》3卷。严可均《全晋文》卷八四载其书、帖19条并《草书状》1篇。事迹见《晋书》卷六〇及《法书要录》卷八。

陆机卒（261——）。机字士衡，吴郡吴县华亭人。三国吴名将陆逊孙、陆抗子。少时任吴牙门将。吴亡，家居勤学十年。太康末，与弟陆云共至洛阳，张华见之，称"伐吴之役，利获二俊"。文才倾动一时，时称"二陆"。为贾谧二十四友之一。成都王颖以机参大将军军事，授平原内史，世称"陆平原"。"八王之乱"中，为宦者孟玖所诬，被颖害于军中。机诗文并茂，其诗重藻绘、排偶，多拟古之作，《诗品》列为上品。其文为后世所称者有《文赋》及抒发破国怀乡之感、议论史事之作如《辩亡论》、《吊魏武文》等。《文赋》论述文学创作，为中国文学批评史上重要的文学论文。机亦善书法，其《平复帖》为现存最早之名家手迹。机著述甚丰，《隋书》卷三五《经籍志四》著录晋平原内史《陆机集》14卷，梁47卷，录1卷，亡。明张溥辑有《陆士衡集》。严可均《全晋文》卷九六至九七载其文136篇。逯钦立《晋诗》卷五载其诗113首。事迹见《晋书》卷五四。

陆云卒（262——）。云字士龙，吴郡吴县华亭人。三国吴名将陆抗之子，陆机之弟，少与兄齐名，号曰"二陆"。为浚仪令，到官肃然，断案明察，百姓称之。"八王之乱"中，成都王颖表为清河内史，转大将军右司马，后世称其为"陆清河"。机遇害，云亦坐诛。云诗多四言，以短篇见长，《诗品》列为中品。《隋书》卷三五《经籍志四》著录晋清河太守《陆云集》12卷，梁1卷，录1卷。明张溥辑有《陆士龙集》。严可均《全晋文》卷一〇〇至一〇四载其文131篇。逯钦立《晋诗》卷六载其诗34首。事迹见《晋书》卷五四。

王羲之（——361）、王述（——368）生。

晋惠帝永兴元年　永安元年　建武元年
成都王李雄建兴元年　汉王刘渊元熙元年
甲子　304年

正月，成都王颖自邺讽于帝，乃大赦，改元为永安（《晋书》卷四《惠

晋惠帝永兴元年　永安元年　建武元年　成都王李雄建兴元年　汉王刘渊元熙元年　甲子　304年

帝纪》）。

晋惠帝被河间王颙所逼，密诏雍州刺史刘沈、秦州刺史皇甫重以讨之。沈举兵攻长安，为颙所败(《晋书》卷四《惠帝纪》)。

成都王颖入洛阳为丞相，还镇邺；东海王越为尚书令(《晋书》卷四《惠帝纪》)。

三月，周玘、陈敏攻杀石冰，扬、徐二州平(《晋书》卷四《惠帝纪》)。

河间王颙表请成都王颖为皇太弟(《晋书》卷四《惠帝纪》)。

七月丙申朔，右卫将军陈眕以诏召百僚入殿中，因勒兵讨成都王颖(《资治通鉴》卷八五《晋纪七》)。

己亥，司徒王戎、东海王越、高密王简、平昌公模、吴王晏、豫章王炽、襄阳王范、右仆射荀藩等奉帝北征。至安阳，众十余万，成都王颖遣其将石超拒战(《晋书》卷四《惠帝纪》)。

己未，成都王颖将石超破王师于荡阴，获惠帝(《晋书》卷四《惠帝纪》)。

惠帝被迫入邺，庚申，改元建武。东海王越遁归东海(《晋书》卷四《惠帝纪》)。

八月戊辰，司马颖杀东安王司马繇，繇兄子琅邪王司马睿恐祸及已，逃回封国(《晋书》卷四《惠帝纪》)。

安北将军王浚遣乌丸骑攻成都王颖于邺，大败之。成都王颖兵败，挟惠帝逃往洛阳(《晋书》卷四《惠帝纪》)。

匈奴左贤王刘渊在离石起兵反晋，自号大单于。十月，刘渊即汉王位，建国号"汉"，建元元熙，追尊刘禅为孝怀皇帝(《晋书》卷四《惠帝纪》、《资治通鉴》卷八五《晋纪七》)。

十月，李雄称成都王，建元建兴(《资治通鉴》卷八五《晋纪七》)。

十一月乙未，张方请惠帝谒庙，因劫帝西迁长安(《晋书》卷四《惠帝纪》)。

惠帝入长安，改元复为永安；复皇后羊氏(《晋书》卷四《惠帝纪》)。

十二月丁亥，司马越为太傅(《晋书》卷四《惠帝纪》)。

晋改元永兴。以河间王颙都督中外诸军事(《晋书》卷四《惠帝纪》)。

刘寔为太尉(《晋书》卷四《惠帝纪》)。

挚虞迁卫尉卿，从惠帝入长安(《晋书》卷五一《挚虞传》)。

嵇绍复爵位，随帝亲征，被害于荡阴(《晋书》卷八九《嵇绍传》)。

曹摅于司马乂败后，免官。丁母忧(《晋书》卷九〇《曹摅传》)。

庾敳参东海王司马越太傅军事。

按：《晋书》卷五〇《庾敳传》曰："是时天下多故，机变屡起，敳常静默无为。参东海王越太傅军事。"

郭象为太傅主簿，甚见亲委。

按：《晋书》卷五〇《郭象传》曰："郭象，字子玄，少有才理，好《老》、《庄》，能清言。太尉王衍每云：'听象语，如悬河泻水，注而不竭。'州郡辟召，不就。常闲居，以文论自娱。后辟司徒掾，稍至黄门侍郎。东海王越引为太傅主簿，甚见亲委，遂任职当权，熏灼内外，由是素论去之。"

庾亮辞东海王辟。

  按：《晋书》卷七三《庾亮传》曰："年十六，东海王越辟为掾，不就，随父在会稽，嶷然自守。时人皆惮其方俨，莫敢造之。"

王戎七月随惠帝自荡阴去邺。十二月，戎奉诏以司徒参录朝政。惠帝被逼西迁，戎逃居郏县。

  按：《晋书》卷四三《王戎传》曰："其后从帝北伐，王师败绩于荡阴，戎复诣邺，随帝还洛阳。车驾之西迁也，戎出奔于郏。在危难之间，亲接锋刃，谈笑自若，未尝有惧容。时召亲宾，欢娱永日。"

张辅为秦州刺史（《晋书》卷六〇《张辅传》）。

月支僧竺法护出《摩调王经》1卷、《照明三昧经》1卷、《所欲致患经》1卷、《贾客经》2卷及《更出阿阇世王经》2卷。

  按：《出三藏记集》卷二曰："《摩调王经》一卷。出《六度集》。太安三年正月十八日出。"卷二曰："《照明三昧经》一卷。太安三年二月一日出。"卷二曰："《所欲致患经》一卷。太安三年二月七日出。"卷二曰："《贾客经》二卷。建武元年三月二日出。"该经梁时阙。卷二曰："《更出阿阇世王经》二卷。建武元年四月十六日出。"该经梁时阙。

僧竺法寂、竺叔兰校定《放光经》20卷。

  按：《出三藏记集》卷七无名氏《放光经记》曰："至太安二年十一月十五日，沙门竺法寂来至仓垣水北寺求经本。写时捡取现品五部并胡本，与竺叔兰更共考校书写，永安元年四月二日讫，于前后所写校最为差定，其前所写可更取校。"

嵇绍卒（253— ）。绍字延祖，谯国铚人。嵇康子，以父得罪，靖居私门。山涛荐之武帝，征为秘书丞。为给事黄门侍郎，拒交贾谧。后为长沙王乂命为侍中、平西将军。"八王之乱"荡阴之战中，卫帝而死，谥曰"忠穆"。《隋书》卷三五《经籍志四》著录晋侍中《嵇绍集》2卷，录1卷。严可均《全晋文》卷六五载其文5篇。逯钦立《晋诗》卷七载其诗1首。事迹见《晋书》卷八九《忠义传》。

乐广卒，生年不详。广字彦甫，南阳清阳人。父早卒，乔居山阳。与王衍同时，崇尚清淡。其一女适卫玠，时有"妇翁冰清，女婿玉润"之语。《隋书》卷三五《经籍志四》著录光禄大夫《乐广集》2卷，录1卷。事迹见《晋书》卷四三。

僧帛远卒，生年不详。字法祖，俗姓万，河内人。父万威达，以儒雅知名，州府辟命皆不就。帛远自幼出家，在长安建立精舍，受学僧俗弟子近千。惠帝末，河间王司马颙镇关中，对帛远施以师友之敬。当时俊乂能言之士，咸服其远致。帛远见天下大乱，欲隐遁陇右。时秦州刺史张辅欲令其还俗为其效命，帛远未从，被辅鞭笞致死。事迹见《高僧传》卷一。

晋永兴二年　李雄建兴二年　汉元熙二年
乙丑　305 年

正月甲午朔，晋惠帝在长安（《晋书》卷四《惠帝纪》）。

六月，李雄僭即帝位，国号蜀（《晋书》卷四《惠帝纪》）。

七月，东海王越檄州郡兵迎惠帝，复还旧都，王浚等推越为盟主（《晋书》卷四《惠帝纪》）。

九月壬子，河间王颙表请成都王颖为镇军大将军，都督河北诸军事，镇邺（《晋书》卷四《惠帝纪》）。

十二月，成都王颖进据洛阳，张方、刘弘等并按兵不能御。范阳王虓济自官渡，拔荥阳，斩石超，袭许昌，破刘乔于萧，乔奔南阳（《晋书》卷四《惠帝纪》）。

东海王越用陈敏为右将军，敏以东归收兵为名，至历阳反，称大司马、楚公。收用名士顾荣等，谋据江东（《晋书》卷四《惠帝纪》）。

挚虞乱中流离。
按：《晋书》卷五一《挚虞传》曰："及东军来迎，百官奔散，遂流离鄠、杜之间，转入南山中，粮绝饥甚，拾橡实而食之。"

嵇含为征南从事中郎，寻授振威将军，襄城太守。虓为刘乔所破，含奔镇南将军刘弘（《晋书》卷八九《嵇含传》）。

刘琨败刘乔、斩石超、降吕朗（《晋书》卷六二《刘琨传》及卷六一《刘乔传》）。

李兴约是年作《诸葛丞相故宅碣表》。
按：《三国志》卷三五《蜀书·诸葛亮传》裴注引《蜀记》曰："晋永兴中，镇南将军刘弘至隆中，观亮故宅，立碣表闾，命太傅掾犍为李兴为文曰……"又引王隐《晋书》云："李兴，密之子；一名安。"永兴共三年，暂系于是年。

月支僧竺法护译《人所从来经》1 卷、《十等藏经》1 卷、《雁王五百雁俱经》1 卷、《诫具经》1 卷、《决道俗经》1 卷、《猛施经》1 卷及《城喻经》1 卷。
按：《出三藏记集》卷二曰："《人所从来经》一卷。永兴二年正月二十五日出。"卷二曰："《十等藏经》一卷。永兴二年正月二十八日出。"卷二曰："《雁王五百雁俱经》一卷。永兴二年二月二日出。"卷二曰："《诫具经》一卷。永兴二年二月七日出。"卷二曰："《决道俗经》一卷。永兴二年二月十一日出。"卷二曰："《猛施经》一卷。《旧录》云，《猛施道地经》，永兴二年二月二十日出。"卷二曰："《城喻经》一卷。永兴二年三月一日出。"以上诸经梁时均阙。

王戎卒（234—　）。戎字濬冲，琅邪临沂人。与阮籍、嵇康为友，善清

戴克里先皇帝及马克西米安退位。加莱里乌斯及君士坦提乌斯一世继任。

斯普利特戴克里先宫建成。

谈,为"竹林七贤"之一。后依司马氏,参与伐吴,仕路通显,官至中书令、光禄大夫、尚书左仆射、司徒。贪吝好货,为人所讥。事迹见《晋书》卷四三。

王接卒(267—)。接字祖游,河东猗氏人。十三而孤,辟为吏,以母老不就。为郡主簿,转功曹史。永康初为司隶从事。永宁初,举秀才,不试。除中郎。补征虏司马。转临汾公相国。永安初,东海王越率诸侯讨颙,尚书令王堪统行台,上请接补尚书殿中郎,未至而卒。接博览群书,简率不合流俗,曾作《公羊春秋》,多有新义。又作《列女后传》七十二人,杂论议诗赋碑颂驳难十余万言,丧乱尽失。严可均《全晋文》卷一一五载其文3篇。事迹见《晋书》卷五一。

张辅卒,生年不详。辅字世伟,南阳西鄂人。晋初入仕为蓝田令。惠帝元康中,转御史中丞。后事河间王颙,为秦州刺史,死于乱中。为人刚正,不畏豪强,于时蔽多所纠劾。尝著论言及管仲不如鲍叔,班固不如史迁,曹操不及刘备,乐毅逊于诸葛亮。《隋书》卷三五《经籍志四》著录秦州刺史《张辅集》2卷,录1卷。严可均《全晋文》卷一○五载其文3篇。事迹见《晋书》卷六○。

庾翼(—345)、许穆(—376)、王彪之(—377)生。

晋永兴三年　光熙元年　李雄建兴三年　成晏平元年　汉元熙三年　丙寅　306年

罗马西部皇帝君士坦提乌斯一世卒。子君士担丁一世继立。诸帝争位,内战起。

正月,惠帝在长安(《晋书》卷四《惠帝纪》)。

河间王颙闻刘乔败,大惧,遂杀张方,请和于东海王越,越不许(《晋书》卷四《惠帝纪》)。

东海王越命宋胄等发兵进逼洛阳,胄破成都王颖将楼褒,颖奔长安(《晋书》卷四《惠帝纪》)。

甲子,东海王越遣将祁弘、宋胄、司马纂等迎惠帝(《晋书》卷四《惠帝纪》)。

六月丙辰朔,祁弘等挟惠帝还洛阳;辛未,改元光熙(《晋书》卷四《惠帝纪》)。

李雄称皇帝,改元晏平,国号大成,以丞相范长生为天地太师(《资治通鉴》卷八六《晋纪八》)。

按：李寿于338年改国号为汉,史称成汉。

八月,东海王越录尚书事。骠骑将军、范阳王虓为司空(《晋书》卷四《惠帝纪》)。

九月,顿丘太守冯嵩执成都王颖,送至于邺(《晋书》卷四《惠帝纪》)。

晋永兴三年　光熙元年　李雄建兴三年　成晏平元年　汉元熙三年　丙寅　306年

东嬴公腾进爵为东燕王，平昌公模为南阳王(《晋书》卷四《惠帝纪》)。

十月，司空、范阳王虓薨。虓长史刘舆杀成都王颖(《晋书》卷四《惠帝纪》)。

十一月庚午，惠帝中毒死，时年四十八。皇太弟炽即位，是为怀帝(《晋书》卷四《惠帝纪》)。

按：《晋书》卷四《惠帝纪》曰："后因食饼中毒而崩，或云司马越之鸩。"

十二月，河间王颙赴洛，中途被南阳王司马模部将所害。

按：太傅司马越以诏书命河间王颙为司徒，其弟司马模遣其将梁臣于新安途中杀颙，司马越独专朝政。至是，汝南王亮、楚王玮、赵王伦、齐王冏、长沙王乂、成都王颖、河间王颙、东海越王互相残杀的"八王之乱"结束，前后凡十六年。这次战乱，使洛阳、长安遭受严重破坏，中原百姓死者数十万。内迁各少数民族统治者乘机而起，复造成北中国分裂战乱局面。

王衍为司空(《晋书》卷五《怀帝纪》)。

挚虞还洛阳，为光禄勋(《晋书》卷五一《挚虞传》)。

潘尼迁中书令。

按：《晋书》卷五五《潘尼传》曰："永兴末，为中书令。时三王战争，皇家多故，尼职居显要，从容而已。虽忧虞不及，而备尝艰难。"

曹摅复为襄城太守。

按：《晋书》卷九〇《曹摅传》曰："惠帝末，起为襄城太守。"

江统为司徒左长史。

按：《晋书》卷五六《江统传》曰："服阕，为司徒左长史。"统以太安二年(303年)丁母忧去职。

庾敳转军谘祭酒。

按：《晋书》卷五〇《庾敳传》曰："转军谘祭酒。时(东海王)越府多隽异，敳在其中，常自袖手。"陆侃如《中古文学系年》："转祭酒假定在为参军后一二年。"

嵇含拜平越中郎将，广州刺史，假节，未发而被害(《晋书》卷八九《嵇含传》)。

葛洪避地南土。

按：《晋书》卷七二《葛洪传》曰："洪见天下已乱，欲避地南土，乃参广州刺史嵇含军事。及含遇害，遂停南土多年，征镇檄命一无所就。后还乡里，礼辟皆不赴。"

刘琨封广武侯(《晋书》卷六二《刘琨传》)。

纪瞻征为尚书郎，与顾荣同赴洛，途中论《易》。因战乱，不果至，还扬州。

按：《晋书》卷六八《纪瞻传》曰："召拜尚书郎，与荣同赴洛，在途共论《易》太极。荣曰：'太极者，盖谓混沌之时曚昧未分，日月含其辉，八卦隐其神，天地混其体，圣人藏其身。然后廓然既变，清浊乃陈，二仪著象，阴阳交泰，万物始萌，六合闿拓。《老子》云"有物混成，先天地生"，诚《易》之太极也。而王氏云"太极天地"，愚谓未当。夫两仪之谓，以体为称，则是天地；以气为名，则名阴阳。今若谓太极为天地，则是天地自生，无生天地者也。《老子》又云"天地所以能长且久者，以其不自生，故能长久"，"一生二，二生三，三生万物"，以资始冲气以为和。原元气之本，求天地之根，恐宜以此为准也。'瞻曰：'昔庖牺画八卦，阴阳之理尽矣。文王、仲尼系其遗业，三圣相承，共同一致，称《易》准天，无复其余也。夫天清地平，两仪交泰，四时推移，日月辉其间，自然之数，虽经诸圣，孰知其始。吾子云"曚昧未分"，岂其然乎！圣人，人也，安得混沌之初能藏其身于未分之内！老氏先天之言，此盖虚诞之说，非《易》者之意也。亦谓吾子神通体解，所不应疑。意者直谓太极极尽之称，言其理极，无复外形；外形既极，而生两仪。王氏指向可谓近之。古人举至极以为验，谓二仪生于此，非复谓有父母。若必有父母，非天地其孰在？'荣遂止。至徐州，闻乱日甚，将不行。会刺史裴盾得东海王越书，若荣等顾望，以军礼发遣，乃与荣及陆玩等各解船弃车牛，一日一夜行三百里，得还扬州。"

  潘尼作《迎大驾》及《游西岳诗》。
  按：《迎大驾》见《文选》卷二六，李善注曰："王隐《晋书》曰：东海王越从大驾讨邺，军败，轻骑奔下邳。永康二年，越率天下甲士三万人奉迎大驾还洛。""永康二年"，误。陆侃如《中古文学系年》曰："丁福保《全晋诗》卷四载尼《迎大驾》：'南山郁岑崟，洛川迅且急……世故尚未夷，崤函方崄澁。'又载《游西岳诗》：'驾言游西岳，寓目二华山。'惠帝于永兴元年十一月被张方迫迁长安，群臣多未扈从。二年七月，东海王越兴师迎驾。本年'甲子越遣其将祈弘、宋胄、司马纂等迎帝……六月景辰朔至自长安'（《惠帝纪》）。尼可能与弘等同行，所以作此二诗。"
  江统作《奔赴山陵议》。
  按：文见《通典》卷八〇曰："晋惠帝崩，司徒左长史江统议奔赴山陵曰……"江统有借此议以振君权朝纲之意。
  月支僧竺法护译《譬喻三百首经》25卷、《严净定经》1卷及《灭十方冥经》1卷。
  按：《出三藏记集》卷二曰："《譬喻三百首经》二十五卷。永兴三年三月七日出。"该经梁时阙。卷二曰："《严净定经》一卷。一名《序世经》。元熙元年二月十八日出。"该经梁时阙。卷二曰："《灭十方冥经》一卷。元熙元年八月十四日出。"因僧佑注，以上二经是竺法护"自太始中至怀帝永嘉二年已前所译出"。《历代三宝纪》卷六曰："《灭十方冥经》一卷，光熙元年八月十四日出。一本无灭字。见《聂道真录》。"《出三藏记集》"元熙"或为"光熙"之误，今从《历代三宝纪》系于是年。
  僧安法钦出《大阿育王经》5卷。
  按：《历代三宝纪》卷六曰："《大阿育王经》五卷，光熙年出。见竺道祖《晋世杂录》。"

  嵇含卒（263— ）。含字君道，自号亳丘子，谯周铚人，嵇绍之侄。为人刚直耿介。永兴中，拜平越中郎将，广州刺史，假节，未发而被害。《隋书》卷三五《经籍志四》著录梁又有《广州刺史嵇含集》10卷，录1卷，亡。严可均《全晋文》卷六五载其文25篇。逯钦立《晋诗》卷七载其诗4首。又作《南方草木状》3卷，为中国最早的植物学著作之一。事迹见《晋书》卷八九《忠义传》。
  按：文廷式《补晋书艺文志》卷四认为《南方草木状》非嵇含所作："案此书文笔渊雅，叙述简净，自是唐以前作。然以为嵇含，则非也。案《晋书·忠义传》：刘宏表含为广州刺史，未发，宏卒。含素与宏司马郭励有隙，夜掩杀之。又《抱朴子·自叙》云：故人谯国嵇居道见用为广州刺史，乃表请洪为参军，遣先行催兵，而居道于后遇害。是含实未至广州，不得为此书也。又案《南方草木状》乞力伽一条云：刘涓子取以作煎。涓子，东晋末人，远在嵇含后。是书非含作，益明矣。"这一问题尚待研究。

司马彪卒，生年不详。彪字绍统，河内温县人，晋皇族。少笃学，博览群籍。曾任秘书丞、散骑侍郎等职。作《续汉书》80卷，记述东汉史事。纪、传散佚，范晔《后汉书》中存其律历、礼仪、祭祀、天文、五行、郡国、舆服、百官等八志。彪另著有《庄子注》、《九州春秋》、《兵纪》等书。《隋书·经籍志》著录晋秘书丞《司马彪集》4卷，梁3卷，录1卷。清汪文台《七家后汉书》辑有《司马彪续汉书》5卷。严可均《全晋文》卷一六载其文5篇。逯钦立《晋诗》卷七载其诗4首。事迹见《晋书》卷八二。

晋怀帝司马炽永嘉元年　成晏平二年
汉元熙四年　丁卯　307年

正月壬子朔，晋改元永嘉，除三族刑。以太傅、东海王越辅政，杀御史中丞诸葛玫（《晋书》卷五《怀帝纪》）。

二月，周玘、顾荣、甘卓等起兵反陈敏，敏败死，江南遂平定（《资治通鉴》卷八六《晋纪八》）。

三月庚辰，东海王越出镇许昌（《晋书》卷五《怀帝纪》）。

并州诸郡为刘渊所陷，刺史刘琨独保晋阳（《晋书》卷五《怀帝纪》）。

五月，汲桑、石勒攻陷邺城（《晋书》卷五《怀帝纪》）。

七月己酉朔，东海王越进屯官渡，以讨汲桑（《晋书》卷五《怀帝纪》）。

八月己卯朔，抚军将军苟晞败汲桑于邺（《晋书》卷五《怀帝纪》）。

十二月，东海王越矫诏囚清河王覃于金墉城，癸卯，越自为丞相（《晋书》卷五《怀帝纪》）。

刘寔为太尉（《晋书》卷五《怀帝纪》）。

刘琨为并州刺史，加振威将军，领匈奴中郎将。独保晋阳（《晋书》卷六二《刘琨传》）。

孔愉遁隐辞辟安东将军参军。

按：《晋书》卷七八《孔愉传》曰："永嘉中，元帝始以安东将军镇扬土，命愉为参军。邦族寻求，莫知所在。"《晋书》卷五《怀帝纪》载是年"以平东将军、琅邪王睿为安东将军，都督扬州江南诸军事、假节，镇建邺"。

挚虞迁太常卿，考正旧典。

按：《晋书》卷五一《挚虞传》曰："历光禄勋、太常卿。时怀帝亲郊。自元康以来，不亲郊祀，礼仪弛废。虞考正旧典，法物粲然。"陆侃如《中古文学系年》系于是年,曰:"《世说新语》卷二《文学第四》注引王隐《晋书》,以虞为太常始于从惠帝至长安前,与本传不合。自太安元年皇太孙卒,至永兴元年惠帝西迁,仅三十一月,遍历秘书、卫尉、光禄、太常四职,似乎不太合常理。故今从本传。"

张协复征为黄门侍郎,托疾不就,终于家(《晋书》卷五五《张协传》)。

按:张协,生卒年不详。《晋书》本传载其事止于"永嘉初"。协字景阳,安平武邑人。与兄载、弟亢齐名,世称"三张"。少有俊才,辟公府掾,转秘书郎。累官至河间内史。晋永嘉中,复征为黄门侍郎,托病不就。以世乱僻居草泽,吟咏自娱。擅长五言诗,《诗品》列于上品。亦善辞赋,代表作为《七命》。《隋书》卷三五《经籍志四》著录晋黄门侍郎《张协集》3卷,梁4卷,录1卷。明张溥辑有《张景阳集》。严可均《全晋文》卷八五载其文15篇。逯钦立《晋诗》卷七载其诗15首。事迹见《晋书》卷五五。

郭璞约是年避乱东南,居于暨阳。

按:《晋书》卷七二《郭璞传》曰:"惠怀之际,河东先扰。璞筮之,投策而叹曰:'嗟乎! 黔黎将湮于异类,桑梓其翦为龙荒乎!'于是潜结姻昵及交游数十家,欲避地东南。"《世说新语·术解第二十》曰:"永嘉中,海内将乱,璞投策叹曰:'黔黎将同异类矣!'便结亲昵十余家,南渡江,居于暨阳。"以"惠怀之际",姑系是年。

山简约是年出为雍州刺史、镇西将军。

按:《晋书》卷四三《山简传》曰:"永嘉初,出为雍州刺史、镇西将军。征为尚书左仆射,领吏部。"以"永嘉初",系于是年。"征为尚书左仆射,领吏部",年月不明。本传叙此事于永嘉三年前,故一并系于是年。

张载约是年称疾归。

按:《晋书》卷五五《张载传》曰:"载见世方乱,无复进仕意,遂称疾笃告归,卒于家。"

又按:张载生卒年不详,字孟阳,安平人。与弟协、亢,俱以文学著名,时称"三张"。雅闲博学,妙擅文章。早年即以《濛汜赋》为傅玄赏识而知名。太康初作《剑阁铭》,晋武帝命刻于剑阁山。官至中书侍郎、领著作。后因世乱,称病告归,卒于家。载善诗赋,颇重辞藻。《隋书》卷三五《经籍志四》著录晋中书郎《张载集》7卷,梁一本2卷,录1卷。明张溥辑有《张孟阳集》。严可均《全晋文》卷八五载其文13篇。逯钦立《晋诗》卷七载其诗21首。事迹见《晋书》卷五五。

山简约是年作《上怀帝疏》。

按:文见《晋书》卷四三《山简传》曰:"简欲令朝臣各举所知,以广得才之路。上疏曰……朝廷从之。"本传叙此事于永嘉三年前,姑系是年。参见是年"山简约是年出为雍州刺史、镇西将军"条。

江统作《大丧未终正会废乐议》。

按:《通典》卷一四七曰:"晋怀帝永嘉元年冬,惠帝三年制未终,司徒左长史江统议,二年正会不宜作乐,以为……"

刘琨作《到壶关上表》(《晋书》卷六二《刘琨传》)。

郭璞约是年作《流寓赋》。

按:文见《艺文类聚》卷二七。陆侃如《中古文学系年》曰:"所记行程自猗氏至洛阳,当作于此时。""此时"指是年。参见是年"郭璞约是年避乱东南,居于暨阳"条。

月支僧竺法护出《无极宝经》1卷及《阿差末经》4卷。
按：《出三藏记集》卷二曰："《无极宝经》一卷。《别录》所载，《安录》先阙。或云《无极宝三昧经》。永嘉元年三月五日出。"卷二曰："《阿差末经》四卷。或云《阿差末菩萨经》，《别录》所载。《安录》先阙。永嘉元年十二月一日出。"

江逌（　—364？）约生。
按：参见364年"江逌约卒"条。

晋永嘉二年　成晏平三年　汉元熙五年
永凤元年　戊辰　308年

十月甲戌，汉王刘渊称帝于平阳，仍称汉，改元永凤（《晋书》卷五《怀帝纪》、《资治通鉴》卷八六《晋纪八》）。

十一月，刘渊遣石勒、刘灵攻魏郡、汲郡、顿丘，魏郡太守王粹战死，百姓降者五十余垒（《资治通鉴》卷八六《晋纪八》）。

荀藩为尚书令（《晋书》卷五《怀帝纪》）。

刘寔请老致仕，不许。
按：《晋书》卷四一《刘寔传》曰："怀帝即位，复授太尉。寔自陈年老，固辞，不许。左丞刘坦上言曰……"坦上言中言及"诏殷勤，必使寔正位上台，光饪鼎实，断章敦喻，经涉二年"，寔明年致仕。

阮修转太傅行参军。
按：陆侃如《中古文学系年》曰："《晋书》卷四十九《阮修传》：'转太傅行参军。'又卷五十六《江统传》：'东海王越为兖州牧……与统书曰："昔王子师为豫州，未下车辟荀慈明，下车辟孔文举。贵州人士有堪应此者不？"统举高平郗鉴为贤良，陈留阮修为直言，济北程收为方正，时以为知人。'越以太傅兼牧，本年三月出镇鄄城，修迁官当在此时。"

曹摅为高密王司马简征南司马，战死于郦县（《晋书》卷九〇《曹摅传》）。

江统迁兖州别驾。
按：《晋书》卷五六《江统传》曰："东海王越为兖州牧，以统为别驾，委以州事。"

刘坦作《上言宜听刘寔致仕》。
按：文见《晋书》卷四一《刘寔传》。参见是年"刘寔请老致仕，不许"条。

江统作《徂淮赋》。
按：仅存佚句，见《通典》卷一七七。统是年为兖州别驾，陆侃如《中古文学系年》曰："疑作于东行途中。"

月支僧竺法护出《普曜经》2卷、《无量寿经》2卷及《弘道广显三昧经》2卷。

按：《出三藏记集》卷二曰："《普耀经》八卷。三十品。安公云，出方等部。永嘉二年五月出。"卷七无名氏《普曜经记》曰："《普曜经》，永嘉二年，太岁在戊辰，五月，天竺菩萨沙门法护在天水寺手执胡本，口宣晋言。时笔受者沙门康殊、帛法炬。"《历代三宝纪》卷六曰："《无量寿经》二卷，永嘉二年正月二十一日译，是第四出。与吴世支谦、魏世康僧铠、白延等出本同文异，亦云《无量清净平等觉经》。见竺道祖《晋世杂录》。"同卷曰："《弘道广显三昧经》二卷，永嘉二年三月出。一云《阿耨达》，一云《阿耨达请佛》，一云《金刚门定意》。或无三昧字。凡四名有十品。一本但有七品少中三品，一本正有前五品。见《聂道真录》。"

曹摅卒，生年不详。摅字颜远，沛国谯人。少有孝行，好学善属文。曾与左思并为齐王冏记室。为高密王司马简征南将军，流人聚众反，摅与之战死于郦县。摅工诗，《诗品》列为中品，《文心雕龙·才略》称"曹摅清靡于长篇"。《隋书》卷三五《经籍志四》著录梁有征南司马《曹摅集》3卷，录1卷，亡。严可均《全晋文》卷一〇七载其文3篇。逯钦立《晋诗》卷八载其诗11首。事迹见《晋书》卷九〇《良吏传》。

谢尚（　—357）生。

晋永嘉三年　成晏平四年　汉河瑞元年
己巳　309年

正月，刘渊迁都平阳，改元河瑞（《资治通鉴》卷八七《晋纪九》）。
按：渊因在汾水得玉玺，遂改元河瑞。

三月丁巳，东海王越入京师；乙丑，派兵入宫，杀怀帝近臣中书令缪播、帝舅王延等十余人（《晋书》卷五《怀帝纪》）。

刘寔致仕（《晋书》卷五《怀帝纪》及卷四一《刘寔传》）。
王衍为太尉（《晋书》卷五《怀帝纪》）。
阮修为太尉掾。
按：《世说新语·文学第四》曰："阮宣子有令闻，太尉王夷甫见而问曰：'老、庄与圣教同异？'对曰：'将无同。'太尉善其言，辟之为掾。世谓三语掾。卫玠嘲之曰：'一言可辟，何假于三？'宣子曰：'苟是天下人望，亦可无言而辟，复何假一？'遂相与为友。"《晋书》卷四九《阮修传》载修仕历止太子洗马，未载阮修太尉掾事，但载与王衍清谈事："王衍当时谈宗，自以论《易》略尽，然有所未了，研之终莫悟，每云'不知比没当见能通之者不'。衍族子敦谓衍曰：'阮宣子可与言。'衍曰：'吾亦闻之，但未知其盘盘之处定何如耳！'及与修谈，言寡而旨畅，衍乃叹服焉。"

山简出为征南将军、都督荆湘交广四州诸军事、假节，镇襄阳（《晋书》卷四三《山简传》）。

卫玠避难南行，娶山简女。

按：《晋书》卷三六《卫玠传》曰："玠妻先亡。征南将军山简见之，甚相钦重。……于是以女妻焉。"

江统迁黄门侍郎。

按：《晋书》卷五六《江统传》曰："寻迁黄门侍郎、散骑常侍，领国子博士。"本传载统迁黄门侍郎置于"永嘉四年，避难奔于成皋"前，假定是年。

潘尼迁太常卿。

按：《晋书》卷五五《潘尼传》曰："永嘉中，迁太常卿。"陆侃如《中古文学系年》曰："万斯同《晋将相大臣年表》以尼于元年卸中书令职，而由缪播继任。卷六十《播传》仅谓'怀帝以播为给事黄门侍郎，俄转侍中，徙中书令'，并无在元年即徙中书令的佐证。而且元年的太常卿是挚虞，尼亦无迁太常的可能。不过播卒于本年三月，故播继尼迁中书令，尼继虞任太常卿，均不能更晚。"

江统作《朝会仪》。

按：吴士鉴、刘承幹《晋书斠注》卷五六曰："《书钞》五十八王隐《晋书》曰：为黄门郎，作《朝会仪》。（郎上脱侍字）"文已佚。

时有《襄阳儿童为山简歌》（《晋书》卷四三《山简传》）。

王濛（ —347）生。

晋永嘉四年　成晏平五年　汉河瑞二年
刘聪光兴元年　庚午　310 年

六月，汉刘渊卒，子和嗣。刘聪杀兄和，自立为帝，改元光兴（《晋书》卷五《怀帝纪》、《资治通鉴》卷八七《晋纪九》）。

七月，略阳氐帅蒲洪自称护氐校尉、秦州刺史、略阳公（《资治通鉴》卷八七《晋纪九》）。

十月壬子，晋以骠骑将军王浚为司空，平北将军刘琨为平北大将军（《晋书》卷五《怀帝纪》）。

十一月甲戌，东海王越率众出许昌。自领豫州牧，以太尉王衍为军司（《晋书》卷五《怀帝纪》）。

阮修约是年避乱南行，至西阳期思县，为贼所害。

按：《晋书》卷四九《阮修传》曰："转太傅行参军、太子洗马。避乱南行，至西阳期思县，为贼所害，时年四十二。"

江统避难奔于成皋，病卒（《晋书》卷五六《江统传》）。

庾敳为豫州牧长史。纵心事外，为时人所重。

按：《晋书》卷五〇《庾敳传》曰："豫州牧长史河南郭象善《老》、《庄》，时人以为

君士坦丁一世杀马克西米安。

王弼之亚。敳甚知之，每曰：'郭子玄何必减庾子嵩。'象后为太傅主簿，任事专势。敳谓象曰：'卿自是当世大才，我畴昔之意都已尽矣。'敳有重名，为搢绅所推，而聚敛积实，谈者讥之。都官从事温峤奏之，敳更器峤，目峤森森如千丈松，虽礧砢多节，施之大厦，有栋梁之用。时刘舆见任于越，人士多为所构，惟敳纵心事外，无迹可间。后以其性俭家富，说越令就换钱千万，冀其有吝，因此可乘。越于众坐中问于敳，而敳乃颓然已醉，愦堕机上，以头就穿取，徐答云：'下官家有二千万，随公所取矣。'舆于是乃服。越甚悦，因曰：'不可以小人之虑度君子之心。'王衍不与敳交，敳卿之不置。衍曰：'君不得为耳。'敳曰：'卿自君我，我自卿卿。我自用我家法，卿自用卿家法。'衍甚奇之。"司马越是年十一月自领豫州牧。

又按：《晋书》卷五〇《庾敳传》云"豫州牧长史河南郭象"，以郭象为"豫州牧长史"。同卷《郭象传》并未叙及郭象为"豫州牧长史"一职。陆侃如《中古文学系年》据《世说新语》卷二《文学第四》注引《晋阳秋》言及庾敳仕至豫州长史一职，认为《晋书》卷五〇《庾敳传》任"豫州牧长史"应是庾敳，今从之。

西域僧佛图澄来洛阳，志弘大法。

按：《高僧传》卷九《佛图澄传》曰："竺佛图澄者，西域人也，本姓帛氏。少出家，清真务学，诵经数百万言，善解文义。虽未读此土儒史，而与诸学士论辩疑滞，皆闇若符契，无能屈者。……以晋怀帝永嘉四年来适洛阳，志弘大法。……欲于洛阳立寺，值刘曜寇斥洛台，帝京扰乱，澄立寺之志遂不果。乃潜泽草野，以观世变。时石勒屯兵葛陂，专以杀戮为威，沙门遇害者甚众。澄悯念苍生，欲以道化勒，于是杖策到军门，勒大将军郭黑略素奉法，澄即投止略家，略从受五戒，崇弟子之礼。"

江统约是年作《拜时有周丧议》。

按：文见《通典》卷五九曰："晋怀帝永嘉中，太常潘尼为子娶黄门郎李循女，已拜时，后各有周丧，潘迎妇，李遣女，国子博士江统、侍中许遐同议……"江统是年卒，姑系是年。

刘寔卒（220—　）。寔字子真，平原高唐人。少贫好学，卖牛衣以自给。历官河南尹丞、太保、太傅。遇事有先见。曾以世多趣进，作《崇让论》以矫之。《隋书》卷三二《经籍志一》著录其撰《春秋条例》11卷，梁有《春秋公羊达义》3卷，亡；刘寔等《集解春秋序》1卷；卷三五《经籍志四》著录《刘寔集》2卷，录1卷，亡。严可均《全晋文》卷三九载其《崇让论》1篇。事迹见《晋书》卷四一。

江统卒，生年不详。统字应元，陈留圉人。性寡言，有谋略。时人曾谓"嶷然稀言江应元"。入仕为山阴令，迁中郎，转太子洗马、国子博士、黄门侍郎、散骑常侍等职。元康末，作《徙戎论》，甚有先见。永嘉四年避难奔于成皋，病卒。《隋书》卷三五《经籍志四》著录梁有散骑常侍《江统集》10卷，录1卷，亡。严可均《全晋文》卷一〇六载其文15篇。事迹见《晋书》卷五六。

阮修约卒（270？—　）。修字宣子，陈留尉氏人。阮咸从子。家贫、嗜酒，好《易》、《老》，善清言。官至鸿胪丞，转太子洗马。避乱南行，至西阳期思县，为贼所害。《隋书》卷三五《经籍志四》著录梁有太子洗马《阮修集》2卷,亡。严可均《全晋文》卷七二载其文2篇。逯钦立《晋诗》卷七载其诗1首。事迹见《晋书》卷四九。

晋永嘉五年　成玉衡元年　汉光兴二年
嘉平元年　辛未　311年

正月乙亥,李雄攻陷巴西涪城,改元玉衡(《资治通鉴》卷八七《晋纪九》)。

三月戊午,诏下东海王越罪状,告方镇讨之。以征东大将军苟晞为大将军。丙子,东海王越病死于项(《晋书》卷五《怀帝纪》)。

四月戊子,石勒追击东海王越丧,大破晋兵(《晋书》卷五《怀帝纪》)。

六月丁酉,汉刘曜、王弥攻陷洛阳。晋怀帝被俘(《晋书》卷五《怀帝纪》)。

是月,江州刺史华轶不受司马睿教令,被司马睿击败(《资治通鉴》卷八七《晋纪九》)。

十一月,拓跋猗卢攻太原,平北将军刘琨不能制胜,徙五县百姓于新兴,以其地居之(《晋书》卷五《怀帝纪》)。

王赞九月于石勒袭阳夏时被执,勒以为从事中郎。十月,赞与苟晞谋反石勒,被害(《晋书》卷五《怀帝纪》及卷一〇四《石勒载记上》)。

王衍被石勒杀害。临终悔叹祖尚浮虚误国(《晋书》卷四三《王衍传》)。

庾敳在石勒乱中被害(《晋书》卷五〇《庾敳传》)。

蜀人杜弢作乱,王敦进驻豫章,为诸军继援(《晋书》卷九八《王敦传》)。

卫玠避难南行至豫章,王敦见之,为之绝倒。

按：《晋书》卷三六《卫玠传》曰:"遂进豫章,是时大将军王敦镇豫章,长史谢鲲先雅重玠,相见欣然,言论弥日。敦谓鲲曰:'昔王辅嗣吐金声于中朝,此子复玉振于江表,微言之绪,绝而复续。不意永嘉之末,复闻正始之音,何平叔若在,当复绝倒。'玠尝以人有不及,可以情恕;非意相干,可以理遣,故终身不见喜愠之容。"

潘尼避乱东还,病卒。

按：《晋书》卷五五《潘尼传》曰:"洛阳将没,携家属东出成皋,欲还乡里。道遇贼,不得前,病卒于坞壁,年六十余。"

卢谌于洛阳没后,随父卢志北投并州刺史刘琨。

按：《晋书》卷四四《卢志传》曰:"志字子道……永嘉末,转尚书。洛阳没,志将妻子北投并州刺史刘琨。"同卷《卢谌传》曰:"洛阳没,随志北依刘琨。"

庾亮随父至会稽,琅邪王睿辟为西曹掾,转参军,预讨华轶功,封都亭侯。

按：《晋书》卷九三《外戚传》曰:"(庾)琛永嘉初为建威将军,过江,为会稽太守。"卷七三《庾亮传》曰:"随父在会稽,岿然自守。时人皆惮其方俨,莫敢造之。元帝为镇东时,闻其名,辟西曹掾。及引见,风情都雅,过于所望,甚器重之,由是聘亮妹为皇太子妃。亮固让，不许。转丞相参军。预讨华轶功，封都亭侯，转参丞相军事，掌书记。"陆侃如《中古文学系年》曰："又据卷六《元帝纪》及卷六十一《华轶传》，睿讨轶即因轶不从藩檄，事当在六七月间。时睿尚未为丞相，故亮所参者当是镇东军事。'丞相'二字疑涉下文而误衍。"

山简洛阳没后，迁于夏口。招纳流亡，江汉归附。闻见乐府伶人宴会作乐，慨叹社稷倾覆，不能匡救。

按：《晋书》卷四三《山简传》曰："及洛阳陷没，简又为贼严嶷所逼，迁于夏口。招纳流亡，江汉归附。时华轶以江州作难，或劝简讨之。简曰……时乐府伶人避难，多奔沔汉，宴会之日，僚佐或劝奏之。简曰：'社稷倾覆，不能匡救，有晋之罪人也，何作乐之有！'因流涕慷慨，坐者咸愧焉。"本传叙以上诸事于洛阳陷没、华轶作乱后，故系是年。

顾荣为军司，加散骑常侍。

按：《晋书》卷六八《顾荣传》曰："元帝镇江东，以荣为军司，加散骑常侍，凡所谋画，皆以谘焉。荣既南州望士，躬处右职，朝野甚推敬之。"

孙盛约是年避乱过江。

按：《晋书》卷八二《孙盛传》曰："孙盛，字安国，太原中都人。祖楚，冯翊太守。父恂，颍川太守。恂在郡遇贼，被害。盛年十岁，避难渡江。"

刘琨作《上言请以楼烦等五县地处索头猗卢》及《与石勒书》。

按：《上言请以楼烦等五县地处索头猗卢》见《宋书》卷九五《索虏传》，但《宋书》系于永嘉三年，似误，此据《晋书》卷五《怀帝纪》系于是年。《与石勒书》见《晋书》卷一〇四《石勒载记上》曰："初，勒被鬻平原，与母王相失。至是，刘琨遣张儒送王于勒，遗勒书曰……"陆侃如《中古文学系年》曰："事在本年九月勒擒苟晞后。"

顾荣作《上安东将军笺谏为郑贵嫔祈祷废事》及《上书言南土人士》。

按：二文均见《晋书》卷六八《顾荣传》曰："时帝所幸郑贵嫔有疾，以祈祷颇废万机，荣上笺谏曰……时南土之士未尽才用，荣又言：'陆士光贞正清贵，金玉其质；甘季思忠款尽诚，胆干殊快；殷庆元质略有明规，文武可施用；荣族兄公让明亮守节，困不易操；会稽杨彦明、谢行言皆服膺儒教，足为公望；贺生沈潜，青云之士；陶恭兄弟才干虽少，实事极佳。凡此诸人，皆南金也。'书奏，皆纳之。"

时有《王彭祖谣》。

按：《晋书》卷三九《王浚传》曰："谣曰：'幽州城门似藏户，中有伏尸王彭祖。'"

傅祗卒（243— ）。祗字子庄，北地泥阳人。魏太常傅嘏之子。祗性至孝，早知名，以才识明练称。历仕太子舍人、司隶校尉。怀帝时为右仆射、中书监。对豪贵多所纠劾。及汉兵陷洛阳，共建行台，推祗为盟主。以司徒、持节、大都督诸军事，传檄四方，征义兵。遇暴疾而卒。临终，力疾手笔敕厉其二子宣、畅，辞旨深切。祗著文章驳论十余万言。严可均《全晋文》卷五二载其文3篇。事迹见《晋书》卷四七。

潘尼卒（250？— ）。尼字正叔，荥阳中牟人。与叔父潘岳以文学齐名，世称"二潘"。少有清才，性静退不竞，作《安身论》以明志。太康五年，举秀才，为太常博士。元康初，拜太子舍人，入补尚书郎，转著作郎。齐王

晋永嘉五年　成玉衡元年　汉光兴二年　嘉平元年　辛未　311年

冏起兵,引为参军,兼管书记。累迁中书令,太常卿。尼诗多应酬赠答之作,《诗品》列入中品。赋亦多咏物小赋。《隋书》卷三五《经籍志四》著录晋太常卿《潘尼集》10卷。明张溥辑有《潘太常集》。严可均《全晋文》卷九四、九五载其文26篇。逯钦立《晋诗》卷八载其诗30首。事迹见《晋书》卷五五。

　　王衍卒(256—　)。衍字夷甫,琅邪临沂人,王戎从弟。官至尚书令、太尉。东海王司马赵死,众推衍为元帅,全军为石勒所破,被杀。衍名倾一时,自比子贡。善玄言,喜谈老庄。后世多指责王衍辈清谈误国。严可均《全晋文》卷一八载其文2篇。事迹见《晋书》卷四三。

　　庾敳卒(262—　)。敳字子嵩,颖川鄢陵人。雅有远韵。为陈留相,未尝以事婴心,从容酣畅,寄通而已。处众人中,居然独立。尝读《老》、《庄》,曰:"正与人意暗同。"后历仕吏部郎、东海王越太傅参军、豫州长史。与王衍、王敦、王澄友善,时号"四友"。敳有重名,为搢绅所推,而聚敛积实,谈者讥之。是年在石勒追击司马越乱中被害。《隋书》卷三五《经籍志四》著录晋太傅从事中郎《庾敳集》1卷,梁5卷,录1卷。严可均《全晋文》卷三六载其文2篇。事迹见《晋书》卷五〇。

　　挚虞卒,生年不详。虞字仲洽,京兆长安人。皇甫谧弟子,才学博通,为郡主簿。晋泰始四年举贤良,拜中郎。历官太子舍人、尚书郎、秘书监、光禄勋、太常卿等职。永嘉五年,石勒攻破洛阳,人饥相食,虞饿死。虞著述宏富,《隋书》卷三三《经籍志二》著录其撰《决疑要注》1卷,注汉太仆赵岐撰《三辅决录》7卷。虞依《禹贡》、《周官》,作《畿服经》,其州郡及县分野封略事业,国邑山陵水泉,乡亭城道里土田,民物风俗,先贤旧好,靡不具悉,凡170卷,今亡;作《族姓昭穆记》10卷,齐、梁之间,其书转广;又作《文章志》4卷。严可均《全晋文》卷七六、七七载其文60篇。逯钦立《晋诗》卷二载其诗5首。事迹见《晋书》卷五一。

　　王赞卒,生年不详。赞字正长,义阳人。武帝咸宁中辟为司空掾。惠帝中,历侍中、著作郎,出为陈留太守。永嘉五年,与荀晞为石勒所擒,屈意归降,为勒从事中郎。月余,谋叛,为勒所杀。《隋书》卷三五《经籍志四》著录梁有散骑侍郎《王赞集》5卷,亡。严可均《全晋文》卷八六载其文2篇。逯钦立《晋诗》卷八载其诗5首。事迹略见于《晋书》卷一〇四《石勒载记上》。

　　杜育卒,生年不详。育字方叔,襄城定陵人。幼号神童。美风姿,有才藻,时人号曰"杜圣"。为贾谧二十四友之一。永兴中拜汝南太守。永嘉五年,洛阳将没,被杀。逯钦立《晋诗》卷八载其诗3首。严可均《全晋文》卷八九载其文2篇。事迹略见《晋书》卷四七《傅玄传》、卷六二《刘琨传》及《世说新语·品藻》刘孝标注引《晋诸公赞》。

晋永嘉六年　成玉衡二年　汉嘉平二年
壬申　312年

君士坦丁一世杀马克森提。

罗马君士坦丁凯旋门建成。

基督教多纳图斯教派形成。

二月，石勒筑垒于葛陂，课农造舟，将攻建业；癸酉，司马睿檄四方以讨石勒（《资治通鉴》卷八八《晋纪十》）。

大司马王浚移檄天下，称被中诏承制，以荀藩为太尉（《晋书》卷五《怀帝纪》）。

刘琨为刘粲所败，移居阳邑以招集亡散（《晋书》卷五《怀帝纪》及卷六二《刘琨传》）。

卢谌为刘粲所虏，及刘琨反攻粲，粲败，谌得赴琨。其父母兄弟在平阳者，悉为刘聪所害（《晋书》卷四四《卢谌传》）。

琅邪王睿引贺循为军司，贺循不应（《晋书》卷六八《贺循传》）。

卫玠至建邺，被看杀。

按：《晋书》卷三六《卫玠传》曰："以王敦豪爽不群，而好居物上，恐非国之忠臣，求向建邺。京师人士闻其姿容，观者如堵。玠劳疾遂甚，永嘉六年卒，时年二十七，时人谓玠被看杀。葬于南昌。谢鲲哭之恸，人问曰：'子有何恤而致斯哀？'答曰：'栋梁折矣，不觉哀耳。'咸和中，改茔于江宁。丞相王导教曰：'卫洗马明当改葬。此君风流名士，海内所瞻，可修薄祭，以敦旧好。'后刘惔、谢尚共论中朝人士，或问：'杜乂可方卫洗马不？'尚曰：'安得相比，其间可容数人。'惔又云：'杜乂肤清，叔宝神清。'其为有识者所重若此。于时中兴名士，唯王承及玠为当时第一云。"

刘琨作《上太子笺》、《移檄州郡》及《与兄子南兖州刺史演书》。

按：陆侃如《中古文学系年》曰："严可均《全晋文》卷一百八载琨《上太子笺》，愍帝于本年九月为太子。又载《与兄子南兖州刺史演书》，演为舆子，本年拜兖州刺史（据万斯同、吴廷燮《晋方镇年表》）。又载《移檄州郡》：'已与代公方谋计勒。'猗卢于本年八月为代公。"

卢谌作《尚书武强侯卢府君诔》。

按：文见《艺文类聚》卷四八。谌父志封武强侯，永嘉末转尚书。《晋书》卷四四《卢志传》曰："洛阳没，志将妻子北投并州刺史刘琨。至阳邑，为刘粲所虏，与次子谧、诜等俱被害于平阳。"

殷祐作《上笺请优赠顾荣》。

按：《晋书》卷六八《顾荣传》曰："六年，卒官。帝临丧尽哀，欲表赠荣，依齐王功臣格。吴郡内史殷祐笺曰……"

司马睿作《遗贺循书》。

按：文见《晋书》卷六八《贺循传》，中曰："今上尚书，屈德为军司，谨遣参军沈祯衔命奉授，望必屈临，以副倾迟。"循辞司马睿辟，睿作此书劝其出仕。

晋永嘉六年　成玉衡二年　汉嘉平二年　壬申　312年

山简卒(253—　)。简字季伦,河内怀县人。山涛第五子。性温雅,有父风,然"年几三十而不为家父所知"。永嘉中,累迁至尚书左仆射,领吏部,请广得才之路。寻出为征南将军,镇守襄阳。性好酒,每游习家园地,置酒池上,辄醉,名之曰高阳池。洛阳陷后,简迁于夏口,招纳流亡,江汉归附。卒于镇。追赠征南大将军、仪同三司。《隋书》卷三五《经籍志四》著录开府《山简集》2卷,录1卷。严可均《全晋文》卷三四载其文2篇。事迹见《晋书》卷四三。

卫玠卒(286—　)。玠字叔宝,安邑人。风姿秀异,有玉人之称。好谈玄理,官至太子洗马。避乱移家建业,人闻其名,围观如堵,时人谓"看杀卫玠"。事迹见《晋书》卷三六。

顾荣卒,生年不详。荣字彦先,吴郡吴人。三国吴丞相顾雍之孙。仕吴为黄门侍郎,太子辅义都尉。晋灭吴后,与陆机、陆云同入洛,时人号为"三俊"。相继属事赵王伦、齐王冏、长沙王乂。陈敏乱起而南归,东海王越任为军谘祭酒。司马睿南渡,荣为军司。加散骑常侍。凡所谋画,皆以谘询。荣为江南望士,朝野推敬。追封为公,开国,食邑。《隋书》卷三五《经籍志四》著录梁有骠骑将军《顾荣集》5卷,录1卷,亡。严可均《全晋文》卷九五载其文5篇。事迹见《晋书》卷六八。

阮瞻约卒(283?—　)。瞻字千里,陈留尉氏人。阮咸子。清虚任达,不拘礼法。善弹琴。与从兄修素执无鬼论。司徒王戎以其三语辟之,时人谓之"三语掾"。永嘉中,为太子舍人。石勒陷洛阳,瞻逃亡仓垣,病卒,时年三十。严可均《全晋文》卷七〇载其文1篇。事迹见《晋书》卷四九。

按:《晋书》本传曰:"永嘉中,为太子舍人……后岁余,病卒于仓垣,时年三十。"姑系是年。

郭象约卒,生年不详。象字子玄,河南人。好《老》、《庄》,善清谈,以文论自娱。辟司徒掾,迁至黄门侍郎。东海王越时任太傅主簿。初,《庄子》有向秀注,惟《秋水》、《至乐》未竟。象以秀《庄子注》述而广之,别为一书,阐释老庄思想,申论名教与自然合一。后向书佚失,郭注存,向注仅见于《经典释文》所引。《隋书》卷三二《经籍志一》著录其撰《论语体略》2卷,《论语隐》1卷;卷三四《经籍志三》著录其注《庄子》30卷、目1卷;又撰《庄子音》3卷。卷三五《经籍志四》著录晋太傅主簿《郭象集》2卷,梁5卷,录1卷。严可均《全晋文》卷七五载其《庄子序》1篇。事迹见《晋书》卷五〇。

按:《晋书》本传言象"永嘉末病卒",姑系是年。

袁乔(　—347)、桓温(　—373)、释道安(　—385)生。

按:任继愈主编《中国佛教史》第二卷:"关于道安的生卒年代,现存史料的记载不太一致。《出三藏记集》卷十五和《高僧传》卷五的'道安传'所载道安卒年相同,皆为前秦建元二十一年(385)二月八日;但《高僧传》和《名僧传抄·道安》还注明卒岁为七十二岁。据此,道安当生于西晋建兴二年(314)。然而道安在所撰《四阿鋡暮抄》中说,自壬午之岁(建元十八年,公元382年)八月至冬十一月令鸠摩罗佛提等人译出此经,'但恨八九之年,始遇斯经,恐书编未绝,不终其业耳'。《鞞婆沙序》说,建元十九年(383)四月至八月弗图罗刹等人译《鞞婆沙》,'恨八九之年,方视窥其牖耳'。此二序皆当著于建元十九年,'八九之年'意为七十二岁。据此,道安卒于建元二十一年当为七十四岁,其生年为西晋永嘉六年(312)。这种推断比较接近事实。"

晋永嘉七年　晋愍帝司马邺建兴元年　成玉衡三年
汉嘉平三年　癸酉　313年

李锡尼取帝国东部。

君士坦丁一世及李锡尼颁《米兰敕令》,规定基督教徒的信仰自由。

正月,刘聪大会,使晋怀帝著青衣行酒。侍中庾珉号哭,聪恶之(《晋书》卷五《怀帝纪》)。

二月丁未,汉刘聪杀晋怀帝及故臣十余人于平阳(《晋书》卷五《怀帝纪》、《资治通鉴》卷八八《晋纪十》)。

四月壬申,皇太子司马邺即帝位于长安,是为愍帝,改元建兴(《晋书》卷五《愍帝纪》)。

五月,晋愍帝诏迎怀帝灵柩,克复中兴(《晋书》卷五《愍帝纪》)。

八月,因避愍帝司马邺讳,改建业为建康,改邺为临漳(《晋书》卷五《怀帝纪》)。

祖逖中流击楫,誓复中原(《晋书》卷六二《祖逖传》)。

按:愍帝命琅邪王司马睿北伐,睿不出兵。时祖逖驻京口,求出兵,睿任祖逖为奋威将军、豫州刺史。逖率部曲百余家渡江,中流击楫而誓曰:"祖逖不能清中原而复济者,有如大江。"

刘琨七月与拓跋猗卢联兵攻刘聪,闻其有备,引军还(《资治通鉴》卷八八《晋纪十》)。

郭璞约是年南渡过江,被宣城太守殷祐引为参军(《晋书》卷七二《郭璞传》)。

按:据陆侃如《中古文学系年》考,此事不能早于本年。

庾亮转参丞相军事,掌书记(《晋书》卷七三《庾亮传》)。

华谭为镇东军谘祭酒(《晋书》卷五二《华谭传》)。

孔愉为丞相掾,除驸马都尉、参丞相军事。

按:《晋书》卷七八《孔愉传》曰:"建兴初,始出应召。为丞相掾,仍除驸马都尉、参丞相军事,时年已五十矣。"

华谭作《辨道》30卷。

按:《晋书》卷五二《华谭传》曰:"谭博学多通,在府无事,乃著书三十卷,名曰《辨道》,上笺进之,帝亲自览焉。"

刘琨作《上丞相笺》及《请赠荀藩位号表》。

按：陆侃如《中古文学系年》曰："严可均《全晋文》卷一百八载琨《上丞相笺》。据《晋书》卷五《愍帝纪》，本年五月以琅邪王睿为左丞相，南阳王保为右丞相，分督陕东西诸军事。又载《请赠荀藩位号表》：'司空荀藩……宜增位号，授分陕之重。'藩于永嘉五年五月为司空，本年九月卒。"

月支僧竺法护译《大净法门经》1卷。

按：《历代三宝纪》卷六曰："《大净法门经》一卷，建兴元年十二月二十六日出。见《聂道真录》。"

又按：竺法护，生卒年不详，即昙摩罗刹。其先月支人。本姓支氏，故亦称支法护。年八岁出家，事外国沙门竺高座为师，故姓竺。晋武帝之世，护发愤西行，随师至西域，游历诸国。后自敦煌至长安，沿路传译。护以关中扰乱，遂与门徒避地东下。又世居敦煌，死而化道周洽，时人咸谓敦煌菩萨。所译经卷，见称当世。事迹见《高僧传》卷一。

任继愈主编《中国佛教史》曰："（竺法护）自敦煌至长安，沿途在当地信徒的支持下，译经很多。东晋道安《综理众经目录》，著录一百五十部。梁僧祐详查群录，又找到四部，其《出三藏记集》卷二著录一百五十四部三百零九卷（实为三百二十二卷），谓其中九十五部尚存（现行本实存九十四部），六十四部已缺。隋费长房《历代三宝记》卷六载为二百一十部三百九十四卷，其中杂有不少节选略抄本及错讹者。至唐智昇《开元释教录》卷二考定为一百七十五部三百五十四卷，谓其中九十一部尚存，八十四部已缺。"又曰："永安元年（304）底，惠帝被河间王司马颙劫至长安。因战争连年，关中萧条，百姓纷纷流移，竺法护与门徒也避乱东下，年七十八岁时死于渑池（在今河南）。其卒年虽史无明载，但据经录，他在晋愍帝建兴元年（313）仍在译经，可以说其译经活动是与西晋相终始的。《开元录》卷二说：'护于怀愍之世仍更出经，《传》云：惠帝西幸长安，护公避乱东出至渑池卒者，咸未然也。据世居敦煌，而化道周洽，时人咸谓之敦煌菩萨也。'意谓竺法护没有避乱东下而是逃回敦煌一带。但史书无征，这不过是一种推测。"

华畅约卒（274？— ）。西晋史学家华峤之子，曾继兄彻为佐著作郎，续成父兄未完之作《十典》。并草魏晋纪传，与著作郎张载俱在史官。畅有才思，所著文章数万言。永嘉之乱，避难荆州，后遇害。时年四十。事迹略见《晋书》卷四四《华峤传》。

郗愔（ —384）生。

晋建兴二年 成玉衡四年 汉嘉平四年
前凉张寔永安元年 甲戌 314年

三月癸酉，石勒陷幽州，杀侍中、大司马、幽州牧、博陵公王浚，焚烧城邑，害万余人（《晋书》卷五《怀帝纪》）。

君士坦丁一世与李锡尼战。

五月壬辰,太尉、领护羌校尉、凉州刺史、西平公张轨卒(《晋书》卷五《怀帝纪》)。

> 按:张轨卒,子寔嗣。张寔时长期使用晋愍帝"建兴"年号,一说建号改元"永安",为系年明确,姑用"永安"年号。李崇智《中国历代年号考》曰:"前凉历世纪年,据《晋书·张轨传》所载,除张祚改元'和平',张寔、张茂、张骏、张重华皆用西晋愍帝'建兴'年号,张玄靓先用西晋'建兴',后用东晋穆帝'升平'年号,张天锡亦用'升平'。晁公武《昭德先生读书后志》卷一:'《运历图》六卷,右皇朝龚颖撰,……按晋《史》,张轨世袭凉州,如但称愍帝建兴年号。其间唯张祚篡窃改建兴四十二年为和平元年,始奉穆帝升平之朔,始末不闻有改元事。唯颖书载张寔改元曰永安,张茂改元曰永元,张重华曰永乐、曰和平,张玄靓曰太始,张天锡曰太清,张大豫曰凤凰。不知颖何所据而言,或云出崔鸿《十六国春秋》,鸿书久不传于世,莫得而考焉。'今考《太平御览》卷一二四引崔鸿《十六国春秋·前凉录》,除张祚改元'和平'外,并无其他建号改元之事。新疆出土文书中有署'建兴卅六年'及'升平十一年'者(见《吐鲁番阿斯塔那——哈喇和卓古墓群发掘简报》,《文物》1973年第10期)。可见张重华、张天锡时期亦未建号改元,与《晋书》合。"

六月,刘曜、赵冉寇新丰诸县,安东将军索綝讨破之(《晋书》卷五《怀帝纪》)。

七月,刘曜、赵冉等又逼京都,领军将军麹允讨破之,冉中流矢而死(《晋书》卷五《怀帝纪》)。

刘琨为大将军(《晋书》卷五《怀帝纪》)。

刘琨作《拜谢大将军都督并州表》及《又表》。
> 按:二文见《晋书》卷六二《刘琨传》曰:"愍帝即位,拜大将军、都督并州诸军事,加散骑常侍、假节。琨上疏谢曰……及麹允败刘曜,斩赵冉,琨又表曰……"

王恬(—349)、僧支遁(—366)、孙绰(—371)生。

晋建兴三年　成玉衡五年　汉嘉平五年　建元元年　前凉永安二年　乙亥　315年

二月丙子,晋以司马睿为丞相、大都督;司马保为相国;刘琨为司空,都督并、冀、幽三州(《晋书》卷五《怀帝纪》)。

拓跋猗卢被晋封为代王(《晋书》卷五《怀帝纪》)。
> 按:猗卢建都盛乐,平城为南都,史称代。

三月,汉刘聪改元建元(《资治通鉴》卷八九《晋纪十一》)。

八月,司马睿以王敦为镇东大将军,加都督江、扬等六州军事(《资治通鉴》卷八九《晋纪十一》)。

陶侃为广州刺史。

按：《晋书》卷六六《陶侃传》曰："王敦深忌侃功。将还江陵，欲诣敦别，皇甫方回及朱伺等谏，以为不可。侃不从。敦果留侃不遣，左转广州刺史、平越中郎将……侃在州无事，辄朝运百甓于斋外，暮运于斋内。人问其故，答曰：'吾方致力中原，过尔优逸，恐不堪事。'其励志勤力，皆此类也。"

刘琨拜司空，都督并冀幽三州诸军事，进封代公，上表辞司空。

按：事见《晋书》卷五《愍帝纪》及卷六二《刘琨传》曰："三年，帝遣兼大鸿胪赵廉持节拜琨为司空、都督并冀幽三州诸军事。琨上表让司空，受都督，克期与猗卢讨刘聪。"

卢谌为刘琨主簿，转从事中郎。

按：《晋书》卷四四《卢谌传》曰："琨为司空，以谌为主簿，转从事中郎。琨妻即谌之从母，既加亲爱，又重其才地。"

郭璞约是年得王导器重，引为参军。

按：陆侃如《中古文学系年》曰："《晋书》卷七十二《郭璞传》：'祐迁石头督护，璞复随之……王导深重之，引参己军事。'《世说新语》卷五《术解第二十》：'郭景纯过江，居于暨阳。'年月不详，假定在宣城后一二年，时导为丹杨太守或扬州刺史。"

卢谌作《赠崔温》。

按：见《文选》卷二五。李善注曰："集曰：与温太真、崔道儒。何法盛《晋录》曰：温峤，字太真。又曰：崔悦，字道儒。"时悦为刘琨从事中郎，峤为琨右司马。

晋建兴四年　成玉衡六年　汉建元二年　麟嘉元年　前凉永安三年　丙子　316年

八月，刘曜进逼京师长安，内外断绝(《晋书》卷五《愍帝纪》)。

十一月乙未，晋愍帝出降，西晋亡(《晋书》卷五《愍帝纪》)。

按：西晋至此共历4主，52年。

汉刘聪改元麟嘉(《魏书》卷九五《刘聪传》)。

石勒围乐平，司空刘琨遣兵救援，为勒所败，乐平太守韩据出奔。司空长史李弘以并州叛，降于勒(《晋书》卷五《怀帝纪》)。

十二月，司马睿北征(《资治通鉴》卷八九《晋纪十一》)。

是年，张寔兵援京城，拜都督陕西诸军事。愍帝诏进大都督、凉州牧、侍中、司空，承制行事。寔以天子蒙尘，冲让不拜(《晋书》卷八六《张寔传》)。

刘琨奔蓟，依鲜卑段匹䃅(《晋书》卷五《愍帝纪》)。

卢谌随刘琨投段匹䃅，匹䃅领幽州，取谌为别驾(《晋书》卷四四《卢

戴克里先皇帝卒。

谌传》)。

王隐至江东,丞相军谘祭酒涿郡祖纳雅相知重。欲著史以不朽。

按:《晋书》卷八二《王隐传》曰:"建兴中,过江,丞相军谘祭酒涿郡祖纳雅相知重。纳好博弈,每谏止之。纳曰:'聊用忘忧耳。'隐曰:'……当今晋未有书,天下大乱,旧事荡灭,非凡才所能立。君少长五都,游宦四方,华夷成败皆在耳目,何不述而裁之!……何必博弈而后忘忧哉?'纳喟然叹曰:'非不悦子道,力不足也。'乃上疏荐隐。元帝以草创务殷,未遑史官,遂寝不报。"

王廙作《白兔赋并序》。

按:《白兔赋序》见《艺文类聚》卷九五曰:"丞相琅邪王,始受旄节,作镇北方……今在我王,匡济皇维,而有白兔之应,可谓重规累矩,不忝先圣也。"文见《初学记》卷二九。陆侃如《中古文学系年》曰:"据《全晋文》卷二十所载王廙《白兔赋序》,白兔之瑞尚在睿称晋王以前,故系于此。"

张俊作《白兔颂》。

按:文见《艺文类聚》卷九五。陆侃如《中古文学系年》曰:"《隋书》卷三十五《经籍志》四:'梁……又有……宗正卿《张俊集》五卷,录一卷……亡。'……又(严可均《全晋文》)卷一百二十九(按:应为卷一百二十八)载张浚《白兔颂》一篇,注:'浚一作俊。'姚振宗《隋书经籍志考证卷》卷三十九之五:'案严氏以张俊、张悛为二人,盖未详考张俊即张悛之误也。然非唐艺文志修宋版本,亦几无以諟正矣。悛官中朝至太子庶子,过江左至宗正欤?又王廙奏《中兴赋表》曰:及臣还京都,陛下见臣白兔,命臣作赋云云。此《白兔颂》当亦作于其时。又《通志·艺文略》作张悛,是宋本隋书不误。'"

刘琨作《与段匹磾盟文》及《答卢谌诗并书》。

按:《与段匹磾盟文》见《艺文类聚》卷三三,此文刘琨表达了与段匹磾结盟、共奖王室的愿望。《答卢谌诗并书》见《文选》卷二五,包括书一封、诗八章。应作于投段匹磾后。

卢谌作《赠刘琨诗并书》及《答魏子悌》。

按:《赠刘琨诗并书》见《文选》卷二五,包括书一封、诗二十章。五臣注曰:"谌在路,被刘聪破,遂将妻子往并州投琨。后在段匹磾处,忆琨前恩,故赠此诗也。"陆侃如《中古文学系年》曰:"丁福保《全晋诗》卷五载谌《答魏子悌》:'俱涉晋昌艰,共更飞狐厄。'《文选》卷二十五李善注:'王隐《晋书》曰:惠帝以敦煌土界阔远,分立晋昌郡,又曰晋昌护匈奴中郎将别领事。然时段匹磾为此职,谌在磾所,难斥言之,故曰晋昌也。《晋中兴书》曰:石勒攻乐平,刘琨自代飞狐口奔安次也。"

东 晋
(317—419)

晋建兴五年　晋司马睿建武元年　成玉衡七年
汉麟嘉二年　前凉永安四年　丁丑　317年

三月辛卯，晋琅邪王司马睿称晋王于建康，改元建武。自此史称东晋（《晋书》卷六《元帝纪》）。

晋司马睿辟"百六掾"，备百官。

按：《晋书》卷六《元帝纪》曰：三月"诸参军拜奉车都尉，掾属驸马都尉。辟掾属百余人，时人谓之'百六掾'。乃备百官，立宗庙社稷于建康"。

四月丙辰，晋立世子司马绍为晋王太子，以抚军大将军、西阳王羕为太保，征南大将军、汉安侯王敦为大将军，右将军王导都督中外诸军事、骠骑将军，左长史刁协为尚书左仆射。封王子宣城公裒为琅邪王（《晋书》卷六《元帝纪》）。

六月丙寅，晋刘琨、段匹磾、慕容廆等180人上书劝进（《晋书》卷六《元帝纪》）。

祖逖击败石勒将石虎于谯城，经营北伐（《晋书》卷六《元帝纪》）。

按：《晋书》卷一〇六《石季龙载记上》曰："石季龙，勒之从子也，名犯太祖庙讳，故称字焉。"石虎字季龙。

十一月，晋置史官，立太学（《晋书》卷六《元帝纪》）。

十二月戊戌，汉刘聪杀晋愍帝司马邺（《晋书》卷五《愍帝纪》）。

是年，鲜卑慕容廆遣长史王济浮海劝进（《晋书》卷一〇八《慕容廆载记》）。

干宝领国史。

按：《晋书》卷八二《干宝传》曰："中兴草创，未置史官，中书监王导上疏曰：'……宜备史官，敕佐著作郎干宝等渐就撰集。'元帝纳焉。宝于是始领国史。"

王导拜右将军、扬州刺史、监江南诸军事，迁骠骑将军，加散骑常侍、都督中外诸军、领中书监、录尚书事、假节，刺史如故。导以敦统六州，固辞中外都督。

按：《晋书》卷六五《王导传》曰："晋国既建，以导为丞相军谘祭酒。桓彝初过江，见朝廷微弱，谓周顗曰：'我以中州多故，来此欲求全活，而寡弱如此，将何以济！'忧惧不乐。往见导，极谈世事，还，谓顗曰：'向见管夷吾，无复忧矣。'过江人士，每至暇日，相要出新亭饮宴。周顗中坐而叹曰：'风景不殊，举目有江河之异。'皆相视流涕。惟导愀然变色曰：'当共戮力王室，克复神州，何至作楚囚相对泣邪！'众收泪而谢之。俄拜右将军、扬州刺史、监江南诸军事，迁骠骑将军，加散骑常侍、都督中外诸军、领中书监、录尚书事、假节，刺史如故。导以敦统六州，固辞中外都督。后坐事除节。"

纪瞻与王导俱入劝进。

按：《晋书》卷六八《纪瞻传》曰："及长安不守，与王导俱入劝进。帝不许。瞻曰……帝犹不许，使殿中将军韩绩撤去御坐。瞻叱绩曰：'帝坐上应星宿，敢有动者斩！'帝为之改容。"

何充为大将军王敦掾，转主簿，因忤王敦，左迁东海王文学（《晋书》卷七七《何充传》）。

按：《晋书》卷七七《何充传》曰："初辟大将军王敦掾，转主簿。敦兄含时为庐江郡，贪污狼藉，敦尝于座中称曰：'家兄在郡定佳，庐江人士咸称之。'充正色曰：'充即庐江人，所闻异于此。'敦默然。傍人皆为之不安，充晏然自若。由是忤敦，左迁东海王文学。"据《晋书》卷九八《王敦传》，王敦是年迁征南大将军，开府如故。

谢鲲约是年迁王敦大将军长史，优游寄遇，不屑政事。

按：《晋书》卷四九《谢鲲传》曰："母忧去职，服阕，迁敦大将军长史。时王澄在敦坐，见鲲谈话无倦，惟叹谢长史可与言，都不眄敦，其为人所慕如此。鲲不徇功名，无砥砺行，居身于可否之间，虽自处若秽，而动不累高。敦有不臣之迹，显于朝野。鲲知不可以道匡弼，乃优游寄遇，不屑政事，从容讽议，卒岁而已。每与毕卓、王尼、阮放、羊曼、桓彝、阮孚等纵酒，敦以其名高，雅相宾礼。"

刘琨转侍中、太尉（《晋书》卷六二《刘琨传》）。

温峤为左长史，奉表劝进。

按：《晋书》卷六七《温峤传》曰："属二都倾覆，社稷绝祀，元帝初镇江左，琨诚系王室……乃以为左长史，檄告华夷，奉表劝进。峤既至，引见，具陈琨忠诚，志在效节，因说社稷无主，天人系望，辞旨慷慨。举朝属目，帝器而喜焉。王导、周颉、谢鲲、庾亮、桓彝等并与亲善。"

荀组移檄天下共劝进，为司徒。

按：《晋书》卷三九《荀组传》曰："组字大章……元帝承制，以组都督司州诸军，加散骑常侍，余如故。顷之，又除尚书令，表让不拜。及西都不守，组乃遣使移檄天下共劝进。帝欲以组为司徒，以问太常贺循。循曰：'组旧望清重，忠勤显著，迁训五品，实允众望。'于是拜组为司徒。"

贺循拜太常。

按：《晋书》卷六八《贺循传》曰："建武初，为中书令，加散骑常侍，又以老疾固辞。帝下令曰……于是改拜太常，常侍如故。循以九卿旧不加官，今又疾患，不宜兼处此职，惟拜太常而已。"

孔愉兼中书郎（《晋书》卷七八《孔愉传》）。

庾阐为司马睿征辟，不就（《晋书》卷九二《庾阐传》）。

华谭转秘书监，固让不拜（《晋书》卷五二《华谭传》）。

张亢拜散骑常侍（《晋书》卷五五《张亢传》）。

庾亮拜中书郎（《晋书》卷七三《庾亮传》）。

孔衍补中书郎（《晋书》卷九一《孔衍传》）。

丁潭拜驸马都尉、奉朝请、尚书祠部郎，为琅邪王郎中令。

按：《晋书》卷七八《丁潭传》曰："丁潭，字世康，会稽山阴人也……及帝践阼，拜驸马都尉、奉朝请、尚书祠部郎。时琅邪王裒始受封，帝欲引朝贤为其国上卿，将用潭，以问中书令贺循。循曰：'郎中令职望清重，实宜审授。潭清淳贞粹，雅有隐正，圣明所简，才实宜之。'遂为琅邪王郎中令。"

晋建兴五年　晋司马睿建武元年　成玉衡七年　汉麟嘉二年　前凉永安四年　丁丑　317年

梅赜约是年上《孔传古文尚书》。

按：陆德明《经典释文》曰："梅赜上《孔氏传古文尚书》，亡《舜典》一篇，时以王肃注颇类孔氏，故取王肃注，从'慎徽五典'以下为《舜典》，以续孔传。"《隋书》卷三二《经籍志一》曰："晋世秘府所存，有《古文尚书》经文，今无有传者。及永嘉之乱，欧阳，大、小夏侯《尚书》并亡。济南伏生之传，唯刘向父子所作《五行传》，是其本法，而又多乖戾。至东晋，豫章内史梅赜，始得安国之传，奏之，时又阙《舜典》一篇。"孔颖达《尚书正义·舜典》曰："昔东晋之初，豫章内史梅赜上《孔氏传》，犹存《舜典》。"蒋善国《尚书综述》曰："关于《孔传》的来历，只有《尚书》正义所引两段《晋书》。《尚书正义·尧典》'虞书'疏说：'又《晋书·皇甫谧传》云：姑子外弟梁柳边得《古文尚书》，故作《帝王世纪》往往载《孔传》五十八篇之书。《晋书》又云：晋太保公郑冲以古文授扶风苏愉，愉字休预。预授天水梁柳，字洪季，即谧之外弟也。季授城阳臧曹，字彦始。始授郡守子汝南梅赜，字仲真，又为豫章内史，遂于前晋奏上其书，而施行焉。'但是这两段《晋书》所记载的是《古文尚书》的传授，而不是《孔安国古文尚书传》的传授，忽然在东晋初梅赜献《孔安国古文尚书传》，终觉《孔安国古文尚书传》的传授无据。……《正义》误认《孔传》是孔安国所作，遂把《孔传》经文当作孔壁真古文，把《孔传》所增出的二十五篇当作真书。后世把这二十五篇叫作'晚书'，是反对伪《书》人们的攻击重点，造成赵宋以后八百年来伪《尚书》的公案，到了现在还没有完全解决。"（《尚书综述》，上海古籍出版社1988年版第52—53页）各家所述皆言梅赜所献在东晋初年，暂系于是年。

葛洪著《抱朴子》。

按：王明《抱朴子内篇校释》附《外篇自序》曰："抱朴子者，姓葛，名洪，字稚川，丹阳句容人也。其先葛天氏，盖古之有天下者也，后降为列国，因以为姓焉。……洪祖父学无不涉，究测精微，文艺之高，一时莫伦，有经国之才。……洪父以孝友闻，行为士表，方册所载，罔不穷览。……洪者，君之第三子也。生晚，为二亲所娇饶，不早见督于书史。年十有三，而慈父见背，夙失庭训，饥寒困瘁，躬执耕穑……年十六，始读《孝经》、《论语》、《诗》、《易》……洪年二十余，乃计作细碎小文，妨弃功日，未若立一家之言，乃草创子书。会遇兵乱，流离播越，有所亡失，连在道路，不复投笔十余年，至建武中乃定，凡作《内篇》二十卷，《外篇》五十卷。……其《内篇》言神仙方药鬼怪变化养生延年禳邪却祸之事，属道家。其《外篇》言人间得失，世间臧否，属儒家。"以"至建武中乃定"，系于是年。《晋书》卷七二《葛洪传》曰："……今为此书，粗举长生之理。其至妙者不得宣之于翰墨，盖粗言较略以示一隅，冀悱愤之徒省之可以思过半矣。岂谓暗塞必能穷微畅远乎，聊论其所先觉者耳。世儒徒知服膺周孔，莫信神仙之书，不但大而笑之，又将谤毁真正。故予所著子言黄白之事，名曰《内篇》，其余驳难通释，名曰《外篇》，大凡内外一百一十六篇。虽不足藏诸名山，且欲缄之金匮，以示识者。"自号抱朴子，因以为书名。

干宝始作《搜神记》。

按：《晋书》卷八二《干宝传》曰："性好阴阳术数，留思京房、夏侯胜等传。……撰集古今神祇灵异人物变化，名为《搜神记》，凡三十卷。以示刘惔，惔曰：'卿可谓鬼之董狐。'宝既博采异同，遂混虚实，因作序以陈其志曰：'虽考先志于载籍，收遗逸于当时，盖非一耳一目之所亲闻睹也，亦安敢谓无失实者哉！……今之所集，设有承于前载者，则非余之罪也。若使采访近世之事，苟有虚错，愿与先贤前儒分其讥谤。及其著述，亦足以明神道之不诬也。群言百家不可胜览，耳目所受不可胜载，今粗取足以演八略之旨，成其微说而已。幸将来好事之士录其根体，有以游心寓目而无尤焉。'"张可礼《东晋文艺系年》曰:"唐无名氏《文选集注》江文通《拟郭弘农游仙诗》注:'(吴)猛,豫章建宁人。干庆为豫章建宁令,死已三日。猛曰:"明府算历未应尽,似是误耳。今为参之。"乃沐浴衣裳,复死于庆侧。经一宿,果相与俱生。庆云:"见猛天曹中论诉之。"庆即干宝之兄。宝因之作《搜神记》。故其《序》云:"建武中,所有感起,是用发愤焉。"'据此知宝于建武中始作《搜神记》。建武仅有一年,故系于此。《全晋文》卷一二七载宝《表》曰:'臣前聊欲撰记古今怪异非常之事,会聚散逸,使同一贯,博访知之者,片纸残行,事事各异。'据上述记载,《搜神记》之撰写,颇须时日,恐非一时之作,其写作当始于本年,成书盖在以后。"

刘琨作《劝进表》及《与亲故书》。

按:《劝进表》见《晋书》卷六《元帝纪》,又见载于《文选》卷三七。《晋书》卷六二《刘琨传》曰:"是时西都不守,元帝称制江左,琨乃令长史温峤劝进,于是河朔征镇夷夏一百八十人连名上表,语在《元纪》。"《与亲故书》见《晋书》本传:"琨少负志气,有纵横之才,善交胜己,而颇浮夸。与范阳祖逖为友,闻逖被用,与亲故书曰:'吾枕戈待旦,志枭逆虏,常恐祖生先吾著鞭。'其意气相期如此。"是年祖逖受命经营北伐。

纪瞻作《劝进表》(《晋书》卷六八《纪瞻传》)。

王导作《上疏请修学校》及《请建立国史疏》。

按:文见《宋书》卷一四《礼志一》曰:"元帝为晋王,建武初,骠骑将军王导上疏:'夫治化之本,在于正人伦。人伦之正,存乎设庠序。庠序设而五教明,则德化洽通,彝伦攸叙,有耻且格也。父子兄弟夫妇长幼之序顺,而君臣之义固矣。……今若聿遵前典,兴复教道,使朝之子弟,并入于学,立德出身者咸习之而后通。德路开而伪途塞,则其化不肃而成,不严而治矣。选明博修礼之士以为之师,隆教贵道,化成俗定,莫尚于斯也。'"文又略见卷六五《王导传》曰:"于时军旅不息,学校未修,导上书曰……帝甚纳之。"《请建立国史疏》文见《晋书》卷八二《干宝传》,参见是年"干宝领国史"条。

戴邈作《上表请立学校》。

按:文见《宋书》卷一四《礼志一》曰:"元帝为晋王,建武初,骠骑将军王导上疏……散骑常侍戴邈又上表曰……"文又略见《晋书》卷六九《戴邈传》曰:"邈字望之。少好学,尤精《史》、《汉》,才不逮若思,儒博过之。弱冠举秀才,寻迁太子洗马,出补西阳内史。永嘉中,元帝版行邵陵内史、丞相军谘祭酒,出为征南军司。于时凡百草创,学校未立,邈上疏曰……疏奏,纳焉,于是始修礼学。"

丁潭作《上书陈时事损益》及《上书求为琅邪王哀行终丧礼》。

按:二文见《晋书》卷七八《丁潭传》曰:"时元帝称制,使各陈时事损益,潭上书曰……会(王)裒薨,潭上疏求行终丧礼,曰……"

贺循作《颍川豫章庙主不毁议》、《答尚书下太常祭祀所用乐名》、《遭难未葬入庙议》、《弟兄不合继位昭穆议》及《丁潭为琅邪王哀终丧议》。

按:《颍川豫章庙主不毁议》见《晋书》卷六八《贺循传》曰:"时宗庙始建,旧仪多阙,或以惠怀二帝应各为世,则颍川世数过七,宜在迭毁。事下太常。循议以为……时尚书仆射习协与循异议,循答义深备,辞多不载,竟从循议焉。朝廷疑滞皆谘之于循,循辄依经礼而对,为当世儒宗。"《答尚书下太常祭祀所用乐名》见《宋书》卷一九《乐志一》曰:"至江左初立宗庙,尚书下太常祭祀所用乐名,太常贺循答云:'魏氏增损汉乐,以为一代之礼,未审大晋乐名所以为异。遭离丧乱,旧典不存,然此诸乐,皆和之以钟律,文之以五声,咏之于哥词,陈之于舞列,宫县在下,琴瑟在堂,八音迭奏,雅乐并作，登哥下管，各有常咏，周人之旧也。自汉氏以来，依放此礼，自造新诗而已。旧京荒废，今既散亡，音韵曲折，又无识者，则于今难以意言。'于时以无雅乐器及伶人，省太乐并鼓吹令。是后颇得登哥，食举之乐，犹有未备。"《遭难未葬入庙议》见《通典》卷五一："晋怀帝蒙尘，崩于平阳，梓宫未反京师。元帝立庙之时，欲迁入庙，丧已过三年，太常贺循议云：'怀帝梓宫未反，遭时之故，事难非常，不得以常礼自拘，宜以时入太庙，修祭祀之礼。'"《弟兄不合继位昭穆议》见《通典》卷五一："东晋元帝建武中，尚书符云：'武皇帝崩，迁征西府君；惠皇帝崩，迁章郡府君；怀帝入庙，当迁颍川府君。'贺循议……循又议曰……"《丁潭为琅邪王袞终丧议》见《晋书》卷七八《丁潭传》。

晋元帝司马睿太兴元年　成玉衡八年　汉刘粲汉昌元年　汉刘曜光初元年　前凉永安五年　戊寅　318 年

三月丙辰，晋王司马睿称皇帝，是为晋元帝，改元太兴。庚午，立王太子绍为皇太子(《晋书》卷六《元帝纪》)。

按：《资治通鉴》卷九〇《晋纪十二》曰："太子仁孝，喜文辞，善武艺，好贤礼士，容受规谏，与庾亮、温峤等为布衣之交。亮风格峻整，善谈老、庄，帝器重之，聘亮妹为太子妃。帝以贺循行太子太傅，周𫖮为少傅，庾亮以中书郎侍讲东宫。帝好刑名家，以《韩非》书赐太子。庾亮谏曰：'申、韩刻薄伤化，不足留圣心。'太子纳之。"

前凉张寔遣使上表，仍用西晋建兴年号(《资治通鉴》卷九〇《晋纪十二》)。

七月，汉王刘聪死，其子刘粲嗣位，改元汉昌(《资治通鉴》卷九〇《晋纪十二》)。

八月，汉靳準杀刘粲，自称汉王(《晋书》卷六《元帝纪》)。

十月，汉刘曜即皇帝位于赤壁，改元光初；封石勒为赵公(《资治通鉴》卷九〇《晋纪十二》)。

十一月庚申，晋诏秀才、孝廉试经策，始署吏(《晋书》卷六《元帝纪》)。

是年，晋议复肉刑，未果。

按：《晋书》卷三〇《刑法志》曰："及帝即位，(卫)展为廷尉，又上言：'古者肉刑，事经前圣，汉文除之，增加大辟。今人户凋荒，百不遗一，而刑法峻重，非句践养胎之义也。愚谓宜复古施行，以隆太平之化。'诏内外通议。于是骠骑将军王导、太常贺循、侍中纪瞻、中书郎庾亮、大将军谘议参军梅陶、散骑郎张嶷等议……尚书令刁协、尚书薛兼等议……尚书周𫖮、郎曹彦、中书郎桓彝等议……议奏，元帝犹欲从展所上，大将军王敦以为：'百姓习俗日久，忽复肉刑，必骇远近。且逆寇未殄，不宜有惨酷之声，以闻天下。'于是乃止。"

荀崧为尚书左仆射，上疏请增置博士。

按：《晋书》卷六《元帝纪》曰："(是年)六月甲申，以……平南将军、曲陵公荀崧为尚书左仆射。"卷七五《荀崧传》曰："元帝践阼，征拜尚书仆射，使崧与协共定中兴礼仪。……时方修学校,简省博士,置《周易》王氏、《尚书》郑氏、《古文尚书》孔氏、《毛诗》郑氏、《周官礼记》郑氏、《春秋左传》杜氏服氏、《论语》《孝经》郑氏博士各一人,凡九人,其《仪礼》、《公羊》、《谷梁》及郑《易》皆省不置。崧以为不可,乃上疏……"参见是年"荀崧作《上疏请增置博士》"条。

郭璞约是年拜著作佐郎(《晋书》卷七二《郭璞传》)。

按:参见是年"郭璞始与王隐合撰《晋史》。璞作《江赋》、《南郊赋》及《省刑疏》"条。

应詹拜后军将军,上疏陈便宜,推崇儒学,元帝雅重其才,深纳之。

按:万斯同《东晋方镇年表》系詹拜后军将军于是年。参见是年"应詹约是年作《上疏陈便宜》"条。

谢鲲约是年答司马绍问何如庾亮。

按:《世说新语·品藻第九》曰:"明帝问谢鲲:'君自谓何如庾亮?'答曰:'端委庙堂,使百僚准则,臣不如亮。一丘一壑,自谓过之。'"刘孝标注引《晋阳秋》曰:"鲲随王敦下,入朝,见太子于东宫,语及夕。太子从容问鲲曰:'论者以君方庾亮,自谓孰愈?'对曰:'宗庙之美,百官之富,臣不如亮。纵意丘壑,自谓过之。'"又引邓粲《晋纪》曰:"鲲与王澄之徒,慕竹林诸人,散首披发,裸袒箕踞,谓之八达。故邻家之女,折其两齿。世为谣曰:'任达不已,幼舆折齿。'鲲有胜情远概,为朝廷之望,故时以庾亮方焉。"张可礼《东晋文艺系年》曰:"鲲答太子,时间未详,疑在本年或更后。本年司马绍被立为太子。"

刘琨被段匹磾杀害(《晋书》卷六《元帝纪》及卷六二《刘琨传》)。

王导进骠骑大将军,开府仪同三司。陈谏定太子(《晋书》卷六《元帝纪》及卷六五《王导传》)。

王敦领荆州牧(《晋书》卷六《元帝纪》及卷九八《王敦传》)。

刁协为尚书令(《晋书》卷六《元帝纪》)。

熊远约是年转御史中丞,奏免刁协官。因灾异上疏(《晋书》卷七一《熊远传》)。

陶侃为平南将军,寻加都督交州诸军事。

按:《晋书》卷六《元帝纪》曰:"冬十月癸未,加广州刺史陶侃平南将军。"卷六六《陶侃传》曰:"太兴初,进号平南将军,寻加都督交州诸军事。"

孔衍领太子中庶子。

按:《晋书》卷九一《孔衍传》曰:"明帝之在东宫,领太子中庶子。于时庶事草创,衍经学深博,又练识旧典,朝仪轨制多取正焉。由是元明二帝并亲爱之。"

纪瞻拜侍中(《晋书》卷六八《纪瞻传》)。

孔坦补太子舍人(《晋书》卷七八《孔坦传》)。

王廙约是年征为辅国将军、加散骑常侍。以母丧去职。

按:《晋书》卷七六《王廙传》曰:"王廙,字世将,丞相导从弟,而元帝姨弟也。父正,尚书郎。廙少能属文,多所通涉,工书画,善音乐、射御、博弈、杂伎。及帝即位,廙奏《中兴赋》,上疏曰……初,王敦左迁陶侃,使廙代为荆州。……廙性俊率,尝从南下,旦自寻阳,迅风飞帆,暮至都,倚舫楼长啸,神气甚逸。王导谓庾亮曰:'世将为伤时识事。'亮曰:'正足舒其逸气耳。'廙在州大诛戮侃时将佐,及征士皇甫方回,于是大失荆土之望,人情乖阻。帝乃征廙为辅国将军,加散骑常侍。以母丧去职。"

晋元帝司马睿太兴元年　成玉衡八年　汉刘粲汉昌元年　汉刘曜光初元年　前凉永安五年　戊寅　318年

王羲之从王廙学书画法。

按：参见是年"王廙作《中兴赋》、《奏中兴赋上疏》及《画赞序》"条。

荀组约是年与太保、西阳王羕并录尚书事。

按：《晋书》卷三九《荀组传》曰："组逼于石勒，不能自立。太兴初，自许昌率其属数百人渡江，给千兵百骑，组先所领仍皆统摄。顷之，诏组与太保、西阳王羕并录尚书事，各加班剑六十人。"

温峤除散骑侍郎。后历骠骑王导长史，迁太子中庶子。

按：《晋书》卷六七《温峤传》曰："除散骑侍郎。初，峤欲将命，其母崔氏固止之，峤绝裾而去。其后母亡，峤阻乱不获归葬，由是固让不拜，苦请北归。诏三司、八坐议其事，皆曰：'……若峤以母未葬没在胡虏者，乃应竭其智谋，仰凭皇灵，使逆寇冰消，反哀墓次，岂可稍以乖嫌，废其远图哉！'峤不得已，乃受命。后历骠骑王导长史，迁太子中庶子。"王导是年为骠骑将军，晋是年立太子。本传叙峤除散骑侍郎，在此二事前，姑一并系于是年。

庾亮拜中书郎（《晋书》卷七三《庾亮传》）。

华谭约是年拜前军，以疾复转秘书监。常怀怏怏。

按：《晋书》卷五二《华谭传》曰："太兴初，拜前军，以疾复转秘书监。自负宿名，恒怏怏不得志。时晋陵朱凤、吴郡吴震并学行清修，老而未调，谭皆荐为著作佐郎。……戴若思弟邈，则谭女婿也。谭平生时常抑若思而进邈，若思每衔之。殆用事，恒毁谭于帝，由是官涂不至。谭每怀觖望，尝从容言于帝曰：'臣已老矣，将待死秘阁。汲黯之言，复存于今。'帝不怿。"

干宝以灾异说人事。

按：《晋书》卷二八《五行志中》曰："元帝建武元年六月，扬州旱。去年十二月，淳于伯冤死，其年即旱，而太兴元年六月又旱。干宝曰'杀淳于伯之后旱三年'是也。刑罚妄加，群阴不附，则阳气胜之罚也。"卷二九《五行志下》曰："元帝太兴元年四月，西平地震，涌水出。十二月，庐陵、豫章、武昌、西陵地震，涌水出，山崩。干宝以为王敦陵上之应也。"卷六《元帝纪》曰："乙酉，西平地震。"

鲜卑慕容廆固辞封位，引纳文章才俊任居枢要，北方流民多归之。

按：《晋书》卷一〇八《慕容廆载记》曰："及帝即尊位，遣谒者陶辽重申前命，授廆将军、单于，廆固辞公封。时二京倾覆，幽、冀沦陷，廆刑政修明，虚怀引纳，流亡士庶多襁负归之。廆乃立郡以统流人……于是推举贤才，委以庶政，以河东裴嶷、代郡鲁昌、北平阳耽为谋主，北海逢羡、广平游邃、北平西方虔、渤海封抽、西河宋奭、河东裴开为股肱，渤海封弈、平原宋该、安定皇甫岌、兰陵缪恺以文章才俊任居枢要，会稽朱左车、太山胡毋翼、鲁国孔纂以旧德清重引为宾友，平原刘赞儒学该通，引为东庠祭酒，其世子皝率国胄束脩受业焉。廆览政之暇，亲临听之，于是路有颂声，礼让兴矣。"

释道安年七岁，读书再览能诵。

按：《高僧传》卷五《道安传》曰："释道安，姓卫氏，常山扶柳人也，家世英儒，早失覆荫，为外兄孔氏所养。年七岁，读书再览能诵，乡邻嗟异。"

郭璞始与王隐合撰《晋史》。璞作《江赋》、《南郊赋》及《省刑疏》。

按：《晋书》卷八二《王隐传》曰："太兴初，典章稍备，乃诏隐及郭璞俱为著作郎，合撰《晋史》。"《晋书》卷七二《郭璞传》曰："太兴初……璞作《江赋》，其辞甚伟，为世所称。后复作《南郊赋》，帝见而嘉之，以为著作佐郎。于时阴阳错缪，而刑狱繁兴，璞上疏曰……疏奏，优诏报之。"《江赋》见《文选》卷一二，李善注曰："《晋中兴书》：璞以中兴，王宅江外，乃作《江赋》，述川渎之美。"《南郊赋》，严可均《全晋文》卷一二〇有辑。《太平御览》卷二三四曰："《晋中兴书》曰：郭璞奏《南郊赋》，中宗见赋，嘉其才，以为著作佐郎。"

荀崧作《上疏请增置博士》。

按：《宋书》卷一四《礼志一》曰："太兴初，议欲修立学校，唯《周易》王氏、《尚书》郑氏、《古文》孔氏、《毛诗》、《周官》、《礼记》、《论语》、《孝经》郑氏、《春秋左传》杜氏、服氏，各置博士一人。其《仪礼》、《公羊》、《谷梁》及郑《易》，皆省不置博士。太常荀崧上疏曰……元帝诏曰：'崧表如此，皆经国大务，而为治所由。息马投戈，犹可讲艺。今虽日不暇给，岂忘本而道存邪！可共博议之。'有司奏宜如崧表。诏曰：'《谷梁》肤浅，不足立博士。余如所奏。'会王敦之难，事不施行。"又略见《晋书》卷七五《荀崧传》。

车胤约是年作《上言宜择经学最优者一人领博士》。

按：《通典》卷五三曰："东晋元帝时，太常贺循上言……太常车胤上言：'按二汉旧事，博士之职，唯举明经之士，迁转各以本资，初无定班。魏及中朝多以侍中常侍儒学最优者领之，职虽不同汉氏，尽于儒士之用，其揆一也。今博士八人，愚谓宜依魏氏故事，择朝臣一人经学最优者，不系位之高下，常以领之。每举太常，共研厥中。其余七人，自依常铨选。'"贺循明年卒，姑系是年。

王廙作《中兴赋》、《奏中兴赋上疏》及《画赞序》。

按：《奏中兴赋上疏》见《晋书》卷七六《王廙传》曰："及帝即位，廙奏《中兴赋》，上疏曰：'……臣少好文学，志在史籍，而飘放遐外，尝与桀寇为对。臣犬马之年四十三矣，未能上报天施，而怨负屡彰。……谨竭其顽，献《中兴赋》一篇。虽未足以宣扬盛美，亦是诗人嗟叹咏歌之义也。'"《中兴赋》佚。《画赞序》见张彦远《历代名画记》卷五曰："时右军亦学画于廙，廙画《孔子十弟子》，赞云：'余兄子羲之幼而岐嶷，必将隆余堂构，今始年十六，学艺之外，书画过目便能，就余请书画法，余画《孔子十弟子图》以励之……'"

王导等作《议复肉刑》，导约是年作《与贺循书论虞庙》、《又与贺循书问即位告庙》及《上疏论谥法》等。

按：《议复肉刑》见《晋书》卷三〇《刑法志》。参见是年"是年，晋议复肉刑，未果"条。张可礼《东晋文艺系年》曰："《与贺循书论虞庙》、《又与贺循书问即位告庙》见《全晋文》卷一九，当作于元帝继位后。《上疏论谥法》见《全晋文》卷一九，其中有'今中兴肇见，勋德兼备'句，知疏当作于晋中兴后。又《晋书·王导传》：'自汉魏已来，赐谥多由封爵，虽位通德重，先无爵者，例不加谥，导乃上疏，称……从之。'此疏《全晋文》漏收，意旨与《上疏论谥法》相近，疑当作于同时，具体时间不详，姑系于此。"

王敦作《辞荆州牧疏》。

按：文见《晋书》卷九八《王敦传》曰："中兴建……寻加荆州牧，敦上疏曰……帝优诏不许。"

贺循约是年作《答尚书符问藉田应躬祠先农不》、《广昌乡君丧停冬至小会议》、《答王导书论虞庙》、《与王导书》、《答王导书》及《上言诸经宜分置博士》。

按：《答尚书符问藉田应躬祠先农下》见《晋书》卷一九《礼志上》曰："江左元帝将修耕藉，尚书符问：'藉田至尊应躬祠先农不？'贺循答：'汉仪无至尊应躬祭之文。然则《周礼》王者祭四望则毳冕，祭社稷五祀则絺冕，以此不为无亲祭之义也。宜立两仪注。'贺循等所上仪注又未详允，事竟不行。后哀帝复欲行其典，亦不能遂。"《广昌乡君丧停冬至小会议》见卷二〇《礼志中》曰："元帝姨广昌乡君丧，未葬，中丞熊远表云……又曰……贺循答曰：'案《礼·杂记》，"君于卿大夫之丧，比葬不食肉，比卒哭不举乐"。古者君臣义重，虽以至尊之义，降而无服，三月之内，犹锡衰以居，不接吉事。……咸宁诏书虽不会经典，然随时立宜，以为定制，诚非群下所得称论。'"张可礼《东晋文艺系年》曰："《答王导书论虞庙》、《与王导书》、《答王导书》、《答尚书符问》（按：即《答尚书符问藉田应躬祠先农下》）五文见《全晋文》卷八十八。五文所议均为皇室立庙之事，当作于元帝践位后。"《上言诸经宜分置博士》见《通典》卷五三曰："东晋元帝时，太常贺循上言：'尚书被符，经置博士一人。又多故历纪，儒道荒废，学者能兼明经义者少。且《春秋》三传，俱出圣人，而义归不同，自前代通儒，未有能通得失兼而学之者也。况今学义甚颓，不可令一人总之。今宜《周礼》、《仪礼》二经置博士二人，《春秋》三传置博士三人，其余则经置一人，合八人。'"贺循卒于明年，故暂系是年。

干宝约是年作《王昌前母服论》。

按：《晋书》卷二〇《礼志中》曰："太兴初，著作郎干宝论之曰……"

熊远约是年作《因灾异上疏》及《广昌乡君丧宜废冬至小会表》。

按：《因灾异上疏》见《晋书》卷七一《熊远传》。参见是年"干宝以灾异说人事"条。《广昌乡君丧宜废冬至小会表》见卷二〇《礼志中》曰："元帝姨广昌乡君丧，未葬，中丞熊远表云：'案《礼》"君于卿大夫，比葬不食肉，比卒哭不举乐"，恻隐之心未忍行吉事故也。被尚书符，冬至后二日小会。臣以为广昌乡君丧殡日，圣恩垂悼。礼，大夫死，废一时之祭。祭犹可废，而况余事。冬至唯可群下奉贺而已，未便小会。'诏以远表示贺循，又曰：'咸宁二年武皇帝故事云"王公大臣薨，三朝发哀，逾月举乐，其一朝发哀，三日不举乐"。此旧事明文。'"

孔愉作《奏日蚀伐鼓非旧典》。

按：《晋书》卷一九《礼志上》曰："元帝太兴元年四月，合朔，中书侍郎孔愉奏曰……诏曰：'所陈有正义，辄敕外改之。'"

应詹约是年作《上疏陈便宜》。

按：《晋书》卷七〇《应詹传》曰："俄拜后军将军。詹上疏陈便宜，曰：'……今大荒之后，制度改创，宜因斯会，厘正宪则，先举盛德元功以为封首，则圣世之化比隆唐虞矣。'又曰：'……今虽有儒官，教养未备，非所以长育人才，纳之轨物也。宜修辟雍，崇明教义，先令国子受训，然后皇储亲临释奠，则普天尚德，率土知方矣。'元帝雅重其才，深纳之。"

刘琨作《重赠卢谌》。

按：《晋书》卷六二《刘琨传》曰："初，琨之去晋阳也，虑及危亡而大耻不雪，亦知夷狄难以义伏，冀输写至诚，侥幸万一。每见将佐，发言慷慨，悲其道穷，欲率部曲列于贼垒。斯谋未果，竟为匹䃅所拘。自知必死，神色怡如也。为五言诗赠其别驾卢谌曰……琨诗托意非常，摅畅幽愤，远想张陈，感鸿门、白登之事，用以激谌。谌素无奇略，以常词酬和，殊乖琨心，重以诗赠之，乃谓琨曰：'前篇帝王大志，非人臣所言矣。'"此诗亦见录于《文选》卷二五。

卢谌作《答刘琨诗》及《太尉刘公诔》。

按：张可礼《东晋文艺系年》曰："《晋诗》卷一二辑谌《答刘琨诗》（'谁言日负暮'）……诗中'百炼或致屈，绕指何以伸'句，与琨《重赠卢谌诗》中'何意百炼钢，化为绕指柔'相关，诗当作于本年。《全晋文》卷三四《太尉刘公诔》，当作于琨被害后不久。"

温峤作《理刘司空表》及《请召刘群等表》。

按：《理刘司空表》见《晋书》卷六七《温峤传》曰："屡求反命，不许。会琨为段匹䃅所害，峤表'琨忠诚，虽勋业不遂，然家破身亡，宜在褒崇，以慰海内之望'。帝然之。"《请召刘群等表》见卷六二《刘群传》曰："及琨为匹䃅所害，琨从事中郎卢谌等率余众奉群依末波。温峤前后表称：'姨弟刘群，内弟崔悦、卢谌等，皆在末波中，翘首南望。愚谓此等并有文思，于人之中少可愍惜。如蒙录召，继绝兴亡，则陛下更生之恩，望古无二。'"刘群为刘琨子。

刘琨卒（271—　）。琨字越石，中山魏昌人。少与祖逖为友，均有大志，同以雄豪著称。晋太康末，与逖同为司州主簿，闻鸡起舞。元康六年，为司隶从事，为贾谧二十四友之一。"八王之乱"中，先后属事赵王伦、齐王冏、东海王越等。永嘉元年，为并州刺史。琨长期坚守并州，招抚流亡，又引鲜卑拓跋卢猗、段匹䃅为援，与刘聪、石勒相对抗。建武元年曾遣长史温峤至建康向元帝劝进。匹䃅与琨期共讨石勒，后匹䃅受从弟末波离间，又受王敦密使，遂杀琨。琨善诗文，诗歌多慷慨悲壮之音。《诗品序》言永嘉时贵黄老，惟"郭景纯用隽上之才，变创其体；刘越石仗清刚之气，赞成厥美"。《隋书》卷三五《经籍志四》著录晋太尉《刘琨集》9卷，梁10卷。《刘琨别集》10卷。严可均《全晋文》卷一〇八载其文24篇。逯钦立《晋诗》卷一一五载其诗4首。事迹见《晋书》卷六二。

孙惠约卒（272?—　）。惠字德施，吴国富阳人。初为齐王冏大司马曹掾，冏骄矜奢侈，惠上书讽之，冏不听，辞疾去。后为东海王越记室参军，专掌文疏，所作书檄，皆有文采。历仕彭城内史、广陵相，迁广武将军、安丰内史。以迎大驾之功，封临湘县公。享年四十七。《隋书》卷三五《经籍志四》著录晋安丰太守《孙惠集》8卷，梁11卷，录1卷。严可均《全晋文》卷一一五载其文11篇。事迹见《晋书》卷七一。

按：《晋书》卷七一《孙惠传》载孙惠最后事迹曰："元帝遣甘卓讨周馥于寿阳，惠乃率众应卓，馥败走。庐江何锐为安丰太守，惠权留郡境。锐以他事收惠下人推之，惠既非南朝所授，常虑谗间，因此大惧，遂攻杀锐，奔入蛮中。寻病卒，时年四十七。"《资治通鉴》卷八七《晋纪九》系周馥败于永嘉五年。惠杀何锐奔入蛮中，当在此后一二年内。姑系惠卒年于是年。

王鉴约卒（278?—　）。鉴字茂高，堂邑人。少以文笔著称，初为司马睿琅邪国侍郎。睿即位，拜驸马都尉、奉朝请，出补永兴令。大将军王敦请为记室参军。未就而卒，时年四十一。《隋书》卷三五《经籍志四》著录晋散骑常侍《王鉴集》9卷，亡。严可均《全晋文》卷一二八载其文2篇。逯钦立《先秦汉魏晋南北朝诗·晋诗》卷一一载其诗1首。事迹见《晋书》

卷七一。

按：《晋书》卷七一《王鉴传》曰："大将军王敦请为记室参军，未就而卒，时年四十一。文集传于世。"王敦于上年四月为大将军，姑系卒年于是年。

晋太兴二年　成玉衡九年　前赵光初二年　后赵石勒元年　前凉永安六年　己卯　319年

正月丁卯，晋崇阳陵毁，帝素服哭三日；使冠军将军梁堪、守太常马龟等修复山陵。迎梓宫于平阳，不克而还（《晋书》卷六《元帝纪》）。

三月辛卯，晋元帝亲郊祀。

按：《晋书》卷一九《礼志上》曰："元帝渡江，太兴二年始议立郊祀仪。尚书令刁协、国子祭酒杜夷议，宜须旋都洛邑乃修之。司徒荀组据汉献帝都许即便立郊，自宜于此修奉。骠骑王导、仆射荀崧、太常华恒、中书侍郎庾亮皆同组议，事遂施行，立南郊于巳地。其制度皆太常贺循所定，多依汉及晋初之仪。三月辛卯，帝亲郊祀，飨配之礼一依武帝始郊故事。是时尚未立北坛，地祇众神共在天郊。"

四月，汉帝刘曜迁都长安，以子刘熙为太子（《资治通鉴》卷九一《晋纪十三》）。

晋南阳王保称晋王，改元建康，居上邽（《资治通鉴》卷九一《晋纪十三》）。

六月，汉帝刘曜改国号称赵，史称前赵（《资治通鉴》卷九一《晋纪十三》）。

十一月，石勒称赵王，都襄国，史称后赵。勒据河内等二十四郡（《资治通鉴》卷九一《晋纪十三》）。

是年，后赵治学修史。

按：《晋书》卷一〇五《石勒载记下》曰："太兴二年，勒伪称赵王……依春秋列国、汉初侯王每世称元，改称赵王元年。始建社稷，立宗庙，营东西宫。署从事中郎裴宪、参军傅畅、杜嘏并领经学祭酒，参军续咸、庾景为律学祭酒，任播、崔濬为史学祭酒。中垒支雄、游击王阳并领门臣祭酒，专明胡人辞讼，以张离、张良、刘群、刘谟等为门生主书，司典胡人出内，重其禁法，不得侮易衣冠华族。号胡为国人。遣使循行州郡，劝课农桑。加张宾大执法，专总朝政，位冠僚首。……命记室佐明楷、程机撰《上党国记》，中大夫傅彪、贾蒲、江轨撰《大将军起居注》，参军石泰、石同、石谦、孔隆撰《大单于志》。自是朝会常以天子礼乐飨其群下，威仪冠冕从容可观矣。"

贺循议琅玡恭王宜称皇考礼。行太子太傅，太常如故。加开府仪同三司。寻卒。

按：见《晋书》卷六八《贺循传》曰："及帝践位，有司奏琅邪恭王宜称皇考，循又议曰：'案礼，子不敢以己爵加父。'帝纳之。俄以循行太子太傅，太常如故。循自以枕疾废顿，臣节不修，上隆降尊之义，不替交叙之敬，惧非垂典之教也，累表固让。帝以循体德率物，有不言之益，敦厉备至，期于不许，命皇太子亲往拜焉。循有羸疾，而恭于接对；诏断宾客，其崇遇如此。疾渐笃，表乞骸骨，上还印绶，改授左光禄大夫、开府仪同三司。帝临轩,遣使持节,加印绶。循虽口不能言,指麾左右,推去章服。车驾亲幸,执手流涕。太子亲临者三焉,往还皆拜,儒者以为荣。太兴二年卒,时年六十。帝素服举哀,哭之甚恸。赠司空,谥曰穆。将葬,帝又出临其柩,哭之尽哀,遣兼侍御史持节监护。皇太子追送近途,望船流涕。"据《宋书》卷一七《礼志四》曰:"元帝太兴二年,有司言琅邪恭王宜称皇考。贺循议云:'礼典之义,子不敢以己爵加其父号。'"《晋书》卷六《元帝纪》曰:"六月乙亥,加太常贺循开府仪同三司。"

  荀组等议改葬服制。

  按:《通典》卷一〇二曰:"东晋大兴二年,司徒荀组表言……诏:'司徒表,礼虽无坟墓毁废正文,然依附名例,不为无准。吾谓改葬缌,通制也。已修复,不临尸柩,素服可也。而士大夫率意轻重不同,其下太常议定。'国子祭酒杜夷议……博士江渊议……侍中黄门侍郎江启表……"

  王导因羊鉴败而乞自贬黜。寻代贺循领太子太傅。

  按:《晋书》卷六五《王导传》曰:"会太山太守徐龛反,帝访可以镇抚河南者,导举太子左卫率羊鉴。既而鉴败,抵罪。导上疏曰……诏不许。寻代贺循领太子太傅。时中兴草创,未置史官,导始启立,于是典籍颇具。"《晋书》卷六《元帝纪》:是年四月"太山太守徐龛以郡叛……秋七月乙丑,太常贺循卒"。

  庾亮约是年领著作,侍讲东宫。

  按:《晋书》卷七三《庾亮传》曰:"领著作,侍讲东宫。其所论释,多见称述。与温峤俱为太子布衣之好。时帝方任刑法,以《韩子》赐皇太子,亮谏以申、韩刻薄伤化,不足留圣心,太子甚纳焉。"张可礼《东晋文艺系年》曰:"上述诸事,时间不详。卷一九《礼志上》:'太兴二年始议立郊祀仪……司徒荀组据汉献帝都许即便立郊,自宜于此修奉……骠骑王导……中书侍郎庾亮皆同组议……三月辛卯……'(校勘记:'三月壬寅朔,无辛卯……疑志文"三月"为"二月"之误。')据此知本年二月前亮仍任中书郎,是领著作最早只能在本年二月后,故系于此。"

  郭璞约是年迁尚书郎,多所匡益,以才学见重于太子。

  按:《晋书》卷七二《郭璞传》曰:"顷之,迁尚书郎。数言便宜,多所匡益。明帝之在东宫,与温峤、庾亮并有布衣之好,璞亦以才学见重,埒于峤、亮,论者美之。然性轻易,不修威仪,嗜酒好色,时或过度。著作郎干宝常诫之曰:'此非适性之道也。'璞曰:'吾所受有本限,用之恒恐不得尽,卿乃忧酒色之为患乎!'璞既好卜筮,缙绅多笑之。又自以才高位卑,乃作《客傲》,其辞曰……"张可礼《东晋文艺系年》曰:"以上诸事,时间不详。今暂定于拜著作佐郎后一年。"

  虞预作《上书请举贤才》及《上疏请简良将》。

  按:《晋书》卷八二《虞预传》曰:"太兴二年,大旱,诏求谠言直谏之士,预上书谏曰……预以寇贼未平,当须良将,又上疏曰……"

  贺循作《追尊琅邪恭王为皇考议》及《嗣新蔡王滔不得还嗣章武议》。

  按:《追尊琅邪恭王为皇考议》见《晋书》卷六八《贺循传》,参见是年"贺循议琅玡恭王宜称皇考礼。行太子太傅,太常如故。加开府仪同三司。寻卒"条。《嗣新蔡王滔不得还嗣章武议》见卷三七《河间平王洪传》。

  王导作《上疏请自贬》及《谢领太子太傅表》。

  按:《上疏请自贬》见《晋书》卷六五《王导传》。《谢领太子太傅表》见《太平御览》卷二二〇引《王导表》曰:"臣乞得除中书监持节,专壹所司,竭诚保傅,惟力是视。"严可均《全晋文》卷一九题为《表》，从内容看，应作于除中书监为太子太傅后上表，故改题为《谢领太子太傅表》。

荀组作《请议定改葬服制表》。

按：参见是年"荀组等议改葬服制"条。

应詹作《上表请修复农官》。

按：文见《晋书》卷二六《食货志》曰："二年，三吴大饥……百官各上封事，后军将军应詹表曰……"

郭璞约是年作《客傲》及《辞尚书郎表》。

按：《客傲》见《晋书》卷七二《郭璞传》。《辞尚书郎表》见严可均《全晋文》卷一二〇。张可礼《东晋文艺系年》曰："《辞尚书郎表》见《全晋文》卷一百二十，当作于将迁尚书郎时。"参见是年"郭璞约是年迁尚书郎，多所匡益，以才学见重于太子"条。

贺循卒（260—　　）。循字彦先，会稽山阴人。父邵为孙皓所杀。循少婴家难，流放海隅，吴平，乃还本郡。吴灭后，出为阳羡令、武康令。曾参与镇压石冰领导的流民起义。赵王伦篡位，转侍御史，辞疾去职。后屡征不起。及司马睿镇建康，任军谘祭酒、太常等职，朝廷疑滞皆询之，循辄依经礼对答。与顾荣、纪瞻等同支持司马睿创建东晋政权，为南方士族政治代表。朝廷甚重之，儒者以为荣。循善属文，沉研篇籍，博览众书，尤精《礼》传。有知人之鉴。著述甚丰，《隋书》卷三二《经籍志一》著录梁有《丧服要记》6卷、《丧服谱》1卷、《丧服要记》10卷；卷三三《经籍志三》著录《会稽记》1卷；卷三五《经籍志四》著录晋司空《贺循集》18卷，梁20卷，录1卷。严可均《全晋文》卷八八载其文41篇。事迹见《晋书》卷六八。

慕容儁（　—360）生。

晋太兴三年　成玉衡十年　前赵光初三年　后赵二年　前凉张茂永元元年　庚辰　320年

二月辛未，晋冀州刺史邵续为石虎所俘，晋北方藩镇皆尽（《晋书》卷六《元帝纪》）。

六月，前凉张寔为部下所杀，弟茂嗣，领平西将军、凉州刺史（《晋书》卷六《元帝纪》）。

按：一说前凉建元永元，对外仍用建兴年号。

七月，晋祖逖部将卫策大破后赵石勒别军于汴水；逖进驻雍丘，黄河以南多叛后赵归晋。晋加逖为镇西将军（《晋书》卷六《元帝纪》、《资治通鉴》卷九一《晋纪十三》）。

八月，晋司马绍至太学祭奠先圣先师。雅好文辞，善抚将士，东朝济济，远近属心。

按：《晋书》卷六《元帝纪》曰："(八月)皇太子释奠于太学。"卷六《明帝纪》曰："性至孝，有文武才略，钦贤爱客，雅好文辞。当时名臣，自王导、庾亮、温峤、桓彝、阮放等，咸见亲待。尝论圣人真假之意，导等不能屈。又习武艺，善抚将士。于时东朝济济，远近属心焉。"

是年，晋王敦欲专制朝廷，晋元帝畏而恶之(《晋书》卷九八《王敦传》)。

前赵刘曜下诏悉罢宫室诸役，并将鄠水两岸养畜禽兽园地分给贫民(《晋书》卷一〇三《刘曜载记》)。

后赵石勒命张宾定选举制，石勒立国，粗有纲纪。

按：《晋书》卷一〇五《石勒载记下》曰："勒清定五品，以张宾领选。复续定九品。署张班为左执法郎，孟卓为右执法郎，典定士族，副选举之任。令群僚及州郡岁各举秀才、至孝、廉清、贤良、直言、武勇之士各一人。置署都部从事各一部一州，秩二千石，职准丞相司直。"

前赵刘曜立太学。

按：《晋书》卷一〇三《刘曜载记》曰："曜立太学于长乐宫东，小学于未央宫西，简百姓年二十五已下十三已上，神志可教者千五百人，选朝贤宿儒明经笃学以教之。以中书监刘均领国子祭酒。置崇文祭酒，秩次国子。散骑侍郎董景道以明经擢为崇文祭酒。以游子远为大司徒。"

周顗为尚书仆射(《晋书》卷六《元帝纪》)。

温峤约是年对太子数陈规讽。

按：《晋书》卷六七《温峤传》曰："及在东宫，深见宠遇，太子与为布衣之交。数陈规讽，又献《侍臣箴》，甚有弘益。"本传叙峤在太兴元年为太子中庶子，直至太子即位，拜侍中。温峤数陈规讽，应在此间，姑系是年。

王导因刘隗、刁协用事，渐见疏远。

按：《晋书》卷六五《王导传》曰："及刘隗用事，导渐见疏远，任真推分，澹如也。有识咸称导善处兴废焉。"卷二九《五行志下》曰："今元帝中兴之业，实王导之谋也。刘隗探会上意，以得亲幸，导见疏外。"《资治通鉴》卷九一《晋纪十三》系此事于是年。

孔愉因陈王导忠贤，出为司徒左长史。

按：《晋书》卷七八《孔愉传》曰："于时刁协、刘隗用事，王导颇见疏远。愉陈导忠贤，有佐命之勋，谓事无大小皆宜谘访。由是不合旨，出为司徒左长史。"《资治通鉴》卷九一《晋纪十三》系此事于是年。

孔坦弃官归会稽。

按：《晋书》卷七八《孔坦传》曰："太兴三年……时典客令万默领诸胡，胡人相诬，朝廷疑默有所偏助，将加大辟。坦独不署，由是被谴，遂弃官归会稽。"

丁潭迁王导骠骑司马(《晋书》卷七八《丁潭传》)。

温峤作《侍臣箴》、《上太子疏谏起西池楼观》、《释奠颂》、《谏太子马射》、《兄弟相继藏主室议》及《理刘琨疏》。

按：《侍臣箴》见《艺文类聚》卷一六，《上太子疏谏起西池楼观》见《晋书》卷六七《温峤传》，二文并参见是年"温峤约是年对太子数陈规讽"条。《释奠颂》见《初学记》卷一四，参见是年"八月，晋司马绍至太学祭奠先圣先师。雅好文辞，善抚将士，东朝

晋太兴三年　成玉衡十年　前赵光初三年　后赵二年　前凉张茂永元元年　庚辰　320年

济济,远近属心"条。《谏太子马射》见《文苑英华》卷六二七薛元超《谏皇太子笺》曰:
"晋明帝之在东宫,中庶子温峤、中舍人刘放(原注:'晋明帝之在东宫,阮放为中舍人,刘放乃魏明帝时人,疑当作阮放。')谏马射曰……太子答云……"《兄弟相继藏主室议》见《晋书》卷一九《礼志上》曰:"于时百度草创,旧礼未备,毁主权居别室。至太兴三年正月乙卯,诏曰:'吾虽上继世祖,然于怀、愍皇帝皆北面称臣。今祠太庙,不亲执觞酌,而令有司行事,于情礼不安。可依礼更处。'太常恒议……又曰……骠骑长史温峤议……骠骑将军王导从峤议。峤又曰……帝从峤议,悉施用之。于是乃更定制,还复豫章、颍川于昭穆之位,以同惠帝嗣武故事,而惠、怀、愍三帝自从《春秋》尊尊之义,在庙不替也。"

又按:《晋书》卷六二《刘琨传》曰:"(三年)太子中庶子温峤又上疏理之,帝乃下诏曰:'故太尉、广武侯刘琨忠亮开济,乃诚王家,不幸遭难,顾节不遂,朕甚悼之。往以戎事,未加吊祭。其下幽州,便依旧吊祭。'赠侍中、太尉,谥曰愍。"疏文本传未载。田余庆《东晋门阀政治》曰:"温峤疏文,见于《敦煌石室佚书》所收写本《晋纪》,今本《晋书》失载。"刘琨卒于太兴元年(318年),温峤写有《理刘司空表》。是年又上疏理之,诏书中言"往以戎事,未加吊祭",指刘琨遇害至是年才得到朝廷的赠谥。参见是年"卢谌作《理刘司空表》"条。

王敦作《上疏言王导》。

按:《晋书》卷九八《王敦传》曰:"时刘隗用事,颇疏间王氏,导等甚不平之。敦上疏曰……表至,导封以还敦,敦复遣奏之。"

卞壶作《奏议王式事》。

按:《通典》卷九四曰:"东晋元帝大兴三年,淮南小中正王式继母先嫁有继子,后嫁式父。式父临终,继母求出,式父许有遗命。及式父亡,母制服积年,后还前继子家。及亡,与前夫合葬,式追服周。"《晋书》卷七〇《卞壶传》曰:"时淮南小中正王式继母,前夫终,更适式父。式父终,丧服讫,议还前夫家。前夫家亦有继子,奉养至终,遂合葬于前夫。式自云:'父临终,母求去,父许诺。'于是制出母齐衰期。壶奏曰……疏奏,诏特原(荀)组等,(王)式付乡邑清议,废弃终身。壶迁吏部尚书。"

孔坦作《奏议策除秀孝》。

按:《晋书》卷七八《孔坦传》曰:"先是,以兵乱之后,务存慰悦,远方秀孝到,不策试,普皆除署。至是,帝申明旧制,皆令试经,有不中科,刺史、太守免官。太兴三年,秀孝多不敢行,其有到者,并托疾。帝欲除署孝廉,而秀才如前制。坦奏议曰……帝纳焉。听孝廉申至七年,秀才如故。"

卢谌作《理刘司空表》。

按:《晋书》卷六二《刘琨传》曰:"三年,琨故从事中郎卢谌、崔悦等上表理琨曰……"文中"三年",就《刘琨传》来看,应指太兴三年。

后赵乔豫、和苞作《上疏谏营作》。

按:文见《晋书》卷一〇三《刘曜载记》。

孔衍卒(268—　)。衍字舒元,鲁国陬邑人。孔子二十二代孙。衍少好学,年十二能通《诗》、《书》。弱冠,公府辟、本州举异行直言,皆不就。避地江东,晋元帝为安东将军,引为安东参军,专掌记室,以称职见知。后补中书郎。太子司马绍在东宫,衍领太子中庶子。衍经学深博,练识旧典,朝仪轨制,多取正焉。由是元帝及太子并亲爱之。王敦专权,出衍为

拉克坦提乌斯约卒(240?—　)。罗马人。基督教教父作家。

广陵郡,时人为之寒心,而衍不形于色。衍虽不以文才著称,而博览过于贺循,著有《春秋公羊传集解》及《汉魏春秋》、《孔氏说林》等书,凡所撰述,百余万言。《隋书》卷三二《经籍志一》著录其撰《凶礼》1卷、《琴操》3卷;集解《春秋公羊传》14卷、《春秋谷梁传》14卷;卷三三《经籍志二》著录其撰《魏尚书》8卷,梁10卷;卷三四《经籍志三》著录梁有《孔氏说林》2卷,亡;又有《兵林》6卷。严可均《全晋文》卷一二四载其文5篇。事迹见《晋书》卷九一《儒林传》。

郗昙(—361)、谢万(—361)、简文帝(—372)、桓豁(—377)、谢安(—385)、僧竺法汰(—387)生。

晋太兴四年　成玉衡十一年　前赵光初四年 后赵三年　前凉永元二年　辛巳　321年

三月,晋置《周易》、《仪礼》、《公羊》博士(《晋书》卷六《元帝纪》)。

王导任司空。

按:《晋书》卷六《元帝纪》曰:"(是年七月)壬午,以骠骑将军王导为司空。"

戴若思出为征西将军,与刘隗同出,元帝临发祖饯,置酒赋诗。

按:《晋书》卷六《元帝纪》:是年七月"甲戌,以尚书戴若思为征西将军,都督司兖豫并冀雍六州诸军事、司州刺史,镇合肥;丹阳尹刘隗为镇北将军、都督青徐幽平四州诸军事、青州刺史,镇淮阴"。《晋书》卷六九《戴若思传》曰:"出为征西将军、都督兖豫幽冀雍并六州诸军事、假节,加散骑常侍。发投刺王官千人为军吏,调扬州百姓家奴万人为兵配之,以散骑常侍王遐为军司,镇寿阳,与刘隗同出。帝亲幸其营,劳勉将士,临发祖饯,置酒赋诗。"

卢谌为段末波长史,未得南渡。

按:《晋书》卷四四《卢谌传》曰:"匹䃅既害琨,寻亦败丧。时南路阻绝,段末波在辽西,谌往投之。元帝之初,末波通使于江左,谌因其使抗表理琨,文旨甚切,于是即加吊祭。累征谌为散骑中书侍郎,而为末波所留,遂不得南渡。"

干宝因变异说王敦武昌灾。

按:《晋书》卷二七《五行志上》曰:"元帝太兴四年,王敦在武昌,铃下仪仗生华如莲华,五六日而萎落。此木失其性。干宝以为狂华生枯木,又在铃阁之间,言威仪之富,荣华之盛,皆如狂华之发,不可久也。"又同卷:"元帝太兴中,王敦镇武昌,武昌灾,火起……干宝以为'此臣而君行,亢阳失节,是为王敦陵上,有无君之心,故灾也'。"

应詹为镇北将军刘隗军司(《晋书》卷七〇《应詹传》)。

刘均以终南山崩劝谏刘曜,曜从之。

按:《晋书》卷一〇三《刘曜载记》曰:"终南山崩,长安人刘终于崩所得白玉方一尺,有文字曰:'皇亡,皇亡,败赵昌。井水竭,构五梁,咢酉小衰困嚣丧。呜呼!呜呼！赤牛奋靷其尽乎！'时群臣咸贺，以为勒灭之征。曜大悦，斋七日而后受之于太庙，大赦境内，以终为奉瑞大夫。中书监刘均进曰……曜怃然改容。"

郭璞作《因天变上疏》。

按：《晋书》卷七二《郭璞传》曰："后日有黑气，璞复上疏曰……"《资治通鉴》卷九一系此事于是年三月。

王敦作《与刘隗书》。

按：《晋书》卷六九《刘隗传》曰："隗以王敦威权太盛，终不可制，劝帝出腹心以镇方隅，故以谯王承为湘州，续用隗及戴若思为都督。敦甚恶之，与隗书曰……隗答曰……敦得书甚怒。"参见是年"戴若思出为征西将军，与刘隗同出，元帝临发祖饯，置酒赋诗"条。

葛洪约是年作《富民塘颂》。

按：《世说新语·规箴第十》刘孝标注曰："葛洪《富民塘颂》曰：'闿字敬绪，丹阳人，张昭孙也。'"余嘉锡笺疏曰："李慈铭云：'案《晋书·闿传》：闿为昭之曾孙，补晋陵内史。立曲阿新丰塘，溉田八百余顷，每岁丰稔。葛洪为其颂。即此所云"富民塘"也。'"又云："《元和郡县志》二十五曰：'丹阳县新丰湖，在县东北三十里。晋元帝大兴四年，晋陵内史张闿所立。'"

祖逖卒（266— ）。逖字士稚，范阳遒县人。少孤，轻财好侠，慷慨有节操，博览古今书记。累迁太子中舍人、豫章王从事中郎。晋元帝时为豫州刺史，自募军，收复黄河以南为晋土。是年九月壬寅卒于雍丘，豫州士女若丧父母，谯、梁间皆为立祠。严可均《全晋文》卷一〇八载其《渡江誓》1篇。事迹见《晋书》卷六二。

晋永昌元年　成玉衡十二年　前赵光初五年　后赵四年　前凉永元三年　壬午　322年

正月乙卯，晋改元永昌(《晋书》卷六《元帝纪》)。

戊辰，晋大将军王敦以诛刘隗为名，在武昌举兵反。龙骧将军沈充帅众应之(《晋书》卷六《元帝纪》)。

三月，晋命征西将军戴若思、镇北将军刘隗还卫京都。戴若思被王敦杀害。晋命司空王导为前锋大都督，统兵三千讨沈充(《晋书》卷六《元帝纪》及卷六九《戴若思传》)。

八月，晋王敦以其兄王含为卫将军，自领宁、益二州都督(《晋书》卷六《元帝纪》)。

十一月，晋罢司徒，并入丞相府(《晋书》卷六《元帝纪》)。

闰十一月己丑，晋元帝卒，庙号中宗。皇太子绍即位，是为明帝(《晋书》卷六《元帝纪》)。

  郭璞任王敦记室参军。
  按：《资治通鉴》卷九二《晋纪十四》系于是年，曰："王敦以璞为记室参军。"汤球辑《晋中兴书》卷七引《东阿郭录》曰："璞为尚书郎，大将军王敦以璞有才术，取为记室参军，璞畏不敢辞。"

  谢鲲逼于王敦，随至石头，救王峤，对王敦多有切谏。出任豫章太守。寻卒(《晋书》卷四九《谢鲲传》)。

  王峤因与王敦异议，出为领军长史(《晋书》卷七五《王峤传》)。

  熊远拜太常卿，加散骑常侍，为长史。寻病卒(《晋书》卷七一《熊远传》)。

  王导任守尚书令。明帝即位，受诏辅政(《晋书》卷六五《王导传》)。

  陶侃领江州刺史、湘州刺史，加散骑常侍。
  按：《晋书》卷六六《陶侃传》曰："及王敦举兵反，诏侃以本官领江州刺史，寻转都督、湘州刺史。敦得志，上侃复本职，加散骑常侍。"

  温峤谏太子亲自出战王敦。谏王敦谋废太子。拜侍中。
  按：《晋书》卷六七《温峤传》曰："王敦举兵内向，六军败绩，太子将自出战，峤执鞚谏曰……太子乃止。明帝即位，拜侍中，机密大谋皆所参综，诏命文翰亦悉豫焉。"卷六《明帝纪》曰："及王敦之乱，六军败绩，帝欲帅将士决战，升车将出，中庶子温峤固谏，抽剑斩鞅，乃止。敦素以帝神武明略，朝野之所钦信，欲诬以不孝而废焉。大会百官而问温峤曰：'皇太子以何德称？'声色俱厉，必欲使有言。峤对曰：'钧深致远，盖非浅局所量。以礼观之，可称为孝矣。'众皆以为信然，敦谋遂止。"

  庾亮为中领军。
  按：《晋书》卷七三《庾亮传》曰："时王敦在芜湖，帝使亮诣敦筹事。敦与亮谈论，不觉改席而前，退而叹曰：'庾元规贤于裴颜远矣！'因表为中领军。"《资治通鉴》卷九二《晋纪十四》系王敦武昌起兵至芜湖于是年正月。

  刘超领安东上将军。
  按：《晋书》卷七〇《刘超传》曰："入为中书通事郎。以父忧去官。既葬，属王敦称兵，诏超复职，又领安东上将军。寻六军败散，唯超案兵直卫，帝感之，遣归终丧礼。"

  孔愉拜御史中丞，迁侍中、太常。
  按：《晋书》卷七八《孔愉传》曰："累迁吴兴太守。沈充反，愉弃官还京师，拜御史中丞，迁侍中、太常。"

  王廙任平南将军、领护南蛮校尉、荆州刺史。寻病卒。
  按：《晋书》卷七六《王廙传》曰："及王敦构祸，帝遣廙喻敦，既不能谏其悖逆，乃为敦所留，受任助乱。敦得志，以廙为平南将军、领护南蛮校尉、荆州刺史。寻病卒。帝犹以亲故，深痛愍之。丧还京都，皇太子亲临拜柩，如家人之礼。赠侍中、骠骑将军，谥曰康。明帝与大将军温峤书曰：'痛谢鲲未绝于口，世将复至于此。并盛年隽才，不遂其志，痛切于心。廙明古多通，鲲远有识致。其言虽未足令人改听，然味之不倦，近未易有也。坐相视尽，如何！'"

  郗鉴拜安西将军、兖州刺史、都督扬州江西诸军、假节，镇合肥。
  按：《晋书》卷六七《郗鉴传》曰："永昌初，征拜领军将军，既至，转尚书，以疾不

晋永昌元年　成玉衡十二年　前赵光初五年　后赵四年　前凉永元三年　壬午　322年

拜。时明帝初即位，王敦专制，内外危逼，谋杖鉴为外援，由是拜安西将军、兖州刺史、都督扬州江西诸军、假节，镇合肥。"卷六《元帝纪》曰："（七月）兖州刺史郗鉴自邹山退守合肥。"

荀组迁太尉，未拜，卒。

按：《晋书》卷三九《荀组传》曰："永昌初，迁太尉，领太子太保。未拜，薨，年六十五。谥曰元。子奕嗣。"卷六《元帝纪》曰："十一月，以司徒荀组为太尉。己酉，太尉荀组薨。"校记："上一月庚戌朔，无己酉。《通鉴》九二作'辛酉'。"

华谭因病免官，卒于家。

按：《晋书》卷五二《华谭传》曰："及王敦作逆，谭疾甚，不能入省，坐免。卒于家。赠光禄大夫，金章紫绶，加散骑常侍，谥曰胡。"

庾怿为东海哀王冲中军司马，转散骑侍郎。

按：《晋书》卷六四《东海哀王冲传》曰："永昌初，迁中军将军，加散骑常侍。"卷七三《庾怿传》曰："怿字叔预，少以通简为兄亮所称……又为冲中军司马，转散骑侍郎。"晋是年正月改元永昌，至次年三月改元太宁，姑系是年。

王敦害周𫖮，而使人吊其弟嵩。

按：《晋书》卷六一《周嵩传》曰："王敦既害𫖮而使人吊嵩，嵩曰：'亡兄天下人，为天下人所杀，复何所吊！'敦甚衔之，惧失人情，故未加害，用为从事中郎。"

西域僧帛尸梨密多罗往省周𫖮遗孤，作胡呗三契，诵咒数千言。

按：《高僧传》卷一《帛尸梨密多罗传》曰："帛尸梨密多罗，此云吉友，西域人，时人呼为高座。传云：国王之子，当承继世，而以国让弟，闇轨太伯。既而悟心天启，遂为沙门。密天姿高朗，风神超迈，直尔对之，便卓出于物。晋永嘉中，始到中国，值乱，仍过江，止建初寺。丞相王导一见而奇之，以为吾之徒也，由是名显。太尉庾元规、光禄周伯仁、太常谢幼舆、廷尉桓茂伦，皆一代名士，见之，终日累叹，披衿致契。导尝诣密，密解带偃伏，悟言神解。时尚书令卞望之亦与密致善，须臾望之至，密乃敛衿饰容，端坐对之。有问其故，密曰：'王公风道期人，卞令轨度格物，故其然耳。'诸公于是叹其精神洒厉，皆得其所。桓廷尉尝欲为密作目，久之未得，有云尸梨密可谓卓朗，于是桓乃咨嗟绝叹，以为标题之极。太将军王处仲在南夏，闻王周诸公皆器重密，疑以为失，及见密，乃欣振奔至，一面尽虔。周𫖮为仆射领选，临入过造密，乃叹曰：'若使太平之世，尽得选此贤，真令人无恨也。'俄而𫖮遇害，密往省其孤，对坐作胡呗三契，梵响凌云；次诵咒数千言，声音高畅，颜容不变；既而挥涕收泪，神气自若。其哀乐废兴，皆此类也。"

郭璞作《皇孙生上疏》、《谏留任谷宫中疏》及《元皇帝哀策文》。

按：《皇孙生上疏》见《晋书》卷七二《郭璞传》曰："永昌元年，皇孙生，璞上疏曰……"张可礼《东晋文艺系年》曰："《郭璞传》记皇孙生于永昌元年，误。《通鉴》卷九十一：本年（按：指上年）'十一月，皇孙衍生。'又据《晋书》卷七《成帝纪》，衍亦当生于本年。今从《通鉴》。"然司马衍生于上年十一月，郭璞此疏或作于是年正月，故本传云："疏奏，纳焉，即大赦改年。"《谏留任谷宫中疏》亦见《郭璞传》。《元皇帝哀策文》见《艺文类聚》卷一三。

王敦作《上疏罪状刘隗》。

按：文见《晋书》卷九八《王敦传》曰："永昌元年，敦率众内向，以诛隗为名，上疏曰……"

温峤作《答王导书》。

按：《通典》卷四八曰："元帝崩，温峤答王导书云：'近诏以先帝前议所定，唯下太常安坎室数。今坎室窄，其意不过欲定先神主，存正室，故下愍帝也。庙窄之与本体，各是一事，那何以庙窄而废本体也？'"

纪瞻作《请征郗鉴疏》。

按：《晋书》卷六八《纪瞻传》曰："时郗鉴据邹山，屡为石勒等所侵逼。瞻以鉴有将相之材，恐朝廷弃而不恤，上疏请征之，曰……"

荀崧作《议上元帝庙号》及《与王敦书》。

按：二文见《晋书》卷七五《荀崧传》曰："及帝崩，群臣议庙号……崧议以为……既而与敦书曰：'承以长蛇未翦，别详祖宗。先帝应天受命，以隆中兴；中兴之主，宁可随世数而迁毁！敢率丹直，询之朝野，上号中宗。卜日有期，不及重请，专辄之愆，所不敢辞。'初，敦待崧甚厚，欲以为司空，于此衔之而止。"

梅陶作《鹏鸟赋并序》。

按：序文见《太平御览》卷九二七曰："余既遭王敦之难，遂见忌录，居于武昌，其秋有野鸟入室，感贾谊鹏鸟，依而作焉。"赋正文亡佚。

华谭卒(244？—)。谭字令思，广陵人。太康中，刺史嵇绍举为秀才。时九州秀孝无逮华谭，谭素以才学为东土所推。寻除郎中，迁太子舍人、本国中正。以母忧去职。服满，为郾城令，过濮水，尝作《庄子赞》以示功曹。建兴初，为镇东军谘祭酒，在府无事，乃著书30卷，名曰《辨道》。转丞相军谘祭酒，领郡大中正。后转秘书监，屡以疾辞。王敦作乱，谭疾甚，不能入省，坐免。寻卒于家。《隋书》卷三四《经籍志三》著录其《新论》10卷；卷三五《经籍志四》著录梁有《华谭集》2卷；亡。严可均《全晋文》卷七九载其文7篇。事迹见《晋书》卷五二。

周𫖮卒(269—)。𫖮字伯仁，汝南安城人，安东将军周浚长子。少有重名，神彩秀彻，性宽裕而友爱过人。弱冠袭父爵为武城侯。晋元帝镇江左，请为军谘祭酒，出为宁远将军、荆州刺史、领护南蛮校尉、假节。虽以雅望获海内盛名，后为仆射，颇以酒失，略无醒日，时人号为"三日仆射"。为王敦杀害。敦卒后，追赠左光禄大夫、仪同三司，谥曰康，祀以少牢。《隋书》卷三五《经籍志四》著录光禄大夫《周𫖮集》2卷，录1卷，亡。严可均《全晋文》卷八六载其文2篇。事迹见《晋书》卷六九。

按：《晋书》卷六九《周𫖮传》曰："初，敦之举兵也，刘隗劝帝尽除诸王，司空导率群从诣阙请罪，值𫖮将入，导呼𫖮谓曰：'伯仁，以百口累卿！'𫖮直入不顾。既见帝，言导忠诚，申救甚至，帝纳其言。……导不知救己，而甚衔之。敦既得志，问导曰：'周𫖮、戴若思南北之望，当登三司，无所疑也。'导不答。……敦曰：'若不尔，正当诛尔。'导又无言。敦后料检中书故事，见𫖮表救己，殷勤款至。导执表流涕，悲不自胜，告其诸子曰：'吾虽不杀伯仁，伯仁由我而死。幽冥之中，负此良友！'"

王廙卒(276—)。廙字世将，琅邪临沂人。元帝姨弟，王导从弟。辟太傅掾，转参军，累迁濮阳太守。元帝作镇江左，廙弃郡过江。帝见之大悦，以为司马。及帝即位，廙奏《中兴赋》。王敦构乱，帝遣廙喻敦，为敦所留，受任助乱。敦得志，以廙为平南将军、领护南蛮校尉、荆州刺史。寻病卒于官。廙少能属文,多所通涉,工书画,善音乐、射御、博弈、杂伎。其书法长于章草和飞白;画则善画人物、鸟兽、鱼龙。严可均《全晋文》卷二〇载其文11篇。事迹见《晋书》卷七六及《法书要录》卷八。

晋明帝司马绍太宁元年　成玉衡十三年　前赵光初六年　后赵五年　前凉永元四年　癸未　323年

三月戊寅朔,晋改元太宁(《晋书》卷六《明帝纪》)。

四月,晋王敦自领扬州牧,加殊礼,移镇姑孰。暴慢愈甚(《晋书》卷九八《王敦传》)。

六月壬子,晋立皇后庾氏,其兄庾亮为中书监(《资治通鉴》卷九二《晋纪十四》)。

郭璞上疏请改年肆赦。

按:《晋书》卷七二《郭璞传》曰:"时明帝即位逾年,未改号,而荧惑守房。璞时休归,帝乃遣使赍手诏问璞。会暨阳县复上言曰赤乌见。璞乃上疏请改年肆赦,文多不载。"璞疏已佚。

王导为司徒。

按:《晋书》卷六《明帝纪》曰:"四月,敦下屯于湖,转司空王导为司徒。"卷六五《王导传》曰:"解扬州,迁司徒。"

郗鉴为尚书令,与王敦见,严辞以表忠于朝廷。

按:《晋书》卷六《明帝纪》曰:"八月,以安北将军郗鉴为尚书令。"卷六七《郗鉴传》曰:"时明帝初即位,王敦专制,内外危逼,谋杖鉴为外援,由是拜安西将军、兖州刺史、都督扬州江西诸军、假节,镇合肥。敦忌之,表为尚书令,征还。道经姑孰,与敦相见……鉴曰:'丈夫既洁身北面,义同在三,岂可偷生屈节,靦颜天壤邪!苟道数终极,固当存亡以之耳。'敦素怀无君之心,闻鉴言,大忿之,遂不复相见,拘留不遣。敦之党与谮毁日至,鉴举止自若,初无惧心。敦谓钱凤曰:'郗道徽儒雅之士,名位既重,何得害之!'乃放还台。鉴遂与帝谋灭敦。"

温峤转中书令,后为王敦左司马,劝谏王敦以人臣之义。

按:《晋书》卷六七《温峤传》曰:"明帝即位,拜侍中……俄转中书令。峤有栋梁之任,帝亲而倚之,甚为王敦所忌,因请为左司马。敦阻兵不朝,多行陵纵,峤谏敦曰……敦不纳。"明帝于上年十一月即位,姑系是年。

庾亮父庾琛被追赠为左将军,亮陈先志不受。代王导为中书监。

按:《晋书》卷九三《外戚传》曰:"(庾琛)以后父追赠左将军,妻毋丘氏追封乡君,子亮陈先志不受。咸和中,成帝又下诏追赠琛骠骑将军、仪同三司,亮又辞焉。"张可礼《东晋文艺系年》曰:"事当在立亮妹文君为后时。"卷六《明帝纪》曰:"六月壬子,立皇后庾氏。"卷七三《庾亮传》曰:"明帝即位,以为中书监,亮上书让曰……疏奏,帝纳其言而止。王敦既有异志,内深忌亮,而外崇重之。亮忧惧,以疾去官。复

君士坦丁一世败李锡尼。

基督教阿里乌斯派始创。

代王导为中书监。"《资治通鉴》卷九二《晋纪十四》系亮为中书监于是年。

  荀崧约是年加散骑常侍,领太子太傅。

  按:《晋书》卷七五《荀崧传》曰:"太宁初,加散骑常侍,后领太子太傅。"

  卞壸迁吏部尚书(《晋书》卷七十《卞壸传》)。

  按:据万斯同《东晋将相大臣年表》系于是年。

  桓彝与诸名贤共集青溪。

  按:《太平御览》卷六七曰:"《桓彝别传》曰:彝字茂伦。明帝世,彝与当时英彦名德庾亮、温峤、羊曼等共集清溪池上,郭璞预焉,乃援笔属诗以白四贤并自序。"张可礼《东晋文艺系年》曰:"郭璞明年被杀,上述事疑在本年。"

  谢尚遭父丧。

  按:谢尚,谢鲲子。《晋书》卷七九《谢尚传》曰:"谢尚,字仁祖,豫章太守鲲之子也。幼有至性。七岁丧兄,哀恸过礼,亲戚异之。八岁神悟夙成。鲲尝携之送客,或曰:'此儿一坐之颜回也。'尚应声答曰:'坐无尼父,焉别颜回!'席宾莫不叹异。十余岁,遭父忧,丹阳尹温峤吊之,尚号咷极哀。既而收涕告诉,举止有异常童,峤甚奇之。"

  谢安四岁时,桓彝见而赞之。

  按:《晋书》卷七九《谢安传》曰:"谢安,字安石,(谢)尚从弟也。父裒,太常卿。安年四岁时,谯郡桓彝见而叹曰:'此儿风神秀彻,后当不减王东海。'"

  杨方为司徒王导掾(《晋书》卷六八《杨方传》)。

  按:杨方生卒年不详,字公回,会稽人。少好学,有异才。初为郡铃下威仪,公事之暇,辄读五经。为诸葛恢、贺循所赏识。司徒王导辟为掾,转东安太守,迁司徒,参军事。方欲闲居著述,求补远郡,导从之,补高梁太守。在郡积年,著《五经钩沉》,更撰《吴越春秋》,并杂文笔,皆行于世。以年老弃职归。《隋书》卷三三《经籍志二》著录其《吴越春秋削繁》5卷;梁有高凉太守《杨方集》2卷,亡。严可均《全晋文》卷一二八载其文2篇。逯钦立《晋诗》卷一一载其《合欢诗》5首。事迹见《晋书》卷六八。

  殷融为司徒王导左西属。

  按:《太平御览》卷二九〇曰:"《晋中兴书》曰:殷融,字洪远,司徒王导以为左西属。融饮酒善舞,终日啸咏,未尝以事务自婴。导甚相亲悦焉。"

  刘曜攻陈安,安被斩(《晋书》卷一〇三《刘曜载记》)。

  按:据《晋书》卷三七《南阳王保传》,陈安原为南阳模帐下都尉,模被刘粲杀后,子保嗣,安归于保。保自称晋王后,陈安自号秦州刺史,称藩于刘曜。

  孔挺造浑仪。

  按:《隋书》卷一九《天文志上》曰:"梁华林重云殿前所置铜仪,其制则有双环规相并,间相去三寸许。正竖当子午。其子午之间,应南北极之衡,各合而为孔,以象南北枢。植楗于前后,以属焉。又有单横规,高下正当浑之半。皆周匝分为度数,署以维辰之位,以象地。又有单规,斜带南北之中,与春秋二分之日道相应。亦周匝分为度数,而署以维辰,并相连者。属楗植而不动。其里又有双规相并,如外双规。内径八尺,周二丈四尺,而属双轴。轴两头出规外各二寸许,合两为一。内有孔,圆径二寸许,南头入地下,注于外双规南枢孔中,以象南极。北头出地上,入于外双规规北枢孔中,以象北极。其运动得东西转,以象天行。其双轴之间,则置衡,长八尺,通中有孔,圆径一寸。当衡之半,两边有关,各注著双轴。衡即随天象东西转运,又自于双轴间得南北低仰。所以准验辰历,分考次度,其于揆测,唯所欲为之者也。检其

晋明帝司马绍太宁元年　成玉衡十三年　前赵光初六年　后赵五年　前凉永元四年　癸未　323年

镌题,是伪刘曜光初六年,史官丞南阳孔挺所造,则古之浑仪之法者也。而宋御史中丞何承天及太中大夫徐爰,各作《宋史》,咸以为即张衡所造。其仪略举天状,而不缀经星七曜。魏、晋丧乱,沉没西戎。义熙十四年,宋高祖定咸阳得之。梁尚书沈约作《宋史》,亦云然,皆失之远矣。"

释道安十二岁出家。

按:《高僧传》卷五《道安传》曰:"至年十二出家,神智聪敏,而形貌甚陋,不为师之所重。驱役田舍,至于三年,执勤就劳,曾无怨色。笃性精进,斋戒无阙。数岁之后,方启师求经。"

庾亮作《让中书监表》。

按:文见《晋书》卷七三《庾亮传》。《文选》卷三八载此文名为《让中书令表》,李善注曰:"诸《晋书》并云让中书监,此云令,恐误。"

熊甫作《别歌》。

按:《晋书》卷九八《沈充传》曰:"初,敦参军熊甫见敦委任凤,将有异图,因酒酣谓敦曰:'开国承家,小人勿用,佞幸在位,鲜不败业。'敦作色曰:'小人阿谁?'甫无惧容,因此告归。临与敦别,因歌曰:'徂风飘起盖山陵,氛雾蔽日玉石焚。往事既去可长叹,念别惆怅复会难。'敦知其讽己而不纳。"《晋书》卷九八《王敦传》及《资治通鉴》卷九二《晋纪十四》系王敦与钱凤异图共谋事于是年,甫作歌应在是年。

时有《陇上歌》。

按:《晋书》卷一〇三《刘曜载记》曰:"(陈)安善于抚接,吉凶夷险与众同之,及其死,陇上歌之曰……曜闻而嘉伤,命乐府歌之。"

时有《明帝太宁初童谣》。

按:歌谣见《晋书》卷二八《五行志中》。

杜夷卒(258—　)。名或作彝,字行齐,庐江灊人。世以儒学称,为郡著姓。恬泊有操守。居贫窭而不营产业,博览经籍百家之书,算历图纬靡不毕究。寓汝颍间,十载足不出户。年四十余,还乡教授,生徒千人。朝廷累辟不就。司马睿为丞相,始拜为国子祭酒。皇太子三至夷第,执经问义,国有大政,常就咨访。明帝立,自表请退。卒谥贞子。著有《幽求子》20篇。《隋书》卷三四《经籍志三》著录《杜氏幽求新书》20卷。严可均《全晋文》卷一〇六载其文6篇。事迹见《晋书》卷九一《儒林传》。

谢鲲约卒(281?—　)。鲲字幼舆,陈国阳夏人也。祖缵,典农中郎将。父衡,以儒素显,仕至国子祭酒。鲲少知名,通简有识,不修威仪,好《老》、《易》,能歌善琴,王衍、嵇绍并奇之。太傅东海王越闻其名,辟为掾。左将军王敦引为长史,以讨杜弢功封咸亭侯。常忤敦而进正言。敦死后,追赠太常,谥曰康。《隋书》卷三五《经籍志四》著录晋太常《谢鲲集》6卷,梁2卷。事迹见《晋书》卷四九。

按:1964年9月10日,《晋故豫章内史陈国阳夏谢鲲墓志》于南京中华门外戚家山残墓中出土。文物编辑部《文物》1965年第5期载郭沫若《由王谢墓志的出土论到兰亭序的真伪》,涉及谢鲲墓志的介绍。

王洽(　—358)生。

晋太宁二年　成玉衡十四年　前赵光初七年　后赵六年　前凉张骏太元元年　甲申　324 年

李锡尼降于君士坦丁一世皇帝。

罗马《海摩格尼安努斯法典》编成。

五月,前凉张茂死,兄寔子骏嗣,改元太元;晋拜骏为凉州牧、西平公,前赵刘曜亦拜骏为凉州牧、凉王(《资治通鉴》卷九三《晋纪十五》)。

七月壬申朔,晋王敦以诛奸臣为名,使钱凤、邓岳、周抚等率众三万向京师,为明帝遣兵击败,敦闻军败愤惋而死(《晋书》卷九八《王敦传》及卷六《明帝纪》)。

丁酉,晋明帝还宫,大赦,惟王敦党不原。钱凤、沈充等先后被杀;封赏功臣(《晋书》卷六《明帝纪》)。

按：至十月,诏王敦群从一无所问。

郭璞以卜筮预言王敦起兵必败,为敦所杀(《晋书》卷七二《郭璞传》)。

沈充于王敦卒后与王含合,败归吴兴,被其故将吴儒杀(《晋书》卷九八《王敦传》及同卷《沈充传》)。

温峤补丹阳尹,还都,俱奏王敦逆谋,加中垒军、将军、持节、都督东安北部诸军事。王敦事平,封建宁县开国公,进号前将军(《晋书》卷六七《温峤传》)。

王导领扬州刺史,王敦事平,进封始兴郡公,进位太保,司徒如故(《晋书》卷六五《王导传》)。

庾亮加左卫将军、都督东征诸军事,封永昌县开国公,固让不受。转护军将军(《晋书》卷七三《庾亮传》)。

荀崧封平乐伯(《晋书》卷七五《荀崧传》)。

卞壶加中军将军,封建兴县公,迁领军将军。

按：《晋书》卷七〇《卞壶传》曰：“王含之难,加中军将军。含灭,以功封建兴县公,寻迁领军将军。”卷六《明帝纪》曰,是年六月丁卯“以尚书卞壶行中军将军”,七月丁酉,封“尚书卞壶建兴县公”。

虞预赐爵西乡侯(《晋书》卷八二《虞预传》)。

刘超从明帝征讨钱凤,封零陵伯(《晋书》卷七〇《刘超传》)。

孔坦与虞潭俱在会稽起义讨沈充。事平,就领军司马,王导请为别驾(《晋书》卷七八《孔坦传》)。

何充累迁中书侍郎,因与王导善,早历显官。

按：《晋书》卷七七《何充传》曰：“寻属敦败,累迁中书侍郎。充即王导妻之姊子,充妻,明穆皇后之妹也,故少与导善,早历显官。尝诣导,导以麈尾反指床呼充共坐,曰：'此是君坐也。'导缮扬州解舍,顾而言曰：'正为次道耳。'明帝亦友昵之。”

王彪之除佐著作郎、东海王文学。

晋太宁二年　成玉衡十四年　前赵光初七年　后赵六年　前凉张骏太元元年　甲申　324年

按：《晋书》卷七六《王彪之传》曰："彪之字叔武。年二十，须鬓皓白，时人谓之王白须。初除佐著作郎、东海王文学。"王彪之是年二十。

庾亮作《让封永昌县表》。

按：文见《艺文类聚》卷五一。

温峤作《上言桓彝可宣城内史》及《请原王敦佐吏疏》。

按：《晋书》卷七四《桓彝传》曰："明帝将伐王敦，拜彝散骑常侍，引参密谋。及敦平，以功封万宁县男。丹杨尹温峤上言……"《晋书》卷六七《温峤传》曰："时制王敦纲纪除名，参佐禁固，峤上疏曰……帝从之。"

王导作《与王含书》。

按：文见《晋书》卷九八《王敦传》曰："含至江宁，司徒导遗含书曰……含不纳。"

刘超作《乞买外厩牛表》（《太平御览》卷八二八）。

纪瞻卒（252—　）。瞻字思远，丹阳秣陵人。少以方直知名，性静默，少交游，好读书，或手自抄写。吴平，徙家历阳郡。察孝廉，不行。举秀才，对尚书郎陆机策问。永康初，除鄢陵公国相，不之官。明年，左降松滋侯相。太安中，弃官归家，与顾荣等共诛陈敏有功，封临湘县侯。与王导共劝司马睿称帝，及元帝继位，拜侍中，转尚书。明帝时转领军将军，复加散骑常侍。上疏谏诤，多所匡益。因久疾，自表还家。谥曰穆。凡所著述，诗赋笺表数十篇。兼解音乐，殆尽其妙。严可均《全晋文》卷一一三载其文6篇。事迹见《晋书》卷六四。

郭璞卒（276—　）。璞字景纯，河东闻喜人。西晋末战乱频起，避地东南。洛阳失陷，璞筮琅邪王睿当应符命为帝。东晋建，元帝以之为佐著作郎，迁尚书郎。后王敦起为记室参军，因以卜筮不吉，劝阻王敦起兵而被敦所杀。及王敦平，追赠弘农太守。璞好经学，博学多才，讷于言论，好古文奇字，亦善卜筮、地理之术。璞著作甚富，《隋书》卷三二《经籍志一》著录璞撰《毛诗拾遗》1卷，注《尔雅》5卷，梁有《尔雅音》2卷（与孙炎合撰）；又著录《尔雅图》10卷，梁有《尔雅图赞》2卷，亡；注《方言》13卷、《三苍》3卷。卷三三《经籍志二》著录其注《穆天子传》6卷、《汲冢书》、《山海经》23卷、《水经》3卷、《山海经图赞》2卷。卷三四《经籍志三》著录其撰《周易新林》9卷，梁有《周易林》5卷，亡；又著录《易洞林》3卷、《易八卦命录斗内图》1卷、《易斗图》1卷。卷三五《经籍志四》著录晋弘农太守《郭璞集》17卷，梁10卷，录1卷。梁有郭璞注《子虚上林赋》1卷。明张溥辑《郭弘农集》。严可均《全晋文》卷一二〇至一二三载其文23篇并《尔雅图赞》48则、《山海经图赞》266则。逯钦立《晋诗》卷一一载其诗19首及失题、残句。事迹见《晋书》卷七二。

周嵩卒，生年不详。嵩字仲智，安东将军周浚次子，周𫖮弟。狷直果侠，每以才气陵物。元帝作相，引为参军，因上疏忤旨，出为新安太守。王敦势盛，元帝渐疏忌王导，嵩上疏，帝感悟。王敦后密使妖人李脱诬嵩及周莚潜相署置，遂害之。嵩精于佛事，临刑犹于市诵经。《隋书》卷三五

《经籍志四》著录大鸿胪《周嵩集》3卷,录1卷,亡。严可均《全晋文》卷八六载其文2篇。事迹见《晋书》卷六一。

尼昙备(—396)生。

晋太宁三年　成玉衡十五年　前赵光初八年
后赵七年　前凉太元二年　乙酉　325年

罗马人杀李锡尼。

尼西亚公会议召开。

首座圣母玛利亚教堂在伯利恒落成。

闰八月壬午,晋明帝遗诏诸大臣辅太子(《晋书》卷六《明帝纪》)。

戊子,晋明帝卒,庙号肃祖。己丑,皇太子衍即位,年五岁,是为成帝。尊皇后庾氏为皇太后(《晋书》卷六《明帝纪》)。

九月癸卯,晋皇太后庾氏临朝称制(《晋书》卷七《成帝纪》)。

阮孚受诏增益登歌之乐。

按:《宋书》卷一九《乐志一》曰:"至江左初立宗庙,尚书下太常祭祀所用乐名,太常贺循答云……于时以无雅乐器及伶人,省太乐并鼓吹令。是后颇得登歌,食举之乐,犹有未备。明帝太宁末,又诏阮孚等增益之。"《隋书》卷一五《音乐志下》曰:"江左之初,典章堙紊,贺循为太常卿,始有登歌之乐。大宁末,阮孚等又增益之。"

卞壶领尚书令,受命辅太子。复拜右将军,加给事中、尚书令。与庾亮共参机要。

按:《晋书》卷七〇《卞壶传》曰:"明帝不豫,领尚书令,与王导等俱受顾命辅幼主。复拜右将军,加给事中、尚书令。帝崩,成帝即位,群臣进玺,司徒王导以疾不至。壶正色于朝曰:'王公岂社稷之臣邪!大行在殡,嗣皇未立,宁是人臣辞疾之时!'导闻之,乃舆疾而至。皇太后临朝,壶与庾亮对直省中,共参机要。"

王导受遗诏辅太子,录尚书事。

按:《晋书》卷六五《王导传》曰:"帝崩,导复与庾亮等同受遗诏,共辅幼主,是为成帝。"卷七《成帝纪》曰:"秋九月癸卯,皇太后临朝称制。司徒王导录尚书事。"

庾亮受遗诏辅政,加给事中,徙中书令,专揽朝政。

按:《晋书》卷七《成帝纪》曰:"秋九月癸卯,皇太后临朝称制。司徒王导录尚书事,与中书令庾亮参辅朝政。"卷七三《庾亮传》曰:"……引亮升御座,遂与司徒王导受遗诏辅幼主。加亮给事中,徙中书令。太后临朝,政事一决于亮。先是,王导辅政,以宽和得众,亮任法裁物,颇以此失人心。"

温峤受命辅佐太子。

按:《晋书》卷六七《温峤传》曰:"帝疾笃,峤与王导、郗鉴、庾亮、陆晔、卞壶等同受顾命。"

郗鉴议应义责王敦佐吏,宽宥钱凤母。封高平侯。驳王导议赠周札官,受命辅太子,进位车骑大将军、开府仪同三司,加散骑常侍(《晋书》卷六《明帝纪》)。

陶侃为征西大将军、都督荆湘雍梁四州诸军事、荆州刺史。勤于吏职,恭而近礼,爱好人伦,贬斥浮华。

按:《晋书》卷六《明帝纪》曰:"五月,以征南大将军陶侃为征西大将军、都督荆湘雍梁四州诸军事、荆州刺史。"卷六六《陶侃传》曰:"及王敦平,迁都督荆雍益梁州诸军事,领护南蛮校尉、征西大将军、荆州刺史,余如故。楚郢士女莫不相庆。侃性聪敏,勤于吏职,恭而近礼,爱好人伦。终日敛膝危坐,阃外多事,千绪万端,罔有遗漏。远近书疏,莫不手答,笔翰如流,未尝壅滞。引接疏远,门无停客。常语人曰:'大禹圣者,乃惜寸阴,至于众人,当惜分阴,岂可逸游荒醉,生无益于时,死无闻于后,是自弃也。'"

孙盛约是年被陶侃请为参军。

按:《晋书》卷八二《孙盛传》曰:"太守陶侃请为参军。"本传叙此事置"庾亮代侃,引为征西主簿,转参军"前,假定是年。

荀崧为光禄大夫,录尚书事。

按:《晋书》卷六《明帝纪》曰:"闰(八)月,以尚书左仆射荀崧为光禄大夫、录尚书事。"卷七五《荀崧传》曰:"后拜金紫光禄大夫、录尚书事,散骑常侍如故。迁右光禄大夫、开府仪同三司,录尚书如故。"

丁潭任散骑常侍、侍中(《晋书》卷七八《丁潭传》)。

何充迁给事黄门侍郎(《晋书》卷七七《何充传》)。

刘超迁射声校尉,义兴人多义随超,号曰"君子营"。

按:《晋书》卷七〇《刘超传》曰:"出为义兴太守。未几,征拜中书侍郎。拜受往还,朝廷莫有知者。会帝崩,穆后临朝,迁射声校尉。时军校无兵,义兴人多义随超,因统其众以宿卫,号为'君子营'。"

虞喜辞疾不就博士诏。

按:《晋书》卷六《明帝纪》曰:"(三月)癸巳,征处士临海任旭、会稽虞喜并为博士。"卷九一《虞喜传》曰:"虞喜,字仲宁,会稽余姚人,光禄潭之族也。……太宁中,与临海任旭俱以博士征,不就。复下诏曰:'……临海任旭、会稽虞喜并洁静其操,岁寒不移,研精坟典,居今行古,志操足以励俗,博学足以明道,前虽不至,其更以博士征之。'喜辞疾不赴。"

卞壸作《周札赠谥议》、《群臣拜皇太子议》、《奏论乐谟庾怡》、《拜敬保傅议》及《又奏》。

按:《周札赠谥议》见《晋书》卷五八《周札传》曰:"及敦死,札、莚故吏并诣阙讼周氏之冤,宜加赠谥。事下八坐,尚书卞壸议以……司徒王导议以……尚书令郗鉴议曰……导重议曰……鉴又驳不同,而朝廷竟从导议。"《群臣拜皇太子议》见《晋书》卷二一《礼志下》曰:"太宁三年三月戊辰,明帝立皇子衍为皇太子。癸巳,诏曰……尚书令卞壸议……从之。"《奏论乐谟庾怡》见《晋书》卷七〇《卞壸传》曰:"时召南阳乐谟为郡中正,颍川庾怡为廷尉评。谟、怡各称父命不就。壸奏曰……朝议以为然。谟、怡不得已,各居所职。"《拜敬保傅议》及《又奏》见《通典》卷六七曰:"晋成帝诏曰:'……其一遵先帝尊崇师傅之教,拜敬加旧,以明崇德,永奉遗范。'尚书令卞壸等奏曰:'臣历观纪籍礼经,无拜臣之制。……陛下尊顺先典,伏膺礼中,不宜降南面之尊,拜北面之臣。大教有违,名体不顺,事应改正。'太后诏:'尊师重道,帝王之所宜务,况童幼方赖师训之成。宜令一遵先帝崇贤之礼。'壸又奏……太后诏:'须帝成人,更详师傅之礼。'"

王导作《议追赠周札》及《重议周札赠议》(《晋书》卷五八《周札传》)。

郗鉴作《周札加赠议》及《又驳》。

按：二文并见《晋书》卷五八《周札传》。又略见卷六七《郗鉴传》。

温峤作《奏军国要务七事》及《毁庙议》。

按：《奏军国要务七事》见《晋书》卷六七《温峤传》曰："是时天下凋弊，国用不足，诏公卿以下诣都坐论时政之所先，峤因奏军国要务。……议奏，多纳之。"本传叙此事在明帝疾笃前，姑系是年。《毁庙议》见《通典》卷四八曰："明帝崩，祠部以庙过七室，欲毁一庙；又正室窄狭，欲权下一帝。温峤议：'今兄弟同代，已有七帝。若以一帝为一代，则当不得祭于祢，乃不及庶人之祭也。夫兄弟同代，于恩既顺，于义无否。至于庙室已满，大行皇帝神主当登正室。又不宜下正室之主，迁之祧位。自宜增庙。权于庙上设幄坐，以安大行之主。若以今增庙违简约之旨，或可就见庙直增坎室乎？此当问庙室之宽窄。'其庙室宽窄，亦所未详。"

王猛（ —375）生。

晋成帝司马衍咸和元年　成玉衡十六年　前赵光初九年 后赵八年　前凉太元三年　丙戌　326年

克里斯普斯卒。

君士坦丁一世建罗马圣彼得教堂。

二月丁亥，晋改元咸和(《晋书》卷七《成帝纪》)。

十二月，前凉张骏徙陇西、南安民二千余家于姑臧，以避赵人之逼；并遣使与成李雄修好(《资治通鉴》卷九三《晋纪十五》)。

后赵石勒命记室参军王波典定九流，立秀才、孝廉试经之制(《资治通鉴》卷九三《晋纪十五》)。

卞壶奏劾王导等，断裁切直，不畏强御，指斥贵游子弟悖礼伤教。

按：《晋书》卷七〇《卞壶传》曰："是时王导称疾不朝，而私送车骑将军郗鉴，壶奏以导亏法从私，无大臣之节。御史中丞钟雅阿挠王典，不加准绳，并请免官。虽事寝不行，举朝震肃。壶断裁切直，不畏强御，皆此类也。壶干实当官，以褒贬为己任，勤于吏事，欲轨正督世，不肯苟同时好。然性不弘裕，才不副意，故为诸名士所少，而无卓尔优誉。明帝深器之，于诸大臣而最任职。阮孚每谓之曰：'卿恒无闲泰，常如含瓦石，不亦劳乎？'壶曰：'诸君以道德恢弘，风流相尚，执鄙吝者，非壶而谁！'时贵游子弟多慕王澄、谢鲲为达，壶厉色于朝曰：'悖礼伤教，罪莫斯甚！中朝倾覆，实由于此。'欲奏推之。王导、庾亮不从，乃止，然而闻者莫不折节。时王导以勋德辅政，成帝每幸其宅，尝拜导妇曹氏。侍中孔坦密表不宜拜。导闻之曰：'王茂弘驽骀耳，若卞望之之岩岩，刁玄亮之察察，戴若思之峰岠，当敢尔邪！'"指斥贵游子弟事亦见《世说新语·赏誉第八》。

庾亮诛南顿王宗，废宗兄羕，天下咸以亮翦削宗室(《晋书》卷七《成帝纪》)。

晋成帝司马衍咸和元年　成玉衡十六年　前赵光初九年　后赵八年　前凉太元三年　丙戌　326年

温峤为平南将军、假节、都督，江州刺史，居上流以广声援，甚有惠政（《晋书》卷七《成帝纪》、卷六七《温峤传》及卷七三《庾亮传》）。

郗鉴领徐州刺史（《晋书》卷七《成帝纪》）。

钟雅劾奏梅陶私奏女妓。

按：《晋书》卷七〇《钟雅传》曰："钟雅，字彦胄，颍川长社人也……时帝崩，迁御史中丞。时国丧未期，而尚书梅陶私奏女妓，雅劾奏曰……穆后临朝，特原不问。雅直法绳违，百僚皆惮之。"

刘超约是年遭母忧去官，哀感路人。

按：《晋书》卷七〇《刘超传》曰："咸和初，遭母忧去官，衰服不离身，朝夕号泣，朔望辄步至墓所，哀感路人。"

孔坦约是年迁尚书左丞，深为台中之所敬惮。

按：《晋书》卷七八《孔坦传》曰："咸和初，迁尚书左丞，深为台中之所敬惮。"

干宝约是年任司徒右长史。

按：《晋书》卷八二《干宝传》曰："王导请为司徒右长史。"《南齐书》卷一六《百官志》曰："晋世王导为司徒，右长史干宝撰立《官府职仪》已具。"张可礼《东晋文艺系年》曰："宝任右长史时间未详。太宁二年十月王导始领司徒，时宝仍任始安太守，是宝任右长史必在二年十月后，姑系于此。"

葛洪约是年补州主簿。

按：《晋书》卷七二《葛洪传》曰："咸和初，司徒导召补州主簿。"

荀崧为秘书监。年虽衰老，孜孜典籍。

按：《晋书》卷七五《荀崧传》曰："又领秘书监，给亲兵百二十人。年虽衰老，而孜孜典籍，世以此嘉之。"本传叙此事在下年苏峻乱前，故系此。

张亢约是年被秘书监荀崧举荐，领佐著作郎。

按：《晋书》卷五五《张亢传》曰："秘书监荀崧举亢领佐著作郎，出补乌程令，入为散骑常侍，复领佐著作。述《历赞》一篇，见《律历志》。"张亢两次领佐著作，期间出补乌程令及入为散骑常侍，荀崧卒于咸和三年，故张亢约是年被崧举荐著作郎。

庾阐约是年为尚书郎。

按：《晋书》卷九二《庾阐传》曰："累迁尚书郎。"本传叙此事在"苏峻之难，阐出奔郗鉴，为司空参军"前，姑系于此。

王峤约是年拜庐陵太守。

按：《晋书》卷七五《王峤传》曰："咸和初，朝议欲以峤为丹阳尹。峤以京尹望重，不宜以疾居之，求补庐陵郡，乃拜峤庐陵太守。以峤家贫，无以上道，赐布百匹，钱十万。"

虞预作《致雨议》。

按：据《晋书》卷七《成帝纪》曰："时大旱，自六月不雨，至于是月（十一月）。"文见《晋书》卷八二《虞预传》曰："咸和初，夏旱，诏众官各陈致雨之意。预议曰……"

温峤作《陈便宜疏》及《举荀崧为秘书监表》。

按：《陈便宜疏》见《晋书》卷六七《温峤传》。《举荀崧为秘书监表》见《太平御览》卷二三三。

梅陶作《赠温峤诗》。

按：共五章，见《文馆词林》卷一五七。张可礼《东晋文艺系年》曰："诗中有'帝曰尔阻，往镇江土。俾尔旄麾，授尔齐斧'等句，当作于本年温峤往镇武昌时。"

应詹作《疾笃与陶侃书》。

按：《晋书》卷七〇《应詹传》曰："疾笃，与陶侃书曰……"参见是年"应詹卒"条按语。

司马昱作《出继为母服疏》。

按：《晋书》卷三二《简文宣郑太后传》曰："简文宣郑太后……咸和元年薨，简文帝时为琅邪王，制服重。有司以王出继，宜降所生，国臣不能匡正，奏免国相诸葛颐。王上疏……明穆皇后不夺其志，乃徙琅邪王为会稽王，追号后曰会稽太妃。"按：据卷七《成帝纪》，琅邪王昱明年十二月丙寅才徙封为会稽王。

张亢约是年作《历赞》。

按：汤球辑王隐《晋书》卷七《张亢传》曰："（亢）依蔡邕注《明堂月令中台要解》，又缀诸说历数，而为《历赞》。秘书监荀崧见《历赞》而异之，云：'信该罗历表义矣。'"张可礼《东晋文艺系年》曰："据《晋书》卷七十五《荀崧传》，崧于苏峻反前至咸和三年卒任秘书监，亢领佐著作郎、作《历赞》当在其间。姑系于此。《晋书》卷一六至十八《律历志》无《历赞》。《晋书》卷五十五《张亢传》言'见《律历志》'，误。"

又按：张亢生卒年不详。亢字季阳，安平武邑人。与其兄张载、张协并称"三张"。怀帝永嘉中渡江，东晋元帝中，仕散骑侍郎。明帝中，秘书监荀崧举为佐著作郎，出补乌程令。入为散骑侍郎，复领佐著作。亢能文，才藻虽不及二兄，然独解音律。《隋书》卷三五《经籍志四》著录《张抗集》2卷，历来多疑"张抗"即"张亢"之误。《晋诗》卷一一载其诗1首。事迹见《晋书》卷五五。

庾阐约是年作《扬都赋》。

按：《晋书》卷九二《庾阐传》曰："又作《扬都赋》，为世所重。"《世说新语·文学第四》曰："庾阐始作《扬都赋》，道温、庾云：'温挺义之标，庾作民之望。方响则金声，比德则玉亮。'庾公闻赋成，求看，兼赠贶之。阐更改'望'为'俊'，以'亮'为'润'云。"刘孝标注引《中兴书》曰："阐字仲初，颍川人，太尉亮之族也。少孤，九岁便能属文。迁散骑侍郎，领大著作。为《扬都赋》，邈绝当时。五十四卒。"又曰："庾仲初作《扬都赋》成，以呈庾亮。亮以亲族之怀，大为其名价云：'可三《二京》，四《三都》。'于此人人竞写，都下纸为之贵。谢太傅云：'不得尔。此是屋下架屋耳，事事拟学，而不免俭狭。'"余嘉锡在"庾阐始作《扬都赋》"下案曰："《扬都赋》见《艺文类聚》六十一，删节非全篇。严可均据《世说》、《书钞》、《初学记》、《文选注》、《三国志注》、《水经注》、《御览》诸书，搜集其佚文，载入《全晋文》三十八。但《真诰·握真辅第一》引有两节二百余字，竟漏未辑入，以此知博闻强记之难也。《类林杂说》七《文章篇》曰：'庾阐作《扬都赋》未成，出妻。后更娶谢氏，使于午夜以燃灯于甕中。仲初思至，速火来，即为出灯。因此赋成，流于后世。'亦见敦煌写本《残类书·弃妻篇》，均不言出于何书。"张可礼《东晋文艺系年》曰："《扬都赋》写作时间未详。庾亮于苏峻之难后，不在建康，先后出镇芜湖、武昌，据此推测，赋可能作于明年苏峻之难前，姑系于此。"

应詹卒(274—)。詹字思远，汝南南顿人。魏文学家应璩孙。幼孤，弱冠知名，以学艺文章称，为司徒何劭所赏。其祖舅镇南大将军刘弘请为长史，谓其"器识弘深，后当代老子于荆南"，乃委以军政。为后军将军时,曾上疏批评"元康以来贱经尚道,以玄虚宏放为夷达,以儒术清俭为鄙俗",主张"修辟雍,崇明教义",以育人才。官至江州刺史。《隋书》卷三三《经籍志二》著录其撰《沔南故事》3卷。卷三五《经籍志四》著录晋镇南大将军《应詹集》5卷,亡。严可均《全晋文》卷三五载其文7篇。事迹见《晋书》卷七〇。

按:《晋书》卷七〇《应詹传》曰:"以咸和六年卒,时年五十三。册赠镇南大将军,仪同三司,谥曰烈,祠以太牢。子玄嗣。"本传以詹咸和六年卒,误。卷七《成帝纪》曰:"(是年)秋七月癸丑,使持节、都督江州诸军事、江州刺史、平南将军、观阳伯应詹卒。"

晋咸和二年 成玉衡十七年 前赵光初十年
后赵九年 前凉太元四年 丁亥 327年

五月丙戌,晋加豫州刺史祖约为镇西将军(《晋书》卷七《成帝纪》)。

十一月,晋历阳太守苏峻、豫州刺史祖约俱起兵反庾亮。庾亮为征讨都督,假节征讨苏峻(《晋书》卷七《成帝纪》)。

庾亮不听朝臣劝谏,征苏峻为大司农。苏峻举兵反,庾亮假节、都督征讨诸军事(《晋书》卷七三《庾亮传》)。

王导劝止庾亮征召苏峻,固争不从(《晋书》卷六五《王导传》)。

卞壶拜光禄大夫,加散骑常侍。劝止庾亮征召苏峻。峻起兵,复为尚书令、右将军、领右卫将军。

按:《晋书》卷七〇《卞壶传》曰:"拜光禄大夫,加散骑常侍。时庾亮将征苏峻……壶固争,谓亮曰……亮不纳。壶知必败,与平南将军温峤书曰……峻果称兵。壶复为尚书令、右将军、领右卫将军,余官如故。"

温峤求还朝以备不虞,不听。

按:《晋书》卷六七《温峤传》曰:"峤闻苏峻之征也,虑必有变,求还朝以备不虞,不听。未几而苏峻果反。"

郗鉴遣刘矩宿卫京都。

按:《晋书》卷七《成帝纪》曰:"(是年十二月)车骑将军郗鉴遣广陵相刘矩帅师赴京师。"卷六七《郗鉴传》曰:"及祖约、苏峻反,鉴闻难,便欲率所领东赴。诏以北寇不许。于是遣司马刘矩领三千人宿卫京都。"

孔坦请急断阜陵之界,守江西当利诸口,庾亮未从,苏峻遂破姑孰(《晋书》卷七八《孔坦传》)。

庾翼领数百人,备石头。

按:《晋书》卷七三《庾翼传》曰:"峻作逆,翼时年二十二,兄亮使白衣领数百人,备石头。"张可礼《东晋文艺系年》认为二十二当作二十三。翼卒于永和永年(345

年),享年四十一,是年应为二十三。

刘超为左卫将军。

按:《晋书》卷七〇《刘超传》曰:"及苏峻谋逆,超代赵胤为左卫将军。"

庾阐出奔郗鉴。

按:《晋书》卷九二《庾阐传》曰:"苏峻之难,阐出奔郗鉴。"

虞预为谘议参军。

按:《晋书》卷八二《虞预传》曰:"苏峻作乱,预先假归家,太守王舒请为谘议参军。"

江逌避苏峻难,屏居临海,耽玩载籍。

按:《晋书》卷八三《江逌传》曰:"江逌,字道载,陈留圉人也。……逌少孤,与从弟灌共居,甚相友悌,由是获当时之誉。避苏峻之乱,屏居临海,绝弃人事,翦茅结宇,耽玩载籍,有终焉之志。"

僧康僧渊、康法畅、支敏度等约是年俱过江至建康。

按:《高僧传》卷四《康僧渊传》曰:"康僧渊,本西域人,生于长安。貌虽梵人,语实中国,容止详正,志业弘深,诵《放光》、《道行》、二《波若》,即大、小品也。晋成之世,与康法畅、支敏度等俱过江。畅亦有才思,善为往复,作《人物》、《始义论》等。畅常执麈尾行,每值名宾,辄清谈尽日。庾元规谓畅曰:'此麈尾何以常在?'畅曰:'廉者不取,贪者不与,故得常在也。'敏度亦聪哲有誉,作《译经录》,今行于世。渊虽德愈畅、度,而别以清约自处,常乞丐自资,人未之识。后因分卫之次,遇陈郡殷浩,浩始问佛经深远之理,却辩俗书性情之义,自昼之瞑,浩不能屈,由是改观。琅琊王茂弘以鼻高眼深戏之,渊曰:'鼻者面之山,眼者面之渊。山不高则不灵,渊不深则不清。'时人以为名答。后于豫章山立寺,去邑数十里。带江傍岭,林竹郁茂,名僧胜达,响附成群。以常持《心梵经》,空理幽远,故偏加讲说。尚学之徒,往还填委。后卒于寺焉。"刘汝霖《东晋南北朝学术编年》考证曰:"按《高僧传·康僧渊传》,称渊以晋成帝之时渡江,又称见王茂弘(即王导),可知其至建康也。又称见庾元规(即庾亮),考庾亮以晋成初年在朝,苏峻乱后,则屡居外镇,故志之于此。"

庾亮作《报温峤书》(《晋书》卷七三《庾亮传》)。

卞壸作《与温峤书》(《晋书》卷七〇《卞壸传》)。

按:参见是年"卞壸拜光禄大夫,加散骑常侍。劝止庾亮征召苏峻。峻起兵,复为尚书令、右将军、领右卫将军"条。

王峤约卒,生年不详。峤字开山,琅邪临沂人。家贫,有名士气,不乐仕进。少时,并、司二州交辟,不就。永嘉末,避乱渡江。愍帝征拜著作郎、右丞相南阳王保辟,皆以道险不行。元帝作相,以为水曹属,除长岭,迁太子中舍人,以疾不拜。后王敦请为参军,爵九原县公,屡忤敦意。后因峤谏阻敦杀周顗、戴若思,险遭杀身之祸,赖谢鲲以免,出为领军长史。咸和初,拜庐陵太守。以贫,无以上道,赐布百匹,钱十万。寻卒于官。《隋书》卷三五《经籍志四》著录晋太仆卿《王峤集》8卷。事迹见《晋书》卷七五。

谢石(—388)生。

晋咸和三年　成玉衡十八年　前赵光初十一年 后赵太和元年　前凉太元五年　戊子　328年

二月,晋苏峻攻至建康(《晋书》卷七《成帝纪》)。

后赵石勒建元太和(《资治通鉴》卷九四《晋纪十六》)。

五月乙未,晋苏峻逼迁晋帝于石头城,遣管商、张瑾、弘徽攻晋陵,韩晃攻义兴(《晋书》卷七《成帝纪》)。

丙午,晋陶侃、庾亮、温峤、魏该舟军四万讨苏峻,次于蔡洲(《晋书》卷七《成帝纪》)。

九月,晋苏峻败死,党羽立其弟苏逸为帅(《晋书》卷七《成帝纪》)。

温峤帅军救京师,屯寻阳。推陶侃为盟主。与庾亮等于行庙告皇天后土祖宗之灵,激励将士,共赴国难(《晋书》卷七《成帝纪》及卷六七《温峤传》)。

范汪从京师遁逃寻阳,告温峤京师状况,参护军事(《晋书》卷七五《范汪传》)。

庾亮携其三弟庾怿、庾条、庾翼南奔温峤,与温峤共推陶侃为盟主。子庾彬遇害(《晋书》卷七三《庾亮传》)。

陶侃子陶瞻被害。侃被推为盟主,共赴国难(《晋书》卷六六《陶侃传》)。

刘超任右卫将军,亲侍成帝。虽处幽厄之中,超犹启授《孝经》、《论语》。

按:《晋书》卷七〇《刘超传》曰:"时京邑大乱,朝士多遣家人入东避难。义兴故吏欲迎超家,而超不听,尽以妻孥入处宫内。及王师败绩,王导以超为右卫将军,亲侍成帝。……时饥馑米贵,峻等问遗,一无所受,缱绻朝夕,臣节愈恭。帝时年八岁,虽幽厄之中,超犹启授《孝经》、《论语》。温峤等至,峻猜忌朝士,而超为帝所亲遇,疑之尤甚。"

钟雅拜侍中,侍卫成帝(《晋书》卷七〇《钟雅传》)。

荀崧拥卫成帝,不离帝侧。

按:《晋书》卷七五《荀崧传》曰:"苏峻之役,崧与王导、陆晔共登御床拥卫帝,及帝被逼幸石头,崧亦侍从不离帝侧。"

陆晔卫侍成帝,不以凶威变节,时共推晔督宫城军事(《晋书》卷七七《陆晔传》)。

丁潭与钟雅等随侍成帝,不离左右。

按:《晋书》卷七八《丁潭传》曰:"苏峻作乱,帝蒙尘于石头,唯潭及侍中钟雅、刘超等随从不离帝侧。"

孔愉朝服守宗庙(《晋书》卷七八《孔愉传》)。

王导入宫侍帝，谋奉帝出宫而未果。乃携二子奔于白石（《晋书》卷六五《王导传》）。

卞壸复加领军将军、给事中。力战而卒，二子同时遇害（《晋书》卷七〇《卞壸传》）。

郗鉴得太后口诏，进为司空，奉诏设坛，存心社稷。陶侃为盟主，进鉴都督扬州八郡军事（《晋书》卷六七《郗鉴传》）。

庾冰奔会稽，会稽内史王舒以冰行奋武将军，距苏峻别率张健于吴中（《晋书》卷七三《庾冰传》）。

蔡谟为吴国内史，起义兵，迎庾冰还郡。

> 按：《晋书》卷七七《蔡谟传》曰："苏峻构逆，吴国内史庾冰出奔会稽，乃以谟为吴国内史。谟既至，与张闿、顾众、顾飏等共起义兵，迎冰还郡。"

索询谏张骏虚袭长安，骏以羊酒礼之（《晋书》卷八六《张骏传》）。

王导作《移告四方征镇》及《重与陶侃书》。

> 按：见《晋书》卷六七《温峤传》曰："峤于是列上尚书，陈峻罪状，有众七千，洒泣登舟，移告四方征镇曰……侃无以对，遂留不去。"

庾亮作《立行庙于白石告先帝先后》。

> 按：《晋书》卷六七《温峤传》曰："峤于是创建行庙，广设坛场，告皇天后土祖宗之灵，亲读祝文，声气激扬，流涕覆面，三军莫能仰视。"《宋书》卷一六《礼志三》曰："成帝咸和三年，苏峻覆乱京都，温峤等入伐，立行庙于白石，告先帝先后曰……"文中有"臣亮等"语，应为亮作。

庾阐作《为郗车骑讨苏峻盟文》。

> 按：《晋书》卷六七《郗鉴传》曰："中书令庾亮宣太后口诏，进鉴为司空。鉴去贼密迩，城孤粮绝，人情业业，莫有固志，奉诏流涕，设坛场，刑白马，大誓三军曰……鉴登坛慷慨，三军争为用命。"此盟文又见于《艺文类聚》卷三三，文句略异，署为晋庾阐《为郗车骑讨苏峻盟文》。

张骏作《下令境中》。

> 按：《晋书》卷八六《张骏传》曰："骏观兵新乡，狩于北野，因讨轲没虏，破之。下令境中曰……于是刑清国富。"《十六国春秋辑补》卷六九《前凉录三·张骏录》系此事于本年（《十六国春秋辑补》以晋咸和三年为前凉张骏太元四年）。

卞壸卒（281—　）。壸字望之，济阴冤句人。晋怀帝时起家著作郎，元帝时为从事中郎、太子中庶子。王敦反，壸行中军将军。敦乱平，明帝封为建兴县公、尚书令。明帝病重，受诏辅太子。晋成帝咸和三年苏峻攻至建康，壸战死，二子同时遇害。《隋书》卷三五《经籍志四》著录梁有骠骑将军《卞壸集》2卷，录1卷，亡。严可均《全晋文》卷八四载其文11篇。事迹见《晋书》卷七〇。

袁宏（　—376）、桓冲（　—384）生。

晋咸和四年　成玉衡十九年　后赵太和二年　前凉太元六年　己丑　329年

正月,晋成帝在石头(《晋书》卷七《成帝纪》)。

后赵石勒取长安。长安城中大饥,米斗万钱(《晋书》卷七《成帝纪》)。

三月壬子,晋成帝论平苏峻之功(《晋书》卷七《成帝纪》)。

九月,前赵亡(《晋书》卷七《成帝纪》)。

按：前赵刘氏至此亡,共历26年。至此,后赵占有关中和黄河中下游地区,与东晋形成南北对峙局面。

荀崧随成帝至温峤舟。寻卒。

按：《晋书》卷七五《荀崧传》曰："贼平,帝幸温峤舟,崧时年老病笃,犹力步而从。咸和三年薨,时年六十七。赠侍中,谥曰敬。"《晋书》校勘记曰："上文云'帝幸温峤舟,崧犹力步而从',此事在咸和四年二月,则崧死固当在其后。'三年'之'三'字疑误。"

刘超、钟雅谋奉帝出,事泄,被杀(《晋书》卷七《成帝纪》、卷七〇《刘超传》及同卷《钟雅传》)。

王导反对迁都豫章或会稽。

按：《晋书》卷六五《王导传》曰："及贼平,宗庙宫室并为灰烬,温峤议迁都豫章,三吴之豪请都会稽,二论纷纭,未有所适。导曰……由是峤等谋并不行。"

孔愉乱平后诣温峤,峤褒赏其时乱忠孝之节。

按：《晋书》卷七八《孔愉传》曰："初,愉为司徒长史,以平南将军温峤母亡遭乱不葬,乃不过其品。至是,峻平,而峤有重功,愉往石头诣峤,峤执愉手而流涕曰：'天下丧乱,忠孝道废。能持古人之节,岁寒不凋者,唯君一人耳。'时人咸称峤居公而重愉之守正。寻徙大尚书,迁安南将军、江州刺史,不行。"

温峤乱平后,拜骠骑将军、开府仪同三司,加散骑常侍,封始安郡公。以王导在朝,而回镇武昌,未旬而病卒(《晋书》卷六七《温峤传》)。

庾亮乱平后,求外镇自效,出为持节、都督豫州、扬州之江西、宣城诸军事、平西将军、假节、豫州刺史,领宣城内史。受命镇芜湖(《晋书》卷七三《庾亮传》)。

范汪复为庾亮平西参军。

按：《晋书》卷七五《范汪传》曰："贼平,赐爵都乡侯。复为庾亮平西参军。"

庾怿出补临川太守。

按：《晋书》卷七三《庾怿传》曰："以讨苏峻功,封广饶男,出补临川太守。"

庾翼辟太尉陶侃府,雍容讽议。

按：《晋书》卷七三《庾翼传》曰："(苏峻)事平,始辟太尉陶侃府,转参军,累迁从事中郎。在公府,雍容讽议。"

庾阐拜彭城内史。

按：《晋书》卷九二《庾阐传》曰："(苏)峻平，以功赐爵吉阳县男，拜彭城内史。"

虞预迁散骑侍郎。

按：《晋书》卷八二《虞预传》曰："(苏)峻平，进爵平康县侯，迁散骑侍郎。"

又按：虞预生卒年不详。预本名茂，字叔宁，余姚人。初为县功曹。诸葛恢、庾亮荐其才，召为丞相行参军兼记室。后历官佐著作郎、秘书丞、著作郎、散骑常侍等职。以年老归，卒于家。预雅好经史，憎恶玄虚，其论阮籍裸袒，比之伊川被发，所以胡虏遍于中国，以为过于衰周之时。作《晋书》40余卷、《会稽典录》20篇、《诸虞传》12篇，皆行于世。所著诗、赋、碑、诔、论、难数十篇。《隋书》卷三三《经籍志二》著录其撰《晋书》26卷，本44卷，讫明帝。卷三五《经籍志四》著录梁有《虞预集》10卷，录1卷。严可均《全晋文》卷八二载其文9篇。事迹见《晋书》卷八二。

庾冰约是年出补振威将军、会稽内史。

按：《晋书》卷七三《庾冰传》曰："司空郗鉴请为长史，不就。出补振威将军、会稽内史。"《晋书》卷七《成帝纪》载是年三月郗鉴为司空，姑系是年。

何充拜散骑常侍。

按：《晋书》卷七七《何充传》曰："贼平，封都乡侯，拜散骑常侍。"

丁潭迁大尚书。

按：《晋书》卷七八《丁潭传》曰："(苏)峻诛，以功赐爵永安伯，迁大尚书。"

蔡谟转掌吏部，赐爵济阳男。

按：《晋书》卷七七《蔡谟传》曰："峻平，复为侍中，迁五兵尚书，领琅邪王师。谟上疏让曰……疏奏，不许。转掌吏部。以平苏峻勋，赐爵济阳男，又让，不许。"

陶侃作《上温峤遗书请停移葬表》。

按：《晋书》卷六七《温峤传》曰："初葬于豫章，后朝廷追峤勋德，将为造大墓于元明二帝陵之北，陶侃上表曰：'……愿陛下慈恩，停其移葬，使峤棺柩无风波之危，魂灵安于后土。'诏从之。"

庾亮作《上疏乞骸骨》。

按：文见《晋书》卷七三《庾亮传》。此疏乃亮于苏峻难后的自责。

蔡谟作《让五兵尚书疏》(《晋书》卷七七《蔡谟传》)。

按：参见是年"蔡谟转掌吏部，赐爵济阳男"条。

荀崧卒(263—)。崧字景猷，颍川颍阴人。魏太尉荀彧之玄孙。崧志操清纯，雅好文学，名流叹赏。泰始中与王敦、顾荣、陆机等友善。历仕相国参军、给事中、尚书吏部郎、侍中、中护军等职。元帝时，征拜尚书仆射，与刁协共定中兴礼仪。曾上疏请置《仪礼》、《公羊》、《谷梁》、郑《易》博士。太宁中，累迁右光禄大夫、开府仪同三司，录尚书事，领秘书监。年虽衰老，犹孜孜典籍，世以此嘉之。苏峻之乱，成帝被逼石头，崧亦侍从不离帝左右。《隋书》卷三五《经籍志四》著录梁有光禄大夫《荀崧集》1卷，亡。严可均《全晋文》卷三一载其文6篇。事迹见《晋书》卷七五。

按：系年参见是年"荀崧随成帝至温峤舟。寻卒"条按语。

温峤卒(288—)。峤字太真，太原祁县人。元帝时，为刘琨右司马。

明帝即位，拜侍中，转中书令。平王敦有功，封建宁县开国公。后苏峻作乱，峤苦心调停于庾亮、陶侃之间，卒平峻难。拜骠骑将军、开府仪同三司，加散骑常侍，封始安郡公。卒谥忠武。《隋书》卷三五《经籍志四》著录晋大将军《温峤集》10卷，梁录1卷。严可均《全晋文》卷八〇载其文22篇。逯钦立《晋诗》卷一二载其诗1首。事迹见《晋书》卷六七。

刘超卒，生年不详。超字世瑜，琅邪临沂人。以忠谨清慎为琅邪王司马睿所拔，常侍左右，遂从睿渡江，转安东府舍人，专掌文檄，后拜中书通事郎。从明帝平钱凤，以功封零陵伯。苏峻乱中，为左卫将军，亲侍成帝。旋为任让所害。超天性谨慎，历事三帝，恒在机密，并蒙亲遇，而不敢因宠骄谄，故士人皆安而敬之。《隋书》卷三五《经籍志四》著录梁有卫尉卿《刘超集》2卷，亡。严可均《全晋文》卷一二七载其文3篇。事迹见《晋书》卷七〇。

晋咸和五年　成玉衡二十年　后赵太和三年　建平元年　前凉太元七年　庚寅　330年

二月，后赵石勒称大赵天王，行皇帝事（《资治通鉴》卷九四《晋纪十六》）。

后赵石勒以祖约不忠于晋，叛国来投，杀之（《晋书》卷七《成帝纪》）。

九月，后赵石勒称帝，改元建平，立子弘为皇太子（《资治通鉴》卷九四《晋纪十六》）。

陆玩为左仆射（《晋书》卷七《成帝纪》）。

孔愉为右仆射（《晋书》卷七《成帝纪》）。

陶侃擒斩郭默，都督江州，领刺史，移镇武昌（《晋书》卷七《成帝纪》及卷六六《陶侃传》）。

庾亮加征讨都督，进号镇西将军，固让；受封永封县公（《晋书》卷七三《庾亮传》）。

范汪从讨郑默，进爵亭侯（《晋书》卷七五《范汪传》）。

虞喜约是年发现岁差。

按：陈久金曰："由于中国古时的度量系统是赤道式的，而且采用二十八宿入宿度这种以赤经差计量的特殊方式，致使岁差发现较晚……由于每年相差不到一分，古人不知存在差异，直至约330年虞喜将这二种结果进行对比才发现了岁差的存在。"又曰："唐代一行在《大衍历议·日度议》中指出：ّ古历，日有常度，天周为岁终，故系星度于节气。其说似是而非，故久而益差。虞喜觉之，使天为天，岁为岁，乃立差以追其变，使五十年退一度。'……《宋史·律历志》引北宋周琮《论历》说：'虞喜云："尧时冬至日短星昴，今二千七百余年，乃东壁中，则知每岁渐差之所至。"'由此

君士坦丁一世皇帝迁都拜占庭，将其改名为君士坦丁堡。

得知,虞喜发现岁差,主要是通过冬至昏中星的对比得到的。依《尧典》所载冬至昏中星为昴星,而在虞喜的时代,冬至昏中星已从昴宿,经胃宿14度、娄宿12度、奎宿16度,退行至壁宿9度,合计退行51度。虞喜估计唐尧时代相距2700余年,由此可求得约53年岁差1度,与一行所说大体相合。"(详见杜石然主编《中国古代科学家传记·虞喜》,科学出版社1992年版。)

陶侃作《与王导书》及《与庾亮书》。

按:《与王导书》见《晋书》卷六六《陶侃传》,谏讨郭默。《与庾亮书》见卷七三《庾亮传》,时庾亮与陶侃俱讨郭默,破之,辞赏,导作此书。

王导作《答陶侃书》,约是年作《祭卫玠教》。

按:《答陶侃书》见《晋书》卷六六《陶侃传》,为答陶侃谏讨郑默之书。《祭卫玠教》见《晋书》卷三六《卫玠传》曰:"咸和中,改茔于江宁。丞相王导教曰:'卫洗马明当改葬。此君风流名士,海内所瞻,可修薄祭,以敦旧好。'"张可礼《东晋文艺系年》曰:"教又见《全晋文》卷一九,意相近,文字稍有出入。写作时间不详。今据'咸和中',姑系于此。"按,严可均《全晋文》卷一九据《太平御览》卷五五五引《卫玠别传》录王导《祭卫玠教》,与本传文字稍异。

丢番图卒(246?—)。希腊人。亚历山大城数学家。

傅畅卒,生年不详。畅字世道,北地泥阳人。年未弱冠,甚有重名。侍讲东宫,为秘书丞,封武乡亭侯。寻没于石勒,勒以为大将军右司马,熟识朝仪,恒居机密,勒甚重之。著有《晋诸公叙赞》22卷,《公卿故事》9卷。《隋书》卷三五《经籍志四》著录晋秘书丞《傅畅集》5卷,梁有录1卷,亡。严可均《全晋文》卷五二载其文1篇。事迹见《晋书》卷四七。

王坦之(—375)、王蕴(—384)生;戴逵(—395)约生。

晋咸和六年　成玉衡二十一年　后赵建平二年
前凉太元八年　辛卯　331年

三月癸未,晋诏举贤良直言之士(《晋书》卷七《成帝纪》)。

是夏,后赵石勒诏公卿岁举贤良方正,起明堂、辟雍、灵台(《资治通鉴》卷九四《晋纪十六》)。

是冬,鲜卑慕容廆遣使诣陶侃,请北伐(《资治通鉴》卷九四《晋纪十六》)。

郗鉴都督吴国诸军事(《晋书》卷七《成帝纪》)。

陆玩为尚书令(《晋书》卷七《成帝纪》)。

王导因大旱上疏逊位。

按:《晋书》卷六五《王导传》曰:"(咸和)六年冬,蒸,诏归胙于导,曰:'无下拜。'导辞疾不敢当。初,帝幼冲,见导,每拜。又尝与导书手诏,则云'惶恐言',中书作诏,则曰'敬问',于是以为定制。自后元正,导入,帝犹为之兴焉。时大旱,导上疏逊位。诏曰……导固让。诏累逼之,然后视事。导简素寡欲,仓无储谷,衣不重帛。帝知之,给布万匹,以供私费。导有羸疾,不堪朝会,帝幸其府,纵酒作乐,后令舆车入殿,其见敬如此。"

后赵续咸上书切谏石勒营建邺宫(《晋书》卷一〇五《石勒载记下》、《十六国春秋辑补》卷一五《后赵录五·石勒录》)。

陆玩作《上表自陈》及《重表》。
按:《晋书》卷七七《陆玩传》曰:"玩潜说匡术归顺,以功封兴平伯。转尚书令。又诏曰:'玩体道清纯,雅量弘远,历位内外,风绩显著。宜居台司,以允众望。授左光禄大夫、开府仪同三司,加散骑常侍,余如故。'玩频自表,优诏褒扬。重复自陈曰……诏不许。玩重表曰……犹不许。"

续咸作《上石勒书谏营新宫》。
按:《十六国春秋辑补》卷一五《后赵录五·石勒录》曰:"(是年)四月,勒如邺,议营新宫。廷尉续咸上书切谏曰……勒诏曰:'且敕停作,以申吾直臣之气。'"

慕容廆作《与陶侃笺》及《又与陶侃笺》。
按:《资治通鉴》卷九四曰:"(是年)慕容廆遣使与太尉陶侃笺,劝以兴兵北伐,共清中原。"二文见《晋书》卷一〇八《慕容廆载记》曰:"遣使与太尉陶侃笺曰……廆使者遭风没海。其后廆更写前笺,并赍其东夷校尉封抽、行辽东相韩矫等三十余人疏上侃府曰……"

陶侃作《答慕容廆书》及《报封抽韩矫等书》。
按:《答慕容廆书》见《太平御览》卷三五七。《报封抽韩矫等书》见《晋书》卷一〇八《慕容廆载记》。二书均为是年陶侃得慕容廆请侃兴兵北伐书后的回信。

晋咸和七年　成玉衡二十二年　后赵建平三年　前凉太元九年　壬辰　332年

四月,后赵石勒将郭敬攻陷襄阳(《晋书》卷七《成帝纪》)。

七月,晋陶侃遣子平西参军陶斌与南中郎将桓宣攻石勒将郭敬,破之,克樊城(《晋书》卷七《成帝纪》)。

晋竟陵太守李阳拔新野、襄阳,并戍之(《晋书》卷七《成帝纪》)。

十一月,晋诏举贤良(《晋书》卷七《成帝纪》)。

十二月庚戌,晋成帝迁于新宫(《晋书》卷七《成帝纪》)。

是年,凉州境内皆称张骏为凉王,骏立次子重华为世子(《资治通鉴》卷九五《晋纪十七》)。

后赵命郡国立学官。
按:《晋书》卷一〇五《石勒载记下》曰:"命郡国立学官,每郡置博士祭酒二人,弟子百五十人,三考修成,显升台府。于是擢拜太学生五人为佐著作郎,录述时事。"石勒明年卒,系于是年。

君士坦丁一世皇帝禁隶农自由迁徙。

西哥特人侵多瑙河默西亚一带。

陶侃进拜大将军（《晋书》卷七《成帝纪》）。

宋辑进言张骏立世子以安国（《晋书》卷八六《张骏传》）。

释道安至邺，入中寺；以佛图澄为师。

按：《高僧传》卷五《道安传》曰："后为受具戒，恣其游学。至邺入中寺，遇佛图澄，澄见而嗟叹，与语终日。众见形貌不称，咸共轻怪，澄曰：'此人远识，非尔俦也。'因事澄为师。澄讲，安每覆述，众未之惬，咸言：'须待后次，当难杀昆仑子。'即安后更覆讲，疑难锋起，安挫锐解纷，行有余力，时人语曰：'漆道人，惊四邻。'于时学者多守闻见，安乃叹曰：'宗匠虽邈，玄旨可寻，应穷究幽远，探微奥，令无生之理宣扬季末，使流遁之徒归向有本。'于是游方问道，备访经律。"刘汝霖《东晋南北朝学术编年》考证曰："按安公卒年，本传仅载其卒于前秦建元二十一年，即晋太元十年（三八五），而未载其岁数。考《出三藏记集》卷第十有安公之《鞞婆沙序》一篇，此序作于前秦建元十九年（前三八三），自称'八九之年，方视其牖'。若其年七十二岁，则当生于晋怀帝永嘉六年，而卒年则为七十四岁也。按僧家规律，二十岁为具戒之年，则本传所谓受具戒后游学之事当在此年，故志之于此。"

陶侃作《让拜大将军表》。

按：《晋书》卷六六《陶侃传》曰："遣子斌与南中郎将桓宣西伐樊城，走石勒将郭敬。使兄子臻、竟陵太守李阳等共破新野，遂平襄阳。拜大将军，剑履上殿，入朝不趋，赞拜不名。上表固让，曰……"

韦谀作《寒食驳议》。

按：《晋书》卷一〇五《石勒载记下》曰："有司奏以子推历代攸尊，请普复寒食，更为植嘉树，立祠堂，给户奉祀。勒黄门郎韦谀驳曰……勒从之。"按，《晋书》叙此事在是年郭敬攻陷襄阳及桓宣南取襄阳之间，故系于此。

韩伯（　—380）生。

晋咸和八年　成玉衡二十三年　后赵建平四年
前凉太元十年　癸巳　333年

正月辛亥朔，晋成帝颁迁新宫诏（《晋书》卷七《成帝纪》）。

丙子，后赵石勒遣使修好于晋，晋成帝以世仇，拒之（《晋书》卷七《成帝纪》）。

五月，慕容廆卒，子皝嗣位，自称燕王（《晋书》卷七《成帝纪》）。

七月戊辰，后赵主石勒卒，太子弘即位（《晋书》卷七《成帝纪》）。

孔愉辞让禀赐，居官守正，为王导所衔（《晋书》卷七八《孔愉传》）。

陶侃怀止足之分，欲逊位归国。

按：《晋书》卷六六《陶侃传》曰："季年怀止足之分，不与朝权。未亡一年，欲逊虞喜被征贤良,会国有军事,不行。
按:《晋书》卷七《成帝纪》曰:"(是年四月)以束帛征处士寻阳翟汤、会稽虞喜。"卷九一《虞喜传》曰:"咸和末,诏公卿举贤良方正直言之士,太常华恒举喜为贤良。会国有军事,不行。"

孔愉作《重表让禀赐》。
按:文见《晋书》卷七八《孔愉传》。
王导作《与从子允书》。
按:文见《晋书》卷七六《王允之传》。

晋咸和九年　成玉衡二十四年　后赵石弘延熙元年
前凉太元十一年　甲午　334年

正月,后赵石弘改元延熙(《资治通鉴》卷九五《晋纪十七》)。
仇池氏王杨难敌死,子毅立,遣使称藩于晋(《资治通鉴》卷九五《晋纪十七》)。
六月,成李雄死,其兄子班嗣伪位(《晋书》卷七《成帝纪》)。
十月,成李雄子李期、李越杀李班,期立为帝,越为相国,封建宁王(《资治通鉴》卷九五《晋纪十七》)。
十一月,后赵石虎废石弘为海阳王,自称居摄赵天王,寻杀弘及石勒妻子(《资治通鉴》卷九五《晋纪十七》)。

陶侃病笃,以后事付右司马王愆期。
按:《晋书》卷六六《陶侃传》曰:"以后事付右司马王愆期,加督护,统领文武。侃舆车出临津就船,明日,薨于樊溪,时年七十六。成帝下诏曰:'……今遣兼鸿胪追赠大司马,假蜜章,祠以太牢。魂而有灵,嘉兹宠荣。'又策谥曰桓,祠以太牢。侃遗令葬国南二十里,故吏刊石立碑画像于武昌西。"又:"及疾笃,将归长沙,军资器仗牛马舟船皆有定簿,封印仓库,自加管钥以付王愆期,然后登舟,朝野以为美谈。将出府门,顾谓愆期曰:'老子婆娑,正坐诸君辈。'"
庾亮都督江、荆、豫、益、梁、雍六州诸军事,领江、豫、荆三州刺史,进号征西将军、开府仪同三司、假节。亮固让开府,乃迁镇武昌。与殷浩、王胡之、王羲之等到南楼理咏。
按:《晋书》卷七《成帝纪》曰:"(是年六月)辛未,(晋)加平西将军庾亮都督江、荆、豫、益、梁、雍六州诸军事。"卷七三《庾亮传》曰:"陶侃薨,迁亮都督江、荆、豫、益、梁、雍六州诸军事,领江、荆、豫三州刺史,进号征西将军、开府仪同三司、假节。亮固让开府,乃迁镇武昌。"《世说新语·容止第十四》曰:"庾太尉在武昌,秋夜气佳景清,使吏殷浩、王胡之之徒登南楼理咏。音调始遒,闻函道中有屐声甚厉,定是庾公。俄而率左右十许人步来，诸贤欲起避之。公徐云：'诸君少住，老子于此处兴复不浅。'因便据胡床，与诸人咏谑，竟坐甚得任乐。后王逸少下，与丞相言及此事，丞相曰：'元规尔时风范，不得不小颓。'右军答曰：'唯丘壑独存。'"刘孝标注引孙绰《庾亮碑文》曰："公雅好所托，常在尘垢之外。虽柔心应世，蠖屈其迹，而方寸湛然，固以玄对山水。"

范汪复为庾亮征西军事，转州别驾。

按：《晋书》卷七五《范汪传》曰："复参亮征西军事，转州别驾。"

孙盛为庾亮主簿，转参军。

按：《晋书》卷八二《孙盛传》曰："庾亮代侃，引为征西主簿，转参军。"

王羲之任庾亮参军。

按：《晋书》卷八〇《王羲之传》曰："征西将军庾亮请为参军。"

孙绰为庾亮参军，随镇武昌，与庾亮共游白石山。

按：《晋书》卷五六《孙绰传》曰："征西将军庾亮请为参军。"《世说新语·赏誉第八》曰："孙兴公为庾公参军，共游白石山。卫君长在坐，孙曰：'此子神情都不关山水，而能作文。'庾公曰：'卫风韵虽不及卿诸人，倾倒处亦不近。'孙遂沐浴此言。"刘孝标注引《卫氏谱》曰："永字君长，成阳人。位至左军长史。"

王隐依征西将军庾亮于武昌，撰《晋书》。

按：《晋书》卷八二《王隐传》曰："贫无资用，书遂不就，乃依征西将军庾亮于武昌。亮供其纸笔，书乃得成。"

罗含任庾亮部江夏从事。

按：《晋书》卷九二《罗含传》曰："罗含，字君章，桂阳耒阳人也。……含幼孤，为叔母朱氏所养。少有志尚，尝昼卧，梦一鸟文彩异常，飞入口中，因惊起说之。朱氏曰：'鸟有文彩，汝后必有文章。'自此后藻思日新。弱冠，州三辟，不就。含父尝宰新淦，新淦人杨羡后为含州将，引含为主簿，含傲然不顾，羡招致不已，辞不获而就焉。及羡去职，含送之到县。新淦人以含旧宰之子，咸致赂遗，含难违而受之。及归，悉封置而去。由是远近推服焉。后为郡功曹，刺史庾亮以为部江夏从事。"

孔坦免官，寻拜侍中。

按：《晋书》卷七八《孔坦传》曰："时使坦募江淮流人为军，有殿中兵，因乱东还，来应坦募，坦不知而纳之。或讽朝廷，以坦藏台叛兵，遂坐免。寻拜侍中。"万斯同《东晋将相大臣年表》以孔坦是年任侍中。

陶侃作《上表逊位》。

按：文见《晋书》卷六六《陶侃传》曰："咸和七年六月疾笃，又上表逊位曰……"此表应写于侃卒前不久，卷七《成帝纪》曰："（是年六月）乙卯，太尉、长沙公陶侃薨。"据此系于是年。

庾亮作《请放黜陶夏疏》及《与周邵书》。

按：《请放黜陶夏疏》见《晋书》卷六六《陶侃传》。《与周邵书》见《世说新语·尤悔第三十三》曰："庾公欲起周子南，子南执辞愈固。庾每诣周，庾从南门入，周从后门出。庾尝一往奄至，周不及去，相对终日。庾从周素食，周出蔬食，庾亦强饭，极欢。并语世故，约相推引，同佐世之任。既仕，至将军二千石，而不称意。中宵慨然曰：'大丈夫乃为庾元规所卖！'一叹，遂发背而卒。"刘孝标注曰："《寻阳记》曰：'周邵字子南，与南阳翟汤隐于寻阳庐山。庾亮临江州，闻翟、周之风，束带蹑履而诣焉。

闻庾至,转避之。亮后密往,值邵弹鸟于林,因前与语。还,便云:"此人可起。"即拔为镇蛮护军、西阳太守。'其集载与邵书曰:'西阳一郡,户口差实,非履道真纯,何以镇其流遁？询之朝野,佥曰足下。今具上表,请足下临之无让。'"

庾翼作《与王羲之书》。

按:《晋书》卷八〇《王羲之传》曰:"羲之书初不胜庾翼、郗愔,及其暮年方妙。尝以章草答庾亮,而翼深叹伏,因与羲之书云:'吾昔有伯英章草十纸,过江颠狈,遂乃亡失,常叹妙迹永绝。忽见足下答家兄书,焕若神明,顿还旧观。'"张可礼《东晋文艺系年》曰:"本年庾亮进号征西将军,羲之任庾亮参军当在本年或本年后,羲之以章草答庾亮疑在任参军时。"翼此书也应作于此时。

时有歌谣《石头民为庾亮歌》。

按:歌谣见《晋书》卷二八《五行志中》。

陶侃卒(259—)。侃字士行,庐江当阳人。《晋书》、《宋书》谓系陶渊明曾祖。早孤贫,为县吏。后为孝廉,任南蛮长史。先后讨平张昌、陈敏、杜弢、苏峻,官至侍中太尉,封长沙郡公,加都督交、广、宁等七州事,拜大将军。在军四十一年。侃于是年告老还长沙,船至樊溪,病故。侃明毅善断,恶清谈浮华。尚书梅陶曰:"陶公机神明鉴似魏武,忠顺勤劳似孔明。"爱好文学,曾作《相风赋》,时人称之。《隋书》卷三五《经籍志四》著录梁有大司马《陶侃集》2卷,录1卷,亡。严可均《全晋文》卷一一一载其文11篇。事迹见《晋书》卷六六。

王修(—357)、许谦(—396)、王雅(—400)、释慧远(—416)生。

晋咸康元年　成李期玉恒元年　后赵石虎建武元年
前凉太元十二年　乙未　335年

正月庚午朔,晋成帝加元服,大赦,改元咸康(《晋书》卷七《成帝纪》)。

成李期改元玉恒(《资治通鉴》卷九五《晋纪十七》)。

后赵石虎改元建武(《资治通鉴》卷九五《晋纪十七》)。

四月癸卯,后赵石虎攻晋历阳,王导御之,虎退向襄阳(《晋书》卷七《成帝纪》)。

九月,后赵石虎迁都于邺(《资治通鉴》卷九五《晋纪十七》)。

是年,后赵石虎倾心事佛图澄。

按:《晋书》卷九五《佛图澄传》曰:"及季龙僭位,迁都于邺,倾心事澄,有重于勒。……支道林在京师,闻澄与诸石游,乃曰:'澄公其以季龙为海鸥鸟也。'"

王导羸疾,不堪朝会,舆车入殿。出讨石虎,加大司马,转中外大都督

(《晋书》卷六五《王导传》)。

孔坦任王导司马。从讨石聪。因对王导专权不满而忤导,出为廷尉,以疾去职(《晋书》卷七八《孔坦传》)。

处士翟汤、郭翻被征(《晋书》卷七《成帝纪》)。

何充在郡甚有德政,荐虞喜,未就。

按:《晋书》卷七七《何充传》曰:"在郡甚有德政,荐征士虞喜,拔郡人谢奉、魏颙等以为佐吏。后以墓被发去郡。"参见是年"何充作《请征虞喜疏》"条。

庾亮约是年荐翟汤、郭翻。

按:《晋书》卷九四《翟汤传》曰:"翟汤,字道深,寻阳人。……咸康中,征西大将军庾亮上疏荐之,成帝征为国子博士,汤不起。"同卷《郭翻传》曰:"郭翻,字长翔,武昌人也。……与翟汤俱为庾亮所荐,公车博士征,不就。"

张骏遣使上疏,请晋派郗鉴、庾亮北伐。

按:见《晋书》卷八六《张骏传》。《资治通鉴》卷九五系于是年。

孔坦作《与石聪书》。

按:文见《晋书》卷七八《孔坦传》曰:"会石勒新死,季龙专恣,石聪及谯郡太守彭彪等各遣使请降。坦与聪书曰……朝廷遂不果北伐,人皆怀恨。"

何充作《请征虞喜疏》。

按:《晋书》卷九一《虞喜传》曰:"咸康初,内史何充上疏曰:'……伏见前贤良虞喜天挺贞素,高尚逸世,束脩立德,皓首不倦,加以傍综广深,博闻强识,钻坚研微有弗及之勤,处静味道无风尘之志,高枕柴门,怡然自足。宜使蒲轮纡衡,以旌殊操,一则翼赞大化,二则敦励薄俗。'疏奏,诏曰:'寻阳翟汤、会稽虞喜并守道清贞,不营世务,耽学高尚,操拟古人。往虽征命而不降屈,岂素丝难染而搜引礼简乎!政道须贤,宜纳诸廊庙,其并以散骑常侍征之。'又不起。"

庾亮约是年作《荐翟汤郭翻表》。

按:文见《艺文类聚》卷五三。题为《荐翟阳郭翻表》,"阳"应是"汤"。参见是年"庾亮约是年荐翟汤、郭翻"条。

王度作《奏禁奉佛》。

按:《晋书》卷九五《佛图澄传》曰:"百姓因澄故多奉佛,皆营造寺庙,相竞出家,真伪混淆,多生愆过。季龙下书料简,其著作郎王度奏曰:'……今可断赵人悉不听诣寺烧香礼拜,以遵典礼,其百辟卿士下逮众隶,例皆禁之,其有犯者,与淫祀同罪。其赵人为沙门者,还服百姓。'朝士多同度所奏。季龙以澄故,下书曰:'朕出自边戎,忝君诸夏,至于飨祀,应从本俗。佛是戎神,所应兼奉,其夷赵百姓有乐事佛者,特听之。'"

张骏作《上疏请讨石虎李期》。

按:《晋书》卷八六《张骏传》曰:"后骏遣参军鞠护上疏曰……"

续咸约卒(239?—)。咸字孝宗,上党人。性孝谨敦重。师事杜预,治《春秋》、郑氏《易》,教授常数十人,博览群言,明达刑书。晋永嘉中,历廷尉平、东安太守。刘琨以为从事中郎。后没于石勒,为理曹参军,持法平详。作《远游志》、《异物志》、《汲冢古文释》等。事迹见《晋书》卷九一

《儒林传》。

按：《晋书》卷九一《儒林传·续咸传》曰"年九十七，死于石季龙之世，季龙赠仪同三司"，以石虎是年改年，卒年姑系是年。

李先（　—429）生。

晋咸康二年　成玉恒二年　后赵建武二年 前凉太元十三年　丙申　336 年

十一月，晋下诏求卫公、山阳公近属以继承其祀（《晋书》卷七《成帝纪》）。

后赵石虎大兴土木，作太武殿于襄国，造东、西宫于邺（《资治通鉴》卷九五《晋纪十七》）。

是年，前凉张骏尽得陇西之地，士马强盛。

按：《十六国春秋辑补》卷七〇《前凉录四·张骏录》曰："骏十二年……时骏尽有陇西之地，士马强盛，虽称臣于晋，而不行中兴正朔。"《十六国春秋辑补》以晋咸康二年为前凉张骏太元十二年。

后赵石虎下召依晋九品之制选拔考核官吏并令禁私学星谶。

按：《十六国春秋辑补》卷一六《后赵录六·石虎录》曰，是年石虎"下书曰：'……魏始建九品之制，三年一清定之，虽未尽弘美，亦缙绅之清律，人伦之明镜。……吏部选举，可依晋氏九班选制，永为揆法。选毕，经中书门下，宣示三者，然后行之。其著此诏书于令，铨衡不奉行者，御史弹坐以闻。'……禁郡国不得私学星谶，敢有犯者诛"。

孔坦谏成帝纳后盛礼应如期举行。疾笃，庾冰省之；临终，作书与庾亮。

按：《晋书》卷七八《孔坦传》曰："时帝刻日纳后，而尚书左仆射王彬卒，议者以为欲却期。坦曰：'婚礼之重，重于救日蚀。救日蚀，有后之丧，太子堕井，则止。纳后盛礼，岂可以臣丧而废！'从之。"又曰："疾笃，庾冰省之，乃流涕。坦慨然曰：'大丈夫将终不问安国宁家之术，乃作儿女子相问邪！'冰深谢焉。临终，与庾亮书曰……俄卒，时年五十一。追赠光禄勋，谥曰简。……子混嗣。"《资治通鉴》卷九五载王彬卒于是年二月。

虞潭为卫将军。

按：《晋书》卷七《成帝纪》曰："（是年正月）以吴国内史虞潭为卫将军。"卷七六《虞潭传》曰："咸康中，进卫将军。潭貌虽和弱，而内坚明，有胆决，虽屡统军旅，而鲜有倾败。"

谢安父谢裒被免去尚书。

按：《晋书》卷七《成帝纪》曰："（是年）二月，算军用税米，空悬五十余万石，尚书谢裒已下免官。"

卢谌、刘群、崔悦被征，未得南渡。

按：《晋书》卷六二《刘群传》曰："咸康二年，成帝诏征群等，为末波兄弟爱其才，托以道险不遣。"

僧竺法雅约是年在后赵讲说佛经。

按：《高僧传》卷四《竺法雅传》曰："法雅，河间人，凝正有器度，少善外学，长通佛义，衣冠士子，咸附咨禀。时依门徒，并世典有功，未善佛理。雅乃与康法朗等，以经中事数，拟配外书，为生解之例，谓之格义。及毗浮、相昙等，亦辩格义，以训门徒。雅风采洒落，善于枢机。外典佛经，递互讲说。与道安、法汰每披释凑疑，共尽经要。后立寺于高邑，僧众百余，训诱无懈。雅弟子昙习，祖述先师，善于言论，为伪赵太子石宣所敬。"刘汝霖《东晋南北朝学术编年》考证曰："按本传既称'雅弟子昙习，祖述先师，善于言论，为伪赵太子石宣所敬'，则雅之讲学后赵，至晚亦须在石宣为太子前，故志之于此。"

孔坦作《与庾亮书》。

按：文见《晋书》卷七八《孔坦传》。此书表达孔坦希望庾亮能励精图治，北伐中原，一统天下。

庾亮作《报孔坦书》。

按：文见《晋书》卷七八《孔坦传》。亮闻坦卒，作是书，表其悲恨伤楚之情。

时有《咸康初河北谣》。

按：《晋书》卷二八《五行志中》曰："咸康二年十二月，河北谣云：'麦入土，杀石武。'后如谣言。"

阿里乌斯卒（250？— ）。北非基督教神学家。

孔坦卒（286— ）。坦字君平，会稽山阴人。年少时即通《左氏传》，解属文。元帝为晋王，以坦为世子文学。东宫建，补太子舍人，迁尚书郎。成帝时，佐王导平苏峻，累迁侍中。后忤导，出为廷尉，以疾去职。《隋书》卷三五《经籍志四》著录晋侍中《孔坦集》17 卷，梁 5 卷，录 1 卷。严可均《全晋文》卷一二六载其文 5 篇。事迹见《晋书》卷七八。

干宝卒，生年不详。宝字令升，新蔡人。少勤学博览，召为著作郎。中兴草创，未置史官，经中书监王导上疏并推荐，始领国史。以家贫，迁始安太守。王导请为司徒右长史，迁散骑常侍。《隋书》卷三二《经籍志一》著录其注《周易》10 卷，撰《周易宗涂》4 卷、《周易爻义》1 卷，注《周官礼》12 卷，撰《后养议》5 卷、《春秋左氏函传义》15 卷、《春秋序论》2 卷；卷三三《经籍志二》著录其撰《晋纪》（讫愍帝）23 卷、《司徒仪》1 卷、《搜神记》30 卷；卷三五《经籍志四》著录晋散骑常侍《干宝集》4 卷，梁 5 卷。《百志诗》9 卷，梁 5 卷。《晋纪》20 卷，汤球有辑本。《搜神记》30 卷，刘惔誉为"鬼之董狐"。严可均《全晋文》卷一二七载其文 9 篇。逯钦立《晋诗》卷一一载其诗《百志诗》1 首。事迹见《晋书》卷八二。

按：《建康实录》卷七载宝卒于是年三月。

郗超（ —377）生。

晋咸康三年 成玉恒三年 后赵建武三年
前燕慕容皝元年 前凉太元十四年 丁酉 337 年

正月辛卯,晋立太学。

按:《晋书》卷七《成帝纪》曰:"三年春正月辛卯,立太学。"《宋书》卷一四《礼志一》曰:"成帝咸康三年,国子祭酒袁瓌、太常冯怀又上疏曰……疏奏,帝有感焉。由是议立国学,征集生徒,而世尚庄、老,莫肯用心儒训。"

是月,后赵石虎称天王,太子邃为天王皇太子(《资治通鉴》卷九五《晋纪十七》)。

七月,安定侯子光称佛太子,聚众杜陵之南山,称大黄帝,建元龙兴;被石虎部将石广击杀(《资治通鉴》卷九五《晋纪十七》)。

十月丁卯,鲜卑慕容皝自立为燕王,称元年,不用晋年号,并称藩于后赵。史称前燕(《资治通鉴》卷九五《晋纪十七》)。

庾亮在武昌开置学官,祭孔子。

按:参见是年"庾亮作《释奠祭孔子文》及《武昌开置学官教》"条。

孙放幼称令慧,在荆州,入庾亮所建学校。

按:放为孙盛子。《北堂书钞》卷一三八引《孙放别传》曰:"庾公建学校,君年最幼,入为学生,班在诸生后。公问:'君何独居后?'答曰:'不见舩柂乎?在后所以正舡也。'"《晋书》卷八二《孙放传》曰:"放字齐庄,幼称令慧。年七八岁,在荆州,与父俱从庾亮猎,亮谓曰:'君亦来邪?'应声答曰:'无小无大,从公于迈。'亮又问:'欲齐何庄邪?'放曰:'欲齐庄周。'亮曰:'不慕仲尼邪?'答曰:'仲尼生而知之,非希企所及。'亮大奇之,曰:'王辅嗣弗过也。'庾翼子爱客尝候盛,见放而问曰:'安国何在?'放答曰:'庾稚恭家。'爱客大笑曰:'诸孙太盛,有儿如此也!'放又曰:'未若诸庾翼翼。'既而语人曰:'我故得重呼奴父也。'终于长沙相。"

孔愉徙领军将军。

按:《晋书》卷七八《孔愉传》曰:"复徙领军将军,加金紫光禄大夫,领国子祭酒。"万斯同《东晋将相大臣年表》系愉徙领军将军于是年。

袁瓌、冯怀作《立太学疏》。

按:《宋书》卷一四《礼志一》曰:"成帝咸康三年,国子祭酒袁瓌、太常冯怀又上疏曰:'臣闻先王之教也,崇典训,明礼学,以示后生,道万物之性,畅为善之道也。……况今陛下以圣明临朝,百官以虔恭莅事,朝野无虞,江外静谧。如之何泱泱之风,漠焉无闻;洋洋之美,坠于圣世乎!古人有言,《诗》、《书》义之府,礼乐德之则。实宜留心经籍,阐明学义,使讽颂之音,盈于京室;味道之贤,是则是咏,岂不盛哉!'"

庾亮作《释奠祭孔子文》及《武昌开置学官教》。

按:《释奠祭孔子文》见《艺文类聚》卷三八曰:"维咸康三年,荆豫州刺史、都亭

波斯王沙普尔二世伐罗马,入亚美尼亚、美索不达米亚。

君士坦丁一世卒。三子分治帝国。

侯庾亮敬告孔圣明灵……"《武昌开置学官教》见《宋书》卷一四《礼志一》曰："征西将军庾亮在武昌，开置学官。教曰：'人情重交而轻财，好逸而恶劳。学业致苦，而禄答未厚，由捷径者多，故莫肯用心。洙泗邈远，《风》、《雅》弥替，后生放任，不复宪章典谟。临官宰政者，务目前之治，不能闲以典诰。遂令《诗》、《书》荒尘，颂声寂漠，仰瞻俯省，能弗叹慨！自胡夷交侵，殆三十年矣。而未革面响风者，岂威武之用尽，抑文教未洽，不足绥之邪？……今使三时既务，五教并修，军旅已整，俎豆无废，岂非兼善者哉！便处分安学校处所，筹量起立讲舍。参佐大将子弟，悉令入学，吾家子弟，亦令受业。四府博学识义通涉文学经纶者，建儒林祭酒，使班同三署，厚其供给，皆妙选邦彦，必有其宜者，以充此举。近临川、临贺二郡，并求修复学校，可下听之。若非束脩之流，礼教所不及，而欲阶缘免役者，不得为生。明为条制，令法清而人贵。'"

时有《河北谣》。

按：《太平御览》卷八三八引《晋起居注》曰："咸康三年，河北谣曰：'麦入土，杀石虎。'"

晋咸康四年　汉(成)李寿汉兴元年　后赵建武四年　前燕慕容皝二年　代拓跋什翼犍建国元年　前凉太元十五年　戊戌　338年

四月，成李寿袭成都，杀李期自立，国号汉，改元汉兴，立世子势为皇太子(《资治通鉴》卷九六《晋纪十八》)。

十一月，代王翳槐死，弟什翼犍嗣，建元建国(《资治通鉴》卷九六《晋纪十八》)。

王导进太傅、拜丞相。与殷浩等共谈析理。

按：《晋书》卷七《成帝纪》曰："(是年)五月乙未，以司徒王导为太傅、都督中外诸军事……六月，改司徒为丞相，以太傅王导为之。"卷六五《王导传》曰："复转中外大都督，进位太傅，又拜丞相，依汉制罢司徒官以并之。册曰……是岁，妻曹氏卒，赠金章紫绶。"《世说新语·文学第四》曰："殷中军为庾公长史，下都，王丞相为之集。桓公、王长史、王蓝田、谢镇西并在。丞相自起解帐带麈尾，语殷曰：'身今日当与君共谈析理。'既共清言，遂达三更。丞相与殷共相往反，其余诸贤，略无所关。既彼我相尽，丞相乃叹曰：'向来语乃竟未知理源所归，至于辞喻不相负。正始之音，正当尔耳。'明旦，桓宣武语人曰：'昨夜听殷、王清言甚佳，仁祖亦不寂寞，我亦时复造心。顾看两王掾，辄翣如生母狗馨。'"王导是年拜丞相，明年卒，姑系是年。

庾亮欲率众黜王导，因郗鉴不允而事息。寻拜司空。

按：《晋书》卷七《成帝纪》曰："(五月乙未)征西将军庾亮为司空。"卷七三《庾亮传》曰："时王导辅政，主幼时艰，务存大纲，不拘细目，委任赵胤、贾宁等诸将，并不奉法，大臣患之。陶侃尝欲起兵废导，而郗鉴不从，乃止。至是，亮又欲率众黜导，又以谘鉴，而鉴又不许。亮与鉴笺曰……鉴又不许，故其事得息。"

孙盛密谏庾亮，化解庾亮和王导之间嫌隙。

按：《晋书》卷八二《孙盛传》曰："时丞相王导执政，亮以元舅居外，南蛮校尉陶称谗构其间，导、亮颇怀疑贰。盛密谏亮曰：'王公神情朗达，常有世外之怀，岂肯为凡人事邪！此必佞邪之徒欲间内外耳。'亮纳之。"

郗鉴为太尉（《晋书》卷七《成帝纪》）。

何充加吏部尚书，进号冠军将军，又领会稽王师。

按：《晋书》卷七七《何充传》曰："王导、庾亮并言于帝曰：'何充器局方概，有万夫之望，必能总录朝端，为老臣之副。臣死之日，愿引充内侍，则外誉唯缉，社稷无虞矣。'由是加吏部尚书，进号冠军将军，又领会稽王师。"本传叙此事在"及导薨"前，王导明年卒，故系于此。

孔愉出为镇军将军、会稽内史，加散骑常侍。

按：《晋书》卷七八《孔愉传》曰："出为镇军将军、会稽内史，加散骑常侍。句章县有汉时旧陂，毁废数百年。愉自巡行，修复故堰，溉田二百余顷，皆成良业。在郡三年，乃营山阴湖南侯山下数亩地为宅，草屋数间，便弃官居之。送资数百万，悉无所取。"愉咸康八年卒，在郡三年，故其应于是年出任会稽内史。

李充任丞相王导掾，转记室参军。

按：《晋书》卷九二《李充传》曰："李充，字弘度，江夏人。父矩，江州刺史。充少孤，其父墓中柏树尝为盗贼所斫，充手刃之，由是知名。善楷书，妙参钟索，世咸重之。辟丞相王导掾，转记室参军。幼好刑名之学，深抑虚浮之士，尝作《学箴》，称……"

王羲之约是年辞王导辟。

按：《晋书》卷八〇《王羲之传》曰："吾素自无廊庙志，直王丞相时果欲内吾，誓不许之，手迹犹存，由来尚矣……"王导是年六月为丞相，明年卒，姑系于是年。

谢沈约是年为郗鉴辟，不就。

按：《晋书》卷八二《谢沈传》曰："太尉郗鉴辟，并不就。"郗鉴是年五月任太尉。

范宣约是年为郗鉴命为主簿，诏征太学博士、散骑郎，并不就。

按：《晋书》卷九一《范宣传》曰："范宣，字宣子，陈留人也。年十岁，能诵《诗》、《书》。尝以刀伤手，捧手改容。人问痛邪，答曰：'不足为痛，但受全之体而致毁伤，不可处耳。'家人以其年幼而异焉。少尚隐遁，加以好学，手不释卷，以夜继日，遂博综众书，尤善《三礼》。家至贫俭，躬耕供养。亲没，负土成坟，庐于墓侧。太尉郗鉴命为主簿，诏征太学博士、散骑郎，并不就。"

卢谌为后赵石虎中书侍郎。

按：《晋书》卷四四《卢谌传》曰："末波死，弟辽代立，谌流离世故且二十载。石季龙破辽西，复为季龙所得，以为中书侍郎。"卷一〇六《石季龙载记上》曰："季龙将伐辽西鲜卑段辽……辽惧，弃令支，奔于密云山。辽右左长史刘群、卢谌、司马崔悦等封其府库，遣使请降。"《资治通鉴》卷九六《晋纪十八》系石季龙破辽、卢谌等请降事于是年。

龚壮誓不仕，上书说李寿。

按：《晋书》卷九四《龚壮传》曰："龚壮，字子玮，巴西人也。……寿犹袭伪号，欲官之，壮誓不仕，赂遗一无所取。会天久雨，百姓饥馑，壮上书说寿以归顺，允天心，应人望，永为国藩，福流子孙。寿省书内愧，秘而不宣。"参见是年"四月，成李寿袭成都，杀李期自立，国号汉，改元汉兴，立世子势为皇太子"条。

僧支遁出家。

按：《高僧传》卷四《支遁传》曰："支遁字道林，本姓关氏，陈留人，或云河东林虑人。幼有神理，聪明秀彻。初至京师，太原王濛甚重之，曰：'造微之功，不减辅嗣。'陈郡殷融尝与卫玠交，谓其神情俊彻，后进莫有继之者。及见遁，叹息以为重见若人。家世事佛，早悟非常之理。隐居余杭山，深思道行之品，委曲慧印之经，卓焉独拔，得自天心。年二十五出家。"《世说新语·文学第四》曰："《庄子·逍遥篇》，旧是难处，诸名贤所可钻味，而不能拔理于郭、向之外。支道林在白马寺中，将冯太常共语，因及《逍遥》。支卓然标新理于二家之表，立异义于众贤之外，皆是诸名贤寻味之所不得。后遂用支理。"程震炎注曰："据《高僧传·遁传》叙次，则此白马寺在余杭。"

庾亮作《与郗鉴笺》。

按：文见《晋书》卷七三《庾亮传》。参见是年"庾亮欲率众黜王导，因郗鉴不允而事息。寻拜司空"条。

蔡谟作《上言临轩拜三公宜作乐》及《敕作佛象颂议》。

按：《上言临轩拜三公宜作乐》见严可均《全晋文》卷一一四，辑自《晋书》卷二一《礼志下》、《通典》卷七一及卷一四七。《晋书》卷二一《礼志下》曰："咸康四年，成帝临轩，遣使拜太傅、太尉、司空。《仪注》，太乐宿悬于殿庭。门下奏，非祭祀宴飨，则无设乐之制。太常蔡谟议曰：'凡敬其事则备其礼，礼备则制有乐。乐者，所以敬事而明义，非为耳目之娱，故冠亦用之，不惟宴飨。宴飨之有乐，亦所以敬宾也。……今命大使，拜辅相，比于下国之臣，轻重殊矣。轻诚有之，重亦宜然。故谓临轩遣使，宜有金石之乐。'议奏从焉。"卷七七《蔡谟传》曰："成帝临轩，遣使拜太傅、太尉、司空。会将作乐，宿县于殿庭，门下奏，非祭祀燕飨则无设乐之制。事下太常。谟议临轩遣使宜有金石之乐，遂从之。临轩作乐，自此始也。彭城王纮上言，乐贤堂有先帝手画佛象，经历寇难，而此堂犹存，宜敕作颂。帝下其议。谟曰：'佛者，夷狄之俗，非经典之制。……今欲发王命，敕史官，上称先帝好佛之志，下为夷狄作一象之颂，于义有疑焉。'于是遂寝。"

龚壮作《上李寿封事》。

按：文见《华阳国志》卷九。参见是年"龚壮誓不仕，上书说李寿"条。

虞喜约是年作《安天论》。

按：《隋书》卷三四《经籍志三》曰："《安天论》六卷，虞喜撰。"已散佚，严可均《全晋文》卷八二有辑录。《晋书》卷一一《天文志上》曰："成帝咸康中，会稽虞喜因宣夜之说作《安天论》，以为'天高穷于无穷，地深测于不测。天确乎在上，有常安之形；地块焉在下，有居静之体。当相覆冒，方则俱方，圆则俱圆，无方圆不同之义也。其光曜布列，各自运行，犹江海之有潮汐，万品之有行藏也'。葛洪闻而讥之曰：'苟辰宿不丽于天，天为无用，便可言无，何必复云有之而不动乎？'"卷九一《虞喜传》曰："喜专心经传，兼览谶纬，乃作《安天论》以难浑、盖。"此论作于"咸康中"，姑系是年。

苻坚（　—385）生。

晋咸康五年　汉(成)汉兴二年　后赵建武五年
前燕慕容皝三年　代建国二年　前凉太元十六年
己亥　339年

八月壬午,晋复改丞相为司徒(《晋书》卷七《成帝纪》)。

九月,后赵石虎遣将夔安、李农攻沔南,张貉攻邾城,并进而攻江夏、义阳。进围石头。安遂略汉东,迁七千余户于幽、冀。晋征虏将军毛宝、西阳太守樊俊、度阳太守郑进皆死之(《晋书》卷八一《毛宝传》)。

是年,后赵石虎令郡国立五经博士。因官人不力,免郎中魏夐为庶人。

按:《十六国春秋辑补》卷一六《后赵录六·石虎录》曰:"(建武)五年,下书令诸郡立五经博士。初,(石)勒置大小学博士,至是复置国子博士、助教。季龙以选举斥外耆德,而势门童幼,多为美官,免郎中魏夐为庶人。"

前凉张骏立辟雍、明堂。命索绥作《凉春秋》。

按:《十六国春秋辑补》卷七〇《前凉录四·张骏录》曰:"骏十五年,以右长史任处领国子祭酒,立辟雍、明堂而行礼焉。命西曹掾集阁内外事付索绥,以作《凉春秋》。"《史通》外篇《古今正史第二》曰:"前凉张骏十五年,令其西曹边浏集内外事,以付秀才索绥,作《凉国春秋》五十卷。"《十六国春秋辑补》以晋咸康五年为前凉太元十五年。

庾亮有开复中原之谋,未果。王导卒,征为司徒、扬州刺史、录尚书事,亮固辞,帝许之。与谢尚共为朝廷修雅乐。

按:《晋书》卷七三《庾亮传》曰:"时石勒新死,亮有开复中原之谋……亮当率大众十万,据石城,为诸军声援,乃上疏曰……帝下其议。时王导与亮意同,郗鉴议以资用未备,不可大举。亮又上疏,便欲迁镇。会寇陷邾城,毛宝赴水而死。亮陈谢,自贬三等,行安西将军。有诏复位。……亮自邾城陷没,忧慨发疾。会王导薨,征亮为司徒、扬州刺史、录尚书事,又固辞,帝许之。"《资治通鉴》卷九六《晋纪十八》系以上诸事于是年。《通典》卷七七:"晋咸康五年春,征西庾亮行乡射之礼,依古周制,亲执其事,洋洋然有洙泗之风。"《宋书》卷一九《乐志一》曰:"庾亮为荆州,与谢尚共为朝廷修雅乐,亮寻薨。"

庾翼迁南蛮校尉,领南郡太守,加辅国将军。赐爵都亭侯。

按:《晋书》卷七三《庾翼传》曰:"迁南蛮校尉,领南郡太守,加辅国将军、假节。及邾城失守,石城被围,翼屡设奇兵,潜致粮杖。石城得全,翼之勋也。赐爵都亭侯。"

蔡谟在郗鉴卒后征为征北将军、都督徐兖青三州扬州之晋陵豫州之沛郡诸军事、领徐州刺史。

按:《晋书》卷七七《蔡谟传》曰:"初,太尉郗鉴疾笃,出谟为太尉军司,加侍中。

鉴卒,即拜谟为征北将军、都督徐兖青三州扬州之晋陵豫州之沛郡诸军事、领徐州刺史、假节。"

晋议追赠刁协。

按:《晋书》卷六九《刁协传》曰:"敦平后,周颛、戴若思等皆被显赠,惟协以出奔不在其例。咸康中,协子彝上疏讼之。在位者多以明帝之世褒贬已定,非所得更议,且协不能抗节陨身,乃出奔遇害,不可复其官爵也。丹阳尹殷融议曰……时庾冰辅政,疑不能决。左光禄大夫蔡谟与冰书曰……冰然之。事奏,成帝诏曰……于是追赠本官,祭以太牢。"

王导卒,成帝举哀于朝堂三日。及葬,给九游辒辌车、黄屋左纛、前后羽葆鼓吹、武贲班剑百人,中兴名臣莫与为比。

按:《晋书》卷七《成帝纪》曰:"(是年)秋七月庚申,使持节、侍中、丞相、领扬州刺史、始兴公王导薨。"卷六五《王导传》曰:"咸康五年薨,时年六十四。帝举哀于朝堂三日,遣大鸿胪持节监护丧事,赠襚之礼,一依汉博陆侯及安平献王故事。及葬,给九游辒辌车、黄屋左纛、前后羽葆鼓吹、武贲班剑百人,中兴名臣莫与为比。册曰……二弟:颖、敞,少与导俱知名,时人以颖方温太真,以敞比邓伯道,并早卒。导六子:悦、恬、洽、协、劭、荟。"

何充于王导卒后,转护军将军,与中书监庾冰参录尚书事。寻迁尚书令。

按:《晋书》卷七《成帝纪》曰:"(是年七月)辛酉,以护军将军何充录尚书事。"卷七七《何充传》曰:"及导薨,转护军将军,与中书监庾冰参录尚书事。诏充、(庾)冰各以甲杖五十人至止车门。寻迁尚书令,加左将军。充以内外统任,宜相纠正,若使事综一人,于课对为嫌,乃上疏固让。许之。"

庾冰为中书监、扬州刺史、都督扬豫兖三州军事、征虏将军、假节。王导卒后,代导辅政,改导宽惠,颇任威刑(《晋书》卷七三《庾冰传》)。

郗鉴临终上疏,举荐蔡谟、郗迈等。寻卒,诏赠太宰,谥曰文成。

按:《晋书》卷六七《郗鉴传》曰:"后以寝疾,上疏逊位曰:'……太常臣谟,平简贞正,素望所归,谓可以为都督、徐州刺史。臣亡兄息晋陵内史迈,谦爱养士,甚为流亡所宗,又是臣门户子弟,堪任兖州刺史。公家之事,知无不为,是以敢希祁奚之举。'疏奏,以蔡谟为鉴军司。鉴寻薨,时年七十一。帝朝晡哭于朝堂,遣御史持节护丧事,赠一依温峤故事。册曰:'……谥曰文成……'"卷七《成帝纪》曰:"(是年八月)辛酉,太尉、南昌公郗鉴薨。"

谢沈被蔡谟版为参军,不就。

按:《晋书》卷八二《谢沈传》曰:"平西将军庾亮命为功曹,征北将军蔡谟版为参军,皆不就。闲居养母,不交人事,耕耘之暇,研精坟籍。"

王恬去官。俄起为后将军,复镇石头。

按:《晋书》卷六五《王恬传》曰:"恬字敬豫。少好武,不为公门所重。导见悦辄喜,见恬便有怒色。州辟别驾,不行,袭爵即丘子。性傲诞,不拘礼法。谢万尝造恬,既坐,少顷,恬便入内。万以为必厚待己,殊有喜色。恬久之乃沐头散发而出,据胡床于庭中晒发,神气傲迈,竟无宾主之礼。万怅然而归。晚节更好士,多技艺,善奕棋,为中兴第一。迁中书郎。帝欲以为中书令,导固让,从之。除后将军、魏郡太守,加给事中,领兵镇石头。导薨,去官。俄起为后将军,复镇石头。转吴国、会稽内史,加散骑常侍。卒,赠中军将军,谥曰宪。"

庾阐出补零陵太守。

　　按：《晋书》卷九二《庾阐传》曰："顷之，出补零陵太守，入湘川，吊贾谊。其辞曰：'中兴二十三载，余忝守衡南，鼓栧三江，路次巴陵，望君山而过洞庭，涉湘川而观汨水，临贾生投书之川，慨以永怀矣。及造长沙，观其遗象，喟然有感，乃吊之云……'"

谢安弱冠诣王濛，清言良久。深受王濛及王导赏识。

　　按：《晋书》卷七九《谢安传》曰："弱冠，诣王濛，清言良久，既去，濛子修曰：'向客何如大人？'濛曰：'此客亹亹，为来逼人。'王导亦深器之。由是少有重名。"

卢谌约是年迁后赵国子祭酒。

　　按：《晋书》卷四四《卢谌传》载谌为国子祭酒，时间不明。后赵是年立五经博士，暂系于是年。

李演上书劝李寿释帝称王，寿怒杀之。

　　按：《华阳国志》卷九："（五年）（李）摅从兄演，自越嶲上书，劝寿归正返本，释帝称王。寿怒，杀之。"

龚壮作诗七篇，托言应璩以讽李寿。

　　按：《晋书》卷一二一《李寿载记》曰："壮作诗七篇，托言应璩以讽寿。寿报曰……"龚壮诗佚，作时应与李演上书同时。

庾亮作《谋开复中原疏》、《斩陶称上疏》、《请留庾怿监秦州疏》及《杂乡射等仪》三卷。

　　按：《谋开复中原疏》见《晋书》卷七三《庾亮传》曰："亮当率大众十万，据石城，为诸军声援，乃上疏曰……"陶称为陶侃子，《斩陶称上疏》见卷六六《陶侃传》。庾怿为亮弟，《请留庾怿监秦州疏》见卷七三《庾怿传》。丁国钧《补晋书艺文志》卷一曰："《杂乡射等仪》三卷，庾亮。谨按见《七录》。《通典》：'晋咸康五年，征西庾亮行乡射之礼，依古周制，亲执其事，洋洋然有洙泗之风。'是书当成于彼时。"

蔡谟作《征西将军庾亮移镇石城议》、《皇后每年拜陵议》、《谏攻寿阳疏》、《谏断酬功疏》及《与庾冰书论赠刁协》。

　　按：《征西将军庾亮移镇石城议》、《皇后每年拜陵议》、《谏攻寿阳疏》、《谏断酬功疏》见《晋书》卷七七《蔡谟传》曰："时征西将军庾亮以石勒新死，欲移镇石城，为灭贼之渐。事下公卿。谟议曰……朝议同之，故亮不果移镇。初，皇后每年拜陵，劳费甚多，谟建议曰：'古者皇后庙见而已，不拜陵也。'由是遂止。……时左卫将军陈光上疏请伐胡，诏令攻寿阳，谟上疏曰……先是，郗鉴上部下有勋劳者凡一百八十人，帝并酬其功，未卒而鉴薨，断不复与。谟上疏以为'先已许鉴，今不宜断。且鉴所上者皆积年勋效，百战之余，亦不可不报'。诏听之。"《与庾冰书论赠刁协》见《晋书》卷六九《刁协传》，参见是年"晋议追赠刁协"条。

殷融作《显赠刁协议》。

　　按：文见《晋书》卷六九《刁协传》。参见是年"晋议追赠刁协"条。

庾冰作《上疏辞封赏》。

　　按：《晋书》卷七三《庾冰传》曰："诏复论前功，冰上疏曰……许之。"

郗鉴作《上疏逊位》。

　　按：文见《晋书》卷六七《郗鉴传》。

孙绰作《丞相王导碑》、《太宰郗鉴碑》及《与庾冰诗》。

按：《丞相王导碑》、《太宰郗鉴碑》均见《艺文类聚》卷四五。《与庾冰诗》见逯钦立《晋诗》卷一三，诗的内容涉及到对庾冰为政颇任威刑的看法。

庾阐作《吊贾谊文》、《吊贾谊诗》、《三月三日诗》及《衡山诗》。

按：文见《晋书》卷九二《庾阐传》。《吊贾谊诗》、《三月三日诗》及《衡山诗》见《晋诗》卷一二，应作于为零陵太守任上。参见是年"庾阐出补零陵太守"条。

郗鉴卒（269—　）。鉴字道徽，高平金乡人。少孤贫，博览经籍，躬耕吟咏，以儒雅著名。赵王伦辟为掾，知伦有不臣之心，称疾去职。明帝初即位，王敦专权，帝以鉴为外援，拜安西将军、兖州刺史、都督扬州江西诸军事、假节，镇合肥。与帝共谋灭敦。寻迁车骑将军，都督徐、兖、青三州军事，受诏辅少主。祖约、苏峻之乱，鉴誓师勤王。事平，拜司空，加侍中，解八郡都督，更封南昌县公。鉴草书卓绝，古而且劲。《隋书》卷三五《经籍志四》著录晋太尉《郗鉴集》10卷，录1卷。严可均《全晋文》卷一百九载其文4篇。孙绰作《太宰郗鉴碑》，见《艺文类聚》卷四五。事迹见《晋书》卷六七及《法书要录》卷八。

王导卒（276—　）。导字茂弘，临沂人。少有识量，才智过人。元帝时为琅邪王。元帝初渡江，劝元帝招揽东南贤俊，以结人心。朝野依赖，号为"仲父"。及帝即位，以导为丞相。导辅元、明、成三帝，出将入相，官至太傅。导简素寡欲，仓无储谷，衣不重帛。善因事就功。卒谥文献。导行草兼妙，见贵当世。《隋书》卷三五《经籍志四》著录晋丞相《王导集》11卷，梁10卷，录1卷。严可均《全晋文》卷一九载其文21篇。孙绰作《丞相王导碑》，见《艺文类聚》卷四五。事迹见《晋书》卷六五及《法书要录》卷九。

范宁（　—401）生；王徽之（　—386）约生。

晋咸康六年　汉（成）汉兴三年　后赵建武六年
前燕慕容皝四年　代建国三年　前凉太元十七年
庚子　340年

君士坦斯一世败杀君士坦丁二世，遂取帝国西部。是时，君士坦提乌斯二世治帝国东方诸行省。

叙利亚人基督教僧侣弗鲁门蒂乌斯约于此时被俘往阿克苏姆王国。

二月，前燕慕容皝与石虎将石成战于辽西，败之。献捷于京师（《晋书》卷七《成帝纪》）。

三月，代王什翼犍徙都云中盛乐宫（《资治通鉴》卷九六《晋纪十八》）。

陆玩为司空，所辟皆寒素有行之士。

按：《晋书》卷七《成帝纪》曰："（六月）辛亥，以左光禄大夫陆玩为司空。"卷七七《陆玩传》曰："以玩有德望，乃迁侍中、司空，给羽林四十人。玩既拜，有人诣之，索杯酒，泻置柱梁之间，咒曰：'当今乏材，以尔为柱石，莫倾人梁栋邪！'玩笑曰：'戢卿良

晋咸康六年　汉(成)汉兴三年　后赵建武六年　前燕慕容皝四年　代建国三年　前凉太元十七年
庚子　340年

箴。'既而叹息,谓宾客曰:'以我为三公,是天下为无人。'谈者以为知言。玩虽登公辅,谦让不辟掾属。成帝闻而劝之。玩不得已而从命,所辟皆寒素有行之士。玩翼亮累世,常以弘重为人主所贵,加性通雅,不以名位格物,诱纳后进,谦若布衣,由是缙绅之徒莫不荫其德宇。"

庾翼为荆州刺史,代亮镇武昌。戎政严明,公私充实,人情翕然,称其才干(《晋书》卷七三《庾翼传》)。

王羲之受庾亮举荐,迁宁远将军、江州刺史。

按:《晋书》卷八〇《王羲之传》曰:"(庾)亮临薨,上疏称羲之清贵有鉴裁。迁宁远将军、江州刺史。"

孙盛为安西谘议参军,寻迁廷尉正。

按:《晋书》卷八二《孙盛传》曰:"庾翼代亮,以盛为安西谘议参军,寻迁廷尉正。"

殷浩、孙盛、王濛、谢尚等于会稽王处清言。

按:《世说新语·文学第四》曰:"殷中军、孙安国、王、谢等能言诸贤,悉在会稽王许。殷与孙共论《易》象,妙于见形。孙语道合,意气干云。一坐咸不安孙理,而辞不能屈。会稽王慨然叹曰:'使真长来,故应有以制彼。'既迎真长,孙意已不如。真长既至,先令孙自叙本理。孙粗说己语,亦觉殊不及向。刘便作二百许语,辞难简切,孙理遂屈。一坐同时拊掌而笑,称美良久。"余嘉锡笺疏引程炎震云:"此王、谢是王濛、谢尚,非逸少、安石也。知者以此称会稽,不称抚军与相王,知是成帝咸康六年事。"《晋书》卷九三《王濛传》曰:"简文帝之为会稽王也,尝与孙绰商略诸风流人,绰言曰:'刘惔清蔚简令,王濛温润恬和,桓温高爽迈出。谢尚清易令达,而濛性和畅,能言理,辞简而有会。'"《晋书》卷七五《刘惔传》曰:"刘惔,字真长,沛国相人也……以惔雅善理,简文帝初作相,与王濛并为谈客,俱蒙上宾礼。"

司马昱进抚军将军,领秘书监(《晋书》卷九《简文帝纪》)。

谢尚转督江夏义阳随三郡军事、江夏相,将军如故。数诣庾翼共谋军事(《晋书》卷七九《谢尚传》)。

庾冰议沙门应敬王者,何充等人反对,沙门遂不致敬。

按:《弘明集》卷一二曰:"晋咸康六年,成帝幼冲,庾冰辅政,谓沙门应尽敬王者,尚书令何充等议不应敬,下礼官详议。博士议与充同,门下承冰旨为驳。尚书令何充及仆射褚翜、诸葛恢、尚书冯怀、谢广等奏沙门不应尽敬。"汤用彤《汉魏晋南北朝佛教史》曰:"沙门致敬,乃夷俗与华人体教冲突之一大事,以此次为其开端。"

王隐奏上《晋书》。

按:《史通》外篇《古今正史第二》曰:"晋史,洛京时,著作郎陆机始撰《三祖纪》,佐著作郎束晳又撰《十志》。会中朝丧乱,其书不存。先是,历阳令陈郡王铨有著述才,每私录晋事及功臣行状,未就而卒。子隐,博学多闻,受父遗业,西都事迹,多所详究。过江为著作郎,受诏撰晋史。为其同僚虞预所诉,坐事免官。家贫无资,书未遂就,乃依征西将军庾亮于武昌镇。亮给其纸笔,由是获成,凡为《晋书》八十九卷。咸康六年,始诣阙奏上。隐虽好述作,而辞拙才钝。其书编次有序者,皆铨所修;章句混漫者,必隐所作。"

又按:王隐生卒年不详。隐字处叔,陈郡陈人。世寒素。父铨,每私录晋事及功臣行状,未就而卒。隐受父遗业,留心晋代史事。建兴中,过江,为丞相军谘祭酒

亚历山大城的帕普斯约于此时完成《数学汇编》。

祖纳所器重。大兴初，奉召与郭璞俱为著作郎，作《晋书》。时著作郎虞预私作《晋书》，数访于隐，并借隐所著书窃写之。是后预便疾隐，隐由是以谤免归。隐家贫，乃依庾亮于武昌，著成《晋书》。汤球有辑本，共11卷。《隋书》卷三三《经籍志二》著录其撰《晋书》86卷，本93卷，今残缺；卷三五《经籍志四》著录晋著作郎《王隐集》10卷，梁20卷，录1卷。严可均《全晋文》卷八六载其文3篇。事迹见《晋书》卷八二。

何充等作《奏沙门不应尽敬》三篇。

按：文见《弘明集》卷一二，载《尚书令何充奏沙门不应尽敬》、《尚书令何充及褚翌诸葛恢冯怀谢广等重表》及《尚书令何充仆射褚翌等三奏不应敬事》三篇。

庾冰作《为兄亮上疏辞封》。

按：文见《晋书》卷七三《庾亮传》。参见是年"庾亮卒"条。

庾翼作《表陈南夷事》、《报兄冰书》及《贻殷浩书》。

按：《表陈南夷事》及《报兄冰书》见《晋书》卷七三《庾翼传》。《贻殷浩书》见《晋书》卷七七《殷浩传》。

孙绰作《庾公诔》及《太尉庾亮碑》。

按：二文严可均《全晋文》卷六二有辑。《世说新语·文学第四》曰："孙兴公作《庾公诔》。袁羊曰：'见此张缓。'于时以为名赏。"刘孝标注引《袁氏家传》曰："乔有文才。"《世说新语·方正第五》曰："孙兴公作《庾公诔》，文多托寄之辞。既成，示庾道恩。庾见，慨然送还之，曰：'先君与君，自不至于此。'"刘孝标注曰："绰集载诔文曰：'咨予与公，风流同归。拟量托情，视公犹师。君子之交，相与无私。虚中纳是，吐诚悔非。虽实不敏，敬佩弦韦。永戢话言，口诵心悲。'"又注曰："道恩，庾羲小字。徐广《晋纪》曰：'羲，字叔和，太尉亮第三子。拔尚率到。位建威将军、吴国内史。'"

庾亮伎作《礼毕乐》。

按：《隋书》卷一五《音乐志下》曰："《礼毕》者，本出自晋太尉庾亮家。亮卒，其伎追思亮，因假为其面，执翳以舞，象其容，取其谥以号之，谓之为《文康乐》。每奏《九部乐》终则陈之，故以礼毕为名。其行曲有《单交路》，舞曲有《散花》。乐器有笛、笙、箫、篪、铃槃、鞞、腰鼓等七种，三悬为一部。工二十二人。"张可礼《东晋文艺系年》曰："王克芬编作《中国古代舞蹈史话》第33页：河南邓县出土的画象砖，刻绘乐舞场面，'其中有个戴面具的舞人，据沈从文先生考证，认为可能是《文康伎》的面具舞'。"

慕容皝作《上晋成帝表》及《与庾冰书》。

按：《晋书》卷一百九《慕容皝载记》曰："皝虽称燕王，未有朝命，乃遣其长史刘祥献捷京师，兼言权假之意，并请大举讨平中原。又闻庾亮薨，弟冰、翼继为将相，乃表曰……又与冰书曰……冰见表及书甚惧，以其绝远，非所能制，遂与何充等奏听皝称燕王。"

龚壮作《与李寿书》。

按：《华阳国志》卷九曰："(是年)九月，大阅军士七万余人，舟师集成都，鼓噪盈江，寿登城观之。从臣咸谏。龚壮书曰：'陛下与胡通，孰若与晋通……'寿乃止。"《晋书》卷九四《龚壮传》曰："(李寿)乃遣使入胡，壮又谏之，寿又不纳。"

优西比乌斯卒，生年不详。罗马人。基督教会史学家。

庾亮卒（289— ）。亮字元规，颍川鄢陵人。晋室外戚。善谈论，性好《老》、《庄》。亮历仕元帝、明帝、成帝三朝。因妹为明帝皇后，又曾参与计平王敦之乱，攻灭吴兴豪族沈充，以功封永昌县开国公。苏峻、祖约作乱，出奔浔阳。乱平，出镇武昌，任征西将军。追赠太尉，谥曰文康。《隋书》卷三五《经籍志四》著录晋太尉《庾亮集》21卷,梁20卷,录1卷,亡。卷三二《经籍志一》著录《杂乡射等议》3卷,《论语君子无所争》1卷,亡。严可均《全晋文》卷三六及三七载其文20篇。孙绰著有《太尉庾亮碑》,严可均《全晋文》卷六二有辑。事迹见《晋书》卷七三。

按:《晋书》卷七《成帝纪》曰:"六年春正月庚子,使持节、都督江豫益梁雍交广七州诸军事、司空、都亭侯庾亮薨。"卷八一《毛宝传》载上年邾城之战,"赴江死者六千人,(毛)宝亦溺死。亮哭之恸,因发疾,遂薨。"卷七三《庾亮传》曰:"亮自邾城陷没,忧慨发疾。……咸康六年薨,时年五十二。追赠太尉,谥曰文康。丧至,车驾亲临。及葬,又赠永昌公印绶。亮弟冰上疏曰……帝从之。亮将葬,何充会之,叹曰:'埋玉树于土中,使人情何能已!'"

晋咸康七年　汉(成)汉兴四年　后赵建武七年　前燕慕容皝五年　代建国四年　前凉太元十八年
辛丑　341年

正月,前燕慕容皝筑龙城(《资治通鉴》卷九六《晋纪十八》)。

四月,晋诏王公以下至庶人皆正土断、白籍(《晋书》卷七《成帝纪》)。

按:土断即废除侨置郡县,使侨寓户口编入所在郡县;白籍即户口以白纸为籍,以与土著黄籍相区别。

九月,代王什翼犍筑盛乐城(《资治通鉴》卷九六《晋纪十八》)。

汉李寿大修宫室,杀人立威,民心思乱(《资治通鉴》卷九六《晋纪十八》)。

顾臻表奏罢杂伎乐。

按:《宋书》卷一九《乐志一》曰:"晋成帝咸康七年,散骑侍郎顾臻表曰:'……宜下太常,纂备雅乐……杂伎而伤人者,皆宜除之……'于是除《高絙》、《紫鹿》、《跂行》、《鳖食》及《齐王卷衣》、《笮儿》等乐。又减其禀。其后复《高絙》、《紫鹿》焉。"

何充徙中书令。

按:《晋书》卷一三《天文志下》曰:"是时,尚书令何充为执法,有谴,欲避其咎,明年求为中书令。"卷七七《何充传》曰:"徙中书令,加散骑常侍,领军如故。又领州大中正,以州有先达宿德,固让不拜。"按,明年指咸康七年。《资治通鉴》卷九六以何充上年正月为中书令。

谢安约是年赴庾冰之召,月余告归。

按:《晋书》卷七九《谢安传》曰:"扬州刺史庾冰以安有重名,必欲致之,累下郡县敦逼,不得已赴召,月余告归。复除尚书郎、琅邪王友,并不起。"张可礼《东晋文艺系年》曰:"《世说新语·言语第二》程炎震注引《晋略列传》二十七《谢安传》:'咸康中,庾冰强致之。'……据《东晋将相大臣年表》,庾冰于咸康五年七月至建元元年十月任扬州刺史。谢安赴召当在咸康五年至八年间。"

君士坦斯一世败法兰克人。

阿里乌斯教会安条克宗教会议举行。

阿里乌斯派乌尔斐拉成为哥特人主教。

顾臻作《请除杂伎乐表》。

按：文见《宋书》卷一九《乐志一》。参见是年"顾臻表奏罢杂伎乐"条。

范坚作《凶门议》。

按：《宋书》卷一五《礼志二》曰："成帝咸康七年，杜后崩。诏外官五日一入临，内官旦一入而已。过葬虞祭礼毕止。有司奏：'大行皇后陵所作凶门柏历，门号显阳端门。'诏曰：'门如所处，凶门柏历，大为烦费，停之。'案蔡谟说，以二瓦器盛死者之祭，系于木表，裹以苇席，置于庭中近南，名为重。今之凶门，是其遗象也。《礼》，既虞而作主。今未葬，未有主，故以重当之。《礼》称为主道，此其义也。范坚又曰：'凶门非古。古有悬重，形似凶门。后人出之门外以表丧，俗遂行之。薄帐，既古吊幕之类也。'是时又诏曰：'重壤之下，岂宜崇饰无用。陵中唯洁扫而已。'"

又按：范坚，生卒年不详。坚字子常，汝南顺阳人，博学善属文。晋永嘉中，避乱江东，拜佐著作郎、抚军大将军参军。成帝时讨苏峻乱，赐爵都亭侯。累迁尚书右丞、护军长史，卒于官。著有文集13卷。严可均《全晋文》卷一二四载其文3篇。事迹见《晋书》卷七五。

王濛作《议立奔赴之制》及《申述前议》。

按：《通典》卷八〇曰："东晋成帝咸康中，恭皇后山陵，司徒西曹属王濛议立奔赴之制曰……黄门郎徐众等驳濛云……诏可。濛又申述前议曰……诏又付尚书左丞王彪之议，云：'……且宜一依濛所上。'诏曰：'今轻此制，于名教为不尽矣。今直以或者众致于此事，不必改先制，如濛所上施行。'"

王彪之作《奔丧议》。

按：文见《通典》卷八〇。参见是年"王濛作《议立奔赴之制》及《申述前议》"条。

蔡谟作《奏正会惟作鼓吹钟鼓》。

按：《晋书》卷二三《乐志下》曰："成帝咸康七年，尚书蔡谟奏：'八年正会仪注，惟作鼓吹钟鼓，其余伎乐尽不作。'侍中张澄、给事黄门侍郎陈逵驳，以为……诏曰：'今既以天下体大，礼从权宜，三正之飨，宜尽用吉礼也。至娱耳目之乐，所不忍闻，故阙之耳。事之大者，不过上寿酒，称万岁，已许其大，不足复阙钟鼓鼓吹也。'"

虞潭作《悼杨皇后宜配食武帝议》。

按：《晋书》卷三一《武悼杨皇后传》曰："永嘉元年，追复尊号，别立庙，神主不配武帝。至成帝咸康七年，下诏使内外详议。卫将军虞潭议曰……会稽王昱、中书监庾冰、中书令何充、尚书令诸葛恢、尚书谢广、光禄勋留擢、丹杨尹殷融、护军将军冯怀、散骑常侍邓逸等咸从潭议，由是太后配食武帝。"

晋咸康八年　汉（成）汉兴五年　后赵建武八年
前燕慕容皝六年　代建国五年　前凉太元十九年
壬寅　342年

六月庚寅，晋成帝病。壬辰，引武陵王晞、会稽王昱、中书监庾冰、中书令何充、尚书令诸葛恢并受顾命。癸巳，卒。庙号显宗（《晋书》卷七《成

晋咸康八年　汉(成)汉兴五年　后赵建武八年　前燕慕容皝六年　代建国五年　前凉太元十九年
壬寅　342年

帝纪》)。

甲午，晋庾冰立成帝弟琅邪王岳，是为康皇帝(《晋书》卷七《成帝纪》)。
十月，前燕慕容皝迁都龙城(《资治通鉴》卷九七《晋纪十九》)。

庾冰兄弟谋立康帝，何充不从(《晋书》卷七七《何充传》)。
何充出为骠骑将军，以避诸庾。
按：《晋书》卷七《康帝纪》曰："(是年七月)己未，以中书令何充为骠骑将军。"卷七七《何充传》曰："建元初，出为骠骑将军、都督徐州扬州之晋陵诸军事、假节，领徐州刺史，镇京口，以避诸庾。"成帝是年六月卒，康帝明年方改元建元。

蔡谟征拜左光禄大夫，领司徒。
按：《晋书》卷七七《蔡谟传》曰："康帝即位，征拜左光禄大夫、开府仪同三司，领司徒。"

谢沈以太学博士征，以母忧去职。
按：《晋书》卷八二《谢沈传》曰："康帝即位，朝议疑七庙迭毁，乃以太学博士征，以质疑滞。以母忧去职。"

又按：谢沈生卒年不详，字行思，会稽山阴人也。沈少孤，事母至孝，博学多识，明练经史。郡命为主簿、功曹，察孝廉，太尉郗鉴辟，并不就。会稽内史何充引为参军，以母老去职。平西将军庾亮命为功曹，征北将军蔡谟版为参军，皆不就。闲居养母，不交人事，耕耘之暇，研精坟籍。康帝即位，朝议疑七庙迭毁，乃以太学博士征，以质疑滞。以母忧去职。服阕，除尚书度支郎。何充、庾冰并称沈有史才，迁著作郎，撰《晋书》三十余卷。会卒，时年五十二。沈先作《后汉书》百卷及《毛诗》、《汉书外传》，所著述及诗赋文论皆行于世。其才学在虞预之右。《隋书》卷三二《经籍志一》著录其撰《尚书》15卷，注《毛诗》20卷，撰《毛诗释义》10卷。卷三五《经籍志四》著录梁有《谢沈集》10卷，《文章志录杂文》8卷，亡。严可均《全晋文》卷一三〇载其文3篇。孙绰有《司空庾冰碑》。事迹见《晋书》卷八二。

孔愉约是年上疏荐韩绩。病笃，寻卒。
按：《晋书》卷九四《韩绩传》曰："韩绩，字兴齐，广陵人也。……绩少好文学，以潜退为操，布衣蔬食，不交当世，由是东土并宗敬焉。司徒王导闻其名，辟以为掾，不就。咸康末，会稽内史孔愉上疏荐之，诏以安车束帛征之。尚书令诸葛恢奏绩名望犹轻，未宜备礼，于是召拜博士。称老病不起，卒于家。"卷七八《孔愉传》曰："病笃，遗令敛以时服，乡邑义赗，一不得受。年七十五，咸康八年卒。赠车骑将军、开府仪同三司，谥曰贞。"

郗愔任中书侍郎。
按：《晋书》卷六七《郗愔传》曰："服阕，袭爵南昌公，征拜中书侍郎。"

王洽任散骑。
按：《晋书》卷六五《王洽传》曰："洽字敬和，导诸子中最知名，与荀羡俱有美称。弱冠，历散骑。"

王濛约是年与刘惔共看何充。
按：《世说新语·政事第三》曰："王、刘与林公共看何骠骑，骠骑看文书不顾之。王谓何曰：'我今故与林公来相看，望卿摆拨常务，应对玄言，那得方低头看此邪？'何曰：'我不看此，卿等何以得存？'诸人以为佳。"刘孝标注引《晋阳秋》曰："何充与王濛、刘惔好尚不同，由此见讥于当世。"何充是年出为骠骑将军，姑系是年。参见是年

"何充出为骠骑将军,以避诸庾"条。

丁潭以光禄大夫还第。

按:《晋书》卷七八《丁潭传》曰:"康帝即位,屡表乞骸骨。诏以光禄大夫还第,门施行马,禄秩一如旧制,给传诏二人,赐钱二十万,床帐褥席。年八十,卒。赠侍中,大夫如故,谥曰简。王导尝谓孔敬康有公才而无公望,丁世康有公望而无公才。子话,位至散骑侍郎。"

庾怿欲毒杀王允之,不成,饮鸩而卒。

按:《晋书》卷七三《庾怿传》曰:"尝以毒酒饷江州刺史王允之。王允之觉其有毒,饮犬,犬毙,乃密奏之。帝曰:'大舅已乱天下,小舅复欲尔邪!'怿闻,遂饮鸩而卒,时年五十。赠侍中、卫将军,谥曰简。子统嗣。"又见载于卷七《成帝纪》。《建康实录》卷七《显宗成皇帝》载怿卒于是年二月。

王述作《与庾冰笺》。

按:《晋书》卷七五《王述传》曰:"时庾翼镇武昌,以累有妖怪,又猛兽入府,欲移镇避之。述与冰笺曰……时朝议亦不允,翼遂不移镇。"《资治通鉴》卷九七系此文于是年三月。

殷融作《上言奔赴山陵不须限制》及《奏并襄阳郡县》。

按:《上言奔赴山陵不须限制》见《通典》卷八〇:"八年,成帝崩,尚书殷融上言:'司徒西曹属王濛以周年为限,不及者除名,付之乡论。臣以为夫名教兴于义厚,忠孝发于自然,不严而著,不肃而成者也。……宜遵前代,闻凶行丧三日而已。'诏曰……融又重启,依王濛所上为条制。"《奏并襄阳郡县》见严可均《全晋文》卷一二九,严注:"咸康八年,尚书殷融奏。"

韦謏作《谏石虎微行》。

按:《晋书》卷一〇六《石虎载记上》曰:"季龙畋猎无度,晨出夜归,又多微行,躬察作役之所。侍中韦謏谏曰……季龙省而善之,赐以谷帛,而兴缮滋繁,游察自若。"《十六国春秋辑补》卷一七《后赵录七·石虎录》系于是年。

时有《成帝末年歌》。

按:歌见《晋书》卷二八《五行志中》。

孔愉卒(268—)。

愉字敬康,会稽山阴人。愉年十三而孤,养祖母以孝闻,与同郡张茂字伟康、丁潭字世康齐名,时人号曰"会稽三康"。吴平,至洛,惠帝末,归乡里。东还会稽,入新安山中,改姓孙氏,以稼穑读书为务,信著乡里。怀帝永嘉中,司马睿命为参军。愍帝建兴初,始出应召。以讨华轶功,封余不亭侯。累迁吴兴太守,沈充反,愉弃官还京师,拜御史中丞,迁侍中、太常。及苏峻反,愉朝服守宗庙。累迁左仆射。批评朝政,为王导所衔。出为会稽内史。《隋书》卷三三《经籍志二》著录其撰《晋咸和咸康故事》4卷。严可均《全晋文》卷一二六载其文3篇。事迹见《晋书》卷七八。

释法显(—423?)约生。

按:章巽《法显传校注序》曰:"关于法显的生卒年,只能作大体的推定。僧祐《出三藏记集》卷十五《法显法师传》云,法显'后到荆州,卒于新寺,春秋八十有二'。

晋康帝司马岳建元元年　汉(成)汉兴六年　后赵建武九年　前燕慕容皝七年　代建国六年　前凉太元二十年
癸卯　343年

正月,晋改元建元元年(《晋书》卷七《康帝纪》)。

丁巳,晋下诏议经略中原(《晋书》卷七《康帝纪》)。

八月,汉李寿卒,子势立(《晋书》卷七《康帝纪》)。

是年,后赵石虎遣国子博士赴洛阳写石经。

按:《晋书》卷一〇六《石季龙载记上》曰:"季龙虽昏虐无道,而颇慕经学,遣国子博士诣洛阳写石经,校中经于秘书。国子祭酒聂熊注《谷梁春秋》,列于学官。"载记叙此事于是年"季龙以平西张伏都为使持节、都督征讨诸军事,帅步骑三万击凉州。既济河,与张骏将谢艾大战于河西,伏都败绩"后,姑系于此。

庾冰为车骑将军,又除都督荆江司雍益梁六州诸军事、又除都督荆江司雍益梁六州诸军事。领江州刺史、假节,镇武昌。

按:《晋书》卷七《康帝纪》曰:"(是年)三月,以中书监庾冰为车骑将军。……十月辛巳,以车骑将军庾冰都督荆江司雍益梁六州诸军事、江州刺史。"卷七三《庾冰传》曰:"康帝即位,又进车骑将军。冰惧权盛,乃求外出。会弟翼当伐石季龙,于是以本号除都督江荆宁益梁交广七州豫州之四郡军事、领江州刺史、假节,镇武昌,以为翼援。冰临发,上疏曰……"

庾翼为征讨大都督,师次襄阳,大会僚佐,耀威汉北(《晋书》卷七三《庾翼传》)。

范汪上疏请庾翼还镇。寻迁何充长史。

按:《晋书》卷七五《范汪传》曰:"时庾翼将悉郢汉之众以事中原,军次安陆,寻转屯襄阳。汪上疏曰……寻而骠骑将军何充辅政,请为长史。"

何充为中书监、都督扬豫二州诸军事、扬州刺史、录尚书事,辅政(《晋书》卷七《康帝纪》及卷七七《何充传》)。

郗愔为何充长史。

按:《晋书》卷六七《郗愔传》曰:"骠骑何充辅政,征北将军褚裒镇京口,皆以愔为长史。"

褚裒为卫将军、领中书令。

君士坦斯一世巡幸不列颠。

按：《晋书》卷七《康帝纪》曰："（是年）十月辛巳……褚裒为卫将军、领中书令。"卷九三《褚裒传》曰："及康帝即位，征拜侍中，迁尚书。以后父，苦求外出，除建威将军、江州刺史，镇半洲。在官清约，虽居方伯，恒使私童樵采。顷之，征为卫将军，领中书令。"

桓温帅众入临淮。都督青徐兖三州诸军事、徐州刺史。

按：《晋书》卷七《康帝纪》曰："（是年七月）以辅国将军、琅邪内史桓温为前锋小督、假节，帅众入临淮"，十月"以琅邪内史桓温都督青徐兖三州诸军事、徐州刺史"。

司马昱领太常。

按：《晋书》卷九《简文帝纪》曰："建元元年夏五月癸丑，康帝诏曰：'……会稽王叔履尚清虚，志道无倦，优游上列，讽议朝肆。其领太常本官如故。'"

司马晞领秘书监（《晋书》卷六四《武陵威王晞传》）。

刘惔为丹杨尹，为政清整，门无杂宾。

按：《晋书》卷七五《刘惔传》曰："累迁丹杨尹。为政清整，门无杂宾。时百姓颇有讼官长者，诸郡往往有相举正，惔叹曰：'夫居下讪上，此弊道也。……若此风不革，百姓将往而不反。'遂寝而不问。"卷八〇《王羲之传》曰："时刘惔为丹杨尹，许询尝就惔宿，床帷新丽，饮食丰甘。询曰：'若此保全，殊胜东山。'惔曰：'卿若知吉凶由人，吾安得保此。'羲之在坐，曰：'令巢许遇稷契，当无此言。'二人并有愧色。"张可礼《东晋文艺系年》曰："据《东晋将相大臣年表》，惔自本年至永和元年任丹阳尹。《建康实录》卷八《康皇帝》：永和三年，'冬十二月，以侍中刘惔为丹阳尹。'今从年表。"

翟汤、虞喜被征。

按：《晋书》卷七《康帝纪》曰："六月壬午，又以束帛征处士寻阳翟汤、会稽虞喜。"

卢谌在后赵为常侍，抗礼宠臣申扁（《晋书》一〇六《石季龙载记上》）。

按：《石季龙载记上》叙此事于"刘宁攻武都狄道，陷之"后，故系于是年。

庾冰作《出镇武昌临发疏》。

按：文见《晋书》卷七三《庾冰传》。参见是年"庾冰为车骑将军，又除都督荆江司雍益梁六州诸军事。领江州刺史、假节，镇武昌"条。

庾翼作《北伐上疏》、《北伐至夏口上表》及《与兄冰书》。

按：《北伐上疏》、《北伐至夏口上表》见《晋书》卷七三《庾翼传》曰："康帝即位，翼欲率众北伐，上疏曰……于是并发所统六州奴及车牛驴马，百姓嗟怨。时欲向襄阳，虑朝廷不许，故以安陆为辞。帝及朝士皆遣使譬止，车骑参军孙绰亦致书谏。翼不从，遂违诏辄行。至夏口，复上表曰……"《与兄冰书》见《宋书》卷二四《天文志二》曰："建元元年，岁星犯天关。安西将军庾翼与兄冰书曰……"《晋书》卷一三《天文志下》系于明年。

庾龢作《请叔父翼徙镇襄阳书》。

按：《晋书》卷七三《庾龢传》曰："龢字道季，好学，有文章。叔父翼将迁襄阳，龢年十五，以书谏曰……翼甚奇之。"

庾阐作《为庾稚恭檄蜀文》、《为庾稚恭檄石虎文》，约是年作《观石鼓诗》及《登楚山诗》。

按：《为庾稚恭檄蜀文》、《为庾稚恭檄石虎文》严可均《全晋文》卷三八有辑。《观石鼓诗》及《登楚山诗》见逯钦立《晋诗》卷一二。张可礼《东晋文艺系年》曰："《为庾稚恭檄蜀文》见《全晋文》卷三八。《晋书》卷七《康帝纪》：'建元元年……夏四月，益州刺史周抚、西阳太守曹据伐李寿，败其将李恒于江阳。'卷七三《庾翼传》记康帝崩后，翼遣周抚、曹据伐蜀，与《康帝纪》所记推后一年。今从《康帝纪》。檄蜀文当作于本年四月。《为庾稚恭檄石虎文》见《全晋文》卷三八，其中有'今遣使持节、荆州刺史都亭侯翼'句。檄石虎文当作于本年庾翼北伐时。曹道衡《中古文学史论文集》第297页：'（庾阐）在晚年曾到过荆州，可能在（庾）翼幕下任过职。其证据是他作有《为庾稚恭檄石虎文》和《为庾稚恭檄蜀文》。'《晋诗》卷一二辑阐《观石鼓诗》。……《观石鼓诗》云：'朝济青溪岸，夕憩五龙泉。鸣石含潜响，雷骇震九天。'《荆州记》云：'建平郡南陵县有石鼓，南有五龙山……'诗中所云'五龙泉'，可能指五龙山山泉。建平郡属荆州，疑诗当作于庾阐在庾翼幕下任职时。《晋诗》卷一二辑阐《楚山诗》，疑亦作于在荆州时。"

范汪作《请严诏谕庾翼还镇疏》。

按：文见《晋书》卷七五《范汪传》。参见是年"范汪上疏请庾翼还镇。寻迁何充长史"条。

蔡谟作《非刘邵日蚀不废朝议》。

按：《晋书》卷一九《礼志上》曰："至康帝建元元年，太史上元日合朔，后复疑应却会与否。庾冰辅政，写刘邵议以示八坐。于时有谓邵为不得礼意，荀彧从之，是胜人之一失。故蔡谟遂著议非之，曰……于是冰从众议，遂以却会。"

顾和作《议祀南北郊表》。

按：《晋书》卷一九《礼志上》曰："康帝建元元年正月，将北郊，有疑议。太常顾和表……于是从和议。是月辛未南郊，辛巳北郊，帝皆亲奉。"卷八三《顾和传》曰："康帝即位，将祀南北郊，和议以为车驾宜亲行。帝从之，皆躬亲行礼。"

谢玄（ —388）生。

晋建元二年　汉(成)李势太和元年　后赵建武十年　前燕慕容皝八年　代建国七年　前凉太元二十一年
甲辰　344年

正月，汉李势改元太和（《资治通鉴》卷九七《晋纪十九》）。

八月，晋罢《绝倒》、《悬橦》之伎。

按：《建康实录》卷八《康皇帝》曰："（建元）二年秋八月，罢《绝倒》、《悬橦》之伎。"

九月戊戌，晋康帝卒。皇太子聃即位，年二岁，是为穆帝。皇太后褚氏临朝称制（《晋书》卷七《康帝纪》及卷八《穆帝纪》）。

殷融议褚太后与褚衰相见礼。

按：《晋书》卷三二《康献褚皇后传》曰："及穆帝即位，尊皇后为皇太后……于是临朝称制……太常殷融议依郑玄义,卫将军衷在宫庭则尽臣敬,太后归宁之日自如家人之礼。太后诏曰:'典礼诚所未详,如所奏,是情所不能安也,更详之。'征西将军翼、南中郎尚议谓'父尊尽于一家,君敬重于天下,郑玄义合情礼之中'。太后从之。自后朝臣皆敬衷焉。"

庾翼进征西将军,领南蛮校尉(《晋书》卷七《康帝纪》)。

褚衷为特进、都督徐兖二州诸军事、兖州刺史,镇金城。

按:《晋书》卷七《康帝纪》曰:"(是年八月)丁巳,以卫将军褚衷为特进、都督徐兖二州诸军事、兖州刺史,镇金城。"

何充议立皇太子。复加侍中。

按:《晋书》卷七七《何充传》曰:"俄而帝疾笃,冰、翼意在简文帝,而充建议立皇太子,奏可。及帝崩,充奉遗旨,便立太子,是为穆帝,冰、翼甚恨之。献后临朝,诏曰:'骠骑任重,可以甲杖百人入殿。'又加中书监、录尚书事。充自陈既录尚书,不宜复监中书,许之。复加侍中,羽林骑十人。"

顾和以母忧去职。褚衷上疏荐和为尚书令,和以服丧未满坚辞。

按:《晋书》卷八三《顾和传》曰:"迁尚书仆射,以母老固辞,诏书敦喻,特听暮出朝还,其见优遇如此。寻朝议以端右之副不宜处外,更拜银青光禄大夫,领国子祭酒。顷之,母忧去职,居丧以孝闻。既练,卫将军褚衷上疏荐和,起为尚书令,遣散骑郎喻旨。和每见逼促,辄号咷恸绝,谓所亲曰……帝又下诏曰……和表疏十余上,遂不起,服阕,然后视职。"

谢尚为南中郎将、督豫州四郡军事,领江州刺史。

按:《晋书》卷七九《谢尚传》曰:"建元二年,诏曰:'……今以为南中郎将,余官如故。'会庾冰薨,复以本号督豫州四郡,领江州刺史。俄而复转西中郎将、督扬州之六郡诸军事、豫州刺史、假节,镇历阳。"

庾翼作《答何充书》。

按:《通典》卷六七曰:"何充与庾翼书:'褚将军还朝,值太后临朝,时议褚侯虽后父,乃晋臣也,宜用郑议……'翼答曰:'……今太后既临天位,褚侯便是人臣,人臣而不拜君位,受官而不循天则,窃所未安……'"

蔡谟作《奏请褚太后临朝》。

按:《奏请褚太后临朝》见《晋书》卷三二《康献褚皇后传》曰:"及穆帝即位,尊后曰皇太后。时帝幼冲,未亲国政。领司徒蔡谟等上奏曰……太后诏曰……'于是临朝称制。"

何充作《与庾翼书》及《褚太后敬父议》。

按:《与庾翼书》见《通典》卷六七,参见上条。《褚太后敬父议》见《通典》卷六七。

褚衷作《上疏固请居藩》。

按:《晋书》卷九三《褚衷传》曰:"衷以近戚,惧获讥嫌,上疏固请居藩,曰……于是改授都督徐兖青扬州之晋陵吴国诸军事、卫将军、徐兖二州刺史、假节,镇京口。"

袁乔作《与将军褚衷解交书》。

按:《晋书》卷八三《袁乔传》曰:"乔字彦叔……初,乔与褚衷友善,及康献皇后临朝,乔与衷书曰:'皇太后践登正阼,临御皇朝,将军之于国,外姓之太上皇也……'论者以为得礼。"

孙绰作《司空庾冰碑》(《艺文类聚》卷四七)。

袁宏约是年作《咏史》。

按：《晋书》卷九二《袁宏传》曰："袁宏，字彦伯，侍中猷之孙也。父勖，临汝令。宏有逸才，文章绝美，曾为咏史诗，是其风情所寄。少孤贫，以运租自业。谢尚时镇牛渚，秋夜乘月，率尔与左右微服泛江。会宏在舫中讽咏，声既清会，辞又藻拔，遂驻听久之，遣问焉。答云：'是袁临汝郎诵诗。'即其咏史之作也。尚倾率有胜致，即迎升舟，与之谭论，申旦不寐，自此名誉日茂。"张可礼《东晋文艺系年》曰："《御览》卷四十六引《舆地志》：'牛渚山北，谓之采石。按今对采石渡口，上有谢将军祠。吴初周瑜屯牛渚。镇西将军谢尚亦镇此城。'牛渚属豫州，谢尚镇牛渚，当在任豫州刺史时。考《晋书》卷七十九《谢尚传》、卷八《穆帝纪》，谢尚任豫州刺史在本年，《咏史》诗亦当作于本年或本年前。宏今存《咏史》诗二首，见《晋诗》卷十四。"

庾冰卒(296—)。冰字季坚，颍川鄢陵人。庾亮二弟。其女为废帝(海西公)之妃。苏峻之乱后，累迁中书监。王导死，入朝辅政。康帝即位，进车骑将军。冰惧权盛，乃求外出，领江州刺史，镇武昌。一生居官俭约，家无私蓄，经纶时务，升拔后进，为当世所称。册赠侍中、司空，谥曰忠成。《隋书》卷三五《经籍志四》著录晋司空《庾冰集》7卷，梁20卷，录1卷。严可均《全晋文》卷三七载其文6篇。事迹见《晋书》卷七三。

王献之(—386)、徐邈(—397)、天竺僧鸠摩罗什(—413)生。

晋穆帝司马聃永和元年　汉(成)太和二年　后赵建武十一年　前燕慕容皝九年　代建国八年　前凉太元二十二年　乙巳　345年

正月甲戌，晋改元永和(《晋书》卷八《穆帝纪》)。

四月壬戌，晋司马晞为镇军大将军、开府仪同三司(《晋书》卷八《穆帝纪》及卷六四《武陵威王晞传》)。

前燕慕容皝建和龙宫，立龙翔佛寺及东庠。

按：《十六国春秋辑补》卷二五《前燕录·慕容皝录》曰："(十二年)夏四月，黑龙一，白龙一，见于龙山……皝大悦，还宫殿，赦其境内，号新宫曰和龙，立龙翔佛寺于山上，赐其大臣子弟为宫学生者号高门生。立东庠于旧宫，以行乡射之礼。每月临观，考试优劣。皝雅好文籍，勤于讲授，学徒甚盛，至千余人，亲造《太上章》以代《急就》，又著《典诫》十五篇，并以教胄子。"《十六国春秋辑补》以晋永和元年为慕容皝十二年。

十二月，前凉张骏伐焉耆，降之。张骏称凉王(《资治通鉴》卷九七《晋纪十九》)。

庾翼疾笃，表第二子庾爱之行辅国将军、荆州刺史。卒后追赠车骑将军，谥曰肃（《晋书》卷七三《庾翼传》及卷八《穆帝纪》）。

何充专辅幼主，力排庾翼临终表托，荐桓温为安西将军，并荐褚裒参录尚书。性好释典，崇修佛寺（《晋书》卷七七《何充传》）。

桓温为安西将军，领护南蛮校尉、荆州刺史。

按：《晋书》卷八《穆帝纪》曰："（是年八月）庚辰，以辅国将军、徐州刺史桓温为安西将军、持节、都督荆司雍益梁宁六州诸军事，领护南蛮校尉、荆州刺史。"卷九八《桓温传》曰："温与庾翼友善，恒相期以宁济之事。翼尝荐温于明帝曰：'桓温少有雄略，愿陛下勿以常人遇之，常婿畜之，宜委以方召之任，托其弘济艰难之勋。'翼卒，以温为都督荆梁四州诸军事、安西将军、荆州刺史、领护南蛮校尉、假节。"

司马昱进位抚军大将军，录尚书六条事。

按：《晋书》卷八《穆帝纪》曰："（是年）夏四月壬戌，诏会稽王昱录尚书六条事。"卷九《简文帝纪》曰："永和元年，崇德太后临朝，进位抚军大将军、录尚书六条事。"

王濛为司马昱所贵幸。

按：《晋书》卷九三《王濛传》曰："及简文帝辅政，益贵幸之，与刘惔号为入室之宾。"

罗含为桓温别驾。

按：《建康实录》卷八《孝宗穆皇帝》曰："（是年）冬十月，以桓温为安西将军、荆州刺史。温表罗含为别驾。"

孙盛为桓温参军。

按：《晋书》卷八二《孙盛传》曰："会桓温代（庾）翼，留盛为参军。"

范汪为安西长史。

按：《晋书》卷七五《范汪传》曰："桓温代（庾）翼为荆州，复以汪为安西长史。"

谢奕与桓温善，为桓温安西司马。

按：《晋书》卷七九《谢奕传》曰："奕字无奕，少有名誉。初为剡令，有老人犯法，奕以醇酒饮之，醉犹未已。安时年七八岁，在奕膝边，谏止之。奕为改容，遣之。与桓温善。温辟为安西司马，犹推布衣好。在温坐，岸帻笑咏，无异常日。桓温曰：'我方外司马。'奕每因酒，无复朝廷礼，尝逼温饮，温走入南康主门避之。主曰：'君若无狂司马，我何由得相见！'奕遂携酒就听事，引温一兵帅共饮，曰：'失一老兵，得一老兵，亦何所怪。'温不之责。"

习凿齿被桓温辟为从事。

按：《晋书》卷八二《习凿齿传》曰："习凿齿，字彦威，襄阳人也。宗族富盛，世为乡豪。凿齿少有志气，博学洽闻，以文笔著称。荆州刺史桓温辟为从事。"

刘惔以桓温有不臣之迹，劝晋穆帝抑之。

按：《晋书》卷七五《刘惔传》曰："惔每奇温才，而知其有不臣之迹。及温为荆州，惔言于帝曰：'温不可使居形胜地，其位号常宜抑之。'劝帝自镇上流，而己为军司，帝不纳。又请自行，复不听。"

桓温作《请追录王濬后表》。

按：《晋书》卷四二《王濬传》曰："濬有二孙，过江不见齿录。安西将军桓温镇江陵，表言之曰……卒不见省。"

封裕作《谏慕容皝》。

按：《晋书》卷一○九《慕容皝载记》曰："以牧牛给贫家，田于苑中，公收其八，二分入私。有牛而无地者，亦田苑中，公收其七，三分入私。皝记室参军封裕谏曰……皝乃令曰：'览封记室之谏，孤实惧焉。……其赐钱五万，明宣内外，有欲陈孤过者，不拘贵贱，勿有所讳。'"《资治通鉴》卷九七《晋纪十九》系此事于是年。

马岌作《上言宜立西王母祠》，约是年作《宋纤石壁诗》。

按：《晋书》卷八六《张骏传》曰："永和元年，以世子重华为五官中郎将、凉州刺史。酒泉太守马岌上言：'……宜立西王母祠，以禅朝廷无疆之福。'骏从之。"《宋纤石壁诗》见卷九四《宋纤传》曰："宋纤，字令艾，敦煌效谷人也。少有远操，沈靖不与世交，隐居于酒泉南山。明究经纬，弟子受业三千余人。不应州郡辟命，惟与阴颙、齐好友善。……酒泉太守马岌，高尚之士也，具威仪，鸣铙鼓，造焉。纤高楼重阁，距而不见。岌叹曰：'名可闻而身不可见，德可仰而形不可睹，吾而今而后知先生人中之龙也。'铭诗于石壁曰：'丹崖百丈，青壁万寻。奇木蓊郁，蔚若邓林。其人如玉，维国之琛。室迩人遐，实劳我心。'"张可礼《东晋文艺系年》曰："此诗《全晋文》卷一○五十四亦收，题为《宋纤石壁铭》。诗作于岌任酒泉太守时，具体时间不详。"

诸葛恢卒（284— ）。恢字道明，琅邪阳都人。弱冠知名，避乱江南，名亚王导、庾亮。讨周馥有功，封博陵亭侯，复为镇东参军。愍帝时为会稽太守，政清人和。明帝时讨王含有功，进封建安伯。累迁尚书右仆射，加散骑常侍、银青光禄大夫、领选本州大中正、尚书令，常侍、吏部如故。《隋书》卷三五《经籍志四》著录光禄大夫《诸葛恢集》5卷，录1卷。亡。严可均《全晋文》卷一一六辑其佚文1篇。事迹见《晋书》卷七七。

庾翼卒（305— ）。翼字稚恭，颍川鄢陵人。庾亮四弟。风仪秀伟，少有经纶大略。亮卒，代亮镇武昌。人称其戎政严明，经略深远。积极主张北伐。官至持节、都督江左荆司雍益梁宁七州诸军事、江州刺史、征西将军、都亭侯。善草、隶书，名亚王羲之。《隋书》卷三五《经籍志四》著录晋车骑将军《庾翼集》22卷，梁20卷，录1卷。严可均《全晋文》卷三七载其文14篇。事迹见《晋书》卷七三及《法书要录》卷九。

晋永和二年　汉（成）嘉宁元年　后赵建武十二年
前燕慕容皝十年　代建国九年
前凉张重华永乐元年　丙午　346年

五月丙戌，前凉张骏卒，子重华嗣，改元永乐（《资治通鉴》卷九七《晋纪十九》）。

是月，后赵石虎立"私论朝政"之法，奖励吏告其长，奴告其主（《资治通鉴》卷九七《晋纪十九》）。

波斯人伐尼西比斯。

七月，晋以十月殷祭，议京兆府君迁主礼。

按：《晋书》卷一九《礼志上》曰："至康帝崩，穆帝立，永和二年七月，有司奏：'十月殷祭，京兆府君当迁祧室……'领司徒蔡谟议：'四府君宜改筑别室，若未展者，当入就太庙之室，人莫敢卑其祖，文武不先不窑。殷祭之日，征西东面，处宣皇之上。其后迁庙之主，藏于征西之祧，祭荐不绝。'护军将军冯怀议：'礼，无庙者为坛以祭，可立别室藏之，至殷禘则祭于坛也。'辅国将军谯王司马无忌等议：'诸儒谓太王、王季迁主，藏于文武之祧。如此，府君迁主宜在宣帝庙中。然今无寝室，宜变通而改筑。又殷祫太庙，征西东面。'尚书郎孙绰与无忌议同，曰：'太祖虽位始九五，而道以从畅，替人爵之尊，笃天伦之道，所以成教本而光百代也。'尚书郎徐禅议：'《礼》：去祧为坛，去坛为墠。岁祫则祭之。今四祖迁主，可藏之石室，有祷则祭于坛墠。'又遣禅至会稽，访处士虞喜。喜答曰：'汉世韦玄成等以毁主瘗于园，魏朝议者云应埋两阶之间。且神主本在太庙，若今别室而祭，则不如永藏。又四君无追号之礼，益明应毁而无祭。'是时简文为抚军、与尚书郎刘邵等奏：'四祖同居西祧，藏主石室，禘祫及祭，如先朝旧仪。'时陈留范宣兄子问此礼，宣答曰：'舜庙所祭，皆是庶人，其后世远而毁，不居舜上，不序昭穆。今四君号犹依本，非以功德致祀也。若依虞主之瘗，则犹藏子孙之所；若依夏主之埋，则又非本庙之阶。宜思其变，则筑一室，亲未尽则禘祫处宣帝之上，亲尽则无缘下就子孙之列。'其后太常刘遐等同蔡谟议。博士张凭议：'或疑陈于太祖者，皆其后之毁主，凭案古义无别前后之文也。禹不先鲧，则迁主居太祖之上，亦何疑也。'于是京兆迁入西储，同谓之祧，如前三祖迁主之礼，故正室犹十一也。"

十月，汉李势改元嘉宁（《资治通鉴》卷九七《晋纪十九》）。

司马昱与蔡谟于何充卒后共辅政。

按：《晋书》卷八《穆帝纪》曰："（是年）正月己卯，使持节、侍中、都督扬州诸军事、扬州刺史、骠骑将军、录尚书事、都乡侯何充卒。"同卷曰："二月癸丑，以左光禄大夫蔡谟领司徒，录尚书六条事，抚军大将军、会稽王昱及谟并辅政。"卷九《简文帝纪》曰："（永和）二年，骠骑何充卒，崇德太后诏帝专总万机。"

褚裒任征北大将军。纳刘遐、王胡之之劝，辞征归藩（《晋书》卷八《穆帝纪》及卷九三《褚裒传》）。

孙统不就褚裒辟。

按：《晋书》卷五六《孙统传》曰："统字承公。幼与绰及从弟盛过江。诞任不羁，而善属文，时人以为有楚风。征北将军褚裒闻其名，命为参军，辞不就，家于会稽。"

李充为褚裒引为征北参军（《晋书》卷九二《李充传》）。

郗愔为褚裒长史。

按：《晋书》卷六七《郗愔传》曰："骠骑何充辅政，征北将军褚裒镇京口，皆以愔为长史。"

桓温伐蜀。

按：《晋书》卷八《穆帝纪》曰："（是年）十一月辛未，安西将军桓温帅征虏将军周抚，辅国将军、谯王无忌，建武将军袁乔伐蜀，拜表辄行。"卷九八《桓温传》曰："时李势微弱，温志在立勋于蜀，永和二年，率众西伐。时康献太后临朝，温将发，上疏而行。"

袁乔任江夏相，劝桓温伐蜀，领二千人为军锋。

晋永和二年　汉(成)嘉宁元年　后赵建武十二年　前燕慕容皝十年　代建国九年　前凉张重华永乐元年
丙午　346年

按：《晋书》卷八三《袁乔传》曰："寻督沔中诸戍江夏随义阳三郡军事、建武将军、江夏相。时桓温谋伐蜀，众以为不可，乔劝温曰……温从之，使乔以江夏相领二千人为军锋。"

刘惔言桓温伐蜀必胜，必将专制朝廷。

按：《晋书》卷七五《刘惔传》曰："及温伐蜀，时咸谓未易可制，惟惔以为必克。或问其故，云：'以蒲博验之，其不必得，则不为也。恐温终专制朝廷。'及后竟如其言。"

习凿齿受袁乔荐，转桓温西曹主簿。

按：《晋书》卷八二《习凿齿传》曰："江夏相袁乔深器之，数称其才于温，转西曹主簿，亲遇隆密。时温有大志，追蜀人知天文者至，夜执手问国家祚运修短。……星人曰：'太微、紫微、文昌三宫气候如此，决无忧虞。至五十年外不论耳。'温不悦，乃止。异日，送绢一匹、钱五千文以与之。星人乃驰诣凿齿曰：'家在益州，被命远下，今受旨自裁，无由致其骸骨。缘君仁厚，乞为标碣棺木耳。'凿齿问其故，星人曰：'赐绢一匹，令仆自裁，惠钱五千，以买棺耳。'凿齿曰：'君几误死！君尝闻前知星宿有不覆之义乎？此以绢戏君，以钱供道中资，是听君去耳。'星人大喜，明便诣温别。温问去意，以凿齿言答。温笑曰：'凿齿忧君误死，君定是误活。然徒三十年看儒书，不如一诣习主簿。'"

殷浩为建武将军、扬州刺史。

按：《晋书》卷八《穆帝纪》曰："(是年)三月丙子，以前司徒左长史殷浩为建武将军、扬州刺史。"卷七七《殷浩传》曰："建元初，庾冰兄弟及何充等相继卒。简文帝时在藩，始综万几，卫将军褚裒荐浩，征为建武将军、扬州刺史。浩上疏陈让，并致笺于简文，具自申叙。简文答之曰……浩频陈让，自三月至七月，乃受拜焉。"

王羲之任护军将军。

按：《晋书》卷八〇《王羲之传》曰："复授护军将军，又推迁不拜。扬州刺史殷浩素雅重之，劝使应命，乃遗羲之书曰……羲之遂报书曰……"

释慧远游学许、洛。

按：《高僧传》卷六《慧远传》曰："释慧远，本姓贾氏，雁门娄烦人也。弱而好书，珪璋秀发，年十三随舅令狐氏游学许、洛。故少为诸生，博综六经，尤善《庄》、《老》。性度弘博，风鉴朗拔，虽宿儒英达，莫不服其深致。"汤用彤校注："按《世说·文学篇》注引张野《远法师铭》谓：'远世为冠族。年十二随舅游学许、洛。'"

许迈隐居临安西山，改名玄，字远游。

按：《晋书》卷八〇《许迈传》曰："许迈，字叔玄，一名映，丹阳句容人也。家世士族，而迈少恬静，不慕仕进……永和二年，移入临安西山，登岩茹芝，眇尔自得，有终焉之志。乃改名玄，字远游。与妇书告别，又著诗十二首，论神仙之事焉。"

敦煌僧单道开至南安。

按：《高僧传》卷九《单道开传》曰："单道开，姓孟，敦煌人。……以石虎建武十二年从西平来，一日行七百里，至南安。"

司马昱作《答殷浩笺》及《奏四祖祧主》。

按：《答殷浩笺》见《晋书》卷七七《殷浩传》，参见是年"殷浩为建武将军、扬州刺史"条。《奏四祖祧主》见卷一九《礼志上》，参见是年"七月，晋以十月殷祭，议京兆府君迁主礼"条。

蔡谟作《四府君迁主议》。

按：文见卷一九《礼志上》，参见是年"七月，晋以十月殷祭，议京兆府君迁主礼"条。

虞喜作《答访四府君迁主》。

按：文见《晋书》卷一九《礼志上》，参见是年"七月，晋以十月殷祭，议京兆府君迁主礼"条。又卷九一《虞喜传》曰："永和初，有司奏称十月殷祭，京兆府君当迁祧室，征西、豫章、颍川三府君初毁主，内外博议不能决。时喜在会稽，朝廷遣就喜谘访焉。其见重如此。"

又按：虞喜生卒年不详，字仲宁，会稽余姚人。少有操行，博学好古。诸葛恢临郡，屈为功曹。察孝廉，州举秀才，司徒辟，皆不就。后屡有征召，均固辞不仕。约卒于穆帝永和中，年七十六。潜心经传及天文历数，作《安天论》，驳难"浑天"、"盖天"之说，并首次发现岁差，对后世历法家实测岁星数值，颇有贡献。又释《毛诗略》，注《孝经》，为《志林》30篇，凡所注述数十万言。《隋书》卷三二《经籍志一》著录梁有其撰《周官驳难》3卷（孙琦问，干宝驳），赞郑玄注《论语》9卷，撰《新书对张论》10卷（校勘记：《册府》六〇五作《新书讨张论语》）；卷三四《经籍志三》著录其撰《志林新书》30卷，梁有《广林》24卷，又《后林》10卷、《安天论》6卷。严可均《全晋文》卷八二载其文11篇，辑其《志林》5篇。事迹见《晋书》卷九一《儒林传》。

范宣作《答兄子问四祖迁主礼》。

按：文见《晋书》卷一九《礼志上》，参见是年"七月，晋以十月殷祭，议京兆府君迁主礼"条。

又按：范宣生卒年不详，字宣子，陈留人。早年好学，博综众书，尤善《三礼》。太尉郗鉴命为主簿，诏征太学博士、散骑郎，皆不就。或问其"博学通综，何以太儒？"宣谓"汉兴，贵经术，至于石渠之论，实以儒为弊。正始以来，世尚《老》、《庄》。逮晋之初，竟以裸裎为高。仆诚太儒。然'丘不与易'。"宣虽闲居，常以讲诵为业，谯国戴逵等皆闻风宗仰，自远而至。讽诵之声，有若齐、鲁。时范宁为豫章太守，亦教授数百人。由是江州人士并好经学，得二范之风教。年五十四卒。宣著有《礼易论难》。《隋书》卷三五《经籍志四》著录征士《范宣集》10卷，录1卷。严可均《全晋文》卷一三〇载其文7篇。事迹见《晋书》卷九一《儒林传》。

孙绰作《京兆府君迁主议》。

按：文见《晋书》卷一九《礼志上》，参见是年"七月，晋以十月殷祭，议京兆府君迁主礼"条。

袁乔作《劝桓温伐蜀》（《晋书》卷八三《袁乔传》）。

按：参见是年"袁乔任江夏相，劝桓温伐蜀，领二千人为军锋"条。

王羲之作《报殷浩书》、《临护军教》及《十四日帖》。

按：文见《晋书》卷八〇《王羲之传》，参见是年"王羲之任护军将军"条。《临护军教》见《太平御览》卷二百四十，应作于护军任上。《十四日帖》见《法书要录》曰："十四日，诸问如昨，云西有伐蜀意，复是大事，速送袍来。"当指是年桓温伐蜀事。

殷浩作《遗王羲之书》。

按：文见《晋书》卷八〇《王羲之传》，参见是年"王羲之任护军将军"条。

何充卒（292—　）。充字次道，庐江灊人。王导妻之姊子。充妻为明穆皇后之妹。风韵淹雅,文义见称。少与导善,早历显官。王导卒,转护军将军,与中书监庾冰参录尚书事。穆帝立,为宰相,专辅幼主。凡所选取用,皆以功臣为先,不以私恩树亲戚,谈者以此重之。然所昵庸杂,信任不得其人。而性好释典,崇修佛寺,靡费巨亿而不吝。亲友至于贫乏,无所施遗,以此获讥于世。《隋书》卷三五《经籍志四》著录晋司空《何充集》4卷,梁5卷,亡。严可均《全晋文》卷三三载其文7篇。事迹见《晋书》卷七七。

释道恒(　—417)生。

晋永和三年　汉(成)嘉宁二年　后赵建武十三年　前燕慕容皝十一年　代建国十年　前凉永乐二年
丁未　347年

三月乙卯,晋桓温伐汉攻成都,克之。汉王李势降,成汉亡(《晋书》卷八《穆帝纪》)。

按:穆帝封李势为归义侯。成汉亡,共历47年。

八月,后赵石虎发民夫十六万人筑华林苑和长墙,死者数万人(《资治通鉴》卷九七《晋纪十九》)。

十月乙丑,晋假凉州刺史张重华大都督陇右关中诸军事、护羌校尉、大将军;武都仇池氐王杨初称藩于晋,命为征南将军、雍州刺史、平羌校尉、仇池公,并假节(《晋书》卷八《穆帝纪》)。

是年,晋议纳后当贺否。

按:《通典》卷五九曰:"东晋成帝纳后,群臣毕贺,时谓非礼。穆帝永和三年,纳后,议贺不?王述曰:'婚是嘉礼,应贺。'王彪之议:'婚礼不贺,无应贺之礼。'抚军答诸尚书云……彪之云……范汪云……彪之云……庾蔚之谓:'……彪之议为允。'于时竟不贺,但上礼。"《晋书》卷二一《礼志下》系于永和二年,校勘记曰:"《诸史考异》:永和二年,穆帝四岁,无纳后之文。"

桓温平蜀,集参僚置酒于李势殿。巴、蜀、缙绅,莫不来萃。

弗鲁门蒂乌斯成为阿克苏姆主教。

按:《世说新语·豪爽第十三》曰:"桓宣武平蜀,集参僚置酒于李势殿。巴、蜀、缙绅,莫不来萃。桓既素有雄情爽气,加尔日音调英发,叙古今成败由人,存亡系才。其状磊落,一坐叹赏。既散,诸人追味余言。于时寻阳周馥曰:'恨卿辈不见王大将军。'"

孙盛随桓温伐蜀,赐爵安怀县侯。

按:《晋书》卷八二《孙盛传》曰:"会桓温代翼,留盛为参军,与俱伐蜀……蜀平,赐爵安怀县侯,累迁温从事中郎。"

袁乔平蜀后进号龙骧将军,寻卒。追赠益州刺史,谥曰简(《晋书》卷八三《袁乔传》)。

  桓温表荐谯秀。

  按：《三国志》卷四二《谯周传》裴注曰："(谯)周长子熙。熙子秀，字元彦。《晋阳秋》曰：秀性清静，不交于世，知将大乱，豫绝人事，从兄弟及诸亲里不与相见。州郡辟命，及李雄盗蜀，安车征秀，又雄叔父骧、骧子寿辟命，皆不应。常冠鹿皮，躬耕山薮。永和三年，安西将军桓温平蜀，表荐秀曰……"

  殷浩与桓温不协，颇相疑贰。以父忧去职。

  按：《晋书》卷七七《殷浩传》曰："时桓温既灭蜀，威势转振，朝廷惮之。简文以浩有盛名，朝野推伏，故引为心膂，以抗于温，于是与温颇相疑贰。会遭父忧，去职，时以蔡谟摄扬州，以俟浩。"

  蔡谟代殷浩为扬州刺史。

  按：《晋书》卷七七《蔡谟传》曰："代殷浩为扬州刺史。又录尚书事，领司徒如故。初，谟冲让不辟僚佐，诏屡敦逼之，始取掾属。"

  王羲之以书戒殷浩。

  按：《晋书》卷八〇《王羲之传》曰："时殷浩与桓温不协，羲之以国家之安在于内外和，因以与浩书以戒之，浩不从。"

  常璩约是年著《华阳国志》。

  按：此书记录巴蜀史事，为研究西南少数民族历史之重要著作。《华阳国志》卷一十二《序志》曰："李氏据蜀，兵连战结，三州倾坠，生民歼尽。……反侧惟之，心若焚灼。惧益遐弃，城陴靡闻。乃考诸旧记、先宿所传，并《南裔志》，验以《汉书》，取其近是，用自所闻，以著斯篇；又略言公孙述、《蜀书》、咸熙以来丧乱之事，约取耆旧士女英彦；又肇自开辟，终乎永和三年，凡十篇，号曰《华阳国志》。"其以"华阳"为名，盖取《书·禹贡》"华阳黑水惟梁州"句。《华阳国志》撰成时间不详，据《序志》一定成书于永和三年之后，姑系是年。

  孙绰作《王长史诔》。

  按：佚句见《世说新语·轻诋第二十六》曰："孙长乐作《王长史诔》云：'余与夫子，交非势利，心犹澄水，同此玄味。'王孝伯见曰：'才士不逊，亡祖何至与此人周旋！'"

  桓温作《荐谯元颜表》(《三国志》卷四二《谯周传》)。

  按：参见是年"桓温表荐谯秀"条。

  韦謏著《典林》。

  按：《晋书》卷九一《韦謏传》曰："(謏)雅好儒学，善著述，于群言秘要之义，无不综览。……好直谏，陈军国之宜，多见允纳。作《伏林》三千余言，遂演为《典林》二十三篇。凡所述作及集记世事数十万言，皆深博有才义。"本传叙謏作《典林》于"至冉闵，又署为光禄大夫"前，謏在冉闵世，不久被杀，其作《典林》应在石虎时。刘汝霖《东晋南北朝学术编年》系于是年。

  王濛卒(309—)。濛字仲祖，小字阿叔，太原晋阳人。少放纵不羁，甚无乡誉。晚年始克己励行，以清约见称。善书画，与沛国刘惔、殷浩齐名友善。司徒王导辟为掾，后出补长山令，复徙中书郎。及简文帝辅政，转司徒左长史，故亦称其为王长史。濛亦为玄言诗人，其诗已佚。《隋书》

卷三二《经籍志一》著录梁有《论语义》1 卷,亡;卷三五《经籍志四》著录梁有司徒王长史《王濛集》5 卷,亡。严可均《全晋文》卷二九载其文 4 篇。事迹见《晋书》卷九三及《法书要录》卷九。

按:《晋书》卷九三《王濛传》曰:"晚求为东阳,不许。及濛病,乃恨不用之。濛闻之曰:'人言会稽王痴,竟痴也!'疾渐笃,于灯下转麈尾视之,叹曰:'如此人曾不得四十也!'年三十九卒。临殡,刘惔以犀把麈尾置棺中,因恸绝久之。谢安亦常称濛云:'王长史语甚不多,可谓有令音。'"张彦远《法书要录》卷九张怀瓘《书断下》曰:"(王濛)善隶书,法于钟氏,状貌似而筋骨不备。永和三年卒,年三十九。隶、章草入能。卫臻、陶侃亚也。"

袁乔卒(312—)。乔字彦叔,小字羊,陈郡阳夏人。博学有文才。初拜佐著作郎。桓温引为建武将军、江夏相。佐温伐蜀,大破李势,长驱入成都。进号龙骧将军,封湘西伯。追赠益州刺史。乔博学有文才,曾注《论语》及《诗》。《隋书》卷三二《经籍志一》著录梁有益州刺史袁乔集注《论语》10 卷,亡;卷三五《经籍志四》著录梁有益州刺史《袁乔集》7 卷,亡。严可均《全晋文》卷五六载其文 3 篇。事迹见《晋书》卷八三。

晋永和四年　后赵建武十四年　前燕慕容皝十二年
代建国十一年　前凉永乐三年　戊申　348 年

九月丙申,前燕王慕容皝卒,子儁嗣(《晋书》卷八《穆帝纪》)。

桓温进为征西大将军、开府仪同三司,封临贺郡公(《晋书》卷八《穆帝纪》)。

罗含补征西参军,桓温称之为江左之秀。

按:《晋书》卷九二《罗含传》曰:"后桓温临州,又补征西参军。温尝使含诣尚,有所检劾。含至,不问郡事,与尚累日酣饮而还。温问所劾事,含曰:'公谓尚何如人?'温曰:'胜我也。'含曰:'岂有胜公而行非邪!故一无所问。'温奇其意而不责焉。转州别驾。以廨舍喧扰,于城西池小洲上立茅屋,伐木为材,织苇为席而居,布衣蔬食,晏如也。温尝与僚属宴会,含后至。温问众坐曰:'此何如人?'或曰:'可谓荆楚之材。'温曰:'此自江左之秀,岂惟荆楚而已。'"

谢尚为安西将军。舍宅造寺。

按:《晋书》卷八《穆帝纪》曰:"(是年八月)西中郎将谢尚为安西将军。"卷七九《谢尚传》曰:"大司马桓温欲有事中原,使尚率众向寿春,进号安西将军。"《建康实录》卷八《孝宗穆皇帝》案曰:"《塔寺记》:今兴严寺,即谢尚宅也,南直竹格巷,临秦淮,在今县城东南一百里二百步。尚尝梦其父告之曰:'西南有气至,冲人必死,行当其锋,家无一全,汝宜修福建塔寺,可禳之。若未暇立寺,可杖头刻作塔形,见有气来,可拟之。'……遂于永和四年舍宅造寺,名庄严寺。宋大明中,路太后于宣阳门外大社西药园造庄严寺,改此为谢镇西寺。至陈太建元年,寺为延火所烧。至五年,豫

波斯王沙普尔二世败君士坦提乌斯二世于美索不达米亚辛贾尔城。

州刺史程文季更加修复,孝宣帝降敕,改名兴严寺至今。"

袁宏为谢尚所引,参其军事(《晋书》卷九二《袁宏传》)。

蔡谟迁侍中、司徒,固让。

按:《晋书》卷七七《蔡谟传》曰:"迁侍中、司徒。上疏让曰……皇太后遣使喻意,自四年冬至五年末,诏书屡下,谟固守所执。"

蔡谟作《让侍中司徒疏》。

按:文见《晋书》卷七七《蔡谟传》,参见是年"蔡谟迁侍中、司徒,固让"条。

西域僧佛图澄卒(232—)。西域人,后赵高僧。西晋怀帝永嘉四年东来洛阳。颇为后赵石勒、石虎信任。勒、虎奉佛,佛教由是大兴。大江南北,以至天竺、康居各地的僧侣多来受学。弟子中以道安、法雅、法汰、法和等最为有名。在中国佛教史上,佛图澄是第一位争取帝王将佛教纳入国家保护之下的僧人。事迹见《高僧传》卷九、《晋书》卷九五。

按:佛图澄是何地人,有异说。一是《高僧传》言其为西域人。另一种说法是《魏书·释老志》、《晋书·佛图澄传》言其是天竺人,本姓帛。任继愈《中国佛教史》"佛图澄及其传教活动"一节对两种说法有介绍,并曰:"到底何者为是,已难确证。"又曰:"如果佛图澄是西域人,本姓帛,那么,他当出身于龟兹(今新疆库车县)王族(国王姓帛,或白)。"

顾恺之(—409?)约生。

晋永和五年　后赵太宁元年　前燕慕容儁元年
代建国十二年　前凉永乐四年　己酉　349 年

正月,后赵天王石虎称皇帝于邺,改元太宁(《资治通鉴》卷九八《晋纪二十》)。

燕王慕容儁依春秋列国故事,称元年(《十六国春秋辑补》卷二六《前燕录四·慕容儁录》)。

四月,后赵石虎卒,子石世嗣(《晋书》卷八《穆帝纪》)。

五月,后赵石遵废石世而自立(《晋书》卷八《穆帝纪》)。

九月,前凉张重华称凉王,雍秦凉三州牧(《资治通鉴》卷九八《晋纪二十》)。

十一月丙辰,后赵石鉴弑石遵而自立(《晋书》卷八《穆帝纪》)。

秦、雍流民十余万推蒲洪为主(《资治通鉴》卷九八《晋纪二十》)。

十二月,后赵石闵囚石鉴,大杀胡、羯,死者二十余万(《资治通鉴》卷九八《晋纪二十》)。

晋永和五年　后赵太宁元年　前燕慕容儁元年　代建国十二年　前凉永乐四年　己酉　349年

褚裒北伐,兵败,以远图不就,忧慨发病卒(《晋书》卷八《穆帝纪》及卷九三《褚裒传》)。

荀羡监徐兖二州诸军事、北中郎将、徐州刺史。

按:《晋书》卷八《穆帝纪》曰:"(是年十二月)以建武将军、吴国内史荀羡为使持节、监徐兖二州诸军事、北中郎将、徐州刺史。"十二月己酉,褚裒卒,羡代其职。

殷浩约是年复为扬州刺史,参综朝政。

按:《晋书》卷七七《殷浩传》曰:"服阕,征为尚书仆射,不拜。复为建武将军、扬州刺史,遂参综朝权。"蔡谟永和二年代殷浩为扬州刺史,于永和四年冬至五年末,迁侍中、司徒,固让。殷浩在永和四年至五年间复为扬州刺史,姑系是年。

桓温欲率众北伐,朝廷仗殷浩以抗温,温甚忿之(《晋书》卷九八《桓温传》)。

蔡谟以石虎之死将贻王室之忧。

按:《晋书》卷七七《蔡谟传》曰:"石季龙死,中国大乱。时朝野咸谓当太平复旧,谟独谓不然,语所亲曰:'胡灭,诚大庆也,然将贻王室之忧。'或曰:'何哉?'谟曰……"

卢谌在后赵由侍中迁中书监。

按:《晋书》卷一〇七《石季龙载记下》曰:"鉴乃僭位……侍中卢谌为中书监。"

僧单道开与弟子南度许昌。

按:《高僧传》卷九《单道开传》曰:"至石虎太宁元年,开与弟子南度许昌。"

孙绰作《太傅褚裒碑》。

按:文见《艺文类聚》卷四六。"裒"作"褒"。

卫夫人卒(272—)。卫铄,字茂猗,卫恒侄女,汝阴太守李矩妻,世称"卫夫人"。工书,尤善隶书,事师钟繇。王羲之少时向其学书。传世《卫夫人帖》为唐初李怀琳伪作。张怀瓘《书断》载其卒于是年,年七十八。严可均《全晋文》卷一四四载其文2篇。事见《法书要录》卷八。

褚裒卒(303—)。裒字季野,河南阳翟人。其女为康帝皇后。官征北大将军,镇京口。是年后赵石遵嗣位,裒帅军进驻彭城。代陂一战,裒军失利。裒惭愤,发疾而卒。严可均《全晋文》卷六七载其文2篇。事迹见《晋书》卷九三《外戚传》。

王恬卒(314—)。恬字敬豫,王导子。少好武,不为公门所重。袭爵即丘子。性傲诞,不拘礼法。晚节更好士,多技艺,善弈棋,为中兴第一。迁中书郎。除后将军、魏郡太守,加给事中,领兵镇石头。导薨,去官。俄起为后将军,复镇石头。转吴国、会稽内史,加散骑常侍。卒,赠中军将军,谥曰宪。张怀瓘《书断》言其是年卒,年三十六。严可均《全晋文》卷一九载其文1篇。事迹见《晋书》卷六五及《法书要录》卷九。

晋永和六年　卫李闵（石闵、冉闵）青龙元年
魏（冉）永兴元年　前燕慕容儁二年　代建国十三年
前凉永乐五年　庚戌　350年

波斯—罗马战争结束。

君士坦斯一世被杀。阿克苏姆王国奉基督教为国教。

正月，后赵石闵改国号为卫，改姓李，改元青龙，国内大乱（《资治通鉴》卷九八《晋纪二十》）。

闰正月，李闵杀石鉴，并杀石虎诸孙，自立为皇帝，改元永兴，国号魏，史称冉魏（《资治通鉴》卷九八《晋纪二十》）。

按：李闵本姓冉，名良，父瞻，魏郡内黄人。初，石勒破陈午获瞻及闵，勒命石虎以孙养之。三月，闵复本姓冉氏。

秦雍流民首领蒲洪自称大都督、大将军、大单于三秦王，改姓苻氏（《资治通鉴》卷九八《晋纪二十》）。

三月，后赵新兴王石祇在襄国称帝，改元永宁（《资治通鉴》卷九八《晋纪二十》）。

是月，燕王慕容儁攻陷蓟，徙都于此（《资治通鉴》卷九八《晋纪二十》）。

十一月，魏冉闵攻后赵石祇于襄国（《资治通鉴》卷九八《晋纪二十》）。

殷浩督扬豫徐兖青五州诸军事、假节，谋取中原（《晋书》卷八《穆帝纪》及卷七七《殷浩传》）。

蔡谟因疾笃辞召，司马昱等公卿奏其悖慢傲上，谟被免为庶人（《晋书》卷八《穆帝纪》及卷七七《蔡谟传》）。

杨羲就刘璞传灵符。

按：《云笈七签》卷五曰："（永和）六年又就刘璞传灵符。（杨）君渊沈应感，虚抱自得，若燥湿之引水火，冥默幽欸相袭无朕矣。"

韦謏任冉闵光禄大夫，因谏冉闵被杀。

按：《晋书》卷九一《韦謏传》曰："至冉闵，又署为光禄大夫。时闵拜其子胤为大单于，而以降胡一千处之麾下。謏谏曰：'……愿诛屏降胡，去单于之号，深思圣王苞桑之诫也。'闵志在绥抚，锐于澄定，闻其言，大怒，遂诛之，并杀其子伯阳。"

卢谌随冉闵攻石祇于襄国。

按：《晋书》卷四四《卢谌传》曰："属冉闵诛石氏，谌随闵军。"

释道安因冉闵之乱，率众入王屋、女休山。

按：《高僧传》卷五《道安传》曰："安以石氏之末，国运将危，乃西适牵口山。迄冉闵之乱，人情萧素。安乃谓其众曰：'今天灾旱蝗，寇贼纵横。聚则不立，散则不可。'遂复率众入王屋、女休山。"

天竺僧鸠摩罗什七岁出家，从师受经。

按：《高僧传》卷二《鸠摩罗什传》曰："什年七岁，亦俱出家。从师受经，日诵千

偈。偈有三十二字，凡三万二千言。诵《毗昙》既过，师授其义，即自通达，无幽不畅。"

韦谀作《启谏冉闵》。
按：文见《晋书》卷九一《韦谀传》，参见是年"韦谀任冉闵光禄大夫，因谏冉闵被杀"条。

韦谀卒，生年不详。谀字宪道，京兆人。雅好儒学，善著述，于群言秘要之义，无不综览。仕于前赵刘曜，为黄门郎。后又入石虎，署为散骑常侍，历守七郡，咸以清化著名。又征为廷尉。前后四登九列，六在尚书，二为侍中，再为太子太傅，封京兆公。好直谏，陈军国之宜，多见允纳。至冉闵，又署为光禄大夫。时闵拜其子胤为大单于，而以降胡一千处之麾下。谀谏被杀。作《伏林》三千余言，遂演为《典林》23篇。凡所述作及集记世事数十万言，皆深博有才义，文佚。严可均《全晋文》卷一四八载其文3篇。事迹见《晋书》卷九一《儒林传》。

庾阐约卒（297？— ）。阐字仲初，颍川鄢陵人。九岁能文，乡里重之。少随舅孙氏过江。元帝为晋王，辟之，不应。曾在郗鉴幕为司空参军，后拜彭城内史。鉴复请为从事中郎。以文名召入为散骑侍郎，领著作，综国史。不久出补零陵太守，入湘川，作《吊贾谊文》。后以疾征入，拜给事中，复领著作。阐工诗赋，所作《扬都赋》，庾亮誉为可与《二京》、《三都》并列。《隋书》卷三五《经籍志四》著录晋给事中《庾阐集》9卷，梁10卷，录1卷。严可均《全晋文》卷三八载其文22篇。逯钦立《晋诗》卷一二载其诗10首。事迹见《晋书》卷九二《文苑传》。
按：曹道衡、沈玉成《中古文学史料丛考·庾阐生卒入仕年及逸句》："《晋书·庾阐传》记其年五十四，未记卒年……阐少随舅氏过江，永嘉末，其母随子肇在项城，死于石勒之乱，阐不栉沐、不婚宦，绝酒肉垂二十年。则永嘉末尚未婚娶而哀毁备至，其年当未及冠。元帝为晋王（317），辟之，不行，时约二十稍长。若是，其卒年当在穆帝永和中期。"姑系是年。

王珣（ —401）、张野（ —418）生。

晋永和七年　魏(冉)永兴二年　前燕慕容儁三年　代建国十四年　前秦苻健皇始元年　前凉永兴六年
辛亥　351年

正月，苻健在长安自称天王、大单于，国号大秦，改元皇始，史称前秦。立子苻苌为太子（《资治通鉴》卷九九《晋纪二十一》、《十六国春秋辑补》卷三一《前秦录一·苻洪录》）。

马格嬾提乌斯败君士坦提乌斯二世。

二月，后赵石祗大败魏冉闵于襄国（《晋书》卷八《穆帝纪》）。

四月，晋梁州刺史司马勋出步骑三万，自汉中入秦川，与苻健战于五丈原，晋师大败（《晋书》卷八《穆帝纪》）。

是月，后赵刘显杀石祗降魏，后赵亡（《晋书》卷八《穆帝纪》）。

按：后赵自石勒称赵王，共传二主四子，历三十三年。

桓温帅众北伐，次于武昌，得司马昱书，回军还镇。

按：《晋书》卷八《穆帝纪》曰："（是年）十二月辛未，征西大将军桓温帅众北伐，次于武昌而止。"卷九八《桓温传》曰："声言北伐，拜表便行，顺流而下，行达武昌……简文帝时为抚军，与温书明社稷大计，疑惑所由。温即回军还镇。"

王彪之力主殷浩不宜去职告退。

按：《晋书》卷七六《王彪之传》曰："温辄下武昌，人情震惧。或劝殷浩引身告退，彪之言于简文曰……又谓浩曰……浩曰：'……闻卿此谋，意始得了。'温亦奉帝旨，果不进。"

顾和以疾笃辞位，寻卒。

按：《晋书》卷八《穆帝纪》曰："（是年三月）加尚书令顾和开府仪同三司。……秋七月，尚书令、左光禄大夫、开府仪同三司顾和卒。"卷八三《顾和传》曰："永和七年，以疾笃辞位，拜左光禄大夫、仪同三司，加散骑常侍，尚书令如故。其年卒，年六十四。追赠侍中、司空，谥曰穆。"

王述以母忧去会稽内史职。

按：《晋书》卷七五《王述传》曰："（述迁）会稽内史。莅政清肃，终日无事。母忧去职。服阕，代殷浩为扬州刺史，加征虏将军。"张可礼《东晋文艺系年》曰："述代殷浩为扬州刺史在永和十年。按当时丧礼，服丧常须三年。述永和十年服阕，是其母忧盖在本年。"

王羲之任右军将军，代王述为会稽内史。

按：《晋书》卷八〇《王羲之传》曰："为右军将军、会稽内史……述先为会稽，以母丧居郡境，羲之代述，止一吊，遂不重诣。述每闻角声，谓羲之当候己，辄洒扫而待之。如此者累年，而羲之竟不顾，述深以为恨。"《世说新语·仇隙第三十六》曰："蓝田于会稽丁艰，停山阴治丧。右军代为郡。"

孙绰任右军长史。

按：《晋书》卷五六《孙绰传》曰："会稽内史王羲之引为右军长史。"

谢艾因谮出为酒泉太守。

按：《晋书》卷二九《五行志下》曰："穆帝永和七年三月，凉州大风拔木，黄雾下尘。是时，张重华纳谮，出谢艾为酒泉太守，而所任非其人。"

慕容儁以甘棠为国家兴盛之征，命内外臣僚并上《甘棠颂》。

按：《十六国春秋辑补》卷二六《前燕录四·慕容儁录》曰："是岁，儁观兵近郊，见甘棠于道周。从者不识。儁曰：'唏，此诗所谓甘棠于道。……吾谓国家之盛，此其征也。传曰：升高能赋，可以为大夫。群司亦各书其志，吾将览焉。'于是内外臣僚，并上《甘棠颂》。"

僧支遁论《逍遥游》，标揭新理，才藻艳绝。

按：《世说新语·文学第四》曰："王逸少作会稽，初至，支道林在焉。孙兴公谓王曰：'支道林拔新领异，胸怀所及乃自佳，卿欲见不？'王本自有一往隽气，殊自轻

晋永和七年　魏(冉)永兴二年　前燕慕容儁三年　代建国十四年　前秦苻健皇始元年　前凉永兴六年
辛亥　351年

之。后孙与支共载往王许,王都领域,不与交言。须臾支退,后正值王当行,车已在门。支语王曰:'君可去,贫道与君小语。'因论《庄子·逍遥游》。支作数千言,才藻新奇,花烂映发。王遂披襟解带,留连不能已。"

僧竺僧朗移居泰山,与隐士张忠为林下之契。

按:《高僧传》卷五《竺僧朗传》曰:"竺僧朗,京兆人也。少而游方问道,长还关中,专当讲说。……以伪秦苻建皇始元年移卜泰山,与隐士张忠为林下之契,每共游处。"

高崧作《为简文致桓温书草》。

按:《晋书》卷七一《高崧传》曰:"高崧,字茂琰,广陵人也。……崧少好学,善史书。……简文帝辅政,引为抚军司马。时桓温擅威,率众北伐,军次武昌,简文患之。崧曰:'宜致书喻以祸福,自当反旆……'便于坐为简文书草曰……温得书,还镇。"

桓温作《上疏自陈》。

按:《晋书》卷九八《桓温传》曰:"温即回军还镇,上疏曰……"参见是年"桓温帅众北伐,次于武昌,得司马昱书,回军还镇"条。

王彪之约是年作《省官并职议》。

按:《晋书》卷七六《王彪之传》曰:"时众官渐多,而迁徙每速,彪之上议曰……"本传叙此事于桓温北伐次于武昌后,暂系于此。参见是年"王彪之力主殷浩不宜去职告退"条。

卢谌卒(285—　)。谌字子谅,涿人。卢志子,刘琨内侄。清敏有才思,好《老》、《庄》之学。后州举秀才,辟太尉掾。洛阳没,谌随父卢志北投刘琨,为司空从事中郎。琨重其才,倍加亲信。后随琨投鲜卑段匹磾,为别驾。匹磾害琨自败,谌又投辽西段末波,累征为散骑中书侍郎。辽西破,为后赵石虎所得,任中书侍郎、国子祭酒、侍中、中书监。虽显于石氏,常以为辱。石氏内乱,谌亦被杀于军中。据《晋书》本传,谌曾作《祭法》,注《庄子》,均佚。《隋书》卷三五《经籍志四》著录晋司空从事中郎《卢谌集》10卷,梁有录1卷。严可均《全晋文》卷三四载其文14篇。逯钦立《晋诗》卷一二载其诗10首。事迹见《晋书》卷四四。

按:《资治通鉴》卷九九曰:"(是年)三月,姚襄及赵汝阴王琨各引兵救襄国。冉闵遣车骑将军胡睦拒襄于长芦,将军孙威拒琨于黄丘,皆败还,士卒略尽。……胡睦及司空石璞、尚书令徐机、中书监卢谌等并将士死者凡十余万人。"《晋书》卷四四《卢谌传》系卢谌遇害于永和六年:"谌随闵军,于襄国遇害,时年六十七,是岁永和六年也。谌名家子,早有声誉,才高行洁,为一时所推。值中原丧乱,与清河崔悦、颍川荀绰、河东裴宪、北地傅畅并沦陷非所,虽俱显于石氏,恒以为辱。谌每谓诸子曰:'吾身没之后,但称晋司空从事中郎尔。'"《资治通鉴》载冉闵大败于襄国与《晋书》卷八《穆帝纪》合,故系此。

顾和卒(288—　)。和字君孝。少有清操。深得王导器重。累迁司徒掾。官至尚书令、左光禄大夫、开府仪同三司。和居任多所献纳,虽权臣不苟阿挠。《隋书》卷三五《经籍志四》著录晋尚书令《顾和集》5卷,梁有录1卷。严可均《全晋文》卷九五载其文8篇。事迹见《晋书》卷八三。

王珉（ —388）、李暠（ —417）生。

晋永和八年　魏（冉）永兴三年　前燕慕容儁元玺元年
代建国十五年　前秦皇始二年　前凉永乐七年
壬子　352年

正月，前秦苻健称帝号于长安（《晋书》卷八《穆帝纪》、《资治通鉴》卷九九《晋纪二十一》）。

四月，魏冉闵被前燕慕容儁杀于龙城；儁称帝号于中山，称燕（《晋书》卷八《穆帝纪》）。

按：前燕灭冉魏，冉魏亡，共历3年。

十一月，前燕慕容儁称皇帝，改元元玺，都蓟，建留台于龙都（《资治通鉴》卷九九《晋纪二十一》）。

殷浩帅众北伐。罢遣太学生徒。

按：《晋书》卷八《穆帝纪》曰："（是年九月）中军将军殷浩帅众北伐，次泗口……"《资治通鉴》卷九九曰："（是年）浩上疏请北出许、洛，诏许之……九月，浩屯泗口……浩以军兴，罢遣太学生徒，学校由此遂废。"

王羲之止殷浩北伐。

按：《晋书》卷八〇《王羲之传》曰："及浩将北伐，羲之以为必败，以书止之，言甚切至。"

江逌为殷浩谘议参军，军中书檄，浩皆委逌。

按：《晋书》卷八三《江逌传》曰："中军将军殷浩将谋北伐，请为谘议参军。浩甚重之，迁长史。浩方修复洛阳，经营荒梗，逌为上佐，甚有匡弼之益，军中书檄皆以委逌。"

谢尚讨张遇，为遇所败（《晋书》卷八《穆帝纪》及卷七九《谢尚传》）。

司马晞为太宰（《晋书》卷八《穆帝纪》）。

戴逵约是年不为太宰司马晞鼓琴。

按：《晋书》卷九四《戴逵传》曰："太宰、武陵王晞闻其善鼓琴，使人召之，逵对使者破琴曰：'戴安道不为王门伶人！'晞怒，乃更引其兄述。述闻命欣然，拥琴而往。"

司马昱为司徒。

按：《晋书》卷八《穆帝纪》曰："（是年七月丁酉以）抚军大将军、会稽王昱为司徒。"

桓温为太尉。

按：《晋书》卷八《穆帝纪》曰："（是年七月丁酉以）征西大将军桓温为太尉。"

天竺僧鸠摩罗什至罽宾，遇名德法师槃头达多，崇以师礼。甚得罽宾国王尊崇。

按：《高僧传》卷二《鸠摩罗什传》曰："什年九岁，随母渡辛头河，至罽宾。遇名德法师槃头达多，即罽宾王之从弟也。渊粹有大量，才明博识，独步当时。三藏九部，莫不该练。从旦至中，手写千偈。从中至暮，亦诵千偈。名播诸国，远近师之。什至即崇以师礼，从受杂藏中长二含，凡四百万言。达多每称什神俊，遂声彻于王，王即请入宫。集外道论师，共相攻难。言气始交，外道轻其年幼，言颇不逊。什乘隙而挫之，外道折伏，愧惋无言。王益敬异，日给鹅腊一双，粳米面各三斗，酥六升，此外国之上供也。所住寺僧乃差大僧五人，沙弥十人，营视扫洒，有若弟子。其见尊崇如此。"

王羲之作《殷侯帖》。

按：张可礼《东晋文艺系年》曰："《全晋文》卷二二辑《殷侯帖》云：'昨送诸书，令示卿，想见之。恐殷侯必行，义望虽宜尔。然今此集，信为未易。'此帖所言当指本年殷浩北伐事。"

王朔之作《通历》。

按：《晋书》卷一八《律历志下》曰："穆帝永和八年，著作郎琅邪王朔之造《通历》，以甲子为上元，积九万七千年，四千八百八十三为纪法，千二百五为斗分，因其上元为开辟之始。"

刘遗民（ —410）、徐广（ —425）生。

晋永和九年　前燕元玺二年　代建国十六年　前秦皇始三年　前凉永乐八年　癸丑　353年

二月，前燕王立世子慕容晔为皇太子，自龙城迁于蓟宫（《资治通鉴》卷九九《晋纪二十一》）。

十月丁未，前凉张重华卒，子曜灵立，称大司马、凉州刺史、西平公。重华庶兄张祚辅政（《晋书》卷八《穆帝纪》）。

十二月，前凉张祚杀张曜灵，自为凉州牧、凉公（《资治通鉴》卷九九《晋纪二十一》）。

王羲之与孙绰、谢安等集宴山阴兰亭。

按：《晋书》卷八〇《王羲之传》曰："羲之雅好服食养性，不乐在京师，初渡浙江，便有终焉之志。会稽有佳山水，名士多居之，谢安未仕时亦居焉。孙绰、李充、许询、支遁等皆以文义冠世，并筑室东土，与羲之同好。尝与同志宴集于会稽山阴之兰亭，羲之自为之序以申其志，曰：'永和九年，岁在癸丑，暮春之初，会于会稽山阴之兰亭，修禊事也。群贤毕至，少长咸集……'"最早关于兰亭诗会情况的记载见于《世说新语·企羡第十六》刘孝标注，称王羲之的《兰亭集序》为《临河叙》，从中可知兰亭诗会共41人参加，26人作诗，15人未作诗，但具体情况如何并无说明。《晋书》本传也只

君士坦提乌斯二世皇帝败马格嫩提乌斯。

言及羲之到会稽后与之游处的人有孙绰、李充、许询、支遁等,但未言及永和九年参与人数及诗作的情况。宋施宿撰《会稽志》卷一〇曰:"《天章寺碑》云:羲之、谢安、谢万、孙绰、徐丰之、孙统、王彬之、王凝之、王肃之、王徽之、袁峤之、郗昙、王丰之、华茂、庾友、虞说、魏滂、谢绎、庾蕴、孙嗣、曹茂之、曹华平、桓伟、王玄之、王蕴之、王涣之各赋诗,合二十六人。谢瑰、卞迪、丘髦、王献之、羊模、孔炽、刘密、虞谷、劳夷、后绵、华耆、谢藤、任儗、吕系、吕本、曹礼,诗不成,罚三觥,合十六人。"此言《天章寺碑》中载参加兰亭集会凡42人,赋诗者26人,与刘孝标称引《临河叙》同;而无诗者为16人,比《临河叙》多出1人,较为详细地记录了兰亭诗会的人数、姓名、作诗的情况。从施宿《会稽志》记载赋诗26人来看,羲之有七子,知名者五人。兰亭诗会有六子参加,即长子王玄之,次子王凝之,三子王涣之,四子王肃之,五子王徽之,七子王献之。王羲之一门占与会人数的六分之一。陈郡谢氏家族中参与此次集会的有谢安与谢万。高平郗氏家族的代表即郗昙,昙为郗鉴次子;颍川庾氏家族则有庾友和庾蕴。庾友,为庾冰第三子。庾蕴亦是庾冰子。东晋时的主要四大名门士族都有人参与此次集会。孙氏家族中有三人参与:当时清谈名士孙绰、孙绰子孙嗣、孙绰兄孙统。时桓温掌权,温子桓伟也得其事。王羲之永和七年任会稽内史,二年后即有此盛会,从参加兰亭集会的主要成员来看,兰亭集会是以王羲之为首、以世家大族与名士为主要参与对象的一次游宴娱乐活动。

殷浩北伐,大败。

按:《晋书》卷八《穆帝纪》曰:"(是年)冬十月,中军将军殷浩进次山桑,使平北将军姚襄为前锋,襄叛,反击浩,浩弃辎重,退保谯城。……十一月,殷浩使部将刘启、王彬之讨姚襄,复为襄所败,襄遂进据芍陂。"事亦见卷七七《殷浩传》。

王彪之上笺陈雷弱儿诈伪,殷浩不应轻进。

按:文见《晋书》卷七六《王彪之传》曰:"长安人雷弱儿、梁安等诈云杀苻健、苻眉,请兵应接。时殷浩镇寿阳,便进据洛,营复山陵。属彪之疾归,上简文帝笺,陈弱儿等容有诈伪,浩未应轻进。寻而弱儿果诈,姚襄反叛,浩大败,退守谯城。简文笑谓彪之曰:'果如君言。自顷以来,君谋无遗策,张、陈何以过之!'"

谢尚为尚书仆射,都督豫、扬、江西诸军事,领豫州刺史,镇历阳。

按:《晋书》卷八《穆帝纪》曰:"(是年)夏四月,以安西将军谢尚为尚书仆射。……十二月,加尚书仆射谢尚为都督豫、扬、江西诸军事,领豫州刺史,镇历阳。"卷七九《谢尚传》曰:"永和中,拜尚书仆射,出为都督江西淮南诸军事、前将军、豫州刺史,给事中、仆射如故,镇历阳,加都督豫州扬州之五郡军事,在任有政绩。"

袁宏任谢尚豫州别驾。

按:《晋书》卷九二《袁宏传》曰:"尚为安西将军、豫州刺史,引宏参其军事。"《文选集注》卷四九《三国名臣序赞注》引臧荣绪《晋书》曰:"袁宏好学……谢尚以为豫州别驾。"

王羲之作《兰亭集序》、《又与殷浩书》、《与会稽王笺》及《遗谢尚书》。

按:《兰亭集序》又称《临河叙》。《临河叙》见《世说新语·企羡第十六》,《兰亭集序》见《晋书》卷八〇《王羲之传》,文字稍异。参见是年"王羲之与孙绰、谢安等集宴山阴兰亭"条。《又与殷浩书》、《与会稽王笺》及《遗谢尚书》均见卷八〇《王羲之传》曰:"浩遂行,果为姚襄所败。复图再举,又遗浩书曰……又与会稽王笺陈浩不宜北伐,并论时事曰……时东土饥荒,羲之辄开仓振贷。然朝廷赋役繁重,吴会忧甚,

晋永和九年　前燕元玺二年　代建国十六年　前秦皇始三年　前凉永乐八年　癸丑　353年

羲之每上疏争之,事多见从。又遗尚书仆射谢安书曰……"张可礼《东晋文艺系年》曰:"按卷九《孝武帝纪》,谢安于孝武帝宁康元年九月任尚书仆射,此书当是谢尚。据卷八《穆帝纪》,本年四月,谢尚为尚书仆射。"

兰亭集会诸人共作诗37首。

按:施宿《会稽志》卷二〇"古诗文"载王羲之《上巳日会兰亭曲水诗并序》,后系有诸人诗。其中王羲之2首,1首四言,1首五言。五言八句起自"仰视碧天际"。2首者11人,1首者15人,共37首,未有诗者16人。后有孙绰序。37首诗中四言诗共14首,其中四言八句7首,四言四句7首;五言诗共23首,其中五言八句8首、五言四句15首。逯钦立《晋诗》卷一三有辑。参见是年"王羲之与孙绰、谢安等集宴山阴兰亭"条。

谢艾作《上疏言赵长张祚事》。

按:《十六国春秋》卷七五《前凉录六·谢艾录》曰:"重华寝疾,嬖臣赵长等与长宁侯(张)祚结异姓兄弟。艾上疏言:'……且言长宁侯祚及赵长等将为乱,宜尽逐长等。'既而疾甚,手令征艾为卫将军,监中外诸军事,辅政。长等匿而不宣。祚既僭立,追恨,杀之。"

前凉国人咸赋《墙茨》之诗,以刺张祚淫暴。

按:《晋书》卷八六《张祚传》曰:"祚字太伯,博学雄武,有政事之才。既立,自称大都督、大将军、凉州牧、凉公。淫暴不道,又通重华妻裴氏,自阁内媵妾及骏、重华未嫁子女,无不暴乱,国人相目,咸赋《墙茨》之诗。"

江惇卒(305—　)。惇字思俊,陈留圉人。江统次子。性好学,儒玄并综,认为君子立行,应依礼而动。所作《通道崇检论》,世皆称道。苏峻之乱,避地东阳山。郗鉴辟为太尉掾,庾亮请为儒林参军,征拜博士、著作郎,皆不就。邑里宗其道,有事必谘而后行。东阳太守阮裕、长山令王濛,皆一时名士,并与惇游处,深相钦重。卒后,友朋相与刊石立颂,彰其美德。《隋书》卷三五《经籍志四》著录晋征士《江惇集》3卷,录1卷,亡。严可均《全晋文》卷一百六载其文4篇,其中《立琅邪王议》(升平五年)、《尊周贵人为皇太妃议》(隆和元年)、《庾家为孝庾后服议》(太和六年)3篇显误。事迹见《晋书》卷五六。

李充约卒,生年不详。充字弘度,江夏人。善楷书,为时所重。辟丞相王导掾,转记室参军。又参征北褚裒军事,除剡令。后官大著作郎,迁中书侍郎。充幼好刑名之学,深抑虚浮之士,曾作《学箴》以明其旨。任大著作郎时,因当时典籍混乱,充删除繁重,以类相从,分作四部,此即《晋元帝四部书目》,始定经史子集四部之序。《隋书》卷三二《经籍志一》著录其注《论语》10卷。卷三五《经籍志四》著录晋《李充集》22卷,梁15卷,录1卷;《翰林论》3卷,梁54卷。严可均《全晋文》卷五三载其文15篇。逯钦立《晋诗》卷一一载其诗3首。事迹见《晋书》卷九二《文苑传》。

按:李充卒年无考。以李充在会稽与王羲之等人游处,姑系是年。

晋永和十年　前燕元玺三年　代建国十七年
前秦皇始四年　前凉张祚和平元年　甲寅　354年

正月,前凉张祚称凉王,改元和平。对外始不用晋年号(《资治通鉴》卷九九《晋纪二十一》)。

六月,前秦丞相苻雄卒,其子苻坚袭东海王爵位(《资治通鉴》卷九九《晋纪二十一》)。

八月,前秦雷弱儿拒桓温有功,苻健以其为丞相(《资治通鉴》卷九九《晋纪二十一》)。

桓温帅师北伐关中。蓝田之战,桓温告捷。三辅郡县百姓争犒晋军。白鹿原之战,温军大败。后因粮尽,引兵而还(《晋书》卷八《穆帝纪》及卷九八《桓温传》)。

王猛辞桓温南下之请。

按:《晋书》卷一一四《王猛传》曰:"王猛,字景略,北海剧人也,家于魏郡……隐于华阴山。怀佐世之志,希龙颜之主,敛翼待时,候风云而后动。桓温入关,猛被褐而诣之,一面谈当世之事,扪虱而言,旁若无人。……温之将还,赐猛车马,拜高官督护,请与俱南。猛还山咨师,师曰:'卿与桓温岂并世哉! 在此自可富贵,何为远乎!'猛乃止。"

殷浩废为庶人。

按:《晋书》卷八《穆帝纪》曰:"(是年二月)废扬州刺史殷浩为庶人。"卷七七《殷浩传》曰:"浩虽被黜放,口无怨言,夷神委命,谈咏不辍,虽家人不见其有流放之戚。但终日书空,作'咄咄怪事'四字而已。"

王述代殷浩为扬州刺史。

按:《晋书》卷八《穆帝纪》曰:"(是年二月)废扬州刺史殷浩为庶人,以前会稽内史王述为扬州刺史。"卷七五《王述传》曰:"服阕,代殷浩为扬州刺史,加征虏将军。初至,主簿请讳。报曰:'亡祖先君,名播海内,远近所知;内讳不出门,余无所讳。'寻加中书监,固让,经年不拜。"

王羲之耻在王述下,遣使诣朝廷分会稽为越州。

按:《晋书》卷八〇《王羲之传》曰:"及述为扬州刺史,将就征,周行郡界,而不过羲之,临发,一别而去。先是,羲之常谓宾友曰:'怀祖正当作尚书耳,投老可得仆射。更求会稽,便自邈然。'及述蒙显授,羲之耻为之下,遣使诣朝廷,求分会稽为越州。行人失辞,大为时贤所笑。既而内怀愧叹,谓其诸子曰:'吾不减怀祖,而位遇悬邈,当由汝等不及坦之故邪!'"

江逌免官,寻除中书郎。

按:《晋书》卷八三《江逌传》曰:"及桓温奏废浩佐吏,遂免。顷之,除中书郎。"

谢尚自历阳还卫京师。

按：《晋书》卷八《穆帝纪》曰："(是年)五月，江西乞活郭敞等执陈留内史刘仕而叛，京师震骇，以吏部尚书周闵为中军将军，屯于中堂，豫州刺史谢尚自历阳还卫京师。"卷七九《谢尚传》曰："上表求入朝，因留京师，署仆射事。"

马岌切谏张祚免官，后因桓温入关，复位。

按：《晋书》卷八六《张祚传》曰："永和十年，祚纳尉缉、赵长等议，僭称帝位，立宗庙，舞八佾，置百官……灾异屡见，而祚凶虐愈甚。其尚书马岌以切谏免官。……太尉桓温入关……祚既震惧，又虑擢反噬，即召马岌复位而与之谋。"

丁琪因进谏张祚被杀。

按：《晋书》卷八六《张祚传》曰："(是年)郎中丁琪又谏曰：'……陛下虽以大圣雄姿纂戎鸿绪，勋德未高于先公，而行革命之事，臣窃未见其可……'祚大怒，斩之于阙下。"

释道安约是年在太行恒山立寺传教。受武邑太守卢歆请开讲，道俗欣慕。

按：《高僧传》卷五《道安传》曰："安后于太行恒山创立寺塔，改服从化者中分河北。时武邑太守卢歆，闻安清秀，使沙门敏见苦要之，安辞不获免，乃受请开讲。名实既符，道俗欣慕。"

释慧远慕释道安声名，往归之，委命受业。

按：《高僧传》卷六《慧远传》曰："年二十一，欲渡江东，就范宣子共契嘉遁。值石虎已死，中原寇乱，南路阻塞，志不获从。时沙门释道安，立寺于太行恒山，弘赞像法，声甚著闻，远遂往归之。一面尽敬，以为真吾师也。后闻安讲《波若经》，豁然而悟，乃叹曰：'儒道九流，皆糠秕耳。'便与弟慧持，投簪落彩，委命受业。"

桓温作《上疏废殷浩》。

按：文见《晋书》卷七七《殷浩传》曰："桓温素忌浩，及闻其败，上疏罪浩曰……竟坐废为庶人，徙于东阳之信安县。"

王述作《下主簿教》。

按：文见《晋书》卷七五《王述传》，参见是年"王述代殷浩为扬州刺史"条。也见载于《世说新语·赏誉第八》。

谢艾卒，生年不详。仕前凉将帅，败后赵石虎将麻秋于枹罕。前凉主张重华宠信之，被谮出为酒泉太守。重华疾笃，手令征艾为卫将军，监中外诸军事，辅政。张祚藏手令，自立为王，遂杀艾。艾亦长于文学，刘勰《文心雕龙·熔裁》篇称艾文"练熔裁而晓繁略"。《隋书》卷三五《经籍志四》著录张重华酒泉太守《谢艾集》7卷，梁8卷，亡。严可均《全晋文》卷一五四载其文3篇。事迹见《十六国春秋》卷七五《前凉录六》。

晋永和十一年　前燕元玺四年　代建国十八年
前秦苻生寿光元年　前凉张玄靓太始元年　乙卯　355年

六月，前秦苻健卒，子苻生嗣，改元寿光(《资治通鉴》卷一〇〇《晋纪二

君士坦提乌斯二世立尤里安为凯撒。

十二》》)。

闰九月,前凉张祚部下宋混、张瓘杀祚,立耀灵弟张玄靓为凉州牧、西平公,改元太始(《资治通鉴》卷一〇〇《晋纪二十二》)。

王羲之称病离郡,誓不复仕。与东土人士尽山水之游,与道士许迈共修服食。

按:《晋书》卷八〇《王羲之传》曰:"述后检察会稽郡,辩其刑政,主者疲于简对。羲之深耻之,遂称病去郡,于父母墓前自誓曰:'维永和十一年三月癸卯朔,九日辛亥,小子羲之敢告二尊之灵……'羲之既去官,与东土人士尽山水之游,弋钓为娱。又与道士许迈共修服食,采药石不远千里,遍游东中诸郡,穷诸名山,泛沧海,叹曰:'我卒当以乐死。'谢安尝谓羲之曰:'中年以来,伤于哀乐,与亲友别,辄作数日恶。'羲之曰:'年在桑榆,自然至此。顷正赖丝竹陶写,恒恐儿辈觉,损其欢乐之趣。'朝廷以其誓苦,亦不复征之。"

谢安约是年盘桓东山,与孙绰诸人泛海戏,谈说诸文。

按:《世说新语·雅量第六》曰:"谢太傅盘桓东山时,与孙兴公诸人泛海戏。风起浪涌,孙、王诸人色并遽,便唱使还。太傅神情方王,吟啸不言。舟人以公貌闲意说,犹去不止。既风转急,浪猛,诸人皆喧动不坐。公徐云:'如此,将无归。'众人即承响而回。于是审其量,足以镇安朝野。"刘孝标注引《中兴书》曰:"安先居会稽,与支道林、王羲之、许询共游处。出则渔弋山水,入则谈说属文,未尝有处世意也。"张可礼《东晋文艺系年》曰:"上述事,具体时间,未见记载,当在谢安出仕前、羲之辞官后。《晋书》卷七九《谢安传》:'及(谢)万废黜,安始有仕进志,时年已四十余矣。征西大将军桓温请为司马。'据《通鉴》卷一百一,升平四年,谢安出仕为桓温司马。又羲之于本年辞官,是上引《世说新语》所记之事,当在升平四年前,永和十一年羲之辞官后。今暂系于此,俟考。"

又按:许询生卒年不详。询字玄度,高阳人。怀帝永嘉中随元帝过江,迁会稽内史,家于山阴。童年秀慧,时号神童。仰慕神仙,性好山水,隐居不仕。后又奉佛,舍永兴、山阴二宅为寺。许询与孙绰为东晋玄言诗人,与绰并称一时文宗。询长于五言诗,简文帝称其诗"妙绝时人",而《诗品》则将询、绰二人并列下品。有集八卷,佚。《隋书》卷三五《经籍志四》著录晋征士《许询集》3卷,梁8卷,录1卷。严可均《全晋文》卷一三五载其文2篇。逯钦立《晋诗》卷一二载其诗2首。事迹略见《世说新语·言语第二》等篇。

殷浩于徙所竟达空函,大忤桓温,由是遂绝。

按:《晋书》卷七七《殷浩传》曰:"浩甥韩伯,浩素赏爱之,随至徙所,经岁还都,浩送至渚侧,咏曹颜远诗云:'富贵他人合,贫贱亲戚离。'因而泣下。后温将以浩为尚书令,遗书告之,浩欣然许焉。将答书,虑有谬误,开闭者数十,竟达空函,大忤温意,由是遂绝。永和十二年卒。"殷浩永和十年废为庶人,徙于东阳之信安县,浩甥韩伯,"经岁还都",姑系是年。

谢尚进号镇西将军。采拾乐人,并制石磬,以备太乐。

按:《晋书》卷八《穆帝纪》曰:"(是年)冬十月,进豫州刺史谢尚督并冀幽三州诸军事、镇西将军,镇马头。"卷七九《谢尚传》曰:"寻进号镇西将军,镇寿阳。尚于是采拾乐人,并制石磬,以备太乐。江表有钟石之乐,自尚始也。"《宋书》卷一九《乐志下》曰:"庾翼、桓温专事军旅,乐器在库,遂至朽坏焉。晋氏之乱也,乐人悉没戎虏。及胡亡,邺下乐人,颇有来者。谢尚时为尚书仆射,因之以具钟磬。"

王彪之为尚书右仆射,以病不拜。徙太常。

按:《晋书》卷八《穆帝纪》曰:"(是年七月)以吏部尚书周闵为尚书左仆射,领军将军王彪之为尚书右仆射。"卷七六《王彪之传》曰:"转领军将军,迁尚书仆射,以疾病,不拜。徙太常,领崇德卫尉。"

王羲之作《为会稽内史称疾去郡于父墓前自誓文》及《与谢万书》。

按:二文见《晋书》卷八〇《王羲之传》曰:"羲之深耻之,遂称病去郡,于父母墓前自誓曰……初,羲之既优游无事,与吏部郎谢万书曰:'古之辞世者或被发阳狂,或污身秽迹,可谓艰矣。今仆坐而获逸,遂其宿心,其为庆幸,岂非天赐!……常依陆贾、班嗣、杨王孙之处世,甚欲希风数子,老夫志愿尽于此也。'"参见是年"王羲之称病离郡,誓不复仕。与东土人士尽山水之游,与道士许迈共修服食"条。

许迈约是年作《遗王羲之书》。

按:《晋书》卷八〇《许迈传》曰:"羲之造之,未尝不弥日忘归,相与为世外之交。玄遗羲之书云:'自山阴南至临安,多有金堂玉室,仙人芝草,左元放之徒,汉末诸得道者皆在焉。'羲之自为之传,述灵异之迹甚多,不可详记。玄自后莫测所终,好道者皆谓之羽化矣。"

孙绰约是年作《赠谢安诗》。

按:张可礼《东晋文艺系年》曰:"《晋书》卷一三辑绰《赠谢安诗》,细读诗中'洋洋浚泌,蔼蔼丘园。庭无乱辙,室有清弦。足不越疆,谈不离玄'等句,当作于安出仕前,今亦暂系于此。"参见是年"谢安约是年盘桓东山,与孙绰诸人泛海戏,谈说诸文"条。

范泰(　—428)生。

安东尼约卒(251?—　)。埃及人。基督教隐士。东派教会隐修制度创始人。

晋永和十二年　前燕元玺五年　代建国十九年　前秦寿光二年　前凉太始二年　丙辰　356年

二月辛丑,晋穆帝讲《孝经》(《晋书》卷八《穆帝纪》)。

十二月庚戌,晋以有事于五陵,告于太庙,晋帝及群臣皆服缌,于太极殿临三日(《晋书》卷八《穆帝纪》)。

是年,仇池内讧,杨俊杀杨国,自立为仇池公,国子安奔秦(《晋书》卷八《穆帝纪》)。

桓温上表迁都洛阳,朝廷不许。为征讨大都督,击姚襄,败之。途中慨叹清谈误国。

按:《晋书》卷八《穆帝纪》曰:"(是年)三月,姚襄入于许昌,以太尉桓温为征讨大都督以讨之。秋八月己亥,桓温及姚襄战于伊水,大败之,襄走平阳,徙其余众三千余家于江汉之间,执周成而归。使扬武将军毛穆之,督护陈午,辅国将军、河南太守戴施镇洛阳。"卷九八《桓温传》曰:"母孔氏卒,上疏解职,欲送葬宛陵,诏不许……温葬毕视事,欲修复园陵,移都洛阳,表疏十余上,不许。进温征讨大都督、督司冀二州诸军事,委以专征之任。……温自江陵北伐,行经金城,见少为琅邪时所种柳皆已十围,慨然曰:'木犹如此,人何以堪!'攀枝执条,泫然流涕。于是过淮泗,践北境,与诸僚属登平乘楼,眺瞩中原,慨然曰:'遂使神州陆沈,百年丘墟,王夷甫诸人不得不任其责!'袁宏曰:'运有兴废,岂必诸人之过!'温作色谓四座曰:'颇闻刘景升有千斤大牛,啖刍豆十倍于常牛,负重致远,曾不若一羸牸,魏武入荆州,以享军士。'意以况宏,坐中皆失色。"

　　王述议桓温迁都洛阳,止桓温移洛阳钟虡(《晋书》卷七五《王述传》)。

　　孙盛随桓温入关平洛,以功进封吴昌县侯,出补长沙太守。居官颇营资货。

　　按:《晋书》卷八二《孙盛传》曰:"从(桓)温入关平洛,以功进封吴昌县侯,出补长沙太守。以家贫,颇营资货,部从事至郡察知之,服其高名而不劾之。盛与温笺,而辞旨放荡……温得盛笺,复遣从事重案之,赃私狼籍,槛车收盛到州,舍而不罪。"

　　谢尚以疾辞桓温请己督都司州诸军事。

　　按:《晋书》卷七九《谢尚传》曰:"桓温北平洛阳,上疏请尚为都督司州诸军事。将镇洛阳,以疾病不行。"

　　王彪之约是年上言疾疫之年不应废宫省。

　　按:《晋书》卷七六《王彪之传》曰:"永和末,多疾疫。旧制,朝臣家有时疾,染易三人以上者,身虽无病,百日不得入宫。至是,百官多列家疾,不入。彪之又言:'疾疫之年,家无不染。若以之不复入宫,则直侍顿阙,王者宫省空矣。'朝廷从之。"

　　蔡谟被废后杜门不出,终日讲诵,教授子弟。是年卒。

　　按:《晋书》卷七七《蔡谟传》曰:"谟既被废,杜门不出,终日讲诵,教授子弟。数年,皇太后诏曰:'……以谟为光禄大夫、开府仪同三司。'于是遣谒者仆射孟洪就加册命。谟上疏陈谢曰……遂以疾笃,不复朝见。诏赐几杖,门施行马。十二年,卒,时年七十六。赠赠之礼,一依太尉陆玩故事。诏赠侍中、司空,谥曰文穆。"

　　顾悦之抗表讼殷浩,与朝臣争论,时人称之。

　　按:顾悦之,顾恺之父。《晋书》卷七七《顾悦之传》曰:"顾悦之,字君叔,少有义行。……始将抗表讼浩,浩亲故多谓非宜,悦之决意以闻,又与朝臣争论,故众无以夺焉。时人咸称之。为州别驾,历尚书右丞,卒。"参见是年"顾悦之作《上疏讼殷浩》"条。

　　释道安复还冀部,常宣法化。

　　按:《高僧传》卷五《道安传》曰:"至年四十五,复还冀部,住受都寺,徒众数百,常宣法化。"

　　顾悦之作《上疏讼殷浩》。

　　按:文见《晋书》卷七七《殷浩传》曰:"浩后将改葬,其故吏顾悦之上疏讼浩曰……疏奏,诏追复浩本官。"

　　桓温作《平洛表荐谢尚》。

　　按:文见《世说新语·赏誉第八》刘孝标注引《温集》曰:"今中州既平,宜时绥蔡谟约是年作《谢拜光禄大夫疏》。

按：文见《晋书》卷七七《蔡谟传》。谟永和六年被免为庶人，数年，皇太后下诏，以谟为光禄大夫、开府仪同三司，谟上疏陈谢，遂以疾笃，不复朝见，是年卒。此文应作于永和六年至十二年间，姑系是年。参见是年"蔡谟被废后杜门不出，终日讲诵，教授子弟。是年卒"条。

王彪之作《上言开陵皇太后服》。

按：《通典》卷一〇二曰："永和十二年，修复峻平四陵。大使开陵表，至尊及百官皆服缌。尚书符问：'皇太后应何服？'博士曹耽、胡讷议：'……王氏近情，则宜缌。'领国子博士荀讷议：'如郑玄注，则皇太后不应有服缌。谓今皇太后上奉宗庙，下临朝臣，宜有变礼，不得准之常制。'太常王彪之上言：'……太后临朝称制，体同皇极，则亦宜服缌，议有二君之嫌。'尚书范汪亦同彪之，云……遂上皇太后缌服。"

谢尚作《大道曲》。

按：诗见《乐府诗集》卷七五。张可礼《东晋文艺系年》曰："诗曰：'青阳二三月，柳青桃复红。车马不相识，音落黄埃中。'（《乐府诗集》）并引《乐府解题》曰：'谢尚为镇西将军，尝着紫罗襦，据胡床，在市中佛国门楼上弹琵琶，作《大道曲》。市人不知是三公也。'尚上年十月为镇西将军，诗中有'青阳二三月'句，知诗当作于本年春。"

蔡谟卒（281—　）。谟字道明，陈留考城人。弱冠察孝廉，州辟从事，举秀才，东海王越召为掾，皆不就。避乱渡江。时明帝为中郎将，引为参军。元帝拜丞相，复辟为掾，转参军，后为中书侍郎，历义兴太守、大将军王敦从事中郎、司徒左长史，迁侍中。以平苏峻功，赐爵济阳男。晚年，因屡召不至，免为庶人，杜门不出，终日讲诵，教授子弟。谟博学，于礼仪宗端制度多所议定。文笔论议，有集行于世。总应劭以来注班固《汉书》者，为之集释。《隋书》卷三二《经籍志一》著录其撰《丧服谱》1卷，《礼记音》2卷，亡；卷三五《经籍志四》著录晋司徒《蔡谟集》17卷，梁有43卷；《蔡司徒书》3卷，亡。严可均《全晋文》卷一一四载其文32篇。事迹见《晋书》卷七七。

殷浩卒，生年不详。浩字渊源，陈郡长平人。浩弱冠有美名，尤善玄言，与叔父融俱好《老》《易》。融与浩口谈则辞屈，著篇则融胜，浩由是为风流谈论者所宗。屡辟不就，时人比为管仲、诸葛亮。会稽王昱畏桓温之势盛，引浩参与朝政。适后赵灭亡，中原混乱，被任命都督扬、豫、徐、兖、青五州诸军事，欲以北伐立威，然浩非将才，屡战屡败，废为庶人。后桓温将以浩为尚书令，遗书告之。浩欣然作答书，然竟达空函，大忤温意，由是遂绝，抑郁而死。《隋书》卷三五《经籍志四》著录晋扬州刺史《殷浩集》4卷，梁5卷，录1卷。亡。严可均《全晋文》卷一二九载其文3篇。事迹见《晋书》卷七七。

按：殷浩卒年文献记载有异，今从《晋书》本传系于是年。曹道衡、沈玉成《中古文学史料丛考·殷浩卒年辨》曰："殷浩于永和十年二月被废,徙东阳信安。《晋书》本传记……'永和十二年,卒'。《建康实录·哀帝纪》隆和元年:'秋七月,西中郎将袁真进次汝南,运米五万斛以馈洛阳。前中军将军、都督扬豫徐兖青五州诸军事、扬州刺史殷浩卒于东阳之信安。'二书所记卒年相差竟达七载……《实录》虽多讹误,然记殷浩卒年可信。上述永和十二年前桓温起用殷浩,盖非其时,一也。《实录》此条于殷浩卒前所记袁真事,亦见《晋书·哀帝纪》,惟晋纪作八月,是年所记他事,大体亦无差异,可证许嵩撰写及后人传抄无误,二也。《晋书》为官修御撰,《实录》设无所据,不当故列异说,三也。总此三证,殷浩卒年当从《实录》。《晋书》、《实录》皆不记殷浩年岁。以浩为韩伯舅父及《陶侃传》记咸和七年(332)前在陶侃幕约略推之,约生于怀帝永嘉间,得年约五十左右。"

晋升平元年　前燕光寿元年　代建国二十年
前秦苻坚永兴元年　前凉太始三年　丁巳　357年

君士坦提乌斯二世皇帝伐萨尔马特人、苏维汇人、夸迪人诸部。

正月,晋改元升平(《晋书》卷八《穆帝纪》)。

二月,前燕慕容儁改元光寿,立子慕容暐为太子(《资治通鉴》卷一〇〇《晋纪二十二》)。

三月,晋穆帝讲《孝经》,壬申亲释奠于中堂(《晋书》卷八《穆帝纪》)。

六月,前秦东海王苻坚起兵杀苻生自立,去帝号,称大秦天王,改元永兴(《资治通鉴》卷一〇〇《晋纪二十二》)。

八月丁未,晋立皇后何氏(《晋书》卷八《穆帝纪》)。

十一月,前燕慕容儁自蓟迁都于邺(《资治通鉴》卷一〇〇《晋纪二十二》)。

谢尚征拜卫将军,加散骑常侍,未至,卒于历阳。

按:《晋书》卷七九《谢尚传》曰:"升平初,又进都督豫冀幽并四州。病笃,征拜卫将军,加散骑常侍,未至,卒于历阳,时年五十。诏赠散骑常侍、卫将军、开府仪同三司,谥曰简。"卷八《穆帝纪》曰:"夏五月庚午,镇西将军谢尚卒。"

谢奕为使持节、都督、安西将军、豫州刺史。

按:《晋书》卷八《穆帝纪》曰:"(是年)六月以军司谢奕为使持节、都督、安西将军、豫州刺史。"卷七九《谢奕传》曰:"从兄尚有德政,既卒,为西蕃所思,朝议以奕立行有素,必能嗣尚事,乃迁都督豫司冀并四州军事、安西将军、豫州刺史、假节。"

王彪之为尚书左仆射(《晋书》卷八《穆帝纪》)。

王洽与司马晞持节奉册立穆章何皇后(《晋书》卷三二《穆章何皇后传》)。

王猛为中书侍郎,转始平令,明法峻刑,澄察善恶,禁勒强豪(《晋书》一一四《王猛传》)。

释慧远便就讲说,引《庄子》义为连类,使惑者晓然。

按:《高僧传》卷六《慧远传》曰:"年二十四,便就讲说。尝有客听讲,难实相义,往复移时,弥增疑昧。远乃引《庄子》义为连类,于是惑者晓然。是后安公特听慧远不废俗书。安有弟子法遇、昙徽,皆风才照灼,志业清敏,并推伏焉。"

王彪之作《正纳皇后礼》、《册立皇后何氏文》、《上书论皇后拜讫上礼》、《奏议陈留王废疾求立后》及《婚不举乐议》。

按:《正纳皇后礼》见《晋书》卷二一《礼志下》:"穆帝升平元年,将纳皇后何氏。太常王彪之大引经传及诸故事以定其礼,深非《公羊》婚礼不称主人之义。又曰:'……臣愚谓今纳后仪制,宜一依咸康故事。'于是从之。"《册立皇后何氏文》见《通典》卷五八:"册皇后文曰:'惟升平元年八月,皇帝使使持节、兼太保、侍中、太宰、武陵王晞册命故散骑侍郎女何氏为皇后……"《上书论皇后拜讫上礼》见《通典》卷五九:"升平元年,台符问:'皇后拜讫,何官应上礼?上祀悉何用?'太常王彪之上书以为:'上礼唯酒犊而已,犊十头,酒十二斛。王公以下,名在三节祥瑞自简庆贺录者,悉贺……'"《奏议陈留王废疾求立后》见《通典》卷七四:"升平元年,陈留王励表称:'废疾积年,不可以奉祭祀。请依《春秋》之义,求以立后。'太学博士曹耽议……胡讷议……太常王彪之奏……"《婚不举乐议》见《通典》卷五九:"东晋升平元年八月,符问:'迎皇后大驾,应作乐不?'博士胡讷议:'临轩仪注,无施安鼓吹处所,又无举麾鸣钟之条。'太常王彪之以为:'婚礼不乐……'兰台太常主者按……彪之又议……"

时有《阿子歌》及《欢闻歌》。

按:《乐府诗集》卷四五载《阿子歌》三首及《欢闻歌》一首。《宋书》卷一九《乐志一》曰:"《阿子》及《欢闻哥》者,晋穆帝升平初,哥毕辄呼'阿子!汝闻不?'语在《五行志》。后人演其声,以为二曲。"卷三一《五行志二》曰:"晋穆帝升平中,童子辈忽歌于道曰'阿子闻',曲终辄云'阿子汝闻不'。无几而穆帝崩,太后哭曰:'阿子汝闻不?'"《乐府诗集》卷四五引《乐苑》曰:"嘉兴人养鸭儿,鸭儿既死,因有此歌。未知孰是?"又引《古今乐录》曰:"《欢闻歌》者,晋穆帝升平初歌,毕辄呼'欢闻否?'以为送声,后因此为曲名。今世用'莎特乙子'代之,语稍讹异也。"

谢尚卒(308—)。尚字仁祖,小字坚石,陈郡阳夏人。谢鲲子,幼聪颖。及长,不拘细行,尤善音乐,博综众艺。王导器重之,比之王戎,常呼之为"小安丰"。辟为掾,累迁历阳太守、中郎将。后拜尚书仆射,出为豫州刺史。寻进号镇西将军,镇寿阳。尚于是采拾乐人,并制石磬,以备太乐。江表有钟石之乐,自尚始。尚出自高让,好谈玄,江左咸推为名士。《隋书》卷三五《经籍志四》著录梁有卫将军《谢尚集》10卷,录1卷,亡。严可均《全晋文》卷八三载其文4篇。逯钦立《晋诗》卷一二载其诗3首。事迹见《晋书》卷七九。

王修卒(334—)。修字敬仁,小字苟子,太原晋阳人。王濛之子。明秀有美称,善隶书。年十二,作《贤全论》,便深得刘惔赞赏。起家著作郎,琅邪王文学。转中军司马,未拜而卒。临终,自叹"无愧古人"。《隋书》卷三五《经籍志四》著录梁骠骑司马有《王修集》2卷,录1卷,亡。严可均《全晋文》卷二九载其文1篇。事迹见《晋书》卷九三及《法书要录》卷九。

晋升平二年　前燕光寿二年　代建国二十一年
前秦永兴二年　前凉太始四年　戊午　358年

八月，晋会稽王昱以桓温握兵权，任谢万为豫州刺史（《资治通鉴》卷一〇〇《晋纪二十二》）。

是月，前秦苻坚自临晋登龙门，叹山河之固；至韩原，赋诗而归。

按：《十六国春秋辑补》卷三三《前秦录三·苻坚录》曰："（是年）八月，自临晋登龙门，顾谓其群臣曰：'美哉！山河之固。娄敬有言，关中四塞之国，真不虚也。'权翼、薛赞对曰……坚大悦。至韩原，观晋魏颗结草抗秦军之处，赋诗而归。"

十二月，晋北中郎将荀羡北伐，与慕容儁战于山茌，败还（《资治通鉴》卷一〇〇《晋纪二十二》）。

是月，前燕慕容儁谋取前秦、东晋，在国中召兵（《资治通鉴》卷一〇〇《晋纪二十二》）。

王彪之认为不可以桓云代谢奕。为会稽内史。

按：《晋书》卷八《穆帝纪》曰："（是年）十二月，以太常王彪之为尚书左仆射。"卷七六《王彪之传》曰："时豫州刺史谢奕卒，简文遽使彪之举可以代奕者。对曰：'当今时贤，备简高监。'简文曰：'人有举桓云者，君谓如何？'彪之曰：'……兵权尽出一门，亦非深根固蒂之宜也……'简文颔曰：'君言是也。'后以彪之为镇军将军、会稽内史，加散骑常侍。居郡八年。"张可礼《东晋文艺系年》曰："彪之任会稽内史，时间不详，彪之'居郡八年'，后任尚书仆射。其任尚书仆射在兴宁三年。由兴宁三年上溯至本年，凡八年。姑系其任会稽内史于本年。"

江彪代王彪之为尚书仆射。将拟王坦之为尚书郎，遭拒。

按：《晋书》卷五六《江彪传》曰："代王彪之为尚书仆射。"万斯同《东晋将相大臣年表》系于是年。《晋书》卷七五《王坦之传》曰："仆射江彪领选，将拟为尚书郎。坦之闻曰：'自过江来，尚书郎正用第二人，何得以此见拟！'彪遂止。"

谢万迁豫州刺史、领淮南太守、监司豫冀并四州军事、假节。

按：《晋书》卷八《穆帝纪》曰："（是年八月）壬申，以吴兴太守谢万为西中郎将、持节、监司豫冀并四州诸军事、豫州刺史。"

郗昙为北中郎将，都督徐兖青冀幽五州诸军事，领徐兖二州刺史，镇下邳（《晋书》卷八《穆帝纪》及卷六七《郗昙传》）。

王羲之作《与桓温笺》及《又遗谢万书》。

按：《与桓温笺》见《晋书》卷七九《谢万传》曰："万再迁豫州刺史、领淮南太守、监司豫冀并四州军事、假节。王羲之与桓温笺曰：'谢万才流经通，处廊庙，参讽议，故是后来一器。而今屈其迈往之气，以俯顺荒余，近是违才易务矣。'温不从。"《又遗谢万书》见卷八〇《王羲之传》曰："万后为豫州都督，又遗万书诫之曰……万不能用，果败。"

王述作《与会稽王笺》。

按：《晋书》卷六七《温峤传》曰："放之嗣爵，少历清官，累至给事黄门侍郎。以贫，求为交州，朝廷许之。王述与会稽王笺曰：'放之，温峤之子，宜见优异，而投之岭外，窃用愕然。愿远存周礼，近参人情，则望实惟允。'时竟不纳。放之既至南海，甚有威惠。"万斯同《东晋方镇年表》以温放之是年任交州刺史。

王洽卒（323— ）。洽字敬和，琅邪临沂人。王导第三子。导六子中，洽最知名。与荀羡俱有美称。弱冠，历散骑、中书郎、中军长史、司徒左长史、建武将军、吴郡内史。后征拜中领军，寻加中书令，洽奏疏十上，固让。卒于官。书兼诸法，尤工草书。《隋书》卷三五《经籍志四》著录晋中书令《王洽集》5卷，录1卷。严可均《全晋文》卷一九载其文7篇。事迹见《晋书》卷六五及《法书要录》卷八。

谢奕卒，生年不详。奕字无奕，谢安兄，谢玄父。少有名誉。初为剡令。与桓温善，温辟为安西司马。从兄尚卒后，奕迁都督豫司冀并四州军事、安西将军、豫州刺史、假节。未几，卒官，赠镇西将军。事迹见《晋书》卷七九。

晋升平三年　前燕光寿三年　代建国二十二年　前秦甘露元年　前凉太始五年　己未　359年

六月，前秦苻坚改元甘露（《资治通鉴》卷一〇〇《晋纪二十二》）。

十月，前燕慕容儁寇东阿（《资治通鉴》卷一〇〇《晋纪二十二》）。

是月，晋遣西中郎将谢万次下蔡，北中郎将郗昙次高平以击慕容儁，晋师败绩（《资治通鉴》卷一〇〇《晋纪二十二》）。

前秦遣使巡察四方及戎夷种落，劝课农桑（《资治通鉴》卷一〇〇《晋纪二十二》）。

是年，前秦苻坚南游霸陵，论高祖功臣，命群臣赋诗。

按：《十六国春秋辑补》卷三三《前秦录三·苻坚录》曰："（是年）坚南游霸陵，顾谓群臣曰：'汉祖起自布衣，廓平四海，佐命功臣，孰为首乎？'权翼进曰：'《汉书》以萧、曹为功臣之冠。'坚曰：'汉祖与项羽争天下，困于京索之间，身被七十余创，通中六七，父母妻子，为楚所囚，平城之下，七日不火食，赖陈平之谋。太上妻子克全，免匈奴之祸。二相何得独高也！虽有人狗之喻，岂黄中之言乎！'于是酣酒极欢，命群臣赋诗。"

谢万北伐兵败，单骑逃归，废为庶人（《晋书》卷七九《谢万传》）。

按：《世说新语·品藻第九》曰："谢万寿春败后，简文问郗超：'万自可败，那得

波斯—罗马战争复起。

乃尔失士卒情?'超曰:'伊以率任之性,欲区别智勇。'"

谢安至谢万军中慰勉将帅士卒。

按:《世说新语·简傲第二十四》曰:"谢万北征,常以啸咏自高,未尝抚慰众士。谢公甚器爱万,而审其必败,乃俱行,从容谓万:'汝为元帅,宜数唤诸将宴会,以说众心。'万从之。因召集诸将,都无所说,直以如意指四坐云:'诸君皆是劲卒。'诸将甚忿恨之。谢公欲深著恩信,自队主将帅以上,无不身造,厚相逊谢。及万事败,军中因欲除之。复云:'当为隐士。'故幸而得免。"

郗昙与傅末波战,败,降号建威将军(《晋书》卷六七《郗昙传》)。

王述进为卫将军。

按:《晋书》卷八《穆帝纪》曰:"(是年)十一月戊子,进扬州刺史王述为卫将军。"卷七十五《王述传》曰:"复加征虏将军,进都督扬州徐州之琅邪诸军事、卫将军、并冀幽平四州大中正,刺史如故。"

江逌约是年迁吏部郎,长兼侍中。上疏谏凿北池。

按:《晋书》卷八三《江逌传》曰:"升平中,迁吏部郎,长兼侍中。穆帝将修后池,起阁道,逌上疏曰……帝嘉其言而止。"

释道安依陆浑修学,南投襄阳。令法汰至扬州,法和入蜀,安与弟子慧远等四百人渡河。

按:《高僧传》卷五《道安传》曰:"顷之复渡河依陆浑,山木食修学。俄而慕容俊逼陆浑,遂南投襄阳。行至新野,谓徒众曰:'今遭凶年,不依国主,则法事难立。又教化之体,宜令广布。'咸曰:'随法师教。'乃令法汰诣州,曰'彼多君子,好尚风流'。法和入蜀,山水可以修闲。安与弟子慧远等四百余人渡河夜行。"张可礼《东晋文艺系年》曰:"考《晋书》卷八《穆帝纪》:升平二年六月,慕容儁'尽河北之地'。三年十月寇东阿,晋师败绩;四年正月,慕容儁卒。道安依陆党、投襄阳当在本年。"

僧单道开渡江至建业。

按:《高僧传》卷九《单道开传》曰:"至晋升平三年来之建业,俄而至南海,后入罗浮山。"

谢万作《与王右军书》。

按:《世说新语·轻诋第二十六》曰:"谢万寿春败,后还书与王右军云:'惭负宿顾。'右军推书曰:'此禹、汤之戒。'"全书已佚。

江逌约是年作《谏凿北池表》(《晋书》卷八三《江逌传》)。

按:参见是年"江逌约是年迁吏部郎,长兼侍中。上疏谏凿北池"条。

萼绿华作《赠羊权诗》3首。

按:《云笈七签》卷九七:"萼绿华者,仙女也。年二十许,上下青衣,颜色绝整。以晋穆帝升平三年己未十一月十日夜,降于羊权家。自云是南山人,不知何山也。自此一月辄六过其家。权字道舆,即晋文帝黄门侍郎、羊欣之祖也。权及欣皆潜修道要,耽玄味真。绿华云:'我本姓杨。'又云是九嶷山中得道女罗郁也,宿命时曾为其师母毒杀。乳妇玄洲以先罪未灭,故暂谪降臭浊以偿其过。赠权诗一篇……谓权曰:'慎无泄我下降之事,泄之则彼此获罪。'……授权尸解药,亦隐形化形而去。今在湘东山中。绿华初降赠诗曰……"

晋升平四年　前燕慕容暐建熙元年　代建国二十三年　前秦甘露二年　前凉太始六年　庚申　360年

正月,仇池公杨俊卒,子杨世嗣(《晋书》卷八《穆帝纪》)。

丙戌,前燕慕容儁卒,子暐即位,年十一,改元建熙,以太原王慕容恪为太宰,辅政(《资治通鉴》卷一〇一《晋纪二十三》)。

按:慕容儁(319—　)字宣英,小字贺拉拔。皝死后继位为燕王。永和八年称帝,都邺,庙号烈祖。旧史称前燕。自即位至末年,讲论不倦,览政之暇,唯与侍臣错综义理,凡所著述四十余篇。性严重,慎威仪。严可均《全晋文》卷一四九载其文3篇。事迹见《晋书》卷一一〇。

桓温封为南郡公,弟桓冲为丰城县公,子桓济为临贺郡公。

按:《晋书》卷八《穆帝纪》曰:"(是年)十一月,封太尉桓温为南郡公,温弟冲为丰城县公,子济为临贺郡公。"卷九八《桓温传》曰:"升平中,改封南郡公,降临贺为县公,以封其次子济。"

谢安于谢万废黜后,应征西大将军桓温召为征西司马。

按:《晋书》卷七九《谢安传》曰:"安虽处衡门,其名犹出万之右,自然有公辅之望,处家常以仪范训子弟。安妻,刘惔妹也,既见家门富贵,而安独静退,乃谓曰:'丈夫不如此也?'安掩鼻曰:'恐不免耳。'及万黜废,安始有仕进志,时年已四十余矣。征西大将军桓温请为司马,将发新亭,朝士咸送,中丞高崧戏之曰:'卿累违朝旨,高卧东山,诸人每相与言,安石不肯出,将如苍生何!苍生今亦将如卿何!'安甚有愧色。既到,温甚喜,言生平,欢笑竟日。既出,温问左右:'颇尝见我有如此客不?'温后诣安,值其理发。安性迟缓,久而方罢,使取帻。温见,留之曰:'令司马著帽进。'其见重如此。"《世说新语·排调第二十五》曰:"谢公始有东山之志,后严命屡臻,势不获已,始就桓公司马。于时人有饷桓公药草,中有远志。公取以问谢:'此药又名小草。何一物而有二称?'谢未即答。时郝隆在坐,应声答曰:'此甚易解:处则为远志,出则为小草。'谢甚有愧色。桓公目谢而笑曰:'郝参军此过乃不恶,亦极有会。'"

罗含被桓温引为郎中令。

按:《晋书》卷九二《罗含传》曰:"及温封南郡公,引为郎中令。"

王猛时年三十六,岁中五迁,权倾内外。

按:《晋书》卷一一四《王猛传》曰:"迁尚书左丞、咸阳内史、京兆尹。未几,除吏部尚书、太子詹事,又迁尚书左仆射、辅国将军、司隶校尉,加骑都尉,居中宿卫。时猛年三十六,岁中五迁,权倾内外,宗戚旧臣皆害其宠。尚书仇腾、丞相长史席宝数谮毁之,坚大怒,黜腾为甘松护军,宝白衣领长史。尔后上下咸服,莫有敢言。顷之,迁尚书令、太子太傅,加散骑常侍。猛频表累让,坚竟不许。"

王谧(　—407)、刘穆之(　—417)生。

匈奴人入欧洲。

罗马人与波斯人战于克辛贾尔城。

尤里安叛于不列颠。

皮克特人、斯科特人侵不列颠。

羊皮纸卷轴开始被书本取代。

晋升平五年　前燕建熙二年　代建国二十四年
前秦甘露三年　前凉升平元年　辛酉　361年

君士坦提乌斯二世皇帝卒。尤里安继任。

五月丁巳，晋穆帝卒，庙号孝宗。成帝子、琅邪王丕嗣位，是为哀帝（《晋书》卷八《穆帝纪》）。

十二月，前凉张玄靓改元升平（《资治通鉴》卷一〇一《晋纪二十三》）。

是年，前秦苻坚大赦境内，亲撰赦文。广修学官。

按：《晋书》卷一一三《苻坚载记上》曰："坚僭位五年，凤皇集于东阙，大赦其境内，百僚进位一级……坚广修学官，召郡国学生通一经以上充之，公卿已下子孙并遣受业。其有学为通儒、才堪干事、清修廉直、孝悌力田者，皆旌表之。于是人思劝励，号称多士，盗贼止息，请托路绝，田畴修辟，帑藏充盈，典章法物靡不悉备。"

桓温镇宛，谋移晋室，威振内外（《晋书》卷八《穆帝纪》及卷一二《天文志中》）。

郗昙卒，追赠北中郎将。墓中有王羲之书及诸名贤遗迹。

按：《晋书》卷八《穆帝纪》曰："（是年正月）北中郎将、都督徐兖青冀幽五州诸军事、徐兖二州刺史郗昙卒。"卷六七《郗昙传》曰："寻卒，年四十二。追赠北中郎将，谥曰简。"《陈书》卷二八《世祖九王传》曰："是时征北军人于丹徒盗发晋郗昙墓，大获晋右将军王羲之书及诸名贤遗迹。事觉，其书并没县官，藏于秘府。"

郗愔任临海太守。弟郗昙卒，益无处世意，在郡优游。

按：《晋书》卷六七《郗愔传》曰："时吴郡守阙，欲以愔为太守。愔自以资望少，不宜超莅大郡，朝议嘉之。转为临海太守。会弟昙卒，益无处世意，在郡优游，颇称简默，与姊夫王羲之、高士许询并有迈世之风，俱栖心绝谷，修黄老之术。"

范汪都督徐兖青冀幽五州诸军事、安北将军、徐兖二州刺史。因罪废为庶人。屏居吴郡，从容讲肆。

按：《晋书》卷八《穆帝纪》曰："（是年）二月，以镇军将军范汪为都督徐兖青冀幽五州诸军事、安北将军、徐兖二州刺史。"卷八《哀帝纪》曰："（是年）冬十月，安北将军范汪有罪废为庶人。"卷七五《范汪传》曰："既而桓温北伐，令汪率文武出梁国，以失期，免为庶人。朝廷惮温不敢执，谈者为之叹恨。汪屏居吴郡，从容讲肆，不言枉直。"范宁《春秋谷梁传集解序》曰："升平之末，岁次大梁，先君北蕃回轸，顿驾于吴，乃帅门生故吏，我兄弟子侄，研讲六籍，次及三传。"

又按：范汪生卒年不详。汪字玄平。少孤贫好学，博学多通，善谈名理。为庾亮佐吏十余年，甚相钦待。桓温伐蜀，汪为安西长史。蜀平，进爵武兴县侯。自请为东阳太守。召入迁中领军、本州大中正。桓温北伐，命汪率文武出梁国，以失期免为庶人。汪屏居吴郡，帅门生故吏及子侄等研讲六籍。终年六十五，卒于家。《隋书》卷三二《经籍志一》著录梁有其撰《祭典》3卷，亡；卷三三《经籍志二》著录其《尚书大事》20卷，《范氏家传》1卷；卷三四《经籍志三》著录梁有范汪与人合撰《围棋九品序录》5卷，亡；与人合注《棋九品序录》1卷；又撰《范东阳方》105卷，录1卷，梁176卷，亡；卷三五《经籍志四》著录晋《范汪集》1卷，梁10卷。严可均《全晋文》卷一二四载其文9篇。事迹见《晋书》卷七五。

孔严议哀帝承统，诸儒从之。

按：《晋书》卷七八《孔严传》曰："严字彭祖……及哀帝践阼，议所承统，时多异议。严与丹杨尹庾龢议曰：'顺本居正，亲亲不可夺，宜继成皇帝。'诸儒咸以严议为长，竟从之。"

谢万复为散骑常侍，会卒。

按：《晋书》卷七九《谢万传》曰："后复以为散骑常侍，会卒，时年四十二，因以为赠。"《初学记》卷一二引《晋起居注》曰："升平五年诏曰：'前西中郎将谢万，才义简亮，宜居献替，其以为散骑常侍。'"

谢安因谢万病卒，投笺求归。

按：《晋书》卷七九《谢安传》曰："(桓)温当北征，会(谢)万病卒，安投笺求归。"

僧支遁受晋哀帝召入京，住安东寺讲经，朝野悦服。

按：《高僧传》卷四《支遁传》曰："至晋哀帝即位，频遣两使征请出都，止东安寺，讲《道行波若》。白黑钦崇，朝野悦服。"《世说新语·文学第四》曰："支道林初从东出，住东安寺中。王长史宿构精理，并撰其才藻，往与支语，不大当对。王叙致作数百语，自谓是名理奇藻。支徐徐谓曰：'身与君别多年，君义言了不长进。'王大惭而退。"刘孝标注曰："《高逸沙门传》曰：'遁居会稽，晋哀帝钦其风味，遣中使至东迎之。遁遂辞丘壑，高步天邑。'"

江逌作《奏谏山陵用宝器》。

按：《晋书》卷八三《江逌传》曰："穆帝崩，山陵将用宝器，逌谏曰……书奏，从之。"

王述作《立琅琊王议》。

按：《通典》卷八〇曰："东晋穆帝升平五年五月崩，皇太后令立琅邪王丕。仪曹郎王琨议……尚书谢奉议……仆射江彪议……扬州刺史蓝田侯臣述议：'……康皇帝既受命于成帝，宗庙社稷之重，已移于所授，主上宜为康皇嗣。'"文又略见《晋书》卷二〇《礼志中》曰："穆帝崩，哀帝立。帝于穆帝为从父昆弟，穆帝舅褚歆有表，中书答表朝廷无其仪，诏下议。尚书仆射江彪等四人并云，闵僖兄弟也，而为父子，则哀帝应为帝嗣。卫军王述等二十五人云'成帝不私亲爱，越授天伦，康帝受命显宗。社稷之重，已移所授，纂承之序，宜继康皇'。尚书谢奉等六人云：'继体之正，宜本天属，考之人情，宜继显宗也。'诏从述等议，上继显宗。"

时有《升平末廉歌》。

按：《晋书》卷二八《五行志中》曰："升平末，俗间忽作《廉歌》，有扈谦者闻之曰：'廉者，临也。歌云"白门廉，宫庭廉"，内外悉临，国家其大讳乎！'少时而穆帝晏驾。"

王羲之卒（303—　）。羲之字逸少，原籍琅邪临沂人，居会稽山阴。司徒王导从子。官至右军将军、会稽内史，人称"王右军"。少从叔父廙，后又从卫夫人学书，得见前代各家书法，博采众善，备精诸体，自成一家。兼善隶、草、正、行各体，其行、草尤为古今之冠。有"书圣"之称。与子王献之以书法父子齐名，世称"二王"。羲之书法刻本甚多。惜真迹无存，传世者均为临摹本。《隋书》卷三五《经籍志四》著录晋金紫光禄大夫《王羲之集》9卷，梁10卷，录1卷。明张溥辑《王右军集》2卷。严可均《全晋文》卷二〇至二六载其文5卷。逯钦立《晋诗》卷一三载其诗3首。事迹见《晋书》卷八〇及《法书要录》卷八。

谢万卒(320—)，万字万石，陈郡阳夏人。谢安弟。器量虽不及安，但才器隽秀。弱冠，辟为司徒掾，迁右西属，不就。曾与王羲之兰亭之会。会稽王司马昱召为从事中郎，迁吏部郎，外出为吴兴太守。后继兄奕为豫州刺史，领淮南太守。北讨慕容儁，以啸咏为高，败归，废为庶人。万善清言，能属文。尝作《八贤论》，叙渔父、屈原、季主、贾谊、楚老、龚胜、孙登、嵇康四隐四显，以处者为高。孙绰与之辩难，以为体识玄远，则出处同一。《隋书》卷三二《经籍志一》著录谢万与人合注《周易系辞》2卷，集《集解孝经》1卷；卷三五《经籍志四》著录晋散骑常侍《谢万集》16卷，梁10卷。严可均《全晋文》卷八三载其文4篇。逯钦立《晋诗》卷一三载其诗2首。事迹见《晋书》卷七九。

按：谢万卒年，参见是年"谢万复为散骑常侍，会卒"条。曹道衡、沈玉成《中古文学史料丛考·谢万卒年》曰："《晋书·谢万传》记，万北征败绩，'废为庶人，后复以为散骑常侍。会卒，时年四十二，因以为赠'，然未书年月。万败绩在穆帝升平三年(359)十月，见《穆帝纪》。《类聚》卷四八引《晋中兴书》曰：'谢万，升平五年诏曰：前西中郎万，才义简亮，宜居献替，其为散骑常侍。'是万卒于此年，年四十二，逆推其生年为元帝大兴三年(320)，与兄谢安同岁，其非一母所出可知。《世说·言语》注引《晋中兴书》曰：'谢万，字万石，太傅安弟也。才气高俊，早知名。历吏部郎、西中郎将、豫州刺史、散骑常侍。'万加西中郎将与出为豫州同时，见《穆帝纪》。又，《王羲之传》记羲之优游无事，与吏部郎谢万书，时约在升平中或稍后(357以后)。本传均不记。"

郗昙卒(320—)。昙字重熙，高平金乡人。郗鉴次子。与兄郗愔奉天师道。官至北中郎将，都督徐兖青冀幽五州诸军事，领徐兖二州刺史。与傅末波等战失利，降号建威将军。追赠北中郎将，谥曰简。事迹见《晋书》卷六七。

尼净检约卒(292—)。东晋比丘尼。名令仪，俗姓种，彭城人。早寡家贫，常为贵游子弟教授琴书。晋愍帝建兴中，遇沙门法始，感悟出家。与同志者二十四人共立竹林寺。蓄徒养众，清雅有则。晋土之有比丘尼，自检始。事迹见《比丘尼传》卷一。

晋哀帝司马丕隆和元年　前燕建熙三年　代建国二十五年　前秦甘露四年　前凉升平二年　壬戌　362年

基督教马其顿尼派约于此间形成。

正月壬子，晋改元隆和(《晋书》卷八《哀帝纪》)。

晋哀帝司马丕隆和元年　前燕建熙三年　代建国二十五年　前秦甘露四年　前凉升平二年　壬戌　362年

甲寅，晋减田税，亩收二升（《晋书》卷八《哀帝纪》）。

是月，前燕慕容㥄将吕护、傅末波进逼洛阳（《晋书》卷八《哀帝纪》）。

五月丁巳，晋遣北中郎将庾希、竟陵太守邓遐以舟师救洛阳（《晋书》卷八《哀帝纪》）。

是月，前秦苻坚亲临太学，考察、品第学生经义优劣。

按：《晋书》卷一一三《苻坚载记上》曰："坚亲临太学，考学生经义优劣，品而第之。问难五经，博士多不能对。坚谓博士王实曰：'朕一月三临太学，黜陟幽明，躬亲奖励，罔敢倦违，庶几周孔微言不由朕而坠，汉之二武其可追乎！'实对曰：'自刘石扰覆华畿，二都鞠为茂草，儒生罕有或存，坟籍灭而莫纪，经沦学废，奄若秦皇。陛下神武拨乱，道隆虞夏，开庠序之美，弘儒教之风，化盛隆周，垂馨千祀，汉之二武焉足论哉！'坚自是每月一临太学，诸生竞劝焉。"《资治通鉴》系此事于是年五月。

七月，前燕吕护攻洛阳中战死，燕军败退（《晋书》卷八《哀帝纪》）。

十二月戊午朔，日蚀。晋诏搜扬隐滞，蠲除苛碎，详议法令（《晋书》卷八《哀帝纪》）。

桓温请迁洛阳。改授并司冀三州，以交广辽远，罢都督，温表辞不受。

按：《晋书》卷九八《桓温传》曰："隆和初，寇逼河南，太守戴施出奔，冠军将军陈祐告急，温使竟陵太守邓遐率三千人助祐，并欲还都洛阳，上疏曰……诏曰……于是改授并司冀三州，以交广辽远，罢都督，温表辞不受。"

庾希为北中郎将、徐兖二州刺史，镇下邳。又退镇山阳。

按：《晋书》卷八《哀帝纪》曰："（是年）二月辛未，以辅国将军、吴国内史庾希为北中郎将、徐兖二州刺史，镇下邳……十二月……庾希自下邳退镇山阳。"

袁真为西中郎将、监护豫司并冀四州诸军事、豫州刺史，镇汝南。退镇寿阳。

按：《晋书》卷八《哀帝纪》曰："（是年）二月前锋监军、龙骧将军袁真为西中郎将、监护豫司并冀四州诸军事、豫州刺史，镇汝南，并假节。……十二月……袁真自汝南退镇寿阳。"

桓温作《请还都洛阳疏》。

按：文见《晋书》卷九八《桓温传》。参见是年"桓温请迁洛阳。改授并司冀三州，以交广辽远，罢都督，温表辞不受"条。

孙绰作《谏移都洛阳疏》。

按：《晋书》卷五六《孙绰传》曰："时大司马桓温欲经纬中国，以河南粗平，将移都洛阳。朝廷畏温，不敢为异，而北土萧条，人情疑惧，虽并知不可，莫敢先谏。绰乃上疏曰……桓温见绰表，不悦，曰：'致意兴公，何不寻君《遂初赋》，知人家国事邪！'寻转廷尉卿，领著作。"

孔严作《谏鸿祀》。

按：《晋书》卷七八《孔严传》曰："隆和元年，诏曰：'天文失度，太史虽有禳祈之事，犹衅眚屡彰。今欲依鸿祀之制，于太极殿前庭亲执虔肃。'严谏曰：'鸿祀虽出《尚书大传》，先儒所不究，历代莫之兴，承天接神，岂可以疑殆行事乎！……'帝嘉之而止。以为扬州大中正，严不就。有司奏免，诏特以侯领尚书。"

江逌作《上疏谏修洪祀》及《又上疏谏修洪祀》。

按：《晋书》卷八三《江逌传》曰："哀帝以天文失度，欲依《尚书》洪祀之制，于太极前殿亲执虔肃，冀以免咎，使太常集博士草其制。逌上疏谏曰……帝不纳，逌又上疏曰……帝犹敕撰定，逌又陈古义，帝乃止。"

裴启作《语林》。

按：《世说新语·轻诋第二十六》刘孝标注引《续晋阳秋》曰："晋隆和中，河东裴启撰汉魏以来迄于今时，言语应对之可称者，谓之《语林》。时人多好其事，文遂流行。后说太傅事不实，而有人于谢坐叙其黄公酒垆，司徒王珣为之赋，谢公加以与王不平，乃云：'君遂复作裴郎学！'自是众咸鄙其事矣。"《文学第四》曰："裴朗作《语林》，始出，大为远近所传。时流年少，无不传写，各有一通。载王东亭作《经王公酒垆下赋》，甚有才情。"刘孝标注引《裴氏家传》曰："裴荣字荣期，河东人。父稚，丰城令。荣期少有风姿才气，好论古今人物。撰《语林》数卷，号曰《裴子》。檀道鸾谓裴松之，以为启作《语林》，荣傥别名启乎？"

又按：裴启生卒年不详。启一名荣，字荣期，河东人，好论古今人物。南朝刘义庆《世说新语》从《语林》中取材颇多。原书至隋而亡佚，《太平广记》及《太平御览》尚存其遗文。马国翰《玉函山房辑佚书》、鲁迅《古今小说钩沉》中有辑录。

时有《哀帝隆和初童谣》。

按：《晋书》卷二八《五行志中》曰："哀帝隆和初，童谣曰：'升平不满斗，隆和那得久！桓公入石头，陛下徒跣走。'朝廷闻而恶之，改年曰兴宁。人复歌曰：'虽复改兴宁，亦复无聊生。'哀帝寻崩。升平五年而穆帝崩，'不满斗'，升平不至十年也。"

晋兴宁元年　前燕建熙四年　代建国二十六年
前秦甘露五年　前凉张天赐太清元年　癸亥　363年

尤里安皇帝卒。约维安继位。罗马与波斯媾和。

二月，晋哀帝改元兴宁（《晋书》卷八《哀帝纪》）。

三月，晋司马昱总内外众务（《晋书》卷八《哀帝纪》）。

七月，前凉张天赐杀凉州刺史、西平公张元靓，自称大将军、护羌校尉、凉州牧、西平公，改元太清（《晋书》卷八《哀帝纪》、《资治通鉴》卷一〇一《晋纪二十三》、《中国历代年号考》）。

桓温加侍中、大司马、都督中外诸军事、录尚书事、假黄钺，帅众北伐。

按：《晋书》卷八《哀帝纪》曰："（是年）五月，加征西大将军桓温侍中、大司马、都督中外诸军事、录尚书事、假黄钺。……九月壬戌，大司马桓温帅众北伐。"

郗超转为大司马参军，甚得桓温礼待，超亦深自结纳。

按：《晋书》卷六七《郗超传》曰："温迁大司马，又转为参军。温英气高迈，罕有所推，与超言，常谓不能测，遂倾意礼待。超亦深自结纳。时王珣为温主簿，亦为温所重。府中语曰：'髯参军，短主簿，能令公喜，能令公怒。'超髯，珣短故也。"

伏滔为桓温引为参军，甚被礼接，常从游宴集。

按：《晋书》卷九二《伏滔传》曰："伏滔，字玄度，平昌安丘人也。有才学，少知名。州举秀才，辟别驾，皆不就。大司马桓温引为参军，深加礼接，每宴集之所，必命滔同游。"

王坦之出为大司马桓温长史，婉辞桓温为儿婚求。

按：《晋书》卷七五《王坦之传》曰："出为大司马桓温长史。"《世说新语·方正第五》曰："王文度（坦之）为桓公长史时，桓为儿求王女，王许咨蓝田（王述）。既还，蓝田爱念文度，虽长大犹抱著膝上。文度因言桓求已女婿。蓝田大怒，排文度下膝，曰：'恶见文度已复痴，畏桓温面？兵，那可嫁女与之！'文度还报云：'下官家中先得婚处。'桓公曰：'吾知矣，此尊府君不肯耳。'后桓女遂嫁文度儿。"刘孝标注曰："《王氏谱》曰：'坦之子凯，娶桓温第二女，字伯子。'《中兴书》曰：'恺字茂仁，历吴国内史、丹阳尹，赠太常。'"

袁宏任大司马桓温府记室，专综书记。

按：《晋书》卷九二《袁宏传》曰："累迁大司马桓温府记室。温重其文笔，专综书记。"

王徽之为大司马桓温参军，不综府事。

按：《晋书》卷八〇《王徽之传》曰："徽之字子猷。性卓荦不羁，为大司马桓温参军，蓬首散带，不综府事。"

桓伊迁大司马参军。任淮南太守。

按：《晋书》卷八一《桓伊传》曰："伊字叔夏……累迁大司马参军。时符坚强盛，边鄙多虞，朝议选能距捍疆场者，乃授伊淮南太守。"

谢安约是年为吴兴太守，步往拜见僧竺法旷。

按：《晋书》卷七九《谢安传》曰："寻除吴兴太守。在官无当时誉，去后为人所思。"《高僧传》卷五《竺法旷传》曰："竺法旷，姓皋，下邳人，寓居吴兴，早失二亲。事后母以孝闻，家贫无蓄，常躬耕垄畔，以供色养。及母亡行丧尽礼，服阕出家。事沙门竺昙印为师。……后辞师远游，广寻经要，还止于潜青山石室。每以《法华》为会三之旨，《无量寿》为净土之因，常吟咏二部。有众则讲，独处则诵。谢安为吴兴，故往展敬。而山栖幽阻，车不通辙。于是解驾山椒，陵峰步往。"

天竺僧鸠摩罗什受戒于龟兹王宫，广说诸经，莫之能抗。从卑摩罗叉学《十诵律》。

按：《晋书》卷九五《鸠摩罗什传》曰："年二十，龟兹王迎之还国，广说诸经，四远学徒莫之能抗。"《高僧传》卷二《鸠摩罗什传》曰："龟兹王躬往温宿，迎什还国。广说诸经，四远宗仰，莫之能抗。时王子为尼，字阿竭耶末帝，博览群经，特深禅要，云已证二果。闻法喜踊，乃更设大集，请开方等经奥。什为推辨'诸法皆空无我'，分别'阴界假名非实'。时会听者莫不悲感追悼，恨悟之晚矣。至年二十，受戒于王宫。从卑摩罗叉学《十诵律》。有顷，什母辞往天竺……什母临去谓什曰：'方等深教，应大阐真丹，传之东土，唯尔之力。但于自身无利，其可如何。'什曰：'大士之道，利彼忘躯。若必使大化流传，能洗悟蒙俗，虽复身当炉镬，苦而无恨。'于是留住龟兹，止于新寺。后于寺侧故宫中，初得《放光经》，始就披读。魔来蔽文，唯见空牒，什知魔所为，誓心踰固。魔去字显，仍习诵之。复闻空中声曰：'汝是智人，何用读此。'什曰：'汝是小魔，宜时速去。我心如地，不可转也。'"

葛洪约卒(283？—　　)。洪字稚川，自号抱朴子。丹杨句容人。十三而孤,家虽贫而借书以读。好神仙方士之术,从郑思远游而受《关尹子》九篇。参与镇压石冰有功,加伏波将军。司马睿于建康称晋王,平定江东,赐爵关内侯。与干宝相友善,因干宝之荐,洪选为散骑常侍,领大著作,固辞不就。闻交阯出丹,求为句漏令,遂携子侄至广州,入罗浮山炼丹,积年而卒。洪一生著述甚丰。《隋书》卷三三《经籍志二》著录《汉书钞》30卷,《神仙传》10卷。卷三四《经籍志三》著录洪撰《抱朴子内篇》21卷、音1卷,《抱朴子外篇》30卷(梁有51卷),《遁甲肘后立成囊中秘》1卷,《遁甲返覆图》1卷,《遁甲要用》4卷,《遁甲秘要》1卷,《遁甲要》1卷,《龟决》2卷,梁有《周易杂占》10卷,亡。《肘后方》6卷,梁2卷。《玉函煎方》5卷。卷三五《经籍志四》著录《抱朴君书》1卷。《抱朴子》为其代表著作。其内篇20卷言神仙方药、鬼怪变化、养生延年、禳邪却祸之事,属道家。其外篇50卷言人间得失,世之臧否,属儒家。《外篇自叙》自言曾作《神仙传》10卷、《隐逸传》10卷、碑颂诗赋100卷、表章笺记等30卷,又抄经史百家方技等310卷。其《神仙传》10卷,今存,多以神仙故事,宣传道教神仙信仰。题葛洪撰的《西京杂记》6卷,记西汉轶闻旧事,间杂怪诞传说,今人多认为出自伪托。严可均《全晋文》卷一一六载其文6篇。逯钦立《晋诗》卷二一载其诗5首。事迹见《晋书》卷七二。

释慧严(—443)生。

晋兴宁二年　前燕建熙五年　代建国二十七年
前秦甘露六年　前凉太清二年　甲子　364年

约维安皇帝卒。瓦伦蒂尼安一世立。皇弟瓦伦斯共治,治帝国东部。

三月庚戌朔,晋大阅户口,令所在土断,严其法禁,谓之庚戌制,史称"庚戌土断"(《晋书》卷八《哀帝纪》)。

辛未,晋哀帝发病,褚太后复临朝摄政。

按:《晋书》卷八《哀帝纪》曰:"辛未,帝不豫。帝雅好黄老,断谷,饵长生药,服食过多,遂中毒,不识万机,崇德太后复临朝摄政。"

八月,前燕徙宗庙百官于邺(《资治通鉴》卷一○一《晋纪二十三》)。

是年,前秦苻坚因诸公多引富商为卿,令离京师百里内,工商皂隶不得服金银锦绣,违者弃市(《资治通鉴》卷一○一《晋纪二十三》)。

桓温进驻合肥,加扬州牧、录尚书事,辞征入朝。

按:《晋书》卷八《哀帝纪》曰:"(是年)夏四月甲申,慕容暐遣其将李洪侵许昌,王师败绩于悬瓠,朱斌奔于淮南,朱辅退保彭城。桓温遣西中郎将袁真、江夏相刘岵等凿阳仪道以通运,温帅舟师次于合肥,慕容尘复屯许昌。……五月……以桓温为扬州牧、录尚书事。壬申,遣使喻温入相,温不从。秋七月丁卯,复征温入朝。八月,温至赭圻,遂城而居之。"

晋兴宁二年　前燕建熙五年　代建国二十七年　前秦甘露六年　前凉太清二年　甲子　364年

王述为尚书令，每有受职，不为虚让。

按：《晋书》卷八《哀帝纪》曰："（是年五月）戊辰，以扬州刺史王述为尚书令、卫将军。"卷七五《王述传》曰："寻迁散骑常侍、尚书令，将军如故。述每受职，不为虚让，其有所辞，必于不受。至是，子坦之谏，以为故事应让。述曰：'汝谓我不堪邪？'坦之曰：'非也。但克让自美事耳。'述曰：'既云堪，何为复让！人言汝胜我，定不及也。'"张可礼《东晋文艺系年》曰："述升平三年已任卫将军，《哀帝纪》系于本年，误。"

释道安至襄阳，复宣佛法。四方之学，竞往归之。

按：《高僧传》卷五《道安传》曰："既达襄阳，复宣佛法。初经出已久，而旧译时谬，致使深藏隐没未通。每至讲说，唯叙大意转读而已。安穷览经典，钩深致远，其所注《般若道行》、《密迹》、《安般》诸经，并寻文比句，为起尽之义，乃析疑甄解，凡二十二卷。序致渊富，妙尽深旨，条贯既叙，文理会通，经义克明，自安始也。自汉魏迄晋，经来稍多。而传经之人，名字弗说，后人追寻，莫测年代。安乃总集名目，表其时人，诠品新旧，撰为《经录》，众经有据，实由其功。四方学士，竞往师之。"张可礼《东晋文艺系年》曰："道安达襄阳时间未详。据本传，苻丕攻克襄阳时，道安在襄阳已十五年。太元四年苻丕克襄阳。据此上推，当于本年达襄阳。"

习凿齿往造释道安。

按：《高僧传》卷五《道安传》曰："时襄阳习凿齿锋辩天逸，笼罩当时。其先闻安高名，早已致书通好，曰……及闻安至止，即往修造。既坐，称言：'四海习凿齿。'安曰：'弥天释道安。'时人以为名答。齿后饷梨十枚，正值众食。便手自剖分，梨尽人遍，无参差者。"

僧支遁还东山，一时名流，并饯征虏亭。

按：《高僧传》卷四《支遁传》曰："遁淹留京师，涉将三载，乃还东山。上书告辞曰……诏即许焉，资给发遣，事事丰厚，一时名流，并饯离于征虏。蔡子叔前至，近遁而坐，谢万石后至，值蔡暂起，谢便移就其处。蔡还，合褥举谢掷地，谢不以介意。其为时贤所慕如此。既而收迹剡山，毕命林泽。"

桓温作《上疏陈便宜七事》及《辞参政朝疏》。

按：《晋书》卷九八《桓温传》曰："温以既总督内外，不宜在远，又上疏陈便宜七事：'……其六，宜述遵前典，敦明学业。其七，宜选建史官，以成晋书。'有司皆奏行之。……加扬州牧、录尚书事，使侍中颜旄宣旨，召温入参朝政。温上疏曰……诏不许，复征温。温至赭圻，诏又使尚书车灌止之，温遂城赭圻，固让内录，遥领扬州牧。"

习凿齿作《又与谢安书称释道安》。

按：《高僧传》卷五《道安传》曰："习凿齿与谢安书云：'来此见释道安，故是远胜，非常道士，师徒数百，斋讲不倦。无变化伎术，可以惑常人之耳目；无重威大势，可以整群小之参差。而师徒肃肃，自相尊敬，洋洋济济，乃是吾由来所未见。其人理怀简衷，多所博涉，内外群书，略皆遍睹，阴阳算数，亦皆能通，佛经妙义，故所游刃。作义乃似法兰、法道，恨足下不同日而见，其亦每言思得一叙。'"

谢安作《与支遁书》。

按：文见《高僧传》卷四《支遁传》曰："晚欲入剡，谢安为吴兴，与遁书曰：'思君日积，计辰倾迟，知欲还剡自治，甚以怅然。人生如寄耳，顷风流得意之事，殆为都尽。终日戚戚，触事惆怅，唯迟君来，以晤言消之，一日当千载耳。此多山县，闲静，差可养疾。事不异剡，而医药不同。必思此缘，副其积想也。'"

僧支遁作《上书告辞哀帝》。

按：《高僧传》卷四《支遁传》曰："上书告辞曰……"参见是年"僧支遁还东山，一时名流，并饯征虏亭"条。

僧竺僧敷作《神无形论》。

按：《高僧传》卷五《竺僧敷传》曰："竺僧敷，未详氏族。学通众经，尤善《放光》及《道行波若》。西晋末乱，移居江左，止京师瓦官寺，盛开讲席，建邺旧僧，莫不推服。时同寺沙门道嵩，亦才解相次，与道安书云：'敷公研微秀发，非吾等所及也。'时异学之徒，咸谓心神有形，但妙于万物，随其能言，互相摧压。敷乃作《神无形论》，以有形便有数；有数则有尽，神既无尽，故知无形矣。时仗辩之徒，纷纭交诤，既理有所归，慊然信服。后又作《放光》、《道行》等义疏。后终于寺中，春秋七十余矣。竺法汰与道安书云：'每忆敷上人周旋如昨，逝殁奄复多年，与其清谈之日，未尝不相忆。思得与君共覆疏其美，岂图一旦永为异世。痛恨之深，何能忘情。其义理所得，披寻之功，信难可图矣。'汰与安书，数述敷义。今推寻失其文制，湮没可悲。"刘汝霖《东晋南北朝学术编年》考证曰："按《高僧传》卷五《竺法汰传》及卷十四《慧力传》俱言瓦官寺建于兴宁中。则敷之居瓦官，至早亦须在此年。但此时去东晋之初已五十年，盖敷晚年所居之地也。"

江逌约卒（307？—　　）。逌字道载，陈留圉人。少孤，与从弟甚相友悌，获誉于时。苏峻之乱，屏居临海，翦茅结宇，耽玩经籍，有终老之意。本州辟从事，除佐著作郎，并不就。后蔡谟命为参军，何充复引为骠骑功曹。以家贫，求试守，为太末令。殷浩北伐，请为谘议参军。浩甚重之，迁长史。浩被废黜，逌亦免。升平中，迁吏部郎，长兼侍中。后官至太常。逌在职多所匡谏。作《阮籍序赞》、《逸士箴》及诗赋奏议数十篇行于世。《隋书》卷三五《经籍志四》著录晋太常《江逌集》9 卷。严可均《全晋文》卷一〇七载其文 10 篇。逯钦立《晋诗》卷一二载其诗 3 首。事迹见《晋书》卷八三。

按：曹道衡、沈玉成《中古文学史料丛考·江逌生卒年及〈晋书〉脱文》曰："《晋书·江逌传》记逌年五十八，不记卒年。据传文文义，当卒于哀帝中。哀帝在位五年（361—365），据《礼志下》，即位后欲高崇生母，太常江逌与议礼，此隆和元年（362）事，次年帝生母即卒于琅玡第。逌传记哀帝以天文失度，欲于太极殿前祭天免咎，使太常集博士草其制，逌谏，上疏称'彼月之蚀，义见诗人，星辰莫同，载于五行'。检《哀帝纪》、《天文志》，兴宁中星变屡见，亦不能定江逌此疏年月。其卒年姑取中为兴宁二年（364）。传载其避苏峻之乱，'翦茅结宇，耽玩载籍'，已是成人。设以兴宁二年为五十八岁，苏峻之乱时方过二十，亦为不悖。"

司马道子（　　—402）、郑鲜之（　　—427）生。

晋兴宁三年　前燕建熙六年　代建国二十八年
前秦建元元年　前凉太清三年　乙丑　365年

罗马约维努斯败阿勒曼尼人。

克里特岛克诺索斯震。

二月丙申，晋哀帝服药长生，中毒而亡，时年二十五（《晋书》卷八《哀

晋兴宁三年　前燕建熙六年　代建国二十八年　前秦建元元年　前凉太清三年　乙丑　365年

帝纪》）。

丁酉，晋哀帝弟琅邪王司马奕嗣位，是为废帝海西公（《晋书》卷八《海西公纪》）。

是月，前秦苻坚改元建元（《资治通鉴》卷一〇一《晋纪二十三》）。

桓温议征讨事，移镇姑孰。
按：《晋书》卷九八《桓温传》曰："属鲜卑攻洛阳，陈祐出奔，简文帝时辅政，会温于洌洲，议征讨事，温移镇姑孰。会哀帝崩，事遂寝。"

司马昱改封琅邪王（《晋书》卷八《海西公纪》及卷九《简文帝纪》）。

王彪之为尚书仆射。
按：《晋书》卷八《海西公纪》曰："（是年）十二月戊戌，以会稽内史王彪之为尚书仆射。"

范宁约是年著《春秋谷梁传集解》。
按：宁，范汪之子。汪卒，宁等录其意为《春秋谷梁传集解》，暂系于是年。序中曰："先君帅门生故吏，我兄弟子侄，研讲六籍，次及三传。《左氏》则有服、杜之注，《公羊》则有何、严之训，《谷梁》传者虽近十家，皆肤浅末学，不经师匠。辞理典据，既无可观，又引《左氏》、《公羊》以解此传。文义反违，斯害也已。于是乃商略名例，敷陈疑滞，博示诸儒同异之说。昊天不吊，大山其颓。匍匐墓次，死亡无日。日月逾迈，践及视息，乃与二三学士及诸子弟，各记所识，并言其意。业未及终，严霜夏坠，从弟雕落，二子泯没。天实丧予，何痛如之。今撰诸子之言，各记其姓名，名曰《春秋谷梁传集解》。"

习凿齿作《与释道安书》。
按：《弘明集》卷一二曰："兴宁三年四月五日，凿齿稽首和南……"

袁宏作《东征赋》。
按：严可均《全晋文》卷五七有辑。《晋书》卷九二《袁宏传》曰："后为《东征赋》，赋末列称过江诸名德，而独不载桓彝。时伏滔先在温府，又与宏善，苦谏之。宏笑而不答。温知之甚忿，而惮宏一时文宗，不欲令人显问。后游青山饮归，命宏同载，众为之惧。行数里，问宏云：'闻君作《东征赋》，多称先贤，何故不及家君？'宏答曰：'尊公称谓非下官敢专，既未遑启，不敢显之耳。'温疑不实，乃曰：'君欲为何辞？'宏即答云：'风鉴散朗，或搜或引，身虽可亡，道不可陨，宣城之节，信义为允也。'温泫然而止。宏赋又不及陶侃，侃子胡奴尝于曲室抽刃问宏曰：'家君勋迹如此，君赋云何相忽？'宏窘急，答曰：'我已盛述尊公，何乃言无？'因曰：'精金百汰，在割能断，功以济时，职思静乱，长沙之勋，为史所赞。'胡奴乃止。"

陶潜（　—427）、寇谦之（　—448）生。
按：陶潜生年众说不一，梁启超《陶渊明年谱》、陆侃如《陶公生年考》皆言生于晋简文帝咸安二年（372）；古直《陶靖节年谱》言生于晋孝帝太元元年（376）。龚斌《陶渊明年谱简编》作生于晋废帝太和四年（369）。袁行霈《陶渊明年谱简编》言生于晋穆帝永和八年（352）。此据《宋书》卷九三《隐逸传》曰"潜元嘉四年卒，时年六十三"。宋王质《栗里谱》、宋吴仁杰《陶靖节先生年谱》、清顾易《柳村谱陶》均采生于是年说。

晋废帝司马奕太和元年　前燕建熙七年　代建国二十九年　前秦建元二年　前凉太清四年　丙寅　366 年

前秦乐僔、法良于甘肃敦煌开凿莫高窟。

按：段文杰《早期的莫高窟艺术》曰："莫高窟开凿兴建的年代，不同的文献资料记载稍有出入（向达《莫高榆林二窟杂考》[《文物参考资料》第二卷第五期（1951年）]。另参见本卷年表）。目前多数学者所同意的一个结论是武周圣历元年（公元698年）李怀让《重修莫高窟佛龛碑》的记述：'莫高窟者，厥前秦建元二年（公元366年），有沙门乐僔，戒行清虚，执心恬静，尝杖锡林野，行至此山，忽见金光，状有千佛，□□□□□，造窟一龛。次有法良禅师，从东届此，又于僔师窟侧，更即营造。伽蓝之起，滥觞于二僧。'碑文又记：'复有刺史建平公、东阳王等各修一大窟，而后合州黎庶，造作相仍，实神秀之幽岩，灵奇之净域也。……自秦建元二年，迄大周圣历之辰。乐僔、法良发其宗，建平、东阳弘其道，推甲子四百五岁。计窟室一千余龛。'乐僔、法良开窟以后，北魏晚期的瓜州刺史东阳王元荣和北周时期的建平公于义又继续提倡修建佛窟（此碑于清末残断，下半段今存敦煌文物研究所陈列室。北京大学图书馆藏有刘燕庭所保存的旧拓本。徐松《西域水道记》有此碑录文），于是在这鸣沙山的石壁上，大大小小的佛窟不断涌现。此后，又经历隋、唐、宋、西夏而迄元代的继续修建，保存到今天的洞窟尚有四百九十二个。"（《中国石窟·敦煌莫高窟一》，敦煌文物研究所编，文物出版社1982年版第165页。）

司马昱为丞相、录尚书事。

按：《晋书》卷八《海西公纪》曰："（是年十月）以会稽王昱为丞相。"卷九《简文帝纪》曰："太和元年，进位丞相、录尚书事，入朝不趋，赞拜不名，剑履上殿，给羽葆鼓吹班剑六十人，又固让。"

范宁为司马昱辟，为桓温所讽，不行。以儒雅日替，归罪王弼、何晏。

按：《晋书》卷七五《范宁传》曰："宁字武子。少笃学，多所通览。简文帝为相，将辟之，为桓温所讽，遂寝不行。故终温之世，兄弟无在列位者。时以浮虚相扇，儒雅日替，宁以为其源始于王弼、何晏，二人之罪深于桀纣，乃著论曰……宁崇儒抑俗，率皆如此。"

庾龢约是年代王恪为中领军。

按：《晋书》卷七三《庾龢传》曰："太和初，代王恪为中领军，卒于官。"

又按：庾龢生卒年不详，字道季，颍川鄢陵人。庾亮之子。好学，善文章。叔父庾翼将迁襄阳，龢年十五，作书进谏，翼甚奇之。后代孔严为丹阳尹，上表废除重役六十余事。太和初，代王恪为中领军，卒于官。《隋书》卷三五《经籍志四》著录梁有中领军《庾龢集》2卷，录1卷，亡。严可均《全晋文》卷三七载其文1篇。事迹见《晋书》卷七三。

僧支遁移还余姚坞山中，卒于所住。郗超为之序传，袁宏为之铭赞，周昙宝为之作诔。

按：《高僧传》卷四《支道林传》曰："遁先经余姚坞山中住，至于明辰犹还坞中。

或问其意,答云:'谢安在昔数来见,辄移向日,今触情举目,莫不兴想。'后病甚,移还坞中,以晋太和元年闰四月四日终于所住,春秋五十有三。即窆于坞中,厥冢存焉。或云终剡。未详。郗超为之序传,袁宏为之铭赞,周昙宝为之作诔。"

范宁作《王弼何晏论》。

按：文见《晋书》卷七五《范宁传》,认为"桀纣暴虐,正足以灭身覆国,为后世鉴诫耳,岂能回百姓之视听哉！王何叨海内之浮誉,资膏粱之傲诞,画螭魅以为巧,扇无检以为俗。郑声之乱乐,利口之覆邦,信矣哉！吾固以为一世之祸轻,历代之罪重,自丧之衅小,迷众之愆大也"。参见是年"范宁为司马昱辟,为桓温所讽,不行。以儒雅日替,归罪王弼、何晏"条。

僧支遁作《切悟章》。

按：支遁绝笔,文已佚。《高僧传》卷四《支道林传》曰:"遁有同学法虔,精理入神,先遁亡,遁叹曰:'昔匠石废斤于郢人,牙生辍弦于钟子,推己求人,良不虚矣。宝契既潜,发言莫赏,中心蕴结,余其亡矣。'乃著《切悟章》,临亡成之,落笔而卒。"

僧支遁卒(314—)。支遁本姓关氏,字道林,世称支公,亦曰林公,别称支硎,陈留人,一说河东林虑人。东晋著名佛教学者。初至京师,王濛甚重之。年二十五岁出家。入吴,立支山寺,与谢安、王羲之、殷浩、郗超等交游甚厚,以善谈玄理,倾动一时。后入剡,于沃州小岭立寺行道,僧众百余。哀帝初,征至都,止洛阳东安寺。留京师三载而还。遁诵习佛经,善举其宗旨大意,不拘表面词句。所作《即色游玄论》,宣扬"即色是空",为当时"般若学"中"即色宗"之代表作。所注《庄子·逍遥游篇》,推动以佛证玄,相互渗透,为时人所称服。遁善草隶,亦能诗。《隋书》卷三五《经籍志四》著录晋沙门《支遁集》8卷,梁13卷,亡。严可均《全晋文》卷一五七载其文26篇。逯钦立《晋诗》卷二〇载其言诗18首。事迹见《高僧传》卷四。

晋太和二年　前燕建熙八年　代建国三十年
前秦建元三年　前凉太清五年　丁卯　367年

郗愔为都督徐兖青幽四州诸军事、平北将军、徐州刺史。虽居藩镇,非其所好。

按：《晋书》卷八《海西公纪》曰:"(是年)秋九月,以会稽内史郗愔为都督徐兖青幽四州诸军事、平北将军、徐州刺史。"卷六七《郗愔传》曰:"大司马桓温以愔与徐兖有故义,乃迁愔都督徐兖青幽扬州之晋陵诸军事、领徐兖二州刺史、假节。虽居藩镇,非其好也。"

王徽之约是年诣郗愔,言愔无应变将略。

罗马—哥特战争复起。

按：《世说新语·排调第二十五》曰："郗司空拜北府，王黄门诣郗门拜，云：'应变将略，非其所长。'骤咏之不已。郗仓谓嘉宾曰：'公今日拜，子猷言语殊不逊，深不可容。'嘉宾曰：'此是陈寿作诸葛评。人以汝家比武侯，复何所言？'"刘孝标注："《南徐州记》曰：'旧徐州都督以东为称。晋氏南迁，徐州刺史王舒加北中郎将。北府之号，自此起也。……仓，郗融小字也。'《郗氏谱》曰：'融字景山，愔第二子，辟琅邪王文学，不拜而蚤终。……'《蜀志》陈寿评曰：'亮连年动众，而无成功，盖应变将略，非其所长也。'王隐《晋书》曰：'……初，寿父为马谡参军，诸葛亮诛谡，髡其父头。亮子瞻又轻寿。故寿撰《蜀志》，以爱憎为评也。'"

郗超除散骑侍郎。

按：《晋书》卷六七《郗超传》曰："寻除散骑侍郎，时（郗）愔在北府。"愔在北府即指在徐州刺史任上，参见是年"王徽之约是年诣郗愔，言愔无应变将略"条按语。

庾希为北中郎将，因罪逃入于海。

按：《晋书》卷八《海西公纪》曰："（太和）二年春正月，北中郎将庾希有罪，走入于海。"

僧竺道壹始造千金佛像。

按：姜亮夫《莫高窟年表》曰："（是年）晋造像大兴，沙门竺道壹始为金牒千像。按金牒者，以薄铜片覆模型上，以锤打成。前乎道壹，未闻此法。自此法兴，中土锤牒造像，遂为佛教艺术之一种。"

王述作《上疏乞骸骨》。

按：《晋书》卷七五《王述传》曰："太和二年，以年迫悬车，上疏乞骸骨，曰……不许。述竟不起。"

王献之作《进书诀表》。

按：严可均《全晋文》卷二七有辑，曰："臣献之顿首言：臣年二十四，隐林下，有飞鸟，左手持纸，右手持笔，惠臣五百七十九字。臣未经一周，形势仿佛。其书文章不续，难以究识。后载周以兵寇充斥，道路修阻。乞食扬州市上，一老母姓沈字光姜，惠臣一餐。无以答其意，臣于匙面上作一夜字，令便市赁。近观者三，远观者二，未经数日，遂获千金。所有书决，谨别录投进，伏乞机务燕闲，留神披览，不胜万幸。臣献之顿首。"（《墨池编》）。

江虨约卒，生年不详。虨字思玄，陈留圉人。江统长子。本州辟为秀才，后历事温峤、郗鉴、庾冰、庾翼，历官黄门侍郎、谘议参军、御史中丞、侍中、吏部尚书、右军将军等职，并曾代王彪之为尚书仆射。为仆射积年，简文帝为相，每访政事，虨多所补益。后转护军将军，领国子祭酒，卒官。《隋书》卷三五《经籍志四》著录护军将军《江虨集》5卷，录1卷，亡。严可均《全晋文》卷一〇载其文4篇。事迹见《晋书》卷五六。

按：《晋书》本传载江虨事止于司马昱为相时，司马昱360年为相，371年称帝。姑系是年。

晋太和三年　前燕建熙九年　代建国三十一年
前秦建元四年　前凉太清六年　戊辰　368年

九月,前燕尚书仆射悦绾建议燕王罢断荫户。

按:《资治通鉴》卷一〇一曰:"燕王公、贵戚多占民为荫户,国之户口,少于私家,仓库空竭,用度不足。尚书左仆射广信公悦绾曰:'……宜一切罢断诸荫户,尽还郡县。'燕主晞从之,使绾专制其事,纠擿奸伏,无敢蔽匿,出户二十余万,举朝怨怒。绾先有疾,自力厘校户籍,疾遂亟。冬,十一月卒。"

桓温加殊礼,位在诸侯王之上(《资治通鉴》卷一〇一《晋纪二十三》)。

王坦之出为大司马桓温长史。寻以父忧去职(《晋书》卷七五《王坦之传》)。

庾蕴约是年任广州刺史。

按:《晋书》卷七三《庾冰传》曰:"太和中……(庾)蕴为广州刺史,并假节。"《东晋将相大臣年表》系于是年。

庾友约是年任东阳太守。

按:《晋书》卷七三《庾冰传》曰:"太和中……友东阳太守……初,郭璞筮冰云:'子孙必有大祸,唯用三阳可以有后。'故希求镇山阳,友为东阳,家于暨阳。"

僧竺道壹约是年止瓦官寺,从竺法汰受学,与昙壹名德相继,为时论所宗。

按:《高僧传》卷五《竺道壹传》曰:"竺道壹,姓陆,吴人也。少出家,贞正有学业,而晦迹隐智,人莫能知,与之久处,方悟其神出,琅琊王珣兄弟深加敬事。晋太和中出都,止瓦官寺,从汰公受学,数年之中,思彻渊深,讲倾都邑。汰有弟子昙壹,亦雅有风操,时人呼昙壹为大壹,道壹为小壹,名德相继,为时论所宗,晋简文皇帝深所知重。"

王述卒(303—　　)。述字怀祖,王承子。少孤,事母以孝闻。康帝时为骠骑将军,召补功曹,出为宛陵令。后代殷浩为扬州刺史,加征虏将军。寻加中书监,固让,经年不拜。复加征虏将军,进都督扬州徐州之琅邪诸军事、卫将军、并冀幽平四州大中正,刺史如故。寻迁散骑常侍、尚书令,将军如故。述每受职,不为虚让,其有所辞,必于不受。述清洁绝伦,俸禄皆散之亲故。但以性急为累。《隋书》卷三五《经籍志四》著录晋尚书仆射《王述集》8卷。严可均《全晋文》卷二九载其文9篇。事迹见《晋书》卷七五。

晋太和四年　前燕建熙十年　代建国三十二年
前秦建元五年　前凉太清七年　己巳　369年

<small>罗马人败哥特人。</small>

四月庚戌，晋大司马桓温督兵骑五万北伐前燕慕容暐（《晋书》卷八《海西公纪》）。

九月戊子，晋桓温至枋头。丙申，桓温兵粮尽，屡失利，闻秦兵将至，遂由陆路退走；燕、秦兵追击，大破之，死三万余人（《晋书》卷八《海西公纪》、《资治通鉴》卷一〇二《晋纪二十四》）。

郗愔从桓温北伐，用其子超计，固辞解职，转冠军将军、会稽内史。

按：《晋书》卷六七《郗愔传》曰："俄属桓温北伐，愔请督所部出河上，用其子超计，以己非将帅才，不堪军旅，又固辞解职，劝温并领己所统。转冠军将军、会稽内史。"又同卷《郗超传》曰："时愔在北府，徐州人多劲悍，温恒云'京口酒可饮，兵可用'，深不欲愔居之。而愔暗于事机，遣笺诣温，欲共奖王室，修复园陵。超取视，寸寸毁裂，乃更作笺，自陈老病，甚不堪人间，乞闲地自养。温得笺大喜，即转愔为会稽太守。"

郗超以时不宜渡河谏桓温，温不从，果败于枋头（《晋书》卷六七《郗超传》）。

袁宏从桓温北征，被责免官。

按：《世说新语·文学第四》曰："桓宣武北征，袁虎时从，被责免官。会须露布文，唤袁倚马前令作，手不辍笔，殊可观。东亭在侧，极叹其才。袁虎云：'当令齿舌间得利。'"刘孝标注引《温别传》曰："温以太和四年，上疏自征鲜卑。"虎，袁宏小字。《晋书》卷九二《袁宏传》曰："性强正亮直，虽被温礼遇，至于辩论，每不阿屈，故荣任不至。与伏滔同在温府，府中呼为'袁伏'。宏心耻之，每叹曰：'公之厚恩未优国士，而与滔比肩，何辱之甚。'"

孙盛著《晋阳秋》。

按：《晋书》卷八二《孙盛传》曰："盛笃学不倦，自少至老，手不释卷。作《魏氏春秋》、《晋阳秋》，并造诗赋论难复数十篇。《晋阳秋》词直而理正，咸称良史焉。既而桓温见之，怒谓盛子曰：'枋头诚为失利，何至乃如尊君所说！若此史遂行，自是关君门户事。'其子遽拜谢，谓请删改之。时盛年老还家，性方严有轨宪，虽子孙班白，而庭训愈峻。至此，诸子乃共号泣稽颡，请为百口切计。盛大怒。诸子遂尔改之。盛写两定本，寄于慕容儁。太元中，孝武帝博求异闻，始于辽东得之，以相考校，多有不同，书遂两存。"张可礼《东晋文艺系年》曰："慕容儁卒于升平四年，而盛书曾写有太和四年枋头之役。此处谓'寄于慕容儁'，误。"又云："《晋阳秋》恐非一时之作，书中写及本年桓温枋头失利一事，据此可推断成书当在本年。《通鉴》卷一百二亦系于本年。《隋书》卷三三《经籍志二》：'《晋阳秋》三十二卷，讫哀帝，孙盛撰。'《晋阳秋》写有海西公太和四年枋头之役,《隋书》所言'讫哀帝',不确。《晋阳秋》,全书已佚。今有汤球辑本三卷。另,文化部文物局文献研究室编《出土文献研究》载陈国灿、李征《吐鲁番出土的东晋(?)写本〈晋阳秋〉残卷》一文云:1972年,新疆博物馆考古队在吐番阿斯塔那发掘了151号墓,获得大批纸质文书,其中有《晋阳秋》残本千余字,为东晋的写本,字全为隶体。"

袁宏作《北征赋》。

按:严可均《全晋文》卷五七有辑。《晋书》卷九二《袁宏传》曰:"从桓温北征,作《北征赋》,皆其文之高者。尝与王珣、伏滔同在温坐,温令滔读其《北征赋》,至'闻所传于相传,云获麟于此野,诞灵物以瑞德,奚授体于虞者!疲尼父之洞泣,似实恸而非假。岂一性之足伤,乃致伤于天下',其本至此便改韵。珣云:'此赋方传千载,无容率耳。今于天下之后,移韵徙事,然于写送之致,似为未尽。'滔云:'得益写韵一句,或为小胜。'温曰:'卿思益之。'宏应声答曰:'感不绝于余心,愬流风而独写。'珣诵味久之,谓滔曰:'当今文章之美,故当共推此生。'"

桓玄(　—404)、孔琳之(　—423)生。

晋太和五年　前燕建熙十一年　代建国三十三年
前秦建元六年　前凉太清八年　庚午　370年

正月己亥,晋袁真子袁双之、袁爱之杀梁国内史朱宪、汝南内史朱斌(《晋书》卷八《海西公纪》)。

二月癸酉,晋袁真卒,陈郡太守朱辅立真子袁瑾嗣事,求救于慕容㬪(《晋书》卷八《海西公纪》)。

八月癸酉,晋桓温击败袁瑾于寿阳(《晋书》卷八《海西公纪》)。

十一月,前秦王猛攻占邺,俘前燕主慕容㬪,燕地皆入于秦,秦得郡一百五十七,户二百四十六万,口九百九十九万,前燕亡(《晋书》卷八《海西公纪》、《资治通鉴》卷一〇二《晋纪二十四》)。

按:前燕经3主,历34年。

罗马狄奥多西伐高卢阿勒曼尼人。

伏滔从桓温伐袁真,至寿阳(《晋书》卷九二《伏滔传》)。

王珣从桓温讨袁真,封东亭侯。

按:《晋书》卷六五《王珣传》曰:"时温经略中夏,竟无宁岁,军中机务并委珣焉。文武数万人,悉识其面。从讨袁真,封东亭侯。"

吴隐之为桓温知赏,拜奉朝请、尚书郎。

按:《晋书》卷九〇《吴隐之传》曰:"吴隐之,字处默,濮阳鄄城人,魏侍中质六世孙也……兄坦之为袁真功曹,真败,将及祸,隐之诣桓温,乞代兄命,温矜而释之。遂为温所知赏,拜奉朝请、尚书郎。"

伏滔作《正淮论》上、下篇。

按：《晋书》卷九二《伏滔传》曰："从温伐袁真，至寿阳，以淮南屡叛，著论二篇，名曰《正淮》。其上篇曰……其下篇曰……"

时有《苻坚时长安为慕容冲歌》、《太和中百姓歌》及《太和末童谣》。

按：《苻坚时长安为慕容冲歌》见《晋书》卷一一四《苻坚载记下》。《太和中百姓歌》及《太和末童谣》见《晋书》卷二八《五行志中》，太和共六年，姑皆系是年。

谢裕（ —416）、羊欣（ —442）、何承天（ —447）生。

晋太和六年　晋简文帝司马昱咸安元年　代建国三十四年　前秦建元七年　前凉太清九年　辛未　371年

波斯王沙普尔二世伐罗马。

正月，前秦苻坚遣将王鉴援救袁瑾，将军桓伊击破之（《晋书》卷八《海西公纪》）。

十一月，晋废帝司马奕被废为东海王（《晋书》卷八《海西公纪》）。

己酉，晋司马昱即皇帝位，是为简文帝。乙卯，改元咸安（《晋书》卷九《简文帝纪》）。

十二月庚寅，晋废东海王奕为海西公。

按：《晋书》卷八《海西公纪》曰："咸安二年正月，降封帝为海西县公。"今从卷九《简文帝纪》曰："(是年十二月)庚寅，废东海王奕为海西公，食邑四千户。"

是年，前秦苻坚行礼于辟雍，祭祀孔子。

按：《十六国春秋辑补》卷三四《前秦录四·苻坚录》曰："(建元)七年，坚行礼于辟雍，祀先师孔子。太子及公侯卿大夫之元子，皆束脩释奠焉。高平苏通、长乐刘祥，并以硕学耆德，尤精二礼。坚以通为《礼记》祭酒，居于东庠，祥为《仪礼》祭酒，处于西序。坚每月朔旦，率百僚亲临讲论。"

桓温废晋帝后，与简文对言，不甚得语。复还白石，上疏求归姑孰。

按：《晋书》卷九《简文帝纪》曰："初，帝以冲虚简贵，历宰三世，温素所敬惮。及初即位，温乃撰辞欲自陈述，帝引见，对之悲泣，温惧不能言。至是，有司承其旨，奏诛武陵王晞，帝不许。温固执至于再三，帝手诏报曰：'若晋祚灵长，公便宜奉行前诏。如其大运去矣，请避贤路。'温览之，流汗变色，不复敢言。"卷九八《桓温传》曰："时温有脚疾，诏乘舆入朝，既见，欲陈废立本意，帝便泣下数十行，温兢惧，不得一言而出……温复还白石，上疏求归姑孰。诏曰：'……今进公丞相，其大司马本官皆如故，留公京都，以镇社稷。'温固辞，仍请还镇。"

郗超进桓温废立之计，温纳其言。迁中书侍郎，权重当时。

按：《晋书》卷九八《桓温传》曰："温既负其才力，久怀异志，欲先立功河朔，还受九锡。既逢覆败，名实顿减，于是参军郗超进废立之计，温乃废帝而立简文帝。"卷六七《郗超传》曰："……遂定废立，超始谋也。迁中书侍郎。谢安尝与王文度共诣超，日旰未得前,文度便欲去,安曰:'不能为性命忍俄顷邪!'其权重当时如此。"

王彪之以汉霍光故事谏桓温。又谏桓温废武陵王晞。

按:《晋书》卷七六《王彪之传》曰:"顷之,复为仆射。是时温将废海西公,百僚震栗,温亦色动,莫知所为。彪之既知温不臣迹已著,理不可夺。乃谓温曰:'公阿衡皇家,便当倚傍先代耳。'命取《霍光传》。礼度仪制,定于须臾,曾无惧容。温叹曰:'作元凯不当如是邪!'时废立之仪既绝于旷代,朝臣莫有识其故典者。彪之神彩毅然,朝服当阶,文武仪准莫不取定,朝廷以此服之。温又废武陵王遵,以事示彪之。彪之曰:'武陵亲尊,未有显罪,不可以猜嫌之间,便相废徙……'温曰:'此已成事,卿勿复言。'""温又废武陵王遵","遵"应为"晞"。

伏滔以功封闻喜县侯,除永世令。

按:《晋书》卷九二《伏滔传》曰:"寿阳平,以功封闻喜县侯,除永世令。"

桓伊以功封宣城县子。

按:《晋书》卷八一《桓伊传》曰:"与谢玄共破贼别将王鉴、张蚝等,以功封宣城县子。"

王坦之领左卫将军。

按:《晋书》卷七五《王坦之传》曰:"海西公废,领左卫将军。"

庾氏家族中庾倩、庾柔以武陵王党被杀。庾友当伏诛,获免。庾蕴被桓温逼,于广州饮鸩自杀(《晋书》卷七三《庾冰传》)。

郗愔加镇军、都督浙江东五郡军事。

按:《晋书》卷六七《郗愔传》曰:"及(简文)帝践阼,就加镇军、都督浙江东五郡军事。"

王坦之作《废庄论》。

按:《晋书》卷七五《王坦之传》曰:"坦之有风格,尤非时俗放荡,不敦儒教,颇尚刑名学,作《废庄论》曰:'……若夫庄生者,望大庭而抚契,仰弥高于不足,寄积想于三篇,恨我怀之未尽,其言诡谲,其义恢诞。君子内应。从我游方之外,众人因藉之,以为弊薄之资。然则天下之善人少,不善人多,庄子之利天下也少,害天下也多。故曰鲁酒薄而邯郸围,庄生作而风俗颓。礼与浮云俱征,伪与利荡并肆,人以克己为耻,士以无措为通,时无履德之誉,俗有蹈义之愆。骤语赏罚不可以造次,屡称无为不可以适变。虽可用于天下,不足以用天下人。昔汉阴丈人修浑沌之术,孔子以为识其一不识其二。庄生之道,无乃类乎!与夫如愚之契,何殊间哉!若夫利而不害,天之道也;为而不争,圣之德也。群方所资而莫知谁氏,在儒而非儒,非道而有道。弥贯九流,玄同彼我,万物用之而不既,亹亹日新而不朽,昔吾孔老固已言之矣。'"本传叙此事于"海西公废,领左卫将军"后,故系于此。

桓温作《表免武陵王晞》及《除太宰父子表》。

按:《表免武陵王晞》见《晋书》卷六四《武陵威王晞传》曰:"晞无学术而有武干,为桓温所忌。及简文帝即位,温乃表晞曰……"《除太宰父子表》见《世说新语·黜免第二十八》曰:"桓宣武既废太宰父子,仍上表曰:'应割近情,以存远计,若除太宰父子,可无后忧。'简文手答表曰:'所不忍言,况过于言。'宣武又重表,辞转苦切。简文更答曰:'若晋室灵长,明公便宜奉行此诏。如大运去矣,请避贤路。'桓公读诏,手战流汗,于此乃止。太宰父子,远徙新安。"

伏滔约是年作《瞿硎铭赞》。

按：《晋书》卷九四《瞿硎先生传》曰："瞿硎先生者，不得姓名，亦不知何许人也。太和末，常居宣城郡界文脊山中，山有瞿硎，因以为名焉。大司马桓温尝往造之。既至，见先生被鹿裘，坐于石室，神无忤色，温及僚佐数十人皆莫测之，乃命伏滔为之铭赞。竟卒于山中。"此文为滔受桓温命而作，已佚。以"太和末"，姑系是年。

苏蕙约是年作《回文璇玑图诗》。

按：张可礼《东晋文艺系年》曰："蕙生卒年不详。《十六国春秋》卷四二《前秦录十·窦滔妻苏氏录》：'窦滔妻苏氏，始平武功人。陈留令苏道贤之第三女也。名蕙，字若兰。善属文。智识精明，仪容妙丽，年十六归于窦滔，滔甚敬之。'《晋书》卷九十六《窦滔妻苏氏传》：'滔，苻坚时为秦州刺史，被徙流沙，苏氏思之。织锦为回文旋图诗以赠滔。宛转循环以读之，词甚凄惋，凡八百四十字，文多不录。'《文选》卷一六江文通《别赋》：'织锦曲兮泣已尽，回文诗兮影独伤。'李善注引《织锦回文诗序》曰：'窦滔秦州被徙沙漠，其妻苏氏。秦州临去，别苏，誓不更娶。至沙漠，便娶妇。苏氏织锦，端中作此回文诗以赠之。苻(符)国时人也。'《隋书》卷三十五《经籍志四》：'《织锦回文诗》一卷，苻坚秦州刺史窦氏妻苏氏作。'《初学记》卷二十七：'前秦苻坚秦州刺史窦滔妻苏氏织锦回文七言诗……'凡十六句。全诗见《晋诗》卷十五，题为《璇玑图诗》。《回文旋图诗》当作于苻坚自立至被杀时。据《晋书》卷八《穆帝纪》、卷九《孝武帝纪》，苻坚于升平元年自立，太元十年被杀，前后凡二十八年。今姑系诗作于本年，时苻坚在位十四年。"《回文璇玑图诗》正读、倒读、横读、斜读、交互读、退一字读、叠一字读，皆成文章，得四、五、六、七言诗三千八百余首。原诗为一图，用五色织成，普通传本久已失其真。近人汪元放标点《镜花缘》，用五色墨覆印此图，始返其真。逯钦立《晋诗》卷一五有辑。《晋书》卷九六《列女传》略载其事迹。

孙绰卒(314—)。绰字兴公，太原中都人。孙楚孙，少孤。与许询居会稽，作《遂初赋》寄其山水之志。曾被庾亮、庾冰辟为参军，殷浩以之为建武长史，预王羲之兰亭之会。桓温欲迁都洛阳，绰上疏谏阻。后转廷尉卿，领著作。为东晋玄言诗人，多为宣扬玄学之作。又信佛，所作《喻道论》认为"周孔即佛，佛即周孔"，儒佛一致。亦善辞赋诔碑。为当时文士之冠，温、王、郄、庾诸公之卒，皆绰为之作碑，然后刊石。《隋书》卷三二《经籍志一》著录其解《集解论语》10卷；卷三三《经籍志二》著录其撰《至人高士传》2卷，其赞《列仙传赞》3卷(刘向撰，敫续)；卷三四《经籍志三》著录其撰《孙子》12卷；卷三五《经籍志四》著录晋卫尉卿《孙绰集》15卷，梁25卷。明张溥辑有《孙廷尉集》。严可均《全晋文》卷六一、卷六二载其文35篇并《孙子》佚文23条。逯钦立《晋诗》卷一三载其诗13首。事迹见《晋书》卷五六。

朱百年(—457)生。

晋咸安二年　代建国三十五年　前秦建元八年
前凉太清十年　壬申　372年

匈奴人灭阿兰人王国。

七月己未，晋简文帝第三子司马曜立为皇太子；皇子道子立为琅邪王,领会稽内史。是日,晋简文帝卒,庙号太宗,遗诏桓温辅政;太子曜嗣,是为孝武帝(《晋书》卷九《简文帝纪》)。

按:简文帝司马昱(320——　),字道万,元帝少子。晋废帝被废,桓温迎立继位,是为简文帝。清虚寡淡,尤善玄言。但虽神识恬畅,而无济世大略,故谢安称为惠帝之流,清谈差胜。《隋书》卷三四《经籍志三》著录《简文谈疏》6卷;卷三五《经籍志四》著录梁有《简文帝集》5卷,录1卷,亡。严可均《全晋文》卷一一载其文12篇。事迹见《晋书》卷九。

是年,前秦送佛经、佛像及僧人去高句丽。高句丽仿中国立太学。

按:高丽释觉训《海东高僧传》卷一曰:"释顺道,不知何许人也。迈德高标,慈忍济物,誓志弘宣。周流震旦,移家就机,诲人不倦。句高丽第十七解味留王(或云小兽林王)二年壬申夏六月,秦符坚发使及浮屠顺道,送佛像经文。于是君臣以会遇之礼,奉迎于省门。投诚敬信,感庆流行。寻遣使回谢,以贡方物。"此为佛教传入朝鲜之始。

前秦苻坚诏令关东郡县选送通经才艺之人。

按:《十六国春秋辑补》卷三四《前秦录四·苻坚录》曰:"(是年)其诸非正道典学,一皆禁之。坚临太学,考学生经义,上第擢叙者八十二人。自永嘉之乱,庠序无闻,及坚之僭,颇留心儒学。王猛整齐风俗,政理称举,学校渐兴。"

桓温受诏辅政,初望简文临终禅位于己,故甚愤怒。

按:《晋书》卷九八《桓温传》曰:"及帝不豫,诏温曰:'吾遂委笃,足下便入,冀得相见。便来,便来!'于是一日一夜频有四诏。温上疏曰……疏未及奏而帝崩,遗诏家国事一禀之于公,如诸葛武侯、王丞相故事。温初望简文临终禅位于己,不尔便为周公居摄。事既不副所望,故甚愤怒,与弟冲书曰……及孝武即位,诏曰……又诏……复遣谢安征温入辅,加前部羽葆鼓吹,武贲六十人,温让不受。"

王坦之领本州大中正。于简文帝前毁诏。

按:《晋书》卷七五《王坦之传》曰:"又领本州大中正。简文帝临崩,诏大司马温依周公居摄故事。坦之自持诏入,于帝前毁之。帝曰:'天下,傥来之运,卿何所嫌!'坦之曰:'天下,宣元之天下,陛下何得专之!'帝乃使坦之改诏焉。"

王彪之正色立太子,止桓温依周公居摄故事。

按:《晋书》卷七六《王彪之传》曰:"及简文崩,群臣疑惑,未敢立嗣。或云,宜当须大司马处分。彪之正色曰:'君崩,太子代立,大司马何容得异!若先面谘,必反为所责矣。'于是朝议乃定。及孝武帝即位,太皇太后令以帝冲幼,加在谅暗,令温依周公居摄故事。事已施行,彪之曰:'此异常大事,大司马必当固让,使万机停滞,稽废山陵,未敢奉令。谨具封还内,请停。'事遂不行。"

谢安于桓温欲加害之时,从容见温,笑语移日。

按:《晋书》卷七九《谢安传》曰:"简文帝疾笃,温上疏荐安宜受顾命。及帝崩,温入赴山陵,止新亭,大陈兵卫,将移晋室,呼安及王坦之,欲于坐害之。坦之甚惧,问计于安。安神色不变,曰:'晋祚存亡,在此一行。'既见温,坦之流汗沾衣,倒执手版。安从容就席,坐定,谓温曰:'安闻诸侯有道,守在四邻,明公何须壁后置人邪?'温笑曰:'正自不能不尔耳。'遂笑语移日。坦之与安初齐名,至是方知坦之之劣。温尝以安所作简文帝谥议以示坐宾,曰:'此谢安石碎金也。'"

袁宏约是年著文颂简文帝之德。

按：《晋书》卷九二《袁宏传》曰："宏见汉时傅毅作《显宗颂》，辞甚典雅，乃作颂九章，颂简文之德，上之于孝武。"简文帝是年卒，姑系是年。

王猛为丞相、中书监、司隶校尉，又加都督中外诸军事。

按：《十六国春秋辑补》卷三四《前秦录四·苻坚录》曰："(是年)六月，冀州牧王猛，入为丞相、中书监、司隶校尉……王猛至长安，加都督中外诸军事，猛辞让再三，坚不许。猛固辞丞相，改授司徒，又固辞不拜，乃停司徒之授。"《晋书》卷一一四《王猛传》曰："稍加都督中外诸军事。猛表让久之。坚曰……遂不许。"

苻融为镇东大将军、代王猛冀州牧。

按：《十六国春秋辑补》卷三四《前秦录四·苻坚录》曰："(是年六月)以苻融为镇东大将军，代猛为冀州牧。融将发，坚祖于灞东，奏乐赋诗。"

崔玄伯拜阳平公侍郎，领冀州从事。

按：《魏书》卷二四《崔玄伯传》曰："崔玄伯，清河东武人也……玄伯少有隽才，号曰冀州神童。苻融牧冀州，虚心礼敬，拜阳平公侍郎，领冀州从事，管征东记室。出总庶事，入为宾友，众务修理，处断无滞。"崔玄伯，即崔宏。

高泰为苻融解擅起学舍之劾。苻坚以为尚书郎，泰固请还州，坚许之。

按：《资治通鉴》卷一〇三曰："融尝坐擅起学舍为有司所纠，遣主簿李纂诣长安自理；纂忧惧，道卒。融问申绍：'谁可使者？'绍曰：'燕尚书郎高泰，清辩有胆智，可使也。'先是丞相猛及融屡辟泰，泰不起；至是，融谓泰曰：'君子救人之急，卿不得复辞！'泰乃从命。至长安，丞相猛见之，笑曰：'高子伯于今乃来，何其迟也！'泰曰：'罪人来就刑，何问迟速！'猛曰：'何谓也？'泰曰：'昔鲁僖公以泮宫发颂，齐宣王以稷下垂声。今阳平公开建学宫，追踪齐、鲁，未闻明诏褒美，乃更烦有司举劾。明公阿衡圣朝，惩劝如此，下吏何所逃其罪乎！'猛曰：'是吾过也。'事遂得释。猛因叹曰：'高子伯岂阳平所宜吏乎！'言于秦王坚。坚召见，悦之，问以为治之本。对曰：'治本在得人，得人在审举，审举在核真，未有官得其人而国家不治者也。'坚曰：'可谓辞简而理博矣。'以为尚书郎。泰固请还州，坚许之。"《资治通鉴》系于是年八月。

郭瑀虑门人安危，应张天锡之征。至姑臧，因母卒，还于南山。

按：《十六国春秋辑补》卷七三《前凉录七·张天锡录》曰："九年(晋简文咸安二年)，天锡母刘氏卒，时备礼迎处士郭瑀。"《十六国春秋辑补》以晋咸安二年为前凉张天锡九年。《晋书》卷九四《郭瑀传》曰："郭瑀字元瑜，敦煌人也。少有超俗之操，东游张掖，师事郭荷，尽传其业。精通经义，雅辩谈论，多才艺，善属文。荷卒，瑀以为父生之，师成之，君爵之，而五服之制，师不服重，盖圣人谦也，遂服斩衰，庐墓三年。礼毕，隐于临松薤谷，凿石窟而居，服柏实以轻身，作《春秋墨说》、《孝经错纬》，弟子著录千余人。张天锡遣使者孟公明持节，以蒲轮玄纁备礼征之，遗瑀书曰……公明至山，瑀指翔鸿以示之曰：'此鸟也，安可笼哉！'遂深逃绝迹。公明拘其门人，瑀叹曰：'吾逃禄，非避罪也，岂得隐居行义，害及门人！'乃出而就征。及至姑臧，值天赐母卒，瑀括发入吊，三踊而出，还于南山。"

桓温作《帝不豫上疏》及《与弟冲书》。

按：二文见《晋书》卷九八《桓温传》。参见是年"桓温受诏辅政，初望简文临终禅位于己，故甚愤怒"条。

谢安作《简文帝谥议》。

按：《世说新语·文学第四》曰："桓公见谢安石作简文谥议，看竟，掷与坐上诸客曰：'此是安石碎金。'"刘孝标注曰："刘谦之《晋纪》载安议曰：'谨按谥法：一德不懈曰简，道德博闻曰文。《易》简而天下之理得，观乎人文，化成天下，仪之景行，犹有仿佛。宜尊号曰太宗，谥曰简文。'"

裴松之（ —449）生。

晋孝武帝司马曜宁康元年　代建国三十六年　前秦建元九年　前凉太清十一年　癸酉　373年

正月己丑朔，晋改元宁康（《晋书》卷九《孝武帝纪》）。

范宁为余杭令，兴学校，教生徒，风化大行。
按：《晋书》卷七五《范宁传》曰："（桓）温薨之后，始解褐为余杭令，在县兴学校，养生徒，洁己修礼，志行之士莫不宗之。期年之后，风化大行。自中兴已来，崇学敦教，未有如宁者也。"

桓温来朝，病笃，归姑孰。讽朝廷加九锡，锡文未成而卒。
按：《晋书》卷九《孝武帝纪》曰："（是年）二月，大司马桓温来朝。三月癸丑，诏除丹杨竹格等四桁税。……秋七月己亥，使持节、侍中、都督中外诸军事、丞相、录尚书、大司马、扬州牧、平北将军、徐兖二州刺史、南郡公桓温薨。"卷九八《桓温传》曰："凡停京师十有四日，归于姑孰，遂寝疾不起。讽朝廷加己九锡，累相催促。谢安、王坦之闻其病笃，密缓其事。锡文未及成而薨，时年六十二。"

谢安止桓温加九锡。为尚书仆射。
按：《晋书》卷七九《谢安传》曰："时孝武帝富于春秋，政不自己，温威振内外，人情噂𠴲，互生同异。安与坦之尽忠匡翼，终能辑穆。及温病笃，讽朝廷加九锡，使袁宏具草。安见，辄改之，由是历旬不就。会温薨，锡命遂寝。寻为尚书仆射，领吏部，加后将军。"卷九《孝武帝纪》载是年九月丙申以"吏部尚书谢安为尚书仆射"。

王彪之为尚书令。
按：《晋书》卷九《孝武帝纪》曰："（是年九月）丙申，以尚书仆射王彪之为尚书令。"卷七六《王彪之传》曰："时桓冲及安夹辅朝政，安以新丧元辅，主上未能亲览万机，太皇太后宜临朝，彪之曰：'……今上年出十岁，垂婚冠，反令从嫂临朝，示人君幼弱，岂是翼戴赞扬立德之谓乎！二君必行此事，岂仆所制，所惜者大体耳。'……安竟不从。"

袁宏为桓温作文求九锡，听谢安意，拖延其事。
按：《晋书》卷七六《王彪之传》曰："（桓）温遇疾，讽朝廷求九锡，袁宏为文，以示彪之。彪之视讫，叹其文辞之美，谓宏曰：'卿固大才，安可以此示人！'时谢安见其文，又频使宏改之，宏遂逡巡其事。既屡引日，乃谋于彪之。彪之曰：'闻彼病日增，亦当不复支久，自可更小迟回。'宏从之，温亦寻薨。"

王坦之与谢安共辅幼主,迁中书令,领丹杨尹。

> 按:《晋书》卷七五《王坦之传》曰:"(桓)温薨,坦之与谢安共辅幼主,迁中书令,领丹杨尹。"

桓豁进为征西将军。

> 按:《晋书》卷九《孝武帝纪》曰:"(是年七月)庚戌,进右将军桓豁为征西将军。"

谢玄为桓豁征西司马,领南郡相,监北征诸军事。

> 按:《晋书》卷七九《谢玄传》曰:"转征西将军桓豁司马、领南郡相、监北征诸军事。"

伏滔为桓豁参军,领华容令。

> 按:《晋书》卷九二《伏滔传》曰:"(桓)温薨,征西将军桓豁引为参军,领华容令。"

桓冲七月庚戌为中军将军、都督扬豫江三州诸军事、扬州刺史,镇姑孰(《晋书》卷九《孝武帝纪》)。

桓玄嗣位。

> 按:玄为桓温少子,时年五岁,温遗命嗣位。《晋书》卷九九《桓玄传》曰:"(桓温)临终,命以为嗣。"

刁彝九月丙申为北中郎将、徐兖二州刺史,镇广陵(《晋书》卷九《孝武帝纪》)。

朱序约是年镇襄阳。

> 按:《晋书》卷八一《朱序传》曰:"朱序,字次伦,义阳人也……宁康初,拜使持节、监沔中诸军事、南中郎将、梁州刺史,镇襄阳。"

释道安约是年于襄阳立檀溪寺。

> 按:《高僧传》卷五《道安传》曰:"朱序西镇,复请还襄阳,深相结纳。序每叹曰:'安法师道学之津梁,澄治之罏肆矣。'安以白马寺狭,乃更立寺,名曰檀溪,即清河张殷宅也。大富长者,并加赞助,建塔五层,起房四百。凉州刺史杨弘忠送铜万斤,拟为承露盘,安曰:'露盘已讫,汰公营造。欲回此铜铸像,事可然乎。'忠欣而敬诺。于是众共抽舍,助成佛像,光相丈六,神好明著,每夕放光,彻照堂殿。像后又自行至万山,举邑皆往瞻礼,迁以还寺。安既大愿果成,谓言:'夕死可矣。'苻坚遣使送外国金箔倚像,高七尺,又金坐像、结珠弥勒像、金缕绣像、织成像,各一张。每讲会法聚,辄罗列尊像,布置幢幡,珠佩迭晖,烟华乱发。使夫升阶履閟者,莫不肃焉尽敬矣。有一外国铜像,形制古异,时众不甚恭重。安曰:'像形相致佳,但髻形未称。'令弟子炉治其髻,既而光焰焕炳,耀满一堂。详视髻中,见一舍利,众咸愧服。安曰:'像既灵异,不烦复治。'乃止。识者咸谓安知有舍利,故出以示众。"

袁宏作《丞相桓温碑铭》(《艺文类聚》卷四五)。

苻融作《上疏谏用慕容暐等》。

> 按:文见《十六国春秋辑补》卷三四《前秦录四·苻坚录》,亦略见《晋书》卷一一三《苻坚载记上》。

张天锡出《首楞严经》。

> 按:《出三藏记集》卷七无名氏《首楞严经后记》曰:"咸安三年,岁在癸酉,凉州刺史张天锡在州出此《首楞严经》。于时有月支优婆塞支施仑手执胡本。支博综众

经,于方等三昧特善,其志业大乘学也。出《首楞严》、《须赖》、《上金光首》、《如幻三昧》,时在凉州,州内正厅堂湛露轩下集。时译者龟兹王世子帛延善晋胡音。延博解群籍,内外兼综。受者常侍西海赵浸潇、会水令马亦、内侍来恭政,此三人皆是俊德,有心道德。时在坐沙门释慧常、释进行。凉州自属辞。辞旨如本,不加文饰。饰近俗,质近道,文质兼唯圣有之耳。"咸安只有两年。咸安三年当指是年。是年正月改元宁康。

孙盛卒(302—)。盛字安国,太原中都人。孙楚之孙、孙绰从兄。少时避乱过江。起家佐著作郎。陶侃、庾亮、庾翼、桓温继位荆州刺史,盛皆为参军。后从桓温伐蜀,入关平洛,以功封吴昌县侯。累迁散骑常侍、秘书监,领著作,加给事中。盛博学强识,善玄言。时殷浩擅名当时,无人对抗,盛作《易象妙于见形论》以难之,浩无以对。《隋书》卷三三《经籍志二》著录其《魏氏春秋》20卷,《晋阳秋》32卷,讫哀帝;《隋书》卷三五《经籍志四》著录晋秘书监《孙盛集》5卷,残缺,梁10卷,录1卷。《晋阳秋》,汤球有辑本。严可均《全晋文》卷六三、卷六四载其文6篇、《魏氏春秋评》43条及《魏氏春秋异同评》10条。事迹见《晋书》卷八二。

圣亚大纳西卒(293?—)。埃及人。基督教神学家。

按：曹道衡、沈玉成《中古文学史料丛考·孙盛生卒年与〈晋阳秋〉》曰:"孙盛卒年,《晋书》本传不记,仅言年七十二。《十七史商榷》卷四三《晋书唐人修改诸家尽废》条云孙盛书虽记东晋事,'然就其本传考之,则盛之卒,似桓温尚在'。按,本传云父恂(《孙楚传》作'洵')为颍川太守,'在郡遇贼被害。盛年十岁,避难渡江',《孙楚传》记,孙统'幼与绰及从弟盛过江'。据《怀帝纪》永嘉五年(311)六月石勒陷洛阳后,'冬十月,勒寇豫州诸郡,至江而还',恂被害,孙盛弟兄渡江自在此时。以此上下推,其生年当为惠帝永宁二年(302),卒年当在孝武帝宁康元年(373)。桓温亦以是年七月卒,孰先孰后,已无从遽断。"

桓温卒(312—)。温字元子,谯国龙亢人。桓彝子,明帝婿。继庾翼为安西将军、荆州刺史,掌握长江上游兵权。后灭成汉,又攻前秦入关中。两年后收复洛阳,请还都,为大族所反对。太和四年率兵伐前燕,与慕容燕战于枋头,大败而还。三次北伐,终未如愿。回朝后,以大司马专朝政,废帝奕,立简文帝。与郗超等谋废晋自建王朝,未遂而病卒。《隋书》卷三五《经籍志四》著录晋大司马《桓温集》11卷,梁有43卷;又有《桓温要集》20卷,录1卷,亡。严可均《全晋文》卷一一八载其文18篇。事迹见《晋书》卷九八。

袁豹(—413)、释慧饶(—458)生。

晋宁康二年　代建国三十七年　前秦建元十年
前凉太清十二年　甲戌　374年

晋众臣议简文帝丧遇闰。

波斯人取亚美尼亚。罗马人败萨尔马特人于巴尔干。

按：《晋书》卷二〇《礼志中》曰："宁康二年七月，简文帝崩再周而遇闰。博士谢攸、孔粲议：'鲁襄二十八年十二月乙未，楚子卒，实闰月而言十二月者，附正于前月也。丧事先远，则应用博士吴商之言，以闰月祥。'尚书仆射谢安、中领军王劭、散骑常侍郑袭、右卫将军殷康、骁骑将军袁宏、散骑侍郎殷茂、中书郎车胤、左丞刘遵、吏部郎刘耽意皆同。康曰：'过七月而未及八月，岂可谓之逾期。必所不了，则当从其重者。'宏曰：'假值闰十二月而不取者，此则岁未终，固不可得矣。《汉书》以闰为后九月，明其同体也。'袭曰：'中宗、肃祖皆以闰月崩，祥除之变皆用闰之后月。先朝尚用闰之后月，今闰附七月，取之何疑，亦合远日申情之言。又闰是后七而非八也，岂逾月之嫌乎！'尚书令王彪之、侍中王混、中丞谯王恬、右丞戴谧等议异，彪之曰：'吴商中才小官，非名贤硕儒、公辅重臣，为时所准则者。又取闰无证据，直揽远日之义，越祥忌，限外取，不合卜远之理。又丞相桓公尝论云，《礼》二十五月大祥。何缘越期取闰，乃二十六月乎？'于是启曰：'或以闰附七月，宜用闰月除者。或以闰名虽除七月，而实以三旬别为一月，故应以七月除者。臣等与中军将军冲参详，一代大礼，宜准经典。三年之丧，十三月而练，二十五月而毕，《礼》之明文也。《阳秋》之义，闰在年内，则略而不数。明闰在年外，则不应取之以越期忌之重，礼制祥除必正期月故也。'己酉晦，帝除缟即吉。"

王坦之为北中郎将、徐兖二州刺史。

按：《晋书》卷九《孝武帝纪》曰："（是年正月）己酉，北中郎将、徐兖二州刺史刁彝卒。二月癸丑，以丹杨尹王坦之为北中郎将、徐兖二州刺史。"

谢安总关中书事。修缮宫室。丧不废乐，王坦之作书谏之，不从。

按：《晋书》卷七九《谢安传》曰："及中书令王坦之出为徐州刺史，诏安总关中书事。安义存辅导，虽会稽王道子亦赖弼谐之益。时强敌寇境，边书续至，梁益不守，樊邓陷没，安每镇以和靖，御以长算。德政既行，文武用命，不存小察，弘以大纲，威怀外著，人皆比之王导，谓文雅过之。……是时宫室毁坏，安欲缮之。尚书令王彪之等以外寇为谏，安不从，竟独决之。……性好音乐，自弟万丧，十年不听音乐。及登台辅，期丧不废乐。王坦之书喻之，不从，衣冠效之，遂以成俗。又于土山营墅，楼馆林竹甚盛，每携中外子侄往来游集，肴馔亦屡费百金，世颇以此讥焉，而安殊不以屑意。常疑刘牢之既不可独任，又知王味之不宜专城。牢之既以乱终，而味之亦以贪败，由是识者服其知人。"

王坦之作《将之广陵镇上孝武帝表》及《答谢安书》。

按：《晋书》卷七五《王坦之传》曰："俄授都督徐兖青三州诸军事、北中郎将、徐兖二州刺史，镇广陵。将之镇，上表曰……表奏，帝纳之。初，谢安爱好声律，期功之惨，不废妓乐，颇以成俗。坦之非而苦谏之。安遗坦之书曰：'知君思相爱惜之至。仆所求者声，谓称情义，无所不可为，卿复以自娱耳。若絜轨迹，崇世教，非所拟议，亦非所屑。常谓君粗得鄙趣者，犹未悟之濠上邪！故知莫逆，未易为人。'坦之答曰：'具君雅旨，此是诚心而行，独往之美，然恐非大雅中庸之谓。意者以为人之体韵犹器之方圆，方圆不可错用，体韵岂可易处！各顺其方，以弘其业，则岁寒之功必有成矣。……想君幸复三思。'书往反数四，安竟不从。"

谢安作《遗王坦之书》。

按：文见《晋书》卷七五《王坦之传》。参见是年"王坦之作《将之广陵镇上孝武帝表》及《答谢安书》"条。

　　王坦之作《丧不数闰启》。

　　按：文见《晋书》卷二〇《礼志中》。参见是年"晋众臣议简文帝丧遇闰"条。

　　郗愔作《论丧遇闰书则时》。

　　按：《通典》卷一〇〇曰："东晋孝武帝宁康二年七月，简文帝崩，再周而遇闰……会稽内史郗愔书云：'省别书并诸议具。《三礼》证据，诚所未详，然恐祥忌异月，于理既为不安，又十三月而祥，二十五月而毕，明文焕然。而闰在周内，合而不数者，则闰正月遭艰，便应以十二月祥，于时则未及周年，于忌则时尚平吉。若由天无是月，故略而不计，则凡在五服，皆应包闰，具如足下所论。若云情重则宜包，情轻故宜数，是为制之由情，而未本乎历数。苟本乎历数，必天无是月，则虽情有轻重，而含闰宜一。且齐缞之制，遇闰而包，降为大功，则数而除，天性攸同，而包数异制。以月为断者数闰，以年为断者除闰，推此而言，则除数所由，盖以所遇为分断，非情本之所以。以后月为周者，故是上之所论，以吉为忌，于理不通故耳。云闰在周后，将非其喻。至于凶事尚远，盖施于卜日祥葬，制无定期，故不得即伸物情，务从其远耳。若理例坦然，义无疑昧，岂得不循成制，而以过限为重。或谓闰者盖年中余分，故宜计其正限，以补不足。今再周无闰，则不补小月之限。闰在周后，便欲以六十日为一月者，当以既已遇闰，便宜在尽其月节故也。月节之难，足下释之。且节必在闰月之中，则含月从节，即复进退致阙。'"

　　王珣作《林法师墓下诗序》。

　　按：《世说新语·伤逝第十七》刘孝标注引王珣《法师墓下诗序》曰："余以宁康二年，命驾之剡石城山，即法师之丘也……"诗佚。

　　赵整作《谏歌》。

　　按：《十六国春秋辑补》卷四一《前秦录十一·赵整录》曰："赵整，字文业，一名正，略阳清水人，或云济阴人。年十八，为坚著作郎，后迁黄门侍郎、武威太守。为人无须而瘦，有妻妾而无儿，时人谓为阉。然有情度敏达，学兼内外，性好几谏，无所回避。建元中，慕容垂夫人段氏，得幸于坚。坚与之同辇，游于后庭，整作歌以讽之，云：'不见雀来入燕室，但见浮云蔽白日。'坚改容谢之，命夫人下辇。"《资治通鉴》卷一〇三系于是年。

　　释道安约是年作《综理众经目录》。

　　按：又称《道安录》、《安录》，已佚。这是中国佛教史上第一部记录、整理佛典的目录，道安是最早系统编纂佛经目录的学者。《高僧传》卷五《道安传》曰："自汉及晋，经来稍多，而传经之人，名字弗记，后人追寻，莫测年代。安乃总集名目，表其时人，铨品新旧，撰为经录。众经有据，实由其功。"又《出三藏记集》卷五《新集安公注经及杂经志录》曰："此土众经，出不一时，自孝灵光和以来，迄今晋宁康二年，近二百载，值残出残，遇全出全，非是一人，难卒综理，为之《录》一卷。"晋宁康二年为公元374年，故暂系于是年。

　　僧竺法潜卒（286—　）。字法深，俗姓王，王敦弟，琅邪人。年十八出家，事中州刘元真为师。永嘉初避乱渡江。丞相王导、太尉庾亮并钦其风德，友敬之。成帝末年，隐居剡县山中，以避当世。优游讲学三十余载，或畅《方等》，或释《老》、《庄》。哀帝时，好重佛法，频遣两使，殷勤征请。潜即于御筵，开讲《大品》。司马昱即位，乃请还剡之岇山，卒于山中。事迹见《高僧传》卷四。

傅亮（ —426）生。

晋宁康三年　代建国三十八年　前秦建元十一年 前凉太清十三年　乙亥　375 年

_{瓦伦蒂尼安一世皇帝卒。子格拉提安继位，皇弟瓦伦蒂尼安二世共治。}

_{匈奴人侵东哥特。}

正月，前秦苻坚征隐士王欢。下诏尊崇儒教，禁老庄图谶之学。

按：《十六国春秋辑补》卷三四《前秦录四·苻坚录》曰："（是年）正月，遣使巡行四方，观风俗，问政道，明黜陟，恤孤独不能自存者，赐谷帛有差。以安车蒲轮征隐士乐陵王欢为国子祭酒。坚雅好文学，英儒毕集，纯博之精，莫如欢也……坚置听讼观于未央南，禁老庄图谶之学。中外四禁二卫军长上将士，皆令修学。课后宫，置典学，立内司，以授于掖庭。选阉人及女隶有聪慧者，置博士以授经。"

七月，前秦王猛临终劝苻坚勿攻东晋（《十六国春秋辑补》卷三四《前秦录四·苻坚录》）。

八月癸巳，晋立皇后王氏（《晋书》卷九《孝武帝纪》）。

十二月，晋孝武帝讲《孝经》。释奠于中堂，祠孔子，以颜回配。谢安侍坐。

按：《晋书》卷九《孝武帝纪》曰："（是年）九月，帝讲《孝经》……（十二月）癸巳，帝释奠于中堂，祠孔子，以颜回配。"卷八三《车胤传》曰："孝武帝尝讲《孝经》，仆射谢安侍坐，尚书陆纳侍讲，侍中卞眈执读，黄门侍郎谢石、吏部郎袁宏执经，胤与丹杨尹王混摘句，时论荣之。"《世说新语·言语第二》曰："孝武将讲《孝经》，谢公兄弟与诸人私庭讲习。"

桓冲惧逼求外出，为镇北将军、徐州刺史，镇丹徒。

按：《晋书》卷九《孝武帝纪》载，是年正月"甲寅，以中军将军、扬州刺史桓冲为镇北将军、徐州刺史，镇丹徒"。卷七四《桓冲传》曰："谢安以时望辅政，为群情所归，冲惧逼，宁康三年，乃解扬州，自求外出。……于是改授都督徐兖豫青扬五州之六郡军事、车骑将军、徐州刺史，以北中郎府并中军，镇京口，假节。"

谢安领扬州刺史。

按：《晋书》卷九《孝武帝纪》载，是年正月甲寅以"尚书仆射谢安领扬州刺史"。卷七九《谢安传》曰："又领扬州刺史，诏以甲杖百人入殿。"

袁宏出为东阳太守，回答谢安，率而能要。

按：《晋书》卷九二《袁宏传》曰："谢安常赏其机对辩速。后安为扬州刺史，宏自吏部郎出为东阳郡，乃祖道于冶亭。时贤皆集，安欲以卒迫试之，临别执其手，顾就左右取一扇而授之曰：'聊以赠行。'宏应声答曰：'辄当奉扬仁风，慰彼黎庶。'时人叹其率而能要焉。"

王蕴以后父迁光禄大夫，领五兵尚书、本州大中正，封建昌县侯，固辞不拜。

按：《晋书》卷九三《王蕴传》曰："定后立，以后父，迁光禄大夫，领五兵尚书、本州大中正,封建昌县侯。蕴以恩泽赐爵,非三代令典,固辞不受。朝廷敦劝,终不肯拜。"

桓玄袭封南郡公。

按:《世说新语·德行第一》刘孝标注引《桓玄别传》曰:"年七岁,袭封南郡公。"《晋书》卷九九《桓玄传》曰:"年七岁,温服终,府州文武辞其叔父冲,冲抚玄头曰:'此汝家之故吏也。'玄因涕泪覆面,众并异之。"

王猛作《疾少瘳上疏》。

按:《十六国春秋》卷三七《前秦录五·苻坚录》曰:"(是年)夏五月,清河武侯王猛寝疾,坚亲为之祈南北郊及宗庙、社稷,分遣侍臣遍祷河、岳诸神,无不周备。猛疾少瘳,为之赦殊死已下。猛上疏曰:'不图陛下以臣之命而亏天地之德,开辟以来,未之有也。臣闻报德莫如尽言,谨以垂没之命,窃献遗款……'坚览之悲恸。"《资治通鉴》卷一〇三有录,文稍异。

王猛卒(325—)。猛字景略,北海剧人。家于魏郡,苻坚引为龙骧府僚属,及僭位,以猛为中书侍郎,转始平令。历尚书右丞、咸阳内史、京兆尹。除吏部尚书太子詹事,迁尚书左仆射、辅国将军、司隶校尉,加骑都尉,进尚书令太子傅,加散骑常侍。猛以法惩治豪强,百官震肃,风化大行。以平燕功,封清河郡侯,留镇冀州。入为丞相中书监,加都督中外诸军事,拜司徒。猛为相,任人唯才,治国以法,富国强兵,因而关陇清晏,秦国大治。猛临终劝苻坚勿攻东晋,言毕而卒,卒谥武侯。《隋书》卷三五《经籍志四》著录晋苻坚丞相《王猛集》9卷,录1卷,亡。严可均《全晋文》卷一五二载其文9篇。事迹见《晋书》卷一一四《苻坚载记下》。

王坦之卒(330—)。坦之字文度,太原晋阳人。弱冠便与郗超并有重名,人称"盛德绝伦郗嘉宾,江东独步王文度"。曾与郗超并为桓温长史。桓温卒,坦之与谢安共辅幼主,迁中书令,领丹杨尹。未几授都督徐、兖二州诸军事,并中郎将,徐、兖二州刺史,镇广陵,封蓝田侯。坦之颇尚刑名之学,作《废庄论》,以世俗放荡,不敦儒教为非,认为庄生作而风俗颓,孔子非不体远,以体远故用近。史称其忠公慷慨,雅贵有识量。《隋书》卷三五《经籍志四》著录《王坦之集》7卷,梁5卷,录1卷,亡。严可均《全晋文》卷二九载其文6篇。事迹见《晋书》卷七五。

王诞(—413)、宗炳(—443)、释慧询(—458)生。

晋太元元年　代建国三十九年　前秦建元十二年　前凉太清十四年　丙子　376年

正月壬寅朔,晋皇太后归政;甲辰,改元太元;丙午,孝武帝始临朝(《晋书》卷九《孝武帝纪》)。

欧洲民族大迁徙始。

七月,前秦苻坚将苟苌攻陷凉州,张天锡降,徙凉州豪右七千余户于关中。前凉亡,秦统一北方(《晋书》卷九《孝武帝纪》)。

按:李崇智《中国历代年号考》曰:"公元301年,凉州大姓张轨受晋封为凉州刺史,313年封西平公……公元376年为前秦所灭。自张轨起,共历八主,七十六年。"按,若自张轨起应为9主,历76年。

十二月,前秦苻坚攻代,代王什翼犍为其庶长子寔君所杀,苻坚执寔君杀之。代亡(《晋书》卷九《孝武帝纪》)。

按:代历时39年。

谢安加中书监、录尚书事。奏求晋初佐命功臣后而封之。

按:《晋书》卷九《孝武帝纪》曰:是年正月"加尚书仆射谢安中书监、录尚书事"。卷七九《谢安传》曰:"时帝始亲万机,进安中书监、骠骑将军、录尚书事,固让军号。于时悬象失度,亢旱弥年,安奏兴灭继绝,求晋初佐命功臣后而封之。"

桓豁为征西大将军(《晋书》卷九《孝武帝纪》)。

郗愔为镇军大将军(《晋书》卷九《孝武帝纪》)。

桓冲为车骑将军(《晋书》卷九《孝武帝纪》)。

王徽之为车骑将军桓冲骑兵参军,傲达啸咏。

按:《晋书》卷八〇《王徽之传》曰:"为车骑桓冲骑兵参军,冲问:'卿署何曹?'对曰:'似是马曹。'又问:'管几马?'曰:'不知马,何由知数!'又问:'马比死多少?'曰:'未知生,焉知死!'尝从冲行,值暴雨,徽之因下马排入车中,谓曰:'公岂得独擅一车!'冲尝谓徽之曰:'卿在府日久,比当相料理。'徽之初不酬答,直高视,以手版柱颊云:'西山朝来致有爽气耳。'时吴中一士大夫家有好竹,欲观之,便出坐舆造竹下,讽啸良久。主人洒扫请坐,徽之不顾。将出,主人乃闭门,徽之便以此赏之,尽叹而去。尝寄居空宅中,便令种竹。或问其故,徽之但啸咏,指竹曰:'何可一日无此君邪!'尝居山阴,夜雪初霁,月色清朗,四望皓然,独酌酒咏左思《招隐诗》,忽忆戴逵。逵时在剡,便夜乘小船诣之,经宿方至,造门不前而反。人问其故,徽之曰:'本乘兴而行,兴尽而反,何必见安道邪!'雅性放诞,好声色,尝夜与弟献之共读《高士传赞》,献之赏井丹高洁,徽之曰:'未若长卿慢世也。'其傲达若此。时人皆钦其才而秽其行。"

司马道子约是年拜散骑常侍、中军将军,进骠骑将军。

按:《晋书》卷六四《会稽文孝王道子传》曰:"会稽文孝王道子,字道子。出后琅邪孝王,少以清澹为谢安所称。……太元初,拜散骑常侍、中军将军,进骠骑将军。"

辛章遣三百人就郭瑀受业。

按:《晋书》卷九四《郭瑀传》曰:"及(张)天锡灭,苻坚又以安车征瑀定礼仪,会父丧而止,太守辛章遣书生三百人就受业焉。"

西域僧涉公至长安。

按:《高僧传》卷一〇《晋长安涉公传》曰:"涉公者,西域人也。……以苻坚建元十二年至长安。"

桓豁作《让征西大将军开府疏》。

按:《晋书》卷七四《桓豁传》曰:"太元初,迁征西大将军、开府。豁上疏固让曰……竟不许。"

许穆卒(305—)。穆字思玄,一名谧。丹阳句容人。起家太学博士,累迁散骑常侍、护军长史。后辞官隐居茅山修道,号上清真人。卒于山中。事迹见《建康实录》卷九。

袁宏卒(328—)。宏字彦伯,小字虎。陈郡阳夏人。少孤贫,以运租为业。宏讽吟自作《咏史诗》,声辞俱佳,谢尚闻而引为安西参军。后入桓温府,为大司马记室。温重其笔,令专综书记。温欲令朝廷加九锡,令宏为文。宏之诗文,为当时文宗。曾撰诗、赋、诔、表等杂文凡三百首,《隋书》卷三五《经籍志四》著录晋东阳太守《袁宏集》15卷,梁20卷,录1卷。又作《集议孝经》1卷、《竹林名士传》3卷、《罗浮记》等,均佚。今存其所作《后汉书》30卷,体仿荀悦《汉纪》,而无时后汉诸史书的烦秽杂乱,《史通》将之与范晔《后汉书》并列。严可均《全晋文》卷五七载其文18篇。逯钦立《晋诗》卷一四载其诗6首。事迹见《晋书》卷九二《文苑传》。

张茂度(—442)、释宝云(—449)生。

晋太元二年　前秦建元十三年　丁丑　377年

谢安为司徒(《晋书》卷九《孝武帝纪》)。

谢玄为谢安举荐,为兖州刺史,广陵相,监江北诸军。

按:《晋书》卷九《孝武帝纪》载,是年十月辛丑"征西司马谢玄为兖州刺史、广陵相、监江北诸军"。卷七九《谢玄传》曰:"于时苻坚强盛,边境数被侵寇,朝廷求文武良将可以镇御北方者,安乃以玄应举。中书郎郗超虽素与玄不善,闻而叹之,曰:'安违众举亲,明也。玄必不负举,才也。'时咸以为不然。超曰:'吾尝与玄共在桓公府,见其使才,虽履屐间亦得其任,所以知之。'于是征还,拜建武将军、兖州刺史、领广陵相、监江北诸军事。"《资治通鉴》卷一〇四载,是年十月"(谢)玄募骁勇之士,得彭城刘牢之等数人。以牢之为参军,常领精锐为前锋,战无不捷。时号'北府兵',敌人畏之"。

徐广为谢玄从事。

按:《晋书》卷八二《徐广传》曰:"徐广,字野民,东莞姑幕人,侍中邈之弟也。世好学,至广尤为精纯,百家数术无不研览。谢玄为兖州,辟从事。"

王蕴为徐州刺史,督江南晋陵诸军。

按:《晋书》卷九《孝武帝纪》载,是年十月辛丑以"尚书王蕴为徐州刺史、督江南晋陵诸军"。卷九三《王蕴传》曰:"授都督京口诸军事、左将军、徐州刺史、假节,复固让。谢安谓蕴曰……于是乃受命,镇于京口。"

朱序为南中郎将、梁州刺史、监沔中诸军,镇襄阳。

按:《晋书》卷九《孝武帝纪》曰:"(是年)三月,以兖州刺史朱序为南中郎将、梁州刺史、监沔中诸军,镇襄阳。"

西哥特人时叛罗马,匈奴人遂入边劫掠。

桓冲领护南蛮校尉、荆州刺史。

按：《晋书》卷九《孝武帝纪》曰："（是年）八月壬辰，车骑将军桓冲来朝。……冬十月辛丑，以车骑将军桓冲都督荆江梁益宁交广七州诸军事，领护南蛮校尉、荆州刺史。"

王劭为尚书仆射。

按：《晋书》卷九《孝武帝纪》曰："（是年）十二月庚寅，以尚书王劭为尚书仆射。"卷六五《王劭传》曰："劭字敬伦，历东阳太守、吏部郎、司徒左长史、丹杨尹。劭美姿容，有风操，虽家人近习，未尝见其堕替之容。桓温甚器之。迁吏部尚书、尚书仆射。"

苻坚遣使求天竺僧鸠摩罗什及释道安。

按：《高僧传》卷二《鸠摩罗什传》曰："什既道流西域，名被东川……至苻坚建元十三年岁次丁丑正月，太史奏云：'有星见于外国分野，当有大德智人，入辅中国。'坚曰：'朕闻西域有鸠摩罗什，襄阳有沙门释道安，将非此耶？'即遣使求之。"卷五《道安传》曰："时苻坚素闻安名，每云：'襄阳有释道安是神器，方欲致之，以辅朕躬。'后遣苻丕南攻襄阳。"

王彪之卒（305—　）。彪字叔武，小字虎犊。琅邪临沂人。王导之侄。年二十而须发尽白，时人谓之王髯白。累迁御史中丞、侍中、廷尉、吏部尚书、尚书仆射、会稽内史。执法不阿，豪右为之敛迹。桓温卒，迁尚书令，与谢安共掌朝政。卒后赠光禄大夫，谥曰简。《隋书》卷三五《经籍志四》著录晋光禄《王彪之集》20卷，梁有录1卷。严可均《全晋文》卷二一载其文43篇。逯钦立《晋诗》卷一四载其诗4首。事迹见《晋书》卷七六。

桓豁卒（320—　）。豁字朗子，谯国龙亢人。桓彝子、桓温弟。初辟司徒府、秘书郎等职，皆不就。谢万败于梁濮，西藩骚动。温令豁督河中七郡军事、建威将军、新野义成二郡太守，击败慕容尘有功，进号右将军。平司马勋有功，又监宁、益军事。温卒，迁征西将军。太元初，迁征西大将军、开府，豁上书固辞，不拜开府。豁时誉虽不及弟冲，而甚有器度。严可均《全晋文》卷一一八载其文1篇。事迹见《晋书》卷七四。

按：《晋书》卷九《孝武帝纪》曰：是年八月"丙辰，使持节、都督荆梁宁益交广六州诸军事、荆州刺史、征西大将军桓豁卒"。本传记其享年五十八，逆推生于晋太兴三年（320）。

郗超卒（336—　）。超字景兴，一字嘉宾，高平金乡人。郗鉴子。少卓荦不羁，有旷世之度。善于谈论，析理精微。信奉佛教，性好施，与支遁友善。所作《奉法要》说明了在家佛教信徒信奉佛法的要点。曾任散骑侍郎、中书侍郎、司徒左长史等职，深得桓温信赖。温北伐，超均有谏言，惜温未从，致有枋头之败。温专断朝政，超参与密谋废立。温死，谢安执掌机要，超去职，心怀怨愤，不久病卒。《隋书》卷三五《经籍志四》著录晋中书郎《郗超集》9卷，梁10卷，亡。严可均《全晋文》卷一一〇载其文4篇。逯钦立《晋诗》卷一二载其诗1首。事迹见《晋书》卷六七。

按：《资治通鉴》卷一〇四曰："（是年）十二月，临海太守郗超卒。"《晋书》卷六七《郗超传》曰："以为临海太守，加宣威将军，不拜。年四十二，先愔卒。初，超虽实党桓氏,以愔忠于王室,不令知之。将亡,出一箱书,付门生曰:'本欲焚之,恐公年尊,必以伤愍为弊。我亡后,若大损眠食,可呈此箱。不尔,便烧之。'愔后果哀悼成疾,门生依旨呈之,则悉与温往反密计。愔于是大怒曰:'小子死恨晚矣!'更不复哭。凡超所交友,皆一时秀美,虽寒门后进,亦拔而友之。及死之日,贵贱操笔而为诔者四十余人,其为众所宗贵如此。王献之兄弟,自超未亡,见愔,常蹑履问讯,甚修舅甥之礼。及超死,见愔慢怠,屐而候之,命席便迁延辞避。愔每慨然曰:'使嘉宾不死,鼠子敢尔邪!'性好闻人栖遁,有能辞荣拂衣者,超为之起屋宇,作器服,畜仆竖,费百金而不吝。又沙门支遁以清谈著名于时,风流胜贵,莫不崇敬,以为造微之功,足参诸正始。而遁常重超,以为一时之俊,甚相知赏。"

周续之(—423)生。

晋太元三年　　前秦建元十四年　　戊寅　　378年

二月乙巳,晋作新宫,晋孝武帝移居会稽王邸(《晋书》卷九《孝武帝纪》)。

四月,前秦苻坚遣将围攻晋襄阳,晋将朱序固守城池(《资治通鉴》卷一〇四《晋纪二十六》)。

七月辛巳,晋孝武帝入新宫(《晋书》卷九《孝武帝纪》)。

九月,前秦遣使入西域(《资治通鉴》卷一〇四《晋纪二十六》)。

十月,大宛遣使献汗血马,前秦苻坚却之,命群臣作《止马诗》,以示无欲。群臣献诗者四百余人(《资治通鉴》卷一〇四《晋纪二十六》、《十六国春秋辑补》卷三五《前秦录五·苻坚录》)。

按:《十六国春秋辑补》卷三五《前秦录五·苻坚录》曰:"(是年)大宛献天马千里驹,皆汗血朱鬣五色,凤膺鳞身,及诸珍异五百余种。坚曰:'吾思汉文之返千里马,咨嗟美咏。今所献马,其悉返之,庶克念前王,仿佛古人矣。'乃命群臣作《止马诗》而遣之,示无欲也。其下以为盛德之事,远同汉文,于是献诗者四百余人。"

谢安约是年试请王献之为太极殿题榜,遭拒。

按:《晋书》卷八〇《王献之传》曰:"太元中,新起太极殿,安欲使献之题榜,以为万代宝,而难言之,试谓曰:'魏时陵云殿榜未题,而匠者误钉之,不可下,乃使韦仲将悬橙书之。比讫,须鬓尽白,裁余气息。还语子弟,宜绝此法。'献之揣知其旨,正色曰:'仲将,魏之大臣,宁有此事!使其若此,有以知魏德之不长。'安遂不之逼。安又问曰:'君书何如君家尊?'答曰:'故当不同。'安曰:'外论不尔。'答曰:'人那得知!'"

刘瓌约是年以八分题诸门榜。

按:《书小史》卷六曰:"刘瓌字元宝,沛国人,官至御史中丞、义成伯。善行、草、八分。太元中,孝武帝令八分题诸门榜。《书赋》云元宝刚直,两王之次,骨正力全,轨范宏丽,凌突子敬,病于轻肆。同变武而习文,若访龙而获骥。"黄伯思《东观余论》卷上曰:"刘瓌之乃东晋时善八分者。大令既不肯书太极殿榜,谢安石遂令瓌之以八

西哥特人杀瓦伦斯于亚德里亚堡。

意大利拉文纳大教堂建于此时。

分题之。"

  韦昶约是年以大篆题榜。

  按：《太平广记》卷二〇七曰："晋韦昶字文休，仲将兄康字元将，凉州刺史之玄孙。官至颍川太守散骑常侍。善古文、大篆及草。状貌极古，亦犹人则抱素，木则封冰，奇而且劲。太元中，孝武帝改治宫室及庙诸门，并欲使王献之隶、草书题榜，献之固辞，及使刘瓌以八分书之，后又以文休以大篆改八焉。或问：'王右军父子书，君以为云何？'答曰：'二王自可谓能，未知是书也。'"张彦远《法书要录》卷九张怀瓘《书断下》曰："韦昶字文休，诞兄。梁州刺史。康之玄孙。官至颍州刺史、散骑常侍。善古书、大篆。见王右军父子书云：'二王未足知书也。'又妙作笔。子敬得其笔，称为绝世。"

  释道安因苻丕攻襄阳，为朱序所拘，分张徒众，各随所之。

  按：《高僧传》卷六《慧远传》曰："伪秦建元九年，秦将苻丕寇斥襄阳，道安为朱序所拘，不能得去，乃分张徒众，各随所之。临路，诸长德皆被诲约……"苻丕攻襄阳，应为是年，明年攻克，"建元九年"应为前秦建元十四年，即是年。

  释慧远南适荆州，住上明寺。

  按：《高僧传》卷六《慧远传》曰："秦将苻丕寇斥襄阳，道安为朱序所拘，不能得去，乃分张徒众，各随所之。临路，诸长德皆被诲勖，远不蒙一言，远乃跪曰：'独无训勖，惧非人例。'安曰：'如公者岂复相忧。'远于是与弟子数十人，南适荆州，住上明寺。"参见是年"释道安因苻丕攻襄阳，为朱序所拘，分张徒众，各随所之"条。

  赵整约是年作《酒德歌》。

  按：《十六国春秋辑补》卷四一《前秦录十一·赵整录》曰："（苻）坚宴群臣于钓台，以秘书监朱肜为酒正，令人落地为限。秘书侍郎整，以坚颇好酒，因为酒德之歌。乃歌曰……又歌曰……坚大悦，命整书之，以为酒戒。自是每宴群臣，礼饮而已。"是歌约作于是年前后。

  前秦群臣作《止马诗》。

  按：大宛献汗血马于坚，坚令群臣作是诗以却还之。诗佚。参见是年"十月，大宛遣使献汗血马，前秦苻坚却之，命群臣作《止马诗》，以示无欲。群臣献诗者四百余人"条。

  荀伯子（ —438）、戴颙（ —441）生。

晋太元四年　前秦建元十五年　己卯　379年

格拉提安立狄奥多西共治，治帝国东部。

  二月戊午，前秦苻坚使其子苻丕攻陷晋襄阳，继而又攻陷顺阳（《晋书》卷九《孝武帝纪》）。

  六月戊子，晋谢玄等连破前秦苻坚于三河、盱眙、淮阴，又大破前秦将句难、彭超于君川(《晋书》卷九《孝武帝纪》)。

  谢安遣谢石及谢玄应机征讨苻坚。
  按：《晋书》卷七九《谢安传》曰："时苻坚强盛，疆场多虞，诸将败退相继。安遣弟石及兄子玄等应机征讨，所在克捷。"
  谢玄进号冠军将军，加领徐州刺史，以功封东兴县侯。
  按：《晋书》卷七九《谢玄传》载，是年谢玄"进号冠军，加领徐州刺史，还于广陵，以功封东兴县侯"。
  谢石封兴平县伯。
  按：《晋书》卷七九《谢石传》曰："石字石奴。初拜秘书郎，累迁尚书仆射。征句难，以勋封兴平县伯。"
  王蕴为尚书仆射。
  按：《晋书》卷九《孝武帝纪》载，是年"秋八月丁亥，以左将军王蕴为尚书仆射"。
  范宁迁临淮太守，封遂阳乡侯。
  按：《晋书》卷七五《范宁传》曰："在职六年，迁临淮太守，封遂阳乡侯。"
  释道安于襄阳陷后入长安，住五重寺，僧众数千，大弘法化。
  按：《高僧传》卷五《道安传》曰："后遣符丕南攻襄阳，安与朱序俱获于坚，坚谓仆射权翼曰：'朕以十万之师取襄阳，唯得一人半。'翼曰：'谁耶？'坚曰：'安公一人，习凿齿半人也。'既至，住长安五重寺，僧众数千，大弘法化。"
  习凿齿与释道安俱至长安，受苻坚赐遗甚厚。
  按：《晋书》卷八二《习凿齿传》曰："及襄阳陷于苻坚，坚素闻其名，与道安俱舆而致焉。既见，与语，大悦之，赐遗甚厚。又以其蹇疾，与诸镇书：'昔晋氏平吴，利在二陆；今破汉南，获士裁一人有半耳。'"

  曹毗作《对儒》及《请雨文》。
  按：《对儒》见《晋书》卷九二《曹毗传》曰："曹毗，字辅佐，谯国人也……累迁尚书郎、镇军大将军从事中郎、下邳太守。以名位不至，作《对儒》以自释。其辞曰……"《对雨文》见《艺文类聚》卷一〇〇。张可礼《东晋文艺系年》曰："考《晋书》卷二十八《五行志中》，从元帝建武元年至东晋末年，夏大旱二：一于永昌元年，一于太元四年。据卷九《孝武帝纪》，太元四年'六月，大旱'。曹毗所遇之大旱只能是太元四年。因永昌元年，曹毗是否出生尚待定，更不可能任职下邳内史。由此可知，曹毗本年已任下邳内史，《晋书》本传于任下邳太守后，接叙'著《对儒》以自释'，《对儒》当作于迁下邳太守后，具体时间未详，今一并系于此。"
  王欣之作《君臣同讳表》。
  按：《通典》卷一〇四曰："东晋孝武太元四年，光禄勋王欣之表：'伏寻太康中，郭奕讳曰景，有司执孝宗同号。臣闻姬朝盛明，父子齐称，诸侯与周同讳，经诸哲王，不易之道也。宜遵古典，训范来裔。'徐邈议：'按郭奕讳景，诏实不以犯帝讳而改也……'尚书奏：'……王欣之所表，抑实旧典，宜如所陈。'诏可。"
  徐邈作《君臣同讳议》。
  按：文见《通典》卷一〇四。参见是年"王欣之作《君臣同讳表》"条。
  僧竺佛念译《比丘尼大戒》。
  按：《出三藏记集》卷一一无名氏《关中近出尼二种坛文夏坐杂十二事并杂事共

琐罗亚斯德教经典《阿维斯陀》重新编定于此间。

卷前中后三记》曰："卷初记云：'太岁己卯，鹑尾之岁，十一月十一日，在长安出此《比丘尼大戒》，其月二十六日讫。僧纯于龟兹佛陀舌弥许得戒本，昙摩侍传，佛念执胡，慧常笔受。'……卷后又记云：'秦建元十五年十一月五日，岁在鹑尾，比丘僧纯、昙充从丘慈高德沙门佛图舌弥许，得此《授大比丘尼戒仪》及《二岁戒仪》。从《受坐》至《嘱授》诸杂事，令昙摩侍出，佛图卑为译，慧常笔受。'"卷一三《昙摩难提传》曰："竺佛念，凉州人也。志行弘美，辞才辩赡，博见多闻，雅识风俗。家世河西，通习方语。故能交译华梵，宣法关渭，苻、姚二代，常参传经，二《含》之具，盖其功也。"《出三藏记集》卷一五《佛念法师传》曰："竺佛念，凉州人也。弱年出家，志业坚清。"

蔡廓（ —425）、王弘（ —432）生。

圣大巴西勒卒（329?— ）。罗马人。基督教希腊教父。

晋太元五年　前秦建元十六年　庚辰　380年

谢安为卫将军、仪同三司，封建昌县公。

按：《晋书》卷九《孝武帝纪》载，是年"以司徒谢安为卫将军、仪同三司"。卷七九《谢安传》曰："拜卫将军、开府仪同三司，封建昌县公。"

司马道子任司徒。

按：《晋书》卷九《孝武帝纪》载，是年六月"丁卯，以骠骑将军、琅邪王道子为司徒"。卷六四《会稽文孝王道子传》曰："后公卿奏：'道子亲贤莫二，宜正位司徒。'固让不拜。"

王献之复任谢安长史（《晋书》卷八〇《王献之传》）。

裴松之学通《论语》和《毛诗》。

按：《宋书》卷六四《裴松之传》曰："裴松之，字世期，河东闻喜人也。……松之年八岁，学通《论语》、《毛诗》。"

朱肜谏苻坚起教武堂于渭城，命太学生明阴阳兵法者教授诸将。

按：《资治通鉴》卷一〇四曰："（是年）二月，作教武堂于渭城，命太学生明阴阳兵法者教授诸将。秘书监朱肜谏曰：'陛下东征西伐，所向无敌，四海之地，什得其八，虽江南未服，盖不足言，是宜稍偃武事，增修文德。乃更始立学舍，教人战斗之术，殆非所以驯致升平也。且诸将皆百战之余，何患不习于兵，而更使受教于书生，非所以强其志气也。此无益于实而有损于名，惟陛下图之！'坚乃止。"

释道安博览广识，善为文章，苻坚敕学士内外有疑，皆师于安。

按：《高僧传》卷五《道安传》曰："初魏晋沙门依师为姓，故姓各不同。安以为大师之本，莫尊释迦，乃以释命氏。后获《增一阿含》，果称四河入海，无复河名，四姓为沙门，皆称释种。既悬与经符，遂为永式。安外涉群书，善为文章。长安中，衣冠子弟为诗赋者，皆依附致誉。时蓝田县得一大鼎，容二十七斛。边有篆铭，人莫能识，乃以示安，安云：'此古篆书，云鲁襄公所铸。'乃写为隶文。又有人持一铜斛，于市卖之，其形正圆，下向为斗，横梁昂者为斗，低者为合，梁一头为籥，籥同钟，容半合，边有篆铭。坚以问安,安云:'此王莽自言出自舜,皇龙集戊辰,改正即真,以同律量,布之四方,欲小大器钧,令天下取平焉。'其多闻广识如此。坚敕学士内外有疑,皆师于安。故京兆为之语曰:'学不师安,义不中难。'"《十六国春秋》卷三七《前秦录五·苻坚录》系道安识大鼎篆铭事于是年。

赵整作《琴歌》。

按:歌见《晋书》卷一一四《苻坚载记下》曰:"坚之分氐户于诸镇也,赵整因侍,援琴而歌曰:'阿得脂,阿得脂,博劳旧父是仇绥,尾长翼短不能飞,远徙种人留鲜卑,一旦缓急语阿谁!'坚笑而不纳。"《资治通鉴》卷一〇四《晋纪二十六》系此事于是年。

韩伯卒(332—)。伯字康伯,颍川长社人。幼颖悟,家贫。及长,留心文艺,有思理,为庾龢及其舅殷浩所称赏。举秀才,征佐著作郎,皆不就。简文帝居藩,引为谈客,自司徒左西属转抚军掾、中书郎、散骑常侍、豫章太守,入为侍中。伯崇尚名教,反对老庄。王坦之尝作《公谦论》,袁宏作论以难之。伯览而美其辞旨,作《辨谦》以折中。朝廷授太常,未拜而卒。《隋书》卷三二《经籍志一》著录韩康伯注《系辞》以下3卷;注《周易系辞》2卷;卷三五《经籍志四》著录晋太常卿《韩康伯集》16卷。严可均《全晋文》卷一三二载其文4篇。事迹见《晋书》卷七五。

谢方明(—426)、王韶之(—435)生。

晋太元六年　前秦建元十七年　辛巳　381年

正月,晋孝武帝初奉佛法,立精舍于殿内,引诸沙门以居之(《晋书》卷九《孝武帝纪》)。

八月,前秦苻坚焚其史书,大检史官。

按:《十六国春秋辑补》卷三五《前秦录五·苻坚录》曰:"初,坚母少寡,将军李威有辟阳之宠,史官载之。(是年)八月,坚收起居注及著作所录而观之,见苟太后、李威之事,惭怒,乃焚其书,而大检其官,将加其罪。著作郎赵泉、车敬等已死,乃止。著作郎董朏虽皆书时事,然十不得一。"

谢石为尚书仆射(《晋书》卷九《孝武帝纪》)。

郗愔为司空。

按:《晋书》卷九《孝武帝纪》曰:是年"冬十一月己亥,以镇军大将军郗愔为司空"。卷六七《郗愔传》曰:"久之,以年老乞骸骨,因居会稽。征拜司空,诏书优美,敦奖殷勤,固辞不起。"

羊欣年十二,为王献之所知爱。

按：《宋书》卷六二《羊欣传》曰："羊欣，字敬元，泰山南城人也。……父不疑，桂阳太守。欣少靖默，无竞于人，美言笑，善容止。泛览经籍，尤长隶书。不疑初为乌程令，欣时年十二，时王献之为吴兴太守，甚知爱之。献之尝夏月入县，欣著新绢裙昼寝，献之书裙数幅而去。欣本工书，因此弥善。"

释慧远立精舍于庐山。

按：《东林十八高僧传·慧远法师》曰："太元六年至寻阳，见庐山间旷，可以息心，乃立精舍。"《高僧传》卷六《慧远传》曰："后欲往罗浮山，及届寻阳，见庐峰清静，足以息心，始住龙泉精舍。"

罽宾僧僧伽跋澄入关中。

按：《高僧传》卷一《僧伽跋澄传》曰："僧伽跋澄，此云众现，罽宾人。毅然有渊懿之量，历寻名师，备习三藏。博览众典，特善数经。暗诵《阿毗昙毗婆沙》，贯其妙旨。常浪志游方，观风弘化。符坚建元十七年，来入关中。先是大乘之典未广，禅数之学甚盛。既至长安，咸称法匠焉。"

殷允作《祭徐孺子文》。

按：文见《艺文类聚》卷三八及《太平御览》卷五二六。《太平御览》卷五二六曰："惟太元六年龙集荒洛，冬十月哉生魄，试守豫章太守殷君谨遣左右某甲奉清酌芗合，一箧单羞，再拜奠故聘士豫章徐先生……"

僧竺昙无兰作《二百六十戒三部合异》二卷。

按：《出三藏记集》卷一一竺昙无兰《大比丘二百六十戒三部合异序》曰："晋泰元六年，岁在辛巳，六月二十五日，比丘竺昙无兰在扬州丹阳郡建康县界谢镇西寺合此三戒，到七月十八日讫。故记之。"校勘记曰："《长房录》七载东晋昙无兰撰《二百六十戒三部合异》二卷，此即其序。书佚。"

江秉之（ —440）、崔浩（ —450）、释僧翼（ —450）生。

晋太元七年　前秦建元十八年　壬午　382 年

罗马人撤胜利女神祭坛。

罗马人与西哥特人盟，西哥特人遂入默西亚。罗马教会自称其为基督教诸教会之首。

三月，前秦徙邺之铜驼、铜马等文物于长安（《资治通鉴》卷一〇四《晋纪二十六》）。

九月，前秦苻坚以吕光为都督西域征讨诸军事，西伐龟兹及焉耆诸国（《晋书》卷九《孝武帝纪》）。

十月，前秦苻坚会群臣于太极殿议攻晋，不纳群臣谏言（《十六国春秋辑补》卷三六《前秦录六·苻坚录》）。

苻坚宴飨群臣，奏乐赋诗，姜平子因刚直擢为上第。

按：《十六国春秋辑补》卷三六《前秦录六·苻坚录》曰："（是年）飨群臣于前殿，

奏乐赋诗。秦州别驾天水姜平子，诗有'丁'字，直而不曲。坚问其故，平子曰：'臣丁至刚，不可以屈，且曲下者，不正之物，未足献也。'坚曰：'名不虚得。'因擢为上第。"

苻融为征南大将军。谏苻坚攻晋。

按：《十六国春秋辑补》卷三六《前秦录六·苻坚录》曰："(是年)苻融以位忝宗正，不能肃遏奸萌，上疏请待罪私藩。坚不许，将以融为司徒，融固辞。坚锐意荆、扬，将谋入寇，乃改授融征南大将军、开府仪同三司。"坚志取江东，"群臣各有异同，庭议等久之……群臣出后，独留苻融议之。"融谏之。

王嘉预言苻坚南征有殃。

按：《晋书》卷九五《王嘉传》曰："王嘉，字子年，陇西安阳人也。轻举止，丑形貌，外若不足，而聪睿内明。滑稽好语笑，不食五谷，不衣美丽，清虚服气，不与世人交游。隐于东阳谷，凿崖穴居，弟子受业者数百人，亦皆穴处。石季龙之末，弃其徒众，至长安，潜隐于终南山，结庵庐而止。门人闻而复随之，乃迁于倒兽山。苻坚累征不起，公侯已下咸躬往参诣，好尚之士无不师宗之。问其当世事者，皆随问而对。好为譬喻，状如戏调；言未然之事，辞如谶记，当时鲜能晓之，事过皆验。坚将南征，遣使者问之。嘉曰：'金刚火强。'乃乘使者马，正衣冠，徐徐东行数百步，而策马驰反，脱衣服，弃冠履而归，下马踞床，一无所言。使者还告，坚不语，复遣问之，曰：'吾世祚云何？'嘉曰：'未央。'咸以为吉。明年癸未，败于淮南，所谓未年而有殃也。人候之者，至心则见之，不至心则隐形不见。衣服在架，履杖犹存，或欲取其衣者，终不及，企而取之，衣架逾高，而屋亦不大，履杖诸物亦如之。"

苻坚所幸张夫人切谏伐晋，坚亦不纳。

按：《十六国春秋》卷三八《前秦录六·苻坚录》曰：是年苻坚欲伐晋，"所幸张夫人又切谏，亦不纳"。《晋书》卷九六《苻坚妾张氏传》曰："苻坚妾张氏，不知何许人，明辩有才识。坚将入寇江左，群臣切谏不从。张氏进曰：'妾闻天地之生万物，圣王之驭天下，莫不顺其性而畅之……今朝臣上下皆言不可，陛下复何所因也？……愿陛下详而思之。'坚曰：'军旅之事非妇人所豫也。'遂兴兵。张氏请从。坚果大败于寿春，张氏乃自杀。"

释道安谏苻坚毋攻晋，坚不纳。

按：《十六国春秋辑补》卷三六《前秦录六·苻坚录》曰："(是年苻坚)游于东苑，命沙门道安同辇……顾谓安曰：'朕将与公南游吴越，整六师而巡狩。谒虞陵于变疑岭，瞻禹穴于会稽，泛长江，临沧海，不亦乐乎？'安曰：'陛下应天御世，居中土而制四维……何为身劳于驰骑，倦口于经略，栉风沐雨，蒙尘野次乎！且东南区区，地下气疠……何足以上劳神驾，下困苍生！……'坚曰：'非不地不广，人不足也，但思混一六合，以济苍生……'安曰：'若銮驾必欲亲动，亦不须远涉江、淮，可暂幸洛阳，明授胜略，驰纸檄于丹阳，开其改迷之路。如其不庭，伐之可也。'坚不纳。先是群臣以坚信重道安，谓安曰：'主上将有事于东南，公何不为苍生致一言也！'故安因此而谏。"

天竺僧鸠摩罗什劝龟兹国王白纯勿抗苻坚劲敌。

按：《高僧传》卷二《鸠摩罗什传》曰："(建元)十八年九月，坚遣骁骑将军吕光、陵江将军姜飞，将前部王及车师王等，率兵七万，西伐龟兹及乌耆诸国。临发坚饯光于建章宫，谓光曰：'夫帝王应天而治，以子爱苍生为本，岂贪其地而伐之乎？正以怀道之人故也。朕闻西国有鸠摩罗什，深解法相，善闲阴阳，为后学之宗，朕甚思之。贤哲者，国之大宝。若克龟兹，即驰驿送什。'光军未至，什谓龟兹王白纯曰：'国运衰矣，当有劲敌。日下人从东方来，宜恭承之，勿抗其锋。'纯不从而战。"

释道安作《摩诃钵罗若波罗蜜经抄序》。

按：文见《出三藏记集》卷八，曰："昔在汉阴十有五载，讲《放光经》岁常再遍。及至京师，渐四年矣，亦恒岁二，未敢堕息。然每至滞句，首尾隐没，释卷深思，恨不见护公、叉罗等。会建元十八年，正车师前部王名弥第来朝，其国师字鸠摩罗跋提，献《胡大品》一部，四百二牒，言二十千失卢，失卢三十二字，胡人数经法也。即审数之，凡十七千二百六十首卢，残二十七字，都并五十五万二千四百七十五字。天竺沙门昙摩蜱执本，佛护为译，对而检之，慧进笔受。与《放光》、《光赞》同者，无所更出也。其二经译人所漏者，随其失处，称而正焉。其义异不知孰是者，辄并而两存之。往往为训其下，凡四卷。其一纸二纸异者，出别为一卷，合五卷也。译胡为秦，有五失本也：一者胡语尽倒，而使从秦，一失本也。二者胡经尚质，秦人好文，传可众心，非文不合，斯二失本也。三者胡经委悉，至于叹咏，丁宁反覆，或三或四，不嫌其烦。而今裁斥，三失本也。四者胡有义说，正似乱辞，寻说向语，文无以异。或千五百，刈而不存，四失本也。五者事已全成，将更傍及，反腾前辞，已乃后说。而悉除此，五失本也。然《般若经》三达之心，覆面所演，圣必因时，时俗有易，而删雅古以适今时，一不易也。愚智天隔，圣人巨阶，乃欲以千岁之上微言，传使合百王之下末俗，二不易也。《阿难》出经，去佛未久，尊者大迦叶令五百六通迭察迭书。今离千年，而以近意量裁。彼阿罗汉乃兢兢若此，此生死人而平平若此，岂将不知法者勇乎？斯三不易也。涉兹五失，经三不易，译胡为秦，讵可不慎乎！正当以不闻异言，传令知会通耳，何复嫌大匠之得失乎？是乃未所敢知也。前人出经，支谶、世高，审得胡本难系者也。叉罗、支越斫凿之巧者也。巧则巧矣，惧窍成而混沌终矣。若夫以《诗》为烦重，以《尚书》为质朴，而删令合今，则马、郑所深恨者也。近出此撮，欲使不杂，推经言旨，唯惧失实也。其有方言古辞，自为解其下也，于常首尾相违句不通者，则冥如合符，厌如复析，乃见前人之深谬，欣通外域之嘉会也。于九十章荡然无措疑处，毫芒之间，泯然无微疹，已矣乎！"

僧竺佛念、佛护译《四阿含暮抄》。竺佛念译《摩诃钵罗若波罗蜜经抄》5卷。

按：《出三藏记集》卷九无名氏《四阿含暮抄序》曰："阿含暮者，秦言趣无也。阿难既出十二部经，又采撮其要迳至道法为《四阿含暮》，与《阿毗昙》及律并为三藏焉。……有外国沙门，字因提丽，先斋诣前部国，秘之佩身，不以示人。其王弥第求得讽之，遂得布此。余以壬午之岁八月，东省先师寺庙于邺寺，令鸠摩罗佛提执胡本，佛念、佛护为译，僧导、昙究、僧叡笔受，至冬十一月乃讫。此岁夏出《阿毗昙》，冬出此经，一年之中具二藏也。深以自幸，但恨八九之年始遇斯经，恐韦编未绝，不终其业耳。若加数年，将无大过也。"校记曰："按《大正藏》本《四阿含暮抄解》经题下注云：'此土篇目题皆在首，是故道安为斯题。'题为道安所定。又就此序内容观之，中有'八九之年'等语，则序亦道安所撰也。"《出三藏记集》卷二曰："《摩诃钵罗若波罗蜜经抄》五卷。一名《长安品经》，或云《摩诃般若波罗密经》。伪秦苻坚建元十八年出。右一部，凡五卷。晋简文帝时，天竺沙门昙摩蜱执胡《大品》本，竺佛念译出。"

赵整约是年作《讽谏诗》2首。

按：《十六国春秋辑补》卷四一《前秦录十一·赵整录》曰："(苻坚)末年好色，宠惑鲜卑，惰于政治。整又援琴而歌曰：'昔闻孟津河，千里作一曲。此水本清，是谁乱使浊。'坚动容曰：'是朕也。'又歌曰：'北园有枣树，布叶垂重阴。外虽多棘刺，内实有赤心。'坚笑曰:'将非赵文业耶?'其调戏机捷,皆此类也。"以苻坚"末年",姑系于是年。

何尚之(—460)生。

乌尔斐拉卒(311?—)。小亚基督教阿里乌斯派传教士。传教于哥特人。

晋太元八年　前秦建元十九年　癸未　383年

　　八月,前秦王苻坚发步骑百万,大举南侵,企图灭晋(《晋书》卷九《孝武帝纪》)。

　　十一月,晋谢石、谢玄大破前秦军于肥水。前秦王苻坚为流矢所中,单骑遁还淮北(《晋书》卷九《孝武帝纪》及卷一一四《苻坚载记下》)。

　　是年,晋获前秦乐工,闲习旧乐,始备宗庙金石乐声。
　　按:《晋书》卷二三《乐志下》曰:"太元中,破苻坚,又获其乐工杨蜀等,闲习旧乐,于是四厢金石始备焉。乃使曹毗、王珣等增造宗庙歌诗,然郊祀遂不设乐。今列其词于后云。"

　　谢安加征讨大都督,指授将帅,各当其任,外示闲暇,大破苻坚于肥水。
　　按:《晋书》卷七九《谢安传》曰:"坚后率众,号百万,次于淮肥,京师震恐。加安征讨大都督。玄入问计,安夷然无惧色,答曰:'已别有旨。'既而寂然。玄不敢复言,乃令张玄重请。安遂命驾出山墅,亲朋毕集,方与玄围棋赌别墅。安常棋劣于玄,是日玄惧,便为敌手而又不胜。安顾谓其甥羊昙曰:'以墅乞汝。'安遂游涉,至夜乃还,指授将帅,各当其任。玄等既破坚,有驿书至,安方对客围棋,看书既竟,便摄放床上,了无喜色,棋如故。客问之,徐答云:'小儿辈遂已破贼。'既罢,还内,过户限,心喜甚,不觉屐齿之折,其矫情镇物如此。"

　　谢玄为前锋、都督徐兖青三州扬州之晋陵幽州之燕国诸军事,帅军列阵肥水,大胜,进号前将军、假节,固让不受(《晋书》卷七九《谢玄传》)。

　　谢石为尚书令。
　　按:《晋书》卷九《孝武帝纪》曰:"(是年十二月)以中军将军谢石为尚书令。"卷七九《谢石传》曰:"淮肥之役,诏石解仆射,以将军假节征讨大都督,与兄子玄、琰破苻坚。先是,童谣云:'谁谓尔坚石打碎。'故桓豁皆以'石'名子,以邀功焉。坚之败也,虽功始牢之,而成于玄、琰,然石时实为都督焉。迁中军将军、尚书令。"

　　桓伊以功封永修县侯,进号右军将军。
　　按:《晋书》卷八一《桓伊传》曰:"及苻坚南寇,伊与冠军将军谢玄、辅国将军谢琰俱破坚于肥水,以功封永修县侯,进号右军将军,赐钱百万,袍表千端。伊性谦素,虽有大功,而始终不替。善音乐,尽一时之妙,为江左第一。有蔡邕柯亭笛,常自吹之。王徽之赴召京师,泊舟青溪侧。素不与徽之相识。伊于岸上过,船中客称伊小

格拉提安皇帝卒。

字曰：'此桓野王也。'徽之便令人谓伊曰：'闻君善吹笛，试为我一奏。'伊是时已贵显，素闻徽之名，便下车，踞胡床，为作三调，弄毕，便上车去，客主不交一言。"

司马道子录尚书六条事，专权，亲近佞人，朝纲方替。

按：《晋书》卷九《孝武帝纪》载，是年"九月，诏司徒、琅邪王道子录尚书六条事"。卷二九《五行志下》曰："孝武太元八年二月癸未，黄雾四塞。是时，道子专政，亲近佞人，朝纲方替。"卷六四《会稽文孝王道子传》曰："使隶尚书六条事，寻加开府，领司徒。"

曹毗、王珣作《晋江左宗庙歌》。

按：毗、珣奉命造宗庙歌诗，毗作11首，珣作2首。见《晋书》卷二三《乐志下》。参见是年"是年，晋获前秦乐工，闲习旧乐，始备宗庙金石乐声"条。

僧佛图罗刹出《杂阿毗昙毗婆沙》14卷。

按：《出三藏记集》卷二曰："《杂阿毗昙毗婆沙》十四卷。伪秦建元十九年四月出，至八月二十九日出讫。或云《杂阿毗昙心》。……晋孝武帝时，罽宾沙门僧伽跋澄，以符坚时入长安。跋澄口诵《毗婆沙》，佛图罗刹译出。"卷一〇道安《鞞婆沙序》曰："会建元十九年，罽宾沙门僧伽跋澄讽诵此经，四十二处，是尸陀槃尼所撰者也。来至长安，赵郎饥虚在在，求令出焉。其国沙门昙无难提笔受为梵文，弗图罗刹译传，敏智笔受为此秦言，赵郎正义起尽。自四月出，至八月二十九日乃讫。"《高僧传》卷一《僧伽跋澄传》曰："符坚秘书郎赵正，崇仰大法。尝闻外国宗习《阿毗昙毗婆沙》而跋澄讽诵，乃四事礼供，请译梵文。遂共名德法师释道安等集僧宣译。跋澄口诵经本，外国沙门昙摩难提笔受为梵文，佛图罗刹宣译，秦沙门敏智笔受为晋本。以伪秦建元十九年译出，自孟夏至仲秋方讫。"

僧竺佛念译《阿毗昙》，释道安作序。

按：《出三藏记集》卷一〇释道安《阿毗昙序》曰："《阿毗昙》者，秦言大法也……佛般涅槃后，迦旃延（义第一也）以十二部经浩博难究，撰其大法为一部，八捷度四十四品也。其为经也，富莫上焉，邃莫加焉。……以建元十九年，罽宾沙门僧迦禘婆，诵此经甚利，来诣长安。比丘释法和请令出之。佛念译传，慧力、僧茂笔受，和理其指归。自四月二十日出，至十月二十三日乃讫。其人检校译人，颇杂义辞，龙蛇同渊，金鍮共肆者，彬彬如也。和忾然恨之，余亦深谓不可，遂令更出。凤夜匪懈，四十六日而得尽定，损可损者四卷焉。至于事须悬解起尽之处，皆为细其下。胡本十五千七十二首卢（四十八万二千三百四言），秦语十九万五千二百五十言。其人忘《因缘》一品，云'言数可与《十门》等也'。……"

罽宾僧僧伽提婆译《阿毗昙八犍度》20卷。

按：《出三藏记集》卷二曰："《阿毗昙八犍度》二十卷。一名《迦旃延阿毗昙》。建元十九年出。"卷一〇载《八犍度阿毗昙根犍度后别记》。卷一三《僧伽提婆传》曰："僧伽提婆，罽宾人也，姓瞿昙氏。……符氏建元中，入关宣流法化。初，安公之出《婆须蜜经》也，提婆与僧伽跋澄共执梵文。……顷之，姚兴王秦，法事甚盛，于是法和入关，而提婆度江。"

苻融卒，生年不详。 融字博休，略阳临渭人，氐族，前秦主苻坚之弟。融聪辩明慧，下笔成章，至于谈玄论道，虽释道安无以出之。耳闻则诵，过目不忘，时人比之王粲。未有登高不赋，临丧不谅。王猛卒后，为坚相。

依猛遗言,劝坚勿攻晋,坚不听。太元八年,率军南下,在肥水为谢玄所败,被杀。谥哀。融曾作《浮图赋》,壮丽清赡,世咸珍之。《乐府诗集》卷二五载其诗 1 首。严可均《全晋文》卷一五一载其文 1 篇。事迹见《晋书》卷一一四《苻坚载记下》。

释僧彻(—452)生;谢瞻(—421)约生。

晋太元九年　前秦建元二十年　后燕慕容垂元年 后秦姚苌白雀元年　西燕慕容泓燕兴元年　甲申　384 年

正月,慕容垂叛秦,于荥阳自称大将军、大都督、燕王。至邺,改秦年号为燕元元年,史称后燕(《资治通鉴》卷一〇五《晋纪二十七》)。

波斯与罗马瓜分亚美尼亚。

四月己卯,晋增置太学生百人(《晋书》卷九《孝武帝纪》)。

羌姚苌起兵北地叛秦,自称大单于、万年秦王,建元白雀,史称后秦(《资治通鉴》卷一〇五《晋纪二十七》)。

慕容泓据华阴,称济北王,建元燕兴。史称西燕(《资治通鉴》卷一〇五《晋纪二十七》)。

七月,前秦吕光大破龟兹等国兵七十余万,入龟兹,服西域三十余国。龟兹王帛纯出走,光立帛纯之弟震为龟兹王(《资治通鉴》卷一〇五《晋纪二十七》)。

按:《十六国春秋辑补》卷八一《后凉录一·吕光录》曰:"遂进攻龟兹城……(是年)秋七月,战于城西,大败之。斩首万余级。帛纯收其珍宝遁走,王侯降者三十余国。光入其城,城有三重,广轮与长安城等。城中塔庙千数,帛纯宫室壮丽,焕若神居。光乃大飨将士,赋诗言志。命参军京兆段业作《龟兹宫赋》以讥之。"《十六国春秋》卷八一《后凉录一·吕光录》又曰:"(吕光)因得其乐器,有箜篌、琵琶、五弦、笙、笛、箫、觱、篥、毛圆鼓、都昙鼓、答腊鼓、腰鼓、羯鸡娄鼓、钟鼓其等十五种,为一部,工二十人。歌曲有《善善摩尼》、解曲《婆迦儿》,舞曲有《天殊勒监曲》。"

八月,晋谢玄等出兵北上,分道攻秦(《资治通鉴》卷一〇五《晋纪二十七》)。

谢安为太保,奏请北伐中原,加大都督扬、江、荆等十五州诸军事。以三桓据三州,经远无竞。

按:《晋书》卷九《孝武帝纪》曰:"三月,以卫将军谢安为太保……(九月)甲午,加太保谢安大都督扬、江、荆、司、豫、徐、兖、青、冀、幽、并、梁、益、雍、凉十五州诸军事。"卷七九《谢安传》曰:"以总统功,进拜太保。安方欲混一文轨,上疏求自北征,乃进都督扬、江、荆、司、豫、徐、兖、青、冀、幽、并、宁、益、雍、梁十五州军事,加黄钺,其本官如故,置从事中郎二人。安上疏让太保及爵,不许。是时桓冲既卒,荆、江二州并缺,物论以玄勋望,宜以授之。安以父子皆著大勋,恐为朝廷所疑,又惧桓氏失职,桓石虔复有沔阳之功,虑其骁猛,在形胜之地,终或难制,乃以桓石民为荆州,改桓伊于中流,石虔为豫州。既以三桓据三州,彼此无恐,各得所任。其经远无竟,类皆如此。"

桓伊侍孝武帝宴饮,歌曹植《怨诗》。桓冲卒后,迁江州刺史。

按：《晋书》卷八一《桓伊传》曰："时谢安女婿王国宝专利无检行,安恶其为人,每抑制之。及孝武末年,嗜酒好内,而会稽王道子昏䦱尤甚,惟狎昵谄邪,于是国宝谗谀之计稍行于主相之间。而好利险诐之徒,以安功名盛极,而构会之,嫌隙遂成。帝召伊饮宴,安侍坐。帝命伊吹笛。伊神色无迕,即吹为一弄,乃放笛云：'臣于筝分乃不及笛,然自足以韵合歌管,请以筝歌,并请一吹笛人。'帝善其调达,乃敕御妓奏笛。伊又云：'御府人于臣必自不合,臣有一奴,善相便串。'帝弥赏其放率,乃许召之。奴既吹笛,伊便抚筝而歌《怨诗》曰：'……推心辅王政,二叔反流言。'声节慷慨,俯仰可观。安泣下沾衿,乃越席而就之,捋其须曰：'使君于此不凡!'帝甚有愧色。伊在州十年,绥抚荒杂,甚得物情。桓冲卒,迁都督江州荆州十郡豫州四郡军事、江州刺史,将军如故,假节。伊到镇,以边境无虞,宜以宽恤为务,乃上疏以江州虚耗,加连岁不登,今余户有五万六千,宜并合小县,除诸郡逋米,移州还镇豫章。诏令移州寻阳,其余皆听之。伊随宜拯抚,百姓赖焉。"

伏滔约是年拜著作郎,专掌国史,领本州大中正。

按：《晋书》卷九二《文苑·伏滔传》曰："太元中,拜著作郎,专掌国史,领本州大中正。"太元共二十一年,姑系是年。

又按：伏滔生卒年不详,字玄度,平昌安丘人。有才学,少知名。州举秀才,辟别驾,皆不就。后为大司马桓温参军,深受器重,每宴集之所,必命滔同游。曾从温伐袁真,至寿阳,以淮南屡叛,作《正淮》上下二篇,论述淮南地势重要,为兵家必争之地。寿阳平,滔以功封闻喜县侯,除永兴令。太元中,拜著作郎,专掌国史,领本州大中正。后迁游击将军,卒官。《隋书》卷三五《经籍志四》著录晋《伏滔集》11卷,并目录,梁5卷,录1卷。严可均《全晋文》卷一三三载其文7篇。事迹见《晋书》卷九二《文苑传》。

桓石民监荆州军事、西中郎将、荆州刺史。

按：《晋书》卷七四《桓石民传》曰："冲薨,诏以石民监荆州军事、西中郎将、荆州刺史。桓氏世莅荆土,石民兼以才望,甚为人情所仰。"桓冲为桓石民叔父。

周续之年八岁丧母,哀戚过于成人。

按：《宋书》卷九三《周续之传》曰："周续之字道祖,雁门广武人也。其先过江居豫章建昌县。续之年八岁丧母,哀戚过于成人,奉兄如事父。"

陶潜二十岁,家道衰落。

按：陶渊明《始作镇军参军经曲阿》曰："弱龄寄事外,委怀在琴书。被褐欣自得,屡空常晏如。"《怨诗楚调示庞主簿邓治中》曰："弱冠逢世阻。"《有会而作》曰："弱年逢家乏。"

苻朗降晋,加员外散骑侍郎。志陵万物,忤物侮人。

按：《晋书》卷一一四《苻朗载记》曰："后晋遣淮阴太守高素伐青州,朗遣使诣谢玄于彭城求降,玄表朗许之,诏加员外散骑侍郎。既至扬州,风流迈于一时,超然自得,志陵万物,所与悟言,不过一二人而已。骠骑长史王忱,江东之俊秀,闻而诣之,朗称疾不见。沙门释法汰问朗曰：'见王吏部兄弟未?'朗曰：'吏部为谁? 非人面而狗心、狗面而人心兄弟者乎?'王忱丑而才慧,国宝美貌而才劣于弟,故朗云然。汰怅然自失。其忤物侮人，皆此类也。谢安常设宴请之，朝士盈坐，并机襕壶席。朗每事欲夸之，唾则令小儿跪而张口，既唾而含出，顷复如之，坐者以为不及之远也。又善识味，咸酢及肉皆别所由。"

王嘉受苻坚征召至长安，预言慕容晖谋杀苻坚不果。

按：《十六国春秋辑补》卷三七《前秦录七·苻坚录》曰："坚遣鸿胪郝稚征处士王嘉于倒兽山。既至，坚每日召嘉与道安于外殿，动静咨询之。慕容晖入见东堂，稽首谢曰：'……臣二子昨婚，明当三日。愚欲暂屈銮驾，幸臣私邸。'坚许之，晖出，嘉曰：'椎芦作蘧篨，不成文章，会天大雨，不得杀羊。'坚与群臣，莫之能解。明日大雨，晨不果出。"

天竺僧鸠摩罗什为吕光所获，为光所逼，常怀忍辱。

按：《高僧传》卷二《鸠摩罗什传》曰："光既获什，未测其智量。见年齿尚少，乃凡人戏之。强妻以龟兹王女，什距而不受，辞甚苦到。光曰：'道士之操，不逾先父，何可固辞？'乃饮以醇酒，同闭密室，什被逼既至，遂亏其节。或令骑牛及乘恶马，欲使堕落。什常怀忍辱，曾无异色。光惭愧而止。"

习凿齿作《临终上疏》及《晋承汉统论》。

按：《晋书》卷八二《习凿齿传》曰："寻而襄、邓反正，朝廷欲征凿齿，使典国史，会卒，不果。临终上疏曰：'臣每谓皇晋宜越魏继汉，不应以魏后为三恪。而身微官卑，无由上达，怀抱愚情，三十余年。今沈沦重疾，性命难保，遂尝怀此，当与之朽烂，区区之情，切所悼惜，谨力疾著论一篇，写上如左。愿陛下考寻古义，求经常之表，超然远览，不以臣微贱废其所言。论曰……'"

桓伊作《到江州上疏》。

按：文见《晋书》卷八一《桓伊传》。参见是年"桓伊侍孝武帝宴饮，歌曹植《怨诗》。桓冲卒后，迁江州刺史"条。

姜岌作《三纪甲子元历》。

按：《晋书》卷一八《律历志下》曰："后秦姚兴时，当孝武太元九年，岁在甲申，天水姜岌造《三纪甲子元历》，其略曰：'治历之道，必审日月之行，然后可以上考天时，下察地化……'五星约法，据出见以为正，不系于元本。然则算步究于元初，约法施于今用，曲求其趣，则各有宜，故作者两设其法也。岌以月食检日宿度所在，为历术者宗焉。又作《浑天论》，以步日于黄道，驳前儒之失，并得其中矣。""孝武太元九年"为"后秦姚苌白雀元年"，太元十九年为"后秦姚兴皇初元年"，今从"太元九年"系于是年。姜岌，后秦天水（今甘肃天水）人，生卒年不详。陈遵妫《中国天文学史》曰："姜岌比较四分、太初、乾象、景初等历，特别取乾象、景初二历之长，于晋太元九年（384年）作三纪甲子元历；由于景初历以六纪为元法，而他以三纪为元法，以甲子为历元，故以名历。他指出乾象历斗分太小，景初历虽得中庸，但日躔位置不准确。"（陈遵妫《中国天文学史》中册，上海人民出版社2006年版第1036页。）姜岌所造的《三纪甲子元历》，自后秦姚苌白雀元年（384年）起在羌族地区颁行，到姚泓永和二年（417年）后秦亡于东晋时，共使用了34年。之后又被北魏政权承用了近100年。

段业作《龟兹宫赋》。

按：赋佚。参见是年"七月，前秦吕光大破龟兹等国兵七十余万，入龟兹，服西域三十余国。龟兹王帛纯出走，光立帛纯之弟震为龟兹王"条按语。

僧竺佛念译《婆须蜜集》10卷、《增一阿含经》33卷、《中阿含经》59

卷、《僧伽罗刹经》3卷等。

按：《出三藏记集》卷二曰："《婆须蜜集》十卷，建元二十年三月十五日出，至七月十三日讫。……又贵《婆须蜜》胡本，竺佛念译出。"卷一〇无名氏《婆须蜜集序》曰："罽宾沙门僧伽跋澄，以秦建元二十年，持此经一部来诣长安。武威太守赵政文业者，学不厌士也，求令出之。佛念译传，跋澄、难陀、禘婆三人执胡本，慧嵩笔受。以三月五日出，至七月十三日乃讫，胡本十二千首卢也。"卷一三《僧伽跋澄传》曰："初，跋澄又贵《婆须蜜》梵本自随，明年（建元二十年），赵政复请出之。跋澄乃与昙摩难提及僧伽提婆三人共执梵本，秦沙门竺佛念宣译，慧嵩笔受，安公、法和对共校定。故二经流布，传学迄今。"卷一五《佛念法师传》曰："符坚伪建元之中，外国沙门僧伽跋澄及昙摩难提入长安，坚秘书郎赵政请跋澄出《婆须蜜经》胡本，当时名德莫能传译，众咸推念。于是澄执梵文，念译汉语，质断疑义，音字方明。"《高僧传》卷一《僧伽跋澄传》曰："初跋澄又贵《婆须蜜》梵本自随，明年（建元二十年）赵正复请出之。跋澄乃与昙摩难提及僧伽提婆三人共执梵本，秦沙门佛念宣译，慧嵩笔受，安公、法和对共校定。"《出三藏记集》卷二曰："《增一阿含经》三十三卷。秦建元二十年夏出，至二十一年春讫。定三十三卷，或分为二十四卷。《中阿含经》五十九卷。同建元二十年出。右二部，凡九十二卷。晋孝武帝时，兜佉勒国沙门昙摩南提，以符坚时入长安。难提空诵胡本，竺佛念译出。"卷九释道安《增一阿含经序》曰："有外国沙门昙摩难提者，兜佉勒国人也。龆龀出家，孰与广闻，诵二《阿含》，温故日新。周行诸国，无土不涉。以秦建元二十年来诣长安，外国乡人咸皆善之，武威太守赵文业求令出焉。佛念译传，昙嵩笔受。岁在甲申夏出，至来年春乃讫。为四十一卷，分为上下部，上部二十六卷，全无遗忘，下部十五卷，失其录偈也。"卷数不同。卷一五《佛念法师传》曰："至建元二十年，政复请昙摩难提出《增一阿含》及《中阿含》，于长安城内集义学沙门，请念为译，敷析研核，二载乃讫。二《含》光显，念之力也。"卷二曰："《僧伽罗刹经》三卷。秦建元二十年十一月三十日出。右三部，凡二十七卷。晋孝武帝时，罽宾沙门僧伽跋澄，以符坚入长安。跋澄口诵《毗婆沙》，佛图罗刹译出。又贵《婆须蜜》胡本，竺佛念译出。"佛图罗刹与竺佛念似非一人。卷一〇道安《僧伽罗刹经序》曰："以建元二十年，罽宾沙门僧伽跋澄贵此经本来诣长安，武威太守赵文业请令出焉。佛念为译，慧嵩笔受。正值慕容作难于近郊，然译出不衰。余与法和对检定之，十一月三十日乃了也。此年出《中阿含》六十卷，《增一阿含》四十六卷。伐鼓击柝之中，而出斯一百五卷，穷通不改其恬，讵非先师之故迹乎！"又同卷无名氏《僧伽罗刹集经后记》曰："大秦建元二十年十一月三十日，罽宾比丘僧伽跋澄于长安石羊寺口诵此经及《毗婆沙》。佛图罗刹翻译，秦言未精，沙门释道安、朝贤赵文业，研核理趣，每存妙尽，遂至留连，至二十一年二月九日方讫。"今从道安序。竺佛念在关中译经在梁时尚存者还有《出曜经》十九卷、《菩萨璎珞经》十二卷、《十住断结经》十一卷、《菩萨处胎经》五卷（一名《胎经》。或为四卷）、《中阴经》二卷（阙）、《王子法益坏目因缘经》一卷（或云《阿育王息坏目因缘经》）等，见《出三藏记集》卷二，曰："右六部，凡五十卷。晋孝武帝时，凉州沙门竺佛念，以符坚时于关中译出。"《高僧传》卷一《竺佛念传》略同，称"自世高、支谦以后，莫逾于念。在符、姚二代为译人之宗，故关中僧众，咸共嘉焉。后续出《菩萨璎珞》、《十住断结经》及《出曜》、《胎经》、《中阴经》经，始就治定，意多未尽，遂尔遘疾，卒于长安。"其中"《王子法益坏目因缘经》一卷"，译于晋孝武帝太元十六年，参见391年"僧竺佛念译《王子法益坏目因缘经》"条。

罽宾僧僧伽提婆约是年译《阿毗昙心》16卷及《鞞婆沙阿毗昙》14卷。

按：《出三藏记集》卷二曰："《阿毗昙心》十六卷。或十三卷。符坚建元末于洛阳出。《鞞婆沙阿毗昙》十四卷。一名《广说》,同在洛阳译出。"以"建元末"暂系于是年。《高僧传》卷一《僧迦提婆传》曰:"僧迦提婆,此言众天,或云提和,音讹故也。本姓瞿昙氏,罽宾人。……苻坚建元中,来入长安,宣流法化。初僧伽跋澄出《婆须蜜》及昙摩难提所出二《阿含》、《毗昙》、《广说》、《三法度》等,凡百余万言。属慕容之难,戎敌纷扰,兼译人造次,未善详悉,义旨句味,往往不尽。俄而安公弃世,未及改正。后山东清平,提婆乃与冀州沙门法和俱适洛阳。四五年间,研讲前经,居华稍积,博明汉语,方知先所出经,多有乖失。法和慨叹未定,乃更令提婆出《阿毗昙》及《广说》众经。"

郗愔卒(313—)。愔字方回,高平金乡人。郗鉴之子。性至孝,居父母丧,殆将灭性。历官中书侍郎、黄门侍郎、临海太守等职。与姊夫王羲之、高士许询并有迈世之风,修黄老之术。后以疾去职,筑宅章安,有终焉之志。十余年间,人事顿绝。深抱冲退,乐补远郡。后以年老乞归,因居会稽。善众书,尤长于章草。《隋书》卷三五《经籍志四》著录晋新安太守《郗愔集》4卷,残缺,梁5卷。严可均《全晋文》卷一〇九载其文2篇及杂帖4则。事迹见《晋书》卷六七及《法书要录》卷八。

桓冲卒(328—)。冲字幼子,小字买德郎,谯国龙亢人。初从兄温累迁振威将军、江州刺史。温死,谢安执政,冲任中军将军、扬豫二州刺史。宁康三年,解扬州刺史职,出为都督江荆诸州军事,领荆州刺史,拥重而无所作为。是年闻谢安大破苻坚,惭病而死。严可均《全晋文》卷一一八载其文6篇。事迹见《晋书》卷七四。

按:《晋书》卷九《孝武帝纪》曰:"(是年)二月辛巳,使持节、都督荆江梁宁益交广七州诸军事、车骑将军、荆州刺史桓冲卒。"卷七四《桓冲传》曰:"既而苻坚尽国内侵,冲深以根本为虑,乃遣精锐三千来赴京都。谢安谓三千人不足以为损益,而欲外示闲暇,闻军在近,固不听。……时安已遣兄子玄及桓伊等诸军,冲谓不足以为废兴,召佐吏,对之叹曰:'……天下事可知,吾其左衽矣!'俄而闻坚破,大勋克举,又知朱序因以得还,冲本疾病,加以惭耻,发病而卒,时年五十七。赠太尉,本官如故,谥曰宣穆。赙钱五十万,布五百匹。"

王蕴卒(330—)。蕴字叔仁,孝武定皇后父,司徒左长史濛之子。起家佐著作郎,累迁尚书吏部郎。性平和,不抑寒素。补吴兴太守,甚有德政,百姓歌之。受命都督京口诸军事、左将军、徐州刺史、假节。征拜尚书左仆射,将军如故,迁丹杨尹,即本军号加散骑常侍。蕴以姻戚,不欲在内,苦求外出,复以为都督浙江东五郡、镇军将军、会稽内史,常侍如故。蕴素嗜酒,末年尤甚。及在会稽,略少醒日,然犹以和简为百姓所悦。卒赠左光禄大夫、开府仪同三司。逯钦立《晋诗》卷一三载其诗1首。事迹见《晋书》卷九三《外戚传》。

习凿齿卒,生年不详。凿齿字彦威,襄阳人。少博学能文。桓温辟为从事,累迁别驾,甚器重之。后以忤温旨,出为荥阳太守。作《汉晋春秋》54卷,记东汉、西晋故事,起汉光武,终晋愍帝。书中叙三国历史,以蜀汉为正统,魏为篡逆,用以讽温。汤球有辑本。《隋书》卷三三《经籍志二》著录《汉晋春秋》（讫愍帝）47卷、《襄阳耆旧记》5卷。卷三五《经籍志四》著录《习凿齿集》5卷。逯钦立《晋诗》卷一四载其诗2首。严可均《全晋文》卷一三四载其文27篇。事迹见《晋书》卷八二。

王欢卒，生年不详。欢字君厚，乐陵人。安贫乐道，专精耽学，不营产业，常乞食诵《诗》，虽家无斗储，意怡如也。其妻患之，或焚毁其书而求改嫁，欢笑而谓之曰："卿不闻朱买臣妻邪？"时闻者多哂之。欢守志弥固，遂为通儒。至前燕慕容晞袭位，署为国子博士，亲就受经。迁祭酒。及晞为苻坚所灭，欢死于长安。事迹见《晋书》卷九一《儒林传》。

曹毗约卒，生年不详。毗字辅佐，谯人。少好文籍，善属辞赋。蔡谟举为佐著作郎。丁父忧去职。服满，起为句章令，入为太学博士。时有神女杜兰香于桂阳降张硕，毗作诗二篇嘲之，并续兰香歌诗十篇，并作《神女杜兰香传》，甚有文采。又作《扬都赋》，人谓亚于庾阐。迁尚书郎、下邳太守。以名位不至，著有《对儒》以自释。累迁至光禄勋。《隋书》卷三二《经籍志一》著录其撰《论语释》1卷；卷三三《经籍志二》著录《曹氏家传》1卷；卷三五《经籍志四》著录《曹毗集》10卷，梁5卷。逯钦立《晋诗》卷一二载其诗9首。严可均《全晋文》卷一〇七载其文19篇。事迹见《晋书》卷九二《文苑传》。

按：曹道衡、沈玉成《中古文学史料丛考·曹毗〈晋江左宗庙歌〉、〈杜兰香传〉》曰："曹毗，《晋书·文苑传》有传，然不仅无生卒年及年岁可稽，其生活时代亦不甚了了……《宋书·符瑞下》记，晋成帝咸康八年九月，庐江县出玉鼎，'著作郎曹毗上《玉鼎颂》'，以此为定点，参以《晋书·文苑传》次曹毗于庾阐、李充间，《玉台新咏》次曹毗于李充后，可大体测知以咸和间入仕，历成、康、穆、哀、海西公、孝武帝六朝，或卒于太元中。"太元共二十一年，姑系是年。

释僧肇（　—414）、颜延之（　—456）、月氏僧释昙迁（　—482）生。

晋太元十年　前秦建元二十一年　前秦苻丕大安元年　后燕二年　后秦白雀二年　西秦乞伏国仁建义元年　西燕慕容冲更始元年　乙酉　385年

正月，西燕慕容冲称帝于阿房，改元更始（《资治通鉴》卷一〇六《晋纪二十八》）。

五月，西燕慕容冲攻长安，苻坚出奔五将山，坚太子苻宏留守长安（《晋书》卷九《孝武帝纪》）。

六月，西燕慕容冲兵入长安，大掠；苻宏降晋（《晋书》卷九《孝武帝纪》）。

八月，后秦王姚苌杀苻坚，即帝位（《晋书》卷九《孝武帝纪》）。

按：十六国前秦君主苻坚（338—　），字永固，一名文玉，洛阳临渭人，氐族。在位二十七年。坚善诗能文，曾亲临太学，考经生经义优劣，问难五经，博士多不能对。

晋太元十年　前秦建元二十一年　前秦苻丕大安元年　后燕二年　后秦白雀二年　西秦乞伏国仁建义元年
西燕慕容冲更始元年　乙酉　385年

其诗今不存。严可均《全晋文》卷一五一辑其文19篇。事迹见《晋书》卷一一三、卷一一四。

前秦苻坚子丕离邺赴晋阳，知苻坚已死，乃即帝位，改元大安（《资治通鉴》卷一〇六《晋纪二十八》）。

九月，乞伏国仁自称大都督、大将军、大单于，改元建义，筑勇士城为都。史称西秦（《资治通鉴》卷一〇六《晋纪二十八》）。

谢石更封南康郡公，上疏请兴复国学。

按：《晋书》卷九《孝武帝纪》载，是年"二月，立国学。……冬十月丁亥，论淮肥之功……封谢石南康公"。卷七九《谢石传》曰："更封南康郡公。于时学校陵迟，石上疏请兴复国学，以训胄子，班下州郡，普修乡校。疏奏，孝武帝纳焉。"

谢安帅众救苻坚。出镇广陵以避司马道子。上疏逊位，寻卒。追封庐陵郡公。

按：《晋书》卷九《孝武帝纪》曰：是年四月"壬戌，太保谢安帅众救苻坚……冬十月丁亥，论淮肥之功，追封谢安庐陵郡公"。卷七九《谢安传》曰："时会稽王道子专权，而奸谄颇相扇构，安出镇广陵之步丘，筑垒曰新城以避。帝出祖于西池，献觞赋诗焉。安虽受朝寄，然东山之志始末不渝，每形于言色。及镇新城，尽室而行，造泛海之装，欲须经略粗定，自江道还东。雅志未就，遂遇疾笃。上疏……诏遣侍中慰劳，遂还都。闻当舆入西州门，自以本志不遂，深自慨失，因怅然谓所亲曰：'……吾病殆不起乎！'乃上疏逊位，诏遣侍中、尚书喻旨。先是，安发石头，金鼓忽破，又语未尝谬，而忽一误，众亦怪异之。寻薨，时年六十六。帝三日临于朝堂，赐东园秘器、朝服一具、衣一袭、钱百万、布千匹、蜡五百斤，赠太傅，谥曰文靖。以无下舍，诏府中备凶仪。及葬，加殊礼，依大司马桓温故事。又以平苻坚勋，更封庐陵郡公。"

徐邈劝王献之奏加谢安殊礼。转祠部郎，上南北郊宗庙迭毁礼。

按：《晋书》卷九一《徐邈传》曰："及谢安薨，论者或有异同，邈固劝中书令王献之奏加殊礼，仍崇进谢石为尚书令，玄为徐州。邈转祠部郎，上南北郊宗庙迭毁礼，皆有证据。"

王珣恸哭谢安。

按：《世说新语·伤逝第十七》曰："王东亭与谢公交恶。王在东闻谢丧，便出都诣子敬，道欲哭谢公。子敬始卧，闻其言，便惊起曰：'所望于法护（珣小字）。'王于是往哭。督帅刁约不听前，曰：'官平生在时，不见此客。'王亦不与语，直前，哭甚恸，不执末婢（谢琰小字）手而退。"刘孝标注引《中兴书》曰："珣兄弟皆婿谢氏，以猜嫌离婚。太傅既与珣绝婚，又离妻，由是二族遂成仇衅。"

羊昙因谢安卒，辍乐弥年，行不由西州路。

按：《晋书》卷七九《谢安传》曰："羊昙者，太山人，知名士也，为安所爱重。安薨后，辍乐弥年，行不由西州路。尝因石头大醉，扶路唱乐，不觉至州门。左右白曰：'此西州门。'昙悲感不已，以马策扣扉，诵曹子建诗曰：'生存华屋处，零落归山丘。'恸哭而去。"

王徽之折苻宏，宏大惭而退。

按：《世说新语·轻诋第二十六》曰："苻宏叛来归国，谢太傅每加接引。宏自以有才，多好上人，坐上无折之者。适王子猷来，太傅使共语。子猷直孰视良久，回语太傅云：'亦复竟不异人。'宏大惭而退。"

司马道子都督中外诸军事(《晋书》卷九《孝武帝纪》)。

谢玄封康乐公(《晋书》卷九《孝武帝纪》)。

谢琰封望蔡公(《晋书》卷九《孝武帝纪》)。

桓伊封永修公(《晋书》卷九《孝武帝纪》)。

赵整出家,更名道整。

> 按:《高僧传》卷一《昙摩难提传》曰:"后因关中佛法之盛,乃愿欲出家,坚惜而未许。及坚死后,方遂其志。更名道整,因作颂曰:'佛生何以晚,泥洹一何早。归命释迦文,今来投大道。'"

崔玄伯欲避地江南,为张愿所获,本图不遂,乃作诗自伤。

> 按:《魏书》卷二四《崔玄伯传》曰:"(苻)坚亡,避难于齐、鲁之间,为丁零翟钊及司马昌明叛将张愿所留絷。""始玄伯因苻坚乱,欲避地江南,于泰山为张愿所获,本图不遂,乃作诗自伤,而不行于时,盖惧罪也。及浩诛,中书侍郎高允受敕收浩家,始见此诗。"

王献之作《上疏议谢安赠礼》。

> 按:《晋书》卷八〇《王献之传》曰:"及安薨,赠礼有同异之议,惟献之、徐邈共明安之忠勋。献之乃上疏曰:'故太傅臣安少振玄风,道誉洋溢。弱冠遐栖,则契齐箕皓;应运释褐,而王猷允塞。及至载宣威灵,强猾消殄。功勋既融,投斾高让。且服事先帝,眷隆布衣。陛下践阼,阳秋尚富,尽心竭智以辅圣明。考其潜跃始终,事情缱绻,实大晋之俊辅,义笃于曩臣矣。伏惟陛下留心宗臣,澄神于省察。'孝武帝遂加安殊礼。"

赵整作《出家更名颂》。

> 按:文见《高僧传》卷一《昙摩难提传》。参见是年"赵整出家,更名道整"条。

释道安卒(312—)。俗姓卫,常山扶柳人。早失父母,十二出家,至邺,师事佛图澄。游襄阳,与习凿齿相遇。苻坚攻占襄阳,遂入前秦。坚南下攻晋,道安力劝,坚未从。道安建立了"本无宗"的般若学理论,一生致力于整理佛教经典,创立佛教丛书目录,确立僧众集体生活戒规,对两晋佛学影响甚大。东晋名僧慧远即其弟子。安外涉群书,善为文章,长安中衣冠子弟,为诗赋者,皆依附致誉。现所存文章大都为佛经序言。《隋书》卷三三《经籍志二》著录《四海百川水源记》1卷。严可均《全晋文》卷一五八载其文2篇。事迹见《高僧传》卷五。

> 按:《高僧传》卷五《道安传》曰:"安每与弟子法遇等,于弥勒前立誓,愿生兜率。后至秦建元二十一年……二月八日,忽告众曰:'吾当去矣。'是日斋毕,无疾而卒。葬城内五级寺中。是岁晋太元十年也,年七十二。未终之前,隐士王嘉往候安。安曰:'世事如此,行将及人。相与去乎?'嘉曰:'诚如所言。师并前行,仆有小债未了,不得俱去。'"

谢安卒(320—)。安字安石,陈郡阳夏人。谢氏于西晋末南迁,与王氏同列大族之首。弱冠能清言,为王导、王濛赏识。后寓居会稽东山,与王羲之、许询、李充、支遁等名士名僧交游,屡辟不起。年逾四十方出仕,历仕尚书仆射、中书监、骠骑将军、录尚书事,官至司徒。时前秦日强,安使弟石与侄玄为前锋都督,授以方略,玄乃取得肥水大捷。以功加太保。时会稽王道子专权,忌其威名,安乃出镇广陵,不问朝政,不久病卒。追赠太傅。后世多称"谢傅"。安善清言,亦善行书,爱吟咏,好音乐,精棋艺。《隋书》卷三五《经籍志四》著录晋太傅《谢安集》10卷,梁10卷,录1卷,亡。严可均《全晋文》卷八三载其文6篇。逯钦立《晋诗》卷一三载其诗3首。事迹见《晋书》卷七九及《法书要录》卷八。

谢灵运(—433)、天竺僧昙无谶(—433)生。

晋太元十一年　北魏王拓跋珪登国元年　前秦大安二年　前秦苻登太初元年　后燕建兴元年　后秦建初元年　西秦建义二年　后凉吕光大安元年　西燕慕容永中兴元年　丙戌　386年

正月辛未,后燕主慕容垂称皇帝于中山,二月,改元建兴(《晋书》卷九《孝武帝纪》、《资治通鉴》卷一〇六《晋纪二十八》)。

拓跋珪称代王,建元登国,都盛乐(《资治通鉴》卷一〇六《晋纪二十八》)。

二月,西燕慕容冲为部下所杀,西燕内乱,废杀频繁(《资治通鉴》卷一〇六)。

四月,代王拓跋珪改国号曰魏,史称北魏,亦称后魏,或拓跋魏(《资治通鉴》卷一〇六《晋纪二十八》)。

五月,后秦姚苌取长安,称皇帝,改元建初,国号大秦(《资治通鉴》卷一〇六《晋纪二十八》)。

十月,前秦吕光闻苻坚死,改元大安(《资治通鉴》卷一〇六《晋纪二十八》)。

前秦苻丕被杀。西燕慕容永据长子称帝,改元中兴(《资治通鉴》卷一〇六《晋纪二十八》)。

十一月,前秦苻登称帝于南安,改元太初(《资治通鉴》卷一〇六《晋纪二十八》)。

十二月,吕光称凉州牧、酒泉公,国号凉,建都姑臧。史称后凉(《资治通鉴》卷一〇六《晋纪二十八》)。

谢石迁卫将军,加散骑常侍。去职免官。

按:《晋书》卷七九《谢石传》曰:"兄安薨,石迁卫将军,加散骑常侍。以公事与吏部郎王恭互相短长,恭甚忿恨,自陈褊厄不允,且疾源深固,乞还私门。石亦上疏逊位。有司奏,石辄去职,免官。"

孔靖之为奉圣亭侯,奉宣尼祀(《晋书》卷九《孝武帝纪》)。

米兰主教安布罗斯约于此时推广赞美歌。

王珣于谢安卒后迁侍中(《晋书》卷六五《王珣传》)。

王珉代王献之为长兼中书令。

按：《晋书》卷六五《王珉传》曰："珉字季琰。少有才艺，善行书……后历著作、散骑郎、国子博士、黄门侍郎、侍中，代王献之为长兼中书令。二人素齐名，世谓献之为'大令'，珉为'小令'。"王献之是年卒，王珉代之。

郭瑀约是年与敦煌索嘏起兵以应王穆，为太府左长史、军师将军。

按：《晋书》卷九四《郭瑀传》曰："及苻氏之末，略阳王穆起兵酒泉，以应张大豫，遣使招瑀。瑀叹曰……乃与敦煌索嘏起兵五千，运粟三万石，东应王穆。穆以瑀为太府左长史、军师将军。虽居元佐，而口咏黄老，冀功成世定，追伯成之踪。"《资治通鉴》卷一〇六《晋纪二十八》载王穆起兵应张大豫事于是年，姑系郭瑀应王穆事于是年。

王嘉受姚苌礼遇，逼随左右。

按：《晋书》卷九五《王嘉传》曰："姚苌之入长安，礼嘉如苻坚故事，逼以自随，每事谘之。"

崔玄伯约是年为后燕慕容垂吏部郎、尚书左丞、高阳内史。立身雅正，励志笃学。

按：《魏书》卷二四《崔玄伯传》曰："慕容垂以为吏部郎、尚书左丞、高阳内史。所历著称，立身雅正，与世不群，虽在兵乱，犹笃志笃学，不以资产为意，妻子不免饥寒。"本传叙此事于苻坚亡后，姑系是年。

释慧远移居东林寺。

按：《东林十八高僧传·慧远法师》曰："(桓)伊大敬感，乃为建刹，名其殿曰'神运'。以在永师舍东，故号'东林'。时太元十一年也。"《高僧传》卷六《慧远传》曰："时有沙门慧永，居在西林，与远同门旧好，遂要远同止。永谓刺史桓伊曰：'远公方当弘道，今徒属已广而来者方多。贫道所栖褊狭，不足相处，如何？'桓乃为远复于山东更立房殿，即东林是也。远创造精舍，洞尽山美……复于寺内别置禅林，森树烟凝，石莲苔合。凡在瞻履，皆神清而气肃焉。"

董统受诏草创后燕史。

按：《史通》外编《古今正史第二》曰："前燕有起居注，杜辅全录，以为《燕纪》。后燕建兴元年，董统受诏草创后书，著本纪并佐命功臣、王公列传，合三十卷。慕容垂称其叙事富赡，足成一家之言。但褒述过美，有惭董史之直。其后申秀、范亨各取前后二燕合成一史。"

范宁作《奏烝祠》。

按：《晋书》卷一九《礼志上》曰："孝武太元十一年九月，皇女亡，及应烝祠，中书侍郎范宁奏：'案《丧服传》有死宫中者三月不举祭，不别长幼之与贵贱也。皇女虽在婴孩，臣窃以为疑。'于是尚书奏使三公行事。"

湛方生作《庐山神仙诗并序》。

按：文见《艺文类聚》卷七八，曰："寻阳有庐山者，盘基彭蠡之西……太元十一年，有樵采之阳者，于时鲜霞褰林，倾晖映岫。见一沙门，披法服独在岩中，俄顷振裳挥锡，凌崖直上，排丹霄而轻举，起九折而一指。既白云之可乘，何帝乡之足远哉。穷目苍苍，翳然灭迹。诗曰……"湛方生生卒年不详，约与陶渊明同时。逯钦立《晋诗》卷一五辑其诗十二首，诗风亦近陶。

晋太元十一年　北魏王拓跋珪登国元年　前秦大安二年　前秦苻登太初元年　后燕建兴元年　后秦建初元年
西秦建义二年　后凉吕光大安元年　西燕慕容永中兴元年　丙戌　386年

谢玄作《疾笃上疏》及《病久不差以上疏》。

按：《晋书》卷七九《谢玄传》曰："既还，遇疾，上疏解职，诏书不许。玄又自陈，既不堪摄职，虑有旷废，诏又使移镇东阳城。玄即路，于道疾笃，上疏曰……诏遣高手医一人，令自消息，又使还京口疗疾。玄奉诏便还，病久不差，又上疏曰……表寝不报。前后表疏十余上，久之，乃转授散骑常侍、左将军、会稽内史。"玄于下年为会稽内史，故系于是年。

王徽之卒（339?—　）。徽之字子猷，琅邪临沂人。王羲之第三子，献之兄。性傲诞不羁，为大司马桓温参军，蓬首散带，不理府事。后召为黄门侍郎，居官数年，弃官归会稽。《隋书》卷三五《经籍志四》著录梁有黄门郎《王徽之集》8卷，亡。逯钦立《晋诗》卷一三载其诗2首。严可均《全晋文》卷二七载其文1篇。事迹见《晋书》卷八〇。

按：《世说新语·伤逝第十七》曰："王子猷、子敬俱病笃，而子敬先亡。子猷问左右：'何以都不闻消息？此已丧矣！'语时了不悲。便索舆来奔丧，都不哭。子敬素好琴，便径入坐灵床上，取子敬琴弹，弦既不调，掷地云：'子敬！子敬！人琴俱亡。'因恸绝良久，月余亦卒。"

又按：曹道衡、沈玉成《中古文学史料丛考·王徽之仕历》曰："王徽之、献之，于兄弟中友爱最笃。徽之为第五子，献之为第七子。据《全晋文》卷二二录王羲之《杂帖》言'吾有七儿一女，皆同生'，献之以康帝建元二年（344）生，徽之曾预永和九年（353）兰亭之会，有诗，其时至少十五、六岁，是当生于成帝咸康中（339左右），得年近五十。"

王献之卒（344—　）。献之字子敬，琅邪临沂人。王羲之第七子，简文帝婿。入仕为州主簿。召为秘书郎、迁秘书丞。谢安请为长史。后除建威将军、吴兴太守，征拜中书令。卒后追赠金紫光禄大夫。王珉代献之为中书令，世因名献之为"大令"，珉为"小令"。献之工书善画，以善书垂名后世。幼学之于父，后又学张芝，行草别创新法。与羲之并称"二王"，论者以为俊迈自有逸气。《宋刻丛帖》存其墨迹有《鸭头丸帖》、正书《洛神赋》十三行及连绵草帖札多种。《隋书》卷三五《经籍志四》著录金紫光禄大夫《王献之集》10卷，录1卷。明张溥《汉魏六朝百三家集》辑有《王大令集》。逯钦立《晋诗》卷一三载其诗4首。严可均《全晋文》卷二七载其文6篇并杂帖87条。事迹见《晋书》卷八〇及《法书要录》卷八。

按：曹道衡、沈玉成《中古文学史料丛考·王献之卒年、年岁》曰："《晋书·王献之传》不记献之卒年、年岁。《世说·伤逝》'王子猷、王子敬俱病笃'条注云：'献之以泰元十三年卒，年四十五。'《世说新语笺疏》引程炎震云：'《法书要录》卷九载张怀瓘《书断》曰："子敬为中书令，太元十一年卒于官，年四十三。族弟珉代居之，至十三年而卒，年三十八。"案所载珉年与《晋》合，知所称子敬之年亦当不误。此注或传写之讹耳。'说是。《历代名画记》卷五记献之卒年、年岁同。《王珉传》记珉'代王献之为长兼中书令，二人素齐名，世谓献之为'大令'，珉为'小令'。太元十三年卒，时年三十八'。《王献之传》记谢安卒，献之上疏议加殊礼，'未几，献之遇疾'，'俄而卒于官'，谢安卒于太元十年八月，献之以次年病卒，与传所言'未几''俄'皆合。"

雷次宗（　—448）生。

晋太元十二年　北魏登国二年　前秦太初二年
后燕建兴二年　后秦建初二年　西秦建义三年
后凉大安二年　西燕中兴二年　丁亥　387年

马克西穆斯入意大利。

谢玄为会稽内史。经始山川，始宁山居，实基于此。

按：《晋书》卷七九《谢玄传》曰："久之，乃转授散骑常侍、左将军、会稽内史。时吴兴太守晋宁侯张玄之亦以才学显，自吏部尚书与玄同年之郡，而玄之名亚于玄，时人称为'南北二玄'，论者美之。"《资治通鉴》卷一〇七系玄是年正月为会稽内史。《宋书》卷六七《谢灵运传》载谢灵运《山居赋》自注曰："余祖车骑建大功淮、肥，江左得免横流之祸。后及太傅既薨，远图已辍，于是便求解驾东归，以避君侧之乱。废兴隐显，当是贤达之心，故选神丽之所，以申高栖之意。经始山川，实基于此。"

王珣约是年转吴国内史，在郡为士庶所悦。

按：《晋书》卷六五《王珣传》曰："转辅国将军、吴国内史，在郡为士庶所悦。"珣上年迁侍中，转吴国内史应在明年谢玄卒前，姑系于是年。

戴逵不就孝武帝召，逃于吴，与王珣游处积旬。

按：《晋书》卷九《孝武帝纪》曰："（是年）六月癸卯，束帛聘处士戴逵、龚玄之。"卷九四《戴逵传》曰："孝武帝时，以散骑常侍、国子博士累征，辞父疾不就。郡县敦逼不已，乃逃于吴。吴国内史王珣有别馆在武丘山，逵潜诣之，与珣游处积旬。会稽内史谢玄虑逵远遁不反，乃上疏曰……疏奏，帝许之，逵复还剡。"参见是年"谢玄作《为戴逵上疏请绝召命》"条。

徐邈补中书舍人，西省侍帝。

按：《晋书》卷九一《徐邈传》曰："年四十四，始补中书舍人，在西省侍帝。虽不口传章句，然开释文义，标明指趣，撰正五经音训，学者宗之。"

僧竺道壹东居虎丘山。

按：《高僧传》卷五《竺道壹传》曰："及帝（简文帝）崩汰死，壹乃还东，止虎丘山。学徒苦留不止，乃令丹阳尹移壹还都，壹答移曰：'盖闻大道之行，嘉遁得肆其志。唐虞之盛，逸民不夺其性……'壹于是闲居幽阜，晦影穷谷。"卷五《竺法汰传》曰："以晋太元十二年卒。春秋六十有八。"

徐邈作《明堂郊祀配享议》。

按：《晋书》卷一九《礼志上》曰："孝武帝太元十二年五月壬戌，诏曰：'昔建太庙，每事从俭，太祖虚位，明堂未建。郊祀国之大事，而稽古之制阙然，便可详议。'祠部郎中徐邈议：'圆丘郊祀，经典无二，宣皇帝尝辩斯义，而检以圣典。爰及中兴，备加研极，以定南北二郊，诚非异学所可轻改也。谓仍旧为安……'侍中车胤议同……时朝议多同，于是奉行，一无所改。"

谢玄作《为戴逵上疏请绝召命》。

按：文见《晋书》卷九四《戴逵传》曰："会稽内史谢玄虑逵远遁不反，乃上疏曰：'……陛下既已爱而器之，亦宜使其身名并存，请绝其召命。'疏奏，帝许之，遂复还剡。"玄以是年为会稽内史，明年卒，故系于是年。

僧竺道壹作《答丹阳尹》。

按：文见《高僧传》卷五《竺道壹传》。参见是年"僧竺道壹东居虎丘山"条。

僧竺法汰卒（320—　）。东莞人。形长八尺，风姿可观，含吐蕴藉，词若兰芳。少与道安同学，虽才辩不逮而姿貌过之。与道安避难行至新野，安分张徒众，命汰下京。乃与弟子昙壹、昙贰等四十余人，沿江东下，遇疾停阳口。时释道恒常执心无义，大行荆土。汰以此是邪说，大集名僧弟子，力破之。后下都止瓦官寺，讲《放光经》，形解过人，流名四远。事迹见《高僧传》卷五。

晋太元十三年　北魏登国三年　前秦太初三年　后燕建兴三年　后秦建初三年　西秦乞伏乾归太初元年　后凉大安三年　西燕中兴三年　戊子　388年

三月，后燕废代郡，徙其民于龙城（《资治通鉴》卷一〇七《晋纪二十九》）。

四月戊午，晋谯王司马恬之为镇北将军、青兖二州诸军事（《晋书》卷九《孝武帝纪》）。

六月，西秦乞伏国仁卒，弟乾归嗣为河南王、大单于，改元太初（《资治通鉴》卷一〇七《晋纪二十九》）。

九月，西秦乞伏乾归徙都金城（《资治通鉴》卷一〇七《晋纪二十九》）。

是年，后凉吕光因祥瑞下令群臣赋诗。

按：《十六国春秋》卷八一《后凉录一·吕光录》曰："（太安三年）敦煌太守宋歆送同心梨，陈平仲得玉玺，献之……又白雀巢于阳川令盖敏屋。光下令诸臣为之赋诗，献诗及赋者凡百余人。"

狄奥多西一世杀马克西穆斯于阿奎莱亚。瓦伦蒂尼安二世复位。

徐广任镇北参军。

按：《晋书》卷八二《徐广传》曰："谯王恬为镇北，补参军。"

谢石加卫将军、开府仪同三司，未拜而卒。

按：《晋书》卷九《孝武帝纪》曰：是年十二月"己亥，加尚书令谢石卫将军、开府仪同三司。庚子，尚书令、卫将军、开府仪同三司谢石薨"。

范宁受人潜毁，约是年出任豫章太守。在郡大设庠序（《晋书》卷七五《范宁传》、卷七五《王国宝传》及卷六四《会稽文孝王道子传》）。

按：《晋书》卷七五《范宁传》曰："宁指斥朝士，直言无讳。王国宝，宁之甥也，以谄媚事会稽王道子，惧为宁所不容，乃相驱扇，因被疏隔。求补豫章太守，帝曰：'豫章不宜太守，何急以身试死邪？'宁不信卜占，固请行，临发，上疏曰……帝诏公卿牧守普议得失,宁又陈时政曰……帝善之。"卷七五《王国宝传》曰:"……初,宁之出,非帝本意,故所启多合旨。宁在郡又大设庠序,遣人往交州采磐石,以供学用,改革旧制,不拘常宪。远近至者千余人,资给众费,一出私禄。并取郡四姓子弟,皆充学生,课续《五经》。"张可礼《东晋文艺系年》曰:"宁始任豫章太守,时间不详。据《宋书》卷九十三《周续之传》,宁本年已在豫章太守任上。"姑系是年。

  周续之年十二,诣范宁受业。
  按:《宋书》卷九三《周续之传》曰:"豫章太守范宁于郡立学,招集生徒,远方至者甚众。续之年十二,诣宁受业。居学数年,通五经并《纬候》,名冠同门,号曰'颜子'。"

  僧竺道壹约是年东适耶溪,与帛道猷相会定于林下。纵情尘外,以经书自娱。
  按:《高僧传》卷五《竺道壹传》曰:"时若耶山有帛道猷者,本姓冯,山阴人,少以篇牍著称。性率素,好丘壑,一吟一咏,有濠上之风。与道壹经有讲筵之遇,后与壹书云:'始得优游山林之下,纵心孔、释之书,触兴为诗,陵峰采药,服饵蠲疴,乐有余也。但不与足下同日,以此为恨耳。'因有诗曰……壹既得书,有契心抱,乃东适耶溪,与道猷相会定于林下。于是纵情尘外,以经书自娱。"

  范弘之作《卫将军谢石谥议》。
  按:《晋书》卷九一《范弘之传》曰:"范弘之,字长文,安北将军汪之孙也。袭爵武兴侯。雅正好学,以儒术该明,为太学博士。时卫将军谢石薨,请谥,下礼官议。弘之议曰:'……案谥法,因事有功曰"襄",贪以败官曰"墨",宜谥曰襄墨公。'"

  范宁作《为豫章临发上疏》及《陈时政疏》。
  按:二文见《晋书》卷七五《范宁传》。参见是年"范宁受人谮毁,约是年出任豫章太守。在郡大设庠序"条。

  许荣作《上疏陈五违》。
  按:《晋书》卷六四《会稽文孝王道子传》曰:"于时朝政既紊,左卫领营将军会稽许荣上疏曰:'今台府局吏、直卫武官及仆隶婢儿取母之姓者,本臧获之徒,无乡邑品第,皆得命议,用为郡守县令,并带职在内,委事于小吏手中;僧尼乳母,竞进亲党,又受货赂,辄临官领众。无卫霍之才,而比方古人,为患一也。臣闻佛者清远玄虚之神,以五诫为教,绝酒不淫。而今之奉者,秽慢阿尼,酒色是耽,其违二矣。夫致人于死,未必手刃害之。若政教不均,暴滥无罪,必夭天命,其违三矣。盗者未必躬窃人财,江乙母失布,罪由令尹。今禁令不明,劫盗公行,其违四矣。在上化下,必信为本。昔年下书,敕使尽规,而众议兼集,无所采用,其违五矣。尼僧成群,依傍法服。诫粗法,尚不能遵,况精妙乎!而流惑之徒,竞加敬事,又侵渔百姓,取财为惠,亦未合布施之道也。'又陈'太子宜出临东宫,克奖德业'。疏奏,并不省。"《晋书》叙此事与范宁出为豫章太守同时,姑系于是年。

  僧帛道猷作《与竺道壹书》及《陵峰采药触兴为诗》。
  按:书及诗均见《高僧传》卷五《竺道壹传》。参见是年"僧竺道壹约是年东适耶溪,与帛道猷相会定于林下。纵情尘外,以经书自娱"条。

  谢石卒(327—)。石字石奴,谢安第六弟。初拜秘书郎,累迁尚书仆射,封兴平县伯。寻假节征讨大都督,以破苻坚功,迁中军将军、中书令,更封南康郡公。于时学校陵迟,石上疏请兴复国学,以训胄子,班下州郡,普修乡校。迁卫将军,加散骑常侍,进开府仪同三司。卒赠司空,谥曰襄。石以谢安为宰相兼有大功,遂居清显,但聚敛无厌,取讥当世。严可均《全晋文》卷八三载其文3篇。事迹见《晋书》卷七九。

谢玄卒(343—)。玄字幼度,谢安兄谢奕之第三子。大司马桓温辟为掾,转征西将军桓豁司马,征拜建武将军、兖州刺史,封东兴县侯。以破苻坚功,进前将军,不受,加都督徐兖青司冀幽并七州军事,封康乐县,迁镇淮阳,移镇东阳,转授散骑常侍、左将军、会稽内史。卒赠车骑将军、开府仪同三司。谥曰献武。严可均《全晋文》卷八三载其文10篇。事迹见《晋书》卷七九。

王珉卒(351—)。珉字季琰,小字僧弥,琅邪临沂人。王导之孙,王珣之弟。少与兄俱有才艺,善行书,名高于兄。州辟秀才、主簿不行,后历仕著作、散骑郎、国子博士、黄门侍郎、侍中,代王献之为中书令。珉与献之俱以书法齐名,及代献之为中书令,世遂称献之为"大令",珉为"小令"。卒后追赠太常。《隋书》卷三五《经籍志四》著录晋太常《王珉集》10卷,梁录1卷。逯钦立《晋诗》卷一四载其诗1首。严可均《全晋文》卷二〇载其文3篇并杂帖3条。事迹见《晋书》卷六五及《法书要录》卷八。

晋太元十四年 北魏登国四年 前秦太初四年 后燕建兴四年 后秦建初四年 西秦太初二年 后凉麟嘉元年 西燕中兴四年 己丑 389年

正月癸亥,晋诏释淮南俘虏。

按:《晋书》卷九《孝武帝纪》曰:"十四年春正月癸亥,诏淮南所获俘虏付诸作部者一皆散遣,男女自相配匹,赐百日廪,其沿线为军赏者悉赎出之,以襄阳、淮南饶沃地各立一县以居之。"

二月,后凉吕光称三河王,改元麟嘉,立子吕绍为世子(《资治通鉴》卷一〇七《晋纪二十九》)。

六月,晋司马道子为扬州总录,势倾天下。崇信浮屠之学,用度奢侈(《建康实录》卷九《烈宗孝武皇帝》、《晋书》卷六四《会稽文孝王道子传》)。

许营上疏痛陈僧尼淫盗招摇,侵渔百姓。

按:《资治通鉴》卷一〇七曰:"初,帝既亲政事,威权已出,有人主之量。已而溺于酒色,委事于琅邪王道子。道子亦嗜酒,日夕与帝以酣歌为事。又崇尚浮屠,穷奢极费,所亲昵者皆姏姆、僧尼。左右近习,争弄权柄,交通请托,贿赂公行,官赏滥杂,刑狱谬乱。……左卫领营将军会稽许营上疏曰……疏奏,不省。"《通鉴》系此事于是年十一月。

王忱为荆州刺史，威风肃然。桓玄惮而服焉。

按：《晋书》卷七五《王忱传》曰："太元中，出为荆州刺史、都督荆益宁三州军事、建武将军、假节。忱自恃才气，放酒诞节，慕王澄之为人，又年少居方伯之任，谈者忧之。及镇荆州，威风肃然，殊得物和。桓玄时在江陵……玄尝诣忱，通人未出，乘辇直进。忱对玄鞭门干，玄怒，去之，忱亦不留。尝朔日见客，仗卫甚盛，玄言欲猎，借数百人，忱悉给之。玄惮而服焉。"《资治通鉴》卷一〇七以是年七月王忱为荆州刺史。

范泰任天门太守，与王忱论酒与功名。

按：《宋书》卷六〇《范泰传》曰："范泰，字伯伦，顺阳山阴人也。祖汪，晋安北将军、徐兖二州刺史。父宁，豫章太守……荆州刺史王忱，泰外弟也，请为天门太守。忱嗜酒，醉辄累旬，及醒，则俨然端肃。泰谓忱曰：'酒虽会性，亦所以伤生。游处以来，常欲有以相戒，当卿沈湎，措言莫由，及今之遇，又无假陈说。'忱嗟叹久之，曰：'见规者众矣，未有若此者也。'或问忱曰：'范泰何如谢邈？'忱曰：'茂度慢。'又问：'何如殷觊？'忱曰：'伯通易。'忱常有意立功，谓泰曰：'今城池既立，军甲亦充，将欲扫除中原，以申宿昔之志。伯通意锐，当令拥戈前驱。以君持重，欲相委留事，何如？'泰曰：'百年逋寇，前贤挫屈者多矣。功名虽贵，鄙生所不敢谋。'"

许营作《上孝武帝疏》。

按：文见《资治通鉴》卷一〇七。参见是年"许营上疏痛陈僧尼淫盗招摇，侵渔百姓"条。

徐邈作《与范宁书》。

按：《晋书》卷九一《徐邈传》曰："豫章太守范宁欲遣十五议曹下属城采求风政，并使假还，讯问官长得失。邈与宁书曰……"《资治通鉴》卷一〇七系此作于是年。

谢瞻作《紫石英赞》及《果然诗》。

按：《宋书》卷五六《谢瞻传》曰："谢瞻字宣远，一名檐，字通远，陈郡阳夏人，卫将军晦第三兄也。年六岁，能属文，为《紫石英赞》、《果然诗》，当时才士，莫不叹异。"诗已佚。

苻朗作《临终诗》。

按：诗见《晋书》卷一一四《苻朗载记》曰："后数年，王国宝谮而杀之。王忱将为荆州刺史，待杀朗而后发。临刑，志色自若，为诗曰：'四大起何因？聚散无穷已。既过一生中，又入一死理。冥心乘和畅，未觉有终始。如何箕山夫，奄焉处东市！旷此百年期，远同嵇叔子。命也归自天，委化任冥纪。'作《苻子》数十篇行于世，亦《老》、《庄》之流也。"

苻朗卒，生年不详。朗字元达，略阳临渭氐人，苻坚从兄之子。性宏达，神气爽迈。征拜镇东将军、青州刺史、封乐安男。在任耽玩经籍，手不释卷，每谈虚语玄，不觉日之将夕；登山涉水，不知老之将至。晋孝武帝命为员外散骑侍郎。朗既至扬州，风流迈于一时，超然自得，志陵万物，所与悟言，不过一二人而已。后数年，王国宝谮而杀之。临刑，志色自若，作《临终诗》。《隋书》卷三四《经籍志三》著录《苻子》20卷，东晋员外郎苻朗撰。其言近于老庄，今佚。逯钦立《晋诗》卷一四载其诗2首。严可均《全晋文》卷一五二辑其遗文1卷。事迹见《晋书》卷一一四。

晋太元十五年　北魏登国五年　前秦太初五年
后燕建兴五年　后秦建初五年　西秦太初三年
后凉麟嘉二年　西燕中兴五年　庚寅　390年

是年,晋司马道子恃宠乘酒,时失礼敬。孝武帝愈益不满。

按:《晋书》卷六四《司马道子传》曰:"又道子既为皇太妃所爱,亲遇同家人之礼,遂恃宠乘酒,时失礼敬。帝益不能平,然以太妃之故,加崇礼秩。博平令吴兴闻人奭上疏曰……疏奏,帝益不平,而逼于太妃,无所废黜,乃出王恭为兖州,殷仲堪为荆州,王珣为仆射,王雅为太子少傅,以张王室,而潜制道子也。道子复委任王绪,由是朋党竞扇,友爱道尽。太妃每和解之,而道子不能改。"王恭是年为兖州刺史,殷仲堪太元十七年为荆州刺史。

孙潜上孙盛所作《晋阳秋》。

按:孙潜为孙盛之子,上盛所作《晋阳秋》。严可均《全晋文》卷一一载孝武帝《答孙潜诏》曰:"得上故秘书监所著书,省以慨然。远模前典,宪章在昔,一代之事,辄敕纳之秘阁,以贻于后。"严注曰:"释藏给三《集古今佛道论衡实录》一。孙盛子潜,以晋太元十五年上之,诏。"

王恭二月辛巳为都督青兖幽并冀五州诸军事、前将军、青兖二州刺史,以为藩屏(《晋书》卷九《孝武帝纪》、卷八四《王恭传》)。

王珣为尚书仆射。

按:《晋书》卷九《孝武帝纪》载,是年"九月丁未,以吴郡太守王珣为尚书仆射"。卷六五《王珣传》曰:"时帝雅好典籍,珣与殷仲堪、徐邈、王恭、郗恢等并以才学文章见昵于帝。及王国宝自媚于会稽王道子,而与珣等不协,帝虑晏驾后怨隙必生,故出恭、恢为方伯,而委珣端右。"

戴逵复辞王珣征辟。

按:《晋书》卷九四《戴逵传》曰:"后王珣为尚书仆射,上疏复请征为国子祭酒,加散骑常侍,征之,复不至。"

徐邈约是年为太子前卫率,领本郡大中正,授太子经。

按:《晋书》卷九一《徐邈传》曰:"时皇太子尚幼,帝甚钟心,文武之选皆一时之俊。以邈为前卫率,领本郡大中正,授太子经。帝谓邈曰:'虽未敕以师礼相待,然不以博士相遇也。'古之帝王,受经必敬,自魏晋以来,多使微人教授,号为博士,不复尊以为师,故帝有云。"《晋书》卷二〇《礼志中》曰:"孝武帝太元十五年,淑媛陈氏卒,皇太子所生也。有司参详母以子贵,赠淑媛为夫人,置家令典丧事。太子前卫率徐邈议……"邈为太子前卫率时间不详,至迟本年已任,姑系是年。

殷仲堪约是年为太子中庶子,复领黄门郎,宠任转隆。

按:《晋书》卷八四《殷仲堪传》曰:"居丧哀毁,以孝闻。服阕,孝武帝召为太子

罗马毁德尔斐神庙。

君士坦丁堡凯旋门约建于此时。

中庶子,甚相亲爱。仲堪父尝患耳聪,闻床下蚁动,谓之牛斗。帝素闻之而不知其人。至是,从容问仲堪曰:'患此者为谁?'仲堪流涕而起曰:'臣进退惟谷。'帝有愧焉。复领黄门郎,宠任转隆。帝尝示仲堪侍,乃曰:'勿以己才而笑不才。'"张可礼《东晋文艺系年》曰:"以上诸事,时间不详。后年,仲堪任荆州刺史,姑系于此。"

徐邈作《王公妾子服其所生母议》。

按:《晋书》卷二〇《礼志中》曰:"孝武帝太元十五年,淑媛陈氏卒,皇太子所生也。有司参详母以子贵,赠淑媛为夫人,置家令典丧事。太子前卫率徐邈议:'《丧服传》称与尊者为体,则不服其私亲。又,君父所不服,子亦不敢服。故王公妾子服其所生母练冠麻衣,既葬而除,非五服之常,则谓之无服。'从之。"

闻人奭作《上疏劾茹千秋等》。

按:文见《晋书》卷六四《司马道子传》。参见是年"是年,晋司马道子恃宠乘酒,时失礼敬。孝武帝愈益不满"条。

王嘉卒,生年不详。嘉字子年,陇西安阳人。前秦文人,系方士。初隐于安阳之东阳谷,凿岩穴居。后赵石虎末,弃其徒众,至长安,隐于终南山。其徒闻而复至,乃迁于倒兽山。前秦苻坚累征不就,公侯以下,咸躬往参诣。能预卜吉凶。后秦姚苌入长安,逼嘉自随。苌问嘉自己能杀坚得天下否,嘉答"略得之",有失苌意,为苌所杀。嘉曾作《拾遗记》,为志怪小说集。《晋书》本传著录为《拾遗录》10卷,《隋书》卷三三《经籍志二》著录《拾遗录》2卷,伪秦姚苌方士王子年撰。《王子年拾遗记》10卷,萧绮撰。萧绮撰10卷本可能经萧氏整理,内容多宣传神仙方术。逯钦立《晋诗》卷一四载其诗7首。事迹见《晋书》卷九五《艺术传》。

谢晦(—426)、殷景仁(—440)、刁雍(—484)、高允(—487)生。

晋太元十六年　北魏登国六年　前秦太初六年
后燕建兴六年　后秦建初六年　西秦太初四年
后凉麟嘉三年　西燕中兴六年　辛卯　391年

罗马焚亚历山大城图书馆,毁赛拉皮斯神殿。

正月庚申,晋改筑太庙(《晋书》卷九《孝武帝纪》)。

王珣为尚书左仆射(《晋书》卷九《孝武帝纪》)。
谢琰为尚书右仆射(《晋书》卷九《孝武帝纪》)。
徐广为秘书郎,校书秘阁。

按:《宋书》卷五五《徐广传》曰:"晋孝武帝以广博学,除为秘书郎,校书秘阁,增置职僚。"《建康实录》卷九《烈宗孝武皇帝》曰:"(是年)春正月,诏徐广校秘阁四部,

晋太元十六年　北魏登国六年　前秦太初六年　后燕建兴六年　后秦建初六年　西秦太初四年
后凉麟嘉三年　西燕中兴六年　辛卯　391年

见书几三万六千卷。"

桓伊卒前有马步铠六百领,豫为表,令死乃上之。

按：《晋书》卷八一《桓伊传》曰："在任累年,征拜护军将军。以右军府千人自随,配护军府。卒官。赠右将军,加散骑常侍,谥曰烈。初,伊有马步铠六百领,豫为表,令死乃上之。表曰:'……谨奉输马具装百具、步铠五百领,并在寻阳,请勒所属领受。'诏曰:'伊忠诚不遂,益以伤怀,仍受其所上之铠。'"《建康实录》卷九《烈宗孝武皇帝》系桓伊卒于是年十一月。

桓玄年二十三始拜太子洗马。

按：《晋书》卷九九《桓玄传》曰："及长,形貌瑰奇,风神疏朗,博综艺术,善属文。常负其才地,以雄豪自处,众咸惮之,朝廷亦疑而未用。年二十三,始拜太子洗马,时议谓温有不臣之迹,故折玄兄弟而为素官。"

释慧远请罽宾僧僧伽提婆至庐山译经,江州刺史王凝之等参与其事。

按：《高僧传》卷六《慧远传》曰："初经流江东,多有未备,禅法无闻,律藏残阙。远慨其道缺,乃令弟子法净、法领等,远寻众经。逾越沙雪,旷岁方反,皆获梵本,得以传译。昔安法师在关,请昙摩难提出《阿毗昙心》,其人未善晋言,颇多疑滞。后有罽宾沙门僧伽提婆,博识众典,以晋太元十六年,来至寻阳。远请重译《阿毗昙心》及《三法度论》,于是二学乃兴,并制序标宗,贻于学者。"卷一《僧伽提婆传》曰："姚兴王秦,法事甚盛。于是法和入关,提婆渡江。先是,庐山慧远法师,翘勤妙典,广集经藏,虚心侧席,延望远宾。闻其至止,即请入庐岳。以晋太元中请出《阿毗昙心》及《三法度》等。提婆乃于般若台,手执梵文,口宣晋语,去华存实,务尽义本。今之所传盖其文也。"《出三藏记集》卷九《阿毗昙心序》(作者不详)云："以晋泰元十六年,岁在单阏,贞于重光。其年冬于寻阳南山精舍,提婆自执胡经,先诵本文,然后乃译为晋语,比丘道慈笔受。至来年秋,复重与提婆校正,以为定本。时众僧上座竺僧根、支僧纯等八十八人,地主江州刺史王凝之、优婆塞西阳太守任固之为檀越,并共劝佐而兴立焉。"

桓伊作《上马具装步铠表》。

按：文见《晋书》卷八一《桓伊传》。参见是年"桓伊卒前有马步铠六百领,豫为表,令死乃上之"条。

段业作《九叹》及《七讽》16篇。

按：《晋书》卷一二二《吕光载记》曰："张掖督邮傅曜考核属县,而丘池令尹兴杀之,投诸空井,曜见梦于光曰:'臣张掖郡小吏,案校诸县,而丘池令尹兴赃状狼藉,惧臣言之,杀臣投于南亭空井中。臣衣服形状如是。'光寤而犹见,久之乃灭。遣使覆之如梦,光怒,杀兴。著作郎段业以光未能扬清激浊,使贤愚殊贯,因疗疾于天梯山,作表志诗《九叹》、《七讽》十六篇以讽焉。光览而悦之。"诗已佚。《十六国春秋辑补》卷八二《后凉录二·吕光录》系于是年二月。

徐邈作《答傅瑗移庙主仪问》、《答傅瑗告礼问》及《答伏系告礼问》。

按：《答傅瑗移庙主仪问》见《通典》卷四八曰："东晋孝武太元十六年,改新太庙,立行庙,移神主。祠部郎傅瑗问徐邈其仪。答曰……"

《答傅瑗告礼问》及《答伏系告礼问》见《通典》卷五五曰："孝武帝太元十六年,告移庙奠币。祠部郎傅瑗问徐邈:'应设奠否?'邈答曰……伏系问:'宣后移庙,为但告东庙,亦告太庙耶?'徐邈答……"

罽宾僧僧伽提婆出《阿毗昙心》4卷及《三法度》2卷。

按：《出三藏记集》卷二曰："《阿毗昙心》四卷，晋太元十六年在庐山为远公译出。《三法度》二卷，同以太元十六年于庐山出。"参见是年"释慧远请罽宾僧僧伽提婆至庐山译经，江州刺史王凝之等参与其事"条。

释慧远作《阿毗昙心序》。

按：文见《出三藏记集》卷一〇，曰："《阿毗昙心》者，三藏之要颂，咏歌之微言，管统众经，领其宗会，故作者以心为名焉。有出家开士，字曰法胜，渊识远鉴，探深研机，龙潜赤泽，独有其明。其人以为《阿毗昙经》源流广大，难卒寻究，非赡智宏才，莫能毕综。是以探其幽致，别撰斯部，始自《界品》，讫于《问论》，凡二百五十偈，以为要解，号之曰心。……罽宾沙门僧伽提婆，少玩兹文，味之弥久，兼宗匠本，正关入神，要其人情悟所参，亦已涉其律矣。会遇来游，因请令译。提婆乃手执梵本，口宣晋言，临文诚惧，一章三复。远亦宝而重之，敬慎无违。然方言殊韵，难以曲尽，傥或失当，俟之来贤，幸诸明哲，正其大谬。"文后有"晋泰元十六年出"句。

僧竺佛念译《王子法益坏目因缘经》。

按：《出三藏记集》卷七竺佛念《王子法益坏目因缘经序》曰："故请天竺沙门昙摩难提出斯缘本。秦建初六年，岁在辛卯，于安定城，二月十八日出，至二十五日乃讫。胡本三百四十三首卢也，传为汉文一万八百八十言。佛念译音，情义实难。或离文而就义，或正滞而傍通，或取解于诵人，或事略而曲备。"

桓伊卒，生年不详。伊字叔夏，谯国铚人。有武干，标悟简率，为王濛、刘惔所知，频参诸府军事，累迁大司马参军。后授伊淮南太守。以绥御有方，进督豫州之十二郡扬州之江西五郡军事、建威将军、历阳太守，淮南如故。与谢玄、谢琰俱破苻坚于肥水，以功封永修县侯，进号右军将军。桓冲卒，迁都督江州荆州十郡豫州四郡军事、江州刺史，将军如故。在任累年，征拜护军将军。卒官。赠右将军，加散骑常侍，谥曰烈。伊性谦素，虽有大功，而始终不替。善音乐，尽一时之妙，为江左第一。严可均《全晋文》卷一三二载其文2篇。事迹见《晋书》卷八一。

晋太元十七年　北魏登国七年　前秦太初七年
后燕建兴七年　后秦建初七年　西秦太初五年
后凉麟嘉四年　西燕中兴七年　壬辰　392年

阿波加斯特弑瓦伦蒂尼安二世。

罗马立基督教为国教。

八月，后凉吕光部将攻西秦乞伏乾归，大败而还（《资治通鉴》卷一〇八《晋纪三十》）。

十一月庚寅，晋司马道子封会稽王。

按：《晋书》卷九《孝武帝纪》曰："（是年）十一月庚寅，徙封琅邪王道子为会稽王，封皇子德文为琅邪王。"卷六四《会稽文孝王道子传》曰："及恭帝为琅邪王，道子受封会稽国，并宣城为五万九千户。"

晋太元十七年　北魏登国七年　前秦太初七年　后燕建兴七年　后秦建初七年　西秦太初五年
后凉麟嘉四年　西燕中兴七年　壬辰　392年

是年，后秦置学官。

按：《十六国春秋辑补》卷五〇《后秦录二·姚苌录》曰："（建初）七年，苌下书令留台诸镇，各置学官，勿有所废。考试优劣，随才擢叙。"

殷仲堪为都督荆益梁三州诸军事、荆州刺史，镇江陵，居上流之重。

按：《晋书》卷九《孝武帝纪》载，是年"十一月癸酉，以黄门郎殷仲堪为都督荆益梁三州诸军事、荆州刺史"。卷八四《殷仲堪传》曰："帝以会稽王非社稷之臣，擢所亲幸以为藩捍，乃授仲堪都督荆益宁三州军事、振威将军、荆州刺史、假节，镇江陵。将之任，又诏曰：'卿去有日，使人酸然……'其恩狎如此。……及在州，纲目不举，而好行小惠，夷夏颇安附之。"

桓玄出补义兴太守，弃官归国。

按：《晋书》卷九九《桓玄传》曰："太元末，出补义兴太守，郁郁不得志。尝登高望震泽，叹曰：'父为九州伯，儿为五湖长！'弃官归国。自以元勋之门而负谤于世，乃上疏曰……疏寝不报。"《建康实录》卷九《烈宗孝武皇帝》系玄义兴太守为太元十七年九月。

尼妙音为桓玄说晋孝武帝以殷仲堪为荆州刺史。

按：《比丘尼传》卷一《妙音传》曰："妙音，未详何许人也。晋孝武帝、太傅会稽王道子并相敬奉。每与帝及太傅中朝学士谈论属文。一时内外才义者，因之以自达。……荆州刺史王忱死，烈宗意欲以王恭代之。……玄知仲堪弱才，亦易制御，意欲得之。乃遣使凭妙音尼为堪图州。既而烈宗问妙音尼：'荆州缺，外闻云谁应作者？'答曰：'贫道出家人，岂容及俗中论议。如闻内外谈者，并云无过殷仲堪，以其意虑深远，荆、楚所须。'帝然之，遂以代忱。权倾一朝，威行内外。"

王珣以殷仲堪出任荆州刺史为亡国之征。

按：《世说新语·识鉴第七》曰："……晋孝武欲拔亲近腹心，遂以殷荆州。事定，诏未出。王珣问殷曰：'陕西何故未有处分？'殷曰：'已有人。'王历问公卿，咸云非。王自计才地，必应在己，复问：'非我邪？'殷曰：'亦似非。'其夜诏出用殷。王语所亲曰：'岂有黄门郎而受如此任！仲堪此举乃是国之亡征。'"

王雅议王恭、殷仲堪，以为不可大任，有识之士称其知人（《晋书》卷八三《王雅传》）。

范泰为骠骑谘议参军，迁中书侍郎。谏司马元显。

按：《宋书》卷六〇《范泰传》曰："会（王）忱病卒。召泰为骠骑谘议参军，迁中书侍郎。时会稽王世子元显专权，内外百官请假，不复表闻，唯签元显而已。泰建言以为非宜，元显不纳。"

裴松之拜殿中将军，以参顾问。

按：《宋书》卷六四《裴松之传》曰："博览坟籍，立身简素。年二十，拜殿中将军。此官直卫左右，晋孝武太元中革选名家以参顾问，始用琅邪王茂之、会稽谢𫐄，皆南北之望。"

殷仲文约是年为会稽王司马道子骠骑参军。

按：《晋书》卷九九《殷仲文传》曰："殷仲文，南蛮校尉觊之弟也。少有才藻，美容貌。从兄仲堪荐之于会稽王道子，即引为骠骑参军，甚相赏待。"司马道子是年被封为会稽王，姑系是年。

祖台之约是年被免官。

按：台之事迹不详。《晋书》卷七五《祖台之传》曰："祖台之，字元辰，范阳人也。官至侍中、光禄大夫。撰志怪，书行于世。"同卷《王国宝传》曰："后骠骑参军王徽请国宝同宴，国宝素骄贵使酒，怒尚书左丞祖台之，攘袂大呼，以盘盏乐器掷台之，台之不敢言，复为粲所弹。……并坐免官。"台之免官事叙于王国宝弟王忱卒后，姑系是年。

释慧远与殷仲堪论《易》体要，移景不倦。

按：《高僧传》卷六《慧远传》曰："殷仲堪之荆州，过山展敬，与远共临北涧论《易》体要，移景不倦。既而叹曰：'识信深明，实难为度。'"

桓玄作《上疏理谤》。

按：文见《晋书》卷九九《桓玄传》。参见是年"桓玄出补义兴太守，弃官归国"条。

范宁作《为豫章郡表》。

按：严可均《全晋文》卷一二五有辑。中曰："县厅事前二丈陆地生莲华，入冬死，十六年更生四枝，今年三月，复生故处，繁殖转多，华有二十五枝，鲜明可爱，有异常莲。"此表盖作于是年。

时有《云中诗》。

按：《晋书》卷六四《会稽文孝王道子传》曰："时有人为《云中诗》以指斥朝廷曰：'相王沈醉，轻出教命。捕贼千秋，干豫朝政。王恺守常，国宝驰竞。荆州大度，散诞难名；盛德之流，法护、王宁、仲堪、仙民，特有言咏；东山安道，执操高抗，何不征之，以为朝匠？'荆州，谓王忱也；法护，即王珣；宁，即王恭；仙民，即徐邈字；安道，戴逵字也。"本传录此诗后即叙"恭帝为琅邪王，道子受封会稽国"事，司马道子是年十一月封会稽王。此诗反映了是年前后的朝廷政治，姑系是年。

王忱卒，生年不详。忱字元达，一字黄昙子，小字佛大，晋阳人。王坦之第四子。弱冠知名，与王恭、王珣俱流誉一时。历位骠骑长史。太元中，出为荆州刺史、都督荆益宁三州军事、建武将军、假节。性任达不拘，末年尤嗜酒。卒官，追赠右将军，谥曰穆。《隋书》卷三五《经籍志四》著录右将军《王忱集》5卷，录1卷，亡。严可均《全晋文》卷二九载其文1篇。事迹见《晋书》卷七五。

谢弘微（—433）生。

晋太元十八年　北魏登国八年　前秦太初八年
后燕建兴八年　后秦建初八年　西秦太初六年
后凉麟嘉五年　西燕中兴八年　癸巳　393年

蛮族人斯提利科任罗马军队首席司令官。

罗马废奥林匹亚竞技会。

陶潜初仕，起为江州祭酒。未几辞归。

按：宋吴仁杰《陶靖节先生年谱》曰："是岁为江州祭酒，未几辞归。州复以主簿召,不就。《饮酒》诗云:'畴昔苦长饥,投耒去学仕。'又云:'是时向立年。'盖先生以二十九岁始出仕,实癸巳岁也。本传云:'亲老家贫,起为州祭酒,不堪吏职,少日,自解归。'此《饮酒》诗下句所谓'拂衣归田里'者也。"

桓玄与殷仲堪终日谈论不辍。

按:《世说新语·文学第四》曰:"桓南郡与殷荆州共谈,每相攻难。年余后,但一两番。桓自叹才思转退。殷云:'此乃是君转解。'"刘孝标注引周祗《隆安记》曰:"玄善言理,弃郡还国,常与殷荆州仲堪终日谈论不辍。"桓玄上年弃郡还国,暂系是年。

宗炳辞荆州刺史殷仲堪辟。

按:《宋书》卷九三《宗炳传》曰:"宗炳字少文,南阳涅阳人也。……炳居丧过礼,为乡闾所称。刺史殷仲堪、桓玄并辟主簿,举秀才,不就。"

晋太元十九年　北魏登国九年　前秦苻崇延初元年
后燕建兴九年　后秦姚兴皇初元年　西秦太初七年
后凉麟嘉六年　西燕中兴九年　甲午　394年

五月,后秦姚兴即皇帝位,改元皇初(《资治通鉴》卷一〇八《晋纪三十》)。

七月,后秦姚兴杀前秦苻登。太子崇奔湟中,即皇帝位,改元延初。十月,崇为西秦乞伏乾归斩杀,前秦亡(《资治通鉴》卷一〇八《晋纪三十》)。

按:前秦共历6主,42年。

八月,后燕主慕容垂击杀西燕慕容永于长子,西燕亡(《资治通鉴》卷一〇八《晋纪三十》)。

按:西燕共历7主,11年。

赵整于前秦亡后隐于商洛山,著书不辍。

按:《史通》外篇《古今正史第二》曰:"先是,秦秘书郎赵整修撰国史,值秦灭,隐于商洛山,著书不辍,有冯翊车频助其经费。"

范宁约是年遭江州刺史王凝之弹劾。

按:《晋书》卷七五《范宁传》曰:"宁在郡又大设庠序,遣人往交州采磬石,以供学用,改革旧制,不拘常宪。远近至者千余人,资给众费,一出私禄。并取郡四姓子弟,皆充学生,课续五经。又起学台,功用弥广,江州刺史王凝之上言曰:'豫章郡居此州之半。太守臣宁入参机省,出宰名郡,而肆其奢浊,所为狼籍。郡城先有六门,宁悉改作重楼,复更开二门,合前为八。私立下舍七所。臣伏寻宗庙之设,各有品秩,而宁自置家庙。又下十五县,皆使左宗庙,右社稷,准之太庙,皆资人力,又夺人居宅,工夫万计。宁若以古制宜崇,自当列上,而敢专辄,惟在任心。州既闻知,既符从事,制不复听。而宁严威属县,惟令速立。愿出臣表下太常,议之礼典。'诏曰:'汉宣云:"可与共治天下者,良二千石也。"若范宁果如凝之所表者,岂可复宰郡乎!'以此抵罪。子泰时为天门太守,弃官称诉。帝以宁所务惟学,

斯提利科杀阿波加斯特及尤吉尼乌斯。

事久不判。会赦，免。"

释慧持约是年为范宁所请，讲《法华》、《毗昙》。

按：《高僧传》卷六《慧持传》曰："释慧持者，慧远之弟也。冲默有远量……少时豫章太守请讲《法华》、《毗昙》，于是四方云聚，千里遥集。王珣与范宁书云：'远公、持公孰愈？'范答书云：'诚为贤兄弟也。'王重书曰：'但令如兄，诚未易有。况复弟贤耶！'"《世说新语·言语第二》曰："范宁作豫章，八日请佛有板。众僧疑，或欲作答。有少沙弥在坐末曰：'世尊默然，则为许可。'众从其义。"余嘉锡案："范武子湛深经术，粹然儒者。尝深疾浮虚，谓王弼、何晏之罪，深于桀、纣。其识高矣。而亦拜佛讲经，皈依彼法。盖南北朝人，风气如此。韩昌黎所谓不入于老，则入于佛也。《辩正论》七《信毁交报篇》、陈子良注引《孔琼别传》云'吏部尚书孔琼，字彦宝，素不信佛。因与范泰四月八日至瓦官寺共放生忏悔，死后数旬，托梦与兄子云'吾本不信佛，因与范泰放生，乘一善力，今得脱苦云云'。泰即宁之子，《宋书》本传言其暮年事佛甚精。今观此事，始知范氏不惟世奉三宝，乃至八日请佛，亦复传为家风。其行持之笃如此。然则彼之著论诋毁王、何，殆犹不免入主为奴之见也乎。"

晋群臣作《木连理颂》2卷。

按：《隋书》卷三五《经籍志四》著录梁有《木连理颂》二卷，太元十九年群臣上，亡。

徐邈作《议郑太后不应配食元帝》及《褚爽上表称太子名议》。

按：《议郑太后不应配食元帝》见《晋书》卷三二《简文宣郑太后传》曰："太元十九年，孝武帝下诏曰：'会稽太妃文母之德，徽音有融，诞载圣明，光延于晋。……今仰奉遗旨，依《阳秋》二汉孝怀皇帝故事，上太妃尊号曰简文太后。'于是立庙于太庙路西，陵曰嘉平。时群臣希旨，多谓郑太后应配食于元帝者。帝以问太子前率徐邈，邈曰……从之。"《褚爽上表称太子名议》见《通典》卷一〇四曰："东晋孝武太元十九年七月，义兴太守褚爽上表称太子名，下太学议。助教臧焘议……徐乾议……徐邈议云……"

司马道子作《请崇正文立太妃名号启》。

按：文见《晋书》卷三二《孝武文李太后传》曰："及孝武帝初即位，尊为淑妃。……十二年，加为皇太妃，仪服一同太后。十九年，会稽王道子启：'……宜崇正名号，详案旧典。'八月辛巳，帝临轩，遣兼太保刘耽尊为皇太后，称崇训宫。"

王凝之作《劾范宁表》。

按：文见《晋书》卷七五《范宁传》。参见是年"范宁约是年遭江州刺史王凝之弹劾"条。

后凉时有《西海民谣》。

按：《十六国春秋辑补》卷八二《后凉录二·吕光录》曰："（麟嘉）六年，初，光徙西海郡人于诸郡，至是谣曰：'朔马心何悲，念旧心中劳。燕雀何徘徊，意欲还故巢。'顷之，遂相扇动，复徙之于河西乐都。"

王昙首（ —430）、天竺僧求那跋陀罗（ —468）、徐爰（ —475）生。

晋太元二十年　北魏登国十年　后燕建兴十年　后秦皇初二年　西秦太初八年　后凉麟嘉七年　乙未　395年

三月,晋皇太子出就东宫(《资治通鉴》卷一〇八《晋纪三十》)。

王雅领太子少傅。

按:《资治通鉴》卷一〇八曰:"(是年三月)皇太子出就东宫,以丹杨尹王雅领少傅。"《晋书》卷八三《王雅传》曰:"会稽王道子领太子太傅,以雅为太子少傅。"

王珣复领太子詹事(《晋书》卷六五《王珣传》)。

戴颙遭父忧。并传父琴书。

按:《宋书》卷九三《戴颙传》曰:"戴颙,字仲若,谯郡铚人也。父逵,兄勃,并隐遁有高名。颙年十六,遭父忧,几于毁灭,因此长抱羸患。以父不仕,复修其业。父善琴书,颙并传之,凡诸音律,皆能挥手。会稽剡县多名山,故世居剡下。颙及兄勃,并受琴于父。父没,所传之声,不忍复奏,各造新弄,勃五部,颙十五部。颙又制长弄一部,并传于世。中书令王绥常携宾客造之,勃等方进豆粥,绥曰:'闻卿善琴,试欲一听。'不答,绥恨而去。"张可礼《东晋文艺系年》曰:"据《宋书》卷九三《戴颙传》载颙卒年及《晋书》卷九四《戴逵传》记逵卒于太元二十年推之,逵卒时,颙年应为十八,本传云'年十六',当误。"

顾恺之约是年为殷仲堪参军。与桓玄、殷仲堪共作了语、危语。

按:《晋书》卷九二《顾恺之传》曰:"恺之好谐谑,人多爱狎之。后为殷仲堪参军,亦深被眷接。仲堪在荆州,恺之尝因假还,仲堪特以布帆借之,至破冢,遭风大败。恺之与仲堪笺曰:'地名破冢,真破冢而出。行人安稳,布帆无恙。'还至荆州,人问以会稽山川之状。恺之云:'千岩竞秀,万壑争流。草木蒙笼,若云兴霞蔚。'桓玄时与恺之同在仲堪坐,共作了语。恺之先曰:'火烧平原无遗燎。'玄曰:'白布缠根树旒旐。'仲堪曰:'投鱼深泉放飞鸟。'复作危语。玄曰:'矛头淅米剑头炊。'仲堪曰:'百岁老翁攀枯枝。'有一参军云:'盲人骑瞎马临深池。'仲堪眇目,惊曰:'此太逼人!'因罢。恺之每食甘蔗,恒自尾至本。人或怪之,云:'渐入佳境。'尤善丹青,图写特妙,谢安深重之,以为有苍生以来未之有也。恺之每画人成,或数年不点目精。人问其故,答曰:'四体妍蚩,本无阙少于妙处,传神写照,正在阿堵中。'尝悦一邻女,挑之弗从,乃图其形于壁,以棘针钉其心,女遂患心痛。恺之因致其情,女从之,遂密去针而愈。恺之每重嵇康四言诗,因为之图,恒云:'手挥五弦易,目送归鸿难。'每写起人形,妙绝于时。尝图裴楷象,颊上加三毛,观者觉神明殊胜。又为谢鲲象,在石岩里,云:'此子宜置丘壑中。'欲图殷仲堪,仲堪有目病,固辞。恺之曰:'明府正为眼耳,若明点瞳子,飞白拂上,使如轻云之蔽月,岂不美乎!'仲堪乃从之。恺之尝以一厨画糊题其前,寄桓玄,皆其深所珍惜者。玄乃发其厨后,窃取画,而缄闭如旧以还之,绐云未开。恺之见封题如初,但失其画,直云妙画通灵,变化而去,亦犹人之登仙,了无怪色。恺之矜伐过实,少年因相称誉以为戏弄。又为吟咏,自谓得先贤风

狄奥多西一世皇帝卒。东西罗马帝国始分。

西哥特人侵希腊,入比雷埃夫斯、科林斯、麦加拉诸城。

奥古斯丁始任北非希波城主教。

制。或请其作洛生咏，答曰：'何至作老婢声！'"以上恺之事具体年月不详，一并系于是。

殷仲堪因是年水灾，堤防不严，复降为宁远将军。

按：《晋书》卷八四《殷仲堪传》曰："仲堪自在荆州，连年水旱，百姓饥馑，仲堪食常五碗，盘无余肴，饭粒落席间，辄拾以啖之，虽欲率物，亦缘其性真素也。每语子弟云：'人物见我受任方州，谓我豁平昔时意，今吾处之不易。贫者士之常，焉得登枝而捐其本？尔其存之！'其后蜀水大出，漂浮江陵数千家。以堤防不严，复降为宁远将军。"《晋书》卷九《孝武帝纪》："夏六月，荆、徐二州大水。"殷仲堪降为宁远将军应在是年六月大水后。

司马道子、王雅、王珣作《请征戴逵疏》。

按：文见《晋书》卷九四《戴逵传》曰："后王珣为尚书仆射，上疏复请征为国子祭酒，加散骑常侍，征之，复不至。太元二十年，皇太子始出东宫，太子太傅会稽王道子、少傅王雅、詹事王珣又上疏曰：'逵执操贞厉，含味独游，年在耆老，清风弥劭。东宫虚德，式延事外，宜加旌命，以参僚侍。逵既重幽居之操，必以难进为美，宜下所在备礼发遣。'会病卒。"

桓玄约是年作《四皓论》。

按：此文约著于是年前后。文见《晋书》卷八四《殷仲堪传》曰："桓玄在南郡，论四皓来仪汉庭，孝惠以立，而惠帝柔弱，吕后凶忌，此数公者，触彼埃尘，欲以救弊。二家之中，各有其党，夺彼与此，其仇必兴。不知匹夫之志，四公何以逃其患？素履终吉，隐以保生者，其若是乎！以其文赠仲堪。仲堪乃答之曰：'隐显默语，非贤达之心，盖所遇之时不同，故所乘之途必异。道无所屈而天下以之获宁，仁者之心未能无感。若夫四公者，养志岩阿，道高天下，秦网虽虐，游之而莫惧，汉祖虽雄，请之而弗顾，徒以一理有感，泛然而应，事同宾客之礼，言无是非之对，孝惠以之获安，莫由报其德，如意以之定藩，无所容其怨……'玄屈之。"玄与仲堪共论四皓，《殷仲堪传》系于殷仲堪降为宁远将军前，姑系于是。

殷仲堪作《答桓玄四皓论》。

按：文见《晋书》卷八四《殷仲堪传》。参见是年"桓玄约是年作《四皓论》"条。

奥索尼乌斯卒（310？— ）。罗马诗人，修辞学家。

阿米阿努斯·马尔切利努斯卒（330？— ）。罗马历史学家。

戴逵卒（330？— ）。逵字安道，谯国铚人。性高洁，绝意仕进，朝廷屡以束帛征之，皆不就，蔑视王侯。后徙居会稽剡县。逵善琴、文章、绘画、雕塑。曾为会稽山阴灵宝寺作木雕无量寿佛一尊、胁持菩萨二尊，首创干漆夹纻雕塑法，其艺术成就，绝妙当时。《隋书》卷三二至三十五著录《五经大义》3卷、《竹林七贤论》2卷、《老子音》1卷、《戴逵集》9卷，皆佚。严可均《全晋文》卷一三七载其文20篇、《竹林七贤论》佚文33条。事迹见《晋书》卷九四《隐逸传》。

释慧果（ —470）生。

晋太元二十一年　北魏皇始元年　后燕慕容宝永康元年
后秦皇初三年　西秦太初九年　后凉龙飞元年
丙申　396年

正月,晋造清暑殿(《晋书》卷九《孝武帝纪》)。

四月丁亥,后燕慕容垂卒,子慕容宝即位,改元永康(《资治通鉴》卷一〇八《晋纪三十》)。

六月,后凉吕光自称天王,国号凉,改元龙飞,史称"后凉"(《晋书》卷九《孝武帝纪》)。

七月,魏拓跋珪始建天子旌旗,改元皇始(《晋书》卷九《孝武帝纪》)。

八月己亥,魏大举讨后燕慕容宝(《晋书》卷九《孝武帝纪》)。

九月庚申,晋孝武帝被杀。皇太子德宗嗣,是为晋安帝(《晋书》卷九《孝武帝纪》)。

司马道子任太傅、摄政(《晋书》卷一〇《安帝纪》及卷六四《会稽文孝王道子传》)。

王恭欲举兵杀王国宝,被王珣劝止(《资治通鉴》卷一〇八)。

王珣著晋孝武帝哀策文,王诞增益。

按:《晋书》卷六五《王珣传》曰:"珣梦人以大笔如椽与之,既觉,语人云:'此当有大手笔事。'俄而帝崩,哀册谥议,皆珣所草。"《宋书》卷五二《王诞传》曰:"王诞字茂世,琅邪临沂人……诞少有才藻,晋孝武帝崩,从叔尚书令珣为哀策文,久而未就,谓诞曰:'犹少序节物一句。'因出本示诞。诞揽笔便益之,接其秋冬代变后云:'霜繁广除,风回高殿。'珣嗟叹清拔,因而用之。"

徐邈任骁骑将军。

按:《晋书》卷九一《徐邈传》曰:"虽在东宫,犹朝夕入见,参综朝政,修饰文诏,拾遗补阙,劬劳左右。帝嘉其谨密,方之于金霍,有托重之意,将进显位,未及行而帝暴崩。安帝即位,拜骁骑将军。"

殷仲堪进号冠军将军,固让不受。

按:《晋书》卷八四《殷仲堪传》曰:"安帝即位,进号冠军将军,固让不受。"

崔玄伯任黄门侍郎,与张衮对总机要,草创制度。

按:《魏书》卷二四《崔玄伯传》曰:"太祖征慕容宝,次于常山,玄伯弃郡,东走海滨。太祖素闻其名,遣骑追求,执送于军门,引见与语,悦之,以为黄门侍郎,与张衮对总机要,草创制度。"

刘遗民隐居庐山,有终焉之志。

按:《广弘明集》卷二七慧远《与隐士刘遗民等书》中曰:"彭城刘遗民,以晋太元中除宜昌、柴桑二县令,值庐山灵邃,足以往而不反,遇沙门释慧远,可以服膺,丁母

西哥特人毁希腊斯巴达城。

忧,去职入山,遂有终焉之志。于西林涧北,别立禅坊,养志闲处,安贫不营货利。是时闲退之士轻举而集者,若宗炳、张野、周续之、雷次宗之徒,咸在会焉。遗民与群贤游处,研精玄理,以此永日。……在山一十五年,自知亡日,与众别已,都无疾苦,至期西面端坐,敛手气绝。年五十有七。"遗民卒于义熙六年(410年),以在山十五年上推,应在是年隐居庐山。

司马道子作《皇太子纳妃启》及《命谒陵》。

按:《皇太子纳妃启》见《太平御览》卷一四九曰:"《东宫旧事》曰:司徒会稽王道子等启曰……太元二十一年,皇太子纳妃琅琊临沂王氏,时年十四。王隐《晋书》曰:安僖皇后王氏,字神受,太常王献之女,新安公主生,即安帝姑也。孝武帝以后少孤,无兄弟,故为安帝纳为太子妃。"《命谒陵》见《宋书》卷一五《礼志二》曰:"至孝武崩,骠骑将军司马道子命曰:'今虽权制释服,至于朔望诸节,自应展情陵所,以一周为断。'"

王珣作《孝武帝哀策文》(《艺文类聚》卷一三)。

后燕有《大风歌》。

按:《晋书》卷一二七《慕容德载记》曰:"时魏师入中山,慕容宝出奔于蓟,慕容详又僭号。会刘藻自姚兴而至,兴太史令高鲁遣其甥王景晖随藻送玉玺一纽,并图识秘文,曰:'有德者昌,无德者亡。德受天命,柔而复刚。'又有谣曰:'大风蓬勃扬尘埃,八井三刀卒起来,四海鼎沸中山颓,惟有德人据三台。'于是德之群臣议以慕容详僭号中山,魏师盛于冀州,未审宝之存亡,因劝德即尊号。德不从。会慕容达自龙城奔邺,称宝犹存,群议乃止。"

时有《孝武帝太元末京口谣》。

按:《晋书》卷二八《五行志中》曰:"孝武帝太元末,京口谣曰:'黄雌鸡,莫作雄父啼。一旦去毛衣,衣被拉飒栖。'寻而王恭起兵诛王国宝,旋为刘牢之所败,故言'拉飒栖'也。"

时有《历阳百姓歌》。

按:《晋书》卷二八《五行志中》曰:"庾楷镇历阳,百姓歌曰:'重罗黎,重罗黎,使君南上无还时。'后楷南奔桓玄,为玄所诛。"张可礼《东晋文艺系年》曰:"时间未详。《晋书》卷二八《五行志中》:……据此,《历阳百姓歌》当作于楷镇历阳后。又卷八四《庾楷传》:'初拜侍中,代兄准为西中郎将、豫州刺史、假节,镇历阳。隆安初,进号左将军。'本传叙楷镇历阳于隆安前,据此,《历阳百姓歌》当作于本年。"

僧竺昙无兰作《三十七品经》1卷及序。

按:《出三藏记集》卷二曰:"《三十七品经》一卷。晋太元二十年,岁在丙申,六月出。""太元二十年"应是"太元二十一年"之误。序见《出三藏记集》卷一〇,曰:"三十七品者,三世诸佛之舟舆,声闻、支佛亦皆乘之而得度,三界众生靡不载之……序二百六十五字,本二千六百八十五字,子二千九百七十字。凡五千九百二十字。除后六行八十字不在计中。晋泰元二十一年,岁在丙申,六月,沙门竺昙无兰在扬州谢镇西寺撰。"校勘记曰:"《法经录》六著录昙无兰撰《三十七品序》一卷。《长房录》七载东晋竺昙无兰译《三十七品经》一卷,此即其序。经佚。"

尼昙备卒(324—)。 本姓陶,丹阳建康人。事母至孝。少有清信,愿修正法,出家为尼。日夜修行,精勤无怠。晋穆帝礼接敬厚,皇后何氏为之立永安寺,声誉日广,远近投之者三百人。事迹见《比丘尼传》卷一。

许谦卒(334—)。谦字元逊,北魏代人。少有文才,善天文图谶之学。魏建国时,将家归附,擢为代王郎中令,兼掌文记。与燕凤俱授什翼犍子寔经书。什翼犍为苻坚所败,谦被迁至长安。及拓跋珪重建代国,谦归之,为右司马。后官至阳曲护军,赐爵平舒侯、安远将军。卒赠平东将军、左光禄大夫、幽州刺史、高阳公。严可均《全后魏文》卷二一载其文2篇。事迹见《魏书》卷二四。

释道䂮(—478)、释僧侯(—484)生。

晋安帝司马德宗隆安元年　北魏皇始二年
后燕永康二年　后秦皇初四年　西秦太初十年
后凉龙飞二年　南凉秃发乌孤太初元年
北凉段业神玺元年　丁酉　397年

正月己亥朔,晋安帝改元隆安(《晋书》卷一〇《安帝纪》)。

二月,秃发乌孤称西平王、大单于,改元太初,都西平,史称南凉(《资治通鉴》卷一〇九《晋纪三十一》)。

五月,匈奴沮渠男成起兵乐涫,推太守段业为主,称凉州牧、建康公,建元神玺,史称北凉(《资治通鉴》卷一〇九《晋纪三十一》)。

王恭举兵讨王国宝。

按:《晋书》卷一〇《安帝纪》曰:是年"夏四月甲戌,兖州刺史王恭、豫州刺史庾楷举兵,以讨尚书左仆射王国宝、建威将军王绪为名。甲申,杀国宝及绪以悦于恭,恭乃罢兵"。卷八四《王恭传》曰:"以恭为安北将军,不拜。乃谋诛国宝,遣使与殷仲堪、桓玄相结,仲堪伪许之。恭得书,大喜,乃抗表京师曰……表至,内外戒严。国宝及绪惶惧不知所为,用王珣计,请解职。道子收国宝,赐死,斩绪于市,深谢愆失,恭乃还京口。"

王珣迁尚书令。劝王国宝放兵权以迎王恭,国宝从之。

按:《晋书》卷一〇《安帝纪》曰:是年正月"以尚书右仆射王珣为尚书令"。卷六五《王珣传》曰:"隆安初,国宝用事,谋黜旧臣,迁珣尚书令。"卷七五《王国宝传》曰:"……而恭檄至,以讨国宝为名,国宝惶遽不知所为。绪说国宝,令矫道子命,召王珣、车胤杀之,以除群望,因挟主相以讨诸侯。国宝许之。珣、胤既至,而不敢害,反问计于珣。珣劝国宝放兵权以迎恭,国宝信之。"

司马道子稽首归政。杀王国宝、王绪以谢王恭。

按:《晋书》卷一〇《安帝纪》曰:是年正月"太傅、会稽王道子稽首归政"。卷六四《会稽文孝王道子传》曰:"帝既冠,道子稽首归政,王国宝始总国权,势倾朝廷。王恭乃举兵讨之。道子惧,收国宝付廷尉,并其从弟琅邪内史绪悉斩之,以谢于恭,恭

西罗马北非总督反。

西哥特人入东罗马帖萨利。

即罢兵。道子乞解中外都督、录尚书以谢方岳,诏不许。"

桓玄说殷仲堪推王恭为盟主以讨王国宝。任广州刺史,受命不行。

按:《晋书》卷九九《桓玄传》曰:"及中书令王国宝用事,谋削弱方镇,内外骚动,知王恭有忧国之言,玄潜有意于功业,乃说仲堪曰……仲堪持疑未决。俄而王恭信至,招仲堪及玄匡正朝廷。国宝既死,于是兵罢。玄乃求为广州……隆安初,诏以玄督交广二州、建威将军、平越中郎将、广州刺史、假节,玄受命不行。"

殷仲堪推王恭为盟主。闻王国宝诛,始抗表兴师。

按:《晋书》卷八四《殷仲堪传》曰:"桓玄将应王恭,乃说仲堪,推恭为盟主,共兴晋阳之举,立桓文之功,仲堪然之。仲堪……乃伪许恭,而实不欲下。闻恭已诛王国宝等,始抗表兴师,遣龙骧将军杨佺期次巴陵。会稽王道子遣书止之,仲堪乃还。"

殷觊谏殷仲堪毋预朝廷之事,仲堪不纳,觊托疾逊位。

按:《晋书》卷八三《殷觊传》曰:"殷觊,字伯通,陈郡人也。……觊性通率,有才气,少与从弟仲堪俱知名……及仲堪得王恭书,将兴兵内伐,告觊,欲同举。觊不平之,曰……仲堪要之转切,觊怒曰……仲堪甚以为恨。犹密谏仲堪,辞甚切至……知仲堪当逐异己,树置所亲,因出行散,托疾不还。""仲堪得王恭书,将兴兵内伐",系指共同举兵讨王国宝事,故系是年。

王廞以吴郡反,举兵讨王恭,为恭将刘牢之所败(《晋书》卷一〇《安帝纪》及卷六五《王荟传》)。

殷仲文为司马元显征虏长史。左迁新安太守。

按:《晋书》卷九九《殷仲文传》曰:"后为元显征虏长史。会桓玄与朝廷有隙,玄之姊,仲文之妻,疑而间之,左迁新安太守。"据《晋书》卷六四《会稽文孝王道子传》,司马元显是年为征虏将军。

谢混约是年尚晋陵公主,袭父爵。

按:混为谢琰子。《晋书》卷七九《谢混传》曰:"字叔源。少有美誉,善属文。初,孝武帝为晋陵公主求婿,谓王珣曰:'主婿但如刘真长、王子敬便足。如王处仲、桓元子诚可,才小富贵,便豫人家事。'珣对曰:'谢混虽不及真长,不减子敬。'帝曰:'如此便足。'未几,帝崩……混竟尚主,袭父爵。"

罽宾僧僧伽提婆来游京师,晋朝王公及风流名士,莫不造席致敬。王珣请讲《阿毗昙》,译《中阿含》。

按:《高僧传》卷一《僧伽提婆传》曰:"隆安元年来游京师,晋朝王公及风流名士,莫不造席致敬。时卫军东亭侯琅琊王珣渊懿有深信,荷持正法,建立精舍,广招学徒。提婆既至,珣即延请,仍于其舍讲《阿毗昙》,名僧毕集。提婆宗致既精,词旨明析,振发义理,众咸悦悟。时王弥亦在座听,后于别屋自讲。珣问法纲道人:'阿弥所得云何?'答曰:'大略全是,小未精核耳。'其敷析之明,易启人心如此。其冬珣集京都义学沙门释慧持等四十余人,更请提婆重译《中阿含》等。罽宾沙门僧伽罗叉执梵本,提婆翻为晋言,至来夏方讫。其在江洛左右所出众经百余万言。历游华戎,备悉风俗。从容机警,善于谈笑。其道化声誉,莫不闻焉。后不知所终。"

北魏诏赵郡法果为沙门统。

按:《佛祖统纪》卷三八《法运通塞志》曰:"皇始二年,诏赵郡法果为沙门统。帝生知信佛,初平中山所经郡国,见沙门皆致敬。禁军旅毋得有犯。"

王恭作《抗表罪状王国宝》。

晋隆安二年　北魏皇始三年　天兴元年　后燕慕容盛建平元年　后秦皇初五年　西秦太初十一年
后凉龙飞三年　南凉太初二年　北凉神玺二年　南燕慕容德燕平元年　戊戌　398年

按：文见《晋书》卷八四《王恭传》，参见是年"王恭举兵讨王国宝"条。

王廞作《长史变歌》。

按：《晋书》卷二三《乐志下》曰："《长史变》者，司徒左长史王廞临败所制。凡此诸曲，始皆徒歌，既而被之管弦。又有因丝竹金石，造歌以被之，魏世三调歌辞之类是也。"《乐府诗集》卷五四载廞《长史变歌》三首。

时有《京口谣》三首。

按：《晋书》卷二八《五行志中》曰："王恭镇京口，举兵诛王国宝。百姓谣云：'昔年食白饭，今年食麦麸。天公诛谪汝，教汝捻咙喉。咙喉喝复喝，京口败复败。'识者曰……恭寻死，京都又大行欬疾，而喉并喝焉。王恭在京口，百姓间忽云：'黄头小儿欲作贼，阿公在城，下指缚得。'又云：'黄头小人欲作乱，赖得金刀作藩扞。'黄字上恭字头也，小人恭字下也，寻如谣言者焉。"

徐邈卒（344—　）。邈字仙民，东莞姑幕人。孝武帝招延儒学之士，太傅谢安举邈应选。年四十四，始补中书舍人，在西省侍帝。虽不口传章句，然开释文义，标明旨趣，撰正五经音训，学者宗之。迁散骑常侍，犹处西省，前后十年。每为孝武帝刊削手诏诗章，皆使可观。又授太子经。安帝即位，拜骁骑将军。所注《谷梁传》，见重于时。《隋书》卷三二《经籍志一》著录撰《周易音》1卷，《古文尚书音》1卷，孔安国、郑玄、李轨、徐邈等撰《尚书音》5卷；梁有徐邈等撰《毛诗音》16卷；撰《毛诗音》2卷，《礼记音》3卷，《春秋左氏传音》3卷，《春秋谷梁传》12卷，《春秋谷梁传义》10卷，《答春秋谷梁义》3卷。卷三四《经籍志三》著录撰《庄子音》3卷，《庄子集音》3卷。卷三五《经籍志四》著录撰《楚辞音》1卷，晋太子前率《徐邈集》9卷，并目录。梁20卷，录1卷。严可均《全晋文》卷一三六载其文24篇。事迹见《晋书》卷九一《儒林传》。

圣安布罗斯卒（339?—　）。罗马人。基督教拉丁教父。

沈演之（　—449）、刘秀之（　—464）生。

晋隆安二年　北魏皇始三年　天兴元年　后燕慕容盛建平元年　后秦皇初五年　西秦太初十一年　后凉龙飞三年　南凉太初二年　北凉神玺二年　南燕慕容德燕平元年　戊戌　398年

正月，后燕范阳王慕容德从邺南迁滑台，称燕王，改元燕平，史称南燕。

按：李崇智《中国历代年号考》曰："《晋书·慕容德载记》谓慕容德于隆安二年（公元398年）率户自邺入滑台，'依燕元故事，称元年。……德遂入广固，（隆安）四年僭即皇帝位于南郊，大赦，改元建平。'《资治通鉴·晋安帝隆安二年》：'春，正月，燕范阳王德自邺帅户四万徙滑台。……德用兄垂故事，称燕王，改永康三年为元

斯提利科平北非。

斯提利科之女归嫁西罗马霍诺留皇帝。

年。'李兆洛《纪元编》所记慕容德有燕平、建平二号,'燕平'注云:'晋安帝隆安二年戊戌改。'不知何据。"

五月,后燕兰汗杀慕容宝,自称大将军、昌黎王,改元青龙(《资治通鉴》卷一一〇《晋纪三十二》)。

六月,拓跋珪定国号为魏(《资治通鉴》卷一一〇《晋纪三十二》)。

七月,北魏迁都平成,营宫室,建宗庙社稷(《资治通鉴》卷一一〇《晋纪三十二》)。

十月,后燕慕容宝子慕容盛杀兰汗,称皇帝,改元建平(《资治通鉴》卷一一〇《晋纪三十二》、汤球《十六国春秋辑补年表》)。

十二月己丑,魏拓跋珪称皇帝,改元天兴,命朝野皆束发加帽(《资治通鉴》卷一一〇《晋纪三十二》)。

晋中领军司马元显杀五斗米道首领孙泰,其侄孙恩逃于海岛(《资治通鉴》卷一一〇《晋纪三十二》)。

王恭与庾楷、殷仲堪、桓玄、杨佺期等举兵赴京师,因刘牢之背叛,恭被杀。临刑,以忠于社稷自许(《晋书》卷一〇《安帝纪》及卷八四《王恭传》)。

桓玄与王恭等共举兵,于恭死后,被推为盟主(《晋书》卷九九《桓玄传》)。

司马道子以太傅、会稽王加黄钺。日饮醇酒,委事于司马元显,讨王恭、桓玄(《晋书》卷一〇《安帝纪》及卷六四《会稽文孝王道子传》)。

司马德文为卫将军、开府仪同三司(《晋书》卷一〇《安帝纪》)。

王雅领尚书左仆射(《晋书》卷一〇《安帝纪》)。

王珣因讨王恭,加散骑常侍(《晋书》卷六五《王珣传》)。

谢琰迁卫将军、徐州刺史。

按:《晋书》卷七九《谢琰传》曰:"恭举兵,假琰节,都督前锋军事。恭平,迁卫将军、徐州刺史、假节。"

谢裕为著作佐郎。

按:《南史》卷一九《谢裕传》曰:"年三十方为著作佐郎。"

崔玄伯议国号,迁吏部尚书。总裁官制、音律、律令等,以为永式。

按:《魏书》卷二四《崔玄伯传》曰:"时司马德宗遣使来朝,太祖将报之,诏有司博议国号。玄伯议曰……太祖从之。于是四方宾王之贡,咸称大魏矣。……迁吏部尚书。命有司制官爵,撰朝仪,协音乐,定律令,申科禁,玄伯总而裁之,以为永式。"

邓渊受诏定律吕,协音乐。

按:《魏书》卷一〇九《乐志》曰:"天兴元年冬,诏尚书吏部郎邓渊定律吕,协音乐。及追尊皇曾祖、皇祖、皇考诸帝,乐用八佾,舞《皇始》之舞。《皇始舞》,太祖所作也,以明开大始祖之业。后更制宗庙。皇帝入庙门,奏《王夏》,太祝迎神于庙门,奏迎神曲,犹古降神之乐;乾豆上,奏登歌,犹古清庙之乐;曲终,下奏《神祚》,嘉神明之飨也;皇帝行礼七庙,奏《陛步》,以为行止之节;皇帝出门,奏《总章》,次奏《八佾舞》,次奏送神曲。又旧礼:孟秋祀天西郊,兆内坛西,备列金石,乐具,皇帝入兆内行礼,咸奏舞《八佾》之舞;孟夏有事于东庙,用乐略与西郊同。太祖初,冬至祭天于南郊圜丘,乐用《皇矣》,奏《云和》之舞,事讫,奏《维皇》,将燎;夏至祭地祇于北郊方泽,乐用《天祚》,奏《大武》之舞。正月上日,飨群臣,宣布政教,备列宫悬正乐,兼奏燕、赵、

晋隆安二年　北魏皇始三年　天兴元年　后燕慕容盛建平元年　后秦皇初五年　西秦太初十一年
后凉龙飞三年　南凉太初二年　北凉神玺二年　南燕慕容德燕平元年　戊戌　398年

秦、吴之音，五方殊俗之曲。四时飨会亦用焉。凡乐者乐其所自生，礼不忘其本，掖庭中歌《真人代歌》，上叙祖宗开基所由，下及君臣废兴之迹，凡一百五十章，昏晨歌之，时与丝竹合奏。郊庙宴飨亦用之。"

　　桓玄作《王孝伯诔》。
　　按：诔文已佚。《世说新语·文学第四》曰："桓玄尝登江陵城南楼云：'我今欲为王孝伯作诔。'因吟啸良久，随而下笔。一坐之间，诔以之成。"刘孝标注："《晋安帝纪》曰：'玄文翰之美，高于一世。'《玄集》载其诔叙曰：'隆安二年九月十七日，前将军青、兖二州刺史太原王孝伯薨……'文多不尽载。"

　　崔玄伯作《国号议》。
　　按：文见《魏书》卷二四《崔玄伯传》曰："玄伯议曰：'……夫"魏"者大名，神州之上国，斯乃革命之征验，利见之玄符也。臣愚以为宜号为魏。'"参见是年"崔玄伯议国号，迁吏部尚书。总裁官制、音律、律令等，以为永式"条。

　　时有《荆州童谣》。
　　按：《晋书》卷二八《五行志中》曰："殷仲堪在荆州，童谣曰：'芒笼目，绳缚腹。殷当败，桓当复。'未几而仲堪败，桓玄遂有荆州。"仲堪明年败于桓玄，姑系是年。

　　罽宾僧僧伽提和译《中阿含经》60卷。
　　按：《出三藏记集》卷二曰："《中阿含经》六十卷。晋隆安元年十一月十日于东亭寺译出，至二年六月二十五日讫。与昙摩难提所出本不同。"卷九释道慈《中阿含经序》曰："《中阿含经记》云：'昔释法师于长安出《中阿含》、《增一》、《阿毗昙》、《广说》、《僧伽罗叉》、《阿毗昙心》、《婆须蜜》、《三法度》、《二众从解脱缘》。'此诸经律凡百余万言，并违本失旨，名不当实，依悕属辞，句味亦差。……乃经数年，至关东小清，冀州道人释法和、罽宾沙门僧伽提和，招集门徒，俱游洛邑。四五年中，研讲遂精。其人渐晓汉语，然后乃知先之失也，于是和乃追恨先失，即从提和更出《阿毗昙》及《广说》也。自是之后，此诸经律皆译正，唯《中阿含》、《僧伽罗叉》、《婆须蜜》、《从解脱缘》未更出耳。会僧伽提和进游京师，应运流化，法施江左。于时晋国大长者尚书令、卫将军东亭侯优婆塞王元琳，常护持正法以为己任，即檀越也。为出经故，造立精舍，延请有道释慧持等义学沙门四十许人，施诸所安，四事无乏。又预请经师僧伽罗叉长供数年，然后乃以晋隆安元年丁酉之岁，十一月十日，于扬州丹阳郡建康县界，在其精舍更出此《中阿含》。请罽宾沙门僧伽罗叉令讲胡本，请僧伽提和转胡为晋，豫州沙门道慈笔受，吴国李宝、唐化共书。至来二年戊戌之岁，六月二十五日草本始讫。"

　　王恭卒，生年不详。恭字孝伯，太原晋阳人。孝武帝王皇后之兄。少有美誉，为谢安称赏。初任著作郎，历建威将军，迁中书令，领太子詹事。后为前将军，兖、青二州刺史，镇京口。安帝即位，会稽王司马道子执政，委权于王国宝，恭与之不协，矛盾日深，遂与殷仲堪、桓玄等相结，起兵反抗朝廷，迫使司马道子杀王国宝等人。后又二次起兵，道子之子司马元显以重利诱其部将刘牢之倒戈，被俘杀。恭信佛道，临刑犹诵佛经。《隋书》卷三五《经籍志四》著录晋太保《王恭集》5卷，录1卷，亡。严可均《全晋文》卷二九载其文4篇。事迹见《晋书》卷八四。

　　范晔（　—445）生。

晋隆安三年　北魏天兴二年　后燕长乐元年
后秦弘始元年　西秦太初十二年　后凉吕纂咸宁元年
南凉太初三年　北凉天玺元年　南燕燕平二年
己亥　399年

罗马人始撤离不列颠。

伦巴德人于易北河下游南迁。

正月,后燕慕容盛改元长乐(《资治通鉴》卷一一一《晋纪三十三》)。

二月,北凉段业自称凉王,改元天玺,沮渠蒙逊为尚书左丞(《资治通鉴》卷一一一《晋纪三十三》)。

三月甲子,北魏置五经博士,搜罗书籍。

按:《资治通鉴》卷一一一曰:"(是年三月)甲子,珪分尚书三十六曹及外署,凡置三百六十曹,令八部大夫主之。吏部尚书崔宏通署三十六曹,如令、仆统事。置五经博士,增国子太学生员合三千人。"

六月,南燕慕容德攻陷青州,杀龙骧将军辟闾浑,在广固即皇帝位(《晋书》卷一〇《安帝纪》)。

九月,后秦姚兴改元弘始(《资治通鉴》卷一一一《晋纪三十三》)。

十月,晋会稽世子司马元显征发东土诸郡免奴为客者,集中京都充兵,称曰乐属(《资治通鉴》卷一一一《晋纪三十三》)。

是月,晋孙恩因民怨起义,会稽、吴郡、吴兴、义兴、永嘉等八郡纷纷响应(《资治通鉴》卷一一一《晋纪三十三》)。

十一月甲寅,晋孙恩军攻占会稽,为谢琰、刘牢之所败(《晋书》卷一〇《安帝纪》)。

十二月,晋桓玄攻据荆州,杀荆州刺史殷仲堪、南蛮校尉杨佺期(《晋书》卷一〇《安帝纪》)。

是月,后凉吕光自称太上皇,立子吕绍为天王。是日,光死,子吕纂攻绍,绍自杀,纂即天王位,改元咸宁(《资治通鉴》卷一一一《晋纪三十三》)。

司马道子解扬州刺史、司徒。为长夜之饮,政无大小,均委司马元显(《晋书》卷六四《会稽文孝王道子传》)。

司马元显为扬州刺史。加录尚书事(《晋书》卷一〇《安帝纪》及卷六四《会稽文孝王道子传》)。

徐广议百僚致敬礼。为中军参军,迁领军参军。

按:《宋书》卷五五《徐广传》曰:"时会稽王世子元显录尚书,欲使百僚致敬,台内使广立议,由是内外并执下官礼,广常为愧恨焉。元显引为中军参军,迁领军长史。"

刘裕为刘牢之参府军事。从讨孙恩。

按:《宋书》卷一《武帝纪上》曰:"高祖武皇帝讳裕,字德舆,小名寄奴,彭城县绥

晋隆安三年　北魏天兴二年　后燕长乐元年　后秦弘始元年　西秦太初十二年　后凉吕纂咸宁元年
南凉太初三年　北凉天玺元年　南燕燕平二年　己亥　399年

舆里人……安帝隆安三年十一月，妖贼孙恩作乱于会稽，晋朝卫将军谢琰、前将军刘牢之东讨。牢之请高祖参府军事。"

王凝之因不设备，于靖室请祷，为孙恩所害。

按：《晋书》卷八〇《王凝之传》曰："凝之，亦工草隶，仕历江州刺史、左将军、会稽内史。王氏世事张氏五斗米道，凝之弥笃。孙恩之攻会稽，僚佐请为之备。凝之不从，方入靖室请祷，出语诸将佐曰：'吾已请大道，许鬼兵相助，贼自破矣。'既不设备，遂为孙所害。"

谢方明结百余人，掩讨冯嗣之等。

按：《宋书》卷五三《谢方明传》曰："谢方明，陈郡阳夏人……方明随伯父吴兴太守邈在郡，孙恩寇会稽，东土诸郡皆响应，吴兴民胡桀、郜骠破东迁县，方明劝邈避之，不从，贼至被害，方明逃窜遂免。……郜等攻郡，嗣之、玄达并豫其谋。刘牢之、谢琰等讨恩，恩走入海，嗣之等不得同去，方更聚合。方明结邈门生义故得百余人，掩讨嗣之等，悉禽而手刃之。"

桓玄与殷仲堪、杨佺期有隙，乘其虚而伐之。仲堪遣众拒之，为玄所败（《晋书》卷一〇《安帝纪》及卷九九《桓玄传》）。

谢灵运十五自钱塘还都。愿归依慧远，未遂。

按：钟嵘《诗品》曰：谢灵运"十五方还都"。灵运《庐山慧远法师诔》曰："予志学之年，希门人之末。惜哉，诚愿弗遂。"

桓伟为南蛮校尉。

按：《晋书》卷八四《杨佺期传》曰："佺期、仲堪与桓玄素不穆，佺期屡欲相攻，仲堪每抑止之。玄以是告执政，求广其所统。朝廷亦欲成其衅隙，故以桓伟为南蛮校尉。"

郑鲜之为桓伟辅国主簿，议滕羡仕宦。

按：《宋书》卷六四《郑鲜之传》曰："郑鲜之字道子，荥阳开封人也……鲜之下帷读书，绝交游之务。初为桓伟辅国主簿。先是，兖州刺史滕恬为丁零翟辽所没，尸丧不反，恬子羡仕宦不废，议者嫌之。桓玄在荆州，使群僚博议，鲜之议曰……"

崔玄伯通署三十六曹。势倾朝廷而俭约自居；不謇谔忤旨，亦不谄谀苟容。

按：《魏书》卷二四《崔玄伯传》曰："及置八部大夫以拟八坐，玄伯通署三十六曹，如令仆统事，深为太祖所任。势倾朝廷。而俭约自居，不营产业，家徒四壁；出无车乘，朝晡步上；母年七十，供养无重膳。太祖尝使人密察，闻而益重之，厚加馈赐。时人亦或讥其过约，而玄伯为之逾甚。太祖常引问古今旧事，王者制度，治世之则。玄伯陈古人制作之体，及明君贤臣，往代废兴之由，甚合上意。未尝謇谔忤旨，亦不谄谀苟容。"

李先迁博士、定州大中正，对拓跋珪问。

按：《魏书》卷三三《李先传》曰："李先，字容仁，中山卢奴人也，本字犯高祖庙讳……迁博士、定州大中正。太祖问先曰：'天下何书最善，可以益人神智？'先对曰：'唯有经书。三皇五帝治化之典，可以补王者神智。'又问曰：'天下书籍，凡有几何？朕欲集之，如何可备？'对曰：'伏羲创制，帝王相承，以至于今，世传国记、天文秘纬不可计数。陛下诚欲集之，严制天下诸州郡县搜索备送，主之所好，集亦不难。'太祖于是班制天下，经籍稍集。"《资治通鉴》卷一一一系此事于是年三月。

晁崇受命修浑仪，以观天象。

按：《隋书》卷一九《天文志上》曰："后魏道武天兴初，命太史令晁崇修浑仪，以观星象。"同卷："元魏太史令晁崇所造者，以铁为之，其规有六。其外四规常定，一象地形，二象赤道，其余象二极。其内二规，可以运转，用合八尺之管，以窥星度。"《魏书》卷九一《术艺传》曰："晁崇，字子业，辽东襄平人也。家世史官，崇善天文述数，知名于时。为慕容垂太史郎。从慕容宝败于参合，获崇，后乃赦之。太祖爱其伎术，甚见亲待。从平中原，拜太史令，诏崇造浑仪，历象日月星辰。迁中书侍郎，令如故。"

释慧远称疾拒桓玄出虎溪之邀。玄自入见，不觉致敬。

按：《高僧传》卷六《慧远传》曰："桓玄征殷仲堪，军经庐山，要远出虎溪。远称疾不堪，玄自入山，左右谓玄曰：'昔毁仲堪入山礼远，愿公勿敬之。'玄答：'何有此理？仲堪本死人耳。'及至见远，不觉致敬。玄问：'不敢毁伤，何以剪削。'远答云：'立身行道。'玄称善。所怀问难，不敢复言。乃说征讨之意，远不答。玄又问：'何以见愿？'远云：'愿檀越安隐，使彼亦无他。'玄出山谓左右曰：'实乃生所未见。'"

释法显从长安出游西域，寻求戒律。

按：《出三藏记集》卷二曰："晋安帝时，沙门释法显以隆安三年游西域，于中天竺、师子国得胡本，归京师，住道场寺。"《法显传》曰："法显昔在长安，慨律藏残缺，于是遂以弘始元年岁在己亥，与慧景、道整、慧应、慧嵬等同契，至天竺寻求戒律。"《出三藏记集》卷一五《法显法师传》曰："释法显，本姓龚，平阳武阳人也。……以晋隆安三年，与同学慧景、道整、慧应、慧嵬等发自长安，西度沙河。"慧皎《高僧传》卷三《法显传》与此大同小异。

释慧远作《答王谧书》。

按：文见《高僧传》卷六《慧远传》曰："司徒王谧、护军王默等，并钦慕风德，遥致师敬。谧修书曰：'年始四十，而衰同耳顺。'远答曰……"张可礼《东晋文艺系年》曰："《晋书》卷六五《王谧传》：'义熙三年卒，时年四十八。'据此推之，谧本年四十岁，《答王谧书》当作于本年。"

桓玄作《与殷仲堪书》。

按：文见《晋书》卷九九《桓玄传》。

郑鲜之作《滕羡仕宦议》。

按：文见《宋书》卷六四《郑鲜之传》。参见是年"郑鲜之为桓伟辅国主簿，议滕羡仕官"条。

本都的埃瓦格里乌斯卒（346——）。小亚基督教僧侣，著述家。

王凝之卒，生年不详。凝之为王羲之次子，谢道韫之夫，善草隶。王氏世事天师道，凝之弥笃。历任江州刺史、左将军、会稽内史。为孙恩所杀。严可均《全晋文》卷二七载其文3篇。逯钦立《晋诗》卷一三载其诗2首。事迹见《晋书》卷八〇。

殷仲堪卒，生年不详。仲堪为殷融孙，陈郡人。孝武时任著作郎，谢玄镇京口，请为参军，迁长史。领晋陵太守，父忧服阕，召为太子中庶子，复为黄门侍郎。寻任都督荆益宁三州诸军事、荆州刺史，镇江陵。隆安二年，与王恭、桓玄起兵反对会稽王司马道之，为刘牢之所拒，退回江陵。后桓玄兼并江陵，战败被俘，逼令自杀。仲堪少信天师道，精心事神，不吝财贿，而急行仁义。仲堪能清言，善属文，每云三日不读《道德论》，便觉舌本间强。其谈理与韩康伯齐名，士咸慕之。《隋书》卷三二《经籍志一》著录撰《毛诗杂义》4卷，梁有《常用字训》1卷。卷三四《经籍志三》著录撰《论集》86卷，梁96卷。梁又有《杂论》58卷，《杂论》13卷，亡；《殷荆州要方》1卷，亡。卷三五《经籍志四》著录晋荆州刺史《殷仲堪集》12卷，并目录，梁10卷，录1卷，亡。《杂集》1卷，《策集》1卷。严可均《全晋文》卷一二九载其文17篇。事迹见《晋书》卷八四。

晋隆安四年　北魏天兴三年　后燕长乐二年　后秦弘始二年　西秦太初十三年　后凉咸宁二年　南凉秃发利鹿孤建和元年　北凉天玺二年　西凉李暠元年　南燕建平元年　庚子　400年

正月，南凉秃发利鹿孤改元建和（《资治通鉴》卷一一一《晋纪三十三》）。

四月，晋孙恩攻浃口。五月己卯，孙恩再攻会稽，会稽内史谢琰败死，恩转攻临海。六月，辅国司马刘裕破孙恩于南山（《晋书》卷一〇《安帝纪》）。

十一月，晋孙恩与宁朔将军高雅之战于余姚，大破晋军（《晋书》卷一〇《安帝纪》）。

晋孙恩军为刘牢之所破，败逃入海（《资治通鉴》卷一一一《晋纪三十三》）。

河右诸郡奉凉武昭王李暠为秦凉二州牧、凉公，年号庚子。史称西凉（《资治通鉴》卷一一一《晋纪三十三》）。

是年，南燕慕容德称皇帝，都广固，改元建平，更名备德，欲使吏民易避（《资治通鉴》卷一一一《晋纪三十三》）。

北魏拓跋珪置仙人博士，煮百药，求长生。以法制御下，诛左将军李栗。

按：《资治通鉴》卷一一一曰："魏太史屡奏天文乖乱。魏主珪自览占书，多云改王易政；乃下诏风励群下，以帝王继统，皆有天命，不可妄干。又数变易官名，欲以厌塞灾异。仪曹郎董谧献《服饵仙经》，珪置仙人博士，立仙坊，煮炼百药……珪常以燕主垂诸子分据势要，使权柄下移，遂至败亡，深非之。博士公孙表希旨，上《韩非书》，劝珪以法制御下。左将军李栗性简慢，常对珪舒放不肃，咳唾任情；珪积其宿过，遂诛之，群下震栗。"《通鉴》系此事于是年十二月。

南燕立学官，选公卿以下子弟及二品士门二百人为太学生。

按：《晋书》卷一二七《慕容德载记》载，是年"建立学官，简公卿已下子弟及二品士门二百人为太学生"。

桓玄为后将军、荆州刺史，复领江州刺史（《建康实录》卷一〇《安帝纪》及《晋书》卷九九《桓玄传》）。

卞范之任江州刺史长史。

斯提利科任罗马执政官。

按：《晋书》卷九九《卞范之传》曰："卞范之字敬祖，济阴宛句人也，识悟聪敏，见美于当世。太元中，自丹杨丞为始安太守。桓玄少与之游，及玄为江州，引为长史，委以心膂之任，潜谋密计，莫不决之。"

谢方明与母、妹自东阳辗转至建康，寄居国子学。

按：《宋书》卷五三《谢方明传》曰："于时荒乱之后，吉凶礼废。方明合门遇祸，资产无遗，而营举凶事，尽其力用；数月之间，葬送并毕，平世备礼，无以加也。顷之，孙恩重没会稽，谢琰见害。恩购求方明甚急。方明于上虞载母妹奔东阳，由黄藥峤出鄱阳，附载还都，寄居国子学。流离险厄，屯苦备经，而贞立之操，在约无改。"

司马元显为后将军、开府仪同三司，都督扬、豫等十六州诸军事（《晋书》卷一〇《安帝纪》）。

羊欣为司马元显后军府舍人。此职本用寒人，欣不以高卑见色。

按：《宋书》卷六二《羊欣传》曰："隆安中，朝廷渐乱，欣优游私门，不复进仕。会稽王世子元显每使欣书，常辞不奉命，元显怒，乃以为其后军府舍人。此职本用寒人，欣意貌恬然，不以高卑见色，论者称焉。"

王诞补司马元显后军府功曹。

按：《宋书》卷五二《王诞传》曰："隆安四年，会稽王世子元显开后军府，又以诞补功曹。"

吴隐之为龙骧将军、广州刺史、假节，领平越中郎将。在州清操逾厉。

按：《晋书》卷九〇《吴隐之传》曰："隆安中，以隐之为龙骧将军、广州刺史、假节，领平越中郎将。未至州二十里，地名石门，有水曰贪泉，饮者怀无厌之欲。隐之既至，语其亲人曰：'不见可欲，使心不乱。越岭丧清，吾知之矣。'乃至泉所，酌而饮之，因赋诗曰：'古人云此水，一歃怀千金。试使夷齐饮，终当不易心。'及在州，清操逾厉……"卷一〇《安帝纪》以隐之于元兴元年二月"为都督交广二州诸军事、广州刺史"。《东晋将相大臣年表》系于是年。今从本传及《东晋将相大臣年表》。

庐山道人作《游石门诗并序》。

按：逯钦立《晋诗》卷二〇曰："石门在精舍南十余里……释法师以隆安四年仲春之月，因咏山水，遂杖锡而游。于时交徒同趣三十余人，咸拂衣晨征，怅然增兴……各欣一遇之同欢，感良辰之难再。情发于中，遂共咏之云尔……"

天竺僧鸠摩罗什作《奏凉王吕纂》。

按：《高僧传》卷二《鸠摩罗什传》曰："咸宁二年有猪生子，一身三头。龙出东厢井中，到殿前蟠卧，比旦失之。纂以为美瑞，号大殿为龙翔殿。俄而有黑龙升于当阳九宫门，纂改九宫门为龙兴门。什奏曰：'皆潜龙出游，豕妖表异。龙者阴类，出入有时，而今屡见则为灾青，必有下人谋上之变。宜克棋修德，以答天戒。'纂不纳。"

吴隐之作《酌贪泉赋诗》。

按：诗见《晋书》卷九〇《吴隐之传》。参见是年"吴隐之为龙骧将军、广州刺史、假节，领平越中郎将。在州清操逾厉"条。

陶潜作《庚子岁五月中从都还阻风于规林二首》。

按：潜是年五月，奉命赴建康，归时途中遇大风，因作是诗。

徐广作《孝武文李太后服议》。

按：《宋书》卷一五《礼志二》曰："晋安帝隆安四年，太皇太后李氏崩。尚书祠部郎徐广议……诏可。"

周祗作《祭梁鸿文》。

按：严可均《全晋文》卷一四二有辑，曰："晋隆安四年，陈郡周颖文以蕰藻行潦，祠于梁先生之墓。夫子迈志箕颍，尘垢雕俗。骨秀风霜，性淳寡欲。娶待偕隐之俪，文绝陪臣之录。遂负策周鲁之郊，逆旅吴会之阿。可谓高奇绝伦，孤生莫和者也……"

王雅卒（334— ）。雅字茂达，东海郯人。魏卫将军王肃之曾孙。雅少知名，州檄主簿，举秀才，除郎中，出补永兴令，以干理著称。累迁尚书左右丞，历廷尉、侍中、左卫将军、丹杨尹，领太子左卫率。雅性好接下，敬慎奉公，孝武帝深加礼遇，朝廷大事多参谋议。为太子少傅，迁领军、尚书、散骑常侍。寻迁左仆射。卒赠光禄大夫、仪同三司。事迹见《晋书》卷八三。

谢琰卒，生年不详。琰字瑗度，陈郡阳夏人，谢安次子。肥水之役，安以琰有军国才用，出为辅国将军，以勋封望蔡公。太元末，为护军将军，加右将军。会稽王道子以为司马，右将军如故。以平王恭兵，迁卫将军、徐州刺史、假节。孙恩起事，琰都吴兴、义兴二郡诸军事，讨恩。恩逃至海上，朝廷以琰为会稽内史，都督五郡军事，本官如故，以防恩。及琰至郡，无绥抚之能，而不为武备。恩后果复攻，为恩所杀。卒赠侍中、司空，谥曰忠肃。事迹见《晋书》卷七九。

安布罗西·狄奥多西·马克罗比乌斯约卒，生年不详。罗马人。拉丁语法学家，哲学家。

晋隆安五年　北魏天兴四年　后燕慕容熙光始元年　后秦弘始三年　后凉吕隆神鼎元年　南凉建和二年　北凉沮渠蒙逊永安元年　西凉李暠二年　南燕建平二年　辛丑　401年

正月，南凉秃发利鹿孤称河西王（《资治通鉴》卷一一二《晋纪三十四》）。

二月丙子，晋孙恩又攻浃口（《晋书》卷一〇《安帝纪》）。

后秦姚兴使乞伏乾归还苑川（《资治通鉴》卷一一二《晋纪三十四》）。

后凉将吕超杀吕纂，立兄吕隆为天王，改元神鼎（《资治通鉴》卷一一二《晋纪三十四》）。

四月，北凉段业杀沮渠男成。沮渠蒙逊起兵（《资治通鉴》卷一一二《晋纪三十四》）。

六月，晋孙恩破沪渎，杀吴国内史袁山松；恩将卢循攻陷广陵，死者三千余人（《资治通鉴》卷一一二《晋纪三十四》）。

北凉沮渠蒙逊入张掖杀段业，自称凉州牧、张掖公，改元永安（《资治通鉴》卷一一二《晋纪三十四》）。

七月，后燕慕容盛为段玑等所杀，盛叔熙即天王位，改元光始。杀段

西哥特人始侵意大利。

玑等，夷三族(《资治通鉴》卷一一二《晋纪三十四》)。

十一月，晋刘裕大破孙恩，俘馘以万数(《宋书》卷一《武帝纪上》)。

十二月，北魏纂辑《众文经》。

按：《魏书》卷二《太祖纪》曰："(是年十二月)集博士儒生，比众经文字，义类相从，凡四万余字，号曰《众文经》。"

司马道子于孙恩之乱无他谋略，日祷蒋侯庙为厌胜之术。

按：《晋书》卷六四《会稽文孝王道子传》曰："会孙恩至京口，元显栅断石头，率兵距战，频不利。道子无他谋略，唯日祷蒋侯庙为厌胜之术。"

桓玄上疏讨孙恩，会恩败走，奉诏解严。

按：《晋书》卷九九《桓玄传》曰："其后恩逼京都，玄建牙聚众，外托勤王，实欲观衅而进，复上疏请讨之。会恩已走，玄又奉诏解严。"

王弘悉烧父王珣券书，一不收债。固辞司马元显、司马道子之辟。

按：《宋书》卷四二《王弘传》曰："王弘，字休元，琅邪临沂人也。曾祖导，晋丞相。祖洽，中领军。父珣，司徒。弘少好学，以清恬知名，与尚书仆射谢混善……珣颇好积聚，财物布在民间。珣薨，弘悉燔烧券书，一不收责；余旧业悉以委付诸弟。未免丧，后将军司马元显以为谘议参军，加宁远将军，知记室事，固辞不就。道子复以为谘议参军，加建威将军，领中兵，又固辞。时内外多难，在丧者皆不终其哀，唯弘固执得免。"

范宁晚年犹勤经学，是年卒于家。

按：吴荣光《历代名人年谱》系宁卒于是年。《晋书》卷七五《范宁传》曰："既免官，家于丹杨，犹勤经学，终年不辍。年六十三，卒于家。"

范泰谏司马元显，不纳。父忧去职，袭爵阳遂乡侯。

按：《宋书》卷六〇《范泰传》曰："时会稽王世子元显专权，内外百官请假，不复表闻，唯签元显而已。泰建言以为非宜，元显不纳。父忧去职，袭爵阳遂乡侯。"

陶潜七月自荆州请假返家期满，赴官还江陵；冬，因母孟氏卒，辞官归家。

按：陶渊明此时任职，先贤时哲多有辨析。张可礼《东晋文艺系年》曰："《晋诗》卷一六辑渊明《辛丑岁七月赴假还江陵夜行涂口诗》。桓玄于去年三月领荆州刺史，江陵为荆州治所，渊明七月赴假还江陵，因其在桓玄幕中任职。渊明始于桓玄幕中任职疑在去年，或以后。《全晋文》卷一百十二辑渊明《祭程氏妹文》：'昔在江陵，重罹天罚……萧萧冬月，白云掩晨。'据此，知本年冬，母孟氏卒，渊明丁忧居家。《全晋文》卷一百十二辑渊明《晋故征西大将军长史孟府君传》：'渊明先亲，君之第四女也。凯风寒泉之思，实钟厥心。'传当作于孟氏卒后不久。"

天竺僧鸠摩罗什自姑臧至长安，后秦姚兴待以国师之礼，甚见优宠。

按：《高僧传》卷二《鸠摩罗什传》曰："什停凉积年，吕光父子既不弘道，故蕴其深解，无所宣化。符坚已亡，竟不相见。及姚苌僭有关中，亦挹其高名，虚心要请。诸吕以什智计多解，恐为姚谋，不许东入。及苌卒，子兴袭位，复遣敦请。兴弘始三年三月，有树连理生于广庭，逍遥园葱变为茞，以为美瑞，智人应入。至五月兴遣陇西公硕德西伐吕隆，隆军大破。至九月隆上表归降，方得迎什入关。以其年十二月二十日至于长安，兴待以国师之礼，甚见优宠。晤言相对，则淹留终日。研微造尽，则穷年忘倦。"

晋隆安五年　北魏天兴四年　后燕慕容熙光始元年　后秦弘始三年　后凉吕隆神鼎元年　南凉建和二年
北凉沮渠蒙逊永安元年　西凉李暠二年　南燕建平二年　辛丑　401 年

释僧肇随鸠摩罗什至长安。

按：《高僧传》卷六《僧肇传》曰："后罗什至姑臧，肇自远从之，什嗟赏无极。及什适长安，肇亦随返。"

释慧远闻鸠摩罗什入关，遣书通好。二人诗书往来。

按：《高僧传》卷六《慧远传》曰："孜孜为道，务在弘法，每逢西域一宾，辄恳恻咨访。闻罗什入关，即遣书通好曰……什答书曰……"

释昙霍自河南至西平。

按：《高僧传》卷一〇《昙霍传》曰："释昙霍，未详何许人。……时河西鲜卑偷发利鹿孤怨据西平，自称为王，号年建和。建和二年十一月，霍从河南来，至自西平。"

桓玄作《致会稽王道子笺》。王珣卒，作《与会稽王道子书》。

奥古斯丁撰成《忏悔录》。

按：《致会稽王道子笺》见《晋书》卷六四《会稽文孝王道子传》曰："既而孙恩遁于北海，桓玄复据上流，致笺于道子曰……元显览而大惧。"《与会稽王道子书》见《晋书》卷六五《王珣传》曰："(隆安)四年，(王珣)以疾解职。岁余，卒，时年五十二。追赠车骑将军、开府，谥曰献穆。桓玄与会稽王道子书曰：'珣神情朗悟，经史明彻，风流之美，公私所寄。虽逼嫌谤，才用不尽；然君子在朝，弘益自多。时事艰难，忽尔丧失，叹惧之深，岂但风流相悼而已！……'"

陶潜作《辛丑岁七月赴假还江陵夜行涂口》及《晋故征西大将军长史孟府君传》。

按：参见是年"陶潜七月自荆州请假返家期满，赴官还江陵；冬，因母孟氏卒，辞官归家"条。

释慧远作《遣书通好鸠摩罗什》及《重与鸠摩罗什书》。

按：二文见《高僧传》卷六《慧远传》。参见是年"释慧远闻鸠摩罗什入关，遣书通好。二人诗书往来"条。

天竺僧鸠摩罗什作《答慧远书》。

按：文见《高僧传》卷六《慧远传》。参见是年"释慧远闻鸠摩罗什入关，遣书通好。二人诗书往来"条。

时有《懊憹歌》。

按：《宋书》卷一九《乐志一》曰："《懊憹哥》者，晋隆安初，民间讹谣之曲。语在《五行志》。"卷三一《五行志二》曰："晋安帝隆安中，民忽作《懊恼歌》，其曲中有'草生可揽结，女儿可揽抱'之言。桓玄既篡居天位，义旗以三月二日扫定京都，玄之宫女及逆党之家子女伎妾，悉为军赏。东及瓯、越，北流淮、泗，皆人有所获焉。时则草可结，事则女可抱，信矣。"桓玄明年移檄京师，多陵侮朝廷，姑系是年。

范宁卒(339—　)。宁字武子，南阳顺阳人。范汪子。少笃学，多所通览。简文帝为相，将辟之，为桓温所阻。时以浮虚相扇，儒雅日替，宁以为其始于王弼、何晏，二人之罪深于桀纣。宁崇儒抑俗，类皆如此。温卒后，始为余杭令，在职六年，崇学重教，风化大行。迁临淮太守，封阳遂乡侯，征拜中书侍郎。在职多所献替，指斥朝士，直言无讳，出为豫章太守。大设庠序，学生至千余人。为江州刺史王凝之所劾，免官后，家居丹杨，犹勤经学，终年不辍。宁曾以《春秋谷梁氏》未有善释，遂沈思积年，为之集解。其义精审，为世所重。既而徐邈复为之注，世亦称之。《隋书》卷三二《经籍志一》著录其注《古文尚书舜典》1卷，梁有其注《尚书》10卷，亡。撰《礼杂问》10卷、《春秋谷梁传例》1卷。《隋书》卷三五《经籍志四》著录晋豫章太守《范宁集》16卷。严可均《全晋文》卷一二五载其文24篇。事迹见《晋书》卷七五。

王珣卒（350— ）。珣字元琳，小字法护，琅邪临沂人，王导孙，王洽子。早年与谢玄同为桓温掾，转主簿。以从讨袁真功封交阯望海县东亭侯，转大司马参军，琅邪王友中军长史，给事黄门侍郎。后因忤谢安，出为豫章太守。安卒，迁侍中，转辅国将军、吴国内史。征为尚书右仆射，领吏部，转左仆射，加征虏将军，复领太子詹事。安帝即位，迁尚书令。王恭举兵，拜卫将军、都督琅邪水陆军事。事平，加散骑常侍。隆安四年，以疾解职。卒赠车骑将军开府，谥曰献穆。桓玄辅政，改赠司徒。与殷仲堪、徐邈并以才学文章见昵于孝武帝。《隋书》卷三五《经籍志四》著录晋司徒《王珣集》11卷，并目录，梁10卷，录1卷，亡。逯钦立《晋诗》卷一四载其诗1首。严可均《全晋文》卷二〇载其文9篇。事迹见《晋书》卷六五。

袁山松卒，生年不详。一作袁崧。陈郡阳夏人。少有才名，博学有文章，作《后汉书》百篇，周天游《八家后汉书辑注》有辑本。善音乐，旧歌有《行路难》曲，辞颇疏质，山松好之，乃文其辞句，婉其节制，每因酣醉纵歌之，听者莫不流涕。时羊昙善唱乐，桓伊能挽歌，及山松《行路难》继之，时人谓之"三绝"。官至吴郡太守。孙恩起兵，山松守沪渎，城陷被害。《隋书》卷三三《经籍志二》著录其撰《后汉书》95卷，本100卷。卷三五《经籍志四》著录《袁山松集》10卷，亡。清汪文台《七家后汉书》辑有《袁山松后汉书》2卷。严可均《全晋文》卷五六载其文8篇。逯钦立《晋诗》卷一四载其诗2首。事迹见《晋书》卷八三。

车胤卒，生年不详。胤字武子，南平人。少贫勤学，囊萤夜读。为桓温府从事，以博学显名，迁征西长史。孝武帝讲《孝经》，胤摘句，时论荣之。司马道子专权，胤称疾不出，为帝称赏。累迁丹杨尹，吏部尚书。将奏司马元显专权，事泄自杀。严可均《全晋文》卷一三五载其文8篇。事迹见《晋书》卷八三。

晋元兴元年（大亨元年）　北魏天兴五年　后燕光始二年
后秦弘始四年　后凉神鼎二年　南凉秃发傉檀弘昌元年
北凉永安二年　西凉李暠三年　南燕建平三年
壬寅　402年

罗马斯提利科败西哥特人于波伦提亚。

正月庚午朔，晋改元元兴（《晋书》卷一〇《安帝纪》）。

晋元兴元年(大亨元年)　北魏天兴五年　后燕光始二年　后秦弘始四年　后凉神鼎二年　南凉秃发傉檀弘昌元年
北凉永安二年　西凉李暠三年　南燕建平三年　壬寅　402年

晋下诏讨桓玄；桓玄举兵东下(《晋书》卷一〇《安帝纪》)。

三月晋桓玄入建康，改元大亨(《资治通鉴》卷一一二《晋纪三十四》)。

晋孙恩复攻临海，败死(《资治通鉴》卷一一二《晋纪三十四》)。

南凉秃发利鹿孤死，弟傉檀立，称凉王，改元弘昌，迁于乐都，史称南凉(《资治通鉴》卷一一二《晋纪三十四》)。

五月，晋卢循反晋，自临海攻东阳，为刘裕击败，逃奔永嘉(《资治通鉴》卷一一二《晋纪三十四》)。

桓玄纳卞范之说移檄京师，抗表讨司马元显。至京师多陵侮朝廷，幽摈宰辅，豪奢纵欲，众务繁兴，于是朝野失望，人不安业(《晋书》卷九九《桓玄传》)。

王弘独于道侧拜送司马道子。

按：《宋书》卷四二《王弘传》曰："桓玄克京邑。收道子付廷尉，臣吏畏恐，莫敢瞻送。弘时尚在丧，独于道侧拜，攀车涕泣，论者称焉。"

卞范之为丹杨尹、征虏将军、散骑常侍。

按：《晋书》卷九九《卞范之传》曰："后(桓)玄将为篡乱，以范之为丹杨尹。范之与殷仲文阴撰策命，进范之为征虏将军、散骑常侍。"

谢方明拒卞范之为女求婚，桓玄闻而赏之，除著作佐郎。

按：《宋书》卷五三《谢方明传》曰："元兴元年，桓玄克京邑，丹阳尹卞范之势倾朝野，欲以女嫁方明，使尚书吏部郎王腾譬说备至，方明终不回。桓玄闻而赏之，即除著作佐郎。"

殷仲文为桓玄谘议参军。

按：《晋书》卷九九《殷仲文传》曰："仲文于玄虽为姻亲，而素不交密，及闻玄平京师，便弃郡投焉。玄甚悦之，以为谘议参军。时王谧见礼而不亲，卞范之被亲而少礼，而宠遇隆重，兼于王、卞矣。"

孔琳之为西阁祭酒。

按：《宋书》卷五六《孔琳之传》曰："孔琳之，字彦琳，会稽人。……琳之强正有志力，好文义，解音律，能弹棋，妙善草隶。郡命主簿，不就，后辟本国常侍。桓玄辅政为太尉，以为西阁祭酒。"

羊欣为平西参军，转主簿，参预机要。拜职少日，称病自免。

按：《宋书》卷六二《羊欣传》曰："桓玄辅政，领平西将军，以欣为平西参军，仍转主簿，参预机要。欣欲自疏，时漏密事，玄觉其此意，愈重之，以为楚台殿中郎。谓曰：'尚书政事之本，殿中礼乐所出。卿昔处股肱，方此为轻也。'欣拜职少日，称病自免，屏居里巷，十余年不出。"

范泰因居丧无礼，被祖台之弹劾，废徙丹徒。

按：《宋书》卷六〇《范泰传》曰："桓玄辅晋，使御史中丞祖台之奏泰及前司徒左长史王准之、辅国将军司马珣之并居丧无礼，泰坐废徙丹徒。"

又按：祖台之生卒年不详，字元辰，范阳人。官至侍中、光禄大夫。撰《志怪》，行于世。《隋书》卷三三《经籍志二》著录《志怪》2卷；卷三五《经籍志四》著录晋光禄大夫《祖台之集》16卷，梁10卷。严可均《全晋文》卷一三八载其文5篇。事迹见《晋书》卷七五。

傅亮任桓谦中军行参军。

按：《宋书》卷四三《傅亮传》曰："傅亮字季友，北地灵州人也……亮博涉经史，尤善文词。初为建威参军，桓谦中军行参军。"《晋书》卷九九《桓玄传》载是年桓玄以"从兄谦为左仆射、加中军将军、领选"，故系是年。

郑鲜之转补安西将军功曹，举陈郡谢绚自代。

按：《宋书》卷六四《郑鲜之传》曰："桓伟进号安西，转补功曹，举陈郡谢绚自代，曰……"《晋书》卷九九《桓玄传》载是年"以兄伟为安西将军、荆州刺史，领南蛮校尉"，故系是年。

谢瞻为安西参军。

按：《宋书》卷五六《谢瞻传》曰："初为桓伟安西参军。"《晋书》卷九九《桓玄传》载是年"以兄伟为安西将军、荆州刺史，领南蛮校尉"，故系是年。

吴隐之约是年以孝友过人、革奢务啬等政绩进号前将军。

按：《晋书》卷九〇《吴隐之传》曰："元兴初，诏曰：'……龙骧将军、广州刺史吴隐之孝友过人，禄均九族，菲己洁素，俭愈鱼飧。……可进号前将军，赐钱五十万、谷千斛。'"

高允约是年出家，名法净，未久而罢。

按：《北史》卷三一《高允传》曰："高允，字伯恭，勃海蓨人，汉太傅衮之后也……允少孤夙成，有奇度，清河崔宏见而异之，叹曰：'高子黄中内润，文明外照，必为一代伟器，但吾恐不见耳。'年十余岁，祖父泰丧，还本郡。允推财与二弟而为沙门，名法净，未久而罢。"

释慧远坚拒桓玄劝令出仕。玄沙汰众僧，唯庐山不在搜简之例。远议沙门应不敬王者。与刘遗民等在庐山结净社。

按：《高僧传》卷六《慧远传》曰："（桓）玄后以震主之威，苦相延致，乃贻书骋说，劝令登仕。远答辞坚正，确乎不拔，志逾丹石，终莫能回。俄而玄欲沙汰众僧，教僚属曰：'沙门有能申述经诰，畅说义理，或禁行修整，足以宣寄大化，其有违于此者，悉皆罢遣。唯庐山道德所居，不在搜简之例。'远与玄书曰……因广立条制，玄从之。昔成帝幼冲，庾冰辅正，以为沙门应敬王者，尚书令何充、仆射褚昱、诸葛恢等，奏不应敬礼，官议悉同充等。门下承冰旨为驳，同异纷然，竟莫能定。及玄在姑熟，欲令尽敬，乃与远书曰：'沙门不敬王者，既是情所未了。于理又是所未喻，一代大事，不可令其体不允。近八座书，今以呈君，君可述所以不敬意也……'远答书曰：'……沙门尘外之人，不应致敬王者。'玄虽苟执先志，耻即外从，而睹远辞旨，趑趄未决。"又："彭城刘遗民、豫章雷次宗、雁门周续之、新蔡毕颖之、南阳宗炳、张莱民、张季硕等，并弃世遗荣，依远游止。远乃于精舍无量寿像前，建斋立誓，共期西方。"

桓玄作《讨元显檄》、《入京矫诏》、《与刘牢之书》、《沙汰众僧教》、《与释慧远书劝罢道》、《与桓谦等书论沙门应致敬王者》、《与王谧书论沙门应致敬王者》、《难王谧》、《重难王谧》、《三难王谧》、《与释慧远书》、《重与释慧远书》。

按：以上诸文严可均《全晋文》卷一一九皆有辑。

郑鲜之作《举谢绚自代》。

按：文见《宋书》卷六四《郑鲜之传》，参见是年"郑鲜之转补安西将军功曹，举陈郡谢绚自代"条。

晋元兴元年(大亨元年)　北魏天兴五年　后燕光始二年　后秦弘始四年　后凉神鼎二年　南凉秃发傉檀弘昌元年
北凉永安二年　西凉李暠三年　南燕建平三年　壬寅　402年

释慧远作《答桓玄书》及《与桓玄书论料简沙门》。

按：文见于《弘明集》卷一二及卷一一。《高僧传》中有节文。参见是年"释慧远坚拒桓玄劝令出仕。玄沙汰众僧,唯庐山不在搜简之例。远议沙门应不敬王者。与刘遗民等在庐山结净社"条。

刘遗民作《庐山精舍誓文》。

按：《高僧传》卷六《慧远传》曰："彭城刘遗民、豫章雷次宗、雁门周续之、新蔡毕颖之、南阳宗炳、张莱民、张季硕等,并弃世遗荣,依远游止。远乃于精舍无量寿像前,建斋立誓,共期西方。乃令刘遗民著其文曰:'惟岁在摄提格(汤用彤注:"原本'格'作'秋',据《弘教》本及其他资料改正。又,是年为壬寅晋安帝元兴元年(公元四〇二年)。"),七月戊辰朔,二十八日乙未。法师释慧远,贞感幽奥,宿怀特发。乃延命同志息心贞信之士,百有二十三人,集于庐山之阴,般若台精舍阿弥陀像前,率以香华敬廌而誓焉……'"

司马休之从者作《司马休之从者歌》。

按：《艺文类聚》卷一九曰："《续安帝纪》曰:'司马休之兄尚为桓玄所败,休之奔淮泗,颇得彼之人心。从者为之歌曰……'"

时有《司马元显民谣》。

按：《宋书》卷三一《五行志二》曰："司马元显时,民谣诗云:'当有十一口,当为兵所伤。木亘当北度,走入浩浩乡。'又云:'金刀既以刻,娓娓金城中。'此诗云襄阳道人竺昙林所作,多所道,行于世。孟颉释之曰,'十一口'者,玄字象也;'木亘',桓也。桓氏当悉走入关、洛,故云'浩浩乡'也。'金刀',刘也。倡义诸公,皆多姓刘。'娓娓',美盛貌也。"

司马道子卒(364—　)。字道子。东晋皇族。河内温县人。简文帝子。初封琅邪王,后改封会稽王。肥水战后,忌谢氏之功,代谢安持政。时孝武帝不理朝政,道子耽于宴乐,窃弄朝权,崇信佛屠,用度奢侈。宠信中书令王国宝,官以贿迁,政刑谬乱。委政于世子司马元显,因元显恶王恭,元显请道子伐恭,灭之;及桓玄兵反,讨之不克;玄东下破建康,道子被放逐。旋被鸩杀。道子爱好文艺,尤爱音乐与文学。《隋书》卷三五《经籍志四》著录晋会稽王《司马道子集》8卷,梁9卷,亡。事迹见《晋书》卷六四。

孙恩卒,生年不详。恩字灵秀,琅邪人。孙秀之族,世奉五斗米道。其叔孙泰,因密谋反晋,为司马道子所杀,流亡海岛。隆安三年,司马元显强征已免奴为客者从兵役,激起民怨,恩遂率众起事。兵败,遁入海中。及桓玄用事,恩复攻临海,兵败乃赴海自沉,徒党谓之水仙,投水从死者百数。《隋书》卷三五《经籍志四》著录《孙恩集》5卷,亡。事迹见《晋书》卷一〇〇。

梁祚(　—488)生。

晋元兴二年（大亨二年）（桓玄永始元年） 北魏天兴六年 后燕光始三年 后秦弘始五年 后凉神鼎三年 南凉弘昌二年 北凉永安三年 西凉李暠四年 南燕建平四年 癸卯 403 年

西哥特人与罗马斯提利科盟。

七月，后凉吕隆为北凉沮渠蒙逊、南凉王秃发傉檀所逼，乃遣使迎于秦，后凉亡（《资治通鉴》卷一一三《晋纪三十五》）。

按：后凉共历3主，18年。

八月，晋刘裕破卢循于永嘉，循浮海南走（《资治通鉴》卷一一三《晋纪三十五》）。

十二月壬辰，晋桓玄篡位，国号楚。改元永始。废晋安帝为平固王，辛亥迁之寻阳（《晋书》卷一〇《安帝纪》）。

是月，晋刘裕与何无忌、刘毅等共谋建兴复之计（《宋书》卷一《武帝纪上》）。

是年，南燕王慕容德颇致力于经学，大集诸生，亲临策试。

按：《十六国春秋辑补》卷六〇《南燕录三·慕容德录》曰：是年南燕王慕容德"大集诸生，亲临策试。既而飨宴，登高远瞩，顾谓尚书鲁邃曰：'齐鲁固多君子，当昔全盛之时，接慎、巴生、淳于、邹田之徒，荫修檐，临清沼，驰朱轮，佩长剑，恣飞马之雄辞，奋谈天之逸辩，指麾则红紫成章，俯仰则丘陵生韵。至于今日，荒草颓坟，气消烟灭，永言千载，能不依然！'邃答曰：'武王封比干之墓，汉祖祭信陵之坟，皆留心贤哲，每怀往事。陛下慈心二王，泽被九泉，若使彼而有知，宁不衔荷矣！'"

北魏始制冠服之制，多不稽古（《资治通鉴》卷一一三《晋纪三十五》）。

刘毅与刘裕、何无忌、魏咏之等起义兵，密谋讨桓玄。

按：《晋书》卷八五《刘毅传》曰："刘毅，字希乐，彭城沛人也。……毅少有大志，不修家人产业，仕为州从事，桓弘以为中兵参军属。桓玄篡位，毅与刘裕、何无忌、魏咏之等起义兵，密谋讨玄。"

殷仲文总领诏命，为侍中，领左卫将军。为桓玄作九锡文。以佐命亲贵，厚自封崇（《晋书》卷九九《殷仲文传》）。

卞范之为侍中，进号后将军，封临汝县公。为桓玄作禅诏。以富贵骄人。

按：《晋书》卷九九《卞范之传》曰："玄僭位，以范之为侍中，班剑二十人，进号后将军，封临汝县公。其禅诏，即范之文也。玄既奢侈无度，范之亦盛营馆第。自以佐命元勋，深怀矜伐，以富贵骄人，子弟憨慢，众咸畏嫉之。"

蔡廓起家著作郎，议复肉刑。

按：《宋书》卷五七《蔡廓传》曰："蔡廓字子度，济阳考城人也。……廓博涉群

晋元兴二年(大亨二年)(桓玄永始元年)　北魏天兴六年　后燕光始三年　后秦弘始五年　后凉神鼎三年
南凉弘昌二年　北凉永安三年　西凉李暠四年　南燕建平四年　癸卯　403年

书,言行以礼。起家著作佐郎。时桓玄辅晋,议复肉刑,廓上议曰……"

孔琳之议废钱与复肉刑,所议多不合桓玄意。以母忧去职。

按:《宋书》卷五六《孔琳之传》曰:"桓玄时议欲废钱用谷帛,琳之议曰:'……愚谓救弊之术,无取于废钱。'玄又议复肉刑,琳之以为……玄好人附悦,而琳之不能顺旨,是以不见知。迁楚台员外散骑侍郎。遭母忧,去职。"《晋书》卷三〇《刑法志》曰:"至安帝元兴末,桓玄辅政,又议欲复肉刑斩左右趾之法,以轻死刑,命百官议。蔡廓上议曰……而孔琳之议不同,用王朗、夏侯玄之旨。时论多与琳之同,故遂不行。"

徐广时任大将军文学祭酒。晋安帝出宫,广陪列悲恸。

按:《宋书》卷五五《徐广传》曰:"桓玄辅政,以为大将军文学祭酒……桓玄篡位,安帝出宫,广陪列悲恸,哀动左右。"

谢方明补司徒王谧主簿。

按:《晋书》卷九九《桓玄传》载,是年以"王谧(为)散骑常侍、中书监,领司徒"。《宋书》卷五三《谢方明传》曰:"补司徒王谧主簿。"

陶潜服阕闲居。

按:吴仁杰《陶靖节先生年谱》曰:"先生服阕闲居,有《饮酒》诗二十首。内一篇,上云'是时向立年',下云'亭亭复一纪'。又别篇云:'行行向不惑。'是年三十九岁矣。十二月,桓玄篡晋,改元永始。是月先生与从弟敬远诗云:'寝迹衡门下,邈与世相绝。'又《饮酒》诗称'夷叔在西山,且当从黄绮',皆有激而云。"

桓玄作《许沙门不敬礼诏》。

按:《高僧传》卷六《慧远传》曰:"有顷玄篡位,即下书曰:'佛法宏大,所不能测。推奉主之情,故兴其敬。今事既在己,宜尽谦光。诸道人勿复致礼也。'"

释慧远作《沙门不敬王者论》5篇并序及《游山记》。

按:文见《弘明集》卷五,《高僧传》卷六《慧远传》有节文。《慧远传》曰:"有顷玄篡位,即下书曰……远乃著《沙门不敬王者论》。"《游山记》佚文见《世说新语·规箴第十》刘孝标注曰:"远法师《庐山记》曰……《法师游山记》曰:'自托此山二十三载,再践石门,四游南岭,东望香炉峰,北眺九江……'"

蔡廓作《议复肉刑》。

按:文见《宋书》卷五七《蔡廓传》。《晋书》卷九九《桓玄传》曰:"(是年)议复肉刑,断钱货,回复改异,造革纷纭,志无一定,条制森然,动害政理。"参见是年"蔡廓起家著作郎,议复肉刑"条。

孔琳之作《废钱用谷帛议》及《复肉刑议》。

按:二文见《宋书》卷五六《孔琳之传》。参见是年"孔琳之议废钱与复肉刑,所议多不合桓玄意。以母忧去职"条。

陶潜作《癸卯岁始春怀古田舍二首》、《和胡西曹示顾贼曹》、《癸卯十二月中作与从弟敬远》及《劝农》等。

按:参见是年"陶潜服阕闲居"条。

时有《桓玄时童谣》及《桓玄篡时民谣语》。

按:《宋书》卷三一《五行志二》曰:"桓玄既篡,童谣曰:'草生及马腹,乌啄桓玄目。'及玄败走至江陵,五月中诛,如其期焉。桓玄时,民谣语云:'征钟落地桓迸走。'征钟,至秽之服,桓,四体之下称。玄自下居上,犹征钟之厕歌谣,下体之咏民口也。"

而云'落地',坠地之祥,逆走之言,其验明矣。"

殷淳(—434)、刘义庆(—444)生。

晋元兴三年(桓玄永始二年)　北魏天赐元年
后燕光始四年　后秦弘始六年　北凉永安四年
西凉李暠五年　南燕建平五年　甲辰　404年

正月,西凉主李暠立泮宫,增高门学生五百人。

按:《十六国春秋辑补》卷九二《西凉录一·李暠录》曰:"五年,正月,立泮宫,增高门学生五百人。起嘉纳堂于后园,以图赞所志。"

二月,晋刘裕等举义兵讨桓玄。五月,桓玄兵败被杀,传首建康(《晋书》卷一〇《安帝纪》)。

是月,南凉秃发傉檀畏后秦之强,乃去年号。求为凉州牧,后秦主姚兴不许(《资治通鉴》卷一一三《晋纪三十五》)。

四月己丑,晋大将军、武陵王司马遵称制,总万机(《晋书》卷一〇《安帝纪》)。

闰五月己丑,晋桓玄余党桓振等又攻陷江陵,刘毅、何无忌退守寻阳,振等又劫安帝(《晋书》卷一〇《安帝纪》)。

九月,北魏拓跋珪始改官制。

按:《资治通鉴》卷一一三曰:"(是年九月)魏主珪临昭阳殿改补百官,引朝臣文武,亲加铨择,随才授任。列爵四等:王封大郡,公封小郡,侯封大县,伯封小县。其品第一至第四,旧臣有功无爵者追封之,宗室疏远及异姓袭封者降爵有差。又置散官五等,其品第五至第九;文官造士才能秀异、武官堪为将帅者,其品亦比第五至第九;百官有阙,则取于其中以补之。其官名多不用汉、魏之旧,仿上古龙官、鸟官,谓诸曹之使为凫鸭,取其飞之迅疾也;谓候官伺察者为白鹭,取其延颈远望也;余皆类此。"

十月,晋卢循攻入广州,刺史吴隐之为循所败,循执始兴相阮腆之而还(《晋书》卷一〇《安帝纪》)。

北魏拓跋珪改元天赐(《晋书》卷一〇《安帝纪》)。

南燕慕容德死,兄子慕容超嗣位(《晋书》卷一〇《安帝纪》)。

刘毅讨桓玄。与何无忌有隙。进平巴陵,任兖州刺史(《晋书》卷八五《刘毅传》)。

刘穆之为何无忌荐,被刘裕委以腹心之任。为府主簿,记室录事参军,领堂邑太守(《宋书》卷四二《刘穆之传》)。

诸葛长民从讨桓玄,以功拜辅国将军、宣城内史。因讨桓歆功,封新

晋元兴三年(桓玄永始二年)　北魏天赐元年　后燕光始四年　后秦弘始六年　北凉永安四年　西凉李暠五年
南燕建平五年　甲辰　404年

淦县公(《晋书》卷八五《诸葛长民传》)。

何承天除浏阳令，寻去职还都。

按：《宋书》卷六四《何承天传》曰："何承天，东海郯人也……义旗初，长沙公陶延寿以为其辅国府参军，遣通敬于高祖，因除浏阳令，寻去职还都。"

傅亮为建威参军。

按：《宋书》卷四三《傅亮传》曰："桓玄篡位，闻其博学有文采，选为秘书郎，欲令整正秘阁，未及拜而玄败。义旗初，丹阳尹孟昶以为建威参军。"

徐广、卞承之对桓玄不遵礼义之举多有进谏。

按：《晋书》卷九九《桓玄传》曰："(桓玄)既不追尊祖曾，疑其礼义，问于群臣。散骑常侍徐广据晋典宜追立七庙，又敬其父则子悦，位弥高者情理得申，道愈广者纳敬必普也。玄曰：'《礼》云三昭、三穆，与太祖为七，然则太祖必居庙之主也，昭穆皆自下之称，则非逆数可知也。礼，太祖东向，左昭右穆。如晋室之庙，则宣帝在昭穆之列，不得在太祖之位。昭穆既错，太祖无寄，失之远矣。'玄曾祖以上名位不显，故不欲序列，且以王莽九庙见讥于前史，遂以一庙矫之，郊庙斋二日而已。秘书监卞承之曰：'祭不及祖，知楚德之不长也。'又毁晋小庙以广台榭。其庶母蒸尝，靡有定所，忌日见宾客游宴，唯至亡时一哭而已。期服之内，不废音乐。"

袁豹为记室参军。同年又为孟昶建威司马，与阮万龄、江夷相系，有昶府三素望之称。

按：《宋书》卷五二《袁豹传》曰："豹字士蔚，亦为谢安所知，好学博闻，多览典籍。初为著作佐郎，卫军桓谦记室参军。大将军武陵王遵承制，复为记室参军。其年，丹阳尹孟昶以为建威司马。"卷九三《隐逸·阮万龄传》曰："阮万龄陈留尉氏人也。……万龄少知名，自通直郎为孟昶建威长史。时袁豹、江夷相系为昶司马，时人谓昶府有三素望。"

殷仲文叛桓玄，卫从二后。为刘裕镇军长史，转尚书。

按：《晋书》卷九九《殷仲文传》曰："玄为刘裕所败，随玄西走，其珍宝玩好悉藏地中，皆变为土。至巴陵，因奉二后投义军，而为镇军长史，转尚书。"

陶潜为刘裕镇军参军。

按：是年三月刘裕为镇军将军。袁行霈《陶渊明集笺注》曰："渊明就任镇军参军，必在元兴三年甲辰(四○三)三月之后。而义熙元年乙巳(四○五)三月，渊明已改任建威将军刘敬宣参军，有《乙巳岁三月为建威参军使都经钱溪》诗。然则渊明在刘裕幕中不足一年也。"

卞范之为刘毅所败，随桓玄西走，为尚书仆射。

按：《晋书》卷九九《卞范之传》曰："义军起，范之屯兵于覆舟山西，为刘毅所败，随玄西走，玄又以范之为尚书仆射。玄为刘毅等所败，左右分散，唯范之在侧。"

刁雍逃奔长安。姚兴以雍为太子中庶子。

按：《魏书》卷三八《刁雍传》曰："刁雍，字淑和，勃海饶安人也。……初，畅兄逵以刘裕轻狡薄行，负社钱三万，违时不还，执而征焉。及裕诛桓玄，以嫌故先诛刁氏。雍为畅故吏所匿，奔姚兴豫州牧姚绍于洛阳，后至长安。雍博览书传，姚兴以雍为太子中庶子。"

卢循攻广州，逐刺史吴隐之。自摄州事，号平南将军。

按：《晋书》卷一○○《卢循传》曰："刘裕讨循至晋安，循窘急，泛海到番禺，寇广州，逐刺史吴隐之，自摄州事，号平南将军，遣使献贡。"

吴隐之率厉将士固守南海，百有余日而败。

按：《晋书》卷九〇《吴隐之传》曰："及卢循寇南海，隐之率厉将士，固守弥时，长子旷之战没。循攻击百有余日，逾城放火，焚烧三千余家，死者万余人，城遂陷。隐之携家累出，欲奔还都，为循所得。循表朝廷，以隐之党附桓玄，宜加裁戮，诏不许。"

谢灵运袭封康乐公，以国例，除员外散骑侍郎，不就。

按：《宋书》卷六七《谢灵运传》曰："谢灵运，陈郡阳夏人也……灵运少好学，博览群书，文章之美，江左莫逮。从叔混特知爱之，袭封康乐公，食邑三千户。以国公例，除员外散骑侍郎，不就。"张可礼《东晋文艺系年》曰："《谢封康乐侯表》（礼按：'侯'当作'公'）见《艺文类聚》卷五一。表中有'泽洽往德，思覃来胤。永惟先踪，远感崩结。岂臣尪弱，所当悉承'诸句，知表非永初元年灵运三十六岁降公爵为侯时作。《先秦汉魏晋南北朝诗·宋诗》卷三辑灵运《初去郡诗》自述：'牵丝及元兴。'又《宋书·谢灵运传》载灵运义熙十三年所作《撰征赋》中有'荷庆云之优渥，双周七于此年'。据此知灵运袭封康乐公诸事当在本年。"

释僧肇出《般若无知论》，甚得鸠摩罗什、释慧远及刘遗民称叹。

按：《高僧传》卷六《僧肇传》曰："姚兴命肇与僧叡等入逍遥园，助详定经论。肇以去圣久远，文义多杂，先旧所解，时有乖谬，及见什谘禀，所悟更多。因出大品之后，肇便著《波若无知论》，凡二千余言，竟以呈什，什读之称善。乃谓肇曰：'吾解不谢子，辞当相挹。'时庐山隐士刘遗民见肇此论，乃叹曰：'不意方袍，复有平叔。'因以呈远公，远乃抚机叹曰：'未常有也。'因共披寻玩味，更存往复。遗民乃致书肇曰……"鸠摩罗什于后秦弘始五年逍遥园中译出《新大品经》，至六年四月讫。《僧肇传》中所言"姚兴命肇与僧叡等入逍遥园，助详定经论"，即指此事。又云"因出大品之后，肇便作《波若无知论》"，系指鸠摩罗什六年译定《新大品经》之后，僧肇开始作《波若无知论》，故系是年。参见是年"天竺僧鸠摩罗什出《新大品经》24卷及《百论》2卷"条。

罽宾僧弗若多罗译《十诵律》，未竟而卒。

按：《高僧传》卷二《弗若多罗传》曰："弗若多罗，此云功德华，罽宾人也。少出家，以戒节见称，备通三藏，而专精《十诵律》部，为外国师宗，时人咸谓已阶圣果。以伪秦弘始中，振锡入关。秦上姚兴待以上宾之礼。罗什亦挹其戒范，厚相宗敬。先是经法虽传，律藏未阐，闻多罗既善斯部，咸共思慕。以伪秦弘始六年十月十七日，集义学僧数百余人，于长安中寺，延请多罗诵出《十诵》梵本，罗什译为晋文，三分获二。多罗构疾，庵然弃世。众以大业未就，而匠人殂往，悲恨之深，有逾常痛。"

释智猛与沙门十五人从长安出发，去印度求法。

按：《高僧传》卷三《智猛传》曰："释智猛，雍州京兆新丰人。禀性端明，励行清白，少袭法服，修业专至，讽诵之声，以夜续日。每闻外国道人说天竺国土，有释迦遗迹，及方等众经。常慨然有感，驰心遐外，以为万里咫尺，千载可追也。遂以伪秦弘始六年甲辰之岁，招结同志沙门十有五人，发迹长安，渡河跨谷三十六所，至凉州城。出自阳关，西入流沙，凌危履险，有过前传。"

后秦约是年建麦积山石窟。

按：张可礼《东晋文艺系年》曰："祝穆《方舆览胜》：'麦积山在秦州东南百里（礼按：今甘肃省天水），状如麦积，为秦地林泉之冠，姚秦时建瑞应寺。在山之后，姚兴凿山而修，千龛万象，转崖为阁，乃秦州胜景。'据上述记载，麦积山石窟当始建于姚兴时。《晋书》卷九《孝武帝纪》：太元十八年，'姚苌死，子兴嗣伪位。'《宋书》卷二《武帝纪中》:义熙十二年,'姚兴死,子泓立。'是麦积山石窟始建于太元十八年至义熙十二年间,《文物》1989年第3期载黄文昆撰《麦积山的历史与石窟》:'关于麦积山石窟的创建,东崖第3、4窟之间崖面上原有南宋绍兴二十七年(1157年)题刻:"麦积山胜迹始建于□秦,成于元魏,经七百年四郡名显,绍兴二年岁在壬子兵火毁□……"自绍兴二年(1152年)上推七百四五十年,正是后秦姚兴弘始年间。'具体时间未详,据上述记载,姑系于姚兴执政中期。麦积山石窟开创时间,除上述之说外,还有多说,如:'是后秦到西秦间开凿修造的。时间约自公元384—431年左右。'(详见《文物》1983年第6期载董玉祥撰《麦积山石窟的分期》);'当始于东晋十六国的后秦,时间在公元400年至410年这一阶段。'(同上,张学荣撰《麦积山石窟的创建年代》)。"

　　天竺僧鸠摩罗什出《新大品经》24卷及《百论》2卷。
　　按:《出三藏记集》卷二曰:"《新大品经》二十四卷。伪秦姚兴弘始五年四月二十三日于逍遥园译出,至六年四月二十三日讫。"卷八僧叡《大品经序》曰:"(鸠摩罗什)以弘始五年,岁在癸卯,四月二十三日,于京城之北逍遥园中出此经。法师手执胡本,口宣秦言,两释异音,交辩文旨。秦王躬揽旧经,验其得失,谘其通途,坦其宗致。与诸宿旧义业沙门释慧恭、僧䂮、僧迁、宝度、慧精、法钦、道流、僧叡、道恢、道标、道恒、道悰等五百余人,详其义旨,审其文中,然后书之。以其年十二月十五日出尽,校正检括,明年四月二十三日乃讫。"卷二曰:"《百论》二卷。弘始六年译出。"卷一一释僧肇《百论序》曰:"《百论》者,盖是通圣心之津途,开真谛之要论也。……有天竺沙门鸠摩罗什,器量渊弘,俊神超邈,钻仰累年,转不可测,常味咏斯论,以为心要。先虽亲译,而方言未融,致令思寻者踌躇于谬文,标位者乖迕于归致。大秦司隶校尉安城侯姚嵩,风韵清舒,冲心简胜,博涉内外,理思兼通。少好大道,长而弥笃,虽复形羁时务,而法言不辍,每抚兹文,所慨良多。以弘始六年,岁次寿星,集理味沙门,与什考校正本,陶练覆疏,务存论旨。使质而不野,简而必诣,宗致划尔,无间然矣。论凡二十品,品各有五偈,后十品其人以为无益此土,故阙而不传。"

　　释僧肇作《般若无知论》。
　　按:文见《大藏经·诸宗部二·肇论》。参见是年"释僧肇出《般若无知论》,甚得鸠摩罗什、释慧远及刘遗民称叹"条。

　　刘遗民作《致书释僧肇请为般若无知论释》。
　　按:文见《高僧传》卷七《僧肇传》。参见是年"释僧肇出《般若无知论》,甚得鸠摩罗什、释慧远及刘遗民称叹"条。

　　陶潜作《始作镇军参军经曲阿作》、《荣木》及《连雨独饮》。
　　按:参见是年"陶潜为刘裕镇军参军"条。陶渊明是年四十岁,《荣木诗》中曰:"四十无闻,斯不足畏。"《连雨独饮诗》中曰:"自我抱兹独,俛俛四十年。"

　　时有《桓玄时童谣》。
　　按:《晋书》卷九九《桓玄传》曰:"元兴中……其时有童谣云:'长干巷,巷长干,今年杀郎君,后年斩诸桓。'其凶兆符会如此。郎君,谓元显也。"

　　桓玄卒(369—)。玄字敬道,一名灵宝。谯国龙亢人。桓温子。袭爵南郡公。始拜太子洗马,后出补义兴太守。郁郁不得志,弃官归国。安帝隆安二年,玄应王恭、殷仲堪起兵,为江州刺史。日渐坐大,领荆、江二州刺史,都督荆、司等八州。安帝元兴初,司马元显率兵讨玄,玄举兵东

克劳狄安卒(370?—)。希腊诗人。

下,杀司马道子父子,专执朝政。二年称帝,国号楚。三年,刘裕起兵讨玄,斩之。善草书,尝与顾恺之论书,至夜不倦。《隋书》卷三二《经籍志一》著录《周易系辞》2卷;卷三五《经籍志四》著录晋《桓玄集》20卷。逯钦立《晋诗》卷一四载其诗3首,严可均《全晋文》卷一一九载其文35篇。事迹见《晋书》卷九九及《法书要录》卷八。

晋义熙元年　北魏天赐二年　后燕光始五年　后秦弘始七年　北凉永安五年　西凉李暠建初元年　南燕慕容超太上元年　乙巳　405年

东哥特人、汪达尔人、苏维汇人、勃艮第人及阿兰人侵西罗马帝国。

正月戊戌,晋诏改元义熙(《晋书》卷一〇《安帝纪》)。

西凉李暠建元建初(《资治通鉴》卷一一四《晋纪三十六》)。

二月丁巳,晋安帝自江陵东还,三月至建康(《晋书》卷一〇《安帝纪》)。

三月庚子,晋以琅邪王德文为大司马,武陵王遵为太保,加镇军将军刘裕为侍中、车骑将军、都督中外诸军事(《晋书》卷一〇《安帝纪》)。

四月,晋刘裕为十六州都督,加领兖州刺史,镇京口。饯于东堂(《宋书》卷一《武帝纪上》及《晋书》卷一〇《安帝纪》)。

九月,南燕主慕容超改元太上(《资治通鉴》卷一一四《晋纪三十六》)。

谢灵运为大司马行参军。
　　按:《宋书》卷六七《谢灵运传》曰:"为琅邪王大司马行参军。性奢豪,车服鲜丽,衣裳器物,多改旧制,世共宗之,咸称谢康乐也。"

郑鲜之为琅邪王参军。
　　按:《宋书》卷六四《郑鲜之传》曰:"入为员外散骑侍郎,司徒左西属,大司马琅邪王录事参军。"

谢瞻为大司马参军(《宋书》卷五六《谢瞻传》)。

顾恺之约是年为散骑常侍。月下长咏,谢瞻每遥赞之。
　　按:《晋书》卷九二《顾恺之传》曰:"恺之矜伐过实,少年因相称誉以为戏弄。又为吟咏,自谓得先贤风制。或请其作洛生咏,答曰:'何至作老婢声!'义熙初,为散骑常侍,与谢瞻连省,夜于月下长咏,瞻每遥赞之,恺之弥自力忘倦。瞻将眠,令人代已,恺之不觉有异,遂申旦而止。"

殷仲文为大司马咨议,常怏怏不得志。
　　按:《世说新语·黜免第二十八》曰:"桓玄败后,殷仲文还为大司马咨议,意似二三,非复往日。"《晋书》卷九九《殷仲文传》曰:"仲文因月朔与众至大司马府,府中有老槐树,顾之良久而叹曰:'此树婆娑,无复生意!'仲文素有名望,自谓必当朝政,又谢混之徒畴昔所轻者,并皆比肩,常怏怏不得志。"

刘毅攻陷江陵,斩卞范之等,为抚军将军。上表乞还京口,以终丧礼,

晋义熙元年　北魏天赐二年　后燕光始五年　后秦弘始七年　北凉永安五年　西凉李暠建初元年
南燕慕容超太上元年　乙巳　405年

未许,为都督豫州扬州之淮南历阳庐江安丰堂邑五郡军事、豫州刺史,持节、将军、常侍如故(《晋书》卷八五《刘毅传》)。

按:《晋书》卷一〇《安帝纪》及《资治通鉴》卷一一四《晋纪三十六》系以上诸事于是年。

徐广约是年撰《车服仪注》,乃除镇军谘议参军,领记室(《宋书》卷五五《徐广传》)。

陶潜入建威将军、江州刺史刘敬宣幕府,任建威参军。以生存之需,出任彭泽令,后又弃官还乡。

按:《宋书》卷九三《隐逸·陶潜传》曰:"复为……建威参军。谓亲朋曰:'聊欲弦歌,以为三径之资,可乎?'执事者闻之,以为彭泽令。公田悉令吏种秫稻。妻子固请种粳,乃使二顷五十亩种秫,五十亩种粳。郡遣督邮至,县吏白应束带见之。潜叹曰:'我不能为五斗米折腰向乡里小人。'即日解印绶去职。赋《归去来》,其词曰……"

傅亮除员外散骑侍郎,典掌诏命。

按:《宋书》卷四三《傅亮传》曰:"义熙元年,除员外散骑侍郎,直西省,典掌诏命。"

谢弘微袭谢峻爵昌县侯。

按:《宋书》卷五八《谢弘微传》曰:"谢弘微,陈郡阳夏人也……义熙初,袭(从叔)峻爵建昌县侯。弘微家素贫俭,而所继丰泰,唯受书数千卷,国吏数人而已,遗财禄秩,一不关豫。混闻而惊叹,谓国郎中令漆凯之曰:'建昌国禄,本应与北舍共之,国侯既不措意,今可依常分送。'弘微重违混言,乃少有所受。"

卢循任征虏将军、广州刺史、平越中郎将。

按:《晋书》卷一〇〇《卢循传》曰:"时朝廷新诛桓氏,中外多虞,乃权假循征虏将军、广州刺史、平越中郎将。"《资治通鉴》卷一一四《晋纪三十六》系此事于是年。

王诞与吴隐之并得从广州归京都。隐之寻拜度支尚书、太常。

按:《宋书》卷五二《王诞传》曰:"卢循据广州。以诞为其平南府长史,甚宾礼之。诞久客思归,乃说循曰……循甚然之。时广州刺史吴隐之亦为循所拘留,诞又曰……于是诞及隐之并得还。"《晋书》卷九〇《吴隐之传》曰:"刘裕与循书,令遣隐之还,久方得反。归舟之日,装无余资。及至,数亩小宅,篱垣仄陋,内外茅屋六间,不容妻子。刘裕赐车牛,更为起宅,固辞。寻拜度支尚书、太常,以竹篷为屏风,坐无毡席。"《资治通鉴》卷一一四《晋纪三十六》系此事于是年。

戴颙约是年因兄戴勃疾笃无可营疗,求为海虞令,会勃卒而止。后出居吴下。

按:《宋书》卷九三《隐逸·戴颙传》曰:"桐庐县又多名山,兄弟复共游之,因留居止。(兄戴)勃疾患,医药不给。颙谓勃曰:'颙随兄得闲,非有心于默语。兄今疾笃,无可营疗,颙当干禄以自济耳。'乃告时求海虞令,事垂行而勃卒,乃止。桐庐僻远,难以养疾,乃出居吴下。吴下士人共为筑室……乃述庄周大旨,作《逍遥论》,注《礼记·中庸》篇。三吴将守及郡内衣冠要其同游野泽,堪行便往,不为矫介,众论以此多之。"《晋书》卷九四《戴逵传》载,戴勃"义熙初,以散骑侍郎征,不起,卒"。

裴松之约是年为吴县故鄣令,在县有绩。

按:《宋书》卷六四《裴松之传》曰:"义熙初,为吴县故鄣令,在县有绩。"

崔玄伯受爵白马侯,加周兵将军。甚为拓跋珪信宠。

按：《魏书》卷二四《崔玄伯传》曰："及太祖季年，大臣多犯威怒，玄伯独无谴者，由于此也。太祖曾引玄伯讲《汉书》，至娄敬说汉祖欲以鲁元公主妻匈奴，善之，嗟叹者良久。是以诸公主皆厘降于宾附之国，朝臣子弟，虽名族美彦，不得尚焉。尚书职罢，赐玄伯爵白马侯，加周兵将军，与旧功臣庾岳、奚斤等同班，而信宠过之。"《资治通鉴》卷一一四曰："（是年二月）癸亥，魏主珪还自豺山，罢尚书三十六曹。"

崔浩于魏太祖末年，砥直任时，不为穷通改节。

按：《魏书》卷三五《崔浩传》曰："崔浩，字伯渊，清河人也，白马公玄伯之长子……太祖季年，威严颇峻，宫省左右多以微过得罪，莫不逃隐，避目下之变。浩独恭勤不怠，或终日不归。太祖知之，辄命赐以御粥。其砥直任时，不为穷通改节，皆此类也。"魏太祖拓跋珪末年应指其在位的最后六年，即天赐年间，姑系是年。

雷次宗暨于弱冠，不就仕途，托业庐山，师事释慧远。

按：《宋书》卷九三《隐逸·雷次宗传》曰："雷次宗字仲伦，豫章南昌人也。少入庐山，事沙门释慧远，笃志好学，尤明《三礼》、《毛诗》，隐退不交世务。本州辟从事，员外散骑侍郎征，并不就。与子侄书以言所守，曰：'……吾少婴羸患，事钟养疾，为性好闲，志栖物表，故虽在童稚之年，已怀远迹之意。暨于弱冠，遂托业庐山，逮事释和尚。于时师友渊源，务训弘道，外慕等夷，内怀怫发，于是洗气神明，玩心坟典，勉志勤躬，夜以继日。爰有山水之好，悟言之欢，实足以通理辅性，成夫亹亹之业，乐以忘忧，不知朝日之晏矣……'"

西域僧昙摩流支自关中至后秦，得慧远书及姚兴敦请，与鸠摩罗什共译《十诵》。

按：《高僧传》卷二《昙摩流支传》曰："昙摩流支，此云法乐，西域人也。弃家入道，偏以律藏驰名，以弘始七年秋，达自关中，初弗若多罗诵出《十诵》，未竟而亡。庐山释慧远闻支既善毗尼，希得究竟律部，乃遣书通好曰：'佛教之兴，先行上国，自分流以来，四百余年，至于沙门德式所阙尤多。顷西域道士弗若多罗，是罽宾人，甚讽《十诵》梵本。有罗什法师，通才博见，为之传译。《十诵》之中，文始过半。多罗早丧，中途而寝，不得究竟大业，慨恨良深。传闻仁者赍此经自随，甚欣所遇，冥运之来，岂人事而已耶。想弘道为物，感时而动，叩之有人，必情无所吝。若能为律学之徒，毕此经本，开示梵行，洗其耳目，使始涉之流，不失无上之津，参怀胜业者，日月弥朗。此则慧深德厚，人神同感矣，幸愿垂怀，不乖往意一二。悉诸道人所具。'流支既得远书，及姚兴敦请，乃与什共译《十诵》都毕。研详考核，条制审定，而什犹恨文烦未善。既而什化，不获删治。流支住长安大寺，慧观欲请下京师，支曰：'彼土有人有法，足以利世，吾当更行无律教处。'于是游化余方，不知所卒。或云终于凉土未详。"

天竺僧鸠摩罗什居逍遥园，甚见优宠。时沙门坐禅者，恒有千数，州郡化之，奉佛者十室而九。

按：《十六国春秋辑补》卷五二《后秦录四·姚兴录》曰："（弘始）七年，正月，兴如逍遥园，引诸沙门于澄玄堂，听鸠摩罗什演说佛经。罗什通辩夏言，寻览旧经，多有乖谬，不与胡本相应。兴与罗什及沙门僧略、僧迁、道树、僧叡、道恒、僧肇、昙顺等八百余人，更出大品。罗什执胡本，兴执旧经，以相考校。其新文异旧者，皆会与理义，续出诸经并诸论三百余卷。今之新经，皆罗什所译。兴既托意于佛道，公卿以下，莫不钦附。沙门自远而至者，五千余人，起浮屠于永贵里，立波若台于中宫。沙门坐禅者，恒有千数。州郡化之，事佛者十室而九矣。"

后秦以僧䂮为僧正。

晋义熙元年　北魏天赐二年　后燕光始五年　后秦弘始七年　北凉永安五年　西凉李暠建初元年
南燕慕容超太上元年　乙巳　405年

按：《高僧传》卷六《僧䂮传》曰："至弘始七年敕加亲信伏身白从各三十人，僧正之兴之始也。躬自步行，车舆以给老疾，所获供恤常充众用。虽年在秋方，而讲说经律，勖众无倦。"

刘毅作《乞还终丧表》及《请以并州刺史刘道规镇夏口》。

按：《乞还终丧表》见《晋书》卷八五《刘毅传》。《请以并州刺史刘道规镇夏口》见《南齐书》卷一五《州郡志下》，曰："义熙元年，冠军将军刘毅以为……"

殷仲文作《罪衅解尚书表》。

按：《晋书》卷九九《殷仲文传》曰："帝初反正，抗表自解曰……诏不许。"

陶潜作《乙巳岁三月建威参军使都经钱溪》及《归去来兮辞并序》。

按：《归去来兮辞》序曰："……寻程氏妹丧于武昌，情在骏奔，自免去职。仲秋至冬，在官八十余日。因事顺心，命篇曰《归去来兮》，乙巳岁十一月也。"《晋书》卷九四《陶潜传》曰："义熙二年，解印去县，乃赋《归去来》。"今从序。

顾恺之作《拜员外散骑常侍表》。

按：文见《北堂书钞》卷五八。参见是年"顾恺之约是年为散骑常侍。月下长咏，谢瞻每遥赞之"条。

时有《义熙初童谣》。

按：《晋书》卷二八《五行志中》曰："安帝义熙初，童谣曰：'官家养芦化成荻，芦生不止自成积。'其时官养卢龙，宠以金紫，奉以名州，养之极也。而龙不能怀我好音，举兵内伐，遂成仇敌也。'芦生不止自成积'，及卢龙之败，斩伐其党，犹如草木以成积也。"

天竺僧鸠摩罗什出《大智度论》。

按：《出三藏记集》卷一〇《大智论记》曰："究摩罗耆婆法师以秦弘始三年，岁辛丑，十二月二十日至常安，四年夏，于逍遥园中西门合上，为姚天王出《释论》。七年十二月二十七日乃讫。其中兼出经本、《禅经》、戒律、《百论》、《禅法要解》，向五十万言，并此《释论》一百五十万言。"校勘记曰："《法经录》六著录《大智释论记》一卷，无撰人名。《大正藏》第二十五卷一五〇九号《大智度论》卷末载此记。"

释慧远作《与晋安帝书》、《答秦主姚兴书》及《遣书通好昙摩流支》。

按：《高僧传》卷六《慧远传》曰："晋安帝自江陵旋于京师，辅国何无忌劝远候觐，远称疾不行。帝遣使劳问，远修书曰……诏答……又曰：'秦主姚兴钦德风名，叹其才思，致书殷勤，信饷连接，赠以龟兹国细缕杂变像以申款心，又令姚嵩献其珠像。《释论》新出，兴送论并遗书曰：'《大智论》新译讫，此既龙树所作，又是方等旨归，宜为一序，以申作者之意。然此诸道士，咸相推谢，无敢动手，法师可为作序，以贻后之学者。'远答书云：'……缘来告之重，辄粗缀所怀。至于研究之美，当复期诸明德。'其名高远固如此。远常谓《大智论》文句繁广，初学难寻，乃抄其要文，撰为二十卷。序致渊雅，使夫学者息过半之功矣。"《遣书通好昙摩流支》见卷二《昙摩流支传》曰："庐山释慧远闻支既善毗尼，希得究竟律部，乃遣书通好曰……"参见是年"西域僧昙摩流支自关中至后秦，得慧远书及姚兴敦请，与鸠摩罗什共译《十诵》"条。

释僧肇作《答刘遗民书》。

按：文见《大藏经·诸宗部二·肇论》。书中曰："不面在昔，伫想用劳。慧明道人至，得去年十二月疏并问。……八月十五日，释僧肇疏答。"刘遗民上年有书致肇，肇是年作答。

卞范之卒，生年不详。范之字敬祖，一名鞠，济阴冤句人。桓玄少与之交游，及玄为江州刺史，引为长史，委以心腹。玄入建康，范之为丹杨尹、征虏将军、散骑常侍。玄篡位，以为侍中，进号后将军，封临汝县公。安帝禅位诏，即出范之之手。玄兵败，左右皆逃散，惟范之在侧。玄平，被斩于江陵。范之与殷仲文友善，亦好文墨。《隋书》卷三五《经籍志四》著录梁有晋丹阳尹《卞范之集》5卷，录1卷，亡。严可均《全晋文》卷一四〇载其文2篇。事迹见《晋书》卷九九。

旁注：普鲁登蒂乌斯约卒（348— ）。西班牙拉丁文诗人。

晋义熙二年　北魏天赐三年　后燕光始六年
后秦弘始八年　北凉永安六年　西凉建初二年
南燕太上二年　丙午　406 年

六月，晋群臣议殷祭议。

按：《宋书》卷一六《礼志三》曰："晋安帝义熙二年六月，白衣领尚书左仆射孔安国启云：'……（范）泰为宪司，自应明审是非，群臣所启不允，即当责失奏弹，而怨堕稽停，遂非忘旧。请免泰、（刘）瑾官。'丁巳，诏皆白衣领职。于是博士徐乾皆免官。初，元兴三年四月，不得殷祠进用十月，若计常限，则义熙三年冬又当殷；若更起端，则应用来年四月。领司徒王谧、丹阳尹孟昶议：'有非常之庆，必有非常之礼。殷祭旧准不差，盖施于经常尔。至于义熙之庆，经古莫二，虽曰旋幸，理同受命。愚谓理运惟新，于是乎始。宜用四月。'中领军谢混、太常刘瑾议：'殷无定日，考时致敬，且礼意尚简。去年十月祠，虽于日有差，而情典允备，宜仍以为正。'太学博士徐乾议：'三年一祫，五年一禘，经传记籍，不见补殷之文。'员外散骑侍郎领著作郎徐广议：'寻先事，海西公泰和六年十月，殷祠。孝武皇帝宁康二年十月，殷祠。若依常去前三十月，则应用四月也。于时盖当有故，而迁在冬，但未详其事。太元元年十月殷祠，依常三十月，则应用二年四月也。是追计辛未岁十月，来合六十月而再殷。何邵甫注《公羊传》云，祫从先君来，积数为限。自僖八年至文二年，知为祫祭。如此，履端居始，承源成流，领会之节，远因宗本也。昔年有故推迁，非其常度。宁康、太元前事可依。虽年有旷近之异，然追计之理同矣。愚谓从复常次者，以推归正之道也。'左丞刘润之等议：'太元元年四月应殷，而礼官堕失，建用十月。本非正期，不应即以失为始也。宜以反初四月为始。当用三年十月。'尚书奏从王谧议，以元年十月为始也。"

十月，晋论匡复之功，刘裕被封豫章郡公（《宋书》卷一《武帝纪上》及《晋书》卷一〇《安帝纪》）。

范泰坐议殷祠事谬，白衣领职。

按：《宋书》卷六〇《范泰传》曰："入为黄门郎，御史中丞。坐议殷祠事谬，白衣领职。"

旁注：罗马斯提利科败蛮族军于菲耶索莱。

汪达尔人、苏维汇人、阿兰人入高卢。

晋义熙二年　北魏天赐三年　后燕光始六年　后秦弘始八年　北凉永安六年　西凉建初二年
南燕太上二年　丙午　406年

徐广受诏撰国史。

按：《宋书》卷五五《徐广传》曰："（义熙）二年，尚书奏曰：'臣闻左史述言，右官书事，《乘》、《志》显于晋、郑，《阳秋》著乎鲁史。自皇代有造，中兴晋祀，道风帝典，焕乎史策。而太和以降，世历三朝，玄风圣迹，倏为畴古。臣等参详，宜敕著作郎徐广撰成国史。'诏曰：'先朝至德光被，未著方策，宜流风缅代，永贻将来者也。便敕撰集。'"

孔安国为尚书左仆射。

按：《晋书》卷一〇《安帝纪》曰："（是年十月）乙亥，以左将军孔安国为尚书左仆射。"

刘毅封南平郡开国公。复镇姑孰。

按：《晋书》卷八五《刘毅传》曰："以匡复功，封南平郡开国公，兼都督宣城军事，给鼓吹一部。……初，桓玄于南州起斋，悉画盘龙于其上，号为盘龙斋。毅小字盘龙，至是，遂居之。"参见是年"刘毅作《镇姑孰表》"。

谢灵运为刘毅幕府记室参军（《宋书》卷六七《谢灵运传》）。

何承天被刘毅版为行参军（《宋书》卷六四《何承天传》）。

周续之被刘毅命为抚军参军，征太学博士，并不就（《宋书》卷九三《隐逸·周续之传》）。

何无忌封安城郡公。进镇南将军（《晋书》卷八五《何无忌传》）。

张茂度为何无忌镇南参军。

按：《宋书》卷五三《张茂度传》曰："张茂度，吴郡吴人，张良后也……茂度郡上计吏，主簿，功曹，州命从事史，并不就。除琅邪王卫军参军，员外散骑侍郎，尚书度支郎，父忧不拜。服阕，为何无忌镇南参军。"

谢混约是年前后与谢弘微、谢灵运等常共宴处，作乌衣之游。尝因酣宴之余，为韵语以奖劝灵运、瞻等。

按：《宋书》卷五八《谢弘微传》曰："（谢）混风格高峻，少所交纳，唯与族子灵运、瞻、曜、弘微并以文义赏会。尝共宴处，居在乌衣巷，故谓之乌衣之游。混五言诗所云'昔为乌衣游，戚戚皆亲侄'者也。其外虽复高流时誉，莫敢造门。瞻等才辞辩富，弘微每以约言服之，混特所敬贵，号曰微子。谓瞻等曰：'汝诸人虽才义丰辩，未必皆惬众心，至于领会机赏，言约理要，故当与我共推微子。'常云：'阿远刚躁负气；阿客博而无检；曜怵才而持操不笃；晦自知而纳善不周，设复功济三才，终亦以此为恨；至如微子，吾无间然。'又云：'微子异不伤物，同不害正，若年迨六十，必至公辅。'尝因酣宴之余，为韵语以奖劝灵运、瞻等曰……灵运等并有诚厉之言，唯弘微独尽褒美。曜，弘微兄，多，其小字也。远即瞻字。灵运小名客儿。"

谢瞻约是年劝止谢灵运商较人物。

按：《南史》卷一九《谢瞻传》曰："灵运父瑍无才能，为秘书郎早卒，而灵运好臧否人物。混患之，欲加裁折，未有其方。谓瞻曰：'非汝莫能。'乃与晦、曜、弘微等共游戏，使瞻与灵运共车。灵运登车便商较人物，瞻谓曰：'秘书早亡，谈者亦有同异。'灵运默然，言论自此衰止。"

罽宾僧卑摩罗叉至长安，鸠摩罗什以师礼敬待。

按：《高僧传》卷二《卑摩罗叉传》曰："卑摩罗叉，此云无垢眼，罽宾人。沉靖有志力，出家履道，苦节成务。先在龟兹，弘阐律藏。四方学者，竞往师之，鸠摩罗什时亦预焉。及龟兹陷没，乃避地焉。顷之，闻什在长安大弘经藏。又欲使毗尼胜品，复洽东国。于是杖锡流沙，冒险东入，以伪秦弘始八年达自关中。什以师礼敬待，又亦以远遇欣然。"

天竺僧佛驮跋陀罗至长安，鸠摩罗什倒屣迎之，以相得迟暮为恨。

按：元释念常《佛祖历代通载》卷七曰："天竺尊者佛驮跋陀自义熙二年至长安，什公倒屣迎之，以相得迟暮为恨。议论多发药，跋陀曰：'公所译未出人意，乃有高名何耶？'什曰：'吾以年运已往，为学者妄加粉饰，公雷同以为高，可乎？从容决未了之义，弥增诚敬。"《高僧传》卷二《佛驮跋陀罗传》曰："佛驮跋陀罗。此云觉贤。"校勘记曰："《祐录》作'佛大跋陀'，《弘教》本作'佛驮跋陀'；《碛砂藏》作'佛驮跋陀'，下同；《名僧传钞》作'佛驮跋陀'并注'或云浮头婆驮'。"各本称呼不一，本书统一用"佛驮跋陀罗"。

刘毅作《镇姑孰表》。

按：文见《南齐书》卷一四《州郡志上》曰："义熙二年，刘毅复镇姑孰，上表曰……时豫州边荒，至乃如此。"

陶潜作《归园田居五首》。

按：吴仁杰《陶渊明年谱》曰："有《归园田居》诗五首。味其诗，盖自彭泽归明年所作也。首篇云：'误落尘网中，一去三十年。'按太元癸卯，先生初仕为州祭酒，至乙卯去彭泽而归，才甲子一周，不应云三十年，当作'一去十三年'。此诗今本有六首，韩子苍云：'陈述古本止五首，俗本取江淹"种苗在东皋"为末篇，乃序行役，与前五首不为类。东坡亦因其误和之。'"

谢混作《诫族子诗》。

按：《宋书》卷八五《谢弘微传》曰："尝因酣宴之余，为韵语以奖劝灵运、瞻等曰……"参见是年"谢混约是年前后与谢弘微、谢灵运等常共宴处，作乌衣之游。尝因酣宴之余，为韵语以奖劝灵运、瞻等"条。

时有《义熙初小儿谣》及《义熙初谣》。

按：《晋书》卷二八《五行志中》曰："义熙二年，小儿相逢于道，辄举其两手曰'卢健健'，次曰'斗叹斗叹'，末曰'翁年老翁年老'。当时莫知所谓。其后卢龙内逼，舟舰盖川，'健健'之谓也。既至查浦，屡克期欲与官斗，'斗叹'之应也。'翁年老'，群公有期颐之庆，知妖逆之徒自然消殄也。其时复有谣言曰：'卢橙橙，逐水流，东风忽如起，那得入石头！'卢龙果败，不得入石头也。"

天竺僧鸠摩罗什出《新法华经》及《新维摩诘经》3卷。

按：《出三藏记集》卷二曰："《新法华经》七卷。弘始八年夏于长安大寺译出。"卷八慧观《法华宗要序》曰："有外国法师鸠摩罗什……秦弘始八年夏，于长安大寺集四方义学沙门二千余人，更出斯经，与众详究。什自手执胡经，口译秦语。曲从方言，而趣不乖本。即文之益，亦已过半……"同卷僧叡《法华经后序》曰："秦司隶校尉、左将军安城侯姚嵩，拟韵玄门，宅心世表，注诚斯典，信诣弥至。每思寻其文，深识译者之失。既遇鸠摩罗法师，为之传写，指其大归，真若披重宵而高蹈，登崑苍而俯眂矣。于时听受领悟之僧八百余人，皆是诸方英秀，一时之杰也。是岁弘始八年，岁次鹑火。"卷二曰："《新维摩诘经》三卷。弘始八年于长安大寺出。"卷八僧肇《维摩诘经序》曰："《维摩诘不思议经》者，盖是穷微尽化，妙绝之称也。……以弘始八年，岁次鹑火，命大将军常山公，左将军安城侯，与义学沙门千二百人，于常安大寺请罗什法师重译正本。什以高世之量，冥心真境，既尽环中，又善方言。时手执胡文，口自宣译。道俗虔虔,一言三复,陶冶精求,务存圣意。其文约而诣,其旨婉而彰,微远之言,于兹显然。余以暗短,时豫听次,虽思乏参玄,然粗得文意。辄顺所闻,而为注解,略记成言,述而无作。"

陆修静(—477)生。

晋义熙三年　北魏天赐四年　后燕建始元年
后秦弘始九年　北凉永安七年　西凉建初三年
南燕太上三年　北燕高云正始元年
夏赫连勃勃龙升元年　丁未　407年

正月,后燕慕容熙改元建始(《资治通鉴》卷一一四《晋纪三十六》)。

二月己酉,晋车骑将军刘裕至建康,诛东阳太守殷仲文、南蛮校尉殷叔文、晋陵太守殷道叔、永嘉太守骆球等,并夷其族(《晋书》卷一〇《安帝纪》)。

六月,刘勃勃在朔方称大夏天王、大单于,建元龙升,国号夏,脱离后秦管辖。未几改姓赫连。史称夏(《资治通鉴》卷一一四《晋纪三十六》)。

七月,后燕将军冯跋等杀慕容熙,拥慕容云为主。后燕亡。云即天王位,改元正始,恢复本姓高。史称北燕(《资治通鉴》卷一一四《晋纪三十六》)。

按:后燕共历4主,24年。

八月,晋刘裕遣刘敬宣持节监征蜀诸军事,攻蜀(《晋书》卷一〇《安帝纪》)。

罗马人撤离不列颠。

周祗谏刘裕遣刘敬宣率众伐蜀,裕未纳。

按:《宋书》卷四七《刘敬宣传》曰:"高祖方大相宠任,欲先令立功。义熙三年,表遣敬宣率众五千伐蜀。国子博士周祗书谏高祖曰……不从。"

刘昞时为儒林祭酒,受命撰文颂德。

按:《十六国春秋辑补》卷九三《西凉录二·李暠录》曰:"(是年)暠既迁酒泉,乃敦劝稼穑。郡僚以年谷频登,百姓乐业,请勒铭酒泉,暠许之。于是使儒林祭酒刘昞为文,刻石颂德。刘昞,字彦明,敦煌人也。父宝,字子玉,以儒学见称。……昞后隐居酒泉,不应州郡辟命。弟子受业者,常数百人。武昭王暠,征为儒林祭酒从事中郎。暠雅好文典,书史穿落者,亲自补治。昞时侍侧,前请代暠。暠曰:'躬自执者,欲人重此典籍。吾与卿相值,何异孔明之会玄德。'迁抚夷护军。虽有政务,手不释卷。暠谓之曰:'卿注记篇籍,以烛继昼。白日且然,夜可休息。'昞曰:'朝闻道,夕死可矣。不知老之将至,孔圣称焉。昞何人斯,敢不如此?'昞以三史文繁,作《略纪》百三十篇,八十四卷。《凉书》十卷,《敦煌录》二十卷,《方言》三卷,《靖恭堂铭》一卷,并注《周易》、《韩子》、《人物志》、《黄石公三略》,并行于世。"

天竺僧佛驮耶舍至长安。

按：《释氏稽古略》卷二曰："天竺佛驮耶舍（此云觉明）尊者，至姑臧。后秦弘始九年遣使请至长安。秦主郊迎，别创院处之，供设如王者，尊者一无所受。"佛驮耶舍即《高僧传》载佛陀耶舍。

周祗作《与刘裕书谏伐蜀》。
按：文见《宋书》卷四七《刘敬宣传》。参见是年"周祗谏刘裕遣刘敬宣率众伐蜀，裕未纳"条。

天竺僧鸠摩罗什重校《禅法要》3卷及《自在王经》2卷。
按：《出三藏记集》卷二曰："《禅法要》三卷。弘始九年闰月五日重校正。"卷九僧叡《关中出禅经序》曰："出此经后，至弘始九年闰月五日，重求检校，惧初受之不审，差之一毫，将有千里之降，详而定之，辄复多有所正，既正既备，无间然矣。"卷二曰："《自在王经》二卷。弘始九年出。"卷八僧叡《自在王经后序》曰："秦大将军、尚书令常山公姚显，真怀简到，彻悟转诣。闻其名而悦之，考其旨而虚襟……遂请鸠摩罗什法师译而出之，得此二卷。于菩萨希踪卓荦之事，朗然昭列矣。是岁弘始九年，岁次鹑首。"

释僧叡集禅经《关中出禅经》定稿。
按：《出三藏记集》卷九僧叡《关中出禅经序》曰："禅法者，向道之初门，泥洹之津径也。此土先出《修行》、《大小十二门》、《大小安般》，虽是其事，既不根悉，又无受法，学者之戒，盖阙如也。鸠摩罗法师以辛丑之年十二月二十日，自姑臧至长安。予即以其月二十六日从受禅法。既蒙启授，乃知学有成准，法有成修。《首楞严经》云：'人在山中学道，无师道中不成。'是其事也。寻蒙抄撰众家禅要，得此三卷，初四十三偈，是鸠摩罗陀法师所造，后二十偈，是马鸣菩萨之所造也。其中五门，是《婆须蜜》、《僧伽罗叉》、沤波崛、僧伽斯那、勒比丘、马鸣、罗陀禅要之中，抄集之所出也。六觉中偈，是马鸣菩萨修习之以释六觉也。初观淫、恚、痴相及其三门，皆僧伽罗叉之所撰也。息门六事，诸论师说也。菩萨习禅法中，后更依《持世经》，益《十二因缘》一卷，《要解》二卷，别时撰出。……出此经后，至弘始九年闰月五日，重求检校，惧初受之审，差之一毫，将有千里之降。"《高僧传》卷六《僧叡传》曰："什后至关，因请出《禅法要》三卷。始是鸠摩罗陀所制，末是马鸣所说，中间是外国诸圣共造，亦称《菩萨禅》。"

陶潜作《祭程氏妹文》。
按：文云："维晋义熙三年五月甲辰，程氏妹服制再周，渊明以少牢之奠，俯而诔之。"

王谧卒（360——　）。谧字稚远，琅邪临沂人，王劭子。少有美誉，累官司徒。桓玄篡位，谧奉玺册诣玄，封武昌县开国公。刘裕破玄，因裕布衣时惟谧独奇贵之，裕迁谧侍中，领扬州刺史，录尚书事。晋元兴中，桓玄复议沙门应敬王者，王谧与慧远皆与玄书，认为沙门不应敬王者。后玄从之。《隋书》卷三五《经籍志四》著录晋司徒《王谧集》10卷，录1卷，亡。严可均《全晋文》卷二〇载其文7篇。事迹见《晋书》卷六五。

殷仲文卒，生年不详。字仲文，以字行，陈郡人，殷仲堪从弟，桓温婿。曾为会稽王司马道子骠骑参军，司马元显征虏长史，桓玄谘议参军，刘裕镇军长史，转尚书。是年二月与骆球等谋反，为刘裕所杀。仲文少有才藻，美容貌，但其才多而学少。谢灵运云："若殷仲文读书半袁豹，则文才不减班固。"沈约《宋书·谢灵运传论》言"仲文始革孙、许之风"，其诗开始改变晋玄言诗风。《隋书》卷三二《经籍志一》著录其注《孝经》1卷，卷三五《经籍志四》著录晋东阳太守《殷仲文集》7卷，梁五卷。严可均《全晋文》卷一二九载其文1篇。逯钦立《晋诗》卷一四载其诗3首。事迹见《晋书》卷九九。

卞承之卒，生年不详。承之字敬宗。桓玄篡位，承之为秘书监。官至光禄勋。玄败死，承之与殷仲文欲反刘裕，被诛。《隋书》卷三五《经籍志四》著录光禄勋《卞承之集》10卷，录1卷，亡。严可均《全晋文》卷一四〇载其文6篇。事迹略见《晋书》卷九九《桓玄传》。

谢惠连（ —433）、刘义隆（ —453）生。

晋义熙四年　北魏天赐五年　后秦弘始十年　南凉嘉平元年　北凉永安八年　西凉建初四年　南燕太上四年　北燕正始二年　夏龙升二年　戊申　408年

正月甲辰，晋以琅邪王司马德文领司徒，车骑将军刘裕为扬州刺史、录尚书事，入朝辅政（《晋书》卷一〇《安帝纪》）。

十一月，南凉秃发傉檀复称凉王，改元嘉平（《资治通鉴》卷一一四《晋纪三十六》）。

西凉众瑞应时而至，槐树生于酒泉宫西北隅，李暠作《槐树赋》以寄情，命刘昞等并作（《十六国春秋》卷九一《西凉录一·李暠录》）。

刘毅欲阻刘裕入朝，因刘穆之密说刘裕，未果（《宋书》卷四二《刘穆之传》）。

孟昶加尚书左仆射。

按：《晋书》卷一〇《安帝纪》曰："（是年）夏四月，散骑常侍、尚书左仆射孔安国卒。甲午，加吏部尚书孟昶尚书左仆射。"

天竺僧鸠摩罗什出《新小品经》7卷。

按：《出三藏记集》卷二曰："《新小品经》七卷。弘始十年二月六日译出。至四月二十日讫。"卷八僧叡《小品经序》曰："有秦太子者，寓迹储宫，拟韵区外。玩味斯经，梦想增至。准悟《大品》，深知译者之失。会闻鸠摩罗什法师神授其文，真本犹存，以弘始十年二月六日请令出之，至四月三十日校正都讫。考之旧译，直若荒田之稼，芸过其半，未兑多也。斯经正文凡有四种，是佛异时适化广略之说也。其多者云有十万偈，少者六百偈。此之《大品》也，乃是天竺之中品也。随宜之言，复何必计其

西罗马人杀斯提利科。

东罗马阿卡狄皇帝遇弑。

多少,议其烦简耶?胡文雅质,案本译之,于巧丽不足,朴质有余矣。"

陶潜作《戊申岁六月遇火》。

按:《戊申岁六月遇火》诗曰:"正夏长风急,林室顿烧燔。一宅无遗宇,舫舟荫门前。迢迢新秋夕,亭亭月将圆。"

孔安国卒,生年不详。字安国,以字行。孔愉子。东晋会稽山阴人。少以儒素显。孝武帝时仕历侍中、太常。及帝卒,安国形素羸瘦,服衰绖,涕泗竟日,见者以为真孝。再为会稽内史、领军将军。后历尚书左右仆射,卒赠左光禄大夫。严可均《全晋文》卷一二六载其文2篇。事迹见《晋书》卷七八。

袁淑(　—453)、江湛(　—453)生。

晋义熙五年　北魏天赐六年　北魏拓跋嗣永兴元年　后秦弘始十一年　西秦乞伏乾归更始元年　南凉嘉平二年　北凉永安九年　西凉建初五年　南燕太上五年　北燕正始三年　北燕冯跋太平元年　夏龙升三年　己酉　409年

西哥特人围罗马。汪达尔人、苏维汇人、阿兰人侵西班牙。

撒克逊人侵不列颠。

三月,晋刘裕攻南燕,转广固。九月进太尉、中书监,固让(《晋书》卷一〇《安帝纪》及《宋书》卷一《武帝纪上》)。

七月,乞伏乾归在苑川复称西秦王,改元更始(《资治通鉴》卷一一五《晋纪三十七》)。

按:晋隆安四年(400)西秦被后秦所破,成为其附庸。至是年复称秦王。

十月,离班杀北燕王高云,云将冯跋杀班,即王位,改元太平,乃号燕(《资治通鉴》卷一一五《晋纪三十七》)。

十月,北魏清河王拓跋绍杀其父拓跋珪,太子齐王嗣杀绍即位,是为明元帝,改元永兴(《资治通鉴》卷一一五《晋纪三十七》)。

刘穆之随刘裕征广固,刘裕以为谋主(《宋书》卷一《武帝纪上》)。

诸葛长民任青州刺史,领晋陵太守,镇丹徒。

按:《晋书》卷八五《诸葛长民传》曰:"义熙初,慕容超寇下邳,长民遣部将徐琰击走之,进位使持节、督青扬二州诸军事、青州刺史,领晋陵太守,镇丹徒,本号及公如故。"《资治通鉴》卷一一五《晋纪三十七》载是年二月南燕出兵攻宿豫,注曰:"宿豫城在下邳东南百八十里。"姑系是年。

王诞领齐郡太守。

按:《宋书》卷五二《王诞传》曰:"北伐广固,领齐郡太守。"

周续之为刘裕世子讲《礼》。月余,复还山。

晋义熙五年　北魏天赐六年　北魏拓跋嗣永兴元年　后秦弘始十一年　西秦乞伏乾归更始元年　南凉嘉平二年
北凉永安九年　西凉建初五年　南燕太上五年　北燕正始三年　北燕冯跋太平元年　夏龙升三年　己酉　409年

按：《宋书》卷九三《隐逸·周续之传》曰："高祖之北讨，世子居守，迎续之馆于安乐寺，延入讲《礼》，月余，复还山。"

刘毅为卫将军、开府仪同三司（《晋书》卷一〇《安帝纪》）。

郑鲜之明宪直绳，尽心刘裕，不屈意于外甥刘毅。

按：《宋书》卷六四《郑鲜之传》曰："性刚直，不阿强贵，明宪直绳，甚得司直之体。外甥刘毅，权重当时，朝野莫不归附，鲜之尽心高祖，独不屈意于毅，毅甚恨焉。"本传系此事于"义熙六年，鲜之使治书侍御史丘洹奏弹毅"前，暂系于此。

何无忌加镇南将军（《晋书》卷一〇《安帝纪》）。

崔玄伯不受拓跋绍财帛。拓跋嗣即位，虚己访问。

按：《魏书》卷二四《崔玄伯传》曰："太祖崩，太宗未即位，清河王绍闻人心不安，大出财帛班赐朝士。玄伯独不受。太宗即位，命玄伯居门下，虚己访问，以不受绍财帛，特赐帛二百匹。长孙嵩已下咸愧焉。诏遣使者巡行郡国，纠察守宰不如法者，令玄伯与宜都公穆观等按之，太宗称其平当。"

崔浩拜博士祭酒，赐爵武城子，常授太宗经书，甚为宠密。

按：《魏书》卷三五《崔浩传》曰："太宗初，拜博士祭酒，赐爵武城子，常授太宗经书。每至郊祠，父子并乘轩轺，时人荣之。太宗好阴阳术数，闻浩说《易》及《洪范》五行，善之，因命浩筮吉凶，参观天文，考定疑惑。浩综核天人之际，举其纲纪，诸所处决，多有应验。恒与军国大谋，甚为宠密。"

王诞作《伐广固祭牙文》（《艺文类聚》卷六〇）。

顾恺之作《祭牙文》。

按：文见《艺文类聚》卷六〇。参见是年"顾恺之约卒"条。

陶潜作《己酉岁九月九日》诗。

按：此为重阳节悲秋之作。

天竺僧鸠摩罗什译《十二门论》及《中论》。

按：《出三藏记集》卷一一僧叡《十二门论序》曰："罗什法师以秦弘始十一年于大寺出之。"卷一一昙影法师《中论序》曰："罗什法师以秦弘始十一年于大寺出。"

顾恺之约卒（348？—　）。恺之字长康，小字虎头，晋陵无锡人。曾被桓温辟为大司马参军，殷仲堪召为参军，皆甚受爱重。义熙初，官至通直散骑常侍。恺之有"才绝、画绝、痴绝"三绝之称。每画人像，或数年不点睛，曰"传神写照，正在阿睹中"，谢安以为前所未有。其所作瓦官寺壁画《维摩诘像》，世人传为"点睛"之笔。善画论，作嵇康像，云"手挥五弦易，目送飞鸿难"，深得画理。其"迁想妙得"、"以形写神"等绘画理论，对中国绘画理论发展影响极大。有《画论》、《画云台山记》、《魏晋胜流画赞》等。除画外，亦善诗赋，自以《筝赋》比嵇康《琴赋》。《隋书》卷三二《经籍志一》著录《启蒙记》3卷、《启疑记》3卷；卷三五《经籍志四》著录《顾恺之集》7卷，梁20卷。皆佚。严可均《全晋文》卷一三五载其文15篇。逯钦立《晋诗》卷一四载其诗3首。事迹见《晋书》卷九二《文苑传》。

按：张可礼《东晋文艺系年》曰："《全晋文》卷一三五辑《祭牙文》曰：'维某年某

月日,录尚书事,豫章公裕,敢告黄帝蚩尤五兵之灵……'《建康实录》卷十《安皇帝》:本年三月,'刘裕表伐南燕。甲午,建牙戒严。'由此可定本年三月恺之尚在。恺之卒之上限当在本年。《晋书》卷九十二《顾恺之传》:'义熙初,为散骑常侍……年六十二,卒于官。'据此可知,恺之当卒于义熙初期,具体时间不会晚于本年。如定于本年,以卒年六十二推之,当生于永和四年。《京师寺记》载兴宁中恺之画维摩诘,兴宁凡三年,如定于兴宁二年,误差不大,兴宁二年,恺之十七岁,恺之有才,十七岁有可能画维摩诘。如定卒于义熙五年之后,则画维摩诘时不足十七岁,年龄稍轻,似不可能。"

沈怀文(—462)、释智林(—487)、释昙智(—487)、释法瑗(—489)生。

晋义熙六年　北魏永兴二年　后秦弘始十二年
西秦更始二年　南凉嘉平三年　北凉永安十年
西凉建初六年　南燕太上六年　北燕太平二年
夏龙升四年　庚戌　410年

西哥特王阿拉里克一世入罗马。

苏维汇人于西班牙西北部加利西亚始建苏维汇王国。

正月,北魏以郡县豪右多扰民,遂诏民内徙,民不乐从,崔宏出谋定之(《资治通鉴》卷一一五《晋纪三十七》)。

二月丁亥,晋刘裕拔广固,齐地悉平,获其主慕容超,送建康斩之,南燕亡(《晋书》卷一〇《安帝纪》)。

按:南燕历2主,13年。

是月,晋广州刺史卢循反,攻江州(《晋书》卷一〇《安帝纪》)。

五月乙丑,晋卢循兵至京口,进逼建康,刘裕固守石头以拒(《晋书》卷一〇《安帝纪》)。

七月庚申,晋卢循败走,刘裕遣辅国将军王仲德等率兵追击(《晋书》卷一〇《安帝纪》)。

十二月壬辰,晋刘裕破卢循于豫章(《晋书》卷一〇《安帝纪》)。

徐道覆劝卢循乘刘裕北伐之际举兵反(《晋书》卷一〇〇《卢循传》)。

刘穆之随刘裕还拒卢循,常居幕中画策,决断众事(《宋书》卷四二《刘穆之传》)。

王诞密劝刘裕追讨卢循,不欲使刘毅立功(《宋书》卷五二《王诞传》)。

刘毅讨卢循,轻敌求战,大败,降为后将军(《晋书》卷八五《刘毅传》)。

郑鲜之使治书侍御史丘洹奏弹刘毅。奏议长吏以父母疾去官则禁锢三年之制。

按:《宋书》卷六四《郑鲜之传》曰:"义熙六年,鲜之使治书侍御史丘洹奏弹毅曰……诏无所问。时新制长吏以父母疾去官,禁锢三年。山阴令沈叔任父疾去职,

晋义熙六年　北魏永兴二年　后秦弘始十二年　西秦更始二年　南凉嘉平三年　北凉永安十年
西凉建初六年　南燕太上六年　北燕太平二年　夏龙升四年　庚戌　410年

鲜之因此上议曰……从之。于是自二品以上父母没者，坟墓崩毁及疾病族属辄去，并不禁锢。"

张茂度免官。复为始兴相。

按：《宋书》卷五三《张茂度传》曰："出补晋安太守，卢循为寇，覆没江州，茂度及建安太守孙蚪之并受其符书，供其调役。循走，俱坐免官。复以为始兴相，郡经贼寇，廨宇焚烧，民物凋散，百不存一。茂度创立城寺，吊死抚伤，收集离散，民户渐复。"

诸葛长民率众入卫京都，表劾南康相郭澄之。

按：《晋书》卷八五《诸葛长民传》曰："及何无忌为徐道覆所害，贼乘胜逼京师，朝廷震骇，长民率众入卫京都，因表曰：'妖贼集船伐木，而南康相郭澄之隐蔽经年，又深相保明，屡欺无忌，罪合斩刑。'诏原澄之。及卢循之败刘毅也，循与道覆连旗而下，京都危惧，长民劝刘裕权移天子过江。裕不听，令长民与刘毅屯于北陵，以备石头。"卷九二《郭澄之传》曰："郭澄之，字仲静，太原阳曲人也。少有才思，机敏兼人。调补尚书郎，出为南康相。值卢循作逆，流离仅得还都。"

孟昶与诸葛长民欲拥天子过江，刘裕不听，昶饮药自杀。

按：《宋书》卷一《武帝纪上》曰："孟昶、诸葛长民惧寇渐逼，欲拥天子过江，公不听，昶固请不止……昶恐其不济，乃为表曰……封表毕，乃仰药而死。"《晋书》卷一〇《安帝纪》曰："(是年五月)尚书左仆射孟昶惧，自杀。"

谢混迁尚书左仆射。

按：张可礼《东晋文艺系年》曰："《晋书》卷七九《谢混传》：任尚书左仆射、领选。时间未详。卷一〇《安帝纪》本年五月，尚书左仆射孟昶自杀，混当继昶之任。"

袁豹于孟昶卒后任丹阳尹(《宋书》卷五二《袁豹传》)。

范泰任振武将军。

按：《宋书》卷六〇《范泰传》曰："卢循之难，泰预发兵千人，开仓给禀，高祖加泰振武将军。"

孔琳之任平西将军长史。

按：《宋书》卷五六《孔琳之传》曰："义熙六年，高祖领平西将军，以为长史。"

徐广迁骁骑将军，时有风雹为灾，广献书刘裕。

按：《宋书》卷五五《徐广传》曰："(义熙)六年，迁散骑常侍，又领徐州大中正，转正员常侍。时有风雹为灾，广献书高祖曰……"《宋书》校勘记曰："散骑常侍，《晋书》、《南史》广传作'骁骑将军'。按下又云'转正员常侍'，正员常侍即散骑常侍。则此当从《晋书》、《南史》改作'骁骑将军'为是。"

卢循寇江州，入庐山拜见释慧远，二人欢然道旧，朝夕音问。

按：《高僧传》卷六《慧远传》曰："卢循初下据江州城，入山诣远。远少与循父瑕同为书生，及见循欢然道旧，因朝夕音问。僧有谏远者曰：'循为国寇，与之交厚，得不疑乎？'远曰：'我佛法中情无取舍，岂不为识者所察？此不足惧。'及宋武追讨卢循，设帐桑尾，左右曰：'远公素王庐山，与循交厚。'宋武曰：'远公世表之人，必无彼此。'乃遣使赍书致敬，并遗钱米。于是远近方服其明见。"《晋书》卷一〇〇《卢循传》曰："沙门慧远有鉴裁，见而谓之曰：'君虽体涉风素，而志存不轨。'"

天竺僧佛驮跋陀罗南至庐山，释慧远致书姚兴及关中众僧，解其摈事。

按：《高僧传》卷二《佛驮跋陀罗传》曰："秦主姚兴专志佛法，供养三千余僧，并往来宫阙，盛修人事，唯贤守静，不与众同。后语弟子云：'我昨见本乡，有五舶俱发。'既而弟子传告外人，关中旧僧，咸以为显异惑众。……于是徒众，或藏名潜去，或逾墙夜走，半日之中，众散殆尽，贤乃夷然不以介意。时旧僧僧䂮、道恒等谓贤曰：'……宜可时去，勿得停留。'贤曰：'我身若流萍，去留甚易，但恨怀抱未申，以为慨然耳。'于是与弟子慧观等四十余人俱发，神志从容，初无异色，识真之众，咸共叹惜。白黑送者千有余人。姚兴闻去怅恨，乃谓道恒曰：'佛贤沙门，协道来游，欲宣遗教，缄言未吐，良用深慨，岂可以一言之咎，令万夫无导？'因敕令追之。贤报使曰：'诚知恩旨，无预闻命。'于是率侣宵征，南指庐岳。沙门释慧远，久服风名，闻至欣喜若旧。远以贤之被摈，过由门人，若愚记五舶，止说在同意，亦于律无犯。乃遣弟子昙邕，致书姚主及关中众僧，解其摈事，远乃请出禅数诸经。贤志在游化，居无求安，停止岁许，复西适江陵。遇外国舶至，既而讯访，果是天竺五舶，先所见者也。倾境士庶，竞来礼事，其有奉遗，悉皆不受，持钵分卫，不问豪贱。时陈郡袁豹，为宋武帝太尉长史，宋武南讨刘毅，随府属于江陵。贤将弟子慧观诣豹乞食，豹素不敬信，待之甚薄，未饱辞退。"刘汝霖《东晋南北朝学术编年》考证曰："按本传既称宋武帝西讨刘毅时佛驮跋陀罗至江陵，又称贤居庐山岁许。则其至江陵当在义熙八年，而其初至庐山，当在六年，其译《禅经》当在六七年之间。"

圣梅斯罗普以亚美尼亚文译成《圣经》。

诸葛长民作《劾郭澄之表》。

按：文见《晋书》卷八五《诸葛长民传》。参见是年"诸葛长民率众入卫京都，表劾南康相郭澄之"条。

孟昶作《临死上表》。

按：文见《宋书》卷一《武帝纪上》。参见是年"孟昶与诸葛长民欲拥天子过江，刘裕不听，昶饮药自杀"条。

郑鲜之作《父疾去职议》。

按：文见《宋书》卷六四《郑鲜之传》。参见是年"郑鲜之使治书侍御史丘洹奏弹刘毅。奏议长吏以父母疾去官则禁锢三年之制"条。

丘洹作《奏弹刘毅》。

按：文见《宋书》卷六四《郑鲜之传》。参见是年"郑鲜之使治书侍御史丘洹奏弹刘毅。奏议长吏以父母疾去官则禁锢三年之制"条。

傅亮作《为刘毅军败自解表》（《艺文类聚》卷五四）。

徐广作《献书宋公》。

按：文见《宋书》卷五五《徐广传》。参见是年"徐广迁骁骑将军，时有风雹为灾，广献书刘裕"条。

范泰作《赠袁湛及谢混诗》。

按：《晋书》卷八三《袁湛传》曰："湛字士深。少有操植，以冲粹自立，而无文华，故不为流俗所重。时谢混为仆射，范泰赠湛及混诗云：'亦有后出隽，离群颇骞䰞。'湛恨而不答。"

陶潜作《庚戌岁九月中于西田获早稻》。

佛陀耶舍出《四分律》。

按：《高僧传》卷二《佛陀耶舍传》曰："佛陀耶舍，此云觉明，罽宾人也……耶舍先诵《昙无德律》，伪司隶校尉姚爽请令出之。兴疑其遗谬，乃请耶舍，令诵羌籍药方可五万言经。二日，乃执文覆之，不误一字，众服其强记。即以弘始十二年译出《四

《分律》，凡四十四卷。"

刘遗民卒（352—　）。名程之，字仲思，彭城人。汉楚元王之后也，少孤，事母孝。善老庄言，不委蛇于时俗。初为府参军，晋司徒王谧、丞相桓元、侍中谢琨、太尉刘裕先后引荐，皆力辞。时慧远法师止于庐山东林寺，修念佛三昧，遗民往依之。刘裕以其不屈，乃以遗民之号旌焉。晋元兴元年，与慧远在庐山建斋立誓，共期西方，遗民撰其文。事迹见《庐山记》卷三《十八高贤传》。

张永（　—475）生。

晋义熙七年　北魏永兴三年　后秦弘始十三年　西秦更始三年　南凉嘉平四年　北凉永安十一年　西凉建初七年　北燕太平三年　夏龙升五年　辛亥　411年

三月，晋刘裕整治豪强，远近知禁。为太尉、中书监。上表天子，申明旧制，依旧策试秀才、孝廉。

按：《资治通鉴》卷一一六曰："（是年）三月，刘裕始受太尉、中书监。"《宋书》卷二《武帝纪中》曰："七年正月己未，振旅于京师，改授大将军、扬州牧，给班剑二十人，本官悉如故，固辞……公既作辅，大示轨则，豪强肃然，远近知禁。至是，会稽余姚虞亮复藏匿亡命千余人，公诛亮，免会稽内史司马休之。天子又申前命，公固辞。于是改授太尉、中书监，乃受命。奉送黄钺，解冀州。交州刺史杜慧度斩卢循，传首京师。先是，诸州郡所遣秀才、孝廉，多非其人，公表天子，申明旧制，依旧策试。"

是春，后秦姚兴命群臣举贤才（《资治通鉴》卷一一六）。

刘毅西池应诏赋诗，示其文雅。寻转卫将军、开府仪同三司、江州都督。上表解庾悦军府，悦移镇豫章。

按：《晋书》卷八五《刘毅传》曰："裕征卢循，凯归，帝大宴于西池，有诏赋诗。毅诗云：'六国多雄士，正始出风流。'自知武功不竞，故示文雅有余也。"又："寻转卫将军、开府仪同三司、江州都督。毅上表曰……于是解悦，毅移镇豫章，遣其亲将赵恢领千兵守寻阳。"

又按：中华书局《晋书》卷八五"于是解悦毅移镇豫章遣其亲将赵恢领千兵守寻阳"校勘记曰："李校：《宋书·庾悦传》作'解悦都督、将军官，移镇豫章'，移镇乃悦非毅。按：李校是。'毅'字当在'遣'字上，《通鉴》一一六可证。"是年刘毅并未出镇豫章。

谢混衣冠倾纵，拜见刘裕，有傲慢之礼。

按：《建康实录》卷一〇《安皇帝》曰："时刘裕拜太尉，既拜，朝贤毕集，混后来，衣冠倾纵，有傲慢之容。裕不平，乃谓曰：'谢仆射今日可谓傍若无人。'混对曰：'明公将隆伊、周之礼,方使四海开衿,谢混何人,而敢独异乎?'乃以手披拨其衿领悉解散。裕大悦之。"

刘穆之陈奏无隐,深得刘裕信任。转中军太尉司马。

按:《宋书》卷四二《刘穆之传》曰:"刘毅等疾穆之见亲,每从容言其权重,高祖愈信仗之。穆之外所闻见,莫不大小必白……高祖举止施为,穆之皆下节度。高祖书素拙,穆之曰:'此虽小事,然宣彼四远,愿公小复留意。'高祖既不能厝意,又禀分有在。穆之乃曰:'便纵笔为大字,一字径尺,无嫌。大既足有所包,且其势亦美。'高祖从之,一纸不过六七字便满。凡所荐达,不进不止,常云:'我虽不及荀令君之举善,然不举不善。'穆之与朱龄石并便尺牍,常于高祖坐与龄石答书。自旦至日中,穆之得百函,龄石得八十函,而穆之应对无废也。转中军太尉司马。"

谢晦受刘穆之举荐,为太尉参军。转豫州治中从事。

按:《宋书》卷四四《谢晦传》曰:"谢晦,字宣明,陈郡阳夏人也……晦初为孟昶建威府中兵参军。昶死,高祖问刘穆之:'孟昶参佐,谁堪入我府?'穆之举晦,即命为太尉参军。高祖尝讯囚,其旦刑狱参军有疾,札晦代之,于车中一鉴讯牒,催促便下。相府多事,狱繁殷积,晦随问酬辩,曾无违谬。高祖奇之,即日署刑狱贼曹,转豫州治中从事。"

何承天任太尉行参军(《宋书》卷六四《何承天传》)。

殷景仁任太尉行参军。

按:《宋书》卷六三《殷景仁传》曰:"殷景仁,陈郡长平人也……(为)高祖太尉行参军。建议宜令百官举才,以所荐能否为黜陟。"

孔宁子任太尉主簿。议荐举官员之制。

按:《宋书》卷六三《王华传》曰:"(孔)宁子先为高祖太尉主簿,陈损益曰……"

诸葛长民于平卢循后转督豫州扬州之六郡诸军事、豫州刺史,领淮南太守(《晋书》卷八五《诸葛长民传》)。

范泰迁侍中,寻转度支尚书。

按:《宋书》卷六〇《范泰传》曰:"明年(义熙七年),迁侍中,寻转度支尚书。时仆射陈郡谢混,后进知名,高祖尝从容问混:'泰名辈可以比谁?'对曰:'王元太一流人也。'"

刘道规为征西大将军、开府仪同三司(《晋书》卷一〇《安帝纪》)。

王敬弘为刘道规谘议参军。

按:《宋书》卷六六《王敬弘传》曰:"王敬弘,琅邪临沂人也。与高祖讳同,故称字。……敬弘少有清尚,起家本国左常侍,卫军参军。性恬静,乐山水,为天门太守……(为)征西将军(刘)道规谘议参军。时府主簿宗协亦有高趣,道规并以事外相期。尝共酣饮致醉,敬弘因醉失礼,为外司所白,道规即更引还,重申初宴。"

袁豹降为太尉谘议参军,仍转长史。

按:《宋书》卷五二《袁豹传》曰:"义熙七年,坐使徒上钱,降为太尉谘议参军,仍转长史。"

傅亮迁散骑侍郎。

按:《宋书》卷四三《傅亮传》曰:"(义熙)七年,迁散骑侍郎,复代(滕)演直西省。"

王诞为吴国内史。母忧去职(《宋书》卷五二《王诞传》)。

刘敬叔被刘毅免官(《宋书》卷三〇《五行志一》)。

张茂度为太尉参军,寻转主簿、扬州治中从事史。

按:《宋书》卷五三《张茂度传》曰:"在郡一周,征为太尉参军,寻转主簿、扬州治中从事史。"

刘毅作《西池应诏赋诗》及《请移江州军府于豫章表》。

按:诗文见《晋书》卷八五《刘毅传》。参见是年"刘毅西池应诏赋诗,示其文雅。寻转卫将军、开府仪同三司、江州都督。上表解庾悦军府,悦移镇豫章"条。

孔宁子作《陈损益》。

按:文见《宋书》卷六三《王华传》。参见是年"孔宁子任太尉主簿。议荐举官员之制"条。

陶潜作《与殷晋安别》及《祭从弟敬远文》。

按:吴仁杰《陶渊明年谱》曰:是年"有《与殷晋安别》诗。其序云:'殷先作晋安南府长史掾,因居浔阳。后作太尉参军,移家东下。作此以赠。'按《宋武帝纪》,此年改授太尉。又按《殷景仁传》,为宋武帝太尉行参军。则所谓殷晋安,即景仁也。先生方避世,而景仁乃就辟,故其诗云:'语默自殊势,亦知当乖分。'又云:'兴言在兹春。'则此诗在春月作。八月,有《祭从弟敬远文》"。

卢循卒,生年不详。循字于先,小名元龙,范阳涿人。孙恩妹夫。参加孙恩起事,恩死,循统其众。桓玄任循为永嘉太守以安抚东土。不久循反晋,自临海攻东阳,为刘裕击败,逃奔永嘉。裕破循于永嘉,循浮海南走。循攻入广州,遣使向晋献贡,义熙元年晋以循为广州刺史。六年,循又反,为刘裕所败。败逃交州,交州刺史杜慧度败之。循于龙编投水死。慧度取尸斩首,送至建康。循素善尺牍,尤珍名法。西南豪士,咸慕其风。人无长幼,翕然尚之。事迹见《晋书》卷一〇〇。

释法慧(　—495)生。

晋义熙八年　北魏永兴四年　后秦弘始十四年　西秦更始四年　西秦乞伏炽磐永康元年　南凉嘉平五年　北凉永安十二年　玄始元年　西凉建初八年　北燕太平四年　夏龙升六年　壬子　412年

八月,西秦乞休炽磐自称河南王,改元永康(《资治通鉴》卷一一六《晋纪三十八》)。

晋皇后王氏卒(《晋书》卷一〇《安帝纪》)。

九月己卯,晋刘裕杀右将军兖州刺史刘藩、尚书左仆射谢混(《晋书》卷一〇《安帝纪》)。

庚辰,晋刘裕矫诏称刘毅苞藏祸心,与刘藩、谢混图谋不轨,赐毅死

西哥特人入高卢。

（《晋书》卷一〇《安帝纪》）。

己丑，晋刘裕帅师袭荆州，裕参军王镇恶攻陷江陵，刘毅兵败自杀（《晋书》卷一〇《安帝纪》）。

十一月，北凉沮渠蒙逊即河西王位，改元玄始（《资治通鉴》卷一一六《晋纪三十八》）。

刘毅四月都督荆、宁、秦、雍四州军事，领荆州刺史。加督交、广二州，至江陵。刘裕以其贰于己，自表讨毅。毅败自缢（《晋书》卷八五《刘毅传》）。

谢灵运为刘毅卫军从事中郎。随毅至江陵，至庐山见释慧远。毅败，被刘裕起为太尉参军。

  按：《宋书》卷六七《谢灵运传》曰："毅镇江陵，又以为卫军从事中郎。毅伏诛，高祖版为太尉参军。"《高僧传》卷六《慧远传》曰："陈郡谢灵运，负才傲俗，少所推崇，及一相见，肃然心服。"汤用彤《汉魏两晋南北朝佛教史》曰："义熙七年四月，刘毅兼江州刺史，命其亲将赵恢领千兵守寻阳。康乐或于此时亦到寻阳，并入山见远公。义熙八年四月，诏以刘毅为荆州刺史。毅割豫州文武，江州兵力万余人自随。九月至江陵。康乐如未于七年到寻阳，此次当随毅道出江州。毅在此调度军兵，当稍逗留。康乐因得游山见远公。"刘毅虽于上年兼江州刺史，是年才至江陵，灵运当于是年随去并游庐山见慧远。参见上年"刘毅西池应诏赋诗，示其文雅。寻转卫将军、开府仪同三司、江州都督。上表解庾悦军府，悦移镇豫章"条。

郑鲜之参与会戏，与刘毅无复甥舅之礼。常难刘裕，使其辞屈理穷。

  按：《宋书》卷六四《郑鲜之传》曰："刘毅当镇江陵，高祖会于江宁，朝士毕集。毅素好樗蒲，于是会戏。高祖与毅敛局，各得其半，积钱隐人，毅呼高祖并之。先掷得雉，高祖甚不说，良久乃答之。四坐倾瞩，既掷，五子尽黑，毅意色大恶，谓高祖曰：'知公不以大坐席与人！'鲜之大喜，徒跣绕床大叫，声声相续。毅甚不平，谓之曰：'此郑君何为者！'无复甥舅之礼。高祖少事戎旅，不经涉学，及为宰相，颇慕风流，时或言论，人皆依违之，不敢难也。鲜之难必切至，未尝宽假，要须高祖辞穷理屈，然后置之。高祖或有时惭恧，变色动容，既而谓人曰：'我本无术学，言义尤浅。比时言论，诸贤多见宽容，唯郑不尔，独能尽人之意，甚以此感之。'时人谓为'格佞'。"

诸葛长民监太尉留府事，及刘毅被诛，谋欲为乱（《晋书》卷八五《诸葛长民传》）。

王诞为辅国将军，随讨刘毅。为安诸葛长民，诞求先还。

  按：《宋书》卷五二《王诞传》曰："高祖征刘毅，起为辅国将军，诞固辞军号，墨绖从行。时诸葛长民行太尉留府事，心不自安，高祖甚虑之。毅既平，诞求先下，高祖曰：'长民似有自疑心，卿讵宜便去。'诞曰：'长民知我蒙公垂眄，今轻身单下，必当以为无虞，乃可以少安其意。'高祖笑曰：'卿勇过贲、育矣。'于是先还。"

谢晦土断侨流郡县，以平允见称。入为太尉主簿。

  按：《宋书》卷四四《谢晦传》曰："义熙八年，土断侨流郡县，使晦分判扬、豫民户，以平允见称。入为太尉主簿。"

谢混因党刘毅被诛，国除。谢弘微受晋陵公主之托，经营谢混家业。

  按：《晋书》卷七九《谢混传》曰："以党刘毅诛，国除。及宋受禅，谢晦谓刘裕曰：'陛下应天受命，登坛日恨不得谢益寿奉玺绂。'裕亦叹曰：'吾甚恨之，使后生不得见

晋义熙八年　北魏永兴四年　后秦弘始十四年　西秦更始四年　西秦乞伏炽磐永康元年　南凉嘉平五年
北凉永安十二年　玄始元年　西凉建初八年　北燕太平四年　夏龙升六年　壬子　412年

其风流！'益寿，混小字也。"《宋书》卷五八《谢弘微传》曰："义熙八年，混以刘毅党见诛，妻晋陵公主改适琅邪王练，公主虽执意不行，而诏其与谢氏离绝，公主以混家事委之弘微。"

刘穆之加丹阳尹，加建威将军。

按：《宋书》卷四二《刘穆之传》曰："（义熙）八年，加丹阳尹。高祖西讨刘毅，以诸葛长民监留府，总摄后事。高祖疑长民难独任，留穆之以辅之。加建威将军，置佐吏，配给实力。"

谢方明等不附刘穆之，及造访，穆之大悦。

按：《宋书》卷五三《谢方明传》曰："丹阳尹刘穆之权重当时，朝野辐辏，不与穆之相识者，唯有混、方明、郗僧施、蔡廓四人而已，穆之甚以为恨。方明、廓后往造之，大悦，白高祖曰：'谢方明可谓名家驹。直置便自是台鼎人，无论复有才用。'"

刘道规卒，刘义庆嗣。

按：《晋书》卷一〇《安帝纪》曰：是年七月"征西大将军刘道规卒"。《宋书》卷六〇《范泰传》曰："司徒道规无子，养太祖，及薨，以兄道怜第二子义庆为嗣。"

孔靖为尚书右仆射（《晋书》卷一〇《安帝纪》）。

鲁宗之为镇北将军（《晋书》卷一〇《安帝纪》）。

吴隐之请老致仕，受光禄大夫（《晋书》卷九〇《吴隐之传》）。

斛兰铸造天文仪器铁浑仪。

按：《隋书》卷一九《天文志上》曰："后魏道武天兴初，命太史令晁崇修浑仪，以观星象。十有余载，至明元永兴四年壬子，诏造太史候部铁仪，以为浑天法，考璇玑之正。其铭曰：'於皇大代，配天比祚。赫赫明明，声列遐布。爰造兹器，考正宿度。贻法后叶，永垂典故。'其制并以铜铁，唯志星度以银错之。南北柱曲抱双规，东西柱直立，下有十字水平，以植四柱。十字之上，以龟负双规。"《新唐书》卷三一《天文志一》曰："灵台铁仪，后魏斛兰所作，规制朴略，度刻不均，赤道不动，乃如胶柱。以考月行，迟速多差，多或至十七度，少不减十度，不足以稽天象、授人时。"此浑仪沿用了三百多年，后被唐李淳风所造黄道仪替代。

张穆博通经史，擢拜中书侍郎，被沮渠蒙逊委以机密之任。

按：《十六国春秋辑补》卷九五《北凉录一·沮渠蒙逊录》曰："十二年，飨文武将士于谦光殿，班赐金帛有差。以敦煌张穆，博通经史，才藻清赡，擢拜中书侍郎，委以机密之任。"

释慧远立佛影台。

按：《高僧传》卷六《慧远传》曰："远闻天竺有佛影……每欣感交怀，志欲瞻睹。会有西域道士叙其光相，远乃背山临流，营筑龛室，妙算画工，淡彩图写，色疑积空，望似烟雾，晖相炳爘，若隐而显，远乃著铭曰……"《广弘明集》卷一六载序云："晋义熙八年岁在壬子五月一日，共立此台，拟像本山，因即以寄诚。虽成由人匠，而功无所加……"

后秦主姚兴逼令释道恒、释道标罢道从政。恒窜影岩壑，缅迹人外。

按：《高僧传》卷六《道恒传》曰："罗什入关，即往修造，什大嘉之，及译出众经，并助详定。时恒有同学道标，亦雅有才力，当时擅名，与恒相次。秦主姚兴，以恒、标二人神气俊朗，有经国之量，乃敕伪尚书令姚显，令敦逼恒、标罢道，助振王业。又下书恒、标等曰……恒、标等答曰：'奉去月二十日诏，令夺恒、标等法服，承命悲怀，五情失守。恒等才质闇短，染法未深，缁服之下，誓毕身命，并习佛法，不闲世事。徒废非常之业,终无殊异之功。昔光武尚能纵严陵之心,魏文容管宁之操,抑至尊之高心,遂匹夫之微志。况陛下以道御物,兼弘三宝,愿鉴元元之情,垂旷通物之理也。'兴又致书于什、朁二法师曰:'……近诏恒、标二人,令释罗汉之服寻,大士之踪,然道无不在,愿法师等勖以喻之。'什、朁等答曰:'……今恒、标等德非圆达,分在守节,少习玄化,伏膺佛道。至于敷折妙典,研究幽微,足以启童稚,助化功德。愿陛下施既往之恩,纵其微志也。'兴后频复下书,阖境救之,殆而得勉。恒乃叹曰:'古人有言,益我货者损我神,生我名者杀我身。'于是窜影岩壑,毕命幽薮。蔬食味禅,缅迹人外。"刘汝霖《东晋南北朝学术编年》曰:"按道恒于义熙六年有摈斥觉贤之事,则其窜影岩壑之事必在其年之后。而鸠摩罗什则卒于义熙九年,其与姚兴论道恒之事必在前。《弘明集》有'昔孥佐治十二年'之语,自弘始三年至是适十二年,故志其事于此。"

释法显西行归国,达青州。

按:《佛国记》曰:"法显发长安,六年到中国,停六年,还三年,达青州。凡所游历减三十国。"《高僧传》卷三《法显传》言法显至"青州长广郡牢山南岸",即山东崂山。

天竺僧昙无谶入姑臧。北凉王沮渠蒙逊留之。

按:《佛祖统纪》卷三六《法运通塞志》曰:"(义熙)八年……昙无谶至姑臧,凉王沮渠蒙逊留之,译《大般涅槃经》四十卷。"《高僧传》卷二《昙无谶传》曰:"昙无谶,或云昙摩忏,或云昙无忏,盖取梵音不同也。其本中天竺人……河西王沮渠蒙逊僭据凉土,自称为王,闻谶名,呼与相见,接待甚厚。"

范泰作《临川王道规嗣议》。

按:文见《宋书》卷六〇《范泰传》曰:"徙为太常。初,司徒道规无子,养太祖,及薨,以兄道怜第二子义庆为嗣。高祖以道规素爱太祖,又令居重。道规追封南郡公,应以先华容县公赐太祖。泰议曰:'公之友爱,即心过厚。礼无二嗣,义隆宜还本属。'从之。"

诸葛长民作《贻刘敬宣书》。

按:文见《宋书》卷四七《刘敬宣传》曰:"时高祖西讨刘毅,豫州刺史诸葛长民监太尉军事,贻敬宣书曰:'盘龙狼戾专恣,自取夷灭,异端将尽,世路方夷,富贵之事,相与共之。'敬宣报曰:'……富贵之旨,非所敢当。'遣使呈长民书,高祖谓王诞曰:'阿寿故为不负我也。'"

刘敬宣作《报诸葛长民书》。

按:文见《宋书》卷四七《刘敬宣传》。参见是年"诸葛长民作《贻刘敬宣书》"条。

袁豹作《为宋公檄蜀文》。

按:文见《宋书》卷五二《袁豹传》曰:"从讨刘毅。高祖遣益州刺史朱龄石伐蜀,使豹为檄文,曰……"

崔浩作《五寅元历》及《上五寅元历表》。

按:《魏书》卷三五《崔浩传》曰:"浩又上《五寅元历》,表曰:'太宗即位元年,敕臣解《急就章》、《孝经》、《论语》、《诗》、《尚书》、《春秋》、《礼记》、《周易》。三年成讫。复诏臣学天文、星历、《易》式、九宫,无不尽看。至今三十九年,昼夜无废。……是以臣前奏造历,今始成讫。谨以奏呈……'"

天竺僧鸠摩罗什出《成实论》。

按：《出三藏记集》卷一一《成实论记》曰："大秦弘始十三年，岁次豕韦，九月八日，尚书令姚显请出此论，至来年九月十五日讫。"上年姚显请译《成实论》，是年译毕。同卷《略成实论记》曰："《成实论》十六卷。罗什法师于长安出之，昙晷笔受，昙影正写。影欲使文玄，后自转为五翻，余悉依旧本。"这是有年代可考的鸠摩罗什所出最后一部经典。同卷又载《略成实论记》（新撰），系永明七年十月竟陵王萧子良请僧柔、慧次等人于普弘寺著。周颙作《抄成实论序》亦载其后。

罽宾僧佛陀耶舍出律藏《四分》。

按：《出三藏记集》卷九僧肇《长阿含经序》曰："大秦天王一涤除玄览，高韵独迈，恬智交养，道世俱济。每惧微言翳于殊俗，以右将军、使者、司隶校尉晋公姚爽，质直清柔，玄心超指，尊尚大法，妙悟自然。上特留怀，每任以法事。以弘始十二年，岁在上章掩茂，请罽宾三藏沙门佛陀耶舍，出律藏《四分》四十卷，十四年讫。"

释道恒作《抗表陈情》及《复答姚兴书》。

按：二文见《十六国春秋》卷六二《后秦录十·道恒道标录》。《高僧传》卷六有节录。参见是年"后秦主姚兴逼令释道恒、释道标罢道从政。恒窜影岩壑，缅迹人外"条。

谢混卒（381？— ）。混字叔源，小字益寿，陈郡阳夏人。谢安孙，谢灵运族叔。混风姿甚美，人称江左第一。娶孝武帝女晋陵公主。历仕中书令、中领军、尚书左仆射、领吏部尚书。因党刘毅，毅败，混亦被杀。混善作诗，钟嵘《诗品》列其诗中品，其诗成就在改革诗风。沈约《宋书·谢灵运论》、刘勰《文心雕龙·才略》皆将其与殷仲文并举，足见其继殷仲文在改革玄言诗风气上所起的作用。《隋书》卷三五《经籍志四》著录晋左仆射《谢混集》3卷，梁5卷；《文章流别本》12卷，《集苑》45卷，梁60卷。逯钦立《晋诗》卷一四载其诗5首。严可均《全晋文》卷八三载其文1篇。事迹见《晋书》卷七九。

刘毅卒，生年不详。毅字希乐，小字盘龙。彭城沛人。少有大志，不修家人产业，仕为州从事，桓弘以为中兵参军属。桓玄篡位，毅与刘裕等起兵，讨玄。事平，为抚军将军、豫州刺史。封平南郡开国公，后转荆州刺史。刘裕以其贰于己，矫诏讨之。兵败自缢。逯钦立《晋诗》卷一四载其诗1首。严可均《全晋文》卷一四一载其文5篇。事迹见《晋书》卷八五。

释志道（ —484)生。

晋义熙九年 北魏永兴五年 后秦弘始十五年 西秦永康二年 南凉嘉平六年 北凉玄始二年 西凉建初九年 北燕太平五年 夏凤翔元年 癸丑 413年

二月，北魏诏诸州豪门强族为州府所推者，诣京师随才录用（《魏书》卷三《明元帝纪》）。

乙丑，晋刘裕自江陵还京都。是月，上表请重行庚戌土断之制，唯徐、兖、青三州居晋陵者除外，诸流寓郡县多所并省。

> 按：《宋书》卷二《武帝纪中》曰："（义熙）九年二月乙丑，公至自江陵……先是，山湖川泽，皆为豪强所专，小民薪采渔钓，皆责税直，至是禁断之。时民居未一，公表曰……于是依界土断，唯徐、兖、青三州居晋陵者，不在断例。诸流寓郡县，多被并省。""庚戌制"见364年。

三月丙寅，诛杀诸葛长民。戊寅，刘裕加镇西将军、豫州刺史（《宋书》卷二《武帝纪中》及《晋书》卷一〇《安帝纪》）。

是月，夏赫连勃勃改元凤翔，发胡夏十万人筑都城，名曰统万城（《资治通鉴》卷一一六《晋纪三十八》）。

四月，晋将殷祠，诏博议迁毁之礼。

> 按：《晋书》卷一九《礼志上》曰："义熙九年四月，将殷祠，诏博议迁毁之礼。大司马琅邪王德文议……大司农徐广议……太尉谘议参军袁豹议……时刘裕作辅，意与大司马议同，须后殷祠行事改制。"

谢灵运随刘裕回建康，改任秘书丞；未几被免职（《宋书》卷六七《谢灵运传》）。

司马休之任平西将军、荆州刺史。

> 按：《晋书》卷三七《司马休之传》曰："刘毅诛，复以休之都督荆雍梁秦宁益六州军事、平西将军、荆州刺史、假节。"

张茂度出为司马休之平西司马、河南太守。

> 按：《宋书》卷五三《张茂度传》曰："（刘裕）军还，迁中书侍郎。出为司马休之平西司马、河南太守。"

鲁宗之封南阳郡公（《晋书》卷一〇《安帝纪》）。

刘义真封桂阳公。

> 按：《晋书》卷一〇《安帝纪》曰："九月，封刘裕次子义真为桂阳公。"

王韶之私撰《晋安帝阳秋》。迁尚书祠部郎。

> 按：《宋书》卷六〇《王韶之传》曰："王韶之字休泰，琅邪临沂人也。……好史籍，博涉多闻。初为卫将军谢琰行参军。伟之少有志尚，当世诏命表奏，辄自书写。泰元、隆安时事，小大悉撰录之，韶之因此私撰《晋安帝阳秋》。既成，时人谓宜居史职，即除著作佐郎，使续后事，讫义熙九年。善叙事，辞论可观，为后代佳史。迁尚书祠部郎。"

颜延之年三十犹未婚，刘穆之欲仕之，延之不往。

> 按：《宋书》卷七三《颜延之传》曰："颜延之字延年，琅邪临沂人也。……延之少孤贫，居负郭，室巷甚陋。好读书，无所不览，文章之美，冠绝当时。饮酒不护细行，年三十，犹未婚。妹适东莞刘宪之，穆之子也。穆之既与延之通家，又闻其美，将仕之；先欲相见，延之不往也。"

罽宾僧卑摩罗叉自关中至寿春。

> 按：《高僧传》卷二《卑摩罗叉传》曰："及罗什弃世，叉乃出游关左，逗于寿春，止石涧寺，律众云聚，盛阐毗尼。罗什所译《十诵》本，五十八卷，最后一诵，谓明受戒

晋义熙九年　北魏永兴五年　后秦弘始十五年　西秦永康二年　南凉嘉平六年　北凉玄始二年
西凉建初九年　北燕太平五年　夏凤翔元年　癸丑　413年

法,及诸成善法事,逐其义要,名为《善诵》。又后赍往石涧,开为六十一卷,最后一诵,改为《毗尼诵》,故犹二名存焉。顷之,南适江陵,于辛寺夏坐,开讲《十诵》。既通汉言,善相领纳,无作妙本,大阐当时,析文求理者,其聚如林,明条知禁者,数亦殷矣,律藏大弘,又之力也。道场慧观深括宗旨,记其所制内禁轻重,撰为二卷,送还京师,僧尼披习,竞相传写,时闻者谚曰:'卑罗鄙语,慧观才录,都人缮写,纸贵如玉。'今犹行于世,为后生法矣。又养德好闲,弃喧离俗,其年冬,复还寿春石涧,卒于寺焉,春秋七十有七。又为人眼青,时人亦号为青眼律师。"

释法显从青州至建康。

按：《高僧传》卷三《法显传》曰:"顷之欲南归,青州刺史请留过冬。显曰:'贫道投身于不反之地,志在弘通。所期未果,不得久停。'遂南造京师。"

荀伯子作《上表论先朝封爵》。

按：《宋书》卷六〇《荀伯子传》曰:"荀伯子,颍川颍阴人也……义熙九年,上表曰……诏付门下。"

释慧远作《万佛影铭及序》。

按：铭文见《高僧传》卷六《慧远传》。序见《广弘明集》卷一六。序中曰:"晋义熙八年岁在壬子五月一日,共立此台,拟像本山,因即以寄诚。虽成由人匠,而功无所加。至于岁次星纪赤奋若贞于太阴之墟九月三日,乃详检别记,铭之于石……"张可礼《东晋文艺系年》曰:"《尔雅》释'天':'太岁在丑曰赤若奋。'"则慧远立台在义熙八年,著铭及序在是年。

谢灵运作《佛影铭并序》。

按：文见《广弘明集》卷一五。序中曰:"道秉道人远宣意旨,命余制铭,以充刊刻。石铭所始,实由功被。未有道宗崇大,若此之比。"灵运此铭受慧远之命而作。

释僧肇作《长阿含经序》、《答江东隐士刘遗民书》、《鸠摩罗什法师诔并序》、《涅盘无名论》及《上秦主姚兴表》。

按：《长阿含经序》略见《出三藏记集》卷三《新集律来汉地四部记录》,全文见卷九,参见是年"罽宾僧佛陀耶舍出《长阿含经》22卷,竺佛念传译,僧肇为之序"条。《答江东隐士刘遗民书》见卷三《新集律来汉地四部记录》曰:"又答江东隐士刘遗民书,末云:'法师于大寺出新至诸经……'"《鸠摩罗什法师诔并序》见《广弘明集》卷二三,序中曰:"癸丑之年,年七十,四月十三日薨乎大寺。"《涅槃无名论》及《上秦主姚兴表》见《高僧传》卷六《僧肇传》曰:"及什之亡后,追悼永往,翘思弥厉,乃作《涅槃无名论》,其辞曰……兴答旨殷勤,备加赞述。即敕令缮写,班诸子侄,其为时所重如此。"肇卒于明年,故系于是年。

罽宾僧佛陀耶舍出《长阿含经》22卷,竺佛念传译,僧肇为之序。

按：《出三藏记集》卷二曰:"《长阿含经》二十二卷。秦弘始十五年出,竺佛念传译。"卷九僧肇《长阿含经序》曰:"请罽宾三藏沙门佛陀耶舍……（弘始）十五年岁昭阳奋若,出此《长阿含》讫。凉州沙门佛念为译,秦国道士道含笔受。时集京夏名胜沙门于第校定……"参见上年"罽宾僧佛陀耶舍出律藏《四分》"条。

陶潜约是年作《形影神》三首。

按：潜《形影神》三首,包括《形赠影》、《影答形》、《神释》。袁行霈《陶渊明集笺注》第61页:"逯（钦立）《系年》:'《形影神》诗当作于本年五月以后。诗序:"贵贱贤愚,莫不营营以惜生,斯甚惑焉。故极陈形影之苦,言神辨自然以释之。"按此诗盖针对释慧远《形尽神不灭论》、《万佛影铭》而发,以反对当时宗教迷信。释慧远元兴三年作《形尽神不灭论》,本年又立佛影作《万佛影铭》。铭云:"廓矣大象,理玄无名。体神入化,落影离形。"形、影、神三者至此具备。又慧远等于元兴元年建斋立誓,共期西方,又以次作《三报论》、《明报应论》、《形尽神不灭论》等,皆摄于生死报应之反映,故陶为此诗斥其营营惜生也。'逯《系年》于元兴二年下又曰:'是年冬,刘遗民弃官,隐于庐山之西林。'引唐释法琳《辨正论》七所引《宣验记》、释元康《肇论疏》为证。需案:逯氏所论不无可能,姑从之。"丁永忠《陶渊明反佛说辨异》曰:"《形影神》是陶渊明的一组著名哲理诗,过去论者多引此诗为陶公反佛之证……陶渊明并不是一个无神论者,他的《形影神》诗也不是一组反佛教'神不灭'的哲理诗。过去,逯先生那样认识,乃是忽视了陶之'游魂'观念与佛教'神不灭'思想会通的缘故。这显然是一个很大的疏漏。因为'游魂'观念所体现的'神不灭'思想不仅是慧远当日宣扬'三世因果报应'的理论前提,也是陶渊明接受佛门自然报说的神学基础。"陶渊明与佛教的关系,学界颇为关注,而《形影神》为聚讼的焦点之一,今姑系于是年。

天竺僧鸠摩罗什卒(344—)。意译"童寿",原籍天竺,生于西域龟兹国。后秦高僧,与真谛、玄奘并称中国佛教三大翻译家。七岁从母出家,初学小乘,后遍习大乘,尤善般若,并精通汉语文。后秦弘始三年,后秦主姚兴迎至长安,礼以国师,居逍遥园。与弟子僧肇等八百余人,译出《摩诃般若波罗密经》、《妙法莲华经》、《维摩诘所说经》、《阿弥陀经》、《金刚般若波罗密经》等和《中论》、《百论》、《十二门论》、《大智度论》等,共七十四部,三百八十四卷。他介绍了中观宗的学说,为佛教三论宗的开祖。成实宗、天台宗、净土宗都是本于他所译的经论而创立的。著名弟子有道生、僧肇、通融、僧叡,时称为"四圣"。逯钦立《晋诗》卷二〇载其诗1首。严可均《全晋文》卷一六三载其文6篇。事迹见《高僧传》卷二及《晋书》卷九五《艺术传》。

袁豹卒(373—)。豹字士蔚,陈郡阳夏人。袁质次子。博学善文辞,为刘裕所知。初拜著作郎,累迁太尉长史、御史中丞,出为丹阳尹。《隋书》卷三五《经籍志四》著录晋丹阳太守《袁豹集》8卷,梁10卷,录1卷。严可均《全晋文》卷五六载其文3篇。事迹见《宋书》卷五二。

王诞卒(375—)。诞字茂先,琅邪临沂人。起家秘书郎,历仕尚书吏部郎、后军长史、龙骧将军、琅邪内史等职。刘裕伐刘毅,诞为辅国将军从行。追封唐县侯。诞能文,少时即以文才著称。晋孝武帝卒,从叔尚书令王珣为作《哀策文》,久而未就,诞揽笔续之。其《祭牙文》为刘裕北伐慕容超而作。《隋书》卷三五《经籍志四》著录晋司徒长史《王诞集》2卷。严可均《全晋文》卷一九载其文1篇。事迹见《宋书》卷五二。

吴隐之卒,生年不详。隐之字处默,小字附子,濮阳鄄城人。为韩康伯所拔,入仕为辅国功曹,转征房参军。后历仕中书侍郎、散骑常侍、秘书监、广州刺史等,卒赠左光禄大夫。与车胤俱以寒素博学知名。在广州任时,作《酌贪泉诗》,为时人传诵。逯钦立《晋诗》卷一四载其诗1首。事迹见《晋书》卷九〇《良吏传》。

何偃（ —458）、刘义恭（ —465）生。

晋义熙十年　北魏神瑞元年　后秦弘始十六年　西秦永康三年　南凉嘉平七年　北凉玄始三年　西凉建初十年　北燕太平六年　夏凤翔二年　甲寅　414年

正月，北魏拓跋嗣改元神瑞（《资治通鉴》卷一一六《晋纪三十八》）。

五月，西秦乞伏炽磐攻拔南凉乐都（《资治通鉴》卷一一六《晋纪三十八》）。

六月，南凉秃发傉檀因乐都失守，遂降西秦。南凉亡（《资治通鉴》卷一一六《晋纪三十八》）。

按：南凉共历3主，18年。秃发傉檀逾年被西秦鸩死。

十月，西秦乞伏炽磐复称秦王，置百官（《资治通鉴》卷一一六《晋纪三十八》）。

十一月，北魏检查诸州守宰财产，凡非从家乡带来者，皆作为赃物（《资治通鉴》卷一一六《晋纪三十八》）。

是年，晋司马文思谋逆，刘裕执送司马休之，令自训厉（《晋书》卷三七《司马尚之传》、《宋书》卷二《武帝纪中》）。

刘道怜进号中军将军，加散骑常侍（《宋书》卷五一《刘道怜传》）。

羊欣任中军将军刘道怜谘议参军（《宋书》卷六二《羊欣传》）。

谢方明转任刘道怜中军长史，寻加晋陵太守。

按：《宋书》卷五三《谢方明传》曰："仍为左将军道怜长史，高祖命府内众事，皆谘决之。随府转中军长史。寻更加晋陵太守……"

颜延之为刘柳行参军，转主簿。

按：《宋书》卷七三《颜延之传》曰："后将军、吴国内史刘柳以为行参军，因转主簿。"张可礼《东晋文艺系年》曰："明年，延之随刘柳至浔阳，延之为刘柳行参军，因转主簿当在本年。"《晋书》卷六一《刘柳传》曰："柳字叔惠，亦有名誉。少登清官，历尚书左右仆射。时右丞傅迪好广读书而不解其义，柳唯读《老子》而已，迪每轻之。柳云：'卿读书虽多，而无所解，可谓书簏矣。'时人重其言。"

天竺僧昙无谶在北凉译经。

按：《高僧传》卷二《昙无谶传》曰："（沮渠）蒙逊素奉大法，志在弘通，欲请出经本，谶以未参土言，又无传译，恐言舛于理，不许即翻，于是学语三年，方译写《初分》十卷。时沙门慧嵩、道朗，独步河西，值其宣出经藏，深相推重，转易梵文，嵩公笔受。道俗数百人，疑难纵横，谶临机释滞，清辩若流。兼富于文藻，辞制华密，嵩、朗等更请广出诸经，次译《大集》、《大云》、《悲华》、《地持》、《优婆塞戒》、《金光明》、《海龙王》、《菩萨戒本》等六十余万言。谶以《涅槃经》本，品数未足，还外国究寻，值其母

西罗马皇妹加勒·普勒西迪亚归嫁西哥特王阿尔陶夫斯。

亡,遂留岁余。后于于阗,更得经本《中分》,复还姑臧译之。后又遣使于阗寻得《后分》,于是续译为三十三卷。以伪玄始三年初就翻译,至玄始十年十月二十三日三帙方竟,即宋武永初二年也。"

释法显著《佛国记》。

按:任继愈主编《中国佛教史》第二卷第585页:"《佛国记》作于东晋义熙十年('是岁甲寅'公元414年),但此书最后所载作者不详的跋文说:'晋义熙十二年(416)岁在寿星,夏安居末,迎法显道人,既至,留共冬斋。因讲集之际,重问游历,其人恭顺,言辄依实。由是,先所略者,劝令详载。'据此,法显的游记当有详略之分,《隋书·经籍志》录《法显传》二卷、《法显行传》一卷,或有所本。但真实情况如何,已不可考。"并注云:"关于《佛国记》,可参考岑仲勉《佛游天竺记考释》(商务印书馆,1935年版)、日本足立喜六《考证法显传》(东京三省堂,1936年版)。关于西域、古印度地名的古今对照,可参见冯承钧原编,陆峻岭增订《西域地名》(中华书局,1980年第2版)。"第582页:"法显在后秦弘始元年(399)从长安出发,经河西走廊,涉沙漠,穿越今天的新疆广大地区,西逾葱岭,经今巴基斯坦、阿富汗、北印度,游历佛教圣地、释迦牟尼传教的中心地区尼泊尔、恒河中下游广大地区,然后从海路经今斯里兰卡、苏门答腊(或爪哇),于东晋义熙八年(412)从山东崂山登岸,次年到建康,首尾计达十五年。他把自己游历的经过、见闻写成文字,可能当初没有题书名,故后人把它称为《法显传》或《佛国记》。此书在近代以来为国际所重,认为是研究古代中亚、南亚诸国历史文化、宗教的宝贵资料。"该书对《佛国记》的各种名称如《佛游天竺记》、《历游天竺记传》、《法显传》、《法显记》、《释法显(因避唐中宗讳,作'明')游天竺记》、《三十国记》等作了辨析与介绍。汤用彤先生对法显西行及《佛国记》作了高度评价,其《汉魏两晋南北朝史》第271页:"盖自大教东流,未有忘身求法如显之比也。法显叙其游历始末,成《佛国记》,述行程闻见颇详。"又第267—268页:"晋宋之际,游方僧人虽多,但以法显至为有名。……海陆并邅,广游西土,留学天竺,携经而返者,恐以法显为第一人,此其求法所以重要者一也。印度史籍,向不完全,多杂神话。而于阗、龟兹诸国则久已湮灭,传记无存。西方研究此方史地学者,遂不得不转乞灵于他国人之记载。我国人游历天竺、西域之传记有十余种,其现存者极少,西人均视为鸿宝。法显《佛国记》,载其时西域情形甚详,居其一焉。此其求法之所以重要者二也。法显既归国,先至建业,与外国禅师佛驮跋陀罗译经约百余万言,其中《摩诃僧祇律》为佛教戒律五大部之一。而其携归之《方等》《涅槃》,开后来义学之一支,此其求法之所以重要者三也。"

李暠作《述志赋》及《大酒容赋》。

按:《十六国春秋》卷九一《西凉录一·李暠录》曰:"(建初)十年,暠以伟世之量,当吕氏之末,为群雄所奉,遂起伯图,兵无血刃,坐定千里,谓张氏之业指日而成,河西十郡,岁月而一。既而秃发傉檀,入据姑臧,沮渠蒙逊,基宇稍广,于是慨然作《述志赋》焉,其辞曰……又感兵难繁兴,时俗喧竞,乃作《大酒容赋》,以表恬豁之怀。初,暠与辛景、辛恭靖同志友善,景等归晋,遇害江南,暠闻而吊之。暠前妻同郡辛纳女,贞顺有妇仪,先卒,乃亲为之诔。自余诗赋数十篇。"

释僧肇卒(384—)。 肇本姓不详。京兆人。家贫以佣书为业,遂因缮写,历观经史,好庄老之学。年二十出家。鸠摩罗什至姑臧,肇远道往从；罗什入长安，肇亦随入。后姚兴命肇与僧叡等入逍遥园助鸠摩罗什详定经论，肇作《般若无知论》，支遁见而叹赏。又作《涅槃无名论》等，上之姚兴。兴备加赞述，即敕令缮写，颁之子侄。其所著诸论，后人合称《肇论》，其中以《物不迁论》为最。事迹见《高僧传》卷六。

戴法兴（　—465）、僧远（　—484）、程骏（　—485）生；鲍照（　—466）约生。

晋义熙十一年　北魏神瑞二年　后秦弘始十七年　西秦永康四年　北凉玄始四年　西凉建初十一年　北燕太平七年　夏凤翔三年　乙卯　415年

正月，晋荆州刺史司马休之、雍州刺史鲁宗之，起兵反刘裕，裕帅师讨之（《晋书》卷一〇《安帝纪》）。

三月壬午，晋刘裕与司马休之战于江津，休之败，奔襄阳（《晋书》卷一〇《安帝纪》）。

九月，北魏王拓跋嗣躬耕籍田，劝课农桑，魏饥荒之灾稍减（《资治通鉴》卷一一七《晋纪三十九》）。

约是年，师子国献玉象至建康。此玉象与戴安道手制佛象五躯及顾恺之维摩画图，号称三绝。

按：《南史》卷七八《夷貊传上》载，师子国于"晋义熙初，始遣史献玉象，经十载乃至。象高四尺二寸，玉色洁润，形制殊特，殆非人工。此象历晋、宋在瓦官寺，先有征士戴安道手制佛象五躯，及顾长康维摩画图，世人号之三绝"。

刘义符拜豫章公世子（《宋书》卷四《少帝纪》）。

刘义隆封彭城公（《晋书》卷一〇《安帝纪》）。

朱龄石封丰城公（《晋书》卷一〇《安帝纪》）。

刘道怜为荆州刺史（《宋书》卷二《武帝纪中》）。

谢裕正月丁丑以吏部尚书为尚书左仆射；八月卒（《晋书》卷一〇《安帝纪》）。

刘穆之留守，事无大小，一决穆之。迁尚书左仆射。

按：《宋书》卷四二《刘穆之传》曰："（义熙）十一年，高祖西伐司马休之，中军将军道怜知留任，而事无大小，一决穆之。迁尚书右仆射，领选，将军、尹如故。"《晋书》卷一〇《安帝纪》曰："（是年）八月丁未，尚书左仆射谢裕卒，以尚书右仆射刘穆之为尚书左仆射。"《宋书》本传言穆之迁尚书左仆射在明年，今从《安帝纪》。

张茂度为刘裕录事参军。江陵平，为刘道怜谘议参军。还为扬州别驾从事史（《宋书》卷五三《张茂度传》）。

傅亮会西讨司马休之，为太尉从事中郎，掌记室（《宋书》卷四三《傅

西哥特人入西班牙。

亮传》)。

谢晦从征司马休之，抱持刘裕，劝其勿冒险亲战(《宋书》卷四四《谢晦传》)。

谢瞻为安城相。

按：《宋书》卷五六《谢瞻传》曰："任安城相。"参见是年"谢瞻作《于安城答灵运诗》及《安城郡庭枇杷树赋》"条。

王敬弘任侍中，奉使慰劳刘裕。

按：《宋书》卷六六《王敬弘传》曰："寻征为侍中。高祖西讨司马休之，敬弘奉使慰劳，通事令史潘尚于道疾病，敬弘单船送还都，存亡不测，有司奏免官，诏可。未及释朝服，值赦复官。"

王韶之以博学文辞，补通直郎，领西省事，转中书侍郎。

按：《南史》卷二四《王韶之传》曰："义熙十一年，宋武帝以韶之博学有文辞，补通直郎，领西省事，转中书侍郎。"

刘义庆袭封南郡公。

按：《宋书》卷五一《刘义庆传》曰："义庆幼为高祖所知，常曰：'此吾家丰城也。'年十三，袭封南郡公。除给事，不拜。"

何承天为世子征虏参军(《宋书》卷六四《何承天传》)。

王弘征为太尉长史，转左长史(《宋书》卷四二《王弘传》)。

刘柳任江州刺史。

按：万斯同《东晋方镇年表》载刘柳本年至明年六月卒时，任江州刺史。

颜延之随刘柳至寻阳，与陶渊明诚恳相待。为豫章公世子刘义符中军行参军。

按：张可礼《东晋文艺系年》曰："《宋书》卷九三《陶潜传》：'颜延之为刘柳后军功曹，在寻阳，与潜情款。'《晋书》卷六十一《刘柳传》：'出为徐兖江三州刺史。卒。'未记柳任江州刺史年月。《宋书》卷四七《孟怀玉传》：'(义熙)八年，迁江州刺史……十一年……未去任，其年卒官。'《晋书》卷一〇《安帝纪》：义熙十二年六月，'己酉，新除尚书令，都乡亭侯刘柳卒。'《宋书》卷六九《刘湛传》：'父柳亡于江州。'据上述记载，是本年怀玉卒，柳继任江州刺史，明年六月柳除尚书令，未去江州而卒。延之在寻阳，与陶潜情款，当在本年至寻阳后。延之在寻阳与陶潜情款之况，《全宋文》卷三八辑延之《陶征士诔》有所记载……《宋书·颜延之传》：为'豫章公世子中军行参军。'《宋书》卷四《少帝纪》：'少帝讳义符，小字车兵，武帝长子也……晋义熙二年，生于京口……年十岁，拜豫章公世子。'义符义熙二年生至本年正十岁，则是年义符拜豫章公世子。又《宋书·颜延之传》记延之任豫章公世子中军行参军一事于义熙十二年之前，故系于此。"

周续之被刘柳荐之刘裕。俄而辟为太尉掾，不就。

按：《宋书》卷九三《隐逸·周续之传》曰："江州刺史刘柳荐之高祖，曰：'……窃见处士雁门周续之，清真贞素，思学钩深，弱冠独往，心无近事，性之所遣，荣华与饥寒俱落，情之所慕，岩泽与琴书共远。加以仁心内发，义怀外亮，留爱昆卉，诚著桃李……'俄而辟为太尉掾，不就。"

崔浩认为不宜迁都于邺。议荧惑入秦之征。

按：《魏书》卷三五《崔浩传》曰："神瑞二年，秋谷不登，太史令王亮、苏垣因华阴公主等言谶书国家当治邺，应大乐五十年，劝太宗迁都。浩与特进周澹言于太宗曰：

晋义熙十一年　北魏神瑞二年　后秦弘始十七年　西秦永康四年　北凉玄始四年　西凉建初十一年
北燕太平七年　夏凤翔三年　乙卯　415年

'今国家迁都于邺,可救今年之饥,非长久之策也……'太宗深然之,曰:'唯此二人,与朕意同。'复使中贵人问浩、澹曰……浩等对曰……太宗从之……初,姚兴死之前岁也,太史奏:'荧惑在鲍瓜星中,一夜忽然亡失,不知所在。或谓下入危亡之国,将为童谣妖言,而后行其灾祸。'太宗闻之,大惊,乃召诸硕儒十数人,令与史官求其所诣。浩对曰:'案《春秋左氏传》说神降于莘,其至之日,各以其物祭也……今姚兴据咸阳,是荧惑入秦矣。'……后八十余日,荧惑果出于东井……明年,姚兴死,二子交兵,三年国灭。于是诸人皆服曰:'非所及也。'"

嵩山道士寇谦之,自称受太上老君命为"天师",创立以礼拜炼丹为主的新天师道。

按：《魏书》卷一一四《释老志》曰:"道士寇谦之,字辅真,南雍州刺史赞之弟,自云寇恂之十三世孙。早好仙道,有绝俗之心。少修张鲁之术,服食饵药,历年无效……谦之守志嵩岳,精专不懈,以神瑞二年十月乙卯,忽遇大神,乘云驾龙,导从百灵,仙人玉女,左右侍卫,集止山顶,称太上老君。谓谦之曰:'往辛亥年,嵩岳镇灵集仙宫主,表天曹,称自天师张陵去世已来,地上旷诚,修善之人,无所师授。嵩岳道士上谷寇谦之,立身直理,行合自然,才任轨范,首处师位,吾故来观汝,授汝天师之位,赐汝《云中音诵新科之诫》二十卷。号曰并进。言:吾此经诫,自天地开辟已来,不传于世,今运数应出。汝宣吾《新科》,清整道教,除去三张伪法,租米钱税,及男女合气之术。大道清虚,岂有斯事。专以礼度为首,而加之以服食闭练。'使王九疑人长客之等十二人,授谦之服气导引口诀之法。遂得辟谷,气盛体轻,颜色殊丽。弟子十余人,皆得其术。"

司马休之作《上表自陈》。

按：《宋书》卷二《武帝纪中》曰:"(义熙)十一年正月,公收休之子文宝、兄子文祖,并于狱赐死。率众军西讨,复加黄钺,领荆州刺史。辛巳,发京师,以中军将军道怜监留府事。休之上表自陈曰……"

韩延之作《报刘裕书》。

按：《宋书》卷二《武帝纪中》曰:"休之府录事参军韩延之,故吏也,有干用才能。公未至江陵,密使与之书曰……公视书叹息,以示诸佐曰:'事人当如此。'"

谢瞻作《于安城答灵运诗》及《安城郡庭枇杷树赋》。

按：诗见《文选》卷二五。李善注曰:"谢灵运《赠宣远序》曰:'从兄宣远,义熙十一年正月,作守安城,其年夏赠以此诗,到其年冬,有答。'"赋见严可均《全宋文》卷三三。

谢灵运作《赠安城》及《赠从弟弘元诗》。

按：二首诗见逯钦立《宋诗》卷二。《赠从弟弘元诗》序曰:"从弟弘元,为骠骑参军,义熙十一年十月十日从镇江陵,赠以此诗。"参见是年"谢瞻作《于安城答灵运诗》及《安城郡庭枇杷树赋》"条。

时有《督护歌》。

按：《宋书》卷一九《乐志一》曰:"《督护哥》者,彭城内史徐逵之为鲁轨所杀,宋高祖使府内直督护丁旿收敛殡埋之。逵之妻,高祖长女也,呼旿至阁下,自问敛送之事,每问,辄叹息曰:'丁督护!'其声哀切,后人因其声,广其曲焉。"卷二《武帝纪中》载是年"彭城内史徐逵之、参军王允之出江夏口,复为轨所败,并没"。

罽宾僧昙摩耶舍、天竺僧昙摩掘多共译《舍利弗阿毗昙》22卷,释道标作序。

> **按**：《高僧传》卷一《昙摩耶舍传》曰："昙摩耶舍，此云法明，罽宾人。……以晋隆安中，初达广州，住白沙寺，耶舍善诵《毗婆沙律》，人咸号为大毗婆沙，时年已八十五，徒众八十五人。时有清信女张普明，谘受佛法，耶舍为说《佛生缘起》，并为译出《差摩经》一卷。至义熙中，来入长安，时姚兴僭号，甚崇佛法，耶舍既至，深加礼异。会有天竺沙门昙摩掘多，来入关中，同气相求，宛然若旧。因共耶舍译《舍利弗阿毗昙》，以伪秦弘始九年初书梵书文，至十六年翻译方竟。凡二十二卷。伪太子姚泓亲管理味，沙门道标为之作序。"《出三藏记集》卷二曰："《舍利弗阿毗昙》二十二卷或二十卷。右一部，凡二十二卷。晋安帝时，外国沙门毗婆沙，为姚兴于长安石羊寺译出。"卷一〇道标《舍利弗阿毗昙序》曰："会天竺沙门昙摩崛多、昙摩耶舍等义学来游，秦王既契宿心，相与辩明经理。……以秦弘始九年，命书梵文。至十年，寻应令出。但以经趣微远，非徒开言所契，苟彼此不相领悟，直委之译人者，恐津梁之要，未尽于善。停至十六年，经师渐闲秦语，令自宣译。皇储亲管理味，言意兼了，复所向尽，然后笔受。即复内呈上，讨其烦重，领其指归。故令文之者修饰，义之者缀润，并校至十七年讫。"今从《出三藏记集》系于是年。

希帕蒂亚卒，（370?— ）。埃及数学家，天文学家，新柏拉图主义哲学家。

刘义季（ —447）、王微（ —453）、王僧谦（ —453）、释慧重（ —487）、臧荣绪（ —488）生。

晋义熙十二年　北魏泰常元年　后秦姚泓永和元年　西秦永康五年　北凉玄始五年　西凉建初十二年　北燕太平八年　夏凤翔四年　丙辰　416年

西哥特人灭汪达尔人的王国于西班牙。

正月，后秦姚兴卒，太子泓嗣，改元永和（《资治通鉴》卷一一七《晋纪三十九》）。

正月，晋刘裕自加都督二十二州军事，三月加中外大都督，议欲北伐。十月，晋诏以裕为相国，封宋公、备九锡，裕辞而不受（《宋书》卷二《武帝纪中》）。

二月，北凉沮渠蒙逊祀金山。至盐池，祀西王母寺。寺中有《玄石神图》，命中书侍郎张穆作赋。

> **按**：《十六国春秋辑补》卷九六《北凉录二·沮渠蒙逊录》曰："五年，二月，与西秦通和。蒙逊西巡，祀金山，遣沮渠广宗，率骑一万袭乌啼房，大捷而还。蒙逊西至苕藋，遣前将军沮渠成都，将骑五千袭卑和房，蒙逊率中军三万继之，卑和房率众迎降。遂循海而西，至盐池，祀西王母寺。寺中有《玄石神图》，命其中书侍郎张穆赋焉，铭之于寺前，遂如金山而归。"

四月，魏王拓跋嗣改元泰常（《资治通鉴》卷一一七《晋纪三十九》）。

八月，晋刘裕及琅邪王司马德文帅众伐后秦姚泓（《晋书》卷一〇《安帝纪》）。

晋义熙十二年　北魏泰常元年　后秦姚泓永和元年　西秦永康五年　北凉玄始五年　西凉建初十二年
北燕太平八年　夏凤翔四年　丙辰　416 年

十月丙寅,后秦姚泓将姚光以洛阳降晋,晋兵入洛阳(《晋书》卷一〇《安帝纪》)。

是年,北燕建太学。

按:《十六国春秋》卷九八《北燕录一·冯跋录》曰:"太平八年,跋下书曰:'武以平乱,文以经务。宁国济俗,实所凭焉。自顷丧难,礼坏乐崩,闾阎绝讽诵之音,后生无庠序之教。子衿之叹复兴于今,岂所以穆章王化,崇阐斯文。可营建太学,以长乐刘轩、营丘张炽、成周翟崇为博士郎中,简二千石巳下子弟年十三巳上者教之。'"刘汝霖《东晋南北朝学术编年》考证曰:"按《十六国春秋》载冯跋以己酉之岁建国。己酉义熙五年也。又载立太学于太平八年,则当为此年之事。而《晋书》则载:'始跋以孝武太元二十年僭号。至弘二世,凡二十有八载。'又载跋死于宋元嘉七年,则跋之在位已三十六载矣。其说讹误,不可从。"

刘穆之领监军、中军二府军司,内总朝政,外供军旅,决断如流。宾客辐辏(《宋书》卷四二《刘穆之传》)。

王弘从刘裕北征,奉裕命还京师,讽朝廷加裕九锡(《宋书》卷四二《王弘传》)。

傅亮从刘裕北征(《宋书》卷四三《傅亮传》)。

谢晦从刘裕北征。彭城大会,代刘裕赋诗。

按:《南史》卷一九《谢晦传》曰:"晦美风姿,善言笑,眉目分明,鬓发如点墨。涉猎文义,博赡多通,时人以方杨德祖,微将不及。晦闻犹以为恨。帝深加爱赏,从征关、洛,内外要任悉委之。帝于彭城大会,命纸笔赋诗,晦恐帝有失,起谏帝,即代作曰……于是群臣并作。时谢混风华为江左第一,尝与晦俱在武帝前,帝目之曰:'一时顿有两玉人耳。'刘穆之遣使陈事,晦往往异同,穆之怒曰:'公复有还时否?'及帝欲以为从事中郎,穆之坚执不与,故终穆之世,不迁。"

范泰兼司空,与右仆射袁湛授刘裕九锡,随军到洛阳(《宋书》卷六〇《范泰传》)。

颜延之奉使至洛阳,庆刘裕受九锡之殊命。

按:《宋书》卷七三《颜延之传》曰:"义熙十二年,高祖北伐,有宋公之授,府遣一使庆殊命,参起居;延之与同府王参军俱奉使至洛阳,道中作诗二首,文辞藻丽,为谢晦、傅亮所赏。"《南史》卷三四《颜延之传》曰:"行至洛阳,周视故宫室,尽为禾黍,凄然咏《黍离篇》。道中作诗二首。"

郑鲜之为右长史,乞求拜省曾祖墓。

按:《宋书》卷六四《郑鲜之传》曰:"(义熙)十二年,高祖北伐,以为右长史。鲜之曾祖墓在开封,相去三百里,乞求拜省,高祖以骑送之。宋国初建,转奉常。"

裴松之转治中从事史。既克洛阳,召为世子洗马。

按:《宋书》卷六四《裴松之传》曰:"高祖北伐,领司州刺史,以松之为州主簿,转治中从事史。既克洛阳,高祖敕之曰:'裴松之廊庙之才,不宜久尸边务,今召为世子洗马,与殷景仁同,可令知之。'"

孔琳之任平北、征西长史(《宋书》卷五六《孔琳之传》)。

蔡廓任别驾从事史。遭母忧。

按:《宋书》卷五七《蔡廓传》曰:"及高祖领兖州,廓为别驾从事史,委以州任。

寻除中军谘议参军，太尉从事中郎。未拜，遭母忧。性至孝，三年不栉沐，殆不胜丧。"

徐爰为晋琅邪王大司马府中典军，从北征，为刘裕所知。

按：《宋书》卷九四《恩幸·徐爰传》曰："徐爰字长玉，南琅邪开阳人也。本名瑗，后以与傅亮父同名，改为爰。初为晋琅邪王大司马府中典军，从北征。微密有意理，为高祖所知。"

何尚之补征西将军府主簿。

按：《宋书》卷六六《何尚之传》曰："何尚之字彦德，庐江灊人也……尚之少时颇轻薄，好摴蒱，既长折节蹈道，以操立见称。为陈郡谢混所知，与之游处。家贫，起为临津令。高祖领征西将军，补府主簿。"

刘义符为中军将军（《宋书》卷二《武帝纪二》）。

谢灵运为世子中军谘议、黄门侍郎。奉使至彭城慰劳刘裕军（《宋书》卷六七《谢灵运传》）。

檀韶迁督江州豫州之西阳新蔡二郡诸军事、江州刺史，将军如故。

按：《宋书》卷四五《檀韶传》曰："檀韶，字令孙，高平金乡人也，世居京口……（义熙）十二年，迁督江州豫州之西阳新蔡二郡诸军事、江州刺史，将军如故。"

周续之约是年为檀韶苦请出州，与学士祖企、谢景夷三人，共在城北讲《礼》，加以雠校。

按：萧统《陶渊明传》曰："时周续之入庐山事释慧远，彭城刘遗民亦遁迹匡山，渊明又不应征命，谓之'浔阳三隐'。后刺史檀韶苦请续之出州，与学士祖企、谢景夷三人，共在城北讲《礼》，加以雠校。所住公廨，近于马队。是故渊明示其诗云：'周生述孔业，祖谢响然臻。马队非讲肆，校书亦已勤。'"

释慧远卒，阮侃于山西岭凿圹开隧，谢灵运为造碑文，宗炳立碑寺门。图像于寺，遐迩式瞻。

按：《高僧传》卷六《慧远传》曰："自远卜居庐阜三十余年，影不出山，迹不入俗，每送客游履，常以虎溪为界焉。以晋义熙十二年八月初动散，至六日困笃。大德耆年皆稽颡请饮豉酒，不许。又请饮米汁，不许。又请以蜜和水为浆，乃命律师，令披卷寻文，得饮与不？卷未半而终，春秋八十三矣。门徒号恸，若丧考妣，道俗奔赴，毂继肩随。远以凡夫之情难割，乃制七日展哀。遗命使露骸松下，既而弟子收葬。浔阳太守阮侃于山西岭凿圹开隧。谢灵运为造碑文，铭其遗德。南阳宗炳又立碑寺门。初远善属文章，辞气清雅，席上谈吐，精义简要。加以容仪端整，风彩洒落，故图像于寺，遐迩式瞻。所著论序铭赞诗书，集为十卷，五十余篇，见重于世。"张可礼《东晋文艺系年》曰："关于慧远之卒年，尚有他说。《世说新语·文学第四》注引张野《远法师铭》：'年八十三而终。'《全宋文》卷三十三辑谢灵运《庐山慧远法师诔并序》作义熙十三年卒，年八十四。王祎《经行庐山记》谓卒于义熙十二年，年八十二。《祐录·慧远传》谓卒于义熙末，年八十三。《文物》1987年第五期载卡哈尔·巴拉提撰《回鹘文写本〈慧远传〉残页》译文云：慧远'当死期来临时，叫来弟子们嘱咐道："我死后，将我露身放在松树下。"八十三岁右胁而化，交脚，见阿弥陀佛直来，威严带去。'今从《高僧传》。"

谢惠连十岁能属文，得谢灵运知赏（《宋书》卷五三《谢惠连传》）。

崔浩以不假道于刘裕非上策。拓跋嗣闻军败，恨不用浩计。

按：《魏书》卷三五《崔浩传》曰："泰常元年，司马德宗将刘裕伐姚泓，舟师自淮、

晋义熙十二年　北魏泰常元年　后秦姚泓永和元年　西秦永康五年　北凉玄始五年　西凉建初十二年
北燕太平八年　夏凤翔四年　丙辰　416年

泗入清,欲沂河西上,假道于国。诏群臣议之。外朝公卿咸曰:'……宜先发军断河上流,勿令西过。'又议之内朝,咸同外计。太宗将从之。浩曰:'此非上策,司马休之之徒扰其荆州,刘裕切齿来久。今兴死子劣,乘其危亡而伐之。臣观其意,必欲入关……'议者犹曰……太宗遂从群议,遣长孙嵩发兵拒之,战于畔城,为裕将朱超石所败,师人多伤。太宗闻之,恨不用浩计。"

释法显与佛驮跋陀罗在建康道场寺合译佛经。

按:《高僧传》卷三《法显传》曰:"遂南造京师,就外国禅师佛驮跋陀,于道场寺译出《摩诃僧祇律》、《方等泥洹经》、《杂阿毗昙心》,垂百余万言。"卷二《佛驮跋陀罗传》曰:"佛驮跋陀罗,此云觉贤……沙门法显于西域所得《僧祇律》梵本,复请贤译为晋文,语在显传。"《出三藏记集》卷三曰:"摩诃僧祇者,言大众也。沙门释法显游西域,于摩竭提巴连弗邑阿育王塔天王精舍写得梵本,赍还京都。以晋义熙十二年,岁次寿星,十一月,共天竺禅师佛驮跋陀于道场寺译出,至十四年二月末乃讫。"

徐广作《晋纪》。

按:《晋书》卷八二《徐广传》曰:"(义熙)十二年,勒成《晋纪》,凡四十六卷,表上之。因乞解史任,不许。迁秘书监。"《南史》卷三三《徐广传》作四十二卷,《隋书》卷三三《经籍志二》著录四十五卷。

谢灵运作《庐山慧远法师诔》及《彭城宫中直感岁暮诗》。

按:《庐山慧远法师诔》见《广弘明集》卷二三。《彭城宫中直感岁暮诗》见逯钦立《宋诗》卷二,应作于是年岁暮,时谢灵运至彭城慰劳刘裕兵。

张野作《远法师铭》。

按:文见《世说新语·文学第四》刘孝标注,曰:"张野《远法师铭》曰:'沙门释惠远,雁门楼烦人。本姓贾氏,世为冠族。年十二,随舅令狐氏游学许、洛。年二十一,欲南渡,就范宣子学,道阻不通,遇释道安以为师。抽簪落发,研求法藏。释昙翼每资以灯烛之费。诵鉴淹远,高悟冥赜。安常叹曰:"道流东国,其在远乎?"襄阳既没,振锡南游,结宇灵岳。自年六十,不复出山。名被流沙,彼国僧众,皆称汉地有大乘沙门。每至然香礼拜,辄东向致敬。年八十三而终。"

傅亮作《为宋公至洛阳谒五陵表》及《策加宋公九锡文》。

按:《为宋公至洛阳谒五陵表》见《文选》卷三八,李善注曰:"《晋书》云:义熙十二年,洛阳平,裕命修晋五陵,置守备也。"《策加宋公九锡文》见《宋书》卷二《武帝纪中》。《艺文类聚》卷五三曰:"宋傅亮作《宋武帝九锡文》曰……"

谢晦作《彭城会诗》。

按:诗见《南史》卷一九《谢晦传》。参见是年"谢晦从刘裕北征。彭城大会,代刘裕赋诗"条。

陶潜作《示周续之祖企景夷三郎》、《丙辰岁八月中于下潠田舍获》诗。

按:二首分见逯钦立《晋诗》卷一六、卷一七。参见是年"周续之约是年为檀韶苦请出州,与学士祖企、谢景夷三人,共在城北讲《礼》,加以雠校"条。

颜延之作《北使洛》及《还至梁城作》。

按:二首均见逯钦立《宋诗》卷五。参见是年"颜延之奉使至洛阳,庆刘裕受九锡之殊命"条。

释慧远卒(334—　)。东晋名僧。一作惠远。本姓贾,雁门楼烦人。

年十三游学许、洛,博综六经,尤善老庄,宿儒英达,莫不推服。因中原战乱,入太行恒山从名僧道安出家。太元中,赴荆州传教,入庐山,居东林寺,与刘遗民、宗炳、慧永等十八高僧共结白莲社。在山三十余年,精研佛学,兼大、小二乘,主张以佛为主,儒玄为辅,创立净土宗,后世净土宗僧人推尊为初祖。慧远著有诗、书、论、序、赞、铭等 50 余篇,集为《匡山集》10 卷传世。所作《法性论》、《沙门不敬王者论》、《三报论》等为其代表作。《隋书》卷三五《经籍志四》著录晋沙门《释慧远集》12 卷。逯钦立《晋诗》卷二〇载其诗 1 首。严可均《全晋文》卷一六一、一六二载其文 33 篇。事迹见《高僧传》卷六。

谢裕卒(370—　)。裕字景明。裕曾为著作佐郎,为大将军桓玄参军。桓玄自号楚王,裕为玄楚台黄门侍郎,领骁骑将军。为武陵王司马遵大将军记室参军;又迁司徒王谧左长史,寻出为刘裕镇军司马,转刘裕车骑司马,领晋陵太守。迁吏部尚书,领军将军,尚书左仆射。事迹见《南史》卷一九。

沈璞(　—453)、释法颖(　—482)、释玄畅(　—484)生。

晋义熙十三年　北魏泰常二年　后秦永和二年
西秦永康六年　北凉玄始六年　西凉李歆嘉兴元年
北燕太平九年　夏凤翔五年　丁巳　417 年

正月,晋刘裕北伐后秦姚泓,经张良庙,命僚佐赋诗。

按:《宋书》卷二《武帝纪中》曰:"(义熙)十三年正月,公以舟师进讨,留彭城公义隆镇彭城。军次留城,经张良庙,令曰:'……可改构榱桷,修饰丹青,蘋蘩行潦,以时致荐。以纾怀古之情,用存不刊之烈。'"《文选》卷二一载谢瞻《张子房诗》,李善注曰:"王俭《七志》曰:'高祖游张良庙,并命僚佐赋诗,瞻之所造,冠于一时。'"

二月,西凉李暠卒,子歆嗣,改元嘉兴(《资治通鉴》卷一一八《晋纪四十》)。

按:李暠(351—　),字玄盛,小字长生,陇西狄道人。十六国时西凉建立者。世为凉州大族。隆安四年暠为秦、凉二州牧,称凉公,年号庚子,史称西凉。义熙元年,建元建初,迁都酒泉。暠通涉经史,晋元兴二年立泮宫,增高门学生五百人。在位十七年,谥武昭王,庙号太祖。《隋书》卷三五《经籍志四》著录《靖恭堂颂》1 卷。严可均《全晋文》卷一五五载其文 15 篇。事迹见《十六国春秋辑补》卷九二、九三。

三月,晋龙骧将军王镇恶于潼关大破后秦将姚绍(《晋书》卷一〇《安帝纪》)。

四月,北凉起游林堂,图列古圣贤之像,大宴群臣,谈论经传。

按:《十六国春秋》卷九四《北凉录一·沮渠蒙逊录》曰:"玄始六年,夏四月,西域贡吞刀、吐火秘幻奇术。起游林堂于内苑,图列古圣贤之像。秋九月,堂成,遂大宴群臣,谈论经传。"

晋义熙十三年　北魏泰常二年　后秦永和二年　西秦永康六年　北凉玄始六年　西凉李歆嘉兴元年
北燕太平九年　夏凤翔五年　丁巳　417年

　　晋刘裕败魏将娥青于河曲，斩青裨将阿薄干，入洛阳（《晋书》卷一〇《安帝纪》）。

　　七月，晋刘裕攻克长安，执姚泓，收其彝器，归诸京师（《晋书》卷一〇《安帝纪》）。

　　八月，晋王镇恶攻长安，大破姚丕于渭桥，姚泓出城降。后秦亡（《资治通鉴》卷一一八《晋纪四十》）。

　　按：后秦共3主，历34年。

　　九月，晋刘裕至长安，姚泓被送至建康，弃市；后秦将士多奔于魏（《资治通鉴》卷一一八《晋纪四十》）。

　　十二月，晋刘裕东还，自洛水入黄河，开汴渠而行（《资治通鉴》卷一一八《晋纪四十》）。

　　按：裕此次东还，因闻左仆射、前将军刘穆之卒，恐根本无托，遂东还。

　　刘义隆留镇彭城，任冠军将军，加徐州刺史（《宋书》卷二《武帝纪中》及卷五《文帝纪》）。

　　徐羡之为吏部尚书、建威将军、丹阳尹，总知留任。转尚书仆射。

　　按：《宋书》卷四三《徐羡之传》曰："徐羡之，字宗文，东海郯人也……刘穆之卒，高祖命以羡之为吏部尚书、建威将军、丹阳尹，总知留任，甲仗二十人出入。转尚书仆射，将军、尹如故。"

　　谢晦于刘穆之卒后转为从事中郎。

　　按：《宋史》卷四四《谢晦传》曰："高祖欲以为从事中郎，以访穆之，坚执不与。终穆之世，不迁。穆之丧问至，高祖哭之甚恸。晦时正直，喜甚，自入阁内参审穆之死问。其日教出，转晦从事中郎。"

　　丘渊之为刘义隆长史。

　　按：《宋书》卷八一《顾琛传》曰："（丘）渊之字思玄，吴兴乌程人也。太祖从高祖北伐，留彭城，为冠军将军、徐州刺史，渊之为长史。"

　　王昙首为刘义隆府功曹（《宋书》卷六三《王昙首传》）。

　　刘敬叔为长沙景王骠骑参军。

　　按：刘敬叔《异苑》卷三曰："晋义熙十三年，余为长沙景王骠骑参军……"

　　何尚之从征长安，以公事免，还都（《宋书》卷六六《何尚之传》）。

　　刘义真为安西将军、雍州刺史（《宋书》卷二《武帝纪中》）。

　　郭澄之诵王粲诗谏刘裕西伐。

　　按：《晋书》卷九二《郭澄之传》曰："从裕北伐，既克长安，裕意更欲西伐，集僚属议之，多不同。次问澄之，澄之不答，西向诵王粲诗曰：'南登霸陵岸，回首望长安。'裕便意定，谓澄之曰：'当与卿共登霸陵岸耳。'因还。"

　　崔浩与拓跋嗣论刘裕西伐及近世人物（《魏书》卷三五《崔浩传》）。

　　释智严受刘裕延请还都，住始兴寺。

　　按：《高僧传》卷三《智严传》曰："释智严，西凉州人，弱冠出家，便以精勤著名……逾沙越险，达自关中，常依随跋陀止长安大寺。顷之，跋陀横为秦僧所摈，严亦分散憩于山东精舍，坐禅诵经，力精修学。晋义熙十三年，宋武帝西伐长安，克捷旋旆，涂出山东。时始兴公王恢从驾游观山川，至严精舍，见其同止三僧，各坐绳床，禅思湛然，恢至良久不觉，于是弹指，三人开眼，俄而还闭，问不与言。恢心敬其奇，访诸老者。皆云此三僧隐居求志、高洁法师也。恢即启宋武帝延请还都，莫肯行者，既屡请恳至，二人推严随行。恢怀道素笃，礼事甚殷。还都即住始兴寺。严性爱虚靖，志避喧尘。恢乃为于东郊之际，更起精舍，即枳园寺也。"

谢灵运作《撰征赋并序》。

按：文见《宋书》卷六七《谢灵运传》。《撰征赋序》中云："以仲冬就行，分春反命。"灵运去年去彭城，是春返都，作斯赋。

傅亮作《为宋公修张良庙教》、《为宋公修复前汉诸陵教》、《为宋公求加赠刘前军表》、《司徒刘穆之碑》、《从征诗》及《从武帝平闽中诗》。

按：《为宋公修张良庙教》见《文选》卷三六，《宋书》卷二《武帝纪中》作"令"，参见是年"正月，晋刘裕北伐后秦姚泓，经张良庙，命僚佐赋诗"条。《为宋公修复前汉诸陵教》见《艺文类聚》卷四〇。《为宋公求加赠刘前军表》见《宋书》卷四二《刘穆之传》，谓刘穆之卒，"高祖又表天子曰……于是重赠侍中、司徒，封南昌县侯，食邑千五百户"。《文选》卷三八署为"傅季友"，即傅亮。《司徒刘穆之碑》见《艺文类聚》卷四七。《从征诗》及《从武帝平闽中诗》见逯钦立《宋诗》卷一，逯钦立注："宋武帝有平关中姚秦事，无平闽中事。'闽'，'关'之讹。"

谢瞻作《张子房诗》。

按：诗见《文选》卷二一。参见是年"正月，晋刘裕北伐后秦姚泓，经张良庙，命僚佐赋诗"条。

郑鲜之作《行经张子房庙诗》。

按：诗见逯钦立《宋诗》卷一。参见是年"正月，晋刘裕北伐后秦姚泓，经张良庙，命僚佐赋诗"条。

陶潜作《赠羊长史》及《饮酒》20首。

按：《赠羊长史》见逯钦立《晋诗》卷一六。吴仁杰《陶渊明年谱》曰："有《赠羊长史》诗。长史名松龄，晋史本传谓与先生周旋者。是岁刘裕平关中，松龄以左军长史衔使秦川。故有句云：'路若经商山，为我少踌躇。多谢绮与角，精爽今何如。'"《饮酒》二十首见逯钦立《晋诗》卷十七。王瑶《陶渊明集》注《饮酒诗》二十首："据序文'比夜已长'及'既醉之后，辄题数句自娱'，则这二十首诗当都是同一年秋夜醉后所作的，因此总题为《饮酒》。又第十九首中上面说'终死归田里'，下面说'亭亭复一纪'；一纪是十二年，渊明辞彭泽令归田里在晋安帝义熙元年乙巳（四〇五），因知《饮酒诗》当作于义熙十三年……第十六首中说'行行向不惑，淹留遂无成'，是追述以前的事情，说明'四十无闻'之意；不是实际作诗的时间。第十九首中说'是时向立年'也是追述语气；'亭亭复一纪'这一句是承'终死归田里'而说，不是承'是时向立年'说的。"

天竺僧昙无谶译《优婆塞戒》7卷、《金光明经》4卷及《方等大云经》4卷。

按：《出三藏记集》卷二曰："《优婆塞戒》七卷。玄始六年四月十日出。"卷二曰："《金光明经》四卷。玄始六年五月出。"卷二曰："《方等大云经》四卷。或云《方等无想大云经》。或为六卷。玄始六年九月出。"

释法显与天竺僧佛驮跋陀罗共译《大般泥洹经》6卷。

按：《出三藏记集》卷二曰："《大般泥洹经》六卷。晋义熙十三年十一月一日，道场寺译。"除《大般泥洹经》六卷外,还有"《方等泥洹经》二卷(今阙)、《摩诃僧祇律》四十卷(已入律录)、《僧祇比丘戒本》一卷(今阙)、《杂阿毗昙心》十三卷(今阙)、《杂藏经》一卷、《綖经》(梵文,未译出)、《长阿含经》(梵文,未译)、《杂阿含经》(梵文,未译)、《弥沙塞律》(梵文,未译)、《萨婆多律抄》(梵文,未译)、《佛游天竺记》一卷"。以上"十一部,定出六部,凡六十三卷。晋安帝时,沙门释法显以隆安三年游西域,于中天竺、师子国得胡本,归京都,住道场寺。就天竺禅师佛驮跋陀共译出。其《长杂二阿含经》、《綖经》、《弥沙塞律》、《萨婆多律抄》,犹是梵文,未得译出"。

释道恒卒(346—)。蓝田人。年九岁戏于路,隐士张忠见而嗟赏。少失二亲,事后母以孝闻,家贫无蓄,常手自画缋,以供瞻奉,而笃好经典,学兼宵夜。至年二十,后母又亡,行丧尽礼,服毕出家。游刃佛理,多所兼通。学该内外,才思清敏。罗什入关,即往修造,什大嘉之,及译出众经,并助详定。时恒有同学道标,亦雅有才力,当时擅名,与恒相次。秦主姚兴敕伪尚书令姚显,令敦逼恒、标罢道,助振王业。恒坚拒不仕,窜影岩壑,毕命幽薮。蔬食味禅,缅迹人外。是年卒于山舍。恒作《释驳论》及《百行箴》,行于世。严可均《全晋文》卷一六三载其文3篇。事迹见《高僧传》卷六。

保罗斯·奥罗修斯约卒,生年不详。早期正统基督教神学家。

刘穆之卒(360—)。穆之字道和,小字道民,东莞莒人。为江歗琅邪府主簿。元兴中随刘裕起兵,署府主簿,迁尚书祠部郎。复为府主簿录事参军,领堂邑太守。平桓玄有功,封西华县子,转中军太尉司马,加丹阳尹、建威将军,进前将军,迁尚书右仆射,转左仆射。因未遣刘裕九锡忧卒。宋受禅,进封龙阳县侯,谥曰文宣公。严可均《全严文》卷一四一载其文1篇。事迹见《宋书》卷四二。

封懿卒,生年不详。懿字处德,渤海蓨人。初仕后燕慕容宝,位至中书令、户部尚书。道武帝时归魏,除给事黄门侍郎、都督大官等职,封章安子。道武帝数以慕容旧事问懿,懿应对疏漫,因废还家。明元帝即位,复征拜都坐大官,进爵为侯。懿作《燕书》,颇行于世。事迹见《魏书》卷三二。

晋义熙十四年　北魏泰常三年　西秦永康七年　北凉玄始七年　西凉嘉兴二年　北燕太平十年　夏凤翔六年　昌武元年　戊午　418年

正月,夏军逼长安,晋青州刺史沈田子杀龙骧将军王镇恶(《资治通鉴》卷一一八《晋纪四十》)。

三月,晋使聘于魏(《资治通鉴》卷一一八《晋纪四十》)。

六月,晋刘裕还彭城。大会戏马台,豫坐者皆赋诗。为相国,进封宋

西哥特王国始建于高卢。

公,受九锡之命。

> 按:《晋书》卷一〇《安帝纪》载,是年"夏六月,刘裕为相国,进封宋公"。《宋书》卷二《武帝纪中》曰:"十四年正月壬戌,公至彭城,解严息甲。……公解司州,领徐、冀二州刺史,固让进爵。六月,受相国宋公九锡之命。"《南齐书》卷九《礼志上》曰:"宋武为宋公,在彭城,九日出项羽戏马台,至今相承,以为旧准。"

十一月,夏赫连勃勃称皇帝于长安灞上,改元昌武(《资治通鉴》卷一一八《晋纪四十》)。

十二月戊寅,刘裕使中书侍郎王韶之缢晋安帝于东堂,以安帝弟琅邪王司马德文为帝,是为晋恭帝(《晋书》卷一〇《安帝纪》)。

刘义隆改授西中郎将、荆州刺史。

> 按:《宋书》卷五《文帝纪》曰:"关中平定,高祖还彭城,又授监司州豫州之淮西兖州之陈留诸军事、前将军、司州刺史,持节如故,将镇洛阳。仍改授都督荆益宁雍梁秦六州豫州之河南广平扬州之义成松滋四郡诸军事、西中郎将、荆州刺史,持节如故。"

刘义庆任豫州刺史。

> 按:《宋书》卷五一《刘义庆传》曰:"义熙十二年,从伐长安,还拜辅国将军、北青州刺史,未之任,徙督豫州诸军事、豫州刺史,复督淮北诸军事,豫州刺史、将军并如故。"

王昙首与会戏马台,赋诗先成。任刘义隆长史。

> 按:《宋书》卷六三《王昙首传》曰:"行至彭城,高祖大会戏马台,豫坐者皆赋诗,昙首文先成,高祖览读,因问弘曰:'卿弟何如卿?'弘答曰:'若但如民,门户何寄。'高祖大笑。……太祖镇江陵,自功曹为长史。"

傅亮徙中书令,领中庶子如故。

> 按:《宋书》卷四三《傅亮传》曰:"宋国初建,令书除侍中,领世子中庶子。徙中书令,领中庶子如故。"

谢灵运任宋国黄门侍郎,迁相国从事中郎,世子左卫率。坐辄杀门生,免官。

> 按:《宋书》卷六七《谢灵运传》曰:"仍除宋国黄门侍郎,迁相国从事中郎,世子左卫率。坐辄杀门生,免官。"

王弘领彭城太守,迁尚书仆射领选,太守如故。奏弹谢灵运。迁监江州豫州之西阳新蔡二郡诸军事、抚军将军、江州刺史。

> 按:《宋书》卷四二《王弘传》曰:"高祖还彭城,弘领彭城太守。宋国初建,迁尚书仆射领选,太守如故。奏弹谢灵运曰……十四年,迁监江州豫州之西阳新蔡二郡诸军事、抚军将军、江州刺史。至州,省赋简役,百姓安之。"

王准之除御史中丞,为僚友所惮。坐世子右卫率谢灵运杀人不举,免官。

> 按:《宋书》卷六〇《王准之传》曰:"王准之,字元曾,琅邪临沂人。……准之兼明《礼传》,赡于文辞……宋台建,除御史中丞,为僚友所惮。准之父纳之、祖临之、曾祖彪之至准之,四世居此职。准之尝作五言,范泰嘲之曰:'卿唯解弹事耳。'准之正色答:'犹差卿世载雄狐。'坐世子左卫率谢灵运杀人不举免官。"

晋义熙十四年　北魏泰常三年　西秦永康七年　北凉玄始七年　西凉嘉兴二年　北燕太平十年
夏凤翔六年　昌武元年　戊午　418年

蔡廓迁侍中，补御史中丞。多所纠奏，百僚震肃。

按：《宋书》卷五七《蔡廓传》曰："宋台建，为侍中，建议以为：'鞫狱不宜令子孙下辞明言父祖之罪……'朝议咸以为允，从之。世子左卫率谢灵运辄杀人，御史中丞王准之坐不纠免官，高祖以廓刚直，不容邪枉，补御史中丞。多所纠奏，百僚震肃。"

范泰拜金紫光禄大夫，加散骑常侍。

按：《宋书》卷六〇《范泰传》曰："高祖还彭城，与共登城，泰有足疾，特命乘舆。泰好酒，不拘小节，通率任心，虽在公坐，不异私室，高祖甚赏爱之。然拙于为治，故不得在政事之官。迁护军将军，以公事免。高祖受命，拜金紫光禄大夫，加散骑常侍。"

王敬弘为度支尚书，迁太常（《宋书》卷六六《王敬弘传》）。

颜延之迁世子舍人（《宋书》卷七三《颜延之传》）。

孔季恭辞事东归，刘裕饯之戏马台，百僚咸赋诗以述其美。

按：《宋书》卷五四《孔季恭传》曰："孔靖，字季恭，会稽山阴人也。名与高祖祖讳同，故称字……宋台初建，令书以为尚书令，加散骑常侍，又让不受，乃拜侍中、特进、左光禄大夫。辞事东归，高祖饯之戏马台，百僚咸赋诗以述其美。"

郭澄之约是年为相国从事中郎，封南丰侯。

按：《晋书》卷九二《文苑·郭澄之传》："澄之位至裕相国从事中郎，封南丰侯，卒于官，所著文集行于世。"

陶潜征为著作佐郎，不就。张野等人相邀饮酒。

按：《宋书》卷九三《隐逸·陶潜传》曰："义熙末，征著作佐郎，不就。"《晋书》卷九四《陶潜传》曰："顷之，征著作郎，不就。既绝州郡觐谒，其乡亲张野及周旋人羊松龄、宠遵等或有酒要之，或要之共至酒坐，虽不识主人，亦欣然无忤，酣醉便反。未尝有所造诣，所之唯至田舍及庐山游观而已。刺史王弘以元熙中临州，甚钦迟之，后自造焉。潜称疾不见，既而语人云：'我性不狎世，因疾守闲，幸非洁志慕声，岂敢以王公纡轸为荣邪！夫谬以不贤，此刘公干所以招谤君子，其罪不细也。'弘每令人候之，密知当往庐山，乃遣其故人庞通之等赍酒，先于半道要之。潜既遇酒，便引酌野亭，欣然忘进。弘乃出与相见，遂欢宴穷日。潜无履，弘顾左右为之造履。左右请履度，潜便于坐申脚令度焉。弘要之还州，问其所乘，答云：'素有脚疾，向乘蓝舆，亦足自反。'乃令一门生二儿共举之至州，而言笑赏适，不觉其有羡于华轩也。弘后欲见，辄于林泽间候之。至于酒米乏绝，亦时相赡。"

孔琳之除宋国侍中（《宋书》卷五六《孔琳之传》）。

谢晦为右卫将军，寻加侍中（《宋书》卷四四《谢晦传》）。

谢瞻为宋国中书、黄门侍郎，相国从事中郎。以弟谢晦权遇过重而有门户不保之忧。

按：《宋书》卷五六《谢瞻传》曰："（为）宋国中书、黄门侍郎，相国从事中郎。弟晦时为宋台右卫，权遇已重，于彭城还都迎家，宾客辐辏，门巷填咽。时瞻在家，惊骇谓晦曰：'汝名位未多，而人归趣乃尔。吾家以素退为业，不愿干预时事，交游不过亲朋，而汝遂势倾朝野，此岂门户之福邪？'乃篱隔门庭，曰：'吾不忍见此。'及还彭城，言于高祖曰：'……特乞降黜，以保衰门。'前后屡陈。"

谢方明为宋台尚书吏部郎（《宋书》卷五三《谢方明传》）。

戴颙、韦玄、宗炳、周续之被刘裕辟，皆不起。

按：《宋书》卷九三《隐逸·戴颙传》曰："宋国初建，令曰：'前太尉参军戴颙、辟士韦玄,秉操幽遁,守志不渝,宜加旌引,以弘止退。并可散骑侍郎,在通直。'不起。"同卷《宗炳传》曰:"高祖开府辟召,下书曰:'……南阳宗炳、雁门周续之,并植操幽栖,无闷巾褐,可下辟召,以礼屈之。'于是并辟太尉掾,皆不起。"

崔浩以刘裕将篡权释天象之变。

按:《魏书》卷三五《崔浩传》曰:"(泰常)三年,彗星出天津,入太微,经北斗,络紫微,犯天棓,八十余日,至汉而灭。太宗复召诸儒术士问之曰:'今天下未一,四方岳峙,灾咎之应,将在何国?朕甚畏之,尽情以言,勿有所隐。'咸共推浩令对。浩曰:'……是为僭晋将灭,刘裕篡之之应也。'诸人莫能易浩言,太宗深然之。"

天竺僧佛驮跋陀罗在建康道场寺始译《华严经》。

按:《出三藏记集》卷九《华严经记》曰:"《华严经》胡本凡十万偈。昔道人支法领从于阗得此三万六千偈,以晋义熙十四年,岁次鹑火,三月十日,于扬州司空谢石所立道场寺,请天竺禅师佛度跋陀罗手执梵文,译胡为晋,沙门释法业亲从笔受。时吴郡内史孟顗、右卫将军褚叔度为檀越。至元熙二年六月十日出讫。凡再校胡本,至大宋永初二年,辛丑之岁,十二月二十八日校毕。"《高僧传》卷二《佛驮跋陀罗传》曰:"先是沙门支法领,于于阗得《华严》前分三万六千偈,未有宣译。至义熙十四年,吴郡内史孟顗、右卫将军褚叔度,即请贤为译匠。乃手执梵文,共沙门法业、慧严等百有余人,于道场译出。诠定文旨,会通华戎,妙得经意,故道场寺犹有华严堂焉。"

王弘作《奏弹谢灵运》。

按:文见《宋书》卷四二《王弘传》。参见是年"王弘领彭城太守,迁尚书仆射领选,太守如故。奏弹谢灵运。迁监江州豫州之西阳新蔡二郡诸军事、抚军将军、江州刺史"条。

蔡廓作《鞫狱议》。

按:文见《宋书》卷五七《蔡廓传》。参见是年"蔡廓迁侍中,补御史中丞。多所纠奏,百僚震肃"条。

徐羡之作《朱兴妻周事议》。

按:文见《宋书》卷四三《徐羡之传》。

陶潜作《怨诗楚调示庞主簿邓治中》。

按:诗见逯钦立《晋诗》卷一六,诗中言"结发念善事,僶俛六九年",应作于五十四岁时。

谢灵运作《九日从宋公戏马台送孔令诗》。

按:见逯钦立《宋诗》卷二。参见是年"孔季恭辞事东归,刘裕饯之戏马台,百僚咸赋诗以述其美"条。

谢瞻作《九日从宋公戏马台送孔令诗》。

按:诗见《文选》卷二〇。李善注曰:"《宋书·七志》曰:'高祖游戏马台,命僚佐赋诗,瞻之所作冠于时。'"参见是年"孔季恭辞事东归,刘裕饯之戏马台,百僚咸赋诗以述其美"条。

释法显、天竺僧佛驮跋陀罗出《大般泥洹经》及《摩诃僧祇律》。

按:《出三藏记集》卷八《六卷泥洹经记》曰:"摩竭提国巴连弗邑阿育王塔天王精舍优婆塞伽罗先,见晋土道人释法显远游此土,为求法故,深感其人,即为写此《大般泥洹经》如来秘藏。愿令此经流布晋土,一切众生,悉成平等如来法身。义熙十三年十月一日于谢司空石所立道场寺出此《方等大般泥洹经》,至十四年正月一日校定尽记。禅师佛大跋陀，手执胡本，宝云传译，于时坐有二百五十人。"《出三藏记集》卷三《新集律来汉地四部记录》曰："律后记云：……摩诃僧祇者，言大众也。沙门释法显游西域，于摩竭提巴连弗邑阿育王塔天王精舍写得胡本，赍还京都。以晋义熙十二年，岁次寿星，十一月，共天竺禅师佛驮跋陀，于道场寺译出。至十四年二月末乃讫。"《摩诃僧祇律》为佛教戒律五大部之一。《高僧传》卷三《法显传》曰："遂南造京师，就外国禅师佛驮跋陀于道场寺译出《摩诃僧祇律》、《方等泥洹经》、《杂阿毗昙心》，垂百余万言。显既出《大泥洹经》，流布教化，咸使见闻。"

天竺僧昙无谶译《海龙王经》4卷及《菩萨地持经》8卷。

按：《出三藏记集》卷二曰："《海龙王经》四卷。玄始七年正月出。"卷二曰："《菩萨地持经》八卷。或云《菩萨戒经》，或云《菩萨地经》。玄始七年十月初一日出。"

张野卒（350— ）。野字莱民，南阳宛人。居柴桑，尤善属文，性孝友。征拜散骑常侍，不就。与陶渊明联姻。师事慧远，慧远卒，作《远法师铭》。《隋书》卷三五《经籍志四》著录梁有《张野集》10卷。逯钦立《晋诗》卷一四载其《奉和慧远游庐山诗》1首。严可均《全宋文》卷四〇载其文1篇。事迹见《东林十八高僧传》。

崔玄伯卒，生年不详。即崔宏，以字行，清河东武城人。关东著名士族。先后出仕前秦、后燕。北魏道武帝时，任黄门侍郎，执掌机要，参与草创各种制度。后官至吏部尚书，封白马公。善草隶行押之书，为世楷模。事迹见《魏书》卷二四及《北史》卷二一。

郭澄之约卒，生年不详。澄之字仲静，太原阳曲人。少有才思，机敏过人。调补尚书郎，出为南康相。刘裕引为相国参军，从裕北伐。位至裕相国从事中郎，封南丰侯，卒于官。《隋书》卷三四《经籍志三》著录《郭子》3卷，东晋中郎郭澄之撰；卷三五《经籍志四》著录梁有《郭澄之集》10卷，亡。事迹见《晋书》卷九二《文苑传》。

按：《晋书》本传载澄之行事止于相国从事中郎，姑系卒年于是年。

江智渊（ —463）、王素（ —471）生。

贝拉基约卒（354?— ）。基督教隐修士，神学家。

晋恭帝司马德文元熙元年　北魏泰常四年
西秦永康八年　北凉玄始八年　西凉嘉兴三年
北燕太平十一年　夏真兴元年　己未　419年

正月壬辰朔，晋改元元熙（《晋书》卷一〇《恭帝纪》）。

是月，晋刘裕被征还朝入辅，晋爵为宋王，增宋国。七月，迁都寿阳，加殊礼。议立五庙之礼。

按：《宋书》卷二《武帝纪中》曰："元熙元年正月，诏遣大使征公入辅。又申前命，进公爵为王。以徐州之海陵北东海北谯北梁、豫州之新蔡、兖州之北陈留、司州之陈郡汝南颍川荥阳十郡,增宋国。七月,乃受命,赦国内五岁刑以下。迁都寿阳……九月,解扬州。十二月,天子命王冕十有二旒,建天子旌旗,出警入跸,乘金根车,驾六马,备五时副车,置旄头云罕,乐舞八佾,设钟虡宫县。进王太妃为太后,王妃为王后,世子为太子,王子、王孙爵命之号,一如旧仪。"卷一六《礼志三》曰:"宋武帝初受晋命为宋王,建宗庙于彭城,依魏、晋故事,立一庙。初祠高祖开封府君、曾祖武原府君、皇祖东安府君、皇考处士府君、武敬臧后,从诸侯五庙之礼也。"

二月,夏赫连勃勃还都统万,改元真兴。刻石都南,颂纪功德(《资治通鉴》卷一一八《晋纪四十》)。

晋宗室司马楚之、司马文荣等攻洛阳金墉城,刘裕遣兵击之,诸司马氏多降魏(《资治通鉴》卷一一八《晋纪四十》)。

刘义符进为宋太子(《宋书》卷四《少帝纪》)。

裴松之议立五庙乐。

按:《宋书》卷六四《裴松之传》曰:"于时议立五庙乐,松之以妃臧氏庙乐亦宜与四庙同。"

刘义康任冠军将军、豫州刺史。代镇寿阳(《宋书》卷六八《彭城王义康传》)。

刘湛为刘义康长史、梁郡太守。

按:《宋书》卷六九《刘湛传》曰:"刘湛,字弘仁,南阳涅阳人也。……高祖入受晋命,以第四子义康为冠军将军、豫州刺史,留镇寿阳。以湛为长史、梁郡太守。义康弱年未亲政,府州军事悉委湛。"

范晔为刘义康冠军参军。

按:《宋书》卷六九《范晔传》曰:"范晔,字蔚宗,顺阳人,车骑将军泰少子也……(为)彭城王义康冠军参军。"

刘怀慎为前将军、北徐州刺史,镇彭城(《晋书》卷一〇《恭帝纪》)。

刘道怜为司空(《晋书》卷一〇《恭帝纪》)。

刘义真为扬州刺史(《晋书》卷一〇《恭帝纪》)。

傅亮悟刘裕封禅意,请还都,至都,即征高祖入辅。

按:《宋书》卷四三《傅亮传》曰:"从还寿阳。高祖有受禅意,而难于发言,乃集朝臣宴饮,从容言曰:'……今欲奉还爵位,归老京师。'群臣唯盛称功德,莫晓此意。日晚坐散,亮还外,乃悟旨,而宫门已闭,亮于是叩扉请见,高祖即开门见之。亮入便曰:'臣暂宜还都。'高祖达解此意,无复他言,直云:'须几人自送?'亮曰:'须数十人便足。'于是即便奉辞。亮既出,已夜,见长星竟天。亮拊髀曰:'我常不信天文,今始验矣!'至都,即征高祖入辅。"

蔡廓与傅亮议扬州刺史庐陵王刘义真朝堂班次。

按:《宋书》卷五七《蔡廓传》曰:"时中书令傅亮任寄隆重,学冠当时,朝廷仪典,皆取定于亮,每谘廓然后施行。亮意若有不同,廓终不为屈。时疑扬州刺史庐陵王义真朝堂班次,亮与廓书曰……廓答曰……"

赵逸、张渊约是年修国书。

按:《史通》外篇《古今正史第二》曰:"夏天水赵思群、北地张渊,于真兴、承光之

晋恭帝司马德文元熙元年　北魏泰常四年　西秦永康八年　北凉玄始八年　西凉嘉兴三年
北燕太平十一年　夏真兴元年　己未　419年

世,并受命著其国书。及统万之亡,多见焚烧。"姑系是年。《十六国春秋》卷六九《夏录四·赵逸录》曰:"赵逸,字思群,天水人也。……逸好学凤成,仕姚兴,历中书侍郎,为兴将齐难军司马,从征勃勃。难败,逸为勃勃所房,拜著作郎。世祖平统万,见逸所为文誉勃勃太过,怒曰:'此竖无道,安得为此言乎？作者谁也？其速推之。'崔浩进曰:'文士褒贬,多过其实,彼之谬述,亦犹子云之美新。皇王之道,固宜容之。'魏主乃止。后仕于魏。"

　　傅亮作《与蔡廓书》。
　　按:文见《宋书》卷五七《蔡廓传》。参见是年"蔡廓与傅亮议扬州刺史庐陵王刘义真朝堂班次"条。

　　蔡廓作《答傅亮书》。
　　按:文见《宋书》卷五七《蔡廓传》。参见是年"蔡廓与傅亮议扬州刺史庐陵王刘义真朝堂班次"条。

　　胡义周作《统万城功德铭》。
　　按:文见《十六国春秋辑补》卷六五《夏录二·赫连勃勃录》曰:是年"改昌武二年为真兴元年,乃刻石都南,颂纪功德,曰……其秘书监胡义周之辞也。"《十六国春秋》卷六九《夏录四·胡义周录》曰:"胡义周,安定临泾人也。博涉经史,尤善属文。初仕姚泓,为黄门侍郎,以文章著称。泓灭,遂仕于勃勃,为秘书监。勃勃作统万城,义周为之铭,颂其功德,曰……又有《蛇祠碑》诸文,颇行于世。其子方回,仕勃勃中书侍郎。"《魏书》卷五二《胡方回传》曰:"胡方回,安定临泾人。父义周,姚泓黄门侍郎。方回,赫连屈丐中书侍郎。涉猎史籍,辞彩可观,为屈丐《统万城铭》、《蛇祠碑》诸文,颇行于世。"以此铭为胡义周子胡方回著。《北史》卷三四《胡方回传》文略同于《魏书》。曹道衡《十六国文学家考略》曰:"《统万城铭》的作者,《晋书·赫连勃勃载记》和《周书·王褒庚信传论》均以为其父胡义周作。但《晋书》、《周书》均作于唐初,而《魏书》则作于北齐,似以从《魏书》为妥。"《史通》外篇《古今正史第二》曰:"皇家贞观中,有诏以前后晋史十有八家,制作虽多,未能尽善。乃敕史官更加纂录。采正典与杂说数十余部,兼引伪史十六国书,为纪十,志二十,列传七十,载记三十,并序例、目录,合为百三十二卷。自是言《晋史》者,皆弃其旧本,竞从新撰者焉。"《晋书》虽作于唐初,也多采旧史。今从《十六国春秋辑补》。

　　天竺僧昙无谶译《悲华经》10卷。
　　按:《出三藏记集》卷二曰:"《悲华经》十卷。《别录》或云龚上出。玄始八年十二月出。"

　　颜师伯(　—465)、释昙超(　—492)、沈驎士(　—503)生。

征引及主要参考文献

古代文献

《抱朴子内篇校释》	晋·葛洪著　王明校释	中华书局1985年第2版
《抱朴子外篇校笺》	晋·葛洪著　杨明照校笺	中华书局1997年版
《北齐书》	唐·李百药撰	中华书局1972年版
《北史》	唐·李延寿撰	中华书局1975年版
《北堂书钞》	隋·虞世南辑	天津古籍出版社1988年版
《比丘尼传校注》	梁·释宝唱撰　王孺童校注	中华书局2006年版
《博物志校征》	晋·张华撰　范宁校证	中华书局1980年版
《补晋书艺文志》	清·丁国均撰	二十五史补编本　中华书局1955年版
《补晋书艺文志》	清·文廷式撰	二十五史补编本　中华书局1955年版
《补三国艺文志》	清·侯康撰	二十五史补编本　中华书局1955年版
《补疑年录》	清·钱椒撰	南京图书馆藏清道光刻本影印　续修四库全书517册
《册府元龟》	宋·王钦若编纂　周勋初点校	南京凤凰出版社2006年版
《陈书》	唐·姚思廉撰	中华书局1972年版
《出三藏记集》	梁·释僧佑撰　苏晋仁、萧鍊子点校	中华书局1995年版
《初学记》	唐·徐坚等辑	中华书局1962年版
《东观余论》	宋·黄伯思撰　黄䚯编	文渊阁四库全书850册
《东晋将相大臣年表》	清·万斯同撰	二十五史补编本　中华书局1955年版
《东林十八高僧传》	佚名	卍续藏经135册　新文丰出版公司影印卍续藏经会编印
《法书要录》	唐·张彦远辑　洪丕谟点校	上海书画出版社1986年版
《法显传校注》	晋·法显撰　章巽校注	上海古籍出版社1985年版
《佛祖历代通载》	元·念常集	新修大正大藏经第49卷
《佛祖统纪》	宋·志磐撰	新修大正大藏经第49卷
《高僧传校注》	梁·释慧皎撰　汤用彤校注	中华书局1992年版
《古文苑》		中华再造善本宋端平三年常州军刻淳祐六年盛如杞重修本
《国史经籍志》	明·焦竑著	丛书集成初编本

《海东高僧传》	高丽·觉训撰	新修大正大藏经第 50 卷
《汉魏六朝百三名家集》	明·张溥辑	江苏古籍出版社 2002 年版
《弘明集/广弘明集》	梁·释僧祐编/唐·释道宣编	上海古籍出版社 1991 年版
《后汉书》	宋·范晔撰　唐·李贤等注	中华书局 1965 年版
《华阳国志校注》	晋·常璩撰　刘琳校注	巴蜀书社 1984 年版
《会稽志》	宋·施宿著	文渊阁四库全书本
《建康实录》	唐·许嵩撰　张忱石点校	中华书局 1986 年版
《金石录校证》	宋·赵明诚撰　金文明校证	广西师范大学出版社 2005 年版
《晋将相大臣年表》	清·万斯同撰	二十五史补编本　中华书局 1955 年版
《晋书》	唐·房玄龄等撰	中华书局 1974 年版
《晋书斠注》	吴士鉴、刘承幹撰	上海辞书出版社图书馆藏民国十七年刘氏嘉业堂刻本影印
《经典释文》	唐·陆德明撰	上海古籍出版社 1985 年版
《经典释文序录疏证》	唐·陆德明撰　吴承仕疏	中华书局 1984 年版
《经义考》	清·朱彝尊撰	世界书局影印摛藻堂四库全书荟要 242 册
《旧唐书》	后晋·李昫撰	中华书局 1975 年版
《开元释教录》	唐·智昇撰	新修大正大藏经第 55 卷
《开元占经》	唐·瞿昙悉达撰　常秉义点校	中央编辑出版社 2006 年版
《乐府诗集》	宋·郭茂倩撰	中华书局 1979 年版
《历代名人年谱》	清·吴荣光撰	上海书店 1989 年版
《历代三宝纪》	隋·费长房撰	新修大正大藏经第 49 卷
《隶释、隶续》	宋·洪适撰	中华书局 1985 年版
《梁书》	唐·姚思廉	中华书局 1973 年版
《六臣注文选》	唐·李善等注	浙江古籍出版社 1998 年影印本
《南齐书》	梁·萧子显撰	中华书局 1972 年版
《南史》	唐·李延寿撰	中华书局 1974 年版
《七家后汉书》	清·汪文台辑	河北人民出版社 1987 年版
《全上古三代秦汉三国六朝文》	清·严可均校辑	中华书局 1958 年版
《三国艺文志》	清·姚振宗撰	二十五史补编本　中华书局 1955 年版
《三国志》	晋·陈寿撰　宋·裴松之注	中华书局 1959 年版
《三国志辨疑》	清·钱大昭撰	广雅书局刊本　魏晋南北朝正史订补文献汇编北京图书馆出版社 2004 年版
《三国志补注》	清·杭世骏撰	清刻本　魏晋南北朝正史订补文献汇编北京图书馆出版社 2004 年版
《三国志补注续》	清·侯康撰	广雅书局刊本　魏晋南北朝正史订补文献汇编北京图书馆出版社 2004 年版
《三国志考证》	清·潘眉撰	广雅书局刊本　魏晋南北朝正史订补文献汇编北京图书馆出版社 2004 年版
《三国志旁证》	清·梁章钜撰	广雅书局刊本　魏晋南北朝正史订补文献汇编北京图书馆出版社 2004 年版
《三续疑年录》	清·陆心源撰	南京图书馆藏清光绪五年刻本影印　续修四库全书 517 册

《十六国春秋》	北魏·崔鸿撰	丛书集成初编本
《十六国春秋　旧题》	北魏·崔鸿撰	文渊阁四库全书463册
《十六国春秋辑补》	北魏·崔鸿撰　清·汤球辑补	丛书集成初编本
《十七史商榷》	清·王鸣盛撰	中国书店1987年版
《史通笺注》	唐·刘知几撰　张振珮笺注	贵州人民出版社1985年版
《世说新语笺疏》	宋·刘义庆撰　余嘉锡笺疏	上海古籍出版社1993年版
《释氏稽古略》	明·觉岸编	新修大正大藏经第49卷
《书小史》	宋·陈思撰	文渊阁四库全书814册
《水经注校释》	北魏·郦道元撰　陈桥驿校释	杭州大学出版社1999年版
《宋书》	梁·沈约撰	中华书局1974年版
《隋书》	唐·魏徵等撰	中华书局1973年版
《隋书经籍志考证》	清·姚振宗撰	二十五史补编本　中华书局1955年版
《隋书经籍志考证》	清·章宗源撰	二十五史补编本　中华书局1955年版
《太平御览》	宋·李昉等撰	中华书局1960年版
《陶渊明年谱》	宋·王质等撰	中华书局1986年版
《通典》	唐·杜佑撰	中华书局1984年版
《通志》	《宋·郑樵撰	中华书局1987年版
《魏书》	北齐·魏收撰	中华书局1974年版
《文馆词林校证》	唐·许敬宗辑　罗国威校证	中华书局2001年版
《文献通考》	元·马端临撰	中华书局1986年版
《先秦秦汉魏晋南北朝石刻文献全编》	国家图书馆善本金石组编	北京图书馆出版社20003年版
《新唐书》	宋·欧阳修　宋祁撰	中华书局1975年版　续修四库全书275—276册　续修四库全书517册
《疑年录/续疑年录》	清·钱大昕撰/清·吴修撰	南京图书馆藏清嘉庆二十年刻本影印
《艺文类聚》	唐·欧阳询等辑	上海古籍出版社1965年版
《异苑》	宋·刘敬叔撰	文渊阁四库全书1042册
《云笈七签》	宋·张君房辑	齐鲁社1988年版
《众家编年体晋史》	清·汤球辑　乔治忠校注	《天津古籍出版社1989年版
《周书》	唐·令狐德棻等撰	中华书局1971年版
《资治通鉴》	宋·司马光编著　元·胡三省音注	中华书局1956年版

近现代著作

《北京图书馆藏中国历代石刻拓本汇编》	北京蜀图书馆金石组编	中州古籍出版社1989年版
《东晋门阀制度》	田余庆著	北京大学出版社2005年第4版
《东晋南北朝学术编年》	刘汝霖著	中华书局1987年版
《东晋文艺系年》	张可礼著	山东教育出版社1991年版
《东晋文艺综合研究》	张可礼著	山东大学出版社2001年版
《佛教征服中国》	荷兰·许里和著 李四龙、裴勇等译	江苏人民出版社1998版
《汉晋名人年谱》	国家图书馆编	北京图书馆出版社2004年版
《汉晋学术编年》	刘汝霖著	中华书局1987年版
《汉魏晋南北朝佛教史》	汤用彤著	北京大学出版社1998年版
《汉魏南北朝墓志汇编》	赵超著	天津古籍出版社1992年版
《慧远评传》	曹虹著	南京大学出版社2002年版
《汲冢书考》	朱希祖著	中华书局1960年版
《建安七子年谱》	俞绍初著	见建安七子集附录 文史哲出版社1990年版
《金明馆丛稿初编》	陈寅恪著	三联书店2001年版
《经学历史》	皮锡瑞著	中华书局1959年版
《经学通论》	皮锡瑞著	中华书局1954年版
《九朝律考》	程树德著	中华书局1963年版
《刘徽评传》	周翰光著	南京大学出版社1994年版
《六朝作家年谱辑要》	刘跃进、范子晔辑	黑龙江教育出版社1999年
《陆平原年谱》	张华年谱 姜亮夫著	姜亮夫全集二十二 云南人民出版社2002年版
《莫高窟年表》	姜亮夫著	上海古籍出版1985年版
《南北朝文学编年史》	曹道衡、刘跃进著	人民文学出版社2000年版
《秦汉魏晋南北朝史论考》	高敏著	中国社会科学出版社2004年版
《秦汉魏晋史探微(重订本)》	田余庆著	中华书局2004年版
《三曹年谱》	张可礼编著	齐鲁书社1983年版
《僧肇评传》	许抗生著	南京大学出版社1998年版
《尚书综述》	蒋善国著	上海古籍出版社1988年版
《魏晋南北朝佛教地理稿》	严耕望著	上海古籍出版社2007年版
《魏晋南北朝史论丛》	唐长孺著	三联书店1955年版
《魏晋南北朝史论集》		北京大学出版社1997年版
《魏晋南北朝史札记》	周一良著	中华书局1985年版
《魏晋南北朝文化史》	万绳南著	东方出版中心2007年版
《魏晋南北朝文化志》	李力、杨泓撰	上海人民出版社1998年版
《魏晋南北朝文学论丛》	周勋初著	江苏古籍出版社1999年版

《魏晋南北朝文学史料述略》	穆克宏著	中华书局1997年版
《魏晋玄学论稿》	汤用彤著	人民出版社1957年版
《先秦汉魏晋南北朝诗》	逯钦立辑校	中华书局1983年版
《中古文学史料丛考》	曹道衡、沈玉成著	中华书局2003年版
《中古文学史论文集》	曹道衡著	中华书局1986年版
《中古文学文献学》	刘跃进著	江苏古籍出版社1997年版
《中古文学系年》	陆侃如著	人民文学出版社1985年版
《中国大百科全书·考古学》		中国大百科全书出版社1986年版
《中国佛教史第二卷》	任继愈主编	中国社会科学出版社1985年版
《中国古代的类书》	胡道静著	中华书局1982年版
《中国古籍编撰史》	曹之著	武汉大学出版社1999年版
《中国古文献学史》	孙钦善著	中华书局1994年版
《中国经学史》	马宗霍著	商务印书馆1937年版
《中国历代年号考（修订本）》	李崇智编著	中华书局2001年第2版
《中国历代人名大辞典》	张为之、沈起炜、刘德重主编	上海古籍出版社1999年版
《中国历史大事编年》	张福裕、刘占武编著	北京出版社1987年版
《中国历史大事年表》	沈起炜编著	上海辞书出版社1983年版
《中国目录学史论丛》	王重民著	中华书局1984年版
《中国南洋交通史》	冯承钧著	商务印书馆1998年版
《中国儒教史》	李申著	上海人民出版社2000年版
《中国石窟·敦煌莫高窟一》	敦煌文物研究所编	文物出版社1982年版
《中国史学史资料编年》	杨翼骧编著	南开大学出版社1987年版
《中国天文学史》	陈遵妫著	上海人民出版社2006年版
《中国通史简编》	范文澜著	人民出版社1964年版
《中国文化史》	柳诒徵著	中国大百科全书出版社1988年
《中国文学家大辞典·先秦汉魏晋南北朝卷》	曹道衡、沈玉成编撰	中华书局1996年版
《中国文学史大事年表》	吴文治编著	黄山书社1984年版
《中国学术史（三国两晋南北朝卷）》	王志平著	江西教育出版社2001年版
《中国移民史（第二卷）》	葛剑雄、吴松弟、曹树基著	福建人民出版社1997年版
《中国政治制度通史（魏晋南北朝卷）》	黄惠贤著	人民出版社1996年版
《中华文化通志·天学志》	江晓原　钮卫星撰	上海人民出版社1998年版
《中外历史年表》	翦伯赞主编	中华书局1961年版
《周予同经学史论著选集》	周予同著	上海人民出版社1996年版
《诸葛亮评传》	余明侠著	南京大学出版社1996年版

人物索引

（按笔画排）

二画

丁仪（字正礼）　11,15,20,152
丁孚　88,134
丁固　117
丁奉　101
丁密　68
丁琪　317
丁谧　43,62,68,79,80,81,82
丁廙（字敬礼）　11,12,20,152
丁潭（字世康）　234,236,237,246,259,265,268,292
刁协（字玄亮）　193,233,236,237,238,243,246,268,284,285
刁幹　58
刁雍（字淑和）　386,417
刁彝　350,352

三画

干宝（字令升）　22,87,124,184,190,193,233,235,236,239,241,244,248,261,278,302,334
于法龙　207,208
于禁（字文则）　11,12
士猗　200
士燮（字威彦）　23,26,27
山涛（字巨源）　71,75,89,94,107,111,138,139,150,152,154,156,157,160,166,175,210,225

山简（字季伦）　90,216,218,219,222,225
乞休炽磐　437
乞伏国仁　374,375,381
乞伏乾归　381,388,391,407,430
弓遵　64
卫夫人（卫铄，字茂猗）　135,307,329
卫玠（字叔宝）　166,210,218,219,221,224,225,270,282
卫恒（字巨山）　14,40,53,147,154,171,176,179,180,194,307
卫觊（字伯儒）　4,5,8,9,23,24,25,26,36,76,85,95
卫策　245
卫温　36
卫臻　43,58,60,305
卫瓘（字伯玉）　12,36,76,112,113,127,141,145,149,150,152,157,161,168,169,175,176,180,208
习凿齿（字彦威）　22,298,301,335,337,361,371,373,374,376
马岌　299,317
马龟　243
马钧　51
马超　5,30
马谡　31,32,152,340
王丰之　314
王长文（字德睿）　203
王允之（字深猷）　273,292,449
王业　112,123
王玄之　314
王尼　234
王弘（字休元）　362,408,411,

448,451,458,459,460
王戎（字濬冲）　51,73,75,102,173,176,177,178,183,185,190,193,198,201,204,209,210,211,223,225,323
王仲德　432
王华　436,437
王导（字茂弘）　143,200,224,229,233,234,236,237,238,239,240,241,243,244,246,247,248,249,250,251,252,253,254,256,257,258,259,260,261,263,264,265,266,267,270,272,273,275,276,278,280,281,282,283,284,285,286,291,292,297,299,302,303,304,307,311,315,323,325,329,352,353,358,376,383,410
王阳　243
王欢（字君厚）　354,374
王佑　168
王忱（字元达，一字黄昌子，小字佛大）　370,384,390
王沈（字处道）　23,24,41,63,81,83,95,96,117,119,120,121,140,146
王沈（字彦伯）　179
王劭（字敬伦）　352,358,428
王坦之（字文度）　270,324,333,341,345,347,349,350,352,353,355,363,390
王范　167
王述（字怀祖）　208,292,303,310,316,317,320,325,326,329,333,335,340,341
王度　276
王昙首　392,455,458

王国宝 370,381,382,384,385,390,395,396,397,398,399,401,413
王欣之 361
王味之 352
王波 260
王实 331
王诞(字茂先) 355,395,406,421,430,431,432,436,438,440,444
王肃(字子雍) 6,34,42,43,44,49,50,53,56,58,59,63,65,67,68,77,85,87,93,97,108,119,235,407
王弥 221
王珉(字季琰,小字僧弥) 312,378,379,383
王胡之 273,300
王峤(字开山) 250,261,264
王矩 206
王修(字敬仁,小字苟子) 275,323
王衍(字夷甫) 98,128,133,176,193,196,202,209,210,213,218,219,220,221,223,255
王庭坚 194
王恺 165,177,199,390
王恬(字敬豫) 228,284,307
王悝 141,145
王洽(字敬和) 255,291,322,325,410
王济(字武子) 136,141,149,151,153,157,158,161,166,167,168,169,170,182,184,187,191,233
王浑(字玄冲) 20,73,144,151,155,164,182,187,188,190,191,192
王昶(字文舒) 8,9,49,53,104,121,187
王珣(字元琳,小字法护) 309,332,341,343,353,367,368,375,378,380,383,385,386,389,390,392,393,394,395,396,397,398,400,408,409,410,444
王素 461
王恭(字孝伯) 377,385,389,390,395,396,397,398,399,400,401,404,407,410,413,419

王朔之 138,172,313
王凌 26,27,66,82,86
王准之(字元曾) 411,458,459
王浮 196
王涣之 314
王朗(字景兴) 5,6,7,9,10,13,16,18,19,20,21,25,26,27,31,33,34,37,48,50,53,59,65,68,70,75,76,87,93,97,415
王祥(字休征) 91,93,100,105,112,113,117,126
王基(字伯舆) 25,26,27,34,82,108
王彬之 314
王接(字祖游) 194,201,212
王彪 5
王彪之(字叔武,小字虎犊) 212,256,257,290,303,310,311,314,319,320,321,322,323,324,337,340,345,347,349,352,358
王象(字羲伯) 5,7,17,26,28
王猛(字景略) 260,316,322,327,343,347,348,354,355,368
王隐(字处叔) 94,107,110,120,122,134,136,141,147,148,154,170,181,190,191,193,194,201,211,214,216,219,230,238,239,262,274,287,288,340,396
王敬弘 436,448,459
王雄 45
王雅(字茂达) 275,385,389,393,394,400,407
王舒 264,266,340
王敦(字处仲) 207,221,223,224,228,229,233,234,237,238,239,240,242,243,246,247,248,249,250,251,252,253,255,256,257,258,259,264,266,268,269,286,288,321,353
王湛(字处冲) 84,187
王谧(字稚远) 327,404,411,412,415,424,428,435,454
王弼(字辅嗣) 28,70,72,74,81,82,83,203,220,338,339,392,409
王献之(字子敬) 40,297,314,329,340,359,360,362,363,364,375,376,378,379,383,396
王鉴(字茂高) 147,242,243
王鉴 344,345

王微 450
王愆期 273
王嘉(字子年) 365,371,376,378,386
王舆 200
王僧谦 450
王廙(字世将) 143,230,238,239,240,250,252
王赞 158,171,221,223
王韶之(字休泰) 363,442,448,458
王粹 206,217
王蕃(字永元) 33,102,121
王蕴(字叔仁) 270,354,357,361,373
王蕴之 314
王镇恶 438,454,455,457
王廞 398,399
王澄(字平子) 207,223,234,238,260,384
王凝之 314,387,388,391,392,403,404,409
王羲之(字逸少) 40,191,208,239,273,274,275,281,287,294,299,301,302,304,307,310,312,313,314,315,316,318,319,324,328,329,330,339,346,373,376,379,404
王濛(字仲祖) 219,282,285,287,290,291,292,298,304,305,315,323,339,376,388
王徽之(字子猷) 286,314,333,339,340,356,367,375,379
王濬(字士治) 133,143,148,149,150,151,152,153,154,164,191,298
王瓒 131,193
韦叟 272,292,304,308,309
韦玄 459
韦诞(字仲将) 7,23,40,41,44,53,63,80,81,85,87,88,89,90,95,208
韦昭(字弘嗣。《三国志》避晋讳,作韦曜) 17,36,43,44,57,69,84,88,102,108,109,113,123,131,134,136,137
韦昶(字文休) 360
木华(字玄虚) 173
五梁 21

人物索引

支孝龙 207,208
支敏度 179,264
支雄 243
支遁（本姓关氏，字道林，世称支公，亦曰林公，别称支硎） 228,282,310,313,314,329,335,336,338,339,358,359,376,447
支谦（字恭明。一名越） 16,21,218,372
支疆梁接 97

四画

不準 147,154,176,193
太叔广 157
车胤（字武子） 240,352,354,380,397,410,444
车敬 363
牛综 158
毛宝（字硕真） 283,289
毛曾 32
公孙宏 157,177
公孙康 31
公孙渊 31,42,46,47,48,50,55,58,59,62,95
卞兰 44,46,47
卞范之（字敬祖，一名鞠） 405,406,411,414,417,420,424
卞迪 314
卞承之（字敬宗） 417,429
卞眈 354
卞壸（字望之） 156,247,254,256,258,259,260,263,264,266
卞粹 152,204
文立（字广休） 74,113,120,124,125,128,149
文通 5
尹默（字思潜） 18,29,49,51,106
邓艾（字士载） 65,66,82,86,96,98,109,110,111,112,114,180
邓芝 18,20
邓岳 256
邓飏 43,45,60,68,73,82
邓渊 400
邓遐 331
邓粲 238

孔乂 80
孔宁子 436,437
孔安国（字安国，以字行） 77,235,399,424,425,429,430
孔严（字彭祖） 329,331,338
孔坦（字君平） 166,238,246,247,256,260,261,263,274,276,277,278
孔季恭（孔靖，名靖，以字行） 439,459,460
孔挺 254,255
孔衍（字舒元） 126,234,238,247
孔恂 123,141
孔炽 314
孔隆 243
孔琳之（字彦琳） 343,411,415,433,451,459
孔愉（字敬康） 126,215,226,234,241,246,250,265,267,269,272,273,279,281,291,292,430
孔靖之 377
毋丘俭（字仲恭） 52,55,93,94,95,104,108,111
甘卓 215,242
左芬（字兰芝） 134,139,143,171,199
左思（字太冲） 134,139,140,142,155,156,171,188,190,192,193,198,199,201,206,218,356
石世 306
石弘 273
石同 243
石伟 106
石冰 206,209,245,334
石闵 306,308
石苞（字仲容） 114,120,123,127,135,140,188,199
石虎（字季龙） 233,245,273,275,276,277,279,280,281,283,286,292,293,294,295,299,301,303,304,306,307,308,309,311,317,386
石宣 278
石祗 310
石统 157,158
石泰 243
石勒 215,217,220,221,222,223,224,225,227,229,230,233,237,239,242,243,245,246,252,260,

265,267,269,270,271,272,273,276,283,285,306,308,309,310,351
石崇（字季伦） 84,135,141,150,157,158,161,165,173,174,177,182,188,189,192,193,194,197,198,199,200
石超 206,209,211
石谦 243
石鉴（字林伯） 129,130,131,139,185,186,306,308
石聪 276
石遵 306,307
卢志（字子道） 221,224,311
卢钦（字子若） 83,99,107,133,139,147
卢珽 125
卢谌（字子谅） 164,221,224,229,230,241,242,247,248,277,281,285,294,307,308,311
卢循（字于先，小名元龙） 407,411,414,416,417,418,421,432,433,435,436,437
卢毓（字子家） 57,60,147
申扁 294
田豫 45

五画

丘沈 205
丘洹 431,432,434
丘渊之 455
丘髦 314
白延（一作帛延） 97,218,351
白褒 141
句难 361
乐广（字彦甫发） 193,196,197,201,204,210
乐详（字文载） 6,14,21,37,78,99
乐傅 338
冯怀 279,287,288,290,300
冯跋 427,430,451
冯嗣之 403
冯嵩 212
司马文荣 462
司马文思 445

司马丕 330
司马师 76,86,88,91,92,93,94,95,106,112,135,147,162,164
司马伦 144,187
司马邺 226,233
司马冏 200
司马孚 96
司马炎 54,91,113,117,118,124,125,129,132,135,138,140,144,145,146,150,154,159,169,172,176,193,203
司马绍 233,238,245,246,247,253
司马昭 91,93,94,95,96,97,98,99,100,101,103,104,106,108,109,110,112,113,117,132,140,159,162,177,200
司马勋 310,358
司马亮 143,144
司马奕 337,338,344
司马珣之 411
司马衷 122,145,172
司马骏 144
司马彪（字绍统） 45,119,132,155,215
司马晞 294,297,312,322
司马望 96
司马道子（字道子） 336,356,362,368,375,376,383,385,386,388,389,390,392,394,395,396,397,400,401,402,408,410,411,413,420,428
司马楚之 462
司马灌 200
司马蕤 200
司马德文 400,429,450,458,461
司马德操 18
司马遵 416,454
司马遹 195
司马徽 15,51,106
司马曜 346,349
司马篡 212,214
司马懿 22,24,37,38,40,53,58,59,62,66,67,79,81,82,83,84,85,86,93,112,117,129,147,162,164
弗若多罗 418,422
弘徽 265
匡术 271

邢贞 13
吉谋 173
列和 138
成公绥（字子安） 42,87,99,103,107,110,112,123,127,128,137,184
成济 104,159
成倅 104
成粲 163,164,166,167,168
毕轨 43
毕卓 234
光逸 208
吕本 314
吕安（字仲悌） 89,90,110,112,113
吕护 331
吕系 314
吕凯（字季平） 24
吕岱（字定公） 25,26,41,62,68,87
吕朗 211
吕隆 407,408,414
吕壹 59,61,62
吕蒙 11
朱士行 92,106,180,207
朱百年 346
朱肜 360,362
朱应 25
朱序（字次伦） 350,357,359,360,361,373
朱宪 343
朱铄 21
朱辅 334,343
朱斌 334,343
朱整 81,168,178
氾毓 205

六画

乔豫 247
伏系 387
伏滔 332,333,337,342,343,344,345,346,350,370
仲长统（字公理） 11,14,15,77
任恺 113,168
任播 243

任傪 314
华彻 183
华表 98,151,184
华茂 314
华畅 140,227
华轶 221,222,292
华峤（字叔骏） 5,95,105,118,128,148,149,163,164,169,171,177,181,183,184,227
华恒 243,273
华耆 314
华混 193
华歆（字子鱼） 4,5,19,20,25,28,29,39,42,67,70,149,151,184
华廙 151,170
华覈（字永先） 88,108,130,131,132,134,136,137,146
向秀（字子期） 71,75,89,112,113,225
后绵 314
全琮 68,74,79
刘义庆 332,416,439,448,458,466
刘义季 450
刘义恭 445
刘义真 442,455,462,463
刘义隆 429,447,455,458
刘汉 196
刘弘 185,211,262
刘乔 211,212
刘兆（字延世） 205
刘讷 192
刘均 246,248,249
刘秀之 399
刘伶（字伯伦） 75,118
刘怀慎 462
刘沈 209
刘牢之 352,357,396,398,400,401,402,403,404,405,412
刘灵 217
刘劭（字孔才，名一作邵） 6,7,11,14,25,26,27,38,39,40,41,43,46,47,49,50,52,53,57,60,61,63,64,67,73,78,79,81,87,89,90,108
刘坦 217
刘岵 334
刘备 3,11,12,13,15,17,18,19,

24,51,67,77,85,108,109,212
刘放　43,58,83,85,247
刘柳(字叔惠)　445,448
刘勃勃　427
刘昞(字彦明)　427,429
刘显　310
刘矩　263
刘珩　173
刘耽　352,392
刘豹　147
刘颂(字子雅)　113,118,141,150,170,171,176,178,190,197,198,200
刘祥　288,344
刘邕　18
刘惔(字真长)　224,235,278,287,291,294,298,301,304,305,323,327,388
刘渊　147,169,172,208,209,215,217,218,219
刘密　314
刘隗(字大连)　246,247,248,249,251,252
刘琨(字越石)　133,188,192,198,201,204,211,213,215,216,219,221,222,223,224,226,227,228,229,230,233,234,236,238,241,242,246,247,268,276,311
刘超(字世瑜)　250,256,257,259,261,264,265,267,269
刘敬叔　436,455,466
刘敬宣　417,421,427,428,440
刘遗民(名程之,字仲思)　313,395,412,413,418,419,423,435,443,444,452,454
刘智(字子房)　138,172
刘道规　423,436,439
刘準　206
刘寔(字子真)　12,152,168,172,197,203,209,215,217,218,220
刘谟　243
刘裕(字德舆,小名寄奴)　402,405,408,411,414,416,417,419,420,421,424,427,428,429,430,431,432,433,434,435,436,437,438,441,442,444,445,447,448,449,450,451,452,453,454,455,456,457,458,459,460,461,462
刘禅　17,33,51,78,79,83,109,

112,113,114,130,209
刘谦之　349
刘遐　300
刘瑰　192
刘粲　224,237,254
刘靖　26,27,76,77,185
刘群(字公度)　242,243,277,278,281
刘舆(字庆孙)　192,213,220
刘廙(字恭嗣)　5,9,10,15
刘璋　18,21,108
刘毅(字仲雄)　3,135,145,159,160,161,164,194
刘毅(字希乐,小字盘龙)　414,416,417,420,421,423,425,426,429,431,432,433,434,435,436,437,438,439,440,441,442,444
刘遵　352
刘璞　308
刘暾　157
刘穆之(字道和,小字道民)　327,416,429,430,432,436,439,442,447,451,455,456,457
刘徽　110,111,467
刘璠　59
刘藩　437
刘曜　220,221,228,229,237,243,246,247,248,254,255,256,309
刘馥　26,27,76,77
刘瓛(字元宝)　359,360
齐万年　187,190,192,195,196
羊昙　367,375,410
羊欣(字敬元)　326,344,363,364,406,411,445
羊祜(字叔子)　15,34,43,63,83,94,96,98,105,107,112,113,118,119,120,121,123,125,127,128,133,134,140,142,143,144,145,146,147,148,150,164,168,196,199
羊曼　234,254
羊鉴　244
羊模　314
羊衜　62,77
关平　11
关羽(字云长)　3,7,11,36
江轨　243
江伟　95

江秉之　364
江统(字应元)　195,196,197,201,202,206,207,213,214,216,217,219,220,315,340
江逌(字道载)　217,264,312,316,326,329,332,336,340
江惇(字思俊)　315
江智渊　461
江湛　430
江彪(字思玄)　324,329,340
汲桑　215
安法钦　207,214
祁弘　212
许芝　9,20
许迈(字叔玄,一名映。后改名玄,字远游)　301,318,319
许询(字玄度)　294,313,314,318,328,346,373,376
许荣　382
许晏　46
许营　383,384
许猛　192
许超　200
许谦(字元逊)　275,397
许靖(字文休)　19
许穆(穆字思玄,一名谧)　212,357
阮万龄　417
阮孚　234,258,260
阮武　57
阮侃(字德如)　154,452
阮放　234,246,247
阮咸(字仲容)　75,220,225
阮种(字德猷)　66,123
阮修(字宣子)　130,217,218,219,220
阮腆之　416
阮瞻(字千里)　160,207,225
阮籍(字嗣宗)　21,23,41,49,68,69,70,71,73,75,80,83,86,87,91,92,93,94,95,101,102,107,110,111,113,118,120,195,196,211,268,336
阴化　18
如檀　180
纪瞻(字思远)　90,190,213,233,234,236,237,238,245,252,257
孙仪　93

孙弘 68
孙权 3,7,11,12,13,15,16,17,18,19,21,24,25,33,35,42,46,48,51,54,59,62,66,67,71,72,77,79,80,84,87,88,90,153
孙会 200
孙秀 177,187,188,197,199,200,413
孙诒 62
孙英 91
孙郁 114
孙和 67,68,69,74,77,101,112
孙放（字齐庄） 279
孙炎 34,257
孙该（字公达） 23,41,53,78,95,108
孙绍 13,54,77
孙亮 84,86,87,88,89,90,91,93,96,98,100,105,137
孙统（字承公） 300,314,351
孙泰 400,413
孙虑 43
孙恩（字灵秀） 400,402,403,404,405,406,407,408,409,410,411,413,437
孙峻 89,90,91,93,96
孙资 43
孙邕 57,77
孙盛（字安国） 3,22,82,92,124,187,205,222,259,274,279,281,287,298,303,320,342,351,385
孙绰（字兴公） 71,228,274,285,286,287,288,289,291,294,297,300,302,304,307,310,313,314,315,318,319,330,331,346,351
孙惠（字德施） 135,242
孙惠蔚 67
孙登（字公和） 23,94,95,101,102,330
孙楚（字子荆） 114,120,121,123,144,146,161,169,173,174,182,184,346,351
孙嗣 314
孙毓 59
孙綝 96,100,101
孙瑾 127
孙潜 385
孙霸 68,77,79
志道 441

邯郸淳（字子叔） 6,10,13,14,37,40,76,85

七画

严苞 5,6
严畯（字曼才） 16,23,34
劳夷 314
苏则 4
苏林 6,14,37,56,57,59,67
苏绍（字世嗣） 189
苏通 344
苏逸 265
苏蕙 346
杜友 112,123
杜夷（夷或作彝，字行齐） 102,243,244,255
杜育（字方叔） 192,223
杜弢 221,255,275
杜挚（字德鲁） 43,52
杜恕 21,40,61,78,89,99
杜预（字元凯） 17,27,88,89,94,99,103,110,112,123,125,128,129,130,131,132,138,139,145,146,147,148,149,150,151,159,161,162,182,276
杜斌 192,194
杜微 21
杜嘏 243
杜慧度 435,437
杜畿（字伯侯） 27,99
杨方（字公回） 254
杨世 327
杨伟 38,57,72
杨戏 29,30
杨初（仇池公） 303
杨国 319
杨佺期 398,400,402,403
杨阜 25,32,51,52
杨泉（字德渊） 173,174
杨俊 5,7,17
杨俊（仇池公） 319,327
杨济 141,174
杨难敌 273
杨绥 196
杨彪（字文先） 13,18,24

杨肇 102,133,143
杨羲 308
李丰 28,42,60,67,88,90,91,93,158
李平（李严） 26,35,37,40,41,42
李弘 229
李先（字容仁） 277,403
李充（字弘度） 281,300,313,314,315,374,376
李兴 211
李农 283
李寿 212,280,281,282,285,288,289,293,295
李含 177,178
李茂曾 189,190
李势 295,300,303,305
李重（字茂曾） 90,169,173,199
李胜 43,73,79,80,82
李特 192,201,203,205
李脱 257
李康（字萧远） 66
李密（密一作宓，字令伯，一名虔） 22,76,99,103,107,110,120,123,125,127,128,165,167
李婉（字淑文） 28,157,158
李期 273,275,276,280,281
李暠（字玄盛，小字长生） 312,405,407,410,414,416,420,427,429,446,454
李演 285
李譔 60,106
束皙（字广微） 148,154,168,179,185,188,190,191,193,194,195,198
束璆 185
邴原 42,67
来敏 18,29,38,49,108
求那跋陀罗 392
步阐 133,140
步骘（字子山） 16,23,26,61,62,68,80,88,108
吴质（字季重） 5,7,8,21,27,28,38,40
吴隐之（字处默，小字附子） 343,406,412,416,417,418,421,439,444
吴逸 25
岑述 30

秃发乌孤 397
秃发利鹿孤 405,407,411
秃发傉檀 410,414,416,429,445,446
何无忌 414,416,423,425,431,433
何充(字次道) 182,234,256,259,268,276,281,284,287,288,289,290,291,293,295,296,298,300,301,302,303,336,412
何劭(字敬祖) 29,54,70,74,81,82,83,118,136,141,145,146,160,161,169,170,173,174,176,183,190,197,201,203,262
何尚之(字彦德) 367,452,455
何承天 7,255,344,417,425,436,448
何桢 47,73,80,120
何晏(字平叔) 13,43,44,64,67,68,70,73,74,76,77,78,79,80,81,82,83,85,95,98,140,162,195,338,339,392,409
何偃 445
何曾(字颖考) 54,61,95,101,113,117,123,136,140,145,146,169,203
何夔(字叔龙) 6,26
佐明楷 243
佛驮耶舍(又作:佛陀耶舍) 427,428,434,441,443
佛驮跋陀罗(又作:佛大跋陀、佛驮跋陀、浮头婆驮) 426,433,434,453,456,460
佛图罗刹 368,372
佛图澄 46,220,272,275,276,306,376
鸠摩罗什 297,308,312,313,333,358,365,371,406,408,409,418,419,422,423,425,426,428,429,431,440,441,443,444,446,447
邹捷 192
邹湛(字润甫) 107,114,118,143,145,159,160,173,177,196
应贞(字吉甫) 74,113,118,122,123,124,126,129,168
应詹(字思远) 140,238,241,245,248,262,263
应璩(字休琏) 23,26,27,63,73,82,84,85,88,95,129,262,285
辛毗 25,40,47,48,129
辛宪英 129
辛章 356
沐并 81
沈田子 457
沈充 249,250,255,256,288,292
沈怀文 432
沈演之 399
沈璞 454
沈驎士 463
宋仲子 18
宋纤(字令艾) 299
宋忠 51,97,106
宋胄 212,214
宋混 318
宋辑 272
诃罗竭 168,178
张飞(字益德) 13,83
张夫人 365
张亢(字季阳) 234,261,262
张方 206,209,211,212,214
张布 101,108,109,112
张玄靓 228,317,318,328
张永 435
张协(字景阳) 198,216,262
张轨(字士彦) 158,201,228,356
张华(字茂先) 46,62,83,85,99,103,107,110,113,119,122,125,127,128,131,135,136,137,138,139,144,145,147,148,149,150,151,152,155,156,157,162,163,164,166,170,172,173,174,175,176,177,178,183,184,185,186,187,188,192,193,194,195,197,198,199,201,202,208,464,467
张良 80,243,425,454,456
张茂(三国魏人) 52
张茂 228,245,256
张茂(字伟康) 292
张茂度 357,425,433,437,442,447
张昌 205,206,275
张忠 311,457
张郃 37,40
张兖 395
张怡 93
张弥 46
张昭(字子布) 13,16,19,34,54,62,249
张重华 228,299,303,306,310,313,317
张俨(字子节) 120,121,122
张俊(一作张悛) 230
张载(字孟阳) 142,152,155,156,163,164,178,216,227,262
张健 266
张离 243
张悛(字士然) 187
张宾 243,246
张辅(字世伟) 210,212
张野(字莱民) 301,309,396,452,453,459,461
张渊 462
张锜 65
张温 16,20,24
张赴 197
张嗣宗 110
张貉 283
张颖 48
张裔 30,32
张愿 376
张裴 125,126
张瑾 265
张翰(字季鹰) 204,205
张穆 439,450
张嶷 64,237
张翼 109
张瑾 318
陆云(字士龙) 62,109,123,125,144,152,155,161,170,177,179,185,188,192,202,204,206,207,208,225
陆议 31
陆机(字士衡) 8,108,129,138,140,151,153,155,156,161,162,170,171,173,177,178,179,184,185,186,187,188,189,190,191,192,193,194,196,197,198,201,202,204,206,207,208,225,257,268,287
陆抗(字幼节) 28,129,130,133,134,136,138,140,153,159,208
陆纳 354
陆凯(字敬风) 119,121,122,123,129

陆修静 427
陆逊（逊本名议，字伯言） 15,
　16,24,33,54,68,72,77,80,129,
　140,153,208
陆喜（字恭仲） 153,160,161,162
陆景（字士仁） 85,153
阿薄干 455
陈化 23
陈式 33
陈寿（字承祚） 24,48,88,95,99,
　109,128,138,139,145,146,152,
　163,192,340,465
陈勰 118
陈珍 192
陈祗 78,100
陈泰 99,105
陈眕 209
陈矫 56,58
陈敏 206,209,211,215,225,257
陈準 192,197,198
陈瑞 143
陈骞 98,140
陈群（字长文） 3,19,20,22,24,
　25,28,38,39,52,54,65,68,
　77,123
陈震 33,35
妙音 389
邵续 245
邵畴 140
苻丕 335,358,360,374,377
苻生 317,322
苻坚（字永固，一名文玉） 282,
　316,322,324,325,328,331,333,
　334,337,344,346,347,348,350,
　354,355,356,357,358,359,360,
　361,362,363,364,365,366,367,
　368,369,371,372,373,374,375,
　376,377,378,382,383,384,386,
　388,397
苻宏 374,375
苻眉 314
苻健 309,310,312,314,316,317
苻朗（字元达） 370,384
苻雄 316
苻登 377,391
苻融（字博休） 348,350,365,368
苟晞 215,221,222,223
范长生 212

范平（字子安） 162
范宁（字武子） 286,302,328,
　337,338,339,349,361,378,381,
　382,384,390,391,392,408,409,
　410,464
范弘之 382
范乔（字伯孙） 15,194
范坚 290
范汪（字玄平） 265,267,269,
　274,293,295,298,303,321,328,
　329,337,409
范宣（字宣子） 281,300,302,
　317,453
范泰 319,384,389,392,408,411,
　424,433,434,436,439,440,451,
　458,459
范晔 215,357,401,462,465
范粲（字承明） 164,194
枣据（字道彦） 148,149,150,
　153,157,158,162,189
枣腆（字玄方） 189
欧阳建（字坚石） 177,189,192,
　197,198,200
拓跋绍 430,431
拓跋珪 377,395,397,400,403,
　405,416,421,422,430
拓跋猗卢 221,226,228
拓跋嗣 430,431,445,447,450,
　452,455
昙无谶 377,440,445,456,
　461,463
昙备 258,396
昙柯迦罗 84,85,92,97
昙谛 92
昙壹 341,381
昙摩耶舍 449,450
昙摩流支 422,423
昙摩掘多 449,450
罗含 274,298,305,327
罗尚 205,206
和苞 247
和郁 192
和峤（字长舆） 139,148,149,
　151,152,154,157,173,176,
　182,193
和逌 98
竺佛念 361,362,366,368,371,
　372,388,443
竺叔兰 179,180,207,210

竺昙无兰 364,396
竺法护 118,119,121,124,126,
　129,130,132,137,162,164,165,
　167,169,171,174,179,186,191,
　205,207,210,211,214,217,227
竺法旷 333
竺法汰 248,336,341,380,381
竺法寂 210
竺法雅 278
竺法潜（字法深，俗姓王）
　166,353
竺将炎 21,22
竺道壹 340,341,380,381,382
竺僧朗 311
竺僧敷 336
帛尸梨密多罗 251
帛远（字法祖） 195,196,210
帛道猷 382
卑摩罗叉 333,425,442
周顗 129,246,251,252,257,264
周生烈 68,77
周处（字子隐） 70,187,190,191,
　192,196
周玘 206,209,215
周抚 256,295,300
周昙宝 338,339
周莚 257
周昭（字恭远） 88,108,134
周奕 106
周恢 166,192
周贺 42
周浚 154,155,252,257
周续之 359,370,382,396,412,
　413,425,430,431,448,452,453,
　459,460
周雄 112,123
周嵩（字仲智） 251,257,258
周馥 242,299,303
庞延 18
郑小同 29,93,100,104
郑礼 13,54
郑冲（字文和） 57,77,86,93,97,
　110,112,117,123,140,235
郑进 283
郑胄 62
郑袤 352
郑袤 136,153
郑鲜之 336,403,404,412,420,

431,432,434,438,451,456
郑默（字思元） 7,131,153,157,172,269,270
单道开 301,307,326

八画

净检 182,183,330
法良 338
法果 398
法钦 419
沮渠男成 407
沮渠男成 397
沮渠蒙逊 402,407,414,438,439,440,446,450,454
宝度 419
宗炳 355,391,396,412,413,452,454,459,460
孟仁 122
孟达 3,26
孟光 49
孟观 192,195
孟昶 417,424,429,433,434,436
孟获 22
封裕 299
封懿（字处德） 457
赵冉 228
赵至（字景真，后改名浚，字允元） 79,99,103,105,107,110,157,159
赵俨 37,73,76,80
赵泉 363
赵胤 264,280
赵恢 435,438
赵逸 462,463
赵整（后改名道整） 353,360,363,366,376,391,404
郝度元 187
荀颙 65,105,113,118,122,129,140,176
荀伯子 360,443
荀纬（字公高） 5,17,20
荀诜 38,39
荀组 234,239,243,244,245,251
荀勖（字公曾） 85,110,112,113,118,119,120,121,123,126,127,128,131,135,136,138,139,140,145,148,149,150,152,154,156,166,172,176,193
荀崧（字景猷） 112,237,238,240,243,252,254,256,259,261,262,265,267,268
荀绰 311
荀畯 193
荀粲（字奉倩） 29,73,203
荀熙 193
荀藩 193,209,217,224,227
荣邵 112,123
胡义周 463
胡母辅之 207
胡昭 39,65,73,80,85
胡综（字伟则） 34,35,54,66,71
相系 417
柳轨 123
牵秀 192,206
钟会（字士季） 24,32,34,39,40,43,49,52,53,57,60,63,65,70,72,74,80,81,82,83,89,90,91,92,94,96,99,100,102,105,108,109,110,111,112,113,114,177,180
钟雅 260,261,265,267
钟毓 73,80,92,96,98,175
钟繇（字元常） 5,7,8,9,18,31,39,60,70,85,114,307
段末波 248,311
段业 369,371,387,397,402,407
段玑 407
皇甫重 209
皇甫陶 120,121,122
皇甫商 206,207
皇甫谧（字德如） 40,49,81,82,91,105,109,119,124,125,134,135,142,144,145,155,156,158,159,174,223,235
郗昙（字重熙） 248,314,324,325,326,328,330
郗超（字景兴，一字嘉宾） 278,325,332,338,339,340,342,344,351,355,357,358
郗愔（字方回） 227,275,291,293,300,328,330,339,340,342,345,353,356,363,373
郗鉴（字道徽） 129,217,250,251,252,253,258,259,260,261,263,264,266,268,270,276,280,281,282,283,284,285,286,291,302,309,314,315,330,340,358,373
郤正（字令先） 106,111,113,120,133,147
施绩 68
闻人奭 385,386
姜平子 364,365
姜岌 371
姜维（字伯约） 32,71,82,91,96,98,100,101,103,108,109,110,112,114
祖台之（字元辰） 389,390,411
祖约 263,269,286,288
祖纳 230,287
祖逖（字士稚） 122,226,233,236,242,245,249
费祎 52,67,71,72,74,78,81,85,89,90,103,124,149
费曜 31

九画

姚光 451
姚兴 368,371,387,391,396,402,407,408,416,417,418,419,422,423,433,434,435,439,440,441,443,444,447,449,450,457,463
姚苌 369,371,374,377,378,386,389,408,418
姚伷 29,30
姚泓 371,450,451,452,454,455,456,463
姚绍 417,454
姚信（字元直） 122,162
贺邵 102,162
贺循（字彦先） 106,162,194,201,224,234,236,237,240,241,243,244,245,248,254,258
骆统 16,24
骆球 427,428
骆禄 38
秦旦 46
秦论 25
秦秀 157,169
秦宓 21

秦静 56,57,58
袁山松(一作袁崧) 407,410
袁双之 343
袁乔(字彦叔,小字羊) 225,296,300,301,302,303,304,305
袁宏(字彦伯,小字虎) 3,8,266,297,306,314,320,333,337,338,339,342,343,347,348,349,350,352,354,357,363
袁环 279
袁峤之 314
袁亮 96
袁真 322,331,334,343,344,370,410
袁爱之 343
袁豹(字士尉) 351,417,429,433,434,436,440,442,444
袁涣 19,120
袁淑 430
袁準(字孝尼) 120
袁瑾 343,344
袁毅 141
桓云 324
桓石民 370
桓石虔 370
桓玄(字敬道,一名灵宝) 343,350,355,384,387,389,390,391,393,394,396,397,398,400,401,402,403,404,405,406,408,409,410,411,412,413,414,415,416,417,418,419,420,424,425,428,429,437,441,454,457
桓伟 314,403,404,412
桓伊(字叔夏) 333,344,345,367,370,371,373,376,378,387,388,410
桓冲(字幼子,小字买德郎) 266,327,349,350,354,356,358,369,370,371,373,388
桓阶 9,10
桓范(字元则) 7,68,69,82,84
桓济 327
桓宣 102,271,272
桓振 416
桓温(字元子) 102,225,287,294,298,300,301,302,303,304,305,307,310,311,312,314,316,317,318,319,320,321,322,324,325,327,328,331,332,333,334,335,337,338,339,341,342,343,344,345,346,347,348,349,350,351,355,357,358,370,373,375,379,383,409,410,419,428,431
桓歆 416
桓豁(字朗子) 248,350,356,358,367,383
桓彝(字茂伦) 233,234,237,246,254,257,337,351,358
索询 266
索绥 283
索靖(字幼安) 64,141,180,208
索碬 378
贾充(字公闾) 28,79,81,88,91,94,98,102,105,112,117,119,120,123,124,125,127,131,133,134,137,139,140,141,143,144,145,148,149,150,157,158,159,162,172,177,182,193
贾诩 5
贾南风 134
贾洪 5,6,13,37
贾逵(字梁道) 19,50,51,97,100,106,159
贾谧 131,156,175,188,189,190,191,192,193,194,195,197,199,200,206,208,210,223,242
贾蒲 243
贾模 175,187
夏侯玄(字太初) 23,28,29,32,41,43,65,67,72,73,74,76,79,80,83,88,91,92,93,129,196,415
夏侯尚 23
夏侯骏 161,187
夏侯惠(字稚权) 44,49,50,78
夏侯湛(字孝若) 72,109,125,129,136,141,152,166,167,173,180,192
夏侯霸 83
顾众 266
顾和(字君孝) 169,295,296,310,311
顾飏 266
顾荣(字彦先) 151,170,204,211,213,215,222,224,225,245,257,268
顾恺之(字长康,小字虎头) 306,320,393,420,423,431,432,447
顾秘 187,206
顾悦之 320
顾雍(字元叹) 23,71,79,225
顾臻 289,290
挚虞(字仲洽) 61,105,119,124,125,139,150,151,153,158,168,169,174,176,178,185,192,194,199,201,202,204,209,211,213,215,219,223
晁崇 403,404,439
钱凤 253,255,256,258,269
徐广 83,288,313,357,381,386,402,406,415,417,421,424,425,433,434,442,453
徐丰之 314
徐苗(字叔胄) 205
徐岳 17
徐爰 7,255,392,452
徐乾 392,424
徐羨之 455,460
徐道覆 432,433
徐邈(字仙民) 297,361,375,376,380,384,385,386,387,390,392,395,399,410
殷颢 398
殷允 364
殷仲文(字仲文,以字行) 389,398,411,414,417,420,423,424,427,428,429,441
殷茂 352
殷叔文 427
殷祐 224,226
殷浩(字渊源) 264,273,280,287,288,301,302,304,307,308,310,311,312,313,314,316,317,318,320,321,322,336,339,341,346,351,363
殷基 68
殷康 352
殷淳 416
殷景仁 386,436,437,451
殷道叔 427
殷融 254,282,284,285,290,292,295,296,404
高云 427,430
高允 376,386,412
高柔 28,30,52,76,77,96,111
高泰 348

高堂隆(字升平)　13,16,25,38,
　44,46,47,50,51,52,53,56,57,
　58,59,61,62,68
高崧　311,327
郭汤　173
郭钦　150
郭泰机　184
郭颀　112,123
郭象(字子玄)　71,113,209,
　220,225
郭淮　82
郭琦　202
郭敬　271,272
郭循　89,90
郭瑀　348,356,378
郭颐　157
郭槐　157,158,193
郭廙　127
郭彰　175,192,202
郭澄之(字仲静)　433,434,455,
　459,461
郭璞(字景纯)　143,216,226,
　229,238,239,240,244,245,249,
　250,251,253,254,256,257,
　288,341
郭默　269,270
郭翻　276
郭彝　73,80
席纯　158
离班　430

十画

唐固　16,23,24
唐彬　163
悦绾　341
涉公　356
诸葛长民　416,417,430,433,
　434,436,438,439,440,442
诸葛直　36
诸葛诞　43,45,60,65,93,98,99,
　100,101,102,104,108
诸葛诠　192
诸葛亮(字孔明)　13,16,17,18,
　20,21,22,24,26,28,29,30,31,
　32,33,35,37,38,40,41,42,48,
　50,51,67,78,79,90,114,122,
　124,127,130,138,139,152,162,
　211,212,321,340,468
诸葛恢(字道明)　254,268,287,
　288,290,291,299,302
诸葛恪　25,49,50,68,79,86,87,
　88,89,90
诸葛绪　109
诸葛靓　117
诸葛瑾(字子瑜)　16,62,67,90
诸葛璋　20
诸葛瞻　107,152
陶侃(字士行)　104,206,229,
　238,250,258,259,262,265,266,
　267,268,269,270,271,272,273,
　274,275,280,285,305,322,
　337,351
陶称　281,285
陶斌　271
陶潜　337,370,390,406,408,409,
　415,417,419,421,423,426,428,
　430,431,434,437,443,448,453,
　456,459,460
陶瞻　265
娥青　455
黄休　39,73,80
黄琬　18
黄皓　78,100,106,107,109,147
梅陶　237,252,261,275
梅赜　235
曹仁　11,46
曹丕(字子桓)　3,4,5,6,7,8,10,
　11,12,13,14,15,20,21,22,23,
　24,27,28,40,45,46,51,64,67,
　84,104,106,117,129
曹礼　314
曹华平　314
曹冏(字元首)　92
曹奂　104,117,203
曹茂之　314
曹毗(字辅佐)　361,367,368,374
曹真　5,21,24,25,31,37,39
曹衮　16,52
曹爽　7,13,43,59,62,63,64,67,
　68,69,72,73,76,77,78,79,80,
　81,82,83,84,87,88,92,93,95,
　108,129,147
曹据　295
曹植(字子建)　3,4,9,11,12,14,
　15,16,18,19,21,23,24,27,28,
　30,31,32,34,35,36,39,40,41,
　43,45,370,371
曹摅(字颜远)　189,201,209,
　213,217,218
曹髦(字彦士)　67,74,91,92,93,
　96,97,98,100,102,103,104,106,
　121,159
曹嘉　189
曹彰　4,16
曹璜　104
曹操(字孟德)　3,4,8,10,11,14,
　15,24,28,36,42,45,46,48,51,
　52,64,75,83,84,85,86,111,212
曹叡(字元仲)　4,13,14,16,28,
　31,32,35,41,42,43,45,48,50,
　52,53,56,58,59,61,62,63,64,67
龚玄之　380
龚壮　281,282,285,288
袭禄　64
盛冲　109
常林　14,26,37,60,81
常璩　304,465
崔玄伯(崔宏,以字行)　348,
　376,378,395,400,401,402,403,
　412,421,422,431,432,461
崔林(字德儒)　60,61,75
崔浩　364,422,431,440,448,452,
　455,460,463
崔基　192
崔赞　96
崔潜　243
符劭　114
斛兰　439
庾友　314,341,345
庾冰(字季坚)　190,266,268,
　277,284,285,286,287,288,289,
　290,291,292,293,294,295,296,
　297,301,303,314,340,341,345,
　346,412
庾希　331,340
庾条　265
庾纯　145
庾凯　207
庾怿　251,265,267,285,292
庾珉　226
庾爱之　298
庾亮(字元规)　172,210,221,
　226,234,237,238,239,243,244,
　250,253,254,255,256,257,258,

259,260,261,262,263,264,265,266,267,268,269,270,273,274,275,276,277,278,279,280,281,282,283,284,285,287,288,289,291,297,299,309,315,328,338,346,351,353

庾柔 345
庾峻（字山甫） 56,113,137,138,168
庾倩 345
庾悦 435,437,438
庾彬 265
庾勇 157,158
庾阐（字仲初） 192,234,261,262,264,266,268,285,286,294,295,309,374
庾景 243
庾楷 396,397,400
庾敱 109,137,196,209,213,219,220,221,223
庾蕴 314,341,345
庾嶷 38,39,73,80
庾翼 212,263,265,267,275,279,283,287,288,292,293,294,295,296,298,299,318,338,340,351
庾龢（字道季） 294,329,338,363
康那律 175
康法畅 264
康泰 25
康僧会 16,80,113,153
康僧铠 92,218
康僧渊 264
阎缵 196,197
梁广 88,134
梁习 37
梁祚 413

十一画

寇谦之 337,449
隗禧 6,14,37
续咸（字孝宗） 64,243,271,276,277
维祇难 21,22,203
彭超 361
葛洪（字稚川，自号抱朴子） 160,182,206,213,235,249,261,282,333,334,464

萼绿华 326
董允 41,78,90
董艾 37
董寻 57
董胐 363
董昶 207
董统 378
董朝 101
董厥 107,109
董遇 6,37,38
董景道 246
蒋济（字子通） 6,10,34,45,57,59,61,65,68,69,70,84,114
蒋琬（字公琰） 18,32,38,41,49,52,60,67,71,78,79,85,90,110,124,130
韩延之 449
韩伯（字康伯） 272,318,322,363
韩晃 265
韩翊 10
韩绩 234,291
韩暨 33,60
智严 455
智猛 418
嵇含（字君道） 112,167,170,174,177,182,201,206,207,211,213,214,215
嵇绍（字延祖） 90,99,103,105,110,154,188,189,193,194,197,198,201,202,204,206,209,210,214,252,255
嵇康（字叔夜） 22,60,71,75,76,88,89,90,94,99,101,103,107,110,111,112,113,118,120,123,154,159,160,200,210,211,330,393,431
程机 243
程秉 23
程昱 6,46
程晓（字季明） 6,86
程骏 447
程据 144
傅末波 326,330,331
傅玄（字休奕） 23,51,65,75,91,94,95,105,113,118,120,121,122,125,126,127,128,136,141,142,145,146,171,173,183,186,216,223

傅畅 96,173,243,270,311
傅迪 445
傅珍 157
傅咸（字长虞） 64,136,142,145,148,149,161,168,170,171,174,177,178,181,183,184,186
傅亮 354,412,417,421,434,436,447,451,452,453,456,458,462,463
傅祇 72,173,176,177,222
傅彪 243
傅遐 10
傅巽 4
傅瑗 387
傅嘏（字兰石） 28,29,60,61,65,70,73,78,81,82,83,87,88,90,91,93,94,95,222
焦璜 64

十二画

释玄畅 454
释昙迁 374
释昙超 463
释昙智 432
释昙霍 409
释法巨 22,202,203
释法立 22,202,203
释法汰 278,306,326,370
释法和 306,326,368,372,373,387,401
释法显 292,293,404,440,443,446,453,456,457,460,461
释法瑗 432
释法颖 454
释法慧 437
释宝云 357,461
释智严 455
释智林 432
释智猛 418
释道安 180,225,226,227,239,255,272,278,306,308,317,320,326,335,336,337,350,353,358,360,361,362,363,365,366,368,371,372,376,381,453,454
释道标 419,439,441,449,450,457

释道恒　303,381,419,422,434,
　439,440,441,457
释道营　397
释道流　419
释慧远(一作惠远)　275,301,
　317,322,326,360,364,378,387,
　388,390,392,395,403,404,409,
　412,413,415,418,419,422,423,
　428,433,434,435,438,439,443,
　444,452,453,454,461,467
释慧严　334,460
释慧果　394
释慧询　355
释慧持　317,392,398,401
释慧精　419
释慧重　450
释慧饶　351
释慧恭　419
鲁宗之　439,442,447
鲁肃　16
鲁胜(字叔时)　176,178
鲁遂　414
道恢　419
道惊　419
湛方生　378
温放之　325
温峤(字太真)　169,220,229,
　234,236,237,239,242,244,246,
　247,250,252,253,254,256,257,
　258,260,261,262,263,264,265,
　266,267,268,269,284,325,340
游子远　246
谢辅　389
谢万(字万石)　90,248,284,314,
　319,324,325,326,327,329,330,
　335,358
谢方明　363,403,406,411,415,
　439,445,459
谢艾　293,310,315,317
谢石(字石奴)　264,354,361,
　363,367,375,377,381,382,460
谢玄(字幼度)　295,325,345,
　350,357,360,361,367,369,
　370,376,379,380,383,388,
　404,410
谢弘微　390,421,425,426,
　438,439
谢安(字安石)　248,254,277,
　285,289,305,313,314,315,

318,319,325,326,327,329,
330,333,335,339,344,347,
348,349,350,352,353,354,
355,356,357,358,359,361,
362,367,369,370,371,373,
375,376,377,378,379,382,
383,393,399,401,407,410,
413,417,431,441
谢沈(字行思)　281,284,291
谢灵运　377,380,403,418,420,
　425,426,429,438,441,442,443,
　449,452,453,456,458,459,460
谢尚(字仁祖,小字坚石)　218,
　224,254,283,287,296,297,305,
　306,312,314,315,316,317,318,
　319,320,321,322,323,357
谢承(字伟平)　23,52,66
谢绎　314
谢奕(字无奕)　298,322,324,
　325,383
谢绚　412
谢晦　386,436,438,448,451,453,
　455,459
谢混(字叔源,小字益寿)　398,
　408,420,424,425,426,433,434,
　435,436,437,438,441,451,452
谢琰(字瑗度)　367,375,376,
　386,388,398,400,402,403,405,
　406,407,442
谢惠连　429,452
谢裕(字景明)　344,400,447,454
谢瑰　314
谢褒　277
谢衡　193,194,204
谢鲲　207,221,224,234,238,250,
　254,255,260,264,323,393
谢藤　314
谢瞻　369,384,412,420,423,425,
　448,449,454,456,459,460
蒲洪　219,306,308

十三画

楼哀　212
赖厷　32
甄后　13,15,20,30,42,45,64
雷次宗　379,396,412,413,422
雷弱儿　314,316

虞汜　102
虞谷　314
虞松　96
虞说　314
虞预(本名茂,字叔宁)　244,
　256,261,264,268,287,288,291
虞喜(字仲宁,本虞茂)　259,
　269,270,273,276,282,294,
　300,302
虞溥(字允源)　105,150,151,152
虞潭　256,277,290
虞翻(字仲翔)　19,20,48,72,97
简文帝(名司马昱,字道万)
　248,262,287,294,296,298,300,
　301,304,308,310,311,314,318,
　332,337,338,340,344,345,346,
　347,348,351,352,353,363,366,
　379,380,409,413
鲍勋　5,23
鲍照　447
鲍靓　182
靳準　237
解系　187
满宠　62,63,68
褚翜　150
褚陶(字季雅)　151
褚裒(字季野)　293,294,295,
　296,298,300,301,307,315
辟间浑　402
赫连勃勃　427,442,458,462,463
慕容晞　322,331,342,343,350,
　371,374
慕容永　377,391
慕容尘　334,358
慕容垂　353,369,377,378,391,
　395,404
慕容泓　369
慕容宝　395,396,400,404,457
慕容详　396
慕容恪　327
慕容晔　313
慕容盛　399,400,402,407
慕容超　416,420,430,432,444
慕容廆　169,233,239,270,
　271,272
慕容熙　407,427
慕容儁(字宣英,小字贺拉拔)
　245,306,308,309,310,312,322,

324,325,326,327,330,342
慕容皝　279,280,283,286,288,289,290,291,293,295,297,299,303,305
慕容德　396,399,400,402,405,414,416
蔡克　204
蔡洪(字叔开)　179
蔡谟(字道明)　156,266,268,282,283,284,285,290,291,295,296,300,302,304,306,307,308,320,321,336,374
蔡廓　194,362,414,415,439,451,459,460,462,463
臧荣绪　87,107,110,126,133,141,144,151,164,168,170,173,194,202,314,450
臧焘　392
裴頠(字逸民)　124,132,141,157,172,173,175,177,186,187,188,190,195,197,198,199,200,250
裴秀(字季彦)　20,81,96,99,112,117,118,119,120,125,126,132,133,140,146,177,200
裴启　332
裴松之　3,9,35,38,39,76,332,349,362,389,421,451,462,465
裴宪　243,311
裴楷　101,102,112,123,124,132,157,173,176,177,182,393
裴潜　37,42,81,196
裴徽　29,70,98,176
管宁(字幼安)　13,28,35,38,42,53,60,65,67,73,80,85,440
管辂(字公明)　70,81,98,172
管商　265

十四画

僧䂮　419,422,423,434
僧迁　419,422
僧远　447
僧伽提婆　368,372,373,387,388,398
僧伽跋澄　364,368,372,373
僧伽提和　401

僧伽罗叉　398,401,428
僧彻　369
僧侯　397
僧导　366
僧叡　366,419,422,428,429,431,444,447
僧肇　374,409,418,419,422,423,426,441,443,444,446,467
僧翼　364
槃头达多　312,313
廖化　109
廖淳　18
阚泽(字德润)　16,17,23,24,34,69,72
谯秀　304
谯周(字允南)　18,49,76,88,97,99,100,111,128,130,132,149,155,163,167,192,214,304
熊远　238,241,250
熊甫　255
翟辽　403
翟汤　273,274,276,294
缪征　192
缪袭(字熙伯)　7,11,14,23,25,29,30,34,44,47,57,58,61,68,73,77,95
缪蔚　157
樊俊　283
麹允　228

十五画

徵崇　23
滕胤　13,54,68,86,87
颜师伯　463
潘尼(字正叔)　85,149,158,170,181,182,183,185,188,189,198,201,202,213,214,219,220,221,222,223
潘岳(字安仁)　80,102,109,126,133,136,141,143,145,146,157,158,161,164,165,168,170,173,174,177,178,180,181,182,188,189,190,191,192,193,194,195,196,197,199,206,222
潘滔　194,201

十六画

薛珝　107
薛莹(字道言)　88,102,108,110,113,120,128,132,134,136,137,151,153,159
薛夏　6,14,37
薛兼　237
薛综(字敬文)　26,41,43,47,48,50,65,69,70,71,72,79,159
霍原　173

十七画

戴若思　170,198,239,248,249,252,260,264,284
戴法兴　447
戴勃　421
戴施　320,331
戴逵(字安道)　270,302,312,356,380,385,390,393,394,421
戴奥　196
戴颙　360,393,421,459
戴邈　236
檀韶　452,453
魏夬　283
魏咏之　414
魏该　265
魏舒　139,150,152,160,161,175
魏滂　314
濮阳兴　108,112

十八画

瞿硎　345,346

二十画

夒安　283
灌均　12

著作索引

(按拼音排)

A

阿差末经 217
阿毗昙 366,368,373,398,401
阿毗昙毗婆沙 364
阿毗昙八键度 368
阿毗昙心 372,387,388,401
阿毗昙心序 388
阿惟越致遮经 162
阿子歌 323
哀帝隆和初童谣 332
哀永逝文 189
安般 335
安城郡庭枇杷树赋 448,449
安录 166,180,217,353
安天论 282,302
懊憹歌 409

B

八贤论 330
白鸠赋 134
白首赋 174
白首赋序 174
白兔赋并序 230
白兔颂 230
百论 418,419,423,444
百行箴 457
百一诗 82,88,129
百志诗 278
拜敬保傅议 259
拜时有周丧议 220
拜谢大将军都督并州表 228
拜员外散骑常侍表 423
般若无知论 418,419,447
般若道行 335
傍亲服议 178
胞胎经 207
宝唱录 156
宝藏经 130,207
宝髻经 174
宝女经 167
报封抽韩矫等书 271
报后主降书 110
报孔坦书 278
报刘裕书 449
报温峤书 264
报兄冰书 288
报殷浩书 302
报诸葛长民书 440
抱朴君书 334
抱朴子 160,235,334
抱朴子内篇 334,464
抱朴子外篇 334,464
悲华经 463
北伐上疏 294
北伐至夏口上表 294
北使洛 453
北征赋 343
奔赴山陵议 214
奔丧议 290
本无 80
比丘尼大戒 361,362
比丘尼戒经 124
笔墨法 90
避讳议 191
鞞婆沙阿毗昙 372,373
卞承之集 429
卞范之集 424
卞壶集 266

卞兰集 46
卞太后诔 39
辨道 226,252
辨谦 363
辩才论 198,199
辩释名 137
辩亡论 153,208
表陈南夷事 288
表废李平 41,42
表吕凯等守义 24
表免武陵王晞 345
表上律法 125
表上诸葛氏集目录 139
表志赋 158
鳖赋 183,184
别歌 255
兵纪 215
兵林 248
兵书 53,104
兵书接要 10
丙辰岁八月中于下潠田舍获 453
饼赋 179
病久不差以上疏 379
驳卞粹议王昌前母服 152
驳潘岳古今尺议 168
驳祀六宗表 119
驳虞溥议王昌前母服 152
博物志 199,464
补亡诗 198

C

蔡谟集 321
蔡司徒 321
曹娥碑 14
曹毗集 374

曹氏家传 374	城喻经 211	从武帝平闽中诗 456
曹摅集 218	乘舆箴 198	从征诗 456
草书状 208	程晓集 86	徂淮赋 217
册立皇后何氏文 323	持人菩萨经 132	
册陇西王泰为太尉文 185	持世经 428	**D**
策集 405	持心经 165	
策加宋公九锡文 453	崇让论 220	
策问秀才 190	崇有论 195,196,200	达生论 111
叉须赖经 97	仇国论 99,100	答曹公书 24
禅法要 428	愁霖赋 207	答春秋谷梁义 399
禅法要解 423	出家更名颂 376	答丹阳尹 381
禅晋文 57	出继为母服疏 262	答邓义社主难 11
禅经 423,434	出师表 51	答东阿王论边事诏 35
禅位册 4,8	出镇武昌临发疏 294	答杜预书 139
昌言 11,14,15	除妇服诗 184	答杜挚诗 52
长阿含经 443,457	除淮南相在郡上疏 171	答访四府君迁主 302
长阿含经序 441,443	除太宰父子表 345	答伏系告礼问 387
长房录 364,396	除灾患经 97	答傅亮书 463
长历 152	楚辞音 399	答傅咸 184
长史变歌 399	楚山诗 295	答傅咸诗 149
常用字训 405	楚之平 30	答傅瑗告礼问 387
超日明三昧经 132	褚爽上表称太子名议 392	答傅瑗移庙主仪问 387
朝会仪 219	褚太后敬父议 296	答何充书 296
车服仪注 421	春秋调人 205	答贺腊诗并序 95
陈便宜疏 261	春秋公羊传集解 248	答桓玄书 413
陈伐吴至计表 149	春秋公羊达义 220	答桓玄四皓论 394
陈国相为国王利服诏 45	春秋谷梁传集解 328,337	答慧远书 409
陈末流之弊疏 43,45	春秋谷梁传例 410	答汲冢竹书释难书 194
陈农要疏 146	春秋谷梁传义 399	答贾谧并序 188,190
陈情表（陈情事表） 76,120,125,128,167	春秋释例 151,152,162	答江东隐士刘遗民书 443
	春秋条例 220	答李斌书 174
陈群集 54	春秋外传国语 24,48,137	答李胜难肉刑论 80
陈儒训之本疏 77	春秋外传章句 97	答李严书 35
陈审举疏文 32	春秋序论 278	答刘琨诗 242
陈时政疏 382	春秋左氏传解 34,54	答刘氏弟子问 56,58
陈思王曹植集 45	春秋左氏传评 151,162	答刘遗民书 423
陈损益 437	春秋左氏传音（杜预） 151	答卢谌诗并书 230
陈刑法过当表 186,187	春秋左氏传音（徐邈） 399	答卢钦魏舒问 139
陈準谥议 198	春秋左氏函传义 278	答栾弘诗 161
称姚伷 30	春秋左氏经传集解 151,162	答慕容廆书 271
成帝末年歌 292	春秋左氏释驳 33	答潘尼诗 149
成公绥集 137	辞参政朝疏 335	答潘尼 185
成实论 440,441	辞荆州牧疏 240	答秦主姚兴书 423
丞相桓温碑铭 350	辞尚书郎表 245	答尚书符问藉田应躬祠先农下 240,241
丞相王导碑 285,286	赐钱东堂诏令赋诗 167	
承命上疏 71	从解脱缘 401	答尚书下太常祭祀所用乐名 236
承天命 36	从武帝华林园宴诗 126	答石崇诗 189

著作索引

答石崇赠 189
答孙潜诏 385
答陶侃书 270
答王导书（贺循） 240,241
答王导书（温峤） 252
答王导书论虞庙 240,241
答王谧书 404
答魏子悌 230
答吴王诏 15
答吴王上将顾处微 185
答向秀难养生论 71
答谢安书 352,353
答辛旷诗序 171
答兄子问四祖迁主礼 302
答杨济书 174
答杨士安诗 188,189,190
答议牲色诏 58
答殷浩笺 301
答诏示平原公主谏表 45
大阿育王经 214
大哀经 179
大安二年夏四月大将军出祖王羊二公于城南堂皇被命作此诗 207
大般泥洹 17
大般泥洹经 129,456,457,460
大单于志 243
大道曲 321
大风歌 396
大将军起居注 243
大将军宴会被命作诗 202
大晋龙兴皇帝三临辟雍皇太子又再莅之盛德隆熙之颂 145
大净法门经 227
大酒容赋 446
大品 353,366,429
大人先生传 95,111
大丧未终正会废乐议 216
大善权经 164
大韶舞 12
大赦天下诏 48
大司马曹休诔 31,32
大司马东曹掾张翰集 205

大魏书 41
大武舞 12
大小安般 428
大小十二门 428
大飨碑 4,8,9
大衍义 74
大豫舞歌（傅玄） 136
大豫舞歌（张华） 136
大智度论 423,444
代要论 69
戴逵集 394
到壶关上表 216
到江州上疏 371
悼离赠妹诗 139,140
悼亡赋 189
悼亡诗 189,199
悼杨皇后宜配食武帝议 290
道德二论 74
道德论 13,74,83,196,404
道行经 106,126
道论 114
德光太子经 130
登成都白菟楼 164
登楚山诗 294
登楼赋 153
登台赋并序 204
抵疑 136,141
地形方丈图 132
地震对 50
弟兄不合继位昭穆议 236,237
帝不豫上疏 348
帝王世纪 159,235
禘祭议 43,44
典诫 297
典林 304,309
典论 6,7,15,28,38,39,46,62
典式 158
典校五礼表 178
吊贾谊诗 286
吊贾谊文 286,309
吊卫巨山文 179
吊魏武文序 8,194

吊魏武文 208
吊庄周图文 182
丁卯册诏魏王 4,8
丁潭为琅邪王哀终表议 236,237
丁仪集 11
丁廙集 12
定武功 30
东莱耆旧传 108
东征赋（曹大家） 35
东征赋（袁宏） 337
冬至初岁小会歌 128
洞纪 137
都官考课 60,61
督护歌 449
笃论 89
笃终 134,135,145
杜氏体论 89
杜氏幽求新书 255
杜预集 125,162
杜挚集 52
度世品经 179
渡江誓 249
对儒 361,374
对诏访征吴三计 88
遁甲返覆图 334
遁甲秘要 334
遁甲要 334
遁甲要用 334
遁甲肘后立成囊中秘 334

E

尔汝歌 153
尔雅图 257
尔雅图赞 257
尔雅音 257
二百六十戒三部合异 364
二元乾度历 139

F

发蒙记 198

伐广固祭牙文 431
伐吴疏 143
伐吴诏 15
法华三昧经 97
法句 17,21
法句经（法立、法巨） 202,203
法句经（维祇难） 21,22
法句经序 21
法没尽经 174
法性论 454
法训 130
范东阳方 329
范宁集 410
范氏家传 328
范汪集 329
范宣集 302
方等大云经 456
方等泥洹经 129,453,457,461
方等正法华经 165
放光波若 207
放光分 180
放光经（朱士行） 180
放光经（竺叔兰） 179,180,210,333,366,381
非刘邵日蚀不废朝议 295
废钱用谷帛议 415
废庄论 345,355
风土记 192
风语 153
封禅议 152
封楚王彪世子诏 92
封二子为乡公谢恩章 16
封公孙渊为燕王诏 48
封鄄城王谢表 16
讽谏诗 366
凤翔舞 12
奉和慧远游庐山诗 461
奉法要 358
佛国记 440,446
佛为菩萨五梦经 207
佛影铭并序 443
夫人不答妾拜议 178
伏林 304,309

伏滔集 370
扶南异物志 25
苻坚时长安为慕容冲歌 344
苻子 384
服饵仙经 405
服黄读令议 57,58
浮图赋 369
鵩鸟赋并序 252
父疾去职议 434
赴洛 171,178
赴洛道中 171
复答姚兴书 441
复肉刑议 415
复上表自理 153
傅畅集 270
傅嘏集 95
傅咸集 183,184,186
傅玄集 146
傅子 13,73,83,90,146,173
富民塘颂 249

G

改封陈王谢恩章 45
改封县王诏 21
改封诸侯以郡为国诏 45
改元大赦令 92
改元景初以建丑月为正月诏 58
改正朔议 57,58
干宝集 278
甘棠颂 310
感别赋 142
感离诗 139,140
高贵乡公集 106
高士传 73,80,159
高士传赞 356
高堂隆集 62
高祖光武陵不得耕牧樵采诏 61
告祠文帝庙 50
告瑞玺议 44
告天文 33
诰风伯 167

歌（阮籍） 95
给孤独明德经 174,175
更出阿阇世王经 210
庚午册诏魏王 4,8
庚戌岁九月中于西田获早稻 434
庚子岁五月中从都还阻风于规林二首 406
公谦论 363
公卿故事 270
公卿将军奏上尊号 4,8
公为所寓服议 178
公文上尚书 41,42
公羊春秋 212
贡士先经学诏 32
孤奋论 179
古国志 152
古今历 153
古史考 130,155
古文尚书舜典 410
古文尚书音 399
鼓吹曲 120,121
故太傅羊祜碑 146
顾和集 311
顾恺之集 431
顾内诗 165
顾荣集 225
顾子新语 79
寡妇赋 143,146
关背德 36
关中出禅经 428
关中诗（潘岳） 196
关中诗（阎缵） 196
观石鼓诗 294,295
官府职仪 261
官司论 146
官职训 137
管宁集 67
毌丘俭集 95
光武纪论 132
光赞经 165,166
广昌乡君丧停冬至小会议 240,241
广昌乡君丧宜废冬至小会表 241
广国论 146
广林 302
广陵散 111,112
广田农议 188,190

广州刺史嵇含集　214
归去来兮辞并序　423
归园田居五首　426
龟决　334
龟兹宫赋　369,371
癸卯十二月中作与从弟敬远　415
癸卯岁始春怀古田舍二首　415
贵无论　195,200
郭澄之集　461
郭璞集　257
郭象集　225
郭子　461
国号议　401
国起西园第表启宜遵节俭之制　185
国人兵多不法启宜峻其防以整之　185
国语注　137
国子笺　158
果赋　184
果然诗　384

H

海赋　47,173
海龙王经（昙无谶）　461
海龙王经（竺法护）　164
海内先贤传　64
邯郸淳集　14
韩康伯集　363
韩诗章句　85
寒食驳议　272
汉后书　105,148,149,184
汉晋春秋　33,47,59,72,103,104,107,112,133,373,374
汉书钞　334
汉书外传　291
汉书音义　137
汉魏春秋　248
汉之季　36
翰林论　315
豪士赋并序　202
合放光光赞略解序　180
合欢诗　254
何充集　303

何劭集　203
何晏集　83
和帝纪论　132
和胡西曹示顾贼曹　415
劾刺史王凌不遣王基　26
劾范宁表　392
劾郭澄之表　434
河北谣　280
河阳庭前安石榴赋　158
河阳县作　158
贺克捷表　40
贺武帝疾瘳表　171
贺循集　245
衡山诗　286
弘道广显三昧经　217,218
后汉纪　159
后汉书　4,11,24,29,47,149,159,184,215,465
后汉书（谢承）　66
后汉书（谢沈）　291
后汉书（袁宏）　357
后汉书（袁山松）　410
后林　302
后养议　278
胡综集　71
华峤集　181,184
华林园集诗　124,126
华谭集　252
华歆集　42
华严经　460
华阳国志　74,76,78,88,99,103,107,110,113,120,124,127,128,138,143,146,149,152,163,165,167,282,285,288,304,465
画论　431
画云台山记　431
画赞　45
画赞序　239,240
怀旧赋　141,161
怀旧赋序　102,161
欢闻歌　323
还至梁城作　453
桓范集　84
桓范论　69
桓范世论　69
桓范新书　69
桓范要集　69

桓公世论　69
桓温集　351
桓温要集　351
桓玄篡时民谣语　415
桓玄集　420
桓玄时童谣（晋元兴二年）　413,415
桓玄时童谣（晋元兴三年）　419
桓子　69
皇初颂　10
皇甫谧集　159
皇后崩称大行诏　58,59
皇后崩未葬不宜称大行议　59
皇后每年拜陵议　285
皇览　5,7,17,28,67,77,84,131
皇孙生上疏　251
皇太子称臣议　178
皇太子除服议　139
皇太子赐燕诗　185
皇太子集应令　185
皇太子纳妃启　396
皇太子清晏诗序　185
皇太子社　183
皇太子生颂　41
皇太子释奠颂　183
皇太子宴玄圃宣猷堂有令赋诗　184
皇胤赋　41
黄初历　10
黄初六年令　24
黄初五年令　21
黄爵行　30
黄龙大牙赋　34
回文璇玑图诗　346
会稽典录　268
会稽记　245
会稽先贤传　66
惠帝百官名　194
惠帝起居注　194,196
毁鄴城故殿令　16
毁庙议　260
婚不举乐议　323
浑天象说　121
浑天象注　121
获吕布　30
获玉印告庙诏　45

J

嵇康集 60,111
嵇绍集 210
畿服经 223
吉驾导从议 178
汲冢古文释 276
汲冢书（郭璞） 257
汲冢书（荀勖） 131
汲冢竹书 176
疾病上疏 140
疾笃口占上疏 61
疾笃上疏 379
疾笃与陶侃书 262
疾少瘳上疏 355
集解春秋序 220
集解论语 346
集解孝经 330
集圣贤群辅录 207
集议孝经 357
集苑 441
己酉岁九月九日 431
济河论 65
祭程氏妹文 408,428
祭从弟敬远文 437
祭典 328
祭法（郑玄） 57
祭法（卢谌） 311
祭梁鸿文 407
祭卫玠教 270
祭徐孺子文 364
祭牙文 431,444
笳赋 52
嘉瑞赋 47
甲乙论 90
甲乙问议 140
贾充集 159
贾客经 210
简文帝集 347
简文帝谥议 348
简文谈疏 347
见原后谢齐王表 202
荐贺循郭讷表 194
荐刘劭 49,50

荐谯元颜表 304
荐翟汤郭翻表 276
剑阁铭 164,216
渐备一切智德经 191
谏大兴殿舍广采众女疏渐备一切智德经 52
谏东征疏 21
谏断酬功疏 285
谏伐辽东表 45
谏伐蜀疏 39
谏复察诸官钱帛 185
谏改除普增位一等表 174
谏歌 353
谏攻寿阳疏 285
谏贺龙见表 161
谏鸿祀 331
谏后主南行疏 111
谏皇太子笺 247
谏留任谷宫中疏 251
谏愍怀太子书 195,196
谏明帝营修宫室疏 26
谏慕容皝 299
谏平北芒疏 47,48
谏齐王冏书 204
谏遣田豫王雄攻辽东 45
谏取长安大钟疏 47
谏石虎微行 292
谏太子马射 246,247
谏外勤征役内务宫室疏 61
谏文帝游猎疏 10
谏吴王西园营第 185
谏修殿舍疏 47
谏移都洛阳疏 331
谏营洛阳宫殿观阁疏 52
谏营治宫室疏 52
谏凿北池表 326
江表传 17,23,48,130,151
江彪集 340
江惇集 315
江赋 238,239,240
江统集 220
江逌集 336
将之广陵镇上孝武帝表 352
讲汉书诗 190
降魏书 111
交广二州春秋 167
郊禘诏 58

郊祀歌 120,178
鹪鹩赋 107
较论格品篇 153
街亭之败戮马谡上疏 32
戒动师旅疏 134
诫海赵王幹玺书 50
诫具经 211
诫子书 34
诫族子诗 426
藉田赋 126,133
金刚门定意 218
金刚般若波罗密经 444
金谷集作诗 189
金谷诗并序 189
金光明经 456
金鹿哀辞 189
进书诀表 340
晋安帝阳秋 442
晋承汉统论 371
晋故散骑常侍陆府君诔 161
晋故豫章内史陈国阳夏谢鲲墓志 255
晋故豫章内史夏府君诔 202
晋故征西大将军长史孟府君传 408,409
晋纪（邓粲） 238
晋纪（干宝） 124,184,193,278
晋纪（刘谦之） 247,349
晋纪（陆机） 194
晋纪（徐广） 83,288,453
晋纪总论 190
晋江左宗庙歌 368,374
晋律 123,124,159
晋平西将军周处碑 191
晋诗（索靖） 208
晋书（王隐） 94,107,120,122,134,136,141,147,148,154,170,181,190,191,193,194,201,211,214,216,219,230,262,274,287,288,340,396
晋书（臧荣绪） 87,107,110,126,133,141,144,151,164,168,170,173,194,202,314
晋书纪志 198
晋书限断 193
晋书限断议 194
晋太傅羊祜集 147
晋文王谥议 119

晋武帝华林园集诗 126
晋咸和咸康故事 292
晋元帝四部书目 315
晋诸公叙赞 270
晋诸公赞 96,102,154,173,196,223
禁外藩入嗣复顾私亲诏 35
京口谣 399
京兆府君迁主议 302
荆州刺史东武戴侯杨使君碑 141
荆州童谣 401
景初历 57,117
景福殿赋 44,45
景献皇后哀策文 146
靖恭堂铭 427
靖恭堂颂 454
鸠赋 87
鸠赋序 87
鸠摩罗什法师诔并序 443
九日从宋公戏马台送孔令诗（谢晦） 460
九日从宋公戏马台送孔令诗（谢灵运） 460
九思 153
九叹 387
九章算术注 110,111
九州春秋 132,215
酒德歌 360
酒德颂 118
旧邦 30
鞠狱议 460
举贤良方正表 125
举谢绚自代 412
举荀崧为秘书监表 261
决道俗经 211
决疑要注 223
绝倒 295
君臣同谧表 361
君臣同谧议 361

K

抗表陈情 441
抗表罪状王国宝 398
考课议 61
克官渡 30

克皖城 36
客傲 244,245
孔传古文尚书 235
孔氏说林 248
孔坦集 278
孔子家语 85,97
孔子家语解 85
孔子家语解序 85
孔子庙颂（孔羡碑） 4,9
匡山集 454

L

劳还师歌 128
老子化胡经 196
老子音 394
乐广集 210
乐论 60,61
乐毅 80
离垢施女经 171,172
离思赋 134
梨树颂并序 171
礼毕乐 288
礼记音（蔡谟） 321
礼记音（王肃） 97
礼记音（徐邈） 399
礼义 104
礼易论难 302
礼杂问 410
李充集 315
李康集 66
李重集 199
理李含表 178
理刘琨疏 246
理刘司空表（卢谌） 247
理刘司空表（温峤） 242,247
理陆云上成都王颖疏 207
历阳百姓歌 396
历赞 261,262
立琅琊王议 329
立行庙于白石告先帝先后 266
连雨独饮 419
凉春秋 283
列女传要录 152
列女传 159

列女传颂 45
列女传赞 77
列上故太傅羊祜所辟士表 146
列仙传赞 346
林法师墓下诗序 353
临川王道规嗣议 440
临护军教 302
临河叙 313,314
临辟雍碑 145
临死上表 434
临亡置辞 140
临终上疏 371
临终诗（苻朗） 384
临终诗（欧阳建） 198,200
灵应舞 12
陵峰采药触兴为诗 382
令诸王及宗室公侯各将适子一人入朝诏 41
刘超集 269
刘琨别集 242
刘琨集 242
刘劭集 67
刘寔集 220
刘颂集 200
刘杨优劣论 194
刘廙集 15
流寓赋 216
六代论 92
六度集经 154
龙见武库井上言 161
龙瑞赋并序 47
陇上歌 255
楼炭经 205
漏刻赋 198
卢谌集 311
庐山慧远法师诔 403,452,453
庐山精舍誓文 413
庐山神仙诗并序 378
陆机集 202,208
陆凯集 129
陆云集 152,208
鹿母经 179
露布天下并班告益州 32
吕安集 112
屡失皇子上疏 26
律本 125,162
律略论 38,39,67

论集 405,467
论丧遇闻书则时 353
论语弼 23
论语君子无所争 289
论语集解 68,76,77,83,140,162
论语集解叙 68,76
论语释 374
论语释驳 97
论语体略 225
论语义 305
论语隐 225
论语注 34,54
罗浮记 357
洛都赋 47,67
洛神赋 15,19,20,45,379

M

马汧督诔并序 191
马王经 179
毛诗驳 108
毛诗答杂问 137
毛诗拾遗 257
毛诗释义 291
毛诗问难 97
毛诗义驳 97
毛诗音 399
毛诗杂义 405
毛诗奏事 97
濛汜赋 142,216
猛施经 211
弥勒本愿经 207
秘书监谢表 181
密迹经 169
汭南故事 263
庙设次殿议 178
灭十方冥经 214
愍怀太子祷神文 196
愍怀太子诔 198
愍思赋 204
明报应论 444
明帝诔 63
明帝谥议 64
明帝太宁初童谣 255
明堂郊祀配享议 380

明堂郊祀议 178
明堂议 97
明意赋 178
命将出征歌 128
命谒陵 396
缪袭集 77
摩调王经 210
摩诃钵罗若波罗蜜经抄 366
摩诃钵罗若波罗蜜经抄序 366
摩诃僧祇律 446,453,457,460,461
魔逆经 171,172
默记 121,122
默语 192
谋开复中原疏 285
母传 32,80,83,100
木连理颂 392
木牛流马法 41
穆天子传 154,257
穆天子传序 148

N

纳悼后颂 143
纳杨后赞 143
南方草木状 214,215
南郊赋 238,239,240
南征表 24
南征赋 207
难何晏圣人无喜怒哀乐论 82
难刘劭考课法论 61
难王谧 412
涅盘无名论 443
女记 162
女记赞 151
女史箴 178
女训 157,158

O

欧阳建集 200
鸥鸟 151

P

潘尼集 223

潘岳集 199
裴頠集 200
裴秀集 132
裴子 332
彭城宫中直感岁暮诗 453
彭城会诗 453
譬喻三百首经 214
平等觉经 97
平复帖 208
平关中 30
平洛表荐谢尚 320
平南荆 30
平吴后三月三日华林园诗 153
平吴颂 152
平原懿公主诔 45
婆须蜜集 371,372
菩萨处胎经 372
菩萨地持经 461
菩萨十住经 205
菩萨净行经 174
菩萨璎珞经 372
菩萨修行经 97
普超经 165,166
普门品经 167
普曜经 217,218
普义经 179

Q

七代通记 198
七讽 387
七命 198,216
七月七日侍太子宴玄圃 183
七月七日玄圃园诗序 183
齐都赋 206
棋九品序录 329
乞还终丧表 423
乞买外厩牛表 257
启谏冉闵 309
启蒙记 431
启疑记 431
迁都赋 35
迁尚书左丞相表 171
迁宅诰 124
前出师表 30
钱神论 184
乾度历 139
乾象历 17,72,121

著作索引　　493

乾象历注　69
乾象五星幻术　72
潜龙诗　103,106
遣书通好鸠摩罗什　409
遣书通好昙摩流支　423
谯子法训　130
谯子五教志　130
切谏增崇宫室疏　57,58
切悟章　339
秦州刺史张辅集　212
琴操　248
琴赋　431
琴歌　363
青龙赋并序　47
请崇正文立太妃名号启　392
请除杂伎乐表　290
请待博士以不次之位疏　30
请伐吴疏　143
请放黜陶夏疏　274
请还都洛阳疏　331
请建立国史疏　236
请立诸王表　66
请留庾怿监秦州疏　285
请使山阳公称皇配谥疏　49,50
请叔父翼徙镇襄阳书　294
请恤凋匮罢役务疏　26
请严诏谕庾翼还镇疏　295
请移江州军府于豫章表　437
请以并州刺史刘道规镇夏口　423
请议定改葬服制表　245
请雨文　361
请原王敦佐吏疏　257
请原薛莹　134
请赠荀藩位号表　227
请召刘群等表　242
请征戴逯疏　394
请征郄鉴疏　252
请征虞喜疏　276
请追录王濬后表　298
庆文帝受禅上礼章　4,9
庆文帝受禅章　4,9
秋风　36,204
秋兴赋　145,146
求存问亲戚疏　41
求自试表　31,32
全综　205
劝桓温伐蜀　302

劝进碑　8
劝进表（纪瞻）　236
劝进表（刘琨）　236
劝农　415
劝农赋　179
劝育民省刑疏　10
群臣拜皇太子议　259

R

让拜大将军表　272
让封南城侯表　144
让封永昌县表　257
让开府表　134
让吏部尚书表　186,187
让侍中司徒疏　306
让太子少傅表　70
让五兵尚书疏　268
让征聘表　105,124,135
让征西大将军开府疏　356
让中书监表　255
人所从来经　211
壬戌册诏魏王　4,8
任城王诔　19
日蚀求言诏　41
荣木　419
肉刑论　80,205
如幻三昧经　207
如来大哀经　179,191
如来兴显经　179
入贾逵祠下诏　100
入贾逵祠诏　50
入京矫诏　412
入吴移关候　35
阮籍集　111
阮籍序赞　336
阮侃集　154
阮修集　220
阮种集　123
瑞应本起　17,35
瑞贽议　50

S

萨芸分陀利经　119
三巴记　130
三报论　444,454

三苍　257
三都赋　155,156,171,206
三法度　373,387,388,401
三辅决录　40,41,223
三国志　3,4,5,6,7,8,10,11,12,
　13,14,15,16,17,18,19,20,21,
　22,23,24,25,26,27,28,29,30,
　31,32,33,34,35,36,37,38,39,
　40,41,42,43,44,45,46,47,48,
　49,50,51,52,53,54,55,56,57,
　58,59,60,61,62,63,64,65,66,
　67,68,69,70,71,72,73,74,75,
　76,77,78,79,80,81,82,83,84,
　85,86,87,88,89,90,91,92,93,
　94,95,96,97,98,99,100,101,
　102,103,104,105,106,107,108,
　109,110,111,112,113,114,117,
　119,120,121,122,123,126,127,
　128,129,130,131,132,133,134,
　135,136,137,138,139,140,142,
　144,147,151,152,153,159,167,
　174,192,196,211,262,304,465
三皇经　182
三纪甲子元历　371
三难王谧　412
三品悔过经　124
三十七品经　396
三魏人士传　198
三月三日从华林园　126
三月三日诗（王赞）　158
三月三日诗（庾阐）　286
散骑常侍谢表　181
散骑书　41
桑赋　184
桑树赋　183
丧不数闰启　353
丧服经传（王肃）　97
丧服经传（袁准）　120
丧服谱（蔡谟）　321
丧服谱（贺循）　245
丧服释疑论　172
丧服要集　139,162
丧服要记（贺循）　245
丧服要记（蒋琬）　79
丧服要记（王肃）　97
丧佩议　178
僧伽罗刹经　372
僧祇戒心　84,85

沙门不敬王者论 415,454	上书谏明帝 57	上疏讼殷浩 320
沙汰众僧教 412	上书谏明帝夺士女以配战士 52	上疏逊位 285
山公启事 160		上疏言断狱宜守律令 178
山海经图赞 257	上书论皇后拜讫上礼 323	上疏言授官与本名同宜改选 195,196
山简集 225	上书请诘奢 161	
山涛集 160	上书请举贤才 244	上疏言王导 247
山阳死友传 84	上书请免发取诸国士息 41	上疏言赵长张祚事 315
睒颂 35	上书求为琅邪王衰行终丧礼 236	上疏议谢安赠礼 376
伤魂赋 100		上疏自陈 311
伤弱子辞 181	上书吴主权 20	上疏罪状刘隗 251
赏罚令 21	上书言南土人士 222	上巳日会兰亭曲水诗并序 315
上安东将军笺谏为郑贵嫔祈祷废事 222	上书自理 153	上太子笺 224
	上疏安太子 74	上太子疏谏起西池楼观 246
上下太后谏表 39	上疏陈便宜 238,241	上魏明帝疏请选征辽东副将 61
上表谏遣齐王攸就国 158	上疏陈便宜七事 335	上温峤遗书请停移葬表 268
上表论先朝封爵 443	上疏陈审举之义 41	上文帝谏表 27
上表请立学校 236	上疏陈五违 382	上五寅元历表 440
上表请修复农官 245	上疏陈要务 120,121	上孝武帝疏 384
上表逊位 274	上疏辞封赏 285	上言奔赴山陵不须限制 292
上表自陈（陆玩） 271	上疏辞太子中庶子 124	上言长沙王乂宜增置掾属 207
上表自陈（司马休之） 449	上疏废殷浩 317	上言符谶 10
上丞相笺 227	上疏固请居藩 296	上言桓彝可宣城内史 257
上党国记 243	上疏劾茹千秋等 386	上言开陵皇太后服 321
上都官考课疏 60	上疏谏亲征公孙渊 48	上言临轩拜三公宜作乐 282
上关中诗表 196	上疏谏吴主皓 121	上言请叙故蜀大官及死事者子孙 124
上怀帝疏 216	上疏谏修洪祀 332	
上惠帝疏 202	上疏谏营作 247	上言请以楼烦等五县地处索头猗卢 222
上笺请优赠顾荣 224	上疏谏用慕容晞等 350	
上晋成帝表 288	上疏救韦曜 137	上言宜立西王母祠 299
上景初历表 57	上疏理谤 390	上言宜省官务农 149
上九尾狐表 14	上疏论典校 61	上言宜听刘寔致仕 217
上客舍议 165	上疏论谥法 240	上言宜择经学最优者一人领博士 240
上李寿封事 282	上疏乞骸骨（王述） 340	
上马具装步铠表 387	上疏乞骸骨（庾亮） 268	上言诸经宜分置博士 240,241
上明帝疏谏盛修宫室 27	上疏请罢中正除九品 161	上元皇后谏 139
上秦主姚兴表 443	上疏请复肉刑 141	上责躬应诏诗表 19
上石勒书谏营新宫 271	上疏请简良将 244	上仲长统〈昌言〉表 14
上事自辨 183	上疏请讨石虎李期 276	上尊号奏 8
上寿酒歌 128	上疏请勿绝二宫宾客 77	尚书驳 23
上受命述表 10	上疏请修学校 236	尚书驳议 97
上书陈时事损益 236	上疏请增置博士 238,240	尚书大事 328
上书陈选举 178	上疏请召还薛莹 134	尚书武强侯卢府君诔 224
上书告辞哀帝 336	上疏请自贬 244	尚书义问 97

尚书音 399	士纬 122	朔气长历 159
蛇祠碑 463	士纬新书 122	司空密陵侯郑袤碑 136
舍利弗阿毗昙 449,450	示周续之祖企景夷三郎 453	司空庾冰碑 291,297
舍利弗悔过经 207	世要论 69,84	司隶校尉教 183
社颂 30	世祖武皇帝诔 174	司马彪集 215
赦辽东吏民公文 48	侍臣箴 246	司马道子集 413
摄司隶上表 181	侍皇太子宴始平王 158	司马休之从者歌 413
申怀赋 142	侍皇太子祖道楚、淮南二王诗 171	司马元显民谣 413
申述前议 290		司徒刘穆之碑 456
神无形论 336	侍皇子宴始平王诗 171	司徒李胤诔 158
神仙传 334	释驳论 457	司徒仪 278
神女杜兰香传 374	释奠祭孔子文 279	私载 72
神释 443	释奠诗 183	思归赋 190
神芝赞并序 47	释奠颂（潘尼） 183	思归引序 141,194
审机 153	释奠颂（温峤） 246	思旧赋 113
升平末廉歌 329	释讳 146	思慕诗 27
圣法印经 186	释慧远集 454	思亲赋 204
圣证论 34,97	释讥 106,147	思吴江歌 204,205
省官并职议 311	释劝论 119	思游赋 119
省刑疏 238,239	释时论 179	思子诗 181,182
盛德颂 179	释私论 71	四阿含暮抄 366
师服议 178	谥山阳公为孝献皇帝诏 50	四本论 89,90,95
十等藏经 211	首楞严经 179	四分 441
十地经 207	首楞严经（白延） 97	四分律 92,434
十典 105,148,149,183,184,227	首楞严经（张天锡） 350,428	四府君迁主议 302
十二门论 431,444	首楞严经（竺叔兰） 179,180	四海百川水源记 376
十二因缘 428	首丘赋 204	四皓论 394
十二游经 156	首阳山赋 92	四体书势 14,53,76,147,171,180
十七事疏 130	受禅表 4,8	四厢乐歌（成公绥） 128
十四日帖 302	受命述 10	四厢乐歌（傅玄） 128
十诵律 333,418	疏悼王蕃 121	四厢乐歌（张华） 128
十志 191,287	摭武师 36	祀皋陶议 178
石崇集 199	蜀记 110,211	祀六宗议 60
石经 9,13,14,38,39,62,76,99,103,173,200,293	蜀平上言 110	嗣新蔡王滔不得还嗣章武议 244
	蜀相诸葛亮集 138	宋纤石壁诗 299
石头民为庾亮歌 275	束晳集 198	搜神记 38,62,235,236,278
时要论 82,108	述思赋 198	岁暮赋并序 204
拾遗记 386	述志赋 446	孙楚集 184
拾遗录 386	水旱上便宜五事疏 126	孙绰集 346
食举东西厢歌 128	水砲 151	孙恩集 413
食举东西厢乐诗 128	顺历数 36	孙该集 108
始义论 264	顺权方便经 207	孙惠集 242
始作镇军参军经曲阿作 370,419	说略 60,61	孙盛集 351

孙子 346
孙子略解 10
所欲致患经 210
索靖集 208
索子 208

T

太常郭奕谥景议(成粲) 166
太常郭奕谥景议(王济) 166,167
太傅褚裒碑 307
太和 30
太和末童谣 344
太和中百姓歌 344
太康六年三月三日后园会诗 163,164
太康颂 150,152,153
太仆坐上诗 169
太尉刘公诔 242
太尉庾亮碑 288,289
太宰鲁武公诔 158
太宰郗鉴碑 285,286
太子母丧废乐议 202
太子颂 35
泰始历 55,117
泰始四年举贤良方正对策(夏侯湛) 125
泰始四年举贤良方正对策(挚虞) 125
泰始中谣 119
昙无德羯磨 92
叹逝赋 198
塘上行 15
涛行状 107
陶侃集 275
讨元显檄 412
滕羡仕宦议 404
体论 89
天地赋 87
天地郊明堂歌 120,121
天陵诗 158
通经 203
通荆州 36
通历 138,172,313

统万城功德铭 463
投壶赋 10,14
屠柳城 30
屯田议 65

W

挽歌议 178
万佛影铭 444
万佛影铭及序 443
万年公主诔 171
王弼传 70,203
王弼何晏论 339
王弼集 83
王彪之集 358
王骠骑诔(孙楚诔王沈) 121
王骠骑诔(孙楚诔王济) 182
王昌前母服论 241
王昌前母服议 152
王长史诔 304
王昶集 104
王忱集 390
王诞集 444
王导集 286
王公妾子服其所生母议 386
王公上寿诗 128
王恭集 401
王徽之集 379
王浑集 192
王即位未见宾客群臣又未讲启宜飨宴通客及引师友文学观书问道 185
王鉴集 242
王峤集 264
王朗集 33
王朗王肃家传 97
王濛集 305
王猛集 355
王谧集 428
王珉集 383
王彭祖谣 222
王洽集 325
王沈集 121
王述集 341
王坦之集 355

王羲之集 330
王献之集 379
王象集 17
王孝伯诔 401
王修集 323
王珣集 410
王隐集 288
王赞集 223
王子法益坏目因缘经 372,388
王子年拾遗记 386
王子正论 97
韦诞集 90
韦昭官仪职训 137
韦昭集 137
为戴逯上疏请绝召命 380
为汉帝禅位魏王诏 4,8
为会稽内史称疾去郡于父墓前自誓文 319
为贾谧作赠陆机 189
为简文致桓温书草 311
为晋文王与孙皓告书 113
为刘毅军败自解表 434
为任子咸妻作孤女泽兰哀辞 146
为石仲容与孙皓书 114
为宋公求加赠刘前军表 456
为宋公檄蜀文 440
为宋公修复前汉诸陵教 456
为宋公修张良庙教 456
为宋公至洛阳谒五陵表 453
为吴令谢询求为诸孙置守冢人表 187
为吴主告请降书 153
为郗车骑讨苏峻盟文 266
为兄亮上疏辞封 288
为杨长文作弟仲武哀祝文 196
为庾稚恭檄石虎文 294,295
为庾稚恭檄蜀文 294,295
为豫章郡表 390
为豫章临发上疏 382
为郑冲劝晋王笺 110
为诸葛穆答晋王令 114
围棋九品序录 328
维摩 17
维摩诘像 431
卫将军谢石谥议 382
慰情赋 30

魏官仪 26,36
魏鼓吹曲 77
魏桓范 69
魏晋胜流画赞 431
魏刘骠骑诔 85
魏略 3,4,5,6,7,8,10,12,13,14,
　19,21,28,31,32,37,38,41,43,
　47,48,51,52,64,65,67,68,69,
　73,78,79,81,83,100
魏名臣奏 10,29,61
魏名臣奏事 192
魏明帝诔 64
魏明帝谥议 64
魏明帝集 64
魏尚书 248
魏氏春秋评 351
魏氏春秋异同评 351
魏书（王沈） 3,7,12,14,24,41,
　54,56,57,58,95,121
魏书（韦诞、应璩） 41,63
魏书（孙该） 41
魏书（傅玄） 65,75
魏书（夏侯湛） 152,192
魏台杂访议 62
魏卫将军王肃集 97
魏文帝集 28
魏武帝集 11
魏武帝集新撰 11
魏相国舞阳宣文侯司马公
　诔 87
魏中经簿 153
温峤集 269
文帝诔（曹植） 27,28
文帝诔（刘劭） 27
文赋 151,170,198,208
文士传 47,62,156,185,191
文殊师利净律经 171
文殊师利五体悔过经 132
文殊师利现宝藏经 207
文章流别本 441
文章叙录 26,40,41,43,52,53,
　63,71,73,74,78,79,81,82,89,
　90,108
文章志 61,223
文章志录杂文 291
乌赋 87
乌林 36
无极宝经 217

无尽意经 119
无量清净平等觉经 97,218
无量寿经（康僧铠） 92
无量寿经（竺法护） 217,218
无名子 203
吴大司马诔 140
吴历 15,18
吴录 13,22,23,33,50,120
吴时外国传 25
吴书 23,46,69,88,108,134,137,
　159,192
吴王郎中时从梁陈作 185
吴越春秋削繁 254
（吴）质别传 21,27,38
吴质集 40
五百弟子本起经 207
五等论 202
五都赋 206
五盖疑结失行经 205
五经大义 394
五经论 130
五经然否论 130
五经通论 198
五经同异评 205
五行三统正验论 208
五行传 202
五寅元历 440
武帝哀策文（曹丕） 7
武帝哀策文（张华） 174
武帝诔 4,9,57
武帝遗诏 174
武颂乐 12
武颂舞 12
戊申岁六月遇火 430
物不迁论 447
物理论 173,174

X

西池应诏赋诗 437
西海民谣 392
西京杂记 334
西园第既成有司启观疏谏不
　可 185
西征赋 181
西州清论 153,162

郗超集 358
郗鉴集 286
郗愔集 373
习凿齿集 374
徙戎论 195,196,220
喜霁赋（傅玄） 136
喜霁赋（陆云） 207
喜雨赋 136
喜雨赋序 136,142
喜雨诗 31,32
戏答荀融书 74
郗正集 147
下令境中 266
下主簿教 317
夏侯常侍诔 109,178
夏侯惠集 78
夏侯玄集 93
夏侯湛集 180
闲居赋 133,189
闲居赋序 133
贤劫经 179
贤全论 323
咸康初河北谣 278
显赠刁协议 285
献长安君安仁诗 182
献书宋公 434
相版印法指略钞 90
相风赋（傅玄） 146
相风赋（陶侃） 275
相牛经 62
相印法 90
襄阳儿童为山简歌 219
襄阳耆旧记 374
向秀别传 89
削中山王县户玺书 48
小道 147
小品经 126
孝经解赞 137
孝武帝哀策文 396
孝武帝太元末京口谣 396
孝武文李太后服议 406
孝献皇帝赠册文 50
笑林 14
啸赋 110,137
谢艾集 317
谢安集 377
谢拜光禄大夫疏 321

谢承集 66
谢初封安乡侯表 14
谢混集 441
谢鲲集 255
谢领太子太傅表 244,245
谢平原内史表 202
谢妻改封表 45
谢尚集 323
谢沈集 291
谢万集 330
谢吴王表 202
辛丑岁七月赴假还江陵夜行涂口 409
辛丑岁七月赴假还江陵夜行涂口诗 408
辛宪英传 129
昕天论 122
新簿 131,172
新大品经 418,419
新法华经 426
新礼 176,178
新律 38,39,67,125
新论（华谭）252
新论（夏侯湛）180
新书 108
新书对张论 302
新维摩诘经 426
新小品经 429
新言 74,79
新议 159
兴师与吴取蜀议 16
兴性论 89
星孛于大辰上疏 53
行经张子房庙诗 456
行礼诗 128
行路难 410
行思赋 185
形尽神不灭论 444
形影神 443
姓氏论 67
凶礼 248
凶门议 290
兄弟相继藏主室议 246,247
修行经 162
须真天子经 121
徐邈集 399
许昌宫赋（缪袭）44

许昌宫赋（卞兰）44
许都赋（何桢）47
许都赋（刘劭）47,67
许沙门不敬礼诏 415
许询集 318
叙行赋 164
叙志赋 90
续汉书 13,18,132,215
续汉书叙 132
宣文舞歌 128
宣武舞歌 128
宣下灵命瑞图诏 53
玄化 36
玄居释 179,198
玄守论 81
玄微论 205
玄晏春秋 41,159
悬橦 295
薛莹集 159
薛综集 72
学宫颂 4,9
荀粲传 203
荀崧集 268
训子孙遗令 126

Y

雅乐正旦大会行礼诗 128
严净定经 214
言道 153
言尽意论 200
言事者启使部曲将司马给事覆校诸官财用出入启宜信君子而远小人 185
炎精缺 36
宴会歌 128
雁王经 137
雁王五百雁俱经 211
燕歌行 28
燕书 457
扬都赋（曹毗）374
扬都赋（庾阐）262,309
杨方集 254
杨荆州诔 141
杨仲武诔 196

养生论 71,111,123
姚氏新书 122
姚信集 122
谣 158
贻刘敬宣书 440
贻殷浩书 288
移告四方征镇 266
移书太常荐同郡张赡 185
移蜀将吏士民檄 110
移檄州郡 224
移诸葛恪等劳军 50
遗贺循书 224
遗令（曹操）8
遗令（杜预）162
遗王坦之书 352
遗王羲之书（许迈）319
遗王羲之书（殷浩）302
遗谢尚书 314
乙卯册诏魏王 4,8
乙巳岁三月建威参军使都经钱溪 423
以司马师为相国进号大都督诏 92
以夏侯惇等配飨武帝庙庭诏 48
义熙初童谣 423
义熙初小儿谣 426
义熙初谣 426
议复肉刑（蔡廓）415
议复肉刑（王导）240
议考课疏 61
议立奔赴之制 290
议立二社表 168
议上元帝庙号 252
议牲色诏 58
议时事 65
议祀南北郊表 295
议为皇太孙服 204
议狱从宽简诏 53
议郑太后不应配食元帝 392
议追赠周札 260
议奏封赏当依准旧事 174
异维摩诘经 179,180
异物志 276
易八卦命录斗内图 257
易洞林 257
易斗图 257

易律历 48	又遗谢万书 324	与亲故书 236
易象妙于见形论 351	又与贺循书问即位告庙 240	与汝南王亮笺 178
诣吴王表 185	又与陶侃笺 271	与山巨源绝交书 94,107
益都耆旧传 128	又与吴质书 7,8	与尚书同僚诗 149
益州刺史杨恭侯碑 149	又与谢安书称释道安 335	与石聪书 276
逸士传 159	又与殷浩书 314	与石勒书 222
逸士箴 336	又奏 259	与释道安书 337
因天变上疏 249	于安城答灵运诗 448,449	与释慧远书 412
因天阴上言 161	于贾谧坐讲汉书 189	与释慧远书劝罢道 412
因狱吏上辞 137	娱宾 153	与陶侃笺 271
因灾异上疏 241	虞翻集 48	与王导书（贺循） 240,241
殷浩集 321	虞溥集 151	与王导书（陶侃） 270
殷侯帖 313	虞预集 268	与王敦书 252
殷荆州要方 405	舆驾比出启宜当入朝 185	与王含书 257
殷仲堪集 405	与蔡廓书 463	与王濬书 151,152
殷仲文集 429	与陈王植手诏 45	与王谧书论沙门应致敬王者 412
饮酒 391,415,456	与成都王笺 207	
隐逸传 334	与从弟君苗君胄书 85	与王羲之书 275
应帝期 30	与从弟琇书 144	与王右军书 326
应璩集 88	与从子允书 273	与温峤书 264
应詹集 263	与弟冲书 348	与吴王表 202
应诏诗 19	与弟云书 171	与郗鉴笺 282
应贞集 129	与段匹䃅盟文 230	与谢万书 319
迎大驾 214	与范宁书 384	与兄冰书 294
迎灵乐 12	与贺循书论虞庙 240	与兄瑾书 32
颍川豫章庙主不毁议 236	与桓谦等书论沙门应致敬王者 412	与兄子南兖州刺史演书 224
邕熙 30		与杨骏笺 174
咏德赋 198	与桓温笺 324	与殷晋安别 437
咏怀诗 21,92	与桓玄书论料简沙门 413	与隐士刘遗民等书 395
咏史（袁宏） 297	与会稽王道子书 409	与殷仲堪书 404
咏史（左思） 142,206	与会稽王笺（王述） 325	与庾冰笺 292
咏史诗（袁宏） 357	与会稽王笺（王羲之） 314	与庾冰诗 285,286
咏史诗（左思） 142	与嵇蕃书 159	与庾冰书 288
勇伏定经 179	与姜维书 110	与庾冰书论赠习协 285
优婆塞戒 445,456	与将军褚裒解交书 296	与庾亮书（孔坦） 278
幽愤诗 102,110,111	与蒋斌书 110	与庾亮书（陶侃） 270
幽求子 255	与蒋琬董允书 41	与庾翼书 296
游山记 415	与晋安帝书 423	与张裔蒋琬书 32
游山九吟 66	与李丰教 42	与张裔书 30
游石门诗并序 406	与李寿书 288	与赵王伦笺荐戴渊 198
游西岳诗 214	与刘靖书 27	与支遁书 335
又表 228	与刘牢之书 412	与周邵书 274
又驳 260	与刘隗书 249	与竺道壹书 382
又求自试表 31,32	与刘裕书谏伐蜀 428	羽扇赋 198
又上疏谏修洪祀 332	与吕长悌绝交书 110	禹贡地域图 126,132
又疏谏治宫室 52	与满炳书 63	语林 101,332
又言 178	与彭城王玺书 58,59	庾敳集 223

庾冰集 297	杂乡射等仪 285,289	张良 80
庾阐集 309	在怀县作 165	张平子碑 167
庾公诔 288	遭继母忧上书 181	张协集 216
庾龢集 338	遭难未葬入庙议 236,237	张俨集 122
庾峻集 138	枣据集 162	张野集 461
庾亮集 289	枣腆集 189	张载集 216
庾翼集 299	责躬诗 19	张子房诗 454,456
玉函煎方 334	增一阿含经 371,372	章洪德 36
吁嗟篇 45	赠安城 449	掌谏职上疏 120,121
郁伽长者所问经 92	赠白马王彪 19	招隐诗 134,356
遇蚕赋 182	赠斥丘令冯文罴 185	昭武舞 12
御史中丞箴 178	赠从弟弘元诗 449	昭业乐 12
元皇帝哀策文 251	赠崔温 229	诏报东阿王植 41
元皇后哀策文 138	赠二李郎诗并序 188,189	诏陈王植 45
元康颂 178	赠冯文罴 185	诏何桢 47
园葵诗 202	赠冯文罴迁斥令 185	诏青州刺史礼遣管宁 35
袁豹集 444	赠顾交趾公真 187	诏问崇华殿灾咎对 52
袁宏集 357	赠何劭王济 161	诏问汉武厌灾对 52
袁乔集 305	赠何劭王济诗 136	诏问鹊巢陵霄阙对 53
袁山松集 410	赠河阳诗 158	诏雍丘王植 32
袁氏世纪 120	赠汲郡太守李茂彦 189	诏有司议中山王衮犯禁 48
袁準集 120	赠刘琨诗并书 230	诏责诸葛瑾、步骘、朱然、吕岱等 62
袁子 3	赠陆机出为吴王郎中令 185,186	赵都赋 47
袁子正论 120	赠潘尼 202	赵王伦加九锡议 198
袁子正书 120	赠石崇诗(曹摅) 189	照明三昧经 210
远法师铭 301,453,461	赠石崇诗(曹嘉) 189	肇论 447
远涉帖 32,33	赠石季伦诗(嵇绍) 189	甄皇后哀策文 52
远游志 276	赠石季伦诗(枣腆) 189	镇姑孰表 425,426
怨诗楚调示庞主簿邓治中 370,460	赠温峤诗 261	征西大将军京陵王公会射堂皇太子见命作此诗 179
云中诗 390	赠毋丘俭 52	征西将军庾亮移镇石城议 285
运命论 66	赠毋丘荆州 52	筝赋 431
	赠谢安诗 319	正旦大会王公上寿酒歌 128
Z	赠秀才从军十九首 111	正旦大会行礼歌 128
	赠羊长史 456	正德舞歌(傅玄) 136
杂阿毗昙毗婆沙 368,453	赠羊权诗 326	正德舞歌(张华) 136
杂阿毗昙心 368,453,457	赠袁湛及谢混诗 434	正法华经 165
杂集 405	斩陶称上疏 285	正法华品 175
杂记(挚虞) 178	战略 45	正淮论 344
杂记(张华) 199	战荥阳 30	正历 138,172
杂忌历 62	张公杂记 199	正纳皇后礼 323
杂论 405	张甫集 212	正世乐 12
杂律解 126	张翰集 205	正朔服色议 120
杂诗(曹丕) 24	张华不宜复爵议 202	正朔论 14
杂诗(枣据) 149,162	张华集 199	正议 20
杂诗六首 16	张华诔 198	郑志 104
	张抗集 262	

著作索引

政论 15
政要论 69
之冯翊祖道诗 174
支遁集 339
知难篇 74
止马诗 359,360
至广陵于马上作 24
至祈山南北岍上表 32
至人高士传 346
志林 302
志林新书 302
治论 53,104
致会稽王道子笺 409
致齐王冏笺 202
致汝南王亮书 178
致书释僧肇请为般若无知论释 419
致雨议 261
中阿含经(僧伽提和) 401
中阿含经(竺佛念) 371,372
中分天下盟文 34,35
中宫 128
中宫所歌 128
中经 131,172
中经新簿 172
中论 431,444
中兴赋 238,239,240,252
中兴赋表 230
钟会集 114
众文经 408
重表 271
重表驳綦议太社 168
重表让禀赐 273
重难王谧 412
重议周札赠议 260
重与鸠摩罗什书 409
重与释慧远书 412
重与陶侃书 266
重赠卢谌 241
周官驳难 302
周颛集 252
周礼评 118
周生子要论 68
周嵩集 258
周易集林律历 48
周易尽神论 114
周易林 257

周易日月变例 48
周易筮占 205
周易系辞(韩伯) 363
周易系辞(桓玄) 420
周易系辞(谢万) 330
周易新林 257
周易训 60
周易训注 205
周易爻义 278
周易姚氏注 122
周易音 399
周易杂占 334
周易摘 23
周易宗涂 278
周札加赠议 260
周札赠谥议 259
周子 108
肘后方 334
朱兴妻周事议 460
诸葛丞相故宅碣表 211
诸葛恢集 299
诸葛恪扬声欲向青徐议 90
诸葛亮集 35,51
诸侯觐建旗议 178
诸虞传 268
竹林名士传 357
竹林七贤论 73,394
著布谣 202
转封东阿王谢表 35
撰征赋并序 456
庄子集音 399
庄子序 225
庄子音(郭象) 225
庄子音(徐邈) 399
庄子赞 252
庄子注(司马彪) 215
庄子注(向秀) 71,225
追悼先父献诗 132
追录陈思王遗文诏 61
追远诗 158
追尊琅邪恭王为皇考议 244
酌贪泉赋诗 406
酌贪泉诗 444
子虚上林赋 257
紫石英赞 384
自诫令 24
自理表 158

自试令 24
自叙始生祯祥 97
自在王经 428
综理众经目录 227,353
邹湛集 196
奏并襄阳郡县 292
奏弹刘毅 432,434
奏弹谢灵运 458,460
奏定二社 178
奏对诏问外祖母服汉旧云何 29
奏改安世哥为享神哥 61
奏改服色牺牲 10
奏劾王戎 183
奏劾荀恺 174
奏皇后宜修蚕礼 164
奏记诣蒋公 69
奏谏齐王 80
奏谏山陵用宝器 329
奏禁奉佛 276
奏具章拒禅 10
奏军国要务七事 260
奏凉王吕纂 406
奏履藉田 132
奏论乐谟庚怡 259
奏秦州军事 130
奏请大臣侍从游幸 80
奏请受禅 10
奏请置律博士 26
奏请追崇始祖 10
奏日蚀伐鼓非旧典 241
奏沙门不应尽敬 287,288
奏上黜陟课略 128
奏上律令注解 125
奏四祖祧主 301
奏祀六宗 178
奏题署 53
奏条牒诸律问列和意状 138
奏文昭皇后庙乐 61
奏校试笛律 138
奏宜节省 10
奏议策除秀孝 247
奏议陈留王废疾求立后 323
奏议皇太子除服 139
奏议王式事 247
奏议治受禅坛场 10
奏烝祠 378
奏正会惟作鼓吹钟鼓 290

奏中兴赋上疏 239,240
族姓昭穆 168
族姓昭穆记 223
祖道赵王应诏诗 144
祖台之集 411
罪衅解尚书表 423
左棻墓志 200
左思集 206

后　　记

　　本卷的编撰，断断续续，历时十余载。在编撰过程中，深感"系年"的工作看似简单，实是一项需要付出巨大精力的工作。在系年编撰过程中，对三国两晋的学术发展轨迹有了新的认识。此书虽属"系年"工作，却引发了我对唐前文学发展与地域分布的思考，产生"系地"的工作设想。"系年"与"系地"的时空并重的研究方法，或许能对唐前文学研究起到一些推进作用。因而，在此编年的基础上，2008年申报了教育部"新世纪优秀人才支持计划"项目，并获得资助。这一编年也是教育部这一支持计划项目的研究成果之一。

　　本卷按照全书总的体例，系年分四个部分进行，涉及三国两晋这一历史时期经学、史学、子学、文艺等多方面的学术史料。本卷的编撰参考了先哲时贤的一些研究成果，具体参见卷中正文按语和文后主要参考文献。若有遗漏或引用不当之处，敬请谅解。

　　中国社科院文学所刘跃进研究员，浙江大学人文学院古籍研究所束景南教授、崔富章师，给予许多富有启发性的建议，提供了一些研究资料。责任编辑提出了许多宝贵的修改意见，校正了书中一些讹误。这种一丝不苟的工作态度与敬业精神，令我感动。我的硕士生王晓彬、博士生宋雪玲帮助校对了部分书稿，付出了许多时间和精力。在此一并表示衷心的感谢！由于自身的学识不足，书中定有不少错误，希望得到专家学者们的批评指正。

王德华
二〇一二年春
于杭州委心阁

图书在版编目(CIP)数据

中国学术编年·三国两晋卷/王德华撰;梅新林,俞樟华主编.
——上海:华东师范大学出版社,2013.7
ISBN 978-7-5617-9468-5

I.①中… II.①王…②梅…③俞… III.①学术思想-思想史-中国-三国时代
②学术思想-思想史-中国-两晋时代 IV.①B2

中国版本图书馆CIP数据核字(2012)第070546号

华东师范大学出版社六点分社

企划人 倪为国

本书著作权、版式和装帧设计受世界版权公约和中华人民共和国著作权法保护

中国学术编年·三国两晋卷

撰 者	王德华
主 编	梅新林 俞樟华
责任编辑	倪为国
封面设计	吴正亚
出版发行	华东师范大学出版社
社 址	上海市中山北路3663号 邮编 200062
网 址	www.ecnupress.com.cn
电 话	021—60821666 行政传真 021—62572105
客服电话	021—62865537
门市(邮购)电话	021—62869887
地 址	上海市中山北路3663号华东师范大学校内先锋路口
网 店	http://hdsdcbs.tmall.com
印 刷 者	上海印刷(集团)有限公司
开 本	890×1240 1/16
插 页	4
印 张	35
字 数	560千字
版 次	2013年7月第1版
印 次	2013年7月第1次
书 号	ISBN 978-7-5617-9468-5/G·5567
定 价	180.00元
出 版 人	朱杰人

(如发现本版图书有印订质量问题,请寄回本社客服中心调换或者电话021-62865537联系)